〔清〕董　誥等編

# 全唐文

七

中華書局

# 欽定全唐文卷六百二十一

## 王士詹

士詹貞元時官司兵參軍

### 五臺山設萬僧供記

彌陀居西國照師宗焉帝堯在位邠公輔焉是知佛寶國寶殊躅而同體也竹林精刹應現施工巳立西方教主大師法照自南嶽悟達真要振金錫之清涼根瑞相以徘徊躡雲衢而直進躋靈山入化寺周歷（闕三字）百二十院所覩異光奇迹具紀於大師實錄海（闕二字）播故略而不書茲乃淨土教主東流也故治地（闕二字）寺焉



## 李罕

罕隴西人德宗時官嶺南經略使判官權知容州留後事監察御史裏行

### 唐檢校右散騎常侍兼御史中丞容州刺史李公去思頌（并序）

維貞元二年秋八月天子以郡國二千石之高第者曰隴西李某利澤施於裔土美化被乎遐甿是用遵虞書陟明之義參周官進律之典俾之由檢校右散騎常侍兼御史中丞容州刺史本管經略守捉招討處置等使為御史大夫嶺南節度經略觀察處置等使實授兵符加擁使節某月自合浦如南海於是縣道溪谷鰥寡孤老洎於士吏相與懷思隱然不去乎心森然不離乎目願所以昭明其德光示於後嶺南經略使判官權知容州留後事監察御史裏行同郡李罕始以文學居辟選之首遂參帷席復以謀能當器任之重留總軍府美公之政大備感公之禮有加因其人之請而上之上可其奏夫其郡之四封濱於百粵外則有山寇海孽比境集處之虞內則有勤戍勞師流散轉徙之弊親帥其下以撫吾人慰藉傷夷安集疲耗懼貨



貢之闕至助之以家財憫徭事之繁至代之以私屬選武藝歸老疾罷減塞卒四千餘人以趨農時率游惰闢汙萊開置屯田五百餘頃以足軍實舍寇賊之為縲囚者釋而遣之以除其怨而狙獷以順禁人民之相虜賣者執而誅之以去其害而童昏以安常歲有災濫炎而連燒於廬舍公創其制以禦其鬱攸而邑居以葺舊俗多怨睚眦而致毒於飲食公立其防以解其悁忿而鄉黨以和樹枝幹而啟閉畢修列亭燧而厄害斯控差重輕以行徵令無不均

之議量遠近以納貢職無不供之貢人用富庶家有儲峙敦之以禮懷之以仁潔己而不汙未嘗有貰貸勤身而不怠未嘗有懈弛明足以照遁情隱慝而不爲察威足以制猾人暴史而不爲苛古之良能何以加此惟我公有唐宗室枝屬之選監州刺史諱孝詵府君之曾孫宏農郡太君諱璟府君之孫太子太傅贈司徒諱齊物府君之子續洪緒丕績之餘裕宏休純懿之下鍾寬博而柔良秉高明而疎達根於經義飾以藝文故其仕王畿宰京邑累執憲簡且登軺車備重臣賓介之職居大府紀綱之任三亞京尹



兼中師之貴復爲宮相在常伯之位歷饒州刺史而後至是州恩結於人功加於物必聞理效而興頌聲且夫有美焉有刺焉詩人之義也善善而褒之惡惡而詘之春秋之事也使賢士大夫之業不沒於後太史公之制也以予之嘗修史記而爲訓辭緣人之懷心而頌之曰

帝念南方迫界蠻夷人新被寇歲或勞師屬之於公俾養牧之匪直勤身亦帥其屬贍我貧匱字我惸獨息人便農墾田積粟修其教化被以威德賊害既除禍災斯息完我廬舍親我骨肉咸保其生且易其俗蚩蚩羣族孰不蒙福播爲頌聲公受百祿彤弓旅矢以長諸侯人之懷德勒石垂休

## 侯嶠

嶠德宗朝官金部員外郎

### 對里正主妹喪判

癸爲縣令有妹之喪使里正主之或告非禮訴云所居無東西後家

女也有喪行實殊制士之達禮哀以立則惟癸領縣同氣辟家生稱未亡已軫柏舟之詠死歸異姓且無欒棘之悲



東西南北之人歎四鄰而莫有鄉黨里閭之室望九族而緊無日月有期主喪孰是匍匐救之里尹其人殊周勤之給喪所資致祭具項梁之倚辦寧惟執紼在禮自有明文或人胡爲妄動

## 盧嶠

嶠范陽人貞元四年官永州司馬

### 對爲其師掃判

甲爲鄉學生爲其師掃或詰之失禮訴云有近賓將至

稽先王之國法閱司徒之教典必由鄉校馴致膠庠用擧童蒙方論俊造貢鼓篋以懋德表師嚴而道尊甲也嗜學因方琢玉成器憤悱以攻木春容而扣鐘然由衷執顏罔敢勦說初布席以函丈終摳衣而負墻問道非飲食之賓鳴謙用掃除之隸而禮云聚突義在攝齊賓主有儀應對無失主人觀禮弟子修容訴人無乖所宜或者如何致詰

## 張造

造貞元中官渭南縣尉

### 批斫槐樹牒文



近奉文牒令伐官槐若欲造車豈無良木恭惟此樹其來久遠東西列植南北成行輝映秦中光臨關外不唯用資行者抑亦曾蔭學徒拔本塞源雖有一時之利深根固蔕須存百代之規況神堯入關先駐此樹元宗幸蜀見立豐碑山川宛然原野未改且召伯所憩尚自保全先王舊遊寧宜翦伐思人愛樹詩有薄言運斧操斤情所未忍

## 羅好心

好心德宗朝官檢校太子詹事從幸奉天封奉天定難功臣

### 沙門般剌若翻譯經成進上表

臣表弟沙門般剌若先進大乘理趣六波羅密梵本經伏奉今年四月十九日敕令王希遷精選有道行僧於西明寺翻譯今經帙已終同詣光順門進上

## 于可封

可封洛陽人安州司功元範孫官國子司業

### 至人心鏡賦 以人心融道清鑒應物爲韻

莊生有言曰至人用心若鏡有旨哉是言也夫鏡也者以明爲體是故有來而必應心也者以靜爲照亦可不思而



元通拂拭生光掛新臺而月滿罔象求得映赤水而珠融若鍊心而比鏡信清明而在躬爾乃以鏡爲心因心載考菱花發而羣象生靈府開而萬物保斯鏡之精明謂人心得道至人所以卑其性而遺箴弱其志以虛襟聽無聲之樂和天籟之音明白四達照幽燭深希洞視而元鑒在無心而用心苟能忘己作虛舟之泛必保其光得秦鏡之鑒我邦君皇宗之子天人之英體以合道沖融混成其用心也達至人之妙理其朗鑒也同水鏡之澄清開意而圓照吐心而自明妍媸莫能藏其象鬼神莫以遁其情絕毋意

與毋我固不將而不迎懸彼高鑒求乎有貞覯處子兮調脂粉爭捧心兮效蹙嚬醜者自醜新者自新形美惡而區別吾何情於知人媿匪桃夭寧容比諡對香奩而呈貌慮柔姿而不稱有待良人非徒好勝因兹佇賞必冀象應紅粉蛾眉趨而競謁宛其素質髲彼元髮類芙蓉之映水若姮娥之向月大明無私衆鑒不歇光之所燭照及微物庶有假於恩輝幸留心於翦拂

## 符子璋

子璋臨渭人官太子舍人



### 漏賦

昔南正重司天北正黎司地迎日推策舉分定至將以綱紀歷象察明躔次算氣候爲晝夜之刻立渾儀驗晦明之異故歲時環迴而有準國家憲章以成事唐虞承用以大興夏商恭行而無墜其後疇人失業挈壺不舉詩刺東方之未明史書南風之乖序測辰屢錯於杓建揆景頗謬於寒暑千官鮮視以權衡萬姓孰寧其安處何不謂漏之既定而人自正漏之既衰而人自疑故有國者不可以不明其事今上都咸陽理天下道歸簡易政被風雅人皆得眞事則無假至於掌漏尤足稱也其本則披甲子而求範得黃鍾而下生如因三以窮數隔八以循行課六歷之疎密齊七曜之經營俾攝提之有紀實孟陬之用成其器則方圓列陛高卑中度制陰蟲以吐輸設靈蚪以盛注銅史應其方金箭刻其數則於道如符契之合精於微無黍累之誤每至雞人起唱鼉鼓相催九重初曉千門以闢國史奏事於平樂羣官謁帝於金臺不失其度及時而迴自邇及遠識往知來漏之爲義實大矣哉

## 袁歆

歆襄陽人官膳部郎中



### 對祭侯判

得甲祭侯辭曰強飲食御史糾非息宴之禮不伏

惟祀與戎禮之大者觀射見德侯其是歟俾邀福於爾靈將示威於我衆所以司馬張皇於五射梓人盛飾於三侯繫而有儀下綱不及於地武祭以盛禮上射更揖於堂楣是則俎豆克陳熊武相間多算少算射人或觥於爾爵強飲強食祝史無愧於我辭冀必懲於不庭是有祈於介福

雖非宴禮實曰武經旣庶幾於戢兵復何疑乎致祭乘驄之糾斯心奚至於加諸而中鵠之誠彼甲未越其典則禮不瀆也神其吐之

邱鴻漸

鴻漸貝州人官左司郎中

## 愚公移山賦

止萬物者艮會萬靈者人艮爲山以設險人體道以通神是知山之大人之心亦大故可以議其利害也昔太行聳峙王屋作固干巖糾紛萬仞迴互蓄氷霜而居夏凝結聯



源流而飛泉積素爰有諄諄愚叟面兹林麓愴彼居之湫隘懲冱寒之慘毒激老氏之志且欲移山當算亥之年寧憂就木乃言日月無私照也山則蔽之春夏無伏陰也山則藏之傾阻我比屋擁隔我通逵我將拔本塞源使無孑遺得則爲功之美否則爲身之恥終當詒厥孫謀施於翼子於是協室而一乃心力荷擔而三夫傑起畚鍤斯備其功聿修於澗於沼爰始爰謀一之日土壓石鑿二之日崩崖隕嶂三之日夷峯彌壑雲林催以蓋偃火石迸而星落爾其洞穴堙塞陰陽交錯飛禽走獸魄褫氣懾而不復巢居穴託王喬偓佺低徊頻蹙而無所駿鸞駕鶴山神操蛇聞之乃壯其功深其計將懼不已先謁於帝命夸娥二子發神威振猛厲始將怒目決眥終欲飆舉電逝遂乃斡碭莽挾崔嵬下拔乎三泉上衝乎九垓突兀雲動磅礴天迴遠投雍朔而不復來世人始知愚公之遠大未可測已夸娥之神力何其壯哉儻若不收遺男之助苟從智叟之辨則居當困蒙往必遇蹇終爲丈夫之淺今者移山之功旣已成河冀之地又以平則愚公之道行客有感而歎曰事雖殊致理或相假多岐在於亡羊齊物同於指馬我修詞



而忘倦彼移山之不舍吾亦安知夫無成與有成諒歸功於大冶

林濤

濤濟南鄒縣人高平令游道子爲渭南尉

## 對惰農判

甲有田不耕被罰三夫稅粟以質劑致人甲告旅師施惠散利法司科旅師罪不伏

敬授區分經邦所重畯農懋力緯俗攸先行夏正於東郊黎元不惑歌豳風於南畝田畯知勤遐覽藏書率由兹典

乙逢昌歷甲預堯封玉燭時和無聞於勸勵金刀產匱罕見於籌謀異楚客之逃名耕耘不嗣匪梁嚴之徇節蕭蓑何施行有察於農功遽見徵於屋粟質剩爰致投告旅師施捨未忘貽刑司貺采周年之故事頗叶常規求聖日之明科稍乖通典但以薄言未息被罰猶嫌簡乎五辭詳明八辟待窮根柢方寘彝條

## 林益

益濟南鄒縣人蘇州刺史洋子官河陽丞

### 五星同色賦以天下偃兵無爲而理爲韻　林益



惟聖御極兮惟德動天神超象表兮功軼帝先和氣鬱以交暢休風裕乎上元耀貞明於日月紛輕靄於雲煙九星不改而仰止五緯相次而燦然若乃歲位在木辰見於水熒惑表火正之中太白應金方之紀鎮實土德黃爲中美惟我皇之至聖信體元以合理萬國同風三光叶晷巖廊有謐垂衣之化炳焉蠻夷自清戢戈之日久矣帝有孚而昭應天何言而效祉登觀臺以書於宣夜徵瑞典載叶於聖期仰三辰之焜燿表六合之雍熙惟皇王之同德彰福應之允滋可以對越郊廟紛被歌詩瞻彼景瑞俟其禕而昭回於天垂象於下迴列躔次遙通分野或表異於歲登乃呈休於王者觀五行之秀氣與一月而齊明同色已傳於堯歷聚井更弭於漢兵足使皇圖有耀史牒增榮天凝兮瑞彩聖稟兮休符映天津乍疑於流火寫漢浦更類於沉珠煌煌則耀衡碧落歷歷則光含白榆惟列宿之自拱倬前古之所無夜何時兮其未返天之迴兮光已遠隨斜漢而影移落堯城之更晚星兮懸倚蓋而垂休伯也知靈臺之已偃聖上事無事爲無爲精流緯象繇入熊羆猶下弓旌之詔俾收巖穴之奇夫或不敏備謳歌於聖代與帝力之何知



## 郭適

適魏郡貴鄉人

### 人不易知賦以題爲韻

墳素通旨古今彝倫惟沖虛以效迹貴特達而知人有藏器在我有從方立身歷九徵而覩則甄一德而求真旣而紕合性情交驅馳驟莊列談其險艱堯舜病其授受玉石相蔽悲獻璞之匪工媒介未孚忌投珠而自久考聲度之軌躅察言貌之休咎鑒之則理將斯契昧之則亂何不有

彼經緯之區分在昭擇之能否復覽前志清通不易或失子羽之容或失宰我之議自非識周郎之顧曲辨齊竽之濫吹安能取士於飯牛之時拔才於卧龍之器其道或如蘭芷應以塤篪聞撤俎而興嘆指負甑而留規管仲霸齊終慟哭於鮑叔國僑相鄭始登舉於子皮此則秦鏡一覽而皆得何必豫章七年而見知别有事業後時徘徊中路厭東郭之雪隱南山之霧猶恐相士者失之於下流披文者棄之於異趣苟名實之所在顧曲直而成喻徒叩寂於不才實有慚於能賦



空賦

造化之工稽夫有名之域察以無象之中彼去有而舍體乃因無而立空極乾坤之包汗漫何窅眇與沖融且希夷難變而橐籥罔窮神禹莫知其至離婁安覩其終墜露有聲杳然聞皓鶴之唳太虛無礙豈獨發醯雞之蒙則七曜垂文八紘作紀應類示迹變態無已顥氣泱而流英飛霞散而成綺順晝夜以明晦涵混元而古始及夫長風清驟雨霽或暝魄初滿或朝陽不翳千里若鏡合止水而澄鮮四野無塵分遠山之虧蔽理通一貫施極多族忘取舍而惟靜任細大而皆足溟漲會百川之宗簫管達五音之目壘客臨而責有賦見平原老氏酌以當無道幾牝谷户牖致有空之用人神終害盈之黷故至人得之於無心公綽寘之於不欲欽若聖君赫赫良牧英英巖穴靜而賢舉囹圄空而法平湛虛明而元鑒在虛受而澄清無談天之逸藻慙叩寂以求聲

欽定全唐文卷六百二十二

陸庶

庶贈尚書左丞象先姪孫官福建觀察中丞

爛柯山記

觀夫巨石横空矯如驚龍南走羣峯北控遐陸不遠人世宛如蓬瀛得非權輿之初俾宅真僊而幽贊人民脫籠檻於茲地則樵夫之遇二僊其所以示化歟庶牧於是邦追茲五祀政惟自守人亦安止乘春多暇爰契心期冥搜信宿機類如洗天地之萬類吾生之憂樂將不芥於胸中矣



心境相得不知吾之遇靈境歟靈境之遇吾歟

邵炅

炅安陽人徙居汝南官考功員外郎

對用蔭判

范融曾祖在周爲六部官在隋居家不仕令兩應出身及爲人後者從高敘情取徵官蔭可不

范融係塵甑之苗襲良弓之裔爰瞻乃祖委跡前周道煥九徵禮光三辟運遷正朔載掌邱園翼子謀孫雖慶流於後嗣論官敘蔭須履降於前朝必令許從高議蔭減未盡斷從依請夫復何疑

范冬芬

冬芬河内人官宣州刺史

對臨宮判

景登高臨宮法司斷徒一年景訴云令所

元圃邃居青宮祕籞事隔中外理絶登臨景之無良自貽伊咎升高異梁竦之憤抵法桂臯陶之刑且夫子之牆猶其難見儲君之禁焉可輒臨然法難動搖罪宜欽恤典獄雖結於徒坐往訴須從於減科



馬吉甫

吉甫正平人

蟬賦

鶉星兮御夏鵙鳴兮登序日月驟而運長嬴陰陽爭而催小暑詢求縱賞之地枚卜追涼之處尋川徑而棲遲傾林庭而延佇則有應律初蟬含生自然其聲嘒嘒其翼翽翽參萬物之動植隨四序之迴旋避啼鶯於春後伴鳴蛩於秋前廉而有德靜而無累逸豫攸安沈吟斯慰體素質而標儉養清心而拔萃食不求粒雖黍稷而非珍棲不擇林

縱梧桐而何貴暨夫三危露結四野雲平蒼茫日暮爽朗天明託高枝以庇影竄密葉以流聲匝池臺之響亮洞巖壑之清泠羣吟則少懼孤引則多驚時行時止有虧有盈疑紡絡之雙至似簫韶之九成避雀飛急迎風翅輕飾鬢裁新樣圖冠有舊名雖屈螳蜋之斧終齊鴟鶚之情若乃平子歸田仲長就第新開泉石之賞俯洽琴歌之契莫不應促軫而方遠赴調絃而轉麗繁音遞進顧白雪而難酬逸韻爭馳對薰風而莫繼足使牧子興感雍門下涕降翔鶴於雲端出潛魚於水際復有沙塞征夫山川遊子風蕭



蕭兮八九月路悠悠兮千萬里坐聽霜雁自無聊復對寒蟬怨何已望鄉關而思積撫搖落而愁起悲深嘶馬之初淚斷啼猿之始觸類多感於何不傷伊茲蟲之菲陋識君子之行藏其立志也不慕於鴻鵠其守分也不越於榆枋任朝夕之棲處極天地之翺翔適其性韜其光豈比飛燕之巢幕流螢之聚囊至如入檻愁猿觸籠窮鳥繫透木之幽志屈凌雲之遐矯豈無故而嬰羅諒有求而自擾聊息心於萬事欣寓跡於一枝澹然兮自守千秋兮若斯

## 蝸牛賦有序

甲辰歲夏五月余寓居官舍時雨初止有蝸牛蠢蠢緣堂砌而上恐致踐履之禍因命稚子移於牆陰乃潛角縮殼而有自衛之意退爲賦云

蕤賓仲月逆旅孤亭薄宦春罷閑門晝扃雲漫漫兮雨冥冥荷蕖紅兮苔蘚青巷陰風於北幌閒皓月於南櫺觀蝸牛之蕃育何詭錯之殊形若乃順陰而起背陽而化寅緣於草木縈委於臺榭傍庭廡以徐迴循墻隅而亂下纖角內畜寧交觸氏之兵堅殼外圍終結野人之舍闕爪牙兮自達無羽翼兮相借本忘情於蚌守亦何憚於鴟嚇故其



投迹多閑冥心寡欲進不奔競退非飲啄吸大道之淳精體中庸之止足匪徇物而无悔恒居沖而守樸升清流兮不爲寵頓潢汙兮不爲辱豈蜾識之可量何蜺智之能較借如海蛤無脛江龜有靈懷珠胎以自伐韜玉兆以先形蜋之捕也後黃雀而寧懼魚之貪也前翠竿而不驚觀萬夫而恕己會千載而作程乃知無用之爲用求生而喪生

## 馬翊

翊西河人檢校郎中辿子

## 對舉抱甕生判

河南東道持斧舉抱甕生或告云矯州科生妄罪不伏

濟濟以寧實惟多士戔戔所賁其在旌賢且抱甕之生代稱高尚垂竿投釣寧殊渭水之公灌園鬻蔬不讓漢陰之叟御史以皇華動俗驄馬生風有隱逸而必求無賢才而不舉今當所薦理合其宜復有澆薄之夫淳和詎識季孫詭於子路未損其容武叔毁於仲尼何傷其德寧使挂瓢之輩道以矯時飲犢之流人稱爲妄州司處斷未曰通途

## 賈季良



季良洛陽人官奉天尉

對卒史有文學判

有司選擇卒史以文學掌故備員有比百石已上誦多者先求之不得訟如功令

與能贊國於以敷求器人弼政聿先精擇有司審才無遺曲藝雖厮役之末劇亦文學以是徵列彼卒史典新掌故將適時而給務蓋從事以備員百石伊何九流清品禮秩式敘因等夷而不易干求無稽雖誦多而奚取欲加重典之科難取薄言之訴請詳漢道方議呂刑

## 賈晉

晉洛陽人滑州刺史慶言子

對鐘官不充亭長易傳判

吏爲鐘官所鑄不充歲計工部按其罪訴稱鉛錫不足又亭長私易傳置爲嗇夫所糾

六官既分百工有序五里作候十里爲亭鐘官所資籍洪鑪以鑄鎔傳置之用通遐方以奔走典尚方之衡量總亭郵之掃除位雖列於周官役乃疑於劉氏不充歲計鉛錫有虧私易傳車三千難逭工部以禮闈望重欲飛奏草一作



章之刑嗇夫以傍舍揭來將對上林之問庚有詞而難罰亭易傳而寘愆會府無妄繩之辜糾人彰嫉惡之德况風嚴北陸日落西山仰鳳闕而神馳擁鶉衣而思奮

## 趙德

德官殿中丞

昌黎文錄序

昌黎公聖人之徒歟其文高出與古之遺文不相上下所履之道則堯舜禹湯文武周公孔孟揚雄所授服行之實也固已不雜其傳曰佛及聃莊揚之言不得干其思入

其文也以是光於今大於後金石燋鑠斯文爍然德行道學文庶幾乎古蓬茨中手持目覽飢食渴飲沛然滿飽顧非適諸聖賢之域而謬志於斯將所以溢其影響僻處無備得以所遇次之爲卷私曰文錄實以師氏爲請益依歸之所云

## 趙昂

昂馮翊郃陽人官司封郎中

### 浮萍賦

汎汎者萍乘流匪寧殊源比影異沼均形初苒弱兮碕岸



乍連延兮廣汀映池則草色同翠照日則苔光共青霜凝兮片片成玉月上兮處處疑星入門自媚穠李徒矜其妖豔取足爲樂行潦豈小於滄溟觀其枯華有時動靜無必習坎斯止遇亨則逸安卑取順契君子之用心揚波隨流豈漁翁之能詰每託鄰於藻荇不混跡於蓬蓽與菡萏而相鮮向莓苔而如失實幽賞之可嘉何寓遊之足匹夫物之芸芸糾纏誰分茨處牆兮或不才而見棄蘭生幽也終以香而自焚惟茲萍矣獨擅其美謙能居下知則樂水鑒擘芳於楚客寧見羞於蘋蘩象虛舟而不繫或倏往而忽來類至人之無心更出生而入死噫歟植匪深根長無固蔕將舍之而不芟蕪豈見用而能種藝鄙朝菌之暫榮笑匏瓜之長繫空銜雨露之恩竊愧陶鈞之惠願同蒹葭比玉而見珍託陋質於池塘之際

### 攻玉賦 以他山之石爲韻

有美玉於斯有工人在茲玉待人而成器人舍玉而何之於是施其巧審其思事必堅決心無墜虧再視再度以蒙夫精鑒匪瑕匪穢寧有於吾欺向無質直之性琬琰之姿特達人許清貞自持則大匠不顧天材或遺亦何知入之



於火也不變其色投之於泥也不染其緇維彼良工見此多惜直以爲珽圓而作璧無枉纖毫皆知所適遇今晨之發彩冀入珪璋察往日之屈蒙期分玉石於是虹氣干白雞冠與赤執之以禮故有藉而見文受之必齊非許城而不易若然者玉隱於石玉無憚於可磨元黃糅色山水騰波但因時而獲賞敢輕議乎其他人未我知甘無言於見棄賢能相達將不索而謂何況乎玉之寡珉之多夫子有比德之歎卞生爲追怨之歌曰昔之玉在石石在山山有玉兮隱其間今則石爲錯玉爲環環亦獻兮君解顏遂與

生芻爲比與郄桂同攀豈辛勤於道路徒抱泣於荆蠻

呂焯

焯任城人官左補闕

對臨宮判

景登高臨宮法司斷徒一年景訴云令所

至若惑衆創規邦憲貽範能賦雖聞一作云於曩列不呼取誠於前經景登臨此時宮墉近矚方比迹於桓景豈均賞於屈平窺見可徵愆尤自速法司務惟疾惡志在繩非未窮令所之由遽加徒罪之罰待詳疑壁方可揮鉛



徐元弼

元弼東海郯人贈太子少保申子元和中官右衞倉曹桉元和姓纂元弼南昌人官中書侍郎

靈囿賦以仁及禽獸惠均樵牧爲韻

代閭秦餘地仍周舊俯皇都之近域有文王之古囿遥縈林麓之表遠抱川原之秀沼莫辨於窮流臺靡遺於層構往往歸烏依依顧獸逢時之慶雖鍾思古之懷亦疚當昔周德資始靈臺是新繚以斯囿洽其至仁使芻牧畢入而猗犺皆馴目以靈知感通於異類大其囿見惠洽於蒸人固以垂耿光本亭育無私公共而有俟勿亟子來而以築不麛不卵仁叶於羽毛以薪以蒸惠昭於郊牧覆露功博誠明感深遂天性於物性即人心於已心白鳥不驚匪觀於狎物非熊已兆奚事於從禽嗟乎遺址全平餘風可挹想千古之蹤未昧嘆三代之英不及猶欲悠窺臨淹佇立微茫似隔乎煙水邐迤半臨於井邑見魚躍想坎窞於泉流聞鹿鳴訪陂池於原隰竟以陰壑蕭條荒榛寂寥無人試問有路通樵悵望風煙之景沈吟黍稷之苗今國家以崇古爲心宗周是繼且欲儲休祉降嘉惠園苑資靈囿之



規宮室擬靈臺之制是以愛物之誠溥好生之德均仁政潛施於上苑之內靈德已播於率土之濱然簡弋遊於暇日縱芻詞於賤臣稽制度於盛王百里猶小嗣風流於前古千載爲鄰

陸肱

肱長城人官湖州刺史

謙賦以滿招損謙受益爲韻

鑒天道之惡盈將守之以持滿窮易象之明義排溢美於虛誕鑒其體而如卑明其訓而非緩惟德之柄惟行之管

是以賢人君子雖百代而同光聖帝明王歷萬古而相篡然則謙之爲義與讓同標苟不由於斯理必災禍而自招是以道暎三皇明揚側陋智周萬物詢於芻蕘且聖賢而自貶何凡庶而可驕豈不思行高則憂毀於衆木秀則懼摧於飈矧夫陽光正中暎土圭而將轉陰靈纔滿隨蓂莢以旋消是故君子覩之以爲立身之本名彌彰而彌懼功彌高而彌損不耀彼而自上不明我而自混徒覩其退藏好閑養智於恬幽而坦坦卑以謙謙一辭而行將恥於躁三揖而進何有於嫌況乎海以卑廣居深山以鎮靜可久



楚莊懼功茂而終吉晉文恥戰克以無咎嗟凡今誇彼而競進何不覩斯而自守徒欲毀信廢忠謀訐自醜想進德之明義豈見充於虛受曷如君子稱物平施不生頗僻多者用謙爲裒少者用謙爲益不求翰音以待問必復厚德以珍席儻不伐之可嘉庶無媒以託跡

萬里橋賦（以殊鄉絕邑行役路偏爲韻）

萬里兮蜀郡隋都二橋兮地角天隅相去而如乖夷貊曾遊而只在寰區倚檻多懷結長悲而莫極憑川試望思遠道以何殊昔者滄海朝宗岷山發跡斯覩理水之要若啟鑿穴之役逮夫東土爲揚西邦曰益架長虹於兩地客思迢迢浩積水於千秋江流脈脈宇宙綿綿今來邈然結構應似途程甚偏將暫遊於楚岸欲徑度於巴川目斷波中過巫峯之十二心馳路半到荊門而五千徒覩夫偃蹇東流崢嶸二邑揭華表以相效刻僊禽而對立俄驚迴復潮生而夕月初明孰敢爭先帆去而秋灘正急眇天末之殊方有人間兮異鄉顧盼而層陰動色徘徊而浮柱生光飾月朧以雖同彼臨淮海度軒車而既異此對銅梁古來幾許行人曾遊此路跨緣岸以長存俯清流而下注寧爲駐



足之所莫問傷心之故復有逆旅傷情臨邛遠行壯宏制以靈鼉壓洪流而砥平家本江都羨波濤而自返身留蜀地偶萍梗以堪驚衍迤歸遙飄流恨結之子去兮揚桂棹長卿還兮建龍節既風月以相間固音塵之兩絕斯橋也可以濟巨川之往來不可以攜手而相別

知四十九年非賦（以賢者勖身知非昔歲爲韻）

往事多違今年覺非嗟忽度於時景懼將萌於禍機新年當艾服之初方能知過往歲比靈蓍之數未省防微試問何人云蘧伯玉以道爲喻因言自勖追向者以何及悟乎

生之不足處身而每在廉謹立志而常齊寵辱故乃追往日想當年似有失禮疑乎不賢懼愧於三千之內仍思於五十之前雖云時不再來悔無及也所謂過而能改善莫大焉想其悒悒自傷兢兢若厲悲急景以隙過歎芳時而川逝將以防彼終身警夫後世馳心於見善之末託意於思賢之際星霜不駐俄符大衍之籌容貌初移忽及始衰之歲況復日月逾邁春秋載新懼有乖於君子恐時同於小人前違而欲改安得後患而將遷有因百行維修宛見日新其德三緘乍啟可明言出於身自是一悔幽微全忘



矯假方同知過之士亡一作何異惡強之者朝來暮往故無得而踰焉亂世危邦則可卷而懷也窮其過兮嗟嗟莫追考其數兮七七惟奇豈因利而有改雖委骨而無移異買臣官達之期未然而覺契孔氏命窮之日既至而知由是三省爲人勞謙自責駟馬將追而莫遂中心欲悔而何益永示千載非惟半百故予當弱冠之年已知非於曩昔

乾坤爲天地賦以取類著言純乎元理爲韻

昔者聖人之作易也以乾爲天以坤爲地於乾則資始羣品在坤乃資生萬類乾爲奇矣以三而契彼天經坤蓋偶焉以六而昭乎地位吾嘗仰以觀其氣俯以察其區豈非乾者陽也坤者陰乎於陽乃天之德於陰乃地之符亦猶陽與剛偶陰與柔俱於剛乃天之義於柔乃地之樞況乃取諸物以非真取諸身而非據是則取諸上而象象咸立取諸下而吉凶斯著元亨之道配柔克以同歸先大之名與沈潛而俱去於乾則易知可察至健斯全其運也直其息也專爲君而長爲首而先爲馬以居要爲男而體元大矣哉確然示易若天之父萬物焉於坤則簡能可立至順爲理其闢也翕其翕也止爲臣於主爲腹於己爲牛以當



用爲女而資始至矣哉隤然示簡若地之母萬物矣故能酌此生植通諸鬼神究其情於大壯播其義於家人否以知屈泰以知伸授以復而其心見考之咸而其感陳亦何異分彼混茫清爲天而濁爲地定其律呂宮曰君而商曰臣既生而太極爲初並用而三才斯取彼策也三百六十此數也五十有五所以準此知道采之立言列之而其象顯演之而其卦繁蓋動靜之二體總牢籠之衆門斯可謂明覆載之德識化育之根故曰堯舜垂衣裳而天下治蓋取諸乾坤

## 元固

固刑部郎中沛子貞元朝歷官刺史國子司業

### 爲鄭相請朝覲表

臣某言伏以受恩之地中外則同戀主之心遐遠愈切臣素無方略又乏理能徒以久侍掖垣嘗叨袞職罪已彰於負乘位猶忝於藩維一違闕庭累變寒燠虛當重任未答鴻恩常恐愚效未申官謗將及敢不誓心奉職克己臨人哀矜獄情節省財用蠲逐誠慎終日憂勤而百越殊風庶甿失業流庸未復於田里逋賦乃積於歲時邕管防虞尚



勞師旅海南饋饟猶資費用軍府屢空物力將竭至如奉宣化理恭守國章臣實盡疲駑庶裨萬一將使寇戎殄滅食貨豐滋臣雖策勵終亦無及伏乞聖慈矜念天鑒照臨察臣審分之誠哀臣懇懇之意儻獲言旋京國重覲天顏則汲黯無恨於淮陽馬援不辭於瘴海矣微臣幸甚無任感恩戀主踊躍之至

## 溫任

任和州刺史道沖子

### 對承襲稱狂判

甲承襲稱病狂有司按以爲妄

求仁得仁孔子歎其無怨達節守節延陵慕其高風甲代襲衣裘家承茅土志無苟得爰作佯狂且元成讓兄初疑人望丁鴻避弟終感友言良史以爲美談志士稱其重義雖言詐善尚賢爲惡與其寧失猶曰從寬況觀過知仁求之不遠深明知足取則非遙而當斷以嚴科計其大體參也不敏何足知之

## 姜公復

公復天水人徙居九真官比部郎中



### 對兵部試射判

得兵部試舉人長垜請用樂節太常稱格令無文此乃選士之禮

射以觀德樂以和聲將選士於澤宮必張侯於相圃所以誓宗廟之賓客備饗宴之威儀何忽武夫而要雅頌豈徒強飲強食勞祝史之正辭采蘋采蘩令太常之奏曲且五善之禮無赳赳之武夫三耦之間盡呦呦之鳴鹿苟用捨而有異在格令而無文責乃其不然乎訴之又益恥也

## 劉巨川

巨川貞元時人

## 唐故劉府君夫人杜氏墓誌銘

夫人姓杜闕二字京兆人也自魏晉已來冠冕相繼載於史闕六字歲中原盜賊奔突避地東土因家南闕二字句容人也父諱闕一字志好高尚性唯沈雅閨門之內闕二字而成夫人卽其第二女也闕二字聰惠夙閑箕箒仁慈內闕三字則外聞年十九歸於劉氏可謂姬嬴敵美琴瑟闕三字族盛於當時闕一字作闕一字於後代府君不幸先夫人十闕三字君諱闕一字行闕四字夫人孀居晝哭至孝成家享闕四字孫有序何圖積善無慶遘疾彌留貞元十一年十月十一日終於江陽道



闕一字坊之第也春秋八十有四臨終之時頓闕三字神色不昧宛若闕二字嗣子二人長曰處鍠前試上元縣闕一字次曰處巖並早承庭訓闕二字所稱泣血居喪哀毀過禮屬年月闕二字龜筮共違且以其年闕二字月九日權厝城南後合祔先府君之塋禮也闕一字恐因循歲月邱闕三字見命斯文用誌幽壤銘曰闕八字名齊舉案貌甚傾國闕二字三從闕二字四德窆於荒原松櫝斯植

周行先

行先德宗時人

## 爲陝州盧中丞請朝覲第一表

臣某言臣家忝儒門才非國器生休明之代遇堯舜爲君束髮從官三十餘年矣曩日佐幕獲在湖南蒙先聖察臣效愚錄臣克謹歷外臺三院知留務五年頻降絲綸驟登朱紫天慈子育不集戾於微躬君父之德且深昆蟲之力難報臣某中謝伏惟陛下繼明授圖誕敷至化特授以刺史兼經略觀察等使頊容管鎮任職方隅逮茲五考要荒



外服僻陋在夷不能賦車籍馬以給國儲不能籲羣饋餉以賑軍食忝列位聯率慚無匹間歲陛下避狄奉天省方梁漢臣不獲身當矢石血濺兇渠及陛下掃除妖氛再造區宇臣復不獲扈蹕清道執戈啟行且霑率土之毛莫展事君之節此臣所以內訟刻骨上思訴天苟貪符竹之榮實懼素餐之刺臣今年踰知命齒髮已衰官守炎陬星霜屢改乏中和之理行無考課之彰聞而炎癘暗侵桑榆漸迫常恐一先風燭永謝聖朝況復不識覲見之儀未知班瑞之禮忝雁列序空聞於禮經鵷鷺同行欲求於夢寐伏

惟皇帝陛下煦育動植酌心元元垂仁降慈俯遂愚懇許
臣得對敭休命抃舞薰風則朝拜玉墀夕歸泉壤愚臣生
不恨矣死且不朽

為陝州盧中丞請朝覲第二表

臣某言昨遣奏事官馬元宗附臣口奏請赴朝覲馬元宗
迴奉宣進止語臣云君臣之情不厭相見朕與卿心無二
緣途路稍遠卿來後卽不免朕憂況乍收復洺州士庶恐
未安泰須卿存恤未能遂卿此志且不須作來意者皇靈
特降天語密開俯伏流汗殞越無地臣某中謝臣內顧庸



虛謬居藩鎭日月云邁倏然三年空荷邱山之恩未伸絲
髮之效曠肝瀝膽豈盡愚誠從頂至踵皆承元造夙夜祗
惕悼心失圖誠願暫覲鴛鷺之行獲陪羔雁之列特近宸
睠親奉德音則朝聞夕死臣之甚幸而軍城初復天意遙
軫戀結之至尚仰懇誠今疆場無虞干戈已戢軍儲戎賦
幸有支持伏望天意許臣至冬末春初已來暫赴朝謁得
申犬馬之志庶盡葵藿之心碎首糜軀死之無恨

王藹

藹字望之太原人水部員外郎華子

祖二疏圖記

吳郡顧生能寫物筆下狀人風神情度甚得其態自江以
東譽為神妙有好事者先賄以良金細帛必避而不顧設
食精美亦不為之謝乃曰主人致殷勤豈無意邪何不醉
我斗酒乘其酣逸當無愛惜乃張素座隅前卽置酒一器
初沈思想望搖首撼頤忽飲十餘盃手（一作斗）無三揖主人
曰酒興相激吾將勇於畫矣午未及夕而數幅之上有帳
於京城之外帳中有筵筵中有犧尊二壺觥卽求而罍斝
卽倍犧壺之數而樂師差於前樂有竽琴瑟有笙鏞有缶



有筑有鼓而鞭若鼓手以合奏也列坐皆冕帶盛服有持
算主事者有捧斝就飲者有憑軾徐來者有目於騎而回
者有仰吻而咍者有俯首而肅者有避席而遺簪履者有
促襟而將進者此漢公卿祖二疏也主人久視而問曰東
嚮而坐卽行客也去國離羣而容無慘恨何為妙曰二疏
之去乃知足也非疾時也非時之不禮也非危於禍機也
非避於讒口也非失於權利也旣辭勤於夙夜而果其優
游故顏間無慘恨之色主人歎曰旣不為利易已之能潔
也嗜酒而混俗何其高也圖二疏以遺於時俗勸也求其

能狀物之情者孰有勝乎

諷詐

禮法不可斯須而去有以禮法而爲災忠信不可斯須而去有以忠信而爲禍禮法非災人之端忠信非禍人之本理或有害則禮法忠信爲禍人之萌狂瞽人之所惡也效之則恐不及其真荒酗人之所恥也履之則恐不自其性狂瞽誠可惡也荒酗誠可恥也臨難而保全則狂瞽荒酗爲藏身之藪禮法忠信直也狂瞽荒酗詐也以之保全則直不如詐之功嗚呼三皇之前無所用五帝之後無所不用



姚峴

峴官陝虢觀察使于頔參軍不勝頔暴虐自沈於河

對典樂羽籥判

乙典樂掌羽籥干戚不知屈伸俯仰人或非之云所主者器未達其文

聲以成文樂可易俗期於五者不亂故使八音克諧爾乙於何典斯器也爰執干戚雖職列伶官徒紀鏗鏘則義同制氏欲使齊其綴兆節以屈伸縱曰伸由兼人不及鍾儀守職周旋罔墜禮儀何愆或者見非誠爲參不敏也而辭且能順勿謂夔其窮歟

許勃

勃官祕書丞

論語筆解序

昌黎文公著筆解論語一十卷其間翱曰者蓋李習之同與切磨世所傳率多訛舛始愈筆大義則示翱翱從而交相明辨非獨韓製此書也噫齊魯之門人所記善言既有同異漢魏學者注集繁潤罕造其精今觀韓李二學勤拳淵徼可謂窺聖人之堂奧矣豈章句之技所可究極其旨哉予繕校舊本數家得其純粹欲以廣傳故序以發之



李冉

冉德宗時官右司郎中

舉前池州刺史張嚴自代表

臣某言伏惟建中元年正月五日制條諸州刺史授訖於四方館上表讓一人自代者前池州刺史張嚴苦節立身直躬激俗潔廉惠愛特異常流自軍興以來職役繁重江淮百姓多有流亡張嚴在任三年闢田加戶頃因公坐法

至免官在理可容原情堪錄臣當州自定兩稅以來訖今四歲戶口減省差科日增臣無政能坐待顛躓使嚴代處必有成功伏望天恩遂臣誠請無任悃款之至



欽定全唐文卷六百二十三

宋申錫

申錫字慶臣史失其何所人第進士寶歷中累轉禮部員外郎充翰林侍講學士文宗大和二年拜尚書左丞進同中書門下平章事五年罷爲右庶子再貶開州司馬七年卒開成元年詔復正議大夫尚書左丞同中書門下平章事贈兵部尚書謚曰貞

義成軍節度鄭滑潁等州觀察處置等使金紫光祿大夫檢校司徒使持節滑州諸軍事兼滑州刺史御史大夫上柱國隴西縣開國公食邑一千八百戶李公德政碑銘 幷序



夫辰象上分於天聖人以躔次而辯乎九土川嶽下鎮於地王者以疆理而準乎四海我唐受命以立人極參天地之數體皇王之道懸爵祿裂郡縣以牧兆庶以敍羣林是以內有宰衡宗工之職尹正天下緝熙庶績外有方伯連率之任董訓戎律考察風俗伸之而憲章大備本之而神人協和交暢龐鴻耿耀休烈故能光宅萬國德隆三代忠賢間出翼戴扶衛騰英聲於夷夏炳洪模於簡冊建中四

祀盜據宮闕德宗皇帝遵避翟之義行巴漢之狩時則有若太師西平王戡大難定大功拯遏橫流匡復社稷精誠貫於日月神用迅於風雷陰德感於生靈元忠書於甲令超卓百氏芬華一門此公之代業也至若貳師成功於西域飛將名播於北平校尉奪胡虜之氣侍中踐戎馬之地太尉父子以大議佐國樂安弟兄以持功居位博士講論於武觀諫議朝拜於蘭臺兗州以清約率下白馬以功直著績植節抱義秉武興文何代無人今古相望此公之胄緒也以言乎西平王則長源峻址從而可知也以言乎公



則蕃衍茂大推而可知也公名聽字正思西平王第八子也幼有遠略長而喜書幸賢將帥之風推歸慶忌周勃簡重之體多屬條侯常加心義揣磨功名感激採前古成敗之事識先儒勸懼之旨雖任子以著令輕起家而就拜釋褐三遷調補祕書省著作佐郎鴻翼將摶於九霄驥足未展於千里始慷慨而徇志故優游以從軍自是改殿中侍御史領襄陽行府之職有鄜定進者故為西平王麾下小將也後以事獲罪械傳靈臺公知其有武力他日之可用也以部曲故吏送之咸陽定進感公之知唯恐不得其死及討劉闢負羽前驅以功入為左神策軍將軍因以激語感動軍尉曰西平王嘗以此軍收京師宜選子弟參用慰撫詧常山恣睢不修職貢詔發禁旅涉河問罪公欲因事自顯決然請行至止之日公陰察潞帥盧從史首鼠兩端輔車合眾公獻策於護軍中尉吐突承璀請遂擒之承璀不之應也以權不在已未敢先動乃察疏其事指言可取雖將不內御而詔已中決項刻未就危變在慮公曰事集國家無遺鏃之費坐復五州之地不集獨可斬一夫之首以徇三軍之士給出潞壘縛於檻車協力同功以時參定



特拜左驍衛將軍兼御史中丞破虜書勳功高出冠於諸將疇庸茂典衛尉入侍於未央朝廷益器全才將委重任試以牧人之術觀其馭眾之能旋授蔚州刺史自蔚州五遷至楚州刺史以忠信治軍旅以慈惠恤鰥孤以易簡為吏師以謹嚴親警衛守三郡將兩軍去如始至言皆可復而富利之及於人功實之濟於國者布在州里播於聲詩公之守飛狐也屬艱難之後開元舊制寖以隳廢鎔冶牟利殺雜為巧雖死罪必報而奸弊不禁公剏開五鑪日鑄炫錢五萬作為儉式無敢誤犯人受其賜於今稱之公之

據安陸也以上蔡不庭專部進討公提徒步之卒餌狼虎
之口當矢石者十七戰拔營柵者十四所麾申州外壁撕
鍾山全邑其所挫敗不可勝紀公之牧山陽也會鄆盜挺
禍天兵壓境公引壽春金痍之旅雜淮陰篙楫之師與五
諸侯分疆夾擊水陸兼道直趨朐山公獨當一面首下四
邑奉詔最後成功最先傳海拒河人心惶駭繫公勇進殆
至撲滅自楚州三遷至太原尹河東道節度使自中憲六
加至檢校右僕射司徒若貫珠疊玉天與神授不知其所
以然也公之節制夏臺也執專征之弓矢驅犯塞之犬羊



堡壁作固於金湯烽燧不驚於疆埸三月而報政周歲而
策勳去病轉戰於隴西張堪殷富於河北我有餘俗時多
與能公之分閫靈武也兵三覆以敗戎虜田萬畝以實倉
箱地搜遺利百千計歲省公費二十萬破羌之略合充國
之前規積粟之多曷唱沙之有備公之居守太原也一年
而枹鼓不鳴刑政以清二年而足食足兵荒閑輯寧三年
而事有常經皆可作程五倫之去會稽攀車叩馬陳蕃之
離益部老泣幼啼各極一時不謝二子寶歷元祀公朝京
師敬宗皇帝引對便殿勞問之禮有以加等秉圭入覲韓

侯更錫其輅車鳴玉在朝士會亦加於冕服賜諸侯以鈇
鉞換大將之旌旗改拜義成軍節度使鄭滑潁等州觀察
處置等使兼滑州刺史餘並如故崇廟中受脤之重膺閫
外推轂之寄威令先路仁聲載途班白孩提踊悅相賀畏
賈父而來晚恐杜母之不至公行將入境坐鮮溫席問黎
人之疾苦推征賦之輕重相山川之頹壞審倉廩之虛實
閱甲卒之眾寡量衣食之薄厚如風偃草大革謠俗元和
中歲師旅薦興鄰境官軍寄食吾地物力殫屈比屋流離
簿書有堆委之煩閭井有徵責之弊逋租宿貿繫於空文



一旦之間盡削名數以度量權衡緡鏹可計者大凡七十
八萬若大旱之沐膏澤窮陰之煦陽和感動人心聲走區
夏朱暉之明惠貸劉寵之去煩苛方其事實不啻過也施
於有政曾未逾時爰適樂郊就庇德宇視遠猶邇相與如
歸外入版籍者二千家新墾荒萊者三千頃信臣之耕農
歲闢桓階之人戶月增比其惠懷曷足多也先是瀕河之
地殆百萬畝以權力相假以富利相贍因其饒衍竊占經
界公視其沃瘠之上下與其藝植之勞逸稽夫家之數計
種食之費度地任力隨而受之農其茂功土化甘壤一軍

絕歉食之歎萬井興多稼之謠王景之起廢蕪崔瑗之變蒲蘭較其功利無以加也日者水旱無備帑藏不充兵食有菽麥之雜軍裝乏繒纊之制公省溢員之職罷冗貿之徒收散墜之羨財減浮靡之甚費用此惠濟沛然有餘行及其期不愆於數耿秉簡易以經務段熲仁愛以垂聲參其能否非所貴也戎馬之地氣尚雜習三河之所殷會四方之所枕帶逋逃容隱而爲藪萑蒲積習以成風人用輕生吏不知禁公糾察有制寬猛相濟涉道途者若游於堂室設門廬者罕用於關鍵重裝大賈通行晝夕岑熙之犬



不驚吠黃霸之路不拾遺考其政術詎可稱也軍有親老加之以衣服卒有死喪賻之以布帛籍有虛缺差第其功勞職有罷免選任其子弟而又勤其部伍習其武藝辯背水登山之形勢明攻城野戰之便利校弓矢之疏密試劍戟之鋋鈍人百其勇士一其誠懷德惠而恐沒其身負恩澤而不愛其死郄縠之義府斯在韓信之軍法以行宜乎表正羣方藩屏王略居三公之府作十連之率自朔方以抵於右輔自沛郡以至於滑臺出入數十年緜亘數千里重侯奕業龍節武符森棨戟以連戶擁旌軒而接壤皆公之弟兄更拜迭代自兩漢以來未有如公茂族顯赫於天下也握重兵居要地而人心不厭受高壽食厚祿而時情未滿實以西平王勳德方傳於帶礪而公之績用克紹於堂構者也聖皇踐位之明年以大和紀歲號庶政惟新萬物更始雲龍協而君臣同德天地交而邦國泰寧三州耆艾百城庶吏介胄之士緇黃之徒莫不感公之仁歆公之惠塡城溢郭越月逾時或裹糧以卽路或零涕而乞拜公始諭之以義終則詰之以威而人心逾熾勢不可遏監軍使宋守義列疏其事上方憂勤理道屬任長帥於是降發



中之命旌得賢之舉披文以徵乎衛鼎述德以方乎晉鐘宣暢能事允歸行實公抗疏牢讓謙懼不稱然帝心所重終不得請君子謂公之建一碑也獲三善焉邦人愛戴形於文奏一善也懇辭疊至乞寢篆紀二善也茂功顯跡存乎不朽三善也成此異美煥乎國風庶元凱之勳永垂芳於峴首竇憲之績不專耀於燕然詞臣奉詔勒銘貞石其詞曰

天地正氣間生人傑雲雷遘屯卓立勳節社稷匡復神祇感悅方夏乂寧祆氛盪滅德不望報功無自伐拯彼生靈

遏其潰穴公之代業兮耿乎前烈其一海嶽粹精炳爲英靈代濟忠賢國有典刑下績侯服上應將星桓桓武功郁郁文經才實兼姿登翼泰寧出車受脤疊耀帝庭公之似續兮播乎德馨其二剖符三郡鈇鉞四鎮待物以誠示人必信靈邱法鑄安陸接刃淮陰降旗朔方乘釁鳴沙翦寇并州不陣惟道是從惟義是順公之報政兮秉圭入覲其三郊勞有禮宴喜有容披呈肝膽協契雲龍振耀來儀欣戴時邕宏宣利澤懋建功庸錫以輅車賜之歌鐘麾幢迭代帶礪分封公之事業兮載援高蹤其四西自朔方亘於右輔東及



淮徐達於鄭圃政循兄弟軍傳子父陟爲龍光襲彼龜組並列門戟俱開幕府輝煥丹青超卓今古公之慶鍾兮享此多祜其五廣武絕澗黎陽要津河山氣象京洛風塵勁卒利兵暢轂文茵殿於是邦牧彼疲人當朝受命指日遄臻華巔熙熙翦髮欣欣公之戾止兮煦然如春其六淄右不虞王師問罪兵車騷動道途繁會徵責征營伏竄顛沛詔布惠訓周知利害虛籍必除逋租盡貸罔不禮畏罔不愛戴公之去弊兮同傷是賴其七商歸市井農復田疇甍棟雲羅犨馬川流昔歎兩岐今也惟杯昔歌五袴今也重裘門罕扃固路無苛詈俾之懽康不復勞愁公之惠化兮實在賢侯其八邈岐壘垣增除戎器精練武旅馳驅介駟屏履餘資倉儲大備其下皆讓與人共利金散廊廡風行土地善則歸人材無所棄公之諮訪兮允協軍志其九輝宣理行旌別循良尊臨千里表率一方彼邦之人出言有章媚於天子覲爲國光豈無竹帛豈無旂常願茲篆刻可揭康莊公之德政兮垂休無疆其十

## 熊執易

執易貞元元年進士官右補闕



### 武陵郡王馬公神道碑

大唐將軍能扶贊神武斬艾不王者曰太尉扶風王薨二十二年而長子蔚州牧御史大夫武陵王鉞自朔易歸葬於萬年銅人原貞元戊寅歲五月六日克窆禮也嗚呼自代宗末洎今上貞元二紀之間所求乎高明昌盛之家伯仲肯構之力而能保勳烈於上繼事業於下包前慶以滋大食舊德而日新者蔚州有焉公諱某字某其先茂陵人在堯舜揖讓之盛則庭堅作士而五刑五流克明伯益作虞而草木鳥獸咸若在殷周質文之際則造父啓封而

秦始大宣孟作忠而晉蕃衍此其泉源之奥焉洎炎靈反動伏波爲漢室天柱文教中興南郡爲孔門木鐸此其祖宗之表焉在皇朝松安嶲鄯四府都督隴右節度加郿鄜三州刺史右武左武二衛大將軍扶風公食邑千戶贈光祿卿府君諱正會公之曾祖也左司禦率府兵曹參軍贈太子少保府君諱晟公之皇祖也四鎮北庭涇原鄭潁等節度使開府儀同三司尚書左僕射知省事兼御史大夫扶風郡王贈司徒太尉府君諱璘公之烈考也於戲在元宗時太尉仗劍萬里建績二庭實獵邊陲振揚公闔七戎



六狄莫敢內侮蓋神貺靈慶公生伊西實忠精是感也在肅宗時太尉乃唱大義以踰絕域提一旅以應王師既清西夏乃定有洛功蓋郡帥勳在二京公與母弟績戀於大荒來寧上國覲茲盛業實勳烈有嗣也在代宗時太尉乃總大兵居上將載雲旗控朔陲旄頭銷於昇轂蟻聚遁於虎落葉揮而載氣讋戎旆火烈其威金聲方革羶腥不敢邇邊者十年公實耳目旌門手足閫壼萬鍾之賦自我以財成七校之雄多子以暢遂實父蠱裕而天寵浹內行積而公議歸也故公自初命四遷至太子左贊善大夫歷光祿少卿左驍衛將軍從祖司徒節制太原奏統中軍兵馬拜左衛將軍武陵王尋加御史丞丁內艱起復右衛將軍兼雲州刺史大同軍使遷代州刺史石嶺鎮北兵馬使代北軍使爲本道所請復將中軍兼御史大夫遷蔚州刺史橫野軍使代北都知兵馬使嗚呼公之致身也以言乎天性則挺奇表於勁俗叶嘉慶於神州徇國可以彰忠克家可以明孝以言乎朝容則階貴胄以統環衛著通籍以履周行仍朱戶可稱赫翼宸居是謂嚴重以言乎邦政則本慈惠以撫三郡導滋殖以厚萬人乘塞寢柝智也告終罷



市仁也以言乎戎律則盡瘁以被乎戰陣戮力以承其師帥書功在代郊可不曰勇哉啟手足歸全可不曰果哉總衆美而可覆恤乎昔其如在藹有茂實念無媿辭夫人南陽郡樊氏故侍御史衛州別駕晁之女之死之歎毋天莫移嗣子前汾州平遙尉澹次泳湘漸汭深免喪之哀心目皆瞿長女歸濮陽吳會次服沙門之教次歸汝南周邕洎幼女三人婉稚年以室處公之令弟皓右神武軍將兼御史中丞稟天策以警紫垣統禁旅而環黃屋貞忠一德同力帝家存沒永違茹哀天壤次晞前太常寺奉禮郎次熤

前揚州參軍並擢宏文館明經盛矣夫光祿之威愔西陲少保之道高齊俗太尉之神扶聖祚君侯之惠敷朔郊將軍之忠衞宸極君子曰田宗三王彼可全矣石氏萬石我何謝焉嗚呼非夫人明柔慈愛孰撫吾室非愛弟仁厚忠肅孰昌吾族而諸孫能承佐先軌懼隕厥問周爰叔父之仁旨載揚景行之遺烈敢稽代緒以表道周銘曰

將星有耀燭天煌煌武庫多林我宗最良在昔光祿登壇保疆乃擁節旄以扼河湟左袵畏慕右地雄張降及司徒其道大彰遭德孔艱致命一匡既復區夏乃執豺狼彤弓



專征元戎啟行實倡九牧以定四方賢哉長嗣居焉廟堂庸勳是承父子皆玉再秉龍韜中軍以揚出授魚符北地周康古人有言遏逸前光令子罔愆繼序不忘精騰魄復天望地藏高墳揭然豐碑在旁雨露既濡松柏蒼蒼獨有代功著於縑緗

## 崔膺

膺博陵人爲徐泗濠節度使張建封客

### 金鏡賦 有序

鏡之鑒也雲不能蔽風不能搖涵虛待物物莫之撓有同君子執恒德不惑於變故志而賦焉

太陰之精流爲金英隱耀山谷待人啟明在鏡未辨因扣得聲良工揀擇銷鍊專誠我非工不能成器工非我無以發名於是考斗建候天清波上飛焰日中鑄成磨洗既畢澄瑩秋日玉匣初開寒光飛出仰映晴空天地洞通萬象在中虛涵不窮湛爲寒潭搖爲飛電任在公以無心有妍媸而自見鬼無遁靈怪無隱形潛應變蝕氣運青冥向陽烏而燧發照金波而水冷或青春曉靄挂於廣庭照耀承霤皓景延晝乍見紅顏之外透忽驚粉壁而中漏待物以



虛無大不受煙蘿遙列於階前青翠倒寫於堂後或夜懸高閣或遠臨澄江色合天而爲一規分月而成雙元蟾躍影於藻井姮娥飛豔於前窗有時深房倚在暗壁隔簾帷之重掩誘雲山而入隙方高臨以思元見寥天之凝碧若乃窮陰歲暮風沙號怒雲掩七曜而光絶波揚百川而影滅宇宙晦蒙我獨皎潔羣物蕩搖不撓澄澈時清則動日月而揚輝天昏則與氛霧而迴别人皆持此以飾容予將鑒之以明節

### 靈識和尚塔銘

至道惟微明者見之佛性本空達者悟之若根非宿植智非天假叩虛求有終無得焉爰有高門之慶鍾爲釋門之秀曰靈識和尚俗姓趙氏本天水人唐御史大夫范陽節度使章之孫侍御史陶之子不敢遠述世德尊梵教也和尚生而聰明嬰孩有異鶴不舉翼居然沖天之姿蓮未出池已爲不染之質弱歲不樂浮華稽請父母入道年十五削髮二十受具一悟真乘永離纏縛地超殊境愛斷俗緣心游寂寞縱自在於方外身等池水遺哀樂於世間遂衲衣蔬食趺坐一床身不偃臥以至終壽水澄則照萬象皆



澄心湛不動衆自來歸法既流行身乃歸化以貞元十六年五月二十三日夜右脅著地疊足涅槃於揚州江陽縣向善寺春秋六十夏臘三十弟子自悟等心受遺教耳絶惠音雙樹既枯百身何逮今與弟子志悟等建塔於江陽縣弦歌里以膺久閱行實故命爲銘曰

雲生虛空行無所止偶過爲雨施澤則已羣生既蘇昏醉醒起乃順大化反真太始默誨黎甿哀傾都市人妄悲傷我無生死示身於世如漚浮水起滅相尋夭壽一矣塔閑九原法流千祀後人聞風仰德於此

## 李宣

宣貞元時人

### 對立生祠判

甲有惠政被立生祠百姓祈禱因而獲福或告有妖術訴云非所能致

考龔黃之跡窮卓魯之化不孤良吏可謂能賢甲惠訓聿修仁政斯舉丕變舊染化居恒風歎歌邵之徒勤想借寇之無及冀全遺愛遂建生祠歿無媿於張蒼存不謝於王渙因心所感縱獲福而何傷唯道是從豈爲術之能致告



之誠謬訴乃有孚

## 韋渠牟

渠牟京兆萬年人初爲道士復爲僧興元中韓滉鎮浙西奏授校書郎進四門博士貞元十二年擢右補闕内供奉歲中至諫議大夫再擢太常卿貞元十七年卒年五十三贈刑部尚書謚曰忠

### 商山四皓畫圖贊 并序

故人清河房茂長刺商山成簡靜之化曰隱居之類也畫茲圖以貽予緬乎沈吟想似之不足故爲文以懿之詞曰

煥煥煌煌。爲圭爲璋。孰光乎不耀之光。幽幽深深。爲山爲林。孰繫乎不繫之心。足知乎虛室生白。元門不關。流水去住。清風往還。豈比夫稷契在世。巢由在山。一物有累。兩心不閑者哉。閑之謂何。簪裾薜蘿。本不干我。豈云其他。熙熙忻忻。與時爲春。匡漢避秦。惟茲四人。於德之鄰。不孫其身。於澗之濱。不迷其津。繪事後素。孰知其故。想像儀形。念茲丹青。煌煌紫芝。深谷逶迤。俛仰今古。空林佳時。鳳豈無德。鸞皆有聲。出處語默。商山白雲。

## 韓皐



皐字仲聞。太傅滉子。擢賢良科。貞元中累拜尚書右丞。元和時授忠武軍節度使。入爲吏部尚書。兼太子少傅。長慶元年拜尚書右僕射。爲東都留守。卒年七十九。贈太子太保。諡曰貞。

### 廣陵散解

妙哉嵇生之爲是曲也。其當晉魏之際乎。其音商主秋聲。秋也者。天將搖落。肅殺其歲之晏乎。又晉成金運。商金聲也。所以知魏云季而晉將代也。慢其商絃。而與宮同音。是臣奪君之義也。此所以知司馬氏將篡也。司馬懿受魏明帝顧託後嗣。反有篡奪之心。自誅曹爽。逆節彌露。王陵都督揚州。謀立荆王彪。毋邱儉文欽諸葛誕前後相繼爲揚州都督。咸有匡復魏室之謀。皆爲懿父子所殺。叔夜以揚州故廣陵之地。彼四人者。皆魏室文武大臣。咸敗散於廣陵。故名其曲爲廣陵散。言魏氏散自廣陵始也。止息者。晉雖暴興。終止息於此也。其哀憤躁戚。憯痛迫脅之旨。盡在於是矣。永嘉之亂。其應乎。叔夜撰此。將貽後代之知音者。且避晉魏之禍。所以託之神鬼也。

欽定全唐文卷六百二十四

浩虛舟

虛舟。隰州刺史聿之子。中宏詞科。

解議圍賦以詞理精通釋然自潰爲韻

王子猷之延賓暇時。偶切磋於經史。遂交戰於言詞。出奇而彼力方壯。向敵而吾矛莫持。阻辯口而不通。去來都絶。閉赤城之深固。中外生疑。既而謝婦側聆。翠帷潛至。察攻討之餘勢。知勝敗之有自。情甲遂闢。縱堂上之奇兵。靈府忽開。出身中之利器。是用自伐。期乎不爭。因漁獵之近習。得籌謀之至精。縱吟嘯爲鼓鼙之雄。倍增其勇。察顏色爲風雲之候。暗識其情。然後以德而攻。當無向背。迎心石以奔北。望詞鋒而亂潰。一來一往。環回於文苑之間。或否或臧。蹂躪於儒林之內。已而容勢相懸。抵摧莫前。擊觸而剛腸已折。交侵而銳氣難全。去不可逃。顧咽喉之絶矣。敗無相救。覺脣齒之茫然。觀夫忠甲不免。德藩何益。望風而堅勁不保。挫氣而秉持盡釋。俄執訊於折角。將犒師於重席。驗運輸而經笥不窮。察包裹而智囊猶積。是以扞格斯闢。書文必同。逆無不服。滯無不通。義櫓罷持。倒載於德車之上。仁寶悉獲。橫行於王道之中。故得學海長清。言讎不起。百家咸湊其軌轍。六籍各分其疆理。是使孤陋寡聞之徒。永願服膺而已。



王者父事天兄事日賦以子弟誠賢國家靡失爲韻

二儀覆載。德之廣者唯天。三光照臨。明之大者唯日。故王者於天也父事無怠。於日也弟恭靡失。布和施令。將成不宰之功。明目達聰。欲亞無私之質。當其萬邦作貢。四海爲家。仰元氣而晨昏靡隔。指陽精而伯仲非賒。草色難窮。屢軫南陔之戀。棠陰易匿。常思棣萼之華。所以化洽中原。祥臻上國。法寒暑觀從政之道。無薄蝕見相容之德。登封泰嶽。猶疑陟岵之時。展禮東郊。似望在原之力。愛敬無斁。恪恭盡虔。窺一氣異歷山之泣。攀六龍爲荀氏之賢。覆燾成功。且異靡瞻之義。古今垂象。難窮以長之年。且夫致敬唯精。傾心仰止。誰嬰同席之亂。誰效攘羊之旨。曾聞有闕。遠懷幾諫之心。每懼曰明。寧有遠遊之理。所以法前哲規後嗣。播洪猷。恢至美。教天下之爲人子者矣。又若卑已謙恭。端心愷悌。同明無終鮮之歎。可愛有既和之體。桑榆未及。魯衞之道咸興。葵藿皆傾。管蔡之讎不啟。所謂扶枝葉固根蔕播仁風匡大禮教天下之爲人弟者矣範人倫者莫先於元首遵孝理者在致乎精誠必有尊也天其父必有先也日其兄九服洽和若嗣高於廣大萬機洞照契承照於貞明故得孝道日彰休聲風靡指圓蓋兮欽若仰紅輪兮翼爾由是海內無賊子姦臣吾君如此

行不由徑賦 以處心行道有如此焉爲韻

澹臺滅明幽棲武城感樸直之風散惡姦邪之徑生苟正其身寧偏僻而是履不以其道故斯須而不行想乎塵滿荆扉草迷荒野追遊不慎其經歷咫尺固難於出處鍾山



石上杖藜之意殊乖蔣氏庭中攜手之期頓阻牢落幽居交從日疎顧履危之若是將苟且其焉如訪野徑以閒遊恐穿松竹出衡門而獨步不邊園廬嘉夫礪志草茅規行畎畝避幽隱以不到視崎嶇而何有蕪城獨賞寧遊舊井之間山館時歸肯逐樵人之後至若草樹沈沈幽芳阻尋絡野之茅陰自合緣溪之苔色空深以遨以遊見徇公滅私之志一動一息有去邪祟正之心是以蕭索鄉閭虛閒襟抱優游多轍之窮巷來往疎槐之古道花間絕跡念蹊樹之徒芳原上無人惜臬蘭之暗老且遵道如砥持心若紘信無私以白首將抱直以窮年顏生負郭之田有時窺矣謝氏登山之屐無所用焉既而披蔓草之荒涼見遊人之邐迤方檢身於邪正寧繫懷於遠邇楊朱悲道喪事亦如斯阮籍哭途窮意殊若此當舉直以錯枉冀風行而草靡苟非賢智之爲心孰能如是

陶母截髮賦 以賓至情極無惜傷毀爲韻

陶家客至兮方此居貧母氏心恥兮思無餽賓斷鬢髮以將貿庶珍饈而具陳欲明理內之心不求畫飾庶使趨庭之子得以親仁原夫蘭客方來蕙心斯至顧巾橐而無取



俯杯盤而內愧啜菽飲水念雞黍而何求舍已從人雖髮膚而可棄於是搔首心亂低眉恨生畏東閭之恩薄歸北堂而計成拂撮凝睇抽簪注情解髮而鳳髻花折發匣而金刀刃鳴喜乃有餘慙無所極窺在握而錯落撫垂領而綢直鋒銼不礙翻似雪之孤光倭墮徐分散如雲之翠色已而展轉增思徘徊向隅元鬢垂顱而散亂青絲委簟而盤紆象櫛重理蘭膏舊濡傷翠鳳之全棄駭盤龍之半無觀夫擢乃無遺斂之斯積凝光而粉黛難染盈握而膻穢是易將成特達之意欲厚非常之客賓筵既備空思一飯

以無慙匣鏡重窺豈念同心而可惜及乎宴罷空館閑成曉妝纔換新髻欽迷舊行誠伐木之可親疎而是愧苟如珪之足慕斷亦何傷重義者情莫違厚慈者身可毀語其決同勉虞之一戰思其仁逾訓孟之三徙昔咸曰陶氏所以成大名母賢如此

## 盆池賦 以積水盈器如望深池爲韻

達士無羈居閑創奇陷彼陶器疏爲曲池小有可觀本自挈缾之注滿而不溢寧踰鑿地之規原夫深淺隨心方圓任器分玉甃之餘潤寫蓮塘之遠思空庭欲曙通宵之瑞



露盈盤幽徑無風一片之春冰在地觀夫影照高壁光涵遠虛潛窺而舊井無別就飲而汙罇不如雲鳥低臨悞鏡鸞之縹緲庭槐俯映迷月桂之扶疎是則涯涘非遙漪瀾酷似霑濡纔及於寸土盈縮不過乎瓢水蘭燈委照以珠動紈扇搖風而浪起沈蛛絲爲羨魚之網深抵百尋浮芥葉爲解纜之舟遠同千里想乎泥滓無染泉源本清盛之而細流不泄鼓之而圓折長生蛙穿而別派潛通想漏巵之難滿雨落而古痕全沒知小器之易盈及夫岸灩灩以初平水汪汪而罷漲韜雲分白壁之色映竹寫圓荷之狀光翻曉日誰謂覆而不臨底露青天孰假戴之而望至若煙靄沈沈莓苔四侵方行潦而不濁比坳堂而則深遂使好勇之徒暗起馮河之想無厭之士潛懷測海之心故得汲引無勞泓澄斯積環纖草以彌漵泛流萍而更碧沙洲連一畝之地山翠接如拳之石悠哉智者之爲心聊覩之而自適

## 舒姑泉賦 以記云舒氏女化爲泉爲韻

漂水之上蓋山之前昔有處女化爲澄泉瞻風而豔色如在責實而寒流宛然原夫曠別幽室暗悲韶年顧容華之



莫守望世人而都捐儼弱質以徐來顏猶灼灼委貞姿而色動聲已涓涓眷戀無心悽涼故地念嬋娟之可惜驚變化而殊異俯視清流託誠幽意陳甑習而斯在庶精魂之能記素鱗頳尾渾非舊日之容急管繁絃徒盡生平之志既而水府潛處幽冥既分凝情而澂斂寒色冶態而波生細文泛浮影於中流遙疑嫋嫋逗鳴湍於別派遠若沄沄由是鱗甲與遊綺羅長阻迷綠沼之迴復忘紅樓之處所源通湘渚寫幽恨於靈妃流達漢皋導春心於游女淨色含虛清輝皎如煙凝淚以香起苔斕斑而錦舒浦水光搖

似動橫波之末岸莎風靡如存鬒髮之餘想夫紈質已消陰靈未謝濯衣彩於花晝洗鏡光於月夜泠泠不濁殊畫地以俄成潏潏無窮類拜井而潛化且靜而清者水之宜柔而順者女之爲憶朱顏之婉娩尋碧澑之透迤浮沫粉聚懸流淚垂泛蘋藻而翠翹零落動菰蒲而綠帶參差及夫亂草丰茸古墟荒毀雜泥沙之汩沒蔽音容之妖靡至今閭里之人空傳其名氏

射雉解顏賦 以藝極神驚愁顏變喜爲韻

昔賈氏子其容似鄙伊室家兮中心莫喜將非匹以爲念



懼無能而是恥自初笄之歲終日低眉因獲雉之辰有時見齒原夫他室是託芳華正春謂妖容之可恃顧陋質以難親自西自東每棲棲而反目不言不笑常脈脈以凝神爾乃釋恨無方從權有計因如皋以肆望逞若神之絕藝執弓挾矢期應手以無遺果志愜心冀迴眸之一睇已而健馬蹄疾中原草平想媞媞之未悅聆鷕鷕之初鳴花顏惝怳以徐駭錦翼翩翻而忽驚遲迴而滿月將發盼睞而橫波以清由是執轡情專馳神望極星走白羽綺張丹臆陋容慼縮以興憤慢臉嬋娟而改色彩光迸落初莞爾以難持飛鏃洞穿遂嫣然而不息及夫廣陌將暮征途既還鳴鞘勁挺以風響澡翰毰毸而血殷盼么麽之凡姿於焉改貌散低迴之鬱志由是開顏向使恨蓄兩心功虧一箭終悄兮而莫釋寧咥其之可見委絲蘿之弱性沒齒而難忘慘桃李之穠華終天而不變是知陋不足恥藝誠可優嘉五善之殊妙解三年之積愁然後知一笑之難得豈止千金而是酬

木雞賦 以致此無敵故能先鳴爲韻

惟昔有人心至術精得雞之情情可馴而無小無大術既



盡而不飛不鳴對勁敵以自持堅如挺植登廣場而莫顧混若削成初其教以自然誘之不懼希漸染而能化將枯槁而是喻質殊樸斲用明不競之由狀匪雕鎪蓋取無情之故然則飲啄必異嬉遊每殊竚棲心而自若期顧敵而如無日就月將功盡而稍同顛柿不震不悚性成而漸若朽株已而芥羽詎設雕籠莫閑卓然之志全變兀若之姿已致首圓脛直輪桷之狀俱呈觜利距銛枳枸之鉎並利是以縱逸情絕端良氣全臆離披而踵附眸眩曜而節穿驚被文而錦翼蔚矣迷搴木而花冠爛然虛憍者懷不才

之處安能自恃賈勇者有攻堅之懼莫敢爭先故能進異
激昂處同虛寂郢工誤起乎心匠郈氏徒驚乎目擊澹然
無撓子綦之質方儔確爾不同周勃之强未敵其喩斯在
其由可徵馴致已忘乎力制積習漸通乎性能是則語南
國者未足與議鬭東郊者無德而稱士有特立自持端然
不倚塊其形而與木無二灰其心而顧雞若是彼靜勝之
深誠冀一鳴而在此

爲崔大夫賀破吐蕃表

臣某言伏見關內河東副元帥朔方節度使司徒兼中書

令汾陽郡王郭子儀八月日奏狀今月日先軍李懷光於
鹽州界大破吐蕃及吐谷渾賊一萬餘衆獲馬六千七百
五十四牛羊器械未知定數者臣聞戎狄無厭厚將自斃
兇殘不革舉必生擒惟此犬羊屢侵疆埸陛下頃雖遣將
猶命緩追冀承含育之恩以變貪婪之性今乃先時入塞
乘間犯邊鬼得而誅人皆自戰偏師暫出舉衆大奔係彼
牛馬獲其生級數逾萬計威懾四夷陛下神化無方聖功
潛被資於祕略成此殊勳臣承恩入朝次行分陝雖捷書
傳慶已竊抃於途中而賀表陳誠願先馳於闕下無任之
至

## 馮宿

宿字拱之婺州東陽人貞元中進士長慶中累轉太常少
卿敬宗立改左散騎常侍兼集賢殿學士大和中歷工刑
兵三部侍郎拜東川節度使封長樂公開成元年卒年七
十贈吏部尚書謚曰懿

鮫人賣綃賦 以難得之貨色如輕霧爲韻

彼巨海兮鮫人是居作輕綃兮厥狀紛如不日而成固可
卷而懷也候時將見期善價而沽諸出波心而月彩相絢
映泉室而雲陰乍虛其來不測其麗何極行市道而莫知

訪人寰而未識非運思於文繡詎用功於紡織足使大賈
慙容衆珍掩色豈重錦之云比諒千金而求直夫鮫者水
府之所生綃者鮫人之所成奇貨聿來寧假手於蠶績變
形斯至非挂籍於王征方霧縠而猶薄擬冰紈而更輕茍
未知而不售恒固執而潛行皓如凝露紛若遊霧爰潔爾
容不忝於素質初階於蜃蛤名不登於貢賦知慢藏誨盜
哂泉客之遺珠悟冶容誨淫恥風人之抱布偉夫遊洞穴
媚清瀾趨市人遠凌波路難貴樸全眞詎關乎日浴出潛

離隱豈效於泥蟠且深不可測赤水之珠求得徃莫可追漢臯之佩且欺是綃也成於無眹動若隨時辭海底之潛處赴日中之會期屬吾皇斥無用之寶賤難得之貨徒待價而稱珍庶轉身而遠播

初日照冰池賦 以鮮彩朝澈寒光入座爲韻

日生東方冰滿池塘以涸沍之寒質承亭曈之曉光其象斯潔其容可閱炳爾昭煥朗然澄澈可愛之德已聞左氏之經如履之心更憶詩人之說卽合體而光輝且負暄而昭晰全嵦嶺北之梅詎比牆陰之雪美其林煙早晴寰宇



淒清池有水兮冰合天無雲兮日明凝陰尚積暖氣潛盈淋漓兮向陽和而未泮皎潔兮覩津潤之將生所謂當此嚴景昭茲陽彩上下相融貞明共在斯乃元化所結元功不宰日有曜而必臨冰無心而有待不然何大明兮方懸凝質惟堅斜景自高而來照素耀相向而俱妍曲岸增媚平沙更鮮豈西陸之中候朝覿而方出東海之上泮陰火之潛然是知清興攸集氛埃不入隨陽而孤雁初飛向暖而羣鷗乍立且日者分乎兩曜冰者生於沍寒既清貞而可賞信溫煦之咸歡足使勵志求鑒探幽就觀何必挹瓊漿於丹竈思夕露於金盤曷若色映朝戶光陵曉座冰生池上豈羨玉壺之明日下池中全遇隙駒之過聊賦之以體物庶同白雪之難和

星回於天賦 以數將紀終歲且更始爲韻

天其運乎歲聿云莫彼星回而斗建實維新而去故攝提克正無聞黍累之差懸象著明不忒陰陽之數仰觀蒼蒼悠久且長一十二分終而復始二十八宿巡而有常各安其位各正其方每披雲而見質恒耿漢而流光淩霜晰晰燭夜煌煌瞻彼星之回復知改歲之方將豈不以式遵晷



度無失綱紀縱橫其狀逐青陽而左旋璀璨其容候招搖而東指匝四氣而爲度臨萬戶而可視聖人所以參象於躬考正極中天蓋高而道遠星且回於歲終悠悠積氣奕奕長空潛應歷以相授若循環之不窮且運故無窮時亦有替三光垂其極四序成其歲必當觀大象以立規驗周星而取制方今時惟行夏令無苟且帝感於天而克保休祥星回於天而不乖次舍故得律應時貞昭回上清星歸其本歲亦將更遵舊紀而無謬反初元而作程則有博古之士學於太史觀歲杪而星窮知有卒而有始於是徵月

令以揮翰談天經而賦美

爲裴相公謝淮西節度使表

臣度言伏奉去年七月二十五日制書除臣門下侍郎同中書門下平章事充淮西節度觀察處置等使蔡州刺史并淮西宣慰處置等使緣逆賊吳元濟尚拒王師遂於郾城縣權爲理所臣篤勵羣帥潛設多方傾其重兵頓在洄曲今月十七日唐鄧節度使李愬承虛直進生致元兇臣與賈柵三營諸軍便降洄曲三萬餘衆積年逋寇翌日殄除淮右千里通行無礙臣以二十五日領所部兵馬及歸



順將士至蔡州上訖豺豕舊穴迎風而汎掃鴟梟故林應節而黃落瞽瞽者咸覩堯日皤皤者重識漢儀臣以不才猥當重寄力排苟且之議上贊聖明之心不敢偷安廟堂遂乞親臨疆埸陛下初猶未一作不許微臣亟請是行睿旨丁寧寵光照耀臣中心自警畢命無憾若不成事必當死綏伏賴神道惡盈罪人斯得而今而後方保餘生就天地削平之功貽策書不朽之美足使懦夫增氣獷俗刳心方偃武以修文故暫勞而永逸臣謹敷揚帝澤宣布國章滌其瑕疵衣以襦袴俾斯汙俗咸若新邦底寧但以才乏折衝任兼中外摩頂至踵諒無非其渥恩知臣者君庶不辱於元鑒無任感激忻喜之至其承薦人自代具於別狀

爲馬總尚書謝除彰義軍節度使表

臣某言臣今月某日中使某至伏奉九日制書除臣工部尚書兼御史大夫充彰義軍節度觀察處置等使并賜官告一通旌節一副及手詔等雨露恩覃霑霈易及邱山施重負乘難勝臣某中謝伏惟睿聖文武皇帝陛下文教暢三台武功加四海蕞爾淮寇久稽靈誅蓋懷捨服之心不以虔劉爲事既以統之上將撫以中台臣實妄庸獲充貳



職誠無裨補亦備阽危頃來面辭密奉天旨以爲此道必付微臣蒼黃受恩黽勉從事幸擒元惡曾未踰時果復聖言遽承寵命彩章五色虔奉璽書賞罰二權猥操兵柄鴻私薦及蚊力何堪即以今月上訖臣伏聞師之所處荊棘生焉今管內數州凋殘極矣遍郊骸胔比屋瘡痍謹當扇以皇風施之帝澤俾汙俗遷善頑人嚮方知無不爲敢竭微志事有未便即當上聞徒以跡遠闕庭戀深皁棧鑿門授鉞空愧於茲執贄奉璋未知何日

禁版印時憲書奏

準敕禁斷印歷日版。劍南兩川及淮南道。皆以版印歷日鬻於市。每歲司天臺未奏頒下新歷。其印歷已滿天下。有乖敬授之道。

與王武俊書

張公與君爲兄弟。欲同力驅兩河歸天子。衆所知也。今張公沒。幼子爲亂兵所脅。內則誠款隔絕於朝廷。外則境土侵逼於強寇。孤危若此。公安得坐視哉。誠能奏天子。念先僕射之忠勳。捨其子之迫脅。使得束身歸闕。則公於朝廷有靖亂之功。於張氏有繼絕之德矣。



蘭溪縣靈隱寺東峰新亭記

東陽實會稽西部之郡。蘭溪實東陽西鄙之邑。歲在戊寅。天官署洪君少卿以爲之宰。君之始至。則用信待物。用勤集事。信故人洽。勤故人阜。未期月而其政成。後三年夏六月。予過其邑。洪君導予以邑之勝賞。於是有東峰亭之遊。背城之闉。半里而近。初屆佛刹。刹之上方。而亭在焉。松門蓋空。石道如帶。足倦累息。然後造夫極焉。向之池隍館宇之多。旗亭闤闠之喧。途道往來之衆。簿書鞅掌之繁。顧步之際。忽焉如失。但山風颼颼。嶺雲峩峩。飛軒憑空。洞壑在下。向背殊狀。昏明異色。指遙青而點黛者。問之則曰某山某巖某林某墅。指遠白而曳練者。問之則曰某洲某渚某湫某塘。高深互呈。心目相競。飄若象外。意其幻成。予既詰其私。爰究其本。先是邑微登攀遊觀之所。洪君曾是挈俸錢二萬。經斯營斯。因地於山。因材於林。因工於子來。因時於農隙。一何易也。崇山峻谷。佳境勝概。緜亘伏匿。一時發朗。又何能也。君在建中興元之間。爲江南西道節度使曹王所知。時方軍興。賊寇壓境。供億倉卒。賦平人和。王實賴之。故御史大夫鄭滑節度盧公羣與君嘗同僚。每號之曰



精金百鍊。良驥千里。誠矣。然則是邑之理。茲亭之勝。於君之分。不爲難能。夫播芳塵而鼓餘波者。非文莫可。遂攬筆爲記。刋於石而附諸地志焉。

魏府狄梁公祠堂碑

后不可以獨臨。必誕生嶽靈。扶旣傾。繫將絕。茲梁國狄公是已。與於天授之朝。蘊深謀。奮奇節也。物不可以終否。必繼起邦傑。欽往績。懋來功。茲沂國田公是已。挺乎河朔之郊。創新祠。修舊典也。初梁公出牧於魏。實宜斯人。罔遂乞留。則深遺愛。闔境同力。生祠其神。畏威懷仁。如在乎上。祈

恩徽福亦若有答洎胡起幽陵毒痡中邦腥羶遺餘漸漬甿俗十六年於茲矣戰血滿野忠魂歸天階⿰阝巴之容隱嶙猶在元和壬辰歲我天子恢拓千古之不庭凡在率土罔不來服維元侯保和一心之有衆舉茲列城表正多方歸職貢而奉官司尊漢儀而秉周禮鳳鳴而梟音革蘭芳而棘刺死甘醴涌而盜泉竭慶雲飛而濁祲消四郊廓清萬方丕變然後辯正封疆咨謀耋老得是舊址作爲新祠鳩材傭功蕆事頒役上下有度東西惟序披圖以立儀像據品以昭命數不僭不偪經之營之越十月五日厥功成沂



國公於是乎請護軍迨賓僚將校虎貔之羣撰吉而致饗焉先一日執事設次於門西設柔毛翰音腯肥鮮薧之具以俟詰朝公至則改命服於次率護軍等升拜將校以下敘拜於堂下公親酌以奠揚觶而言曰昔者皇風中微陰沴勃興六宮弄其神器萬乘遜於羅川生人之耳目盡迴元老之肺肝彌固蹈履虎尾攘奪鯨口薙除蔓草扶持忠賢元良克正萬國居貞祕策潛授五王奮起包復夏之大業於心術貽安劉之永圖於身後再造唐室時維梁公顧不腆之是羞獲守斯土實羣帥與三軍之衆逮封內之黎老勤請於天王天王重韙斯人而鑒厥誠未及浹辰而璽書金印命服瑞節一日騈至於是又須非常之清問下莫大之洪澤馬逐逐車闐闐野接跡空駕肩彼感心與喜氣固已翔九天而滲九泉今所靡遑寧居思有上報竊慕神之志義景神之忠功薦神於此堂吉辰良日以微懇陳告至於修廢繼絕與仁樹善乃守臣之職烏敢爲名再拜而退由是六州之人士知狄公之崇德可享而田公斯言可復也詩云維其有之是以似之乃作銘曰

奕奕新祠於魏之疆巖巖梁公惠此一方其惠伊何其人



則亡在昔通天戎虜猖狂衝陷連城勢莫與亢山東繹騷駘藉犬羊顧是都會孰能保障天后召公飛傳靡遑至自彭澤屹爲金湯以逸待勞以柔摧剛緩賦寬役勉農勸桑外示無虞內爲之防虜則引歸歲獲大穰人荷公來踴躍歡康人惜公遷泣涕彷徨援刀割膚守闕上章終然不克詎可弭忘衆心欲成經始斯堂立公儀形薦此馨香於此祝之萬壽無疆於以歌之久久垂芳追惟我公實邦之良岐嶷有聞金玉其相學以時習闇然日彰文武是經謨謀允臧測圭知正涵鼎難量碩大博厚靖和端莊逮使絕域

義聲孔揚居憂致感有鳥呈祥旺於天理決獄平當亟觸龍鱗驟探虎狼西門沈巫汲直開倉蜀守興學晉臣撫牀公兼有之蹇蹇在旁宣威中權論道上庠慰薦幽仄懐來暴强天授以還燎火無光藹藹本枝困於斧斨下逋人願上迴天綱拜洛受圖非劉而王后實當宸唐遷於房時維正色中激剛腸婁伊侈謀將易儲皇公陳不可校短推長血濺太階心祈彼蒼長戈倒日勁草横霜一柱嶷然四維重張帝拜元老春歸少陽潛安爪牙密布棟梁七日變疾五月興唐道優三仁力茂一匡始終無愧夷夏所望維此



魏邦實維樂康燕寇之後中爲戰場何人不鰥靡室不喪祠宇煨燼階除虛荒故老懷思遺旺慨慷猶依封畛時奠壺觴否道既傾聖歷會昌元和御宸天子垂裳九夷八蠻山梯海航禮備樂陳執贄奉璋思我懷人寘彼周行是生沂公忠順激昂劍久埋獄錐能處囊道言愔愔武烈洸洸業尚管蕭化臻龔黄掃除氛祲弔恤災傷尾斷蜂蠆苗鋤莠稂萬夫歸誠有死無將天子嘉之霈澤瀼瀼龍節虎旗玉佩金鐺班其慶賜覃其潛翔沂公滋恭俯伏兢惶愧負山嶽誓酬毫芒乃建新祠煌彼甘棠航其厦屋繚以周墻吉蠲羞容羽衛兩廂仰止何遠中心是藏地回沙麓河抱衡漳刻勒豐碑揭乎中央

## 天平軍節度使殷公家廟碑

能樹休勳著茂功豐人爵列天秩焜耀當代恢張其門者幾何人哉不有營繕乎先宗廟而後宮室不有禋祀乎愴春秋而感霜露大和甲寅歲天平軍節度使檢校尚書右僕射陳郡殷公侑建家廟於京師永平里之東北隅禮也前此表陳其情詔報曰俞勿亟成功度思來格於是乎討獻尸奠盎之茂典徵以蘋栗浴蘭之通制冬十有一月辛



亥奉工部衛尉騎省三府君李氏周氏劉氏三太夫人神主克祔於其室自西徂東靡陋靡豐守經據古處約爲恭追惟我氏之權輿二十一代祖封在東漢桓靈間爲諫議大夫出冀州刺史避黨錮棄官挈家屬南渡江棲於曲阿邁德流芳或隱或顯棨於家牒播於人聞十九代至工部府君諱楷字文絢高宗朝四岳舉高第釋褐拜雍州新豐尉累遷大理丞天授中以議獄平反爲酷吏所陷貶台州永寧丞今上大和八年七月詔追贈工部侍郎衛尉府君諱元覺字元明十八明經出身以工部府君處明夷之時

持法不撓謫居而歿未歸舊阡茹荼調選求爲寧海尉既克營護祔於先兆遂大布之衣終身不言祿與工部府君同日追贈衛尉少卿騎省府君諱懌字易從少負志氣博學善屬文弱冠遊太學籍甚於公卿間天寶末知天下將亂乃促裝東歸侍太夫人版輿徙居吳郡吳中士大夫得從府君遊者鄉黨以爲榮本道采訪使李希言辟爲從事奏授試崑山尉浙東節度使薛兼訓請爲謀奏授試右衛兵曹參軍並不就事具今東川節度禮部尚書楊嗣復府君神道碑元和至寶歷中累追贈左散騎常侍於戲三君



皆位不充量道屯於時贈典累錫覃恩逮及天其或者將厥後必有達人疇庸纘服在於茲者不然何陳郡公之龐鴻魁梧磊砢昭彰若此陳郡公大度宏略自誠而明垂髫而早聞立志負笈而見賞先達佐軺軒不辱於絕域升禮闈有聲於奉常爾其起草彌綸剖符愷悌五諫之宏益十連之勞徠徵拜名卿出乘元戎奮餓夫爲齊氓化亂邦爲善部襁負始至壺漿遽迎錫命就加璽書亟降時以爲賀公以爲憂桂人洪人滄人鄆人既尸祝之又謳歌之異日鄭伯來朝韓侯入覲執圭有委蛇之狀捧俎申洞屬之容揚名立身養親繼孝賢臣之懿圖彰矣君子之能事畢矣夫碑之於神道者懸窆所用碑之於廟門者麗牲所資先祖無美而稱之之爲近誣先祖有美而不稱之之謂不明古之人銘其功烈於鼎今人銘其德善於碑若然則轉石他山搜詞直筆垂悠久於刊刻託堅剛以居諸鼓音無窮鍾慶不匱盡在是已其銘曰

帝里西偏天街右方三室兩廂克建斯堂於惟浸昌云誰經之鄆侯殷君云誰處之祖烈宗文藹然清芬揚名顯親教孝申敬是爲率德可以觀政莫之與盛比時備物追遠



復始無違享嘗茲用受祉固在元祀祝嘏言具粢盛既飭罔絕敬齊如聞歎息有典有則順考前典聿修明禋事死猶生爲能饗親爰奉爰尊於惟皇祖持法不回酷吏所擠竟孤其才僉曰哀哉穆穆王父天鍾孝德毀泣封樹歸全兆域報曰罔極猗那先子超度名輩遠圖中輟貽慶後代元鑒不昧否道既傾復迷非遠奉承如在欽若報本飛章瀝懇秉鉞有虔干城嶷然永懷悽愴長薦吉蠲於斯萬年

## 大唐昇元劉先生碑銘

維皇王能自得師以臻至理維道德克輔於代且非常名

天啟聖唐運興我李於赫肇祖實惟元元高宗振其風於
前明皇張其教於後十有三葉天子曰敬宗文武大聖廣
孝皇帝宏清靜之旨以浸天下闡無爲之宗以凝海內寶
歷二紀秋八月甲子躬法服御內殿北面執弟子之禮受
道於昇元先生大矣哉斯所以貫三才籠八極澤及中外
仁加動植播中和贊恭默昌聖緒垂帝則而已翌日下明
詔加先生之號檢校光祿少卿自內道場送歸於元真之
觀居命兩街之緇黃前馬夾路以引以翼萬衆欒觀以爲
崆峒之請瑤池之宴曾莫我若先生姓劉氏諱從政生於



河南緱氏家世奉道彰於前朝而先生超然蹇如角立秀
出志學之歲辭親就師視冠冕如桎梏顧聲名猶涕唾夫
其洞達元解知來藏往體於虛而觀其妙守其樸而反於
機由是采氣於三清吸精於兩曜和光於萬有委蛻於重
元始事河內張君通元次師中嶽邢君歸一二君之傳授
真篆祕訣色授神與而上至於東晉楊君凡十四世其實
皆關鍵之固鉤鎖之密莫得而窺至是而悉歸我焉宜其
當元門之尊以師道自處先生棲於王屋不啻一紀其後
受請遷居都下又承詔至於京師化隨躬行名出心隱故

傳法紫宸之後竟遂東還今上端穆清之居緬汾水之想
將召舊德而咨要道吾師知之私於門人韓貞濯曰吾將
解去先告之期蓋大和四年某月林鍾其日癸亥其春秋
七十有八焉嗚呼蘭薰膏明以自迫鶴駕霓旌而難駐貞
濯與東夏弟子若干人及關中弟子葉守中等若干人以
爲吾師之不可攀援者眞氣粹容至如章施紀述追琢翠
琬使將來瞻之仰之而不怠宜在乎文憑文以導心因心
以成志謂宿嘗奉几杖熟遊牆藩俾爲銘而揭焉且慰夫
飡霞遁俗者之懷煌煌二都各樹其一其辭曰



內天外人保和嗇神道之宗兮乘飇駕欻無象有物元之
功兮我后敬皇灼其耿光慕崆峒兮吾師昇元法於自然
繫橋松兮洪惟武文懿此正真紹光風兮金闕玉堂靈符
寶章闢中宮兮出自幽谷賓於黃屋翊九重兮開陽闔陰
忘形守心沃宸聰兮出日入月騰淩滅沒靡不通兮脫俗
遁代弁包覆載皆可容兮控鶴轡龍倘佯高空躡前蹤兮
捐巧棄智挈誠去僞順至公兮戴君奉親後巳先人福乃
鍾兮洛都應召京邑承詔隨西東兮泊然泉渟油然雲行
恣所從兮從之在勤道將自親滋益恭兮爲而不殆績用

斯倍吉以逢兮法施經流通明達幽播無窮兮功滿行圓解形默然示有終兮谷神不死蟬脫而已何哀惘兮鳩血誠而圖石刻者伊貞灌與守中兮



欽定全唐文卷六百二十五

呂溫一

溫字和叔一字化光河中人貞元末進士再遷爲左拾遺以侍御史使吐蕃元和初還轉戸部員外郎再貶道州刺史徙衡州卒年四十

河出榮光賦

麗乎天者曰漢紀乎地者惟河居上善以利物順朝宗而致和時否則爲災而獨昏墊運至則呈瑞以叶謳歌豈徒列四瀆以居貴與百川而隨波者乎當其布德惟新儲慶



兹始濁色既變榮光乃起乍若燭龍噴焰上騰鍾嶺之雲又似陽烏迴翔下落咸池之水增華一代振耀千祀信能陵晏海而比崇蔑浴日而專美時則纖埃不驚和風充盈大野初霽圓靈始清皎且潔兮孤明不雜煥其炳兮五色斯呈祥煙斂彩瑞日韜晶掩輕雲而旁屬拂薰風而上征百辟具瞻孰云其相照一人乃眷自合於皇明庶品昭蘇衆幽光被大哉有國之慶赫兮爲君之瑞朣朧元黃熠爚丹翠洞鑒龍官之人朗見馬圖之字昔在溫洛致美化於陶唐復效靈於我皇先後叶德今古和光比屋觀其自化

遐荒望以來王詎比流景集壇獨作郊天之應赤光照室空稱誕帝之祥而已哉客有目觀榮河心傾聖日儻餘光而見及庶幽谷之可出

黃龍負舟賦以克己勤物大川效靈爲韻

夏后氏奠山疏滯拯溺開泰元珪錫命旣成天下之功黃龍發祥始耀域中之大當其駐軫江甸艤舟洪川天行健而時有未濟地設險而瞻之在前思利涉以撫俗遂精誠而告虔於是雲氣滃起神光爛然奮角於勿用之窮驤首於或躍之泉安波澄瀾奉天意以禺若拖尾垂鬣夾王舟



而負焉合靈符於百代表聖運於千年徒偉夫出無情馳不測如驅風雷若有羽翼覩竭誠以效用似就列而陳力電目流光金鱗耀色天吳奔走陽侯屛息巨險汔濟孰假剡木之能潛怪莫逢寧資畫鷁之飾應變化以昭盛出沈潛而剛克其慶惟大賴祉福者兆人其觀惟榮執玉帛者萬國若非平土堙水泣辜罪己菲飲食以昭儉卑宮室而思理德掩乎生成之初功齊乎開闢之始安有非常之神物不召而萃止濟其不通而彰其具美者也至若漢橫汾水秦抵滄溟實遑心欲匪崇德馨蒼生之虛瘁靡念方士之空言是聽始幸免於覆溺夫何望乎炳靈於戲動罔軌橫言非善教則人雖愚弱或使之而不效其志惟純其德孔殷則龍雖神化將不役而自勤信矣哉國家俾人其蘇在理無鬱超乎大禹不務舟車之勞蜿彼黃龍但爲宮沼之物而已

樂理心賦以易直子諒油然而生爲韻

道無象天無聲聖人不有作曷以覩化成由是鼓吹大塊鏗鏘元精因乎心而式是理本形乎器而強爲樂名以齊五方之俗以厚萬物之生始積中而發外率充性而養情



樂與心冥則所謂固天之縱心由樂理亦得夫自明而誠至若樂在朝廷君臣叶義一發而陽唱陰和九變而雲行雨施上以見爲君之難下以知爲臣之不易有國者理心以此必獲儀鳳之嘉瑞若乃樂在閨閫父子靜專蓋取諸無荒而樂有節而宣和以嚴濟愛由敬全有家者理心以此必返天性於自然且夫樂之作也一動一息心之理也惟清惟直然後在聽而必聰無入而弗克節有序觀貫珠而匪珠聲成文見五色而無色其或惟邪是念惟慝是度則雖琴瑟在御管絃聿修立樂之方旣失理心之術何求

亦焉望變淳風之浩浩致和氣之油油徒觀其心尚元通樂資交暢明則贊天地之化育幽則索鬼神之情狀會節有極象之則發而時中應變無方擬之則貞而不諒大矣哉至樂希夷俟其禕而聽之以思固不資於子野作必在德亦無俟於后夔方令敦和統同反本復始別六律以分聽納八風而齊軌洪鐘虛受我則開其直言朱絃遺音我則戒夫專美此吾君之以樂理心也宜乎貴爲天子

## 鑒止水賦（以澄虛納照遇象分形爲韻）

水止矣靜之其徐物鑒矣久而益虛既無情於美惡又奚議夫親疎委質由來所期乎上善同利忘筌已悟寧患乎至清無魚若乃迴塘月皎高岸環合泥滓湛而自沈金沙炯其不雜同道德以虛而受異川澤唯汙是納有斐君子此焉明徵氣隨浪息心與源澄端形赴影如木從繩其表微也掛金鏡而當晝其索隱也隔玉壺而見冰爾其色必洞澈光無滉瀁不蒸翁鬱之氣不激潺湲之響百丈在目千仞指掌惡每自乎中見美實非乎外獎鑒形之始方似以身觀身得意之間乃同求象忘象觀其下倒星漢上披煙雲守其常而性將道合居其止而物以羣分君鑒之以



平心臨下必簡臣鑒之以勵節在邦必聞妍蚩無形兮惟人所召物我兼進兮水無不照廉士以之洗心至人以之觀妙豈比夫流若激矢波如建瓴不舍晝夜爭輸滄溟徒乖躁靜之理莫辨真僞之形者哉邦家以道爲止水鑒有餘裕羣形鱗集萬景雲附濫巾竊吹者十手所指研精摭實者千載一遇夫如是姑自攝其威儀亦何憂而何懼

## 樂出虛賦（以聲從響際出自虛中爲韻）

和而出者樂之情虛而應者物之聲或洞爾以形受乃泠然而韻生去默歸喧始兆成文之象從無入有方爲飾喜之名其始也因妙有而來向無間而至披洪纖清濁之響滿絲竹陶匏之器根乎寂寂故難辨於將萌率爾熙熙亦不知其所自故聖人取象於物觀民以風闢嗜欲之由塞決形神之未通欲使和氣潛作元關暗空與吹萬而皆唱起生三而盡同自我及人託物於未分之表蟠天極地開機於方寸之中於是澹以無倪留而不滯有非象之象生無際之際是故實其想而道升窒其空而聲蔽洞乎內而笙竽作刳其中而琴瑟制波騰悅豫風行於有道之年派別商宮雷動於無爲之世杳杳徐徐周流六虛信闐爾於

始寂乃諱然而戒初鏗鏘於百姓之心於斯已矣鼓舞於一人之德知彼何如是則垂其仁有其實樂因之祖述究其形實其質聲因之洞出理在無二情歸得一塞雲谷而響絕疏天籟而音逸未隨於物絪縕乎七政八風忽變其和剖判於五聲六律由是遷爲草木散作笙鏞羣分自此而焱起九奏因之而景從道薄風漓莫究籥韶之本聲消韻息空傳干戚之容今則素扆垂休清懸繼響平心已立於皇極率舞猶虛於睿想如是則薰然洩洩將生於象罔

## 齊人歸女樂賦 以題爲韻



昔齊人饋魯傾城者十八人瑰艷絕代綺羅嬌春洞橫波於慢臉迴流風於孅身蓋以仲尼定魯禮樂制齊君臣斬倡優於夾谷之會復土田於汶水之濱故遏雲與迴雪實內圖而外親將敗魯之政弱齊之鄰魯君臣果不端操迷不先覺聞進淫哇之聲皆忘聖人之學城南於是考雷鼓戢雲幄結齊魯之歡受鄭衛之樂感煩音之惉滯成正聲之踳駮夫子則不可救其失復其迷望龜山以命操觀鳳凰而銜悽痛王綱之蕩蕩順天命之栖栖魯侯若盛德是樹古道是稽抑靡靡而不納見聖性以思齊知季孫之僭惟仲尼是與足以受無疆之休足以振將墜之緒何敵國之敢抗良霸功之可佇悲夫任權臣之傾國納文馬與美女薦神祇之所歆誘耳目而不拒荒笑語之啞啞溺衣裳之楚楚由是齊日以長魯日以微見鄰國之侵地聞志士之沾衣雖代祀則遠而德音不違往者不可諫來者猶可追若鑒魯道之有蕩放鄭衛而不歸則可以得域中之大致天下之肥者矣

## 由鹿賦并序

貞元丁卯歲予南出襄樊之間遇野人縶鹿而至者問之



答曰此爲由鹿由此鹿以誘致羣鹿也備言其狀且曰此鹿每有所致輒鳴嗅不飲食者累日予喟然嘆曰虞之卽鹿也必以其類致之人之卽人也亦必以其友致之實繁有徒古之然矣嗟乎鹿無情而猶知痛傷人之與謀宴安殘酷者彼何人斯彼何人斯物微感深遂作賦曰

鹿之生兮亦稟亭毒備齒角以無競循性情而自牧姑有昧於行止尚焉知乎倚伏捨爾崇林輕遊近麓偶巧網之生致蒙主人之全育飲以潔井飼於芳庭寢臥荃柔騰倚蘭馨露往霜來日安月寧雖矯性而非樂終感恩而不驚

曾不知養非豢物用有深意命曰由鹿俾陷其類涼秋八月爽景清氣羈致山阿縻於蹊隧設伏以待翳叢而伺同氣相求誘之孔易將必慕侶豈云貪餌呦呦和鳴麌麌狎至彼泯慮於猜信此無情於誠僞孰是倉猝禍生所忽毒鏑歘以星貫潛機劃其電發或洞胸而達腋或折足而碎骨望林巒兮非遠顧町疃兮未滅風嗥澤而北迅日掩山而西沒走駭侶於巖煙叫饑麛於澗月苟行路之聞者孰不心摧而思絕相爾由矣野心而仁望純束兮驚惋顧獲車兮逡巡視鼎中之消爛覩机上之剖分忽哀鳴以感類若沈痛之在身雖復處之密邇享以豐珍比檻猿之駭躍同海鳥之愁辛敢擇音而後死思走險其何因痛無知以相陷含惋毒而莫伸客有感而言曰物誠有諸人亦宜乎撫事或比原心則殊借如淮陰構禍冤在神理通說且拒豨謀寧起堂堂蕭公實曰知己紿致鍾室胡寧忍此呂祿之難誰非漢臣交則不義賣亦不仁彼美酈生既爲交親誘襲軍印豈無他人於戲微獸傷類如不自容忍人賣友而享其功滅交道兮墜義風曾麋鹿之不若何仁信之可宗已焉哉諒此世之茫茫吾未見其始終



## 管窺豹賦 以管中窺豹時見一班爲韻

管實圓通豹稱奇質將竊窺以無視果遇文而得一言如立信初云必有可觀美在其中終荷守而勿失奚執虛而莫見諒衡空而有窺注目每思夫破竹專心常切於主皮故得精神靡怠盼睞無虧辨或未分豈敢因小人所視言如有準安得謂童子何知事不可輕智難相短瞻夫隱霧之獸乃用窺天之管豈文質之不伸獨孤明之所滿分形既內識規規視遠惟中央坦坦然後知虛心可達小智攸同毫氂必遠長短皆通扱迹儻遇於東周孰辨犬羊之鞟有文而比夫西伯豈殊縲絏之中是謂祈進奚爲求知不倦將希國士之察用當君子之變羅因一目期所視之無偏利絕一源專向明之獨見乃知蔚文者道不足攀俯視者智或防闕何微明之有辨果偶中之無難謂容止可觀且殊窒隙同邂逅相遇更喜通班信專美之獨嘉諒生知而何教流睇已假夫觀止審像乃知其是效十年之學自分西晉之賢一管之明更識南山之豹夫如是則履中不昧應手無疑冀覬覦之有以得專精而所之亦何必誇久視騁一時然後知求仁之可驗惟智者之念茲

皇帝親庶政頌并序

臣聞光宅大寶茂育羣生神而明之必在上聖然則所同者道所異者時或以垂拱仰成或以勵精自致及乎俗躋仁壽理洽時邕弛張之政不殊勞逸之功則倍我皇帝體至化含元精苞乾剛履坤順誕膺駿命恢纂鴻休宣八聖之重光集百靈之奧祉如天之燾如地之容鼓羲爲雷霆奮仁爲風雨斡璇衡而轉七曜懸金鏡而納九圍廓氛沴而川澄沓禎祥而山委昔軒轅氏斬蚩尤滅火帝功至大矣若非伏風后之助受元女之符未能尅也陶唐氏誅四



罪定水災德至厚矣若非大舜之登庸伯禹之盡力未能成也湯以伊尹爲相始定殷功武以太公爲師乃康周道高宗紹復資傅說啟沃之言宣王中興賴山甫將明之政今陛下太康四海雄軼二紀百姓不知其日用羣臣無望於清光而乃業邁乎前王功高乎古烈聖作物睹孰知其源竊以管窺天倪蠡挹溟量庶乎大略可得而言焉陛下自代天統物之初則以屈已濟人爲意虔臨庶政窮總萬樞四冊賢良六親郊祀勤恤於理本盡瘁於生靈詳矚代之所未詳慮列辟之所未慮夏景晐而方食寒星在而求衣寸陰不捨於論思子夜猶觀乎啟事除一物之患而品類以安伸匹夫之冤而庶獄自直棄瑕而錄用含垢而宥過小善可紀必拔於宸衷片言有孚不忘於睿聽至如天時之豐約地利之險夷邦賦之盈虛師律之貞暴閭閻之疾苦稼穡之艱難人風之情僞吏理之得失莫不密歸神算潛納皇明雖陰陽不能以氣欺雖神鬼不能以形遁何細而不及何大而不苞何祕而不彰何難而不就猶復登臺念在險之慘聞樂思向隅之情御裘感袒裼之寒臨膳憂簞食之餒日愼一日既泰而不自泰既安而不自安兢



兢乎業業乎此其所以廣運而有成全功之克舉者也然而感覆燾之恩者欲天之彌高荷容載之德者欲地之彌厚仰照臨之明者欲日月之彌光微臣被淳風飲元澤親挹行事親睹昇平憂勞誠難願陛下勉之而已美善誠盡願陛下保之而已若夫雖休勿休元默優柔君上之體也遹觀厥成蹈舞頌聲臣下之職也爲而不有德莫至焉知而不稱罪莫大焉臣某敢昧死再拜稽首獻皇帝親庶政頌一首其詞曰

士師邁德元元儲慶幽而復曜高祖受命貞觀致理開元

殷盛艱而復康。皇帝親政。受命維何。邈萬斯年。親政維何。夕惕朝乾。天道福謙。我則奉天。生人在勤。我則率先。憂堯之心。勞禹之形。求人之瘼。思國之經。年亦豐止。御膳不馨。夜如何其。皇寢未寧。修文偃武。太和氤氳。海不揚波。天無纖氛。烏章之長。惟吉之君。會朝明庭。其從如雲。巍巍崇崇。於穆昭融。宜播大樂。以宣皇風。鏗鏘盛德。蹈厲神功。下臣作頌。永示無窮。

## 代孔侍郎蕃中賀順宗登極表

臣某言。六月十六日。入蕃告哀使左金吾將軍兼御史中



丞田景度至吐蕃別館。伏承皇帝陛下以正月二十六日明德奉天。纂臨宸極。重光昇耀。百化惟新。澤被幽遐。慶覃動植。中賀。臣聞和氣既蒸。勾萌畢達。時雨將降。柱礎猶知。臣從役單車。閉留絕域。天臨日照。而別處幽陰。雷動風行。而兀爲聾瞶。伏願陛下義敦柔遠。禮及窮荒。始獲虔奉德音。仰霑聖澤。具寮就列。無階蹈詠之初。庶物效靈。獨在飛沈之後。舛薄鍾命。恥玷自躬。疚心厚顏。罔知攸措。今月七日自別館回至河州大夏川。即以十二日進發。星言夕惕。莫敢遑寧。瞻望闕庭。載深感躍。無任喜忭屛營之至。

## 代百官請上尊號第三表

臣某等言。臣等自管窺天。以凡揆聖。虔奉徽號。罄陳至誠。而再降謙光。未迴宸睠。慚惕罔據。彷徨失圖。臣等誠惑誠懼。頓首頓首。臣聞強名曰道。莫體混元之功。推大於天。豈報生成之德。徒以定物視聽。示人津涯。俾其會歸。有所則象。伏惟皇帝陛下克廣睿圖。紹休聖緒。順考古訓。茂宣重光。亭毒以佐天和。震曜以除人害。性與道合。身爲化先。神行六幽。威動九服。求珠赤水。觀妙用於無方。檢玉名山。告成功而有日。豈可過損盛德。不昭鴻休。棄臣子瀝血之誠。



阻華夷傾首之望。當仁必受。乃曰至公。與物無私。寧嫌在已。安卑者地。山嶽之峻豈慚。好謙者天。日月之光何讓。道貴傳繼。禮從宜稱。邦家之舊典。不可以廢。天人之合應。不可以違。臣等謬服官常。親承至化。一披肝膽。三黷宸嚴。須越爲期。俯伏俟命。實望陛下隨時立教。以欲從人。游神於不宰之鄉。屈已於有名之域。潤色大寶。發揮皇猷。古今一時。天下幸甚。無任懇迫屛營之至。謹奉表陳請以聞。

## 賀册皇太子表

臣某言。伏見十月十二日敕。伏承皇太子以四月二十一

日冊命禮畢光紹前典惟懷永圖神人允諧動植咸賴臣某誠歡誠忭頓首頓首臣聞燕翼貽謀帝王之大孝立嫡主器禮易之明訓伏惟皇帝陛下克明峻德恢纂鴻休武功有成文理既定然後宏三王之教諭建萬國之元良凡在生靈孰不慶幸臣守官荒服稱賀無階竊忭嶺隅倍萬恒品無任感悦屏營之至謹奉表陳賀以聞

代杜司徒賀大赦表

臣某言伏奉今月二日制書改元元和大赦天下新雲雷之澤重日月之光仁被幽遐慶覃動植三元經始萬化惟



新臣某誠歡誠忭頓首頓首臣聞羲軒馭宇堯舜爲君德莫盛於好生政莫宏於在宥然而事資體要理極精微百王所難千載斯遇伏惟皇帝陛下纂臨大寶光啟睿圖當獻歲之元順陽和之氣朝前殿御正門發德音布慈旨明大孝之本襃至忠之後省役輕稅以清疾苦之源蕩累滌瑕以厚廉恥之俗往典之所未舉前代之所未該莫不悉出宸衷咸歸聖政坐開仁壽之域行見雍熙之朝凡在生靈孰不慶幸況臣陳力滋久受恩最深而蒲柳餘年犬馬多疾不獲奉觴丹陛蹈詠康衢猶蒙天眷留聖慈曲至特降中使俯加慰勉衰憊增氣枯朽生光施重邱山感深骨髓闔門灰粉豈足上報無任喜忭屏營之至

代李侍郎賀收成都表

臣某言伏見高崇文奏以九月二十二日官軍入成都府逆賊劉闢走出見勒兵追捕者臣聞夏震秋落乃覩成物之功善陣有征方見勝殘之理然則殺之所以生之也動之所以綏之也氣和則歲功早就德盛則廟算先期無遺鏃而巨盜窮奔不血刃而全蜀底定奔走夷裔鼓舞生靈騰瑞氣而躍祥風披慶雲而捧白日伏以陛下纂承宸極



惟新庶政拓跡開統之始作法定制之初而賊闢敢犯天威首于大紀恃嶮與遠窮兇極暴雖禍淫助順誠天道之必然而制勝舉全皆聖謨之自出一昨諸軍既集鋒鏑爭先陛下以爲方暑用兵觸冒害氣與勤人而欲速寧全衆以功遲遂令緩螻蟻之誅抑貔貅之鋭休養磨礪以須秋期由是感恩而思奮者萬心如一又高崇文疾惡太甚殺傷小過陛下推弔伐之義宏覆燾之慈狂寇是誅吾人何罪遂令逐北者生致爲上脅從者獲則捨之且諭鴻私仍加宴慰由是飲澤而向化者十室而九加以聖慈曲被大

信有孚當挾纊之時賜戰士悉出內府開食黜之路賞降者曾不踰辰遂使昏迷革心義勇增氣江山自拔雷雨長驅渠魁假息而逃威士眾順風而捨伏市不易肆巷無驚犬人蒙骨肉尸解倒懸旌旗導長養之風金鼓動發生之氣然後知至仁能殺睿略無方大典用彰神武可畏全苞形氣之內有罪必誅旁行天地之間無思不服臣謬膺重寄親奉昌期坐觀氛祲之清目視鯨鯢之戮手舞足蹈倍萬恒情無任慶忭之至

## 代李尚書賀生擒李錡表



臣某言臣得某官某乙狀報伏承今月十二日夜浙西將士張子良等相率效順生擒李錡者天討有罪國無稽誅夷夏同歡飛沈咸躍臣某中賀臣聞炎氣方蒸伏陰不能藏其沴必疑戰發泄以彰正陽之功至化方融大姦無所隱其慝必陵犯誅夷以耀聖人之武沴不盡消生德不遂姦不盡發聖功不成蓋自然之明徵而必至之恒理伏惟皇帝陛下光膺峻命恢纂鴻休仁育羣生義征不譓無與讓而誕修文德不得已而有此武功日者周歲之間大刑再舉朔陲叛將獻首於九廟之庭益部兇渠伏鑕於萬人之目被髮左衽且猶知懼肖形含氣孰不革心賊錡身齒人倫家承國籍三朝任遇五族光輝而獨藏禍謀密聚姦黨梟琳之牙旗尚在忽已發狂戮闢之刃血未乾敢茲拒命陛下重難戎事深愍遠人先示招諭後加討伐方伯嚴兵有司調食經略纔下形勢已張果得義勇叶心鬼神假手大旆迴指長戟合圍兵火之氣天運金鼓之聲海動曾不終夜遂擒元兇巷有居人市無改肆滔天之逆踰月而平去歲西征則善陣不戰今茲東伐則善師不陣有以見睿略天縱神武日新聖道久而投刃皆虛德澤深而用力



彌寡從此氛窮沴盡俗變風移百蠻成冠帶之鄉五兵爲耒耜之器溥天同軌比屋可封古今一時堯舜何遠臣謬膺重寄時荷殊恩載逢河海之清三睹鯨鯢之戮志深除惡義切同休歡忭之誠倍萬恒品無任手舞足蹈屛營之至謹奉表陳賀以聞

呂温 二

## 代武相公謝賜槍旗器甲鞍馬表

臣元衡言今日中使某乙至臣宅奉宣聖旨賜臣槍旗器甲鞍馬幷錦彩等禮殊其數物備其容肅以將威煥以昭寵雲澤濡體天光照門抃駭失圖兢惶罔據臣某誠荷誠感頓首頓首臣才無可取進不因人陛下憐其小心知其盡節特紆宸眷謬委台司匡輔之益無聞將明之效靡著方俟嚴譴忽被殊恩寄重西南任兼中外封開大郡秩正



黃樞登壇於六符之階被袞爲三軍之帥古今盛典盡在茲日人臣寵貴幷集微躬豈臣孱庸所克負荷非臣隕越所能上報重錦名馬元甲朱旂王事靡盬儼有行色天顏咫尺忽當遠離感戀徬徨拜受涕咽折衝分閫愧非式遏之才榮耀自天猥辱專征之賜無任感恩激切之至謹奉表陳謝以聞

## 代李侍郎賀德政表

臣某言臣聞上蒼垂象當分野者先知元后用心奉職司者方見是以堯稱光被四岳得於疇咨舜號文明九官稟其分命豈非隨方表志因事立言陳力自參於化源造膝難迷於日用伏惟皇帝陛下睿圖濬發元德廣運恢纂鴻緒允升大猷振十聖之遺休復百王之墜典至如崇陵盡瘁率禮無違長信歸尊因心則感內成則仁敘九族外平則義協萬邦厚俗則寵及高年廣孝則榮加錫類能刑則朝無隱慝善任則野不遺才修文則戎蠻來威整武則南北繼捷此皆事懸日月聲洽寰區黔首之所謳歌搢紳之所抃蹈其或機參造物意兆先天事隔於人諮功隱於朝聽者若非奉職之臣官業所及諒無得而稱焉臣以庸劣



謬膺寄任調盈虛而馭輕重關成敗而繫安危職思其憂夕惕若厲每因罄率披竭愚衷出奉溫顏累承睿旨有以知造化之意有以見天地之心曠若發蒙析如愈疾管窺所至可得而言昨者臣以潮州刺史李璿放縱私鹽耗散公利請從免職以儆慢官陛下以爲法令改更且當申諭道途悠遠容或未知俾爲後圖用緩前責宏恕包於廣大明察貫於精微此則羣臣不可望清光者一也江南西道觀察使楊憑奏以支郡旱歉經賦不充請征居地之羨且循税茶之法陛下以爲天災流行有時而息人怨滯結貽

惠則深縱無日新之美忍復已除之弊特令寢奏姑務通商有司知畫一之方貿販有昭蘇之望此又羣臣不可望清光者二也臣嘗使推官殿中侍御史崔太素奉使淮南臣以太素名秩甚卑濬決務重徵令郡縣釐訓役徒須示等威請賜章服陛下以爲職任伊始勤效未成必有可觀乃申後命臣再陳所切方可其奏雖事從權與且符濟物之宜而賞不僭行已見永圖之旨此又羣臣不可望清光者三也臣對敭之日親奉德音知臣使司支計闕少必擬昭明儉德振起素風率身爲天下之先節用自中宮而始



又曰臺殿舊制已當惕慮經營改作非所措懷將不崇三尺之階豈復議十家之產發自宸念形於天顔意開而河海自清言出而神祇知感此又羣臣不可望清光者四也陛下光臨大寶星歲將周貴戚之賜與無聞恩倖之霑霈殆絕至於贍軍供國行賞報功則必鴻毛府庫糞土金玉遂使夏州諸將恨效淺而恩深劍外三軍知生輕而義重此又羣臣不可望清光者五也夫唐虞盛烈文武餘風莫不傳誦聲詩布在方冊且匹夫匹婦片善必書飛羽沈鱗一祥皆紀況陛下動關教化言在政刑理參至道之精躬行盛德之事而沖虛謙讓鬱而未發將何以光揚藝祖昭示後昆伏請宣付史館永爲大法臣幸蒙恩遇獲奉昌期言必親聞事皆目睹分深骨髓義激血誠輕黷宸嚴魂宇飛越無任屛營之至

代賀瑞雪表

臣某言臣聞周陳洪範王者之首政惟農魯作春秋國家之大事在祀農憂旱之爲虐祀戒雨之失時亦由聖感節宣孰云冥數前定臣伏見比者冬陽愆候宿麥未滋陛下減膳撤懸晨興夕惕加以郊禋日近輦路飛塵竊慮增軫



聖情微昏羽衛帝誠神應人欲天從果得風雨叶期陰明若契每至乘輿就次御幄寧居然後助澄掃於前驅效霑潤於清道及夫廟廷金奏則橫漢昭回壇墠烟升則纖蘿不動從容成禮鼓吹還宮御正陽之門施作解之令歡呼夷夏踊躍生靈三代之備物克終百王之能事斯畢神休坐降瑞氣潛蒸玉鑾僅輟其行音素雪已飛於前殿盈天表慶成花效奇洽萬國之歡心啟千載之昌運若非孝踰舜德勤過堯心則何以禮一接而幽報隨彰景未移而明徵遽至上幸受福獻歲告豐天地迴動於精誠陰陽變化

於宸念始悟竹宮望拜徒神無用之光交門作歌乃爲語怪之事臣謬膺重任獲侍嚴祠嘉候殊祥愜心在目受恩既深於庶類同休豈止於恆情手之足之罔知攸措無任感躍屏營之至

代齊賈二相賀遷獻懿二祖表

臣某言伏見今月十四日制命以尊尊親親之義虔祔獻祖懿祖於德明興聖廟室正太祖景皇帝東向之尊者十五日奉遷事畢十六日袷饗禮成日月貞曜乾坤定紀稱情靡忒合敬有歸百神得受職之方萬國知來敬之本中



賀臣聞國有事莫大於嚴祀禮有經莫大於尊祖夏殷得之以繁祉周漢用之以休明爰自魏晉迄於隋氏或以祚短而不及祧正或以時艱而未遑討論紛綸興謝緜曠載祀竟虛盛典允屬昌期陛下道冠前王慶殷累聖奉無競之烈克廣鴻休贍有赫之靈思正大典精誠感念旰食疇咨內斷皇明俯裁羣議奉祖宗於常尊之地定昭穆於式序之宜清廟肅雍元穹保祐奔走夷裔鼓舞生靈煥乎觀一代之光盛矣接千年之統臣等自鍾舛薄坐嬰衰瘵不獲躬執籩豆稱慶關庭誠仰聖敬感深孝理形留神往倍百恆情無任竊忻之至

代杜司徒讓平章事表

臣某言伏奉恩制授臣檢校司徒充度支使兼鹽鐵轉運等使依前同中書門下平章事恩奬殊常授任非據承旨慶忭省躬慚惶中謝臣素無異能幸逢昌運頃因人舉累荷國恩聲績靡聞塵忝增懼陛下丕承景命光闡鴻猷理財阜人尤所注意臣竊位時久妨賢愧深柄用之地甘心自絕豈謂大明私照元造曲成俾參論道兼領經費當至化鼎新之日在微臣遲暮之年將何以上副宸衷外弭官



謗負乘爲盜冰炭在懷庶遵周任之言敢飾范宣之讓伏惟睿鑒俯亮愚誠特降殊私賜寢嚴命則聖朝無虛授之議微臣遂審己之宜遐邇之間孰不知勸無任懇迫屏營之至

代百寮賀放浙西租賦表

臣某等言伏見今月十五日制命以天下經賦首於東南浙右諸州薦罹災歉全以逋債大敷湛恩人謠勃興朝聽震動中賀臣聞三王已降緜曠千祀爲邦之政盡在欲理之主甚衆莫不知傳戒獨豐語稱與足至於愛人節用之

際約躬紓國之時則必情隨事遷以欲忘道故曰人鮮克舉行之惟艱伏惟皇帝陛下濬發睿圖紹休聖緒躬行慈儉子育困窮皇明燭幽惠訓不倦撫臨萬國曾未再周深求疾苦之源屢下蠲除之詔裁戎祀之經費減乘輿之服御雖邦計之有羨入憂於未憂雖生人之所樂輸損之又損風行號令日貫精誠明神聽其德音和氣生於文字將舟車所及咸升至理之期豈江湖下方獨被曲成之澤臣等尸素有日獻納無聞尚勞聖心軫恤人隱甘同凡品不敢望於清光竊與疲甿共謝生於元造無任感忭之至



## 代武相公謝借飛龍馬表

臣元衡言伏蒙聖慈借飛龍馬若干匹至京兆府界首者臣謬處台司將明薄效自忝方任恩禮特加獎諭綢繆寵錫輝煥寒衣病藥悉出聖慈匹馬一人咸經御選遠覽圖史近徵耳目如臣蒙幸未見其倫實有何功敢當斯遇盡節竭誠在臣子之本分殺身致命報君親之常道竟將何力上答殊私空保丹誠以致灰粉王程靡處天駟言旋仰服皁之有期恨違顏之方始精魂自越顧步莫留權奇之姿向雲闕以驤首悃款之戀與星影而共馳瞻望天庭罔知所措無任感戴彷徨之至謹奉表陳謝以聞

## 道州刺史謝上表

臣某言臣去年十月十七日蒙恩授使持節道州諸軍事守道州刺史奉命星馳不敢遑息以今月七日到州上訖祗寵自天戰跼無地臣某誠兢誠感頓首頓首臣謬以孱庸早參朝序再塵憲府三踐文昌竟不能著稱彌綸贊肅綱紀合行殿黜翻蒙奬任共至公之理分子物之憂自古審官莫斯爲重臣才乏吏用識昧政經將何以克副聖心撫寧遐俗唯當勤宣皇化虔奉彝章苦節勵精少酬萬一



臣無任受恩感激之至謹奉表陳謝以聞

## 衡州刺史謝上表

臣某言伏奉五月一日恩制授臣使持節衡州諸軍事守衡州刺史散官勳賜如故謹以七月十五日到本州上訖恭承寵命循顧庸虛感忭失圖戰跼無地臣某誠感誠懼頓首頓首臣聞三載陟明虞書盛典六條舉最漢制宏規必在上允帝俞俯諧師錫臣謬領郡務素無吏能虔守國章布宣皇化匪寧夙夜再換炎涼仰奉陛下憂勤以恤遠人凋瘵雖檢身肅下不敢愧於神明而阜俗移風竟未彰

於績用將何以特膺睿獎簡在宸心當愷悌之旁求副循良之愼選省躬增愧頓首知慚謹當恪勵精誠策磨朽鈍冀立日新之效少酬天覆之恩實望聖慈照臣肝膽臣無任感躍屏營之至謹差某官某乙奉表陳謝以聞

## 代鄭南海謝上表

臣某言臣自違離闕庭晨夜奔涉祇承寵命不敢遑寧謹以某月某日到所部上訖仰宣聖旨親諭遠人酬恩之效未期戀主之誠已積臣某誠恐誠懼頓首頓首臣本章句諸生器用無取徒以小心畏敬謬爲先聖所知趨奏禁闈



浸踰星紀屬內外危疑之際是非剖判之初實以艱貞自持中立無倚天高聽近愚款獲申神幽鑒明昌運斯屬遂蒙陛下擢於侍從超冠等倫用其憂國之寸心委以代天之重務俯僂三命炎涼五周登車奉馭朽之懷假寐感宵衣之志徒耗神用莫能將明篋盈謗而方賜駃騠鼎折足而未忘簪履竟以陳乞遂其優容無綺季夏黃之德而猥當調護無竇融賈復之勞而獲奉朝請以此沒齒猶爲負恩豈意曾未踰年忽蒙抽獎廟授鈇鉞廷賜旌旗俾臣懦夫當此大任節制五嶺幅員萬里伏波之銅柱猶在永謝奇功士燮之鼓吹日聞彌慚武幹將何以宣美皇化振揚國威洗滌責於千齡答生成於再造唯當舉章修法苦節清心撫獷俗以恩柔酌貪泉而無懼庶幾萬一仰副憂勤但以白日在天長安不見丹涯限地溟海方深顧蒲柳之前衰奉軒墀而尚遠無任感戀屏營之至謹差某官某奉表陳謝以聞

## 謝授右拾遺表

臣某言伏奉制命擢臣右拾遺又中使毛進朝至宅奉宣進旨賜臣本官官告者澤濡窮鱗雷起幽蟄塵忝近侍冠



軼常倫震驚失圖兢踢罔據臣某中謝臣嘗學舊史承訓先臣皆以奉上自致爲榮附下苟進爲恥臣所以既孤之後義不因依賣洛中之薄田歸闕下之舊宅退藏其跡私誓於心不邀利於權門不求名於眾口星霜苦節夙夜精誠唯願投軀盛時自結明主愚誠神感人欲天從果蒙陛下自記姓名猥憐孤直振零丁於絕望拔曖昧於無階獨斷皇明超至清列俯降中貴內賜官告特違恒例光寵賤臣俾其不出戶庭坐生羽翼萬乘知己一鳴驚人公朝得盡節之方私室無謝恩之處顧惟凡陋叨此殊尤纏激血

誠銘鏤膚骨采拔恩重泥塗感深畢性命以爲期裂肝膽而何述唯當竭誠陳力效節明忠使丹心有孚白首無玷然後敢望披雲捧日一識天顏則闔門之灰粉知歸百生之志願斯畢臣家雖在城多適田野久廢簪笏皆須營備不獲當時隨例拜謝闕庭

## 代李侍郎謝用内庫錢充軍資表

臣某言今月十三日面奉進旨其南郊賞設錢恐度支支計闕少以庫内錢充者臣聞王者以四海爲家君道唯百姓與足象天平施而無別如地生財而不私薄奉已而厚



奉公重從人而輕從欲知則孔易行之惟艱曠代莫聞今日斯遇伏惟皇帝陛下誕膺駿命富有萬邦而能保元光慈儉之宗奉列聖憂勤之緒臣謬司禹貢竊見堯心非戎祀之用無急宣非軌物之經無別獻土木之工遂閑於廢息恩幸之賜殆絶於霑濡固已行路謳吟搢紳抃歎者久矣伏以郊禋有日慶澤自天楚師思挾纊之恩漢將望解衣之惠國存舊典事有恆規臣在職司敢不供集陛下憐江淮甫罹旱歎念庸蜀新罷大兵雖經費有餘而聖慮猶軫昨因伏奏親奉德音悉擬發内府金錢御服繒綵約躬節用紓國贍軍允叶師和克虔祀事必知感神之德未酌獻而幽通動天之誠先燎烟而上達百祥所降萬福攸宜信可以光洽寰區負掩圖篆家知自遂戶識至公風人寢杼軸之詩黔首臻富庶之域微臣何幸獲覩昇平至德難名載深感懼無任喜忭激切之至謹奉表陳謝以聞

## 代伊僕射謝男宥授安州刺史表

臣慎言伏奉某月日敕授臣男宥安州刺史兼侍御史充武昌軍兵馬留後仍賜紫金魚袋者雷驚里巷日照閭門寵命自天戰跼無地臣誠懼誠感頓首頓首臣聞惟君任



臣固無虛授知子者父敢私不才臣頃者伏以聖政惟新時清無事遂絶指蹤之望求申戀主之誠陛下以臣統兵歲深周涉艱險長三軍之子弟積百戰之瘡痍將有去留念其情義理資感勵事貴便安爰敕臣男試總戎務臣雖訓之以義教之以忠而鈍拙有涯策磨靡及童兒代斲每懷傷手之憂小子在邊曾無折屐之喜將何遽膺寵數荐沐恩光真授竹符就加金組且祁午之爲軍尉父已懸車陸抗之將父兵子非緐服豈比臣身居端右男領方州鳴玉會朝朱輜行縣焜燿中外超冠古今名數之樂何加人

臣之事斯極千載至公之運獨被殊私萬物咸遂之辰先蒙曲澤瀝肝呈膽莫盡微誠毀族滅身寧足上報臣無任感恩隕越之至謹奉表陳謝以聞

代百寮謝許遊宴表

臣某等言今月二十三日宰臣奉宣進旨如聞百寮士庶等親友追遊公私宴集及晝日出城餞送每慮奏報自今以後各暢所懷者志存必信義切同休令行如春神應若響寒木暉潤嚴風變和推已感於人心發生先於天意臣某中謝臣聞與人同其樂者不必盡致於韶夏之庭在夫



不奪其歡而已與物致於誠者不必日效於丹青之信在夫不察其細而已況乎搢紳之樂名教聚皆以類臣子之事君父遊必有方豈足輕黷物情遽塵天聽伏惟皇帝陛下光纂十聖威臨萬方神武功戢人文化成窮溟無波豐歲將宴樂奏穆清感深乎共樂之道駕言遊幸思所以適人之方爰詔輔臣式將明命優諭卿士達於庶人琴筑追遊無憚京輦輜軿送遠勿限嚴城禁吏司之苛察盡朝野之歡泰始覺飛沈之樂宇宙之寬物不自疑人知所措在宗載考夜飲承湛露之恩求友相鳴時宴奉祥雲之慶況休聲於夷夏蒸喜氣於山川千載之昌運允符百王之遺美斯舉臣等謬膺寄任親奉休明方感生成之德更蒙優貸之詔恭承睿旨務竭歡心飽恩屬厭醉念溫克戒竹林之虛誕去金谷之浮華君雖不察於泉魚臣敢有愧於屋漏且歡且懼居寵彌驚稽首知慚殺身何報無任感恩兢惕之至

代文武百寮謝宣示元和觀象歷表

臣等言伏見今月十三日宰臣奉宣聖旨以肇建元和惟新寶歷極其幽賾冠以睿文恩示具寮慶昭萬國中謝臣



聞清濁既判象數相生一元起於帝圖三統成於人道形器之表推步而得恍惚之際錙銖不差有開必先聖作物覩伏惟皇帝陛下誕膺駿命敬授人時爰詔日官厎定歷法啟開元氣節宣羣生役五行於文字貫七曜於珠璧仰觀俯察允協於神休東作西成永貞於農候感動夷夏鼓舞飛沈天子之大政行焉聖人之能事畢矣臣等幸備朝序親奉昌期竊見天心敢迷日用無任蹈詠之至

謝章服表

今月二十一日高品薛盈珍至鳳翔府奉宣進止賜臣緋

衣魚袋笏并袋紫衣一副者發揚宸念昭灼恩光瞻奉自天戰蹋無地中謝臣孤陋無取過蒙奬錄聖慈周洽天造曲成恩重出疆俾諧盡飾九重清祕不忘絕域之單車萬乘憂勤特記微臣之命服衣分內府錫及近藩未申汗馬之勞遽冒濡鵜之刺在笥增感撫躬若驚隕越兢慙罔知攸措

代張侍郎起居表

臣某言孟秋猶熱伏惟聖躬萬福臣以去月二十一日到薄安山見蕃胡尙綺里徐等同令盈珍等卻迴奏事令臣



取今月發赴衙帳者伏惟聖德柔遠皇明燭幽蕃情大歡酋帥知感虔奉朝旨賓禮使臣迎勞肅躬饋餼豐潔益知嚮化彌表革心臣恭備單車不勝慶忭嚴程方始絕域未窮白日在天瞻仰如近青蒲之地伏奏猶賒感戀彷徨罔知攸措無任犬馬屏營之至謹因中使第五忠憲附表起居以聞

代國子陸博士進集注春秋表

臣某言臣聞惟睿作聖觀乎人文達則化成窮則垂訓先師所以祖述堯舜志在春秋懸衡百王撥亂三季正大當之本清至公之源通羣方以誠貞天下於一動無不順道德之要機斷無不齊帝王之利器而梁木既壞生知蓋寡三傳得失索隱未周羣儒異同致遠皆泥沒微言於滋蔓亡要旨於多岐奧室不開漫逾千祀天其或者將有俟焉伏惟陛下德合乾坤明並日月氣和物茂達至邇安欲以人情爲田講學而耨鎭定皇極耀光時雍道之將行實在今日臣不揣蒙陋斐然有志思窺聖奧仰奉文明以故潤州丹陽縣主簿臣啖助爲嚴師以故洋州刺史臣趙匡爲益友考左氏之疏密辨公穀之善否務去異端用明本意助或未盡敢讓當仁匡有可行亦刈其楚輒集注春秋經



文勒成十卷上下千載研覃三紀元首雖白濁河已清微臣何幸與道偕遇竊以德之匪鄰骨肉無應道苟訢合古今相知然則堯舜之心非宣尼不見宣尼之志非陛下不行庶因儀鳳之辰永洗獲麟之恨臣官忝國學思非出位以爲家寶罪實欺天謹昧死寫前件書詣東上閤門奉進伏候聖旨輕黷宸嚴魂爽飛越無任

爲成魏州賀瑞雪慶雲日抱戴表

臣某言臣聞元德上升三靈爲之動色聖功下濟萬類所

以傾誠臣州去秋之間時雨不足自陽風應律子月經年今月十二日晚降雪越至十四旦開霽絮飛千里花飄六出粲初梅而委苞封宿麥而垂津其日晡時西南有慶雲見爲樓爲閣圖閶闔之九重非錦非繡狀衣裳之五色其時又有日抱戴日晚澄廓天景淑清拖黃氣而重圍舒紅光而四溢臣與司馬樊元則幷寮屬吏等三十餘人得所部貴鄉冠氏等縣申稱雪厚一尺以下幷覩慶雲抱戴等瑞臣謹按詩云上天同雲雨雪雰雰毛萇云豐年之冬必有積雪若烟氾勝之書云雪者五穀之精又按史記云慶



雲一名卿雲若烟非烟若雲非雲郁郁紛紛蕭索輪囷是謂卿雲喜氣也瑞應圖曰景雲者太平之應也一曰慶雲非烟五色氤氳謂之景雲援神契云天子孝則景雲出游又按援神契云王者德至於天則日抱戴在上曰戴在傍曰抱又云黃氣抱日輔臣納忠漢書曰宜重光李奇云太平之代日抱重光伏惟陛下受天寶命沖用情深豐食之要鑒寢憂勞雪爲五穀之精麥爲六田之首由是天降瑞雪其意若曰太平其有年乎雲者運氣立名布恩成義陛下仁霈草木惠及蟲魚揚祖宗之烈光垂天地之正色由是天降雲瑞其意如曰天子其大孝乎日者衆陽之宗人君之表由是天降日瑞其意若曰天下其大明乎魏州大明之慶基光封之舊國嘉祥備致靈貺綢繆豈徒然哉斯有由矣臣叨陪漢守肅奉堯親逢日月之貞明嘉烟雲之爛熳手舞足蹈地雖限於外臺按牒披圖心已馳於雙闕不任感悅之至

## 代李侍郎論兵表

臣某言臣伏見某月日詔旨發更太原鳳翔及神策諸鎮兵赴劍南東川者陛下睿算無遺神武必斷與人除害順



天行誅奮如霆之威乘破竹之勢期於久逸無憚一勞大正國經永清時祲百王盛事千古英聲天下幸甚然或時事之可否兵家之利害道途之險易將帥之宜稱不可不深圖遠計原始要終狂夫有可擇之言愚者有一得之慮管窺所至願效微誠臣竊以爲古今用兵皆在將勇師和政齊計勝不必多兵廣衆然後成功今高崇文等諸將所統已約一萬五千餘人以整擊亂以順討逆授以廟算假之天威馘醜挫兇霈有餘力若更多徵征鎮廣命師旅臣竊計之其患有五一則高崇文素非大將拔自偏鎮忠勇

雖著威聲未振本兵旣少兼統則多將皆權隸士非素撫雖是銳師勢同烏合居常則猶可脅致臨敵則何以指揮非惟崇文才分有限此亦自古兵家所難臣不敢廣引載籍上煩聖聽請直以近事明之哥舒翰潼關之守郭子儀相州之圍韓全義㵐水之役皆以兵多將雜而致敗衂許叔冀之保靈昌李光弼之全河陽李晟之收復京邑皆以兵少將一而建大功成敗昭然布在人口二則貞元以來天下無事四方節將人各懷安陛下覆燾惟新理先清靜今以西南小醜久稽天誅自春徂夏徵發已廣見在兵力



破賊有餘若更務濟師屢聞動衆山嶮深阻暑濕爲沴北人南役誰不憚行去土離家動生愁怨往年涇州叛卒職此之由事繫安危不可不察三則吐蕃約盟未定窺伺在心間諜往來急於郵傳又必持兩端之計與劉闢交通若聞發兵西南多取邊鎮秋風即至虜馬已肥冒隙乘虛必有侵軼事出萬一悔何可追四則劉闢窮寇保險逃死雖禍淫助順天道甚明而兵凶戰危人事難必脫或黷武之師少不如意蜂蟻猶聚假息旬時攻守之間動須應援固當潛鋒養銳以逸待勞今便息兵後將何繼五則劍川磽埆居人食且不充蜀路險艱餉運無由多致今屯兵日費何啻萬金數州麥粟貴糴將盡千里飛輓所濟幾何若更加兵實難供贍一夫脫有菜色三軍無復鬬心幸可少以成功何必多而爲患今太原及神策等軍已上道者其數頗多足辦戎事其鳳翔等鎮未發之兵伏乞聖恩且勒權停續候事宜以議行止臣謬膺重任過蒙恩遇輒率狂瞽輕黷宸嚴苟利國家甘心鼎鑊無任兢遑懇迫之至謹奉表陳奏以聞

## 代百寮進農書表



臣某等言臣等伏準故事每年二月一日以農務方興令百寮具則天大聖皇后所刪定兆人本業記奉進者中謝臣聞不愛牲玉祈穀於圜丘可以致誠未足以爲勸躬秉耒耜籍田於千畝可以示勸未足以教人必也因天地之和順陰陽之理利其器用精厥法式變之而不倦動之而不勞四海靡而風行百姓迷其日用宏我政本實惟農書伏惟睿聖文武皇帝陛下德茂生成道光慈儉捐金而寶穀菲食而粒人考堯典以授時稽禹貢而任土潔粢盛而大事在祀銷劍戟而盡力爲農豐年屢薦於郊歌嘉瑞繼

書於國史而不自滿假惟懷永圖每至獻歲載陽仲春初吉俯察土膏之候仰觀晨正之祥經始歲功導揚生德徵有司之舊典奉先后之遺文深居穆清親覽奧妙匪崇朝而盡更田畝不出戶而遍洽人情見捽草抔土之艱知寒耕熱耘之苦宸心感念畎畝昭蘇一歎而時雨先飛三復而春雷自起臣等業慚學稼祿過代耕親承務本之風日奉在勤之訓三時不害觀玉燭於氤氳九扈孔修賀生靈於富庶謹繕寫前件書凡二十篇共成三卷謹詣東上閤門奉表陳獻以聞



# 欽定全唐文卷六百二十七

呂溫三

## 簡獲隱戶奏

當州舊額戶一萬八千四百七除貧窮死絕老幼單孤不支濟等外堪差科戶八千二百五十七臣到後團定戶稅次簡責出所由隱藏不輸稅戶一萬六千七百伏緣聖恩錄臣在道州微效擢授大郡令撫傷殘臣昨尋舊案詢問閭里承前徵稅並無等第又二十餘年都不定戶存亡孰察貧富不均臣不敢因循設法團定簡獲隱戶數約萬餘



州縣雖不增徵科所由已私自率斂與其潛資於奸吏豈若均助於疲人臣請作此方圓以救凋瘵庶得下免偏苦上不闕供

## 代鄭相公謝賜門戟狀

門戟十二竿右今日中使某乙至臣私第奉宣聖旨賜臣前件戟者臣伏以國朝之制名器尤慎吏考三十始秩銀青戰勳十二乃號柱國必資具美方錫殊榮於是有命服以朝加戟於戶將勸勞而責實亦馭貴而崇名上無謬恩下不虛受臣迹非奇致擢自諸生先皇以廉謹賜知密勿

踰於一紀陛下以勤憂過聽委遇首於羣僚叨據樞衡亟移星歲雷霆用武曾無犬馬之勞日月垂文豈有螢燭之助徒以侍祠清廟拜舞鴻名累逢慶賚驟假勳秩禮異其數物盛其容新其閈閎賜之棨戟衡門燕雀乍相賀於朱楹武庫龍蛇忽追飛於陋巷焜燿當代寵靈自天聚族知慚殺身匪報無任荷懼屏營之至謹奉狀陳謝以聞

代伊僕射奏請女正度狀

光祿大夫尚書右僕射南充郡王臣女請度尼某乙



右臣伏以陛下降誕之辰率土蒙幸臣於含氣之內獨受深恩思所以稱慶南山獻心北極遂割骨肉之愛俾歸空寂之門結幽願於金仙奉勝因於寶壽冒昧上請精誠匪他陛下以鸞輦初行渙汗無反憐臣罄至之分事與恩違念臣愚魯之忠貸於法外特降中使俯加慰諭臣忝居端右之地首干畫一之科誠雖奉上義乖率下合當嚴譴忽被殊私震驚失圖慚踊罔據荷降鑒之明原情斯在蒙曲全之澤爲感則深輒瀆宸嚴伏增隕越謹奏

代鄭相公請刪定施行六典開元禮狀

右臣聞化人成俗莫大於禮樂垂統建中必資於制度然而忠敬有弊質文異數羣儒之得失蜂起歷代之沿革絲棼或榮古而陋今名實交喪或違經而便事本末相忘或煩雜以爲詳或潤略以爲要未聞折衷以叶通方國家與天惟新改物視聽太宗拯焚溺之餘麤立統紀元宗承富庶之後方暇論思爰敕宰臣將明睿旨集儒賢於別殿考古訓於祕文以論材審官之法作大唐六典三十卷以道德齊禮之方作開元新禮一百五十卷網羅遺逸芟翦奇邪亘百代以旁通立一王之定制草奏三復祇令宣示中



外星周六紀未有明詔施行遂使喪祭冠婚家猶異禮等威名分官靡成規不時裁正貽弊方遠伏惟睿聖文武皇帝陛下恢纂鴻業允升大猷雷霆奮有截之威日月廓無私之照三叛就戮四夷來賓牛馬放於農郊兵革藏於武庫嚴禋上帝祗受鴻名惟懷永圖不自滿假昧爽聽政子夜讀書處成功而弗休率至理若不及每懷經始則知貞觀之難言念持盈思復開元之盛臣謬忝密務兼掌圖籍無能輔弼已負於恩私有所建明豈先於典禮伏見前件開元禮六典等聖朝所制鬱而未用奉揚遺美允屬欽明

然或損益之間討論未盡或張弛之際宜稱不同將貽永代之規必俟不刊之妙臣請於常參官内選學藝優深理識通達者三五人就集賢院各盡異同量加刪定然後敢塵睿覽特降德音明下有司著爲恆式使公私共守貴賤遵行苟有愆違必正刑憲如此則職官有制將興濟濟之詩風俗大同坐致熙熙之詠見可而獻知無不爲輒瀆宸嚴伏增隕越謹狀

代都監使奏吐蕃事宜狀

右臣前月十四日至清水縣西吐蕃舍人郭至崇來迎便



請將書詔先去臣以二十一日到薄寒山西去蕃帥帳幕二十餘里停止至二十三日方見尚綺里徐擬布論乞心熱奉宣進止兼付賜物莫不祗奉聖恩感悅過望部落歡抃道路謳歌加以接待殷勤供億豐厚竭誠歸化形狀可知臣親覩蕃情不勝慶躍綺里徐等固欲令臣與薛伾領蕃使卻歸奏事臣當時苦爭請赴衙帳自辰及午意竟不移今日再見懇論盡詞往復勢既難拒恐失事宜即於今月五日令臣與張荐分背便發彷徨中路憂懼實深心魂震驚進退無據謹勒某官某乙陳奏以聞謹奏



代李中丞薦道州刺史呂溫狀 溫自作

右臣伏以前件官操履有恆吏事精舉處繁簡肅折獄詳明尤於撫綏實著效績今道州賦稅畢集流亡盡歸處奉公程日至清淨委心於理古人不如衡州凋敝累年常積逋欠實籍財用以安疲黎伏望除衡州刺史臣職當廉察上奉詔條觀善薦能臣合竭節七州之事敢不精詳前件官小心理務夙夜奉公才識出人效績尤著況道州風俗獷猾前後難爲緝綏自溫條理已來疲人盡皆蘇息觀其能政堪爲表儀臣輒舉所職上達聖聰伏望天恩允臣所請



功臣恕死議

昔衛蒯聵以竊國之詐盟其陪臣服冕乘軒三死無與近代惑者因爲口實於是乎有功臣恕死之典考諸古訓其異端歟稽諸時事其亂本歟何者有國之柄莫大乎刑賞人生有欲不可以不制天討有罪不可以不刑蓋刑者聖王所以佐道德而齊天下者也功濟乎物不可以不賞賞勸乎功不可以不信蓋信者聖人所以一號令而惇天下者也然則恕死之典棄信而廢刑何以言之夫立功者自

八元十亂之後非盡能賢或有起屠販壟畝行陣之間乘帝王應天順人之勢用力無幾遂貪天功超騰風雲各得變化率勞怙寵崛強自負僭冒無厭見利忘義是宜崇威峻法大爲之防而反丹書鐵券許以不死其功大者可以五作亂而十犯上孰不以暴爲無傷乎且人君之言如渙汗不反既與之要天地誓山河卒一旦失馭有黥韓之罪神怒人怨不得已而誅是棄信也若恣行兇險驕突憲綱或姦鋒將發釁逼宗社乃念斯言之玷忍而不誅是廢刑也向者纔得其塵涓之勞螢燭之助而信棄刑廢將焉用



之使賢而有功驚寵懼滿自居無過之地何怨死爲使愚而有功小人不幸又告以無死是增驕而啟奸適所謂賞之禍也雖怨之死其能免乎夫其賢如太公忠如伊尹惟君知臣可以勿貳而遽宥以罪死是逆其不忠非所以待之以誠而盡君子之心也若乃猾如狗盜庸如黥徒未有罪而先恕之死是不許其慕生廉恥自固名節非所以道之以德而勸小人之善也以爲明君之處勞臣也安之以爵祿拘之以紀律明之以好惡聳之以禍福使得遷善遠罪保勳全名剖符傳慶與國終始恩斯勤斯是亦極矣柰何撓權亂法以罪寵人墜信賞必罰之典虧昭德塞違之道恐非哲王經邦軌物之制也謹議

## 復漢以粟爲賞罰議

議曰先王賞以飾喜罰以飾怒喜必待功而賞不僭行怒必得罪而罰無輕赦其來尚矣漢室雜霸道而廢王制昧宏規而狃小利俾人納粟除罪拜爵以罰人則廢法以賞人則廢功以儲蓄則廢本是阻勞惠奸而怠棄南畝也何以言之惟名與器不可假人而班爵於兼并之家析圭於滯積之室使屠沽賤隸陵駕英豪苟有懷廉恥之心豈復



致患難之死雖月要天地日誓山河而賞不足以勸矣夫討有罪刑兹無赦而撓權於殘賊之徒屈法於奸宄之黨使兇人酷吏言暴無傷苟開必免之門孰懲罔極之惡雖臨以斧鉞驅於鼎鑊而刑不足以威矣且朝縻好爵以粟授受國有常刑以粟出入貪利愛生之夫孰不願空壟畝而貨圭組竭倉廩而救死亡拜爵者坐等封君遂忘其本業免罪者室如懸磬曷保其生聚雖使三公九卿躬執耒耜而嗇不可以務矣於戲賞罰者君人之大柄農嗇者爲國之永圖忽而棄焉曾不是念而利乎國儲之塹實兵食

之僅濟其何補歟然而漢承秦弊中國耗弱高惠務厭完輯孝文守以恭儉德未浹於海外威未行於四夷邊候猶開擊柝戎士不得解甲晁錯是以有權宜之對救弊之術偷利於當代幸成於一時雖曰有因而爲終貽識者之誚國家體元御極繼天而作騰軼殷周紹休唐虞率我蒸人登於壽域王一變至於帝帝一變至於皇非大道之謨不聽非聖德之猷不問焉有襲近古之失策采庸臣之詭論者哉必恵國廩猶虛邊餽未繼莫若興李悝之平糴務充國之屯田練將簡兵以省軍費輕徭薄賦以悅人心東作一興西成再稔則太倉之蓄如京矣塞下之稼如雲矣亦何必虧昭德塞違之道墜信賞必罰之典恐非聖唐經邦軌物之制也謹議



## 請立舜廟奏

右臣謹桉地圖舜陵在九嶷之山舜廟在太陽之溪舜陵古者已失太陽溪今不知處秦漢以來置廟山下年代寖遠祠宇不存每有詔書令州縣致祭奠酬荒野恭命而已豈有盛德大業百王師表沒投荒裔陵廟皆無臣謹遵舊制於州西山上已立廟訖特望天恩許蠲免近廟三五家令歲時埽灑以爲恆式豈獨表聖人至德及於萬代實欲彰陛下元澤被於無窮謹錄奏聞

## 代竇中丞與襄陽于相公書

某經術無取邱園自屏所期全拙豈敢近名二十五丈沉愛博容不遺孤陋申以通家之好遇以國士之禮分慚入堂契辱忘年猥蒙吹噓謬假鱗翼遂得價重江左名聞天朝起家拾遺再命柱史時丁變故命偶屯艱孤鱗方困於蹄涔窮鳥思歸於仁德果蒙奏領列郡擢倅三軍不汝疵瑕見容於歲月同我休戚每形於話言身計皆奉良規家事悉資全力然後表達宸聽推致周行南宮劇曹踐不終歲憲府雄秩拔於常倫内顧庸虛敢云自致魏賢子夏宣尼之道彌彰漢用淮陰相國之言始重徒以才負知己名懸古人致遠之效莫彰貽羞之責斯及敢不砥礪微分激昂前途以明主今日之恩資大賢積時之譽庶乎有立少答所知豈敢以尺素爲榮而負平生之論伏惟有以鑒察郡榻諸生戎旃故吏推奬恩重生成感深瞻望門闌未獲拜謝銘戴兢惕莫知所裁拳拳下情紙墨難具某再拜



## 代李侍郎與山南嚴僕射書

僕射稟天全才受國重寄控全蜀咽喉之地當狂寇奔侮之衝治瘠土而其材甚豐訓羸師而其武可畏少分麾下潛運掌中再開劍閣之扃繼獻鹽亭之捷應接御使先假地征犄角王師且爲鄉道削叛臣之跡釋梓州之圍勞實居多功無與讓聖上神武睿斷注意西南一校之善否必知一夫之勞逸必察況閣下效彰朝論事布人謠精誠貫於神祇茂伐懸於日月豈復聽簿書之微巧詆笙簧之濫音來示所虞無足介意某以寡薄謬膺重任舉關國計動屬軍期夙夜憂慚未知所濟過蒙稱獎愧惕良深惟托方



岳至公共守王度物估小事固無二三許共遵行亦如受賜佩荷之至無喻下情某再拜

代李侍郎與徐州張尚書書

奉別紙示諭眷待殊異規略端明究忠義之苦言暢經通之雅旨皆足以感動朝野光映古今一字之貴可懸於千金終身佩之何啻於三復甚善甚善伏以尚書才膺間出識蘊生知地承勳德行在詩禮自家達國移孝爲忠受任先朝克荷崇構控喉襟之地成節制之師動必勤王志皆憂國忠實彰於行事義聲感於旁鄰布在人謠溢於時論鳴鶴有和鼓鍾必聞聖上神武聰明維新覆幬勵精戎事注意藩隅方仄陋以旁求況勳賢之自著何患乎誠不上達道不大光宣太阿之利用窮彝鼎之盛烈者乎某以寡薄謬膺寄任成賦之重撫事知慚徒欲盡愚衷悉陳鄙見策朽磨鈍庶效涓埃竭誠捐軀少酬恩遇知我者寡同志實難頃在江西過辱厚意常懷慕仰頗歷歲時昨者以私鹽干禁漸耗公利汴州滯運屢稽軍期忝當職司每積憂負輒率誠懇亹申條例網羅盜販節宣通渠實托衆賢敢專獨見果蒙宏至公之量推急病之心率先侯伯首贊王



度許以別設方略大爲隄防究絕姦源通利國漕神之聽之言可復於天地有始有卒事必立於邦家佇觀莫大之功以成不朽之美諸侯師表天子腹心千載一時誠無以讓某奉職之分受賜宏多拳拳寸誠夙夜欣企幸甚幸甚徐修宜並在使者口述伏惟照悉

代辛將軍與普潤劉尚書書

某性質鄙昧智能無取承藉門緒早蒙驅策盡瘁軍府備嘗艱險徒竭犬馬之勞詎濟弓裘之美家構未克國恩未酬而謬典禁司職惟侍衛良時自晚宿志莫申憤血猶剛

憂髮先白加以稟性寡合知音實難甘心此生長鳴靡託豈料尚書推宏深之量啟特達之心愛念不遺眷知益重昨者四牡來覲萬乘虛襟旁求將帥之臣佇清至公之鑒然則蕭何之稱必在韓信孝文有問宜薦雲中而丹墀對敭首及庸瑣歎陳本末獎飾逾涯達其忠義之誠許其遠大之致雖躬論志業自瀝肺肝纖悉周詳豈能及此遂使鬱堙之志允達於宸聰樗朽之林式孚於帝念言發九天之上聲聞四海之中行得舟航坐生羽翼雖管鮑在齊載深知我之感王貢仕漢有切彈冠之善方諸今日未足爲



喻不圖知己之至於斯義激血誠恩纏骨髓每一念至不覺涕流殞首糜軀豈能報德唯當竭誠砥節服義懷仁奉以周旋居之造次貞松得地方見於歲寒皦日在天願明其心誓死生幸甚幸甚屬有負薪之疾未申拜賜之禮瞻荷之至感懼兼深拳拳下情未知所措稍任行李卽冀趨謁伏惟照察

代李侍郎與宣武韓司空書

某以非才謬當重任事關國計動限軍期撫事知難夙夜憂積蓋以運路擁滯私鹽撓法力非有司所及唯託方鎮至公伏惟司空文武全才勳德茂著朝廷毗倚中外具瞻勤王則知無不爲憂國則言皆可復今春過日獲拜旌麾眷私之餘已列此事蒙許同志立法叶力徇公對敭之初便具聞奏所以遣裴郎中往申朝旨議立規模悉令諮託大賢非敢專行鄙見昨得巡院狀報伏承司空德量旁通忠誠感發急公家之病同職司之憂鹽法隄防已行文牒斗門開塞許有商量率先諸侯首贊王度義形九牧忠動三軍意開而遠近承風言發而神明知感况某奉職之分承眷之深受賜懷仁豈同常等銘戴所至無喻下情



上族叔齊河南書

大尹叔父閤下某聞水官修而龍至官失其方物乃坻伏以文章而言則先進爲後進之官也亦宜正褒貶別雅鄭宣六義合三變以修其官使後進之徒靡然向風皦然知方能者勸不能者止於是乎文章之可見也如掃除氛昏澄定波濤穹天清而日月耀滄海晏而蓬壺出今夫先進之廢官久矣文猶龍也其可見乎伏惟叔父蘊特進之明哀雅頌之缺常欲以三代制度訓斯文前罷鎮南服入侍東掖詞林聳仰如日登觀莫不結轍連駟懷編捧軸差池

道路奔走先塵人人自以爲齊公之遇矣及乎昌言金馬高議承明懸大雅之衡以權後進則乃以小子爲稱首達勾萌而茂以柯葉翼鵷鸞而使之頡頏先達改觀同類駭聽譽動朝端聲馳轂下循顧反覆誠非所堪竊料叔父之意豈不欲使濫音竊吹者聞士會而西逃秦境敦行守正者望郭隗而北首燕路夫如是則小子敢賀天下文章廢而復興不敢自當其遇也然大匠雖哲不能化擁腫之林大風雖壯不能起凝滯之物曩充鄉賦薦辱公議昨詔賢良猥塵清舉叔父以唱高寡和小子以名浮易喪間關堙



鬱卒用無成取笑薄徒貽羞左右雖失鵠而知反終胡顏而敢安愧懼慚惶夙夜若厲叔父蹈中庸之德遺兼濟之運荷深知於明主懸大望於蒼生一朝秉唐之鈞埏埴萬物而高明不奪於獨見鄙分克彰於日新茫茫前途未敢自料豈遽以一第爲得喪哉由是思之勃焉增氣遂欲攝迹聲利潛心道藝窮六籍之統紀盡三變之形容使學通天人文正雅俗然後抗衡當代爲叔父之榮雖知其難志不可奪謹獻近文七首徒跂聖人之域未臻作者之方姑務自強式酬與進伏願特紆省覽光賜教誨指以遠蹤責以大成患何加焉非敢望也

## 與族兄臯請學春秋書

儒風不振久矣某生於百代之下不顧昧劣凜然有志翹企聖域莫知所從如仰高山臨大川未獲梯航而欲濟乎深臻乎極也凡學之道嚴師爲難師資道喪八百年矣自鳳鳥不至麒麟遇獲血流戰國火發暴秦先王之道幾隕於地賴漢氏勃焉而拯之醲糟粕揚煨燼披雲霧揭日月夫子文章滅而復耀與火德俱朗者四百餘年當時大教中興去聖未遠學士非師説不敢輒言鴻儒碩生樂以善



誘宏道雖爲公卿教授不輟其徒大者至千餘人小者亦數百人或升乎堂或入於室洋洋濟濟有古風也夫學者豈徒受章句而已蓋必求所以化人日日新又日新以至乎終身夫教者豈徒博文字而已蓋必本之以忠孝申之以禮義敦之以信讓激之以廉恥過則匡之失則更之如切如磋如琢如磨以至乎無瑕故兩漢多名臣諫諍之風同乎三代蓋由其身受師保之教誨朋友之箴誡既知已之損益不忍覩人之成敗也魏晉之後其風大壞學者皆以不師爲天縱獨學爲生知譯疏翻音執疑護失率乃私

意攻乎異端以諷誦章句爲精以穿鑿文字爲奧至於聖賢之微旨教化之大本人倫之紀律王道之根源則蕩然莫知所措矣其先進者亦以教授爲鄙公卿大夫恥爲人師至使鄉校之老人呼以先生則勃然動色痛乎風俗之移人也如是是以今之君子事君者不諫諍與人交者無切磋蓋由其身不受師保之教誨朋友之箴規既不知已之損益惡肯顧人之成敗乎而今而後乃知不師不友之人不可與爲政而論交矣且不師者廢學之漸也恐數百年後又不及於今日則我先師之道其隕於深泉是用終



日不食終夜不寢馳古今而慷慨抱文籍而太息吾兄亦嘗以是爲念乎小子狂簡實有微志蘊童蒙求我之願立朝聞夕死之誓所與者不唯鴻碩之老博洽之士與我同志者則爲吾師與兄略言其志也其所貴乎道者六其詩書禮樂大易春秋歟人皆知之鄙尚或異所曰禮者非酌獻酬酢之數周旋裼襲之容也必可以經乾坤運陰陽管人情措天下者某願學焉所曰樂者非綴兆屈伸之度鏗鏘鼓舞之節也必可以厚風俗仁鬼神熙元精茂萬物者某願學焉所曰易者非揲蓍演數之妙畫卦舉繇之能也必可以正性命觀化元貫衆妙貞夫一者某願學焉所曰書者非古今文字之舛大小章句之異也必可以辯帝王稽道德補大政建皇極者某願學焉所曰詩者非山川風土之狀草木鳥獸之名也必可以警暴虐刺淫昏全君親盡忠孝者某願學焉所曰春秋者非戰爭攻伐之事聘享盟會之儀也必可以尊天子討諸侯正華夷繩賊亂者某願學焉此外非聖人所論不與於君臣父子之際雖欲博聞不敢學矣吾兄達者也可不曰然乎嘗閱雅論深於春秋其間所得實曰淵正竊不自揣願以春秋三傳執摳衣



之禮於左右童蒙求我兄得辭乎朝聞夕死某可逆乎無以流俗所輕而忽賢聖之所重也其餘五經當今孰可爲某師者幸詳鄙志而與擇焉

欽定全唐文卷六百二十八

呂温四

送薛大信歸臨晉序

先師曰益者三友吾能得之豈惟直諒多聞而已可以旁魄天人談堯舜之道則有吾族兄臯可以根本性情語顏夷之行則有太原王師簡可以發揚古訓論三代之文則有河東薛大信此三君子或道以樂我或行以約我或文以博我遭時則有光遁世則無悶其爲益也不亦大乎大信與予最舊始以孝弟餘力皆學於廣陵之靈巖寺雲卷



其身討論數歲常見大信述作必根乎六經取禮之簡樂之易詩之比興書之典刑春秋之褒貶大易之變化錯落混合崢嶸特立不離聖域而逸軌絶塵不易雅制而瓌姿萬變有若雲起日觀盡成丹霞峰折靈掌無非峻勢皆天光朗映秀氣孤拔豈藻飾而削成者哉聖上方欲觀人之文潤色鴻業秉筆者如三光得天每賀大信有其時矣無何予被鄉曲之譽賦於闕下以文乖時體行失俗譽再爲有司所黜此時大信亦與計偕知機全高匣刃不試昔趙殺鳴犢仲尼臨河而逝予之見黜子亦逡巡事雖不同其所感一也歲八月以岵屺之感告予于歸予思古人有處有贈乃語之曰吾聞賢者志其大者文爲道之飾道爲文之本專其飾則道喪反其本則文存且使不存又何傷矣彼邦是堯舜之遺俗唐叔之所理必有忠信如君者焉問安之暇可與之處琢磨仁義浸潤道德考皇王治亂之迹求聖哲行藏之旨達可以濟乎天下窮可以攄其光明無爲矻矻筆硯間也行矣大信茍非同志勿失予言

送友人遊蜀序

始吾挹至源之貌若隴底積雪聳寒木於雲谿次吾覽至



源之文若驪龍相追弄明月於泉窟末吾聽至源之論若泰山欲雨倒雲氣於滄溟如其貌可以振肅周行如其文可以光潤石渠如其論可以感動宣室而淪蕩江海垂二十年則不知天所以生之之意貞元甲乙歲以親故勸勉來遊京師時然後言無辯以動衆樂然後笑無歡以接物義然後取無食以寧居慨然悔之決策長往因登紫閣峰而指曰西南青冥色連岷峨吾行何歸山盡則住翌日告別於友人太原王元運顧謂予曰高雲出岫無時雨之會與風悠揚轉遠而散若至源者其猶雲耶盍亦贈之序予

和汝

## 漢輿地圖序

輿地之有圖古也自成周大司徒掌天下土地之圖以周知廣輪之數而職方氏之圖復加詳焉迨漢滅秦蕭何先收其圖書始具知天下阨塞戶口多少之差然則尚矣武帝元狩六年將立三子爲王御史大夫奏輿地圖請所立國名乃開齊燕廣陵之封輿地圖之名至是始見史遷之所載可考也光武皇帝之徇河北鄧禹杖策而從之說以大策有天下不足定之語其後帝登城樓披輿地圖指示



禹曰天下郡國如是今乃得其一子前言天下不足定何也禹復申其說蓋光武志在天下當神州赤縣未入經略之際其君臣更相激厲如此故能兼制六合司空之所掌無寸地尺天不歸於封域按圖分封並建諸子以爲藩屏嗚呼盛哉用敢紬繹其意而爲之序曰自古合天下於一者必以撥亂之志爲主志之所向可以排山嶽倒江海開金石一念之烈無能禦之者光武之在河北崎嶇於封豕長蛇之間瞑目裂眥更相長雄積甲成山積血成川積氣成雲積聲成雷九流渾淆三綱反易雖十家之市無寧居者則光武何所恃哉亦恃其撥亂之志而已光武之志以皇天全付所覆於我有漢今乃瓜分幅裂淪於盜賊此子孫之責也責之所在雖有登天之難不敢辭雖有暴虎之危不敢避雖有蹈風火之厄不敢回奮然直前以償吾祖宗之所付必使吾祖宗之舊物咸復其初然後吾責始塞焉此志一立故雖處一郡之地如視天下之廣慷慨憤悱氣干雲霄撥亂之志蓋肇於此矣方其志之未立則一郡至小而羣盜之地奚翅十倍吾衆至少而羣賊之兵奚翅十倍恢復之功猶捕風繫影若不可期者及既有其志則



規模先定幾謀先立兆之於前而必之於後若青若齊若隴若蜀若楚若越皆吾志中之一物也若盆子若王昌若囂若述若步若豐皆吾志中之臣僕也彼方繕寨置柵而不知吾已破之於掌上彼方峩冠被袞而不知吾已縛之於胸中是以論光武克復郡縣之蹟則有難易焉有先後焉若夫光武恢復之志則一披輿圖而萬里之幅員皆入於靈府豈嘗得一邑而始思得一州得一州而始思得一部大矣光武之志也斯其所以祀漢配天不失舊物歟厥後建武二十二年匈奴右賢鞬日逐王比遣使奉匈奴地

圖二十四年北款五原塞願爲藩蔽迺立之爲南單于俾預藩臣之列是知光武有一天下之志非特輿地圖之所紀皆爲臣妾而匈奴地圖之所紀亦爲臣妾焉則志也者其撥亂濟世之樞極歟故述之以告來者

## 地志圖序

廣陵李該博達之士也學無不通尤好地理患其書多門歷世浸廣文詞浩蕩學者疲老由是以獨見之明法先聖之制黜諸子之傳記述仲尼之職方會源流考同異務該暢從體要倬然勒成一家之說猶懼其奧未足以昭啟後



生乃裂素爲方儀據書而圖畫隨方面以區別擬形容而訓解命之曰地志圖觀其粉散百川黛凝羣山元氣剖判成乎筆端任土之毛有生之類大鈞變化不出其意然後列以城郭羅乎陬落內自五侯九伯外洎要荒蠻貊禹跡之所窮漢驛之所通五色相宣萬邦錯峙毫釐之差而下正乎封略方寸之界而上當乎分野乾象坤勢炳焉可觀與夫聚米擬其端倪畫地陳乎梗槩固不可同年而語其詳略也每虛室燕居薄帷晴褰普天之下盡在屋壁戶納四海窗籠八極名山大川隨顧奔走殊方絕域舉意而到高視華裔坐橫古今觀帝王之疆理見宇宙之寥廓出還入幽曾不崇朝與夫役形神於歲月窮轍跡於區外又不可並軌而論勞逸也且夫刪百代之弊綜羣言之首繁而不亂疎而不漏才識以潤之丹青以炳之使嗜學之徒未披文而見義不由戶而觀奧斯訓導之明也窮地而述舉世而載事極鴻纖理通皦昧混一家之文軌張大國之襟帶覈人物之虛實總山川之要會表皇威之有截明王道之無外斯乃功用之大也見蒼梧塗山則思舜禹恤民之艱觀窮邊大漠則悟秦漢勞師之弊覽齊墟晉壤則見桓



文勤王之霸觀洞庭荊門則知苗蜀恃險之敗王者於是明乎得失諸侯於是鑒於興替斯又懲勸之遠也然則本之所以廣學流申之足以贊鴻業垂之可以示後世豈徒由近觀遠以智自樂爲室中之一物哉而時無知音道不虛行舉地成圖闡天無路此志士儒林所以爲之歎息也某久從君遊辱命序述庶明作者之意俾好事君子知其所以然

## 道州律令要錄序

某頃累忝官尚書省御史臺徧觀諸曹多書令式格律於

其屋壁苟非以宦遊爲情而奉其職者皆得日夕省覽臥起出入目存心悟纍纍然如貫珠如循環吏無以欺臨事不惑決繁滯舉枉直而協於大中中人以上固可馴致吾不知其誰首之何前賢處心恤事之周也若州縣者卑而近於人遠而切於得失動有懸人命關風俗而情者委成於一吏望空而署勤者檢閱而山積神憒氣沮卒無所歸致政之弊不亦宜乎此州法吏何洛庭良吏也與之撮其要講其義書於廳事之左某不深於法猶慮未盡後來君子其究成之此長人者之所急



三月三日茶宴序

三月三日上巳禊飲之日也諸子議以茶酌而代焉迺撥花砌憩庭陰清風逐人日色留興臥指青靄坐攀香枝閒鶯近席而未飛紅蘂拂衣而不散迺命酌香沫浮素杯殷凝琥珀之色不令人醉微覺清思雖五雲仙漿無復加也座右才子南陽鄒子高陽許侯與二三子頃爲塵外之賞而曷不言詩矣

聯句詩序

河東柳茂直與予有潘楊之睦且道義相得也予兄弟志守拙默不交當世晨昏之外靖專一室顧我者唯茂直而已以爲切磋蓋常事討論有宴息導志氣徒然起憤議世事予欲無言其或晴天曠景浩蕩多思永夜高月耿耿不寐或風露初曉悅若有得或烟雨如晦緬懷所思則何以節宣慘舒暢達情性其有易於詩乎乃因翰墨之餘琴酒之暇屬物命篇聯珠迭唱審韻諧律同聲相應研情比象造境皆會亦猶衆壑合注浸爲大川羣山出雲混成一氣朗宣五色微闡六義雖小道必有可觀其在茲矣茂直命予序述存以編簡俾後之觀者知吾黨所立之濫觴



送琴客搖兼濟東歸便道謁王虢州序

東海搖兼濟年十三從淮南大軍有奇童之稱歲既冠歷泗上劇職振能吏之聲而尚氣節重言諾臨財廉見義勇蘊崇具美發以雅琴琅琅然若佩玉之有衝牙也貞元丁丑歲觀藝京師沖守罕窺正聲寡聽道不苟合浩然東歸水流無心遇用則止宏農守御史中丞王公得予最深且東諸侯之望也儻羽翼吾道鏗鏘爾音飛而鳴之一日千里則何公門不可曳長裾乎大丈夫風波未始有極生死且不足問況能離憂乎白露降秋雲起仰見太華壯心勃

興若不激徵變商是孤慷慨吾季恭也詩有逸氣盍韻鍾律播於絲桐

## 裴氏海昏集序

海昏集者有唐文行之臣故度支郎中專判度支事贈尚書左僕射正平郡公裴氏諱某字某考地毓德會友輔仁氣志如神英華發外之所由作也初公違河洛之難以其族行攀大別浮彭蠡望洞庭徘徊乎湓流眄仰乎海昏有歐山之奇修江之清陽溪之邃湯泉之靈竹洞花塢仙壇僧舍雞犬鐘梵相聞於青嵐白雲中數百里不絕時也俗



以遠而未擾地以偏而獲寧開元之遺老盡在猶歌詠乎太平公悠然樂之遂與我外王父故屯田郎中集賢殿學士河東柳公諱某外叔祖故相國宜城伯諱渾洎故太常卿蘭陵蕭公定故祕書少監范陽盧公虛舟故左庶子隴西李公勛爲塵外之交極心期之賞唯故給事中汝南袁公高故將作監河南元公亘以後進預焉江左搢紳諸生望之如神仙邈不可及每賦一泉題一石毫墨未乾傳詠已徧其爲物情所注慕如此無何朝廷命公盈虛東南漕引吳楚中原百萬之衆仰食於公人不堪煩我若無事往佩聯印擁大蓋枉道而過舊山林壑之間琴詩不廢心計頤指而軍國飫贍其大雅之全才者歟於戲太尉侍中勤勞王家惠於生人至公再世又以盛德屈於年運慶如壅川其決必大由是焜耀之烈重集於我郇公郇公始以大孝聞中以大用顯次以大忠升藩屏三朝出入二揆述先職而掌邦賦修祖德而踐台衡理荆之政篆在樂石定蜀之武藏在冊府漢南之化方洽於人謠加以優游藝文惇悅經術身被華袞門全素風不畏強禦不侮孤賤久要皆當代長者推轂必一時俊傑海內士大夫如鱗羽之歸



龍鳳君子曰憲公忠獻公之勳德節公之雅道爲不亡矣郇公以霜露之感泣編遺文思所以垂諸不朽以爲節公消息出處之道始於海昏遂於正集外別次當時唱和游覽餞勞之作凡九十六篇勒爲海昏集上下卷不遠三千里授簡於小生俾酌歸趣而爲序引某嘗備中臺之屬實辱至公之遇聞命已哀敬不敢文爲姑陳古義用贊風訓昔者三代陳詩以觀民風詐信淫義躁靜剛柔於是乎取之喜怒哀樂吉凶存亡於是乎觀之兆於此必應於彼成乎終必見乎始詩不可以爲僞魏公子爲南皮之游以浮

華相高故其詩傲蕩驕志勝而專勤而不安晉名士爲金谷之燕以耶侈相扇故其詩濫溺淫志冶而緩往而不返正平公爲海昏之會以禮義相誨故其詩恬淡退志莊直立志退以獨全其道立以兼濟於時立而不矜退而不怨適而不放樂而不荒親而不比數而不黷如切如磋婉而有直體曰比曰興近而有深致仁者見之適世而無憂知者見之愛身而有待暖乎若冬陽之煦油乎若春澤之浸其誘人也易其感人也深卒不知其所以然也夫如是則觀南皮之詩應劉焉得不夭魏祚焉得不短觀金谷之詩



潘石焉得不誅晉室焉得不亂觀海昏之詩裴氏焉得不興我唐焉得不理詩之時義大矣哉天人家國之際其至矣哉爲節公郇公之子孫者其無忘哉

## 道州刺史廳後記

壁記非古也若冠綬命秩之差則有格令在山川風物之辨則有圖牒在所以爲之記者豈不欲述理道列賢不肖以訓於後庶中人以上得化其心焉代之作者率異於是或誇學名數或務工爲文居其官而自記者則媚已不居其官而代人記者則媚人春秋之旨蓋委地矣賢二千石河南元結字次山自作道州刺史廳事記旣彰善而不黨亦指惡而不誣直舉胸臆用爲鑒戒昭昭吏師長在屋壁後之貪虐放肆以生人爲戲者獨不愧於心乎予自幼時讀古循吏傳慕其爲人以爲士大夫立名於代無以高此前年冬由尚書刑部郎中出爲此州雖履劇自課而未能逮其意也往刺史有許子良者輒移元次山記於北牖下而以其文代之後亦有時號君子之清者莅此熟視焉而莫之改豈是非之際如是其難乎也嚮安知其他則命圬而書之俾復其舊且爲後記以廣次山之志云



## 湖南都團練副使廳壁記

湘中七郡羅壓上游右振牂牁左馳甌越控交廣之戶牖扼吳蜀之咽喉翼張四隅襟束萬里半天下之安危繫焉聖唐理雖偃革制不去備消息變化必惟其時由是部分荆衡復古南鎭輕其兵徒而重其統帥易其將校而難其參佐所以顯仁藏用明道晦權成師於禮樂之中講武於文章之內雍容易簡四十餘年名跡風流冠於當代始則裴諫議虯以逸材奇略傲視而靜荒寇次則趙相公璟以高標雅望鬱起而爲國楨其餘馮郎中嶷之碩重房容州

孺復之英達鄭評事洌張著作季文之美秀洎張和州惟儉盧侍御澥佐我先大夫宣慈明允實有成績是皆焯於朝論清在人謠者矣元和三年冬天子命御史中丞隴西李公以永嘉之清政京兆之懿則廷賜大旆俾綏衡湘威如秋霜無私凋惠如冬陽無私煦用人如止水無私鑒始下車表前副使殿中侍御史扶風竇君常字中行以本官復職於是監察御史河南穆君寂河内司馬君紓范陽盧君璠太常寺協律郎河東薛君存慶前咸陽縣尉吳郡顧君師閔前太子正字隴西李君礎前太常寺奉禮郎京兆



杜君周士前延陵縣尉同郡杜君賓羣材響附各以類至文雅器用歲餘大備錯金碧於晴壑綷孔翠於春林遐邇翕然稱爲盛府中行感會知己竭其誠能黃鐘音韻調於嶰谷之竹太阿鋒鋩拭以華山之土其吟鸞鳳斷犀兕不足怪也竇氏伯季同時七人一居方伯二列華省四在諸侯之館名教之樂搢紳慕焉以溫近守支郡且知故實得請連帥俾書公堂愧於不文安敢堅讓元和五年七月五日東平呂溫記

## 諸葛武侯廟記

天厭漢德俾絕其紐羣生墜塗四海飛水武侯命世實念皇極魏姦吳輕未獲我心胥宇南陽堅卧不起三顧雖晚羣雄初定必也彗掃是資鼎立變化消息謀成掌中戰龍元黃再得雲雨於是右揭如天之旂左提用武之國因山分力與水合勢蟠亘萬里張爲龍形首呑咸鎬尾束河洛翼出中夏飛躍天衢然後魚驅句吳東入晏海大勳未集天奪其魄至誠無忘炳在日月烈氣不散長爲風雷英雄痛心六百年矣於戲以武侯之才知己託國土雖狹國以勤儉富民雖寡兵以節制強魏武既沒晉宣非敵而戎馬



薦駕不復中原或曰奇謀非長則斬將覆軍無虛舉矣或曰餽糧不繼則築室反耕有成算矣嘗試念之頗賾其原夫民無恆歸德以爲歸撫則思虐則忘其思也不可使忘其忘也不可使思當漢道方休哀平無政王莽乃欲憑戚寵造符命脅之以威動之以神使人忘漢終不可得也及高光舊德與世衰遠桓靈流毒在人骨髓武侯乃欲開興圖振絕緒論之以本臨之以忠使人思漢卒亦不可得也向使武侯奉先主之命告天下曰我之舉也匪私劉宗唯活元元曹氏利汝乎吾事之曹氏害汝乎吾除之俾虐魏

偏從之民聳誠感動然後經武觀釁長驅義聲咸洛不足定矣奈何當至公之運而強人以私此猶力爭彼未心服勤而靡獲不亦宜乎乃知務開濟之業者未能審時定勢大順人心而克觀厥成吾不信也惜其才有餘而見未至述於遺廟以俟通識唐貞元十四年七月十五日東平呂温記

## 虢州三堂記

應龍乘風雲作雷雨退必蟠蟄以全其力君子役智能統機劇退必宴息以全其性力全則神化無窮性全則精用不竭深山大澤其所以蟠蟄乎高齋清地其所以宴息乎虢州三堂者君子宴息之境也開元初天子思二南之風並選宗英共持理柄虢大而近匪親不居時惟五王出入相授承平易理逸政多暇考卜惟勝作爲三堂三者明臣子在三之節堂者勵宗室克構之義豈徒造適實亦垂訓居德樂善何其盛哉然當時漢同家人魯用王禮棟宇制度非諸侯居後刺史馬君錫因其頹陊始革基構豐而不侈約而不陋以琴尊詩書之幽素易綺紈鐘鼓之繁喧惟林池烟景不讓他日觀其廣踰百畝深入重扃迴塘屈盤



沓島交映溟渤轉於環堵蓬壺起於中庭浩然天成孰曰智及春之日衆木花拆岸鋪島織沈浮照耀其水五色於是乎襲馨擷奇方舟逶迤樂魚時翻飄蘂雪飛泝沿迴環隱映差池咫尺迷路不知所歸此則武陵仙源未足以極幽絶也夏之日石寒水清松密竹深大柳起風甘棠垂陰於是乎濯纓漣漪解帶升堂畏景火雲隔林無光虛甍沈沈皓壁如霜羽扇不揺南軒清涼此則楚襄蘭臺未足以滌炎鬱也秋之日金飆掃林蓊鬱洞開太華爽氣出關而來於是乎弦琴端居景物廓如月委皓素水涵空虛鳥驚寒沙露滴高梧境隨夜深疑與世殊此則庾公西樓未足以澹神慮也冬之日同雲千里大雪盈尺四眺無路三堂虛白於是乎置酒褰帷憑軒倚楹瑤階如銀玉樹羅生日暮天霽雲開月明冰泉潺潺終夜有聲此則子猷山陰未足以暢吟嘯也於戲不離軒冕而踐夷曠之域不出戶庭而獲江海之心趣近懸解跡同大隱序閱四時之勝節宣六氣之和貴而居之可曰厚矣若知其身既安而思所以安人其性既適而思所以適物不以自樂而忽鰥寡之苦不以自逸而忘稼穡之勤能推是心以惠境内則良二千

名也方今人亦勞止上思乂息州郡之選重如廷臣由是南陽張公輟揮翰之任受剖符之寄遊刃而理此焉坐嘯靜政令若水木閒人民如魚鳥馴致其道闇然日彰小子以通家之好獲拜牀下且齒諸子侍坐於三堂見知惟文不敢無述捧筆避席請書堂陰俾後之人知此堂非止燕遊亦可以觀清靜爲政之道

人文化成論

易曰觀乎人文以化成天下能諷其言蓋有之矣未有明其義者也嘗試論之夫一二相生大鈞造物百化交錯六



氣節宣或陰闔而陽開或天經而地紀有聖作則實爲人文若乃夫以剛克妻以柔立父慈而教子孝而箴此室家之文也君以仁使臣臣以義事君予違汝弼獻可替否此朝廷之文也三公論道六卿分職九流異趣百揆同歸此官司之文也寬則人慢糾之以猛猛則人殘施之以寬寬以濟猛猛以濟寬此刑政之文也樂勝則流過之以禮禮勝則離和之以樂與時消息因俗變通此教化之文也文者蓋言錯綜庶績藻繪人情如成文焉以致其理然則人文化成之義其在玆乎而近代諂諛之臣特以時君不能則象乾坤祖述堯舜作化成天下之文乃以旂常冕服章句翰墨爲人文也遂使君人者浩然忘本沛然自得盛威儀以求至理坐吟詠而待升平流蕩因循敗而未悟不其痛歟必以旂常冕服爲人文則秦漢魏晉聲明文物禮縟五帝儀繁三王可曰煥乎其有文章矣何衰亂之多也必以章句翰墨爲人文則陳後主隋煬帝雍容綺靡洋溢編簡可曰文思安安矣何滅亡之速也覈之以名義研之以情實既如彼較之以今古質之以成敗又如此傳不云乎經緯天地曰文禮不云乎文王以文治則文之時義大矣



哉焉可以名數末流雕蟲小伎廁雜其間乎

三不欺先後論

昔宓子賤爲單父也人不忍欺之國僑爲鄭也人不能欺之西門豹爲鄴也人不敢欺之此皆爲政不同同歸於理作幹事之稱首貽牧人之經範汪洋古今輝焯圖史窮理而語固有優劣擇善而行豈無先後請試論之子賤仕衰亂之魯而邑偪強齊仗義爲城池倚仁爲干櫓當鯨吞之大敵鳩狼顧之遺黎渙離形檢妙用心術惠訓不倦乃無得而稱視民如傷而不有其愛感而動之陰陽運於無言

誠而明之日月懸於方寸是則不求不欺於人而人不忍欺矣子產攝晉楚之間而靖恭爾位役智利物飭躬勵俗守之以信行之以禮告之以慈惠臨之以明察如鏡洞照如衡誠懸是則求人不欺而人亦不能欺矣西門豹當戰國之際而克修茂績身爲紀律言有典章剛包其柔威克厥愛權之以法制董之以刑罰火烈人望霜清物心是則責人不欺而人固不敢欺矣夫不忍欺者至誠潛感是曰上德堯舜之吏也不能欺者明智旁達是曰有政三王之吏也不敢欺者嚴威允濟是曰能刑五霸之吏也誠不足



至於智智不足至於威大小之間朗然可見然而事在折衷理資漸致德宜全舉道貴兼通必也修誠而棄智誠未至而致理或虧任智而廢威智未周而暴亂將起不若兼而行之迭收其效一之日二之日刑明威立使人畏而不敢欺三之日四之日智達政成使人敬而不能欺五之日六之日志孚誠格使人感而不忍欺以寬濟猛同二氣之和平自邇陟遐比三才之具美茍非全德大器其孰能至於此乎若不暇會其源流統其宗極而姑定優劣直論先後則堯舜之吏與王霸不同年而語矣

# 欽定全唐文卷六百二十九

## 呂温五

### 凌煙閣勳臣頌并序

我二后受成命撫興運軋坤軸摭乾樞鼓元氣而雷域中騰百川而雨天下雲收雨霽如再開闢蕩蕩焉與太極同功貞觀十七年太宗以功成理定秉爲而不有之道讓德於祖考推勞於羣臣念匡濟於艱難感風雲於疇昔思所以攄之無窮乃詔有司擬其形容圖畫於凌煙閣者二十有四人蓋象乎二十四氣之佐天昭勳德也昔者舜以九官致理周以十亂反正高皇以三傑祚漢光武以二十八將中興若夫錯綜勳賢牢籠今古雄四代而高視者其唯



聖唐乎至若唐莒公劉渝公之倫探元符建帝圖首戴神堯舉晉陽而活天下此則大禹之拯溺也魏鄭公以致君爲己任諫若不及謇謇左右秉心宣猷此則咎繇之颺言也虞永興糾合羣儒旁求百代明備王禮克諧帝樂使我大國煥乎其有文章此則夷夔之制作也長孫趙公舉大義除二兇安宗廟定社稷以振我丕赫無疆之休此則周公之匡救也英衞受天勇智雄武佐聖鼓行海內麾定四

方此則太公之鷹揚也。房杜元機朗識，並運帷幄，神發響效，謨成天功，此則蕭何之指蹤，子房之決勝也。尉遲秦程，剛毅木訥，氣鎮三軍，力崩大敵，匹馬孤劍，爲王前驅，此則吳漢之樸忠，賈復之雄勇也。其餘皆榱棟殊材，黼黻異制，儔諸古烈，罔有慚德，皇王之業，於斯爲盛。其始也，文爲經，武爲緯，智斯作，忠斯述。其末也，大不偏，小不過，退者全，來者達，控而縱之，使自用之，推而引之，使自盡之，不設籠檻以觀寥廓之致，不頓轠鎖以極權奇之變，執一德而眾力展，懸大信而羣情竭。高祖取之以義，太宗用之以道，高宗終之以仁，傳聖萬代，享其功利，此非盛歟。昔陸機袁宏爲晉人，而歌功於漢魏，作者猶或稱之，況乎遊聖代，觀國光，目睨淩煙，而頌聲不作，某不揣賤劣，有亹然之志，輒盡所蓄，各爲讚一章，上以見王業之艱難，中以明聖賢之相須，次以朗前哲之光韻，末以聳後人之盛節。侯君集張亮負勳跋扈，自陷大逆，敢沒其名，用彰天罰，使伐勞懷貳者懼。春秋之義，異姓爲後，故以河間元王爲讚首云。



河間元王孝恭

太極構天，本由一氣，大人創業，資我族類，堂堂河間，仁勇是經，適駿有聲，爲唐宗英。暴隋天亡，羣盜猖狂，我伐用彰，時維哲王，武有烈光，爲爪翼肺腸，經綸八方，自南徂東，晏海澄江，（平蕭銑輔公祏）使父兄帝天下，化家爲邦，用竭爾力，寵臻其極，言不伐色，不德以遜，以默柔嘉，維則佐高祖建大勳，如周旦奭，與太宗守大成，如漢間平，宜君宜王，盤石無疆。

房梁公元齡

梁公先覺，龍卧待君，長彗流光，掃天布新，義師雷興，公躍其鱗，杖策千里，來謁帝閽，婉婉梁公，實懿實聰，實光實融，羽義翼忠，若鸞若鴻，大風動地，儒服從容，靜運胸中，弛張折衝，左右太宗，夷屯廓蒙，定高祖功，功告武成，翊開太平，我雖忘勞，時靡有爭，網羅遺賢，推轂羣英，玉不韜輝，蘭無沈馨，飛鴻出溟，振鷺在庭，濟濟多士，太宗以寧，太宗寧矣，公無事矣，闕袞有補，惟仲山甫，經營四方，方叔召虎，大邦鈞軸，至則委汝，閒居台輔，撝默自處，亦莫敢予侮，高朗令終，嗚呼梁公。

杜萊公如晦

穆穆萊公，奇資粹靈，蘊元和氣，爲大國楨，乘時恢能，唐室大開，故人相攜，（少與房梁公同有匡濟之志也）直上泰階，更爲陰陽，迭作

日月佐明四海贊育萬物王度是欽如玉如金德音愔愔萬有千古永稱房杜如周申甫

魏鄭公徵

堂堂魏公崇節大志喬幹直聳摩天自致遭風雲時得霸王器一言委質有死無二撫我則后各盡其志(嘗事李密隱太子)沈浮變通吾道不窮龍戰既息皇建其極俾補袞職其繩則直謇謇嶷嶷危言正色保太宗德弼違替否日月不蝕黜漢霸雜行周王道人或有言秉德不撓(與封德彝廷論)禮興樂崇德洽道豐保合太和昭明有融起四年中復三代風言



出化成神哉厥功伊躬佐商有恥於湯公以其志匡飭聖唐爲唐宗臣致唐無疆致唐無疆永式萬邦

長孫趙公無忌

趙國之先發祥朔土乃祖乃父受天之祜有女而聖(文德皇后)爲天下母有子而賢爲唐室輔聖賢同氣千載一覯丕顯趙公允文允武克忠克仁實有大勳高祖受命太宗歸尊翼翼乾乾恪居於藩羣孽亂嗣爭窺神器鴻業將墜公揭大義一匡天地人到於今家受其賜帝將傳聖爰有顧命汝忠汝誠莫與汝京爲我聖子守唐太平公相高宗有太宗遺風刑措財豐八荒來同和氣大融妖星襲月禍起中宮公將正之以王帝躬(武氏謀位公以力爭)力屈羣邪誠阻天聰黜非其尤命問無窮

唐莒公儉

歲寒陰凝冰雪皚皚有鳥擇木先陽春來猗歟莒公王佐之林間運未開登潛龍臺代萬姓請命與天爲媒扶龍而興振起雲雷權輿帝圖經始唐基始覆一簣勃焉巍巍易失者時難知惟幾知幾其神莒公元勳

劉渝公政會



河出崐崘來潤中夏連山合沓橫擁其派巨靈勃然手擘太華決流東注功平造化粵我聖唐將舉晉陽帝命是將往拯溺於四方亦既載旆亦既秉鉞強兇當路拒不得發渝公慷慨感義激節用奇制變大事立決雷奮霆越天衢八達則莫我敢遏如巨靈破山河勢始豁赫矣渝公與神齊烈跡如仙掌炯炯不滅

李衞公靖

有隋之末羣盜熾蒸帝怒震發五星從太白煥照參野將有聖人兵定天下金精下射猛毅感激李公矯矯從此奮

跡躍於中原王者則獲壯士不死（初公不利於我帝戮之壯其言而免壯士公自稱）唐威載赫帝曰汝傑致天之罰手付金鉞俾往式遏不庭則殺如飆發發如火烈烈摧枯爍雪應鼓如截遠若荆巫險若江湖強若匈奴莫不率從莫不震恭車書混同氛祲蕩空衛侯之功功則維何威明惠和策勇駕智長驅仁義仁義曠蕩帝王之將萬古昌瞻鐵山巉巉

李英公勣

横流莫極大亂無象英公傑出應運爲將爲楚楚霸爲漢漢王天時人事隨我所向長蛇縱蠚（王世充）東據河洛婪婪封豕來濟同惡號吼連聲如雷如霆萬里震驚時維英公亮我太宗斬豕以鉞取蛇於穴羣穢殄滅乃定九鼎乃開明堂奄有大邦金甲同光告成於王（太宗獻捷於高祖與勣俱擐金甲爲上下將）皇業用昌帝命英公北伐獫狁雷鼓殷殷旄頭幾殞掃雪黑山布唐陽春五原草綠不見南牧島夷未庭天子親征其鋒維英莫拒莫抗是震是蕩破東海浪天下既和解鞍投戈衮服委蛇華髮皤皤終始三朝無玷可磨

劉夔公宏基

夔公崢嶸金虎之精應時而生與運俱行總帝元戎震唐



天聲瞪目張膽前無金城別建龍節中分虎旅啟行萬里乘氣一鼓劍揮雷霆旆卷風雨先馳咸陽鎮定天府天府既定唐集大命入揚王庭出權兵柄薄伐獫狁朔風不競徂征島夷東海如鏡義始忠卒元勳之盛

長孫邳公順德

泰山未明雲鬱幽崖日觀赫開舒爲丹霞昔我太原賢傑潛屯帝出於震爛其盈門邳公炳焉實擢其間功參造物謀協先天執殳前驅捧轂南轅以勞以舊佐命之元

虞永興公世南

英英永興華德素行以文富國以道佐命天下既定爲唐儒宗東觀石渠始生古風秉精繹思假道書圃驅馳百代出入三古問羲皇心聽堯舜語歸來帝側獻可替否帝告永興與鴻碩之倫闡六籍三墳建樂章禮文先師是宗於廓辟雍辟雍沈沈天子所臨或弦或歌講古述今其從八千纓弁森森穢貊羌髳咸詠德音羽林孤兒亦垂青衿洋洋聲教無遠不曁日月所臨皆成文字鬱開古始掃蕩澆季實我羣儒成太宗之志英英永興宜曰文懿（公謚）

尉遲鄂公敬德

洸洸鄂公，百鍊龍泉，沈鬱未宣，氣衝斗間。佩非其人，（初事宋金剛）躍入大川，神武獲焉。提之上天，天地之内，指麾無前。熊威虎力，隱若敵國。剛毅木訥，安劉必勃。武德之屯，手拔禍根，掃除氛昏，捧出日月，耀於天門。功成名遂，高謝戎事，烈烈猛志，化爲和氣。深地高堂，頤性保常，脣瓊飲露，靜奏清商。商爲臣勵，事君鄂公之德之勳。（貞觀後公不交人事，常鍊氣服食，奏清商樂以自娛）

蕭宋公瑀

隋氏不君，忠賢莫用，桐生朝陽，有集惟鳳。捨彼頹廈，鬱爲



新棟，路車元袞，開國有宋。武德之碁，羣孽内蠧，巍巍宋公，聳節高步，不吐不茹，不來不去，屹屹中立，爲天一柱。從容而言，社稷遂安，持誠秉忠，光輔二君。激濁揚清，欲人如身，道至廣莫，我敢羣境，至大不容纖塵。雪山倚空，冰鑒照人，耿介絶倫，爲唐貞臣。

張鄭公公謹

有倬鄭公，佗佗而貞，洸洸而仁，實太宗信臣。太宗守藩，内難未夷，圖之則安，捨之則危。帝臨安危，幾以懼以疑，以蓍爲先知，是筮是咨。鄭公嶷然，排闥折蓍，抗憤正詞，用人事定天意，身爲元龜。不知不識，順帝之則，以定社稷，鄭公之力。公之云亡，帝念其勳，若痛在身，天懷發中，哭不避辰，君臣之間，夐古未聞。

屈突蔣公通

五運相推，土火革期，隋化爲唐，忠臣不知，猶驅義徒，奮拒王師。指心誓天，靡頸待時，人歸有德，四海皆叛。春日滿川，孤冰未泮，亡家徇國，方寸不亂。力屈勢窮，排空落翰，東南慟哭，聲盡魂斷。杖忠就擒，萬國瞻漢，帝曰爾通，古之烈士，孝於其親，誰不欲子。俾侯於蔣，授以師紀，感恩不死，宣力



如彼，佐唐扶隋，名教之美。

高申公士廉

維嶽降神，佐唐生申，忠貞自天，孝友如春，德爲邦基，仁厚人倫，肅肅雍雍，真王者臣。慶因歸妹，光延天配，（文德皇后公之同出也）婚媾之中，雲龍潛會。建功南海，廓我無外，涼武撥亂，弼文開泰。遏彼庸蜀，薦鍾澆季，文翁之化，若掃於地。申公攸徂，有教無類，父子兄弟，望風相愧。勃興儒雅，大復禮義，西南頌聲，到今不墜。名登元勳，理冠羣吏，全材大器，於爍厥懿。

殷鄖公開山

温温殷公。初若懦夫。銅印試吏。褏衣爲儒。大風驅雲。忽與之俱。遭逢真宰。參造化謨。天地既闢。厥功有赫。從王龔行。佐帝光宅。逵展驥足。高揮鳳翮。以永終譽。垂於竹帛。

秦胡公叔寶

洛汭之役。龍戰未決。（我師與王世充陣於九曲）秦公應變。臨陣電拔。銳氣盡來。我盈彼竭。成敗反掌。存亡奄忽。虎來風壯。鼇轉山沒。遂作心膂。爰從討伐。崩圍陷陣。火迸冰裂。翕如鷙聳。縱若鯨奔。功成國定。萬古壯骨。



程盧公知節

盧公倬然。動軼幾先。轉禍爲福。（與秦胡公降於九曲）攀龍上天。繽翻鵬翼。積風乃聳。桓桓將軍。大敵則勇。雷崩山谷。貔虎頓伏。飆倒溟波。鯨鯢蹉跎。見危而進。當死不讓。干城三朝。身老氣壯。

段褒公志元

褒公虎臣。先運而臻。謁帝太原。許唐以身。擁劍駕氣。騰風躍雲。積忠累仁。先有厥勳。建旆北伐。細柳宵屯。風謐霜凝。嚴扃達晨。天子之使。駐車軍門。安衆秉威。此真將軍。洗洗桓桓。克壯有聞。

許譙公紹

羣動相食。血流中原。譙公夷陵。豺虎爲鄰。列境連城。火炎烟昏。皎其一邦。如玉不焚。三光忽開。萬象皆新。誰有天下。平生故人。（公與高祖有舊）引忠歸誠。豹變蠖伸。金石之契。移爲君臣。奕奕煌煌。爲龍爲光。元戎啟行。大旆央央。式遏大江。奄征南方。恩斯勤斯。兩不可忘。

狄梁公立盧陵王傳讚（并序）

梁公以武氏篡盜。國命如綴。翊安宗社。非我而誰。是用蒙



大恥。履大險。聳節振美。以持世心。閑高祖天下於方寸之地。盜力雖盛。莫之敢闚。唐復爲唐。繄公是賴。後代昧者頗歸功於五臣。殊不知五臣之功。公所授也。客有以李北海所傳示予者。述盧陵王廢立之際。見公如生。貽諸將來。可以不惑。敢攄憤而讚之。詞曰。

於休梁公。社稷之臣。濡跡應變。與唐屈伸。妖虹橫天。鳴牝專晨。獨立大道。指南生人。闔闢有期。命先我時。乃建國本。代天張機。取日虞淵。洗光咸池。潛授五龍。夾之以飛。臨終指麾。皇業再基。運起身後。功成不知。穆若清風。巍然宏規。

凡爲臣者可不度思

## 續羊叔子傳讚

天厭鼎峙蜀滅魏改錫晉羊公以同四海儒衣登壇獄鎮荆蠻十萬之衆從公而閑逍遥峴陽傲視勍敵用仁爲閒出入無跡吳國雖守吳心已降吞於胸中不見大江勤物忘己樂天知命留功遺人國愈身病江漢舊域德膏潛蒸化行兵中兵息化興策雖平吳道不相晉永嘉南遷豈曰泯泯

## 藥師如來繡像讚并序



藥師如來像者予妻蘭陵蕭氏之所繡也貞元二十年予奉德宗皇帝之命西使吐蕃辭高堂而出萬死介單車而馳不測國故邊至戎情猜閑坎險一遇星霜再周夫人盥饋之餘膏鉛不御日亂蓬首坐銷蕣華異域無期良時自晚始怨冬缸之久而紅芳已闌方苦夏景之長而碧樹將落書委塵篋跡淪苔階漸昧音容孰知存沒黷龜不告因夢難徵觸處成端沿情多緒黃昏望絕見偶語而生疑清旭意新聞疾行而誤喜循環何極刻舟靡尋浩隔理求宜非計得如聞西方有金界極樂藥師大雄散琉璃之寶光照河沙之國土能度羣品出諸幽厄一念必應萬感皆通是用濬發慧根妙求真相斷鳴機躬織之素染懿筐手績之絲盡瘁莊嚴彰施綵繡纏苦心於香縷注精意於鍼鋒指下而露洗青蓮思盡而雲開白日然後練時潔室華設珍供夕炬傳照晨爐續煙齋獻至誠泣數懇願遂得慈舟密濟覺路潛引當道場發念之日是荒裔來歸之辰幽贊冥符一何昭焯乃知織迴文之錦無補離憂登望歸之臺空爲廢日與夫心諧妙理手結勝因進則有濟度之功退不離清淨爲本從長擇善豈同日而言哉予感其志效爰



用贊敘雖在妻子亦無愧詞藏諸閨門永以傳信讚曰

地萬理兮天一極往無由兮來不得解脫願兮慈悲力五色繡兮黃金飾澄氛昏兮圓相開湛水月兮蓮花臺慈眼睠兮擴心迴死別離兮生歸來海爲田兮劫爲灰身念念兮無窮哉

## 張荆州畫讚并序

中書令始興文獻公有唐之鯁亮臣也開元二十年後元宗春秋高矣以太平自致頗易天下綜覈稍怠推納寖廣君子小人摩肩於朝直聲遂寢邪氣始勝中興之業衰焉

公於是以生人爲身社稷自任抗危言而無所避秉大節而不可奪小必諫大必諍攀帝檻歷天階犯雷霆之威不霽不止日月之蝕爲公却明虎而冠者不敢猛視羣賢倚賴天下仰息凜乎千載之望矣不虞天將啟幽蓟之禍俾姦臣負乘以速致戎詐成讒勝聖不能保護我公衮寘於侯服身雖遠而諫愈切道既塞而誠彌堅憂而不怨終老南國於戲功業見乎變而其變有二在否則通在泰則窮開元初天子新出艱難久憤荒政樂與羣下勵精致理於是乎有否極之變姚宋坐而乘之舉爲時要動中上急天



光照身宇宙在手勢若舟檝相得當洪流而鼓迅風崇朝萬里不足怪也開元末天子倦於勤而安其安高視穆清霈然大滿於是乎有泰極之變荆州起而扶之舉爲時害動咈上欲日與讒黨抗衡於交戟之中勢若微陽戰陰衝密雲而吐丹氣欻耀而滅又何難乎所痛者逢一時事一聖踐其跡執其柄而有可有不可有成有不成兄乎差池草茅沈落光耀者復何言哉復何言哉曹溪沙門靈澈雖脫離世務而猶好正直得其圖像因以示予覩而感之乃作讚曰

唐有棟臣往矣其邈世傳遺像以覺後學德容恢異天骨峻擢波澄東溟日照太嶽具瞻崇崇起敬起忠貌與神會凜然生風氣蘊逆鱗色形匪躬當時曲直如在胸中鯤鱗初脫激海以化羊角中頽摩天而下無喜無慍亦如此畫嗚呼爲臣儆爾夙夜

呂温六

## 傅巖銘 幷序

昔殷高宗恭默思道至誠動天天將報之以說爲瑞王在於寢降神夢中審形旁求實得於此曾不待敷奏以言明試以功脫刑人之衣被公衮之服授受之際君不疑臣不慚大哉邈乎殷之所以興也若非武丁之心同乎天地傅說之德通乎神明何感動訢合如此其易厥後惟文王以兆用太公自漁父而登國師白旄一麾光定天下抑其鄰



歟由兹而還莫不先顯後幽右資左德勒以漢秩束於周行使特達自致之士無聞焉吁可歎也夫以天驥之才而造父馭之則必翼輕軒凌高衢風翔電邁一日千里若制非其人服非其車志權奇務牽束挫盛氣頓逸足使遵乎循常之躅則終歲疾驅望駑駘而不及矣遇與不遇又何疑哉嗚呼見賢非難知之難知之非難用之難用之非難特達難君人者苟以特達爲心假無殷宗之夢必自得說不然則雖使咎夔稷契盡入其庭亦葉公之見龍反疑懼矣況氤氳之中乎恍惚之際乎貞元九年予自鎬徂洛息駕於虞虢之間升墟瞰原彷彿其地遠跡雖昧清風若存想說命三篇載亡秦火百代之後德音如何乃作銘曰

赫赫湯德如日不滅滔滔商祚如海不竭發祥播氣世祚聖哲國誕武丁野生傅說說始胥靡武丁卽祚德通神交忽夢如悟若帝導我期於顯素有無之間邂逅相遇宵衣而起爰得其人貌符心冥如舊君臣飛龍在天山川出雲感激自致其間無因捨築傅巖脫鱗鵬升作霖時和奮檝川澄金在吾礪木從吾繩君何言哉殷道中興元凱舉堯徵舜畐階阿衡要湯抱鼎徘徊會合之際厥惟難哉何如



夢中天授神開惟賢是登道貴特達匪次匆用才其壅遏高宗得說乃在恍惚揭銘摛光萬古不沒

## 望思臺銘 幷序

望思臺者漢武帝思戾太子之所建也事具漢書夫立人之道本乎情性生而知曰性感而動曰情性雖生情情或滅性是以聖人患其然而爲之節誠而明之中而庸之建以大倫統以至順倫莫極於父子順莫先於慈孝然而全之者正也慈不得其正則失子孝不得其正則失親救失之術存乎善教昔者三王之教世子也如周公乃爲太傅

如召公乃爲太保如太公乃爲太師左右前後罔非端士禮以專其目樂以一其耳仁以制其氣義以凝其情故非僻之心無自入也讒慝之口莫能間也父子君臣之道所以全也漢則不然世子非三代之賢保傅無二南之老左右前後惟刑餘罪人目流於靡慢耳溺於慆滯氣溢於寵渥情蕩於驕奢於是非僻之心得以入矣讒慝之口得以間矣父子君臣之道所以離矣向使太子師友尊嚴左右端肅雖江充之詐豈敢以不義而加之耶向使太子孝德彰聞仁聲茂著雖武帝之惑豈遽以大逆而疑之耶向使



太子早服師訓少知教義豈忍一朝之忿棄其親而忘其身耶由是言之其所以陷於此者漸矣殆哉當時之勢也國亡冢嗣武老昭弱京師喋血天下疑動若無霍光受負圖之寄秉不奪之節斥昏建明鎭翊鴻業則必庶孽尋戈起商參之禍姦臣乘釁行羿浞之事漢家之祀豈及三七哉此有社稷者之所宜深戒也乙亥歲予經於湖登茲荒臺望古太息以爲遇夫一物有可以垂訓於世者秉筆之士未嘗闕焉乃作銘曰

人倫大統天性是實雖曰自然亦資斧藻漢皇父子一失其道四海爲家不能相保荒臺巋而千古之悲悔目空斷冤魂不歸疑生於微禍積於基苟有明義誰其間之嗣維邦本本動邦危於呼後王鑒茲在茲

成皐銘

芒芒大野萬邦錯峙惟正守國設險於此呀谷成塹崇巓若纍勢軼赤霄氣吞千里洪河在下太室傍倚岡盤嶺壓虎伏龍起鎖天中區控地四鄙出必由戶入皆同軌拒昏納明閉亂開理昔在秦亡雷雨晦冥劉項分險扼喉而爭漢飛鎬京羽斬東城德有厚薄此山無情維唐初興時未



大同王於東征烈火順風乘高建瓴擒建係充奄有天下斯焉定功二百年間大朴既還周道如砥成皐不關順至則平逆來惟難敢跡成敗勒銘嶙頑

古東周城銘　并序

魯昭公三十二年周萇宏合諸侯之大夫城成周晉女叔寬曰天之所壞不可支也萇宏違天必受其咎異歲周人殺萇宏左氏明徵以爲世規俾持顛之臣沮其勝氣非所以勵尊王垂大順也予經其地而作是銘

文武受命肇興西土周公作洛始會風雨居中正本拓統

開祚盛則駿奔衰則夾輔平王東遷九鼎已輕二伯之後時無義聲大夫萇宏言抗其傾坐召諸侯廓崇王城雖微遠猷實被令名宜福而禍何傷於明立臣之本委質定分爲仁不卜臨義不問無天無神惟道是信國危必扶國滅必振求而不獲乃以死徇興亡理亂在德非運罪之違天不可以訓升墟覽古慨焉遐憤勒銘頹隅以勸大順

三受降城碑銘 并序

夏后氏遏洪水驅龍蛇能禦大菑以活黔首周文王城朔方逐玁狁能捍大患以安中區若非高岸峻防重門擊柝



雖有盛德曷觀成功然則持璿璣而弛張萬象昊穹之妙用扼勝勢以擒縱八極王者之宏圖道雖無外權則有備變化消息存乎其人三受降城皇唐之勝勢者也昔秦不量力北築長城右扼臨洮左馳碣石生人盡去不足乘障兩漢之後頹爲荒邱退居河壖歷代莫進矯亡秦之弊則可矣盡中國之利則未然唐興因循未暇經啟有拂雲祠者在河之北地形雄坦控扼樞會虜伏其下以窺域中禱神觀兵然後入寇甲不及擐突如其來鯨一躍而吞舟虎數步而擇肉塞草落而邊甿懼河冰堅而羽檄走爰自受命至於中興國無寧歲景龍二年默啜强暴瀆鄰構怨掃境西伐漢南空虛朔方大總管韓國公張仁愿躡機而謀請築三城奪據其地跨大河以北嚮制胡馬之南牧中宗詔許橫議不撓於是留及瓜之戍斬姦命之卒六旬雷動三城嶽立以拂雲祠爲中城東西相去各四百里遏朝那而北闢斥堠迭望幾二千所損費億計減兵萬人分形以據同力而守東極於海西窮於天納陰山於寸眸拳大漠於一掌驚塵飛而烽火燿孤雁起而刁斗鳴涉河而南門用晏閉韓公猶以爲未也方將建大旆提金鼓馳神竿鞠



虎旅看旄頭明滅與太白進退小則貢琛責受厥角定保塞一隅之安大則倒狼居竭瀚海空苦寒萬里之野大略方運元勳不集天其未使我唐無北顧之憂乎厥後賢愚迭任工拙異勢剛者黷武柔者敗律城隳險固寇得淩軼或驅馬飲河而去或控絃劘壘而旋吾知韓公不瞑目於地下矣今天子誕敷文教茂育羣生戢兵和親北狄右衽然而軍志有受降如敵大易有安不忘危崇墉言言其可弛析亦宜鎮以元老授之廟勝俾述舊職而恢遺功外勤撫綏內謹經略使其來不敢仰視去不敢反顧永讋猛氣

無生禍心聳威馴恩禽息荒外安固萬代術何加焉敢勒銘城隅庶徼復隍而光烈不昧銘曰

韓侯受命志在朔易北方之強制以全策亘漢橫塞揭茲雄壁如三闕龍躍出大澤並分襟帶各閉風雷俯視陰山仰看昭回一夫登陴萬里洞開日晏秋盡纖塵不來時維韓侯方運神妙覩覺則動乃誅乃弔廓乎窮荒盡日所照天乎未贊不策清廟我聖耀德罷扃北門優而柔之用息元元曷若完守推亡固存於襄於夷永裕後昆

## 祭說



呂和叔曰祭先之禮自天子至於庶人節文名物差等雖繁然以禮事親其義則一寢廟雖不崇而修除不可不嚴牲物雖不腆而享饎不可不親器皿雖不備而濯溉不可不潔禮雖不得爲而誠意不可不盡故齋宿薦徹致愛與恭豈可徇流俗燕褻之常同鄙陋不經之事然雖未能方古亦當略舉春秋之薦旬日具修三日齋戒務在躬親誠潔而已近世祭多及旁親雖近愛而無義禮惟殤與無後始祭於宗子家自餘祭皆爲祭非其鬼蓋致隆祖者不得不然士大夫止當祭五祀耳山川百神皆國家所行不可得而祀近世流俗妄行祭禱黷慢莫甚豈有受福之理哉水旱之災止可相率祈禱里社至誠齋潔奠以酒脯可也若妄行望祀合聚羣小喧呼鼓樂非士君子所宜爲

## 南嶽彌陀寺承遠和尚碑

原夫法起於無色生於妄求離於色者未得皆空徇念於無者斯爲有著也是以至人心無所念念無所求利未動而誰安本不然而何滅然而利根難植頓詣罕聞不有舟梁孰宏濟度匪因陛級莫踐堂塗必在極力以持其善心惠念以奪其浮想不以身率誰爲教先誰能宏之則南嶽



大師其人也師諱承遠漢州緜竹縣謝氏之子積修妙性宿起冥因乘報現身應期宏道自天鍾美因地稟靈七尺全軀峨岷與瞻敬之狀九漏懸解江漢資清淨之源殊相夙成隱照潛發甫志學始遊鄉校驚禮樂之陷阱覺詩書之桎梏忽忽不樂未知所逃俄有信士以尊勝真言質疑於學怡然聳聽宛若前聞識契心冥神動意往遂涕訣慈顧行徇幽緣初事蜀郡唐禪師禪師學於資州詵公詵公得於東山宏忍堅林不盡祕鍵相傳師乃委質僮役服勤星歲旁窺奧旨密悟真乘既壯遊方沿峽東下開元二十

三年至荆州玉泉寺謁蘭若真和尚荆蠻所奉龍象斯存歷刼方契其幽求一言懸會於靈受爰從剃毁始備緇錫昂然古貌森映高松真公南指衡山俾分法派越洞庭浮湘沅息於天柱之陽從通相先師受聲聞具戒三乘之經教四分之紀律八正之倫要六度之根源莫不更贊神機遞歸心術聞京師有慈敏三藏出在廣州乃不遠重阻星言覲謁學如不足求所未盡一通心照兩捨言筌敏公曰如來付受吾徒用宏拯救超然獨善豈曰能仁俾依無量受經而修念佛三昧樹功德刼以濟羣生由是頓息諸緣



專歸一念天寶初歲還於舊山山之西南别立精舍號彌陀臺焉薙草編茅僅蔽經像居靡童侍室無斗儲一食不遇則茹草而過敝衲莫完而歲寒自若奉持贊嘆苦劇精至恒於真際靜見大身花座踊於意田寶月懸於眼界永泰中有高僧法照者越自東吳求於廬阜尊遠公教跡結西方道場入觀積旬至想傍達見彌陀座下有老比丘焉啟問何人答曰南嶽承遠願告吾土勝緣既結真影來現照公退而驚慕徑涉衡峰一披雲外之塵宛契定中之見因緣昭晰悲喜流涕遂執摳衣之敬願承入室之顧大師



德因感著道以證光遠近聆風歸依載路於是大建法宇以從人欲輪奐雲起丹刻化成走檀信於十方盡莊嚴於五會香花交散鐘梵相宣火宅之煙焰皆虛慾海之波瀾自定加以寶裝祕偈建幢於臺前玉篆真文揭碑於路左施隨求之印以廣銷業累造輪轉之藏以大備教典勸念則編牓於崖谷勵學則兼述於縑緗其欲人如身慈惠懇至皆此類也大師峰棲木下六十餘年苦節真修老而彌篤夙開户牖久啟津涂法界之尊重在焉天人之瞻仰如是常陋處方丈志行平等食不重味寒不兼衣王公之珍



服盈廡甿庶之金錢布地莫不迴修佛事贍養孤老凡言施者以是報之期頤將及志力無替早鐘會食到必先衆夕磬虔念居恒達晨其克己練心慎終如始皆此類也大歷末門人法照辭謁五臺北轅有聲承詔入覲壇場内殿領袖京邑託法雲之遠蔭自感初因分慧日之餘光寧忘本照奏陳師德乞降皇恩由是道場有般若之號貞元歲某獲分朝寄廉問湘中近照德輝獲探眾妙况靈嶽直午先皇本命宜有上士斯焉護持表求興崇詔允誠願臺雖舊號其命維新寺由是有彌陀之額度生二七會供千人

中貴巡香守臣視饌瑤圖花捧寶字煙開寵降九天暉映三界師亦建不壞之塔以壽君親修無邊之功以福邦國梵王之能事畢矣法門之榮觀備矣貞元十八年孟秋既望顧命弟子申明教戒掃室趺坐恬然化滅報齡九十有一僧臘六十有五先是忽告門人曰國土空曠各宜勉力數月而災火梵寺周歲而吾師解形此蓋寶去山枯龍移水涸空曠之旨乃明前知法衆崩慟若壞梁木邦人號赴如失舟航以其年九月七日還神於寺之南岡卽安靈塔教也前後受法弟子百有餘人而全得戒珠密傳心印者



蓋亦無幾比邱惠詮知明道偵超然等皆奧室之秀者以瞻奉將遠經行坐蕪永懷於極見託碑紀移有道於物外真無愧詞比遺愛於人間誠當墮淚銘曰

浩浩清塵茫茫逝川大雄作矣救物爲先能明大教非師有緣不宰功立忘機智全誰其宏之南嶽命代習識虛受應身圓對理則歸空教惟不昧末搖本靜行苦神泰雲跡一滅天星六周熱惱就濯童蒙來求攝以尊念驅之力修我法有戶誰能不由甘露晨稀香雲夕卷彼岸方濟慈舟忽遠鑪煙如在塔樹勿翦刊勒豐碑永想正眼

故太子少保贈尚書左僕射京兆韋府君神道碑

山之大者匿峰巒含氣象積高無倪而不見其險孕粹有物如不知其神此其所以爲大也德之全者毀圭方黜皎厲靈機密運而智不驚愚遐標特立而迹無變俗此其所以爲全也然則泰山高而可陟全德近而難知我求其倫見之於少保公矣公諱某字某京兆杜陵人其先帝堯光宅讓德儲慶建國命氏列於夏商相冑卿族繁於漢魏代濟不殞煥焉盛門大王父諱某皇朝主客郎中萊濟商三州刺史王父諱某倉部郎中太原少尹贈祕書監烈考諱



某檢校都官郎中嶺南節度行軍司馬贈同州刺史或以瑚璉之器纔施郡政或以巖廊之姿僅及戎佐與時俱息從道而汙屈不試於當年啟莫京於身後公生而岐嶷弱而老成渾粹不散清明虛映朱絃遺音而宮商自韻大圭不琢而符彩溢發邈矣天爵爛乎人文鼓鐘之聲日遠鄉曲之譽來逼釋褐太子正字與仲弟正卿以賢良偕徵策入異等冥鴻雙舉當代榮之授高陵主簿遷監察御史改殿中內供奉東都留守判官卽拜東臺殿中侍御史參畫惟允持繩不回河洛之間風聲尚在德宗躬決庶政本於

尚書責成曹郎綜練材實薦出方伯時超貳卿二十年間斯爲極選公由是前後遷刑部吏部員外郎吏部郎中奏議推美彌綸成績南宫之故事存焉於時戡復日近勳勤者衆都市惰游盡垂金組邦畿豪奪半賜丹書輕禽逸於疎網悍馬駭於柔轡上思懲抑必假良能公由是前後歷奉天長安二縣令仁護鰥惸智鈐豪右輿人之道詠在焉望由實濟任以望重選曹未幾遷給事中旣居駮正之司不撓當官之論屬東南歲歉俾乂惟難出爲常州刺史天寶之後中原釋耒輦越而衣漕吳而食一隅重困五紀於



茲公臨之清貞結以忠恕固存惠寡務畜勤分一法以去其侵漁多方以備其災患以逸道而使繕完允濟以與道而取賦入先期聲聞天朝考績連最轉蘇州刺史二境之間百里而近靈源自出殊派共清膏澤所霑異壤同潤下車期月報政如初加秩賜金借留累歲無何彭沛喪師兵驕地偪安危所繫朝論難之乃以公檢校祕書監兼御史中丞賜紫金魚袋充徐泗節度行軍司馬重其威望將委旄鉞而未命程伯徐方之軌旣同不見賈生宣室之徵遽至擢吏部侍郎倫品甄明通簡節適勢有探湯之熱我以靜濯衆有鼓簧之喧我以心聽馴致其美闇然日彰不求無失職之人人自以爲不失職矣輟拜京兆尹德刑交修寬猛相濟匪設鉤距物無遁情匪曜鋒鋩機無滯斷浩穰之理不肅而成不求無不欺之吏吏自以爲不能欺矣俄改太子賓客辭劇就閒圖南之勢一息選德求舊居東之命惟重遷檢校工部尚書兼御史大夫充東都留守東都畿汝州都防禦使自盜起幽陵兵屯諸夏涉淮而北軍國異容分陝以東古今殊寄公講信修睦外張保釐之政完備訓戎内寓折衝之令矛戟不露德耀藹然退遜頻首以



承風強暴革心而知懼今上嗣統就加檢校吏部尚書方入諧僉屬毗贊大化不幸嬰疾表求退頤優詔除太子少保冀其休復將有後命神祇竟昧藥禱無真以元和元年三月十二日薨於東都履信里之私第享年六十有四寵贈尚書左僕射輤車西歸制使賻弔太常褒議謚曰某公哀榮備矣夫人河東裴氏侍中耀卿之孫給事中皐之女德門鍾美淑問充塞蕣華早落蓍兆叶期卽以是年五月二十一日合葬於萬年縣高平鄉少陵原禮也公孝悌天至行有餘力仁義性德匪俟服膺不飾表以近明每縱心

如中矩清虛簡淡而應物不倦通曠夷易而及門無雜不尚意氣而然諾篤志不好臧否而鑒識超倫與故相國齊江西映穆宣州贊贊弟侍御史員爲文章道義之友可以視其所親矣今吏部郎中扶風竇羣抗迹毗陵退身進道公三揖郡榻之上一振天墀之下不數歲間蔚爲重器可以視其所與矣分正東郊開府辟士則有今右司郎中燉煌叚平仲倉部員外郎安定皇甫鏄禮部員外郎清河張賈洎京兆尹韋詞隴西李景儉中山衛中行平陽路隨皆羣彥之秀出一時之高選可以觀其所任矣加以志尚幽



遠冥搜好古所居第必有松石之致退公暇日常以圖籍自娛一字愜心金玉不顧片言同趣布褐無間亹亹然若見道之所存陶陶然不知歲之云晏於戲策名從事四十餘年朋友罕聞得喪之言家人莫見喜愠之色坦懷以處推分而行無怨於人人亦無怨無猜於物物亦無猜履信順以優游保福祿而終始其名教之大雅者歟有九子長曰元貿前常州義興縣尉次曰轂前邠州司倉次曰璋鄉貢進士能修詞立誠克家致美茂揚風訓休有令聞其次某某皆殊資異識登於童齡慶善之餘也以某獲窺墻仞見託篆述究賢人之業信而無愧申孝子之志直而不文其詞曰

利建於商介圭作寶爰立於漢緇衣改造克昌厥允奕世載考亞尹擅名郎中懷道莫躋貴仕莫享難老蘊靈儲休以啟少保丕顯少保其德愔愔有緯遐姿曠哉靈襟顯仁山立藏用淵沈煦如冬陽藹若春陰白圭三復克保明心黃鐘九變莫匪和音靜專動直謙進柔克宜踐公輔以楨王國促路頓軔中天墜翼少陵右原拱樹寒色窮壤可敝唯名不失金石垂之以慰罔極



## 唐故金紫光祿大夫檢校兵部尚書使持節都督秦州諸軍事兼秦州刺史御史大夫充保義軍節度隴西經略軍等使上柱國彭城郡開國公食邑二千戶贈尚書右僕射中山劉公神道碑銘

武有七德以先九伐聖王所以經邦也戰有六器以先五兵賢侯所以述職也然德威並運仁勇相宣功業見乎禮義之門將帥出乎詩書之府若有覽古成敗與時行藏道惟忠貞權利變化兵機生於盡性師律本乎修身飾怒之

鈇鉞有歸當仁之壃埸不讓考諸名實何代無人公諱瀰字某其先帝堯之允事夏后者曰累隨會之子處咸陽者爲劉秦滅六雄遷於豐沛漢有四海別封河朔公卽孝景帝子中山靖王勝之後也遭晉喪亂流寓幽平舊燕趙之朝不絕如綫十一代祖後魏尚書左僕射燕郡公靈助始有大功建茲元社遂爲范陽人焉厥後逶迤世有潛德詳在家牒略而不書曾祖特進檢校司衞卿臨洮軍使贈宋州刺史諱宏遠恢持重之姿撫寧洮罕王父特進檢校右金吾衞大將軍太常大斗軍使贈揚州大都督諱貢厲摧



堅之氣震疊互羌烈考開府儀同三司幽州大都督府長史帶正省兵吏刑戶四尚書左右僕射平章事兼御史大夫幽州盧龍軍節度使累贈太師太保諱怦以正有功以寬得衆書伐盟府擁旄本邦於戲以二特進之志略用而不貴以太保之忠勳貴而不壽水積而深縱壑之鱗躍風積而厲垂天之翼奮慶靈久鬱必有勃興公卽先太保之次子今侍中之介弟伯也嗣職幽都仲也揚威隴坻虎旂龍節交萃於一門開國承家並登於九陟倬絕天下輝動人倫勃焉之興斯可信矣公長源濬發自天鍾美直尾箕之下別稟精英生峘崵之間得其全氣顯仁藏智勤孝樸忠大略小心寡言敏行虎抱崕屈莫能象其深沈鶚聲青冥未足擬其超遠幼挺奇節長有雄姿森武庫之鋒鋩錯文昌之光色悅禮之別惇詩之和觀易象之元得春秋之正申商之法摭實而除苛孫吳之書取權而去詐行有餘力則遺詞比興多中於雅音材之旁通則騎射劒擊皆窮其妙用眞所謂多能博識允武允文者也公弱冠之歲朱滔敗歸幽陵狼顧未定先太保時爲行軍司馬用公之策與滔定計戢兵徹警洗疊歸誠致父於曲突之勳拯人於



墜塗之難由是山東侯伯始聞其名是歲孟秋滔卒於鎮幽人懷德推奉太保方執謙志未允誠求公以爲幽燕本負氣之鄉豪傑陷失節之地自新無路從亂如歸安危生於俯仰逆順決於指顧權必有濟不可以假人貴不爲榮豈嫌於在已趨庭諍諭決策指麾正頹波於衆心迴白日於王命重氛載廓闔境昭蘇由是漢庭公卿始重其節太保旣嬰危疾侍中時鎮莫州公總兵中權嘗藥內寢弛張在手上下宅心而見利不回臨事能斷推至公於門內度德惟鈞申大義於軍中以長則順於是陟崗長望飛馹潛

迎勸輟哭於創巨之晨託理命於綱紀之僕軍府立定家國乂安然後退就喪廬而泣柴毀三軍感歎四鄰聳慕子之道弟之道備矣孝之難友之難至矣既而侍中泣曰金華無避吾豈獲已手足相衛爾何自安遂奏起公爲涿州刺史未幾轉領瀛州東負滄海南馳諸夏地饒俗雜久號難理公乃簡其約束峻其隄防均其有無一其勞逸心聽而方斷身踐而後言令下於流水之源化行於偃草之勢盜奔他境人復先疇亦既富庶聿觀禮讓日用吾道於何不臧其年兼御史中丞充本道節度瀛州兵馬留後又兼



御史大夫行軍司馬丁越國夫人憂至性繼酷終天窮感杖而後起殆不勝喪軍士泣留王人逼諭起復舊職敬恭新命孝在方寸能盡其哀政有典刑不愆於素服闋加銀青光祿大夫餘如故公高視前代志齊古人疾沒世不稱之徒慕其次立功之義見去病無用家爲卷常三復聞耿弇不以賊遺坐惜分陰必欲懸旌黑山飲馬西海氣定百勝身先七擒討冒頓之慢書復犬戎之侵地有懷未果若恥在躬爰因大閱乃告於衆曰吾剖符別統行已十年訓齊之士不下一方而靡衣鮮食銷銳刓鋒徒籍父兄之資莫申絲髮之效永言及此何以爲容且東胡之強吾兄既雄其式遏西醜之類鄙志必期於殄殲一家勤王萬里同力遊於地下無負先公誰居誰行吾計決矣於是七營四校一呼三躍童兒奮臂女子褰裳奏章朝下牙旗夕出轂騎八百組甲五千次舍案部周旋成列雲鳥遞引龍蛇相追夜度關而不囂晨涉川而如貫加以嬴糧自給假道無煩歷百城而饋餼皆辭居一夕而牆宇必葺憩林適去墜果猶存徑由疾趨滯穗不犯軍容之整故老莫傳自燕抵秦扶路瞻歎初公躬率將士以先啟途夫人撫其妻孥別



次繼進爰自建旆迄於解鞍行不接塵上不通問元帥去裘蓋之逸小君罷膏沐之容在樵蘇而必親歷寒暑而無替雖古名將未之能行德宗備禮勞迎虛襟相待一見升殿目送傑人之姿三接論邊心許成君之事卽日拜秦州刺史兼御史大夫充隴西經略軍使割扶風之普潤縣以處之倚爲長城鎮我近輔羽儀鼓吹等西夏之雄藩扉屨資糧同北軍之寵士而猶未賜齊履不拜漢壇抑爲偏師所以觀自致之效假領僑郡所以激必取之心先皇將將厥有深旨公由是感悟神動精誠涕流荷知臣之明思求

已之報砥礪壯節激昂雄圖而地狹一同衆纔十旅偪介塞垣之下崎嶇山谷之間因深爲隍卽險增壘薙蓬伐木以立營署鑿石墾草以開屯田俸祿不入於私家子弟必從於公役縑緗之尋尺咸在軍裝金鐵之錙銖盡歸兵器無歌僮舞女之玩而講訓爲娛絕良鷹異犬之求而驍果是務加以推誠待下愛士如身視疾臨喪與廝必至字孤養老骨肉何先遂令千夫一心積感思奮各捐軀而唯恐後死未見敵而爭爲前登公曰衆知吾深其可用也於是馳使闕下請牧隍中出自凶門入於死地袵席過兵之處



咽喉制敵之衝威懷啓閉之方耕戰疾徐之節莫不封章定計裂素成圖德宗覽之廢食興歎屬戎渠悔禍朝議許盟至誠達而允孚全策知而未用失機緩寇雖負於雄心違命有功且非其雅志爾乃慎固封守掩抑威時獮狩蒐苗以寓軍政拔拒投石以攄士憤櫪馬待驕夜風起而長鳴匣劍有靈秋氣來而自動感物興慨可勝言哉然而十五年間烽燧無警數千里內兵防倚重志雖不獲賴則有餘篆跡圖形我無愧色況又敦尚儒學慕親賢才其妻子食淡而賓膳豐珍居室安卑而後館華峻風聲所及日月

繼至觀夫危冠大帶雜於介冑之間春詠夏弦不改膠庠之樂光名四達固有由焉貞元二十一年順宗嗣統中外增級就加檢校工部尚書崇陵晏駕之初太上傳歸之際公嚴兵近服警衛公室擒摘姦黨黜遏邪謀人心不搖國隟遂閉流公妙簡祕莫得聞帝嘉厥誠手製褒諭珍裘寶帶文馬雕弓以將殊恩不可勝筭明年秩進武部封啓彭城建保義之雄名益良原之重衆知始賜節鉞許之專征爰承寵靈得以入覲鑾聲戾止庭燎有輝縟禮繁錫率加恒數然後詣便殿奉温顏訴先朝未展之謀陳西疆必復



之志膝馬虛納指期決行旋鎭歲餘不幸遘疾猶能籍士馬封府庫表請新帥輦歸京師天惠寇讎奪我忠武以元和二年十二月日薨於岐山縣之行次享年四十有九皇上震悼廢朝輟樂未伺子明之疾遽迎任虜之喪愍冊極詞法賻優等贈尚書右僕射謚曰景公以三年十月日列簫鼓虛儀賜温明祕器卜兆十里會車千乘葬我景公於萬年縣之少陵原備哀榮也夫人河東柳氏某官某之孫某官某之女清門華冑媚德馨行輔佐君子蔚爲時禎撫訓諸孤繼立家道二南所美無以尚之有子五人長曰銳

朝議太子洗馬周旋經訓介藻身文確有端操雅多奇略有識之士知其大成次曰師貞前右武衛倉曹參軍次曰師禮前商州司倉參軍次曰稅前欽王府參軍次曰兌門子出身杞梓殊姿而共芳珪璋異質而同潤百祥之慶其在茲乎洗馬等相與謀曰夫步星氣者無出於馮相之官考鐘律者必求於伶倫之族我先人之業非志士不知以某早纂功名常窺閫奧辨用心之所至識行事之會歸俾垂斯文以示來哲銘曰

至精氤氳爲勇爲仁將昭文德有此武臣猛而不殘靈而



能馴情厲秋霜氣含陽春源由堯興派自漢啟承光祖考致美兄弟通刑練政達樂知禮行歸有方用入無體中襟湯湯應變弛張開則雷電閉爲金湯能求敵情善用已長威不可犯惠不可忘靜言未賓忠憤慷慨翻翻燕海固護秦塞車無停軌衣不解帶勤王萬人瞻我大旆左汧右涇克壯其聲目盡西極塵沙不驚行人如歸戰士且耕隴首烽斷原川草生方提金鼓振國威武建銘赤山恢復舊宇促運僭奪奇功莫覩殁而不瞑足感明主詔葬九原寵昭幽魂介士班劍送於都門草陳霜來樹拱煙昏萬物有盡唯石獨存

呂溫七

## 廣陵陳先生墓表

有唐貞晦先生廣陵郡棠邑鄉陳君曰融無字享年七十有二遊不出鄉考終厥命嗚呼至哉良玉雖白不受采醴泉自甘非有和眞色縝密丹青無自入也靈味天成麴糵無所資也故先生長而不學大樸不通乎輪轅至音不諧乎宮商曲直渾成巧匠莫能材也清濁一致伶倫莫能器也故先生老而不仕地虛而踐則有跡器疎而扣則成聲



我踐惟實跡不可得而見也我扣惟容聲不可得而聞也故先生沒而不稱若夫爲養克孝居喪致毀事亡如存朋友孜孜兄弟怡怡於鄉恂恂與物熙熙天性人道其盡於茲何必讀書然後爲學知命是達怡神爲榮樂天忘憂自寵不驚貴我以道此非爵乎富我以德此非祿乎何必入官然後爲仕我有信順自天祐之我有正直神之聽之謂天蓋高亦既知矣謂神蓋幽亦既聞矣何必俗聲然後爲名大哉先生行不學之道據不仕之貴負不稱之名達人觀焉斯亦極矣予貞元初寓居是邑言歸京國道出其鄉始見一鄉之人父義子孝長惠幼敬見乎詞氣發乎顏色不聞忿爭之聲不見傲慢之容雍雍穆穆甚足異也因揣之而歎曰芳蘭所生其草皆香美玉所積其山有光此鄉之人豈必盡仁其必有賢者生於是矣遂停車累日周訪故老果曰吾里嘗有陳融孝慈仁信不學不仕鄉人見之皆自欲遷善遠罪亦不知其所以然今也則亡清風猶在予於是慨然痛先生以純德至行沉落光耀官闕軾廬之禮士無表墓之文知而不書我執其咎乃披典校德謚曰貞晦先生窮徵其實建石於路用告將來之有識者云爾



## 唐故福建觀察巡官前侯官縣尉東平呂府君權殯記

府君諱沅字君夢河東人祖崇嗣高尚邱園不應徵辟考從之皇朝左贊善大夫府君性重厚寡言志於文學而炫耀尤好神景化之事雖迫親故時或從人而焚香鍊氣常澹如也與從子某少同遊處有疏阮之契洎某出守湘中府君以山水之樂遠來依憩不幸遇暴疾元和五年七月二十二日終於衡州官舍於戲知命之年未娶無嗣家童護奠旅櫬單歸追懷平昔何可勝痛以其年十月某日權

厝江陵城非某原以須通歲歸祔松檟姑具時日記於此石云

## 大唐故紀國大長公主墓誌銘

公主諱某字某睿宗大聖眞皇帝之曾孫元宗明皇帝之孫肅宗宣皇帝之第二女也皇唐駿啟成明再造生人定四海以爲家統三靈而傳慶介圭作瑞外強磐石之宗湯沐疏封內廣關雎之化蘭芬玉振垂二百年公主女宿降神坤元毓粹荷文武之餘烈資任姒之積德稟靈胎教麗浦之生夜光鍾美天姿綵雲之捧朝日生知信順長習詩



禮士女之行有聞必踐保姆之訓不肅而成乾元二年年若干許笄從周築館於魯輜軿將其百兩環珮出乎九重以降於駙馬都尉滎陽鄭君曰某官至特進左散騎常侍博學能文善交好施門多長者之轍室有聖人之書朝野欽嘆名聲籍甚公主輔佐君子周旋禮經盡志以奉舅姑降心以諧姻族夙興夜寐能服澣濯之衣殷祭大賓必躬薀藻之事恒自砥礪未嘗以簫歌廢日動循法度曾不以嚬笑爲容事叶母儀言成內則考諸圖史罕見其倫洎乎曳杖晨歌帷堂晝哭誓栢舟之志盡袪繁華洗清蓮之心坐歸空寂一男曰某茂學懿文夙成時秀選尚順宗次女普安長公主拜駙馬都尉祕書少監其擇鄰之義篤歟一女字某淑質妙工婉爲邦媛適將作少監武功蘇某其結縭之戒明歟於戲以順成之德柔立之操茂正家道宣美國風歷奉五朝殆將六紀賜金之外無恃寵以私求食租之餘不與人以爭利淑愼吾止聿觀厥終信戚里之高標天人之秀出者也宜其崇享五福遠逾三壽輔時陰教爲國女師竟昧與善忽焉遘疾御醫馳診陰陽之沴已深中使相望藥禱之誠無及以元和二年九月十二日薨於長



興里之私第享年若干少監駙馬痛殷創巨杖起成喪以三年某日月哀奉窀帷合祔於某縣某原先常侍之舊塋禮也以某學於（原缺）舊見託斯銘姑閲之盛（疑）其文曰

奕奕紀國發祥聖源祖武宗文父乾母坤肅宗愛女元宗貴孫俔天之妹大歷加恩問我諸姑實惟貞元迄於我皇聖敬彌敦紀國之德如玉其溫紀國之慶如何渾渾哲夫令望身歿道存有子克家鳴玉晨昏冢婦之貴普安在門人生極休胡可勝言禮爲藩兮儉爲寶神所勞兮宜壽考儼高堂兮去何早風白楊兮露秋草出青門兮墓田道鏤

德音於沉礎傳風樹於遺老

故唐太子舍人李府君夫人榮陽鄭氏墓誌銘

夫人諱字榮陽人鄭於姬姓最親爲天下著族自秦漢至於皇朝萎蕤軒冕耿曜圖史如洪河東導江漢其源流不待問而可知矣高祖守元朝散大夫龔丹徒公曾祖嘉會朝散大夫雅州司馬大父噉正議大夫金衢二州刺史嚴考欽英朝議郎杭州别駕皆以天爵屈於人事滋慶蕤美實生夫人夫人始生辨物而智能言而信既笄而知禮有行而制義性與天成質無表飾沖靈虚寂和氣交暢不嚴



厲而婦道自著不整峻而母儀有儼實柔德之黄中壼闈之盡善者中舍府君出自我睿宗讓皇帝之孫漢中王之子乃於鐘鼎寶玉之間傑立雅尚文學政事龜龍搢紳而夫人躬蘋藻服澣濯去華斲雕激清守素輔佐將順實有力焉晝哭之後訓成諸子長曰景儉負王佐之才探聖人之奥磅礴秀氣拔乎其倫次曰景儒景信景仁皆文敏絜修保家良主有以見夫人明裕善教繼成義方宜其及公侯必復之時享春秋以貴之慶聞天子歎息見公卿升堂而時命不偕與善茫昧景儉有捧檄之役夫人從養於越州以貞元十九年終於官舍降生五十有四景儉等以某年十一月一日號奉裳帷祔於京兆富平縣萬壽原之舊塋從周禮也以某辱久要之契俾稽懿實敬爲銘曰

周受成命鄭爲戚藩以國命氏鬱聞德門緇衣垂芳榮波發源爲杞爲梓爲蘭爲蓀杞梓惟何卿材克紹蘭蓀惟何女德之妙抑抑夫人自他有耀玉度旁達泉心内照和順積中高明有融輔佐君子與道始終族姻成化慈儉爲宗讓帝之後門生素風宜及子貴以榮教義如何高堂奄忽違棄萬歲原上松楸永秘惟命罕言德音無愧



故河中節度使檢校司空平章事杜公夫人李氏墓誌銘

粤元和三年歲在八月某朔某日河中晉絳等州節度使檢校司空平章事邠國公夫人趙郡李氏薨於公宫之正寢享年若干有子五人長曰載河南府功曹參軍次曰翁歸前太常寺奉禮郎次曰寶符前河南府參軍次曰義符宏文館明經有女二人長適監察御史武功蘇德輿次適故相國崖州員外司馬京兆韋公執誼命載等以其年十月某日奉輤車裳帷備春秋葬君夫人之禮卜定於某縣

之某原俾門下士刑部郎中兼侍御史東平呂某著之於誌李著姓也其因生啟允之始若暘谷出日岷山導江光流派別百代可見趙之東祖允貴州鄉纓組蟬聯布在家牒太宗華昏隋室毓德秦邸裒衣侍學十有八士夫人之高祖天策府倉曹參軍曰守素在焉與申公士廉刊定氏族該明條貫天下宗之大王父稷山令諱延祖王父趙城丞諱仲將考菀邱令諱映皆以懿文通經雅度清節卒負天爵淪於下寮泌之洋洋亦流愷悌夫人即菀邱府君之第五女也積善餘慶未歸後嗣自他有耀女德挺生常山



炳其陰靈大陸資乎秀氣在娠而卜光有貴繇垂髮之歲蔚其德容蘊沉明之識含柔立之操生知敬愛性合圖史顧復長之如滋芳蘭之易茂姆師教之如琢美玉之易成也年甫二十歸我邠公爰自緣衣至於陶翟率履一貫星紀四周盡瘁德義之門輔建公侯之業祭服非手出不薦賓饋非躬具不陳非門內之事不詢非女工之物不視言契詩教動歸禮防不失信於兒童無惰容於閨室撫寧孤賤膏雨之霑濡叶比宗姻陽春之感暢式是家道刑于國風蓋母儀之高標內則之全致者已宜其風信順之祐邁期頤之年抱孫高堂視子華髮而未躋中壽未極殊休輟琴瑟於春堂委繁華於朝露莫訴之酷可勝言哉夫人始封贊皇縣君進封眞定郡君又為眞定夫人從夫之貴也夫人始家蒲城司空委禽之日實參汾陽王軍事數十年外來為小君魚軒晝遊里閈如舊稀代之榮也嗚呼榮與閱水俱逝貴與朽壤同堙唯柔芳與懿問貫終古而不泯

銘曰

仁為源義為藩啟華胄立清門代濟美兮娟清明嫕柔啟月之出桃之華天鍾是兮容在禮言顧詩工務本德從宜



佐君子兮富而約貴而降宜象服封大邦邈未始兮榮何晚落何先鬱遐慶摧中年懵神理兮遷於堂祖於庭篆幽礎閟泉扃永垂範兮

## 銀青光祿大夫守工部尚書致仕上柱國中山郡開國公食邑二千戶贈陝州大都督博陵崔公行狀

唐故銀青光祿大夫守工部尚書致仕上柱國中山郡開國公食邑二千戶贈陝州大都督博陵崔公曾祖諱承福皇朝太中大夫廣越二府都督祖諱先意皇朝朝議大夫

鄧州刺史父諱巘皇朝朝議大夫鄭州長史贈左散騎常
侍
狀斧藻天理立爲人極敬終端本彼所以將就誠明褒歿
勸存此所以砥礪名教然而以道行已晦而彌光大君子
之行也以法考行直而無黨賢有司之職也且曰獻狀則
惟所知公諱淙清臧而和博厚而敏岐嶷而夙茂羈丱而
老成情約性充靜專動直出入孝悌周旋忠信始以經明
上第調佐夏陽次以詞麗甲科超尉王屋事迫於官而舉
言迫於事而揚欲藏智而蒙滯來求不近名而聲華見逼



故相左僕射張公時尹洛京首得才實洎鎮荆蜀致於幕
庭再兼理官專領記室捷筆良畫三邦有聞旋遘内艱毁
瘠僅立善居得禮族黨稱之免喪之歲天子南狩大尉西
平王大會兵車將圖匡復公首膺辟命濬發義心琴未成
聲屢及於路感激而將星芒怒謀謨而兵祲廓清翠華既
還優典斯及拜殿中侍御史時有寵臣爲京兆者政以暴
聞吏有寃弊公表陳枉直伏閤待旦言忠主悟事寢風生
以繩違稱職轉侍御史以求瘼慎選爲華原令大兵之後
旱歲爲虐公勞徠不倦弛張以宜復流庸於潤屋闢曠土

爲多稼俄改歙州刺史地雜甌駱號爲難理下車而簡其
約束期月而明其信誓然後破散谿聚剪鋤山豪既去害
羣之奸遂寧挺險之俗徵拜長安縣令威聲先路不肅而
理銛刃餘地所投皆虛擢同州刺史圖歉於豐量賑爲糴
號里倉者三百所而凶年備矣戒以暴骸諭之速朽成薄
葬者九百家而奢俗懲矣羣人有豪奪鄉憚陰持吏失明
搆訟獄累政患之公斷以尋斧破其囊橐人樂其殺而法
制行焉郡城自禦寇之餘復隍殆盡朝貢所經夷夏何仰
公悅使襁負大興版築下不知役而扃固立焉其餘則去



思有碑詳在篆述可覆視也朝議陟明遷於陝服封介晉
楚寄分函洛而戎備不修兵庫虛閉公乃鳩工以利器闕
實以練卒金革中度義勇知方既而有淮西之役晨命暮
具凜然而可觀矣河出城下造舟爲梁經費傷工敗決相
繼公乃沉石而雙固中沚省艦而三分巨流水與意會勢
若天成既而有奔濤之沴智勝功顯終然而無害矣其餘
則三降璽書就加爵秩是明徵也移疾入覲貳職冬官歸
載不過圖書留府盈乎粟帛豐公約私於是乎在既至陳
乞以尚書致仕室不交要路之賓口不言當代之事就陰

委順談者多之公自解巾至於撤樂思不踰矩動無越思以忠貞為仕模以勤儉為家訓身居侯邸清節如初男降王姬素風愈厲羈孤聚室人各忘其亡布褐分庭士不知其貴體溫柔而事至能斷性坦易而物莫能窺當官不務於名聲所去必遺其功利甿謠尚在時論可徵已踰書塋之期謹舉易名之典謹狀元和三年四月日故銀青光祿大夫守工部尚書致仕贈陝州大都督博陵崔公從外甥朝議郎行尚書司封員外郎上騎都尉賜緋魚袋呂溫謹上尚書考功夫立身之道始於君親中於其人終於其身



若府君者居喪有聞臨難有功善其始也勤於官業惠於鰥寡敬其中也家事以理年至而退謹其終也率是三懿光於前訓以咨謚法無愧至公謹狀

## 謁舜廟文

唐貞元十一年歲次乙亥十一月一日東平呂溫敢盥沐齋潔敬謁於舜帝之神恭惟至仁無方大孝不匱德馨升聞允釐百揆以聖授聖猶言歷試擇人之君良不可易聖功無全相待而宣雷驅四凶靈起八元太冶陶土璿璣轉天垂衣巖廟萬物浩然是稱至理是曰帝者混成雍熙永錫大暇乃眷南顧蒼梧之野歸堯鴻名付禹天下茫茫推遷邈萬斯年三代之後誰為聖賢政如頹波俗若壞山韶樂猶在薰風不還於戲道有通變事有同異官帝家王隨時之義揖讓而禪固非力致所以識者存而不議若輔相之宜財成之規煥乎文章百代可知九官惟舊七政有彝宏道在人太平無時如何後王曾莫是思甚易甚簡舍而弗為歷山巋然河水東注唐虞日遠楊墨誰拒瞻彼歷山薄言往訴庶幾精誠必我依據假我以靈俾飛曾雲行神之道以致吾君不然歸來鳥獸為羣敢竭微志託於明神



## 華山酹王景畧墓文

唐貞元十五年十一月六日河東男子呂溫敬酹於苻秦丞相王公景畧之墓曰昔馬氏暴興世不及三拔根河洛遺枿東南鋸牙霆聲爭逐婪婪天下為血晉猶清談帝命景畧被茲文武秉心無親用則為主惟秦悼世求我草莽振衣投畚乃作雷雨雨莫不潤雷莫不震吸涼吞燕嚼魏舍晉海蕩風掃天臨嶽鎮功存生人是曰大順武功成矣文理定矣晏闢太平垂及三紀予也無壽秦其不祀日沉天昏水竭龍死時更運改道歷消長屹彼壯骨沉為朽壤

烈氣猶在英風可想雲開華山若見精爽樂毅佐燕功員其名漢猶求後寵號華成曷如夫子翊運而行廓定八州澤流羣生歷代王者迨我聖明盛德未聞荒墳欲平我行於東稅駕釃酒才何敢望數亦未偶終期自致窺予戶牖靈魂若存死爲冥友

## 代宰相祭故齊相公文

維年月日某官某等謹以清酌庶羞之奠敬祭於中書侍郎平章事太子賓客贈戶部尚書齊公之靈古人所難有道有時唯公挺生克叶昌期雲引喬幹雷起幽姿禮義誠



衡文章元龜學覩儒奧政爲吏師金鏘遐音玉立清儀始踐南宮洎在左掖麾幢符竹禮樂圖籍萎蕤焜燿出入揚歷晦而逾明虛乃受益爰登大任光贊庶績棟材斯全鼎味以適道始交泰志惟匪躬方盡嘉猷以奉時雍疾罷私室寵賁儲宮日冀勿藥再諧至公如何忽焉降命不融竟孤宸睠誰問蒼穹佑早辱見知深契風義躭獲同樞近備得純懿珣瑜三河交代郢側兩掖聯事氣以正合情由道至視孤有懷慟寢無媿龜兆叶吉素車東轅喉舌追命股肱殊恩魂留魏闕形返周原凡我寮舊舉觴以言神聽不昧知余所敦尚饗

## 代齊常侍祭樊襄陽文

維年月日某官某以清酌之奠敬祭於故襄陽節度使右僕射贈司空南陽樊公之靈惟公直方忠厚沉敏肅給通如川流守若山立精氣方運垂天難戢建中旁求策名帝聽昌言右掖高步南宮爰膺使選將命序戎信在言前知行誠中消息其用車書以同寇逼漢南乃佐戎律偏師靖難全功受鉞兵荒之後政克畫一直繩威姦柔轡惠物一臨荊門再撫峴陽積德逾紀闇然彌彰天不憖遺人之云



亡朝野震悼豈惟一方清永之後獲同王事相府之舉謬廁公議重以中外綢繆親懿旋觀全才備歸精義交以義合情由道至循躬雖虛望古無愧嘗言有德必錫永年元聖是毗大猷于宣擊壤鼓腹吾將老焉今則已矣誰其問天日月將葬哀榮式備禮有執紼官無離次闕寢流慟哀何可既遙申薄奠歆此精意嗚呼哀哉

## 祭陸給事文

維貞元元年歲次乙酉十月景申朔十日乙巳將仕郎守尚書戶部員外郎賜緋魚袋呂某絜鐏寘誠敬祭於故給

事中吳郡陸公之靈嗚呼噫嚱道之難行古人所悲有時無人有人無時時可人可則命奪之公初負道年志俱壯已任致君指掌太平德宗旁求始賓明庭拔乎其倫聿駿有聲實欲以至公大當之心沃明主之心簡能易知之道大明主之道難得易失怡然退休或僶俛從事或棲遲郤掃二十年間爲郎而老嘗言吾雖已矣道不可已永懷其人見而後死某以弱齡獲謁於公曠代之見一言而同且曰子非入吾之域入堯舜之域子非觀吾之奧覩宣尼之奧良時未來吾老子少異日河圖出鳳鳥至天子咸臨泰



階清問理本其能以生人爲重社稷次之之義發吾君聰明躋盛唐於雍熙者子若不死吾有望焉某也不佞謬納大賢其何以充塞所知克當斯言姑用紳而書牘而藏傳於子孫爲門户光既而各淪風波秦吾索居某非出處迫屑無餘公高翔海郡與道虛徐猶念垂訓研覃若初作君臣得失之圖成春秋不刊之書今年太皇繼天元聖在震徵公夕拜侍講古訓皇王秘寶造膝而進以石投水至誠無朕討論未竟公則既病重光昇矣公病不起河海晏而航檝自濟禮樂作而龜玉先毀與其時而奪其壽吾未知夫所以嗚呼惜哉某奉使無狀閉留昆夷再換炎涼言歸未期公方沉瘵忘已之危念我否隔發言漣洏悉所著書付予稚兒曰道之將興而父其歸懼不果待寓心於斯似有明神感公所敦窮荒生還僅及公存綿頓在牀深堂晝昏舉燭開目握手無言自此及終曾未浹辰凡曰識者孰堪酸辛况予之情豈云他人涕盡一哀痛纏百身禮不忘本卜歸江濱躬執薄酹心摧氣堙儻見期之言可徵平生之志獲申呂氏陸氏戚休惟均魂而有知歆之聽之嗚呼哀哉尚饗



## 祭座主故兵部尚書顧公文

維貞元十年歲次甲申月日門生侍御史王播監察御史劉禹錫陳諷柳宗元左拾遺呂温李逢吉右拾遺盧元輔劍南西川觀察支使李正叔萬年縣主簿談元茂集賢殿校書郎王啟秘書省校書郎李建京兆府文學李逢渭南縣尉席夔鄠縣尉張隷初奉禮郎獨孤郁協律郎蕭節奉禮郎時元佐滎陽主薄李宗衡前鄉貢進士鄭素等謹以清酌之奠祭於座主故兵部尚書東都留守顧公之靈嶻嶭靈山時雨將洩眈眈大厦崇構已設歲旱方極川流遽

闕宏棟待施梁木斯折玉碎清瑩芝焚酷烈貞方獨留千古不滅嗚呼哀哉伏惟公神氣輔質天降英靈剛健中正內外和明岐嶷之初不教而成敦敏之後確然已貞靄靄孤雲逸我高情昭昭白日懸我明誠志勵意深心融氣清靖若翔隼藹若芳英於戲立人成身忠孝一美自古全者一人而已明君得臣賢父知子公獨兼備敢陳終始厥初知禮柔順義方年未逾丱道行於鄉盈庭之戲衆稚且狂觿管在身我獨矜莊沐浴風雨盥漱雪霜未薦甘旨未敢衣裳斯惟至性厥有大孝乃揚儒風乃奉文教服勤之功



煥飾之効金石成聲縟麗開照越國山秀吳門水深句曲宵朗湘沅夕陰怡神滇和滌思凝心棄我奇寶鏗然至音天寶季年羯胡內侵翰苑詞人播遷江潯金陵會稽文士成林嗤銜爭馳聲美共尋損益褒貶一言千金洙泗之風弊而浸淫我乃閉關響絕光沉藏輝必發含章以俟蛟龍得雲平陸騁騖人或妙用我蘊成器人矜謏聞我愚大智聿來膠庠厚此淳懿鄉選或競我則無愧芳桂盈手青霄坐致春從王畿冬踐郎吏危險立則艱難見志諫草焚灰絲綸深秘命官儲賢有國大備至公苟在淳化不墜朝選精重睿思虔志繫於安危宏此教義我雖受命求人報天工惟選藝器必搜賢松菊有烈薰猶在前妍媸自分衡鏡高懸潛符希夷化若神仙道貫品類心冥陶埏歸吾至精復命上元物不可棄道由爾全毛翔鸞鳳殼蛻龜蟬萬象俱適三清晏然伊昔仲尼其徒三千命不可求文實在焉微言僅存正氣莫宣用苟登席希徒執鞭曷如清時文柄克專髦彥必舉典謨備甄中侍六載內朝十年三司秋賦五掌春銓翼翼京師教化之先肅恭誠敬昭彰可傳在昔成周左伊右瀍乃命保釐撫我三川資仁感義與道周旋



煥乎成功嶷若崇巔乃飾兵車兵利革堅乃修農畝闢隴開阡榛穢荒蕪化爲良田汙潦溝瀆流爲清泉忠至誠達思焦身捐醴甘必竭膏明乃然嗚呼哀哉駟騎霄馳皇慈中激后復眞質皐還魂魄新命簫鼓舊原松栢陵谷可移德音不易嗚呼哀哉播等援自諸生昇爲王賓念必期於霄漢手親擢其泥塵播嘗再忝於科第始一命於朝倫感自衷於誠接懽自己而情均或負知於一紀或登用於數旬恨俱長而各異哀靡極而寧伸凡在京兆一十九人四忝御史三爲諫臣孔門有光游夏修身遠莫雖設用茲慰

神馨香可薦醪醴方陳歔欷相從列拜斯文伏惟尚饗

衡州祭者里渡溺死百姓文

維元和五年歲次庚寅十月戊辰朔十七日甲申刺史呂某遣故衙前虞候何防以豚酒蔬菓致祭蘇昇陳演李寬秦陳甫魯餘之靈爾等五人感余誠信力輸公稅爭赴先期溪山阻深潦水暴至不忍欺我忘其險艱州令未明津渡不謹致此淪逝咎由使君興言涕流痛念何及聊伸薄酹兼致微賵代納殘稅皆余俸錢魂而有知諒此深意尚饗



道州祭百姓鄧助賁念文

維元和五年歲次庚寅五月庚子朔七日景午刺史呂某遣衙前虞候蔣沼以酒脯之奠告鄧助賁念之靈使君受命牧汝不能庇護使賊孟鸞等敢作不道酷加殺害是用疚心疾首萬計討擒廉使仁明不貸兇惡窮泉冤痛今日方申慙念無及潸然泣下故令於汝殁處陳賊之屍魂而有知歆此告酹嗚呼哀哉

祭侯官十七房叔文

維元和五年歲次庚寅九月戊戌朔三日庚子堂姪男朝議郎使持節衡州諸軍事守衡州刺史上騎都尉賜緋魚袋某鄉貢進士讓致祭十七房叔侯官府君之靈私門薄佑終鮮諸父堂從之內唯叔一人少小相依筆硯同學永言素契情實兼常早表誠言見托身事官孤力薄卒用無成慙負幽明興言痛咽叔無允嗣後效何伸河中大塋禮合葬祔十五房尚寓淮甸時力未幷且於江陵謹議權厝終期通歲異壤同歸皦日在天誓無二事嗚呼哀哉五湖三湘前歲共入孤舟單旐今日何之慟決江津倍增摧慕式具祖奠伏惟尚饗

# 欽定全唐文卷六百三十二

## 李程

程字表臣襄邑恭王神符五世孫貞元十二年進士又登宏詞科元和中累拜吏部侍郎敬宗立以本官同平章事尋加中書侍郎封彭原郡公罷爲河東節度使開成初拜右僕射二年出爲山南東道節度使卒年七十七贈太保謚曰繆

### 漢章帝白虎殿觀諸儒講五經賦（以高會羣儒討論正義爲韻）

漢章帝以文教式孚象德崇儒倣石渠徵校文之所配白



虎集青衿之徒於是發明詔下皇都宏辯者憤憤悱悱博議者雲萃風趨所以讚揚政理豈惟探討典謨爾其高觀洞開鴻儒四會擅古今之美爲皇王之最八索九邱之籍理析異同三墳五典之書義分小大舉兩端而擬議與百代而沙汰既理貫於中亦聲聞於外實鉤深而索隱況致遠而情高信積學而無倦豈待問而有勞談柄乍揮振冠蓋之岌岌詞源忽注瀉江海之滔滔將以演制度之善論威儀之盛撮五經之閫閾爲九流之龜鏡連山魯史自此而刊禮義詩書自茲乃正夫如是始可以化人倫施國柄有典有則惟明惟聖上知恭勤下審教令然後代有等威理歸清淨懿哉釋鈐鍵之樞奧賾精微而討論疑之者風散冰釋學之者理順義存可以明乎褒貶從其簡易貢別九州興窮六義豈惟棫之說蓋亦識之智今我后化叶人文莫羣陋漢曰越堯君觀其環林森森璧池浩浩鴻儒碩生旦夕探討曲盡庶彙旁流聖造則知儒者可爲帝王之師保

### 鳳巢阿閣賦（以天下清泰神物來萃爲韻）

國家化協軒后道超帝先敷至德以被物降殊祥而自天



祥異宗周下岐山之鳴矣企觀神極放阿閣而巢焉由是載止於甍次蓋將呈瑞於君前臨四榮而肅乎雲委播五彩而煥爾霞鮮且將巢者其義久也美德化乎宇內永棲遲於日下爰居爰處恒依應龍之祥（一作梁）載飛載鳴寧侶化鴐之氐道既砥平時亦鏡清厭丹穴而不息鄙高岡而不鳴方爲應至仁而來元扈豈徒愛層構而集丹楹彼燕有巢已聞在幕之陋爾鶴稱德更擅乘軒之名一則兆啟乎顛沛一則僭處乎車蓋曷若我愛育元和來儀昭泰奮美羽於軒楹散清音於埃壒然後知赤烏不曰珍白龍不

曰神或生之於苑囿或厄之於海濱四目鳴而不覩萬戶獻而莫臻豈若兹鳳惟閣是因三重其階實惟高矣顯矣一人斯覩誰謂不躬不親向非我后從政不咈惠生於物執德不回遺乎將來鳳亦遠矣誰能巢哉是知反道者高閣徒修悖德者鳴鳳罔萃竊稽瑞牒載覽史記惟黃帝與吾皇能感之而自至

華清宮望幸賦 以題爲韻

上苑之左兮驪山之中天作高岫帝爲離宮示宸遊之有所表聖鑒於無窮臨峻路而赫其盻盻標爽塏而屹以崇



崇惜翠華之未至閟紫殿而猶空則有望幸其中流睇延慕希天顏而迴矚望雲闕而屢顧想恩波之東注俯瞰渭流愛佳氣之西浮空瞻秦樹目盡烟末心馳御路何聖慮之未還獨幽懷而能喻窮轍跡且俟玉山之遊想車音將購長門之賦矧夫閣有朝元之美稱殿有長生之嘉名霞駮丹檻雲攢繡楹可以召通仙之降止安皇祚之永貞是以仰碧落竭丹誠庶日月之迴照等葵藿而同傾濯戚沸之泉每想金輿之度踐萋青之草還思玉輦之行雖託質於別館常寄心於穆清戀戀西向悠悠矚望步磴道以寂歷眄廣庭以寥曠竹花雖吐如含待鳳之誠雲氣纔升若睹從龍之狀彼玉山既遠金闕仍賒未若浮游近縣如在仙家俄天邑之孔邇自神都而不遐雖館稱五柞殿美九華喻之於此曾何以加惜乎神光未矚曠此佳境徒企想以忡忡復懷慕而耿耿閉玉樹於深谷鎖金鋪於秀嶺君乎君乎胡不出宸居而來幸

揠苗賦 以時貴順成非由速致爲韻

瞻彼陂田新苗在地徒施助長之術且異發生之類望斯箱於翼翼爰用心期貪彼黍之芃芃方將力致搖然乃亂



興每如抽自貽伊戚職汝之由忽分叢於步武俄裂土於田疇勞而無功焉用拔乎其萃動而愈出縱其生也若浮既不得於和熟宜取傷於躁求相彼老農求之欲速傴僂煩手扶踈自目信相違於淺種不用其良既自露於深根曷云能穀忘枯槁之如彼尚低徊而念兹繞指尚疑於取芓勞身豈並於乘時攬一握之纖莖始如陵草聳千科之細葉終異園葵孰云農事以妨但取高而爲貴無思去草之務有若拔茅之彙不從其道雖矻矻以徒勞莫悟其由訝離離而增欷原夫秀而不實愛欲其生覆東皐而歷亂

交南畝以縱橫或長或短稍因人而盡起靡瞻靡顧俄麗地以同傾與其違性而早落豈若從宜而晚成時不爽於榮枯事可期於逆順惟躬是瘁寧同於百卉具腓以若所爲且異乎孤蓬自振亦由行道者之仁義可依體上聖之知命戒中庸之妄祈賦孟子之言聊將此喻窮宋人之理永鑒其非

## 漢文帝罷露臺賦 以百金休功萬國從化爲韻

偉漢文之君臨惟宮室有度以兆庶爲心安不忘危豈勞力於累土用過乎儉亦軫慮於百金懼乎設怨將以激勸



若臺之是修唯德之不建是故絕役心於制造宏儉德於億萬乃言曰臺者高峙路者四通不足避燥濕寒暑無以受朝聘會同奚必居高爲明四目遠聽爲達四聰不重斂何以就役不勞力何以成功由是卻匠人之計全王者之德豈嗇於財實肥於國雖百工麕至無所作則庶人子來曷由陳力言之既終人故適從板築之功既絕尋尺之材勿庸柱礎不施寧轉他山之石棟宇罷構匪斲徂徠之松若夫氣候爲備順時布化諒惟國之有恒成茲臺之何暇南至以望太史每升以觀臺仲夏而居有司自設其高榭亦何用土木特建丹艧勤修誠無用之作非不朽之謀豈止全十家之中產貽百代之良籌彼晉靈登臨我則絕彈人之戲宋平興作我則無築者之謳式昭莫大之見用保無疆之休不然何以紹祉祖宗垂芳簡冊踰儉約於三五延載祀於二百豈不以肇於露臺播無爲之嘉畫

## 黃目樽賦 以禮尚治情酌中形外爲韻

彝器之美黃目是尚黃者取黃理而中孚目者象清明而外暢徵戴禮而有謂懿周人之是創將表敬於宗祧必薦馨於鬱鬯爰設嘉名是用飾情彼因外而有制猶自中而



立誠酌於心終有假於圭瓚象乎目難取比於兕觥必因尊彝爰佐齊醍以明大享之品物以助諸侯之孝悌故以目而爲名因酒而成禮爾其克修祀典遐本淳風將抔飲而體異等犧尊而義同殷薦有恒守籩豆之列備用何所在宗廟之中追述作之深旨諒昭明而有融用當其無物不爲薄齊納金而飲酎等用茅以明酌挹而未竭故不斷於金罍執而不揮寧有愧於玉爵立制有經創意圖形潔以新樽冀精誠之可達歆於明德知黍稷之非馨其象也則小取喻也斯大雖斟酌在中必儀形於外嘉其不泛不

濫可繼可傳罔施丹雘徒假雕鐫巨同乎卮信乎美而無
當豈比乎斗則有象而在天徒虛無以爲說非潔芳以告
虔甚矣哉前王之創物俾後代之相沿

迎長日賦 以三王郊禮日用夏正爲韻

氣之至兮景之長郊之初兮國之陽將有事於新日以無
忘乎舊章太史先期而以告天子齋心而有常且曰經紀
不忒乃貞明而成象疾徐中度胡躔次而可量俟一人天
臨而斯出俾羣后景從而有光可以冠千古之嘉禮軼三
代之盛王然後五輅乃駕六龍是驂迎炎精表著明於君



象就陽位乃展禮於國南斯可以人詠明哉且知配虞帝
之二工升歌也奚獨美文王之三且天有兩曜兮日無其
匹域有四大兮王居其一將報本而郊天因宣明而主日
大司徒執圭以表位羣有司奉璋而有秩羲和御之而有
倫疇人則之而無失運行之次望遲遲以就陽寅賓之時
見杲杲而已出始也戒職司明國體卜郊之典無闕迎日
之義爰啟受命於祖作龜於禰是皆匪愆於儀未有不謹
於禮禮容必呈祀事孔明迎扶桑之初乃實柴而薦敬因
吉土之兆同埽地而貴誠信列辟之盛節俾歷代而作程
魏則朝於獻歲夏則置乎小正今則聽封人之善祝採從
臣之嘉頌時令空美於風行帝力孰知其日用人怳於下
禮行於郊不獨服尚元素器遵陶匏是知禮之設也教之
大者彼孔稱從周殷因於夏曾未若我后敬授人時而天
錫純嘏

石鏡賦 以清光內朗稟之媚然爲韻

惟石之貞惟鏡之清鏡因石以爲異石假鏡而爲名其在
石焉肇自一拳之質其爲鏡也非因百鍊之精不資磨瑩
而冰淨詎假雕鐫而砥平徒美夫孕清瑩合彩綴粲玉質



以皎晶蓄霜華而明媚匪因人力其成也何時倬彼神功
其來也奚自凝輝炯炯散彩洋洋既不勞乎鎔範亦無失
於圓方輝映空巖恒舞山雞之影色澄清夜寧慚玉兔之
光伊鑒物之必審信自然之所稟彼虛受而不遺同至道
之無私既不限於遐邇豈有差於毫釐深山之中誰辨藏
米之處幽谷之際寧分抵璧之時況剛直其體清貞自持
恒發輝山之色常含韞玉之姿懷寧一之心不可轉也處
闃寂之地誰其尸之當六合之清爽澄素輝之潔朗可以
坐致於雲霄可以立分於魍魎知遠之邇視山岳之在目

以小觀大覽江湖如指掌且鏡之爲物也淨石之爲義也堅既守質以固矣亦騰光而皓然朗鑒之前皆願呈其肝膽委照之下終願辨乎媸妍故能無微不燭無物不載彼三光與萬類莫不形乎其内也哉

## 太常釋奠觀古樂賦 以聲淫及商武亂借坐爲韻

天子崇儒兮闡此虞庠仲秋上丁兮奠我素王既斯禮之畢具伊古樂而遂張於是調律呂備宮商笙鏞嘈而並奏干羽儼其成行進旅退旅爰擊爰拊鳴宮懸起萬舞設崇牙森樹羽斯道渢渢斯人俁俁和聲合氣綴規接武聽其



韻可以窒欲覽其儀可以道古濟濟祁祁莫不肖然而來覩有嘆者曰太和之音其樂愔愔作以崇德和而不淫所謂建藻薦之禮革慆堙之心雲英之聲何贋韶濩之樂則深見師襄之擊磬聞瓠巴之鼓琴借如發揚蹈厲右秉左執其從純其始翕登歌初彌下管相及朱絃徐泛覺虞舜之風薰玉戚載持想周武之山立懿其五節清九奏成播殷周之頌無鄭衛之聲廉正以作姦邪不生蓋由德音洋溢樂教眾夥誠無象而不傳非有功而不可魏文侯昔著於發問賓牟賈嘗稱於侍坐乃知雅音爲邦家之本正樂非耳目之翫可以洽人神可以彰理亂而況八佾成列八音克諧尊儒訓兮國風之始闡樂正兮王政不乖夫如是所謂光揚盛禮和樂孔偕

## 大合樂賦 以王者之政備於樂聲爲韻

樂者制也所以道天和全人性故作之以崇德審之以知政王者敬其事而闡其道順其時而行其令逮夫季春屆期乃命有司且曰羣萌達矣播樂安之重以國經不可闕躬理必以時將齊度以節奏被選樂於聲詩撰乃吉日總於樂師是用資於誨爾亦無忝於命夔由是司儀辨等庶



工守位備絃管之聲陳匏竹之器柷敔邐迤而就列箕簴嶙峋而居次克展禮容而告樂備天子於是率九卿暨三事必虔心而有待俾陪扈而斯致既親覩於宮懸又何假以庭試若乃曲度是弄不可殫名雜以韶濩間以英莖追宣尼之前聞是能忘味念師乙之舊說各辨遺聲考彼廢興存乎清濁安以樂且知治世之音哀以思不離異方之樂類飛聲於垂仁等潤物於流渥足使魏文侯之臥聽已悟前非吳季子之備觀難施先覺既盡美矣又何加乎諒從律而罔惑將克諧而不渝必在聽和知其樂也洩洩是

其反樸變其風也于于具舉不患乎聲希統同寧貴於和寡奚必饗鈞天之靈䀃而有殊焉想洞庭之異音更思古者誠夫天祚我皇恩歷遐昌掩邃古之嘉樂軼三代之聖王竊賀聲明之巨麗敢聯雅頌之遺章

## 披沙揀金賦 以求寶之道同乎選才爲韻

物有感者其沙之同流韜至精之未吐俟明鑑以來求披濆涯歷汀洲期往而有覩必耑而是謀若不克見何遠不詶大無間於洪流細寧忽於潢潦必因目擊信夫川則效珍不假鏡臨所謂地不藏寶於戲未分美惡必在姸媸當



有期於愼簡幸無見於忽遺經營乎永昌之日徘徊乎麗水之湄初若泱浮雲搖星光之的又似剖犟蚌貫珠彩之纍纍充一鎰而有待貫三品而方期出輕漣而沉潛自照別麗景而光炅生姿洎乎沙之汰之既堅既好斷之則同心斯得用之則從革是寶必資作礪自同選衆以求仁曾是滿籯未若勤學而知道伊昔識眞者寡罕遇良工遺我於一撮之內混我於衆流之中純固空知夫自守精英不得而外融與沙磧而雜居則如雲積處礦璞而自異詎可雷同寶既有矣況於人乎夫辨之掌握尚辱在泥塗則將排碧沙涉清淺雖有懷於揀金庶不遺於片善今則藻鑒既朗庸將自媒與公雅符於通論士衡猶患於多才不然者則懷寶而退矣曷爲體物而來哉

## 金受礪賦 以聖無全功必資佐輔爲韻

惟礪也有克剛之美惟金也有利用之功利久斯刓猶或失其銛銳剛固不磷是用假於磨礱不然何以輿喻殷監譬后之聖金將有缺必假石以磨穎耀芒后若有遺必資賢而礪節砥行使藐鋒無白圭之玷令德有黃軒之盛取譬於攻金之工方期於政罔不正且夫利器久翳銛鋒不



全參差冰缺掩冉苔聯價減千金之直文滅七星之躔非夫堅石之鍛乃礪乃巧匠之藏焉修焉又安得而昭宣若乃君上初臨德聲未溥令不盡一名不咸五笙微子牙之兆衮闕仲山之補非夫忠臣之扶危持顚英俊之左弼右輔又安得而稽古乃知君與臣兮相符金與礪兮相須離之而道斯遠全之而德不孤故爲金也光乎九牧爲君也配彼三無是以工必利其器君先擇其佐佐明則有融器銳則不挫光芒乎擬之必斷恬澹乎立於無過亦何必俾鈍質不可礪俟昏德以將衰如銛刀罔能歛其鍔如朽索

無或紐其維然後乃知利重乎磨損之又損爲貴君宜乎諫善人不善之資況今聖上欽明英髦迭出恭默思道曷高宗之可俾輔弼納忠豈傅巖之攸匹宜乎哉超羲而越夔曷而自必

## 蒙泉賦

蒙彼東山山下有泉運未逢於畎澮色空積於澄鮮虛明可鑒澹泊自然宜習坎以爲德胡止艮而莫前士有酌而嘆曰惟水之義萬物之利顧導達之或闕將灌注而奚遂朝宗路阻未歸朝夕之池潤下功微空浸尋常之地且夫



壅則止理則通能致遠通任決西東荷四氣之平均潛生麗藻處重陰而蒙蔽尚阻清風亦有舒女化而稱異耿恭感而成功彼皆因人而有託此獨居然而在蒙懿其滿而不盈卑以自處岷山未測且覩濫觴之時滄浪是期終異濯纓之所性則全柔德無與儔能載清而載濁諒可泳而可游將注江湖終有希於上善未分涇渭誠無惡於下流嗟止水之奚匹念發源兮在斯當其一勺而可挹豈待成川而後知儻理水之有便諒餘波而可期他日敢以勝載之力冀裨舟楫之時

## 青出於藍賦 以純粹積中英華發外爲韻

藍蘊嘉色青出其中諒究本而不異獨入用而靡同渥彩必因乎外發至精不得以內融暨乎時日既臻染人云至備震方之正色遵周官之故事行採之際詎盈時人之襜俯拾之時亦異炎州之翠非取榮以翫悅將有求於精粹比夫朱研而益丹劍淬而愈利惟英華是挾惟混濁是棄曷舍彼而取此信本同而末異當時所營盡彼精英被以純深之色總乎遷染之名陰騭四時輿服因我而更御彰施五采元黃待我而後成初類含章而潛伏今若開輝而



發明豈不以蒼然之迹始分煥爾之英久積研精逾麗昭章可覿謂元之又元符益之又益則明珠之剖巨蚌美玉之出韞石彼皆異狀而竟殊此則一變而不易且夫色無以加孰曰取實而去華光不可昧必惟自中而形外故臻乎極而不失其色發乎深而其用惟新積而成形事等冰寒於水演而爲大義同絲出於綸俾夫外則文爲藻繢內則體合精純故烟生於火配乎物情根於性本於仁子貢賢於仲尼莫知功倍季孫富於魯國孰謂德均君子思端本而肇末恥後先以超越故取斯而喻斯謂不悱而不發

破鏡飛上天賦 以青天流魄玉户失顔爲韻

何新月之嬋娟如破鏡之上天微茫而桂樹猶短髣髴而
菱花不全皓色減去清光獨懸謂是云非開玉匣而長在
自無而有指金波而未圓象則凌虛名何責實伊酷似其
素影若同分於麗質莫測潛化空驚迴出憐此夕以孤飛
念誰家而暗失況夫微明海澨遠掛關山感重輪而易缺
思鞶帶而莫攀姮娥掩色嫭女分顔意迢遞而難明半生
象外豈别離之可贈餘在人間霽景澄寂泬寥凝碧匪迴
輝而照膽徒向晦而淪魄洞房未掩過臺上而不歸斜漢



欲低入窗中而猶隔亦何辨夫鎔於火化隲彼陰靈比孤
光於珪白喻片影之銅青遙空絢練遠色晶熒爽氣共浮
豈彩霞之能掩芳塵不到非素手之所經觀夫漸倚上元
迫於下土瞻吳牛之罷喘對孤鸞之欲舞徵碎質以委地
有方輝而竟户哉生之後從一氣以裁成埋照之時豈五
金而能補正當殘夜偏稱高秋含烟不隱泛水如流苟孕
明於眞宰非稟質於人謀似逃秦殿聊上庾樓疑熠熠以
從革類纖纖以若鉤異彼粧奩掩茲遊燭方應候以戲珠
不鑒容以銷玉坐惜雲曙行愁漏促暈猶未合無陳方士
之灰黯不可磨空負先生之局

衆星拱北賦 以人歸政德如彼衆星爲韻

爲章於天惟彼辰極環衆星於庶位標帝座於有北故昭
回之設象俾聖哲而取則鉤陳就列等營衛於宸宮閶闔
旁連類屛藩於王國煥乎布彩儼若受職念精氣之無親
叶天地之輔德仰圓象之炯爾嘉清輝之皦如昭明有融
不韜光於隱晦悠久斯在豈隨運以盈虛戒彼不恒其德
故能奠厥攸居當其天宇廓清元緯交映若萬物之調玉
燭猶聖人之握金鏡守寶位而厚羣生在璿璣而齊七政



麗天之象拱北宸以是依率土之俗亦向化而無違契一
人之有慶同萬姓以知歸不然何躔次縈乎黃道周廬匝
乎紫微乍合彩以呈質竟同耀而分輝俾夫左之右之莫
不具爾無小無大曷惟嘒彼考時變兮是察知天成兮在
此仰觀或辨其晦明內附寧阻其遐邇是以纚連清漢黯
綴蒼旻流彩未停蜀郡猶占二使圓光既聚潁川應會賢
人則知居之者安輔之者衆輻共轂不足以喻其周環斗
在天孰可以齊其比諷亦猶元聖立極羣后來庭登三傑
而漢道斯盛致多士而文王以寧儻匡聖之有日顧在位

於恒星

## 衆星拱北賦 其二 以人歸政德如彼衆星爲韻

邈矣辰極，凝光於北，以迢迢之遠狀，出蒼蒼之正色。蔭華蓋，作上帝之居；擁神休，爲下土之式。厥高可仰，其儀不忒。覩衆星之附麗，如小邦之懷德。至於遐瞻五緯，迥眺九圍。湛河漢之秋景，滅烟霞之夕霏。此則信無大而無小，諒知章而知微。粲以低昂，嗟在空而錯置；煥而旋復，訝共貫而知歸。環紫極而未散，流素月而方稀。瞻夫攝提引翼，鉤陳還遶，或重輝而玉集，乍浮爍而波委。儲精定位，叶天步之



廓然；有耀遠方，振旄頭而嚮彼。且沖漠之外，或盈或虛，宵則覩夫成列，晝焉測其所如。是知惟辰得中，同睿作聖，合眞宰之至理，稟昊天之成命。陰滋玉燭，徒見冥其六符；洞契璇樞，惟悟齊其七政。當其重城未啟，永夜向晨，想清防於嚴密，披元霄而得眞，俱熠熠以晶朗，乍煌煌而彩新。類珠連之可媚，儼天行而自陳。拱之立言，孔氏已傳乎舊史；犯而成象，漢帝曾容其友人。洎乎晷度環合，躔次律中，輻輳轂纔，可比其稠；水會瀛未，足方其衆。蓋所以明上德之攸擬，宣下情而通諷。客有托身白社，翹思青冥，當天地交

泰，山川永寧，敢屬辭而體物，照庶士之從星。

## 攻堅木賦 以學者攻藝必求至精爲韻

工之制器兮，雕乎樸；人之興藝兮，志乎學。利用者雝腫無前，善扣者舂容乃覺。多聞非闕於疑殆，成器克資乎雕斲。故研精方啟於憤悱，用當各施於輪桷。且夫材有柔勁，工有趣舍，於以鑽木，後其堅乎？於以揮斤，先其易者。鉤繩定其規矩，斧斤飄其上下。剖劂罔輟，疾徐既工，鏟鏻皴於理外，摭精粹於文中。攢節劃以洞解，奧義渙乎遂通。則知藝



或有孚，雖至剛而斯剖；學乃將習，奚異端之可攻？方同規於大匠，期繼業於良工。是以木碎其節，學殫於藝。殊宰我之難雕，匪般倕之易制。既飾以文，亦麗其質。講學所貴乎無方，摧堅不可以無術。每投虛以措刃，故功倍而身逸。盡乎精微之理，誰謂不然？得於心術之間，孰云無必？藝通元兮堅剛則柔，學通微兮指歸可求。俾不才而成用，化扞格以優游。工之成功，志之所至，信念兹而在兹，因比物而醜類。之木也，破其輪囷之學也，究其奧秘。礱斲斯成，良工有程。殫才人之學，好剞者之精。終朝匪勞，於矻矻空谷，誰聽乎丁丁？既成風於郢匠，期大扣於希聲。

刻桐爲魚扣石鼓賦（以感通難測萬里相符爲韻）

物不可以智識念斯石之何爲匪茲梧而不克況乎鼓與魚兮非類吳與蜀兮異域何合應於自然杳勵響而不測刃乃霜落鱗非錦攢擊蘊玉之形鏘鏘屢出裁嶧陽之幹唯唯可觀叩寂寞而大音斯發中鏗訇而餘韻不殫是知同聲者其和易殊器者其應難逢逢之韻且千讙讙之音相萬不擊不考奚呈響亮之功大鳴小鳴豈抱沉潛之怨運之靡終應而不窮覩之者謂聲存視聽之表疑之者謂音在髻鬣之中練響而洪纖皆答化氣而遠近必通初密



如於綿古倏坎然於暗空非誠貫可覽將神交所感孤生之質徒效用於汕汕可轉之資終奮響於坎坎嗟乎石之爲鼓也發於異鄉梧之爲魚也來彼殊方何終歲之寂寂忽盈耳以洋洋自得於愜心應手豈待乎玉質金相棲鳳之稱既罷在藻之用何長扣之不止音亦無已詎徵冥應之言適諧響答之美相須以成事有類壎篪相應以成聲寧限道里則知審音斯發者不可誣懷聲思擊者不可孤諧千古之善應爲二物之合符向不遇張司空也知其蓄靈響而已夫

鼓鐘于宮賦（以喻以鼓鐘自中形外爲韻）

徵鼓鐘於前聞誠修身之善喻始自中出終能外布比夫曠理必彰善惡之由將以審音不失洪纖之度擊之於宮聲無不通乍超越以迥出竟周流而四充聞之者足可以自誠聽之者於焉而發聰若然則處暗室者可以愼獨在多言者曷若守中豈徒夾兩欒備九乳運四氣而應律合五音而中矩必將察理亂之變明是非之至播洪音於萬鈞在敏手而一鼓由審音而聽焉鐘之爲喻譬夫行道之人聲也何從出乎有過之地苟由中而既發諒聞外之難



秘夫鐘之所響響而見聽人之所愼愼於未形雖扣之而在寢必聞之而盈庭禮失所識想杜蕢之揚觶教之以義嘉大禹之勒銘和順積中鏗訇發外可以掩笙鏞之逸響節干羽之繁會究彼所從爰自九重鏘然有聲初疑乎叔之離磬鏗以立號如辨乎倕之和鐘其小也窕而無滅其大也摦而不容原乎其異察乎所以若禮之失惟鐘是比苟因聲而必聞信無良而可恥故能分清濁韻宮徵將有感於動心寧取樂於盈耳故君子之聽鐘非其鏗鏘而已

日五色賦（以日麗九華聖符土德爲韻）

德動天鑒祥開日華守三光而效祉彰五色而可嘉驗瑞典之所應知淳風之不遐稟以陽精體乾文於君位昭夫土德表王氣於皇家懿彼日昇考茲禮斗因時而出與聖爲偶仰瑞景兮燦中天和德輝兮光萬有既分羲和之職自契黃人之守舒明耀符君道之克明麗九華當帝業之嗣九時也寰宇克清景氣澄霽浴咸池於天末拂若木於海裔非烟捧於圓象蔚矣錦章餘霞散於重輪煥然綺麗固知疇人有秩天紀無失必觀象以察變不廢時而亂日合璧方而孰可抱珥比而奚匹泛草際而瑞露相鮮動川



上而榮光亂出信比象而可久故成文之不一足使陽烏迷莫黑之容白駒驚受彩之質浩浩天樞洋洋聖謨德之交感瑞必相符五彩彰施於黃道萬姓瞻仰於康衢足以光昭前古照臨下土殊祥著明庶物咸覩名彙矯翼如威鳳兮鳴朝陽時藿傾心狀靈芝兮耀中圃斯乃天有命日躋聖太階平王道正同夫少昊諒感之以呈祥異彼夏王徒指之而比盛今則引耀神州揚光日域設象以啟聖宣精以昭德彰燭遠於皇明乃備彩於方色故曰惟天爲大吾君是則

## 匏賦 以五音克諧次用爲韻

自然之器匏也可覩宜標名於曲沃竟入用於樂府將以驗遺聲追淳古聽自分乎雅鄭事有勤於三五俾夫繼咸池而嗣六英越大章而跨大武觀其發徵含宮設商分羽泊清角而雜奏合五色而相輔笙磬愔愔而在聽鳥獸蹌蹌而率舞其爲器也尚質其感人也則深類韶樂之和自當忘味恥齊竽之濫詎可同音伊昔哲匠未顧伶官未臨分瓜瓞以爲伍將葛藟而是尋空思諧於音律寧望齊於琵琴願以刳心去苦葉而展用寧無滋蔓懼甘瓠之見侵



今則規模有制清濁不惑受天和而乃圓其象生土德而再黃其色不患大而拙用奚能繫而不食道無自滿我則虛受而持盈物有混成我則不宰而爲德是知察清音而匪匏孰可含雅韻而匪匏不克矧國家大樂既備萬邦允懷惟異域欽和而內嚮君子勤禮而外諧至哉聽斯匏之音也可以知太平之階

## 竹箭有筠賦

喻人守禮如竹有筠俾修己以自守同固本而相因操持彰於歲暮勤德貴乎日新所以取彼後凋之色戒夫行道

之人將以禦冬且見檀欒而守節比於藏器詎可須臾而去身若乃清霜翻元律改彼眾卉之具落同受氣於眞宰何翁茸而自異乃娟娟而有待苟常其性寒竹何患於時移不易其心志士當懷於道在豈不以和澤自潤表裏相質竹無筠不能固其節人舍禮曷以法於時伊先哲之善喻作後代之元龜企於禮者勤而行之苞本之時已包周身之防疎莖之勢更叶凌雲之期當其冒霰停霜雪披風靡諒青青而斯在何冉冉而居彼是知禮之於己如我有徒筠之於竹如我有膚理無特立義必相須堅剛自持雖



貫四時而莫改賞翫不足奚可一日而或無嗟乎皮之不存何以具其體心之不固何以謹其禮所以大戴之記足徵相鼠之詩爰啟君子之道斯其象諸示外以固執中而虛閑寒暑之不變齊榮辱之所如天損不侵地利空積包綠籜而未改交翠葉而不易君子察於此者可學禮而受益

## 衣錦褧衣賦 以君子之道闇然日章爲韻

君子制服兮損益以時秉衣錦之特麗必尚褧以相資欲曳婁以成飾故威儀而可持異彼佩環有以文爲貴者同夫絺綌必特表而出之察其所以亦將有旨願無伐善俾其蘊美衛詩既作且賦於碩人之篇匪服是加則嗤乎彼其之子異狐裘而羔袖比綠衣而黃裏蒙纖縞而不隔籠渥彩之可擬彷彿兮若豹姿之藏霧隱映兮似珠光之透水徒有美於爛然孰可詳其蔚矣故服之無斁終然允臧當斐然而入用懼學製以見傷知我者謂我隱蔽文章不知我者謂我顛倒衣裳曾不念順則之理的然而亡自類韜光不耀孰云欲蓋而彰比乎繪事後素勿矜爲寶不有外者何以混其色不有內者何以蓄其藻雅符含章之德



不忝盡飾之道服既美矣人亦宜然等誠明之道合同出處之義全亦由絜矩之士窮而不濫蘊貞明體恬淡昔有喻於譏口何以自明今不衣而夜行寧惟逮暗是知大象既分先質後文德爲道用靜爲躁君不衒昭質退藏於密匪同尨服之奇自契黃中之吉彼無裼空念於卒歲此成章不俟兮終日未若賦衣錦之褧衣爲終身之自律

## 月照寒泉賦 以秋月清明夜泉澄澈爲韻

皎兮月出毖彼泉流月燭清夜泉澄素秋其象也合之雙美其氣也同以相求觀夫彼濬者泉彼高者月臨四海而

照無私利萬物而功不伐故能流而不竭明而不歇清見底而練色寒凝暉盈輪而桂華秋發則知水者秋之氣月者陰之精月下泉湧泉中月生其始愈出其少徐清度晦明兮共隱共見歷今古兮齊虧齊盈皎皎兮不易其色泠泠兮不改其聲足以洗穎川之耳濯滄浪之纓者歟至若寒露白秋天晴金風始扇銀河未傾卷纖雲而九霄可覩埽薄霧而萬里克明於是泉悠悠以東注月遲遲而西行彼月伊何明之大者彼泉伊何清之至也泉凝釋於春冬月行藏於晝夜既處卑以習坎亦居高而臨下攬不盈也



則照之而有餘流無窮焉如逝者之不舍故德莫明匪月莫清匪泉月經天而燭地泉帶地而澄天素波洞出清影孤懸氣涵浪於一色輪照底而雙圓圓如日麗淨若霜凝寶鏡出匣玉壺開冰搖清吹而灩灩濬碧空而澄澄度淺沙則清影遲漫漱幽石則光波沸騰又可樂而瓢飲枕以曲肱者也客有續爲泉月之歌歌曰月照泉兮泉涵月泉潺潺兮月皎潔波無魚兮清澄月有蟾兮澄澈觀碎璧於漣漪認明珠於圓折信上善之可方而智者之所悅

## 河東節度使太原尹贈太尉李光顏神道碑

經使大厦者實先榱棟利涉巨川者必具舟楫在憲宗時淮夷阻命歷選將帥大興師戎始以忠武軍節度使李公首應注意之選終成弭寇之效策勳行賞公實居多故幅員千里盡成內地男女萬户不爲匪人任土之貢歲入王府誰其致之知所自矣公諱光顏字光遠生於將門早奉成訓忠孝兩大文武全才負劍既成執書不倦爰自裨將則有盛名早與其兄靈武節度使光進其初同在戎府司徒馬公鎮理河東置之戲下嘗所器異默而志之因間謂公曰爾有氣量終當光大但吾不得見其時耳授以所執



劍仗亦呂虔佩刀之義也其後手挈偏師以合羣帥討楊惠琳於夏臺破劉闢於西蜀由是雄名赫赫冠耀諸軍矣其在許昌也則慎固封畧繕完兵甲居安不敢忘戰臨敵未嘗惰農是以農戰交務偶俱無闕有若曹公師次學校是修祭遵軍中俎豆不廢得非刃有餘地才可兼人者乎鄆人不恭命公討叛遂有義成之拜公以所統者許師所處者東郡疏陳利害遂復其舊焉連下諸城而齊寇殲殄旋師未幾移鎮邠土塞邊隙而遏戎隧也會穆宗踐祚寵綏勳賢以本官同中書門下平章事復還岐下寄重股肱

幽鎮挺災輔車爲用詢於羣議非公莫能促詔不俟駕而至再總中武之師兼下博行營節度使浚郊逐帥李㝏背叛朝廷震怒俾公問罪朝受命而暮即戎叛者率其精銳而來未及成列公乘勢擊敗如火燎原衆授首惡遂納其師進檢校司徒兼侍中策元勲而厲列鎮也其後秉圭入覲請代歸朝上以許人佇望勉諭再三俾公旋止衆庶相賀復歷半紀績用大就司徒爲眞依前同平章事上以太原公之故里晝錦而往拜河東節度使壯都畱守太原尹公發跡并部人皆懷之及公之來如渴者得飲寒者挾纊



吏不按而姦自息軍不刑而令無犯無小無大各附所安則公之才之量曷可涯也於戲邦國將瘁陰陽遘災享年六十有五寶歷二年九月三日薨於位并人罷市天子撤懸廢朝三日悼宗臣也冊贈太尉葬於太原縣東孝敬原夫人隴西縣太君阿史那氏祔焉禮也嗣子昌元檢校戸部尚書兼御史大夫上柱國次子扶元守左龍武軍大將軍知軍事兼御史中丞次繼元前行太常寺主簿次誠元守朔州司馬兼監察御史次建元國子祭酒兼殿中侍御史次興元前守衛王友兼監察御史次榮元左散騎常侍兼御史大夫次奉元清源縣丞次播元前河東節度使兼監察御史次安元右軍先鋒兵馬使守左驍衛將軍程忝公深知備熟休烈豐碑見託安敢讓辭其辭曰

四時運行歲功聿成羣雄經營王度乃貞於赫太尉五世間生周之方召漢之韓彭智叶蓍蔡心爲權衡揚之不濁澄之益清孝乎其親友於其兄六踐台席八擁戎旌隱若敵國屹如長城蒼生瞻戴天子倚愛發跡并部知名當代危自我安否自我泰罕山蒼蒼汾水湯湯兵符相印佩握還鄉内持吏化外靖戎疆俗既富庶人方樂康神理冥冥



天道茫茫不臻期頤孰謂延長泉扃一掩千載傳芳

## 蘇冕

冕京兆武功人德宗朝爲京兆士曹參軍因弟弁以腐粟給邊貶信州司户參軍

### 謝加正議大夫表

臣某言伏奉今月日制書以臣職理粗進加正議大夫朝命遠臨天慈曲被感戴殊造震驚失圖臣某中謝臣出自書生謬分旌鉞拙直無援孤貞少徒雖封域乂安恭憑理化而消塵靡効實懼素飡屬瘴癘爲災私門多釁媿無烈



士之死志而有犬馬之貪生輒狀表章陳乞骸骨遇陛下寬一戮之責起將廢之魂因請退之誠增進秩之典宸光獨照枯朽頓榮況堯舜在上蒸人自理日月既出爝火何光加以無左右之容無龔黄之政猥蒙天地之德載於金玉之音是則陛下切思理之心以風海内而臣受分憂之寄謬竊寵榮成命已行不敢固讓受恩益厚期於殺身無任感戴屏營之至

## 韋表微

表微字子明隋鄖城公元禮七世孫累擢中書舍人知制誥拜户部侍郎卒年六十贈禮部尚書

### 翰林學士院新樓記

長慶二年春翰林院學士缺穆宗皇帝顧謂左右曰孰可充是任者皆曰恭恪可以奉密命通敏可以肆皇猷有若内謁者藍田季温可上曰俞洎四年夏院使缺敬宗皇帝顧謂近臣曰孰可補是職者皆曰博覽以好古清白以奉公有若奚官局令衛元璨可上曰俞是以授金紫之賜承侍從之榮典司禁闈參掌詔令嘗因暇相與議曰夫宫室臺觀蓋有宜稱苟失其制人何法焉内署與集賢史館祕



書省皆號圖書府而内署最爲密近故學士之登將相踐崇顯者十有八九焉彼三署不可同年而語矣而庭宇逼仄屋室卑陋非聖朝待賢之意豈羣彦養德之所於是梧桐高則可以栖靈鳳巖嶺秀則可以韞美玉是宜革作以新其居乃同詞上聞詔命惟允錫以材布假其工徒心匠始形於事先物境潛運於度内乃撤小屋崇廣厦揭飛梁於層構聳危樓於上楹重簷翼舒虚牖霞駮甍棟豐麗欄檻周固三門並設雙閣對啟延清風於北户候朗月於南榮積其典墳藏於扃鑰因討閲之際資登眺之娱若乃前

矚雲山傍窺臺觀仰丹霄於咫尺納顥氣於襟抱八表殊望四時異境觸類生趣隨方散懷其下廊廡對序階陛四匝中創小亭以候宴語卉木駢植松竹交蔭折高標於棼橑散餘芳於戶庭信可久之宏規不泯之盛跡也經構之始侍講崔學士出拜小宗伯樓成之月學士韋公秉國鈞旬日侍講高學士拜夕郎明年正月學士路君遷小司馬爲承旨表微洎王宋二舍人皆遷秩加職院使復以成績並命遷內常侍夏四月中書鄭舍人駕部郎中皆以鴻文碩學爲侍講學士有詔賜宴始觴於斯中外之知者朝昏



皆賀豈興作之會契於陰陽之運乎而土木之動應於福慶之數乎表微學愧鏤氷文慙畫虎秉筆視草於茲六年備歷規度之謩詳觀新舊之制承命爲記實慚菲詞時太和元年某月日記

## 麟臺碑銘 幷序

夫聖人作然後王道明王道明然後瑞應至靈貺感通理合冥數昔殷道剗喪民罔攸歸於是文王以有位之聖嗣成湯之德神人咸乂故鳳鳴於岐洎周德淩遲道靡所屬由是仲尼以無位之聖述文武之法憲章聿修故麟見於魯於時王室無主禮法盡去天子之尊存乎位號魯周公之所封用四代之禮樂遺風故典鬱而未發仲尼以天縱之德生乎其中居周公之邦志文武之道觀廢興之運知作者在已位不得以庇生民權不得以司刑賞是天將喪斯民也而未喪斯文也乃綴絕緒申舊章變其禮文約爲典憲肇五常之龜鏡正三綱之軌轍帝王之道幽而復明盛德大業於是乎在天錫嘉瑞光照厥功故周敬魯哀不得而有也由此觀之蓋春秋爲王法之器魯國爲王法所寄在其所寄以舉其器鼓仁義爲舟航權褒貶爲篙檝乘



橫流之波濟天下之溺上無列國之輔下無陪臣之助故道不信於天下而信於智者法不著於當時而著於後代向使仲尼有滕薛之土得三家之衆與我王澤霈及蒸民則麟出其郊得其所矣豈復厄於虞人哉故麟不見則孔子之道不彰麟不死則周室之亂不極於戲聖人之生也得其時則化行乎江漢不得其時則道屈於季孟靈瑞之出也得其時則名薦於郊廟不得其時則身罹於殘夭是聖人能順時以濟人不能反時以自聖靈瑞能因時以應感不能反時以自靈被厄於陳蔡獲麟於大野影響之應

其符著矣春秋傳曰有以告者曰有麐而一角者何孔子曰孰爲來哉孰爲來哉夫豈不知乎蓋殺之而不敢有故示人以疑之故也元和五年冬十一月表微以滑之從事使乎鄆陽停驂訪古經獲麟之舊壤且曰後之人築臺於此以旌厥路感先聖之不遇俾麟出而非時徘徊道周乃作銘曰

二儀既闢三象乃垂聖道堙鬱人心不開上無文武下無定哀吁嗟麟兮孰爲來哉周雖不綱孔實嗣聖詩書載删禮樂大定懲惡勸善反邪歸正吁嗟麟兮克昭符命聖與時合化行位尊茍或乖戾身窮道存於昭豐邑栖皇孔門吁嗟麟兮孰知其昏運極數沒德至時否楚國寖廣秦封益侈牆仭迫阨崎嶇闕里吁嗟麟兮靡有攸止世治則麟世亂則麐出非其時麇鹿同羣孔不自聖麟不自神吁嗟麟兮夫復何云



## 馮審

審字退思贈吏部尚書宿從弟貞元十二年進士開成中累遷諫議大夫擢桂管觀察使入爲國子祭酒咸通中終於祕書監

### 謝獎諭表

臣某言今月日本道監軍使內侍省宫闈令劉某至伏奉某月日勑書并賜臣手詔奉宣口勑特加獎諭將士官吏百姓僧道等并蒙宣慰存問者王人旋鎭宸藻自天敷德澤於藩維被恩波於動植爰及介冑逮於搢紳祇寵若驚交抃無措臣某中謝伏惟睿聖文武皇帝陛下恭承寶圖奄宅區寓一物失所必軫於憂勤一善可稱無忘於獎勗義深共理務在擇人昇平之運實遇今日臣以儒流賤品生遇聖明雖力罄駑駘而效無絲髮皇明鑒澈撫勞再三黎甿既荷於生成尸素稍寬於罪責揣循涯分木石增慙又降殊私曲沾睿渥慰諭之意稠疊於頒宣藻飾之榮昭彰於綸綍無微不錄無遠不該地里雖介於炎荒天威如在於咫尺所期俗阜以洽邕熙



### 謝追赴闕庭表

臣某言某月日度支急遞到伏奉某月日勑追臣赴闕庭者鴻恩曲被宸翰忽臨來自天衷出於望表抃躍無地光輝在身臣某中謝伏惟睿聖文武皇帝陛下以至仁格物元德統乾臣孤立愚直素空器藝朝無瓜葛之援外絕朋

黨之私以苦抱忠自託明代神理照鑒天聰自仁遂忝再領近州一居方鎮前歲延英面辭之日親受聖慈百身何答三復在心銘肌鏤骨恐不負荷洎祗恩赴任陳力在公海隅黔黎日樂皇化至於軍州經諸道往來但守官司不虞謗讟以丹心奉上仰侍宸威亟經二年首陟三載幸無罪戾皆荷生成陛下聖慈優柔皇鑒明朗不遺一物信若四時果降中詔特令赴闕恩崇感極義切戀深顧親族而生輝望雲霄而有喜以今月五日發離本鎮尅期兼道計日趨程魂馳軒階心注晷刻朝天既近承雨露而增榮向



闕匪遙望恩光而稱慶

### 請琢去孔子廟堂碑篆額中大周字奏

孔子廟堂碑是太宗皇帝建立睿宗皇帝書額備稱唐德具贊鴻猷文翰顯然貞石斯在洎武后權政國號潛移竊於篆額中間謬加大周二字豈可尚存僞號以紊清朝疑誤將來傳流僭謬其大周兩字伏乞天恩許令琢去謹錄奏聞

## 王計

計貞元時人

### 代王僕射諫伐淮西表

臣某言中使至奉詔兼宣口敕以彰義軍節度使吳少陽不起所疾奄謝明時聖情追念藩臣良深軫悼少陽男元濟不待朝旨自領軍戎陛下尚念舊勳特頒詔命冀其追悔未即加兵以臣謬列方隅俯賜宣示絲綸遠降天使存臨祗奉睿謀仰荷元澤亮臣微賤素無識知猥蒙恩私訪以去就其於利害臣所難言以臣旋觀誠在天斷伏以陛下內有輔弼外有勳賢資廟算可以叶宸衷審政議可以正天下如臣庸瑣備位藩屏爲將非衛霍之儔在朝無絳



灌之列徒以虛承重寄苟竊明時每荷寵光載懷兢惕豈敢輕塵聖聽以冒天威彷徨靡寧進退惟谷臣有愚懇思欲上達況承天問敢不奏陳伏惟陛下光有萬方子育兆庶安危所繫實在陛下忠於陛下者則獻弭兵之謀謟於陛下者則獻用兵之計臣性本專直心願竭忠苟徇羣情是惑宸聽臣若勸陛下韜兵匿甲則淮西受賜又慮多士橫議微臣以臣私情有何阿黨二途之內伏俟聖裁臣於藩閫之中名位最下雖陳鄙見豈副天心其有不載表章附李誠義聞奏伏希元造俯賜明鑒限守戎律不獲陳露

闕庭

席夔

夔貞元十二年宏詞及第元和初官吏部員外郎

披沙揀金賦 以求寶之道同乎選才爲韻

寶之至者金實難儔何混質於微細每隨沙以沉浮不耀其光誠觀而莫辨退藏於密故披而可求元鑒在人至誠斯係察晶熒於磧礫視隱映於潭島澹以冥搜靜而窮詰翻混濁酌澄浩得之爲利雖云貨以藩身揀必于精終是不貪爲寶道以之至行無越思研精旣辨取舍奚疑浩浩



同流詎謂衆難分矣專專匪惑盡可汰而出之信多雜而不混何在小而見遺故得方以選才比諸振藻符至人和光之德明君子知微之道豈止匪固於窮思濫於中懷至寶竊元功披隤沲而不厭積貨產以未豐則情惟盜比而業與商同也徒觀夫敷彩汙塗涅而不渝外濁如汨中明自殊養正以蒙潛雖伏矣從人之欲道豈遠乎彼荆山採玉河上求珠刖雙足而未偶冒萬死而爭趨匪曰能智是爲至愚曷若隱而自彰微而可辨常保質於堅重匪淪精而展轉以是爲德則和而不同以是求賢則舉不失選況今至珍必見朗鑒恒開細無不察大無不該在深潛而未耀求揀鍊而斯來亦何必披鄱陽之沙方見爲寶覽士衡之賦然後稱才

運斤賦 以上下相應其志同爲韻

道貴乎樸物疵於妄爲謀者必定於前執技者可以事上繄郢人與匠石能器合而神王堊復在鼻將欲表微揮拂以斤何其用壯旣分庭以離立亦持刃而相向於是算錙銖愼取舍運之於手將匪疾而匪徐愜之於心寧我欺而爾假志而必中同引滿於彀中妙不可傳猶斲輪於堂下



況乎器也利工也良壯前趾耀雄鋩以力運臂兮臂可使以彼契此兮此可忘迫其勢則成風含響激其石迺飛電分光欲臻夫妙在愼其相故受刃者不爲股慄執柯者無聞手傷向使受刃者震懾執柯者劻勷則必滅爾鼻而剸爾面豈惟破我斧而缺我斨亦猶朋儕見知工用可稱藝成道得合調諧應豈同夫衆人遇我狂夫阻之瑣瑣庶匠丁丁在茲得離婁督繩而尚失以公輸削墨而猶疑安能霜刃投虛必在乎蠅翼圓柯在握不失乎毫釐是吾質也實惟何其知者可託無乃後時客有多才博雅好奇尚異

糟粕既得頗讀古人之書鑒枘可規願行夫子之志將求輪扁之術以廣運斤之事乃歌曰彼二子兮以藝相崇得一理兮其心則同運斤在手誠可懼堅立不動神之雄豈運斤者妙其術堅立者知其工幸見遇於郢匠無轂響於成風

冬日可愛賦 以陽德淳耀消暘寒氣爲韻

冬實窮節日爲至陽節窮而栗冽凝慘陽至而焜燿舒光方傷竹彫松之嚴物無不懼覩麗天出地之旭愛何可忘觀其昇曭朗以自東蕩沉陰於有壯不赫矣以難向誠温



然而可郎依巢之鳥感微煦而和鳴帶雪之林假餘光而改色所以就之稱堯帝之聖比之成晉臣之德彼谷隱巖居之子無衣無褐之人照臨導夫和氣偃曝得夫天眞慘怛潛收慼慼之容咸革温仁遠被熙熙之化斯淳故得廓開曀靄洞達遐徼融液氷渚依稀雪嶠散九陌以無氛委千門以通照彼繩樞甕牖既臨砌而樂我無私雖熊席狐裘亦舍爐而欣夫有曜且四月歌其烈烈雨雪苦其瀌瀌既飄風而忽至何見晛而聿消豈若儲精在於宣明舒德本乎洪暘異春晝暄妍之色無夏天赫曦之狀微温椒寢之中稍暖秦樓之上是知當時則慘物鮮其歡非愛景而斯出處窮冬而固難躔次不留志士徒爭於短晷輝光可附小人寧怨於祁寒故曰太上化人德之爲貴咸欣欣而可悅不炎炎以求畏當垂煦嫗之仁以釋幽陰之氣所以賦冬日之事歌德政之謂

許康佐

康佐第進士又登宏詞科累官禮部尚書卒年七十二贈吏部尚書

宣尼宅聞金石絲竹之聲賦 以聖德千祀發於五音爲韻



喤喤樂聲瞻言闕里視之不見聽之盈耳宮牆如在可配於鏗鏘德音不忘曷間於年祀猗歟原至樂之作異凡音之起靜而疑深絕而復尋繹如迭奏嘒若同音豈幽通於元造異中出於人心聆其節奏相夫擊拊發和鳴於闔域應流韻於墀廡既嗟乎可得而聞又思乎其所不覩疑一唱之歎且至於三比衆音之和不容於五莫不動心而駭耳感今而懷古鏘若在懸哀如在絃筍簴無形異和戎之二四聲詩合雅同鼓篋於三千事寧同於想像理實闕於言筌爾其融洩克諧肅雍清越通明洞幽變化翕忽激數

仞以徐來。觸兩楹而靜。發憑合莫以方奏。流元間而未闕。故能動心導和。嚮皆順正。德有符於解慍。教實倍於施令。式彰乎不測之神。以見乎多能之聖。俾恭王之是驚。聞斯行諸稽太師之所謂。始作翕如。且遺音於棟宇。寧假手於元虛。於是辨清濁。節疾徐。知笙簧之迭和。訝鐘鼓之相於其變無方。其來不極。靜好交至。激揚未息。簡子夢中之遇。其志則流。靈公濮上之音。其聲多懸。曷若舒嘽緩。遵肆直。俾夫音聲之道感通。咸聽此而知德。

## 許堯佐



堯佐。禮部尚書康佐弟。第進士。官太子校書郎。終諫議大夫。

### 五經閣賦 以禮傳詩書易成教爲韻

王者爲邦。實先學校。不有載籍。何以垂教。必由乎文字。使知乎忠孝。東序西序。取乎游焉息焉。八索九邱。俾其是則是儆。粵我后矣。聖哲者歟。命儒官兮至公以居。所崇惟學。所寶惟書。搜羣言而斯在。立重閣以藏諸。觀其結構孤高。軒扉對啟。飾不及侈。儉而中禮。刮楹之上。標銀牓之煌煌。峻宇之前。閱子衿之濟濟。於是六籍咸萃。百代無遺。恭儉之教。比事之詞。虞夏商周之五典。國風雅頌之四詩。既精微之與廣博。莫不森羅而在茲。文移科斗之質。字別魚魯之疑。軸星攢而花散。帶蜺舒而草滋。檽櫨風來。動芸香之苾苾。綺疏日映。見鉛槧之纍纍。覽彼縑緗。請披記傳。或崇其臺。以邀非望之福。或邃其榭。以逞荒怠之讌。未若事惟師古。政以化成。斲樸之勤。毋弛怠於儒學。黼藻之飾。不加賁於檐楹。由是事美德風。人歌懿績。校則同於天祿。藏乃異於魯壁。左平右城。雖有陋於明堂。上棟下宇。乃不踰於大易。別有名繫庠序。身衣縫掖。覩茲閣之岧嶤。諒吾道之



宏益。

### 清濟貫濁河賦 以與濁同流清源自別爲韻

河之並濟兮。惟秩其平。濟之貫河兮。勢若相傾。非剛克無以見其柔立。非甚濁無以彰其至清。是以靈源濬發。柔德兼呈。徒觀其流波委注。秀色澄澈。沖融而濁水遙開。鼓怒而洪流直截。遂使還淳之士。疑二氣之初分。策功之臣。驚一帶兮中裂。既處濁而不染。每含貞而自潔。苟與和光者殊致。寧與淈泥者無別。是以霍濩波激。崩騰勢翻。濟水與河水相輝。光容易識。清流與濁流不雜。質性難論。苟徵之

於變化可察之於本源於以表德於以辨類方九折而橫流啟重泉而直至故以盤渦渾曉日之輝疊鏡寫晴峯之翠絕河而去孰與我爭先導流斯來孰謂我奚自若乃沖虛是翫迅激難儔廣可涉兮思杭葦於寒涔清可挹也欲濯纓於夕流貫長川之浸浸委清浪之悠悠然下流縣邈顧表清而不濁上善昭融故守和而不同故可扶正直之純志助潤澤之成功動漣漪於迴浦萃光景於微風且淮之清兮濱於夷江之遠兮界於楚豈若貫大川以揚波臨大都而分渚合清濁而獨秀求匹敵而誰與苟河清之可期願朝宗而為侶



## 壎篪相須賦 以樂和同聲然後致理為韻

彼壎篪兮謂何同律呂兮相和苟論功於眾樂孰有德而同科遂使手之足之候清音而屢舞伯氏仲氏諧雅韻於升歌疾徐共節長短同旨感肅雍兮一貫伺戛擊兮雙起為合雅而諧聲故殊形而共理然則大篪諧奏美矣德音之音鳴壎獨闡同乎以水濟水是故變通可象節奏斯呈爾韻方舒我則厲之以疾我音斯濁爾必懲之或清苟同方而助化故異氣而成聲信可以發揮韶夏協贊和平故得舞獸呈姿豈繫於拊石嘉賓展禮不讓於吹笙且壎資土以辨類篪假竹而成器土容質可以符素心竹聲清可以滌煩志是則相從以和律相因以成事苟洋洋而在聽諒醇醇而自致且彼鼓鐘于宮未足論乎異同鳴琴自手且何議乎先後豈若宮商並奏律呂相宣調五聲不資於繁細應八佾無違於折旋樂則既爾臣亦宜然壎之得篪載期於有輔臣之奉主必致乎無偏唱和之功備矣獻替之道存焉故能振三代之風合九成之樂彼眾器之雕飾此羣聲之煩數又安足擬壎篪之純質論聲音之清濁



## 日載中賦 以漢文帝時數如此為韻

聖德上通陽精下贊經太虛之寥廓赫流光之耀煥皇矣廣運德用邁於陶唐日敷載中瑞克符於炎漢其始也昇扶桑以昭晰拂若木兮氛氳灼麗景開祥雲羲仲命官敬導之功式著夸父整策競驅之勢斯分雖馳驟於靈馭終感通於聖君故歌休明者徵於陽位察符瑞者覿乎天文於是翠烟澄霽白日增麗流景弭節飛輪頓勢踆烏矯翼而卻翔驂龍擁駕而迴逝端乎晷遽乖測景之司表乎祥必俟垂衣之帝蓋所以應仁聖叶昌期曾泉既逾異晨陽

之杲杲昆吾再舍嘉日馭之遲遲是則天垂象兮不昧日輔德兮無私既載中星瑞亦太和效時遠以變化同諸掌握苟夙夜而致理在禎祥而欲數伊靈氣之潛通豈天聽之元邈日之爲美也無德而言歟日之爲瑞也有時而效諸運行必隨乎圓蓋昏曉式經乎方輿昃而復中在明君兮則爾中而斯昃雖壯士兮焉如我皇播德於彼表瑞於此不肅而康哉無爲而樂只躔次可覿豈假垣平之片言昭明有融寧匹魯陽之三徙然鑒於人事兮諒天道而伊邇



## 廬山東林寺律大德熙怡大師碑銘 并序

大師諱熙怡姓曹氏桂陽人也舊勳前烈垂休積慶史氏詳之矣夫眞如不遠其要在乎無垢妙理不深其要在乎見性本於眞實暘於虛空俾聆芳咀潤孜孜請益則大師之教也大師體識深靜風度端敏受具戒於南嶽修律儀於東林常趺坐一室而四方學者差肩繼踵發此柔軟納其歸依嘉言玉振微文冰釋故崇德雅美臨壇持法垂五十年嘗以至德初隸東林寺居耶舍塔院數逾二紀而信心長者懷甘奉贄紛然並進監廚守藏不遑祇受既而悉歸精舍頒於衆僧大師率門人布衣糲食而已故推已以見相因相而歸空搜閱精微鑽研旨要常若背悶而針石不能及也故中夜累歎有神人撫背殊形駭物斯須乃去自知窮討經論切磋心要加以律儀端靜受持勤至感通之應固難盡書至於山鹿歸仁林烏效祉大師之室不足駭也大歷五年躋五老峯望彭蠡臨瀑布乃構淩雲精室爲經行之地旁引泉竇以滌塵垢近躡松龕以求清涼丹崖雲岫勢若屏牖然趨風望景攀危葦重翼如而至者難以數計積十餘年乃止大林精廬杖屨衣巾屏居一室行



住坐卧無非道場乃淬法刃燃慧炬俾夫恟恟圜繞者割其縛導其迷洗然而自得也貞元中歸東林戒壇院以爲吾道已成吾教已行十二年丙子歲秋七月二十七日召門弟子曰吾隨化還須臾寂滅僧臘五十報齡七十一州閭赴弔道路銜悲宗師既沒法教疇依蓮沼蕪涸禪林凋折以其年八月十四日遷座於香谷原從人欲也大師精貫六藝旁達百氏常與故太師魯國公顏眞卿故丞相天水趙公憬故鄭滑節度兼御史大夫范陽盧公羣今吏部侍郎宏農楊公於陵爲參禪之侶幽鍵洞發宏言雨得門

人法粲道鏡道寧道深道琛道建利詈等並三明繼軌四禪紹迹緣起皆泯空有兩詮卜商傳闕里之教龍樹演迦維之法其旨一也咸以夙承甘露願勒貞珉銘曰

演暢微妙經行道場昭昭大師啓迪無方孰云虛空不可思量普滌緣念永清心地異物幽贊靈鳥效瑞景行如存追思不匱白日在水澄虛則明至人臨池無垢則清信而不渝沖而不盈宛彼堂廡空留法象門人紹德禪燈繼朗式播芳塵以慰瞻仰

粲律師碑銘　許堯佐



六度既修三明未分英英大師執濯就焚青蓮挺秀朗日開昏學者歸心邦人居敬既去塵緣乃知眞性追思精室如懸法鏡音容永祕瞻仰疇依門人掩泣寶炬藏輝北墅松阡其誰與歸

## 張洗

洗字濯纓貞元時官朝散大夫河南濟源縣令

### 唐濟瀆廟北海壇新置祭器沈幣雙舫雜物之銘

并序

有唐六葉海內宴然偃革字闕二崇乎祀典封茲瀆爲清源公建祀於泉之初源也置瀆令一員祝史一人齊郎六人執魚鑰備灑掃其北海封爲廣澤王立壇附於水之濱矣天子以迎冬之日命成周內史奉祝文宿齋毳冕七旒五章劍履玉佩爲之初獻縣尹加綉冕六旒三章劍履玉佩爲之亞獻邑丞元冕加五旒無章亦劍履玉佩爲之終獻用三牲之享邦之大事先在祀乎濯纓不才謬領茲邑下車入廟每事皆問主者有云俎豆素闕弊難悉數其尤者有五北海望壇臨事壘土朽鏝一歲而費數金爲勞之甚其弊一也二所祭器凡百有二十二事至時請於上寮轉



轂八洛去來三百餘里仍以秕稭酬之積有歲時不知窮極其弊二也沈幣雙舫又以車取池河渡口之舟往返之勞結綵之飾其弊三也兩壇位席百領有餘戶至誅求爲擾非潔其弊四也牀榻乃至七著用之類門到斂索事終存亡大半其弊五也既革前弊輒爲之銘銘曰

寤寐求思如神有知大風離披壞木於斯人吏驚馳念茲悟茲爲余有意廟中無備沈幣雙舫二壇祭器子來悅使所借皆遂觀者闐闐事無闕焉刻之于石以待後賢是時也貞元十有三年

# 欽定全唐文卷六百三十四

## 李翺

翺字習之涼武昭王之後貞元十四年進士元和末累官廬州刺使大和時歷刑户二部侍郎拜山南東道節度使會昌中卒諡曰文

### 感知巳賦并序

貞元九年翺始就州府之貢舉人事其九月執文章一通謁於右補闕安定梁君是時梁君之譽塞天下屬詞求進之士奉文章造梁君門下者蓋無虛日梁君知人之過也



亦既相見遂於翺有相知之道焉謂翺得古人之遺風期翺之名不朽於無窮許翺以拂拭吹噓翺初謂面相進也亦未幸甚十一月梁君遘疾而歿翺漸遊於朋友公卿間往往皆曰吾久籍子姓名於補闕梁君也翺乃知非面相進也當時意謂先進者遇人特達皆合有是心亦未謂知巳之難得也梁君歿於茲五年翺學聖人經籍教訓文句之旨而爲文將數萬言愈昔年見於梁君之文弗啻數倍雖不敢同德於古人然亦常無怍於中心每歲試於禮部連以文章罷黜聲光晦昧於時俗人皆謂之固宜然後知先進者遇人特達亦不皆有是心也方知知巳之難得也夫見善而不能知雖善何爲知而不能譽則如勿知譽而不能深則如勿譽深而不能久則如弗深久而不能終則如勿久翺雖不肖幸辱於梁君所知君爲之言於人豈非譽歟謂其有古人之風豈非深歟譽而逮夫終身豈非久歟不幸梁君短命遽歿是以翺未能有成也其誰能相繼梁君之志而成之歟巳焉哉天之遽喪梁君也是使翺之命久迍邅厄窮也遂賦感知巳以自傷其言怨而不亂蓋小雅騷人之餘風也其辭曰



戚戚之愁苦兮思釋去之無端彼衆人之容易兮乃志士之所難伊自古皆嗟兮又何怨乎茲之世獨厄窮而不達兮悼知音之永逝紛予生之多故兮愧特於世之誰知撫聖人教化之旨兮洵合古而乖時誠自負其中心兮嗟與俗而相違趨一名之五稔兮尚無成而淹此路歧昔聖賢之逴逴兮極屈辱之驅馳擇中庸之難蹈兮雖困頓而終不改其所爲苟天地之無私兮曷不鑒照於神祇心勁直於松栢兮淪霜雪而不衰知我者忽然逝兮豈吾道之巳而

幽懷賦并序

朋友有相歎者賦幽懷以答之其辭曰

衆囂囂而雜處兮咸嗟老而羞卑視予心之不然兮慮行道之猶非儻中懷之自得兮終老死其何悲昔孔門之多賢兮惟回也爲庶幾超羣情以獨去兮指聖域而高追固簞食與瓢飲兮寧服輕而駕肥望若人其如何兮慙吾德之纖微躬不田而飽食兮妻不織而豐衣援聖賢而比度兮何僥倖之能希念所懷之未展兮非悼巳而陳私自祿山之始兵兮歲周甲而未夷何神堯之郡縣兮乃家傳而



自持稅生人而育卒兮列高城以相維何茲世之可久兮宜永念而遐思有三苗之逆命兮舞干羽以來之惟刑德之既修兮無遠邇而咸歸當高祖之初起兮提一旅之羸師能順天而用衆兮竟掃寇而戡隋況天子之神明兮有烈祖之前規剗弊政而還本兮如反掌之易爲苟廟堂之治得兮何下邑之能違哀予生之賤遠兮包深懷而告誰嗟此誠之不達兮惜此道而無遺獨中夜以潛歎兮匪吾憂之所宜

釋懷賦并序

讀黨錮傳哀直道之多尤不容作釋懷賦其辭曰

懷夫人之鬱鬱兮歷悔吝而不離吾心直以無差兮惟上天其能知邪何德而必好兮忠何尤而被疑彼陳辭之多人兮胡不去衆而訊之進盡言而不信兮退遠去而不獲弗驗實而考省兮固予道之所阨昔師商之規聖兮德既均而行革惟肝腸之有殊兮守不同其何責願披懷而竭聞兮道既塞而巳行路非險而不通兮人忌我而異情王章直而獄死兮李固忠而陷刑自古世之所悲兮矧末俗之衰誠哀貞心之潔白兮疾苗莠之紛生令農夫以手鋤



兮反翦去乎嘉莖豈不指穢而語之兮佯瞪矒而不肯聽歎釋去而不忍兮終留滯亦何成當晨旦而步立兮仰白日而自明處一世而若流兮何久永而傷情樂此言而內抑兮壯大觀於莊生拔馨香之茝蘭兮樹蒿蔚以羅列斥通道而使蕪兮戀棘徑之中絕置春秋而詢心兮羌與此其奚別昔誓詞而約交兮期共死而皆居嗟所守之既異兮乃汗漫而遺初心皓白而不容兮非市直而望利忠不顧而立忘兮交不同而行棄悲夫不徇巳而必仇兮諒非水火其何畏獨吾行之不然兮直愧心而懼義嘉山松之

蒼蒼兮歲苦寒而亦悴吾固樂其貞剛兮夫何尢乎小異欲靜默而絕聲兮豈不悼厥初之所志抑此懷而不可兮終永夜以噓唏

進士策問二道

問初定兩稅時錢直卑而粟帛貴粟一斗價盈百帛一匹價盈二千稅戶之歲供千百者不過粟五十石帛二十有餘匹而充矣故國用皆足而百姓未以爲病其法弗更及茲三十年百姓土田爲有力者所併三分逾一其初矣其輸錢數如故錢直日高粟帛日卑粟一斗價不出二十帛



一匹價不出八百稅戶之歲供千百者粟至二百石帛至八十匹然後可爲錢數不加而其稅以一爲四百姓日蹙而散爲商以遊十三四矣四年春天子哀之詔天下守土臣定留州使額錢其正料米如故其餘估高下如上供百姓賴之以比兩稅之初輕重猶未相似有何術可使國用富而百姓不虛遊人盡歸於農而皆樂有力所併者稅之如戶而士兵不怨夫豈無策而臻於是耶吾子盍悉懷以來告

問吐蕃之爲中國憂也久矣和親賂遺之皆不足以來好息師信其甘言而與之詛盟耶於是深懷陰邪乘我之去兵而欺神虐人係虜卿士大夫至茲爲羞備禦之耶則暴天下數十萬之兵或悲號其父母妻子且煩饋餫衣食之勞百姓以虛弗備禦之耶必將伺我之間攻陷城邑掠玉帛子女殺其老弱係累其丁壯以歸自古帝王豈無誅夷狄之成策耶何邊境未安若斯之甚耶二三子其將亦有說乎

百官行狀奏

右臣等無能謬得秉筆史館以記注爲職夫勸善懲惡正



言直筆紀聖朝功德述忠臣賢士事業載奸臣佞人醜行以傳無窮者史官之任也伏以陛下卽位十五年矣乃元年平夏州二年平蜀斬闢三年平江東斬錡張茂昭遂得易定五年擒史憲誠得澤潞邢洺七年田宏正以魏博六州來受常貢十二年平淮西斬元濟十三年王承宗獻德棣入稅租滄景除吏部十四年平淄青斬師道得十二州神斷武功自古中興之君莫有及者而自元和以來未著實錄盛德大功史氏未紀忠臣賢士名德甚有可爲法者逆臣賊人醜行亦有可爲誡者史氏皆闕而未書臣實懼

焉故不自量輒欲勉强而修之凡人之事迹非大善大惡則衆人無由知之故舊例皆訪問於人又取行狀謚議以爲一據今之作行狀者非其門生卽其故吏莫不虛加仁義禮智妄言忠肅惠和或言盛德大業遠而愈光或云直道正言歿而不朽曾不直叙其事故善惡混然不可明至如許敬宗李義府李林甫國朝之奸臣也其使門生故吏作行狀旣不指其事實虛稱道忠信以加之則可以移之於房元齡魏徵裴炎徐有功矣此不惟其處心不實苟欲虛美於所受恩之地而已蓋亦爲文者又非游夏遷雄之



列務於華而忘其實溺於辭而棄其理故爲文則失六經之古風記事則非史遷之實錄不如此則辭句鄙陋不能自成其文矣由是事失其本文害於理而行狀不足以取信若使指事書實不飾虛言則必有人知其眞僞不然者縱使門生故吏爲之亦不可以謬作德善之事而加之矣臣今請作行狀者不要虛說仁義禮智忠肅惠和盛德大業正言直道蕪穢簡冊不可取信但指事說實直載其詞則善惡功跡皆據事足以自見矣假令傳魏徵但記其諫爭之詞足以爲正直矣如傳段秀實但記其倒用司農寺印以追逆兵又以象笏擊朱泚自足以爲忠烈矣今之爲行狀者都不指其事率以虛詞稱之故無魏徵之諫爭而加之以正直無秀實之義勇而加之以忠烈者皆是也其何足以爲據若考功視行狀之不依此者不得受依此者乃下太常幷牒史館太常定謚牒送史館則行狀之言縱未可一一皆信與其虛加妄言都無事實者猶山澤高下之不同也史氏記錄須得本末苟憑往例皆是空言則使史館何所爲據伏乞下臣此奏使考功守行善惡之詞雖故吏門生亦不能虛作而加之矣臣等要知事實輒敢陳



論輕黷天威無任戰越謹奏

## 論事疏表

臣翺言臣素陋幸得守職史官以記錄是非爲事夫通前古治亂安危之大本者實史臣之任也臣雖愚敢懷畏罪之心而不修其職竊見陛下卽位以來招懷不廷之臣誅寇賊十餘事刷五聖之憤恥爲後代之根本自古中興之盛孰有及者自臣得奉詔朝謁以來親見聖德之所不可及亦已多矣至如淄青生口夏侯澄等四十七人皆所宜誅斬者也陛下知其逆賊所逼脅質其父母妻子而驅之

使戰其陷惡逆非其本心赦而不誅因詔田宏正隨材任使其欲歸妻子父母者縱而不禁臣竊聞夏侯澄等既得生歸淄青賊兵聞之莫不懷陛下好生寬惠之德而遂無拒戰官兵之心矣劉悟所以能一夕而擒斬師道者以三軍之心皆以苦師道而思陛下之德故能不費日而成大功也此聖德之所不可及者一也今歲關中夏麥甚盛陛下哀民之窮困特下明詔放夏稅約十萬石朝臣相顧皆有喜色百姓歌樂遍於草野此聖德之所不可及者二也韓宏獻女樂陛下不受却而賜之昔者魯用孔子齊人恐



懼遺之女樂季桓子受之君臣共觀而三日不朝故孔子去魯陛下超然獨見遂以歸之此聖德之所不可及者三也出李宗奭妻女於掖廷以莊宅却賜沈遵師聖朝寬恕億兆欣感者不可備紀若下詔出令一一皆類於此武德貞觀不難及太平可反掌而致矣臣以爲定禍亂者武功也能復制度興太平者文德也非武功不能以定禍亂非文德不能以致太平今陛下既以武功平禍亂定海內能爲其難者矣若革去弊事復高祖太宗之舊制用忠正而不疑屏邪佞而不近改稅法不督錢而納布帛絕進獻以寬百姓稅租之重厚邊兵以息蕃戎侵掠之患數引見待制官問以時事以通壅蔽之路故用忠正而不疑則功德成屏邪佞而不近則視聽聰明改稅法不督錢而納布帛則百姓足絕進獻以寬百姓租稅之重則下不困厚邊兵以息蕃戎侵掠之患則天下安數引見待制官問以時事以通壅蔽之路則下情達凡此六者政之根本太平之所以興陛下既已能行其難者矣又何惜不速其易爲者乎以臣伏覩陛下上聖之姿也如不惑近習容悅之詞選用骨鯁正直之臣與之修復故事而行之以興太平可不勞



而功成也若一日不以爲事臣恐大功之後易生逸樂而羣臣進言者必曰天下既已太平矣陛下可以高枕而爲宴樂矣若如此則高祖太宗之制度不可以復矣制度不復則太平未可以遽至矣臣竊惜陛下聖質當可興之時而尚謙讓未爲也臣謹條疏興復太平大畧六事別白於後若行此六者五年不變臣必知百姓樂康蕃虜入侍天垂景星地湧醴泉鳳凰鳴於山林麒麟遊於苑囿此無他和氣之所感也詩曰先人有言詢於芻蕘伏惟陛下明聖思博聞天下之事以助政理故臣敢忘其愚而盡忠焉

無任感恩激切之至謹奉表以聞臣誠惶誠恐頓首頓首謹言

疏用忠正

臣聞國之所以興者主能信任大臣臣能以忠正輔主故忠正者百行之宗也大臣忠正則小臣莫敢不爲正矣小臣莫敢不爲正則天下後進之士皆樂忠正之道矣後進之士皆樂行忠正之道是王化之本太平之事也今之語者必曰知人邪正是堯舜之所難也焉得知忠正之人而用之耶臣以爲察忠正之人蓋有術焉能盡言憂國而不



希恩容者此忠正之徒也夫忠正之人亦各自有黨類邪臣嫉而讒之必且以爲相朋黨矣夫舜禹稷契之相稱贊也不爲朋顏閔之相往來也不爲黨皆在於講道德仁義而已邪人嫉而讒之且以爲朋黨用以惑時主之聽從古以來皆有之矣故蕭望之周堪劉向謀退許史竟爲邪臣所勝漢元帝不能辨而終任用邪臣漢室之衰始於元帝此不可不察也故聽其言能數逆於耳者忠正之臣也雖任之雜以邪佞之臣則太平必不能成矣文宣王曰十室之邑必有忠信如某者焉故忠信之人不難有也在陛下辨而用之各以類進之而已臣故曰用忠正而不疑則功德成

疏屏奸佞

臣聞孔子遠佞人言不可以共爲國也凡自古奸佞之人可辨也皆不知大體不懷遠慮務於利己貪富貴固榮寵而已矣必好甘言諂辭以希人主之欲主之所貴因而賢之主之所怒因而罪之主好利則獻蓄聚斂剝之計主好聲色則開妖艷鄭衛之路主好神仙則通燒鍊變化之術望主之色希主之意順主之言而奉承之人主悅其不違



於己因而親之以至於事失怨生而不聞也若事失怨生而不聞其危也深矣自古奸邪之人未有不如此者也然則雖堯舜爲君稷契爲臣而雜之以奸邪之人則太平必不可興而危事潛生矣所謂奸邪之臣者榮夷公費無極太宰嚭王子蘭王鳳張禹許敬宗楊再思李義府李林甫盧杞裴延齡之比是也奸佞之臣信用大則亡國小則壞法度而亂生矣今之語者必曰知人邪正是堯舜之所難也焉得知其邪佞而去之耶臣以爲察奸佞之人亦有術焉主之所欲皆順不違又從而承奉先後之者此奸佞之

臣也不去之雖用稷契爲相不能以致太平矣故人主之任奸佞則耳目壅蔽耳目壅蔽則過不聞而忠正不進矣臣故曰屏奸佞而不近則視聽聰明

疏改稅法

臣以爲自建中元年初定兩稅至今四十年矣當時絹一匹爲錢四千米一斗爲錢二百稅户之輸十千者爲絹二匹半而足矣今稅額如故而粟帛日賤錢益加重絹一匹價不過八百米一斗不過五十稅户之輸十千者爲絹十有二匹然後可況又督其錢使之賤賣者耶假令官雜虚



估以受之尚猶爲絹八匹乃僅可滿十千之數是爲比建中之初爲稅加三倍矣雖明詔屢下哀恤元元不改其法終無所救然物極宜變正當斯時推本弊乃錢重而督之於百姓之所生也錢者官司所鑄粟帛者農之所出今乃使農人賤賣粟帛易錢入官是豈非顛倒而取其無者耶由是豪家大商皆多積錢以逐輕重故農人日困末業日增一年水旱百姓菜色家無滿歲之食況有三年之蓄乎百姓無三年之積而望太平之興亦未可也今若詔天下不問遠近一切令不督見錢皆納布帛凡官司出納以布帛爲準幅廣不得過一尺九寸長不過四十尺比兩稅之初猶爲重加一尺然百姓自重得輕必樂而易輸不敢復望如建中之初矣行之三五年臣必知農人漸有蓄積雖遇一年水旱未有菜色父母夫婦能相保矣若稅法如舊不速更改雖神農后稷復生教人耕織勤不失時亦不能躋於充足矣故臣曰改稅法不督錢而納布帛則百姓足

疏絕進獻

臣以爲自建中以來稅法不更百姓之困已備於前篇矣今節度觀察使之進獻必曰軍府羨餘不取於百姓且供



軍及留州錢各有定額若非兵士闕數不塡及減刻所給則錢帛非天之所雨也非如泉之可涌而生也不取於百姓將安取之哉故有作官店以居商賈者有釀酒而官沽者其他雜率巧設名號是皆奪百姓之利虧三代之法公託進獻因得自成其私甚非太平之事也比年天下皆厚留度支錢蓄兵士者以中原之有寇賊也今吳元濟李師道皆梟斬矣中原無虞而蓄兵如故以耗百姓臣以爲非是也若選通達吏事之臣三五人往諸道與其節度使團練使言每道要留兵數以備鎮守責其兵士見在實數因

使其逃亡不補自可以每年十銷一矣告之以中原無事蕃夷可虞每道宜配兵若干取其衣糧以賜邊兵而名戰士使邊兵實則蕃夷不足慮也夫錢帛皆國家之錢帛也宜作明法以取之是也若使通達吏事之臣往使焉雖其將帥之不盡誠者亦不敢有所隱矣今受進獻則節度使團練使皆多方刻下爲蓄聚其自爲私者三分其所進獻者一分也是豈非兩稅之外又加稅焉百姓之所不樂其業而父子夫婦或有不能相養矣父子夫婦不能相養而望太平之興雖婦人女子皆知其未可也臣故曰絕進獻



以寬百姓稅租之重則下不困

## 疏厚邊兵

臣以爲方今中原無事其慮者蕃戎與北虜而已議者以爲邊備尚虛皆可憂矣兵法有之曰不恃敵之不來恃此之不可勝今國家威武達於四夷其不敢犯邊爲寇雖已明矣然蕃戎如犬羊也安識禮義而必其不爲寇哉且去歲犯邊足以明矣臣以爲使緣邊諸節度使特共名戰士十萬人每歲不過費錢一百萬貫則邊備實矣邊上有名戰之聲達於四夷四夷心服不敢爲盜矣四夷不敢爲盜邊鄙之人得無兵戰之苦則京師可高枕而視矣

## 與本使李中丞論陸巡官狀

古人有言君之視臣如犬馬則臣之視君如國人君之視臣如土芥則臣之視君如仇讎上之所以禮我者厚則我之所以報者重故豫讓以衆人報范中行而漆身呑炭以復趙襄子之讎其所以待之各不同也閤下既嘗罰推官直矣又將請巡官狀矣不識閤下將欲爲能吏哉將欲爲盛德哉若欲爲能吏即故江西李尚書之在江西是也閤下如此行之不爲過矣若欲爲盛德亦惟不惜聽九九之



說或冀少以裨萬一閤下既罰推官直又請陸巡官狀獨不慮判官輩有如穆生者見醴酒不設遂相顧而行乎陸巡官處分所由不得於使院責狀科決而於宅中決地界虞候是初仕之未適中也閤下既與之爲知己矣名而教之可也不從退之可也若判令通狀但恐閤下之所失者無乃大於陸巡官乎翱受恩於閤下也深而與陸巡官之交尚淺其所深者誠欲閤下之爲全德也若信其所言即伏望使人收取元判名而語之闔府賓寮孰不幸甚如以爲小生之言不足聽也我富貴人也何爲而不可哉即敢

不惟公命翱再拜

## 與本使楊尚書請停率修寺觀錢狀

伏見修寺疏閣下出錢十萬令使院共出十萬以造石門大雲寺佛殿翱性本愚聞道晚竊不諭閣下以爲斂錢造寺必是耶翱雖貧願竭家財以助閣下成如以爲未必是耶閣下官尊望重凡所舉措宜與後生爲法式安可舉一事而不中聖賢之道以爲無害於理耶天下之人以佛理證心者寡矣惟土木銅鐵周於四海殘害生人爲逋逃之藪澤閣下以爲如有周公仲尼興立一王制度天下寺觀



僧道其將與之乎其將廢之乎若將與之是符融梁武皆爲仲尼周公也若將廢之閣下又何患其尚寡而復率其屬合力建置之也院中判官雖副知己之命然利祿遠仕亦不以貪也豈無羇孤親友由未能力及賙之歟何暇出錢以與有損無益之務衆情不厭但奉閣下之命而爲耳拳拳下情深所未曉伏惟憫其拙淺不惜教誨若閣下所爲竟是翱亦安敢守初心以從而不爲也若其所言有合於道伏望不重改成之事而輕爲後生之所議論意盡辭直無任戰越

## 再請停率修寺觀錢狀

率修寺觀錢事前後已兩度咨聞伏請停罷前奉處分云要與換寺觀家人院蒲葵屋以爲火備此後任停既已計料支給訖後奉處分又云且更待一兩月者伏以前件錢於公家無補但實置稅名公議所非爲日固久不厭尚實但苟思壯麗城池開化源孰大於此若閣下尚不改易則弊終無已何特愛於此因循未革自仲尼既殁異學塞途孟子辭而闢之然後廓如也佛法害人甚於楊墨論心術雖不異於中土考教迹實有蠹於生靈浸溺人情莫此之



甚爲人上者所宜抑焉閣下去年考制策其論釋氏之害於人者尚列爲高等冀感悟聖明豈不欲發明化源抑絕小道何至事皆在己而所守遂殊知之不難行乃爲貴況使司稅額悉以正名幸當職司敢不備舉伏見朝廷故事一人所見或不足以定是非者即下都省衆議則物情獲申衆務皆理倘翱見解凡淺或未允從院中羣公皆是材彥伏乞令使院詳議惟當是從理屈則伏不敢徇己實下情所望屢有塵黷無任戰慄翱再拜

## 論故度支李尚書事狀

故度支李尚書之出妻也續有勑停官及薨亦無追贈當時將謂去妻之狀不直明白無可疑者故及此近見當使采石副使劉侍御說朝廷公議皆云李尚書性猜忌甚於李益而出其妻若不緣身病卽合左降翺嘗從事滑州一年有餘李尚書具能詳熟李尚書在滑州時收一善歌婦人陶芳於中門外處之於後陶芳與主鑰廳子有過旣發李尚書名問廳子旣實告之曰吾從若父所將若來故不能杖若吾非怒而不留若旣犯此卽自於軍中不便若遠歸父所愼無他往遂斥陶芳於家而不罪也當時翺爲觀



察判官盧侍御憲曰此事在衆人必怒而罪之在中道卽罪之而不怒大夫雖未足以爲教然亦可謂難能也推此以言卽性猜忌不甚於河南李少尹詳矣劉侍御又說朝廷公議云李尚書之在滑州也故多畜媵遂斷送其妻入京以遂所欲翺又能明其不然李尚書有二子仕於京師奏請至滑納妻德宗皇帝勑奏事將軍張璀曰與卿本使無外往告卿本使可令妻及新婦家來就上都爲婚亦有手詔李尚書遂發二新婦及妻入京以奉詔二男旣成婚其妻遂歸滑州自陶芳之外更無妾媵況李尚書將畜媵女不假令妻入京推此以言卽與朝廷公議之不同也如此翺以爲古人之逐其臣也必可使復事君去其妻也必可使復嫁雖有大罪猶不忍彰明必爲可辭以去之也故曾參之去妻也以蒸梨不熟孟子之去妻也以惡敗鮑永之去妻也以叱狗姑前此皆以事辭而去之也李尚書於此二事外猶有他過卽非翺所知也若公議所責祇如劉侍御之傳則翺據所目見而辨也章然如前所陳矣凡人家中門內事外人不可周知偏信一黨親族之言以爲公議卽不知是議之果爲公耶私耶未可知也以閣下所聞



倘猶有加於是者不惜示及如或祇如前兩說伏望不重改旣往之論而明之於朝廷使非實之謗罷傳說於人間旣歿之魂不銜冤於泉下幸甚幸甚翺於李尚書初受顧惠及其去選也客主之義亦不得如初歡矣玆所陳者但樂明人之屈而正之耳伏冀不以爲黨謹狀

### 代李尚書進畫馬屏風狀

右臣近得前件馬樣以其圖寫諸家稍殊試爲短屏備以文采觀其體閑色浮氣逸神駿練影吳浦指山川而不搖花攢上林若雨露之新洗或屈膝千里或長鳴九霄昔以

負圖爲寶今願捍蔽成功形影不殊効用何別謹裁成十二扇隨狀奉進若以時從敓閑猶足靖於塵埃倘將用以馳驅庶可効其筋力輒敢輕冒戰懼伏深

陵廟日時朔祭議

徵事郎守國子博士史館修撰臣李翺等謹獻議曰國語曰王者日祭禮記曰王立七廟皆月祭之周禮不載日祭月祭惟四時之祭禴祠蒸嘗漢朝皆雜而用之蓋遭秦火詩書禮經燼滅編殘簡缺漢乃求之先儒穿鑿各伸巳見皆託古聖賢之名以信其語故其所記各不同也古者廟



有寢而不墓祭秦漢始建寢廟於園陵而上食焉國家因之而不改貞觀開元禮並無宗廟日祭月祭之禮蓋以日祭月祭既巳行於陵寢矣故太廟之中每歲五享六告而巳不然者房元齡魏徵之輩皆一代名臣窮極經史豈不見國語禮記有日祭月祭之辭乎斯足以明矣伏以太廟之享籩豆牲牢三代之通禮是貴誠之義也園寢之奠改用常饌秦漢之權制乃食味之道也今朔望上食於陵寢修秦漢故事斯爲可矣若朔望上食於太廟豈非用常褻味而貴多品乎且非禮所謂至敬不享味而貴氣臭之義



也傳稱屈到嗜芰有疾召其宗老而屬之曰祭我必以芰及祭薦芰屈建命去芰而用羊饋籩豆脯醢君子是之言事祖考之義當以禮爲重不以其生存所嗜爲獻蓋明非食味也然則薦常饌於太廟無乃與薦芰爲比乎且非三代聖王之所行也況祭器不設俎豆祭官不命三公執事者惟宮闈令宗正卿而巳謂之上食可也安得以爲祭乎且時享於太廟有司攝事祝文曰孝曾孫皇帝臣某謹遣太尉臣名敢昭告於高祖神堯皇帝祖妣太穆皇后竇氏時維孟春永懷罔極謹以一元大武柔毛剛鬣明粢薌萁



嘉蔬醴齊敬修嘉薦時享以申追慕尚饗此祝詞也前享七日質明太尉誓百官於尚書省曰某日時享於太廟各揚其職不供其事國有常刑凡陪享之官散齋四日致齋三日然後乃可以爲祭也宗廟之禮非敢擅議雖有知者其誰敢言故六十餘年行之不廢今聖朝以弓矢旣櫜禮樂爲大故下百僚使得詳議臣等以爲貞觀開元禮並無太廟上食之文以禮節情罷之可也至若陵寢上食采國語禮記日祭月祭之詞因秦漢之制修而存之以廣孝道可也如此則經義可據故事不遺大禮既明永息異論可

以繼二帝三王而爲萬代法與其黷禮越古貴因循而憚改作猶天地之相遠也謹議

## 斷僧相打判

夫說法則不曾敷座而坐相打則偏袒右肩領來向佛前而作偈言各笞小杖十五以勵三千大千

## 斷僧通狀判

七歲童子二十受戒君王不朝父母不拜口稱貧道有錢放債量決十下牒出東界



# 欽定全唐文卷六百三十五

李翱 二

## 答韓侍郎書

還示云於賢者汲汲惟公與不材耳此言取人得無太寬否灼然太寬夫又何疑此事汲汲如嗜欲之未得自以爲勝苟令君耳目所及書記所載未見其比何意忽然當一時而更有人也故具於後以當講學且自道無愧兼以爲戲耳如愚之於人但患識昏智不足以察人爲累耳苟以爲賢則不要前人相知相識逢便見機巧有慧辯故身雖



否塞而所進達者不爲少矣其鑒賞稱頌人物初未甚信其後卒享盛名爲賢士者故陸歙州韋簡州是也好善太疾智識未精彼勝於彼則因而進之或取文辭或以言論或以才行或以風標或以政術往往亦有不稱於前多矣不可以言其名然亦未嘗以爲悔也其中亦有痛與置力後因禮節不足或因盡言而詰之前人既非賢良遂反相毀損者亦有其人矣且龐士元云拔十失五猶得其半眞大賢之言也如鄙人無位於朝阨摧於時悽悽惶惶奔走恥辱求食不暇自一千年來賢士屈厄未見有如此者尚

汲汲孜孜引薦賢俊如朝饑求飧如久曠思通如見妖麗而不得親然若使之有位於朝或如兄儕得志於時則天下當無屈人矣如或萬一有之若陸歙州韋簡州之比猶奔走在泥土則當引罪在己若狂若顛朝雖饑不敢求飧曠雖久不敢思通見妖麗閉眼而不覿視遷榮如鞭笞宮割之在躬夫又何榮樂而得安然也不知此心自古以來曾有人如是者否不知代有聖人排肩而生曾有一賢用心近於此者乎若古或有之幸示其人如或無之奈何乃言惟公與不材耳如兄者頗亦好賢必須甚有文辭兼能



附己順我之欲則汲汲孜孜無所憂惜引拔之矣如或力不足則分食以食之無不至矣若有一賢人或不能然則將乞丐不暇安肯孜孜汲汲爲之先後此秦漢間尚俠行義之一豪雋耳與鄙人似同而其實不同也三五日前京尹從叔云某大官甚知重陸洿當時對云士所貴人知者謂名未達則道之家之貧則恤之身之賤則進之故也若陸洿之賢章然矣某官之知既甚矣某官之位日見天子足以進人矣開幕辟士足以招賢矣而皆未及陸洿若如此之知知與不知果同也若實知乃反不如不知矣京尹不能對也大凡身當位得志於時慎閉口不可以言知人若知人而不能進志未得而氣恬體安不引罪在己若顛若狂與夫不知人者何以異也如離婁與瞽夫偕行而同墜溝中或以無目不見坑而墜或以心不在行憂思之病而墜所以墜則殊其所以爲墜則同也天下如瞽者鮮則其墜者皆離婁也心不在焉故也樂道此者蓋以自勵非欲刺乎富貴之人當爲再三讀之以代擊鞞而歌焉某再拜

## 答獨孤舍人書



足下書中有無怨懟以至疏索之說蓋是戲言然亦似未相悉也薦賢進能自是足下公事如不爲之亦自是足下所闕在僕何苦乃至怨懟僕嘗怪董生大賢而著士不遇賦惜其自待不厚凡人之蓄道德才智於身以待時用蓋將以代天理物非爲衣服飲食之鮮肥而爲也董生道德備具武帝不用爲相故漢德不如三代而生人受其顛頓於董生何苦而爲士不遇之詞乎僕意緒閒自待甚厚此身窮達豈關僕之貴賤耶雖終身如此固無恨也況年猶未甚老哉去年足下有相引薦意當時恐有所累猶奉止

不爲何遽不相悉所以不數附書者一二年來往還多得官在京師既不能周遍又且無事性頗慵懶便一切畫斷祇作報書又以爲苟相知固不在書之疏數如不相知尚何求而數書哉惟往還中有貧賤更不如僕者卽數數附書耳近頗得人書皆責疏簡故具之於此見相怪者當爲辭焉

## 答皇甫湜書

辱書覽所寄文章詞高理直歡悅無量有足發予者自別足下來僕口不曾言文非不好也言無所益衆亦未信祇



足以招謗忤物於道無明故不言也僕到越中得一官三年矣材能甚薄澤不被物月費官錢自度終無補益屢求罷去尚未得以爲愧僕性不解諂佞生不能曲事權貴以故不得齒於朝廷而足下亦抱屈在外故略有所說凡古賢聖得位於時道行天下皆不著書以其事業存於制度足以自見故也其著書者蓋道德充積阨摧於時身卑處下澤不能潤物恥灰泯而燼滅又無聖人爲之發明故假空言是非一代以傳無窮而自光耀於後故或往往有著書者僕近寫得唐書史官才薄言詞鄙淺不足以發明高祖太宗列聖明德使後之觀者文采不及周漢之書僕以爲西漢十一帝高祖起布衣定天下豁達大度東漢所不及其餘惟文宣二帝爲優自惠景以下亦不皆明於東漢明章兩帝而前漢事跡灼然傳在人口者以司馬遷班固敘述高簡之工故學者悅而習焉其讀之詳也足下讀范蔚宗漢書陳壽三國志王隱晉書生熟何如左邱明司馬遷班固書之溫習哉故溫習者事跡彰而罕讀者事跡晦讀之疏數在詞之高下理之必然也唐有天下聖明繼於周漢而史官敘事曾不如范蔚宗陳壽所爲況足擬望左



邱明司馬遷班固之文哉僕所以爲恥當茲得於時者雖負作者之才其道既能被物則不肯著書矣僕竊不自度無位於朝幸有餘暇而詞句足以稱讚明盛紀一代功臣賢士行跡灼然可傳於後代自以爲能不滅者不敢爲讓故欲筆削國史成不刊之書用仲尼褒貶之心取天下公是公非以爲本羣黨之所謂爲是者僕未必以爲是羣黨之所謂爲非者僕未必以爲非使僕書成而傳則富貴而功德不著者未必聲名於後貧賤而道德全者未必不烜赫於無窮韓退之所謂誅姦諛於既死發潛德之幽光是

翺心也僕文采雖不足以希左邱明司馬子長足下視僕敘高愍女楊烈婦豈盡出班孟堅蔡伯喈之下耶仲尼有言曰不有博弈者乎爲之猶賢乎已僕所爲雖無益於人比之博弈猶爲勝也足下以爲何如哉古之賢聖當仁不讓於師仲尼則曰文王既沒文不在茲乎又曰予欲無言天何言哉孟子則曰吾之不遇魯侯天也臧氏之子安能使予不遇乎司馬遷則曰成一家之言藏之名山以俟後聖人君子僕之不讓亦非大過也幸無怪某再拜

答朱載言書



某頓首足下不以某卑賤無所可乃陳詞屈慮先我以書且曰余之藝及心不能棄於時將求知者問誰可則皆曰其李君乎告足下者過也足下因而信之又過也果若來陳雖道德備具猶不足辱厚命況如某者多病少學其能以此堪足下所望博大而深宏者耶雖然盛意不可以不答故敢畧陳其所聞蓋行己莫如恭自責莫如厚接衆莫如宏用心莫如直進道莫如勇受益莫如擇友好學莫如改過此聞之於師者也相人之術有三迫之以利而審其邪正設之以事而察其厚薄問之以謀而觀其智與不才賢不肖分矣此聞之於友者也列天地立君臣親父子別夫婦明長幼浹朋友六經之旨也浩浩乎若江海高乎若邱山赫乎若日火包乎若天地掇章稱詠津潤怪麗六經之詞也創意造言皆不相師故其讀春秋也如未嘗有詩也其讀詩也如未嘗有易也其讀易也如未嘗有書也其讀屈原莊周也如未嘗有六經也故義深則意遠意遠則理辯理辯則氣直氣直則辭盛辭盛則文工如山有恆華嵩衡焉其同者高也其草木之榮不必均也如瀆有淮濟河江焉其同者出源到海也其曲直淺深色黃白不必均



也如百品之雜焉其同者飽於腹也其味鹹酸苦辛不必均也此因學而知者也此創意之大歸也天下之語文章有六說焉其尚異者則曰文章辭句奇險而已其好理者則曰文章敘意苟通而已其溺於時者則曰文章必當對其病於時者則曰文章不當對其愛難者則曰文章宜深不當易其愛易者則曰文章宜通不當難此皆情有所偏滯而不流未識文章之所主也義不深不至於理言不信不在於教勸而詞句怪麗者有之矣劇秦美新王褒僮約是也其理往往有是者而詞章不能工者有之矣劉氏人

物表王氏中說俗傳太公家教是也古之人能極於工而已不知其詞之對與否易與難也詩曰憂心悄悄慍于羣小此非對也又曰遘閔既多受侮不少此非不對也書曰朕堲讒說殄行震驚朕師詩曰菀彼柔桑其下侯旬捋采其劉瘼此下人此非易也書曰允恭克讓光被四表格于上下詩曰十畝之間兮桑者閑閑兮行與子旋兮此非難也學者不知其方而稱說云云如前所陳者非吾之敢聞也六經之後百家之言興老耼列禦寇莊周鶡冠田穰苴孫武屈原宋玉孟子吳起商鞅墨翟鬼谷子荀況韓非李



斯賈誼枚乘司馬遷相如劉向揚雄皆足以自成一家之文學者之所師歸也故義雖深理雖當詞不工者不成文宜不能傳也文理義三者兼幷乃能獨立於一時而不泯滅於後代能必傳也仲尼曰言之無文行之不遠子貢曰文猶質也質猶文也虎豹之鞟猶犬羊之鞟此之謂也陸機曰怵他人之我先韓退之曰唯陳言之務去假令述笑哂之狀曰莞爾則論語言之矣曰啞啞則易言之矣曰粲然則穀梁子言之矣曰攸爾則班固言之矣曰囅然則左思言之矣吾復言之與前文何以異也此造言之大歸也

吾所以不協於時而學古文者悅古人之行也悅古人之行者愛古人之道也故學其言不可以不行其行行其行不可以不重其道重其道不可以不循其禮古之人相接有等輕重有儀列於經傳皆可詳引如師之於門人則名之於朋友則字而不名稱之於師則雖朋友亦名之子曰吾與回言又曰參乎吾道一以貫之又曰若由也不得其死然是師之名門人驗也夫子於鄭兄事子產於齊兄事晏嬰平仲傳曰子謂子產有君子之道四焉又曰晏平仲善與人交子夏曰言游過矣子張曰子夏云何曾子曰堂



堂乎張也是朋友字而不名驗也子貢曰賜也何敢望回又曰師與商也孰賢子游曰有澹臺滅明者行不由徑是稱於師雖朋友亦名驗也孟子曰天下之達尊三德爵年惡得有其一以慢其二哉足下之書曰韋君詞楊君潛足下之德與二君未知先後也而足下齒幼而位卑而皆名之傳曰吾見其與先生並行非求益者欲速成也竊懼足下不思乃陷於此韋踐之與翺書亟敘足下之善故敢盡辭以復足下之厚意計必不以爲犯某頓首

## 論事於宰相書

凡居上位之人皆勇於進而懦於退但見已道之行不見已道之塞日度一日以至於黜退奄至而終不能先自爲謀者前後皆是也閣下居位三年矣其所合於人情者不少其所乖於物議者亦已多姦邪登用而不知知而不能去柳泌爲刺史疏而不止韓潮州直諫貶責諍而不得道路之人咸曰焉用彼相矣閣下尚自恕以爲猶可以輔政太平雖枉尺猶能直尋較吾所得者不啻補其所失何足遽自爲去就也竊怪閣下能容忍亦已甚矣昨日來高枕不寐靜爲閣下思之豈有宰相上三疏而止一邪人而終



不信閣下天資畏慎又不能顯辯其事恐聰署敕内愧私歎又將自恕曰吾道尚行吾言尚信我果爲賢相矣我若引退則誰能輔太平耶是又不可之甚也當貞觀之初房杜爲相以爲非房杜則不可也開元之初姚宋爲相以爲非姚宋則不可也房杜姚宋之不爲相亦已久矣中書未嘗無宰相然則果何必於房杜姚宋況道不行雖臯陶伊尹將何爲也房杜姚宋誠賢也若道不行言不信其心所謂賢者終不敢不進其心所謂邪者終不敢不擯而許敬宗李義府同列用事言信道行又自度智力必不足以排之矣則將自引而止乎將坐而待黜退乎尚自恕苟安於位乎以閣下之明度之當可知矣凡慮已事則不明斷他人事則明已私而他人公勇易斷也承閣下厚知受奬擢者不少能受閣下德而獻盡言者未必多人幸蒙以國士見目十五年餘矣但欲自竭其分耳聽與怪在閣下裁之而已

## 勸裴相不自出征書

三兩日來皆傳閣下以淄青未平又請東討雖非指的或慮未實萬一者有之只可先事而言豈得後而有悔且如



房杜姚宋時政大耀而無武功郭汾陽二李太尉立大勳而不當國政閣下以舍人使魏博六州之地歸矣自秉大政兵誅蔡州久而不克奉命宣慰未經時而吳元濟生擒矣使一布衣持書涉河而王承宗恐懼委命割地以獻矣自武德以來宰相居廟堂而成就功業者未有其比是宜以功成身退養德善守爲意奈何如始進之士汲汲於功名復欲出征以速平寇賊之爲事耶自秦漢以來亦未嘗有立大功而不知止能保其終者即韓侍中親率重兵以壓境矣田司空深入賊地以立功矣凡人之情亦各欲成

功在己惟恐居下顧宰相銜命領三數書生指麾來臨坐而享其功名奪人之功不可一也功高不賞不可二也兵者危道萬一旬月不即如志是坐棄前勞不可三也凡三事昭灼易見豈或事在於己而云未熟耶伏望試以狂言訪於所知之厚者意切辭盡不暇文飾伏惟少賜省察翱再拜

## 薦士於中書舍人書

前嶺南節度判官試大理司直兼殿中侍御史韋詞處士石洪原註明經出身十五年前曾任冀州糾前宣歙來石軍判官試太常寺



協律郎路隨江西觀察推官試秘書郎獨孤朗右三人先以論薦一人繼此咨陳如韋之才能無方忠厚可保翱與南中共更外患始終若一此人先爲一二闇人之所排詆聞宰相惑於流言都無意拔用如此才能豈患不達適足以厚其資耳石洪之賢優於李渤身遯而道光材長而器厚若在班列必有殊跡如路隨首以父在蕃中未敢昏娶年六度矣不畜僕妾居處常如在喪雖曾閔復生何以加此其見解高明事悉相類獨孤朗人物材能不後韓休起居比以伯父年高罷舉歸侍遂伯父之身豈非厚於孝而薄於名者耶凡此四人材能行義超越流輩自二年來閱除書采擢後進多矣未見勝之者或隔以浮言或限以資敘賢者自處而不求苟進在上者無超異之心因循而不用則馮唐白首董生不遇何足怪哉翱以爲宰物之心患時無賢能可以推引未聞其以資敘流言而蔽之也天下至大非一材之所能支任重道遠非徇讒狠之心所能將明也嗟夫翱之說未必果信於凡凡之言亦未盡行於時雖殷勤發明何有成益但知而不告則負於中心耳

## 謝楊郎中書

月日鄉貢進士李翱再拜前者以所著文章獻於閣下累



獲咨嗟勤勤不忘翱率性多感激每讀古賢書有稱譽薦進後學之士則未嘗不遙想其人若與神交太息悲歌夜而復明何獨樂已往之事哉誠竊自悲也臨空文尚慨慕如不足況親遇厥事觀厥人哉幸甚幸甚翱自屬文求舉有司不獲者三栖遑往來困苦饑寒踣而未能奮飛者誠有說也竊惟當茲之士立行光明可以爲後生之所依歸者不過十人焉其五六人則本無勸誘人之心雖有卓犖奇怪之賢固不可得而知也其餘則雖或知之欲爲之薦

言於人又恐人之不我信因人之所不信復生疑而不自信自信且猶不固矧曰能知人之固是以再往見之或不如其初三往見之又不如其再若張燕公之於房太尉獨孤常州之於梁補闕者訖不見一人焉夫如是則非獨後進者學淺詞陋之罪也抑亦先達稱譽薦進之道有所不至也孔子曰舉爾所知古君子於人之善懼不能知既知之恥不能舉之能舉之恥不能成之若翺者窮賤樸訥無所取然既爲閣下之所知敢不以古君子之道有望於閣下哉不宣翺載拜



## 與陸傪書

李觀之文章如此官止於太子校書郎年止於二十九雖有名於時俗其卒深知其至者果誰哉信乎天地鬼神之無情於善人而不罰罪也甚矣爲善者將安所歸乎翺書其人贈於兄贈於兄蓋思君子之知我也予與觀平生不得相往來及其死也則見其文嘗謂使李觀若永年則不遠於揚子雲矣書己之文次忽然若觀之文亦見知於君也故書苦雨賦綴於前當下筆時復得詠其文則觀也雖不永年亦不甚遠於揚子雲矣書苦雨之辭既又思我友韓愈非茲世之文古之文也非茲世之人古之人也其詞與其意適則孟子既沒亦不見有過於斯者當其下筆時如他人疾書寫之誦其文不是過也其詞乃能如此嘗書其一章曰獲麟解其他可以類知也窮愁不能無所述適有書寄弟正辭及其終亦自覺不甚下尋常之所爲者亦書以贈焉亦惟讀觀愈之辭冀一詳焉翺再拜

## 答侯高第二書

足下復書來會與一二友生飲酒甚樂故不果以時報三讀足下書感歎不能休非足下之愛我甚且欲吾身在而



吾道光明也則何能開難出之辭如此之無憂乎前書所以不受足下之說而復闢之者將以明吾道也吾之道非一家之道是古聖人所由之道也吾之道塞則君子之道消矣吾之道明則堯舜文武孔子之道未絕於地矣前書若與足下混然同辭是宮商之一其聲音也道何由而明哉吾故拒足下之辭知足下必將憤予而復其辭也足下再三教我適時以行道所謂時也者乃仁義之時乎將浮沈之時乎苟仁且義則吾之道何所屈焉爾如順浮沈之時則必乘波隨（一無此二字）流望風而高下焉若如此雖足下

之見我且不識矣況天下之人乎不修吾道而取容焉其志亦不遐矣故君子非仁與義則無所爲也如有一朝之患古君子則不患也吾之道學孔子者也孔子尚畏於匡圍於蒲伐樹於桓魋逐於魯絕糧於陳蔡之閒夫孔子豈不知屈伸之道耶故賢不肖在我者也富與貴貧與賤道之行否則有命焉君子正己而須之爾雖聖人不能取其容焉故孔子謂子路子貢曰詩云匪兕匪虎率彼曠野吾道非耶吾何爲於此子路對曰意者吾未仁且智耶而人之不我信與行也子曰有是乎使仁者而必信安有伯夷



叔齊使智者而必行安有王子比干子貢對曰夫子之道至大故天下莫能容盍少貶夫子之道子曰良農能稼而不能爲穡良工能巧而不能爲順君子能修其道綱而紀之統而理之而不能爲容爾不修道而求爲容賜也而志不遠矣謂顏淵如謂由也賜也顏淵對曰夫子之道至大故天下莫能容雖然推而行之不容何病夫道之不修也是吾醜也夫道既已大修而世不用是有國者之醜也不容何病不容然後見君子孔子蓋歎之也以孔子門人三千其聖德如彼之至也而知孔子者獨顏回爾其學焉而不能到者也然則僕之道天下人安能信而行耶足下之言曰西伯孔子何等人也皆以柔氣汚辭同用明夷也以避禍患斯人豈浮世耶人乎西伯聖人也羑里之拘僅不免焉孔子聖人之大者也其屈厄如前所陳惡在其能取容於世乎故曰危行言遜所以遠害也其道則爾其能遠之與否而必容焉則吾不敢知也非吾獨爾孔子亦不知也僕之道窮則樂仁義而安之也如用焉則推而行之於天下者也何獨天下哉將後世之人大有得於吾之功者爾天之生我也亦必有意矣將欲愚生民之視聽乎則吾



將病而死尚何能伸其道也如欲生民有所聞乎則吾何敢辭也然則吾道之行與否皆運也吾不能自知也天下人安能害於我哉足下又曰吾子夷齊之道也如僕向者所陳亦足以免矣故不復有所說若韓孟與吾子之於我親故知我者也苟異口同辭皆如足下所說是僕於天下衆多之人而未有一知己也安能合於吾心乎吾非不信子之云云者也信子則於吾道不光矣欲默默則道無所傳云爾子之道子宜自行之者也勿以誨我

薦所知於徐州張僕射書

翺再拜齊桓公不疑於其臣管夷吾信而霸天下攘夷狄匡周室亡國存荆楚服諸侯無不至焉豎刁易牙信而國亂身死不葬五公子爭立兄弟相及者數世桓公之信於其臣一道也所信者得其人則德格於天地功及於後代不得其人則不能免其身知人不易也豈惟霸者爲然雖聖人亦不能免焉帝堯之時賢不肖皆立於朝堯能知舜於是乎放驩兜流共工殛鯀竄三苗舉禹稷臯陶二十有二人加諸上位故堯崩三載四海遏密八音後代之人皆謂之帝堯焉向使堯不能知舜而遂尊驩兜共工之黨於



朝禹稷臯陶之下二十有二人不能用則堯將不得爲齊桓公矣豈復得曰大哉堯之爲君也惟天爲大惟堯則之蕩蕩乎民無能名焉者哉春秋曰夏滅項孰滅之蓋齊滅之曷爲不言齊滅之爲桓公諱也春秋爲賢者諱此滅人之國何賢爾君子之惡惡也疾始善善也樂終桓公嘗有繼絶存亡之功故君子爲之諱也繼絶存亡賢者之事也管夷吾用所以能繼絶世存亡國焉爾豎刁易牙則不能也向使桓公始不用管夷吾末有豎刁易牙爭權不葬而亂齊國則幽厲之諸侯也始用賢而終身諱其惡君子之樂用賢也如此始不用賢以及其終而幸後世之掩其過也則微矣然則居上位流德澤於百姓者何所勞乎勞於擇賢得其人措諸上使天下皆化之焉而已矣茲天子之大臣有土千里者孰有如執事之好賢不倦者焉蓋得其人亦多矣其所可求而不取者則有人焉隴西李觀奇士也伏聞執事知其賢將用之未及而觀病死昌黎韓愈得古人之遺風明於理亂根本之所由伏聞執事又知其賢將用之未及而愈爲宣武軍節度使之所用觀愈皆豪傑之士也如此人不時出觀自古天下亦有數百年無如其



人者焉執事皆得而知之皆不得而用之翺實爲執事惜焉豈惟翺一人而已後之讀前載者亦必多爲執事惜之矣茲有平昌孟郊貞士也伏聞執事舊知之郊爲五言詩自前漢李都尉蘇屬國及建安諸子南朝二謝郊能兼其體而有之李觀薦郊於梁肅補闕書曰郊之五言其有高處在古無上其有平處下顧二謝韓愈送郊詩曰作詩三百首杳默咸池音彼二子皆知言者豈欺天下之人哉郊窮餓不得安養其親周天下無所遇作詩曰食薺腸亦苦強歌聲無歡出門如有閡誰謂天地寬其窮也甚矣又有

張籍李景儉者皆奇士也未聞閣下知之凡賢人奇士皆自有所負不苟合於世是以雖見之難得而知也見而不能知其賢如勿見而已矣知其賢而不能用如勿知其賢而已矣用而不能盡其材如勿用而已矣能盡其材而容讒人之所間者如勿盡其材而已矣故見賢而能知知而能用用而能盡其材而不容讒人之所間者天下一人而已矣孩有二人焉皆來其一賢士也其一常常之人也待之禮貌不加隆焉則賢者行而常常之人日來矣況其待常常之人加厚則善人何求而來哉孔子曰吾未見好德



如好色者聖人不好色而好德者也雖好德而不如好色者次也德與色均好之又其次也雖好德而不如好色者下也最甚不好德而好色者窮矣有人告曰某所有女國色也天下之人必將極其力而求之而無所愛矣有人告曰某所有人國士也天下之人則不能一往而見焉是豈非不好德而好色者乎賢者則宜有以別於天下之人矣孔子述易定禮樂刪詩序書作春秋聖人也奮乎百世之上其所化之者非其道則夷狄之人也而孔子之廟存焉雖賢者亦不能日往拜之以其益於人者寡矣故無益於人雖孔子之廟尚不能朝夕而事焉況天下之人乎有待於人而不能禮善人良士則不如無待也嗚呼人之降年不可與期郊將爲他人之所得而大有立於世與其短命而死皆不可知也二者卒然有一於郊之身他日爲執事惜之不可既矣執事終不得而用之矣雖恨之亦無可奈何矣翺窮賤人也直辭無讓非所宜至於此者也爲道之存焉耳不直則不足以伸道也非好多言者也翺再拜

## 與淮南節度使書

翺自十五已後即有志於仁義見孔子之論高弟未嘗不



以及物爲首克伐怨欲不行未得爲仁管仲不死子糾復相爲讐而功及天下則曰如其仁曰由也果賜也達求也藝於從政乎何有然則聖賢之於百姓皆如視其子教之仁父母之道也未嘗不及於衆焉近代已來俗尚文字爲學者以鈔集爲科第之資曷嘗知不遷怒不貳過爲典學之根乎入仕者以容和爲貴富之路曷嘗以仁義博施之爲本乎由是經之旨棄而不求聖人之心外而不講幹辦者爲良吏適時者爲通賢仁義教育之風於是乎掃地而盡矣生人困窮不亦宜乎州郡之亂又何怪焉竊嘗病此

以故爲官不敢苟求舊例必採察源本以恤養爲心以戢豪吏爲務以法令自檢以知足自居利於物者無不爲利於私者無不譁比之時輩亦知頗異思齊古人則十曾未及其一二爲恨耳自到有改易條上者亦有細碎侵物彰從前之失太深不令條上者縱未窮盡亦十去其九矣惟三兩事即須使司處置已有申上者未蒙裁下謹具公狀若或並賜處分則當州里無弊矣蓋古人屈於不知己而伸於知己翱不肖旣已謬蒙十一叔知奬如此其又何敢不言翱再拜



# 欽定全唐文卷六百三十六

李翱三

## 賀行軍陸大夫書

某月日布衣李翱寄賀書謹再拜大夫閣下竊聞閣下白宰相使汴州人執鄧惟恭歸於京師奏天子處其輕重生死罪伏覩詔書捨惟恭死罪俾永爲黔首於汴州翱九月時上宰相書言政刑中有詞曰親戚懷二殺之可也況懷二且非親戚哉當是時惟恭在其位故不直書而微其詞然則惟恭之罪聞知於四方其孔甚已嗚呼亂本旣除矣



自茲日厥後汴宋潁亳人其無事矣豈汴宋潁亳人而已實天下皆受其利昔閣下爲建州刺史人足食與衣且知廉恥禮義治平爲天下第一其爲信州猶建州也其爲汝州猶信州也汴人苦其政失其心十五年矣久則不易變矣亦惟閣下孜孜不怠致汴州猶汝州也天下莫不幸甚而翱則喜樂乎萬世之民所以然者夫陋巷短褐躬學古知道之人其所以異於朝廷藩翰大臣王公卿士者口未嘗饜乎肥甘爾體未嘗煥乎綺紈爾目未嘗悅乎采色爾耳未嘗樂乎聲音爾居處未嘗宿乎華屋爾出遊未嘗乘

乎乘黃爾祿利未嘗入於家爾名字未嘗得進於天王爾其如此而已至若憂天下之艱難幸天下之和平樂天下之人民得與其身臻乎仁壽思九夷八蠻解辮髮椎髻同車書文軌則雖朝廷藩翰大臣王公卿士亦未必皆甚乎陋巷短褐窮學古知道之人者也若必皆甚焉則天下之理得日變化可以如響之應乎聲也故天地山川草木鱗羽之瑞有一可以爲昇平之符者時政有一可以教民者藩屏之臣有一可以長人行化者則未嘗不私自喜樂也萬類含育有一傷和平之氣者夷狄蠻戎之俗有一咈乎



道者時政有一不毗於下民者則未嘗不私自憂懼也而況其遠者大者乎天下之一善故不足以喜樂然多其善則太平之基可庶幾乎天下之一不善故不足以憂懼然累其不善則顛覆之形殆將至也太平之基顛覆之形乃從政者之所喜樂憂懼爾其爲布衣守道之人不同任如耳之不司釆色文章也而與知之者士之窮學古知道者固與夫天下百姓同憂樂而不敢獨私其心也翺雖不肖未嘗瞬息動心而不景行乎此也是以憂樂乎萬世之民也亦惟少加意焉翺再拜

## 勸河南尹復故事書

某道無可重每爲閣下所引納又不隔卑賤時訪其第故竊意閣下或以翺爲有所知也情苟有未安不宜以默故詳之以辭河南府版牓縣於食堂北梁每年寫黃紙號曰黃卷其一條曰司錄入院諸官於堂上序立司錄揖然後坐河南大府入聖唐來二百年前人制條相傳歲久苟無甚弊則輕改之不如守故事之爲當也八九年來司録使判司立東廊下司錄於西廊下得揖然後就食而板條黃卷則如故文焉大凡庸人居上者以有權令陵下處下者



以姑息取容勢使然也前年翺爲户曹恐不知故事舉手觸罰因取黃卷詳之乃相見之儀與故事都異至東知厨黃卷爲狀白於前尹判牓食堂時被林司錄入讒威詞相毀前尹拒之甚久而竟從其請翺以爲本不作作則勿休且執故事爭而不得於本道無傷也遂入辯焉白前尹曰中丞何輕改黃卷二百年之舊禮而重違一司錄之徇情自用乎前尹曰此事在黃卷否翺對曰所過狀若不引黃卷故事是罔中丞也其何敢前尹因取黃卷簡條省之使人以黃卷示司錄曰黃卷是故事豈得責人執守當司錄

所過狀注判云黃卷有條即爲故事依牒當時論者善前尹之能復故事焉自後翺爲司錄所毀無所不言前尹相告曰公以守官直道糾曹所傷乃至激橫過朝官於某處揖公見公公事獨立且又知毀之所來故塞耳不聽翺慮前尹遷改來者不知爲誰終獲戾故後數十日以軟脚乞將去官不五六日亦幸有敕除替人因以罷免前日閣下偶說及此云近者緣陸司錄之故却使復兩廊相見之儀此義蓋惑閣下聽者必曰京兆府之儀如此閣下從事京兆府習其故而信之焉爾夫事有同而宜異者京兆府司



錄上堂自東門北入故東西廊相見得所宜也河南司錄上堂於側門東入直抵食堂西門故舊禮於堂上位立得所宜矣若却折向南是司錄之欲自崇而卑衆官非所宜也此事同而宜異者耳假令司錄上堂由南門北入河南府二百年舊禮自可守行亦不當引京兆府之儀而改之也況又自側門東入者耶河南尹大官也居之歲久不爲滯且如故門下鄭相公之德而居之六年閣下之爲河南尹亦近何知未歸朝廷間亦有賢者未得其所或來爲曹掾者耶安可棄舊禮使之立於東廊下夏則爲暑日之所爍曝冬則爲風雪之所飄灑無乃使論者以閣下爲待一司錄過厚而不爲將來賢者之謀耶且此事某前年辯之因而獲勝閣下前日亦自言某不知有側門故也且閣下曹掾非爲不多乃無一人執舊禮以堅辯焉此亦可歎也夫聖人然後能免小過竊恐閣下於此事思慮或有所未至而官屬等唯唯走退莫能進言則誰與閣下爲水火酸鹹少相承者以大府而苟以自尊者寡見細人之所行耳盧司錄性甚公方未必樂此閣下召問之可也伏望不輕改二百年之舊禮重惜一時之所未達意盡詞直無以越



職出位言爲罪幸甚某再拜

## 寄從弟正辭書

知爾京兆府取解不得如其所懷念勿在意凡人之窮達所遇亦各有時爾何獨至於賢丈夫而反無其時哉此非吾徒之所憂也其所憂者何畏吾之道未能到於古之人爾其心既自以爲到且無謬則吾何往而不得所樂何必與夫時俗之人同得失憂喜而動於心乎借如用汝之所知分爲十焉用其九學聖人之道而知其心使有餘以與時世進退俯仰如可求也則不啻富且貴也如非吾力也

雖盡用其十祇益勞其心爾安能有所得乎汝勿信人號文章爲一藝夫所謂一藝者乃時世所好之文或有盛名於近代者是也其能到古人者則仁義之辭也惡得以一藝而名之哉仲尼孟子殁千餘年矣吾不及見其人吾能知其聖且賢者以吾讀其辭而得之者也後來者不可期安知其讀吾辭也而不知吾心之所存乎亦未可誣也夫性於仁義者未見其無文也有文而能到者吾未見其不力於仁義也由仁義而後文者性也由文而後仁義者習也猶誠明之必相依爾貴與富在乎外者也吾不能知其



有無也非吾求而能至者也吾何愛而屑屑於其間哉仁義與文章生乎內者也吾知其有也吾能求而充之者也吾何懼而不爲哉汝雖性過於人然而未能浩浩於其心吾故書其所懷以張汝且以樂言吾道云爾

## 與翰林李舍人書

翺思逃後禍所冀存身惟能休罷最惬私志從此永已矣更無健羡之懷況乞得餘年退修至道上可以追赤松子房之風豈止於比二疏尚平子而已但舉世好爵祿權柄具寫此心以告人人無有少信之者皆爲不誠之言也王拾遺是桂州舊僚頗知此志若與往來伏望問之可知其旨但以常情見待豈知失時還有偏尚之士哉又近日來兩施子粗得其說未及就正當此時使獲長往亦足以不愧宗門不負朋友嘗慕張公以不能取容當世故終身不仕況向前仕宦亦以多矣幸免刑戮方爾退修與致令名年已六十有一比之諸叔父兄弟爲得年矣且不知餘年幾何意願乞取殘年以修所知之道如或有成是萬世一遇縱使無成且能早知止足高靜與三老死於林藪之下比終日矻矻耽樂富貴而大功德不及於海內而卒於位



者所失得伏計舍人必以辨之矣以舍人比他見知故盡其意焉若非至誠亦何苦而强發斯言乎

## 答泗州開元寺僧澄觀書

前日見命作開元寺鐘銘云欲藉僕之詞庶幾不朽而傳於後世誠足下相知之心無不到也雖然翺學聖人之心焉則不敢讓乎知聖人之道者也當見命時意亦思之熟矣吾之銘是鐘也吾將明聖人之道焉則於釋氏無益也吾將順釋氏之教而述焉則惑乎天下甚矣何貴乎吾之先覺也吾之詞必傳於後後有聖人如仲尼者之讀吾詞

也則將大責於吾矣吾畏聖人也夫銘古多有焉湯之盤銘其詞云云衛孔悝之鼎其詞云云秦始皇之嶧山碑其詞云云皆可以紀功伐垂誡勸銘於盤則曰盤銘於鼎則曰鼎銘於山則曰山銘盤之詞可遷於鼎鼎之詞可遷於山山之詞可遷於碑唯時之所紀耳及蔡邕黃鉞銘以紀功於黃鉞之上爾或盤或鼎或嶧山或黃鉞其立意與言皆同非如高唐上林長楊之作賦云爾近代之文士則不然爲銘爲碑大抵詠其形容有異於古人之所爲其作鐘銘則必詠其形容與其聲音與其財用之多少鎔鑄之勤



勞爾非所謂勒功德誡勸於器也推此類而承觀之某不知君子之文也亦甚矣然所爲文亦皆有盛名於時天下之人咸謂之善焉吾不知吾所獨知其能賢於他人之皆不知乎天下人咸以不知者云善則吾之獨知又何能云善乎雖然吾當亦順吾心以順聖人爾阿俗從時則不忍爲也故當時甚未敢承教爲其所懷也如前所云足下欲吾之必銘是鐘也當順吾心與吾道則足下之銘必傳於後代矣如欲從俗之所云則天下屬詞之士願爲之者甚眾矣何藉於李翺之詞哉幸思之也日中時過淮而南書以通意且爲別

## 送馮定序

馮生自負其氣而中立上無援下無交名聲未大耀於京師生信無罪是乃時之人見之者或不能知之知之者則不敢言是以再舉進士皆不如其心謂生無戚戚蓋以他人爲解予聯以雜文罷黜不知者亦紛紛交笑之其自負益明退學書感憤而爲文遂遭知音成其名當黜辱時吾不言其拙也豈無命耶及既得時吾又不自言其智也豈有命耶故謂生無戚戚生家貧甚不能居告我遊成都成



都有岷峨山合氣於江源往往出奇怪之士古有司馬相如揚雄嚴君平其人死至玆千年不聞生遊成都試爲我謝岷峨何其久無人耶其風俗麗奢豪羈人易畱生其思速出於劍門之艱難勿我憂也

## 韋氏月錄序

人之所重者義與生也成義者莫如行存生者在於養所以爲養者資於用用足而生不養者多矣用不足而能養其生者天下無之養生之物禁忌之術散在雜方雖有力者欲行之而患不能備知杜陵韋行規博學多藝能通易

傳論語老聃莊周之書皆極師法窮覽百家之方撮而集之成兩軸各附於本月閱之者簡而詳以授於余且曰齊人要術傳行寡驗行規集此書經試驗者然後摭取實可以有益於養生者若執事序而名之則所謂無翼而能飛者必傳於天下矣余因號之爲月錄

八駿圖序

予嘗聞有周穆王八駿之說乃今獲覽厥圖雄凌趫騰彪虎文螭之流與今馬高絕懸異矣其名盜驪蜚黃騕褭白義之屬也視矯首則若排雲視舉足則若乘風有待馭之



狀有矜羣之姿若日月之所不足至若天地之所不足周軒軒然嶷嶷然言其眞也實星降之精思其發也猶神扶其魄軾者如仙御者如夢將變化何別哉

卓異記序

聖唐帝功瓌特奇偉前古無可比倫及臣下盛事超絕而殊常輝昔而照今貽謀記敘家世徽範奉上虔密不自顯發人莫知之至有誤爲傳說者洎正人碩賢守道不撓立言行已眞貫白日得以愛慕遵楷其奸雄之跡覩而益明自勵廣記則隨所聞見雜載其事不以次第然皆是警惕在心或可諷歎且神仙鬼怪未得諦言非有所用俾好生不殺爲仁之一途無害於教化故貽謀自廣不俟繁書以見其意時開成五年七月在檀溪李翺撰

去佛齋論

故溫縣令楊垂爲京兆府叅軍時奉叔父司徒命撰集喪儀其一篇云七七齋以其日送卒者衣服於佛寺以申追福翺以楊氏喪儀其他皆有所出多可行者獨此一事傷禮故論而去之將存其餘云

佛法之染流於中國也六百餘年矣始於漢浸淫於魏晉



宋之間而瀾漫於梁蕭氏遵奉之以及於茲蓋後漢氏無辨而排之者遂使夷狄之術行於中華故吉凶之禮謬亂其不盡爲戎禮也無幾矣且楊氏之述喪儀豈不以禮法遷壞衣冠士大夫與庶人委巷無別爲是而欲糾之以禮者耶是宜合於禮者存諸悖於禮者辨而去之安得專已心而言也苟懼時俗之怒已耶則楊氏之儀據於古而拂於俗者多矣置而勿言則猶可也旣論之而書以爲儀捨聖人之道則禍流於將來也無窮矣佛法之所言者列禦寇莊周所言詳矣其餘則皆戎狄之道也使佛生於中國

則其爲作也必異於是況驅中國之人舉行其術也君臣父子夫婦兄弟朋友存有所養死有所歸生物有道費之有節自伏羲至於仲尼雖百代聖人不能革也故可使天下舉而行之無弊者此聖人之道所謂君臣父子夫婦兄弟朋友而養之以道德仁義之謂也患力不足而已向使天下之人力足盡修身毒國之術六七十歲之後雖享百年者亦盡矣天行乎上地載乎下其所以生育於其間者畜獸禽鳥魚鼈蛇龍之類而止爾況必不可使舉而行之者耶夫不可使天下舉而行之者則非聖人之道也故其



徒也不蠶而衣裳具弗耨而飲食充安居不作役物以養已者至於幾千百萬人推是而凍餒者幾何人可知矣於是築樓殿宮閣以事之飾土木銅鐵以形之髡良人男女以居之雖璇室象廊傾宮鹿臺章華阿房弗加也是豈不出乎百姓之財力歟昔者禹之治水害也三過其門而不入手胼足胝鑿九河疏濟洛導漢汝決淮江而入於海人之弗爲蛟龍食也禹實使然德爲聖人功攘大禍立爲天子而傳曰非飲食惡衣服卑宮室土堦高三尺其異於彼也如是此昭昭然其大者也詳而言之其可窮乎故惑之者溺於其教而排之者不知其心雖辨而當不能使其徒無譁而勸來者故使其術若彼之熾也有位者信吾說而誘之其君子可以理服其小人可以令禁其俗之化也弗難矣然則不知其心無害爲君子而溺於其教者以夷狄之風而變乎諸夏禍之大者也其不爲戎乎幸矣昔者司士賁告於子游曰請襲於牀子游曰諾縣子聞之曰汰哉叔氏專以禮許人人之襲於牀失禮之細者也猶不可況舉身毒國之術亂聖人之禮而欲以傳於後乎

## 從道論



中才之人拘於書而惑於衆傳言違衆不祥書曰三人占則從二人之言翺以爲言出於口則可守而爲常則中人之惑者多矣何者君子從乎道也不從乎衆也道之公余將是之豈知天下黨然而非之道之私余將非之豈知天下嚻然而是之將是之豈圖是之之利乎將非之豈圖非之之害乎故大道可存是非可常也小人則不然將是之先攫其利已將非之先怖其害已然則遠害者心是而非之眩利者心非而是之故大道喪是非汩人倫壞邪說勝庸可使衆言必聽衆違必從之耶且夫天下蚩蚩知道者

幾何人哉使天下皆賢人則從衆可也使天下賢人二小人三其可以從乎況貪人以利從則富者之言勝柔人以生從則威者之言勝中人以名從則狷者之言勝而君子之處衆則諄諄然如愚怡怡然如卑當言而默者三遊同而器異則默待近而責遠則默事及而時未則默小人俱不然所以君子愼言而小人飾言君子俟時而小人徇時也然則君子默於衆小人默於獨皆事勢牽之豈心願耶學而從之者得以擇之矣嗚呼治世少而亂世多賢一伸而邪百勝在上者言貴和而不貴正在下者言貴從而不



貴得設使一室之中一人唱而十人和一人訥則雖欲言之羣而訧之矣是則和者人之喜默者人之怒吾寧從道而罹怒乎寧違道而從衆乎斯所謂辨難易而權是非矣或曰衆可違而不可從可知乎曰未也君子怯於名而勇於實吾非衆之首衆非吾之從君子完其力而已則奚以違理不吾之問辭非人必從君子耳其聲而已則奚以違所謂君子者進退周旋羣獨語默不失其正而不罹其害者蓋在此而已矣

# 欽定全唐文卷六百三十七

李翱　四

## 辨邪箴

居士處深在察微萌雖有讒慝不能蔽明漢之孝昭叡過周成上書知詐照奸得情燕蓋既折王猷治平百代之後乃流淑聲

## 行己箴

人之愛我我度於義義則爲朋否則爲利人之惡我我思其由過寧不改否又何仇仇實生怨利實害德我如不思



乃陷於惑內省不足愧形於顏中心無他曷畏多言唯咎在躬若市於戮慢訑自宅匪汝之辱昔者君子惟禮是持自小及大曷莫從斯苟遠於此其何不爲事之在人昧者亦知遷焉及已則莫之思造次不戒禍焉可期書之在側以爲我師

## 陸傪檻銘

晝日居於是窮性命於是待賓客交其賢者亦於是有客曰翱銘於是

## 舒州新堂銘

先時寢壞有隘其廬乃作斯堂高嚴旟旟六楹四極褎重架虛欒栱不設簷甍袪袪麗不越度儉而有餘左立嘉亭繚以環除延延其深肆肆其紆吏事既退齋心以居思民之病擇弊而鉏弗逸弗墜謹終猶初大旱之後鄰邑成墟獨我州氓樂哉胥胥鬼神所福事匪在予丞相所言乃下徵書復官於朝以解前疵刻銘於斯永示羣舒

## 泗州開元寺鐘銘 并序

維泗州開元寺遭罹水火漂焚之餘僧澄觀與其徒僧若干復舊室居作大鐘貞元十五年厥功成於是隴西李翱



書辭以紀之

八月梓人功既休戊寅大鐘成先時厥初罹於天菑波沈火燔既浮爲薪既蜚爲塵澄觀之功恢復其居革舊而新環墉如陵臺殿斯嚴乃三其門俾後勿踰其徒不譁咸復其勤有加於初屋室既同乃範乃鎔乃作大鐘乃懸於樓以鼓其時以警淮夷非雷非霆鏗號其聲淮夷其驚上天下地弗震弗墜大音無斁千僧戮力願昭其績乃銘於石

## 江州南湖堤銘 并序

長慶二年十二月江州刺史李君瀋之截南陂築堤三千五百尺高若干尺廣若干尺以通四鄉之路畜水爲湖人得其贏正月既畢事舒州刺史李翺詞以紀之詞曰

天地作物功或不周賢人相之智與神侔淼淼南陂冬乾夏瀰九江暴漲潛湖逆流東南百步城市所繇水積既深大波其颿亦有舟航覆溺之憂擔壅疊路車軔其輪童嬰涕墮老婦號愁歷古迨兹孰爲氓籌瀋之來養民如身乃築長堤距江之瀕厚其錢傭以飽餓人南北東西百里闢臻莫不用力千鎚響振爐謹相勵不督而勤堤既成止岡聯矢起堅若石城障爲瀦水蒲芫菱芡鴻鶴鱣鯉唯其



所取或食或祀長堤坦坦植之楊槐架谿飛圯以便去來除險作利非賢不能歌示江人式悅汝懷

## 趙州石橋銘

九津九星橫河中天下有道津梁通石穹隆兮與天終

## 雜說上

日月星辰經乎天天之文也山川草木羅乎地地之文也志氣言語發乎人人之文也志氣不能塞天地言語不能根教化是人之文紕繆也山崩川涸草木枯死是地之文裂絕也日月暈蝕星辰錯行是天之文乖盭也天文乖盭

無久覆乎上地文裂絕無久載乎下人文紕繆無久立乎天地之間故文不可以不愼也夫毫釐分寸之長必有中焉咫尺尋常之長必有中焉百千萬里之長必有中焉則天地之大亦必有中焉居之中則長短大小高下雖不一其爲中則一也是以出言居乎中者聖人之文也倚乎中者希聖人之文也近乎中者賢人之文也背而走者蓋庸人之文也中古以來至於斯天下爲文不背中而走者其希矣豈徒文背之而已其視聽識言又甚於此者矣凡人皆有耳目心口耳所以察聲音大小清濁之異也目所以



別采色朱紫白黑之異也心所以辨是非賢不肖之異也口所以達耳之聰導目之明宣心之智而敦教化風俗期所以不怍天地人神也然而耳不能聽聲惡得謂之耳歟目不能辨色惡得謂之目歟心不能辨是非好惡惡得謂之心歟口不能宣心之智導目之明達耳之聰惡得謂之口歟四者皆不能於己質形虛爲人爾其何以自異於犬羊麋鹿乎哉此皆能已而不自用焉則是不信己之耳目心口而信人之耳目心口者也及其師曠之聰離婁之明臧武仲之智宰我之言則又不能信之於己其或悠然先覺者必謂其狂且愚矣昔管仲以齊桓霸天下攘夷狄華夏免乎被髮左衽崇崇乎功亦格天下溢後世而曾西不忍爲管仲也孟子又不肯爲曾西向使孟子曾西生於斯世秉其道終不易持其道終不變吾知夫天下之人從而笑之又從而詬之曰狂民爾頑民爾是其心惡有知哉曾西孟子雖被訕謗於天下亦必固窮不可拔以須後聖爾其肯畏天下之人而動乎心哉世俗之鄙陋迫隘也如此夫何敢復言安得曾西孟子而與之昌言哉

## 雜說下



龍與蛇皆食於鳳龍智而神其德無方鳳知其可與皆爲靈也禮而親之蛇毒而險所忌必傷且惡其得於鳳也不惟齧龍雖遇麟龜固將噬之而亡之鳳知蛇不得其欲則將協豺犬而來吠嘷也賦之食加於龍以龍之神浮於食也將使飽焉終畏蛇而不能麟與龜瞠而詛曰鳳兮鳳兮何德之衰往者不可諫來者猶可追已而已而旣而麟傷於毒伏於窟龜屛氣潛於殼蛇偵龍之寐以毒攻其喉而龍走鳳喪其助於是下翼而不敢靈也

## 知鳳說

有小鳥止於人之家其色青鳺鷃鳥之屬咸來哺之未久野之鳥羽而蜚者皆以物至如將哺之其蟲積焉羣鳥之鳴聲雜相亂是鳥也一其鳴而萬物之聲皆息人皆以爲妖也吾詎知其非鳳之類耶古之說鳳者有狀或曰如鶴或曰如山雞皆與此不相似吾安得知其鳳之類耶鳳禽鳥之絕類者也猶聖人之在人也吾聞知賢聖人者觀其道由黃帝堯舜禹湯文王至於孔子顏回不聞記其形容有相同者是未可知也如其同也孔子與顏回並立於時魯國人曷不曰孔之回而顏之某乎是可知也陽貨之狀



類孔子聖人是以畏於匡不書七十子之服於陽貨也有人焉其容貌雖如驩兜惡來顏回子路七十子苟從而師之者斯爲聖人矣故曰知賢聖人者觀其道似鳳而不見其靈者山雞也則可似其形而鳳之云耶天下之鳥雖鳳馬鷹鸇鵾鴻其肯鳳之耶是鳥也其形如斯羣鳥皆敬而畏之非鳳類而何鳥至於宋州之野當貞元十四年

## 國馬說

有乘國馬者與乘駿馬者並道而行駿馬嚙國馬之鬉血流於地國馬行步自若也精神自若也不爲之顧如不知也既駿馬歸芻不食水不飲立而慄者二日駿馬之人以告國馬之人曰彼蓋其所羞也吾以馬往而喻之斯可矣乃如之於是國馬見駿馬而鼻之遂與之同櫪而芻不終時而駿馬之病自已夫四足而芻者馬之類也二足而言者人之類也如國馬者四足而芻則馬也耳目鼻口亦馬也四支百骸亦馬也不能言而聲亦馬也觀其所以爲心者則人也故犯而不校國馬也過而能改駿馬也有人焉恣其氣以乘人人容之而不知者多矣觀其二足而言則人也耳目鼻口亦人也四支百骸亦人也求其所以爲人



者而弗得也彼人者以形骸爲人國馬者以形骸爲馬以彼人乘國馬人皆以爲人乘馬吾未始不謂之馬乘人悲夫

## 解惑

王野人名體靜蓋同州人始遊浮山觀原未有室居縫紙爲裳取竹架樹覆以草獨止其下豺豹熊象過而馴之弗害也積十年乃構草堂植茶成園犁田三十畝以供食不畜妻子少言說有所問盡誠以對人或取其絲約酬利弗問姓名皆與或負之者終不言凡居二十四年年六十二

貞元二十五年五月辛於觀原茶園村人相與鑿木爲空盛其屍埋於園中觀原積無人居因野人遂成三百家有尚怪者因謬謂王野人旣死處士陳恒發其棺惟見空衣翺與陳相遇問其故恒曰作記者欲神浮山故妄云然元和四年十一月翺以節度掌書記奉牒知循州五年正月准制祭名山大川翺奉牲牢祭於山致帝命遂使斲木爲棺命將吏村人改葬野人遷於佛寺南岡其骨存焉乃立木於墓東志曰王處士葬於此削去謬記以解觀聽者所惑



命解

或曰貴與富在我而已以智求之則得之不求則不得也何命之謂哉或曰不然求之有不得者有不求而得之者是皆命也人事何爲二子出或問曰二者之言其孰是耶對曰是皆陷人於不善之言也以智而求之者盜耕人之田者也皆以爲命者弗耕而望收者也吾無取焉爾循其方由其道雖祿之以千乘之富舉而立諸卿大夫之上受而不辭非曰貪也私於己者寡而利於天下者多故不辭也何命之有焉如取之不循其方用之不由其道雖一飯之細也猶不可受況富貴之大耶非曰廉也利於人者鮮而賊於道者多故不爲也何智之有焉然則君子之術其亦可知也巳

仲尼不歷聘解

學者多稱仲尼歷聘不遇吾謂仲尼觀禮行道不歷聘不遇也夫二國交歡曰聘以臣使於君亦曰聘男輸財於女國駕帛於士皆曰聘故無財與無君國之命不曰聘也當德蝕衰周道徂七國蓋仲尼傷禮樂不起是以學韶於齊求師於周將欲鑄義以鏡國張仁以羅俗使明備爲宗資



也且去魯適衞蓋辭在於仕矣自宋之鄭殆非臣矣絕糧於陳蔡亦無財矣官至司寇果不爲士安謂聘哉吾聞天子觀夏道則之杞觀殷道則之宋較是而言雖他國可知也安謂歷聘哉

解江靈

元和六年八月余自京還東暮宿在江濤水旣平月高極明萬物潛休遠無微聲坐久夜靜目亦將瞑聞江中有如賈人相與言曰與子商遊十有餘年不識我愚託我如親相得之歡百賈誰如泰山後名子欲代子力雖不能志願

如初自昔及玆未嘗汝薄利必以告害斯共度誓當結固永守終榮汝之責人慘若五刑小不順汝亦何足聽汝心好惡灼若天星動比孔某其神且明畀汝者斥諂汝者榮苟不汝隨絕如詛盟人實難知堯所未易我雖受責敢喪前志利汝薦汝每憂不暨終何能成惟力所至豈不汝怨我道無二曰予虛言鬼神來棄汝實異玆翻然汝作瘡疣生心洗刮不落巧蔽我長善揉我惡短我如墜譽我如縛人或美我汝閔其目人或毀我汝盈其欲充汝之心飽汝之腹雖汝子孫亦所不足我實蒙頑爲汝之辱動多尤悔



羸敗不畜汝既富厚享天百福筋骨堅强婢妾約綽財貨積委屋室豐溼我從此去非曰道薄願汝我忘無感其毒言未訖余叱之曰人生若流其可久長須臾臭死瞥若電光用心平虛天靈所臧得失是非其細如芒奚爲交爭此實不祥相歡不足其氣已僵汝行吾言可以息兵於是言者歎息吐氣掩鬱無語啟戶視之不見其處

截冠雄雞志

翺至零口北有畜雞二十二者七其雄十五其雌且飲且啄而又狎乎人翺甚樂之遂掬粟投於地而呼之有一雄雞人截其冠貌若營群望我而先來見粟而長鳴如命其衆雞衆雞聞而曹奔於粟既來而皆惡截冠雄雞而擊之而曳之而逐出之已而競還啄其粟日之暮又二十一其群棲於楹之梁截冠雞又來來如慕侶將登於梁且棲焉而仰望焉而旋望焉而小鳴焉而大鳴焉而延頸喔咿其聲甚悲焉而遂去焉去於庭中直上有木三十餘尺鼓翅哀鳴飛而棲其樹顛翺異之曰雞禽於家者也備五德者也其一曰見食命侶義也截冠雄雞是也彼衆雞得非幸其所呼而來耶又奚爲既來而共惡所呼者而迫之耶豈



不食其利背其惠耶豈不畏喪其見食命侶之一德耶且何衆棲而不使偶其群耶或告曰截冠雄雞客雞也予里東鄙夫曰陳氏之雞焉死其雌而陳氏寓之於我群焉勇且善鬭家之六雄雞勿敢獨校焉是以曹惡之而不與同其食及棲焉夫雖善鬭且勇亦不勝其衆而常孤遊焉然見食未嘗先啄而必長鳴命侶焉彼衆雞雖賴其名名既至反逐之昔日亦猶是焉截冠雄雞雖不見答然而其迹未曾變移焉翺既聞之惘然感而遂傷曰禽鳥微物也其中亦有獨稟精氣義而介焉者客雞義勇超於群群皆妬

焉尚不與儔焉況在人乎哉況在朋友乎哉況在親戚乎哉況在鄉黨乎哉況在朝廷乎哉由是觀天地間鬼神禽獸萬物變動情狀其可以逃乎吾心旣傷之遂志之將用警予且可以作鑒於世之人

帝王所尚問

夏尚忠殷尚敬周尚文何也曰帝王之道非尚忠也非尚敬與文也因時之變以承其弊而已矣救野莫如敬救鬼莫如文救僿莫如忠循環終始迭相爲救如火之蓄而燒也人知其勝之於水矣勝於水者土也水之潰過其流者



則必大爲之防矣故夏禹之政尚忠殷湯之政尚敬武王之政尚文各適其宜也如武王居禹之時則尚忠矣湯居武王之時則尚文矣禹與湯交地而居則夏先敬而殷尚乎忠矣故適時之宜而補其不得者三王也使黃帝堯舜居三王之天下則亦必爲禹湯武王之所爲矣由是觀之五帝之與夏商周一道也若救殷之鬼不以文而曰我必以夏之忠而化之是猶適於南而北轅其到也無日矣孔子聖人之大者也若孔子王天下而傳周其救文之弊也亦必尚乎夏道矣是文與忠敬皆非帝王之所尚也乃帝王之所以合變而行權者也因時之變以承其弊者也不可休而作爲之者也

正位

善理其家者親父子殊貴賤別妻妾男女高下內外之位正其名而已矣古之善治其國者先齊其家言自家之型於國也欲其家之治先正其名而辨其位之等級名位正而家不治者有之矣名位不正而能治其家者未之有也是故出令必當行事必正非義不言三者得則不勸而下從之矣出令不當行事不正非義而言三者不得雖日撻



於下下畏其刑而不敢違欲其心服而無辭也其難矣或寵其妻或嬖其妾或聽其子或任其所使旣愛之則必信其邪言信其邪言則害於人也多益於身者無有苟如此則名位必僭矣他人拒其間則不和順其過則虧禮不正之則上下無章正之則不得其情不如己者言之則爲愚賢於己者言之則爲吾欺此治家之所以難也彼人者豈言其家之不治哉縱其心而無畏欲人之於我無違故及於斯而不知也然則可改而爲善乎曰耳目鼻口四支百骸與聖人不殊也聖人之道化天下我獨不能自化亦足

羞也思其不善而棄之則百善成雖希於聖人猶可也畋爲何有如不思而肆其心之所爲則雖聖人亦無可奈何

## 學可進

百骸之中有心焉與聖人無異也嚣然不復其性惑矣哉道其心弗可以庶幾於聖人者自棄其性者也終亦亡矣茫茫乎其將何所如冉求非不足乎力者也畫而止進而不止者顏子哉噫顏子短命故未到乎仲尼也潢汙之渟不流也決不到海矣河出崑崙之山其流徐徐行而不休終入於海吾惡知其異於淵之自出者邪



## 拜禹言

貞元十五年六月二十九日隴西李翺敬載拜於禹之堂下自賓階升北面立弗敢嘆弗敢祝弗敢祈退降復敬再拜哭而歸且歌曰惟天地之無窮兮哀生人之常勤往者吾弗及兮來者吾弗聞已而已而

## 復性書上

人之所以爲聖人者性也人之所以惑其性者情也喜怒哀懼愛惡欲七者皆情之所爲也情既昏性斯匿矣非性之過也七者循環而交來故性不能充也水之渾也其流不清火之煙也其光不明非水火清明之過沙不渾流斯清矣煙不鬱光斯明矣情不作性斯充矣性與情不相無也雖然無性則情無所生矣是情由性而生情不自情因性而情性不自性由情以明性者天之命也聖人得之而不惑者也情者性之動也百姓溺之而不能知其本者也聖人者豈其無情邪聖人者寂然不動不往而到不言而神不耀而光制作參乎天地變化合乎陰陽雖有情也未嘗有情也然則百姓者豈其無性耶百姓之性與聖人之性弗差也雖然情之所昏交相攻伐未始有窮故雖終身



而不自覩其性焉火之潛於山石林木之中非不火也江河淮濟之未流而潛於山非不泉也石不敲木不磨則不能燒其山林而燥萬物泉之源弗疏則不能爲江爲河爲淮爲濟東滙大壑浩浩蕩蕩爲弗測之深情之動靜弗息則不能復其性而燭天地爲不極之明故聖人者人之先覺者也覺則明否則惑惑則昏明與昏謂之不同明與昏性本無有則同與不同二皆離矣夫明者所以對昏昏既滅則明亦不立矣是故誠者聖人性之也寂然不動廣大清明照乎天地感而遂通天下之故行止語默無不處於

極也復其性者賢人循之而不已者也不已則能歸其源矣易曰夫聖人者與天地合其德日月合其明四時合其序鬼神合其吉凶先天而天不違後天而奉天時天且勿違而況於人乎況於鬼神乎此非自外得者也能盡其性而已矣子思曰惟天下至誠爲能盡其性能盡其性則能盡人之性能盡人之性則能盡物之性能盡物之性則可以贊天地之化育可以贊天地之化育則可以與天地參矣其次致曲曲能有誠誠則形形則著著則明明則動動則變變則化唯天下至誠爲能化聖人知人之性皆善可



以循之不息而至於聖也故制禮以節之作樂以和之安於和樂樂之本也動而中禮禮之本也故在車則聞鸞和之聲行步則聞佩玉之音無故不廢琴瑟視聽言行循禮法而動所以教人忘嗜欲而歸性命之道也道者至誠而不息者也至誠而不息則虛虛而不息則明明而不息則照天地而無遺非他也此盡性命之道也哀哉人皆可以及乎此莫之止而不爲也不亦惑耶昔者聖人以之傳於顏子顏子得之拳拳不失不遠而復其心三月不違仁子曰回也其庶乎屢空其所以未到於聖人者一息耳非力

不能也短命而死故也其餘升堂者蓋皆傳也一氣之所養一兩之所膏而得之者各有淺深不必均也子路之死也石乞盂黶以戈擊之斷纓子路曰君子死冠不免結纓而死由非好勇而無懼也其心寂然不動故也曾子之死也曰吾何求焉吾得正而斃焉斯已矣此正性命之言也子思仲尼之孫得其祖之道述中庸四十七篇以傳於孟軻軻曰我四十不動心軻之門人達者公孫丑萬章之徒蓋傳之矣遭秦滅書中庸之不焚者一篇存焉於是此道廢缺其敎授者惟節文章句威儀擊劍之術相師焉性命



之源則吾弗能知其所傳矣道之極於剥也必復吾豈復之時耶吾自六歲讀書但爲詞句之學志於道者四年矣與人言之未嘗有是我者也南觀濤江入於越而吳郡陸修存焉與之言之陸修曰子之言尼父之心也東方如有聖人焉不出乎此也南方如有聖人焉亦不出乎此也惟子行之不息而已矣於戲性命之書雖存學者莫能明是故皆入於莊列老釋不知者謂夫子之徒不足以窮性命之道信之者皆是也有問於我我以吾之所知而傳焉遂書於書以開誠明之源而缺絕廢棄不揚之道幾可以傳

於時命曰復性書以理其心以傳乎其人於戲夫子復生不廢吾言矣

復性書中

或問曰人之昏也久矣將復其性者必有漸也敢問其方曰弗慮弗思情則不生情既不生乃爲正思正思者無慮無思也易曰天下何思何慮又曰閑邪存其誠詩曰思無邪曰已矣乎曰未也此齋戒其心者也猶未離於靜焉有靜必有動有動必有靜動靜不息是乃情也易曰吉凶悔吝生於動者也焉能復其性耶曰如之何曰方靜之時知



心無思者是齋戒也知本無有思動靜皆離寂然不動者是至誠也中庸曰誠則明矣易曰天下之動貞夫一者也問曰不慮不思之時物格於外情應於內如之何而可止也以情止情其可乎曰情者性之邪也知其爲邪邪本無有心寂然不動邪思自息惟性明照邪何所生如以情止情是乃大情也情互相止其有已乎易曰顏氏之子其殆庶幾乎有不善未嘗不知知之未嘗復行也易曰不遠復無祇悔元吉問曰本無有思動靜皆離然則聲之來也其不聞乎物之形也其不見乎曰不覩不聞是非人也視聽昭昭而不起於見聞者斯可矣無不知也無弗爲也其心寂然光照天地是誠之明也大學曰致知在格物易曰易無思也無爲也寂然不動感而遂通天下之故非天下之至神其孰能與於此曰敢問致知在格物何謂也曰物者萬物也格者來也至也物至之時其心昭昭然明辨焉而不應於物者是致知也是知之至也知至故意誠意誠故心正心正故身修身修而家齊家齊而國理國理而天下平此所以能參天地者也易曰與天地相似故不違知周乎萬物而道濟天下故不過旁行而不流樂天知命故不



憂安土敦乎仁故能愛範圍天地之化而不過曲成萬物而不遺通乎晝夜之道而知故神無方而易無體一陰一陽之謂道此之謂也曰生爲我說中庸曰不出乎前矣曰我未明也敢問何謂天命之謂性曰人生而靜天之性也性者天之命也率性之謂道何謂也曰率循也循其源而反其性者道也道也者至誠也至誠者天之道也誠者定也不動也修道之謂教何謂也故曰誠之者人之道也誠之者擇善而固執之者也修是道而歸其本者明也教也者則可以教天下矣顏子其人也道也者不可須臾離也

可離非道也說者曰其心不可須臾動焉故也動則遠矣非道也變化無方未始離於不動故也是故君子戒慎乎其所不覩恐懼乎其所不聞莫見乎隱莫顯乎微故君子慎其獨也說者曰不覩之覩見莫大焉不聞之聞聞莫甚焉其心一動是不覩之覩不聞之聞也其復之不遠矣故君子慎其獨慎其獨者守其中也問曰昔之註解中庸者與生之言皆不同何也曰彼以事解者也我以心通者也曰彼亦通於心乎曰吾不知也曰如生之言修之一日則可以至於聖人乎曰十年擾之一日止之而求至焉是孟



子所謂以杯水而救一車薪之火也甚哉止而不息必誠誠而不息則明明與誠終歲不違則能終身矣造次必於是顛沛必於是則可以希於至矣故中庸曰至誠無息不息則久久則徵徵則悠遠悠遠則博厚博厚則高明博厚所以載物也高明所以覆物也悠久所以成物也博厚配地高明配天悠久無疆如此者不見而章不動而變無爲而成天地之道可一言而盡也問曰凡人之性猶聖人之性歟曰桀紂之性猶堯舜之性也其所以不睹其性者嗜欲好惡之所昏也非性之罪也曰爲不善者非性耶曰非也乃情所爲也情有善有不善而性無不善焉孟子曰人無有不善水無有不下夫水搏而躍之可使過顙激而行之可使在山是豈水之性哉其所以導引之者然也人之性皆善其不善亦猶是也問曰堯舜豈不有情耶曰聖人至誠而已矣堯舜之舉十六相非喜也流共工放驩兜殛鯀竄三苗非怒也中於節而已矣其所以皆中節者設教於天下故也易曰知變化之道者其知神之所爲乎中庸曰喜怒哀樂之未發謂之中發而皆中節謂之和中也者天下之大本也和也者天下之達道也致中和天地位焉萬物育焉易曰唯深也故能通天下之志唯幾也故能成



天下之務唯神也故不疾而速不行而至聖人之謂也問曰人之性猶聖人之性嗜欲愛憎之心何因而生也曰情者妄也邪也邪與妄則無所因矣妄情滅息本性清明周流六虛所以謂之能復其性也易曰乾道變化各正性命論語曰朝聞道夕死可矣能正性命故也問曰情之所昏性卽滅矣何以謂之猶聖人之性也曰水之性清澈其渾之者沙泥也方其渾也性豈遂無有耶久而不動沙泥自沈清明之性鑒於天地非自外來也故其渾也性本勿失

及其復也性亦不生人之性亦猶水之性也問曰人之性本皆善而邪情昏焉敢問聖人之性將復爲嗜欲所渾乎曰不復渾矣情本邪也妄也邪妄無因人不能復聖人旣復其性矣知情之爲邪邪旣爲明所覺矣覺則無邪邪何由生也伊尹曰天之道以先知覺後知先覺覺後覺者也予天民之先覺者也予將以此道覺此民也非予覺之而誰也如將復爲嗜欲所渾是尚不自覺者也而況能覺後人乎曰敢問死何所之耶曰聖人之所明書於策者也易曰原始反終故知死生之說精氣爲物游魂爲變是故知



鬼神之情狀斯盡之矣子曰未知生焉知死然則原其始而反其終則可以盡其生之道生之道旣盡則死之說不學而自通矣此非所急也子修之不息其自知之吾不可以章章然言且書矣

復性書下

晝而作夕而休者凡人也作乎作者與萬物皆作休乎休者與萬物皆休吾則不類於凡人晝無所作夕無所休作非吾作也作有物休非吾休也休有物作耶休耶二者皆離而不存予之所存者終不亡且離矣人之不力於道者昏不思也天地之間萬物生焉人之於萬物一物也其所以異於禽獸蟲魚者豈非道德之性全乎哉受一氣而成形一爲物而一爲人得之甚難也生乎世又非深長之年也以非深長之年行甚難得之身而不專專於大道肆其心之所爲則其所以自異於禽獸蟲魚者亡幾矣昏而不思其昏也終不明矣吾之生二十有九年矣思十九年時如朝日也思九年時亦如朝日也人之受命其長者不過七十八十年九十年百年者則稀矣當百年之時而視乎九年時也與吾此日之思於前也遠近其能大相懸耶其



又能遠於朝日之時耶然則人之生也雖享百年若雷電之驚相激也若風之飄而旋也可知矣況千百人而無一及百年之年者哉故吾之終日志於道德猶懼未及也彼肆其心之所爲者獨何人耶

欽定全唐文卷六百三十八

李翺五

## 平賦書并序

孔子曰道千乘之國敬事而信節用而愛人使民以時又曰若欲行而法則周公之典在孟子曰夏后氏五十而貢殷人七十而助周人百畝而徹其實皆什一也欲輕之於堯舜之道大貉小貉也欲重之於堯舜之道大桀小桀也是以什一之道公私皆足人既富然後可以服教化反淳朴古之聖賢未有不善於爲政理人而能光於後代者也



故善爲政者莫大於理人理人者莫大於既富之又教之凡人之情莫不欲富足而惡貧窮終歲不製衣則寒一日不得食則饑四人之苦者莫甚於農人麥粟布帛農人之所生也歲大豐農人猶不能足衣食如有水旱之災則農夫先受其害有若曰百姓不足君孰與足夫如是百姓之視其長上如仇讎安既不得享其利危又焉肯盡其力自古之所以危亡未有不由此者也人皆知重斂之可以得財而不知輕斂之得財愈多也何也重斂則人貧人貧則流者不歸而天下之人不來由是土地雖大有荒而不耕者雖耕之而地力有所遺人日益困財日益匱是謂棄天之時遺地之利竭人之財如此者雖欲爲社稷之臣建不朽之功誅暴逆而威四夷徒有其心豈可得耶故輕斂則人樂其生人樂其生則居者不流而流者日來居者不流而流者日來則土地無荒桑柘日繁盡力耕之地有餘利人日益富兵日益強四鄰之人歸之如父母雖欲驅而去之其可得耶是以與之安而居則富而可教與之危而守則人皆自固孟軻所謂率其子弟攻其父母自生人以來未有能濟者也嗚呼仁義之道章章然如大道焉人莫不



知之然皆不能行何也見之有所未盡而又有嗜欲以害之其自任太多而任人太寡是以有土地者有仁義無代無之雖莫不知之然而未有一人能行之而功及後代者由此道也秦滅古法隳井田而夏殷周之道廢相承滋久不可卒復翺是以取可行於當時者爲平賦書而什一之法存焉庶幾乎能有行之者云爾

凡爲天下者視千里之都爲千里之都者視百里之州爲百里之州者起於一畝之田五尺謂之步（古者六尺爲步古之尺小爲茲時之尺四尺八寸則方一步爲古之方一步餘三百步六寸二分五釐）二百有四十步謂之

畝。古者步百爲畝與此時不同從俗之數則易行也一畝爲古之田三畝三百有六十步謂之里。古者畝百爲夫夫三爲屋屋三爲井井之田九夫三屋方三百步爲一里也方一里之田九夫頃異名也方里之田五百有四十畝。畝百爲頃五頃四十畝也古之里雖小其畝又加小所以古之方一里爲田九頃茲時方一里爲田五頃四十畝爲古之田一十六頃有二十畝也十里之田五萬有四千畝。五百四十頃也爲古之田一千六百二千頃也百里之州五十有四億畝。五萬四十頃也爲古之田一十六萬二十頃也千里之都五千有四百億畝。五百四十萬頃也爲古之一千六百二十萬頃也方里之内以十畝爲之屋室徑路。牛豚之所息。葱韭菜蔬之所生植。里之家給焉。古者方一里爲井爲田九百畝農夫家各受田百畝公田八十畝八家同養公田公事畢然後理私事詩曰雨我公田遂及我私餘田二



十畝爲廬井屋室茲時里既加大一畝之田爲古之田三畝則十畝之田爲古之田三十畝校其多少亦相若矣凡百里之州爲方十里者百。州縣城郭之所建。通川大途之所更。邱墓鄉井之所聚。甽遂溝瀆之所渠。大計不過方十里者三十有六。有田一十九億四萬有四千畝。一萬九千四百四十頃也百里之家給焉。千里亦如之。高山大川城郭其中。斬長綴短而量之。一畝之田。以强并弱。水旱之不時。雖不能盡地力者。歲不下粟一石。公索其十之一。凡百里之州有田五十有四億畝。以一十九億四萬有四千畝爲之州縣城郭通川大途甽遂溝澮邱墓鄉井屋室徑路。牛豚之所息。葱韭菜蔬之所生植。餘田三十四億五萬有六千畝。三萬四千五百六十頃也畝率十取粟一石。爲粟三十四萬五千有六百石。以貢於天子。以給州縣凡執事者之祿。以供賓客。以輸四方。以禦水旱之災。皆足於是矣。其田閒樹之以桑。凡樹桑人一日之所休者謂之功。桑太寡則乏於帛。太多則暴於田。是故十畝之田。植桑五功。一功之蠶。取不宜歲度之。雖不能盡其功者。功不下一匹帛。公索其百之十。凡百里之州有田五十四億畝。以十九億四萬有四千畝爲之州縣城郭通川大途甽遂溝澮邱墓鄉井屋室徑路。牛豚之



所息。葱韭菜蔬之所生植。餘田三十四億五萬有六千畝。麥之田大計三分當其一。其土卑不可以植桑。餘田二十三億有四千畝。樹桑凡一百一十五萬有二千功。功率十取一匹帛。爲帛一十一萬五千有二百匹。以貢於天子。以給州縣凡執事者之祿。以供賓客。以輸四方。以禦水旱之災。皆足於是矣。鰥寡孤獨有不人疾者。公與之粟帛。能自給者弗征。其田桑凡十里之鄉爲之公囷焉。鄉之所入於公者。歲十舍其一於公囷。十歲得粟三千四百五十有六石。十里之鄉多人者不足千六百家。鄉之家保公囷。使勿

偷饑歲并入不足於食量家之口多寡出公囷與之而勸蠶以須麥之升焉及其大豐鄉之正告鄉之人歸公所與之畜當戒必精勿濡以內於公囷窮人不能歸者與之勿徵於書則歲雖大饑百姓不困於食不死於溝洫不流而入於他矣人既富樂其生重犯法而易爲善教其父母使之慈教其子弟使之孝教其在鄉黨使之敬讓羸老者得其安幼弱者得其養鰥寡孤獨有不人病者皆樂其生屋室相鄰烟火相接於百里之內與之居則樂而有禮與之守則人皆固其業雖有強暴之兵不敢陵自百里之內推



而布之千里自千里而被乎四海其孰能當之是故善爲政者百姓各自保而親其君上雖欲危亡弗可得也其在詩曰迨天之未陰雨徹彼桑土綢繆牖户今此下民或敢侮予此之謂也

數奇篇

禽滑釐問於子墨子曰魯氏有叔姪同處者叔曰無恒姪曰數奇數奇強力能施儉以厚人凡魯氏有大事父叔兄弟所不能集者數奇皆盡身以成之親戚之喪在野者數奇往葬之姑姊妹之無主失時者數奇皆取而嫁之其或不能自存者數奇買田宅以生養之凡數奇之祿朋友故舊緦麻小功之親無不皆周也仕於齊積功當遷辭不受請以與其叔無恒因得官遠近之親莫不歡以賴之獨無恒以爲不足於已無恒有妾曰善倿畜私夫以生子曰不類數奇愛不類如其子無恒久乃告數奇曰不類非吾子他人之子也汝勿以爲弟數奇驚曰叔父得無悞乎無恒曰吾察之詳矣有驗存焉數奇之從父妹笑曰孰不知之雖然叔父之爲人也無常心其後必悔悔則兄受謗爲不仁而棄弟矣盍請契焉數奇以爲然因質於無恒無恒遂裂帛具書其然之故與數奇以爲信既而數奇仕於蜀無



恒果復以不類爲子愛之加於初數奇至固爭之無恒大怒告人曰帛書非吾意數奇強我以爲無恒惡數奇之不順已也毀而敗之莫有惡名於時數奇終不怨其自行如初敢問爲數奇者宜奈何而可子墨子曰數奇絜身而去可也問曰姪捨叔而去義乎子墨子曰有大故雖子去父可也叔姪何有古公欲立王季歷太伯仲雍知之遂適吳不返避嫡以成父志晉獻公信驪姬之讒將立奚齊太子申生不去終被惡名雉經以死且陷其父於惡公子重耳

奔翟逃禍卒有晉國霸天下故重耳爲孝而申生爲恭無恒之惡數奇也深矣不去後必相殘陷無恒於大惡孰與去而皆全以追太伯仲雍重耳之跡而行乎雖子逃父可也問曰數奇可以不去而盡從無恒之所行耶曰不可從道不從父從義不從君況叔父乎無恒之所行無恒也如皆從之是陷無恒於惡數奇將何以立禽滑釐以子墨子告於數奇數奇遂適東夷東夷之俗大化

五木經

樗蒲五木元白判厥二作雉背雉作牛王采四盧白雉牛



甿采六開塞塔禿撅撲全爲王駁爲甿皆元曰盧厥筴十六皆白曰白厥筴八雉二元三曰雉厥筴十四牛三白三曰犢厥筴十雉一牛二白三曰開厥筴十二雉如開厥餘皆元曰塞厥筴十一雉白各二元一曰塔厥筴五牛元各二白一曰禿厥筴四白三元二曰撅厥筴三白二元三曰撲厥筴二矢百有二十設關二間矢爲三馬筴二十厥色五凡擊馬及王采皆又投馬出初關疊行非王采不出關不越坑入坑有謫行不擇筴馬一矢爲坑

皇祖實錄

公諱楚金諮議詔第二子明經出身初授衛州參軍又授貝州司法參軍夫人清河崔氏父球兗鄆懷三州刺史公伯兄惟慎太原府壽陽縣丞性曠達樂酒不理家產每日責錢一千出游求飲酒者必盡所責然後歸其飲酒徒善草隸書張旭其人也公事壽陽如父在每事必請於壽陽壽陽曰汝年亦長矣若都不能自治立然每事必擾我何爲公曰不請非不能爲此也不滿乎人心其請如初及在貝州刺史嚴正晦禁官吏於其界市易所無公至官之日養生之具皆自衛州車以來又以二千萬錢入曰吾食貝



州水而已及正晦黜官百姓舊不樂其政將俟其出也羣聚號呼斃之以瓦石揚言無所畏忌錄事參軍不敢禁懼謂公曰若之何公曰錄事必不能當請假歸攝錄事參軍斯可矣乃如之公告正晦曰若以威強不便於百姓百姓俟使君行加害於使君使君更期出其爲使君任其患於是集州縣小吏得百餘人皆持兵無兵者持朴埋長木於道中令曰使君出百姓敢有出觀者杖殺大木下及正晦出百姓莫敢動或曰刺史出可作矣如李司法何貝州震恐後刺史至委政於公奸吏皆務以情告不敢隱貝州於

是大理壽陽之夫人鄭氏賢知於族嘗謂壽陽曰某觀叔賢於君某之質不敢與叔母較高下君之家和子孫必有興者壽陽之第二子為戶部侍郎初戶部氏兄弟五人妹一人其喪母也皆幼公每日必抱置膝上或泣而傷諸姪之安於叔父也如未失母時有子三人曰某祇承父業不敢弗及夫人清河崔氏能以柔順接於親族其來歸也皆自以為已親焉翺生不及祖不得備聞其景行其貝州事業親受之於先子其餘皆聞之於戶部叔父伏以皇祖之為子弟時若不能自任也及涖官行事則剛勇不回也如



此其行事皆可以傳於後世為子孫法蓋聞先祖有善而不知不明也知而不傳不仁也翺欲傳懼文章不足以稱頌道德光耀來世是以頓首願假辭於執事者亦惟不棄其愚而為之傳焉

## 來南錄

元和三年十月翺既受嶺南尚書公之命四年正月己丑自旌善第以妻子上船於漕乙未去東都韓退之石濬川假舟送予明日及故洛東弔孟東野遂以東野行濬川以妻疾自漕口先歸黃昏到景雲山居詰朝登上方南望嵩山題姓名記別既食韓孟別予西歸戊戌子病寒飲葱酒以解表暮宿於鞏庚子出洛下河止汴梁口遂泛汴流通河於淮辛丑及河陰乙巳次汴州疾又加召醫察脉使人入盧又二月丁未朔宿陳留戊申莊人自盧又來宿雍邱乙酉次宋州疾漸瘳壬子至永城甲寅至埇口丙辰次泗州見刺史假舟轉淮上河如揚州庚申下汴渠入淮風帆及盱眙風逆天黑色波水激順潮入新浦壬戌至楚州丁卯至揚州戊辰上棲靈浮圖辛未濟大江至潤州戊寅至常州壬午至蘇州癸未如虎邱之山息足千人石窺劍池



宿望海樓觀走砌石將遊報恩水涸舟不通無馬道不果遊乙酉濟松江丁亥官艘隙水溺舟敗戊子至杭州己丑如武林之山臨曲波觀輪樁登石橋宿高亭晨望平湖孤山江濤窮竹道上新堂周眺羣峯聽松風召靈山永吟叫猿山童學反舌聲癸巳駕濤江逆波至富春丙申七里灘至睦州庚子上楊盈川亭辛丑至衢州以妻疾止行居開元佛寺臨江亭後三月丁未朔翺在衢州甲子女某生四月丙子朔翺在衢州與侯高宿石橋丙戌去衢州戊子自常山上嶺至玉山庚寅至信州甲午望君陽山怪峯直聳

似華山丙申上於越亭己亥直渡擔石湖辛丑至洪州遇嶺南使遊徐孺亭看荷花五月壬子至吉州壬戌至虔州己丑與韓泰安平渡江遊靈應山居辛未上大庾嶺明日至湞昌癸酉上靈屯西嶺見韶石甲戌宿靈鷲山居六月乙亥朔至韶州丙子至始興公室戊寅入東蔭山看大竹筍如嬰兒過湞陽峽己卯宿清遠峽山癸未至廣州自東京至廣州水道出衢信七千六百里出上元西江七千一百又三十里自洛州下黃河汴梁過淮至淮陰一千八百有三十里順流自淮陰至邵伯三百有五十里逆流自邵



伯至江九十里自潤州至杭州八百里渠有高下水皆不流自杭州至常山六百九十有五里逆流多驚灘以竹索引船乃可上自常山至玉山八十里陸道謂之玉山嶺自玉山至湖七百有一十里順流謂之高溪自湖至洪州一百有一十八里逆流自洪州至大庾嶺一千有八百里逆流謂之漳江自大庾嶺至湞昌一百有一十里陸道謂之大庾嶺自湞昌至廣州九百有四十里順流謂之湞江出韶州謂之韶江

## 何首烏錄

僧文象好養生術元和七年三月十八日朝茅山遇老人於華陽洞口告僧曰汝有仙相吾授汝秘方有何首烏者順州南河縣人祖能嗣本名田兒天生閹嗜酒年五十八因醉夜歸臥野中及醒見田中有籐兩本相遠三尺苗蔓相交久乃解解合三四心異之遂掘根持問村野人無能名曝而乾之有鄉人麦良戲而曰汝閹也汝老無子此籐異而後以合其神藥汝盍餌之田兒乃篩末酒服經七宿忽思人道累旬力輕健慾不制遂娶寡婦曾氏田兒因常餌之加湌兩錢七百餘日舊疾皆愈反有少容遂生男鄉



人異之十年生數男俱號爲藥告田兒曰此交籐也服之可壽百六十歲而古方本草不載吾傳於師亦得之於南河吾服之遂有子吾本好靜以此藥害於靜因絕不服汝偶餌之乃天幸因爲田兒盡記其功而改田兒名能嗣焉嗣年百六十歲乃卒男女一十九人子庭服亦年百六十歲男女三十人子首烏服之年百三十歲男女二十一人安期敘交籐云交籐味甘溫無毒主五痔腰腹中宿疾冷氣長筋益精令人多子能食益氣力長膚延年一名野苗一名交莖一名夜合一名地精一名桃柳籐生順州南河

縣田中嶺南諸州往往有之其苗大如藁本光澤形如桃柳葉其背偏獨單皆生不相對有雌雄雄者苗色黃白雌者黃赤其生相遠夜則苗蔓交或隱化不見春末夏中初秋三時候晴明日兼雌雄採之烈日曝乾散服酒下良採時盡其根勿洗乘潤以布帛拭去泥土勿損皮密器貯之每月再曝凡服偶日二四六八日是服訖以衣覆汗出導引尤忌猪羊肉血老人言訖遂別去其行如疾風浙東知院殿中孟侍御識何首烏嘗餌其藥言其功如所傳出賓州牛頭山苗如萆薢蔓生根如杯拳削去側皮生啖之南



人因呼爲何首烏焉元和八年八月錄

陸歙州述

吾郡陸傪字公佐生於世五十有七年矣明於仁義之道可以化人倫厚風俗者餘三十年連事觀察使觀察使不能知退居於田者六七年由侍御史入爲祠部員外郎二年出刺歙州卒於道貞元十八年四月二十八日也凡人所不能窮者必推之於天天之注膏雨也人心以爲生旱苗然也雨與苗運相違或雨於海或雨於山旱苗不得仰其澤惟人也亦然天之生俊賢也人之心以爲拯顛頓之人然也賢者與顛頓之人時不合或死於野或得其位而道不能行顛頓之人不得被其惠膏雨之降也適然賢者之生於時也亦然運相合旱苗仰其澤顛頓之人賴其力傅說甘盤尹吉甫管夷吾之類也時勿合膏雨降雖終日賢哲生雖比肩旱苗之不救百姓之弗賴顏子子思孟子董仲舒之類也故賢哲之生自有時百姓之賴其力天也不賴其力亦天也嗚呼公佐之官雖升於朝刺於州其出入始二年道之不行與居於田時弗差也公佐之賢雖日聞其德行未必昭昭然聞於天子公佐是以不得其職出



刺一州又短命道病死天下之未蒙其德固宜矣然則天之生君也授之以救人之道不授之以救人之位如膏雨之或雨於海或雨於山旱苗之不沐其澤者均也故君子不得其位以行其道者命也其亦有不足於心者耶得其道者窮居於野非所謂屈冠冕而相天下非所謂伸其何有不足於心者耶

題燕太子丹傳後

荆軻感燕丹之義函匕首入秦刼始皇將以存燕霸諸侯事雖不成然亦壯士也惜其智謀不足以知變識機始皇

之道異於齊桓曹沫功成荆軻殺身其所遭者然也乃欲促檻車駕秦王以如燕童子婦人且明其不能而軻行之其弗就也非不幸燕丹之心苟可以報秦雖舉燕國猶不顧況美人哉軻不曉而當之陋矣

## 題桄榔亭

翺與監察御史韋君詞皆自東京如嶺南水道僅八千里翺以正月十八日上舟於漕以行韋君期以二月策馬疾驅追我於汴宋之郊或不能及約自宣城會我於常州以偕行既翺停舟宿留日日以須韋君之出洛也易期又宣



城諜疾到逆江南流上翺以妻疾居信安四十餘日比及江西韋君亦前行矣上桄榔亭見韋君紀姓名且有念我之言嗟夫皆行八千里先後之不齊也不過十日而初謀竟乖人事之不果不可以前期也

## 題峽山寺

翺爲兒童時聞山遊者說峽山寺難爲儔遠地嘗以爲無因能來及兹獲遊周歷五峯然後知峽山之名有以然也於靈鷲寺時述諸山居之所長而未言其所不足如虎邱之劍池不流天竺之石橋下無泉麓山之力不副天奇靈鷲擁前山不可視遠峽山亦少平地泉出山無所潭乃知物之全能難也況求友擇人而欲責全耶去其所闕用其所長則大小之材無遺致天下於平治也弗難矣

## 題靈鷲寺

凡居山以怪石奇峯走泉深潭老木嘉草新花視遠爲幽自江之南而多好山居之所翺之對者七焉皆天下山居之尤者也蘇州有虎邱山則外爲平地入然後上高石可居數百人劍池上峭壁聳立憑樓檻以遠望

## 高愍女碑



愍女姓高妹妹名也生七歲當建中二年父彦昭以濮陽歸天子前此逆賊質妹妹與其母兄而使彦昭守濮陽及彦昭以城歸妹妹與其母兄皆死其母李氏也將死憐妹妹之幼無辜請獨免其死而以爲婢於宮衆皆許之妹妹不欲曰生而受辱不如死母兄且皆不免何獨生爲其母與兄將被刑咸拜於四方妹妹獨曰我家爲忠宗黨誅夷四方神祇尚何知問其父所在之方西嚮哭再拜遂就死明年太常謚之曰愍當此之時天下之爲父母者聞之莫不欲愍女之爲其子也天下之爲夫者聞之莫不欲愍女

之爲其室家也天下之爲女與妻者聞之莫不欲愍女之行在其身也昔者曹娥思盱自沉於江獄吏嘷囚章女悲號思唁其兄作詩載馳緹縈上書迺除肉刑彼四女者或孝或智或義或仁噫此愍女厥生七歲天生其知四女不倫向遂推而布之於天下其誰不從而化焉雖有逆子必改行雖有悍妻必易心賞一女而天下勸亦王化之大端也異哉愍女之行而不家聞戶知也貞元十三年翺在汴州彥昭時爲潁州刺史昌黎韓愈始爲余言之余既悲而嘉之於是作高愍女碑



唐故特進左領軍衛上將軍兼御史大夫平原郡王贈司空柏公神道碑

柏氏系自有周叔虞封晉其支子有受邑於伯爲采地者因以爲姓後世生宗宗以直顯景公厲公之時三郤惡宗共譖殺之其客畢陽以其子州黎奔楚於是改伯爲柏及漢有鴻者由議郎爲魏郡守子孫家焉故爲魏郡也有季纂者入唐爲工部尚書生敬仁爲蘄州長史生謇爲河南永寧令贈大理寺少卿生造爲懷之獲嘉令卽公之父也公諱良器字公亮生十二年安祿山陷東郡獲嘉守縣印不去爲賊將所害公既免喪懷平賊志乃學擊劍依父友王奐奐嘗曰汝額文似李臨淮面黑子似顏平原其必立臨淮卽太尉光弼也年十七得汝州龍興尉王奐從事太尉府薦之太尉召與言遂授以兵使平安越之盜累授左武衛中郎將以所將兵隸於浙西廣德歲中盜陷江東十州公帥所將兵來婺州功多進左武衛將軍平方清於洞中賜錢五百萬破張三霸海上改左金吾衛將軍爲都知兵馬使大歷初潘獰虎據小傷胡參據蒸里江東大擾公將卒三千人騎五百人與戰皆破之斬首三千級執俘一



千人詔加檢校光祿大夫兼蘇州別駕又加左羽林大將軍試殿中監察御史李栖筠問公年對曰二十有四戰陣幾何曰六十有二李公歎曰相識甚近得公甚深勉哉公泣涕謝曰遭時喪亂父死家破誓棄性命以除冦讎私志未立豈敢望爲明公之所知哉建中初嘗至京師宰相楊炎召之語公因言兩河有事職稅所辦者惟在江東李道昌無政宜速得人以代之炎許諾其冬遂並宣越與浙西以爲一而以晉州刺史韓滉代道昌焉及德宗如梁州李希烈陷汴州逐李勉遂僭帝號冦陳州圍宋寧陵滉使公

將卒萬人救陳並寧陵是時劉元佐敗於白塔收其卒保宋州使將王彥昭守寧陵希烈擁水灌其南築埇道親臨其北令軍中曰明日日中陷城公聞之厲所將兵成陣以進恐城陷不及使弩手善游者五百人沿汴渠夜進去城數里沒於水中遂得入及旦賊驅勇卒登城城中伏弩悉發皆貫人斃其後希烈始知救兵得入殺守將因罷去將昌集城中人哭曰向非浙西救至則此城已屠矣遂拔襄邑收漳口宋州由是獲全李希烈遂失汴州奔於蔡詔封平原郡王食邑三千戶特進兼御史中丞貞元二年淮西



平詔曰休勳茂伐書於竹帛戎籍乃爲裨將副非所以褒功寵德也其以爲左神策軍將軍知軍事兼官如故五年詔與太尉晟侍中瑊等三十六人圖形於淩烟閣上親御即其形而贊之八年遷大將軍士卒之在市販者悉揮斥去募勇者代之故爲所監者不悅明年公之故人有犯禁宿於望仙門者衛使奏言遂轉右領軍衛大將軍所監者乃用其衙將魏循代爲將軍自是軍中之政不復在於將軍矣十五年兼英武將軍使十八年遷左領軍兼御史大夫十九年閏十月以疾卒年六十一天子爲之廢朝贈陝州大都督明年葬於萬年畢原夫人康氏先歿後始附葬有子曰元封爲蔡州刺史曰耆爲諫議大夫曰元鳳爲澄城主簿曰夔爲襄州參軍三女皆幼以元封及耆累贈爲司空夫人追封魏國太夫人初公與王栖曜李長榮皆事韓晉公栖曜至鄜坊長榮至河陽澤潞皆擁節有土公自少則戮力破賊及壯解寧陵猗杖之圍希烈之所以兵不及於宋而江東以全者實公之所爲也功最高位獨以不副克生良子能大厥家太和元年翺自廬以諫議大夫徵路出於蔡元封泣拜且曰先公之碑未樹敎後嗣其果有



辭俟也公不可聽乃銘曰

公生十二未壯家毀誓殄父讎不怯勇死釋官就軍焯有其勳擒凶盜平威明顯聞人誰不貴孰勝其位由卑至巨莫匪躬致宣疏土壃報未功當是生後人紹慶不忘

唐故橫海軍節度齊棣滄景等州觀察處置等使金紫光祿大夫檢校兵部尚書使持節齊州諸軍事兼齊州刺史御史大夫上柱國貝郡開國公食邑二千戶贈左僕射傅公神道碑

傅爲古姓介子誅樓蘭王封義陽侯俊爲二十八將功高

稱於兩漢而穀以文章顯自漢以降世累有人曾祖諫易州長史生大父定州司馬詔贈鄧州長史生父榮贈刑部尚書公諱良弼字安道清河人也以善弓矢顯仕於成德軍流輩稱其朴厚博野樂壽本隸瀛州在范陽成德閒爲要害地每相攻以取兩城及王武俊破走朱滔詔以博野樂壽與成德軍其後以公選爲將而鎭於樂壽公善撫士卒與之同苦樂得士卒死力長慶初幽州繼亂范陽執其帥宏靖而扶克融成德殺其帥宏正將庭湊因盜有地公奮曰吾豈可以爲賊乎遂誓衆喻以逆順閉城拒賊潛疏



以聞詔以樂壽爲神策行營命公以爲都知兵馬使與深州將牛元翼博野李寰犄角相應賊屢攻之卒不能克會詔下以克融庭湊皆爲節度使公遂將樂壽之師及其妻子拔城以出賊轉鬬且引遂遇官軍以免於難以功遷沂州刺史未到遽以爲左神策軍將軍數月拜鄭州刺史公本用武力進未嘗治人於是痛自刻凜清已率下凡從公將卒本與公同立於樂壽者皆飭懼不敢越條令以侵物故鄭州稱理雖他時文吏罕能過者明年改爲鹽州刺史閑帝初以公爲銀夏綏宥等州節度使居河陽濡民不耕織黨項千餘落以畜牛羊馬代田業先時將帥多貪至有盜其善馬者蕃落咸怨走以出他境及公之至蕃人來見或獻馬者公拒而不受蕃人喜傳以相告未踰月而部落相勸皆歸蕃人之有罪者懼而來奔故事皆使蕃人出馬以贖公曰吾將於此職當禁其逃亡有罪何俟於贖皆執之以付其蕃落蕃人益喜太和二年九月以公爲橫海軍節度使檢校兵部尚書俾治齊州以圖滄景之寇知兵者咸以爲命將之當必且有成矣旌旗及於陝而得疾疾愈卽路以十月晦薨於硤石驛春秋五十有六天子悼痛爲



之廢朝贈尚書左僕射以明年七月塟河南府洛陽縣伯樂里夫人南陽張氏柔立善斷公以樂壽拒賊暨轉戰以出夫人麤衣糲食與兵士妻女均好惡用助公事再封南陽郡夫人三子守常守中守章等皆孝謹寡過公方將立大功以報於國不以男子之仕爲念故官甚卑有未官者

銘曰

大夫致身不賴前業遭變竭忠奇節奕奕乃作刺史乃作將軍乃統邊兵事績昭聞廉以檢已嚴以督下蕃落完安馬牛在野大革前事自我爲初爾後之來視此勿渝

李翺六

唐故福建等州都團練觀察處置等使兼御史中丞贈右散騎常侍獨孤公墓誌銘

公諱朗字用晦常州刺史贈太子少保憲公之長子憲公有文章名於大歷中每爲文輒爲後進所傳寫公生數歲而憲公歿與弟郁皆伯父母所養稍長好讀書不煩於師年二十一與弟郁同來舉進士其二年旣得之矣會有司出賦題德宗不悅宰相喻使減人數故公與十餘人皆黜



公以伯父母無子卽日歸養於蘇州使其弟郁以卒業由是孝慈之名稱於朋友閒以處士起佐江西宣歙浙東三府得試校書協律郎元和九年拜右拾遺上疏請各令觀察使充本道鹽鐵使場監之任悉歸州縣罷去管榷吏以除百姓之患十年盜殺宰相御史中丞傷以免公疏請貶京兆尹殺捕盜吏事皆不行君子壯之累奏時病有不合上意者貶爲興元府倉曹參軍三年復徵入爲監察御史改京兆府司錄參軍遷殿中尋加史館修撰入省爲都官員外郎修史如前出刺韶州復入虞部左司二員外得郎中數月遷權知諫議大夫敬宗御丹鳳門大赦改元宦官毆傷鄂縣令崔發於雞竿下公疏請取其首爲者殺之以正法寶歷元年改御史中丞殿中王源植貶韶州司馬公面諫其屈不得請凡五上疏自請罷去敬宗不許上卽位遷工部侍郎太和元年八月以爲福建等州都團練觀察等使兼御史中丞公瘡發於背不克入謝病二旬九月壬子以瘡卒年五十三天子爲之廢朝贈右散騎常侍有子孟常生九歲矣夫人京兆韋氏給事中貞伯之女未仕而夫人卒十月壬午其姪庠以公之喪歸祔河南之壽安甘



泉鄉先公墓次以十月己酉窆銘曰

人之有生莫不皆死曰長曰短相望其幾短不足傷長不足恃要歸於盡孰有彼此公壽何迫百年中止喪車東去託骨山趾室無妻哭祭有稚子命名不忘曷其有已

唐故金紫光祿大夫尚書右僕射致仕上柱國宏農郡開國公食邑二千戶贈司空楊公墓誌銘

由楊喜追殺項羽以功封侯後數世生敞官至丞相敞曾孫寶不應王莽之命光武特徵老病不到寶生震諸儒謂之關西孔子位至大司徒太尉卒以忠死楊氏由是益大

載於史傳世不絕人曾祖珪辰州司戶贈膳部員外郎大父冠俗奉先縣尉贈吏部郎中父太清宋州單父縣尉累贈至太保公諱於陵字達夫年十八舉進士第選補潤州句容主簿鄂岳觀察使奏爲判官轉左驍衛兵曹累改評事監察御史歷殿中得緋衣銀魚使遷江西公隨之加侍御史著作郎及府除罷居建昌不至京師貞元八年徵拜膳部員外郎轉考功知別頭舉轉吏部員外郎及判南曹宰相之親有以文書不足駮去者宰相名吏人詰之堅執不改遂以公爲宣武弔祭使故事南曹郎未嘗有出使者



公既出宰相之親由是判成矣故公卒不得在詔誥之清選遂爲右司郎中郎官惰於宿直臨直多以假免公白右丞建立條例郎官不悅爲作口語宰相有知其事者遽以公爲吏部郎中改京兆少尹出爲絳州刺史有言公弗當居外者德宗名見遂以爲中書舍人其年知吏部選事時京兆尹李實有寵去不附已者故給事中許孟容爲太常少卿而公改祕書少監德宗崩爲太原幽鎮等十道告哀使持節之遺並辭不受復命除華州刺史賜三品衣魚所取賓僚皆一時名人後皆顯官有至宰相者其年冬遷浙江東道團練觀察使越中大饑人至相食公奏請度支米三十萬斛又乞糴他道以賑救之民得生全入爲戶部侍郎未到改京兆尹奏請諸軍使有犯罪者皆禁身推罪以狀牒送本軍又請屬諸軍諸使人置挾名勑五丁者推兩丁屬軍遞立節限以便於治詔皆可其奏京師稱之復爲戶部侍郎人望益重僉以公遂爲宰相會考制舉人獎直言策爲第一中貴人大怒宰相有欲因而出之者由是爲嶺南節度使是時得考策者凡四人公既得嶺南員外郎韋貫之再貶巴州刺史而李益鄭敬皆抵於患其在廣州



以韋詞爲節度判官任之以政改易侵人之事凡一十有七嶺外之人至茲傳道之節度使徐申以已俸薄月加三十萬且曰後來所期共守公引常袞所奏勑皆罷之撤去蒲葵陶瓦覆屋遂無火災民賴以安監軍許遂振好貨戾彊而小人有陰附之者故遂振密表譖公直言韋詞李翺惑亂軍政於是除替罷歸遂振既領後事捶撻吏人求公之非吏人大聲呼曰楊尚書他方所遺尚不收去豈有侵用官錢乎遂振遽令取他方所遺及其既至封印不啟遂振慙而止宰相裴垍素未知公及遂振之譖遂以公爲吏

部侍郎重修甲敕用備姦源又於南曹吏置別歷以相檢覆奏令選人納直爲出籤告以給之吏息姦欺官收羨錢公食豐絜廨宇以修迄茲守行遂爲故事凡歷四年補內外官三千餘員皆當其分無怨訴者轉兵部侍郎兼御史大夫判度支當淮西用兵漕輓供饋鹽鐵積欠官錢與之廷辯高霞寓以唐鄧之師攻蔡州怯懦不敢直進欲南抵申州出於空虛不守之地其路險狹糧運難繼公面於上前累言利害幷以疏陳霞寓逗遛之狀請於北道直進足以援許汝之師賊勢自蹙上許之霞寓深怨之遂內外結



構出爲郴州刺史霞寓果敗由是談者知公之寃其爲郴州躬勤於治不以卑遠爲薄明年名拜原王傅數日又爲戶部侍郎復知吏部選事元和十四年淄青平兼御史大夫以本官充東平宣慰處置使是時初誅李師道得兗鄆州等十二州列爲三道劉悟旣除滑州猶未出鄆及公至悟出迎公促之悟即日遂發頒行賞賜皆得其實上甚悅謂宰臣曰楊某不易得及浙西觀察使李翛死上問宰臣崔羣皇甫鏄曰何不進浙西人名皇甫鏄知公方有恩懼作相遂言公所至皆有理績以臣所見莫如楊某凡數百言上惟以一字應之曰惜人聞之者且以必爲相矣是時裴門下旣出太原崔中書爲鏄所譖鏄又以尊號中上旨故鏄計竟行而公不相矣明年遷戶部尚書又一年改太常卿又一年改東都留守兼兵部尚書御史大夫充蘄汝都防禦使旣三年方將告休會以疾而罷乃嘆曰年老致政本吾夙志茲則負吾平生心矣疾平遷檢校左僕射兼太子少傅或勸求分司以自便者公曰年至力憊便當乞骸骨於朝何用分司爲遂西至京師朝謝訖不到中書遂還私家不判上案三上表乞自退詔遷左僕射致仕全給



俸料數月上表固讓乞就半俸許之廟享之外不復經過人家每佳辰體安則以子弟孫僮侍遊於園沼之中用以爲適太和四年十二月癸亥以疾薨於新昌第享年七十有八天子爲之廢朝凡朝廷之賢設位而哭者不知幾人冊贈司空明年四月庚午歸葬鄭州滎澤縣先太保之兆祔於潁川韓氏贈華陰郡太夫人之塋夫人丞相少師休之孫丞相晉國公滉之女柔順之德紀於前銘下從舅姑四十有三年矣子景復衛尉卿曰嗣復戶部侍郎曰紹復舉進士登宏詞科曰師復未仕用文爲業女適右司郎中

韋公素孫承渙試大理評事鄜坊節度巡官承渙之下及在童稚者十有一人大卿侍郎以翶之受恩也久來請爲誌銘曰

公生六年太保棄捐未及成童號國又終漂泊江湖誰食誰衣服習文學不勞於師爰始有名既於永歸六十一年祇慎德儀由直屢黜進無異詞凡所臨莅去而可思與之厚者莫匪雋林自我進者多遇良能恩建葭莩濡洽以財祖免緦麻亦盡其哀止足告歸偃息邱園子齎孫童十有五人有列卿曹貴爲侍郎祿秩且多膳飲馨香門吏諸生



中外顯光車馬盈門歲時之良既壽且貴示終以常福薦攸歸疇可比望爲廟太祖百世蒸嘗

## 祕書少監史館修撰馬君墓誌

公諱某字盧符宣州刺史元慶之曾孫著作郎贈少府監恬之子公九歲貫涉經史魯山令元德秀行高一時公往師馬魯山令奇之號公爲馬孺子爲之著神聰贊由是名聞中書令郭公子儀奏爲懷州叅軍充四鎮伊西庭節度巡官從事河陽三城河東三府累轉試大府丞因得太原府倉曹黜陟使裴伯言謂公堪爲諫官薦之於朝拜殿中侍御史充昭義軍節度叅謀名爲太子左贊善大夫遷主客員外郎使於海東復命授興元少尹入爲將作少監改國子司業遷祕書少監又加史館修撰元和十三年十一月己酉寢疾卒公博覽多藝奕碁居第三品家貧未嘗問生業祇以纂錄自樂爲事撰歷代紀錄類史鳳池錄纂寶折桂錄新羅紀行將相別傳及所爲文總四百八十八卷年登八十官貳祕書職領太史雖不極於富貴亦儒者之難及也夫人潁川陳氏贈潁川郡君先公終三十年餘矣有子七人曰文則由進士補錢塘尉第二第四子文範並



早卒曰文同曰文約讀書著文有名於進士場曰文輿曰溪郎皆恭守家法女五人其存者三人未笄文同等奉公之喪以明年二月祔葬於偃師從先塋謂翶嘗從於史氏之列來請爲誌

## 叔氏墓誌銘

元和九年歲直甲午正月十九日丁卯浙東道觀察判官將仕郎試大理評事攝監察御史李翶奉其叔氏之喪葬於茲叔氏諱術生子曰王老遠在京師翶實主其事銘曰

翶生始言叔氏棄殁爰殯於野年周四甲豈無諸親生故

或追亦有息子旅宦京國邱墳孰封松檟未列殯宇零毀狐狸所穴中夜遠思酸悽心骨是以乞假公府言來筮宅追念延陵喪子嬴博葬不歸吳於禮其合唯叔平生游居是邑夭謝於此靈幽其託女姪之西仲兄之北冥昭何異可用居息孰爲故鄉乃樹松柏

故檢校工部員外郎任君墓誌銘

君諱佶字叔正樂安人殿中侍御史元植之孫靈府功曹日新之子君少遭父喪養母以孝稱京兆尹崔光遠表試左清道率府兵曹參軍攝富平縣尉知縣事及克復京



師以功授成都府犀浦縣丞又以優授涇陽縣尉會吐蕃犯都代宗幸陝州君召募吏人保守佛寺寇不敢逼擢爲本縣令充渭北十縣團練使及駕還京爲同列潛構功不得論僕射裴冕寃而奏之得長安縣尉轉本縣丞歷太府寺丞未幾遷監察御史京畿館驛使判官中書侍郎元載爲潭漕使請爲判官轉殿中侍御史又檢校工部員外郎兼侍御史判官如故元載得罪君左授建州建安尉及楊炎入相君以書戒之由是楊怒而不用又移虔州司戶再授信州司馬觀察使鮑防以爲判官權知饒州事遘疾歸卒於信州權窆於州西原有詩兩卷前娶宗王氏女生男冀爲邠州司法參軍三女各爲士妻後娶杜氏女生子三人曰溆曰羨曰弁女五人長女嫁長洲尉源咸季次女適權額三女早卒少女二人未許嫁溆歷佐大府以吏能有聲爲度支振武營田使得試協律郎攝監察御史元和十四年杜氏卒溆乃自信州奉府君之喪合葬於萬年楊村從先人舊塋溆嘗與翺同事嶺南府翺知溆之才亟薦於時故溆來請誌銘曰

士生於時兮所貴者才有才無命兮古今所哀噫



兵部侍郎贈工部尚書武公墓誌銘

公諱儒衡字庭碩年二十四得進士第歷四門助教故相鄭公餘慶尹河南奏授伊闕尉充水陸運判官及鄭公守東都又請自佐得監察御史轉殿中御史臺奏其材詔即以爲眞歷侍御史司封員外郎戶部郎中遷諫議大夫三月以本官知制誥歲滿轉中書舍人二年遷禮部入謝賜三品衣魚數月丁尊夫人憂再朞服除權知兵部侍郎月餘母夫人暴卒公一號絶氣久而乃息遂得重疾不能見親友既祥益病長慶四年四月壬辰竟薨年五十六公氣

和貌嚴望之若神言不妄發與人有誠甫其相信不用約結每以時安危生民之病爲己務從父兄元衡再爲丞相以重厚名終始公實潛有補助其爲諫議舍人每遇事不當必奏疏盡言皇甫鎛爲相剝下以媚天子給邊兵衣食以不可用物兵士或以火燔之其帥大哭將自刃者邊幾亂公累以疏言憲宗名問大悅踰月鎛竟罷度支及大行皇帝即位鎛遂斥死崖州其爲兵部纔數十日凡議論者潛曰武兵部必相矣蓋上擇日將相之而公以喪免有文集二十五卷制集二十五卷曾大父載德頴川郡王左羽



林將軍大父平一懲后族之禍逃官於崧山中宗初徵拜起居舍人考功員外郎有文章傳於當時父登常州江陰縣令贈禮部侍郎夫人隴西李氏先公卒嗣子曰篝年十五次子年十三女二人長女許嫁盧立立良士爲與元節度司空晉公從事次女嫁前進士崔搏搏有學行其從父子渾以五月丙子奉公之喪歸祔河南緱氏禮部先公之墓次公之先甍名其友禮部郎中李翺執臂以別且曰我將死凡家事細大皆有條畫在文字矣平生志業於此窮矣公於我厚我死公其銘吾墓以傳焉既十二日而公果歿君子以爲知命及甍朋友之在位者皆請告泣哭以相弔其不識者亦望風以嘆天子罷朝一日贈工部尚書篝尚幼哭泣幾絕親戚不忍聞其聲其能奉遺命以終託公意銘曰

武宗出周聖發之苗厥孫聃魯乃列春秋秦漢之交曰臣王趙實大其家亭侯以紹厥支十七晉陽乃封子孫因家以及於唐神堯順天鄭侯翼扶武烈諫酷五木成盧考公逃貴於嵩之下江陰潔白世嗣其雅德蘊位細慶叢於公惟公之興罔不自躬言不苟出與人有誠名譽四延震蕩



厥聲再罹大苦不堪以病先期告終恬以順命毅毅武公是維碩人我哀刻識俾或可傳

## 故歙州長史隴西李府君墓誌銘

府君諱則字某涼武昭王十三世孫大父獻眉州別駕時宰相有請昏者力不可止因去官居家弟遇疾暴卒別駕燒一指以禱於神既而弟復生自説方就縶上帝有命以兄燒指宜復其生別駕生命一侍中源乾曜以子求婚府君拒之固以詞抵之貶黔州彭水尉遂以壽終府君始十餘歲先夫人以之從喪歸殯汝州由是依於舅族少好老

子莊周之言與羣童遊盡能記他童之所習先夫人學左氏春秋博該百家之書故府君以經史浸潤力田供養由是少不肯求仕善草隸書弓矢博奕皆得其妙既冠得濠州定遠尉假令他縣令嚴而行吏急民寬富豪并貧民之產而不稅者盡以法治之貧民用安罷職復返其初從事嶺南得試左武衛兵曹於福建得試太子通事舍人大理司直授欽州長史宣歙觀察使請爲判官奏未下以疾卒年七十四夫人河南元氏壽州刺史從之女年六十八先府君而終生子某子某皆未仕卒女子五人長女壻禮部



員外郎鄭錫次女壻桂州觀察使杜式方次女壻京兆韋放次女壻滎陽鄭循禮小女壻密縣尉鄭公瑜幼子克恭少讀書學文以兄舉進士家事自飭弗克求名故年四十六始奏授睦州司兵累遷試大理司直兼殿中侍御史充鹽鐵推官寶歷三年三月克恭奉府君夫人之喪歸葬於鄭州某縣岡原翱知克恭之材十三年矣故克恭以府君之葬來名請且曰將以六月庚申窆知克恭者若吾季叔又安可以辭銘曰

德不稱祿鬼神之責材優以賤古人不戚非道弗求曷計人爵慶蘊而傳後必有積其葬爲誰孝子之卜著蔡僉吉嘉原湫擇合骨於茲終永其託何以識之有松有柏

## 故河南府司錄參軍盧君墓誌銘

君諱士瓊字德卿范陽人家世爲甲姓祠部郎中融之長子明經及第歷寧陵華陰二縣主簿知泗州院事得協律郎鄭少師之留守東都奏爲推官得大理評事韓尚書代爲留守請君如初尚書節將陳許奏充觀察判官得監察御史府罷歲餘除河南府戶曹以疾免河南尹重其能奏爲司錄參軍八月癸酉發疾而卒年六十九君少好著文



精曉吏事少遊故丞相楊炎張延賞之門楊美其文詞張每嘆其吏材過人嘗攝職同州當徵官稅錢時民競出粟易錢以歸官斗至十八九君白刺史言狀請倍估納粟下以澤民上可以與官取利刺史詰狀君辯其所以必然刺史行之民用得饒未一月果被有司牒和收官粟斗給六十後刺史到欲盡入其羨於官君既去職猶止之曰聖澤本以利民民戶知之不可以獨享刺史乃懸榜曉民使請餘價因以絹布高給之民亦歡受州獲羨錢六百萬其爲戶曹決斷精速曹不擁事及爲司錄始就官承符吏請曰

前例某等一十五人合錢二千傚人與司錄養馬敢請命因出狀君訶曰汝試我耶使拽之將加杖承符吏衆進叩曰前司錄皆然故敢請君告曰司錄豈不自有手力錢耶用此贓何爲因叱出之名主饌吏約之曰司錄判官文學參軍皆同官環處以食精麤宜當一不合別二無踵舊犯吾不恕及月終廚吏率其餘而分之文學參軍得司錄居三之一君曉之曰俸錢職田手力數既別官品矣此餐錢之餘不當計位高下從此後自司錄至參軍平分之舊事掾曹之下各請家僮一人食錢助本司府吏廚附食司錄



家僮或三人或四人就公堂餘食侵撓廚吏弊日益長君使家僮二人食錢於司錄府吏廚附食家僮終不入官廚名諸縣府望吏告曰某居此歲久官吏清濁侵病人者每聞之司錄職當舉非法往各白汝長宜慎守廉靖以澠池令爲戒其所改易皆克己便人堪爲故事及君卒士君子相弔哭咸以爲能高而位卑不副有子三人孺方嗣宗嗣業號慕祇守不失家法女二人前娶清河崔敏女無子後娶滎陽鄭虬之女有子故皆祔葬於祠部塋東北孺方叩頭泣曰丈人嘗與先子同官而遊宅居南北鄰敢請紀石翺不得辭乃據所見聞者鐫其實可推類以知凡所從事之賢銘曰

嗟盧君性直而用優約己以利人宜壽宜貴以拯時所艱其緘而不伸以喪厥神豈奪惠於東民悲夫

## 故處士侯君墓誌

侯高字元覽上谷人少爲道士學黃老練氣保形之術居廬山號華陽居士每激發則爲文達意其高處駸駸乎有漢魏之風性剛勁懷救物之略自儕周昌王陵所如固不合視貴善宦者如糞溲與平昌孟郊東野昌黎韓愈退之



隴西李渤濬之河南獨孤朗用晦隴西李翺習之相往來汴州亂兵士殺留後陸長源東取劉逸淮乃作弔汴州文投之大川以訴貞元十五年翺遇元覽於蘇州出其詞以示翺翺謂孟東野曰誠之至者必上通上帝聞之劉逸淮其將不久後數月而劉逸淮竟死其首章曰穹穹與厚厚兮烏憤予而不攄翺以爲與屈原宋玉景差相上下自東方朔嚴忌皆不及也達奚撫爲楚州起攝盱眙祭酒李公遜刺衢州請治信安其觀察浙東又宰於剡三縣皆有政不幸得心疾留其子狗兒於翺家而歸廬山不到卒江西

其子壻王適使傭吉勉求君所如値君卒吉勉以君喪殯於袁州之野而復於適適又死適之妻使吉勉來告於翺翺以狗兒歸適妻居二年適妻又死狗兒尚童翺慮吉勉之短長不可期則君之喪終不墳矣故使吉勉往葬之而識其墓以示狗兒

## 故懷州錄事參軍武氏妻傅氏墓誌

年月日故懷州錄事參軍武氏妻傅氏卒於其兄弟之家越月日權葬於汴州某縣某鄉前此者武居官而卒傅氏有子曰俱兒俱兒奔父之喪未及返傅氏又卒俱兒奔父



之喪孝道也傅氏卒於兄弟之家戀母也傅氏戀母其教施於子傅氏之歿不爲朽矣

## 故朔方節度掌書記殿中侍御史昌黎韓君夫人京兆韋氏墓誌銘

夫人姓京兆韋氏尚舍奉御説之次女也年十三執婦道於昌黎韓氏府君諱弇自後魏尚書令安定桓王六世生禮部郎中雲卿禮部實生府君進士及第朔方節度請掌書記得祕書省校書郎累遷殿中侍御史貞元三年吐蕃乞盟詔朔方節度使即塞上與之盟賓客皆從其五月吐蕃不肯盟殿中君於是遇害時年三十有五夫人始年十有七矣有女子一人其生七月而孤夫人之母前既不幸矣夫人以其女子歸於其父弗數年其父又不幸夫人泣血食貧養其子有道自愼於嫌節行愈高雖烈丈夫之志不如也猶有董氏姊繼衣食仁之焉不數年董氏姊又不幸夫人於是天下無所歸託矣殿中君從父弟愈孝友慈祥貞元十六年以其女子歸於隴西李翺夫人從其女子依於李氏焉降年短命三十有二貞元十八年八月甲辰卒於汴州開封新里鄉之某村其明年正月辛酉隴西李



氏以其喪葬之於陳留縣安豐鄉岡原殿中君之先葬於河陽惟君之沒不得其喪夫人是以不克葬於河陽而獨墳於陳留弗克祔於殿中君之族而依於女子氏之黨以從女子之懷權道也且將有待也殿中君文行甚修位甚卑沒於王事初禮部君好立節義有大功於昭陵其文章出於時而官不甚高殿中君又無嗣嘗聞諸君子曰位不稱德者有後禮部君曷爲然哉於是敘其孤女之悲以誌於墓門銘曰

女子之生兮七月而孤所恃者母兮夫何辜天蒼蒼兮不

迴生幾時兮終日哀

唐故金紫光祿大夫檢校禮部尚書使持節都督廣州諸軍事兼廣州刺史兼御史大夫充嶺南節度營田觀察制置本管經畧等使東海郡開國公食邑二千户徐公行狀

曾祖仁徹隋吉州太和縣丞祖元之皇考功員外郎贈吏部郎中諫議大夫考義皇汾州司戶參軍贈信州刺史京兆府萬年縣青蓋鄉交原里東海徐公年七十二公諱申字維降東海剡人永泰元年寄籍京兆府舉進士祕書省



正字初辟巡官於江西又掌書記於嶺南行營哥舒氏之亂平奏授大理寺評事轉司直兼監察御史賜緋魚袋又充節度判官於朔方改太子司議郎兼殿中侍御史選授洪州都督府長史時刺史嗣曹王皋江西兵討李希烈故以長史行刺史事任職有成曹王薦之遷韶州刺史四十餘年刺史相循居於縣城州城與公田三百頃皆爲墟縣令丞尉雜處民屋公乃募百姓能以力耕公田者假之牛犁粟種與食所收其半與之不假牛犁者三分與二田久不理草根腐地增肥又連遇宜歲得粟比餘田畝盈若干凡積粟三萬斛將復築室於州故城令百工之伎以其藝來者與粟有差刺史臨視給與吏無所行其私以故人皆便信應募者數千人陶人不知墁而塗有餘圬人不板築而牆有餘築人不操斤斧而工有餘陶者圬者築者工者各以其所能相易未十旬而城郭室屋建立如初刺史以官屬遷於新城縣令之下各返其室創六驛新大市二道四館器用皆具曲江縣五百人以狀詣觀察使請作碑立生祠公自陳所爲不足述假令如百姓言乃刺史職宜如此何足多者不願以小事市名觀察使嘉其讓密以狀聞



遷合州刺史其始來也韶之户僅七千凡六年遷合州其去也倍其初之數又盈四千戶焉初先夫人歿於江西遭賊難未克返葬寓於西原公不赴合州表請奉喪歸祔於河南偃師縣既滄景觀察使奏請景州刺史闕其帥輒以其僚屬將校自爲之不請有年矣宰相累進刺史名皆不出及名公入言合上旨遂下詔遷朝散郎使持節景州諸軍事景州刺史充本州團練使兼御史中丞賜紫金魚袋尋加節度副使其明年滄景節度使始朝二年又朝遂畱詔以其從父兄代之奏以公充行軍司馬公遂以信州府

君塋近漕河表求改葬於重山詔許之既徵入京師遷朝散大夫使持節都督邕州諸軍事守邕州刺史本管經畧招討使御史中丞賜紫如初是歲貞元十七年也詰俚盜除其暴掠良聚攻禁下如令通蠻夷道責土貢大首領黃氏率其屬納質供賦黃氏周氏韋氏儂氏皆羣盜也黃氏之族最强盤亘十數州周韋氏之不附之也率羣黃之兵以攻之而逐諸海黃氏既至羣盜皆服於是十三部二十九州之蠻寧息無寇害其明年制遷使持節都督廣州諸軍事守廣州刺史兼御史大夫充嶺南節度觀察處置本



管經畧等使散官賜如故前節度使歿掌印吏盜授人職百數謀夜發兵爲亂事覺奔走公至陰以術得首惡殺之不問其餘軍中以安蠻夷俗相攻擊羣聚緣盜發輒捕斬無復犯者蕃國歲來互市奇珠瑇瑁異香文犀皆浮海舶以來常貢是供不敢有加舶人安焉商賈以饒二十一年進階銀青光祿大夫元和元年詔加金紫光祿大夫檢校禮部尚書封東海郡開國公食邑二千戶餘如故詔書未至有疾薨於位凡三佐藩屏之臣五爲刺史一爲經畧一爲節度觀察使階累升爲金紫光祿大夫爵超進爲開國公官亟遷爲禮部尚書其事業皆足以傳示後世爲子孫法享年七十雖不登於上壽儒者榮之前夫人渤海高氏子皆夭後夫人扶風竇氏封國夫人有子元弼前右衛倉曹參軍以讀書屬文爲業謹具歷官行事如前伏請牒太常編錄謹狀

## 故正議大夫行尚書吏部侍郎上柱國賜紫金魚袋贈禮部尚書韓公行狀

曾祖泰皇任曹州司馬祖濬素皇任桂州長史父仲卿皇任祕書郎贈尚書左僕射公諱愈字退之昌黎人生三歲



父歿養於兄會舍及長讀書能記他生之所習年二十五上進士第汴州亂詔以舊相東都留守董晉爲平章事宣武軍節度使以平汴州晉辟公以行遂入汴州得試祕書省校書郎爲觀察推官晉卒公從晉喪以出四日而汴州亂凡從事之居者皆殺死武寧軍節度使張建封奏爲節度推官得試太常寺協律郎選授四門博士遷監察御史爲幸臣所惡出守連州陽山令政有惠於下及公去百姓多以公之姓以命其子改江陵府法曹參軍入爲權知國子博士宰相有愛公文者將以文學職處公有爭先者構

公語以非之公恐及難遂求分司東都權知三年改眞博士入省爲分司都官員外郎改河南縣令日以職分辨於留守及尹故軍士莫敢犯禁入爲職方員外郎華州刺史奏華陰縣令柳澗有罪遂將貶之公上疏請發御史辯曲直方可處以罪則下不受屈既柳澗有犯公由是復爲國子博士改比部郎中史館修撰轉考功郎中修撰如故數月以考功知制誥上將平蔡州先命御史中丞裴公度使諸軍以視兵及還奏兵可用賊勢可以滅頗與宰相意忤既數月盜殺宰相又害中丞不克中丞微傷馬逸以免遂



爲宰相以主東兵自安祿山起范陽陷兩京河南北七鎭節度使身死則立其子作軍士表以請朝廷因而與之及貞元季年雖順地節將死多卽軍中取行軍副使將校以授之節習以成故矣朝廷之賢恬然於所安以苟不用兵爲貴議多與裴丞相異唯公以爲盜殺宰相而遂息兵其爲懦甚大兵不可以息以天下力取三州尚何不可與裴丞相議合故兵遂用而宰相有不便之者月滿遷中書舍人賜緋魚袋後竟以他事改太子右庶子元和十三年秋以兵老久屯賊未滅上命裴丞相爲淮西節度使以招討

之丞相請公以行於是以公因本官兼御史中丞賜三品服及魚爲行軍司馬從丞相居於郾城公知蔡州精卒悉聚界上以拒官軍守城者率老弱且不過千人亟白丞相請以兵三千人間道以入必擒吳元濟丞相未及行而李愬自唐州文城壘提其卒以夜入蔡州果得元濟蔡州既平布衣柏耆以計謁公公與語奇之遂白丞相曰淮西滅王承宗膽破可不勞用衆宜使辯士奉相公書明禍福以招之彼必服丞相然之公令柏耆口占爲丞相書明禍福使柏耆袖之以至鎭州承宗果大恐上表請割德棣二州



以獻丞相歸京師公遷刑部侍郎歲餘佛骨自鳳翔至傳京師諸寺時百姓有燒指與頂以祈福者公奏疏言自伏羲至周文武時皆未有佛而年多至百歲有過之者自佛法入中國帝王事之壽不能長梁武帝事之最謹而國大亂請燒棄佛骨疏入貶潮州刺史移袁州刺史百姓以男女爲人隸者公皆計傭以償其直而出歸之入遷國子祭酒有直講能說禮而陋於容學官多豪族子擯之不得共食公命吏曰名直講來與祭酒共食學官由此不敢賤直講奏儒生爲學官日使會講生徒奔走聽聞皆相喜曰韓

公來爲祭酒國子監不寂寞矣改兵部侍郎鎭州亂殺其帥田宏正征之不克遂以王庭湊爲節度使詔公往宣撫旣行衆皆危之元稹奏曰韓愈可惜穆宗亦悔有詔令至境觀事勢無必於入公曰安有受君命而滯留自顧遂疾驅入庭湊嚴兵拔刃弦弓矢以逆及館甲士羅於庭公與庭湊監軍使三人就位旣坐庭湊言曰所以紛紛者乃此士卒所爲本非庭湊心公大聲曰天子以爲尚書有將帥材故賜之以節實不知公共健兒語未嘗及大錯甲士前奮言曰先太史爲國打朱滔滔遂敗走血衣皆在此軍何



負朝廷乃以爲賊乎公告曰兒郎等且勿語聽愈言愈將爲兒郎已不記先太史之功與忠矣若猶記得乃大好且爲逆與順利與病不能遠引古事但以天寶來禍福爲兒郎等明之安祿山史思明李希烈梁崇義朱滔朱泚吳元濟李師道復有若子若孫在乎亦有居官者乎衆皆曰無又曰令公以魏博六州歸朝廷爲節度使後至中書令父子皆授旌節子與孫雖在童幼者亦爲好官窮富極貴寵榮耀天下劉悟李祐皆居大鎭王承元年始十七亦仗節此皆三軍耳所聞也衆乃曰田宏正刻此軍故軍不安公

曰然汝三軍亦害田令公身又殘其家矣復何道衆乃讙曰侍郎語是庭湊恐衆心動遽麾衆散出因泣謂公曰侍郎來欲令庭湊何所爲公曰神策六軍之將如牛元翼比者不少但朝廷顧大體不可以棄之耳而尚書久圍之何也庭湊曰卽出之公曰若眞耳則無事矣因與之宴而歸而元翼果出乃還於上前盡奏與庭湊言及三軍語上大悅曰卿直向伊如此道由是有意欲大用之王武俊贈太師呼太史者燕趙人語也轉吏部侍郎凡令史皆不鎖廳出入或問公公曰人所以畏鬼者以其不能見也鬼如可



見則人不畏矣選人不得見令史故令史勢重聽其出入則勢輕改京兆尹兼御史大夫特詔不就御史臺謁後不得引爲例六軍將士皆不敢犯私相告曰是尚欲燒佛骨者安可忤故賊盜止遇旱米價不敢上李紳爲御史中丞械囚送府使以尹杖杖之公曰安有此使歸其囚是時紳方幸宰相欲去之故以臺與府不協爲請出紳爲江西觀察使以公爲兵部侍郎紳旣復留公入謝上曰卿與李紳爭何事公因自辯數日復爲吏部侍郎長慶四年得病滿百日假旣罷以十二月二日卒於靖安里第公氣厚性通

論議多大體與人交始終不易凡嫁內外及交友之女無主者十人幼養於嫂鄭氏及嫂歿爲之服朞以報之深於文章每以爲自揚雄之後作者不出其爲文未嘗效前人之言而固與之並自貞元末以至於茲後進之士其有志於古文者莫不視公以爲法有集四十卷小集十卷及病遂請告以罷每與交友言既終以處妻子之語且曰某伯兄德行高曉方藥食必視本草年止於四十二某疎愚食不擇禁忌位爲侍郎年出伯兄十五歲矣如又不足於何而足且獲終於牖下幸不至失大節以下見先人可謂榮矣享年五十七贈禮部尚書謹具任官事跡如前請牒考功下太常定謚并牒史館謹狀



# 欽定全唐文卷六百四十

## 李翱七

### 故東川節度使盧公傳

盧坦字保衡河南人父巒贈鄭州刺史坦少孤初任韓城縣尉歷宣城鞏河南三縣尉其吏河南知捕賊杜黃裳爲河南尹謂坦曰某家子與惡人遊破舊產公爲捕賊盍使察之坦對曰凡居官終始廉白衹入俸錢者雖歷大官亦無厚蓄以傳其能多積財者必剝下以致如其子孫善守之是天富不道人之家也不若恣其不道以歸於人坦以爲宜故不使察黃裳驚視因使升就堂坐自此日加重及黃裳爲吏部侍郎將授以太常博士會鄭滑節度使李復表請爲判官得監察御史薛盈珍爲監軍使累侵軍政坦每據理以拒之盈珍嘗言曰盧侍御所言皆公我故不違也有善吹笛者大將十餘人同啟復請以爲重職坦適在復所問曰衆所請可許否坦笑曰大將等皆久在軍積勞亟遷以爲右職奈何自薄欲與吹笛少年同爲列耶復告諸將曰盧侍御言是也大將慙遽走出就坦謝且曰向聞侍御言某等羞愧汗出恨無穴可入李復病甚盈珍以甲

士五百人入州城人皆恐駭坦遽止之盈珍不敢違復卒盈珍主兵事制以姚南仲代盈珍方會客言曰姚大夫書生豈將材也坦私謂人曰姚大夫外雖柔中甚剛又能斷監軍若侵必不受禍自此萌矣若從公喪而西必遇姚大夫吾懼爲所畱以及禍遂潛去姚果以牒來請終以不逢得解及盈珍與姚隙從事多黜死者王緯觀察浙西兼鹽鐵使請坦爲轉運判官及李錡代請如初轉殿中侍御史錡所行多不循法坦每爭之詞深切聽者皆爲之懼累求去不得凡在錡府七年官不改錡惡狀滋大坦慮及難又



非可以力爭遂與裴度李約李稜繼以罷去後數年詔追錡入錡遂扇兵士殺畱後以畱己因發兵取宣州爲其將所擒送斬死順宗皇帝寢疾王叔文居翰林決大政天下懍懍坦說宰相韋執誼速白立皇太子以樹國本執誼深納其言將以爲殿中侍御史時御史中丞亦以爲請王叔文使人請坦將以爲員外郎知楊子畱後坦假他詞不受叔文不悅故事皆不行及王叔文貶出坦遂爲殿中侍御史權德輿爲戶部侍郎請爲本司員外郎尋轉庫部兼侍御史知雜事未久遷刑部郎中知雜事如故赤縣尉有爲

御史臺所按者京兆尹密救之上使品官釋之坦時在宅臺吏以告坦白中丞請覆奏然後奉詔品官遂以聞上曰吾固宜先命所司遂使宣詔乃釋數月遷御史中丞賜紫衣分司東都尋歸西臺初上禁絕罷鎮節度使等獻財貨載於赦條時山南節度使柳晟浙東觀察使閻濟美皆罷鎮有所獻坦劾奏之晟濟美皆白衣待罪上名坦對曰柳晟閻濟美所獻皆家財非刻下卿勿劾坦對曰陛下所以布大信於天下者赦令是也且兩臣首違詔臣職當舉奏陛下不可以失大信於天下上曰朕既受之矣如何坦曰



出歸有司以明陛下之德上善之竟爲宰相所寢李錡之誅有司將自淮安王之下墳墓皆毀之宰相不敢言坦奏曰李錡與國同族其反逆不道身既斬死幷殺其子罪塞矣若將追毀祖父墳墓臣以爲不可淮安王有佐命之功且國貞又死王事漢誅霍禹不毀霍光之墳房遺愛伏誅罪不追於元齡此前代及聖朝之故事也康誥曰父子兄弟罪不相及若將易之無乃罪及良臣且傷大體乎上改容曰非卿言何由知遂命停毀仍禁樵採給五戶守淮安王之墳以示不忘其功上策賢良方正之士有懷書策入

者將深罪之坦奏言四方不明知所犯必以爲策詞抵忤宜輕其責上從之江寧節度使裴垍（一作均）入爲僕射行香時將處諫議常侍之上坦引故事及姚南仲近例以爲證裴垍怒曰姚南仲何足爲例耶坦應曰姚僕射但不是劾使耳何不足以爲例也遂爲垍所排改左庶子坦初爲殿中當杜黃裳爲相故累遷凡二十有三月而至中丞及居官守道正言日聞而人忌其遷之速數月宰相裴垍白以爲宣歙池等州都團練觀察處置等使兼御史中丞宣州刺史劉闢反逆其壻蘇强坐誅死强兄宏爲晉州從事自



免歸人莫敢用坦奏言蘇宏有才行其弟强坐劉闢反誅宏與强相去三千里必不通謀以强廢宏非陛下惜才之志因請宏以爲判官上曰假令蘇强當時不就誅尚宜隨材而任之況在其兄耶遂得請及在宣州江淮大旱米價日長或說節其價以救人坦曰宣州地狹穀不足皆他州來若制其價則商不來矣價雖賤如無穀何後米斗及二百商人舟米以來者相望坦乃借兵食多出於市以平其直人賴以生當塗縣有渚田久廢坦以爲歲旱苟貧人得食取傭可易爲功於是渚田盡闢藉傭以活者數千人又

以羨錢四十萬代稅戶之貧者故旱雖甚而人無災五年冬遷刑部侍郎充諸道鹽鐵轉運使減冗職八十員自江之南補置付之院監使無所與數月轉戶部侍郎判度支坦歷更重位以朝廷是非大體爲己務故多所陳請或上封告泗州刺史薛謇爲代北水運使時畜馬四百匹有異馬不以獻者事下度支乃使巡官往驗之未反上遲之使品官劉泰昕按其事坦上陳以爲陛下既使有司驗之又使品官往豈大臣不足信於品官乎臣請先罷免疏三奏上是之遂追劉泰昕舊賦於州郡者或非土地所有則厚



價以市之他境坦悉條奏各去其所無罷宣歙度支米收其價以移之於湖南免江南鹿腊配之鄜汝州以韓重華（一作華）爲代北水運使闢廢田列柵二十益兵三千人歲收粟二十萬石八年西受降城爲河所壞城使周懷義上言宰相議徙天德故城坦以受降城張仁愿所作城當磧石得制北狄之要若避河流宜退三數里其費不多天德故城非倚山去河甚遠失制虜要地非便因使水運使察視遠近利病以圖進上使品官强文彩覆之文彩言與坦合上名坦使條陳將行之竟爲宰相所奪乃出坦爲劍南東

川節度使周懷義數月憂卒燕重盱代其位遂移天德故城軍士歸怨因殺重盱屠其家初坦與宰相李絳議論多合絳藉以爲己助及坦出半載而絳罷坦至東川奏罷兩稅及山澤鹽井榷率之籍夷人歌之錦劍二州有通文戍州路每歲奏發二千兵以防西蕃其實不過一二百人坦乃奏於衝地置戍鎮之上誅蔡州詔發兵二千人於安州每朔望使人問其父母妻子其有疾者與之藥故兵士皆感恩而無逃者及薨贈禮部尚書

## 楊烈婦傳



建中四年李希烈陷汴州既又將盜陳州分其兵數千人抵項城縣蓋將掠其玉帛俘累其男女以會於陳州縣令李侃不知所爲其妻楊氏曰君縣令也寇至當守力不足死焉職也君如逃則誰守侃曰兵與財皆無將若何楊氏曰如不守縣爲賊所得矣倉廩皆其積也府庫皆其財也百姓皆其戰士也國家何有奪賊之財而食其食重賞以令死士其必濟於是召胥吏百姓於庭楊氏言曰縣令誠主也雖然歲滿則罷去非若吏人百姓然吏人百姓邑人也墳墓存焉宜相與致死以守其邑忍失其身而爲賊之人耶衆皆泣許之乃徇曰以瓦石中賊者與之千錢以刀矢兵刃之物中賊者與之萬錢得數百人侃率之以乘城楊氏親爲之爨以食之無長少必周而均使侃與賊言曰項城父老義不爲賊矣皆悉力守死得吾城不足以威不如亟去徒失利無益也賊皆笑有蜚箭集於侃之手傷而歸楊氏責之曰君不在則人誰肯固矣與其死於城上不猶愈於家乎侃遂忍之復登陴項城小邑也無長戟勁弩高城深溝之固賊氣吞焉率其徒將超城而下有以弱弓射賊者中其帥墜馬死其帥希烈之壻也賊失勢遂相與



散走項城之人無傷焉刺史上侃之功詔遷絳州太平縣令楊氏至茲猶存婦人女子之德奉父母舅姑盡恭順和於娣姒於卑幼有慈愛而能不失其貞者則賢矣至於辨行陣明攻守勇烈之道此固公卿大臣之所難厥自兵興朝廷注意寵旌守禦之臣憑堅城深池之險儲蓄山積貨財自若冠胄服甲負弓矢而馳者不知幾人其勇不能戰其智不能守其忠不能死棄其城而走者有矣彼何人哉若楊氏者婦人也孔子曰仁者必有勇楊氏當之矣贊曰凡人之情皆謂後來者不及於古之人賢者自古亦稀獨

後代耶及其有之與古人不殊也若高愍女楊烈婦者雖古烈女其何加焉予懼其行事堙滅而不傳故皆敘之將告於史官

祭吏部韓侍郎文

嗚呼孔氏云遠楊朱恣行孟軻距之乃壞於成戎風混華異學魁橫兄嘗辯之孔道益明建武以還文卑質喪氣萎體敗剽剝不讓儷花鬬葉顛倒相上及兄之爲思動鬼神撥去其華得其本根開合怪駭驅濤涌雲包劉越嬴並武同殷六經之學絕而復新學者有歸大變於文兄之仕宦



罔辭於艱疏奏輒斥去而復遷升黜不改正言亟聞貞元十二兄佐汴州我遊自徐始得兄交視我無能待予以友講文析道爲益之厚二十九年不知其久兄以疾休我病臥室三來視我笑語窮日何荒不耕會之以一人心樂生皆惡言凶兄之在病則齊其終順化以盡靡惑於中欲別千萬意如不窮臨喪大號決裂肝胸老聃言壽死而不亡兄名之垂星斗之光我譔兄行下於太常聲殫天地誰云不長喪車來東我刺廬江君命有嚴不見君喪遣使奠斝百酸攪腸音容若在曷日而忘嗚呼哀哉尚饗

祭福建獨孤中丞文

維大和元年歲次丁未九月庚申朔二十日己卯朝散大夫守右諫議大夫知制誥李翱謹以清酌庶羞之奠敬祭於亡友故福建都團練觀察處置等使兼御史中丞獨孤君侍郎之靈嗚呼昔我與君自少而歡中暫乖阻周荆眇綿宣城越中二府周旋同事於公職以相連子常推後我唱其先叔向汝齊不紉而堅蘭馨以聞乃在掖垣引我代己其謂眞賢共升於朝亦又多年或外或內莫余或捐君齒少我髮鬢都元豐盈角犀氣茂神全當臻上壽福祉昌



延何爲發瘍針藥弗蠲有妻既喪有子童然喪祭誰主銘旌有翩嗚呼哀哉唯短與長會歸於死以存悲逝前後皆爾哭君之哀痛折支指欲抑不能縱之曷已嗚呼哀哉入君之戶但有裳帷思與君言不見容儀薦肉不食酌酒不持嗟嗟用晦何亟臻斯嗚呼哀哉尚饗

祭中書韋相公文

嗚呼蘊德在躬必逢其慶利物之至宜乎得政君居翰林遭國之病建立詔制所須未定決危疑於一言討褰逆以從正横兵刃以森列述王心而革命伏羣情於頃刻咸屬

目以生敬既名遂而眾安乃登庸而輔聖室因依之他路收爵賞之全柄升俊良之滯淹摧奸宄之熾盛何攘柔而中毅護勳賢於視聽惟廷相之雍雍伊近世而疇並將協德以致理事有初而未竟方陳謀於帝前忽顛仆以終命雖稟受之有數亦生靈之不幸嗚呼哀哉緬維昔歲陪迹南宮省己何有辱交於公公賢偶時羽若飛鴻走斥於外困不能通公相未幾遽歸自東司諫左垣視草禁中汲引之惠如帆得風飄淪八年顛白成翁幽蟄忽發渙然啟蒙烈士感知矧惟賤躬間以存歿心悲曷窮奠爵而拜公其



表衷嗚呼哀哉尚饗

## 祭故東川盧大夫文

前此八年公在宣州翺歸自南下江之流公發辟書使者來名言重禮至實賓之右內懼不稱又安敢辭仰公之德自託如歸亦既在門有言必信翺亦不貳知賢則進公曰汝言我用無疑每疑賢者患不能知汝正而公與我氣合有懷必陳無謂弗納公遷侍郎翺赴浙東宦途有阻困不能通公陳上前出白丞相保明無過焰灼有狀事遂解釋奏方成官非公之力其退於田公鎮劍州翺亦東掾丞言於相曷不以薦官罷在家臥病飲貧惟公見念復名爲賓自修辟牒以復前好承命而行不憚遠道余及陜郊聞公之喪失聲泣哭若火煎腸公爲大臣一心正直發言動聽義形在色公出乎外眾論日歸輔相之位實公所宜惟公之甍骨鯁道衰天下失望賢人共悲生必有盡自古皆爾歿而益光孰與公比喪車東去歸祔先壟臨路一號永訣於此嗚呼哀哉尚饗

## 祭楊僕射文

嗚呼貞元中歲公既爲郎始獲趨門仰公之光遂假薦言



幽蟄用彰德惠之厚歿身敢忘公以直道於南出藩謬管記室日陪討論舊政多糺如絲之棼與賢共謀纖滌榛燔監戎戾強陰附包奸潛譖危疑處之若閑弁兼百流清濁中分賓主之義由茲益敦公自登朝及於謝政善接交友居官恪敬溫然如春柔立不佞坐直屢退進匪由競更歷中外聲華日盛感期作相爲國之慶宜而不居斯可云命知足告休頤養於家子爲侍郎光耀芬葩亦列卿曹秩祿且多孫童滿前園沼經過門吏盈朝宴賞有加宜哉萬壽吉慶靡他棄此弗顧哀哉奈何嗚呼哀哉身誰不貴有後

斯榮惟公之嗣實大家聲公爲弗亡顯顯其名嗚呼哀哉卜筮叶期返宅於滎翺復守郡居不敢寧追懷恩舊躬在郊坰承教絕績刻揚德馨縞服前導盡哀塋庭尚或鑒此公乎有靈嗚呼哀哉尚饗

祭李賓客文

嗚呼天地粹氣降爲哲人忠播大惠濟於生民命與時違有此不伸責安所歸乃在鬼神嗚呼哀哉兄初有疾隷人來告走駟往視連呼不覺痛攪我腸誰其能瘳嫂姪既至患亦微痊我時屢往笑語依然實希返初以及高年謫官



分曹拜恩謚發負罪即路不遑去別意謂全德功當及人尚祈會面復接歡忻如何一乖死生驟分嗚呼哀哉豈虞濬之遂臻於玆舍我而去將安取規惟後與先能校幾時短耶長耶終永同歸死爲盡乎將有所之惟盡惟有兄其已知嗚呼哀哉兄之既疾告於妻子自古神聖莫不皆爾名垂不滅能光萬祀生平交故歿後誰是吾友在東可以託死且吾所有往謂編紀吾名庶存乃賢在史臨絕又告丁寧心耳所錄既到酸慘啟書披尋未窮漫淚盈裾生雖相好歿更有餘敢辭厚命但惡空虛著兄之德刻石幽墟傳乎萬祀用顯名譽嗚呼哀哉兄喪東來我拘郡事（闕四字）棺不得視形存心遊盡魄傷氣一杯寫情四望欷歔嗚呼哀哉尚饗

祭硤州李使君文

嗚呼材不如君富貴者衆身喪遠郡不逢世用如君之年存者則多而遽謝歿傷哉奈何官不展心壽不及老妻少子稚棄去何早我知子能一十八年力竟不及於玆已焉臨君之喪灑酒以訣刻石在壙名傳詎滅下從先人萬古之藏要歸於盡安問短長嗚呼哀哉尚饗



祭從祖弟秘書少監文

秘書少監十弟諒之之靈惟君文行修潔夙負嘉名累升科第士友歡接遂登諫省蔚以直聞周歷南宮連刺三郡得風告罷入貳秘書致政於家息心養疾沈恙頓巳日望其除告言不聞凶訃遄至嗚呼哀哉年未五十有男早亡少妻主喪有息非嗣報施之道冥茫孰知嗚呼哀哉吾責刺遠州道里遐濶病不得見喪不得臨痛悼摧傷悽貫心骨有酒在醆有肉在盤魂兮其來歆此單薄灑淚遣祭哀而不文孰期諒之去矣長別嗚呼哀哉尚饗

祭劉巡官文

維元和七年歲次壬辰九月景辰朔十五日庚午觀察判官攝監察御史李翺等謹以清酌庶羞之奠致祭於劉君之靈我等與君同列賓筵共食偕行歲辰再遷公事多暇嬉遊百般柳垂於塘荷秀於川或泛在水或登在山飲酒終夜觴觥往還笑言無虐咸盡其歡君實强盛時惟壯年宜哉壽考福祿來臻奈何遭疾鍼藥弗痊日莫返初憂危遽傳長路未極琴書忽捐嗚呼哀哉堂有老母室有少妻幼男稚女或童或孩發聲怨切弔者酸悽祔葬舊域隨喪



以歸已矣劉君自古如斯有肉一豆有酒一卮我來一別去去長辭嗚呼哀哉尚饗

祭錢巡官文

嗚呼其維錢君絜行而文上第有司藉藉京秦退居於湖遭病且貧乃耀雄詞單使來臻中丞覽之嗟嘆盈辰遂馳官牒請列賓筵翩然而至灼灼有聞實司表奏章句出羣有時過我薀積皆申無言不契有輿必陳每日仰公心知古人古人孰知幸聯爲賓與我相接三十餘旬不見有過潛然日新余有行（闕二字）鄭之間書札日來道遠情親丁寧戒我已事亟還方將執手復展歡欣如何中道哀訃忽聞驚呼失聲迸淚流巾豈其相逢丹旐載翩少妻慟哭聽者酸辛漫漫者天曲直誰賢梁冀張讓富貴在身童烏項橐天枉其年王鳳何得賈誼何迍將貴賤前定或短長偶然其誰司之施與何偏天不肯告使人惑焉臨喪寫哀備在斯言萬事皆已一觴在前死矣奈何悲哉錢君

準制祭伏波神文

嗚呼伏波之生好兵自喜幼有壯節騰身出仕定冊歸漢謨俞帝旨筭無失畫功伐可紀破斬徵側實平交趾來往



蠻谿未卒而死小人赤口曷本於理薏苡南還明珠譖起乃收侯印爵不及子遺德不忘愛晉社里築廟以祭人畏其鬼久而若新千歲不毀詁詁蚩蚩易白成緇孔子義失勳華不慈曾氏殺人母投於機居竊厥嫂陳平不疑申生實堇晉有驪姬無極巧舌伍奢族夷孟子傷讒萋兮作詩公失其所梁松實爲何獨將軍自昔如斯故士有歷萬代而不滅者常被訕於當時苟窺心而不怍雖棄置其奚悲赫赫聖帝嘉賢命詞酒肴既設神乎降思尚饗

祭中天王文代河南鄭尹作

自春亢陽將害嘉穀是以齋心命使用祈於王惟神降歆明應如答陰雲周布膏澤四施旱苗復生宿麥重秀臣人歡悅草木鮮榮惟王之功拯祐於下某忝尹京邑慮迫羣心實荷王化道以嘉祉方當月禁不殺牛羊謝王嘉錫曷敢稽留且薦中素非陳豆羞請俟踰月乃列牲牢

別灊山神文

維長慶三年十月二十七日朝議郎守尚書禮部郎中上輕車都尉李翱謹遣舒州攝要籍司衙前軍虞候吳潭以清酒鹿脯告辭於灊山大神之靈翱自去歲來臨此邦遭罹炎旱淮左畢同鄰郡逃亡十家六空惟此舒人安業於農我政無能遵此歲凶災同報異乃神之聰事幸無敗譽斯有融遂忝帝命復官南宮皆神所祐我亦何功將赴京邑路沿大江遣使來辭神鑒予衷



湖州別女足娘墓文

維長慶元年歲次辛丑十二月癸亥朔十九日辛巳父舒州刺史翱以酒果之奠敬別於第七女足娘子之靈吾以前月二十八日蒙恩改授舒州刺史以明日將領汝母等水路赴州故以酒果來與汝別嗚呼我爲汝父汝則吾女王命有期不得安處延陵喪子葬不歸吳考之於禮其合矣夫汝之形骨託終此土汝之精神冥漠不覩上及於天下及於泉鬼神有知汝骨安全永永終古無有後艱我來訣別涕淚漣漣嗚呼尚饗

王起

起字舉之。宰相播弟。貞元十四年進士。登制策直言極諫科。元和時累官吏部侍郎。文宗朝拜兵部尚書。遷太子少師。武宗會昌四年拜左僕射。封魏郡公。擢山南西道節度使。同中書門下平章事。大中元年檢校司空。卒年八十八。贈太尉。諡曰文懿。

## 東郊迎春賦 以立春之日備禮東郊為韻

我皇則銅渾而有倫。應木德之惟新。展東郊之盛禮。出左



个而迎春。所以先庚有秩。舊典攸遵。將欽承上帝。而敬授於下人者也。於是法駕鏗鏘。嚴城翕習。見太史之先謁。知勾芒之已及。都人士女。候彩仗以駿奔。文物聲明。擁彩華而鱗集。莫不聽玉漏而雷動。赴靈壇而嶽立。於是闢重門遵九逵。服蒼玉。載青旗。草木之萌。必因茲而動矣。原野之蟄。亦自此而啟之。展聖容之穆穆。引天步之遲遲。有翼有嚴。不徐不疾。百辟陪乘。千官扈蹕。遵皇衢而却轉。度青門而迥出。八鑾振響。隨解凍之和風。五輅騰輝。映麗天之遲日。東郊之中。肅穆會同。俎豆莘莘而駭目。衣冠楚楚而鞠躬。祥雲為之郁靄。佳氣為之蔥蘢。青帝克禋。必來顧而來享。元穹廣覆。何自西而自東。當是時也。四遐縱觀。五福來備。瞻聖皇之迴輪。知太昊之整轡。登臺者漸樂。擊壤者咸遂。莫不荷煦嫗於陰陽。感溫仁於天地。夫然則跂行可以不夭。根著可以漸苞。與逆暑之吹豳。空聞乎德肅於火。殊迎寒於旁磔。何足以禮行於郊。則知和氣熙熙。盛容濟濟。必蒼龍之整駕。當青鳥之司啟。握金鏡而明王道。調玉燭而昭國體。莫不在迎春之盛禮。

## 元日觀上公獻壽賦 以題為韻



歲移木德。春變銅渾。觀上公之獻壽。表南面之居尊。贊以至誠。俾天長而地久。陳乎盛禮。亦星列而雷奔。所以上增景物。所以下答湛恩。豈徒閱夫濟濟。而炫彼元元。時也百辟無譁。九賓有秩。玉帛林會。簪裾櫛比。聲明叶於載陽。天文宜於初吉。於是紫殿晝。皇輿出。仰之如天。就之如日。獻大君之壽。善頌善禱。觀元老之儀。匪徐匪疾。皤皤元老。首出朝端。仰紫宸而展敬。回黃閣而即安。振冠劍之翼翼。曳環珮之珊珊。既進退而有度。亦容止而可觀。將奉一人之壽。而為萬國之歡。遠映珠旒。旁臨霜仗。赫赫在下。明明在

上奉觴而進持盈有俯僂之容祝壽而旋慶賜被鴻恩之暢應千年而莫厚宅百揆而誰讓祥光郁靄佳氣蔥蘢時剡剡以起屨每兢兢而鞠躬拱北辰之尊不異乎台居列宿獻南山之壽更聞其嶽視三公既而天顏迴眷堯酒畢獻乾坤永固上下無怨禮循牆而已退福如茨而咸勸則山呼萬歲徒稱漢日之祥天錫九齡詎比周年之願諒義軒之道隆實伊容之德建宜乎景祿克受賡歌不朽如岡如陵可大可久亦何待華封之祝然後增堯之壽

振木鐸賦以孟春之月遒人徇路爲韻　王起



國家敷文教布時令爰振鐸於九衢將採詩於萬姓上立其典將興詠之必聞下聽其音知從諫而則聖事且彰於歲首禮無虧於春孟所以夏訓是崇周官克敬亦既戒止居然可珍赫赫奕奕爛爛燐燐以金爲鈴且嘗巧於懿匠剡木爲舌將託音於下人及夫拂拭光生提攜彩發順一人之施令採四海之箴闕鐵鐵於遐邇之路杳若和鑾煌煌於前後之車爛如明月於以闡幽於以冥搜知政教之茲始表申嚴之所由動素手而知音愈出注清耳而其義可求色耀皇衢映遲遲而日麗聲搖紫陌隨獵獵而風遒昭彰有儀掌握成韻因木德之將盛懷金聲而載振或聆之而胥悅或抑之而旅進豈比夫鼓有節而斯通雷發聲而先徇可以展六義可以陳四詩在道途而無壅致朝廷之允釐驚百衆以泠泠昭其聲也沃九重於翼翼失則革之鐸之爲義也深鐸之爲用也固虛其中而不屈圓其外而合度可以揚天之聲可以遵王之路令出不返知道人之是司道之將行幸夫子之可喻故其鎔鑄式珍錯磨永新舊典斯考英聲克振既有符於元化斯永保夫青春

取榆火賦以方春改火用榆鑽燧爲韻　王起



國家布和令稽舊章候葭灰之所應取榆火之有常鑽之彌堅初若切磋之響動而愈出俄生煒煌之光火則循利人惟嚮方豈徒宣明於四海固將貽範於百王時也遲遲日昇習習風至太簇中律勾芒整轡擇木之宜順天之利歷歷初種常散英而如錢煌煌是求必鑽木而成燧曲直有倫尋尺爲珍啟炎上之氣當發生之辰佐暄妍於獻歲助煦嫗於陽春比皇明之燭幽既自邇而及遠叶時令而委照爰舍舊而謀新始青林兮見採終洪鑪兮有待欝攸之氣方騰枯槁之容不改其執熱也殊金燧之感其攻堅

也非水石之鑽佩之或雜於刀礪用之以代其槐檀運手
而綠烟乍起厲目而朱燄可觀餘燼收之而有耀死灰然
之而孰難東緼是繁抱焦衆夥何鎔鑄而不賴何燔炙而
不可紅星忽迸不異乎種天之星朱火既飛詎同夫敲石
之火則知調其玉燭取彼白榆誠國之美利亦君之遠圖
始韜光而無朕卒既爍而有孚所以微成於著有生於無
豈徒嚴凝之鄉樹於北塞晼晚之景失於東隅宜乎大化
不爽餘光必共莫不愛一人之火化爲百姓之日用

鑽燧改火賦 以順茲四時取彼衆木爲韻　王起



乾坤設兮其儀有二寒暑運兮其序有四聖人則天而順
氣故改火而鑽燧大矣其功博哉其利智以濟物時以作
事萬人由是資生六府以之咸遂爾其始也命工徒索林
麓選槐檀之樹榆柳之木斬而取也期克順於陰陽鑽而
改之序不愆於寒燠既類夫求美玉而琢山石又似乎采
明珠而剖蚌腹爾其鑽也勢若旋風聲如驟雨星彩晨出
螢光夜聚赫戲鬱攸赩熾振怒青烟生而陽氣作丹燄發
而炎精吐影旁射而曜威氣上騰而作苦冠五行以斯用
審四時而是取司方守赤以備乎南北東西利物濟人用



配乎金木水土則知火之爲德候而爲期火之爲用無以
尚茲輝赫赫而不滅性烈烈而自馳其猛也物則望而畏
矣其炎也人則寒而附之豈不以陽氣所禀厚生所資用
於燧人之氏職於火正之司及乎日月其逝春秋相推取
舍有常必假於人力新舊迭用無乖於天時惟火之用其
則有順其初也鑽一木而挺英其大也燒萬物而爲燼豈
止夫田單克燕孟明伐晉或焚舟而濟河或爇牛而破陣
而已哉今我國家七德聿修九牧入貢若以之鑠金爲鼎
可以備物致用若以之鑄金爲器可以安人和衆然則鑽



燧之始既已如彼利用之美又亦如是濟乎今古達乎遐
邇猗歟火之不可闕也如此

蟄蟲始振賦 以和氣初發幽蟄潛啟爲韻

蟄以寒閉春以陽和閉者得時而後振和者煦物而無頗
萬穴之中或羽毛而櫛比積塊之下或鱗甲而駢羅或蠢
蠢以潛發應熙熙之屢過則知出處有時變通爲貴煦嫗
斯感嚴凝罔畏跂行喙息負日月之融光蠕動蠉飛得天
地之仁氣爾其形分土石色動邱墟潛乎野處達彼巖居
歷窮陰而茲久當獻歲之厥初思麗景之鳴躍念和氣以

吹噓順於時比應雷之雉感於候同上冰之魚況夫勾芒整轡太簇紀月蒸以絪緼斂其臧發或振羽而不倦或動股而不歇細則肸蠁以淩空巨則連蜷而抉竅處否藏周逢時出幽順地之理承天之休將昭蘇而忽變豈枯槁而爲儔想像山川依稀原隰氣且布於感動力無違於燥濕秘遂泥蟠依稀土蟄青雲之表期蜿蜿以龍升繡戶之前佇翩翩而燕入則知離於淹滯託彼沈潛苟存身而有待必坏戶而是瞻豈惟月令舊章紀之而無斁時訓前典徵之而不厭客有窮屈伸之理得行藏之體固無恨於陸沈



將必俟於天啟

## 開冰賦

國家順仲春之律開藏冰之室將以均寒暑分老疾北風始壯且納而必周西陸有期因用而斯出是時木德司辰條風報春物惟求舊令乃謀新有頒冰之職有伐冰之臣安得深藏於重壤自當登御於一人有司奉明詔薦清廟啟其室觀其徵連鍾既下不作沖沖之鑿厚土忽開已發峩峩之照獻羔之禮既宣祭韭之義克全將使陰不伏陽不愆詎有東風之解莫移北陸之堅皎潔兮玉壺乍奪清瑩兮金鏡爭鮮鑒乎其中雖臨深而履薄積於其外終岳峙而峯連此輿人之所納縣人之所傳乃祓以桃弧升於蘭殿凌陰去而寒盡御座來而春變其爲利也溥其爲用也徧羣寮是錫足以表鴻恩百祀方修足以成嘉薦向若藏之不以宜啟之不以時自然光而不耀貞以自持同土石而棄矣何賓祭而用之德既自此宣政亦自此審禦霜雹以清沴調風雨而成稔開五色之瑞福應方來叶七月之章頌聲咸寢豈惟求履霜之堅思積水之凛冰之開也在於人冰之用也進於君昔享司寒雖業於幽閉今將清



暑終見於區分儻不遺於茲日期不掩於前聞

## 冰泮曲池賦 以春日風暖之候爲韻

元英變律青陽報春伊曲沼之方燠始泮冰於斯辰北陸初凝昔峩峩而色閉東風忽解驚片片之光新所以將延軒騎稍媚咸秦散亂瓊岸離披玉津開碧潭之漾漾如白石之磷磷豈必積窮谷而與競塞長河而見倫則知煦嫗有待沍寒無必將辭烈烈之風漸映遲遲之日或竹破而瓦裂或鏡華而玉質帶宿草而猶露添新泉而更溢小大惟錯方圓不一臨深之戒稍窺履薄之危漸失蠶之績也

必見其淪胥鯉或感焉匪勞於剖出璀錯騰外淋漓積中隨波響激遵渚光融下魚竿而不隔泛仙舟而已通渙渙初流自同夫溱水冲冲冈鑿奚取於豳風是知冰在池而合散池與冰而虛滿腹堅難俟於星迴磔裂必因乎風暖皎潔不私清明在茲殊玉壺而覲止異凌臺而藏之鼠無得而潛伏狐由是而決疑和而不同始堅然而固節積而能散終渙爾以隨時客有覽名都之秀盼迴塘之溜知迷津而可通在解凍之斯候

北郊迎冬賦 以題爲韻　王起



我皇審緹幕候元英法天之序立人之程律變於冬必順時而冬命水盛於北亦隨方而北迎所以修舊典闡鴻名受太史之先謁率羣辟而躬營況肅殺以北陸將昭宣乎上京於時時和歲豐勞農息力結冰於坎改火於國天欣玉燭之太和人受銅渾之罔忒由是文物成聲明飾皇皇濟濟鏘鏘翼翼向仙蹕之駐方引斾於司南望曉星之殘尚建杓於禮北及夫禁城啟寒漏極分天仗而雲布遵皇衢而繩直嚴飈絕元輅之響愛日動鐵驪之色一人由之而展容萬姓於焉而仰德既而臻靈壇薦嘉觴奠之以玉縮之以茅雖布政於元堂以居乎左个而司晨者黑帝必祭於北郊蓋示敬於端冕非取樂於懸匏及夫整宸儀迴天步考時訓而咸若稽月令而畢賦導嚴凝之氣無奪其倫應廣莫之風不愆於度則知北郊之爲禮所以佐天而成功亦以感神而叶中故宜百神肸蠁萬寓朝宗豈止運行而成歲閉蟄而爲冬

律呂相生賦 以予欲聞六律五聲爲韻　王起

律呂以迭而相成陰陽以獨而不生總二氣而取則俾萬物而立程可以揣亭毒之理可以順天地之情其繫時也



必誠必信其吹萬也無臭無聲原夫制自伶倫迹於嶰谷始叶音於靈鳳終制器於截竹其名可紀則一暑而一寒其數可陳則陰六而陽六所以均我節物而周乎倚伏借如黃鍾建子以爲本林鍾建未以爲君動夷則而葉墜應姑洗而草薰霜雪因之以罔忒禽獸候之而必鬪雖覆載之莫窮而飛灰可揣謂陰陽之不測而寸管斯分故王者歷象爲務職司是勗奉之以布令法之以成俗肅殺初佐於金風絪緼竟調於玉燭動植無擾含靈斯足莫不因律呂之相生濟仁壽之大欲既而同其法度節其疾徐既環

周之無極亦鱗次而用諧故能欽月令之不爽布歲和之有餘八風既從兮惠化爰被十旬不散兮休徵可書伊上瑞之臨汝實疇人之起予則律不作無以叶五音之術呂不助無以成萬物之實洞於精微生於陰隲在孕育以咸暢處金石而無失則吹於寒谷不惟鄒子之方叶於樂府奚獨延年之律我皇欽若時令克諧宮羽來遠人而風雲表祥張大樂而鳥獸率舞是知順相生之義而德冠乎三五

## 律呂相召賦 以聲氣相叶如響之應爲韻

王起



昔者聖人稽天地之本達造化之方將以律而召呂明自陰而應陽清濁所資叶贊之功共有煦吹無滯輔成之理更相所謂以氣而導聲以聲而宣氣用諧和而感通上下假訢合而生成品彙窮神於短長之象動必相須會數於九六之爻用而不既當其二儀方闢萬化攸初以嶰谷厚均之美審葭灰聚散之餘氣類潛通若琴瑟之心相感雄雌既辨比鳳凰之德皆如亦由顧影而形分命宮而商應合君臣際會之理得夫婦剛柔之稱精誠所致雲龍之感召必同終始相明日月之循環可證若八風順序六氣和平等四時之代運符五位之相生定寒暑之功必能成歲審疾徐之度亦足和聲故得天理不姦物情和愜草木以之而暢遂乾坤於焉而交接兵家之否臧未兆懸以先知樂府之聲音所諧動能允叶今也初陽應候萬物思時念惠風之將入顧寒谷而奚疑必使法軒轅之明方今可也如或繼伶倫之妙何代無之於是放志希夷凝心惚恍酌動靜之理於開闔達感應之情於影響今所以賦律呂之事莫不欲使百王而共仰

## 葭灰應律賦 以四時運行應候不差爲韻

王起



葭灰陽物銅管陰類陽物以健動爲宜陰類以虛受爲器一則本乎天一則通乎地因時出矣本乎天者親上乘氣洩焉通乎地者啟闔感兩儀以成道應六管而爲事明夫律通則氣來灰動則時至知晝夜之迭代表子午之更位辨方辨卦乃立節而爲八定至定分故均氣以爲四於是聖人設矣君子用之於以則地氣於以奉天時仲夏將臨則蕤賓設候孟秋既届乃夷則應期大呂具實而冬窮於丑太簇已散而春蠢於寅可謂自微形著有條不紊明天道之大備則帝道之廣運且夫範金以爲律當其空有律

之明燔葭以爲灰當其動用灰之輕律之空其或吐或納
灰之輕則有虛有盈由是識坤德之順靜探乾德之遊行
其入也柔順其出也剛勝或處陽而陰生或在陰而陽孕
見律中而灰動知地感而天應如此神可以窮數可以究
事可得而待時可得而候是以聖人執茲一柄形被九有
時寒暑之往來辨昏明之姸不夫物之妙用則感於無爲
物或不爽則應用無差彼葭灰之造微與天地而宜契我
皇敬授不忒故能燮理無虧



鍊石補天賦 以鍊彼堅貞將補其闕爲韻

天何言哉有闕則補持五石而是用彼四時而能取成乎
圜象故資可轉之功定彼乾儀蓋俟至堅之主所以禆覆
燾仰周普磨礱入鍛成功豈濫於宋人緝綴爲勞至德何
慚於山甫乾道甚明配彼清貞類鼓鑄而可致冀穹元而
是營石不能言默助無爲之化天將假手潛因妙用而成
則知媧氏之爲功也體物情立取法志生眄悠遠而求則
象規圓而作程小大寧遺俾隨形以溥博差栽不墜皆投
質於輕清若乃元造呈材神功效技他山以綴象帝自邇
卿雲初觸當碧落以麗乎銀漢同流激清霄而即彼天象
又元石質既堅究勤勞而日月逝矣成廣大而星辰繫焉
暖積素之烟尚疑苔點降如絲之雨終若溜穿觀夫圓則
九重功惟百鍊眷無親而克敬當有道而可見言柔與剛
崇高是將運有徒於晝夜比爲炭於陰陽織女停梭受支
機於河漢荆人抱璞嗟韞玉於穹蒼補之伊何以當其闕
照悠悠於峻極驅鑿鑿於超忽想夫取鍛之日排剛之時
齟齬不安或表艱難之步清明於外猶生錯落之姿正圓
虛之廣矣下長風而淒其是知補上天於鍊石蓋虛實之
相資焉



鄒子吹律賦 以吹律洞微寒谷生黍爲韻

鄒子處寒谷之陲審至音之宜能噓吸而律應使嚴凝而
氣移驗乎卜居殊緹幕之攸設稽乎假器匪葭灰之所吹
當其地映嶔崟山連鬱律夏皚皚而多凍晝蒼蒼而少日
草木絕其滋榮飛走悲其慘慄雖彈絃於帝舜孰致其和
雖扣角於師文必慙其術由是鼓其用濟於衆將鈎深以
致遠在識密而鑒洞響發於寒威氣感於春暉何續斷而
臻極乃洪纖而入微颼颼其和土囊之風乍出淒淒積變
夾鐘之律方歸逸韻未殫發越林巒始驚蟄於煦嫗俄解

凍於淒寒誰謂暖風蚤來節奏於絳脣之末誰謂溫風潛扇抑揚於玉指之端於以闡溫燠於以發亭育鄙元鶴之舞庭類雕虎之嘯谷清泠散徙罔聯嶺屬疇人慙其術窮田父欣其野沃則千旬不散之瑞其事未榮南薰不競之占其理未精孰若探至賾究幽情化烈烈之瘠土成薿薿之嘉生豈比夫廟列零陵徒聞白琯之麗竹收嶰谷空爲丹穴之鳴別有翻飛之侶暄妍是處固將嚶嚶以出谷豈獨離離而生黍

## 懸土炭賦 以寒暑相參輕重可驗爲韻

王起



國家順天之情作人之程乃懸乎土炭有象夫權衡惟土也叶陰氣之動惟炭也應陽氣而生故將法之而令出瞻之而教成乃左乃右一重一輕苟二物之不爽知四序之攸平有司修厥官承厥緒繩木有準鈞銖獲所香炭於是而善繫累土由之而畢舉分乎多少則無黨無偏候以高卑知一寒一暑若乃芳歲闌嚴更殘黃鐘中律黑帝司官昴中見而昭晰日北至而沍寒於是岌岌斜指亭亭上干土則從輕知衆陰之將謝炭惟持重知一陽之已攢暨夫春令變木夏德司火鹿解角而氣新君登臺而物夥二氣交而猶昧六律推而未可然後懸法示人表微在我觀夫炭則高而漸危窺夫土則垂之如墮彼銅渾兮自慚空鎔鑄以相參彼金壺兮可厭從晝夜而爲驗孰若土炭之有常爲邦國之舊章恆不飾而不美無玉振與金相影每分於高下色且對乎元黃不假飛灰自符於律呂何必測影而知夫短長向若鴻鑪長爇厚地斯藏安足以調夫四氣而傳之百王於赫大君穆然端拱懸之而無冬無夏法之而是遵是奉信不謬於陰陽詎可欺其輕重

## 寅月釁龜賦 以擇茲上春虔侯明火爲韻

王起



國家謹時以授人敬卜以事神每殺牲以獻歲用釁龜於孟春法於天不失建寅之正位塗以血而皆祀骨之至珍是尊是奉必躬必親周官之規不爽呂氏之令維新時也斗柄潛移葭灰稍暢簭氏之占有待龜人之職無曠由是發巾笥之下於廟堂之上乾乾兮捧九江之殊形翼翼兮出十朋之異狀然後刲牲來思流血注茲映乎顏則渥丹初啟運乎手則研朱乍施所以布幽泉之物於枯槁之姿必勾芒之用事俾僂句之不欺負圖之處既占獻兆之求必果迫而察也異太史之定墨遠而望焉謂卜師之揚火

物以好生爲德我則鑽而堅物以受汚爲累我方告其虔不滑寧同於居蔡見珍皆得於巢蓮閱山澤之形紛其維錯染青黑之緣赫以相鮮木德式臨官占有俟幽贊先知之道啟迪從長之美豈比夫楚軍釁鼓虐執蹶由齊國鮌鍾仁稱孟子且車甲之釁也所以交於神明孰若考元吉謀永貞候青陽之辰是儀是準設朱殷之色必信必誠用能稽大疑決碩畫罔櫝中而致毁咸著下以愼擇旣釁之而有徽願保之而無斁

## 秋潭賦 以秋氣清爽資彼澄徹爲韻

王起

洒彼積水凜乎高秋秋應律兮則勁水爲潭兮至幽當草木之不芳獨開翠色因天地之始肅更變寒流匪騷人之詠歎實知者之娛遊邇其畜奫淪之色得蕭瑟之氣就其淺則疊疊共清臨其深則兢兢是畏居下流之可保信上賞之爲貴寂爾不動湛然恆平正衣冠而必審燭毫髮而必呈性則納汙能積小以成大時方收潦故沿濁而更清鷗浪不振驚濤不驚同至人之虛受比君子之持盈懿其歇昏霾羅物象峯巒之所攢列雲烟之所來往媚潛蚪之幽姿疏遊人之煩想不汪汪於千頃自泠泠於百丈寫星



火兮初流涵珪月兮始上湛清華於古木於以交輝澄鮮彩於層空於焉競爽虛明莫映皎鏡無私處不爭而成德體自然以爲資金風乍搖似易水蕭蕭之日木葉方落如洞庭嫋嫋之時映泬寥之遠天動悠揚之短晷與碧落而相合將清光兮乍起淨如練兮可名清濯纓兮增美儻朝於海知引往而納來如挈其缾可注茲而挹彼安彼皎潔利物含宏溢金隄之皛皛窺銀礫而澄澄飛螢乍臨疑列宿之在漢纖鱗或躍若迎春而上冰豈清淮之可翫何靈溪之是矜則知沸潭無涌聞之於栗烈寒潭見底稱之於洞澈孰若積元流當素節金鏡同朗冰壺共潔旣姸媸而照臨幸清通之區別

## 披霧見青天賦 以瑩然可仰無不清心爲韻

鬱彼宿霧蔽乎遠天霧晦靄以氣徹天清泠而色鮮仰之彌高五里始分其杳爾積而能散三光忽映其粲然昔人引之以喻見賢奇姿允叶美質相宣豈徒卷冥冥之淨綠覩昭昭於上元始則雜氛昏掩高朗霏微有色散漫無象文豹去之而退藏螣蛇游之而來往將欲縱遥睇滌煩想則蒼蒼大圓之色願豁其清明英英上德之容亦如其瞻

仰及夫收地表敂天衢啟晨光之有耀闢麗景而多娛於是碧落如邇青冥若無既仰之而不及將覿止而豈殊且欲蓋而彰人與天而合契不言而信天與貌而相符則知賢爲衆彩人不知兮蔽之孰可天實悠久霧不披兮覩之則不故將通顯於幽情配美於高明空濛既同於席卷寥廓乃喻於冰清惟人也玉立斯映惟天也管窺莫競既遐邇之無氛自心神而可瑩狀烟消於纍纍始露澄潭凝塵洗之濛濛自開朗鏡所以彰風采之異見光儀之盛異哉一言之美萬祀攸欽陋決雲而觀劍小披沙而見金有美



人兮青陽是仰藻鏡斯臨自然比天於霄漢卷霧於沈陰亦何必覩樂廣之容始欽重器信衛瓘之說方獲明心者哉

登天壇山望海日初出賦 以海日生殘夜爲韻

山惟隱天海則孕日日將升而轉麗山望遠而無失青崖直上覺亭亭而漸高碧浪遥分覩杲杲之初出將以測晷度窮節汨豈能獨媚東南之隅空呈畏愛之質而已哉當其陰兎傾晨雞鳴捫葛藟陟崢嶸挺身於重巘肆目於八紘天地廓烟雲清赫彼巨浸吐兹炎精映曈曨而有竟燭浩森而方呈彩射空中謂陰火乍出色浮波上疑萍實初生瞰爾下土煥乎上征觸高濤而暫滅泛輕浪而還明曙色漸分晨光未改濛汜拂浪扶桑浴彩將黃道以麗天必青方而浮海豈韜映之爲美實照臨而有待是知望自遠乎日域登莫峻乎天壇彼以離而取象此以艮而居安考之則陰陽有度察之則溟漲無端况乎銀漢落金波殘將東方而自出俾下土而式觀三足翺翔若刷乎渤澥重輪輝煥如歷乎波瀾映嵎夷而未定拂若木而將干紅彩下沈照波中之鱗甲朱光上溢射雲表之峯巒誠變化之相



詭諒始終之莫殫洎夫出溟渤照戎夏昇九天辭午夜羲和整轡而直上葵藿傾心而皆借亦何必登日觀之峯而後望神明之舍

書同文賦 以王化大同書文混一爲韻

巍巍乎我皇之宅也寰海無氛書契同文宣於小學成彼大勳六藝殊途考爲篆之古史萬邦同德知結繩之聖君於時四方有謐九區如一二教翼宣儒風洋溢或簡牒而異制或草隸而殊質莫不採摭其文錯綜其術由是日月所燭舟車所通布八體而咸若合六書而大同垂露成規

既由近而及遠崩雲殊象亦自西而徂東流離翰墨之場輝映詩書之閫或蟲形而惟錯或鳥跡以相混三墳八索何患乎闕疑二首六身或因而知遠況其名臣染翰行子寓書昌言非同而不達遐思非同而不攄敷奏或乖自無驚於問馬遐邇不壅固有樂於烹魚爲學則孚執藝無訢文加點而何有書盡言而是藉或筆或削決百事之紛拏如絲如綸宣一人之教化則知同文之義大道惟昌合我人則覃於鬼方匪求規於率土將作範於後王巧者莫能革其故暴者無能易其常則帝義龍圖寧務其八卦史籀



蟲篆徒列於三蒼故宜飛聲後代布德無外銘鐘鼎而勒休施竹帛而圖大逸少之能攸著伯英之妙咸賴信乎觀彼人文而樂我平泰

闢四門賦 以來遠人致多士爲韻

王者居上國來遠人闢四門而不壅俾八方而是遵朝聘會同自達於遐邇華夷蠻貊不間於君臣所以表王道之蕩蕩彰皇化之淳淳我皇闢四門也廣天視廓天意總寰海而有截端冕旒而無事猶懼遺淹滯拔秀異或元纁而旁採或弓旌而遠致觀乎天步有四達之清夷仰彼帝閽無九重之奧秘所以遠方知歸羣才不匱彼前代之有四門也或化未洽志未恢水陸之珍是湊邱園之士莫來雖大道甚夷不異乎遐阻雖高門有閌而同夫不開今我后則不然下土順而風趨王化行而草偃閶闔所湊表聖心之禮賢巖藪皆空知帝德之柔遠士嚮方而集才應時而多鴻鸞接翼而畢萃驥騄齊足而咸過莫不趨斯門之呀豁知我化之休和休和之始聖皇之祉致穆穆於四門獲濟濟之多士關鍵不用無老氏善閉之功車書大同叶王者無外之美至矣哉舜德巍巍復存乎聖理



下車泣罪人賦 以萬方之過在予一人爲韻

人惟有罪罪實在予將恤刑於荷校遂責己而駐車顧法令之未平滋彰甚矣儼冕旒而興念涕泣漣如始也備羽衛而行因巡狩而出遇玆拘繫將伏斧鑕王乃止翠華駐清蹕恐法吏之苛暴嗟刑網之峻密稽鳳輦而惻隱再三愍褫帶而幽囚非一於是降玉輅下朱輪議獄緩死掩歔垂紳出轅箱而欷歔交睫顧桎梏而汍瀾滿巾雖囹圄之中自罹有國之典恐羅網之內時陷無辜之人於戲法議難逃過亦有在致犴牢未空之事乃教化不明之罪初猶

掩抑見天顏之慘悽漸覺滂沱濕袞衣之文采承顏熠熠滿眼浪浪情將同於肆眚義有軼於納隍是以顧盼悲泣徘徊感傷布聖旨於方輿之間必先一物推睿情於圜扉之下以及四方故得法制備修獄訟無怨由衷而感於黎庶自已而昜於億萬涕洟猶在宥物之義已彰縲紲未收率土之人知勸行道而道斯遠矣愛人而人亦懷之何天網之自入使皇情以興悲蓋假其人爲邦家之本因其事爲慈惠之資不然何一降車而開二十世之業一灑淚而成四百年之基然後刑法永清威懷遠播是知夏后之得



天下也能恤人而引過

## 木從繩賦 以聖君順諫如木從繩爲韻

惟山有木惟木從繩繩舒卷而克正木堅貞而有憑杞梓未分規矩假之以冥立斧斤斯運曲直欺之而不能古人以政有得失俗有廢興因納諫之善喻爲箴闕之明徵當其懿匠員來瓌材旅進既陳之以糾纆將加之以霜刃掌握初縈綢繆忽振尋尺曳而愈出分銖算而底愼則椽之櫐櫐既砥平而履端伐之丁丁亦木開而委順則明正不得不受曲直不得不容如獻替於百度宜啟沃於九重繩墨之間既無違於目巧君臣之際固宜警其面從然則上達四聰下延五諫比斯木之猶惑待斯繩而作限廣狹有準短長無間自然巨川舟檝何虞沈潛之憂大廈棟梁不貽壓覆之患有條不紊兮其功有餘舉直錯枉兮可以行諸既爰究而爰度亦匪疾而匪徐向若置而不用藏而不舒我有梓林坎坎之聲奚自我有剞劂恢恢之刃焉如褭褭緒抽綿綿纚屬比朱絲之在琴瑟若飛沈之界山谷裁成廊廟之器剖判陰陽之木自同弦直不爲絲棼匪專美於成風之匠亦垂訓於背誕之君雖鱗皴異質臃腫多紋



散作輪轅小大之宜不忒鑿爲戶牖毫釐之度斯分所以喻謇諤於後學昭輔弼於前文方今補袞惟勤和羹克正契君臣以魚水以繩墨爲龜鏡則考殷宗披說命未若賡歌於元聖

## 南蠻北狄同日朝見賦 以渡瀘款塞咸造闕庭爲韻

我皇制百蠻以德澤刑八狄以威靈俾曠代之絕域同一日而來庭則不叛不侵知遐邇之無外自南自北昭聲教之永寧惟蠻也荒陬有倔强之號惟狄也絕漠有桀黠之暴辭炎徼應感而偕來謝穹廬不期而兩造上乃御正殿

臨中區文物有耀聲明以殊小周王之賓肅愼卑漢后之享單于於是弁服雲集旃裘風趨駿奔而遠無不屆麏至而實繁有徒垂衣而朝三表自慚於制虜止戈爲武五月執衿其渡瀘百辟式瞻九儀以配寧有截而斯暢儼無譁以相對獻琛盡禮雜彩服以和光蹶角展容望珠旒而欣戴若非越荒徼踰紫塞則南同魚鼈安得仰龍章於舜年北喻豺狼未可親獸舞於堯代是知歷寒鄉之威發欽百度兮無闕忘沓障之嶄巖彰九區兮克咸聖上惟北辰之位是纘匪南面之尊是滿窮髮斯服雕題無筭仰天威以



懷柔化夷德爲悃款盛禮必具幽遐既慕同寅協恭兮斯親在遠如邇兮斯赴始差肩於著定之位終收跡於夐絕之路史臣書曰美異俗而同臻象斯華而合趣則昔有梯山騕至航海徑渡無蠻狄入覲之遇

諫鼓賦 以聖帝之心渴於聞過爲韻

先王懼五諫之或替恐四聰之有蔽爰立鼓於朝得爲邦之制臣之擊也將宣補袞之誠君之聽焉是叶從繩之契所以臨下國所以承上帝豈鼙鼙於金奏之間坎坎於宮懸之際亦既戒止居然可分契無私之路彰不諱之君猛



簴趪趪以特立直言謇謇而必聞聽其音知有譎而有諷察其狀亦非鼖而非鼛借如明明哲后輔以賢佐懼德化之失慮刑政之墮必佇斯音用補其過乃有閭閻之闕諤諤如林或匪躬自致或造膝來箴叶帝閽而九重猶遠獻工藝而一人且深於是伐茲鼉鼓殷爾雷聲氣作援枹雖假下臣之手聲聞黈纊終沃大君之心豈表識於作礪將思度於如金誰謂再而衰響不可遏誰謂三而竭志由是達防口之政多慚逆耳之言載渴列彼天居大音所儲志惟勵乃仁則依於得夫賢掩善旌之所進箴於闕殊謗木



之所書自得與一言而戾止何必諧八音而樂胥方今堯舜在上伊皐爲政皇建極睿作聖而百官尚箴七臣猶諍用設之爲舊典亦表之爲新令念茲在茲是訓是彝藥石必納芻蕘不遺鼓也高懸寧不考而不擊君惟無過願歌之而舞之

履霜堅冰至賦 以君子之道闇然而日章爲韻

霜之履兮白商應冰之堅兮元律分其履也結之寒露其堅也矗若長雲當萬物始挫之時降於青女及六尺凝寒之日可驀明君信履微而知著宜布象於前聞乃若歲如

何其夜亦秋止稜稜稍結皎皎未履漸皚皚於葛屨之下將皎皎於玉壺之裏雖嚴凝作氣必納於輿人而憯淒動容先感於君子此謂履霜之始暨夫變化無朕堅剛有期律移緹幕之候辰當黑帝之司由是璀璨無積清明自持則豐山古鐘不舂容而鳴矣鄴臺舊井可皎潔而藏之此所謂堅冰之時也霜之飛兮至微冰之潔兮自保所以通變其德所以馴致其道畜峨峨之色且寒於長河改霰霰之光寧留於勁草凝冷兮漸滋積素兮斯瞰始落金波之上有助其明終藏陰室之中不欺於闇冰因乎厚地霜本乎高天何質變而增勵何節窮而更妍亦由洪因纖起高以下先投一跡而千里路極覆一簣而九仞功宣則求已者知霜冰之言理有漸周身者知霜冰之防於未然固宜研精屑屑覃思乾乾豈翫蒹葭蒼蒼之色鑿山谷冲冲之堅哉士有錯綜文房琢磨儒術以修辭爲履霜也不同於豺祭之辰以干祿爲堅冰也不同於狐聽之日願察言而觀行儻循名而責實況乃良牧煌煌近天子光引凝陰之義爲勸學之方則因卑致崇匪一朝一夕爲大於細在日就月將然後知作者之微旨嘉言孔彰



## 弋不射宿賦 以君子仁及飛鳥爲韻

禽之生兮擇其翔集弋爲藝兮修其決拾飛則騁伎或雕俎是求宿必表仁亦良弓用戢無欺其處闇必濟其不及豈憚殺而爲心將好生而是急當其白日旣曛皎月纔分斂翮爭華來巢有羣同在籠之無見雖驚弦而不聞豈不知翦其羽飾旌旗之靡靡裂其肉成炮炙之紛紛蓋以忘機爲心方同海上之子俯窺見害奚恃太平之君四鏃既藏六鈞遂弨物則咸若德用不擾三驅之禮未宏五犯之仁爲小蒲且希伎自貫於青雲硩蔟設官爰射乎妖鳥豈以窺城上之烏棲殞月中之鵲繞至道在茲懷仁有歸恩同於解網戒比於合圍且以順行而蒐寧恨於風毛雨血當夕而殞奚思於不鳴不飛諒身翦而知懼實羽族之有依我思古人聿求夫子蓄矍相之藝不發於非時當山梁之求必資乎順理從禽之禮斯得夜獵之夫多恥物旣全諸眞藝亦藏諸身則知率是道也在博施於仁



## 被褐懷玉賦 以君子藏器待時爲韻

玉者貴而絕倫褐者賤而無文何秘質之用晦空寘懷而不分蓋以潛錯落蓄氛氳善價斯待韞光莫聞詎見識於

和氏而包羞乎楚君當其組織初成彌縫已備馬裼同色牛衣齊類徒觀代藍縷配顛頮爲卒歲之資有禦寒之利殊不知雪影斯積冰光所華溫潤潛顙特達藏器自同韞匱之深莫發連城之貴青蠅欲點礙羽翼而却還白虹始騰隔領袖而猶秘是知玉人獲也用之而彰褐父得也含之則藏外不晝而不曳中如璧而如璋隨於人誰謂莫脛映於禮乍若凝肪自有同夫韞石亦何虞於越鄉我亦思古人展矣君子既效此而比德亦念茲而行已固將匿彩於圭瓚合音於宮徵懼秦趙之奪我則掩荊山之輝恥虞



虢之爭我則藏垂棘之美宜乎琢磨是賴清貞勿改映胸襟而發光雜山水而騰彩成器而服之無斁開衽而沽諸有待信可以價奪衆珍名高四海然後被其惡衣懷以待時有老氏之誡無司城之辭苟釋褐之茲始當獻玉而無疑

燕王市駿骨賦 以求骨於好騏驥雲集爲韻

昔燕王思良馬以扶輸搜揚未獲寤寐而求以爲激貪可以動物明誠可以感幽乃市乎死駿之骨比飛黃與驊騮則有權奇之類倜儻之儔既淪精於一代埋朽骨於千秋甘委土以從棄忽兼金而見留爾其愜意如生沈吟未歇朔風至若聞其激揚纖塵飛想見其滅沒用已息於躡影狀猶存乎挾月匪充貨賄殊巨象之焚身不薦宗祧異立龜之祀骨嗟夫君之愛彼彼竟奚爲雖云力則無展儻亦魂而有知恩實殊常誠所謂汗血而匪恨生如可再思所願肉骨以效奇既而視同龜玉之珍藏諸韞櫝之奧衆既美其惟一孰不從其所好於是不遠而致貢然來思競選奇而往矣爭簡異而歸之迭進騕褭爭呈秀騏包在坰於魯頌掩食場於周詩豈非結之以志感之以類寸誠式孚



片骨罔棄不降階而出身果鱗集而麇至詎比夫虞公愎諫竟貪屈產之良漢武勞師遠取大宛之驥乃知市骨以來駿馬則其至成羣築臺而尊郭隗則其從如雲骨何施焉姑明好駿之意隗未足也且表樂賢之君至矣哉可垂規於典墳國家皇極立洪勳集安輪之聘尚無斁側席之求如不及儻駿骨之已收欲騰驤而見縶

擲地金聲賦 以辭賦高亮可振金聲爲韻

文含逸韻金有英聲苟操觚而盡妙同擲地而若驚五色相宣諒卷懷而得其瓌麗三品作貢叶摽脆而發其鏗鏘

信一言之炫燿爲百代之光榮當其孫氏能文天台作賦眇眇神邁悠悠精騖發翠屏之藻思挾赤城之麗句既窮嵩嶽之標復得華池之趣清韻秀出芳名獨步飄飄凌雲之氣捧而必觀鈴鈴振策之聲擲之可喻亦既成止居然衆欽乃顧良友大誇詞林以爲其文尉其旨深傳乎人間已見斐然之麗擲諸地表必聞鏗爾之音郁郁眩目鏘鏘動心豈比夫荆山抱玉披沙之金則知雜瓌寶於衆夥惟金聲兮則可炫黼黻於英髦競文律以相高苟取譬於擊地必先託於含毫匪誇詡以自侈實麗則而不譙觀瓌瑋



之變態想熒煌之獻狀聆之於耳疑委地而鏗鏘度之以心在體物而瀏亮金之爲寶也可以受礪文之喻金也在乎屬辭披彼丹心始叩音於寂寞臨乎素手同擲光而陸離其價莫並其言可推經喻滿籯是則然矣字比懸市無以尚之別有書圃斯追文房是徇慕綺靡之一擲思金聲之載振所以興詠於上才而思齊於後進

## 重寸陰於尺璧賦

闕一百十字　至若苦心無虧勵志罔移千里而笈是負三年而圍不窺孫敬之戶長閉仲舒之幃晝垂冬映雪而無倦夜聚螢而罔疲爾乃傾心葵藿屬目桑榆郊影不留於北陸林光或改於東隅則尺璧可輕自可抵於烏鵲寸晷所重恨難繫於白駒固在夫學如不及寧務夫執而不趨是知務彼乾乾瞻其杲杲將以求雲霄之路亦以得青紫之道自然被褐懷玉滿堂獲寶向若貴溫潤之姿賤荏苒之時光收皎皎景失遲遲則如琢如磨未能保其瑜瑾一寒一暑空見迫於崦嵫則知潤身之德將貽後學尚鄙滿籯之金爰取沈河之璞況乎日就月將今是昨非六藝達學所以知微則捐谷之中自可棄其虹彩測圭之下實有愛於



烏輝別有功名未錄行古之躅時難再得嗟晼晚於扶桑寶在不貪賤璘玢之如玉此大禹之所以成績得不述之而自勗

欽定全唐文卷六百四十二

王起二

瞽者告協風賦 以審音靜專修職知候爲韻

瞽惟審聲風實應候候至而厥風肇扇聲和而有瞽斯奏知夫天道則清泠必聞揚於王庭亦威儀可究所以贊欽若明敬授先五日而可傳信三推而不繆於時凜冽方謝溫仁始宣雜蒽蘢之佳氣和郁靄之祥烟樂師乃告平野臨大田其視則惟昧其聽則惟專寧體於舞松之閒得其煦嫗傾耳於偃草之際宣彼暄妍曰此融風將聞於天旣而進退匪徐周旋可則逶迤於紫殿之下俯僂於丹墀之側豈無相於倀倀方鞠躬而翼翼迺進而言曰陛下以美利利四海以仁宥宥萬國調玉燭而設邦教法銅渾而立人極所以八風不姦六律無忒臣以樂吏之賤謬知君子之德先王所寶惟穀所大惟食必俟協風以候力穡順時而教導蓋國之章有聲而薦聞乃臣之職今者起幽谷拂平林蕭條注耳寂寞拂襟有薰兮動地之氣無颯然鳴條之音達句萌其和以布庤錢鎛其儀可尋且兢兢懍懍是微臣音之審習習飀飀彰陛下德之修固宜答休徵乘麗景躬千畝率萬井諒神倉之委積則齋宮之清淨表聖時之咸若昭國典之思永皇上垂拱無爲居高聽卑察邇言悅矇瞍之告咨故實敦稼穡之宜謀盛禮度宏規豈虢公之言是則是效而周王之代不識不知

雨不破塊賦 以徵雨流潤用表豐年爲韻

國有休徵天作零雨不爲霖以破塊自呈祥而潤土旣霑旣足克成五稼之豐不疾不徐詎作三農之苦惟雨也映於遙天惟塊也列於大田彼以泛灑爲利此以生植爲先元雲不開色霏微而方密黑壤相映形磊落以皆全詎爲暴於終日自成功於有年觀其散漫初來空濛如振不遺一撮之小不爽一旬之信滋螻蟻之穴何患沾濡帶蚯蚓之形亦懷膏潤其色如晦其飄甚微纔連畎質優渥同歸之耕斯著西成之功必表青黎不散佇秀麥之芃芃白壤如原野之霧合似隴畝之塵飛色潤方圓形沾大小東作常存宜散絲之皎皎是知妖魃見也則枯旱爲憂商羊舞也則泥塗見修孰若霢霂微清滂沱不流所以見太平之美所以彰至聖之休故宜美土疆資播種宣老圃之志作曾孫之頌郁郁美瑞九土之澤克施每每有形三日之霖

勿用是知雨無破塊年必屢豐積而不載感之則通何沃土之不洩何瘠壤之不同夫如是則受塊之人共欣其天賜擊壤之老將明其帝功

## 五色露賦 以率土康樂之應爲韻

露表嘉瑞國昭元吉發五色以斯呈掩百祥而非匹輝光駭目知泛灩之惟新變化殊姿覺淒清之有失若非澤無不被化無不率則何以感之於旻天榮之於聖日爾其寂歷地表希微天宇無聲而零有色斯覩始曖空而雜糅俄泫草而周普霑於衣也皆成黼黻之衣潤於土焉更謂苴



茅之土且其白能受采朱則孔陽青映苔而轉麗元點漆而有光既炫耀於衆彩終錯雜於中黃儻在琉璃味無忝於甘醴如浮葭菼色詎變於凝霜何滑兮之膏潤有煥乎之文章固可以扶壽而愈疾俗泰而時康徒觀夫泥泥未晞瀼瀼既落珠華點綴日華昭灼無煩勒畢之求方成旻倩之樂散東陵之上乍混其瓜灑西山之中更迷其藥其凝厭浥其布葳蕤鶴將警而未測蟬欲飲而猶疑何紺霧而喻矣何卿雲而比之則知墜露成文休祥有謚實我后之冥感掩前王之嘉應

## 庭燎賦 以早設王庭輝映羣辟爲韻

王者崇北辰之位正南面之威赫朱燎以具舉列彤庭而有輝助彼皇明可燭於夜色叶茲睿哲引曜於宵衣信乎令典有作舊章不違當其冠劒鏗鏘環珮昭晰峩峩爭赴肅肅就列聽玉漏而未央仰紫宸而初爇珠旒將出方熠熠以星懸綵仗徐來巳煌煌而電設九儀稍布六樂爰分代星光之照曜雜佳氣之絪縕騰輝於鴛鷺之行若離若合委照於熊羆之旅或友或羣昭昭彰彰紫氣紅光聲明煜煒百物熒煌覩炎上之有赫知臨下之無荒遠而瞻之



謂焚裘之烟昭儉於晉帝迫而察之似流屋之火呈瑞於周王金釭莫齊銀燭非競長風乍拂高談彌盛華爽燦爛以相鮮猛虡攫挐而交映其容烈烈其明杲杲附寒者覺其春深假寐者疑其曙早則知統四海朝百辟勵夙興勤夕惕佐盛儀而有待惜流光而無斁昭其明也叶天鑒之穆清望而畏之契天威之咫尺彼爟火秦舉神光漢覩何足示來儀之容呈入覲之績則知我皇立人之程爲國之經旂淠淠而咸造鸞鏘鏘而可聆萬宇乂多士寧豈徒美君子之至在宣王之庭

堯見姑射神人賦 以聖德之崇窅然欽道爲韻

帝堯以化成於萬國歌宣於九德出汾水之陽經姑射之側峯巒交映若覩神人之形冰霜相鮮皆呈處子之色若非感而遂應靈而不測何以見不死之庭當至人之域始其厭宮室出茅茨駕鸞輅建羽旗若光若滅乍合乍離寓目於巉巖之頂駐蹕於沮洳之湄爰按節而至矣乃傾蓋而望之倏而五雲繚繞羣仙縹緲出碧嶺之崇崇臨丹邱之窅窅瞻童顏之麗綽約則多覩羽服之鮮襳襹非少集其侶乍謂崑崙之巔狀其居不異蓬萊之表由是睋山岊



矚天潯旣元覽而旨遠亦高蹈而思深乃曰我以萬姓臣服八荒君臨蓋天下之至貴亦域中之所欽安知阻茲崖巘隔彼岑崟有吸風之人邈不可見仰承雲之客高不可尋旣而儼珠旒端玉藻增肅穆之敬念希夷之道見仙人之岳岳徒仰高山望鸞鶴之翩翩且輕大寶旣而求之不得瞻之在前念四子而莫來莫往思一人而無黨無偏乘白雲而何及引黃屋而來旋故能戒以無怠防於未然向使忘鶉居之性徇龍駕之盛則光宅之德徒聞乎以邀以遊比屋之聽詎見乎乃神乃聖我皇明四目達四聰惟神也愛而見惟聖也感其通不窺仙於飲露不問道於順風則姑射之神未爲盡善陶唐之主未足比崇

漢武帝遊昆明池見魚銜珠賦 以題爲韻

漢武帝出咸京遊昆明覩濳魚之躍吐靈珠之英珍不藏川是獲媚川之色仁苟及物必能動物之誠先是撥剌巨鱗傍畔水裔或詹何所中或任公所制利鉤貫鰓而錯落長絲縈岸而掣曳殘瘁不振沉浮未濟是用脫其鋒解其纆索於枯肆初同惠於波臣銜以圖書終乃小於軒帝他日擇良辰鏡清流舍鑾輅登龍舟不徐不疾以遨以遊於



是傍臨桂棹遠映珠旒或銜或戲似驪龍之頷將吐若明若滅比瓊蚌之胎未收光芒稍逼輝赫難儔實有意於豐報固無情於暗投含幽育明轉煌煌於畫鷁振鬐掉尾時熠熠於牽牛旣而千官動色百辟咸覩且曰修其文耀其武澤之廣恩之溥雖彼池中之物亦懷天下之主報德而入於隋掌此類蛇銜感音而失於晉庭彼慚鶴舞況乎燭龍奪艷石鯨獨吐泣鮫人之目固不可倫綴神女之軀曾何足數由是儼天儀俯洪池映喩喁而未出炫的皪而方施然後得廉寸之彩失圓折之規則皎皎駒來自掩白狼

之美翩翩雖至徒稱赤雀之竒是知人能博施物亦幽贊無煩罔象之索詎假閧于之貫向若安其忍棄其難俾須首長逝刼灰未散安得此樂於江湖見託於河漢則玉殿之側誰綴其玲瓏金輿之傍莫矜其照爛以言於魚也厥道斯存以言於人也如何勿𢾭則受嘉惠蒙渥恩得不效節於當代而垂名於後昆

白玉琯賦 以神人來獻以和八音爲韻

玉琯絕倫受之於神希夷感化皎潔含眞既比德而爲美亦諧音而可珍肇自夐絕發茲璘玢匪剖石於和氏乃成



器於羽人伊昔帝鄉所傳王室未獻虹彩潛射蜺旌並建鸞鶴映之以生光烟霞奏之以適願同鈞天之樂靈境獨聞在層城之宮人寰共遠既而舜德有感王母來過獻之皎皎捧之峩峩重華遂得其符瑞百靈永謝其琢磨儻比以爲笙知鳳吹之不遠如秉之爲笛曷龍吟之足多豈徒嘒嘒於茲竹磷磷於隨和若乃觀其戾止察其所以質非竽籟韻含宮徵圓其表而合規虛其中而通理光連素手雖提握之不忘色映丹唇在吹噓而成美其舍也無聲之樂其獲也無疆之祉虛而不屈老氏之籥乍同磨而不磷

戎人之環孰比況乎知白自守無瑕可猜色迷瓊樹影雜瑤臺懷清越之音不求於扣感馨香之德不召而來固仙侶之所執非玉人之取材則知素琯之祥元理可察將使律合於六音諧於八傳眞人之逸韻資聖主之大夏宜乎藏九重之深爲百代之欽騰輝爛爛和俗愔愔使伶倫之篇自漸叶律俾女史之管空愧垂箴無以窺天之心而忘至德之音

墨池賦 以臨池學書水變成墨爲韻

墨之爲用也以觀其妙池之爲翫也不傷其清苟變池而



爲墨知功積而藝成伊昔伯英務茲小學棲遲每親乎上善勤苦方資乎先覺俾夜作晝日居月諸挹彼一水精其六書或流離於崩雲之際乍滴瀝於垂露之餘由是變黛色涵碧虛浴玉羽之翩翩忽殊白鳥濯錦鱗之瀲瀲稍見元魚則知自強不息允臻其極何健筆之成文變方塘而設色映揚鬐之鯉自謂奪朱沾曳尾之龜還同食墨沮洳斯久杳冥不測愛涅者必染其緇知白者咸守其黑蘋風已歇桂月初臨元渚彌淨元流更深所以恢宏學海輝映儒林將援毫而悅目豈泛舟而賞心其外可察其中可見

同君子之用晦比至人之不炫冰開而淳漆重重石映而元圭片片儻北流而浸稻自成黑黍之形如東門之漚麻更學素絲之變究其義也如蠹篆之所爲悅其風也想鳥迹之多竒將與能而可傳可繼豈謀樂而泳之游之恥魏國之沉沉徒開墨井笑崑山之浩浩空設瑤池專其業者全其名久其道者盡其美譬彼濡翰成玆色水則知游藝之人盡以墨池而爲比

## 獺皮書袋賦

懿彼元獺生於水鄉始殺身於河涘卒成器於書囊仍彼



殘文不假乎雕刻裁以新製自合乎圓方既出納而斯取亦扃鐍而有常想夫下泉委質上天致祭紫府咸萃丹誠若契宜介福以全生奚徼禍而致斃苟利人以獲助甘成器於此際則有攻皮之工嘗巧於中遺文不翦輕縷潛通圓其蓋則合而能固柔其質則用之不窮謝水府之至樂入書林而見崇外也蒙茸毛有所傳中也駢坒書有所聚韜蔚奐之文章秘煥乎之詞賦彌縫則密豈亡三篋之書周旋必復且涉九衢之路若乃青簡疊至尺牘交馳藏筐篋而不可置懷袖以攸宜必資之以善閉克守之而不遺雖納以魚牋乍似噬魴之日臨乎墨沼寧同赴汨之時動必依人靜而掛壁滿貯攸戒緘縢受益其來也江海至深其潔也波瀾所滌掩青囊之貯卷異豹文之成爲既翰墨之居珍幸提攜而無斁

## 昆明池習水戰賦 以將伐遠戎先修武事爲韻

伊昔漢武將吞遠戎鑿昆明之澹澹習水戰之雄雄池則無涯寫滇河之象戰思拓土合水國之風將以規遠畧恢聖功遐方不擁獷俗來同豈徒列萬艘之邐迤覽一沼之沖融乃命搜舳艫徵卒伍刻楫櫂備金鼓得佽飛於荆江



獲文身於越土榜人來萃水客斯覩介夫仡仡將牽牛以交映畫鷁呀呀與石鯨而對吐奚去陸以習坎方整衆而耀武武之耀兮昭彰衆之整兮張皇攬繁弱拔干將可以摧南方之銳可以挫北方之强列萬夫之貔豹雜五兩之雪霜躍彼漣漪見魚麗之出遊乎洲渚知雁翼之張觀乎作軍政臨武事進退有節沿洄趨利或連兵而鳥逝或應鼓而麇至令肅而必平戎虜教成而不可奪帥四遐縱觀士德增修森森兮列於武庫赫赫兮敞以層樓文物驚乎海若聲名震乎陽侯河漢爲之震蕩劫灰爲之沉浮則知

水陸之謀無闕則遐荒可伐舟車之利克全則珍寶爭先故能立功於窮裔垂盛於當年國家以四海波清九夷草偃感彼洪沼猶連漢苑餘波尚在空發藻以潛魚水戰不修恥勞師以襲遠實我皇之清淨宜福祿之來反

## 轅門射戟枝賦 以一箭解圍人中之俊爲韻

矯矯呂公凜千載之英風立轅門而耀武百夫之特射戟枝而騁技一矢稱雄所以解紛爲智和難成功豈徒用壯於六鈞之妙務能於百步之中當其劉氏興戎袁公結陣既禍拏而莫解亦兵纏而屢振鬬貔豹而不寧若蚌鷸而



相御是用假我手弓救其血刃則萬夫駭目不在於和容二憾革心必資乎中俊闕力未疲徵會於玆排其患難成彼宴私離坐離立左之右之森森兩軍比晉楚衷甲之日桓桓二帥同劉項舞劍之時是用出雄戟射小枝既從容而諭旨亦慷慨而興辭乃曰射者所以明其志忠其質今欲轉禍爲福反凶致吉若嗤同失鵠我藝自忝其疊雙儻妙等麗龜爾心固宜乎如一乃展容耀示英威決拾既佽分銖不違洸洸赳赳如翰如飛莫不屹其密彀釋此重圍彼戟在門揭然獨見立亭亭之直影引耽耽之英盼刃孤標而霜白末斜指而目眩彎弧弨弓之際勢若月圓鳴鏑於矢之端光如電炫觀之者心惕聞之者膽戰固當靖難於五兵豈獨解顏於一箭彼容色沮我師氣振咸曰將軍勇絕衆藝如神躡甲非敵措杯不倫今在座隅徒欲賈勇而當禍儻居戰陣誰當左馬而右人請懲忿於昔日願釋憾於玆辰盛矣哉斯會也當軍門而人無不協中戟枝而戰無不舍既威加於域中亦藝絕於天下則毀其璧二人之訟息弄其丸兩家之難解比將軍之功實爲小者

## 墨子迴車朝歌賦



墨子處厥居愼所如轉華轂遊殷墟疾朝歌爲名知非良邑惟時邁有度用迴德車將以擇樂國垂盛則舉足爲龜鏡立身乎繩墨每自西而自東咸作範而作式始其命駕徘徊發軫員來豈半途而有廢將由遐而無猜雜彼行人初儦儦而同造問於及境終檻檻而獨迴乃曰歌樂者人必有度朝夕者天之所賦苟名而不臧曷邑之足顧由是反征輪遵大路比危邦之不入同覆轍之足懼載脂載舝却新遐而不疑如輊如軒乃舊蹊而是遡諒無阻於寸進實自懲於跬步借如不戒乎謡不恒乎朝自然哀樂失節

威儀莫昭何足以枉君子之車瞻夫翼翼來長者之轍美以翹翹是用居身於克正示衆以不佻雖大道甚夷崒如九州之險大都孔邇邈成千里之遥足以戒居人警行子革詠歌之俗作道途之紀改轅不爽於歸歟反路自忘於勞止亦將趨樂土走仁里彼邑之士莫得式其軒彼邑之塵莫得及其軌宜乎非禮勿動惟貞是履與孔門而齊教將宋國而專美莫不始於迴輪而彰乎勵已嗟乎車之攸避也尚戒乎歌身之攸措也矧至於顚則懼栢人之不宿恥勝毋而不過比車之旨也未足居多



雍畤舉爟火賦（以享神之期候此爲節爲韻）

雄雄雍畤兮神州之壤赫赫爟火兮橋衡之象所以郊祀克明所以照臨是仰成形中度知有要而有倫燭幽以時表來顧而來享肇秦帝而有制洎漢皇而不爽伊昔克修羣祀大合百神聲明雲集文物星陳仰珠旒則嚴其待曙聽玉漏則闇然未晨晦威儀之秩秩迷俎豆之莘莘張華燈而其光不遠秉神燭而其明不均則雍畤之舉爟火也莫之與倫既而亭亭有揭燄燄方爇於以觀百里之備於以昭五夜之節拂瑞雲之表乍疑乎燭龍方來入靈壇之中又似乎神光不絕由是皚皚炳映盍竿鏄爇咸若光而若滅罔顛之而倒之熠爚無替熒煌自持在質明而有讓當委照而無私殊太叔之于田盤遊是舉異齊侯之設燎朝會爲期薦嘉者於焉仰止執熱者難乎嚮邇電延而自西自東星繁而一彼一此比王屋之火空際不流似陳寶之光祠中乍委則雍畤之義斯焉取斯爟火之作爲於有爲照苾苾與芬芬自明無黷燭蹌蹌與濟濟方表有儀故將崇其明祀立我洪規豈徒散孤光於地表煽丹燄於天垂而已哉國家祀典式崇舊章必援思宅中而圖大雍畤



方宏法居上而克明爟火斯候足以掩前王之純懿諒介福而何究

虔禋六宗賦（以享神精潔四氣叶和爲韻）

王者稽祀典竭至誠禋六宗而欽若致四海之和平宗者以尊爲稱禋者以敬爲名爰是崇而是畏必惟一而惟精則四序三光運有常度水旱寒燠災無所萌上乃擇元辰留睿想萬物備百禮徃圭璧陳俎豆敞靈壇嶽立擁千官而式瞻天仗星陳覲一人之可象玉食皓皓而方積珠旒穆穆而斯仰觀乎薦在有翼而有嚴貴其誠故來格而來

享原夫禋於三辰也天宗必降嘉薦是列歆之以虔恭奠之以豐潔使兩曜合璧不爲薄蝕之虧五星連珠詎有欃槍之孽其禋於四時也將以恤蒸人感明神使還周克序鱗次相循致之於葭灰不愆於候調之以玉燭無奪其倫其祭寒暑也將以周萬類均二氣時當元律無墮指以成災節變朱明曷流金之足畏其祭水旱也則天無作孽人獲大和祅魃不生乎災殲商羊自屏於滂沱相彼六宗皇聖是接戩穀降而肸蠁文物紛其暐爗聆夫管磬知律呂之克諧列彼苾芬信幽明之允叶然後一德不二三皇可



四地發嘉生天呈上瑞致百神之職興兆人之利君子謂大舜之克禋惟我皇之能備

## 祠靈星賦 以工奏雲漢祈彼嘉穀爲韻

祀有典兮惟敬天垂象兮在崇奉靈星之德祈戩穀是豐乃命宗伯詔樂工徵舊典於祝史答嘉貺於元穹以夫靈者降休祐星者燭宇宙況出應天田見彰農候足使野夫致享祠官敬授禮而有異豈雩禜之同登樂則必備乃絲簧之並奏於是驗星紀稽帝文覩農祥之晨正彰土膏之脈分奠玉盃於青帝用潔牲於白雲乃啟雲壇爰登玉瓚拜天貺之昭彰見星光之照爛列黍稷而馨感明靈奏和樂而聲聞霄漢瞻彼太極載乎紫微神之至兮雲映曖靈之降兮日揚飛列綴兆於峻舞徵歌頌於絲衣禮成文兮樂終變神胥樂兮儼將歸雕豆玉觴自殊器於宗祀青圭紺席乃叶禮於禳祈懿夫高祖建始福祿奚委禮用太牢名存漢氏皇家復位樂器是備異晉皇之配饗因南郊而道弛禮容盛兮在今時祀豐兮邁彼且夫與衆祈禱曷不稱嗟溥天之惠罔不休嘉豈比夫賈生弔屈空祀三閭之水漢皇幸蜀虛禱萬里之沙者哉是知我禮有肅苾祀不



黷告農可以勸躬耕祀聖可以厲浮俗固宜不害三時方成九穀然後覩觀澤之禮承屆天之福庶憑之而多祜覩秋成於西陸

## 延陵季子掛劍賦 以冥會心許瞻無我欺爲韻

循修隴樹兮掛劍於茲所以表徐君之所欲明季子之不欺予取予求昔藏心而可測一生一死終棄寶而如遺蓋烈士孤標之節而神明幽感之時當其昔結歡娛從容不阻孤鋒乍拔密坐之所彼眷眷於目擊此默默而心許諒他日而來思非伊人而誰與及夫歷聘上國言旋東吳訪

舊友遵舊途亦當開寶匣獻鹿盧何閟水兮不待弔荒埏兮已蕪由是執龍泉而慷慨望馬鬣而踟躕想閒歲之披雲忽然而在撫今辰之切玉視之若無且曰器可謀新室寧欺暗解腰間之善結仰樹杪而延瞰乃脫白刃推赤心耀宿草之煌煌懸拱木之森森錯落金鐶疑夜月而生朧晶瑩霜鍔謂春冰之在林龍形蜿蜿而未化蛟枝亭亭而欲尋解佩義廣脫驂感深英聲遂騰於萬國善價不顧其千金嗚呼劍之擲也無前人之行也必果誠去彼而取此非祈君之祐我無宿諾匹之以庸庸不食言方之以璅璅



向若蔑元壤怯青萍重提攜於掌握輕耿介於心靈則三尺之中空騰雲而漫漫重泉之下將愧色於冥冥無言者道之宏不約者信之大峻節卓以特立義風紛而繁會盛矣哉掛劍之名將萬古而不昧

## 斗間見劍氣賦（以神物下潛精光上射為韻）

彼玉斗兮列乎太清此寶劍兮埋於豐城遥天式瞻諒闚于以成象厚地斯秘遂熠爚而騰精若非五山錯秀六合含英則何以下藏鋒於穎脫上作氣於貞明昔伊雷氏未占張公莫訪秘龍淵之奇彩射斗牛之異狀或雄雄於曲柄之末或冉冉於斗杓之上金陵之王氣莫齊函谷之紫氣應讓可大可久乃聖乃神嗟日月之逾邁怨土石之湮淪劍也氤氳連白榆與紫貝星焉昭晰應龜甲與龍鱗下埋照以煌煌上和光於歷歷何寶鍔兮斯隱在璇璣而必覿鋒惟切玉處玉匣以逾深氣則決雲每雲路而相射匪舍之則藏實闇然而章仰九霄而遊目知百鍊之雄鋩乍滅乍明有扶於佳氣若離若合更類於神光靈氣則浮利用猶鬱當繚繞而熒斗自表至珍儻陸離而佩身寧逢異物可以察三尺之滯淹可以見七星之沈潛石韞玉而騰



輝未專其美鼎居汾而見氣徒有其占固宜仰層穹求外野延瞰於寰城之裏冥搜於古獄之下則可以論國都驅駿馬是知劍氣之在斗間所以求伸於知者

## 切玉劍賦（以天之利刃切玉如泥為韻）

彼神劍兮出昆吾之溪既成形而若水遂切玉以如泥玉則貞堅誠齟齬而難入劍惟銛利將脫穎而莫齊是以從心剖判應手提攜入水蒼之文乍同夫淬水破雞冠之赤且異乎割雞當其瑾瑜外來球琳畢萃磨而不磷用之不匱以藏乎密地出匣而宣利遊恢恢之刃瑕不掩瑜剖礫

碌之形刃有餘地是知不貪其寶不愛其資苟作礪而斯驗將匿瑕而可遺異匱之毀焉斯爲過矣同斗之撞也於以碎之璨彼瓊華煥如縷切匪流血以爲害將凝肪而必截觸可磨之玷片片冰開縱不鈍之鋒重重瓦裂應機則斷投刃皆虛可以斷珪瓚可以判瓊琚雄雄兮化龍之後璨璨兮抵鵲之餘苟在鎔之金不憖於歐冶則指瑕之璧何愛於相如溫潤乍分陸離文燭於以慰良冶之志於以窒貪夫之慾耀鋌而赫奕六金律刃而熒煌五玉是知斯劍之用也按之無下直之無前以劃鐘之聲乍移水碧以



擊柱之勢時入山元星文每臨夫韞石虹氣若斷於晴天然則干將所瞥風胡所徇或劃犀稱利或截鴻所進未若周王切玉之刃

## 照寶鏡賦 以珠寶潛翳照之必呈爲韻

先賢鍊金鏡之英照懷寶之精寶之產兮逾秘鏡之瑩兮至明藏諸土中雖沈埋而可恨引於地表終錯落而皆呈將竭工巧灼爍堅貞以通幽爲用以利物爲情豈惟雕盤龍而耀彩鏤飛鵲而增榮若乃金玉方潛珠璣未出或山藪而埋照或土石而混質連城之價蔑聞照乘之光遂失雖卞和之欲獻我色猶深雖隋侯之見求我藏猶密然後玉匣啟銀華溢用物而不將不逆隨人而無固無必乃夜入榛蕪旁求瑾瑜冰彩前射月華正孤將善價而無隱與佳氣而相符在樓臺之中我用無展當藍田之下厥道斯殊遂使的皪珠色朗然合契皎潔瓊華洞然無翳時映山元之氣乍透菱花之際璞由是而成琢金因之而作礪是知鏡能融朗寶莫沈潛彼照膽而必徹此藏器而莫淹集璀璨之光鸞形乍合騰磨礱之色虹氣斯占固其涵清明之質體虛無之道滿堂由是而獲珍厚地詎聞乎藏寶豈



比夫魏宮之所施秦臺之所持鑒鉛華之小者局懷異而求之況有處幽沈戢光耀愧無不琢之質復仰無私之照

## 蒲輪賦 以安車禮賢者爲韻

王者崇招隱之禮作徵賢之車旣斲輪而合度亦安蒲而用諸將使邱園共賁巖穴皆虛則必旌其重睍建此大輿輪合大規取邁而行陸蒲兼柔質取坐以安居罔覆其軌轍可歷於邱墟載以歸朝盡是漸鴻之翼駕而出野方隨繫鶴之書恒翹翹而隱隱諒求士之本歟若乃山騁異人林棲隱者鳥獸之羣方雜薜蘿之衣未舍或屠釣而忘名

或版築而在野恥戔戔之帛厥禮未崇笑孑孑之旌好善猶寡然後時主側席哲匠精研載脂載牽既攻既堅蒲也採陂澤之叢有車之用輪也斲陰陽之木如日之圜檻檻兮出中朝之禮盛轔轔兮入外野而光宣於是經營草澤輶轢雲烟瞻其儀無虧乎翼翼聆其響且異乎闐闐可以出嘉遁之碩德可以載傲俗之遺賢空谷有駒自爾而方縶鳴皐者鶴假我而聞天豈猶邀申公於是日徵釣叟於昔年則知輪之設蒲巖扃是啟將毗王者之政先保賢人之體致萬里之安安成百僚之濟濟豈比夫織而爲席表



臧孫之不仁緝以成宮昭令尹之非禮方今儁巳在官輪猶未安旁搜叢桂遠綴幽蘭士不病於邁種賢盡出於峯巒是蒲輪之禮也乃王化之端而已哉

洗乘石賦（以王者順動有司先成爲韻）

瑟彼乘石履於聖王每寒水而濯色俾堅容而有常當宸駕之未嚴貞姿或翳及天步而將踐麗質斯彰於是五輅載轄六龍齊首森天仗而既列嚴翠華而已久隸僕乃言故實是諮舊章克守正取彼流惡滌茲含垢兢兢乎映金車而鞠躬翼翼兮汲銀瓶而運手發璀錯之色莓苔染之而不能注清泠之聲埃壒集之而何有皎爾鏡徹爛然冰鮮承玉趾而增麗拂衮衣而更妍磷磷於清淺之波自慚奪彩鑿鑿於激揚之水莫敢爭先匪琢匪磨不涅不磷求韞玉之色彰候和鸞之聲振成吾皇獻替之義我則如水之投叶吾皇啟沃之心我則如流之順四海是奉百禮所總茲石既潔一人由是而日輝茲石未睎萬騎不戒而雷動君惟展義官則庀司將滌瑕而蕩穢在挹彼而注茲於以昭卜征之候於以明望幸之期潺湲既臨似石磴瀉泉之狀流離欲散有山雲潤礎之姿有翼有嚴既敬既戒去



澳泓之色由是砥平吐新鮮之輝用光時邁乘石之洗也列周經乘石之履也合周雅內可以訪道海內外可以觀風天下故曰有扁斯石見於王者

宣尼宅聞金石絲竹之聲賦（以聖德千祀發於五音爲韻）

魯恭王葢宮於孔氏壞宅於闕里聞金石絲竹之聲有六律五音之美清泠始奏異洞庭之載張寂寞而來非鈞天之可視或管或磬以禋以祀徒在廟而見聽豈升堂而足擬當其攝齊而進拾級而前遠近猶惑鏗鏘始傳式感王心聘國無勞乎七十克諧聖域摳衣始化乎三千信不擊

而不考實元之而又元惟金也振春容而無闕惟竹也象吹嘘而未歇愔愔擊石如荷蕢之初聞杳杳揮絲疑孺悲之來謁所以表正聲之感所以同古樂之發退想乎返魯之年追思乎在齊之月迴環棟宇繚繞庭除惟恍惟惚皦如繹如心方啟乃樂可依於固將極天而蟠地豈徒舞獸而躍魚徐疾有則清濁不忒非審以知政非作以崇德藏書之壁時繹繹而難分夢奠之楹乍洋洋而未測響雜乎鴻鵠韻調乎宮羽絲管不形簨簴無覩固可掩歌鐘於二四配莖英於三五及夫鏗爾樂闋油然思深覩奧且驚夫



盈耳廣居由是而革心豈不以感上聖之旨聞至德之音哉皇家始崇儒禮莫先褒聖尊素王之號廣舊宅之敬儻逸韻之再聞播乎樂府之盛

## 冰蠶賦 以凝冱之境成彼奇彩爲韻

懿北極之寒勁有珍蠶之處冰非柔桑之是食非幽室之是憑託彼峩峩且不資於春煦抽其曳曳自有樂於陰凝既違燥而就濕知同類而殊能爾其元律窮芳歲暮百谷風壯羣川冰固遊片片之凝光映重重之積素十畝之間兮洩洩何勞六尺之内兮涓涓正冱既苦寒而不倦將載績而是務觀夫如臨如履經之營之隔皚皚之積冰吐漠漠之輕絲朱綠曳而愈出黼黻成而是資煥乎有章豈寒女之能得超然獨處信夏蟲之所疑淋漓未泮組織方成非繰於盆非懸於井蠶事登矣必因之而剖冰繭稅求焉將取之而越境豈比夫風戾之所生歲單之所成蠶月而方育蠶器而見營安能苦其節履其貞窺之有戰戰之色取之有沖沖之聲匪依樹而遊奚感仙而化不筐而績奚假蠏爲名宜乎海人見采堯帝斯呈伊蠢蠢之繁委實生生之殊詭鼠遊冰下我亦來思龜生火中吾乃異彼況乎



雪霜是履鱗角多奇若解以東風或泉魚而共躍藏諸北陸幸淩人之見知宜乎含章勿改牽絲有待儻來獻於九重必相宜於五彩

## 浪井賦 以王者清淨則出爲韻

洌彼寒井契於聖王不因鑿以成質每自浪而呈祥涌呀呷鼓靈長比醴泉之自出異海水之不揚吾君是時清八區肅諸夏寶出於地符呈於野伊井有浪焉乃瑞之大者爾其呀豁百尋之表洶涌重泉之下狀靈濤之潛洩匪洌風之是假淪漣不盈觸搏恒驚窺坎窞之底有江湖之情

積而有潤於下混而不傷其清窺則澄澄乍玉甃而同色
汲之浩浩激銀瓶而有聲鮒飛鱗而不定羊在缶而皆傾
洎夫列宿參差曉月韜映搖珠彩而增潔涌金波而轉淨
湯湯下激不施屛翳之功洶洶潛驚詎假陽侯之詠然後
駭四海之目垂兆人之慶伊厚地之發祥實大君之作聖
彼青桐素綆之飾玉檻銀牀之盛皆人力之所成固神造
之不競宜乎光瑞典苞坎德不藏於冰不蓄於墨惟波獨
涌惟渫可食奉我皇之飲俾上善以爲心戒我皇之窺必
臨深以取則知井非浪不貴乎成質浪非井不彰乎聖日



比井而王化其清比浪而王心不溢稽休明而合應將汲
引而無失彼堯人鑿而飲漢將拜而出未足以彰其帝功
而較其靈術者也

結網求魚賦 以臨川羨魚未若結網爲韻

網則結緒魚方躍泉其結也疎而不失其躍也瞻之在前
一縱一橫既克張於萬目無小無大亦何逃於百川是以
揚鬐振鬣噴沫飛涎初同求於發笱終取義於忘筌於是
當巧孜孜杭精屑屑細緝絲枲解紛結絕想江湖之相忘
遂綱維之備設搖赬尾以游泳爾不厭深運素手以繽紛

我思善結俾晝作夜日居月諸成茲密網念彼嘉魚庖犧
之舊制無改良罟之新規有餘獻鮮薨之時茲爲謀始烹
釜鬵之日此乃厥初且夫注目劬勞甘心健羨於結網兮
何有徒喚喁而可見金盤既設無靃靃以霏霏錦質乍窺
徒赫赫而戰戰孰若氣奪九罭網殊一面始結繩而援設
終在藻而咸薦疎密由己卷舒從心此紛紛而不紊彼潑
潑而方禽亦何必不網而爲子釣斷罟而諫君臨其動則
紛其力不費事有類於組織志未殊於經緯薦尾安在提
網尚未想飛鴻而則罹曷游魚兮不畏向若臨河廣恣心



賞隨揭厲之淺深當鱗甲之來往出彼[illegible]鰓亦同反掌營
鱣鮪方同濊濊之施罛禁鯤鮞豈比恢恢之漏網則知無
其備者其功畧有其具者其利博此不惓其經營彼無逃
於潛躍夫然觸類斯長緣情可託結詩書而爲網網則有
條驅爵祿而爲魚魚兮咸若吾所以考先賢之微言悟臨
川之妄作

烹小鮮賦 以理大國如烹小鮮爲韻

有冽者泉生乎小鮮將成登俎之美必求爨鼎之姸惟烹
也在於不撓惟魚也貴於克全苟司味之有術諒爲政而

則然若乃海曲蘆人江潭舟子厥頒首於蒲藻得纖鱗於沼沚常窺瀲瀲漏於密網之中今則炎炎烹於沸鼎之裏是以激之有度爛而足恥先明水火之濟用契鹽梅之理然後合沓有聲沸騰以烹碎文弱質萬品千名以剉脆之易壞當洶湧之方驚觸之則土崩可喻安之則錦質皆成蓋以小爲貴在中和且平乃加以薑桂雜以薪燎同露鑊之白遊東前箸而不擾雖湯騰其內火烈其表惟自然於衆味終不亂於羣小既薦尾而獲珍皆駢首而可曉向若爛之不恤撓之是剌急舒無節乎中躁靜不放乎外自然



成魚餒而不食比水煩而不大空摧鱗而莫分寧去乙而知害則知國喻乎鼎人喻乎魚魚之亂則烹以靜人之繁則制以徐鼎中之咸若天下之晏如鮮之烹也不撓人之理兮作則將申老氏之戒用假庖人之職既不爽於和羹幸有光於爲國

# 欽定全唐文卷六百四十三

## 王起三

### 蜃樓賦 以海旁蜃氣象樓臺爲韻

伊浩汗之鵬壑有岧嶢之蜃樓不因材而結構自以氣而飛浮闃然無朕赫矣難儔出彼波濤必麗天以成象化爲軒檻寧假日以銷憂足以掩鼇山於別島漏蛟室於懸流若乃霧歇烟銷雲歸月朗千里目極八紘心賞惟錯之類咸伏陽侯之波無響於是吐氛氳騰泱漭隱隱迴出亭亭直上乍明乍滅舒渤澥而新鮮若合若離結麗譙而博敞



雖舟子來萃國工是仰莫不驚天地之赫靈覩井幹而成象赫奕奕而有光紛郁郁而難詳影臨貝闕彩曳虹梁比繩墨之曲直如規矩之圓方岳岳之仙乍窺於天表盈盈之女且娓於路傍八窗未工百尺非峻佯祥烟於巨浸雜佳氣於重潤仰層構之如翬必巨川之化蜃大壯冥立全模洞開吐噉而侔華宇呼吸而象瑰林翔鯤拂而不散賀燕往而復來依稀碧落想像瑤臺旁輝日域下瑩珠胎比落星之流點綴疑明月之照徘徊則知夫霞駮雲蔚有壯麗之貴棟折榱崩無壓覆之畏既變態於倏忽亦憑虛而

髮鬣豈比夫鼎居汾水䖘䖘以騰文劍在豐城雄雄而增氣方今聖功不宰海物咸在固知吐爲樓閣以全其軀豈爭彼魚鹽弗加於海

## 黿鼉爲梁賦 以王師遠征水族冥感爲韻

周穆窮轍迹之所經駕黿鼉而感靈所以濟浩汗所以通杳冥蜲蜲蜿蜿以代造舟之利匪雕匪刻皆連外國之形諒人力之不勤信神功而永寧當其師旅闐闐旌旗肅肅臨九江而澶汗駐八駿而踡跼望既濟於未濟終歎無梁思載沉而載浮孰能刳木得不乞靈於水府假道於介族



則黿也不得而深藏鼉也不得而潛伏既而擘波有聲異狀可驚出層潭而櫛比駕飛浪而砥平連足俄維比浮柱之初立鏤甲疊映同版築之相成齊首而繩墨勿用曳尾而規模自呈其利惟博其安無傾殊滄海之黿構異銀河而鵲征彼詭類之可覽實至誠之所感假贔屓以臨深託盤蹣而習坎其勢邐迤其狀參差無違不屈惟危具持照赫奕之五刃度張皇之六師乘以周旋且異琴高之鯉載於沉溺還符毛寶之龜漁者徒驚工人有恥同罛共羅而罔及畫鵠雄虹而莫擬題之不可殊長卿之見書抱之則難謝尾生之沈水是知伐鼉以冒鼓其用匪良解黿而染指其謀匪臧孰若奮功於舟楫感聖於君王昔在深泉懼屑沒於其穴今符至德忽結構而成梁固蹂躪而無害將騰躍而有光我皇仁洽道豐文修武偃要荒畢服淳離斯返何必驅鼉而駕黿勞師以襲遠

## 羨魚賦

客有羨魚者立河壖俯臨泉窺綠藻瞰紅蓮彈鋏之歌逾切觀濠之意彌堅則有赬尾殊品紫鱗異質或依蒲而自娛或擁芡而爭出揚鬐奮鬣已見其由戢尾貫腮未知其



術是用秉良辰守通津望噞喁而注目聆瀺灂以勞神乃歎曰深不測者水藏諸水者鱗營之何及獲之何因彼不脫於泉徒求於泉下彼不蕩於水奚求於水濱喪志而退問於漁人漁人曰噫子過矣君子謀不失利動必合理禽之中也先夫矰繳獸之獲也資乎弓矢夫吾子坐金隄降玉趾無留而窺其發發無筍而思其唯唯此所謂自包其羞不求諸己向若有具施之於水則和羹可待食肉茲始不爲緣木之難自叶忘筌之美斯言富哉感激而回求詹公之術盡任子之才器必備藝咸該將中否之不惑希取

舍之無猜羨之可以已也是以結網而復來

焦桐入聽賦 以泠然雅音至聽方識爲韻

聽之微者不必五音伊焦桐之逸韻契伯喈之明心氣逐炎炎始將隨於槁木聲飛烈烈終見用於雅琴當其大匠未收樵人所利圭葉零落孫枝殘瘁以薪見逃以竈求媚聲連而丹燄乍飛響送而紅星忽墜聞之者徒謂木之槁火之熾殊不知八音之珍竹五絃之至彼美中郎神妙無方樂無不審音無不詳聽執爨之間克諧律呂聞就燥之處乍合宮商乃言曰惜乎斯桐韻實天假可以加雕斲可



以暢韶雅何混彼樗林而棄於薪者於是收質燄燄求音泠泠撲滅其色鱗皴其形被之以絃竹水流而山立鼓之爲操必鶴舞而魚聽則知桐之成器待其人而克定桐之有聲非其人而靡聽向若清耳不傳瓌材遂捐希聲率爾彝俗猶然則半死之根誰一收其餘燼孤生之榦將久滅於青烟桐之爇兮人之德焚身之缺兮躬忽見屈殊不知焦尾爲珍竟獲伸於多識至矣哉感知音者顧是傚而是則

朔方獻千里馬賦 以題爲韻

駜彼名馬產茲元朔得遐方之勁氣是稟嚴凝應上聖之禎符其來緜邈固可以飾和鸞之鐵鐵就鉤膺之濯濯始其同羣豐草挺質寒鄉名超茲白瑞掩飛黃伊六轡之爰設非九重之孰當爾其走險鹿駭望雲龍驟縶之維之登歌不慚於西極若滅若沒獻狀聿來於北方於以效伏阜之勤於以釋長鳴之怨流離而走血來格蓬落而執靮斯獻計鴻鵠之舉彼未居多涉燕宋之遙我方適願柔心有待逸足未宣權奇於絳闕之下沛艾於紫庭之前稟月未匹追風莫先所以闡幽都之美所以增華廄之妍既佶且



閑軼其羣兮相萬視遠如邇遵其路兮且千一人既瞻八駿初比彼千駟花發六騶雲起其止也可齊乎足其行也無踰於里信愕視於華原而騰輝於良史伊茲駿之間出在前王而殊寡或鑾輅而見捐或鼓車而不捨我皇昭景福錫純嘏稱德以喻夫俊乂服勞以勸夫忠者豈惟同兩漢之帝獲千里之馬

萬年縣試金馬式賦 以漢朝鑄金爲名馬式爲韻

先賢鑄金之英爲馬之形馬無疆而致用金不朽而垂名瞻之在前則至寶山立寂然不動則異體峯平固將六龍

可驗八駿斯驚遐追絕足遠契長鳴豈徒翫熒煌之彩眄熠爚之情哉始其模旣全體將具思求絕塵之貌是假在鎔之鑄踴躍其液渥洼之形未出撲滅其烟浮雲之姿已露方中矩兮圓中規勢倜儻兮精權奇誠可傳而可繼每不驅而不馳其巧旣畢安貞莫移豈貪夫而是徇諒工者之所爲若乃大閱羣騶旁搜萬國獻絳闕而咸萃充華廄而尚惑乃審厥象俾臻其極仰從革之輝光知代勞之軌則鶩駘沓至自乖百鍊之形駔駿俱來允叶萬邦之式其狀惟肖其義孔昭仰沛艾以龍翥若騄驔而鹿起摧秣勿



施異乘黃之伏皁縶維罔及殊赭白之來朝翼翼雄姿煌煌壯觀恒引耀以錯落每騰精而泮渙牛以石兮多慚馳以銅兮非翫是知武皇之制博伏波之旨深用之則行昔飛聲於東道確乎不拔終成象於南金高門洞闢秘殿旁臨將萬古以駭目俾四方而宅心豈作賂大宛其形見棄爲神蜀郡厥祀方歆者哉固宜無逃於衆寡不昧於取舍永作鏡於域中比懸衡於天下則稱驥德頌駉牧者未若似是而非常以馬而喻馬

## 彈冠賦 以君子之交誠有所感爲韻

岌岌高冠是加於首將服之以入仕遂彈之而去垢纖埃不染知潔巳之爲先法服是從明干祿之非久豈比裂之而無用挂之而勿有也當其貢公不仕王陽未榮風起緇布塵飛玉纓積歲月而無色混風姿而莫呈豈知點綴則價重拂拭則光生蓋以斷金之人未達於清世陸沈之士猶勞其赤誠是故置之而有待褚之而勿營洎夫大漢登庸伊人有所同松茂而柏悅將龍翔而鳳舉於是取章甫而言曰冠者首之飾人之規盛服將朝此爲大者結髮從仕曷莫由之吾方策名於丹闕委質於彤墀顧將盡飾以



爲美豈薄汙而見嗤及解彼珠纓彈於玉指彰久要之必信表從政之有使拂舊彩以增鮮振浮埃而暫起由是發光耀正容止朝廷濟濟具瞻夫哲人巾櫛鏘鏘用表夫君子則知碩量之所包賢人之與交其賤也樂夫伐木其貴也同夫拔茅則爵位相先者以彈冠而自鑒金蘭合契者因彈冠而有感故能致美搢紳不嬰垢氛將總會於元髮期入仕於青雲豈比夫晏子濯以入朝是稱賢相屈生彈於新沐方俟明君

## 佩刀出飛泉賦 以至誠所感靈泉爲生爲韻

貳師之伐大宛也耀武經闐王靈入絕域討不庭近取諸身拔寶刀之錯落上善若水出山溜而清泠則誠之所至危無不寧挹既思於跋石利遂因於新硎當其大漠之北窮山所次萬流皆涸甘泉斯秘堯人不能以鑿井考叔徒稱其闕地思羣飲而駿奔懷載渴而麇至大兵懸命夸父之拔策是憂上將失容曹公之指梅莫致維石巖巖將破以至誠憂心慘慘將慰以元感乃拯經營陟崢嶸綴旒之急貫日之精念爐中鍛鍊之利成山下決蒙之情孤環出銛鍔明賴黑壤而甃啟迸元泉而可驚活活兮有甘井忽



開之兆泠泠兮奪醴泉自出之名飛流乍凝乎淬刃濯血又同於洗兵三軍激心始觀切玉之利萬夫駭耳俄聞漱玉之聲咸曰將軍發丹懇勞赤誠俾竭涸流濕枯槁增榮亹亹之流既控清而引濁濟濟之衆咸出死而入生豈一勺之多實一瓢爲貴既挹注之有待知福祿之來爲刀惟百鍊不剉其鋒鋩泉則九重未存其觱沸此畫地之成川如開流之納泉酌焉不竭瞻之在前何盡心之禺若致滿腹之怡然向使以誠爲後以力爲先動而有悔鑽之彌堅則佩彼孟勞諒無施於磽埆拜同疏勒亦何望於潺湲於戲人之有志物莫能禦刀爲短兵兮曷用泉居厚地兮不阻中石之箭處危疑而則那駐日之戈於精誠而誰與故能飛名域外獻功王所豈不以至誠如神達之於六府

請禁皇城南六坊內朱雀門至明德門夾街兩面坊及曲江側近不得置私廟奏

奉宣今日已後百官並不得於京城內置廟者臣等伏據禮記云君子將營宮室宗廟爲先廄庫爲次居室爲後又韋彤五經精義對曰古制廟必中門之外吉凶大事皆告而後行所以親而尊之不自專也今令城外置廟稍異禮



文書於史籍恐乖聖政伏以朱雀門及至德門凡有九坊其長興坊是皇城南第三坊便有朝官私廟實則逼近宮闕自威遠軍向南三坊俗稱圍外地至甚閑僻人鮮經過於此置廟無所妨礙臣等商量今日已後皇城南六坊內不得置私廟至朱雀門緣是南郊御路至明德門夾街兩面坊及曲江側近亦不得置餘圍外深僻坊並無所禁冀不違禮意感悅人心臣等頻奉聖旨有事許再三論奏輒罄所見貴補聰明

覆廢罷讓皇帝廟奏

讓皇帝廟去月二十四日詔下太常寺委三卿及博士同詳議聞奏者臣等伏以讓皇帝追尊位號恩出一時別立廟祠不涉正統既非昭穆禘祫所及無子孫饗獻之儀親盡則踈歲久當革杜鴻漸所議禘祫之月時一祭者蓋以時近恩深未可頓忘故也今睿宗元宗既已祧去又文敬等七太子中亦有追贈奉天承天皇帝之號當以停廢則讓帝之廟不宜獨存臣等參詳伏請准中書門下狀便從廢罷沿情定禮實議叶宜

## 請進士覆試後再行放榜奏



伏以禮部放榜已是成名中書重覆尚未及第若重覆之中萬不一定則放榜之後遠近誤傳其於事理實爲非便請今年進士堪及第者本司考試訖其詩賦先送中書門下詳覆候勅却下本司然後准例大字放榜

## 覆奏祔懷懿太子神主狀

准今月十日堂帖天寶初置七太子廟異室同堂國朝故事足以師法今欲聞奏以懷懿太子神主祔惠昭及悼懷太子廟不虧情禮又甚便宜送太常寺三卿與禮官同商量議狀者伏以三代已降廟制不同光武爲總立一堂羣主異室親盡廟毀昭穆遞遷此蓋祖宗之廟也然則太子廟出於近或散在他處別置一室或尊卑序列共立一堂伏准國初太子廟散在諸方至天寶六載赦文章懷節愍惠宣等太子宜與隱太子列次同爲一廟應緣祭事並合官給號爲七太子廟又准大歷三年三月以榮王天寶中追贈靖恭太子神主未祔詔祔七太子廟加一室今懷懿太子爲姪以姪祔叔享獻得宜請於惠昭太子廟添置一室擇日升祔

## 創造禮神九玉議



邦國之禮祀爲大事珪璧之儀經有前規謹按周禮天地四方以蒼璧禮天黃琮禮地青珪禮東方赤璋禮南方白琥禮西方黑璜禮北方又云四圭有邸以祀天兩圭有邸以祀地圭璧以祀日月星辰凡此九器皆祀神之玉也又云以禋祀祀昊天上帝鄭元云禋烟也爲玉幣祭訖燔之而升烟以報陽也今與開元禮義同此則焚玉之驗也又周禮掌國之玉鎮大寶器若大祭既事而藏之此則收玉之證也梁氏崔靈恩撰三禮義宗云凡祭天神各有二玉一以禮神一則燔之禮神者訖事却收祀神者與牲俱燎

則靈恩之義合於禮經今國家郊天祀地祀神之玉常用守經據古禮神之玉則無臣等請下有司精求良玉創造蒼璧黃琮等九器祭訖則藏之其燎玉即依常制所冀國禮可久之文守而不失周官巳墜之典舉而更新

定祀九宮儀注議

伏以九宮貴神位列星座往因致福詔立祠壇降至尊以稱臣就東郊以親拜在祀典雖云過禮庇羣生豈患無文思福黔黎特申嚴奉誠聖人屈巳以安天下之心也厥後祝史不明精誠亦怠禮官建議降處中祠今聖德憂勤期



臻壽域兵荒水旱寤寐軫懷爰命臺臣輯興墜典伏惟九宮所稱之臣即太乙攝提軒轅招搖天符青龍咸池太陰天一者也謹按黃帝九宮經及蕭嵩五行大義一宮其神太乙其星天蓬其卦坎其行水其方白二宮其神攝提其星天芮其卦坤其行土其方黑三宮其神軒轅其星天衝其卦震其行木其方碧四宮其神招搖其星天輔其卦巽其行木其方綠五宮其神天符其星天禽其卦離其行土其方黃六宮其神青龍其星天心其卦乾其行金其方白七宮其神咸池其星天柱其卦兌其行金其方赤八宮其神太陰其星天任其卦艮其行土其方白九宮其神天一其星天英其卦離其行火其方紫觀其統八卦運五行土飛其中數轉於極雖敬事迎釐不聞經見而範圍亭育有助昌時以此兩朝親祀而臻百祥也然以萬物之精上爲列星星之運行必繫於物貴而居者則必統八氣總萬神幹權化於混茫賦品彙於陰隲與天地日月誠相參也豈得緊賴於敷佑而屈降於等夷又據太尉攝祀九宮貴神舊儀前七日受誓誡於尚書省散齋四日致齋三日牲用犢祝版御署稱嗣天子臣圭幣樂成比類中祠則無等級



今據江都集禮又開元禮蜡祭之日大明夜明二座及朝日夕月皇帝致祝皆率稱臣若以爲非泰壇配祀之時得主日報天之義卑緣厭屈尊用德伸不以著在中祠取類常祀此則中祠用大祠之義也又據太社太稷開元之制列在中祠天寶三載二月十四日勅改爲大祠自後因循復用前禮長慶三年正月禮官獻議始準前勅稱爲大祠唯御署祝文稱天子謹遣某官某昭告文義以爲殖物粒人則宜增秩致祀稱壽有異方丘不以伸爲大祠遂屈尊稱此又大祠用中祠之禮也參之日月既如彼考之社稷

又如此所謂功鉅者因之以殊禮位稱者不敢易其文是前聖後儒陟降之明徵也今九宮貴神既司水旱降福禳災人將賴之追舉舊章誠爲得禮然以立祠非古宅位有方分職既異其司存致祝必參乎等列求之折中宜有變通稍重之儀有以爲比伏請自今已後却用大祠之禮誓宜備物無有降差惟御署祝文以社稷爲本伏緣已稱臣於天帝無二尊故也

銀青光祿大夫檢校禮部尚書使持節梓州諸軍事兼梓州刺史御史大夫充劍南東川節度副



大使知節度事管內觀察處置靜戎軍等使上柱國長樂縣開國公食邑一千五百戶贈吏部尚書馮公神道碑銘 幷序

惟唐開成元年歲在執徐十二月三日檢校禮部尚書東川節度使長樂公享年七十薨於位天子不視朝一日贈以天官之秩是月公之喪歸於西都其來也梓潼之人如亡顧復其至也京師之人咸嗟殄瘁其親戚號於中唐而鄰里感其朋友慟於外寢而搢紳弔咸以公孝友忠信清廉正直寬仁偉度可以韜當世弼諧遠畧可以經大邦而位不充量才屈於算斯所以感人深矣其明年五月克葬於京兆萬年縣崇道鄉白鹿原從先人塋禮也既葬其孤纍然泣血以公勳伐德善之狀請被於文而刻此石云公諱宿字拱之冀州長樂人漢光祿勳奉世廿五代孫也自光祿勳立功於漢其下十四葉立國王燕是爲昭成皇帝其下七葉至五代祖周烏氏侯諱早惠 字闕 一隋爲隰州司戶皇朝爲婺州常山令常山生高祖皇婺州紀曹掾諱文儉紀曹生曾祖茂才高第括州松陽令諱道儀松陽生大父文林郎宋王府記室參軍贈禮部員外郎諱嗣員外生



先府君南昌令新安郡長史贈尚書左僕射諱子華咸以茂德光耿史牒僕射天寶中明皇以四子列學官時與計偕一鳴上第藏器不耀以孝節聞享年八十累贈尚書左僕射先妣彭城劉氏皇成都府參軍沔之女嬪則母範惟家之肥累贈彭城郡太夫人公即僕射之元子也奇偉倜儻與人誠直言無詭隨行不苟合望之也長戟森於武庫即之也大珪植於瓊田丱歲侍僕射府君廬於員外府君之墓左有靈芝產於埏隧白兎擾於松檟僕射惡其顯異抑而不言識者咸謂純孝殊祥又重之以陰德其門必大

也弱冠以工文碩學稱年廿六舉進士是時明有司即兵部侍郎陸公贄其人也又應宏詞科試百步穿楊葉賦雖爲勢奪而其文至今諷之後生以爲楷已而有志於四方歷東諸侯爲彭門僕射張公建封所器異因表爲試太常寺奉禮郎充節度巡官張公傑邁簡達尊賢禮能幕府始建羣彥翹首與公同升者李藩韓愈之倫皆諸侯之選及公曳裾之後有置醴之遇其書檄奏記公皆專焉及張公寢疾公常出入臥內獻替戎事一軍感其誠明迨其薨落也武夫感義閭里懷慕蚩蚩洶洶無帥乃亂立其子愔稱



留後焉未王命也先是李師古之叛也其將李洧以徐方効順至是師古將伐有喪且復故地公內則整訓叛徒明利害之鄉外則移檄敵人示逆順之理卒能寢師古之謀過徐方之亂衛監戎於鋒刃之上免闔境於磔裂之勢公之力也而終身杜口不言定徐之功議者高其不伐及德宗以愔得衆因而善之表公爲留後判官試金吾衛兵曹公以危邦是戒倚門方切乞歸江左以奉色養已而越師潛章請置閫幄授大理評事徐之軍吏惜公之去也繼公職者害公之能也合爲他誣貶泉州司戶公得喪不形以詩書自娛歲餘移闕一字州司戶太夫人終堂孺慕柴毀阽於滅性喪復常從事浙右徵拜憲府監察歷太常博士凡爲國家定謚皆闕一字善貶惡不吐不茹時人偉其文而與其直遷虞部員外郎丁先府君艱欒枝在疚哀禮皆極既祥除都官員外郎憲宗時吳元濟以淮西叛詔相國裴公東征於是妙選廷臣爲幕中闕一字由是表公爲彰義軍節度判官於是有朱紱銀章之錫淮西平酬勞報功拜比部郎中爲持權者所忌會韓文公愈以京師迎佛骨上疏切諫忌公者因上之怒也誣公實爲之出刺歙州先是中書



舍人缺僉謂公之述作動合謨訓綸言之任旦夕待遷及一麾出守羣情大駭公則神怡氣暢視虧若成此則老氏之齊寵辱令尹之無喜慍也在歙周歲鋤兼并活矜寡有襦袴誰嗣之謠徵拜刑部郎中遷兵部郎中知制誥時問罪河朔書命疊委公應用神速不能自休詞理典奧文采煥逸大凡六百餘章爲染翰者程準天子以深州刺史牛元翼納忠効順詔除襄州節度使時重圍不解未克之官下江漢上游舟車四會久虛統帥弛斎由之因思文武全德姑攝其任上曰侍臣有魁岸奇表珥貂蟬者爲誰丞相

以公對上曰峴南留務斯人可矣爰命金印紫綬官相憲丞倅闕一字以闕二字之下車則軍旅安闕一字閭里清寧後元翼自闕一字內來詔公歸闕二字又或願借子翼且留一年或追送君闕一字有逾百里其遺愛在去有如此者即日拜中書舍人妄爲飛語闕一字中闕一字改爲太常闕五字遷散騎常侍闕六字直闕三字之士闕六字試第其上下得人之闕二字爲至公遷華州刺史以州名犯先公諱固讓不拜復闕二字加集賢殿學士闕四字同之阻命於闕二字也王闕一字與闕二十一字以闕七字之臣有才者宣撫之擇使數輩闕三字之事公以食君



之祿危事不闕一字急國之闕三字盡心遂闕二字政闕四字屬虐暑潦雨泥行谷宿闕二字險阻闕八字不言闕一字由是出入闕六字危者安之闕一字者勇之棣城闕二字公闕二字助其闕二字事國有如此者矣三川浩穰尹正斯闕一字時闕一字之闕二字公闕一字理及闕二字必信賞必罰寬人急吏闕二字著無闕一字兼弁闕一字必闕六字部曲闕五字有闕二字爲闕一字吏闕六字於杖下闕十二字禁止再闕一字報政行工部侍郎加闕十五字曹郎議闕二公以闕一字路闕一字以誅闕六字之闕三字以爲得闕十二字格後勅五十卷闕一字百闕七字兵部侍郎進爵爲公會衆闕四字上闕四字之忠重推轂之闕二字檢校禮部尚書使持節梓州諸軍事兼梓州刺史御史大夫充劍南東川節度副大使知節度事管內觀察處置靜戎軍等使上柱國公闕一字節闕一字臨整闕二字紀外闕三字內闕二字吪推赤心於三軍之腹而闕一字郡以六闕三字禮樂修明苛闕一字用去闕四十二字國人闕二心太和初闕一字師闕二字南闕一字入寇抵於闕二字犬掠而闕一字公以善闕一字不闕五字隨則無惠安必闕三十七字上問之曰守土之臣當如是乎豈闕一字山鎮一方亦可波及他闕一字詔用闕四字巫之闕五字公闕四十二字嘗一旦天助十萬錢於我



家故鄉人號爲孝馮家吾今壽登闕二字位列方面陰德之闕一字其可誣乎闕四十七字重闕一字家闕三字之以闕四字曰命之短長天闕三字之闕五字吾不闕一字也闕五十六字天下表其闕八字

貞百

## 莊恪太子哀册文

維大唐開成三年歲次戊午十月乙酉朔十六日庚子皇太子薨於少陽院十七日辛丑遷座於大吉殿十一月乙卯朔二十四日戊寅命冊使太子太師兼右僕射門下侍郎國子祭酒平章事鄭覃副使中書侍郎平章事楊嗣復

持節冊諡曰莊恪十二月乙酉朔十二日景申葬於驪山之北原莊恪陵禮也玉琯歲窮金壺漏盡祖奠告徹哀笳將引庭滅燎而月寒路搖旂而風緊皇帝念主鬯之缺位悼佩觿之夭年銅樓已閉銀牒徒懸方追思於對日遽冥寞而賓天典冊具舉文物咸備爰詔侍臣顯揚上嗣其詞曰

皇矣帝緒肇基綿古種德尊道宗文祖武上聖開成天下和平儲祉發祥是生元良覃訏之初岐嶷用彰蘊才游藝玉裕金相既免孩提是加封殖俾維城於東魯錫介珪於



上國辭榮朱邸正位青宮尊師重傅養德含聰畏馳道而不絕問寢門而益恭招賢警戒齒胄謙沖冀日躋於三善奉天慈於九重漢莊好學既顯於外魏丕能文方循於內美不貳於顏過嘉得三於鯉退焜燿甲觀鏗鏘瑜珮方積善於爲山何反眞而游岱嗚呼哀哉憂兢損壽沉痾始遘羣望並走百靈宜祐吳客之問徒爲越人之方靡救占前星之掩曜知東朝之降咎天垂象而則然人由已而何有嗚呼哀哉稅駕承華兮即宮夜臺鳳笙長絕兮蜃輅徐來啟青宮而右出歷元灞而左迴度凋林兮魂斷入曠野兮心摧水助挽而幽咽雲帶翣而徘徊悲佳城之已掩見新廟之方開嗚呼哀哉授經兮曷期執紼兮增欷九原作兮何嗟及七日還兮安可希有少海之波逝無西園之蓋飛商山之羽翼已散望苑之賓客咸歸瑟彼玉簡閟於泉扉用傳信於文字願不昧於音徽嗚呼哀哉

張仲素

仲素河間人官中書舍人

稼如雲賦 以農夫望歲歎以滌場爲韻

天何言哉歲云秋矣臨甫田而一望見多稼之具美亘平野而雲鬱覆高原而黛起九土用康兆人賴止豈非協風中律農祥順軌土牛作候而不愆銅雀載鳴而有以徒觀其千畝既良萬頃式臧與有渰而混色霑霡霂以齊芳雜非烟與非霧乍漠漠以蒼蒼孰克辨乎帝力咸自嘉於我



疆御田祖之神時聞擊鼓樂農夫之慶且見築場察彼近郊知夫四裔何山苗之能植伊隰桑之尚蔽豐滋漫若用表於播時悅茂油然寧憂於晚歲矧乃華實云就堅好不渝豈茨梁之足喻若薈蔚之將斆知艱難垂戒於往哲務藨蓘在勸於鄙夫爰協古公之政式宏管氏之虞至夫實穎蓁蓁厥田上上膏陰潤以蕃庶矗朝隮之異狀邱陵共秀且聞東皙之詩黍稷盈疇更鬱仲宣之望懿夫白露凝泠清風戒寒是刈是穫式燕且歡諒遺滯之足矜思京坻而可觀蓋由我君勤儉所彰純嘏屢錫運璿衡之冥數煥玉燭而昌歷分地而嘉穀用登報天而犧牛在滌下臣覩而作頌敢歎美於成績重曰望如雲兮我稼既同除其穢兮田具是功既庭又碩兮將表歲終喜有秋兮可以勞農

三復白圭賦 以立身慎言思是用則爲韻

賢哉南容詠白圭於雅作奉明義以爲誡徵莠辭於口給諒同符於素履將辨志而貞立玷生在玉伊良工之可磨言出於躬縱駟馬之不及是知詩之爲喻言以昭信想研精於奥旨知底滯於遺韻詠歎彰其不足反覆明乎克愼身之是省況開卷而念茲心苟無瑕異獻璞之往吝允矣



君子宜其念之懲諸嘉玉觀爾靈龜尚鮮華之彩慕特達之詞知在涅而不昧同居暗以無欺重明哲以作則故沉吟於四時既切磋以求友將造次而解頤得之自中殊學者之四失復而無斁類夫子之繹思是謨是訓是儆是則諒修己以爲物可自家而刑國既引之以改過復重之以比德香芸自雜於卷舒青蠅寧間乎白黑彼以圭爲瑞此以誠爲珍苟因文而假物非貴玉而賤珉然則懷璧者恥慢藏而成玷事君者畏不密而失身夫其列於雅頌備法語之爲用垂於後昆庶厥道之長存汗簡之文可考絕編

之義再敦且非守句之末學有異斷章而賦言豈不以賢智之心慎樞機之所啟瑾瑜之質懼毫髮以成痕懿夫志士仁人明不自是執一善以無失故三復而樂只若或志於斯行秉善價而誰毀

公儀休焚機賦以政者爲理敦俗爲韻

物有資於利用則機之功也可錄初離立以待時竟開張而濟俗言念魯相溫其如玉覽下妾而獻藝將自家而窒欲克勤克儉誠君子之息機焚如棄如示小人之止足酌其妙也得而言者斯以明貴賤正儒雅龍梭勿用猶懸素



壁之隅星石曾支尚在綠窗之下懿其以彼火烈彰茲行危諒舍之而是警非敝之而改爲鼓鐘於宮覺前言之嘉喻勞薪用爨嗟彼世以方知惟此政經必資輔理傷抱布之趨來異斷機之所擬燎枯木以烟散暢清音而風美迢迢之象遠在於天札札之聲不雜於耳且懷柔之理文歸不競何兆庶之淺深在仁知之游泳道自絕於瑕玷慶旁作乎龜鏡絲麻不績而家乃致於肥煨燼未除而邦已聞其政是知重爲輕根旨遠道敦息邪贏於高位澄細流於上源雖屢空於衣褐實垂裕於子孫

信圭賦以分形立象以保乎身爲韻

瑟彼信圭諸侯是執當大君之辨等與五玉而咸集皎以式孚堅於特立錫山川以爲瑞在享獻而增襲將持比德以省躬豈獨退揚而進揖懿夫潔白其質縝密其文得儀形之是表敘羔雁以成羣玷絕可磨不愧南容之復性惟特達每勞宣代之分則而效之惟其嘉矣觀正直可以行化取毀方於焉克己至若左右佩珩凄鏘宮徵寧同乎信以守之豈嗟乎不我屑以韋弦可譬琮璧自殊孚尹旁達陽采外敷因追琢以爲用諒小大之合符韞以保焉匪沽



諸善價省其人也宜賦以生芻此乃邦之令典孰可已乎捧當心而措於掌足以見古人之象稟溫潤而洞晶熒於以彰文物之形色配彼蒼示不言之信神如此鑒同明德之馨所以掌節是司藉之乎繅與蒲穀而齊列冀邦家之永保比楚玉之無瑕哂夏璜之有考或以圭爲瑞或以象爲珍傳命自同於符璽達情可接於君臣稽彼前典光輝日新念君子之作誠宜近取諸乎身

黃雀報白環賦以靈禽感德報以白環爲韻

徵晦明於異域聞庶類之酬德彼黃雀之罹害遇青衿而

見惻有纖微之陋體無彩翠之奇色投林苦鵰鳶之患墜地逢螻蟻之食情懷舊匹尚有啁噍之音自戀故枝難舉翩翾之翼感之奚止曰楊氏子取於步武之內寘彼巾箱之裏全而育之焉知所以洎養羽之再就方銜恩而決起黃花受哺寧同食椹之懷白璧來酬用記封公之祉言徵其事載赫厥靈表齊諧之異志合漢史之祥經倏去之時既入羣而多類重來之夕方詭狀以呈形稱仙使而報德何倖喜之可稱質乍隱於恍惚環既受而晶瑩且貴然之好瑞以神告其潔白而就封諒生成之是報想夫初飛葉



際忽墜花陰空城路遠穿屋識深化未及於遥海聲似愁於北林焉知鴻鵠之秉志實賴兒童之有心是知好生自中神貺元格贈祥符之數四勝兼金之累百晶晶月圓規規霜白溫其之色且異隨侯之珍皎若之形自類有虞之獲嗟夫靈異之跡出於無間或鵲緘玉印或樹蘊金環曾未若稚子懷仁祥禽致感彼君子之出處實濟物於迍坎環兮四代五公垂竹帛之可覽

迴文錦賦 以文思精絕今古傳賞爲韻

昔竇滔之于役從軍伊少婦兮玉潔蘭薰對鳴機以抽恨織美錦而成文攢萬緒之荏苒揉衆彩之絪縕腸迴而絲字初結髮亂而青絲共棼萋兮斐兮常屬思於黃絹不日不月長寄懷於碧雲其始也軫蕙心蓄藻思披黃流之渥彩等後素之繪事循環而覽夫言豈一端宛轉而求則韻皆居次寫別既久怨心有盈錦霞駮而增麗詩綺靡而緣情自發於巧心素手何慙於墨妙筆精當其用寄遠方臨風載閱跡類雕蟲文如委繡既連珠而復貫又通理而不絕居人言念緘萬恨而在中君子置懷字三歲而寧滅是繹是尋攻乎纖紝宛而成章見色絲之麗求以爲好表美



人之心儻或以新而代故豈殊陋古而榮今黼黻不同愁閱目而等耀彩章自異懼讒口之見侵况復委篋多年化塵千古方爛兮如在復燦兮可覩藻豔波旋環迴輻圓蘊四愁而難解煥五彩以相鮮猶或踰繡段勝彩牋貴以文自奪鴛衾之價贈乎遠無勞雁足之傳且物在人亡留思長想謂其文之著也可卷而懷謂其製之貴焉乃攄而賞若知七襄之非匹豈玉案之虛徃

漲昆明池賦 以池滿春流思象河漢爲韻

空澗靈沼蒼茫舊規昔穿焉迎秋而大閱戎艦今漲也乘

春而無竭陂池惟時陽候既序陰冰已泮天子乃詔京尹以庀役命水工而叶贊陳衆力而雲鍤勃興決萬派而箭流共灌澹汪汪之積水似耿耿之斜漢況復縠雨初霽夭桃正春總上善以利物涵聖澤之深仁軼彼宫沼瀰如海濱鼓金隄之曲岸揚石鯨之彩鱗浪涌烟舠更失辨牛之涘日華翠漵纔分織女之津伊昔殊方未化勤遠是思非障澤之潴矣將水戰而肄之構館浮鷁以遨以嬉獱獺呈形有類於文身之俗梟鷩亂響如習乎下瀨之師春水平兮波緩春日煦兮沙暖雖守柔以易狎竟安卑而就滿重



泉之沫騷騷而若迴淺沚之毛離離而漸短至若鏡朗風收澄明不流沃餘潤於芳野引孤光於釣舟豈獨鼈蜃是獻實亦黿鼉載游厥跡既往前聞可想故人遥集曾分刼火之灰蕃帥來朝暗識滇河之象其漲則那式詠且歌開鄭白之墳衍流畎澮以天波瑞氣長凝表宸居之在鎬晴虹乍飲若榮光之出河大哉水之爲量皆從夫一勺之多

## 鑒止水賦 以澄虚納照遇象分形爲韻

水可取鑒人能就諸將審巳以徵實必含形而納虚其止也静其清也徐方湛兮而皎鏡異沔彼而淪胥符上善之心自多宏納見無私之狀臨或躊躇資坎德之深矣諳至人之淡如當其曉日增鮮光風未度既清泠以爰止持炯戒以爲喻等濫觴之猶蓄何一杯之是措諒善惡之咸覩必形影之自遇豈獨無當五色空涵衆文伊吉凶之肇起如動静之潛分俯而窺似神交之澹泊默而察若靈化之絪緼且義叶養蒙道深觀竅洞虚無以責有在清明而惟肖心不同也常稱厚貌之疑鑑之精兮未若重泉之照辨妍媸而無失固潔著而爲妙斯所以田巴覽之而獨悲陸雲覩之而自笑若乃芳塘始啟白水初澄有美人兮方覿



坐曲岸而情凝毫髮巳分想沉姿而映藻清華不動見浮彩之生菱是知聲有往而必復者謂其響答水以止而能鑑者謂之冥合方取則於川渟孰混歸於海納此亦紀人事垂正經底在觀身而責影豈徒品物而流形今則萬頃方臨羣容在掌隨方圓以見意在清通而賦象苟明鑑之不遺願飾躬而是徃

## 繪事後素賦 以五色成文彰之在素爲韻

畫繪之事彰施於文表其能故散彩而設雜其暈故後素而分運玆潔白之光綜彼深淺之色始其布濩終若組織

成山龍華蟲之美實曰當仁後黑黃蒼赤之采固無慙德間精微而不亂蔚明麗之相得昭昭以著郁郁斯皇發衆狀而逾出映繁文而益彰奪朱紫兮不能爭其要汙白黑兮無以損其光於以界道斯能辨方昔實贍之在前昭其本始今爲來者居上爛以主張素爲繪兮事惟從古禮於繪也義實斯取其素也同至淳之得一其繪也合比象而爲五理衆者寡予惟汝明無使輝華自混無使毫髮難并處曒昧之間造形則辨居有無之際遇物皆呈雖欲勿用曷其有成乃知作繪者惟文是務言詩者在理爲喻故得



畫飾之道不忒於素探周禮冬官之職諳衛風碩人之詞爰遂事而乃睠幸全功而勿疑質不勝文孰謂何先何後白能受采有以顯之倒之胡未至而取誚豈卒獲而能欺不有分布孰爲文采恒起予於後進潤色斯成苟棄我於巳前人文焉在美矣夫繪事之義所以刑萬邦而昭四海

穆天子宴瑤池賦 以衆仙護儀靈感斯集爲韻

昔穆王之御天下蕩志思元凝然眇然將以肆車馬之遠跡訪崐閬之羣仙既而獲八駿以爲乘與六龍而竝鶩謂升天可冀寧爲海右之巡行地無疆漸出人間之路弱水巳踰層城是赴洎夫展王母之儀容見列仙之軒輅絳宮元圃異故鄉之樓臺鳳舞鸞歌勝至樂之韶濩澄光渺瀰極望瑤池湛水容之漫㳽蕩日采以參差遠近洲沚駢羅羽儀蕩蕩五雲冒芝田而不散翩翩三鳥拂珠樹以相隨金液是嘗玉杯是挹桃杏之花競秀蓬瀛之侶遥集遊仙可戀覺天路之日長惟帝念歸懼人間之景急嗟乎道不可測理難具形且復淫神之與驕志啄腐之與香腥固不可以長遊仙境久會衆靈於是迴輕軒反飛軫却瞻遼廓而無見尚聞簫鼓之餘弄雖周文之歌鎬燕且異尋仙秦



穆之享鈞天常稱在夢此則詣之者身從之者衆稽彼異錄陳茲所覿後之王者樂以聞斯方士彩童幾涉風波之阻金莖玉露寧延隙駟之馳故我后端拱穆清無爲元感却走馬而萬方以泰不出戶而八紘盡覽彼乃輕萬里而崇一朝孰若濟羣生於屯坎

玉鉤賦 以常協正經故無朓朒爲韻

月以陰德玉闓夜光伊在天而成象杳如鉤而可望每映樓而皎皎頮照廡之煌煌隱見以時兮不忒其候虧全有節兮此惟其常當其霽景方晚晴飇既涼瑩迢遞之初魄

出西南之一方韜皎皎之輝尚潛元兎呈纖纖之狀詎假白狼矧乃就盈之姿曲成是愜從三讓而載吐表四序之克協侔雕瓊之異象契舒蓂之數葉臨洞房之內猶隔瑣窗隱遥城之隅乍明粉堞觀夫媚霜烟挂遼夐悟如珪之有始知合璧之將聖既麗天而作則亦順辰而爲政彎環而素彩未流蕭散而丹霞始淨所以增思婦之獨愁發詩人之興咏豈止生彼海澨煥乎天經況於玉以比德復如鈎而效靈落魚浦之間偏宜泛影垂朱簾之側宛似分形思其迴出隴陰漸登雲路每因躔而進晷若就新而去故



沉汭寥之空碧麗柔明之微素曷蛾眉之足儔豈玉璜之能喻然而合其道也則圓景不渝順其化也而盈缺或殊當未光之時所明若昧自哉生之外其有如無且色依微於林表晦見西方之謂朓光掩映於暘谷朔出東隅以爲朒今異此而守度諒君明而臣肅故其賦玉鈎之輝輝誠可增金波之穆穆

反舌無聲賦（以氣感聲盡取以候時爲韻）

彼衆禽兮終歲嚶嚶此反舌兮語默有程蓋時止而則止故能鳴而不鳴青春始分則關關而爰語朱夏將半乃寂寂而無聲有以見天地之候有以知禽鳥之情爾乃觀其所來察其所以或羣或友爰飛爰止啄朱櫻而潛下媚綠楊而暗起先秋而默恥競響於蜩螗擇木而遊契不言於桃李於是靜觀其妙先徵其比閟茲百囀誠煩詞於躁人默若三緘象欲訥於君子徒觀其行藏以時喧靜惟允其鳴也有節其默也可準初疑管絃之並奏鏗爾曲終又似環佩之齊鳴詘然聲盡是以理契中寂道符闔濇陰陽交而止聲春夏交而知感哂城烏之夜噪向曙乃啼歎野鶴之秋鳴在陰常慘原夫生乃依巢來而依候靜集林薄閒



棲苑囿飛而無懼知皇家仁解網羅應不愆期答聖君信及鳥獸懿夫遏其音調其羽結舌何異銷聲何取鶯能囀鸞善舞鳳鏘鏘而聲樂雁嗷嗷而音苦在和鳴而則多於敬授而何補曷若動適其宜靜得其時伴元燕之辭巢秋而俱去陪黃鳥之遷木春以爲期豈比夫嘻嘻者聞妖於亳社交交者見刺於秦詩斯則冥契陰隲迴殊品彙標羽族以稱奇載月令以爲貴配鳴鳩之拂羽備歲候於三百六旬比鶡鳥之吞聲應天時於二十四氣至矣哉隨時之智從宜之義抑斯禽之謂

## 山呼萬歲賦（以大君升中維嶽兆祥爲韻）

天作大室巍乎蒼蒼立極正位含精降祥惟漢武之肇祀聞嘉言之孔彰告盈數以不忒鬱希聲之載揚於時五輅既臻千官畢會望嶄巖之絕壁升縹緲之華蓋排羽衛於山前刻金石於天外諒精誠之至感致天地之交泰於是騰洪音流翠靄始則類乎雷殷終不因於地籟惟天祚聖谷得一而盈維嶽降神聲至三而大夫其登封則千古是追峻極而四方是維瑞載光於漢史德且詠於周詩動合休徵有異坻頹之震響含靈祀且殊大塊之噫是時也百神受職萬靈獻功霽山霧收山風福穰穰於宇內聲隱隱於封中且啟迪之徵延洪是表因勒成而響答殊卜祝之占兆憑乎物陋石言之不臧錫自天歎夢齡之尚少懿乎胞合散乎絪縕邈崇邱之杳靄伊仰止而敷聞掩龜格與鳳降軼神光與慶雲獨得乎數千百祀何慚於七十二君稽彼衆山谷夫四嶽或泥金於杳靄或瘞玉於緜邈封並聞夫再三響未效於清濁方今文物芬郁寰瀛廓澄我后克讓謙勤夙興已固如山之壽式當如日之升所以下臣獻頌望翠華之是登



## 窗中列遠岫賦（以山遠而見如在諸掌爲韻）

仁者靜而自閑高其居而閉其關爰開窗以列岫若施障而圖山邈彼黛巘當於其間至若虛牖洞開連峯向晚雲無心而迥出鳥厲翼而孤返初疑鏡裏覺萬象之俱深又似壺中見三山之尚遠洎如雨歇原野風開薄帷天道不窺而自見山光遥麗而增思謝守臨齋以觀詠之不足陶公開卷則知室是遠而若薜蘿之在眼方坐嘯而搘頤杳杳雲峯既自中而翫矣蒼蒼海嶠亦孔昭而見之況復彩翠之容朝昏是變將避俗以無悶殊近知而守見簾光乍入增松雪之微明砌竹旁垂助林巒之蔥蒨夫其窗也或飾之以青瑣交之以綺疏想取榮於爾室非助境於吾廬鑿垣而疊嶂遥列寓目而幽襟必舒偶琴酒之樂只泯色空之谿如且彼植木翫芳者有時而改累土爲山者有時而始曷若曲肱隱几事幽功倍垂碧紗而嵐氣共凝卷宿霧而翠屏常在是知事有親而逾失遠而匪疎徇利爭先之徒固難知也逃名小隱之士或近沽諸亦何必尋赤城之標究蓮峯之掌彼垂堂而是冒此自牖而可賞山中人兮誠不在於獨往

管中窺天賦

管爲物兮虚受天爲體兮據安能因徑寸之內將窮轉轂之端用當其無蒼蒼之色何盡微而不大恢恢之狀則難故雖無私以居上信可因物而仰觀於是正瞻視品清澄察九垠之際極一目之能髣髴其形難識翼摩之鵠依稀其狀猶如背負之鵬或因夫窺牖是見且異夫置階而升風息八方烟消四極默淳淳之靈響湛悠悠之神域乃執輕管納麗則遥睇罔僁審窺不忒虚其內雖高明之可分小其形胡廣大之能測故使蓋影多掩笠形半匿月既滿



而猶虧日將中而如昃掌握之內安得容其九重咫尺之中豈能盡其五色且管之爲質也秉直天之爲體也含虚天執虚而秉陽垂象管抱直而利有用無信大小之有異亦遐邇以斯殊窺臨既加徒云其至矣貞觀必得信安可測夫若然則固知事不可以近圖遠物不可以小謀大小謀大則立而致尤近圖遠則坐而貫害故方朔言也明俟時之難莊周著之表遊方之外客有勤學孜孜憂心悄悄服仁義而罔舍守翰墨而自矯將搦管而是窺願天上之不遺微眇

玉磬賦

客有觀光於樂府見玉磬之騰英嗟至寶之明契如截肪之曲成挺十德以爲美諧八音而作程韞櫝未施尚祕璘玢之色在懸以和乍聞清越之聲當其磬師來求玉人爰格將古樂之是備自他人而云獲追琢既成磨礱載白掩淒清之瓊佩洞閑華之水碧然後張之清廟奏彼朱宮懸簨簴而其容轉麗偶笙簧而其韻暫同明半規而似月發異彩而如虹懿此昭質暢矣音律練響而鳴球可諧還和而浮石非匹爛鮮華之溫潤含正聲之縝密惠而好我爲



齊路以足珍藏或俟時殊泗濱之自出至於擊拊孔皆備虞韶而克諧清明可貴表尼父之忘味於以宣古風於以蕩邪氣越羽籥之繁會聆鬼神於髣髴豈獨質類冰凝響與風興混金石之華清光不昧較隍池之寶美價斯騰是知叔之離而三代尚紀子之擊而千古攸稱則知夫樂之所屬本於化俗方將審音以知政豈在雕金而鏤玉麗矣哉荆山之珍兮可奏洞庭之曲

泗濱浮磬賦 以美石見質琢之成器爲韻

水效珍兮將應時而出珍浮水兮見可寶而逸當入用之

晨豈可藏於密所以次其崖岸露彼貞質清明內融符采外溢霄舒夜度遥分蟾兔之輝旭日朝臨下映鮫人之室皆見其處幽邃誰見其內明媚皆知其隨波誰知其抱器邦家藉之不我遐棄觀其璞將有營工其獻情闕二字規模可定剸割方成色光芒而白氣温潤而清是磨是琢且見其能照載考載擊乃知其有聲夫如是守靜而素豈不以有文而明因得之乎名曷觀之乎器噫同流不知誰念茲而在茲識者未覩寧寶之而存之發跡徐方雖則泗濱而見呈祥聖代不同三獻之疑況貞以自持涅而不緇堅以



自秘毀而不變旣成何用之顧宜任當人之薦同百寶而敷陳雜衆類而朝見向若不合宮徵之韻不叶雅音之續聞之者謂爲空言見之者謂爲怪石則以日繫月徒滌盪於風波自秋徂冬難覬覦於採摭焉可見哲匠顧盼良工追琢奏曲者想乎箕簴審音者訓其清濁故知秉文者必有時藏器者不終否理代之音旣作移風之義斯起若不聞大韶大濩庸詎知夫石之爲美

## 千金市駿骨賦 以題爲韻

良金可聚駿骨難遇傳名豈限乎死生賈價寧視乎全具伊前王之善誘賴下臣之素數滿籯初訝乎一空絕足終欣其驀赴故郭隗發求馬之術使燕昭興築臺之務賢爲國寶昔見載之於經馬以龍名後亦表之於賦當其勤求未至思慮益專安得戀軒而就勤空聞馳荆而刷燕多亦奚爲每厭倦於凡類愛而不見寧惜費於且千蓋爲傾心於延望之日市骨實猶生之年其志著其謀宣非獨自馬而獲馬此實因賢而訪賢何異祿豐而遊士可集餌美而潛魚必懸夫其取與之分戒其鄙吝是非罔惑孰敢妄進苟能賤貨以沽名果乃愜心而得駿斯骨也當塡溝壑誰



分天驥之上才縱視丹青豈辨靈螭之洪允幸特達而見重使聲價之復振至若唐公驌驦穆王騄駬代勞馳路追奔結軌陳力效能死而後已豈若稱德之際交義之始金侔軀形骨異象齒求焉事殊於漢日懸之數合於秦市智能測遠利用鉤深叶田方之念諧季札之心敦信外彰表然諾於匪石沉機內密重枯朽於捐金想夫嘶風頮影垂鬐植髮雖仆質於弊帷曾受精於皎月蒙君子一顧之渥恩知異日窮塵之委骨

## 河橋竹索賦 以誰謂河廣一葦航之爲韻

大川不測以設險浮橋架迥以通逵利乎濟也或溢解乎難也無私以虛舟而易蕩屬激箭以相推吾見其梁木斯壞安得稱大道甚夷肇彼謀者莫知其誰於是辦修笮曳長縻俾可久以爲慮將制動而咸資且夫原始要終授材度費徵十圍之巨收千古之貴費非難得用之不旣易危成安斯之所謂憑遠岸亘長河將好勁以横截或守柔以旁羅每自直以應用恒守節而居多檻欄之勢舳艫之廣因大索以横流俾羣材之攸仰皆恃此以綰縶故不憂於板蕩徒謂其勁挺爲質連延不一或指遠岸以孤引或自



中灘而對出苟異志而殊途亦齊勞而共逸縱奔湍激射浮湍迅疾駭聲騰雷驚波湊日雖前後之鼓怒終上下而駢比拔山之倫扛鼎之匹雖則取之大壯抑亦勢之或失豈不以順事安排故能守乎元吉斯乃道濟行路功深模軌人有觀於投足物寧憂於濡尾視綯索而久存亦何比於一葦況橋因索而襲故索以橋而用長力雖參於索鐵繫或固於苞桑恢益下之極致信爲物之紀綱彼黿鼉虛構於溟海烏鵲徒駕於天潢惟衆人之攸利蓋有助於連航夫物有小而可以屬詞材有小而足以濟時索因有條而不紊人亦直道而用之儻要津以見假願盡力以維持

## 賀嘉禾表

臣某等言今月某日伏見平盧淄青等州節度使鄆州大都督府東平縣官莊地内有禾異隴雙本合成一穗畫圖奏進傳示百僚者臣等中賀謹按瑞應圖曰王者德茂而太平君臣和則嘉禾朱草以中萌言不得中和之氣即不生也伏惟陛下鼓和風茂休德泰階平於上下大中建於人臣神明是若徵兆必報通彼殊壠總其雙莖滋大澤以冥造成嘉穗而薦和合爲一彰至化之會同堅而好表資



生之豐實推物類以得天意觀繪事而擬靈篇凡在班行咸同慶幸不勝歡抃踊躍之至

## 賀西内嘉蓮表

臣某言伏見今月九日中書門下宣示百官西内池中嘉蓮圖其蓮一本兩花者臣聞明聖有作天人合應旣彰化本必降祥符即事而推昭昭可見伏惟陛下儲精要道憂濟羣方致理大同猶懼不至所以恢宏聖教資福生靈元造感通嘉瑞屢降況茲菡萏儒釋同稱經文但喻乎淤泥詩人特歌於陂澤豈比夫躍銅池（闕三字）傳芳丹禁濯影清

流特聳孤莖以表清淨之源一致對敷雙蕚是明內外之
教齊與天雖不言假物明意臣仰披圖牒遂覽古先豈無
禎祥莫此昭著望雲就日徒深抃躍之誠舞德歌功何報
恩私之重無任抃賀慶躍之至

賀東川麟見表

臣某言伏見劍南東川觀察使潘孟陽奏龍州實華山中
有麟見獨角馬蹄遍身光耀并嘉禾二十二莖至八十九
穗麟見與鹿每來同食各畫圖函盛封進者臣聞六合同
歸則麒麟至天下和一則嘉禾生伏惟陛下昭事上帝凝



精衛室宵與滌慮申旦忘倦大敷至化以永時邕故得希
世之祥應我皇運異質卓犖奇彩光明顧步幽巖發聞郡
國神物自生於聖日靈編徒載其嘉名況大田之中衆穗
斯茂沐以膏澤扇其祥風而後呈彼珍羣承茲共觝必生
長畝之秀以期王者之瑞因緣所驗鄭重合符有以識上
聖之心兆至和之本德超千古慶洽無疆日月所均無思
不服臣等幸覩休異喜萬恒品無任抃躍之至

賀蔡州破賊表

臣某言伏聞蔡州營田招討使韓全義今月某日大破賊
軍斬首擒生其數至廣臣某中賀臣聞天覆至大負愿者
必降雷電之討君恩至重失節者須示斧鉞之誅賊臣吳
少誠輒因將帥之權遂肆豺狼之性聖恩含忍久示招攜
敢固執迷未即歸罪今全義親承睿旨虔稟聖謨暫師臨
境羣兇授首梟斬元惡計日可期廓清淮潰在茲一舉臣
謬忝地官之職情同率土之歡欣快之誠倍百常品無任
踴躍之至

賀破賊表

臣某言得度支使李巽與臣委曲報劍南行營官軍大破



逆賊劉闢事宜伏承自六月十日後鹿頭城下石碑谷口
前後殺獲已僅三萬餘人今月六日又於鹿頭城下殺賊
二百餘人兼奪得一柵東川節度使高崇文使於城下頓
軍又西川賊於鹿頭城投降都虞候郝同美說賊城精兵
不下數百人其餘一二千悉是子弟鹿頭城內人心亦甚
危懼計即投降又官軍出戰賊衆大敗殺傷欲盡者伏以
逆賊劉闢愚狡狂童稔畜兇慝脇帶州邑依阻城池背誕
皇恩自貽赤族陛下曲垂宏貸念彼遠人此賊敢肆拒張
恃茲薄戍望其悛革又已稽誅一興虓武之師果盡螳螂

之衞。今則神人共怒。覆載不容。王師鼓行。窮寇席卷。傾枳棘之巢。待擒妖鳥。決潢汙之水。以捕涸鱗。揚旆整戈。指期翦滅。此實聖德遐被。神武昭宣。岷蜀清寧。當俟旬日。凡在臣子。孰不歡心。某忝荷鴻私。謬承朝寄。無任慶快之至。

賀捉獲劉闢等表

臣某言。得進奏官報狀。伏承九月某日。高崇文差兵馬使酈定進於彭州界捉到劉闢盧文若并家口等。有詔。罪劉闢及生擒外。餘一切不問。西川滅放兩稅。并割西川六州與東川者。臣聞鬼方不賓。高宗用討。防風後至。夏禹行誅。



自古聖帝明王。將欲上平泰階。下齊萬國。未有不先正刑罰。後致雍熙者也。闢搆亂阻兵。違天背順。聚茲蝪蛾。固彼幽遐。謂天可逃。無罪不肆。陛下斷於睿略。與此神兵。冠壘妖鋒。飇馳電掃。顧茲劇賊。尚敢退藏。同惡相攜。偸生逭孽灌莽。雖深豈網羅之能避。武夫多力。已梟獍而同擒。萬里喧傳。兆人鼓舞。刑當磔裂。罪合誅夷。肆市陳原。纔攄衆怒。自陛下握乾御歷。授籙纂圖。玉燭載和。金鏡愈朗。至於夏州俶擾。蜀郡亂常。春斬惠琳。冬擒劉闢。神速之效。從古所無。復霽整旅之威。降納汙之詔。滔天作逆。唯罪一身。念兩川徭役之勤。爰矜賦稅。割六州版圖之屬。以定封疆。日月發其貞暉。山澤通其喜氣。凡在率土。孰不歡康。臣謬沐殊私。叨承重寄。手舞足蹈。倍萬恒情。無任慶抃之至。

佛骨碑

岐陽法門寺鳴鸑阜。有阿育王造塔。藏佛身指節。太宗特建寺宇。加之重塔。高宗遷之洛邑。天后薦以寶函。中宗紀之國史。肅宗奉之內殿。德宗禮之法宮。據本傳。必三十年一開。則玉燭調。金鏡朗。氛祲滅。稼穡豐。

內侍護軍中尉彭獻忠神道碑



宏璧之在御府也。韞連城之價。所以爲寶。景雲之見慶霄也。麗捧日之彩。所以爲瑞。大臣之居崇列也。處近君之任。所以爲貴。況復侍軒墀之密地。護禁衞之雄軍。昭彰茂功。囘復介祉。終始一德。永垂清名者哉。侯誰能之。見於彭公矣。公諱獻忠。字琦夫。大彭爲商諸侯。以國表姓。至漢大司馬宣。有遠績盛烈。書於班史。至孫業。避漢末之亂。寓居隴西襄武縣。因地分望。傳諸歷代。湟中隴上。推爲右族。派緒綿遠。冠蓋蟬聯。貴仕漸繁。乃附咸鎬。今爲京兆三原人也。烈考諱令俊。皇朝議郎。行內侍省內謁者監。保安福履。宏闡義訓鍾慶濟美傳於藎臣公善下寬中蹈方守直竹箭有筠而可比城府無迹而自深以虔肅恭懿承大君以仁孝清儉纘前烈建中三年入侍宮殿德宗皇帝嘉其敏厚器任異等便蕃於帷扆之內承奉於指顧之間言必有章動皆由禮貞元三年授內府局丞四年授奚官局令六年授內謁者監七年授朝散大夫清階命服所以馭貴白珪無玷赤紱斯皇自天之渥澤方深漸陸之羽儀始就十一年授朝請大夫周旋密勿獻納端亮孔光問樹而不對石慶數馬而後言以公方之今古何遠十六年特加金紫所



以懋其勤而昭其美也二十年加正議大夫內侍省內侍仍賜上柱國充教坊使位愈高而接物愈敬恩益厚而處躬益卑故能行與福隨動將吉會當德宗仙馭上升順宗宅憂諒闇公以貞固服勞之節宣承衛翊戴之忠嘉績悃誠可書竹帛皇上御極拱侍穆清疇其功庸疏以爵土元和元年封襄武縣開國男食邑三百戶充飛龍使二年加忠武將軍右武衛將軍三年授左神策軍副使加雲麾將軍馭衆之才著於倅理賜棨之戶耀其高門所以旌其勳表其貴也其年奉詔充淄青道宣慰使六年遷知內侍省

事充弓箭庫使六年充惠昭太子監護使祗事既畢加冠軍大將軍至十月遷左領軍衛大將軍知內侍省事充左神策軍護軍中郎將兼左街功德使十二年春以勤瘁遘疾上章請告宸睠屬賴令卧護陳讓懇切累至再三動於天心方始得謝二月乙巳薨於翊善里之私第享年五十二聖皇軫悼輟膳興歎追念勳舊賻襚加等贈開府儀同三司左武衛上將軍所以錄其勞而飾其終也官司職喪僚吏襄事卜竁宅窆圖其永安以十月十四日葬於萬年縣鳳棲原祔從先域之松檟禮也惟公爰自弱冠暨於知



命奉職三朝殫竭一心掌繁領重樹勳宣力澡濯仁義發揮心靈斯所謂奉上之忠閨門就養承順著聞及丁艱棘勺飲不進毀瘠過禮宗族感傷斯所謂因心之孝踐歷禁省榮耀貂璫冠軍護戎在帝左右飲冰持操鑒水潔身侈泰是懲燻灼自息冥與道契儉而全真生不務於家爲殁仍規其薄葬斯所謂立志之本探賾精微講貫學藝周勃引强之能有而不恃孫武用奇之術知而罕論斯所謂遊藝之方綜事呈才仰奉睿旨允釐樂府韶夏是司演嶰谷之正聲絕齊竽之濫吹廨署增煥絲桐載和去而借留上

叶宸聽既臨馬政一日必修用奚官訓騶之法整穆王八駿之阜及董武庫程範庶工弦木砥金罔不犀利斯所謂莅官之敬嘗馳星軺撫慰兗鄆海岱之域風宣露濡戎臣列校蹈舞感抃斯所謂銜命之功萬旅雲屯屹爲親衞加拜中尉統茲六年夜護緹垣曉趨丹陛陰助神武制外自中奬善任林動必詢衆廣修廩庾贍食熊羆符伍有倫禮樂是閱咸使夫既勇且毅並務於移孝爲忠至於別部支兵邊陲縣內拊循訓整不犯秋毫聞公之歿如喪親戚斯所謂護軍之畧宜其享之遐福錫以永年蒼蒼難諶不至



者壽夫人長樂郡君馮氏端懿柔明慈和婉孌母儀婦德淑慎是彰自晝哭之罹凶乃冥心而習靜落髮壞服從哀即空元和十二年三月十五日出家受戒特勅正度仍賜法名正智賜居義陽寺所以遂宏誓而資幽福也嗣子希績次子給事郎行內侍省奚官局丞員外置同正員希昭次子正議大夫行內侍省員外置同正員上柱國賜紫金魚袋希貞次子正議大夫內侍省內侍員外置同正員上柱國賜紫金魚袋希晟次子希晃次子希慶芝蘭滿庭組綬相映荼蓼茹戚縗麻儼然哭泣之哀慕深先遠烝彝之紀思列舊勳欒欒貴臣匍匐上請詞臣奉詔傳信揚芳焯敘德善永垂貞石銘曰

帝在法宮下臨八荒外倚輔弼內憑忠良奕奕彭公蘊義含章左右軒陛言端行方夙夜孔勤貔貅是職丹霄侍從黃道引翼深承寵渥克茂勳力寒玉倅清朱絲表直厚德多恕明誠不回決雲利器構廈長林北落謝疾東榮報哀恩加法賻官贈儀台祖載之辰清川曉渉悽愴笳挽搖曳旌翣新阡舊城龜從筮協原即鳳棲封如馬鬣紹續之譽子貴家榮繼孝嗣恪宣功保名纂纂金石琢磨堅貞用播



徽烈將來作程

# 欽定全唐文卷六百四十五

李絳

絳字深之趙州贊皇人擢進士宏詞元和六年拜中書侍郎同中書門下平章事十年出爲華州刺史入歷兵部吏部尚書文宗朝檢校司空爲山南西道節度使累封趙郡公監軍使楊叔元怨絳激募兵爲亂害之年六十七贈司徒謚曰貞

## 太清宮觀紫極舞賦 以大樂與天地同和爲韻

開元中賜海內以正朔示天下以禮樂舞紫極於宮庭饗



元元於雲幄乃樹以旌旂設以宮懸由中出以表靜用上薦於告虔盛德之容昭之於行綴至和之節奉之以周旋激乎流音之下存乎大樂之先八佾以敷肅然舞於清廟九奏之作杳若享乎鈞天如是則文始不得盛於漢日大章未可比於堯年振萬古而獨出豈百王之相沿洎乎秉翟而敘倏樂以舉協黃鐘歌大呂乍陽開於簫管忽陰閉於柷敔淹速以度正直是與若中止而離立復徐動而進旅和之感物應鳥獸以蹌蹌禮以成文垂衣裳之楚楚由是俾有司夙夜在公候吉日鼓鐘于宮方將萬舞爰節八風於以易其俗於以告厥功因乎所自制在其中申欸也其恭翼翼宣滯也其樂融融齊無聲於合莫感有情而統同則其業之所肄習之則利作茲新樂著爲故事享當其時舞於此地退而成列周廟之干戚以陳折而復旋魯宮之羽籥斯備美乎冠之象以峩峩舞其容以傞傞合九變之節動四氣之和散元風以條暢洽皇化之宏多是時也天地泰人神會舞有容歌無外故曰作樂以象德有功而可大

## 對憲宗得賢興化問



陛下興聖懷發德音追帝皇之高風紹祖宗之丕烈思延釣築之士想致唐虞之化非臣凡近愚昧所宜獲承聖言而祇應清問也臣聞聖人與天地合德日月合明思發於志故易曰出其言善千里之外應之况其邇者乎又曰先天而天勿違後天而奉天時天且不違而况于人乎昔周成王泣啟金縢皇天爲之反風宋景公誠發德言妖星爲之退舍天人相感今古同時記曰川澤通氣山川出雲嗜欲將至有開必先言聖靈相通有感而應也今陛下以上聖之資撫易化之運積勵精思理之志求希代濟時之賢

感於誠懷勞於夢想言出於口行加於人神祇將必效靈才俊固當接武豈惟殷宗求於傅說周文獲於渭濱願言必從志誠斯感惟聖人爲能之抑臣又聞奏必觀其實不觀其文信其行不信其言若欲天下副陛下之誠從陛下之化自非聖躬行之以導其下則無由而致未有表正而影不直聲鳴而響不答也今陛下以常士之禮而待拔俗之賢以九品之祿而望超代之器是由垂蝎蚓之餌以釣呑舟之鱗設弓弋之繳以羅垂天之翼固不可得而致也昔文王養老而伯夷太公出昭王禮士而鄒衍樂毅至故



必以身先之以誠致之未有不應者也陛下誠能正身勵已尊道貴德親信端士遠棄邪佞盡忠進直者獎之希合從諫者斥之與大臣言敬而信之不使小人參其事與賢士遊親而禮之不令不肖者搆其隙唯義所比不論親疏惟仁是行不論貴賤去冗官無益於時者則祿及才能矣出宮女之希御幸者則時無怨曠矣簡繁數之儀則禮得其節矣除靡曼之奏則樂得其和矣將帥廉則士卒勇矣官師公則治化洽矣法令行則下不違矣敎化篤則俗必遷矣如此則聖問周達德聲遐宣可使金石孚變鳥獸率舞而況於人乎將必賢哲慕義英彥赴響伊尹必負鼎而來呂望必投釣而起由余必棄戎而委質甯戚必捨牛而効用三傑成功於高祖四七展才於光武龍吟則山雲起虎嘯則谷風生自然之應也然後陛下坐明堂朝羣后興敎化作禮樂正風俗厚人倫遠比堯舜興崇近與祖宗合德時臻至理代稱中興則向者聖念所思睿心企及何遠之有哉唯陛下勤行之爾若言之不至無至也伏惟陛下念之伏惟陛下勤之而已

## 對憲宗論朋黨



臣歷觀自古及今帝王最惡者是朋黨姦人能揣知上旨非言朋黨不足以激怒主心故小人譖毀賢良必言朋黨尋之則無迹言之則可疑所以搆陷之端無不言朋黨者夫小人懷私常以利動不顧忠義自成朋黨君子以忠正爲心以懲勸爲務不受小人之佞不遂姦人之私自然爲小人所嫉譖毀百端者蓋緣求無所獲取無所得故也忠正之士直道而行不爲諂諛不事左右明主顧遇則進疑阻則退不爲他計苟安其位以此常爲姦邪所搆以其無所入也夫聖賢合跡千載同符忠正端愨之人所以知獎

亦是此類是同道也非爲黨也豈可使端良之人取非僻之士然後謂非朋黨也陛下親行堯舜之道高尚禹湯之德豈謂上與數千年堯舜禹湯爲黨是道德同也孔子聖人也顏回巳下十哲希聖者也更相稱贊爲黨乎爲道業同乎且仲尼祖述堯舜憲章文武又曰吾不復夢見周公遠者二千年近者五百年豈謂之黨是聖人德行同也後漢末名節骨鯁忠正儒雅之臣盡心匡國盡節憂時而宦官小人憎嫉正道同爲搆陷目爲黨人遂起黨錮之獄以成亡國之禍備在史冊明若日月豈不爲誡乎詩人嫉讒佞之人曰取彼讒人投畀豺虎可爲三復也



### 論諫臣

陛下此言似非聖意恐有邪佞之人以誤天心且自古聖王未嘗不納諫則昌拒諫則亡故夏禹拜昌言漢武延直諫所以光於史策也史傳備載歷代帝王置敢諫之鼓立司過之史木鐸徇路以采風謠之詞商旅謗市以詳得失之政故成湯聖德格於皇天而稱改過不悋顏回希聖四科之首而美不二過則知雖至聖賢不免有過所貴能改不至順非若無諫諍何以知過故書云汝無面從又曰從諫如流昔太宗以聖武削平天下奄宅萬國而懼臣下不諫誘之使言至於李大亮孫伏伽之儔皆以上疏諫事并蒙褒奬魏徵王珪事大小皆獻直言諫諍切直用裨聖德故太宗振英聲於萬古王魏流芳名於千載未聞堯舜禹湯文武之君洎我太宗塞諫路以自擁蔽不聞其過唯失道之君惡聞巳過夏桀殷紂周幽秦王以拒諫諍飾非反道敗德直言者謂之誹謗正諫者謂之妖邪忠臣結舌端士養跡故不知巳過遂至亡國向者四君招諫使言聞過輒改易覆車之轍啟忠臣之心則當政化益光宗社永固殷湯周武安得有鳴條牧野之戰戎人漢祖安得有驪山



軹道之師且今補闕拾遺天后所置使在左右司察得失昔施之於女主今黜之於聖時國史之中何以示後微臣切爲陛下惜之夫臣下貢言於至尊如天臣卑如地加以日月之照雷霆之威小臣晝度夜思將有上諫本欲陳諫十事至時巳除五六逮於緘封上進又削其半其得上達者十無二三何哉啟忤意之言干不測之禍顧身無利相時避禍者也自非聖主知直言有益於巳正諫有裨於時溫言容納奬勵勸導忠臣抱義不顧其身懷忠不避其禍

苟有致君濟時之益不識觸忌冒諱之誅何哉盡節之臣竭忠之士顧食君之祿推事君之道而致然也其君上納忠如是之急也臣下上諫如是之難也所以明主須宥其過恂恂納諫切言者賞之使必進極諫者褒之使必行然後聖德明光大化宣暢今黜責諫臣使直士杜口非社稷之利朝廷之福也陛下詢於微臣不敢不陳愚疑

## 延英論兵制

今邊上空虛兵非實數守將貪濫背公徇私虛人既多實兵須少力既不敵坐受傷殘今府藏未充國力猶闕未得



廣添兵馬且須即日處置就其易行得効速者今京西京北幷有神策軍鎮兵本置此者祇防蕃冦侵軼俾其禦難戰鬬也不使其鮮衣美食坐費衣糧爾今冦賊爲患來如飄風去如驟雨兩京節度使本兵既少須與鎮兵合勢犄角驅逐鎮軍須倍道急趨同力翦撲而牽屬左右神策須申狀取處分夫兵不內御須應機合變失之毫釐差以千里蕃冦方驅掠殺戮之際百姓塗於草莽方云入京遠取中尉處分何異暍渴而穿井待水餒饉而耕粟俟食豈可及事機乎縱其將領諳識事體星言應接緣是禁衛將士無懼節使之心進退前却號令不及既行刑不得則與無兵同今須便據所在境兵馬及衣糧器械割屬當道節度使法令畫一豐約齊同赴急如發機前戰不旋踵則兵威必振賊氣自消陛下無驚急之憂生靈無驅掠之患若安處無事之地坐仰厚賜之恩冦至以申狀爲名不曾禦敵節將以禮管成例待以平交徒有鎮遏之聲都無討逐之力聖恩更此處分豈爲久遠之制

## 延英論邊事

自古及今戎狄與中國幷雖代有衰盛强弱然常須邊境備擬烽候精明雖繫頸屈膝而亭障未嘗一日弛其備也



何者夷狄無親見利則進不知仁義惟務侵盜故强則冦掠弱則卑伏此其天性也是以聖王以禽獸蚊蚋待之其至也則驅除之其去也則嚴備之今北虜蕃臣復多歷年載雖實有功於社稷報之以厚施者已倦求者未厭滿其意則曰事當宜爾悍氣益驕酌其中則曰効之難圖怨辭立至故印馬益廣望價轉多無厭之心實難爲足若有如此異日必有不顧恩德爲患封疆冦至而謀則事不及矣今西北兩都皆無備擬兵但虛數坐盜衣糧將無成功歲

邊官爵衣甲器械之類破官錢空有其名部伍訓練之方務酒樂都亡其餘古者兵無二事志在殺敵將無異望專在誅冦器用犀利斥候精明若有烟塵負爲力戰若無警急即營生業今則不然戰士採拾以供上命惟責程課不卹饑寒主將刻削以結内寵不輯戎事惟濟巳身今戎狄繼來婚嫁於國情實巨細必知邊塞空虛有無咸悉至於山川要害道塗險易巳皆探知熟習委曲請識脫或見利忘義因便乘間風塵暴至羽檄交馳急詔徵兵無及係累之苦閉避逃禍寧救驅掠之災使邊人仰天而呼望國而



泣蓄甲不足以衛疆場命將不足以把冦讎此聖主所宜圖之不可忘於終食之間也伏望詔勅邊鎮節度俾其虛實有無少闕事宜分析聞奏仍請於八座丞郎兩省中選擇公忠清幹不撓之臣奉使各與大鎮節度使各與點閱軍中訪問理事一時上聞然後申明制度增緝募兵謹其殿最行其賞罰罪不在捨刑罰必加功有可褒爵賞必及如此則陛下高枕邊人永寧古人曰備豫不虞有備無患此經國之常制也

請崇國學疏

自三代哲王巳降奄有天下者未甞不崇建太學尊重名儒習干戚羽籥之容盛樽俎揖讓之禮以興敎化以致太平天子親入視學皇太子行齒胄之禮斯所以化成天下也故記曰如欲化民成俗必由學乎當征討之急則先武事丁治平之運則尚文德二柄相須百王不易故漢光武於兵革之中投戈講藝魏太祖於擾攘之際崇立學校歷代之於儒道如此急也後漢儒學之盛太學至有三萬人諷先聖之言酌當代之務鴻名碩德匡國濟時未有不遊於太學以躋於顯位者也國家自高祖初立關中便修太



學并爲功臣宗室子弟别立小學建黌舍大加儒訓增置生徒各立博贍鴻儒碩學盛於朝列質疑應問酌古辨今咸徵經據并傳師法故朝廷無不根之論蕃夷有慕義之名風教大成禮樂咸備貞觀之理謂之太平至於開元中亦宏國學之制復覩儒道之盛故太學興廢從古及今皆與於理化之時廢於衰亂之代所以俾風俗趨末而背本好虛而忘實蓋由國學廢講論之禮儒者靡師資之訓自是以降不本經義不識君臣父子之道不知禮樂制度之方和氣不流悖亂遂作其師氏之廢如是之害也今天下

遭逢聖明蕩除瑕穢前代所不能舉而陛下舉之百王所不能行而陛下行之萬方傾耳兆人企踵思望聖化希承德風而德盛道隆闕絃歌之雅詠政流化洽鮮儒學之高風頃自羯胡亂華乘輿避狄中夏凋耗生人流離儒碩解散國學毀廢生徒無鼓篋之志博士有倚席之譏馬厩園蔬殆恐及此伏惟陛下挺超代之姿發振俗之令復崇太學重延碩儒精選生徒獎寵博士備徵天下名德專門之士增飾學中屋室廚饌之制殿最講習之優劣彰明義訓之得失明立科品使有懲勸拔萃出羣者縻之以祿廢業



怠教者寘之以刑自然儒雅日興典墳日重先王之道日盛太學之訓日崇陛下垂拱明庭受釐清禁使師氏教德不獨美於周時橋門觀禮豈復謝於漢日伏希天造特鑒愚言起茲廢墜宏於教化冀裨聖教以助皇風

## 奉命進錄歷代事宜疏

臣等先奉進止令檢尋歷代至國朝已來聖帝明王忠臣義士君臣合體事跡可觀者檢五十條進呈欲於御座置屏風觀覽者伏以自（闕一字）聖王皆憂勤庶政未嘗不取鑒於前代致理於當時昔太宗亦命魏徵等博採歷代事跡撰羣書政要致在坐側常自省閱書於國史著爲不刊今陛下以天縱聖姿日愼一日精求道理容納直言猶更參驗古今鑒美惡朝夕觀覽取則而行誠烈祖之用心必致貞觀之盛理臣等謹依撰錄都五十條賢愚成敗勒爲兩卷隨狀進上其羣書政要是太宗之書其中事跡周備伏望聖聽日新成不諱之朝致無爲之化

## 陳時務疏

昔太宗之理天下也房元齡杜如晦輔相聖德魏徵王珪規諫闕失有溫彥博戴冑以彌縫政事有李靖李勣訓整



戎旅故夷狄畏服寰宇大安猶孜孜求理開導直言旰食宵衣不敢漏溢豈復當時務於自逸乎陛下視今日事何如漢文時且文帝漢之明主恭儉節用身衣皁綈清淨爲理刑措不用戎狄面內干戈偃戢賈誼上言猶以當時如厝火積薪之下火未燃而以爲安其憂危如此今中夏河南北申蔡有五十餘州法令所不及德澤所未加兼西戎侵盜近以涇隴靈寧等州爲界去京城遠者不過千里近者數百里烽燧相接邊界屢警此陛下焦心涸慮廢寢忘食之時豈可高枕而臥也

論任賢疏

自古及今帝王未有不任賢則理用邪則亂明著史傳不敢備陳夫聖主理當代之人祇選當時之賢極其才分便可致理豈借賢於異代以理今日之人近代北齊任楊遵彥則理用高阿那肱則亂隋代任高熲則理用楊素則亂國家任房元齡杜如晦魏徵王珪姚崇宋璟則理用李義府許敬宗李林甫楊國忠則亂事狀橫於目前理亂存於史策夫致賢之路歷代不同大凡王者不以至尊輕待臣下不以己能蓋於凡器折節下士卑躬禮賢天下賢能之



人方出是巖穴無晦迹之儔朝廷有佐時之器矣

論任賢第二疏

堯舜亦以知人爲難況近代澆薄眞僞不分固不易知也然以事小驗之必十得七八任官清廉無貪穢之跡當事堅正無阿容之私章疏諫諍無希望依違之茍在左右獻納無邪佞愉悅之辭言必及遠大行不顧財利如此則可謂近於賢矣若言必諂諛動關名利攻人之短不揚人之美求己之售不量己之分覬望主意以希合爲心逢迎君意以恩幸爲志爲主招怨爲身圖利斯可謂之小人也驗之以行事參之以輿議然後用之委用以後名聲相副則當任之既任之則當久之使代天下之績久而化成然後聖君垂拱而治矣賢者行理端直身寡黨援拔擢賢彥則小人怨謗杜塞邪徑則姦人構陷制度畫一則貴戚毀傷忠正進用則諛佞攻擊夫用賢豈容易哉自非聖主明君懸鑒情僞不使毀謗得行疑似生隙盡其才器極其智用然後政化可得而興故齊桓公任管夷吾一則仲父二則仲父齊國大理是任之不疑也管仲對桓公曰既任君子而以小人參之此最害霸也古人以求賢不至則賢者不



出故喻以蝸蚓之餌以求吞舟之鱗設釜鍾之祿以致濟代之器不可得也陛下但以數事驗之以言校之以實採之於衆任之以權則賢不肖得矣伏惟聖智詳察

請授烏重允河陽節度使疏

臣請寀守謙密言聖恩商量以昭義兵馬使烏重允部署軍中事不獲已須與節度使者臣竊以此處置實非所宜比者以從史受命不由朝廷遂致生彼邪心致茲惡迹今重允驅逐從史忽領旌旄兩河聞知必生怨望謂陛下密以官爵誘其將校逐其主帥人情雖惬國體已傷若以

重允主兵勢須便與即是威福不在朝廷於事體之間與從史何異議者若云重允見主權必不受制臣觀事勢實恐不然何者伏緣從史懷惡蓄姦罔上違命所以重允得仗義獻款以順爲名其衆遂伏今重允若不顧憲章以力取位即其同列寧息偏辭儻失衆心前事豈遠以此事理必無異圖縱軍中有狀請與重允此時之事必非忠心其流輩既多當不願重允獨得別與一鎮少愜衆心伏望聖恩先令密諭重允授以河陽節度使除元陽澤潞節度使則人情大伏國體得全且重允忽自軍校授以河陽拔於



行間恩生望外豈於此際更有遲迴棄義虧忠遣福取禍雖至愚下亦必不然元陽功効素高公望又積澤潞接近久亦承風今若除授便徑入潞府慰勞將士家口䘏其貧乏各使安存三軍聞知自然感悅重允既得方鎮元陽又愜人心如此處置必無差誤機事可惜實所痛心威柄一失豈可復得伏望聖恩不以臣愚昧特賜省覽斷自宸慮成此聖功輒敢獻陳伏候聖旨

## 辨李吉甫密奏疏

伏以臣與鄭絪先後懸殊不相往來臣約其事體必無此理鄭絪甚讀書頗識事體得稱佳士素有英名雖不知其才術如何至於君臣大義不合不知去就若身居宰相參陛下密謀便敢洩之於奸臣雖衛同犬彘性如梟獍亦不至此況絪頗知古今洞識名節事出萬端情有難測莫不同列有不便之勢專權有忌前之心造爲此辭冀其去位若不過陳危事安得激怒上心伏望陛下深賜詳熟無令人言陛下惑於讒佞也

## 辨裴武疏

右裴武甚諳練時事往陷在河中李懷光賊中事迹可稱



今所銜命不合絕有乖錯大抵賊多變詐難得實情以臣愚慮思度王承宗恐國家必有征討請割德棣兩州且得安全尚有四州之地亦足保其富貴求安之計必是此心然鄰道魏博東平范陽與王承宗勢同事等恐他時亦爲朝廷所割必是爲鄰道所構兼以利害鼓動不得守其初心此必然之理也伏望且尋訪之裴武所上表只得上承宗初時意便且奏來後必恐鄰境脅制誘動遂有後變計裴武不敢不盡其心今陛下擇裴武使兇逆悖亂之邦一不如意便有貶責臣恐今後奉使賊中無復得誠實其後

奉使者皆以武爲誠依阿可否之間必曰其言及表章則如此之深心則臣不可保不可顯言是非陳列事狀若朝廷不得實狀別處置或有乖錯非國家所利也若受賊中財賂言語不實則須重責以懲姦欺又言先於裴垍宅宿且裴武久爲朝官甚諳制度裴垍身爲宰相特授恩私必無未見而便宿宰相家固無此理昧劣如此兩人猶不敢至是況皆是諳練時事之人計必無此事必有搆傷裴垍裴武陛下不可不深察也

## 論劉從諫求爲畱後疏



臣伏以兵機尚速久即計生威斷貴定疑即變起人情未一乃可伐謀事勢已分則難命中據劉悟八月十日得病計是日便死逗畱掩匿奏報已遲朝廷既知又數十日都未有處分中外人意共惜事機今昭義兵衆必不盡同從諫之亂縱有同者不過所厚一二千人直使一半叶同尚有一半守順況從諫不曾久主兵馬威惠未加於人又此道素亦貧窮非時必無優賞今朝廷但速除近澤潞四面一將帥充昭義節度令倍程赴鎮從諫未及鋪置新使已到潞州所謂先人有奪人之心疾雷不及掩耳眞從天上落也新使既到潞州軍心自有所繫從諫無位何名主張又設使未到已前謀撓朝命臣亦料得必無能爲若欲多分兵馬守境則事須給付器械將校等既得器械又已有正節度使豈肯更爲從諫腹心若欲少分兵馬則不足抗拒新使之人事宜物理昭然可知臣前月十七日已面陳論并具狀聞奏訖至今又二十餘日未有處分恐潞州三軍會朝廷意旨將欲效順即慮忽與從諫將欲同惡又却恐除別人儻更被姦人爲畫狡計虛張賞設錢數兵士覬望尤難指揮今則已似太遲失於制置若更稽緩事恐轉



生伏望速賜裁斷仍先下明敕符賜新節度使五十萬匹物令宣示三軍以其從來忠節故有此賜便節級賞設續除劉從諫一軍郡刺史從諫既粗有得必且擇利而行萬萬之中無一二違拒必若不從指揮臣亦以爲不假攻討蓋山東三州難自存立若欲旁連魏鎮即須厚賂交通若擬自保封疆即須終日備禦四面受敵必不支持數月之間定見覆敗況又聞山東官健已不許自蓄刀兵足明軍心殊未得一帳下之事亦在不疑長短此方義無便授從諫之理今更於意外料度儻從諫事急將所親厚三二千

人散授魏鎮必亦虜縛送歸闕廷上取忠義之名下快讎怨之志此必然之理也在魏博鎮州畱一從諫亦何所利其將士三二千既是從逆得散却亦是國家一事縱橫揣度股掌無逃又以爲直使山東之人未得其便僶俛受制依違俟時朝廷亦只要明勑四面諸軍嚴兵保境勿令公私來往勿使商旅通流遲不一年梟首必至若或捨此數計事或後時即非愚臣所知亦必他日追悔臣不勝憂憤激切之至

論僕射中丞相見儀制疏

李絳



左右僕射師長庶寮開元中名之丞相其後雖去三事機務猶總百司之權表狀之中不署其姓尚書已下每月合衙上日百寮列班宰相居上中丞御史列位於廷禮儀之崇中外特異所以自武德貞觀已來聖君賢臣布政除弊不革此禮謂爲合宜苟有不安尋亦合廢近年緣有才不當位恩加特拜者遂從權便不用舊儀酌於羣情事實未當今或有僕射初除就中丞院門相看即與欲參何殊或中丞新授亦無見僕射處及參賀處或僕射先至中丞後來憲度乖宜尊卑倒置儻人才忝位自合別授賢良若朝命守官豈得有虧法制伏望下百寮詳定事體使永可遵行

論不召對疏

學非稽古才昧濟時陛下過聽不以臣等愚懵無取誤置於嚴密之地職居肘腋任切腹心寵食大官之珍榮通禁門之籍靡軀致命詎報雨露之恩殉節忘家寧酬天地之德所以繼獻章疏冀增日月之輝屢進懇誠希添海嶽之廣而不量力分觸冒危機徒竭公盡忠忤犯嚴旨雖死不悔當職所宜臣以謂忠臣不避罪以匡君正士不違患以



汙道所貴上裨萬一仰酬顧遇實臣等之心也不謂忌諱合寘嚴譴此又臣等之分也一月以來未蒙賜召咫尺之地無申就日之忱跬步之間莫獲承天之問兢惕無地慚惶失圖臣聞管仲對齊桓公云大臣持祿不敢諫小臣畏罪不敢言下情不通此害霸之甚也臣等不言度日飽食過時既無切諫之尤復道如何伏惟陛下以社稷宗廟爲心以四海萬姓爲慮詢訪道理開納直言知好問而自通以博問而自廣是天下之幸豈臣等之幸耶

請立儲疏

古先哲王以天下爲大器知一人不可以獨理四海不可以無本故立皇太子以副巳設百官以分職然後人心大定宗社以寧有國家者不易之道也陛下嗣膺大寶四年於茲矣而儲闈未立典策不行是開窺覦之端乖重慎之義非所謂承宗廟重社稷也且漢魏故事國朝舊制懸諸日月著爲憲章伏望陛下抑撝謙之小節行至公之大典用輿儲副永固邦家則主鬯承祧必光於萬代問安侍膳道播於百王

請放宮女疏



聖哲之君撫馭之要必順人情以作事感天意以致和從古以來其道由此陛下勵精求理損巳推誠風動四方事貞百度作範來代掩美前王後宮之中人數不少離別之苦頗感人心怨曠之思有干和氣伏冀酌量所要務放其餘使其親戚如初復得宮掖省費上以表大德如天之施下以成羣生遂性之樂道映青史化洽皇風敢竭涓塵庶禆萬一如蒙聖恩允許便請入德音

論量放旱損百姓租稅疏

伏以聖慈憂旱務在恤人將欲救其流亡無如減其租稅則下懷感悅上動陰陽昨正月中所降德音量放江淮去年錢米臣聞所放數內巳有徵納縱未納者又多流亡旱損州縣至今務放錢米甚少百姓未經豐熟復納今年差科疲羸之中徵迫不及人力困苦却在今年伏望天慈更賜優恤其江淮先旱損處作分數更量放今年租稅當饑饉之際承雨露之恩感動人心無甚於此輒極愚疑上瀆宸嚴

論中尉不宜統兵出征疏

前闕　且其擾改師徒陷沒將校衆情羣議必謂陛下正其刑



典懲之後來今反極寵榮重加崇秩巳後更有敗軍失律之將蹈利于賞之夫則何以處之若誅之則罪同而罰異王法之不一也若捨之則保身而翫國政典之不行也伏望心割不忍之恩舉不刊之典責無功之罪追不次之榮使備邊之將有所懲勸當危之士無復顧望實天下幸甚

請散內庫拯黎庶疏

臣聞王者積之於人霸者積之於國尋常之君積於府庫陛下以超邁英姿嗣膺寶歷蠻夷納貢山澤効珍固當事冠百王德垂萬代昭可書之事成不諱之朝今內藏積財

來者必納唯顧進入之數不問聚斂之由方鎮皆衰刻於人以進獻爲號因緣姦盜半入私家百姓積怨兆人興謗殆非今日聖政所宜行也又錢是通流之貨居之則物以騰踴帛是衣著之物貯之則歲轉損爛此皆出於人力匪從天生積難得之財成無用之幣聖心所宜留念伏乞天慈量恩澤須賜之所要校制作移用之所費三倍已外悉付所司儻經用者有餘即租稅寬於外以令疲人蘇息內以表聖政光昭存之策書足示後嗣

## 論戶部闕官斛㪷疏



今天下州縣皆有戶部闕官俸料職田祿粟見在計有三百餘萬石舊例便牒諸道監院准時價糶貨市綾絹送納戶部巡院官少有公心皆申報估價至賤三分無一未爲姦欺及依來牒令糶皆是觀察刺史院官所由等賤價糶將貧弱百姓患都不收市輕價皆貴破官錢計度所糶斛㪷迴市輕貨比及到京輸納之時損折姦欺十無七八枉破官物利入姦人無益於公有害於理臣伏見自陛下嗣位以來遇江淮饑歉三度恩赦賑貸百姓斛㪷多至一百萬石少至七十萬石本道饑儉無米皆賜江西湖南等道米江淮諸道百姓差使於江西湖南般運往返數千里五六箇月舟船方到百姓殍殕相望轉徙溝壑蓋緣道路遐遠不救急切也今天下戶部闕官斛㪷伏請便令所在州縣收貯如是觀察州即令觀察判官一人專知判諸州即錄事參軍專知判如有遷轉改易分明交付後人如交割之時妄有情故虛受物數便懲責承受專知官如似損壞即仰於當處州使公用御迴取當年新斛㪷詔書朝到斛㪷暮給救倒懸之甚急免般運之艱難副聖慈憂恤之仁免饑人殭殕之苦若貯貨之外斛㪷甚多便減價糶務救百姓艱歉也



## 對憲宗問進羨餘疏

守土之官厚斂於人以市私恩天下猶共非之況戶部所掌皆陛下府庫之物給納有籍安得羨餘若自左藏輸之內藏以爲進奉是猶東庫移之西庫臣不敢踵此弊也

# 欽定全唐文卷六百四十六

## 李絳二

### 論安國寺不合立聖德碑狀

陛下布惟新之政劃積習之弊行前王所不能行革歷代所不能革四海延頸日望德音今忽自立聖政碑示天下以不廣彰滿假之漸招矜炫之譏易稱大人者與天地合德與日月合明執契垂拱勵精求理化成天下高視百王豈可以文字而盡聖德又安以碑表而贊皇猷若可敘述是有分限乃反虧損盛德豈謂敷揚至道哉故自堯舜禹



湯文武並無建碑之事至秦始皇荒逸之君煩酷之政然後有罘嶧之碑揚誅伐之功紀巡幸之跡適足爲百王所笑萬代所譏至今稱爲失道亡國之主豈可擬議於此哉陛下嗣高祖太宗之基舉貞觀開元之政思理不遑食從諫如順流固可與堯舜禹湯文武方駕而行又安得追秦皇暴虐不經之事而自損聖德近者閻巨源請立紀聖功碑陛下詳盡事宜皆不允許今忽令立此碑與前事頗乖可否相違是非殊異況此碑既在安國寺中不得不敘載遊觀崇飾之事述遊觀且乖理要敘崇飾又匪政經固非哲王所宜行也伏乞聖慈特賜寢罷臣職忝近密理合獻陳庶申葵藿之誠冀增海岳之大謹奏

### 論澤潞事宜狀

臣昨已具狀陳烏重允不可便授以澤潞請與河陽却除孟元陽澤潞臣進狀後至日晚方見承璀文狀奏行營事宜其烏重允承璀已會與文牒令勾當留後詳覽驚嘆實所痛心且澤潞五州據山東要害河北連結惟此制之磁邢洺三州入其腹內國紀所在實繫安危比者磁道爲從史所據兇狡情狀昭然可知比年與劉濟王士眞相結又



奏其男充都知兵馬使如此奸狀聖情具知今地降靈陛下神略坐致兇豎却收一道奈何欲與重允却棄此鎭陛下昨追從史者庶於利害須以計擒然於國家已失大體今澤潞重鎭承璀輒以文牒便差人爲留後遽請旌節無君之心孰甚於此陛下昨收澤潞人神同慶國柄再立制度重顯今忽與本軍將物情頓沮朝經大紊自削形勢却恐不如從史向者從史雖懷蓄姦蠹已受朝命方鎭今重允一時素無功策承璀一牒便居重位河南河北諸侯聞知憤怒之心必生言語蓋以專權日久莫不各有將校且

懼且恨必謗朝廷皆謂重允與承璀交通作計遂却從史代其使主便與節度豈唯事同致怒實亦人情難堪儻劉濟茂昭季安執恭韓宏師道恥有名位與重允同列繼有表章陳其情狀并承璀專授重允之罪不知陛下何以處之若總不答卽方鎭之心大阻若別處分卽朝廷之體頓虧是令承璀取怨天下從史以澤潞不容遂至狼狽若承璀爲天下不容何以自保或恐因此遂亂今重允便除河陽亦是望外之福況新有從史事豈慮重允遲迴重允所得方隅已是承璀之力元陽若與澤潞又是事望所推不



唯忠義堪爲腹心兼有才畧實可委任兩河方鎭亦必忻惟朝廷制度又再修舉利害懸遠事在不疑況重允須爲從史結託劉濟士眞搆間虛辭爲國生事至使聖恩特遣朝官委曲宣諭僅得寧止如是則事跡固無遠大臣豈與重允嫌隙豈與元陽有親故蓋爲社稷之計朝廷之勢可惜爾伏望聖恩斷在不疑與重允河陽足以賞逐從史効與元陽澤潞足以壓河北諸侯之勢朝廷收得威柄承璀免有負憂責機便易失時事難遇伏望定於神慮遂此至公臣等懇切上陳不避忌諱者伏以獲居近密特授恩光若緘不言上負陛下伏惟聖慈俯鑒愚款速降制命以副人心

論河北三鎭及淮西事宜狀

羣臣見陛下西取蜀東取吳易於反掌故諂諛躁競之人爭獻策畫勸開河北不爲國家深謀遠慮陛下亦以前日成功之易而信其言臣等夙夜思之河北之勢與二方異何則西川浙西皆非反側之地其四隣皆國家臂指之臣劉闢李錡獨生狂謀其徒皆莫之與闢錡徒以貨財啗之大軍一臨則渙然離耳故臣等當時亦勸陛下誅之以其



萬全故也成德則不然內則膠固歲深外則蔓連勢廣其將士百姓懷其累代煦嫗之恩不知君臣逆順之理諭之不從威之不服將爲朝廷羞又隣道平居或相猜恨及聞代易必合爲一心蓋各爲子孫之謀亦慮他日及此故也萬一餘道或相表裏兵連禍結財盡力竭西戎北狄乘間窺窬其爲憂患可勝道哉濟季安與承宗事體不殊若物故之際有間可乘當臨事圖之於今用兵則恐未可太平之業非朝夕可致願陛下審處之且以吳少誠病必不起淮西四旁皆國家州縣不與賊通朝廷命帥今正其時萬

一不從可議征討故臣願捨恒冀難致之策就申蔡易成之謀脫或恒冀連兵事未如意蔡州有釁勢可興師復以財力不贍而赦承宗則恩威兩廢不如早賜處分

## 論鎮州事宜狀

臣等再三思度敢不詳審伏以鎮州人心固結難卽改移隣境事同必相扶會當其無事則相疑沮見有改易則却同心意者以子弟爲謀他日還慮及此情狀可見事理昭然今若欲除大臣守鎮臣愚必知未可不如且示懷撫以收其心所以頻有奏陳伏冀俯存含忍實慮別除人後制



命不行卽須興師且事征討蓋以江淮水旱人力困窮陛下每切憂勞尚加賑卹財賦所入經用不充今若鎮州用兵須令諸處進計用兵數供費已多萬一四隣之中同類潛相扶結相爲影援延引歲時則爲患益深所費轉廣縱陛下悉出府庫以給軍須若更淹延將何及計兵連之後勢不得休北狄西戎素多姦狡忽乘間隙侵犯邊疆又須興兵以事防遏首尾應敵則內外憂危臣等必知興師未可自陛下臨御天下諸州連帥頻建軍功言事者不計始終喜功者輕議討伐今鎮州事勢與劉闢李錡不同何者劒南浙西本非反側之地劉闢李錡暴生狂逆之心唯以財貨誘人人心本無結固又四面皆是國家兵鎮事與河北不同所以懇請誅討料其事勢舉必萬全今鎮州事宜與此有異外則結連勢廣內則膠固歲深以此用兵必爲不可其劉濟季安雖有疾患至於事體與鎮州略同若亡沒之後或別有其便卽相其便可否臨時裁制伏以崇勳盛烈底定四方必有其時可以斷致自鎮州有故臣夙夜思量誠願因其此時收得一道事有未可不敢因循瀝竭肺肝備陳愚款貴得萬全之計上酬不次之恩事之安危



伏冀聖慮所切惟望不納浮議斷在宸衷臣不勝懇切之至

## 請以李錡財產代浙西百姓租稅狀

李錡兇狡叛戾僭侈誅求刻剝六州之人積成一道之苦陛下哀憫無告爲之弔伐變愁怨之氣爲發生之和歌舞聖時負戴恩德其李錡家所積錢帛皆斂於人或有酷發究濫之徒斃其身取其貨或有枉法徵剝之吏加其罪納其財前後事狀布聞遠邇聖恩本以叛亂誅討蘇息一方今輦運錢帛播聞四海非所以式遏亂略惠綏困窮也伏

望天慈下痛哀之詔降雨露之澤將逆人財物並以賜本道代浙西百姓今年租賦則萬姓忻戴四海歌詠矣

謝密賜宣勞狀

奉宣密旨以臣所論奏事頗切時要特賜慰勞者臣伏蒙獎擢致於近密苟有所見即合敷陳敢望聖明照臨皆賜俯察載降宣諭曲示恩私榮感交深兢跼無地臣所陳之事非止一端實政理之源繫安危之切冀望重於所忽防於至微則億兆生靈同慶仁壽

學士謝狀



臣絳等今日伏蒙聖恩召對特賜延納過有獎諭又奉宣聖旨卿守職盡忠常如今日朕何憂天下不理又復見褒陽進奉出付所司安國寺鑄聖容處又罷臨幸者親奉德音旋蒙宣諭目覩盛事心感皇明喜戴交并抃舞失次伏以陛下憂勤庶政推以至公容納直言事惟求當臣等忝守職分自合罄竭愚衷豈望天眷綢繆特加獎諭感恩激切倍百常情至於愼守德音出外方之獻嚴重清蹕罷近寺之游此皆發自宸衷卓然光大足以動四方之聽感萬國之心臣等職在禁闈時逢昌運以欣以忭意不能宣

謝宣慰狀

今日中使某乙奉宣聖旨恩私俯降抃躍難勝伏以恩澤所覃積弊盡去事關聖政感極人心臣等職忝禁闈喜倍常分奉章陳賀未盡懇誠曲蒙聖慈更賜宣勞感恩承命榮幸實深

謝宣慰狀

今日中使某至奉宣聖旨以陰陽差序時雨愆期朕每事增修冀感和氣卿等悉心奉上副朕憂勤今有甘澤與卿等同慰者臣伏以時雨既降百姓歡欣聖念猥加特使宣



諭喜戴交集忭舞失圖臣聞惟天無私去人不遠與聖合德有感必通福應之際其猶影響陛下以自春以來陽候稍亢慮成旱暵妨此農功憂勤之誠既形造次惕厲之志不忘寢興爰降德音大修政本過此克責勤求闕遺絕貢獻以字黎元務減省以崇簡易去當今之甚弊行歷代之所難發自宸衷曉示天下人心既感和氣自通曾未浹旬遂降膏雨公私和暢動植生榮麰麥可望於豐盈耕耒不愆於節候康衢士庶鼓（闕）無地歡呼感荷皇恩致此甘澤則知憂先於事故能無憂事至而憂事故罕救此雖古先

哲后修已備災引六事以責躬念一物之失所感應遄速豈過於斯臣等職忝禁闈親承密命無裨萬一喜遇聖明理之當者無不行政之失者無不革累積盛美將致昇平感抃欣榮實倍常品

謝宣慰狀

今日奉宣聖旨以立皇太子制下特賜宣示臣者祇奉詔命歡抃失容伏以時屬昇平運逢交泰陛下思固大本以承鴻休爰命元良式昭茂典無疆之祚惟永至德之光日宣億兆生靈鼓舞欣戴臣猥惟淺陋獲奉軒墀特降睿慈



俯賜宣示以榮爲荷倍百常情

論裴均進銀器狀

陛下聖明之德超邁百王英特之姿跨越千古察百役之繁猥愍萬姓之愁苦念杼軸之積弊知姦臣之徇私外以進入爲名內以賄遺爲計厚斂於下半入其家所以特降鴻恩大拯頹俗罷方鎮不時之貢禁天下無藝之費蘇息下民革除宿弊頒宣之日遐邇必臻感恩涕泣仰聽歌舞更相謂曰不圖今日復覩聖時利澤布於四海德施周於萬類家吟戶詠氣舒目明纔及數月今自廢罷受納裴均所進銀器天下之人皆謂詔書不信必謂陛下以財貨爲先此人非益於聖德也且裴均行不繇道姦以事君固違制書敢進銀器此是試陛下之意若不容納必知英主不可以利啗則須恭守典憲尊朝廷若爲受領則知聖懷必可以財動因此厚斂於下此不忠不誠之大罪也倘陛下以裴均位當藩鎮官極崇顯未能行法以懲姦人伏望准制書令度支收納既不違勅文又免入內庫無虧聖政以示外方

論盧從史請用兵事狀



從史比來事跡彰露頗多意不自安務欲生事所以曲陳利害頻獻計謀冀許用兵求姑息今親領士馬欲往邢洺假以就糧實爲動衆去就之際情狀可知伏願聖德備詳端緒用絕其情不許此行事臣愚竊料從史必更密陳利害求動師旅爲輸忠誠苟私於身非利於國更有奏請伏望以此隄防

論張茂昭事狀

伏以茂昭舉家朝覲河北都無此例雖本情自任不得在外體殊可嘉稱須降恩榮以存激勸今迪簡除易定節度

茂昭便是前銜行理之間恐非穩便又所隨將健悉屬定州茂昭寂寞於體非宜伏望聖恩速除茂昭一官并專使宣諭從將校悉令取茂昭處分到京别有進止如此處置實協事情謹具奏聞伏候聖旨

論簡勘楊憑家產狀

伏以楊憑犯贓憲司推勘舉正朝典肅清人心此蓋理之宜然法度之當爾臣但不知楊憑所犯輕重若所坐祇緣贓汚法令且有明文合待推勘事終後徵贓定罪今所與宗儒詔令一物已上具數聞奏即宗儒受詔之日便合勘



責家貲遠近流傳有似簿錄凡簿錄家產皆是逆人至犯贓不合同例伏以聖恩再三立法度必歸至公事體之間貴於允當臣苟有所見不敢不陳

論德音事狀

今日奉宣聖旨如前臣等伏以時旱稍久聖慮時深思降德音除人疾苦比來方鎮過有進奉因此聚斂恣爲剝害遂使百姓積怨愁之氣陛下有納進之名臣雖頻奏已蒙寬納今特有處分使載在德音實王政之大猷爲時事之切務上符天意下感人心和氣既通甘澤必應其合進奉外尚慮方鎮私有聚斂者但德音嚴加約束如有違越令在必行仍令御史臺及出使郎官御史察訪聞奏比來制勅雖下多至因循不守患在賞罰不立不患朝廷不知聖心不移下誰敢犯其嶺南風俗百姓多賣買不得驅掠百姓爲口禁止條約犯者依前令有司糾察聞奏橫賊擾亂皆由於此今有明勅處分足以感動其心

賀德音狀

伏以聖恩緣時稍愆旱特發德音誠意憂勤每事節儉停罷進奉降免囚徒廢馬宮人既從減省私率公債又悉蠲



除戒長吏之貪求禁遠人之驅掠大革時弊特出聖懷下感人心上符天意實帝王之盛事爲史策之輝光斯則唐堯虞舜之明未過於此貞觀開元之盛復覩於今鼓舞億兆之歡心丕降至誠之德意澤以周地陰陽之候自和德既動天雲雨之施何遠臣等叨居近地獲奉聖時感忭忻勸實倍常品

論許遂振進奉請驛遞送至上都狀

伏以本置館驛祇緣使命有司所支食料減刻已恐不充今若進奉貨財悉令館驛遞送豈唯館驛不濟實慮州縣

難堪且財貨數多差夫遞送便須防援轉益勞煩伏恐人力凋殘物議喧謗況館驛所破並是官錢虛有省脚之名實致擾人之弊儻若有利無害承前久合行之脫若諸道悉然卽是制度紊亂事傷聖政不敢不言伏望與遂振詔中處分且依舊例庶望公私通濟事體合宜其詔草未撰伏望聖旨

論延州事宜狀

延州所管皆新蕃人比來部落擾動多因官吏貪尅失於恩信務於誅求致控制無方威惠不及塞門要地切在鎮



安自朝廷初除延勞領延州衆情卽以爲未當其選今沙陀等果有不安撫馭之間必有所失恐日久轉弊須務遠圖伏望聖恩令別擇才識相當者充刺史辭對之日賜其誡敕蕃種落懷附皇風宣暢俯接京畿使知典法謹具奏聞伏惟聖旨

論易定事宜狀

臣訪聞易定事宜今實蹙迫人情惶駭迪簡憂危蓋緣府庫空虛村鄉匱竭賞給將士徒設空言密近强鄰勢有反變況易定地當要害深在河北腹中此鎮不可不存此急不可不救又聞迪簡以衣糧闕絕解還軍徒至多以臣愚慮便恐致亂何者易定舉軍歸國將謂從此保安今乃困迫於前時退散於今日懼怨恨之輩潛蓄姦謀隣道誘扇便生變故事若一失豈可復收欲令諸道可以効順以此之故不可不憂今所賜綾絹五萬匹臣竊恐太少賞給用度未濟事機伏望聖恩更賜五萬匹通前十萬匹卽冀救其急切副彼憂危稍悅人心永便國計安危所繫不敢不陳

兵部尚書王紹神道碑



元和九年冬十一月晦銀青光祿大夫兵部尚書判戶部事上柱國太原郡公食邑二千戶王公歿於位君失所重人懷其舊大事在戎以寧禍亂公實居兵部聚人曰財以遷有無公實領地官天子以兵賦之柄俾於公公以忠勞之力事於上垂玉佩累金印錫珪錫劒書社開國鬱積公望綢繆主恩出入三朝始終二紀非重而何非舊而何公諱紹字德素其先秦將翦之後翦孫離楚漢之際以秦圍趙死於師子孫家於太原世爲令族曾祖威衡州耒陽令祖思獻襄州襄陽令父瑞工部員外郎及公貴累贈禮部

尚書咸以盛時沉於下位積有惇德宜生達人公尚書第三子也少以厚實爲士友所重太師顏魯公守吳興特器之表授武康尉相國蕭徐公察守馮翊並隨府授檄丁繼太夫人憂服除累授殿中侍御史江西觀察推官遂踐臺閣自倉部員外郎遷户部兵部郎中專判户部事未半歲超拜户部侍郎寵賜金紫復加朝散大夫即舊官判度支特遷户部尚書所領仍舊順宗諒闇姦竪竊柄拜工部尚書以錢穀自闕俾去異已誠私計也上即位天下文明彝倫攸敘檢校吏部尚書東都留守判都省事兼御史大夫



充東都畿汝州都防禦使保釐東郊鎮衛舊都風令既行姦盜出奔遷檢校尚書右僕射徐州刺史兼御史大夫充武寧軍節度支度營田兼徐泗宿濠等州觀察處置等使居鎮六年復徵拜兵部尚書明年春詔兼判户部事在位三歲享齡七十有二徹席於長安永樂里之私第優詔追贈尚書右僕射長子前門下省典儀元泰次子劍南東川節度掌書記大理評事攝監察御史元質幼子前右威衛倉曹參軍元弼等克稟詩禮備著文行以十年秋八月四日奉窀穸於萬年縣之洪固鄉以夫人贈西河郡夫人相李氏祔焉夫人故河南少尹知府事贈工部侍郎造之長女茂於懿範歸於令人先公而歿距茲十九年矣異時同穴周公之制也夫君子之行已事上也必執心而端其始立事而保其中踐道而要其終當建中末盜起轂下乘輿南狩巴梁阨區府藏空虛武旅氣下德宗色動公時爲御史大夫包佶水陸運鹽鐵判官懷章表披荊棘懸東車馬陵踐山谷達本府之誠懇策書獻當使金綵縑帛爛若波濤積如邱陵上於是歎大號以布天地之施士由是濡厚澤以奮雷霆之用將加寵擢以奬忠勞公方以國難疚懷



求以詔書復命致遠之度當時所稱豈不曰有其始乎貞元中公以材智任職忠懃注意不疑可以進退海内之士可以綰攝天下之柄人心所傾台位如寄公理財以義下不厭其取處權以道上不惡其專内守持盈之誠外宏推美之度及門而進與公同升布於顯列由乎陰隲誠無二事績著一心豈不曰有其中乎元和初徐方喪師帥人怙亂樂於禍以幸其利鼓其變以成其私氛沴已凝氣燄方作公授鉞以出投袂而馳倍道而乘其未備輕騎而出其不意先迷得主大衆歸心於是安進達以三百騎叛於河

城械繫而行乎軍令唐重靖以一千人奔於埇橋樹名而收其武力散私積以勞賞發義徒以袪弊推以誠信滌其疵瑕頑固革心疆內如春武經戎略存爲故事豈不曰有其終乎是三者忠存於國政在於人遺績未映美化猶新況乎顯持世權陰行相事造膝承顧沃心獻議注百辟之耳目奔九流之車騎入司國賦之重出膺邦閫之寄考終厥命歸全於位非夫貞固幹事明哲保身曷以臻於是乎然則纂貞珉表陵谷庶乎實德宜無愧辭其洪纖之跡顯晦之用應機之速奮才以光赫其位得君以薰灼於時備



用於隴西之狀精覈於宏農之誌今所書大者遠者而已文有詳畧蓋春秋之義焉銘曰

天賦才兮遇有期臣擇君兮審厥時公之達兮世所資道之行兮人罕窺筦國權兮家以肥庭邦賦兮物不欺人意傾兮主念隨陰德及兮顯命施龍上空兮盜乘機位陽尊兮姦用奇聖運啟兮大人造王氣蕩兮英風掃用邦鎮兮徐方道洛邑思兮彭城禱順者化兮叛者討肅如霜兮偃如草中外便兮恩寵殊遷司馬兮領司徒趨丹墀兮伏青蒲杜私門兮闢公途期方遠兮帝命俞運何屈兮吾道孤松楸列兮龜筮符琬玉琢兮陵谷虞往矣已焉兮噫嘻嗚呼

# 欽定全唐文卷六百四十七

## 元稹

稹字微之河南人擢明經判入等補校書郎元和元年舉制科對策第一拜左拾遺穆宗朝擢祠部郎中知制誥入翰林爲承旨學士長慶二年進同中書門下平章事貶同州刺史改浙東觀察使太和四年拜武昌節度使卒年五十三贈右僕射

### 奉制試樂爲御賦（以和樂行道之本爲韻依次用）

臣伏奉庚寅之詔曰天子以樂爲御其義則那臣以爲引



重任者無御不可播盛德者非樂而何蟠乎地而際乎天周流旣超於馬力發乎邇而應乎遠馳聲亦倍於鑾和喻之爲至此實居多大道旣移則舞行象成於覆載小戎或駕則琴音决勝於騶歌故聖王取彼驩然喻諸沃若制其節奏戒乎行作聽祈招之什冀絕跡於奔車賦盤遊之詞俾慮危於朽索是以南薰馳而虞德盛北里騁而殷道惡控海內當並鶩於勳華執人柄豈爭功於良樂斯御也動無險阻發自和平周旋罔害歡愛則行止之而優游靈府推之而浹洽寰瀛非勞轅軛但布莖英陋乎足跡運以精誠爾或馳驅難期於無災無害我之步驟乃在於大鳴小鳴故曰得禽而詭遇不如率獸以仁聲且跋涉者疲於山川條暢者格乎穹昊慕入律而百蠻麕至錫有功而諸侯軌道豈出户庭非專轚考乘六氣之辨哂六轡之徒施鼓八風而行知八駿之非寶於是屏造父命后夔或無聲而至矣或先進以道之豈獨周域中而利其銜策亦將肥天下而淪乎膚肌若此則宇宙蓋由乎一馬牽制盡在於四維雖質文更變而公共操持莫不得之者昌失之者損俗化清而鞭扑廢和順積而車書混故臣稹前跪而言曰引



重任者御爲之先播盛德者樂爲之本伏惟皇帝陛下推是心而居其奧臣徒欲貢所聞而安敢窺其閫

### 善歌如貫珠賦（以聲氣圓直有如貫珠爲韻依次用）

珠以編次歌有繼聲美綿綿而不絕狀纍纍以相成偏佳朗暢屢比圓明度雕梁而暗繞誤綴網之頻驚響象而然非謂結之以繩約氣至則爾故可貫之以精誠原夫以節爲珠以聲爲緯漸杳杳而無極以多多而益貴悠揚綠水訝合浦之同歸繚繞青霄環五星之一氣望明月而宛轉感潛鮫之歔欷若非象罔乘之珍安能忘在齊之味其始

也長言邇迤度曲纏綿吟斷章而離離若間引妙轉而一一皆圓小大雖倫離朱視之而不見唱和相續師乙美之而謂連當其拂樹彌長凌風乍直意出彈者與高音而臻極及夫屬思漸繁因聲屢有想無脛者隨促節而奔走以洞徹爲精英比瑕疵於能否次第其韻且殷勤於士衡之文上下其音謂低昂於游女之手窈窕遠矣徘徊繹如髣髴成象玲瓏構虛頻寄詞於章句之末願連光於咳唾之餘清而且圓直而不散方同累丸之重疊豈比沉泉之撩亂懼無知者初惘然於暗投善則返之乃因循於舊貫美



清泠而發越憶輝光之璀璨始終雖異細大靡殊中規矩於圓折成條貫以縈紆似是而非賦湛露則方驚綴冕有聲無實歌芳樹而空想垂珠美惡難掩前後不踰亦比掄材而至者豈獨善歌之謂乎

鎮圭賦 以王者端拱四維鎮寧爲韻依次用

天子之鎮圭十有二寸其長義在撫十有二州之域而爲億兆之王圭比德焉所以表特達之美鎮大名也有以示彈壓之强以之徵守則有土之臣至以之恤患則受災之地康當宁無爲於南面朝日有事於東方會百辟而執之班五瑞於來者作山龍之端表我則清光皎然雜蒲穀以成行爾則鞠躬如也想夫形闈乍曉碧砌生寒當玉座而高居狀中峯之冠瑶岫透爐烟而迥出意秋月之壓雲端是以聖后矜持庶寮瞻重安八荒於度内故捧必當心握萬務於掌中故大不盈拱映冕旒則璿樞星綴間黼黻而瓊枝花擁豈獨使威儀可觀亦以明社稷有奉美哉聖人之制器也靡不有類銳上以象天方下而法地備采章以盡飾瑑崇高而定位夫眾色不可以雜施依方面之正者惟五羣山不可以咸寫選域中之大者有四盡舉凡而得



一故相傳而莫二義存敬慎道在底綏詳觀組約足辨操持俾經制之不亂若繅藉之相維況國家備物繼周垂衣體舜自天有命非因桐葉而封唐提象握機故配土行而執鎮豈惟傳歷代之瑞寶抑亦彰受命之符信者也重曰圭銳也睿作思而百志靈鎮安也安於道而萬物寧亦嘗三復斯名矣所以表道德之惟馨若此則君爲道之本器乃道之形苟能據於道而依於德亦可以執無名之璞而逍遥乎大庭

觀兵部馬射賦 以藝成而動舉必有功爲韻

大司馬以馳射而選才衆君子皆注目而觀藝至張侯之所乃執弓而誓誓曰今皇帝製羽舞以敷文德擇材官而奮武衛兼以超乘者爲雄不惟中鵠者得祭用先才捷志亦和平以多馬爲能故以馬爲試以得鹿爲美故以鹿爲正豈獨武人之利實惟君子之爭射者皆曰諾雖五善之未習庶一舉而有成於是馬逸駸駸士勇伾伾蓄銳氣候歌詩初聽采蘋之章共調白羽次逞穿楊之妙忽縱青絲旁瞻突過咸懼發遲冀驥足之展矣翻猿臂而射之揮弓電掣激矢風追方當耦象决裂麗龜耆爾摧班示偏工於



小者安然飛鞚故無憂於殆而信候蹄之不爽則舍拔之無遺故司射舉旌以効勝曰爾能克備我爵可期賈餘勇者宜乘破竹之勢善量力者當引負薪之辭由是靡不爭先莫肯爲後皆曰措柸於胕十得其九忝明試者亦何嘗而不有破的之術萬不失一凡獻藝者豈自疑於無必衝冠髮怒揚鞭氣逸引滿雷砰騰凌飆疾皆窮百中之妙盡由一札而出乃知來者之藝蓋亦前人之匹若此則蹲甲壯基揚觶觀孔信一場之獨擅終六轡之未總豈比乎浮雲迴度鬬月影而彎環驟雨横飛挾星精而搖動雖當至理不忘庸功天子垂衣儼鵷行於北闕夏官司馬閱騎從於南宮貢士之程職思其舉會款塞五方之俗觀校埒百夫之禦得雋爲雄唯能是與星郎草奏上獻拱辰之防天驕解顏喜見射鵰之侶客獨顧之而笑曰此蓋有司之拔萃固非吾君之右汝我有筆陣與詞鋒可以偃干戈而息戎旅司文者聞之而驚曰爾其自礪於爾躬吾將獻爾於王所

## 郊天日五色祥雲賦（以題爲韻）

臣奉某日詔書曰惟元祀月正之三日將有事於南郊直



端門而未出天錫予以靈瑞是何祥而何吉臣拜稽首敢言其實陛下乘五位而出震迎五帝而郊天五方騰其粹氣故雲五色以相宣控壇乍直捧日初圓獸蹲而龍鱗熠熠鳥跂而鳳翼翩翩羽蓋凝而軒皇暫駐風馬駕而王母欲前影帶旂常疑錯繡之遙動昭章文物比摛錦之相連觀之者無小無大謂之曰若烟非烟昔者卿雲作歌於虞舜白雲著詞於漢武皆跂望而爲言非仰觀而遂覩今陛下德至天地恩覃草莽當翠輦黃屋之方行見金枝玉葉之可數陋泰山之觸石方出鄙高唐之舉袂如舞昭布於

公侯卿士莫不稱萬歲者三並美於麟鳳龜龍可以與四靈而五於是載筆氏書百辟之詞曰郁郁紛紛慶霄之雲古有堯舜幸得以爲君象胥氏譯四夷之歌曰煒煒煌煌天子之祥唐有神聖莫敢不來王帝用愀然曰予何力澤未周於四海雲胡爲而五色來爾羣后與爾衆職因五行以修五事由五常以厚五德正五刑以去五虐繁五稼以除五賊苟順夫人理之父子君臣安知夫雲物之赤黃蒼黑進我輦路就我陶匏雖有光華之萬狀不若豐穰於四郊凡百庶寮相趨而顧稍疑江上之綺果異封中之素補



天者雖欲抑之而不出吞筆者安可寢之而無賦越明日臣稹詠霈澤於雞竿之前覩斯雲散之爲五采之湛露

范傳式可河南府壽安縣令制

勅范傳式御史府多以法律見徵苟覆視之不明於薄責而何逭傳式在先朝時嘗爲監察御史會孫革以廄牧競田之獄來上朝廷意其未具復命傳式理之不能精求盡以前却使岐人衆來告我職爾之由須示薄懲用明失實嗟乎長人之吏信在言前當革非心無因故態過而不改寧罔後艱

王炅等升秩制

勅王炅等乃祖乃父勤勞邦家佐吾先臣相國捍患摧凶世爲勳籍故吾聞成德諸將心猶悚然爾等初喪元戎能以衆整送迎新舊之際不無夙夜之勞言念功庸宜升秩序闕二字憲署命之崇班特示加恩匪用彝典

高端等授官制

勅高端等周官歲終則稽其醫事以制其食斯亦賞勞之典也爾等皆執藝術待詔公車和六飲六膳以會其時察五色五聲以知其變朕嘗因苦口必念沃心每思藥石之



臣咸聽肺肝之語凡百多士無以美疢愛予因爾厥官用警有位

李昆可權知滑州司馬兼監察御史制

勅李昆日者王承元以成德喪師之狀來告爾實將之能使承元之意上通朝廷之澤下究昆有力焉將議奬勞是宜遷秩郡丞憲吏用表兼榮

劉頗可河中府河西縣令制

勅劉頗朕以自鄜而北夷夏雜居號爲難理乃詔執事求才以綏懷控壓之者皆曰頗在茲選且言其伐蔡之役嘗

參謀於懷汝之師部分弛張允協軍政遂命試領銀州郡事眾庶寧附邊人宜之連帥以聞議請甄奬河西近邊擇吏惟精勿吝牛刀爲我烹割

王迪貶永州司馬制

勑王迪爲吏不廉受賄六千餘萬據其贓罪合寘重條言事者以爲伐蔡之時陷其家屬適遭蜂蠆並爲鯨鯢尚念爾於玆當從末減議遷郡佐無忘悛心可守永州司馬員外置同正員仍所在驛發遣

王悅等可昭武校尉行左千牛備身制



勑執千牛刀以侍奉吾左右者命子弟之選也莊憲皇后姪王悅等或勳戚蔭餘或公卿貴允佩觽有趨蹌之美釋褐參侍從之榮勉奉我朝廷之儀敬順爾父兄之教可依前件

崔適等可翊麾校尉守左千牛備身制

勑三品子崔適等左右備身在吾旒扆之側非貴遊子弟之可親信者不在選中爾等閥閱甚崇教誨斯至事我猶事父畏法猶畏師勿惰勿佻以期無誨斯可與成人並行於朝廷矣

姚文壽可冠軍大將軍右監門衛將軍知內侍省事制

勑姚文壽出入中外備嘗劇職靜以自勝高而益謙先皇帝以其忠愿謹信知書有文每決務宮中付以密命已事而復終無漏言朕方藉良能奪其情禮起自哀疚命爲監臨和而有常威而不侮修身處眾兩得其宜憂服既除庸功可奬崇階厚秩兼以命之無忘慎修用副毗倚

徐智岌可雲麾將軍右監門衛將軍知內侍省事制



勑徐智岌邠之地后稷公劉之所理也俗饒稼穡土宜六擾內扞郊圻外攘夷狄故吾特命禮樂詩書之上將俾爲長城立監臨戎亦慎玆選以爾自吏事任已著公方端介而不失人心謙和而能宣朕命寵以將軍之號仍加內省之榮復職舊藩勉終前効

邵常政等可內侍省內謁者監制

勑天子有內諸臣所以參侍奉備傳達而將外諸臣之復也其或久更事任績效顯明者必擇其良能而分命焉元從與元朝議郎行內侍邵常政等或扈從於艱難之際或

服勤著廉善之名宜序班資用優階秩夫奧東司而臨象教爾無忘於肅清將成命以察戎行爾無忘於畏愼正闈闥以親賓客爾無忘於敬恭行是三者可以長守其祿位而不離於榮近矣各揚爾職稱朕意焉可依前件

宋常春等可內侍省內僕局令制

勑近制選內臣之善於其職者監視諸鎭蓋所以將我腹心之命達於爪牙之士也宣義郎行內侍宋常春等皆以謹信多才得參侍從更掌上府尤見吏能守官無毫髮之暇勵巳有氷霜之操跡其聲實可備監臨汝其往哉予用



訓爾夫處衆莫若順犯衆則不安約身莫若廉奉身則不足推是兩者引而伸之然後入可以近天子之光出可以護將軍之旅矣罔或失墜以貽後艱勉當柱國之榮無忘立表之誓全實可宣德郎行內侍省宮闈局令員外置同正員常春可徵仕郎內侍省內僕局令員外置同正員

青州道渤海愼能至王姪大公則等授金吾將軍放還蕃制

勑愼能至王姪大公則等洲東之國知義之道與華夏同風者爾輩是也冐越深阻和會於庭予嘉乃誠命以崇秩用奮威衛保爾恩榮無怠無違永作藩服

青州道渤海大定順王姪大多英等授諸衛將軍放還蕃制

勑大定順王姪大多英等我十有二衛將軍以率其屬皆匡備左右爲吾近臣自非勳庸不以輕授以汝各賫琛賮勞於梯航俾耀遠人宜示恩寵歸撫爾類知吾勸來

令狐楚等加階制

門下朕聞君法天大臣體君命數名等威上下以兩昔漢丞相金印紫綬黃扉黑轓亦所以異車服於百辟也今朕



宰相階級不稱甚無謂焉既當行慶之恩宜用加崇之典守門下侍郎同中書門下平章事賜紫金魚袋令狐楚端愼嚴恪夙夜在公揆度懸衡守而不失守中書侍郎同中書門下平章事賜紫金魚袋蕭俛深敏敬恭寤寐思理伏蒲葵藂知無不爲守中書侍郎同中書門下平章事賜紫金魚袋段文昌坦易堅白風雨有常推賢舉能如恐不及咨汝三后弼予一人汝爲股肱耳目以賚予予敷心腹腎腸以告汝汝其一乃志以奉上周乃惠以接下敬乃事以臨官是三者孫叔敖嘗用之於楚矣位愈高而士愈戴祿

愈厚而人愈懷夫以朕之不敏不明尚克用濟實賴吾二三臣朝夕之誨詩云無言不酬無德不報爰因進等之詔用申文誓之詞各竭乃誠同底於道康天下平秦階而後越級之賜行焉茲謂敘常非以為報楚可太中大夫俛可朝議大夫文昌可中散大夫餘各如故

蕭俛等加勳制

某等越正月惟朕憲考集大命於朕躬宅憂昏逾罔克攸濟惟爾俛屢贊大儀以詔予一人惟爾文昌作策度以道揚末命俾小子審訓弗違時乃之休王功曰勳茲用報汝



尚克納誨毋忘協心銘於太常永作元輔

蕭俛等加封爵制

門下列爵惟五所以褒有德也朝議大夫守門下侍郎同中書門下平章事上騎都尉襲徐國公賜紫金魚袋蕭俛等外撫四夷內順百度同德比義以堯舜之道事予厥惟懋哉遂行益地之詔俛乃讓封於弟亦協推恩開國承家永綏厥後惟克恭敬以和神人

李逢吉等加階制

某官李逢吉是朕皇子時侍讀也忠孝之訓何嘗忘之惟秘泊璀實為藩臣克壯威猷用以垣翰楊造等祗事內外夙夜惟寅並沐前恩遞升榮級上下有等式示彝章

李光顏加階制

門下朕聞有天下者道德仁義以為理城郭溝池以為固故曰不教人戰是謂棄之有備無患可以應卒此先王敺攘戎狄保障黎元之大略也五原居有夏靈慶之中當虵豕豺狼之突將搤咽喉之要爰命腹心之臣厥有成功宜膺茂典邠寧慶等州節度觀察處置等使金紫光祿大夫檢校司空兼邠州刺史上柱國武威郡開國公李光顏氣



敵三軍心師百行有卞莊之勇守之以仁有日磾之誠濟之以武叱咤則風雲迴合閑宴則罇俎周旋蓋文武之令才眞古今之良將是以淮蔡之役百勝功高青齊之師一面居最朕以蕭關尚警馬嶺猶虞五餌之詐可羞百雉之城爰度先是屬役每難其人惟爾良能果諧予願程功而不愆於素訖事而不勞於人比命有司褒乃實力僉曰古諸侯勳德優盛則就加特進以寵之我國家封植崇重有朝請一字以異之予嘉乃勤兼用兩者茲謂上賞爾惟欽哉可特進餘如故

王仲舒等加階制

門下階陛所以升堂奧也歷清貫者亦由是而登進焉國朝由散官而命爲大夫者凡十一等以銀青朝散爲名者非我特制則不克授蓋門户有棨戟之榮腰佩有龜緺之異也朝議郎守中書舍人王仲舒等或歷職清近代予格言或分命藩方宣我程品或懸車以請老或持節以臨人或親或能或勞或久皆承霈澤之慶宜當並命之榮凡爾四十有三人各服我休命並朝散大夫餘如故

郭釗等轉勳制



粵若十有二勳以馭親賢以詔勞舊以稽秩序以行慶賜而刑部尚書兼司農卿郭釗實我元舅寅亮朕躬傅師洎筆共司予言發揚書命俊乂教官長財善物証居環尹夜警晝巡堪致厥政時惟舊老高陽而下五十有六人分命內外祗勤於理越二月發大號於天下延寵庶官錫爾崇勳無替嘉命

武儒衡等加階制

某乙等古人以朝散大夫爲榮是以自矜於歌詠兊今由是級者則服色驟加誠足貴矣儒衡等皆吾內外之臣並在賢能之選頃因慶澤第許崇階朕不食言勉當嘉命

崔元畧等加階制

某官某乙階之設二十有九有庸有事有敘有加用是四者以詔百吏由鄙而上至於元畧曰加曰敘進而下至於景曰事曰庸光我侍從之臣且優致政之老詔賢詔德於是乎在堂奧益近爾其敬之

胡証等加階制

門下寧遠將軍兼左金吾衛大將軍御史大夫充左街使賜紫金魚袋胡証等近古赦天下則勳秩階爵因緣而行



亦欲與卿大夫同美利也爾等率其屬部分義甚明皆吾勞臣是有恩奬益進榮級宜其允恭

諸使收淄青敘錄將士等授官爵勳制

某等能執干戈討定逋孽功懋懋賞厥惟舊哉分命庶官秩建五等次用於十有二勳式示等威蓋以勞之小大爲上下也

劍南西川節度使下將士史憲等敘勳制

門下劍南西川節度使下准制敘勳將士朝議大夫試太子家令上護軍史憲等蜀形勝之地也南控蠻蜑西搤戎

羌厲禁之勞實賴汝三千八百六十有六人之力使之必報並賜崇勳各懋乃誠勗率以敬可結前件

鄭氏封才人制

勑古者天子設六宮以詔內理是以關雎樂得淑女憂在進賢將聽雞鳴之詩豈惟魚貫之序鄭氏山東令族海內良家每師班女之文嘗慕樊姬之德桃姿焜燿蘭行馨香爰用擇木冀無傷善勉當選進之重無忘和平之心

第七女封公主制

門下長女等抱子弄孫之榮貴賤之大情也朕以四海奉



皇太后於南宮問安之時諸女侍側螽斯之慶上慰慈顏鳲鳩之仁內懷均養雖穠華尚少出閣未期而湯沐先施分封有據宜加美號以表令儀可依前件主者施行

王承宗母吳氏封齊國太夫人制

勑故成德軍節度鎮冀深趙等州觀察處置等使金紫光祿大夫檢校尚書左僕射贈侍中王承宗母燕國太夫人吳氏嘗文在手燕夢徵蘭道以匡夫仁而訓子教日礪竭誠之操義必資忠戒陳嬰自大之心明於處順是以承宗辭代之際承元領務之初或輟哭以據牀每形言於憂國人知趣向道實光明宜受進封之恩用表貫霜之節

李愬妻韋氏封魏國夫人制

勑夫尊於朝婦貴於室由古道也安有邦君之妻而無湯沐之地乎涼國公李愬妻韋氏德宗皇帝之外孫也笄年事愬克有令儀天隂雖高猶執婦道持其門户使愬有姻族之和奉其蘋蘩使愬有蒸嘗之潔愬當分閫之際終無內顧之憂者由此婦也今愬積行累功以致爵位六遷重鎭名列上台而韋氏猶限纓章未嘗開國甚不稱也因愬大名之邦式建小君之號可封魏國夫人



贈田宏正等父制

門下朕聞昔者明王之以孝理天下也莫不因嚴以教敬推類以明恩朕以眇身欽承大寶爲億兆人之君父奉十一聖之宗祧捧烏號知羣臣有良弓之思瞻彼蒼念羣臣有所天之感是用仲月五日申命有司大錫追崇式彰餘慶而魏博等州節度觀察處置等使魏州大都督府長史田宏正亡父贈兵部尚書庭玠等教必以忠歿而不朽茂仲弓之德而位屈當年副孔父之恭而福流來裔惟爾宏正爲朕方叔以殿大邦惟爾夷簡爲朕河間（李夷簡宗室宰相故云）

以光宗籍惟爾度爲朕呂望以司專征予有勞於王家父豈忘於錫命進以師長之贈加之保傅之尊咨爾三臣告是五廟永錫忠孝賚於邦家可依前件

贈烏重允等父制

敕朕聞水積者不涸德積者不窮肆我高祖武皇帝傳序累聖逮予沖人嗣守朝廷之常不克是懼而侯甸藩服亦克用乂誠賴吾邦伯庶君之不墜吾祖宗之典也追念本始無忘爾先永錫追榮用彰彝訓檢校司空使持節滄州刺史烏重允亡父贈工部尚書承玼等根本粹茂源流浚



發載誕頗牧降生申甫或並列藩方或常參鼎鼐承我制詔備陳孝思皆曰閱禮資忠實賴先臣之教欲報之德願言克從遂命褒崇以示幽顯可依前件

贈韓愈等父制

敕國子祭酒韓愈父贈秘書少監仲卿等子生則射桑弧蓬矢以告四方三月孩而名之十年出就外傅孔子雖欲遠於鯉也而猶教之詩禮所以相承先而重後嗣也然而免水火之災從師友之後服軒冕以爲卿大夫者一族幾何人惟爾愈雄文奧學秉筆者師之與其等各用所長列官朝右榮則至矣其父皆不及焉歿而有知能不望顯揚於地下贈以崇秩慰其幽魂推吾永懷示用怛然於此可依前件

贈韋審規等父制

敕朕嗣立之二月五日在宥天下澤被幽顯凡百執事延崇於先而守尚書左司郎中韋審規父大理卿漸等生有列爵歿有懿行積德於身慶儲於後嘉乃令子爲吾望郎遂可有司之奏以錫先臣之命可依前件

贈田宏正母鄭氏等制



門下檢校司徒田宏正母贈韓國太夫人鄭氏等詩云哀哀父母生我劬勞欲報之德昊天罔極子欲養而親不待之詞也朕有臣宏正等皆社稷之臣也或寄重股肱或親連肺腑而克忠於國克孝於家歌康公念母之詩感日磾見圖而泣朕方推廣孝以闡大猷迺詔有司深惟贈典若曰幽魏幷揚實鎮之大旣以命於勳賢齊晉清河惟號之美何用光於窀穸永錫爾類予何愛焉嗚呼予爲列嶽之崇母用追封之禮亦可謂生榮死哀孝子事親之終也惟爾欽哉無或失墜可依前件

追封孔戣母韋氏等制

勅顓考叔食美而思遺其親此孝子不違於一飯也而況於萬石在前累茵在側慰心不及非贈而何尚書吏部侍郎孔戣母贈扶風郡太君韋氏等柔以睦姻明於訓子惟嬪之禮始自敬姜擇隣之規優於孟母慶鍾嗣子皆我藎臣祗告有司丕序先烈錫以大邑達其深誠庶無風樹之嗟且壯秋霜之節可依前件

追封李逢吉母王氏等制

勅孝子之於事親也貧則有啜菽之歡仕則有捧檄之慶



離則有陟屺之歎歿則有累茵之悲推而言之其揆一也不有追錫何以達情檢校吏部尚書使持節襄州刺史李逢吉母贈平陽郡太夫人王氏等皆朕公卿之母也或象感台階生申及甫或氣鍾河嶽非龔則黃出入恩榮羽儀中外苟無善訓安得令人簡想徽猷用宏封邑式光子道以盛母儀可依前件

追封李遜等母制

勅檢校禮部尚書使持節許州刺史李遜母贈義封縣太君崔氏等昔康公貴為諸侯而念母之詞甚悲悲親之不逮也曾參仕三釜而其心甚樂樂及於親也今遜等有地千里有祿萬鍾頤指氣使無不隨順所不足者其惟風樹寒泉之思乎朕方推廣孝豈吝加恩並封故邑之榮咸慰循陔之念可依前件

追封王潛母齊國大長公主制

勅檢校兵部尚書王潛母贈晉國大長公主於朕祖宗之姑姊妹也始以肅雍之德下嫁於公侯淑問怡聲禮無違者訓其愛子有過嚴君不因恩澤以求郎每致忠貞而事主使勤富貴戒斁廉能懋為勳臣實資聖善徽猷盡在典



禮宜加猶狹平陽之封式廣營邱之地克宣朕命用慰潛心可贈齊國大長公主

追封王璠母李氏等制

勅守起居舍人賜緋魚袋王璠母贈成紀縣太君李氏等古人云生願為人兄欲奉養之日長也若此則及子之貴顯親之榮能幾何人是以聖王因心以設教由是揚名追孝之禮生焉朕宅帝位思宏大孝乃詔執事追用疏封而璠等皆以諷賦語言得參侍從欲報之歎發乎肺肝追加故土之榮用深罷社之痛可依前件

贈鄭餘慶太保制

勑朕聞仲尼歿而魯公誄之柳莊死而衛靈請往夫以區區魯衛而猶念賢臣碩德也如是況朕小子獲承祖宗實賴一二元老朝夕教誨以儀刑於四方天胡不仁遽爾殲奪而今而後誰其屏余故金紫光祿大夫檢校司徒兼太子少師上柱國榮陽郡開國公食邑二千户鄭餘慶始以衣冠禮樂行於山東餘力文章遂成儒學出入清近盈五十年再任台衡屢分戎律凡所劇職無不踐更貴而能貧卑以自牧謇直行於臺閣柔睦用於閨門受命有考父之



恭待士比公孫之廣焚書逸禮盡可口傳古史舊章如因心匠朕方咨稟庶罔昏逾神將祝予痛悼何及乞言既阻贈典宜加追書保養之榮用彰明允之德可依前件

贈賻王承宗制

勑天子之於百辟也公則有君臣之義私則有父子之恩生則有列爵以報功沒則有加榮以錫命遠則罷朝以申悼近則幸第以臨喪而況於代濟勳庸時方委遇死而可作吾何愛焉故檢校尚書右僕射王承宗海岱孕靈弓裘襲藝詩書禮樂禀訓於祖先勇敢謀猷自生於誠臆遠居劇鎮益辨長材每懷戀闕之誠遂行割地之効屢陳密欵方侯來朝天不與年素志沒地表章前上忠懇備存不以二子爲憂且曰三軍求帥承元繼志雅有兄風雄藩既耀於連枝寵秩宜加於幽穸上台之首左輔之崇特越彝章用明加等忠魂尚在期爾有知可贈侍中仍令所司備禮冊命賻布帛五百段米粟三百石委度支逐便支送

贈賻裴行立制

勑秦郡守分土疆以牧人漢刺史乘軺車而按部兼是兩者才唯艱哉而況於鎮定遠荒經畧逋寇毗倚方切忽焉



薨殂不有追崇曷彰憫悼故朝散大夫持節桂州刺史兼御史中丞裴行立積德之門代濟英哲班超奮筆志在功名酈寄秉心義先忠孝累及事任益見良能襲遂著稱於潢池處默去思於交趾遺風尚在錫命宜加寵以貂蟬賻之縠帛用光幽穸式慰營魂可贈左散騎常侍賻布帛三百段米粟二百石仍委度支逐便支送

贈陳憲忠衡州刺史制

勑故元從奉天定難功臣柳州刺史陳憲忠在德宗時執羈靮以從遂加戡難之名在憲宗時沐雨露之恩實被念

功之詔朕敬承先志崇奬舊勳爰命有司用申常典生有熊當其軾歿有雁隨其車可謂男子之哀榮矣可贈使持節衡州諸軍事衡州刺史

贈楚繼吾等刺史制

勅故容州本管經畧招討左押衙兼行營中軍兵馬使檢校太子詹事楚繼吾故廉州古邱營鎭將試殿中監衛宏本等比以荒服不虔侵掠縣道乃詔毅勇爲人敺攘而繼吾等奮不顧身深入巢穴豺狼雖殪蜂蠆誤加方聞振臂之雄忽有歸元之歎其帥具上其功伐請議褒崇言念云



亡九用憫悼不有異等孰以勸忠特追有土之榮用明死政之節繼吾可贈使持節都督容州諸軍事容州刺史宏本可贈使持節都督邕州諸軍事邕州刺史

更賜于頔謚制

昔羽父爲無駭請謚於魯侯而衛君亦自稱公叔文子之跡則考行必在於有司賜謚或行於君命久矣故致仕太子賓客燕國公于頔祗奉三朝橫鎭襄漢雖便宜從事難以法繩而武毅立名實爲威克來朝而後亦旣降心敬以事君明能知子朕以禮存錫命恩在展親考以慮深通敏之文參用追悔前過之義深詔執事宜謚曰思

追封宋若華河南郡君制

勅司徒之妻有禮齊加石窌延鄉之母有德漢置封邱生旣不渝歿亦宜及故宋若華我德宗孝文皇帝躬勤庶務寤寐以之乃命女子之知書可付信者省奏中宮而若華等伯姊季妹三英粲兮皆在選中參掌宥密班妃裂素之詠謝氏散鹽之章琤然玉音記在彤管先皇帝乙夜觀書之際亦嘗傳窈窕德象之篇於若華言念云忘禮宜加等特追封邑豈礙彝章可贈河南郡君



授入朝奚大首領梅落悟孤等二十五人官階制

勅某等各以貴實會於明庭旣飲食以勞之又爵秩以遣之式所以示懷柔於遠人也爾宜將我皇風慰彼黎獻可依前件

授入朝契丹首領達于只枕等二十九人果毅別將制

勅朕聞德教加於四海則遠人斯居余德不類而爾等實來良用愧於厥衷是以置野廬以勞其勤委舌人以通其意始於郊迓還以禮成寵秩仍加厚意斯在被服冠冕無

忘敬恭



欽定全唐文卷六百四十八

元稹二

授劉惠通謁者監制

勅宣議郎内侍省宮闈局令賜緋魚袋劉惠通愿吾愛之俾在左右將我密命達於四方去盡行人之詞還致諸臣之復言必忠信事無尢違使朕不出户而知三軍之意者爾有力焉深念其勤將以爲報階秩兼進用示恩榮可依前件

授韓臯尚書左僕射制



勅夫一邑之政而猶資老者之智用壯者之決况朝廷之大得不以耆年重望居表正之地以儀刑百辟乎惟爾金紫光祿大夫檢校尚書右僕射兼吏部尚書韓臯始以直言事代宗皇帝司諫諍復以文章政術事德宗皇帝爲舍人中丞京兆尹在順宗憲宗時出領藩方入備卿長逮予小子歷事五君勤亦至矣而又處權近之位未嘗以恩幸自寵於一時當趣嚮之閒終不以薄厚見窺於衆目豈所謂徐公之行已有常而詩人之風雨不改耶日者銓覈羣才兼勞揆務頗煩倫擬有異優崇罷去職勞正名端揆俾

絕積薪之歎且明尚齒之心凡百庶僚無忘咨稟可守尚書左僕射餘如故

授韋審規等左司戶部郎中等制

敕尚書郎會天下之政上可以封還制誥下可以昇貿牧守居可以優游殿省出可以察視違尤非第一流不議玆選守職方郎中上騎都尉韋審規等皆歷踐臺閣嫺達憲章或滿歲當遷或擇才斯授皆極一時之妙足爲三署之光於戲提紀綱而分命六聰左右司之職甚重登生齒以比董九賦人曹郎之任非輕勉竭彌綸之心勿虛俊茂之



舉可依前件

授羅讓工部員外郎制

敕義成軍前度支判官朝議郎檢校刑部員外郎兼侍御史上柱國賜緋魚袋羅讓昔陶宏景一代高人始願四十爲尚書而猶不遂國朝選署尤用其良以爾讓敏而好學直而能溫甲乙亟登班資歷踐頃將軍辟士權資孫楚之坐籌令曹府掄林復獎馬宮之射策無忘辨護以宣程品日省月試用勸百工可尚書工部員外郎

授邱紓陳鴻員外郎等制

敕朝議郎行左補闕上柱國邱紓諫諍之臣入言於密勿之際羣下莫得而知然而政有汙崇由爾之得失也朝議郎行太常博士上柱國陳鴻禮秩之官草儀於朝廷之內四方之所觀聽是以察其事爲見爾之能否矣以爾紓久於侍從可以序遷以爾鴻堅於討論可以事舉並命省闥足謂恩榮愼乃攸司無違夙夜紓可膳部員外郎鴻可虞部員外郎

授裴注等侍御史制

敕諸道鹽鐵轉運東都留後兼侍御史裴注等法者古今



所公共也一日去之則百職盡墜是以秦漢以降御史府莫不用剛果勁正之士以維持紀綱季代而遷埋輪破柱之徒絕不復出朕甚異焉去歲以來比命御史丞爲宰相蓋欲慰薦人之不敢爲也爾等或以吏最或以文學當僧孺愼揀之初遇朝廷渴用之日又安可迴惑顧慮於豪黠而姑以揖讓步趨之際爲塞責乎可依前件

授嗣虢王溥太僕少卿等制

敕正議大夫行宗正丞嗣虢王溥守隨州司馬員外置同正員李逢等昔我憲宗章武皇帝法堯睦族深惟本枝乃

詔執事曰伯父叔季幼子童孫在屬籍者必命卿長以才行聞而溥等國族之良雅副茲選糾訓羣僕允釐王宮各率迺誠無替厥職溥可權知太僕少卿逢可守袁王府長史餘如故

授張籍秘書郎制

敕張籍傳云王澤竭而詩不作又曰采詩以觀人風斯亦警予之一事也以爾籍雅尚古文不從流俗切磨諷興有助政經而又居貧宴然廉退不競俾任石渠之職思聞木鐸之音可守秘書郎



授張奉國上將軍皇城留守制

敕環太微諸星有上將次將之列所以拱衛宸極誰何不若予置上將軍以禦侮率是道也前皇城留守張奉國謙能養勇明以資忠卑飛斂翼於未擊之前痛心疾首於見危之際常（一作能）擒狡獮克定妖氛行賞計功屢昇榮級朕愛其忠厚難以外遷稍移晝冑之間不失爪牙之任爲吾守禁勉爾干城可檢校兵部尚書兼左衛上將依前充皇城使

授杜叔良左領軍衛大將軍制

敕十二衛大將軍典掌禁旅張皇六師猶藩垣之捧宸極也爲任不細是以出則授以弧矢驅犬羊於虜庭入則委以爪牙領貔貅於魏闕中外遞用僉謂恩榮前朔方靈鹽定遠等城節度副大使知節度事觀察處置押蕃落等使元從奉天定難功臣開府儀同三司檢校工部尚書兼靈州大都督府長史大夫上柱國安定郡王食邑三千户杜叔良將門之子不墜弓裘頗閱詩書素明韜畧頃以五原近寇禦侮才難遂俾毆攘實資毅勇星霜屢換節制斯勤雖不立奇功而無忘慎固尚多毗倚迺命徽巡勉服新恩



以彰前效可驃騎大將軍行左領軍衛大將軍元從功臣勳封如故

授薛昌朝等王傅等制

敕薛昌朝等國有政職之要其一曰具員所以稽績用而昇秩序也爾等典掌衆務勤歷（一作勞）歲時無畏（一作懍）厥官能舉其政擇才以佐諸邸選士以列東朝亦吾蘊崇本枝之意也爾無易之可依前件

授王自勵原王府諮議制

敕王自勵左右禁旅非才力過人而忠厚謹信者不在壁

壘庫樓之地惟爾自勵備吾選中平蔡之師亦有功伐追思舍爵之賞擢授曳裾之寮特示新恩且仍舊職可檢校太子賓客兼原王府諮議參軍依前殿中侍御史如故

授薛昌族王府長史等制

勑建邦之王府置長史司馬以紀掾屬之秩序而稽其職業也前寧州刺史薛昌族前泌州刺史烏重儒等皆勲伐之子孫並良能之牧守朕河山在念肯忘奬勞藩邸求才實思高選昔阮孚以嘯咏自樂龐秀有忠烈可佳更任王宮咸稱國器今之榮授其在茲乎佇移汝理郡之方以助



予維城之固昌族可行絳王府長史重儒可守冀王府司馬散官勲如故

授楊巨源郭同元河中與元少尹制

勑具官楊巨源詩律鏗金詞鋒切玉相如有淩雲之勢陶潛多把菊之情朝請郎前守華陰縣令郭同元文戰得名吏途稱最劉超推出納之善王渙著抑挫之名皆用已長各居官守固其滿秩議以序遷稽其器局之良宜參尹正之亞巨源可守河中少尹同元可權知興元少尹

授王師魯等嶺南判官制

勑王師魯等古稱南海爲難理蓋蠻蜑獠俚之雜俗有珠璣瑇瑁之奇貨爲吏者不能潔身無以格物是以非吳處默之清德不可以耀遠人非孫子荆之長才不可以參密畫爾等皆當茂遷取重元戎更職命官各如來奏可依前件

授崔鄘等監察裏行等官制

勑崔鄘等翺等近制藩府臣僚自軍司馬以下皆得選任其良執事者所移異職而鄘等事愬以狀聞各以秩遷毗於新邑勉爾誠志俾無尤違鄘可監察裏行充澤潞等州



觀察支使翺可協律郎充昭義軍書記

授蕭祐兵部郎中制

勑兵部郎中佐夏官理邦國以平不若辨九法九伐之重輕稽五兵五楯之眾寡非踐更臺閣從容聞望者不在茲位流品既清選任彌重朝議郎守尚書考功郎中上護軍賜緋魚袋蕭祐才行忠信達於予聞課吏陟明誕若攸職拾青紫於儒術擅金石之揮毫允謂賢能宜當慰薦可守尚書兵部郎中散官勲賜如故

授劉泰清左武衛將軍制

敕劉泰清文武並用必推其才久次不遷則有昇敘以爾踐更吏職星歲頗淹例當酬勞用進常秩分我武衛以列周廬斯亦信臣之任也其勤厥職式副予恩可游擊將軍守左武衛將軍

授郭皎一作畋冀王府諮議制

敕郭皎材任爪牙姻聯肺腑領轅門之右廣假桂苑之元寮夙著威名嘗傾勇爵元戎啟狀慶澤覃恩宜輟豹韜之雄以資雁沼之畫可行冀王府諮議參軍餘如故

授王承迪等刺史王府司馬制



敕莒王府司馬王承迪恭王府諮議參軍賜緋魚袋王承慶等乃祖乃父有勞邦家而承迪等亦効忠於我伯仲叔季罔漏恩榮或典方州或昇清貫惟恐未稱豈礙彝章兼秩憲臺勉當優異承迪可守普州刺史承慶可莒王府司馬兼侍御史賜如故

授裴實奉先縣令制

敕裴實等尹正務重自掾屬已下至於邦畿之長往往選署以聞從而可之亦委任責成之義也以爾等或理諜居最或保任稱能將委劇曹亦專近邑各懋乃職用酬爾知可依前件

授衛中行陝州觀察使制

敕邵伯聽事於棠陰之下而人勿翦其樹我知之非忠信仁愛以得之耶今自關東由洛而右數百里之地盡置爲軺車臣所理蓋有以表率方夏張皇京洛聿求其良用副優寄朝請大夫守華州刺史兼御史中丞衛中行始以詞賦深美軒然有名甲乙符昇遂拾青紫逮其書命文鋒益銛能搴菁華以集麗則出補近郡號爲廉能勤而不煩簡而不苟郊迓館穀賓至如歸長劭農人咸用胥悅移領巨



鎮疇將爾先況封壤因連習俗參合用之政乂關陝之毗吾固有虞於爾矣至於觀聽他邑儀刑下寮旁臨傳說之巖特假趙堯之印遺風未泯官業具存苟能行之無患不至可守陝州大都督府長史兼御史大夫充陝虢等州都防禦觀察處置等使

授鄭仁弼檢校祠部員外充橫海判官等制

敕鄭仁弼諸侯辟士古實有之近制二千石以上乘軺車者則開幕選才由古道也仁弼等有勞參畫重允以聞咸等著稱詞華翩亦致請臺省茂膺兼命式示恩榮無忘切

庶用副匡益可依前件

授蕭睦鳳州周載渝州刺史制

勑前劍南三川榷鹽判官殿中侍御史內供奉蕭睦前知鹽鐵轉運山南東道院事殿中侍御史周載等由文學古施於有政三驗所至莫非良能河池近藩南平東險綏戎阜俗必藉長才副我虛求（一作懷）牧茲凋瘵事時農勸用節人安三年有成惟乃之効睦可鳳州刺史載可渝州刺史

授王陟監察御史充西川節度判官等制

勑王陟等列諸侯之賓者遷次淹速得與上臺比倫其或



饋餉務繁參畫禮重亦得輟自他職副其所求爾等或以政聞或以藝舉守臣上請信不予欺各竭乃誠以修厥績可依前件

授盧粵監察裏行宣州判官等制

勑盧粵等宣城重地較緡之數歲不下百餘萬管幹劇職靈鹽近戎分務簡僚不易宜稱爾等研究儒術修明政經勉慎所從以承其長可依前件

授楊進亳州長史制

勑楊進頃者師道潛遣凶徒將焚京洛姦謀指日忠告先期俾無頳尾之災實賴赤心之効雖居禁衛未免食貧言念前勞宜沾厚秩式佐郡府仍壯軍容尚旌撲滅之功以示優崇之賞可守亳州長史仍令宣武軍節度收隨要中驅使

授烏重允山南西道節度使制

門下惟梁州會險形束襟帶皇都南開蜀國西控戎落地宜用武政必兼文茲惟信臣膺是專委橫海軍節度使烏重允才本雄勇器惟溫茂承累將之業不以驕人歷重兵之權每思下士沉威不耀至信自彰立奇節於過亂之初成休勳於盪寇之日焯然來効夙簡朕心自經理海邦訓



齊戎旅災荒之後安阜爲難政以和均人斯悅勸善績可舉壯猷克宣是用遷鎮近藩更宏遠畧恢復西土尹正南都式寵忠勳宜服榮獎可檢校司空充山南西道節度使

授盧搢深州長史制

勑前成德軍節度巡官盧搢朕以鎮冀數州之地刑賞廢置盡委之於宏正度爾才能宜爲長佐且顧兼榮允吾台臣是用兩可饒陽大邑無陋厥官可依前件

加裴度幽鎮兩道招撫使制

門下夫以區區秦伯而猶念晉國曰其君是惡其人何罪況朕均養億兆爲之君親燕人冀人皆吾乳哺而育之安忍以豺狼驅脅之故絕其飛走盡致網羅止行犯命之誅是用開其一面河東節度觀察處置等使金紫光祿大夫守司空兼門下侍郎同中書門下平章事太原尹北都留守上柱國晉國公食邑三千户裴度昔者區域之中蜂蟻巢聚蔡有逆孽齊有狡童厥初圖征疑議滿野不懼不惑挺然披攘苟無司南允罔能濟佑我憲考爲唐神宗實惟股肱運用心力肆朕小子蒙受景靈冀服於前燕平於後



而撫馭失理盤牙復生求思弭寧中夜有得國有元老夫何患焉用是急宣懇惻之誠就加招撫之命於戲頃者師道元濟乘累代襲授之資藉山東結連之勢以丞相布畫於千里之外使諸將持重於四封之中而猶劉悟裂虵豕之驅李祐潰鯨鯢之腹蓋順逆之情異而忠孝之道明也況彼幽鎮無名暴征以丞相進觀其宜以諸將齊奮其力斧鑕之刑坐迫椒蘭之氣外薰誰不自愛其生焉能與亂同死度宜開懷緩帶以待其歸可依前守司空兼門下侍郎同中書門下平章事河東節度使充幽鎮兩道招撫使餘如故

## 加裴度鎮州四面招討使制

門下傳云死者不可復生刑者不可復續是以先王斬一支指殺一犬彘莫不伏念隱悼至於旬時決而行者蓋不得已也予於鎮人亦然伏念俟其悛革詎止旬時前命相臣招懷撫諭矜其詿誤示以生門期於盡脫網羅豈欲驅之陷穽而豺狼當道荆棘牽衣雖欲歸之於仁厥路無由而至況王師壓境義勇爭先朕每抑其鋒鋩未忍覆其巢穴是猶愛稂莠而傷稼穡養癰疽以潰肌膚獨懷兒女之



仁慮失祖宗之典今上台居鎮算畫無遺操晉陽之利兵驅屈產之良馬舉河東義成之衆合滄景澤潞之師當元翼授命之初乘田布雪冤之頃舉毛拾芥其易可知兼用恩威尚存招致宜令河東節度使裴度充鎮州四面招討使於戲以一城之卒敵天下之師狗猖獗之徒抗君父之命吾哀爾輩死實無名苟能自新亦冀容汝主者施行

## 授劉總守司徒兼侍中天平軍節度使制

門下百谷所以朝巨海海不疑其貳於我也五嶽所以鎮厚地地不畏其軋於已也故山澤之氣上騰天應之則爲

雲爲雨台輔之精下降君得之則稱帝稱皇是以採羣疑者終不能成大功推至信者必有以來大順况朕志先定臣誠素通偃七十年之干戈垂千萬代之竹帛非我獨斷安能遂行其官劉總生知禮樂神授機符移孝資忠本仁祖義學弄之始畫地而壁壘勢成言兵之時聚米而山川形具象賢秉哲脫俗遺榮慕清淨以爲宗會富貴之來逼自居劇鎭亟立殊勲威定兩藩化行八部日者除凶淮甸易帥常山張吾犄角之雄賴爾股肱之力加以深衷早達密款屢聞求奉浮圖之眞願棄全燕之重誠嘉素尚難遂



過中縱妻子之可捐豈君父之能捨朕惟鄒魯之地鄆實居多俗尚師儒人推樸厚施之美化豈無衆善之因革其非心寧失大雄之旨是用正名台座重委藩方爾其張我四維敷我五教握龍節以率下露蟬冕以行春宜體褒龍之命圖勿徇巢由之獨行可守司徒兼侍中使持節鄆州諸軍事守鄆州刺史充天平軍節度鄆曹濮等州觀察處置等使散官勲封如故主者施行

許劉總出家制

門下朕聞西方有金仙乎自著書云昔我於無量刼中捨國城妻子以求法要朕嘗聞其語未見其人安知股肱之間目驗玆事脫身羈網誠樂所從捨我縶維能無永嘆遂其高尚良用憮然具官劉總五嶽孕靈三台降瑞位兼將相代襲勲庸視軒冕若浮雲棄妻孥猶脫屣屢陳章表懇願捨家勉喻再三終然不奪朕又移之重鎭寵以上公莫顧中人之情遂超開士之迹於戲張良却粒尚想高蹤范蠡登舟空瞻遺象功畱鼎彝誓著山河長存魚水之歡勿忘香火之願宜賜法號大覺仍賜僧臘五十夏主者施行

加烏重允檢校司徒制



門下古之命將莫不登諸齋壇告於郊廟分其閫限推其車轂非所以寵異崇大而姑息之蓋先王之懋典授之專柄然後遷延者必罪選懦者必懲式所以使恩威并流而人人無辭於賞罰也橫海軍節度滄德棣等州觀察處置等使銀青光祿大夫檢校司空使持節滄州諸軍事兼滄州刺史御史大夫上柱國邠國公食邑三千户烏重允嘗以懷汝之師南伐叛蔡博大持重不要奇勝不用鈇鉞不嚴刁斗舉必樂信戰必尅期冦讐知其仁士卒懷其惠梟獍就執第其勲庸雖坐樹不言而圖功甚大先皇帝分命

水土。換其旌旆。俾廉於滄。以長橫海。幽鎮旣亂。人心或搖。師衆無譁。而湯池自固者。重允蓋有之矣。而又明於斥堠。善揣敵情。動靜以聞。茲實賴汝。是用升其秩序。以大威聲。進位上公。式光戎律。此所以慰薦爾之忠力也。爾其勉之。於戲。甘之誓曰。用命賞于祖。不用命戮于社。朕奉祖宗而守社稷也。其能私賞罰於天下乎。賞旣不俟於成功。罰固難期於後効矣。若驚之寵。無忘戒之。可檢校司徒。依前充橫海軍節度使。

## 授李愿檢校司空宣武軍節度使制



門下。昔者魯侯伯禽。徒以周公之故。遂荒大東。重耳以定傾之勞。子孫不絕於晉。昔我太師西平王。在德宗時。能復京邑。書於鼎彝。每懷宗廟之安。實念山河之永。而又繼其英哲。克生令人。惟弟惟兄。莫非頗牧。尚想德施於十代。何吝恩積於一門。鳳翔節度使檢校尚書左僕射李愿。生長綺紈之中。而素風自得。藴鬱驍雄之氣。而性與溫恭。怡怡於李孟之間。翼翼於班行之內。始爲夏帥。遂著能名。蹄角齒毛之良。一無取於夷落。而不貪之寶。大布朔陲。洎領徐方。會征淮右。隣冠陰狡。將助鴟張。來犯東郊。冀延晷刻。爾乃提持戈戟。淬礪卒徒。一戰而蜂蠆盡殲。不時而梟獍就戮。聿來岐下。號令益明。繕完甲兵。爲我保障。朕以浚郊重地。允藉長材。俾爲司空。以表東夏。持我邦憲。用清爾人。夫四海九州。非不廣也。然而靈武魏博。至於大梁。斷長補短。方數千里。皆爾伯仲。又何加焉。於戲。睢陽在爾之東。張巡效忠之誠。尚在夷門。在爾之境。侯嬴報恩之跡。猶存。又安知憧憧往來之徒。不有以仁義匡於爾者。勉服休命。其惟戒之。可檢校司空兼汴州刺史宣武軍節度使。散官勳如故。

## 授劉悟檢校司空幽州節度使制



門下。朕聞將星明則英豪用。靈旗指則氛祲銷。勁草可以受疾風。盤根然後見利器。苟非處劇。何以用長。況幽并少年。燕趙奇士。居常以紫騮自騁。失意則白刃相讐。將領斯難。是先才傑。昭義軍節度副大使知節度事澤潞磁邢洺等州觀察制置使金紫光祿大夫檢校尚書右一作左僕射兼潞州大都督府長史御史大夫上柱國彭城郡王食邑三百户劉悟。天與忠誠。人推敬讓。蘊孟賁之勇。不以力聞。避廉頗之强。使之心服。是以居危邦。以智勉臨大節。以功高嘗見委於先朝屢作藩於右地朕以遼陽巨鎮自我康寧姑欲撫之以仁然後示之以禮而守臣嬰疾幕吏擅權撓政行私虧恩剝下過爲箠楚妄作威稜不均饗士之羊徒養乘軒之鶴致滋擾（一作撓）變職此之由不有將才孰懲兒戲數求朕志深謂汝諧是用拔奇式冀宣力帖以亞相寵之上公俾先十乘之行以壯三軍之氣可檢校司空兼幽州大都督府長史御史大夫充幽州盧龍軍節度副大使知節度事觀察處置押奚契丹兩蕃經略盧龍等使散官勳封如故

## 授劉悟昭義軍節度使制



門下昔潢池驟變則龔遂亟行河內去思而寇恂來復所以順人情而急時病也況雞澤衡漳附於上黨控帶河洛扼東燕趙其土瘠其人勁養理訓習尤所重難而幽州盧龍軍節度使檢校司空劉悟前臨是邦其政方睦甲兵完利師徒具嚴刑當罪而人不寃賞當功而財不費軍政威而非虐吏道察而不苛州里行信讓之風鄉曲除武斷之患方將久次以惠斯人而難起幽陵救深焚溺輟於既理與彼惟新乘軒纔及於邢郊妖彗忽生於冀分空沉台座未辨魁渠予懷震驚物聽傾駭校其遠邇當有後先遂駐腹心之雄以供臂指之用復還龍節再息棠陰勉受新恩無移舊貫可依前檢校司空兼潞州大都督府長史兼御史大夫昭義軍節度副大使知節度事澤潞磁邢洺等州觀察使勳封如故

## 加陳楚檢校左僕射義武軍節度使制

門下昔楚師多寒楚子巡而撫之士皆如挾纊明號令之可以動人也由是天以雷震蘇蟄氣兵以鼓鼙作戰力高官重秩可以興起人之壯心我無愛焉加以戎師亦所以



作萬夫之氣而增一鼓之雄也義成軍節度使檢校工部尚書陳楚茂昭之甥酷似其舅總齊義武於今六年以兩郡之賦輿備三軍之供費民不勞耗而兵能繕完政有經矣今遼陽冀方紛亂交虐楚實閒居於此其勤可知自非國之干城物之利器安能爲我保障芟夷寇讐欲將激其茂勳夫何悋於好爵加之左揆以盛中權苟有庸功豈無後命於戲書云功懋懋賞言其當也傳曰捨爵策勳言其速也今則寇未平而進律箴方獻而先恩吾於將臣可謂無所負也苟不自效其如法何可檢校左僕射使持節定

州諸軍事兼定州刺史充義武軍節度使散官勳封如故主者施行

## 加馬總檢校刑部尚書制

門下吏久其職人安其業此前代所以稱理者也況奪三軍慈愛之師換百姓仁惠之長有迎新送故之弊因朝令夕改之煩自非有爲而爲曷若且仍其舊前天平軍節度使檢校禮部尚書馬總始以檄奏翩翩早從軍府儒學之外自此知兵踐歷他官所至皆理處馭南海仁聲甚遙還珠之祥前事復出先皇帝以淮夷未殄命相出征總雖元



僚亦佐參畫大憝既薾台輔復歸遂以丞相度旌旗授之於總總果善於其職蔡人宜之會鄆寇底平復換麾棨丕變汙俗大蘇憚蔡不時成功周月報政朕飽其聲績渴見儀形如聞就路之初頗有擁轅之戀由是罷徵黃霸復借寇恂誠阻急賢之心姑務從人之欲仍加憲部以壯戎藩勉服新恩用彰前效可檢校刑部尚書依前天平軍節度使

## 起復田布魏博節度等使制

門下經曰父母之讎不同天雖及匹夫而猶寢苫枕干以期必報是以子胥不徇伍奢之死卒能發既藏之墓鞭不義之屍取貴春秋垂名萬古而況於身登將壇父死人手家讎國恥并在一門當懷嘗膽之心豈族絕漿之禮金革無避其在斯乎前四鎮北庭行軍兼涇原節度使檢校右（一作左）散騎長侍御史大夫田布咨爾先臣惟國元老首自河朔來朝帝廷而又東取青齊北討燕趙提挈義旅勤勞王家冒白刃而不疑推赤心而自信屬莫方求帥余所重難輟自大名付茲巨鎮而中台暗拆上將妖侵蟊賊潛窴於腹心豺狼勃興於肘腋人神憤痛朝野驚嗟深軫予懷



誓擒元惡以爾布詩書并習忠孝兩全嘗用魏師克征淮孽素行恩信共著勳庸豈無奮激之圖爲報寇讎之黨且魏之諸將由爾父而崇高魏之三軍蒙爾父之仁愛昔既同其美利今豈忘其深冤爾其淬礪勇夫敬恭義士一飯之飽必同於卒伍一毫之費必用於干矛非算畫勿萌於心非軍旅勿宣於口居則席藁寢則抱氷以喪禮處之若哀心感者必有爲橫身刎頸感智捐軀下報營魂旁清醜類於戲至誠可託稔惡難逃矧彼凶狂去將安往墨縗居體元纛在前提鼓執金無忘哀敬可起復寧遠將軍守右

金吾衛大將軍員外同正員檢校工部尚書兼魏州大都督府長史御史大夫充魏博等州節度觀察處置等使勳賜如故主者施行

楊元卿涇原節度使制

門下士之捐妻子冒白刃忠於許國勇於忘家貢先見之明於羣疑之際者大則書竹帛以示後次則建麾棨以臨戎功不見圖則勞者何勸忠不見賞則悖者何誅聿求其人用激爾類守右金吾衛將軍權勾當左街事楊元卿衣冠貴冑文武長材嘗求三畧之師恥學一夫之敵是以陷



豺狼之穴履尾甚危蓄鷹鸇之心卑飛待擊請分金以間楚願奉璧以伐虞身以智全家因義喪誅蔡之始實有力焉及典方州尤彰績効自居環尹益茂勳勤西旅未平實資良帥拔於不次式佇奇功爾其闢我土疆謹我封守視我士卒如爾子攘我夷狄如爾讐勉竭乃誠以敷朕意珥貂持節用示兼榮可朝散大夫檢校左散騎常侍使持節涇州諸軍事兼涇州刺史御史大夫充四鎮北庭行軍兼涇原等州節度觀察處置等使勳賜如故主者施行

授牛元翼深冀等州節度使制

門下鷹隼擊則妖鳥除弧弓張則天狼滅湯沐具而蟣蝨相弔針石熾而癰疽立潰苟得韓盧而示之狡兎則可備俎豆而侯脯醢矣復何憂於越逸乎夫將者亦蟣蝨之湯沐而渠魁之韓盧也我得之矣又何患焉檢校右散騎常侍深州刺史牛元翼挺生河朔之間迴鍾海嶽之秀幼爲兒戲營壘已成長學神樞風雲諳曉衆推然諾已任安危善用奇兵尤精技擊陳安之矛丈八顏高之弓六鈞或山立於軍前或肉飛於馬上而又謙能養勇孝以資忠雖膽力過人而心誠許國自常山作沴上將罹災慟哭轅門誓



清妖孽羽書三奏驛騎四馳上請廟謀旁徵鄰援指期斬叛尅已圖功斷自予衷開懷用爾夫以爾之材力而取彼之凶殘是猶以火焚枯以石壓卵螳臂拒轍雞肋承拳萬萬相殊破之必矣而況於鎮之黎人皆朕之赤子爾之部曲卽鎮之卒徒聞爾鼙鼓之音懷爾椒蘭之德吾知此輩誰不革心爾其寒者衣之饑者食之無廢室廬無害農稼苟獲戎首置之藁街下以報忠臣之寃上以告先帝之廟則蚩蚩從亂子又何誅於戲殺人盈城爾其深戒孥戮誓衆朕不忍言再換蟬冠新持武節恩不虛授爾其敬之可

檢校右散騎常侍充深冀等州節度觀察等使

授牛元翼成德軍節度使制

門下王庭湊山東一叛卒也非有席勳藉寵之資强大結連之勢一朝驅朕赤子弄吾甲兵是猶以羊將狼其下必當潰其心腹而猶越月踰時莫見春其喉者豈非常山無帥趙子弟未有所歸耶翕而受之我有長畫檢校右散騎常侍深冀等州節度觀察等使牛元翼燕趙間號爲飛將望其旗幟者莫不風靡雨散圖其戰伐不可勝書而又忠孝謹廉慈仁和惠愛養士伍均如鳲鳩鎮之三軍爭在麾



下自領深冀殷若雷霆居四戰之中堅一城之守以少擊衆以智料愚鼓角不驚而梯衝自隕人願爲用寇不敢前掃吾氛烟捨此安往前所謂我有長畫莫若命爾以來鎮人是用益以二州超之八座帥我成德廉其四封爾宜來者懷之迷者諭之老者視之幼者撫之狂者過之逆者絕之惟是六者爾其懋哉可鎮州大都督成德軍節度使鎮深冀趙等州觀察處置等使

授韓皐吏部尚書趙宗儒太常卿制

勅今天下官人之道或幾乎息矣禮樂之用又安能施設於俗化哉是以選賢與能之柄或礙於胥徒冠婚喪祭之儀不行於卿士盡理害教斯孰甚焉改而更張我則未暇就爲之制其在於選任素重之望以鎮之乎金紫光祿大夫檢校尚書右僕射韓皐銀青光祿大夫守吏部尚書趙宗儒等仕宦臺閣周環六條或三四朝或五十載新進趨風之士更至迭處於將相間而皐等精義不渝物務尤勤事朕小子猶吾祖宗肆予沖人庭實彪炳夫銓鏡萬品不無勸勤簫韶九成頗延頤養更用舊老以均勞逸至於官業非予敢知祗聽法儀庶用咨稟換保傅之重仍端揆之



榮唯恐不多無以優異皐可檢校尚書右僕射兼吏部尚書宗儒可守太子少傅兼太常卿事散官勳封如故

授趙宗儒尚書左僕射制

勅銀青光祿大夫守太子少傅兼判太常卿事趙宗儒昔叔孫通徒以綿蕝草具之功遂獲封侯之賞況朕始見天地初朝祖宗哀厲祗嚴不克是懼惟爾肇自清廟逮於還官贊導法儀踰於四百俛伏趨數訖無尤違夫何叔孫可用是比顧朕沖昧實賴老成不有甄陞孰明勤盡奉常正秩左揆兼榮六樂九儀興替在此無忘最率以厚人倫可

檢校尚書左僕射兼太常卿散官勳如故

授李絳檢校右僕射兼兵部尚書制

勑中大夫守御史大夫賜紫金魚袋李絳昔先皇帝誨予小子曰堯時有神羊在廷屈軼指佞汝知之乎夫邪正在人焉有異物朕有臣李絳猶漢臣之汲黯也我百歲後爾其用之爲神羊屈軼斯可矣予小子銘鏤丕訓夙夜求思是用致理之初闕付授邦憲且欲吾丞相以降皆卑下之以示優遇朕亦常命安其步武無爲屑屑之儀而絳屢以疾辭不寧其職又焉敢以勞倦之故煩先帝舊臣昔晉僕



射何季元病足求免猶命坐家視事張子儒拜大司馬仍令兼錄尚書則臥理不獨專於郡符端右可以旁綏戎政由古道也爾其處議持平勉居喉舌慎所觀聽爲人司南可檢校尚書右僕射兼兵部尚書散官勳封如故

授王播刑部尚書諸道鹽鐵轉運等使制

勑漢諸儒議鹽鐵者百輩終莫能罷以其均口賦利則貴賤盡征於王府矣而國家歲漕關東之粟帛以實京師亦重事也并是兩者非才勿居劒南西川節度副大使知節度事中散大夫檢校户部尚書兼成都尹御史大夫賜紫金魚袋王播昔我憲宗章武皇帝梟琳於夏擒闢於蜀縛錡於吳而又繼之以元濟師道之役十五年間蓋煩費矣然而資用饒而人不加賦朕甚異焉謀及耆艾以求其故皆曰蜀帥播是時司筦權者八年忠而能勤善於其職先皇帝咨訪委遇用之不疑下竭其才而上專其任也是用徵自益部授之刑曹復以舊務煩之式所以藉爾奉力之熟耳於戲知人則哲憲考能之顧茲不明敢有貳事爾其追奉先眷佐予沖人忠盡始終以服休命可守刑部尚書充諸道鹽鐵轉運等使散官勳如故



授杜元穎户部侍郎依前翰林學士制

勑朝散大夫守中書舍人充翰林學士護軍賜紫金魚袋杜元穎昔我憲宗章武皇帝熏灼威明兵定八極大索俊乂以徵謀猷其在禁林尢集賢彥越正月夕庚子將棄倦勤付朕眇末乃詔元穎佑予沖人以導揚丕訓爾亦祗奉顧命咨授一作援舊章輔薹哀憂俾克依據是夜而六宮承式厥明而百吏受遺草定法儀茲實賴汝官不稱事予懷歉然而又詞源奧深機用周敏授之以詔而益辦扣之以疑而益明慎獨以修身推誠以事朕職勞可舉德懋宜升

不俟踰時寧拘滿歲綸誥清秩版圖劇曹例無兼榮特示甄寵予以國士待（一作過）汝汝以忠臣報予効乃肺肝司朕耳目可守尚書戶部侍郎知制誥依前翰林學士散官勳如故

授沈傳師中書舍人制

敕書云臣作朕股肱耳目言天下不可一人理也今國家崇建執事以任股肱妙選侍臣實司耳目股肱良則心膂正耳目審則視聽明苟非端人何以近我而朝議郎守尚書兵部郎中知制誥充翰林學士上護軍賜紫金魚袋沈



傳師潔靜精微風流儒雅名因道勝信在言前謙而愈光卑以自牧專對無不達羣居若不知而又煥有文章發爲辭誥使吾禁中無漏露之患而朕語言與三代同風勤亦至矣事我滿歲命汝卽眞勉竭乃誠以輔台德可守中書舍人依前翰林學士散官勳賜如故

授崔稜尚書戶部侍郎制

敕朝議大夫權知尚書戶部侍郎判度支上柱國賜紫金魚袋崔稜惟朕憲考亟征不廷熏剔幽妖擒滅罪疾用力滋廣理才是切而姦臣乘上之急刻刮以充其求帝用憫然思克憂濟乃詔南服傳置甚繁爾稜授以耗登之書俾陳生聚之術善於其職嚴而不殘辟名用物者逃無所入滅私奉公者得以自明吏不敢欺人不加賦公費當其所則不吝上求非其故則不獻挺直廉厚眞爲吏師試可甄明歲滿當陟朕佅其始爾思其終始終不渝乃可用乂可守尚書戶部依前判度支散官勳賜如故

授裴向左散騎常侍制

敕周文王侍從之臣無可使結襪者我知之矣左右前後無非令人朕以將壯之年臣妾天下司其忿懥其在於持



重溫良之士以鑒之乎前陝虢等州都防禦觀察處置等使中散大夫守陝州大都督府長史賜紫金魚袋裴向搢紳之徒言其閨門之行僅至於衣無常主兒無常父矣推是爲政仁何遠乎是以發自王畿至於陝服多歷年所終無尤違每移孝友之風以懲强暴之俗甘棠之下廉讓興焉予欲用爲垂璫夾乘之官以代吾盤盂韋弦之戒不亦可乎可守左散騎常侍餘如故

授崔郾諫議大夫制

敕朝散大夫守尚書吏部郎中上護軍崔郾昔我太宗文

皇帝以魏徵爲人鏡而姦贍形於下逆耳聞於上及徵沒而猶歎過失之不聞夫以朕之不敏不明託於人上月環其七而善惡蔑聞豈諫爭之臣未盡規於不德耶朕甚懼焉以爾鄙端厚誠明濟之文學柔而能立謙而逾光命汝弼予式冀無過於戲宋景公一諸侯耳而陳星退之詞齊威王獨何人哉能辨日聞之佞爾其極諫朕不漏言可守諫議大夫餘如故

授白居易尚書主客郎中知制誥制

勑先帝付朕四海九州之重尚賴威靈天下甫定思獲議



論文章之臣以在左右俾之詳考今古周知物情而朝議郎行尚書司門員外郎白居易州里舉進士有司升甲科元和初對詔稱旨翺翔翰林藹然直聲留在人口朕嘗視其詞賦甚喜與相如并處一時由是召自南賓序補郎位會牛僧孺以御史丞解制誥職嗣掌書命人推爾先子亦飽其風猷爾宜副茲超異可守尚書主客郎中知制誥餘如故

授孟子周太子賓客制

勑聞匹夫之愛其子者猶求明哲爲之師賢善爲之友而況乎羽翼元子賓遊東朝非舊德耆年孰副茲選前守光祿卿騎都尉賜紫金魚袋孟子周詞藝飾身端厚居業歷官中外休有令聞人推君子之風朝洽名卿之目副予求舊咨爾誠明勉修諷諭之詞以佽元良之德可守太子賓客勳封如故

# 欽定全唐文卷六百四十九

元稹三

## 授李拭宗正卿韋虔度殿中監制

敕李拭韋虔度等明皇而下其屬未遠諸王在閤朕得時序其寒溫審宗而上五十餘族長幼秩序盡委之於大宗正苟非能賢不敢輕授以爾拭踐履中外論備古今主宗之盟綽有餘裕而執事者又曰殿中監總六尚以供名物當進圭進爵之時不敢虛位僉以虔度文學儒素旁通政經執憲南臺挺直不撓以之代拭允謂其良仍假左貂之



冠加於宗正之首朕不能無意於吾屬也拭可檢校左散騎常侍兼宗正卿虔度可守殿中監餘如故

## 授裴武司農卿制

敕農天下之本也故國有九列而司農氏居其一焉前代非牟融之循理康成之儒學不在茲選今海內無事思與公卿等樹立根柢以制四方是用外選方伯之善職者入補茲任謂之恩榮具官裴武予聞其先始以孝友書其國籍其後累有丞相爲唐名臣賢彥因仍代濟不絕武亦嗣其忠孝益熾家聲鬱爲元僚所至稱理嘗居內史屢入正卿自華至荆無非劇地鈐轄豪右衣食煢嫠嚴而不殘仁而有制鎮定南服予方賴之而亟請來朝因求內任嘉其戀我難奪乃誠假以秩宗之榮用制國泉之重費而不屈爾其勉之可檢校禮部尚書兼司農卿餘如故

## 授盧士玫權知京兆尹制

敕朕日出而御便殿召丞相已下計事而大京兆得在其中非常吏也誠以爲海內法式自京師始輦轂之下盜賊爲先尹正非人則賢不肖阿枉奏覆隔塞則上下不通假之恩威用讐豪右具官盧士玫自居郎署執政者言其溫



重不回守法專固副內史事物議歸之日者景陵將建寵筮有時予心怛然懼不克濟爾當倅職應其供求和而不同儉而不隘竣於已事朕甚嘉焉試命元僚亦既不撓今圜丘甫及慶澤將施攘剽椎埋必有幸生之者案牘卒吏亦當因緣爲姦公費則多而利不下究惟是數者爾司其憂爲爾正名無吝操剸可權知京兆尹餘如故

## 授劉士涇太僕卿制

敕卿寺甚重不易其人其或以勳以親以報以勸又何愛焉檢校大理少卿駙馬都尉劉士涇去歲西戎跳入涇上

京師戒嚴朕慨然有思廉頗李牧之志而習事者言爾父司空之在涇也築平涼等八城一堡塹保定平原使涇人益樹麥禾以復后稷公劉之教十有六年犬戎不敢東顧朕聞其人思見其後果有令子在吾懿親與之討論自亦奇士鋪陳將畧殊有父風訪其班資則曰亞諸卿之間嘗十年矣今乃除其憂服命以大僚豈惟報爾先臣榮吾戚里亦欲使緣邊諸將覩其愛子爲我竭誠可守太僕卿駙馬都尉餘如故

加裴堪工部尚書致仕制



勑書曰沖子嗣則無遺壽耇朕以眇末纂章祖宗是用錫於邦伯庶尹至於舊有位人式示知恩以期於理而裴堪等奉事先帝無非舊老更歷中外備有典刑以疾以年皆致厥政遺名自遂勇退推高並沐新恩例升榮級俾咲厥德猶俟安車可依前件

授于季友右羽林將軍制

勑具官于季友天子六軍必有材官佽飛超乘挽强之士在焉董之以威待之以信分八舍之衆寡均二廣之勞逸不吳不揚不掉不挫皆將軍之命也是以李大亮上直禁中而文皇甘寢則心腹爪牙之任斯不細矣以爾季友時予舊姻念往興懷度才思用榮以服色列於藩垣爾其恭敬無替朕命可守右羽林將軍知軍事仍賜紫金魚袋

授邵同太府少卿充吐蕃和蕃使制

勑邵同修好息人古之善政至於兵交而猶使在其間況西戎舅甥之國爲日久矣前命使臣洎介臣賈持節訃告且明不侵不叛之誠而洎等詿誤戎王爲國生事廢我成命各有所歸而猶彼國君長戒吏乞盟無言不酬思有以報以爾同科甲言語職宜詞令備習地訓周知物情識汲



黯之便宜得月氏之要領命汝報聘達予深誠夫用爾之直去其踈用爾之權去其詐用爾之剛去其忿用爾之慎去其疑繼魏絳之和奮由余之智使朕高枕無西顧之憂者在同此去同其勉之授以亞卿仍兼獨坐回無辱命賞有彜章可守太府少卿兼通事舍人兼御史中丞持節充入吐蕃答請和蕃使餘如故

授元宗簡權知京兆少尹劉約行尚書司門員外郎制

勑元宗簡劉約等敍彜倫節浮競必在於遷次有準以崇

廉讓之風是以置具員限資考而猶幸得貪求之士不絕於埃塵間今古之常也聞爾等端靜廉雅行浮於名非公事未嘗至於卿相之門何其自持之優也內史貳秩重而不煩中臺諸郎清而無雜各勉榮授無移素風宗簡可權知京兆少尹約可行尚書司門員外郎並散官勳賜如故

授劉師老尚書右司郎中郭行餘守秘書省著作郎制

勅侍御史內供奉劉師老郭行餘等曩者劉悟以全齊之地斬叛來獻惟帝念功始以鈇鉞棨戟元纛青旗命悟建



行臺於鄭滑得置軍司馬以下官屬妙選賢彥以司謨猷師老行餘皆以天子命爲悟僚介會悟遷領他鎮爾等實來握蘭懷芸皆授清秩出入甄異又何加焉師老可尚書右司郎中行餘可守秘書省著作郎餘如故

授楊嗣復權知尚書兵部郎中制

勅吏部郎中楊嗣復官天下之文武重事也兵部郎中二員一在侍從不居外省旁求其一頗甚難之而執事者皆曰近以文章詞賦之士爲名輩由此者坐至公卿嫺達憲章用是稀少而吏曹郎嗣復州里秀異議論宏博宜其以所長自多然而操劃吏事細大無遺用副虛求允謂宜稱爾其試守茲任爲予簡稽苟能修明旋議超陟可權知兵部郎中餘如故

授鄭涵尚書考功郎中馮宿刑部郎中制

勅二帝三王之所以仁聲無窮績用明而刑罰當也尚書郎專是兩者疇將若予僉曰前國子博士充史館修撰鄭涵文無害可以彰善惡守歙州刺史馮宿思無邪可以盡哀敬庶尹百吏之能否四海九州之性命用汝參斷汝其戒之夫刻則害善放則利淫滯則不通流則自撓惟是四



者時考之難亟則失情緩則留獄深則礙恕縱則生姦惟是四者時行之難八者不亂然後可以有志於理矣朕所注意爾其盡心涵可考功郎中宿可刑部郎中餘並如故

授高允恭尚書戶部郎中判度支案制

勅行刑部員外郎飛騎尉高允恭書云明德慎罰明猶慎之況朕不德茲用省於有司之獄莫不伏念隱惻周知物情惟爾允恭告我祥刑罔不率協稽爾明効陟於他曹大比生齒之書仍掌折毫之牘戎車方駕物力未豐剖滯應期斯任不細推爾惟恪之意罔或失財用爾無害之文以

懲刻下。恡不欲過。過則不終。文不欲繁。繁則不逮。率是二者。時維厥中。可守尚書戸部郎中判度支案散官勳如故。

授高允恭侍御史知雜事制

敕。御史府不以一職名官。蓋總察郡司。典掌衆政。副其丞者。是選尤難。而御史丞僧孺首以朝議郎守尚書戸部郎中判度支案飛騎尉高允恭聞於予。曰。允恭始以儒家子能文入官。在監察御史時。分務東臺。無所顧慮。爲刑部郎中。能守訓典。復以人曹郎佐掌邦計。懸石允釐。撓而不煩。簡而不傲。靜專動直。志行修明。乞以臺郎兼授憲簡。雜錯



之務。一以咨之。朕俞其言。爾其自勉。無俾僧孺狹於知人。可以本官兼侍御史知雜事。餘如故。

授栢耆尚書兵部員外郎制

敕。守起居舍人賜緋魚袋栢耆。朕聞亟遷則彝倫斁。滯賞則勞臣怠。兼用兩者。謂之政經。夫南憲右掖。至於中臺。我朝之極選也。俾爾環歲之內。周歷茲任。豈無意焉。元和中。盜殺丞相。疾傷議臣。齊冀之間。交以禍端相嫁。耆自青谿窖中提轉丸捭闔之書。馳於諸鎮。使承宗疑否隔塞。一朝豁然。納質獻地。克終於善。承宗既沒。承元授事。耆又將朕

教告命於承元。萬衆無譁。一方底定。此而不錄。將何以勸凡百多士。無忘急病之心。可守尚書兵部員外郎。賜緋魚袋。

授高釴守起居郎依前充史館修撰何士乂尚書水部員外郎制

敕。行而不息者時也。久而不可泯者書也。微史氏。吾其面墻於堯舜禹湯之事矣。尚書郎亦有會計奏議之重。非博達精究之才。其可以充備茲選乎。高釴何士乂等富有文章。優於行實。捃拾匡益。殆無闕遺。前以東觀擇才。因而命



釴。覘其所以。足見書詞。俾伺朕之起居。遂編之於簡牘。不亦詳且實耶。而士乂亦以久次當遷。移補郎位。允膺清秩。無忘慎終。釴可守起居郎。依前充史館修撰。士乂可尚書水部員外郎。餘如故。

授班肅尚書司封員外郎制

敕。朝議郎前坊州刺史賜緋魚袋班肅。馳競之徒。能於寒暑之際。不以憂畏移其薄厚之道者鮮矣。聞爾爲祠部員外郎。值吾黜姦之日。遊其門者莫不跧竄奔迸。懼懼其身。唯爾安分不渝。進退有素。搢紳之論。有以多之。復爾中臺

以厚吾俗勉慎其始無輕所從可行尚書司封員外郎餘如故

授獨孤朗尚書都官員外郎韋瓘守右補闕同充史館修撰制

勑殿中侍御史充史館修撰獨孤朗左拾遺韋瓘汝等皆冠圓冠曳方屨以儒服事朕朕甚偉之朗能彰善癉惡屬詞可觀瓘嘗旅進廷爭極言無隱求所以補朕過失從而記之而又書丞相已下百執事舉措以為來代法非爾而誰是用命爾遞遷諫列次補外郎寔定闕文裁成義類此



仲尼春秋之職業也爾等自謂何如哉其可上下心手於愛惡是非乎朗可尚書都官員外郎依前史館修撰瓘可守右補闕充史館修撰餘如故

授范季睦尚書倉部員外郎制

勑權知倉部員外郎判度支案范季睦野有餓殍不知發狗彘食人之食不知檢此經常之失政也而況於戎車未息飛輓猶勤新熟之時豈宜無備乃詔執事率求其才乘我有秋大實倉廩僉曰季睦副予虛懷汝其往哉予用訓汝夫廉賈五之不爭之謂也出納必吝有司之常也貳上下之價則茫昧者受弊雜苦良之貨則豪右者受羸惟一惟公乃罔不同惟平惟實乃罔不吉爾其戒之無替朕命可尚書倉部員外郎依前判度支案充京西京北糴使餘如故

授楊汝士等右補闕制

勑朕聞袞職有闕仲山甫補之蓋所以節宣天子之嗜欲而彌縫其不及也我國家設司諫署以神明其耳目凡在茲選實難其人監察御史楊汝士等文擅菁華言無枝葉更佐大府為時聞人是用置爾於左右前後拾遺補闕苟



言之而不用時予之不明或抑之而不言惟爾之不恪方我傾聽之始命爾司聽之榮各懋厥誠無悼後悔可依前件

授唐慶萬年縣令制

勑朝議郎守尚書比部郎中賜緋魚袋唐慶輦轂之下豪黠僄輕擾之則獄市不容緩之則囊槖相聚是以前代惟京令得與御史丞分進道路以其捕逐之急也執事言爾慶權東池鹵生息倍稱布露餡散於羅落之間而盜賊終不敢近推是爲理眞吾所求之劇令也無或畏避以艱悖

夌。可守萬年縣令。餘如故。

李瑚起復監察御史制

勑。前監察御史裏行李瑚。比制多以詳練法理者行於御史府。或滿歲即眞。或不時署位。亦試可之義也。以爾瑚文學周敏。操行端方。執喪有聞。俯以就制。復爾故秩。勉修乃誠。可行監察御史。

授王永太常博士制

勑。前東都留守推官將仕郎兼監察御史王永。朕明年有事於南郊。謁清宮。朝太廟。繁文縟禮。予心懵然。雖舊章具存。而每事思問。求可以教諸生習儀於朝廷者。有司以永來上。永其勉愼所職。無令觀聽者有云。可守太常博士。

授李從易宗正寺丞制

勑。朝議郎京兆府士曹參軍李從易。昔劉氏子孫在屬籍者十餘萬。我唐光有天下。二百餘年。伯仲叔季。幼子童孫。可勝道哉。第其賢能。以次序昭穆。皆吾宗寺之職也。凡在選任。每難其人。以爾天屬謹良。修明吏理。檢身好學。有儒者法儀。宗長以聞。朕不敢議。承上莅下。無忘敬恭。可守宗正寺丞。



授盧均等通事舍人制

勑。守門下省符寶郎賜緋魚袋盧均等。辨邑而朝。百辟輯瑞。以會萬方。正錯立族談之儀。宣注意登庸之命。鏘鏘濟濟。進退以時。名爲侍臣。以贊導吾左右者。通事舍人之任也。今郊丘有日。事務方殷。爾等各茂聲光。副朕茲選。宜膺寵命。無廢國容。可依前件。

授顏峴右贊善大夫制

勑。安邑解縣兩池榷鹽巡官監察御史裏行顏峴。古者公卿之子。代爲公卿。所以貴貴也。況賢者之後。死政之孫。寧繫班資。以礙升奬。惟爾峴嘗與從父太師深犯蜂蠆毒螫之下。太師沒焉。爾之不回。幸而能脫。終超逆地。來謁奉天。列聖念功。訪求太師之後。有司昧蔽。不以爾聞。今朕將建東朝。深思贊諭。異時使朕愛子知忠孝之道。如爾峴吾何患焉。可守太子右贊善大夫。餘如故。

授荆浦等左清道率府率制

勑。奉天定難功臣壯武將軍行右清道率府率上柱國賜紫金魚袋左龍武軍宿衛荆浦等。初朕宅憂西廟。祇受丕訓。爾或執擕金吾。清道前馬。或操總戈戟。立陛周廬。星拱

翼舒誰何不若迺詔超陟因及序常用報有勞且升久次各揚其職無棄厥司可依前件

授王惠超等左清道率府率制

勑奉天定難功臣壯武將軍守右內率府率充左街副使上柱國王惠超等率侍衛以導從吾於黃麾左右者皆東朝之勳吏也乘我出震之憂逢時作解之慶咸當序進式示加恩並列周防宜勤夙夜可依前件

授崔宏禮鄭州刺史制

勑朕讀詩至於羔裘緇衣之章未嘗不三復沉吟蓋明有



國善善之功且思舍命不渝之君子也春秋時鄭多良士是以師子大叔之政而羣盜之氣潛消聞潁考叔之言而孝子之心不匱山川在地日月在天今古雖殊人存政舉文林郎守相州刺史兼御史中丞賜紫金魚袋崔宏禮操心尚氣餘力有文感慨風雲號爲奇士累更大郡備有休聲予聞則多未校其實侍中宏正以課來上書爲第一不有升陟謂之蔽能得於信臣予用丕允郊圻密邇美惡日聞爾其歌雞鳴以自勤稽風雨以守度與我共理副其所知可使持節鄭州刺史餘如故

授元佑洋州刺史制

勑朝散大夫守京兆尹上騎都尉元佑風俗之薄厚由長吏之所尚也聞爾佑以甲乙科爲校書郎甚有名譽一朝以先臣不幸爲黜而自晦其身者二十年何其爲子之多也自歷朝序仁聲益彰不雜風塵而徽猷遂遠洋州近郡美惡足以流京師將以慈惠廉讓之道長理之此吾有望於爾矣可使持節洋州刺史

授袁重光雅州刺史李踐方大理寺丞制

勑盧山郡貫平羌江帶卭峽關西南蠻經（闕）之地也大理



寺專獄犴視刑書我國家生人之司命也任非其才爲患不細前鄜坊丹延等州觀察判官侍御史內供奉賜緋魚袋袁重光佐觀風於鄜時聞有能名前湖南都團練判官兼監察御史李踐方參練卒於湘中號爲柔立宜當慈惠之選且盡哀敬之心姑務勝殘無或枉撓佇爾布政叶予好生重光可使持節雅州刺史散官勳賜如故踐方可大理寺丞

授齊煚饒州刺史王堪澧州刺史制

勑尚書刑部郎中齊煚岳州刺史王堪等隸江之西饒爲

沃野澧亦旁荆之劇郡而鄱陽有鎔銀摘茗之利俗用剽輕政無刑威盜賊多有沅湘間沉怨抑激有屈原遺風吏無廉平人用愁苦惟爾熲洎堪等皆踐臺閣亟歷名部號爲良能俾分兩地之憂佇聽二天之謗熲可使持節饒州刺史堪可使持節澧州刺史餘如故

授元藇（一作輿）等餘杭等州刺史制

勑饒州刺史元藇等自天子至於侯甸男邦大小之勢不同子育黎元其揆一也是以郎官出宰百里牧守入爲三公此所以前代稱理也近俗偷末倒置是非省寺以地望



自高郡縣以勢卑自劣盤牙不解稂莠不除比比有之患由此起今餘杭鍾離新安順政三有財用一鄰戎狄將有所授每難其人以藇之理課甄明以宏度之奏議詳允以元亮之學古從政以公達之守道立身僉命爲邦庶可勝殘而去殺矣敬奉詔條用慰煢獨可依前件

授韓察等明通等州刺史制

勑朕子育黎人懍乎懼一物之不至將我德澤流布於遠邇者其惟良二千石乎前京兆府富平縣令韓察等久於史職皆著能名昔嘗奉詔條風聲尚在或歷居郊甸惠養有方命汝臨人勿違其俗夫明近於海懦則姦生通理於巴急則吏擾沔當津會滯則怨起推是三者引而伸之然後可以憂人之憂矣爾其勉之可依前件

授韋行立處州刺史制

勑守衛尉少卿襲邢國公韋行立聞爾貴遊之子也出入省寺二十餘年終無尤違斯亦鮮矣江南諸郡戸籍非少皆有賦入之難爾爲吾往理縉雲以宣朕化無虐惸獨俾傷惠和可使持節處州刺史

授王進岌冀州刺史制



勑元從奉天定難功臣行右羽林軍大將軍兼御史大夫王進岌冀方陶堯之所理也其俗質強有古人遺風兵興已來習爲奮武之地非勇毅仁隱之者不能兼牧其甿以爾戰伐居多班資已重副朕茲選必有可觀夫理亂繩唯緩之襲遂之政也忠信可以服暴強仲尼之言也率是兩者以臨其人吾無憂於千里之內矣式兼亞相周貢外臺可開府儀同三司使持節行冀州刺史兼御史大夫充本州團練守捉使功臣勳封如故

授論倚忻州刺史制

勅前使持節守忻州刺史賜紫金魚袋論倚曰者議鎮之勞例皆甄奬有吏姚泌早聞其勤因以泌爲忻州刺史會泌隱惡彰敗不終其任司空度上言前刺史倚忻人懷之復換他守人用不協遂仍命爾以便於忻勉居舊邦無替前効可使持節忻州刺史

授王元琬銀州刺史制

勅夏綏銀等州節度都虞候檢校太子詹事王元琬河朔之間豐有水草内附諸夷多以畜擾爲事吏二千石已上皆能拊循競致侵削藉其蹄角齒毛之異廉者半價而買



貪者豪奪其良困於誅求起爲盜賊朕甚患焉近以戎臣祐旁領四郡奉宣詔條祐以元琬僉曰公幹乞爲圖陰罔或不臧貽祐之恥可使持節都督銀州刺史充本州押蕃落使餘如故

授陳諫循州刺史制

勅封州刺史陳諫倜儻好奇之士常患於不愼所從負累於俗過而能改人其捨諸以爾諫敏於儒學志於政經自理臨封尋彰美化分憂是切滿歲宜遷始求循吏之才以撫遠方之俗爾宜樹德朕不記瑕可使持節循州刺史

授萬懔皓端州刺史制

勅前順州刺史賜紫金魚袋萬懔皓赦所以宥不幸也爾乃郡守無違詔條而以疾罷去非不幸歟今朕還爾符印俾臨高要之人守吾憲章愆則有辟可使持節端州刺史餘如故

趙眞長等加官制

勅臣藩泊逢吉尚書於陵所請劍南西川節度判官某官趙眞長等皆以文學政事得參公選觀其列狀尉薦甚勤人各有志朕無不可矧以羊祜之風流盡在文翁之學校



復與咨爾眞長等無替令猷勉當毗贊淮河之師旅近息荆江之賦入素殷咨爾應等無瘝厥官以擾生聚各揚乃職用副朕懷眞長可行某官依前充職應可某官充戸部巡官句當河南闕二字等道兩稅餘如故

授王沂河南府永寧縣令范傳規陝州安邑縣令制

勅前汴宋亳潁等州觀察推官殿中侍御史内供奉賜緋魚袋王沂前宣武軍節度推官監察御史裏行范傳規等比制諸侯吏府罷則歸之有司以第敘常秩近或不時以

聞謬異前詔朕申明之以復故典而去歲司徒宏以沂等入覲因獻其能越在後庚之前且寵上台之請命汝好爵時予加恩勉字邦畿無虐黎獻沂可河南府永寧縣令傳規可陜州安邑縣令餘如故

授吉旼京兆府渭南縣令制

勅前河南府登封縣令吉旼畿邦之宰任得其人蓋有以乂我黎庶足以張吾京師也自輦轂在鎬瀍洛務輕長令之善康東人者往往移隸內史今京兆尹季同以旼有幹蠱之稱流聞於西遂陳換縣之求無替字人之術可守京



兆府渭南縣令

駱怡等復職制

勅前江州司馬員外同正員駱怡等一眚而去其人則改行自新之徒蔑由進矣況吏議不一負累多門原陟不必終於廉夫而周處卒爲名士此亦曩時之明驗也爾等受譴旣久省宥斯頻各勵日新以期天秩並復資品宜乎慎終可依前件

裴溫等兼監察御史裏行充清海軍節度參謀制

勅前洛陽縣尉裴溫等南極北向戶北至於桂林旁帶邕容分置征鎭而南海尤居劇地舊制輒得臨莅諸管參酌庶務茲惟郡僚溫等受知於人爲報不易勤盡檢白可以無瑕可依前件

授韓克從太子通事舍人制

勅前河中府參軍韓克從聞爾之酋長矣而猶趨馳冉冉其何以堪令命爾爲東朝舍人以司贊引豈獨加之恩獎抑亦示其優容宜勤厥官以服休命可守太子通事舍人餘如故

授崔方實試太子詹事制



勅容州兵馬使試殿中侍御史崔方實蠻蜑之間有黃賊者跧竄窟穴代爲侵擾南人患之爲日固久而公素破其酋長大獲俘囚檄奏以聞朕實嘉尚是用錫其使者金幣器服而又試爲崇班俾耀遠人以勸來効可試太子詹事餘如故

李歸仙兼鎭州右司馬制

勅成德軍節度衙前馬步都知兵馬使檢校右散騎常侍使持節澶州刺史兼御史大夫充本州防禦使李歸仙去歲成德換帥之際人皆効忠惟爾職在轅門位兼符竹功

實居最議當甄升而宏正以收長親人遥領非便司武故事兼可理戎並仍帖秩之榮式遂上台之請可檢校右散騎常侍兼鎮州右司馬替元關兼御史大夫餘如故

授齊煦等縣令制

勑齊煦等令一邑之長古一國之君也刑罰綱紀約畧受制於朝廷大抵休戚與奪之間盡一專於令長矣然而天下至大百吏至衆吾安能以一耳一目觀聽其短長煦等皆奉詔條爲人求瘼慰薦於爾豈某等皆欺予各勉厥誠以臻於理煦可鄭縣令諷可越州剡縣令



授韋珩等京兆府美原等縣令制

勑河陽節度參議兼監察御史韋珩前懷州武德令李鄠等昔先王眚災肆赦則殊死已降無不宥免而受賄枉法者獨不在數常罪罪之以此防吏吏猶有豪奪於人者朕甚憫焉日者覃懷有過籍之賦使吾百姓無聊生於下非珩等爲吾發覺則吾終不得聞東人之疾苦矣今美原藍田皆吾甸内之邑爾其爲吾養理生息以惠困窮使天下長人之吏知朕明用廉激貪之意焉珩可守美原令鄠可藍田令

裴詷等充河南節度判官制

勑守京兆府醴泉縣令裴詷等昔竇憲以元舅出征大開幕府以致賢彥是以銘燕然備勳籍用參畫也爾等佐鈇斯任不細苟或無狀其思有尤

蔡少卿兼監察御史制

勑容管經略左押衙兵馬使蔡少卿蠻之有黄賊者東南人之虺蜮也經略臣公素褭哲妖巢收復故地俾爾以如和縣等捷書來上道路悠遠其勤可嘉寵以憲官用光戎秩



授李立則檢校虞部員外郎知鹽鐵東都留後制

勑李立則國有移用之職曰轉運使每歲傳置貨賄於京師其大都要邑之中則委吏以專留事瀍洛之間蓋其一也而柳公綽言爾强白幹舉吏難其倫乞以臺省官假借恩榮俾專劇務勉服所職無忘謹廉

常亮元等權知橋陵制

勑常亮元等大宗正言爾等或親或能備識其行誠盡才辦可以修奉園陵吾先帝之衣冠所在夙夜思念哀敬不忘爾其盡恭以勗諸吏

授杜載監察御史制

勑杜載西旅違言侵坑縣道雖有備無患而予心惕然惟爾載奉捷潛奏乘驛以奔吉語亟來人用胥悅念毆攘之畧誠在將軍獎飛馳之勞宜加憲秩歸語爾帥無忘乃庸

授崔僙等檢校都官員外郎兼侍御史制

勑崔僙等自元和以來有大勲烈於天下先帝賚予以保衡者惟司空度度亦齊慄祗畏不自滿大慎簡其屬毗於厥政惟僙及洙咸在玆選是用輟我糺察副其勤求惟爾敬元舊佐藩服効誠於長議以序遷峩峩鐵冠晶晶銀印



受之以任其樂所從

授王播中書侍郎同平章事使職如故制

門下昔蕭何用新造之漢而能調發子弟完補敗亡使關東糧饋不絕者以其盡得秦之圖籍而周知其衆寡也我國家乘十一聖之區寓提億兆人之生齒而曰不能足食足兵朕甚懵焉得非調陰陽撫夷夏者不欲侵貨泉之任而主會計校盈虛者不得參邦國之重乎今將兼之允在能者諸道鹽鐵轉運等使大中大夫守刑部尚書騎都尉太原縣開國男賜紫金魚袋王播在德宗時以對詔入仕踐更臺閣由御史中丞大京兆尹掌縣官鹽鐵爲春官尚書乃長巴髳以控蠻蜑盡稱厥職達於予聞洎詔徵還便殿與語得所未得聞所未聞昭然發矇幾至前席重委操剸銼刃益精國有羨財而人不加賦東師在野物力蕭然不有主張孰能戡濟是用命爾作相仍以舊務因之爾其西備戎羌東定燕冀内實九府外豐萬人百度羣倫罔不在爾於戲典謨訓誥行之具存邪正是非知之孔易予唯以不敏不明故用爾爲股肱耳目又安能以一二戒誨垂之空言爾其自勵於爾心無令觀聽者論爾於鄉校可依前件守中書侍郎同中書門下平章事依前充諸道鹽鐵



轉運等使散官勲封賜如故

討鎮州王庭湊德音

門下朕嘗讀元元書至於佳兵者是樂殺人因念自孩名之逮於羈丱不三十年不能爲成人豈忍一朝之忿驅而殺之然而田宏正首以六州之衆歸於朝廷開先帝之雄圖變河朔之舊俗除去苛暴昭宣惠和愛人如身養士如子拊循敎訓必以忠孝爲先是以魏之師徒一年而知恩二年而知禮三年而知相與讓於道矣故南征淮蔡東伐

青齊北定趙地元勳茂績皆自魏師肆我憲宗付之心膂入則輔弼出則藩宣推誠不疑近實無比顧朕小子獲受丕圖嗣守不遑何暇恢復而承元請覲冀部擇才苟非勳賢不敢輕授是用咨我元老臨於是邦而又罷諸將以懋官加三軍以厚賞復其租入惠彼蒸黎於此一方之人可謂無有不至而梟音未革狼顧猶存忍害忠良恣爲殘賊臨軒震悼撫几驚嗟天乎不仁一至於此朕下爲君父上奉祖宗肆舟楫於鯨鯢啗股肱於虵豕尚欲因循忍恥偭俛偷安非唯傷心於田氏之子孫亦將何顔謁先帝之陵



廟人神共憤卿士叶謀咸願誅夷用申寃痛便合興師進討以翦姦凶尚念一軍之中豈無義勇倉卒變動必非衆謀苟得罪人其餘何過宜令魏博横海昭義河東義武等軍各出全軍以臨界首仍各飛書檄具諭朝旨如王庭湊能執首謀爲亂扇動三軍者送付鄰道或就鎮州處置然後束身歸朝必當超獎三品正員官并與實封二百戶其餘三軍將士一切不問其中大將等或有能相勸諭翻然改圖者各隨事跡當加寵擢如王庭湊遂迷不寤諸道宜便進軍以時剪滅苟不得已至於用師其有効忠則宜懸

賞如有能斬凶渠者先是六品已下官宜與三品正員官先是五品已上官節級升進仍與實封三百戶莊宅各一區錢二萬貫以一州歸順者便與當州刺史仍賜實封二百戶如先是刺史以州歸順者超三資與官仍賜實封二百戶以一縣歸順者超兩資與官賜實封一百戶如有能率所管兵馬及以城鎮來降者並超三資與官仍賜實封一百戶錢一萬貫以身降者亦與轉改仍賜錢帛應赴行營將士如有能梟斬凶渠者亦准前例處分其有城鎮將士百姓等守節拒賊身死王事者各委長吏優給其家仍



具事跡聞奏當加褒贈其有潛謀誅斬渠魁被其屠戮者宜優加追贈并賜錢帛仍與一子官諸軍所至不得妄加殺戮及焚燒廬舍掠奪資產并有拘執以爲俘馘其管内州縣有能自置義營堡柵王師所至能相率來歸各加酬獎時當秋候務切農功邊界之人懼廢耕織應緣軍務所須並不得干擾百姓如要車牛夫役及工匠之類並宜和雇情願仍優給價錢賊平之後應立功將士並與超資改官節級賜物其長行官吏歸降者亦當優[illegible]褒賞幽陵變擾誠謂亂常以其旁及賓僚有[illegible]上加台鉉校其輕重示

以招攜尚開逃復之門用廣自新之路昔者堯舜之俗比
屋可封虞芮之人讓畔可感仁義則水火可蹈忠信則蠻
貊可行由是言之亦在化之而已逮我長理何其遠哉豈
朕之滿假荒寧自聖而不可教耶將朝之魁梧骨鯁自持
而莫我念也二者之來皆朕不敏內省終夕其心洗然於
戲封域之中干戈作矣廊廟罇俎無忘弭寧布告朕懷以
須良畫主者施行

## 貶令狐楚衡州刺史制

忠臣之節莫大於送往事居君子之方寧忘於養廉遠恥



況位崇輔相職奉園陵蒙蔽之過屢聞誠敬之心盡廢朕
雖含垢人亦有言深念君臣之恩難厭公卿之論宣歙等
州都團練觀察處置等使大中大夫持節宣州諸軍事守宣
州刺史兼御史大夫上柱國輕車都尉賜紫金魚袋令狐
楚早以文藝得踐班資憲宗念才擢居榮近異端斯害獨
見不明密隳討伐之謀潛附奇邪之黨因緣得地進取多
門遂參台階實妨賢路朕以道遵無改事貴有終再命黃
扉之榮專奉元宮之禮而不能率下罔念匡君致於舋政
牧之職掩韋術李鄘之舉成朕不敏職爾之由前命乘軺
尚期改節人心大感物議詟然雖欲特容難排衆怒俾從
譴守猶奉詔條予豈無恩爾且自省可使持節衡州諸軍
事守衡州刺史散官勳賜如故仍馳驛發遣

## 批宰臣請上尊號第二表

朕聞天職生植聖職教化天職舉則四時行聖職修則萬
方理然而天不以行四時而爲德故蕩蕩無名聖不以理
萬方而爲功故謙謙不宰顧朕小子獲承丕圖上賴祖宗
之靈下託股肱之力先定鎮冀次來幽燕皆吾日月之所
照臨車書之所轍跡失之則有以自愧得之則何足自多



況今四海雖清物力方困六戎雖伏邊備尚勞百吏雖存
官業多曠萬目雖設紀律未張有此四者不遑荒寧思與
卿士夙夜俾乂卿宜爲我提振大法修明政經懾竄戎夷
阜康黎庶四者既理名焉用之朕方以臯夔之務委卿卿
宜以堯舜之事教我驟加徽號深恥近名循省表章難遂
來請

## 批宰臣請上尊號第三表

昔齊桓議封禪管仲驟諫其未宜晉武平江東何曾深惟
於遠馭彼二臣者居安思危之志明而有犯無隱之誠切

也況朕寡德謬應昌期賴先帝削平之威業列聖浸漬之澤聿來燕翼甫靖華夷既無德而有成實以祥而爲懼卿等所宜朝夕納誨警予荒寧雖休勿休日愼一日而乃過爲溢美頻上鴻名諒多忠赤之誠殊非藥石之愛汝爲予礪爲朕揣摩汝爲予舟爲朕康濟强我懿號不若使我爲有道之君加我虛尊不若使我居無過之地宜罷來請用副迺懷

批宰臣請上尊號第四表

朕以月正元日祇見於九廟對越於上元千官在前萬乘



居後覩聲名文物之盛望城社宮闕之尊尚念高祖太宗艱難於經營德宗憲考殷憂於纘服懼不克荷以羞前人寅畏嚴恭式冀無過而燕趙底定戎獯和寧實惟列聖之休焉敢自大其意左右輔弼庶尹師長猥以鴻名願加薄德三詔執事抑而不行物議愈堅予衷未信四陳章表備列古今且曰告虔之時寧忘繼志問安之下胡不慰心有竊於顯榮難從於封執於戲允恭克讓既見奪於羣情克已爲仁庶自勤於三省勉依來請深用媿懷

批劉悟謝上表

朕聞上黨亦天下之勁兵昔者李抱眞用之一舉破朱滔再舉殲田悅訓養十萬威聲殷然人到於今號爲良將夫以卿之勇義才畧猶將遠慕韓彭區區抱眞夫豈難繼況以克融庭湊之狂脆小賊比朱滔田悅之熾大結連是猶以孩嬰而校賁育也蜂蟻相聚其能久乎卿宜密運謨猷明宣號令避强擊惰取暴撫羸勿爭虵豕之鋒宜得鯨鯢之首再圖麟閣永煥縑緗無爲他人所先當使功居第一策勳在近勿復爲勞所謝知

批王播謝官表

朕聞有衆不言弱有地不言貧是以管夷吾用區區之齊



而諸侯九合今朕四海之大億兆之衆獨不能擒庭湊克融而曰物力先困朕甚惑焉況高祖太宗之法令具存德宗憲考之舊章猶在制誥比下選拔日聞較量輕重勤卹仁隱而室閭益耗縣道益貧職業壞隳程品差戾議論講貫殊無古風豈朕聽之不聰而股肱耳目莫得宣其効也先皇帝以卿有廊廟之畫倚以爲相眇朕小子得而用之卿宜勉竭誠懷副茲嘉屬無爲齟齬以傷先帝之明所謝知

欽定全唐文卷六百五十

元稹四

處分幽州德音

昔我元宗明皇帝得姚元崇宋璟使之鋪陳大法以和人神而又益之以張説蘇頲嘉貞九齡之徒皆能始終彌縫不失紀律四十年間海內滋殖風俗謹樸君臣平寧人無爭端而卿大夫羞以贓罪鞫人於聖代矣況伺察乎由是網漏吞舟視盜不譏冠羯乘釁勃爲妖氛天下持兵垂七十載朕因眇末獲承祖宗分不得見四方無姑息之臣而



九有復升平之境矣上帝念我賚予忠賢盡獻提封恢纘舊服使遼陽八州之衆重覩開元之儀者則予侍中總之力也名藩厚位予何愛焉劉總已極上台仍移重鎮兄弟子姪各授官榮大將賓寮亦皆超擢管內州縣官吏肅存古者二百餘人悉是劉總選任材能久令假攝並與正授用奬勤勞尚念幽州將士夙著勳庸易帥之初諒宜優錫共賜錢一百萬貫以內庫及戸部見在匹段支送充賞給幽州盧龍并瀛漠等州將士又念八州之內九賦用殷慶澤旁流所宜霑貸其管內八州百姓並宜給復一年仍令給事中薛存慶往彼宣慰親諭朕懷州縣之中或有殘破偏甚者委宏靖量事便宜優卹務令存立劉總素以清靜理人固當開釋尚恐自罹禁網亦念哀矜管內見禁囚徒罪無輕重並宜赦免大將及判官等雖已須官爵而或慮闕遺宜委宏靖具名銜聞奏如有父母在者別具上聞當加優卹朕以劉總父子並立戰功永言將吏之中慮有沒於王事當道從前已來官吏將士等或忠義可嘉身已淪沒者委宏靖條錄聞奏當加追贈平時舊老始見胡塵復覩朝儀得無悽抃遐想撫其兒稚自此免於兵鋒言念及



茲用加優給管內有高年惸獨或疾瘵不能自存者委宏靖差官就問量給粟帛管內州縣官吏有奉職清強惠及百姓者委宏靖具事跡奏聞當與量加進改燕趙之間古多奇士隗臺如在代豈乏賢如有隱於山谷退在邱園行義素高名節可尚或才兼文武卓然可奬者亦委宏靖具名薦聞於戲古人云安不忘危魏徵對太宗以守成之不易茲朕小子抑又何知而鎮冀克和幽燕復古慄慄夙夜不遑安寧實惟祖宗之休尚賴股肱之力咨爾輔弼至於方嶽爾當勉於姚宋之功予亦無忘於天寶之戒宣示中

外宜體朕懷

戒勵風俗德音

朕聞昔者卿大夫相與讓於朝，士庶人相與讓於列。周成王刑措不用，漢文帝恥言人過，眞理古也，朕甚慕焉。中代以還，爭端斯起，掩抑其言則專蔽，誘掖其説則欺誣。自非責實循名，不能彰善癉惡。故孝宣必有告訐及下，光武不以詭辭遠行，語稱訕上之非，律有匿名之禁，皆所以防三至之毁，重兩造之明。是以爵人於朝則皆勸，刑人於市則皆懼，罪有歸而賞當事也。末俗偷巧，内荏外剛，卿大夫無



進思盡忠之誠，多退有後言之謗；士庶人無切磋琢磨之益，多銷鑠浸潤之譏。進則諛言諂笑以相求，退則羣居雜處以相議。留中不出之請，蓋發其陰私；公論不容之詞，實生於朋黨。擢一官則曰恩皆自我，黜一職則曰事出他門。比周之跡已彰，尚矜介特；由徑之蹤盡露，自謂貞方。居省寺者不能以勤恪莅官，而曰務從簡易；提紀綱者不能以準繩檢下，而曰密奏風聞。獻章疏者更相是非，備顧問者互有憎愛。苟非秦鏡照膽，堯羊觸邪，時君聽之，安可不惑？參斷一謬，俗化益訛，禍發齒牙，言生枝葉，率是道也。朕甚憫焉。我國家貞觀、開元，同符三代，風俗歸厚，禮讓偕行。兵興已來，人散久矣。始欲導之以德，不欲驅之以刑。然而信有未孚，理有未至，曾無恥格，益用雕訛。小則綜覈之權見侵於下輩，大則機樞之重旁撓於薄徒。尚念因而化之，亦既去其尤者。而宰臣等懼其寖染，未克澄清，備列祖宗之書，願垂戒勵之詔。遂申誥教，頗用殷勤。各當自省厥躬，與我同底於道。凡百多士，宜體朕懷。

長慶元年册尊號赦

我高祖太宗化隋爲唐，奄宅區夏，包舉四海，全付子孫，其



何事哉？彼昏盈而我勞劬也。明皇承之，能大其業，六戎八蠻，莫不貢奉。由是庶尹弛政，庶吏弛刑，視人不勤，視盗不譴。燕冦勃起，洞無藩籬，六十有七年，兵革大試，其何事哉？據安逸而易萌漸也。逮我聖父，勤身披攘，斬斷誅除，天下畧定。曾是幽冀，賜予懷來。荷賴景靈，丕訓不墜，環歲之内，二方平寧。粤予何功？時帝之力。而卿大夫猥以大號加予眇身，讓於四三，益甚其請。皇太后始聞其事，歎然慰心，慈旨不臨，臣誠上迫，祇受典禮，懔乎予懷。尚念昔者七十二君，莫不升中慶成，自以爲堯舜莫已若也，然而不爲堯舜

之行者來代無傳焉朕嘗推是爲心不欲名浮於實令卿大夫謂我文武孝德矣其將何道以匡予予其兢兢業業日愼一日慕陶堯虞舜之行以自勉思文武憲章之道以自勤予苟不思無忘納誨於戲溢美之名旣不克讓潤物之澤夫何愛焉可大赦天下自長慶元年七月十八日昧爽已前罪無輕重咸赦除之惟故殺人并官典犯贓不在此限應左降官及流人未經量移者宜與量移近處有左降官流人本因犯贓得罪者宜依今年正月三日制處分京畿諸縣及度支鹽鐵戶部負欠各疏理放免有差應經



戰陣之處所在州縣收瘞遺骸仍量事與槥櫝兼以禮致祭李師道吳元濟自絕於天並從誅戮念其祖父嘗事先朝墳墓所在並不得令人擅有毀廢愛人本於省賦雖在必輕國用出於地財又安可闕令淮蔡并山東率三十餘州約數千里須賜或踰於鉅萬給復有至於連年應河北等州給復限滿處置宜委所在長吏審詳墾田并親見定數均輸稅賦兼濟公私每定稅訖所增加賦申奏其諸道定戶宜委觀察使刺史必加實審務使均平京兆府亦宜准此其百司職田在京畿諸縣者訪聞本地多被所由侵隱抑令貧戶佃食蒿荒百姓流亡半在於此宜委京兆府勘會均配務使公平其京兆百姓屬諸軍諸使者宜令各具挾名勅下京兆府一戶之內除已屬軍使餘父兄子弟據令式年幾合入色役者並令京兆府明立籍簿普同百姓一例差遣頻年已有制勅處分委京兆府舉明舊章條件奏聞刑獄所繫理道最切如聞比來多有稽滯一拘囹圄動變炎涼自今已後宜令御史臺切加訪察每季差御史巡囚事涉情故或斷結不當有失政刑具事由奏聞其天下州縣並委御史臺并出使郎官御史兼諸道巡院切



加察訪近邊所置和糴皆給實價如聞頃來積弊頗甚美利盡歸於主掌善價不及於村閭或虛招以奉於强家或廣儆用資於游客若不嚴約弊何可除宜委度支精擇京西京兆應供糧軍并和糴院官及營田水陸運使切加訪察仍作條疏檢轄速具奏聞應停諸道年終勾并不許刺史上佐并錄事參軍不得擅離本州委御史臺切加糾舉內外文武見任并致仕官賜官爵有差神策六軍金吾威遠皇城將士普恩之外各賜勳三轉大長公主公主嗣王郡主縣主神策六軍金吾威遠皇城等諸軍將士統軍以

下兼將士等長行立仗及守本軍本管者各賜物有差鴻臚禮賓院應在城內蕃客等並節級賜物陰山貴女來迓天孫會王明庭克勸盛典念吾妹之將遠於禮賓而宜加其回紇公主別有賜物攝侍中讀寶戶部侍郎平章事杜元穎中書侍郎平章事崔植各加一階撰冊文官與一子正員奉冊奉寶綬書玉冊書寶官各加兩階進寶綬進冊中進中嚴外辨禮儀贊導押冊押寶綬舁寶冊官各加一級其餘應職掌行事官并寫制書官太常修撰儀注禮官并內定行事中使三品已上賜爵一級四品已下加二階



仍並賜勳兩轉鐫造玉冊并填金字造寶裝寶官等各賜五十段尊師重傅有國常經李逢吉韋綬薛放丁公著等普恩之外各加一階如已至三品四品者賜爵一級天下百姓九十已上委所在長吏量加存恤孝子順孫義夫節婦先以旌表者亦量加優恤五嶽四瀆名山大川并自古聖帝明王忠臣烈士各令所在以禮致祭

## 論裴延齡表

臣某言臣昨二十五日宰臣伏宣聖旨以陸贄敗官罪狀不可書於詔命陛下慈仁愛人恩宥愚直仍令後有所見得以上聞臣忝職諫司不勝大幸臣等前所上表言陸贄等得罪之由起於讒搆此皆延齡每自倡言以弄威寵及奉宣示姦詐乃明陸贄久在禁垣復典樞要今之譴責固出聖衷竊以李克勵志卹人勤身奉職惠愛之化洽於細微頃以公事之間與延齡相敵未貶之月延齡亦以語人讒搆之端羣情是惑臣聞大臣之體出於讒辭安可持密勿之言為忿怒之柄朝廷側目遠邇搖心百官素不能親附延齡者屏氣私門不知自保陛下聖德下照物無所遺豈獨厚於一夫而乃薄於天下伏惟發誠謹中宮備問閭里亦言延齡無罪李克有過臣實微眇敢逃天誅李克覆族亡家於臣何害事關大本不敢自私延齡姦計萬殊方



司邦賦必能公用財賄陰結匪人則他時之過彰聞路絕伏以貞觀遺訓日經宸心去其邪謀以慰天下幸甚幸甚臣不勝懇迫之至

## 又論裴延齡表

臣某言間者陛下親授臣以直言之詔又命臣以言責之官奉職以來未嘗忘死誓將忠懇上答鎔造竊以裴延齡虧損聖德瀆亂典章逞其心欲以蠹毒黎元恣其苛刻以

動搖邊鄙弄陛下爵位以公授私人盜陛下威權以誘脅忠善賢愚注耳朝野同辭臣固不敢飾其繁文再擾聽明所以晝夜感憤不能自寧者以陛下執刑賞之柄不得在人延齡狡詐公行曾不爲念伏見去年十二月五日敕度支討管李玘配流播州張勛配流崖州仍各決六十斯則延齡自快怒心曲遂其狀陛下聽之以誠謂爲當舉峻其所罰用直羣司罪名及加寃聲大振陛下深鑒其事詔命中畱曾不旬朝馳聞海內使遠方之人疑陛下明有所壅令無必行姦以陷君執任其咎儻二人獨決延齡之手死不得言化理之失豈不重乎陛下常以登聞之鼓置之於庭必欲人情纖微不滯於外比來或事繫度支銜寃上訴皆不即驗問盡付延齡縲囚衣冠攘奪孤賤身不足償其怒家無以應其求怨痛內緘誰與爲理矰繳盈路動而見拘咫尺天門不敢上訴延齡之威盜熾疲人之苦日深陛下以延齡爲賢言者皆妄不若明白其罪昭示萬方使延齡無辜辨之何害儻兇惡滋蔓鬱於人心決之不時所傷豈細臣實寒心銷肉用是爲憂伏惟俯鑒衆情召臣問狀有一非據罪在面欺臣不勝迫切之至



## 獻事表

臣聞理亂之始各有萌象二者無門在君上啟之而已所謂萌象豈有他哉容直言廣視聽躬勤庶務委信大臣使左右近習者不敢蔽疎遠之臣庶此理之象也此而不理萬無一焉大臣不親直言不進抵忌諱者殺犯左右者刑與一二近習者決事於深宮之中羣臣莫得參豫晝此亂之萌也此而不亂亦萬無一焉是以古者人君即位之始萌象未見之時必有狂直敢言之士抵忌諱獻危言在上者苟或宥而容之激而進之則天下之君子望風而悅曰彼之狂而猶容於上上之人其欲來天下之士乎吾之道可以行矣其小人竦利而喜曰彼之直可以得幸於上吾將直言以徼利可也由是天下之賢不肖各以所忠貢言於上上下之志霈然而通得失之情幽遠必達合天下之智理萬物之心人人樂得其所戴其上如赤子之親慈母也雖欲誘之爲亂其可得乎臣故曰容直言廣視聽而不理者萬無一焉及夫進計者入而不出直言者戮而不容則天下之君子自謀於心曰與其言且不用而身爲戮吾寧危行言遜以保其終乎其小人擇利而喜曰君之所惡

者拂心逆耳之言也吾將苟順是非以事之可也由是進見者革而不內言事者寢而不聞若此則十步之事不得見也朝廷之情不得聞也而況於天下之大四方之遠乎故曰聾瞽之君非無耳目也蓋左右前後者屏蔽之不使視聽爾此而不亂其可得哉昔太宗文皇帝初即位時天下之人莫有諫者唯孫伏伽嘗以小事特諫於上文皇帝大悅厚賜田宅以勉之自是言事者惟懼乎言不直諫不極不能激文皇帝之盛意曾不以觸龍鱗犯忌諱爲不可矣於是房杜王魏之徒議可否於前天下四方之人言得



失於外不四三年而天下大理豈文皇獨運聰明於上哉蓋亦羣下各盡其言以宣揚發暢於天下也且夫樂全安而惡戮辱古今之情一也豈獨貞觀之人輕犯忌諱而不惡戮辱哉蓋文皇激而進之之功也喜順從而怒謇犯亦古今之情一也豈獨文皇甘逆耳而怒從心哉蓋以順從之利輕而危亡之禍大無窮之業重而奉已之事微思爲子孫垂不朽建永安之計也爲後嗣者其可順一朝之意而輕用文皇之天下乎累聖傳序於今垂二百年矣莫不率由斯道致俗和平況陛下以上聖之資紹復前統即位之日天下惟新罪叔文之徒而凶邪之黨散懸惠琳之首而悖亂之氣消發承光之詐而假威之孽除反焦陂（一作陵）之田而蒸庶之情感其餘滌瑕綴死薄賦卹人賜帛耆年旌閭孝悌修廢學建義倉莫不曲被殊私覃於有截斯皆陛下上法堯舜近法太宗致理之萌形見者數十豈臣庸劣一二而能明然而臣竊復孜孜咄咄有所未決者獨以陛下即位已來旣周歲矣百辟卿士至於天下四方之人曾未有獻一計進一言受陛下伏伽之賞者左右前後拾遺補闕亦未有奏一封執一諫受陛下激而進之之勸者



設諫鼓置匭函曾未聞雪一寃決一事明陛下無幽不察之意者若臣等備位諫列名爲供奉官曠日彌年不得召見每就位屏氣鞠躬不敢仰視又安暇議得失獻可否哉供奉官尚爾又況於疏遠之臣庶雖有特達不羣之智思欲自効其路何階遂使凡今之人以諫鼓匭函爲虛器謂拾遺補闕爲冗員臣竊思之以陛下之睿博宏深勵精求理豈或入而不出言而不用哉蓋羣下因循不能有所發明之罪也且臣思之今之備召見承顧問者獨一二執政而已每一對敭不及俄頃之間議天下之事臣竊料之恭

承聖問仰謝寵光之不暇又安暇陳理亂議教化哉其餘瑣瑣有司或時一召見言薄書之出入計錢穀之登降不暇又安足置牙齒間臣竊惟陛下以景命惟新之初何如貞觀致理之後當貞觀致理之後以房杜王魏匡輔之智而猶上封進計者薦至獻可替否者日聞今陛下當致理之初在四方多虞之日然而言事進計者終歲無一人豈非羣下因循竊位之罪乎若臣稹者稟性駑鈍昧然無識然以當陛下臨御之始首陛下策賢之科擢授諫司恩邁常品若復默默與在位者處則臣莫大之罪亦邁於常品



矣輒敢冒昧殊死件奏十事於後一曰教太子以崇邦本二曰封宗王以固磐石三曰出宮人以消水旱四曰嫁諸女以遂人倫五曰無時召宰相以講庶政六曰序次對百辟以廣聰明七曰復正衙奏事以示躬親八曰許方幅糾彈以懾姦佞九曰禁非時貢獻以絕誅求十曰省出入畋遊以防銜蹶凡此十者設使言之而是是而見用非臣之福也天下之福也苟或言之而非非而見罪乃臣之分也亦臣之願也無任懇悃奮激効節愛時之至謹詣東上閤門奏表并事件以聞臣稹誠惶誠恐頓首頓首死罪死罪謹言

## 同州刺史謝上表

臣稹言伏奉今月三日制書授臣使持節同州諸軍事守同州刺史兼本州防禦使臣罪重責輕憂惶失據慮爲臺府迫逐不敢徘徊闕廷便自朝堂匍匐進發謹以今月九日到州上訖臣某辜負聖朝辱累恩獎便合自求死所豈宜尚忝官榮誠恐誠慙死罪死罪臣八歲喪父家貧無業母兄乞丐以供資養衣不布體食不充腸幼學之年不蒙師訓因感鄰里兒稚有父兄爲開學校涕咽發憤願知詩



書慈母哀臣親爲教授年十有五得明經出身自是苦心爲文夙夜强學年二十四登吏部乙科授校書郎年二十八蒙制舉首選授左拾遺始自爲學至於升朝無朋友爲臣吹噓無親黨爲臣援庇莫非苦己實不因人獨立成性遂無交結任拾遺日屢陳時政蒙先皇帝召問延英旋爲宰相所憎貶臣河南縣尉及爲監察御史又不敢規避專心糾繩復爲宰相怒臣不庇親黨因以他事貶臣江陵判司廢棄十年分死溝瀆元和十四年憲宗皇帝開釋有罪始授臣膳部員外郎與臣同省署者多是臣初登朝時舉

人任卿相者半是臣同諫院時拾遺補闕愚臣既不能低心曲就輩流亦以望風怒臣不料陛下天聽過卑知臣薄藝朱書授臣制誥延英召臣賜緋宰相惡臣不出其門由是百計侵毀陛下察臣無罪寵奬逾深召臣面授舍人遣充承旨學士金章紫服光飾陋軀生人之榮臣亦至矣然臣益遭誹謗日夜憂危唯陛下聖鑒照臨彌加保任竟排羣議擢備台司臣忝有肺肝豈並尋常宰相況當行營退散之後牛元翼未出之間每聞陛下軫念之言微臣恨不身先士卒所問於方計策遣王友明等救解深州蓋欲上



副聖情豈是別懷他意不料姦人疑臣殺害裴度妄有告論塵黷聖聰愧羞天地臣本待辨明一了便擬殺身謝責豈料聖慈尚在薄貶同州雖違咫尺之顔不遠郊畿之境伏料必是宸衷獨斷乞臣此官若遣他人商量乍可與臣遠處藩鎮豈肯遣臣俯近闕庭臣所恨今月三日尚蒙召對延英此時不解泣血仰辭天顔便至今日竄逐臣自離京國目斷魂銷每至五更朝謁之時臣實制淚不已臣若餘生未死他時萬一歸還不敢更望得見天顔但得再聞京城鐘鼓之音臣雖黃土覆面無恨九原臣某無任自恨自慙攀戀聖慈之至然臣一日未死亦合有所陳論或聞党項小有動搖臣今謹具手疏陳奏伏望恕臣死罪特畱聖覽臣此表并臣手疏並請畱中不出謹遣差知衙官試殿中監馬宏直奉表謝罪以聞

## 賀汴州誅李㝏表

臣某言伏見逆賊李㝏已就誅夷韓充入汴州訖一方既定率土無虞凡在臣僚實增欣抃臣某中賀伏以汴州控吳楚之津梁據咽喉之要地將驕卒悍易動難安急攻則越逸是憂緩取則遷延易變自非陛下盡排羣議獨斷宸



衷外委將臣內數睿算風行號令天助機謀則何以斬此鯨鯢破茲梟獍臣摧凶志切受國恩深仰荷威靈倍萬常品限以符守不獲稱慶闕庭無任踴躍屏營之至

## 賀聖體平復御紫宸殿受朝賀表

臣某言今日得上都進奏官報稱昨日陛下御紫宸殿受羣臣朝賀伏審聖躬萬福親見百寮率土皆歡溥天同慶臣某臣聞兩曜有晦明所以成其不已四瀆有盈縮所以成其不竭不有燎火無以辨玉質不有霜霰無以見松心是以軒轅神倦然後夢華胥之游秦穆疾寐然後享鈞天

之樂堯以癯瘠而爲聖禹以胼胝而稱功斯皆因疾成妍以勞逢福非臣臆度敢進瞽言昨者聖體不安纔經旬日穆卜言吉勿藥有瘳此所以表北極之長尊配南山而永固者也况日臨黃道萬物皆榮帝御紫宸千官畢賀臣以守符外郡不獲稱慶明庭空懷鼓舞之心有阻賡歌之末無任跳躍歡欣瞻望徘徊之至謹差知衙官劉宗奉表陳賀以聞

代李中丞謝官表

臣某言伏奉今月二十九日制授臣御史中丞寵秩踰涯



心魂戰越臣某中謝臣生值聖時蔭分天屬雖牽絲入仕或因瑣碎之文而執簡當朝實由睦族而致頃以材駑氣直屢棄遐荒陛下擢自遠藩任兼臺閣夙夜循省効報無階豈謂天眷曲臨過蒙奬拔坐令專席位忝中司因當陳乞於天安敢叨榮於己如或綸言既降丹懇莫從則當破柱求姦碎首請事死而後已義不苟然增日月之末光答天地之殊造無任懇款屏營之至

爲嚴司空謝招討使表

臣某言中使某乙至伏奉今月十九日勑以臣兼充申光蔡等州招討使幷賜臣手詔兩道天光下濟聖澤遍深捧詔慙惶心魂戰越臣某中謝伏以陛下威加四海德被萬方下蜀無束馬之勞平吳但斬鯨而已百蠻述職九有懷仁凡在生成孰不柔茂而蕞爾元濟天將勦除寘蝨賊於其心假螻蟻以爲聚父死不葬王命未臨擅脅師徒偸侵縣道此誠仁人孝子決憤激忠之日也陛下尚先含垢未忍加誅曲示綏懷俾臣招撫臣誠雖懇到性本孱愚任重憂深驚惶失據然以苗心可化舜舞方興仰荷威靈冀其柔服臣即日與鄰道計會奉宣詔旨誘諭頑凶感愛並施



使之來格如或尚驅梟獍不襲椒蘭臣則誓死剪除俾無遺孽其歸投百姓等臣並准詔別加優卹置在安全仰副聖情不令驚擾臣先奉恩詔令臣發赴唐州不獲奔走伏謝闕庭無任恐懼之至

賀誅吳元濟表

臣聞拯遺甿於溝瀆非聖不能掃餘沴以雪霜非天不可日者神棄申蔡蓄爲汙瀦五十年間三后貽顧眇爾元濟繼爲凶妖謂君命可逃以父死爲利陛下凝玆睿算取彼凶殘不越殷宗之期遂勦淮夷之命威動區宇道光祖宗

凡在生成孰不懽忭臣忝官藩翰不獲率舞闕庭瞻望徘徊無任踴躍屏營之至

爲蕭相公讓官表

臣某言伏奉今日制授臣某官恩加望外寵過憂深魂魄驚飛手足失墜臣某中謝臣猥以凡才謬居重任當陛下惟新之始辱陛下爰立之恩有累樞衡無裨衮職外致匈奴之哂內失蒼生之心推換炎涼因循聖澤妨塞賢路塵忝台階自顧疲駑方求息駕豈謂陛下特迂宸鑒曲用朽林再提腹背之毛重委股肱之地大孤人望猶簡帝心雖



君父恩深莫知其惡而駑駘力竭何以自安豈敢退而生全實願求其死所伏望再移天眷重選時英特回加膝之恩別受沃心之相全陛下始終之道成微臣生死之榮無任懇迫慙惶之至

爲蕭相謝追贈祖父祖妣亡父表

恩波下濟澤被窮泉天眷旁臨日聞幽穸臣某中謝臣祖臣父或勳或賢義著族姻名書國籍逮臣不肖有累前人妄繼元成之官實媿仲弓之德自陛下遣臣待罪宰相不能有以匡逮聖明齷齪知慙屏營失據常恐孔悝銘鼎祈足可期於啟閭門構堂無所豈謂偶逢昌運幸沐殊私赦臣致寇之辜念臣積善之本追崇祖禰錫命官封子道有光升卿之言果驗孫謀表慶令伯之報方申海嶽恩深涓埃効淺彷徨自顧踊躍何安無任感德忘軀之至

論追制表

臣聞令之必行於下者信也令苟不信患莫大焉今陛下初臨寓內務切黎元至於牧守字人之官所宜詳擇苟未得人不當虛授苟或任使不可屢遷臣竊見近除寧州刺史論修虔州刺史高宏本通州刺史豆盧靖曾不涉旬並



已追制又以杜兼爲蘇州刺史行未半途復改郎署臣不知誰請於陛下而授之誰請於陛下而追之追之是則授之非授之是則追之非以非爲是者罰必加然後人不敢輕其舉以是爲非者罪必及然後下不敢用其私此先王所以不令而人從不言而人信豈異事哉率是道也今陛下如綸之令朝降反汗之詔夕施紛紛紜紜無所歸咎臣竊恐陛下之令未能取信於朝廷而況於取信天下乎臣伏願陛下徵舉者之詞察追者之請若舉者之詞直則請而追之者不得無過若追之者理勝則舉而授之者不得

無辜。賞罰是非。所宜明當。況陛下肇臨黎庶。教化惟新。誥令之間。四方所仰。小有得失。天下必聞。臣實庸愚。謬居諫列。職當言責。不敢偷安。苟有所裨。萬死無恨。無任愚迫懇款之至。

## 論諫職表

臣聞先王之制祿也。居其位而不行其職者誅。是以上無虛授。下不隱情。臣竊觀今之備位素餐。不得其職者。莫過於臣輩。臣聞太宗文皇帝時。王珪魏徵為諫官。文皇雖宴游寢食之間。王魏實在其所。用至於文皇發一言。則王魏



善之而後出。舉一事。則王魏慮之而後行。以文皇之明。合王魏之智。是以舉無遺事。言有典常。文皇猶以為視聽之未廣也。因命三品以上入議軍國大政。必遣諫官一人隨入。以參驗之。當是之時。司股肱耳目之任者。有君臣之義焉。有父子之恩焉。有朋友之歡焉。是以否無不替。可無不行。不四三年。而天下大理。蠻夷君長。帶刀入侍者。不可勝計。豈干戈征伐之所致乎。蓋擁蔽之患銷。而幽遠之情達也。若此然後可以稱天子之諍臣矣。近之司諫諍者則不然。大不得備召見。次不得參時政。排行就列。纍纍而已。且

臣聞之。諫官之職。曰左右前後拾遺補闕。大則廷議。小則上封。近年已來。正衙不奏事。庶官罷廷對。若此則不見遺闕。補拾何階。不得敷陳廷議。安設其所謂舉諫職者。唯獨誥令有不便。除授有不當。則奏一封。執一見而已。以臣思之。君臣之際。論列是非。諷諭於未形。籌畫於至密。尚不能回至尊之盛意。備讒慝之巧言。而況於既行之誥令。已命之除授。然後奏一封。執一見。思欲收絲綸之詔。迴日月之光。信無裨於萬一矣。至使凡今之人。以上封進計為妄動。拾遺補闕為冗員。以此稱供奉官。與王珪魏徵為等列。臣



雖至愚。能不自媿。且陛下若以為臣等無所裨補。不足參侍從。固不當假以名器。立之於朝。苟以為務廣聰明。稍關理道。又不當屏棄疏賤之。使至於此。伏願陛下許臣於延英候對。召臣一見。賜以溫顏。使臣得盡愚懇之誠。備陳諫官之職。苟或言有可採。得裨陛下萬分之一。是臣千載之一時也。如或言不詣理。塵黷聖聽。則臣自寘刑書。以謝謬官之罪。亦臣之所以甘心也。無任懇款發憤劾職忘軀之至。謹詣東上閤門奉表以聞。

## 論討賊表

臣伏見賊闔有不庭之罪陛下尚覆露以待之此誠陛下罪已泣辜之仁也微臣何足以識之哉然臣聞之天之所以爲天者以其能化物也物之性不一故天之道有和煦震曜之異焉始其生也動之以幽伏被之以春陽扇之以仁風潤之以膏雨則百果草木之柔者順者油然而生矣及夫勾曲角觡堅本頑心凝者滯者幽者蟄者扇之以和煦而不出潤之以膏雨而不滋則必迅之以雷震曜之以威赫然後頑滯之心改幽蟄之氣宣豈天之道仁於彼而厲於此乎化與不化之異也是以蚩尤之亂作黄帝鑄五



兵以殺絶之共工之行惡虞舜揭五刑以放死之豈不欲夢華胥舞干羽而躋之於仁壽哉蓋不可化也及夫舞干而適至因壘而來歸此又物之可化者也豈黄帝虞舜文王之德有優劣哉蓋蚩尤共工苗人崇人罪有深淺也今陛下法天之德與物爲春凡在生成孰不柔茂而蕞爾微醜天將棄之寘蠡賊於其心假螻蟻以爲聚忠臣孝子思得食其肉而快其心久矣陛下猶聳之以名爵導之以訓誥崇之以寵章而不至假之以旄鉞而益驕戕賊我忠貞損污我仁義人人不勝其憤有司不忍其威是以違陛下匿瑕含垢之仁順皇天震曜殺戮之用此誠天下人人快憤激忠之日也陛下猶思因壘以降之舞干以化之善則善矣其如天下之憤何其如天下之憤何臣願陛下可有司之奏法皇天之威與公卿大臣議斬叛弔人之師以快天下人人之憤實天下幸甚微臣無任懇悃嫉惡之至

論西戎表

蒙恩顧問竊見陛下患戎之意深矣自貞元以來國家所以甘億兆之費於塞下蓋以犬戎有侵軼之患而邊人思守禦之利也然而河湟之地日削田萊之業日空塞下之



人日亡戎狄之心日熾若此非他不得備之之術也且臣聞之君之命帥帥之命將將之使卒猶心之使臂臂之使指然後敵可擒而軍可制也今之屯戍者則不然衆其城堡異其師長獲一馬則圖功虜一戎則告捷至於屠縣道掠萬人則曰力弱不足以應敵援寡不足以摧凶苟謹閉繕完不失其守者則朝廷議賞之不給又孰肯摧鋒刃冒殊死而出入於係虜哉此又非他衆分力散而責師之刑無所加也而又加之以爲農者不教戰屯聚者不兼農冠至則卒伍被甲而乘城野人空拳以應敵此又耕戰之術

不修而屯聚之方太逸也今夫邠岐汧隴之地皆后稷公劉之所理也土宜植物人務稼穡陛下誠能使本道節制廣於荒隙大建屯田塞下諸軍除使令守防之外一切出之於野限人名田復其租入然後因其阡陌制之閭井因其卒伍樹之師長固其塍塹以備不虞犬戎適至則有連阡接畛之兵戎騎纔歸則復耰鋤穫耨之事若此則曩時之聚食者盡歸之於服勤之農矣前此之係虜者盡化爲守禦之兵矣三五年間塞下有相因之粟邊人無侵軼之虞陛下又董之以良帥威之以必刑則彼瑣瑣之戎陛下



將署其君長征其牛羊奴虜以擒之可也螻蟻以攘之可也又何必詢王恢使蘇武用晁錯訪婁敬而後復河湟稱即叙哉此備戎之大略也方今猶有急於此者臣敢冒昧殊死而言之臣聞善奕棋者將刼其棋必固其羸是以敵可殺而地不危今庸蜀有犬吠之驚南蠻絕貢誠之路陛下又輟邊將以統問罪之師脱或蜂蠆相完尚稽天討兵連不解綿夏涉秋則犬戎乘釁啟心之日也陛下其圖之臣無任懇款憂邊之至

論教本書

臣伏見陛下降明詔修廢學增胄子選司成大哉堯之爲君伯夷典禮夔教胄子之深旨也然而事有萬萬急於此者敢冒死而言之臣聞諸賈生曰三代之君仁且久者教之然也誠哉是言且夫周成王人之中才也近管蔡則讒入有周召則義聞豈可謂天聰明哉然而克終於道者得不謂教之然耶始其爲太子也未生胎教既生保教太公爲之師周公爲之傅召公爲之保伯禽唐叔與之游禮樂詩書爲之習目不得閱淫豔妖誘之色耳不得聞優笑凌亂之聲口不得習操斷擊搏之書居不得近容順陰邪之



黨游不得恣追禽逐獸之樂玩不得有遐異僻絕之珍凡此數者非謂備之於前而不爲也亦將不得見而爲之矣及其長而爲君也血氣既定游習既成雖有放心快己之事日陳於前固不能奪已成之習已定之心矣則彼忠直道德之言固吾之所習聞也陳之者有以諭焉佪佞庸違之說固吾之所積懼也諂之者有以辨焉人之情莫不欲耀其所能而黨其所近苟將得志則必快其所蘊矣物之性亦然是以魚得水而游馬逸駕而走鳥乘風而翔火得薪而熾此皆物之快其所蘊也今夫成王所蘊道德也所

近聖賢也是以舉其近則周公左而召公右伯禽魯而太公齊快其蘊則與禮樂而朝諸侯措刑罰而美教化教之至也可不謂信然哉及夫秦則不然滅先王之學曰將以愚天下黜師保之位曰將以明君臣胡亥之生也詩書不得聞聖賢不得近彼趙高者詐宦之戮人也而傳之以殘忍戕賊之術且日恣睢天下以爲貴莫見其面以爲尊是以天下之人未盡愚而胡亥固已不能分獸畜矣趙高之威慴天下而胡亥已自幽於深宮矣彼李斯者秦之寵丞相也因讒冤死無以自明而況於疎遠之臣庶乎若此則



秦之亡有以致之也漢高承之以兵革漢文守之以廉謹卒不能蘇復大訓是以景武昭宣天資甚美纔可以免禍亂哀平之間則不能虞篡弒矣然而惠帝廢易之際猶賴羽翼以勝其邪心是後有國之君議教化者莫不以興廉舉孝設學崇儒爲意曾不知教化之不行自貴者始畧其貴者教其賤者無乃鄰於倒置乎洎我太宗文皇帝之在藩邸以至於爲太子也選知道德者十八人與之游習即位之後雖宴游飲食之間若十八人者實在其中上失無不言下情無不達不四三年而名高盛古豈一日二日而

致是乎游習之漸也貞觀已還師傅之官皆宰相兼領其餘宮僚選亦甚重焉周以位高恨不得爲司議郎此其驗也文皇之後漸疎賤之至於母后臨朝剪棄王族當中睿二聖危難之際雖有骨鯁敢言之士既不得在調護保安之職終不能措扶衞之一詞而令匠胡安金藏剖腹以明之豈不大哀哉兵興以來茲弊尤甚師資保傅之官非疾廢眊聵不任事者爲之即休戎罷帥不知書者處之至於友諭贊議之徒疎冗散賤之士甚者搢紳恥之夫以匹夫之愛其子猶求明哲慈惠之師以教之直諒多聞之友以



成之豈天下之元子而可以疾廢眊聵不知書者爲之師疎冗散賤不適用者爲之友乎此何不及上古之甚也近制宮僚之外往往以沉滯僻老之儒充侍直侍讀之選而又疎棄斥遠之越月踰時不得召見彼又安能傅成道德而保養其躬哉臣以爲積此弊者豈不以皇天眷佑祚我唐德以舜繼舜以堯繼堯傳陛下十一聖矣莫不生而神明長而仁聖以是爲屑屑習儀者故不之省耳臣獨以爲於列聖之謀則可也計無窮之業以傳後嗣則不可脫或萬代之後有若周成王之中才者而又生於深宮優笑之

間無周召保助之教則將不能知喜怒哀樂之所自矣況稼穡之艱難乎今陛下以上聖之資肇臨海内是天下之人傾耳注目之日也特願陛下思成王訓導之功念文皇游習之漸選重師保慎簡宮寮皆用博厚宏深之儒而又練達機務者爲之更進迭見日就月將因令皇太子洎諸王定齒冑講業之儀行嚴師問道之禮至德要道以成之撤膳記過以警之血氣未定則輟禽色之娛以就學聖質既備則資游習之善以宏德此所謂一人元良萬國以貞之化也豈直修廢學選司成而足倫匹其盛哉而又俾則



百王莫不幼同師長同術識君道之素定知天倫之自然然後選用賢良樹爲藩屏出則有晉鄭魯衛之盛入則有東牟朱虛之強蓋所謂宗子維城犬牙磐石之勢也又豈與夫魏晉以降因賊其兄弟而自剪其本枝者同年而語乎微臣竊不自揆思爲陛下建永永無窮之長算輒敢冒昧殊死而言之臣稹謹奏

# 欽定全唐文卷六百五十一

## 元稹五

### 兩省供奉官諫駕幸温湯狀

今月二十一日車駕欲幸温湯右臣等伏以駕幸温湯始自元宗皇帝乘開元致理之後當天寶盈羨之秋葺殿宇於驪山置官曹於昭應警蹕於繚垣之内周行於馳道之中萬乘齊驅有司盡去無妨朝會不廢戒嚴而猶物議喧囂財力耗殫數年之外天下蕭然累聖已來深懲覆轍驪宮圮毁永絕修營官曹盡復於田萊殿宇半堙於巖谷深林有逸才之歎環山無匡衛之廬陛下若騎從輕馳則道



途無拱辰之備若乘輿稍具則邑縣有駕肩之憂若帳殿宿張則原野非徼巡之所若鑾車夕入則門禁失啟閉之時六軍守衛於空宮百吏宴安於私室忝爲臣子誰不惕然況陛下新御寶圖將行大典郊天之儀方設謁陵之禮未遑遽有温泉之行恐失人神之望臣等謬居禁近冒死上言伏乞特罷宸游曲回天眷稍待昇平之後別卜游幸之期則云亭之禪可登崆峒之駕非遠豈必驅馳一往竦駭羣情勝境未周聖躬徒倦臣等無任懇迫忘軀之至謹

詣東上閤門奏狀以聞伏候勅旨

辨日旁瑞氣狀

今月二日日旁瑞氣

右奉宣某日日上有橫赤氣五色鮮明黃潤日兩邊各有嘉氣內赤外青宰臣稱賀云是五色雲見不知是否者謹按乙巳占有赤氣橫在日上謂之戴其分當有益土進爵推戴人君之象又人君當立王侯封建親戚以爲福佑之徵竊見其日除王潛郭釗田布等官則陛下凡有舉措盡合天心微臣所引占書悉皆期驗伏請以戴氣宣付史官



不可誤書五色雲見又云青赤短小在日旁謂之珥微曲向日謂之抱珥者纓珥之象天子有喜兼有和親之事又當拜將抱者扶抱向就之象隣國臣佐來降天子有喜賀之事子孫之慶臣下忠誠輔主國中歡喜和合今北狄和親西戎通好時者承元請命其日三將同升萬姓歡呼四方來賀亦可謂陛下凡有舉措盡合天心微臣所引占書悉皆明驗伏乞亦以抱珥宣付史官不可誤書五色雲見以前件圖籍作載如右伏以五色慶雲蓋是小瑞戴氣抱珥所謂殊祥宰臣怱遽之間未暇精究其事此皆陛下禮行郊廟誠達神祇展百拜而忘疲入九室而流涕近臣與感上帝垂休克呈捧日之祥以展動天之德微臣同霑侍從別感恩慈方當鼓舞之時恨不叫呼而賀然臣以爲陛下特宣手勅宰臣云今月二日卿等所言日旁五色雲見參驗圖書蓋是戴珥之象此皆祖宗積慶特示子孫之祥豈沖昧微誠能致昊穹之貺宜令有司擇日告廟上以奉高祖無窮之祐次以報憲宗有截之功誕告華夷並令知悉若此則陛下感通之德巳見九霄推讓之風將光萬葉爛然宸翰手勅以示於宰臣煥乎天文撰詔自生於聖旨



事超萬古道冠百王伏惟天恩密賜裁察

謝准朱書撰田宏正碑文狀

魏博節度使李愬請與田宏正立德政碑

右臣伏准今月二十四日勅令臣撰前件碑文者伏以田宏正首變魏俗彰先帝之睿謀近入鎭州宣陛下之神武積成忠懇大有勳勞人懷去思願刻金石陛下所宜外詔台席內委翰林妙選雄文式揚丕績豈謂天光曲照御札特書猥付微臣實非常例臣頃以特恩拔擢便欲効死仰酬遂竭愚誠累蒙召對自去年九月巳後橫遭謗毀無由

再覩天顏分隨枯朽而凋永絕恩波之望豈料聖慈長在記憶姓名無人奏請撰碑便自宸衷宣付微臣忝非木石粗有肺腸空懷感涕之心未獲殺身之所無任感恩思報鏤骨銘肌之至

謝恩賜告身衣服并借馬狀

右泰倫重晏至奉宣恩旨授臣前件官告身衣服匹帛及借馬者忽降天書乍乘雲驥頒衣煥目賚帛盈庭皆非朽陋之才宜受光揚之賜微臣無任抃躍慙惶之至況臣素守疎愚且無朋黨去年陛下擢自郎吏命掌書詞非因宰



相奏論特是聖慈超授感恩深切頻獻封章遂遭分外侵誣不敢保全軀命豈謂恩光轉至睿澤逾深出自宸衷選居近地便令入院當日名見天顏口勅授官面賜章服拔令承旨不顧班資近日寵榮無臣此例發言感泣指日誓心苟無死節之誠願受鬼誅之禍伏奉恩旨令臣明日本司赴上舊例更合中謝伏緣先有疏論邊事及幽州事宜兼李愿入朝並要面自論奏伏料二十日入假已後南衙機務稍閒特乞恩許臣中謝謹錄奏聞伏聽進止

謝賜設狀

右今日某乙奉宣恩旨賜臣就院設者臣聞推食之賜用勸勳勞置醴之恩以待賢彥微臣猥承天眷擢自內庭雨露頻施涓埃莫効陛下載分美禄特降珍羞空懷滿腹之慙未有沃心之鯁既充膚革誓極肺肝竊位素餐實非誠願微臣無任感激恩私之至

謝御劄狀

御劄二十三字

右泰倫重晏至宣賜臣前件御劄其中聖旨云鎮州逆亂枉害忠良若與元翼鎮州節度使即是捨賊之門者伏以



睿算若神聖慈猶父視凶狡之搆亂義在克清念台輔之銜冤期於必報此蓋仁深天地勇過雷霆臣實庸愚難議窺測況臣謀猷失次罪戾是憂宸翰忽臨天章煥發舞鳳回翔於懷袖飛龍顧盼於縑緗豈獨傳之子孫便可鏤於肌骨微臣無任踴躍光榮之至

進田宏正碑文狀

田宏正魏博德政碑文

右前件碑文伏蒙御劄朱書遣臣撰述恩生望外事出宸衷銘鏤骨肌難酬雨露臣伏以陛下所以令臣與宏正立

碑。蓋欲遣魏博及鎮州將吏等並知宏正首懷忠義以致功勳。臣若苟務文章。廣徵經典。非唯將吏不會。亦恐宏正未詳。雖臨四達之衢。難掩萬人之口。臣所以效馬遷史體。敍事直書。約李斯碑文。勒銘稱制。使宏正見銘而戒逸。將吏觀敍而愛忠。不隱實功。不爲溢美。文雖朴野。事頗章明。伏乞天慈。特留宸鑒。其碑文謹隨狀封進。謹具奏聞。伏候勅旨。

## 進詩狀

臣某雜詩十卷



右臣面奉聖旨。令臣寫錄雜詩進來者。伏惟皇帝陛下學深江海。文動星辰。乙夜觀書。秋風詠賦。微臣入院之始。學士等盛傳陛下親批賀雨一章。體備鸞皇。思深珠玉。臣雖不得目覩宸翰。臣實竊得心念聖言。既仰燭龍之光。難逞聚螢之照。欲爲陳獻。益自慚惶。況臣九歲學詩。少經貧賤。十年謫宦。備極恓惶。凡所爲文。多因感激。故自古風詩至古今樂府。稍存寄興。頗近謳謠。雖無作者之風。粗中道人之採。自律詩百韻至於兩韻七言。或因友朋戲投。或因悲歡自遣。既無六義。皆出一時。詞旨繁蕪。倍增慚恐。今謹隨狀陳進。無任戰汗屏營之至。

## 進西北邊圖經狀

京西京北圖經四卷

右臣今月二日進京西京北圖一面。山川險易。細大無遺。猶慮幅尺高低。閱覽有煩。於睿鑒屋壁施設。俯仰頗勞於聖躬。尋於古今圖籍之中。纂撰京西京北圖經。共成四卷。所冀袵席之上。欹枕而郡邑可觀。游幸之時。倚馬而山川盡在。又太和公主下嫁。伏恐聖慮念其道遠。臣今具錄天德城以北至回鶻衙帳已來食宿井泉。附於圖經之內。并別寫一本與圖經序。謹同封進。其圖四卷。隨狀進呈。



## 進西北邊圖狀

京西京北州鎮烽戍道路等圖一面

右臣先畫聖唐西極圖三面。草本並畢。伏候面自奏論方擬進呈。前月十一日於思政殿面奉聖旨。云諸家所進河隴圖。勘驗皆有差異。并檢尋近日烽鎮城堡。不得令臣所畫稍須精詳。伏緣臣先畫西極圖疆界闊遠。郡國繁多。若烽鎮館驛盡言。即山川牓帖太密。恐煩聖覽。不甚分明。愚臣數日之間。別畫一京西京北州鎮烽戍道路等圖。已畢纖毫必載尺寸無遺若邊上奏報烟塵陛下便可坐觀處所若欲驗臣此圖與諸家所進何如伏乞聖明於南衙及北軍中名取一久任邊將者或於中使內有經過邊上校熟者宣示其道辨別精粗即知臣愚一一皆有依憑不敢妄加增減其聖唐西極圖三本伏緣經畧意大事須面自陳伏恐次及降誕務繁未敢進狀候對其京西京北鎮烽戍道路等圖并序謹隨狀進呈

## 進雙雞等狀

同州防禦使供進烏鶻并雙雞共四聯



右臣當州元和十五年奉宣令採雙雞五聯各重四斤頻年採取一聯不獲自臣到州詢問採捕人等皆云二十年前採得一聯雙雞爾後更不曾採得昨旬日之內并獲兩聯斤兩輕重稍符詔旨況浚郊初啟既以大翦豺狼鷙鳥自來可以助清梟獍臣所恨身無羽翼不獲陪奉屬車擒狡兔之根源破妖狐之羣黨臣某無任忘軀思奮覩物感恩之至謹遣某官某乙隨狀奉進謹進

## 進馬狀

同州防禦使供進烏馬一匹八歲堪打毬及獵

右臣竊聞道路相傳車駕欲暫游幸溫湯未知虛實者臣職居守土侍從無由羨魏闕之埃塵猶隨日御恨新豐之雞犬亦聽車音目斷魂銷形留神往又得進奏官狀知河中華州京兆府並於昭應排比進獻臣當州素乏所出無以粗展丹誠臣既別受恩私又不合獨無壤奠伏以前件馬北方正色東道奇蹤調習多時備諳材色解擊毬者每嘉其環迴斗轉動可愜心善獵射者皆歎其度塹踰溝走不換足欲隨正至獻賀竊慮羣衆混同徘徊瞻顧蓄銳斯久今者宸遊近甸地降靈泉施展是時戢藏何益伏望陛



下揚鞭頓轡取驗其馴良結尾絡頭試觀其神彩臣某深恩未報愚志空存自慙駑鈍之姿莫展驅馳之效捫心戀主因馬喻身輕冒天威無任戰汗其馬謹隨狀進謹進

## 爲蕭相謝告身狀

右中使某乙至奉宣進止賜臣某官告身一通者鳳銜眞誥虬捧天書錦帙金牋霞光日照臣聞高宗命說乃申納誨之詞大舜相龍爰有堲讒之訓空聞簡策未煥縑緗豈臣寵榮而足爲諭慙惶增懼進退難安拜受恩光戰汗交集無任感戴殊私之至

爲令狐相國謝賜金石凌紅雪狀

恩賜金石凌紅雪各一兩

右中使竇千乘至奉宣進止以臣將赴山陵時屬炎暑賜前件紅雪等臣職司復土戀切攀髯方當匍匐而前敢有赫曦之懼豈謂天光下濟靈藥旁沾念臣有丹赤之愚故賜臣以洗心之物察臣有木訥之性故賜臣以苦口之滋就日疑不冶之清冰在含若遇圓之降雪恩加望外感極成悲無任踴躍屏營之至

爲蕭相國謝太夫人國號告身狀



恩賜臣母國號告身一通

右某月日某乙奉宣恩旨賜臣母前件告身恩光灼爍捧戴兢惶對揚天休無任戰越臣家傳儒素母實劬勞每織屨以資臣宦游嘗斷織以勉臣師學念臣庸昧本望非高所希捧檄之榮敢萌開國之慶陛下恩加望外簡自宸衷石窌封疆已光於萬業蘂珠文字重降於九霄朝野謂之殊私宗族以爲榮觀臣及臣母以抃以懽誓將齋戒洗心永奉眞人之誥緘縢在笥深藏大帝之符寶過金籯瑞同鵲印蓼蕭知感雨露難酬無任抃躍兢懼之至

爲令狐相國謝回一子官與弟狀

臣弟定蒙恩授京兆府藍田縣尉

右臣伏奉某月日勅以所賜臣一子官迴授臣弟定京兆府藍田縣尉寵過憂深恩殊感極彷徨自顧悚惕難居臣本凡愚猥當重任雖星辰軌道幸屬聖時而歲月環周實妨賢路未蒙罪退益自慙惶豈謂睿慈仍加渥澤特降推恩之命曲成友愛之私九族生光百身何報況藍田美邑黃綬清流旋觀冉冉之趨倍慶怡怡之樂手足交抃形影相輝空鏤肝心難酬雨露無任抃躍感恩之至



賀降誕日德音狀

右臣等伏奉今日勅旨以降誕之辰奉迎皇太后宮中上壽獲申歡慰宜集百寮及外命婦進名賀皇太后仍御光順門內殿與百寮相見便永爲常式者伏以降聖嘉辰承天令節新恩肇降品彙咸休皇太后念樞星之祥重游甲觀羣執事排閶闔而入盡唱賡歌同沾就日之榮實慶溥天之樂況百官承式萬歲傳聲永爲利見之規彌荷無窮之澤臣等謬參樞務親奉德音慶忭之誠倍萬常品無任鼓舞歡呼之至

## 中書省議賦稅及鑄錢等狀

中書門下奏據楊於陵等議狀請天下兩稅榷酒鹽利等悉以布帛絲綿等物充稅一切不徵見錢者

右據中書門下狀稱應徵兩稅起元和十六年已後並配端匹斤兩之物以爲稅額不用計錢令其折納仍約元和十五年徵納布帛等估回計者伏以兩稅不納見錢百姓誠爲穩便或慮土宜不等恐須更有商量請令天下州縣有山野溪洞無布帛絲綿之處得以九穀百貨一物已上



但堪本處交易用度者並許折納便充留州留使錢數仍令依當處堪納兩稅匹段及雜貨估價計折輸納給用之時並不得令有加擡臣等又見比來州縣緣不納見錢抑令小戶數人並合共成端匹期會來往費擾倍多今請天下州縣有貧下戶兩稅數少情願輸納見錢者亦任穩便若此則上無抑配之名下有樂輸之利以兹折中實謂得宜又據中書門下狀稱鹽利酒利本以榷率計錢有殊兩稅之名不可除去錢額但合納見錢者亦請令折納時估匹段者伏以糶鹽價錢自有本使收管不要州縣條流至於榷酒利錢雖則名目不同其實出於百姓今天下十分州府九分是隨兩稅均配其中一分置店沽酒蓋是分外誅求一則厚取疲人二則嚴刑檢下上供既有定數餘利並入使司事實煩苛法非畫一今請天下州府榷酒錢一切據貫配入兩稅仍取兩貫已上戶均配兩貫已下戶不在配限先有置店沽酒處並請勒停若此則賦斂無名額之煩貧富有等差之異人知定准吏絕因緣臣等商量以此爲便

右據中書門下狀欲令諸道公私銅器各納節度團練等



使令本處軍人鎔鑄其鑄本請以留州留使錢年支未用物充待一年後鑄銅器盡勒停其州府有出銅鉛可以廣鑄處每年與本充鑄者臣等約計天下百姓有銅器用度者分數無多散納諸使斤兩蓋寡創置鑪冶器具頗繁一年勒停並是廢物軍人既未素習鎔鑄亦恐甚難又每年留州留使錢額本約一年用度支留若待鑄得新錢然遣當州給用必恐百事久闕不應時須臣等商量請令諸使諸州一切在所許百姓以銅器折納稅錢并度支給價收市每年每季隨便近有監冶處據數送納所冀鑪冶無創

置之勞工匠有素習之便不煩鑄本自有利宜其州府出銅鉛可廣鑄處請委諸道有銅鉛處長吏各言利害具狀申陳參酌衆情然議可否以前據中書門下奏請令中書門下兩省重議可否奏聞者臣等謹議如前謹錄奏聞伏候勑旨

## 中書省議舉縣令狀

元和十五年八月日中書舍人臣武儒衡等奏

駕部郎中知制誥臣李宗閔中書舍人臣王起

庫部郎中知制誥臣牛僧孺祠部郎中知制誥



臣元稹

## 吏部重奏舉薦縣令節文

右吏部以停年課資之格取宰邑字人之官公幹強白者拘以考淺疾廢耄聵者得在選中倒置是非無甚於此朝廷將欲漸去其弊所以特設舉薦之科明詔既行起請尋下有司再議釐革何以取信於人據吏部云增加新戶開墾荒田已是考課舊條獄絕繫囚冤人申雪亦是正途常事舉察吏不法恐生告訐之風有利益公家又未指陳其目選授者例無異績尚得四考守常舉薦者縱未殊尤豈可二年便罷令請但行連坐舉主之文不必更依吏部分外條件又云見任官及處士散試官並請停集且起家散試固有才能見任他官何妨撫字若皆限其資歷卽與常選何殊今請除見任縣令其餘並令赴集又云檢勘牓樣剌放程式及試書判並請准平選人例處分若此則案牘之吏得肆姦欺書判雖工何關政術有同減選赴集豈是特舉與官今請應舉薦人量納文狀便令注擬亦不在剌放及試書判之限又云並請注破碎之縣責其効實本舉良能冀蒙優奬皆居破碎之處恐同貶降之條以前數件



益恐不可施行伏請但依起請節文處分仍請據今年縣令員缺先盡舉薦人數畱缺有餘然後許注擬平選人等冀將允當同前五舍人同署

## 彈奏劒南東川節度使狀

劒南東川詳覆使言

故劒南東川節度觀察處置等使嚴礪在任日擅沒管內將士官吏百姓及前資寄住等莊宅奴婢今於兩稅外加徵錢米及草等謹件如後

嚴礪擅籍沒管內將士官吏百姓及前資寄住塗山甫等

八十八戶莊宅共一百二十二所奴婢共二十七人並在諸州項內分析

右臣伏准前後制勅令出使御史所在訪察不法具狀奏聞臣昨奉三月一日勅令往劍南東川詳覆瀘州監官任敬仲贓犯於彼訪聞嚴礪在任日擅沒前件莊宅奴婢等至今月十七日詳覆事畢追得所沒莊宅奴婢文案及執行案典耿琚馬元亮等檢勘得實據嚴礪元和二年正月十八日舉牒云管內諸州應經逆賊劉闢重圍內並賊兵到處所有應接及投事西川軍將州縣官所由典正前資



寄住等所犯雖該霈澤莊田須有所歸其有莊宅奴婢桑柘錢物斛㪷邸店碾磑等悉皆搜檢勘得塗山甫等八十八戶案內並不經驗問虛實亦不具事職名便收家產沒官其時都不聞奏所收資財奴婢悉皆貨賣破用及配充作坊驅使其莊宅桑田元和二年三年租課嚴礪並已徵收支用訖臣伏准元和元年十月五日制西川諸軍諸鎮刺史大將及參佐官吏將健百姓等應被脅從補署職官一切不問又准元和二年正月三日赦文自今日已前大逆緣坐並與洗滌況前件人等悉是東川將吏百姓及寄住衣冠與賊黨素無管屬賊軍奄至暫被脅從狂寇既平再蒙恩蕩嚴礪公違詔命苟利資財擅破八十餘家曾無一字聞奏豈惟剝下實謂欺天其莊宅等至今被使司收管臣訪聞本主並在側近控告無路漸至流亡伏乞聖慈勅本道長吏及諸州刺史招緝疲人一切却還產業庶使孤窮有托編戶再安其本判官及所管刺史仍乞重加貶責以懲姦欺

嚴礪又於管內諸州元和二年兩稅錢外加配百姓草共四十一萬四千八百六十七束每束重一十一斤



右臣伏准前後制勅及每歲旨條兩稅留州使錢外加率一錢一物州府長吏並同枉法計贓仍令出使御史訪察聞奏又准元和三年赦文大辟罪已下蒙恩滌蕩惟官典犯贓不在此限臣訪聞嚴礪加配前件草准前月日追得文案及執行案典姚孚檢勘得實據嚴礪元和二年七月二十一日舉牒稱管內郵驛要草於諸州秋稅錢上每貫加配一束至三年秋稅又准前加配計當上件草臣伏准每年旨條館驛自有正科不合於兩稅錢外擅有加徵況嚴礪元和三年舉牒已云准二年舊例徵收必恐自此相

承永爲疲人重困伏乞勒本道長吏嚴加禁斷本判官及刺史等伏乞准前科責以息誅求

嚴礪又於梓遂兩州元和二年兩稅外加徵錢共七千貫文米共五千石

右臣伏准前月日追得文案及執行案典趙明志檢勘得實據嚴礪元和二年六月擧牒稱綿劍兩州供元和元年北軍頓遞費用倍多量於梓遂兩州秋稅外加配上件錢米添塡綿劍兩州頓遞費用者臣又牒勘綿州得報稱元和二年軍資錢米悉准舊額徵收盡送使訖並不曾交領



得梓遂等州錢米添塡頓遞亦無尅折當州錢米處者臣又牒勘劍州得報稱元和元年所供頓遞侵用百姓腹内兩年夏稅錢四千二十三貫三文使司今於共年軍資錢内尅下訖其米卽用元和元年米充並不侵用二年軍資米數使司亦不曾支梓州遂州錢米充塡者臣伏念綿劍兩州供頓自合准勅優矜梓遂百姓何辜擅令倍出租賦況所徵錢米數内惟尅下劍州軍資錢四千二十三貫三文其餘錢米並是嚴礪加徵別有支用其本判官及梓州遂州刺史悉合科處以例將來擅收沒塗山甫等莊宅奴婢及於兩稅外加配錢米草等本判官及諸州刺史名銜幷所收色目謹具如後

擅收沒奴婢莊宅等元擧牒判官度支副使檢校尚書刑部員外郎兼侍御史賜緋魚袋崔廷

都計諸州擅沒莊共六十三所宅四十八所奴一十人婢一十七人

於管内諸州元和二年三年秋稅錢外隨貫加配草元擧牒判官觀察判官殿中侍御史内供奉盧詡

都計諸州共加配草四十一萬四千八百六十七束



加徵梓遂兩州元和二年秋稅外錢及米元擧牒判官攝節度判官監察御史裏行裴誗

計兩州加徵錢共七千貫文米共五千石

梓州刺史檢校尚書左僕射兼御史大夫嚴礪元和四年三月八日身亡

擅收塗山甫等莊二十九所宅四十一所奴九人婢一十七人加徵三千貫文米二千石草七萬五千九百五十三束元和二年三萬一千七百九十三束　元和三年四萬四千一百六十束

遂州刺史柳蒙

擅收没李簡等莊八所宅四所奴一人加徵錢四千貫文米三千石草四萬九千九百八十五束（元和二年二萬四千五百三束元和三年二萬五千四百八十二束）

綿州刺史陶鍠

擅收没文懷進等莊二十所宅十三所加徵草八萬八千六百八十八束（元和二年三萬八千九十三束元和三年五萬五百九十五束）

劍州刺史崔實成

擅收没鄧琮等莊六所加徵草二萬一千八百一十七束（元和二年九千三十九束元和三年一萬二千七百七十八束）



普州刺史李愬

元和二年加徵錢草六千束三年加徵草九千四百五十束

合州刺史張平

元和二年加配草三千四百六十二束三年加徵草五千六百五束

榮州刺史陳當

元和二年加徵草九千四百三束三年加徵草五千六百二十七束

渝州刺史邵膺

元和二年加徵草二千六百一十四束三年加徵草三千七百二十七束

瀘州刺史兼御史劉文翼

元和二年加徵草三千八百五十三束三年加徵草三千八百五十一束

資州元和二年加徵草一萬五千七百九十八束三年一萬六千二百二十五束

簡州元和二年加徵草二萬四千一百四束三年二萬三



千一百一十八束

陵州元和二年加徵草二萬四千六百六束三年二萬三千八百六十一束

龍州元和二年加徵草八百九十一束三年八百一十一束

右巳上本判官及刺史等名銜并所徵收色目謹具如前其資州等四州刺史或緣割屬西川或緣停替遷授伏乞委本道長吏各據徵收年月具勘名銜聞奏

以前件狀如前伏以聖慈軫念切在蒼生臨御五年三布

赦令殷勤曉諭優恤困窮事涉擾人頻加禁斷況嚴礪本是梓州百姓素無才行可稱久在兵間過蒙獎拔陛下錄其末效移鎮東川仗節還鄉寵光無比固合撫綏黎庶上副天心獨減征徭內榮鄉里而乃橫征暴賦不奉典常擅破人家自豐私室訪聞管內產業阡陌相連童僕資財動以萬計雖即沒身謝咎而猶遺患在人謂宜諡以醜名削其褒贈用懲不法以警將來其本判官及諸州刺史等或苟務容軀競謀侵削或分憂列郡莫顧詔條但受節將指揮不懼朝廷典憲共爲蒙蔽皆合痛繩臣職在觸邪不勝



其憤謹錄奏聞伏候勅旨中書門下牒御史臺

牒奉勅籍沒資財不明罪犯稅外科配豈顧章程致使銜寃無由仰訴不有察視孰當舉明所沒莊宅奴婢一物已上並委觀察使據元沒數一一分付本主縱有已貨賣破除者亦收贖却還其加徵錢米草等亦委觀察使嚴加禁斷仍榜示村鄉使百姓知委判官崔廷等名叨參佐非道容身刺史柳蒙等任竊藩條無心守職成此弊政害及平人撫事論情豈宜免戾但以罪非首坐法合會恩亦以恩後加徵又已去官停職俾從寬宥重此典常其恩後加徵草及柳蒙陶鍠李恁張平邵膺陳當劉文翼等宜各罰兩月俸料仍書下考餘並釋放牒至准勅故牒

彈奏山南西道兩稅外草狀

山南西道管內州府每年兩稅外配率供驛禾草共四萬六千四百七十七圍每圍重二十斤

興元府二萬圍內五千圍每年折徵價錢充使司雜用每圍一百二十文據元和三年使牒減免不徵餘一萬五圍見徵率

洋州一萬五千圍



利州一萬一千四百七十七圍

右訪聞前件州府每年兩稅外加配驛草逐於路次州縣檢勘文案據論後使牒並稱准舊例於兩稅外科配又牒山南西道觀察處置等使裴玢勘得報稱自建中元年已後每年隨稅據貫配率前件禾草將供驛用者伏准元和元年已後三度赦文每年旨條兩稅留州留使錢外加率一錢一物州府長吏並以枉法贓論又准今年二月三日制節文諸道兩稅外榷率比來制勅處分非不丁寧如聞或未遵行尚有欺弊永言奉法事理當然申勅長吏明加

禁斷。如刺史承使牒於界內榷率。字闕一加懲責。仍委御史臺及出使郎中官御史訪察聞奏。字闕一伏以前件草並是兩稅外徵率。准制合勒本道明字闕四州府長吏仍令節級科處分。勘擇得實以前。劍南東川詳覆使監察御史元稹奏。謹具如前。

中書門下牒御史臺

牒。奉敕。積習多年。成此乖越。然在長吏。合尋根由。循失政之規。置無名之稅。雖原情可恕。而在法宜懲。觀察使宜罰一月俸。刺史各罰一季俸。仍令自元和四年已後禁斷。牒至。准勅故牒。



### 論浙西觀察使封杖決殺縣令事

浙西觀察使潤州刺史韓皋。去年七月封杖決

湖州安吉縣令孫澥。四日致死

右御史臺奏。得東臺狀。訪聞有前件事。先牒湖州。勘得報稱。孫澥先準使牒。差攝烏程縣令。日判狀追村正沈朏。不出正帖。不用印。奉觀察使七月十六日牒。決孫澥臀杖十下。仍差衙前虞候安士文監決。第三等杖。二十二日安士文到科決。孫澥官忝字人。一邑父母。白狀追攝。過犯絕輕。科罰所施。合是本州刺史。且觀察使職在六條訪察。事有不法。即合具狀奏聞。封杖決人。不知何典。數日致死。又託以痢疾。爲念寃魂。有傷和氣。其湖州刺史受命專城。過於畏懦。受使司軍將科決縣令致死。寢而不言。並請准科。以明典憲。其諸道觀察使輒封杖決巡內官吏。典法無文。伏望嚴加禁斷。庶使遐方士子。免有銜寃。

敕。封杖決人。殊非文法。因此致死。有足矜嗟。韓皋備歷中外。合尊典憲。有此乖越。良所憮然。罰一月俸料。據決孫澥月日。是舊刺史辛秘離任之後。新刺史范傳正未到之時。俱無愆尤。不可議罰。餘依。



### 論轉牒事

據武寧軍節度使王紹。六月二十七日違勅擅牒路次州縣館驛供給。當道故監軍孟昇進喪柩赴上都。勾當部送軍將官健驢馬等。轉牒白一道。謹具如前。又得東都都亭驛狀。報前件喪柩人馬等。准武寧軍節度轉牒。祇供。今月二十三日未時到驛宿者。伏准前後制敕。入驛須給正券。並無轉牒供擬之例。況喪柩私行。不合擅入館驛停止。及給遞乘人夫等。當時追得都勾當押衙趙任到。責狀稱孟監軍去六月十四日身亡至七月五日蒙本使差押領神柩到上都領得轉牒累路州縣並是館驛供熟食草料人夫牛等又狀稱其監軍只是亡日聞奏更不別奏只是本使僕射發遣亦別無勅追者謹檢興元元年閏十月十四日勅應緣公事乘驛一切合給正券比來或聞諸州諸使妄出食牒煩擾館驛自今已後除門下省東都留守及諸州府給券外餘並不得輒入館驛宜委諸道觀察使及所在州縣切加捉捕如違犯請資官所在勘留具名聞奏餘並量事科決仍具給牒所由牒中書門下者又准元和二



年四月十五日勅節文諸道差使赴上都奏事及押領進奉官幷部領諸軍防秋軍資錢物官及邊軍合於度支請受軍資糧料等官並在給券餘並不得給如違本道專知判官錄事參軍並准興元元年十二月十七日勅處分者謹詳前後勅文並不令喪柩入驛及轉牒州縣祇供今月二十四日巳牒河南府並不令供給人牛及熟食草料等仍牒都亭驛畫時發遣出驛並追得本道牒到在臺收納訖右件謹具如前伏以凶柩入驛穢觸典常轉牒祇供違越制勅正僕射位崇端揆合守朝章徇苟且之請紊經制之法給長行人畜甚衆勞傳遞牛夫頗多弊緣路之疲人奉一朝之私惠恐須明罰以勵將來伏准前後勅文給券違越並合申牒中書門下不敢別狀彈奏伏乞特有科繩其本判官等准勅並合節級科附謹具事由如前伏聽處分具狀上中書門下謹錄狀上

## 爲河南百姓訴車

河南府應供行營般糧草等車准勅糧料使牒共雇四千三十五乘每乘每里脚錢三十五文約計從東都至行營所八百餘里錢二千八文共給鹽利虛估匹段絹一匹約



估四千已上時估七百文紬一匹約估五千時估八百文約計二十八千得紬絹共六匹折當實錢四千五百已來

五百乘准勅供懷州已來載草

右件草准元勅令於河次收貯待河開般運送至行營續准度支奏令差河南鄭滑河陽等道車共一千乘般載今據每車彊弱相兼用牛四頭每頭日食草各三束計一十二束從武德界至行營約六百里車行一十二日程往來二十四日幷停住約三十餘日計每車須食草三百六十束料及人糧在外若自齎持每車更須四乘車別載緣路

糧草若於累路旋買計一千車每頓須買草六千餘束州縣店肆必無秪供得辦況今年河路元不甚凍及至發車般載至發時已是來年正月上旬已後卽水路自然去得只校旬日之間實恐虛成其弊

三千五百三十五乘准糧料使及東都河陰兩院牒般載軍糧

右件軍糧伏據中書門下奏稱若幷糴貯恐事平之後無支用處且令收糴來年春季糧料今據邢洺魏博等州和糴已合支得累月卽前件糧亦合得春水路般載以前兩



件車准勑並令和雇今據度支河陰匹段十乘估價名雇一乘不得令府司還是據户科配況河南府耕牛素少昨因軍過宰殺及充遞車已無大半今若更發四千餘車約計用牛一萬二千頭假令估價並得實錢百姓悉皆願去亦須草木盡化爲牛然後可充給頭數今假令府司排户差遣十分發得一二卽來歲春農必當盡廢百姓見坐流亡河南府既然卽鄭滑河陽亦是小處假使凶豎卽擒伏恐饑荒薦至萬一尚稽天討不知何以供求稹忝在官司備知利害伏以事非職任不敢上言仰荷陶甄冀裨萬一無任冒昧狂愚之至伏聽詳察處分謹錄狀上

同州奏均田狀

當州自於七縣田地數內均配兩稅元額頃畝便請分給諸色職田州使田官田與百姓其草粟腳錢等便請於萬户上均率又均攤左神策郃陽鎮軍田粟及特放百姓稅麻及除去斛斗錢草零數等利宜分析如後

當州兩稅地

右件地並是貞元四年檢責至今已是三十六年其間人户逃移田地荒廢又近河諸縣每年河路吞侵沙苑側近



日有沙礫塡掩百姓稅額已定皆是虛額徵率其間亦有豪富兼幷廣占阡陌十分田地纔稅二三致使窮獨逋亡賦稅不辦州縣轉破實在於斯臣自到州便欲遣官檢量又慮疲人煩擾昨因農務稍暇臣遂設法各令百姓自通手實狀又令里正書手等傍爲穩審並不遣官吏擅到村鄉百姓等皆知臣欲一例均平所通田地畧無欺隱臣便據所通悉與除去逃户荒地及河侵沙掩等地其餘見定頃畝然取兩稅元額地數通計七縣沃瘠一例作分抽稅自此貧富彊弱一切均平徵斂賦租庶無逋欠三二年外

此州實蕪稍校完全

當州京官及州縣官職田公廨田并州使官田驛田等

右臣當州百姓田地每畝只稅粟九升五合草四分地頭榷酒錢共出二十一文已下其諸色職田每畝約稅粟三斗草三束脚錢一百二十文若是京官上司職田又須百姓變米雇車般送比量正稅近於四倍加徵既緣差稅至重州縣遂逐年抑配百姓租佃或有隔越鄉村被配一畝二畝之者或有身居市井亦令虛額出稅之者其公廨田



官田驛田等所稅輕重約與職田相似亦是抑配百姓租佃疲人患苦無過於斯伏准長慶元年七月赦文京兆府職田令於萬戶上均配與臣當州事宜相類臣令因重配原額稅地便請盡將此色田地一切給與百姓任爲永業一依正稅粟草及地頭榷酒錢數納稅其餘所欠職田斛斗錢草等只於夏稅地上每畝加一合秋稅地上每畝各加六合草一分其餘脚錢只收地頭榷酒錢上分釐充數便足百姓元不加配其上司職田合變米送城者比緣百姓自出車牛及零碎舂碾動逾春夏送納不得到城臣今便於當州近城縣納粟官爲變碾取本色脚錢州司和雇情願車牛搬載差綱送納計萬戶所加至少使四倍之稅永除上司職祿及時公私俱受其利

當州供左神策郃陽鎮軍田粟二千石

右自置軍鎮日伏准勅令取百姓蒿荒田地一百頃給充軍田並緣田地零碎軍司佃用不得遂令縣司每畝出粟二斗其粟并是一縣百姓稅上加配偏當重歛事實不均臣今已於七縣應稅地上量事配率自此亦冀均平

當州朝邑等三縣代納夏陽韓城兩縣率錢



右准元和十三年勅緣夏陽韓城兩縣殘破量減逃戶率稅每年攤配朝邑澄城郃陽三縣代納錢六百七十九貫九百二十一文斛斗三千一百五十二碩一斗三升三合草九千九束零並不計臣今因令百姓自通田地落下兩縣蒿荒之外並據見定頃畝一例徵率自然兩縣已減元額稅地請更不令三縣代納差科

當州稅麻

右當州從前稅麻地七十五頃六十七畝四龍每年計麻一萬一千八百七十四兩充州司諸色公用臣昨因均配

地稅尋檢三數十年兩稅文案只見逐年配率麻地並不言兩稅數內為復數外既無條勅可憑臣今一切放免不稅

當州所徵斛斗草及地頭等錢畸零分數

右從前所徵斛斗升合之外又有抄勺圭撮錢草即有分釐毫銖案牘交加不可勘算人戶輸納元無畸零釐數所成盡是姦吏欺沒臣今所徵斛斗並請成合草並請成分錢並請成文在百姓納數元無所加於官司簿書永絕姦詐其釐數粟麥草等便充填所欠職田等數其錢當州每



畝元稅二十文三分六釐人戶元納二十一文整數臣今只收納二十一文內分釐零數將充職田腳錢二千六百餘貫便足更不分外攤徵回姦吏隱欺之贓除百姓重斂之困如此處置庶有利宜以前件謹具利宜如前逐縣兩稅元額頃畝幷攤配職田分數及釐成文分合等錢草斛斗數謹具分析在前件狀如前伏以當州田地鹹鹵瘠薄兼帶山原通計十畝不敵京畿一二加以檢責年深貧富偏幷稅額已定徵率轉難臣昨所奏累年逋懸其弊實由於此臣今並已均融抽稅又免配佃職田閭里之間稍舍

蘇息伏緣請配職田地充百姓永業事須奉勅處分然冀永有遵憑伏望聖慈允臣所奏謹錄奏聞伏聽勅旨

浙東論罷進海味狀

浙江東道都團練觀察處置等使當管明州每年進淡菜一石五斗海蚶一石五斗

右件海味等起自元和四年每年每色令進五斗至元和九年因一縣令獻表上論准詔停進仍令所在勒回人夫當處放散至元和十五年伏奉聖旨却令供進至今每年每色各進一石五斗臣昨之任行至泗州已見排比遞夫



及到鎮詢問至十一月二十日方合起進每十里置遞夫二十四人明州去京四千餘里約計排夫九千六百餘人假如州縣只先期十日追集猶計用夫九萬六千餘功方得前件海味到京臣伏見元和十四年先皇帝特詔荆南令貢荔枝陛下即位後以其遠物勞人只令一度進送充獻景靈自此停進當時書之史策以為美談去年江淮旱儉陛下又降德音令有司於旨條之內減省常貢斯皆陛下遠法堯舜近法太宗減膳卹災愛人惜費之大德也況淡菜等味不登於俎豆名不載於方書海物鹹腥增疾損

肺俗稱補益蓋是方言每年常役九萬餘人竊恐有乖陛下罷荔枝減常貢之盛意蓋守土之臣不敢備論之過也臣叨受恩私合盡愚懇此事又是臣當道所進不敢不言如蒙聖慈特賜允許伏乞賜臣等手詔勒停仍乞准元和九年敕旨宣下度支鹽鐵所在勒回實冀海隅蒼生同霑聖澤謹錄奏聞伏候敕旨

中書門下牒　牒浙東觀察使

當道每年供進淡菜一石五斗

海蚶一石五斗

牒奉敕如聞浙東所進淡菜海蚶等道途稍遠勞役至多起今已後並宜停進其今年合進者如已發在路亦宜所在勒回牒至准敕故牒



## 錢貨議狀

奉進止當今百姓之困眾情所知減稅則國用不充欲依舊則人困轉甚皆由貨輕錢重徵稅暗加宜令百寮各陳意見以革其弊右閏正月十七日宰相奉宣進止如前者臣以爲當今百姓之困其弊數十不獨在於錢貨徵稅之謂也既聖問言之又以爲黎庶之重困不在於賦稅之闇加患在於剝奪之不已錢貨之輕重不在於議論之不當患在於法令之不行今天下賦稅一法也厚薄一概也然而廉能莅之則生息貪愚莅之則敗傷蓋得人則理之明驗也豈徵稅暗加之謂乎自嶺已南以金銀爲貨幣自巴已外以鹽帛爲交易黔巫溪峽大抵用水銀硃砂繒帛巾帽以相市然而前人以之理後人以之擾東郡以之耗西郡以之羸又得人則理之明驗也豈錢重貨輕之謂乎自國家置兩稅以來天下之財限爲三品一曰上供二曰留使三曰留州皆量出以爲入定額以給資然而節將有進獻以市國恩者有賂遺以買私名者有藏鏹滯帛以貽子孫者有高樓廣榭以熾第宅者彼之俸入有常也公私有分也此何從而得之又國家置度支轉運以來一則管鹽以易貨一則受財以輕費近制有年進月進之名有正至三節之獻彼之管鹽有常也受財有數也此又何從而得之且百姓國家之百姓也貨財國家之貨財也不足則取之有餘則捨之在我而已又何必授之重柄假之利權徇彼之徼恩成我之怨府哉今陛下初臨億兆首問羣寮誠能禁藩鎮大臣不時之獻罷度支轉運別進之名絕賂遺

之私節侈靡之俗峻風憲之舉深贓罪之刑精嚴考課之條慎選宇人之長若此則不減稅而人安不改法而人理矣至於古今言錢幣之輕重者熟矣或更大錢或放私鑄或龜或貝或皮或刀或禁埋藏或禁銷燬或禁器用或禁滯積皆可以救一時之弊也然而或損或益者蓋法有行不行之謂也臣不敢遠徵古證竊見元和以來初有公私器用禁銅之令次有交易錢帛兼行之法近有積錢不得過數之限每更守尹則必有用錢不得加除之牓然而銅器備列於公私錢帛不兼於賣鬻積錢不出於墻垣欺濫



遍行於市井亦未聞鞭一夫黜一吏賞一告訐壞一蓄藏豈法不便於時耶蓋行之不至也陛下誠能採古今救弊之方施賞罰必行之令則聖祖仁宗之法制何限前賢後智之議論何窮豈待愚臣盜竊古人之見自稱革弊之術哉謹錄奏聞伏聽勑旨

# 欽定全唐文卷六百五十二

元稹　六

## 錢重物輕議

右臣伏見中書門下牒奉進止以錢重物輕爲病頗甚宜令百寮各隨所見作利害狀類會奏聞者臣備位有司謬總邦計權物變弊職分所當固合經心自思上達豈宜待問方始啟謀臣伏以作法於人必求適中苟非濟衆是作不臧所以夙夜寘懷重難其術伏奉制旨旁採庶寮臣實有司敢不知愧既不早思所見上沃聖聰今乃備數庶官



肩隨奏議無乃失有司奉職之體負尸位素餐之責況道謀孔多是用不集盈庭之言自古所知至於業廣卽山稅徵穀帛發公府之朽貫禁私室之滯藏使泉流必通物定恆價羣議所共指事皆然但在陛下行之有司遵守利害之說自足可徵若使將廣引古今誕飾詞辯有齊畫餅無益國經恐重空文不敢輕議謹議

## 遷廟議

謹按禮官以順宗至德大聖大安孝皇帝神主升祔則中宗大和大聖大昭孝皇帝神主爲代數當遷之廟議者云

中宗復辟中興當爲百代不遷之廟臺省官等又議云則天爲居攝則中宗非中興之主不得爲不遷之廟以愚所裁皆非得禮之中也案禮官與臺省官等議但以爲中宗非中興故不得爲不遷之宗曾不知雖實爲中興亦不得爲不遷之廟何則祖有功而宗有德蓋謂始有功者爲祖始有德者爲宗非謂後代有功有德者盡爲祖宗也禮緯云唐虞立二昭二穆與太祖之廟爲五夏不立太祖之廟四廟而已至後代以禹爲宗亦立五廟其餘仲康復厥位少康代寒浞豈非嗣夏中興哉竝無祖宗之號至殷以契



爲始祖初立五廟後代以湯爲宗遂立六廟太戊武丁之徒雖有中宗高宗之名蓋子孫加之懿號而已亦無不祧之說周人以后稷爲始祖後代又祖文王而宗武王遂立七廟唐虞夏殷周雖立廟之數不同其實親親之廟皆以四爲准禮記王制云天子七廟三昭三穆與太祖之廟七蓋后稷文武三廟爲不遷其餘成康已降盡爲祧廟故周禮守祧注云先公之祧祔於后稷之廟先王之祧祔於文武之廟若以爲後代有功有德者盡爲不遷之廟則成康刑措宣王中興平王東周之始王竝無不祧之說豈非有功有德哉蓋以爲七廟之數既定若親盡之廟不毀則親親之昭穆無所設矣故不得不祧耳至漢承秦滅學之後諸儒不通大義匡衡貢禹之徒遂建議云高帝爲太祖孝文爲太宗孝武爲世宗孝宣爲中宗惠景已下爲遷廟適值漢祚不永昭成已降德不逮於四君向若漢有八百之祚繼德之君有若孝文孝武者七人盡爲不遷之廟豈可後代遂不祀其祖禰哉不經之言孰甚於此又有以七廟之外別立祖宗之廟爲說者以理推之尤爲不可假如聖朝以景皇帝爲太祖神堯大聖大光孝皇帝爲高祖文武



大聖大廣孝皇帝爲太宗別列昭穆之廟六合不遷之廟爲九蓋以爲積厚者流澤廣故以增親親之廟六矣夫傳無窮者爲萬代計國家以聖生聖以明繼明無非有德之宗盡爲有功之祖則百祖千宗盡居別廟於禮又可乎必若俟其褒貶然後定祧遷則是臣子有輕議之非萬代無可傳之法考殷周則無據言情理則兩乖考古宜今孰云可者曷若削漢朝不經之說徵殷周可久之文從親盡則遷之常規爲萬代不朽之定制不易親親之祀終無惑感之疑誠一王之盛典也謹議

對才識兼茂明於體用策

問曰朕觀古之王者受命君人兢兢業業承天順地靡不思賢能以濟其理求讜直以聞其過故禹拜昌言而嘉猷罔伏漢徵極諫而文學稍進匡時濟俗罔不率繇厥後相循有名無實而又設以科條增求茂異捨斥巳之至論進無用之虛文指切著明罕稱於代茲朕所以歎息鬱悼思索其眞是用發懇惻之誠咨體用之要庶乎言之可行行之不倦上獲其益下輸其情君臣之間驩然相與子大夫



得不勉思朕言而茂明之我國家光宅四海年將二百十聖宏化萬邦懷仁三王之禮靡不講六代之樂罔不舉浸澤於下升中於天周漢巳還莫斯爲盛自禍階漏壞兵宿中原生人困竭耗其大半農戰非古衣食罕儲念茲疲氓未遂富庶督耕植之業而人無戀本之心峻榷酤之科而下有重斂之困舉何方而可以復其盛用何道而可以濟其艱既往之失何者宜懲將來之虞何者當戒昔主父懲患於晁錯而用推恩夷吾致霸於齊桓而行寓令精求古人之意啟迪來哲之懷眷茲洽聞固所詳究又執契之道垂衣不言委之於下則人用其私專之於上則下無其效漢元優游於儒學盛業竟衰光武責課於公卿峻政非美二途取捨未獲所從子心浩然益所疑惑子大夫孰究其旨屬之於篇興自朕躬無悼後害

對臣方病近古之策不行而陛下幸及之是天下人人之福也微臣其敢忍意而不言乎且臣聞之古者以言賦納豈虛美哉蓋用之也是以益贊禹而班師說復王而作命斯皆用言之大略也洎漢文帝羞不若堯舜始以策求士乃天下郡國有賢良之貢入焉蹇諤者晁錯而巳至武帝



然後董仲舒出然而卒不能選用條對施之天下夫用其策不棄其人以其利於時也得其人而棄其策又何爲乎若此則徒設試言之科而不得用言之實矣降及魏晉朝成而暮敗之不暇又惡足言其策哉我唐列聖君臨策天下之士者多矣異時莫不光揚其名聲寵綏其爵祿然而曾不聞天下之人曰某日天子降某問得某士行某策濟某功抑不知直言之詔屢下而直言之士不出耶亦不知直言之士屢出而直言之策不用耶今陛下肇臨海內務切黎元求斥巳之至言責著明之確論實命說代言之盛意也微臣何足以承之然臣所以上愚對皆以指病陳述

而爲典要不以舉凡體論而飾文詞事苟便人雖繁必獻言苟諧理雖鄙必書固不足以副陛下懇惻之誠庶可以盡微臣體用之目耳伏願陛下以臣此策委之有司苟或可觀施之天下使天下之人曰惜哉漢文雖以策求士迨我明天子然後能以策濟人則臣始終之願畢矣如或言不適用策不便時則臣有瞽聖欺天之罪將寘於典刑陛下固不得而宥之矣亦臣之所甘心焉臣伏讀聖策乃見陛下悼禮樂之寖微恤黎人之重困責復盛濟艱之術酌推恩寓令之宜斯皆當今之急病也微臣敢不別白而書



之昔我高祖武皇帝撥去亂政我太宗文皇帝輯橐干戈被之以仁風潤之以膏露戢天下之役而天下之人安省天下之刑而天下之人壽通天下之志而天下之氣和總天下之衆而天下之衆理理故敬讓之節著和故歡愛之化行是以革三王之所因兼六代之盡美稱至德者舉文皇以代堯舜豈異事哉有誠信以將之也明皇帝即位實號中興方其任姚宋而右賢能也雖禹湯文武之俗不能舉焉四十年間刑罰不試人用滋植四海大和於是奉升中告禪之儀則封泰山而秩嵩華念歲巡時邁之典則去

咸鎬而朝洛陽禮既畢行物亦隨耗天寶之後徭戍作興氣盛而微理固然也曩時之乳哺而有之者一朝爲兵殲之兵興以來至今爲梗兵興則戶減戶減則地荒地荒則賦重賦重則人貧人貧則逋役逃征之罪多而權宜之法用矣今陛下躬親本務首問羣儒念禮樂之不興歎昇平之未復斯誠天下之人將絕復完之日也微臣何幸而對揚之微臣以爲將欲興禮樂在先富黎人將欲富黎人在先息兵革息兵革之術臣請畧言之夫古所謂銷兵革者非謂幅裂其旗章銷鑠其鋒刃而已也蓋誠信著於上則



忠孝行於下敬讓立於內則夷狄和於外夷狄和則邊鄙之兵息敬讓立則爭奪之患銷爭奪之患銷則和順之心作和順之心作而禮樂之道興矣此先王修政輯兵興禮樂富黎人之大畧也陛下必欲責臣以詳究之術臣又請指事以明之夫食力之不克雖神農設教天下不能無餒殍之人矣是以古之不農而食之者四而已矣吏有斷獄之明則食之軍有臨敵之勇則食之工有便人之巧則食之商有通物之智則食之是四者率皆明者勇者巧者智者之事也百天下之人無一二焉苟不能於此者不農則

不得食不織則不得衣人之情衣食迫於中則作業興於外是以游食者恒寡而務本者恒多豈強之哉彼易圖而此難及也今之事則不然吏理無考課之明卒伍廢簡稽之實百貨極淫巧之工列肆盡兼幷之賈加以依浮圖者無去華絶俗之貞而有抗役逃刑之竄假戎服者無趍乘挽彊之勇而有橫擊詬吏之驕是以十天下之人九爲游食懲朴愚謹不能自還者而後依於農此又非他彼逸而易安此勞而難處也以惰游之戶藏富而耕桑之賦愈重曩時之十室共耕而有不給者今且聚之於一夫矣雖有



慈惠之長仁隱之吏尚不能存若憯斷擊搏之則將轉移於溝壑矣今之課吏者以賦斂無逋負爲上以臣觀之足陛下之賦者誠所以害陛下之人耳若然則農桑之賦旣如彼惰游之衆又如此耕桑之賦重則戀本之心薄惰遊之戶衆則富庶之道廢此必然之理也今陛下誠能明考課之法減冗食之徒絶雕蟲不急之功罷商賈兼幷之業潔浮圖之行峻簡稽之書薄農桑之傜與耕戰之術則惰遊之戶盡歸而戀本之心固矣戀本之心固則富庶之教興矣而貞觀開元之盛復矣若此則既往之失由前將來之虞由後在陛下悠久戒之愼之而已至於主父偃乘七國幷吞之後將分裂而矯推恩管夷吾當諸侯爭奪之時先詐力而行寓令皆一時之權術也豈可謂明白四達與日月齊明於聖朝哉臣雖賤庸尚不敢陳王道於帝皇之日況權術乎此臣之所甚羞也故不及詳究言之臣伏讀聖策又見陛下以爲執契則羣下用情躬親則庶官無黨以漢元尚學而衰盛業謂光武課吏職而昧通方以臣思之皆不然也夫委之於下而用其情蓋考績之科廢而淸濁之流濫也尚儒術而衰盛業蓋章句之學興而經緯之



文喪也課吏職而昧通方蓋苛察之法行而會計之期速也臣請條列而言之夫神農之斲耒耜教耕耨所以墾良田而殖嘉穀也然而不能遏稂莠之滋焉其所以遏之者芟夷錢鎛之而已唐堯之闢朝廷宅百揆亦所以植禹舜而種皐陶也又不能遏共工驩兜之逆焉其所以遏之者故棄殛誅之而已神農不以稂莠滋而廢耒耜之用故能存用器之方唐堯不以四罪進而奪舜禹之任故能終任賢之道若此則陛下之所任顧何如耳豈可謂任之必不可哉至於考績之科廢章句之學與經緯之道喪會計之

期速。皆當今之極弊也。幸陛下反漢元光武之事。臣遽數以終之。今國家之所謂興儒術者。豈不以有通經文字之科乎。其所謂通經者。又不過於覆射數字。明義者纔至於辨析章條。是以中第者歲盈百數。而通經之士蔑然。以是爲通經。固若是乎。至於工文自試者。則不過於雕詞鏤句之才。搜摘絕離之學。苟或出於此者。則公卿可坐致。郎署可俯求。崇樹風聲。不由殿最。連科者進速。累捷者位高。拱嘿因循者爲清流。行法莅官者爲俗吏。以是爲儒術。又若是乎哉。其所謂課吏職者。豈不以朝廷有遷次進叙之用



乎。臣竊觀今之備朝選而不由文字者。百無一二焉。夫施眾網而加一禽。尚不能得。況張一目以羅萬品。而望其飛者走者大者小者盡出其間。其可得乎哉。以此察羣吏。羣吏又可察乎。苟或不可察。又可任之而絕其私乎哉。此所以陛下將執契而歎用情。念垂衣而懼不理。蓋臣所謂課察之道不明也。陛下誠能使禮部以兩科求士。凡自唐禮六典律令及國家制度之書者。用至於九經歷代史能專其一者。悉得謂之學士。以環貫大義而與道合符者爲上第。口習文理者次之。其詩賦判論以文自試者。皆得謂之文士。以經緯今古理中是非者爲上第。藻繢雅麗者次之。凡自布衣達於未在朝省者。悉得以兩科求士。禮部第其高下。歸之吏部而寵秩之。若此則儒術之道興。而經緯之文盛矣。吏部罷書判身言之選。設三式以任人。一曰校能之式。每歲以朝右崇重者一人。與禮部郎校天下羣吏之理最在第一至第三者。校定日據其功狀而登進之。牧宰字人之官。藉之爲理者。則上賞行焉。若此則遷次之道明而遲速之分定矣。二曰任賢之式。每歲內自僕射至於羣有司之正長。外至於廉問節制者。各舉備朝選者一人。外



自牧守內至於百執事之立於朝者。各舉吏郡縣者一人。因其所舉而授任之。辨其考績而賞罰之。不舉賢爲不察。舉不賢爲不精。不精與不察之罪同。若此保任之法行。而賢不肖之位殊矣。三曰敘常之式。其有業不通於學。才不應於文。政不登於最。行不知於人。則限以停年課資之格而役任之。若此則敘用之典恒。而尺寸之才無所棄矣。兩科立則羣材遂。三式行則庶官當。陛下乃執左契以御之。總樞極以正之。委庶官如心目之運支體。豈支體運而無效於心目乎。察羣材如明鏡之形美惡。豈美惡形而逃隱

於明鏡乎然後陛下闢四門使可言之路通明四目以天下之目視達四聰以天下之耳聽不私其心以百姓心爲心端拱巖廊高居宸極以冕旒自蔽而秋毫必察以黈纊塞耳而聲響必聞則彼漢元章句之儒光武督責之術又烏足爲陛下言之哉且臣聞之聖人在上人不夭札若臣者生未及壯載陛下爲君仁壽懽康未始有極何忽自苦墮肝膽而言天下之事乎臣以爲國家兵興以來天下之人慘怛悲愁五十年矣自陛下卽位之後戴白之老莫不泣血而話開元之政臣恐此輩不及見陛下功成理定之



化而先飮恨於窮泉此臣之所以汲汲於心者陛下能不憐察其意乎謹對

錯字判

丁申文書上尚書省按之辭云雖誤可行用

文奏或差本虞行詐此例可辨必有原情苟異因緣之姦則矜過誤之罰丁也方將計簿忽謬正名曾不戒於妄毫遂見尤爲起草然以法存按省誤有等差倘以百爲千比賜縑而難赦若當五而四縱闕馬而何傷苟殊魚魯相懸宜恕甲由未遠按其非是雖懷三豕之疑訴以可行難書一字之貶請諸會府棄此小瑕非愚訴人在法當爾

易家有歸藏判

甲爲處士家畜歸藏易常以七八爲占隣人告其左道不伏

四營成易本用窮神三代演圖孰云疑衆甲志敦素履學洞青囊不言非聖之書忽招誣善之告雖九六布卦我則背於周經而七八爲占爾盍觀於殷道徒驚異象曾是同歸辨數雖冠履相睽得意而筌蹄可忘且穆姜遇艮足徵麟史之文尼父得坤亦驗歸藏之首以斯儥責可用質疑



修隄請種樹判

乙修隄畢復請種樹功價有司以爲不急之務乙固請營繕令諸候水隄內不得造小隄及人居其隄內外各五步并隄上種榆柳雜樹若隄內窄狹地種擬充隄堰之用

善防旣畢固合程功栽木載施亦將補敗乙之亟請誰謂過求隱椎之役雖終列樹之思尚切有司見阻無備實難苟恡養材之資益非長利遠求爲揵之用豈不重勞當有取於繕完顧何煩於藝植且十年可待五步足徵防在未

萌著之先甲因而致用庶無郄子之災言之不從恐果鮑氏之繫

夜績判

得縣申歲十月入人里胥使婦人相從夜績每月課四十五功聽其歌詠行人善之徇於路按察禁之太師以失職致詞

天迴地旋陽生陰息玉衡指孟冬之野促績鳴寒金昴臨短景之昏厥人當隩相彼同色（疑作邑）懋哉惟時戒坐塾之里胥稽其既入率同巷之衆婦績以相從素緒霜柔其紛



如於永漏紅光炎上俱省費於餘輝夜兼功以日多日存課而年最若廉叔之勸蜀襦袴興謳類古公之居豳茅綯斯誦故令風俗翕習家室乃宜有未得其所然或心傷而發詠則摽梅求吉編王化之音采芑懷征列雅章之內行人掌乎宣布載在搜揚得詠言於此邦將遐徇以道邁太師典樂允被克諧之恭按察觀風何爲失職之禁先王制法寧罰有詞

田中種樹判

乙於田中種樹隣長責其妨五穀乙乃不伏

百草麗地在物雖佳五稼用天於人尤急乙姑勤樹事頗害農收列植有昧於環廬播稽遂妨於終畝雖椅桐梓漆或備梓人之材而黍稷稻粱宜先后稷之穡苟虧冒隴焉用成蹊縱有念於息陰豈可侔於望歲植之場圃合奉周官置在田疇殊乖漢制既難償責無或順非

屯田官考績判

戊爲營田使申屯田官考課違常限省司不收辭云待農事畢方知殿最

要會有期誠宜獻狀籍斂未入何以稽功戊也將俟農收



方明績用三時罔害然有別於耗登五稼未終安可議其誅賞當從責實寧俾課虛苟欲考於歲成姑合畢其田事雖賢能是獻比要宜及於計偕而稼穡其難收功當俟於協入詳徵著令固有常規農扈之政不乖蘭省之非斯在

怒心鼓琴判

甲聽乙鼓琴曰爾以怒心感者乙告誰云詞云粗厲之聲

感物而動樂容以和苟氣志憤興則琴音猛起倘精察之不昧豈情狀之可逃況乎乙異和鳴甲惟善聽克諧清響

將窮舞鶴之能俄見殺聲以屬捕蟬之思憑陵内積趨數外形未平君子之心翻激小人之慍既彰蓄憾詎爽明言詳季札之觀風尚分理亂知伯牙之在水豈曰譸張斷以不疑昭然無妄宜加黜職用刺褊心

迴風變節判

甲鼓琴春叩商秋叩角樂正科僣時失律訴云能迴風變節

八風從律氣必順時五音迭奏和則變節絲桐之妙苟極寒暑之應或隨甲務以相宜因而牙動和飯牛之唱白露



乍結於東郊授舞鶴之聲青陽忽生於南呂鼓能氣至藝與天同且異反常之妖何傷應感而起惡夫典樂曾是濫科涼風徐動於鄭奏遽云失節寒谷倘移於鄒律何以加刑克叶之薰無令寘棘

五品女樂判

辛爲五品官有女樂五人或告於法訴云三品已上有一部不伏

聲樂皆具以奉常尊名位不同則難踰節辛也榮沾五命始用判懸僣越三人終乖儀制非道不處多備何爲苟耽盈耳之繁遂過祭兮之數廣褒女列徒效尤於馬融内顧何功欲思齊於魏絳罔循唐令空溺宋音雖異一部之詞其如隔品之異請懲擾雜以儐人言

學生鼓琴判

已爲太學生好鼓琴博士科其廢業訴云非鄭衞之音

夙夜惟寅雖無捨業琴瑟在御誰謂溺音苟未爽於克諧亦何傷於不撤已也良因釋卷雅尚安絃期青紫於通經喜趨槐市鼓絲桐之逸韻叶暢薰風好濫既異於文侯和



聲豈乖於曾子欲科將落合辦所操儻雜桑間之淫須懲煩手若經杏壇之引難責平心未詳綠綺之音何速青衿之刺忝司綿蕝當隸國章載考繩違恐非善教

毁方瓦合判

太學官教胄子毁方瓦合司業以爲非訓導之本不許

教以就賢雖無黷下俾其容衆則在毁方太學以將務發蒙宜先屈己君子不器須懷虚受之心至人無方何必自賢於物爰因善誘式念思恭將戒同塵之誠遂申合土之

饗況卑以自牧仲尼嘗述於爲儒禮貴用和子張亦非於拒我義存無傲道在可嘉長善之本不乖成均之言何憯

### 對父病殺牛判

壬父病殺牛祈禱縣以行孝不之罪州科違法

力施南畝屠則干刑祭比東鄰理難逢福冠帶縱勤於侍疾鉏刃寧同於彼袄壬憂或滿容殺非無故愛人以德未聞易簀之言獲罪於天遂抵椎肥之禁志雖行孝捨則亂常父病誠切於肺肝私禱豈侔於繭栗且宋人皆用或免乘城之虞魏郡不誅終非棄市之律令不惟反政是以常縣恐漏魚州符佩犢



### 對弓矢驅烏鳶判

詔賜蕃官宴有司不以弓矢驅烏鳶御史劾之詞云非祭祀之事

鸞夷饗至潔牛羊以宴私弓矢載張備烏鳶之鈔盜茍饋食而則爾豈薦饗之獨然況乎要服在庭舌人委體方示懷於犒飲胡廢職於敺除且賓主恪恭須防墜鼠之穢牲牢備禮寧無攫肉之虞曾是闕於弦弧復何徵於擊豕周禮盡在既專分烏之司陳力自乖宜憚乘驄之劾

### 千歲龜判

問戊獻千歲龜有司以欺罔舉科訴云得之於叢蓍之下

獻其介物雖合疑年驗以生蓍則當有數戊得茲外骨藉自幽叢嘗聞見夢之神將期百中況祭退藏之所足辨千齡冀令僂句不欺誰謂蜉蝣與惑盍徵幽贊寧罪矯誣居蔡於家則吾豈敢遊蓮有歲視子非無科之盍有不知獻者此宜無罪

### 對蕃客求魚判

蕃官（一作客）至鴻臚寺不供魚客怒辭云獺未祭



朝議失隨時之義

沙漠實來供宜必備澤梁有禁殺則以時信能及於鯤鯢化方行於蠻貊彼卿之屬得禮之中雖諭以象胥或聞彈鋏而徵諸獺祭未可振緡既懷及物之虞遂阻烹鮮之請辭不失舊事必有初是曰國之典常焉用隨時之義且駒支昧禮信未習於華風里革當朝返有迷於夏濫矜其異俗責在有知合恕過求姑懲輕議

### 對宴客鹽小判

甲饗客羞鼈小客怒其不敬辭云水煩非傲

燕以示懷鼈於何有姑宜飲德豈請水煩責外骨之不豐顧褊心之奚甚甲大將展禮旋遇過求水潦方塗且乏大爲貴者壺飡苟備何必長而食之我惟敬於上賓爾寧貪於介物小不能忍禮何以觀儻羞南澗之毛尚當遺味詎勞東海之鼈然後合歡詞未爽於少施怒難信於堵父

對養雞猪判

甲爲郡守令百姓養母猪及雞督郵諫其擾人不許



扇以仁風阜財爲急教之畜擾利俗則多甲位列憑熊政同佩犢將除饑餒之患用先蕃息之資俾爾生生非予擾擾二彘既侔於龔遂五特足驗於陶朱訓養雞勤割烹斯利既符孳貨庶罔食貧使荷蓧之夫不空爲黍倚杖而牧豈獨刈葵人無見卵之思俗皆掩豆而祭實惟務本焉用他規且異米鹽之煩寧懼糾繩之誅

對狗傷人有牌判

癸家養狗傷人乙論官請償辭云有牌記行者非愼

畜狗不馴傷人必罪有標自觸徵償則非既懸迎吠之書寧忘愼行之道癸非用犬乙豈尤人防虞自失於周身齧噬尚貪於求貨有牌記而莫愼則欲請庚無標識而或傷若爲加等徵詞可擬往訴何憑

# 欽定全唐文卷六百五十三

元稹七

## 與史館韓侍郎書

侍郎退之足下稹與前襄州文學掾甄逢遊善逢故刑部員外郎濟之子濟天寶中隱於衛之青巖山採訪使苗公等五人皆以狀薦凡十徵不起末以左拾遺就拜之適值祿山朝奏京師懇於上前求爲賓介元宗可其奏祿山還至衛縣遣太守鄭遵意詣山致命輟行信宿以俟之甄生懼其難免俛首從事至天寶十二載祿山反狀潛兆慮不



得脫乃僞瘖其口復隱青巖踰年而祿山叛即日遣僞節度使蔡希德緘刃逼召且曰或不可強斬首來徇既而甄生噤閉無言延頸承刃氣色和定若甘心然希德義而捨之祿山亦終不能致慶緒繼逆虜而因之於東都安國觀代宗復洛甄生臥匡牀詣元帥府至則號摽自治代宗爲之動色遂命傳置長安肅宗高其行因授館於三司治所命從賊官因慙拜之受汙者莫不俯伏仰歎恨不即死於其地且夫辨所從於居易之時堅直操於利人之際而猶褊淺巽懦者之所不爲蓋怫人之心難而害已之避深也況乎天下亂矣王澤竭矣死忠者不必顯從亂者不必誅而能眷眷本朝甘心白刃難矣哉是以治平則爲公爲卿爲鵷爲鷺世變則爲虵爲豕爲獍爲梟者十恒八九焉若甄生冕弁不加於其身祿食不進於其口於天寶末蓋青巖之一男子耳及亂則延頸受刃分死不回不以不顯而廢忠不以不誅而從亂參合古今之士蓋百一焉稹常讀注記鈌而未書謹備所聞蓋欲執事者編此義烈以永永於來世耳子逢始生之歲顏太師崔太傅皆爲歌詩以美賢者之有後且序甄生之本末云及逢既長耕先人舊田



於襄之宜城讀書爲文不詣州里歲饉則力穡節用以給足於親戚歲穰則施餘於鄉里鄉黨之不能自持者前後斥家財排患難於朋友者數四由是以義聞襄之守狀爲文學始就羈於吏職稹聞風既久因與之遊逢每寃其父之名不在於史將欲抱所寃詣京師告訴於司史氏蓋行有日矣以愚料之甄子僕短馬瘦言簡行孤得不爲驕閽之所排訶則權力者疑誕以臨之固無自而入矣因曉甄生以無自入之勢且告以執事者辱與稹游願得所寃之狀告甄生厚相信待由是輟行既而自思浮賤之中猶願

責所聞於執事得非愚且僭耶然而誚笑之暇幸垂察焉不宣某再拜

## 敘詩寄樂天書

稹九歲學賦詩長者往往驚其可教年十五六粗識聲病時貞元十年已後德宗皇帝春秋高理務因人最不欲文法吏生天下罪過外閫節將動十餘年不許朝覲死於其地不易者十八九而又將豪卒愎之處因喪負衆橫相賊殺告變駱驛使者迭窺旋以狀聞天子曰某邑將某能遏亂亂衆寧附願爲其帥名爲衆情其實逼詐因而可之者



又十八九前置介倅因緣交授者亦十四五由是諸侯敢自爲旨意有羅列兒孫以自固者有開導蠻夷以自重者省寺符篆固於几閣甚者擬詔旨視一境如一室刑殺其下不啻僕畜厚加剝奪名爲進奉其實貢入之數百一焉京城之中亭第邸店以曲巷斷侯甸之內水陸腴沃以鄉里計其餘奴婢資財生生之備稱之朝廷大臣以謹慎不言爲朴雅以時進見者不過一二親信直臣義士往往抑塞禁省之間時或繕完隤墜豪家大帥乘聲相扇延及老佛土木妖熾習俗不怪上不欲令有司備宮闈中小碎須求往往持幣帛以易餅餌吏緣其端剽奪百貨勢不可禁僕時孩騃不慣聞見獨於書傳中初習理亂萌漸心體悸震若不可活思欲發之久矣適有人以陳子昂感遇詩相示吟翫激烈即日爲寄思元子詩二十首故鄭京兆於僕爲外諸翁深賜憐奬因以所賦呈獻京兆翁深相駭異秘書少監王表在座顧謂表曰使此兒五十不死其志義何如哉惜吾輩不見其成就因名諸子訓責泣下僕亦竊不自得由是勇於爲文又久之得杜甫詩數百首愛其浩蕩津涯處處臻到始病沈宋之不存寄興而訝子昂之未暇



旁備矣不數年與詩人楊巨源友善日課爲詩性復僻嬾人事常有閒暇閒則有作識足下時有詩數百首矣習慣性靈遂成病蔽每公私感憤道義激揚朋友切磨古今成敗日月遷逝光景慘舒山川勝勢風雲景色當花對酒樂罷哀餘通滯屈伸悲歡合散至於疾恙窮身悼懷惜逝凡所對遇異於常者則欲賦詩又不幸年三十二時有罪譴棄今三十七矣五六年之間是丈夫心力壯時常在閒處無所役用性不近道未能淡然忘懷又復嬾於他欲全盛之氣注射語言雜糅精粗遂成多大然亦未嘗繕寫適值

河東李明府景儉在江陵時併好僕詩章謂爲能解欲得盡取觀覽僕因撰成卷軸其中有旨意可觀而詞近古往者爲古諷意亦可觀而流在樂府者爲樂諷詞雖近古而止於吟寫性情者爲古體詞實樂流而止於模象物色者爲新題樂府聲勢沿順屬對穩切者爲律詩仍以七言五言爲兩體其中有稍存寄興與諷爲流者爲律諷不幸少有伉儷之悲撫存感往成數十詩取潘子悼亡爲題又有以干教化者近世婦人暈淡眉目綰約頭鬢衣服修廣之度及匹配色澤尤劇怪艷因爲艷詩百餘首詞有古今又



兩體自十六時至是元和七年已有詩八百餘首色類相從共成十體凡二十卷自笑冗亂亦不復置之於行李昨來京師偶在筐篋及通行盡置足下僅亦有說僕聞上士立德其次立事不遇立言凡人急位其次急利下急食僕天與不厚既乏全然之德命與不遇未遭可爲之事性與不惠復無垂範之言兀兀狂癡行近四十徼名取位不過於第八品而冒憲已六七年授通之初有習通之熟者曰通之地濕墊卑褊人士稀少近荒札死亡過半邑無吏市無貨百姓茹草木刺史以下計粒而食大有虎豹虵虺之患小有蟆蚋浮塵蜘蛛蛒蜂之類皆能鑽噆肌膚使人瘡痏夏多陰霪秋爲痢瘧地無醫巫藥石萬里病者有百死一生之慮夫何以僕之命不厚也如此智不足也又如此其所詣之憂險也又復如此則安能保持萬全與足下必復京輦以須他日立言事之驗耶但恐一旦與急食相符而終使足下受天下友不如己之誚是用悉所爲文留穢箱笥比夫格奕樗塞之戲猶曰愈於飽食僕所爲不又愈於格奕樗塞之戲乎昨行巴南道中又有詩五十一首文書中得七年以後所爲向二百篇繁亂冗雜不復置之執



事前所爲寄思元子者小歲云爲文不能自足其意貴其起予之始且志京兆翁見遇之由今亦寫爲古諷之一移諸左右僕少時授吹噓之術於鄭先生病嬾不就今在閒處思欲怡神保和以求其病異日亦不復費詞於無用之文矣省視之煩庶亦已於是乎

## 誨姪等書

告崙等吾謫竄方始見汝未期粗以所懷貽誨於汝汝等心志未立冠歲行登古人譏十九童心能不自懼吾不能遠諭他人汝獨不見吾兄之奉家法乎吾家世儉貧先人

遺訓常恐置産息子孫故家無樵蘇之地爾所詳也吾竊見吾兄自二十年來以下士之祿持窘絕之家其間半是乞丐羇游以相給足然而吾生三十二年矣知衣食之所自始東都爲御史時吾常自思尚不省受吾兄正色之訓而況於鞭笞詰責乎嗚呼吾所以幸而爲兄者則汝等又幸而爲父矣有父如此尚不足爲汝師乎吾尚有血誠將告於汝吾幼乏岐嶷十歲知方嚴毅之訓不聞師友之資盡廢憶得初讀書時感慈旨一言之歎遂志於學是時尚在鳳翔每借書於齊倉曹家徒步執卷就陸姊夫師授栖



栖勤勤其始也若此至年十五得明經及第因捧先人舊書於西窗下鑽仰沉吟僅於不窺園井矣如是者十年然後粗霑一命粗成一名及今思之上不能及烏鳥之報復下未能減親戚之饑寒抱釁終身偷活今日故李密云生願爲人兄得奉養之日長吾每念此言無不雨涕汝等又見吾自爲御史來效職無避禍之心臨事有致命之志尚知之乎吾此意雖吾弟兄未忍及此蓋以往歲忝職諫官不忍小見妄干朝聽謫棄河南泣血西歸生死無告不幸餘命不殞重戴冠纓常誓効死君前揚名後代歿有以謝先人於地下耳嗚呼及其時而不思旣思之而不及尚何言哉今汝等父母天地兄弟成行不於此時佩服詩書以求榮達其爲人耶其曰人耶吾又以吾兄所識易涉悔尤汝等出入游從亦宜切愼吾誠不宜言及於此吾生長京城朋從不少然而未嘗識倡優之門不曾於喧嘩縱觀汝信之乎吾終鮮姊妹陸氏諸生念之倍汝小婢子等旣抱吾殁身之恨未有吾克己之誠日夜思之若忘生次汝因便錄吾此書寄之庶其自發千萬努力無棄斯須稹付侖鄭等



代諭淮西書

某月日山南東道節度兼申光蔡等州招撫使檢校司空嚴某致書前彰義軍兵馬使吳侍御及淮西將士官吏申光蔡等州百姓等奉十月十九日詔書以某充申光蔡招撫使某月日遣使齎勅送付界首布告訖某頃鎭太原與吳侍御伯父相國公同受恩寄交問歲時歡好不絕僅十餘年可謂至矣及吳侍御先尚書繼當寵命某又領鎭荆南前好復修款密如舊弔喪問疾禮無不時亦可謂勤矣其與吳侍御伯父先父旣等夷於吳侍御實丈人行固已

私矣況朝廷以吳侍御因喪擾惑迷誤詔旨欲思致討未忍加兵仍以某爲招撫之使是吳尚書之嗣既絕而由其有復聯之望捧詔以來夙夜憂歎不任憐痛之懷某欲上徵古類恐引諭不明切爲諸公以近事灼然在耳目者言之今吳侍御棄喪背禮捨父干君誘聚師徒希求爵位者豈不以貞元末年天下方鎮物故往往依憑衆請而得者十恒二三以此爲自偷之證耶甚不然也德宗皇帝御天下日久春秋高理務便安不欲生事或謀及卒伍而置師長蓋一時之權也今天子二十八即皇帝位控一海內臣



妾夷狄赫然皇威熏灼白日初楊惠琳劉闢李錡猶守故態謂朝廷未即誅擒曾不知逾月之間皆頭懸槀街腰斬都市此諸公之所聞見也自是蠻夷懾竄戎臣震惕相與奔走朝闕之不暇今廟堂之上命將擇帥容易於授卿長卽吳侍御希求非望之志安得復行於今日哉此衆不可憑位不可取之明驗也今吳侍御蓄聚糗糧繕完城壘偷侵縣邑不自危亡者豈不以貞元中吳相國爲讒邪所鬬錯誤朝章韓太保率衆奉詞而吳相國終以宥免又以此爲自偷之證耶又不然也日者謀議之臣算畫不審韓太保行陣之將耳總統非所長而又徵天下烏合之衆以授之是以遷延進退不時成功然猶吳相國悔過乞降深自咎責朝廷多之僅乃全活且吳相國躬服節儉衣食與士卒同蓄貨力耕向三十載然後粗能支一戰耳今吳尚書馭衆日淺吳侍御年位俱卑諸將之在下者皆怏怏苟容非有威懷信服之志百姓日蹙賦斂月加天兵四臨耕織盡廢竊聞壯者劫而爲兵老弱妻孥吞聲於道路而欲以吳相國三十年拊循積聚之力爲自比甚相懸矣況國家命全軍之將用不竭之資烏尚書董懷汝之師李尚書舉



陳許之衆柳中丞以鄂之全軍軍於安陸令狐中丞以淮南之銳旅屯於壽春某以襄陽之勁卒數萬集於唐而又益之以魏博之驍騎江陵之強弩以攻則彼有壓卵之危以守則我無出疆之費用三州之賦敵天下四海之饒以一旅之師抗天下無窮之衆雖妾婦騃孩猶知笑之而況於義夫壯士哉若聖天子推含垢之化圖不戰之功使環而守之塞其飛走則男不得耕女不得織鹽茗之路絕倉廩之積空不三數月求諸公於枯魚之肆矣儻或神算風驅天威電激使齊攻四面各裂一隅彼若聚而待之則自

窮分而應之則不足東抗則西入南備則北侵腹背受攻首尾皆畏赤族之刑既迫輿櫬之計方施則固難期於曩時之宥免矣此又力不可支勢不可久之明驗也今吳侍御厚利買交嚴刑劫質謂王師可敵謂已衆不離者豈不以大將李義等言甘約重許以死生之爲耶又不然也夫李錡據吳楚之雄兼榷管之利選才養士向十五年獨以張子良爲腹心不貳之將故授以銳健先鋒之兵又以裴行立爲骨肉不欺之親故授以敢死酬恩之卒然而一朝遷延王命稱疾不朝子良朝倒戈以攻於外而行立夕縱



火以應於內錡則戮死而張裴甚榮此又諸公之所聞見也劉闢乘韋令饒衍之後廩藏穀帛以億萬計啖養士卒憑恃阻固以仇良輔有樸厚不搖之心是以成其要害而授之兵然而天兵一麾因壘來下席卷餘孽巴蜀大定闢則戮死而良輔甚榮此又諸公之所聞見也盧從史內蘊私邪外張威武熒惑天聽逗留王師以烏尚書有委用親信之恩故授之以爪牙衞己之衆然而睿畧潛施元凶就執烏尚書清壘整旅以俟命從史放死而尚書甚榮此又諸公之所見聞也此數君子者豈受利不厚而誓約不明哉蓋逆順之理殊而子孫之禍大也且田太保季安藉累代繼襲之勢身沒之後允子不肖將卒聚謀而請之天子天子嘉其忠而與之賚百萬之財以贍軍復三年之賦以勵俗輟郎署之英以榮其賓介而坐專席操郡國者又相繼彼魏博三軍之士豈獨不受恩於田氏父子耶蓋苦其束縛禁閉終日以城門爲戰場思復泰然游泳於王澤耳今國家用烏尚書爲重鎮所以警諸將囚縛受賞之功用仇大夫爲先驅所以警城堡降下寵榮之利使田大夫統魏博向義之旅所以勵三軍去邪附正之機奈何吳侍御



碎六尺之軀爲李義輩求福之貲絕公侯之嗣爲淮西軍受賞之資其爲人謀也則厚矣自謀何薄哉此又將不可恃而兵不可保之明驗也今天子垂惻隱之詔建招撫之名吳侍御若束身歸朝將吏等繼踵向闕縱不得與烏尚書張金吾分封並位受立功之賞獨不得與田懷諫命服趨朝奉先人之家嗣乎且張伯靖五溪之蠻隸耳聚徒殺人爲惡甚大聖上憐其愚諂某招致之而猶據戎行之右職忝佐郡之清員豈獨於吳侍御洎淮西之將吏而阻其自新之路哉諺曰天不可違又曰時不可失書至之日善

自圖之如或違天失時寢而不報則王師進擊於外義士潛謀於中身首之戮指期肘腋之危坐見異日爲天下戮笑而李義等成封侯之利豈不大哀哉戎事方殷未獲周盡感念平昔輿然動懷

上門下裴相公書

通州司馬元稹謹再拜獻書相公閣下昔者相公之掾洛也稹獲陪侍道途不以妄庸諂及章啟則固竊聞閣下以文皇勅起居郎書居安思危四字於笏上爲至戒矣今陛下當晉武平吳之後閣下卽周公東征而還安孰甚焉思



豈可廢況今四郊並開掃門之賓競至碣石餘沴東身之款未堅則閣下推食握髮之意何遽移之於高枕擊鐘之逸乎且夫得人則理之談實老生之常語至於切近猶飢者欲食不可惡熟俗而不言也若稹之末學淺見又安敢引喻古昔於閣下獨憶得近日故裴兵部之爲人也甄辨清淨號爲名流及其爲相也構致羣林棟梁榱桷咸適其用人頗隘之至於激濁揚清亦無所愛吝是以秉政不累月閣下自外僚爲起居郎韋相自巴州知制誥張河南自邕幕爲御史李西川自饒州爲雜端密勿津梁之地半得其人如故韋簡州勳及稹等拔於疑礙置之朝行者又十數然後排異己之巨敵引協心之至交當時一二年間幾至於姦無蹊隧而政有根本矣及山東沴作上以兵事咨之則對以禁暴息人之外不能有以佐震耀是以樽俎之謀不專於廊廟蓋康善精微之士素熟於心膂而泛駕乘桴之才未嘗校量於左右也比於閣下今日之雄材大畧爲短矣然而卽世之後雖無李嚴廖立之思而十載之內備將相號名卿者多其引拔嗚呼方鮑叔之功斯不細矣昨者閣下方事淮蔡獨當鑪錘內蘊深謀外排羣議始以



追韓信拔呂蒙爲急務固非叔孫通薦儒之日也今殊勳既建王化方行亦常念魏鄭公守成之難而三復文皇帝思危之詺乎以愚揆之欲人之不怨莫若遷授之有常欲人之竭誠莫若援拯於焚溺何謂有常而不怨以省言之由後行爲前行以臺言之自察院轉殿院苟不如是則怨矣苟能如是何怨哉何謂援拯而竭誠某又不敢移之於他人借如小生之庸且昧也固不及班行之中輩又敢自讓於郎吏之末者乎向使元和中一年爲拾遺二年爲補闕不三四年爲員外又三四年爲正郎則宰物者雖朝許

之以綸誥暮許之以專席厚則厚矣遽責其驤肝瀝膽同厮養之用力亦難哉及夫爲計不良困於溝瀆者十年矣苟有舒其胝攣置之趨走者又安敢愛氣力吝心髓於和扁耶是猶黿鼉之有泉鳥鳥之有林何嘗媿於水木苟或縶而籠之鑠而檻之其或放之投之者則必啁啾顧慕以報之報其免於難也今天下病溝瀆困籠檻思閣下藥之養之投之放之者豈特小生而已哉且曩時之窒閣下及小生者豈不以閣下疏有居安思危之字爲抵忌對上以河南縣尉非貶官爲說乎向非裴兵部一二明之則其終



老於窮賤固其宜也儻閣下復三二年遲迴於外任則少陽邀望之際固未得奉煌煌之命以周知其巢穴矣當元濟討除之始又安能定已成之策於上前排未亡之疑於衆口哉今天下能不有萬一於閣下之才畧而猶跼足帖脅私自憐愛其志力哉況當今陛下在宥四海與人爲天特降含垢棄瑕之書且授隨才任能之柄於閣下閣下若能蕩滌痕累洞開嫌疑棄仇如振塵愛士如救餒使恃才薄行者自贖於煩辱以能見忌者騁力於通衢上以副陛下咸與惟新之懷次以廣閣下好善救人之道使千百年外謂閣下與裴兵部爲交相短長亦足爲賢相矣未盡善也且夫當陛下肇臨宇宙之初與得天久照之後愈光明矣安有裴兵部拔羣才於前則盡行閣下拔羣才於後則盡廢以閣下沐浴恩波之始與徽猷克壯之秋愈汪洋矣又安有救裴寰之罪換禹錫之官則盡易振天下之窮滯行渙汗之條目則盡難某雖至愚未敢然也某自十年遭罹多故每欲發書朋舊尚不敢盡陳其情豈不知干宰相有不測之罪耶熟自計之與其瘴死蠻夷自題不過之牓比夫塵穢尊重伏危言之刑無異也聊因所善緘獻鄙誠



翹企刑書不敢逃讓不宣稹頓首

## 賀裴相公破淮西啟

某啟伏見當道節度使牒伏承相公生擒吴元濟歸斬闕下功高振古事絶稱言億兆讙呼天下幸甚某聞舉世非之而心不惑者謂之明羣疑未亡而計先定者謂之智日者天棄淮蔡畜爲汙瀦五十年閒三后垂顧盼爾元濟繼爲凶妖謂君命可逃以父死爲利聖上以睿謨神算方議翦除羣下守見習聞咸懷阻沮公英猷獨運卓立不回内排疑惑之詞外輯異同之旅三軍保任一意誅鋤投石之

卯雖危拒輪之臂猶奮賴閣下忠誠憤激親自拊巡靈旗一臨餘沴電掃此所謂侯周公而後淮夷服得元凱而後吳冠平凡在陶甄孰不忻幸況某早趨門館抃躍尤深僻守遐荒不獲隨例拜賀無任踴躍徘徊之至

上興元權尚書啟

某啟某聞周諸侯生桓文時而不列於盟會則夷狄之以其微不能自達於盟主也元和以來貞元而下閣下主文之盟餘二十年矣某亦盜語言於經籍卒未能効互鄉之進甚自羞之自陛下以環梁十六州之地授閣下麾蓋鐵



棨元纛青旗晨一作泉魚符竹信車朱左右轓府置軍司馬以上官屬刻節而總制之則某實爲環內之州司馬而又移族謁醫在閣下治所私心懽欣願改前恥然而吏通之初有言通之州幽陰險蒸瘴之甚者私又自憐其才命俱困恐不能復脫於通由是生心悉所爲文留置友善冀異日善惡不忘於朋類耳筐篋之類遂無遺餘方創新詞以須供贄不幸瘡痍暴侵手足沉廢恐一旦神棄其形終不得自進於閣下因用官通已來所作詩及常記憶者共五十首又文書中得遷廟議移史官書戡難紀并在通時敍詩一章次爲卷軸封用上獻塵瀆尊重怗伏迴遑謹以啟陳不宣謹啟

上令狐相公詩啟

某啟某初不好文章徒以仕無他歧強由科試及有罪譴棄之後自以爲廢滯潦倒不復以文字有聞於人矣曾不知好事者抉摘芻蕪塵黷尊重竊承相公特於廊廟間道某詩句昨又面奉教約令獻舊文戰汗悚踴慙忝無地某始自御史府謫官於外今十餘年矣閒誕無事遂用力於詩章日益月滋有詩向千餘首其間感物寓意可備矇瞽之諷達者有之詞直氣麤罪戾是懼固不敢陳露於人唯



盃酒光景間屢爲小碎篇章以自吟暢然以爲律體卑痺格力不揚苟無姿態則陷流俗常欲得思深語近韻律調新屬對無差而風情自遠然而病未能也江湘間多有新進小生不知天下文有宗主妄相倣傚而又從而失之遂至於支離褊淺之詞皆目爲元和詩體某又與同門生白居易友善居易雅能爲詩就中愛驅駕文字窮極聲韻或爲千言或爲五百言律詩以相投寄小生自審不能有以過之往往戲排舊韻別創新詞名爲次韻相酬蓋欲以難

相挑耳江湘間爲詩者復相倣傚力或不足則至於顚倒語言重複首尾韻同意等不異前篇亦自爲元和詩體而司文者考變雅之由往往歸咎於稹嘗以爲雕蟲小事不足以自明始聞相公記憶累句以來實懼糞土之墻庇以大廈使不摧壞實爲版築者之娛輒繕寫古體謌詩一百首百韻至兩韻律詩一百首合爲五卷奉啟跪陳或希構廈之餘一賜觀覽知小生於章句中欒櫨榱桷之林盡曾量度則十餘年之邅迴不爲無用矣詞旨瑣劣冒黷尊嚴伏候刑書不敢逃讓死罪死罪



## 與衛淮南石琴薦啟

疊石琴薦一（出當州龍璧灘下）右件琴薦躬往採獲稍以珍奇特表殊形自然古色伏惟閣下稟夔旦之至德蘊牙曠之元蹤人文合宮徵之深國器專瑚璉之重藝深攫醳將成玉燭之調思叶歌謡足助薰風之化願以頑璞上奉徽音（闕一字）響亮於五絃應鏗鏘於六律沉淪雖久提拂未忘儻垂不撤之恩敢効彌堅之用

## 制誥自序

制誥本於書書之誥命訓誓皆一時之約束也自非訓導職業則必指言美惡以明誅賞之意焉是以讀說命則知輔相之不易讀允征則知廢怠之可誅秦漢以來未之或改近世以科試取士文章司言者苟務刓飾不根事實升之者美溢於詞而不知所以美之之謂黜之者罪溢於紙而不知所以罪之之來而又拘以屬對跼以圓方類之於賦判者流先王之約束蓋掃地矣元和十五年余始以祠部郎中知制誥初約束不暇及後累月輒以古道干丞相丞相信然之又明年召入禁林專掌内命上好文一日從容議及此上曰通事舍人不知書便其宜宣贊之外無不可自是司言之臣皆得追用古道不從中覆然而余所宣行者文不能自足其意率皆淺近無以變例追而序之蓋所以表明天子之復古而張後來者之趣尚耳



## 文藁自敘

劉歆云制不可削予以爲有可得而削之者貢謀猷持嗜慾君有之則譽歸於上臣專之則譽歸於下苟而存之其攘也非道也經制度明利害區邪正辨嫌惑存之則事分著去之則是非泯苟而削之其過也非道也元和初章武皇帝新即位臣下未有以言刮視聽者予時始以對詔在

拾遺中供奉由是獻教本書諫職論事者表十數通仍爲裴度李正辭韋薰訟所言當行而宰相曲道上語上頗悟名見問狀宰相大惡之不一月出爲河南尉後累歲補御史使東川謹以元和赦書劾節度使嚴礪籍塗山甫等八十八家過賦梓遂之民數百萬朝廷異之奪七刺史料悉以所籍歸於人會潘孟陽代礪爲節度使貪過礪且有所承迎雖不敢盡廢詔因命當得所籍者皆入資資過其稱推薪盜賦無不爲仍爲礪密狀不當得醜謚予自東川還朋礪者潛切齒矣無何分莅東都臺天子久不在都都下



多不法者百司皆牢獄有裁接吏械入逾歲而臺府不得而知者予因飛奏絕百司專禁錮河南尉判官予劾之忤宰相旨監徐使死於軍徐帥鄆傳其柩柩至洛其下毆詬主郵吏予命吏徙柩於外不得復乘傳浙西觀察使封杖決安吉令至死河南尹誣奏書生尹泰階請死之飛龍使誘趙實家逃奴爲養子田季安盜娶洛陽衣冠女汴州沒入死商錢且千萬滑州賦於民以千授於人以八伯朝廷饋東師主計者愜命牛車四千三百乘飛芻越太行類是數十事或移或奏皆主之貞元已來不慣用文法內外寵臣皆喑嗚會河南尹房式詐諼事發奏攝之前所喑嗚者叫噪宰相素以劾判官事相銜乘是黜予江陵掾後十年始爲膳部員外郎穆宗初宰相更相用事丞相段公一日獨得對因請亟用兵部郎中薛存慶考功員外郎牛僧孺予亦在請中上然之不十數日次用爲給舍他忿恨者日夜構飛語予懼罪比上書自明上憐之三召與語語及兵賦洎西北邊事因命經紀之是後書奏及進見皆言天下事外間不知多臆度陛下益憐其不漏禁中語召入禁林且欲亟用爲宰相是時裴度在太原亦有宰相望巧者謀



欲俱廢之乃以予所無構於裴裴奏至驗之皆失實上以裴方握兵不欲校曲直出予爲工部侍郎而相裴之期亦衰矣不累月上盡得所構者雖不能暴揚之遂果初意卒用予與裴俱爲宰相復有構狂民告予借客刺裴者鞫之復無狀然而裴與予以故俱罷免始元和十五年八月得見上至是未二歲僭忝恩寵無是之速者遭罹謗咎亦無是之甚者是以心腹腎腸糜費於扶衛危亡之不暇又惡暇經紀陛下之所付哉然而造次顛沛之中前後列上兵賦邊防之狀可得而存者一百一十五首而削之是傷先

帝之器使也至於陳暢辨謗之章去之則無以自明於朋友矣其餘郡縣之奏請賀慶之禮因亦附於件目始教本書至於爲人雜奏二十有七軸凡二百二十有七奏終歿吾世貽之子孫式所以明經制之難行而銷毀之易至也

白氏長慶集序

白氏長慶集者太原人白居易之所作居易字樂天樂天始言試指之無二字能不誤（原注具樂天與予書）始既言讀書勤敏與他兒異五六歲識聲韻十五志詩賦二十七舉進士貞元末進士尚馳競不尚文就中六籍尤擯落禮部侍郎高



郢始用經藝爲進退樂天一舉擢上第明年拔萃甲科由是性習相近遠求元珠斬白蛇劍等賦洎百節判新進士競相傳於京師矣會憲宗皇帝册名天下士樂天對詔稱旨又登甲科未幾入翰林掌制誥比比上書言得失因爲喜雨詩秦中吟等數十章指言天下事時人比之風騷焉予始與樂天同校秘書前後多以詩章相贈答會予譴掾江陵樂天猶在翰林寄予百韻律詩及雜體前後數十章是後各佐江通復相酬寄巴蜀江楚間洎長安中少年遞相倣效競作新詞自謂爲元和詩而樂天秦中吟賀雨諷諭閑適等篇時人罕能知者然而二十年間禁省觀寺郵堠墻壁之上無不書王公妾婦牛童馬走之口無不道至於繕寫模勒衒賣於市井或持之以交酒茗者處處皆是其甚者有至於盜竊名姓苟求自售雜亂間廁無可奈何予嘗於平水市中見村校諸童競習歌詠召而問之皆對曰先生教我樂天微之詩固亦不知予之爲微之也又雞林賈人求市頗切自云本國宰相每以一金換一篇其甚僞者宰相輒能辨別之自篇章已來未有如是流傳之廣者長慶四年樂天自杭州刺史以右庶子詔還予時刺郡



會稽因得盡徵其文手自排纘成五十卷凡二千二百五十一首前輩多以前集中集爲名予以爲國家改元長慶訖於是因號曰白氏長慶集大凡人之文各有所長樂天之長可以爲多矣夫諷諭之詩長於激閑適之詩長於遣感傷之詩長於切五字律詩百言而上長於贍五字七字百言而下長於情賦贊箴戒之類長於當碑記敘事制誥長於實啟奏表狀長於直書檄詞策剖判長於盡總而言之不亦多乎哉至於樂天之官秩景行與予之交分淺深非敘文之要也故不書長慶四年冬十二月十日微之序

# 欽定全唐文卷六百五十四

元稹八

## 永福寺石壁法華經記

按沙門釋惠皎自狀其事云永福寺一名孤山寺在杭州錢塘湖心孤山上石壁法華經在寺之中始以元和十二年嚴休復爲刺史時惠皎萌厥心卒以長慶四年白居易爲刺史時成厥事上下其石六尺有五寸短長其石五十七尺有六寸座周於下蓋周於上堂周於石砌周於堂凡買工鑿經六萬九千二百有五十錢十經之數經既訖又



成二石爲二碑其一碑凡輸錢於經者由十而上皆得名於碑其輸錢之貴者若杭州刺史吏部郎中嚴休復中書舍人杭州刺史白居易刑部郎中湖州刺史崔元亮刑部郎中睦州刺史韋文悟處州刺史韋行立衢州刺史張聿御史中丞蘇州刺史李諒御史大夫越州刺史元稹右司郎中處州刺史陳岵九刺史之外搢紳之由杭者若宣慰使庫部郎中知制誥賈餗以降鮮不附於經石之列必以輸錢先後爲次第不以貴賤老幼多少爲先後其一碑僧之徒思得聲名人文其事以自廣予始以長慶二年相先帝無狀謫於同州明年徙會稽路出於杭杭民競相觀睹刺史白怪問之皆曰非欲觀宰相蓋欲觀曩所聞之元白耳由是僧之徒誤以予爲名聲人相與日夜攻刺史白乞予文予觀僧之徒所以經於石文於碑蓋欲相與爲不朽計且欲自大其本術今夫碑既文經既石而又九諸侯相率貢錢於所事由近而言亦可謂來異宗而成不朽矣由遠而言則不知幾萬千歲而外地與天相軋陰與陽相蕩火與風相射名與形相滅則四海九州皆大空中一微塵耳又安知其朽與不朽哉然而羊叔子識枯樹中舊環張



僧繇世世爲畫師歷陽之氣至今爲城郭狗一吠而異世卒不可化鍛之子學數息則易成此又性與物一相遊而終不能兩相忘矣又安知夫六萬九千之文刻石永永因衆性合成獨不能爲千萬劫含藏之不朽耶由是思之則僧之徒得計矣至於佛書之妙奧僧當爲予言予不當爲僧言況斯文止於紀石刻故不及講貫其義云長慶四年四月十一日浙江東道都團練觀察處置等使通議大夫使持節都督越州諸軍事越州刺史兼御史大夫上柱國賜紫金魚袋元稹記

翰林承旨學士廳壁記

舊制學士無得以承旨爲名者應對顧問參會旅次班第以官爲上下憲宗章武孝皇帝以永貞元年卽大位始命鄭公絪爲承旨學士位在諸學士上居在東第一閤乘輿奉郊廟輒得乘廄馬自浴殿由內朝以從揭雞竿布大澤則昇丹鳳之西南隅外賓客進見於麟德則止直禁中以俟大禮大誥令大廢置丞相之密畫內外之密奏上之所甚注意者莫不專受專對他人無得而參非自異也法不當言用是十七年間由鄭至杜十一人而九參大政其不



至者衞公詒及門而返事適然也至於張則弄相印以俟其病間者久之卒不與命也已若此則安可以昧陋不肖之稹繼居九丞相二名卿之後乎俛仰瞻睎如遭大賓每自誨其心曰以若之不俊不明而又使欲惡攲曲攻於內且決事於冥冥之中無暴揚報効之慮遂忿行私易也然而陰潛之神必有記善惡之餘者以君父之遇若如是而猶舉枉措直可乎哉使若之心忽而爲他人盡數若之所爲而終不自愧斯可矣昔魯共王餘畫先賢於屋壁以自警臨我以十一賢之名氏豈直自警哉由是謹述其遷授書於座隅長慶元年八月十日記

重修桐柏觀記

歲太和己酉修桐柏觀訖事道士徐靈府以其狀乞文於余曰有葛氏子昔仙於吳迺觀桐柏以神其居葛氏既去復荒於墟墟有犯者神猶禍諸實唐睿祖悼民之愚乃詔郡縣厲其封隅環四十里無得樵蘇復觀桐柏用承厥初俾司馬氏宅時靈都馬亦勤止率合其徒兵執鋸鋁獨持斧鈇手締上清實勞我軀稜稜巨幢桀桀流珠萬五千言體三其書置之妙臺以永厥圖不及百年忽焉而蕪蕪久



將壞壞其反乎神啟密命命友余徐徐實何力敢告俸餘倏用俞止俾來不虛曾未訖歲奐乎于于乃殿乃閣以廩以廚始自礎棟周於塲圬事有終始倏其識歟余觀舊誌極其邱區我識全圮孰煩錙銖克合徐志馮陳協夫

沂國公魏博德政碑

陛下以元年正月壬戌詔臣稹曰朕有臣宏正自魏入鎮魏人思之因守臣愬狀其德政乞文於碑爾司予言其文以付臣拜稽首退而奏書於陛下曰始安祿山以元宗四十三年盜幽州兵刼擊郡縣踰關據京天下掉撓肅宗征

之海内甫定而央河五十餘州或服或叛更立迭奪廢置征伐朝覲賦入之宜皆自爲意五紀四宗容受隱忍田承嗣始有魏博相衛貝澶之地承嗣卒以其地傳兄子悅悅傳緒緒傳季安既而季安悍誕淫驕風動蠱蠹發則喜殺左右漸及於骨肉往往顧妻子曰安用此由是内外惴悸妻元氏因人不忍移置他所餘一月乃卒是歲先皇帝元和之七年八月也季安子懷諫始十餘歲衆曩故態名爲副大使而家臣蔣士則逆虐用事士衆不分服日夜相告曰田中丞與博大孝敬於軍謹廉讀儒家書好言君臣事



儻可依倚爲將帥乎聞者皆踴躍一朝牙旗下（一作丁）衆來捧附興仆地不肯起衆亦不肯去乃大言曰爾輩卽欲用吾語能不殺副大使且許吾取天子恩澤洗汝痕穢使千萬衆知君臣父子之道從我乎皆曰諾遂殺蔣士則等十數人以興知留後事移懷諫於外明年歸之朝蓋七年之十月四日也興乃圖六州之地域籍其人與三軍之生齒自軍司馬已下至於郡邑吏之廢置盡獻於先帝先帝詔興以工部尚書長魏博相衛貝澶之地仍勑司封郎中知制誥裴度使於興且以錢一百五十萬緡賜其軍曲赦管内使百姓一年勿復事問耆羸賑乏困褒死誅之不以法者魏之人相喜曰歸天子乃如是耶興又悉取魏之僭服異器人臣所不當爲者斥去之先帝曰興吾六州善心者田興也使興宏吾至正不亦可乎因名曰宏正先是魏諸賓猶僕役也將卒無畏避宏正始求副節度以下於朝至則迎迓承奉雖功勲將莫不乘者避謁者趨付授咨度始用賓禮先是諸將之外有權者莫不拘刼妻子以爲固四方之來聘問者莫不防礙出入以爲密士吏工賈限其往來人多懼愁稀復會聚至是皆曠然矣魏之人又相喜曰



人之生不當如是耶滑以水害聞於朝請移河於衛之四十里且役衛工三萬餘詔宏正議之皆曰壞吾地役吾人以利他邑古無有也宏正曰魏於滑信彼此矣朝廷何異焉不時興工以敎人讓魏俗丕變先帝多之以右僕射就加焉十三年又加司空以子布之會蔡有勞也是歲李師道燒河陰驚洛邑陰通元濟詔宏正誅之明年破賊五萬於東阿進收鄆之陽谷距其城四十里營焉二月壬戌劉悟斬師道加司徒平章事復歸於魏其年八月朝京師先帝待之有加焉乞留不獲詔加侍中以遣之又明年陛下

以成德喪師詔宏正入焉初王武俊以戰朱滔功得有趙地傳子孫凡三十九年矣至承宗爲盧從史李師道所詿誤先皇帝征而赦之者再憂畏感恐不克來覲既而聞陛下天覆海深悉包悉受乃果自信將朝有時未行會病將沒以志付其弟承元聽命於朝陛下語宰相曰宏正在魏吾何患焉即日内出五詔詔宏正爲中書令節度於鎮且詔父子皆爲帥以大其威十一月甲寅成德獻狀曰宏正自去魏魏人哭之鎮人歌之奉宣詔條除去僭異猶魏政也且臣聞之德之至者有二政之大者有三三政一曰仁



爲惠政二曰法爲善政三曰謙爲和政二德一曰忠爲令德二曰孝爲吉德今宏正獻魏博六州之地平淄青四代之寇入鎮冀不測之泉可以爲忠矣祖考食宗廟父子分土疆兄弟羅軒冕可以爲孝矣始初山東鍵閉束縛泳而游之歌而舞之可以爲仁矣始初山東逼越廢怠裁而制之舉而用之可以爲法矣始初山東傲狠侵取地德以讓之功以助之可以爲謙矣謙法仁孝資之以忠不曰德政謂之何哉臣請奉制以一百九十二字付守臣勒銘之石用申約束銘曰

帝命宏正予言是聽理亂有數其道甚明亂則隱約理由亂生既理復亂生於翫輕唐受天命海内承平高祖太宗不荒不寧元宗抑厄其否乃革四十三年奄有丕宅始視燕寇胡雛弄兒雖我寵重彼將胡爲所細所忽忽焉而懼四后垂顧山東不夷逮我聖父殷憂儉克乘其淫驕乃伐乃殛爾視羣孽胡爲而亡僭久而大頑昏暴狂爾亦自視胡爲而昌憂畏逼側永思悠長曩爾之無今爾之有既克而有在克而守惟爾惟我而今而後爾雖穹崇無忘辱詬我雖平寧無忘燕寇銘之戒之以永聲臭



## 葬安氏誌

予稚男荆母曰安氏字仙嬪卒於江陵之金隈鄉莊敬坊沙橋外二里嫗樂之地焉始辛卯歲予友致用憫予愁爲予卜姓而授之四年矣供侍吾賓友主視吾巾櫛無違命近歲嬰疾秋方綿痼適予與信友約浙行不敢私廢及還果不克見大都女子由人者也雖妻人之家常自不得舒釋況不得爲人之妻者則又閨袵不得專妬於其夫使令不得專命於其下外己子不得以尊卑長幼之序加於人疑似逼側以居其身其常也況予貧性復事外不甚知其

家之無苟視其頭面無蓬垢語言不以饑寒告斯已矣今視其篋笥無盈丈之帛無成襲之衣無帛裹之衾予雖貧不使其若是可也彼不言而予不察耳以至於其生也不足如此而其死也大哀哉稚子荆方四歲望其能念母亦何時幸而立則不能使不知其卒葬故爲誌且銘銘曰

復土之骨歸天之魂亦既墓矣又何爲文且曰有子異日庸知其無求墓之哀焉

## 唐故工部員外郎杜君墓係銘

予讀詩至杜子美而知古人之才有所總萃焉始堯舜時



君臣以賡歌相和是後詩人繼作歷夏殷周千餘年仲尼緝拾選練取其干預教化之尤者三百篇其餘無聞焉騷人作而怨憤之態繁然猶去風雅日近尚相比擬秦漢以還採詩之官既廢天下俗謠民謳歌頌諷賦曲度嬉戲之詞亦隨時間作逮至漢武賦柏梁詩而七言之體具蘇子卿李少卿之徒尤工爲五言雖句讀文律各異雅鄭之音亦雜而詞意簡遠指事言情自非有爲而爲則文不妄作建安之後天下文士遭罹兵戰曹氏父子鞍馬間爲文往往橫槊賦詩故其遒文壯節抑揚怨哀悲離之作尤極於古晉世風概稍存宋齊之間教失根本士以簡慢歙習舒徐相尚文章以風容色澤放曠精清爲高蓋吟寫性靈流連光景之文也意義格力無取焉陵遲至於梁陳淫豔刻飾佻巧小碎之詞劇又宋齊之所不取也唐興學官大振歷世之文能者互出而又沈宋之流研練精切穩順聲勢謂之爲律詩由是而後文體之變極焉然而好古者遺近務華者去實效齊梁則不逮於晉魏工樂府則力屈於五言律切則骨格不存閑暇則纖穠莫備至於子美蓋所謂上薄風騷下該沈宋言奪蘇李氣吞曹劉掩顏謝之孤高



雜徐庾之流麗盡得古今之體勢而兼昔人之所獨專矣使仲尼考鍛其旨要尚不知貴其多乎哉苟以爲能所不能無可無不可則詩人以來未有如子美者時山東人李白亦以奇文取稱時人謂之李杜予觀其壯浪縱恣擺去拘束模寫物象及樂府歌詩誠亦差肩於子美矣至若鋪陳終始排比聲韻大或千言次猶數百詞氣豪邁而風調清深屬對律切而脫棄凡近則李尚不能歷其藩翰況堂奧乎予嘗欲條析其文體別相附與來者爲之準特病懶未就適子美之孫嗣業啟子美之柩襄祔事於偃師途次

於荆楚雅知予愛言其大父之爲文拜予爲誌辭不可絶予因係其官閥而銘其卒葬云係曰

晉當陽成侯姓杜氏下十世而生依藝令家於鞏依藝生審言善詩官至膳部員外郎審言生閑閑生甫閑爲奉天令甫字子美天寶中獻三大禮賦明皇奇之命宰相試文文善授率府曹屬京師亂步謁行在拜左拾遺歲餘以直言失官出爲華州司功尋遷京兆功曹劍南節度使嚴武狀爲工部員外參謀軍事旋又棄去扁舟下荆楚間竟以寓卒旋殯岳陽享年五十九夫人宏農楊氏女父曰司農



少卿怡四十九年而終嗣子曰宗武病不克葬殁命其子嗣業嗣業以家貧無以給喪收拾乞丐焦勞晝夜去子美殁後餘四十年然後卒先人之志亦足爲難矣銘曰

維元和之癸巳粤某月某日之佳辰合窆我杜子美於首陽之山前嗚呼千歲而下曰此文先生之古墳

## 唐故開府儀同三司檢校兵部尚書兼左驍衛上將軍充大内皇城留守御史大夫上柱國南陽郡王贈某官碑文銘

南陽王姓張氏諱奉國本名子良以某年月日薨於家其子岌哭於其黨曰唐制三品以上殁既葬碑於墓以文其行我父當得碑家且貧無以買其文卿大夫誰我肯哀者由是因其舅捧南陽王所受制誥凡八通歷抵卿大夫之爲文者予與焉予故聞南陽王忠功每義之然其請明日子岌狀其故聞官閥以告曰我南陽西鄂人我高祖盈左武衛將軍閑廄使我曾祖蘭朝散大夫沙州别駕我祖景春朝請大夫太僕少卿我父南陽王太僕府君之第某子也少學讀經史子至古今成敗之言尤所窮究遂貫穿於神樞鬼藏之間而盡得擒縱弛張之術矣大歷末始以戎



服事郭汾陽於邠建中中以騎五百討希烈於蔡遭太夫人喪號呌請罷遂克終制僕射張建封以壽帥移於徐始以渦口三城授於我僕射殁而徐師亂子乘亂以自立王不忍討以師二萬歸於潤德宗異之詔名至京授侍御史復職於浙西就加御史中丞又加國子祭酒是元和之元年也二年李錡叛王擒之以獻加檢校工部尚書兼右金吾衛將軍御史大夫上柱國進封南陽郡王食實封一百五十户遂錫嘉名尋遷檢校刑部尚書充振武麟勝等州節度營田觀察處置等使復以刑部尚書兼左金吾衛將

軍御史大夫。歷左龍武統軍鴻臚卿。就加檢校兵部尚書轉左驍衛上將軍。充大內皇城留守。以疾薨。壽八十三。特詔贈某官。我南陽郡夫人熊氏。祖元皓。皇朝禮部尚書左金吾衛將軍進國公。歿與嵩南陽夫人之二子也。嵩任某官。歿以某官奪喪制。葬以某年月日於某地。歿不肖。能言先將軍之職官。而不能知先將軍之勳業矣。乞爲碑。予按僕射張建封以貞元十六年薨於徐。徐人立其子愔求命。南陽王不義其所爲。以渦之衆盡棄去。由是泗濠之守皆據郡。愔不能令卒帖徐。由南陽王之斷其臂也。元和之二



年。潤帥錡求覲京師。既許之。不克覲。辱中貴人。殺其臣寮以令下。楊帥鍔以叛告。朝廷甚憂之。初錡筦鹽於潤有年矣。削虐暴狠。其下甚畏之。而庫庾之藏。以億計。潤之師故南韓晉公之所教訓。弩勁劍利。號爲難當。是時初定蜀兵始散。物力未完。加誅於錡。甚難之。憲宗皇帝不得已下誅詔。不浹日。露章自潤曰。十月十二日。錡就擒。從亂者無遺餘。問其狀。則曰。錡既叛。以是月十一日。命南陽王田少卿李奉仙率銳衆。以圖池。南陽王喜養士。又能爲逆順言。明日。與二將誓所部。迴討錡。城守不敢出。環其城。是夕攻。愈急。錡衆壞散。縋於城下。遂就擒。自是南陽王勳名顯於代性卑順。不伐。在振武時。以檢儉同士卒勞苦。居餘官皆謹愼專至。如不及。在朝廷十餘年。似無功能者。未嘗圖進取薨之日。家甚貧。幾無以葬其身。天子憐之。廢視朝。賻布帛給班劍鼓吹以葬之。嗚呼。舉三十年爲言。其間至將相者凡百數。耳目相遠之後。非其子孫能識其姓名者。十不能一二焉。若南陽王縛錡棄愔。全徐完潤。自取爵位。以貽不朽。無幾希矣。碑於其墓。不亦宜乎。銘曰。

在昔徐帥。知於南陽。付授兵柄。渦俾爲防。徐喪其帥。徐人



恃強。強以愔嗣。不歸其喪。我欲盡殄。愔亦與亡。不忍自我焚其構堂。我或不去。愔童必猖。猖甚則蹶。其能久長。乃挈萬衆。賓於鄰疆。愔果惴惴。不假不狂。逮及終歿。全歸其吭。潤錡待我。不踰於行。一日叛誕。肆其昏荒。我乃遽取。歸之天王。非不可殺。示人不戕。報愔以惠。報錡以常。稱示厚薄。俾之相當。克勇克義。不伐不揚。銘於墓石。以永無疆。

## 唐故越州刺史兼御史中丞浙江東道觀察等使贈左散騎常侍河東薛公神道碑文銘

天下萬族。言多大冠冕人物者。凡八姓。薛其一也。自晉安

西將軍懿避冠汾陰後世子孫遂與裴氏柳氏爲河東三著姓近世諸薛羣從伯季死喪猶相功緦者數十人迭居中外要秩皆邠州刺史實允之二世三世孫公諱戎字元夫父曰湖州長史贈刑部尚書同毋曰贈某郡太夫人陸氏尚書景融女祖曰河南縣令贈給事中縑河南於邠州爲季子刑部五男乂終郎丹終賓客擁終御史公實刑部府君第某子今尚書兵部侍郎集賢殿學士放於公爲季弟公初不樂爲吏徒以家世多貴富門戶當有持之者會兩弟相繼舉進士皆中選公自喜遂入陽羨山年四十餘



不出李衡爲刺史能以禮下公及衡觀察江西求公爲幕中賓公許衡衡遷復爲觀察使齊映乞自佐映卒河南觀察使李巽遽辟之未幾福建觀察使柳冕奏署書下詔公判冕觀察府中事累遷殿中侍御史冕俾公攝行泉州刺史事時貞元中寵重方鎮方鎮喜自用不用朝廷法公在郡用朝廷法不用冕所自用者冕惡之先是官者薛盈珍譖馬總爲泉州別駕冕諭公陷總總無罪公不忍陷冕怒并囚之值冕病俱得脫公由總以義聞冕卒閻濟美代冕使福建復請公副團練事始受五品服濟美使浙東公亦隨副之轉侍御史給事中穆質有直氣愛公稱於朝因拜尚書刑部員外郎改河南令王師出征以中貴人護諸將州府吏迎送館穀畏不及持春劇於道路者相接唯公境內按故道途無所役且制閭閻無得授留守卒壞公制公命寘諸獄留守怒遣將率徒畧出之公不與卒致留守諸市人皆賴之遷衢州刺史到所部視前刺史所爲皆便俗公忻然無所改不周月而政就移刺湖州其最患人者荻塘河水瀦淤逼塞不能負舟公濬之百餘里改刺常州不累月遽刺越州仍以御史中丞觀察團練浙東西所部郡



皆禁酒官自爲壚以酒禁坐死者每歲不知數而產生祠祀之家受酒於官皆醨偶滓壞不宜復進於栝棬者公即日奏罷之舊制包橘之貢取於人未三貢鬻者罪且死公命市貢之鬻者無所禁旬月之內越俗無餘弊朝廷宜之積累歲不遷長慶元年以疾自去九月庚申薨於蘇州之私第始生歲丁亥至是七十五年矣天子廢視朝使使者贈賵賻祭臨且以左散騎常侍追加焉十一月庚申洎夫人韋氏葬偃師河南府君之墓左公後娶李夫人亦又歿於天子曰沂始九歲洽次之有女四人皆及其嫁公始以

隱者心爲吏不尚約束不求名譽人人便安尤惡苛雜爲郡時有善歸之所部縣爲鎭時有善歸之所部郡是以在郡在鎭時無灼灼可驚者既去人思賦斂多饒裕人然而儉於用予視其庫庾案牘盈羨無逋負予在中書時公既歿浙東使上公所羨之財貫緡積帛之數凡三十有九萬則其去他郡也可知矣惜乎今之人揚善政者少公既不自稱人亦莫能盡知公之所以理至於脫馬總之禍抗居守之畧弛酒禁市貢橘惠施於人而歿而盈羨皆予之適知者非公之不能有以多於此也性誠厚溫重然而歡愛親戚及爲大官遠近多歸之衣食婚嫁之外無餘財一旦盡所有分遺親戚曰吾病矣爾輩各爲歸去貧親戚故舊皆哭泣盡散去及公去越之日徒御不過數十人觀者嗟歎多出涕公爲河南令余以御史理東臺自是熟公之所爲又嘗與公季弟放爲南北曹侍郎公歿矣非我傳信孰當傳焉銘曰

婉婉邠州厥生九子子又生孫實大以祉祉延於公有浙之東仲氏臨汝季氏南宮門戶有赫有赫斯融我祿斯美我族斯豐朋舊親戚羇離困窮無遠無邇有來斯雍公之喪矣族亦瘁止分散舟車各自鄉里有今之季悲哀不已前年孟亡今年仲死撫視遺孤瞻望墳壘何以推之古今同此貽之斯文以永來祀

## 唐故使持節萬州諸軍事萬州刺史賜緋魚袋劉君墓誌銘



歲長慶之癸卯五月日乙亥處士祿汾以予友保極喪訃於予且告保極遺意欲予誌卒葬予哭泣受妻子賓友弔又哭泣退敘事保極諱頗姓劉氏漢燕王子孫之在其國者皆稱昌平人後世有清夷軍使拯爲清夷軍使時會侯希逸叛遼海側近軍郡守將皆棄走拯獨不棄軍軍亂害及拯朝廷忠之以平州刺史告其第平州生表裏表裏官至深州長史亦用忠戰死於軍長史生子騫子騫官至銀青光祿大夫唐州刺史與周增等謀潰李希烈覺皆殺之君實唐州之長子希烈不忍其幼養之麾下凡攻戰必攜去年十四五始讀書希烈死得脫舉進士文詠詞調有古時人氣候不肯學爕爕近一題者試一不中遂不復試復田於唐唐刺史願得君爲壻君不願爲刺史壻刺史怒暴租其田君乃大集里中諸老曰刺史謂田足以累我耶由

是火其居出契書投火中盡畀諸老田棄去汝上讀書賦詩厚自期待刺史陸長源器異之三十餘試授秘書省校書郎復以協律郎從事於鄜元和初高崇文方下蜀宰相杜黃裳以君爲大理評事晝於君後爲壽安主簿適烏重允以懷汝之師來伐蔡請君爲監察御史判懷汝營田事尋改節度判官賜章服是時賊始盛陳許懷汝之衆怯怯未振舉都統韓宏在大梁君乃請於烏曰青陵故城地高要得之可以據賊矣公能使我於韓可以得烏使之韓一見奇之竟夕與語遂命陳許懷汝大梁之衆據青陵尅日



遂據之自是官軍乃大振凡烏之戰陣謀取案牘書奏之事皆咨之常爲烏啟事京師憲宗皇帝語及陣法曰卿何以知戰對曰臣固淮西之戰者也讀書餘事耳遭太夫人喪服闋以從來所賦詩投宰相令狐楚楚屢吟賞於有文章者宰相段文昌在蜀時愛君之磊落善呼吸人遂相奏天子以君爲殿中侍御史銀州長史知刺史事先時銀之長不命於朝數十年矣諸將攝理奪其馬牛夷人苦益復叛遠君始受命指贏輸之白四足者謂予曰君爲我識之此馬苟無死不復易矣至所治党項諸羌來會聚君告以忠信廉儉皆出涕無敢違告者歲餘受代酋長拓拔建宗等七百餘衆遮擁不欲去君馳去之建宗等稍稍隨至境界以贏輸之白四足者歸京師自外無餘畜及君之沒諸羌之長不絕聘尋授河西令侍中宏方在蒲得君喜甚因請自貳朝廷以水部員外郎兼侍御史充河中節度副使又歲餘君所善元稹爲宰相朝謂君曰君將展矣亟薦之稹竟不能用尋除萬州刺史病於汝竟以長慶三年某月日卒所寓年若干以某月日葬某所君五男二女李氏婦洎處子皆女也統明既明越明坎明聰明皆男也處士祿



汾始終視其喪始君善交人凡氣志豪健尚功名者多師之投分誓且死爲收長用慈儉閭里皆愛惜少爲陸尚書長源李尚書元素鄭司徒餘慶杜司空黃裳所知羣公更處重位君亦不能遂所欲烏之知且委也事以喪廢韓之器且薦也卒不獲用命也已予爲監察御史時始與君更相許與爲將相予果爲相而不能毫髮加於君非命也子罪也抑不能專善善惡惡之柄耶不然何二世死忠之家既生如是之傑而卒不能成就之嗚呼銘曰

氣成鬱噎必爲風雲有志不洩死當能神神固不昧故吾

有云天子思我朋娭我恩雖我頑感心我不泯誓致堯舜封山侍巡慟告君墓報君知人

唐故京兆府盩厔縣尉元君墓誌銘

唐盩厔縣尉諱某字某姓元氏於有魏昭成皇帝爲十四世孫曾曰尚食奉御某祖曰綿州長史贈太子賓客某父曰都官郎中岳州刺史某母曰某望閻夫人妻曰隴西李氏女子曰某曰某女曰某君始以蔭入仕四仕爲盩厔尉丁太夫人憂遂不復仕享年五十五以疾歿於衢州元和十五年四月某日歸祔於咸陽縣之某鄉某里君少孤力



學通五經書善鼓琴能爲五言七言近體詩事親愉愉然終身不忘嬰兒之慕奉兄恭恭然若童子之愛敬臨弟姪妻子煦煦然窮年無慍厲居官以謹廉貞順而仁愛寮友之悍誕鄙異者游於君則必怡然無自疑於我矣嗚呼總是數者非古之所謂淑人君子歟不壽不達命適然也是月二十一日猶子晦跪於予曰某日孤子震襄祔事請銘於季父由是銘銘曰

或仁而夭或鄙而壽天乎不識人乎安究我之非原五世其墓子子孫孫前後左右歿有令人乃克來祔斯焉克終亦又何疚

有唐贈太子少保崔公墓誌銘

公諱倰字德長以孝公爲從祖父則其官族可知也沔弟濤官至大理少卿濤生儀甫官至大理丞贈刑部侍郎公即刑部之第某子母曰范陽盧氏贈本部太君公再娶前夫人滎陽鄭之尚女後夫人范陽盧國倚女封范陽郡君七女三男三女既嫁鄭出也兩男三女出於盧遲千牛迺明經逃挽郎公以長慶三年二月四日薨於洛陽時邑里壽至七十一年官至戶部尚書贈太子少保階至正議大



夫勳至上柱國爵至安平縣開國男紫服金魚之賜其尚矣葬以其年十一月之某日於某地公始以太廟郎再任爲東陽主簿刺史李衡一見自得衡遷湖南賓置之府罷授宣州錄事參軍觀察使崔衍狀爲南陵會南陵賦錢三萬稅輸之戶天地相遠不可等度由是歲累逋負人被鞭迫而又屠牛鑄錢賊殺吏卒莫敢禁止者公始至怗怗然無約束適有屠牛鑄錢之徒敗覺者盡窟穴誅之羣盜皆散走一旦命負擔者三四人悉以米鹽醯醬之具寘於擔從十數輩直抵里中佛舍下因名集老艾十餘人與之坐

遍謂里中賦輸之粗等者。吾不復問。貧富高下之大不相當。亟言之。不言。罪且死。不實。罪亦死。既言之。皆筆於書。然後取所負米鹽醯醬。飽所從而去。又一里亦如之。不數十日。盡得諸里所傳書。因爲戶輸之籍。有自十萬錢而降於千百者。有自千百錢而登於十萬者。卒事。懸於門。莫敢隱匿者。是歲前逋負盡入焉。宣使駭異之。當去。復留者凡七載。歙州闕刺史。府中賓皆願去。宣帥衍不遣。去。以公攝理之。用能也。累遷京兆府司錄。拜侍御史。轉膳部員外郎。轉運判官。會朝廷始置兩稅使。俾之聽郡縣。授公檢校膳部



郎中。襄州湖鄂之稅皆泣焉。且主轉運留務於江陵。公乃取一大吏。劾其贓。其餘眇小不法者。牒按之。所泣皆震竦。歲餘。計奏。憲宗皇帝深嘉之。面命金紫。加檢校職方郎中。移治留務於揚子。仍兼淮浙宣建等兩稅使。尋拜蘇州刺史。遷湖南都團練觀察處置使兼御史中丞潭州刺史。破壞豪黠。除去冗費。歲中廩藏皆羨溢。憲宗驛名至京城。擢拜戶部侍郎判度支。不累月。會上新卽位。頓掌內外。修奉景陵。一日下詔。移五鎭。幽州鎭州賜錢皆億萬。郊天地上徽名。太和公主嫁可汗。吐蕃請降使。使者往返。凡數輩。幽州囚將帥。鎭州殺將帥。食饟半天下兵。自七月至十二月。一出於有司。則其供辦之能可知也。陛下特加工部尚書以償之。會鳳翔闕節度。宰相奏名皆不可。上曰。得之矣。明日出白麻書。以公爲檢校禮部尚書兼鳳翔府尹御史大夫充鳳翔隴州節度觀察處置使。先是岐吳諸山多椽櫟柱棟之林。薪炭粟芻之數。京師藉賴焉。負氣勢者名爲相市。實出於官。公則求者無所與。由是負氣勢者相與皆怨恨。又無可爲毁。乃揚言曰。以崔之峭削廉隘。好是非人。士衆不願久爲帥。陛下一旦問宰相。予雖心知其不然。然亦



惑於衆口。卒不能堅辨上意。賴上仁聖。不受讒。乃以公爲檢校禮部尚書河南尹。是後岐下諸將比比有來者。予謂曰。公於里閭間。吾不復問矣。軍怨乎。吏怨乎。何爲謗。皆曰舉其一二可知也。凡軍之怨。怨不均也。先是岐之軍食於府者同一斛。食於省者盈一一焉。公乃歲以六十四萬斛就其盈。由是言之。怨乎哉。吏之怨。怨不厚也。先是鄭少師得請於上。吏之俸有加焉。然而後鄭者輒以所加之俸管於庫。其府吏以下未嘗獲一錢。公乃悉出所餘。命糾掾以下均取之。仍著令曰。自是加俸貯於尅府。賞信易取也。人

人皆便之言訖歎憤多出涕理河南不旬月家家自謂有崔尹卒吏無敢過其門識事者皆云五十年無是尹都者是歲七月抗疏云臣七十當致仕詞意不可遏朝廷嘉之拜戶部尚書以遂之近世未有心膽既強聲勢方穩而能自引去者明年春暴疾薨於家予與公更相知善有年矣公之氣性剛方理家理身廉儉峻直頗有文章考公之所尚仁孝友愛內外死喪婚嫁之不能自持者莫不已任之嘗以戶部侍郎爲其兄乞換一五品致仕官天子憐其意特以太子諭德與其兄至於親戚僚友間無所闕由是議



論不能鏡借所無者而所無者亦以是畏避之爲理尚嚴明勤於舉察胥吏輩始皆難於公然而終卒無大過詞色朗厲若不可支梧然而下於已者能以理干之無不卽時換已見此其所多也銘曰

讋怯聾佞直持勁正根乎性抑厄病橫耆壽景盛由乎命我用其勁齒與位併銘於子孫用我爲鏡

# 欽定全唐文卷六百五十五

元稹 九

## 故中書令贈太尉沂國公墓誌銘

長慶二年某月某日司禮氏持第一品憾弩已下備衛椎鉦鼓鳴鐃簫笳笛前導我沂國公洎某國夫人某氏合葬於某縣某鄉某里某原先是沂國嗣子肇乞予銘墓石按沂國公姓田氏諱某字某平州盧龍人曾祖璟官至鄭州別駕祖延惲官至安東都護府司馬沂國既貴贈尚書右僕射父庭玠官至銀青光祿大夫相州刺史中丞沂國既



貴累贈至司空公本諱興司空第某子幼敏雋年十八爲魏博衙前都知兵馬使自是魏劇地劇職盡更之由太子賓客沂國公累加殿中御史侍御史中丞秘書監元和七年同節度副使步射之眾皆隸焉魏帥季安卒子懷諫始十餘歲惡輩樹之不累月魏法大壞一旦萬眾相吽譟皆曰田中丞當爲帥公曰叱叱止止眾曰何謂也公曰爾輩牽制孺子猶一累吾焉能受爾輩卽欲受吾使用我乎皆曰諾公曰孺子之家敢有辱者死擅殺人者死掠財者死天子未命敢有言吾麾節者死訖吾世敢有不從吾忠孝

者死汝輩可乎。皆曰可。公乃狀其事於先帝。先帝大悅。降工部尚書魏博相衛貝澶六州節度支度營田觀察處置制。刻節以授之。而又賜緡錢赦死罪復租入。公乃獻地圖編口籍修職貢。上吏員。凡魏之廢置。不關於有司者悉罷。軍司馬已下。皆請命於廷。然後斬暴亂。敘勞舊。除僭異。弛禁閑。家家始以燈火相會聚。親戚吉凶通弔問。出入封無所詰。魏之人。老者聞見平時多出涕。少者不知所以然。百辟四方皆奉賀。明年錫嘉名。又明年加僕射。十三年子布功於蔡。加司空。十四年帥師克東平。加司徒平章宰相事。



八月朝京師。乞侍從。先帝付以山東。加侍中實封以遣之。十五年。會上新即位。成德表帥。上曰。非吾勳賢。莫可入者。轉中書令以往焉。是日命子布節度河陽以張之。公既入鎮。去就事法猶在魏。魏之人相與立石乞文於陛下。陛下詔臣稹爲文以付之。先是瀛之樂壽博野入於鎮。公乃奏歸之。長慶元年七月。幽州亂。公卽日命將悉帥麾下集於境。鎮人初受制。未慣用於王。是月二十八日潛作亂。公甍於師。年至五十八。天子震悼。罷五日朝。冊贈太尉。下詔徵天下兵。且命子布脫縗經總魏師以自報。兵勢未合。布究憤自殺。遂罷討。三年。鎮人歸其喪。詔葬有加焉。嗚呼。魏之法虐切疑忌。諸將以才多死者。公既故爲刺史。子又多才好讀書。識理亂形勢。孝友信義。士眾多附服。官望已重。不宜免。然而晦養謹愼。不下二十年。訖無禍用。是建大勳。更大鎮。模樣聲名。拖於後世。身以忠歿。子以孝歿。纍纍在墳下者。如公幾何人。公若干男若干女。子布。終魏博節度使。子肇。鳳翔府少尹。子犨。某將軍。子某某官。子某某官。女邵氏某氏婦。近世勳將。尤貴富者言李郭。然而汾陽西平。猶不得父子並世爲節制。公與子布同日登將壇。諸子洎伯



季。龜綢金銀。被腰佩者十數人。不亦多乎哉。銘曰。忠乎仁乎。可以用於彼。而不可用於此乎。何魏人之不我以異。而鎮人之不與我爲徒。化甚宏而爲血。辨青旂於葦蒲。感異物之先兆。豈人力之能圖。送橫之客歌薤露。吁嗟沂公令已乎。

## 唐故中大夫尚書刑部侍郎上柱國隴西縣開國男贈工部尚書李公墓誌銘

按李發事魏爲橫野將軍申國公。十一世而生有唐綏州刺史明。明生太子中允進德。進德生昌明。令珍玉。珍玉生

雅州别駕贈禮部尚書震公卽尚書第三子諱建字杓直始以進士第二人試校祕書郎判容州招討事復調爲本官會德宗皇帝選文學公被薦上問少信臣皆曰聞而不之面唯宰相鄭珣瑜對曰臣爲吏部侍郎時以文入官當校祕書者八其書則馳他人書建不馳故獨得上嘉之使居翰林中就拜左拾遺會德宗皇帝崩鄆帥擅師于曹詔歸之公不肯與姑息時王叔文恃幸異公意不隨卒用公意鄆果帖後一年司直給事府會朝廷以觀察防禦事授路恕治於鄜恕卽日就公求自貳降拜六而後許詔賜五



品服供奉殿中以貳馬會恕復取不宜爲賓者公罷去歸爲殿中侍御史有詔天下俟三節來獻先是襄帥均裴均獻在邸丞相命俟節以獻之公力爭不可意作謬官詩尋爲員外比部郎轉兵部吏部始命由文由部而仕者歲得調編類條式以便觀者罷成勞書凡成否之狀急一月人皆便之遷本曹郎換兵部郎中知制誥丞相視草時微有竄益遂不復出樂爲少京兆會仲兄尚書遜被口語上疏明白出刺澧州入以亞太常於禮部中覈貢士用已鑒取文章選用多薦說者遂爲禮部侍郎遷刑部權於吏部郎衆

品一夕無他恙而奄忽將盡舉族環之請名咒妖巫搖首若不欲者寡嫂至斂衣若禮焉竟不克言而遂薨年五十八是歲長慶元年之二月二十有三日也上爲之一日不視事以工部尚書追命之後四月祔先君於鳳翔府某縣某鄉某里實五月之二十有五日夫人渭源縣君房氏容州濟之女在太尉琯爲猶孫生五男長曰訥始二十朴恪愨碩次第焉二女皆十年而下長於議論用體識爲文章於朋友間好盡言然而未嘗以勝負形喜慍進退之際幾微不茍受官法與操行牢不奪亦未嘗皎皎自辨性潔廉



而沓貪有才者皆進之考行取友甚峻能銖兩人倫而滔滔者莫見其厚薄終肯延薦人常爲諱避其短善承受得喪故沒身無誕歎之言沒之日會上合百辟宴御史吏驟聞其喪聞者皆怛然愛惜無異詞公始校祕書時與同省郎白居易元稹定死生分至是稹與白哭泣不自勝且相謂曰杓直常自言在江陵時無衣食賴伯兄造焦勞營爲縱兩弟游學不數年與仲兄遜舉進士並世爲公卿而伯兄先杓直沒今杓直復不以疾聞於許一旦發其喪其兄何如哉許信至果誨其猶子訥曰爾父有不朽行宜得知

者銘吾悲撓不忍爲爾其告若父之執子訥遂來告曰爲誌且銘銘曰

日出入安歸今日之日是前日耶非君去此安之念君夢君兮是君也非之死信冥冥兮安用銘此爲死而尚可識兮魚膏大夜安忍覩此詞

唐故朝議郎侍御史內供奉鹽鐵轉運河陰留後河南元君墓誌銘

有魏昭成皇帝十一代而生我隋朝兵部尚書府君諱某後五代而生我比部郎中舒王府長史府君諱某君即府



君之第二子也諱某字元度娶清河崔隣女生四子長曰易簡滎陽尉次從簡曲沃尉次行簡太樂丞次宏簡長女適劉中孚中孚早卒次嬰疾室居次適蘇京舉進士次適李殊殊妻早夭君始以恒王參軍附太學治春秋中授左清道府錄事參軍歷湖丞秩罷丁比部府君憂服闋調興平長安萬年尉丁滎陽太君憂服闋除萬年丞遷監察御史知轉運永豐院事殿中侍御史留務河陰加侍御史賜緋魚袋元和十四年以疾去職九月二十六日歿於季弟虢州長史積之官舍嗚呼我尚書府君有大勳烈於周隋氏我比部府君積大學行搢紳間我諸父法尚嚴家極貧而事事於喪祭賓客雖帚除薪水不免於吾兄貞元初蝗且儉我先太君白府君貨女奴以足食君泣曰太夫人專門戶不宜乏使令取新婦氏媵婢以給貨向是三十年養育八男女始元和中乃復奴婢之籍焉先府君叢集羣言裁成百葉書抄君懼不得授乃日一食以齋其心者一月先太君憐而請焉由是盡付其書是歲貨婢足食之一日也日一粥而課寫千言三歲乃卒業先府君違養之歲前累月而季父侍御史府君捐館予伯兄由官阻於蔡叔季



皆十年而下遺其家唯環堵之宮耳皆曰貧是以裹二事可也君跪言於先太君曰斯宇也尚書府君受賜於隋氏乃今傳七代矣敢有守失以貽太夫人憂死無以見先人於地下由是匍匐乞以終其喪自興平長安萬年尉俸不過三四萬然奉顏色絜祠祀備吉凶來賓客無遺焉均也已雖游千里貿費毫釐未嘗不疏之於書還啟先太君下示仲叔季且曰尊夫人慈不我責不如是自東陷不義矣其在於京邑專捕盜者八年破囊橐掘盤牙不可勝數其不刑者不懲強者不暴其在河陰也朝廷有事於淄蔡累

百萬之費一出於是朝令朝具夕發夕至者周五星歲而後功成役罷凡主供饋之百一於君者皆以課遷唯君終不言賞賞亦不及嗚呼君之生六七十年矣四十年事親無一日之怠三十年養下無一詞之倦撫諸弟無正色之訓而亦不至於不恭教諸子無鞭笞之責而亦不至於不令以閒處劇而吏不忍欺以直立誠而忤不及物沒之日三子不侍無一言之念知叔季之可以教姪也室空墻壁無一顧之憂知叔季之可以任喪祭也嗚呼愛我者張仲知我者鮑叔予生幾何懼不克報或不忘記之斯文銘曰



唐元和之己亥惟孟年十一月十六日仲月之良辰合葬我元君於咸陽縣之洪瀆川從先太君之後域而共閟於夫人崔之壙

## 唐故建州浦城縣尉元君墓誌銘

君諱某字莫之有魏昭成皇帝十七世而生某官某君即某官之次子也少孤母曰渤海封夫人提捧教訓不十四五其心卓然讀書爲文舉進士每歲抵刺史以上求與計去且取衣食之資以供養意義漸聞於朋友閒無何宗姪義方觀察福建子幼道遠自孤其行拜言勤求請君俱去太夫人曰吾有爾兄養吾足矣爾其遂行旋受建州浦城尉宗姪之心腹耳目之重以至閨門之令盡寄於君上下不怨誠且盡也又無何宗姪觀察鄜坊君亦俱去心腹耳目之寄皆如初宗姪歿子公慶號駭迷謬無所據君自始至卒任持之公慶事公雖及喜愠不敢專元和中丁封夫人喪痛毒哽咽結氣膏肓既免喪卒不散十五年八月二日終於京城南享年五十八公慶襄其事夫人濮陽吳氏賢善恭幹生一女女亦惠和夭君前累月嗚呼吳夫人可謂生人太苦矣予與君伯季之間十歲相得師學然諾出入宴游無不同也及逾三十年予亦竊位偷名官進不已



然而終無濡縷之力及君君何足悲適自悲耳銘曰

維元和庚子十一月之四日四禽交加六神沒吁嗟元君歸此室

## 夏陽縣令陸翰妻河南元氏墓誌銘

予陸氏姊事父母以孝聞事姑如事母善伯仲以悌達事夫如事兄睦族以惠和煦下以慈愛四者謂之吉德然而不貴不壽夭也嗚呼享年三十有五歿世於夏陽縣之私第是歲有唐之貞元二十五年十二月之初五日也冬十

月十有四日葬於河南洛陽之清風鄉平樂里之北邙原從祖姑兆太上永貞之元年歲乙酉朔旦景申辰在己酉須時順也我繫祖有魏昭成皇帝後嗣失國今稱河南洛陽人焉六代祖諱巖在周爲内史大夫以諫廢在隋爲兵部尚書昌平公以忠進君子曰忠之後必復降五世而生我皇考府君府君諱某以四教垂子孫孝先之儉次之學次之政成之當乾元廣德之間郡國多事由雲陽昭應尉馮翊猗氏長遷於殿中侍御史或未環歲或未浹時而五命自天非夫公不來則人不蘇公不遷則善不肇何是之



速也董方書奏議者凡八人其在比部郎中也宗人得罪有不察夫玉與珉類而不雜者屈我府君爲虢州別駕累遷舒王府長史至則懸車息宴浩如也嘗著百葉書要以革羣言祕牒一開則萬卷皆廢由闕懼夫百氏之徒一歸於我囿所不樂也故世莫得傳嗚呼盛德大業至矣不峻其位不流其化時哉時哉我外祖睦州刺史滎陽鄭公諱濟官族甲天下我太夫人聖善儀六姻訓子婦以惆默罰婢僕傭保以莊厲爲鞭笞用至於兒稚不能名夏楚而嗃嗃於他門肆我伯姊穆其嚴風柔以慈旨於人有加矣生十四年遂歸於吳郡陸翰翰國朝左侍極兼右相敦信之元孫臨汝令淴之元子魏出也魏之先文貞有匡君之大德翰少孤事親以至行立釋褐太平主簿我姊由是而歸之逮陸君之宰夏陽也事姑垂二十年矣姑愛之若慈母婦敬之若嚴君雖毋兄之饋不授於姑則不至而況於私其財乎閨門之内未嘗以往復之言聞婢僕而況於相邑乎及太夫人之沈痼也夫人亦不利行作有年矣然而藥不嘗於口則不進衣不出於手則不獻冬之夜夏之日環侍其側者周二三歲衣不釋體倦不形色曾不以己之疾



爲瘉矣嗚呼閔之養其親也方於此何如吾不知也至於陸君之在疚也克哀敬以終之舊疾暴加不數日而纍作陸君縻職他縣至則無及矣將訣之際子號女泣問其遺訓則曰吾幼也辭家報親日短今則已矣不見吾親親乎親乎西望而絕痛夫孝於親敬於姑順於夫友於兄弟辭世之日毋不獲撫夫不及決兄不得臨弟不得侍天乎淑善反以爲罪乎二女曰燕曰迎兩男師道嶠夫人兄沂兄秬弟積弟稹或遊遠或守官或歸養皆不克會葬陸君先是職於使又不克董喪從父季㞳以二子襄事禮也我尊

夫人有命於小子稹曰吾大懼夫馨香之行莫熾於後爾其識之是用銜恤隕涕纂銘於壙銘曰
嗚呼有唐陸氏孝夫人元氏之墓

唐左千牛韋珮母段氏墓誌銘

唐少保贈僕射韋公幼子左千牛珮母曰武威段氏故衢州司田參軍岌之第二女也其四代祖襃國公揚州都督贈輔國大將軍生曾祖宣州長史諱宏圭生大父鄜州刺史諱懷本先是僕射裴夫人早世女抱子幼思所以仁之者命主養之始長安令至於都畱守持門戶主婚嫁者殆



十五歲當貴大之家處謙謙之勢然而不怨不德禮得其宜信難矣今僕射喪盆不失非盛勳烈之後其孰能如此哉元和四年九月十九日暴疾終於履信第享年四十定其年十二月二日葬於河南縣龍門鄉之午橋村凡韋氏之族姻聞其喪莫不親者悲疎者歎不亦善處其身哉故僕射諸子洎諸女皆服兄弟之母服而哀有加焉始予亡妻生不月而先夫人歿免水火之裁成習柔之性用至於粧櫛針組書誡琴瑟之事無遺訓誡有以賴焉是以予妻之言於予曰離則思思則夢夢則悲疾則泣戀戀然予不知其異所親矣訣予之際切以始終於敬爲託焉今日之誌其終乎銘曰
母以子貴貴必因人人本乎祖祖盛厥勳昔我稚室沒懷其仁仁莫之報沒而有云今復泯矣報之斯文

唐故福建等州都團練觀察處置等使中大夫使持節都督福州諸軍事守福州刺史兼御史中丞上柱國賜紫金魚袋贈左散騎常侍裴公墓誌銘

公諱某字某河東聞喜其望也唐故長安縣令諱安期贈



左散騎常侍諱後已贈工部尚書諱郜其父祖其曾也贈晉陽縣太君王氏其母也故清河縣君房氏其室也昭應縣令稷虔州刺史愻盩厔縣令及其季也進士誨進士贇其子也辛少穆孝竟一陽觀李及其壻也參軍於彭尉於雒丞於湖城復尉於奉先主簿於太常錄事於華戶曹於京兆檢校水部員外郎侍御史佐於襄令於醴泉檢校庫部員外郎侍御史兼中丞團練觀察於福建其官也中大夫上柱國紫綬金魚其階其勳其賜也歲某月之某日癸卯某月之某日甲辰某月之某日其始其薨其葬也其縣

某鄉某里之某原其墓也少好學家貧甘役勞於師兩則負諸弟以往卒能通開元禮書中甲科在湖城時杖刺史若初寵卒返致若初謝在華時會刺史故相鄖將至舊法盡取行器於人公不取給官司所有麤陳之其他廉法不撓皆稱是刺史鄖卒以上下考訓之初狀請白京兆尹於陵由是奏爲劇曹掾佐襄時新換帥公爲新帥均馳撫其師會衆卒將食舊帥賓公過之不果食既而均至傲狠不用禮公去之在坊時歲旱廩庫空少不數年皆羨溢在鄭時朝廷有事淄蔡驢車粟芻一出於鄭均次征役征人用



不擾義成節度光顏將出師乞自副且專留事訖師還不絕糧饟義成換帥仍爲副皆帶刺史事理鄭凡三年鄭人宜便觀察福建時遠俗佻剽食稅重繁急則散去緩則偷苟持之五載不失所逋其就徵内外以才自許爲劇職者皆開路不幸甍於揚天子聞之罷一日朝降使者賻粟帛仍以左散騎常侍追加焉予與公姻懿相習熟及予來東自謂與公會於途晨涉淮而夕聞其訃其子誨雅知予有舊因請銘大凡公之行孝愛友順顯揚前人冬曹晉陽寵備幽窔而又勤盡讓不爲競爭官卑時多爲官重者所與居重官人皆以經慣吏理爲美談不如是安能富貴其身哉銘曰

實而無文行則不振不有好辭安知令聞我有祿位榮於子孫亦又記誌其期不泯

故金紫光祿大夫檢校司徒兼太子少傅贈太保鄭國公食邑三千戶嚴公行狀

曾祖方約皇利州司功參軍贈太常少卿祖挹之皇徐州符離縣尉

父丹皇殿中侍御史東川租庸鹽鐵青苗等



使贈禮部尚書

某州某縣某鄉某里嚴某字某年七十七

公少好學始以大歷八年舉進士禮部侍郎張謂妙選時彥在選中不數年補太子正字歷櫟陽尉試爲大理評事福州支使復以監察裏行爲宣歙觀察判官轉殿中兼侍御史充團副加檢校著作郎賜章服入拜尚書刑部員外郎一年轉太原少尹賜金紫尋加北都副留守兼御史中丞又加行軍司馬檢校司封郎中特命爲銀青光祿大夫檢校工部尚書河南節度支度營田觀察處置等使兼太

原尹御史大夫北都留守再命加檢校尚書右僕射三命加金紫光祿大夫檢校尚書左僕射扶風郡開國公食邑二千戶四命加檢校司空始特命至是凡九年朝京師眞拜尚書右僕射依前檢校尋以檢校司空拜荆南節度觀察支度等使兼江陵尹御史大夫進封鄭國公食邑三千戶後累歲遷山南東道節度觀察處置支度營田等使兼襄州刺史司空大夫皆如故就加淮西招撫使徵拜太子少保依前檢校司空換檢校司徒兼太子少保判光祿卿事復換太子少傅依前檢校司徒疾告久之有司上言百



日不視事當絕俸特詔有司無絕俸長慶二年五月二十七日薨於家上爲一日不聽朝詔贈太保出內帛以贈賻之恩有加也初貞元中宣歙觀察使劉贊以公勤信精盡深所委異十年之間政無細大一以咨之及贊府除掌贊餘務德宗皇帝善公之所爲是有刑曹之命且欲任用焉會太原節度使李說嬰疾曠廢遂命副助之其實將代說矣公事說愈謹待下愈謹及說薨而人人皆願爲帥德宗皇帝因人焉元和初楊惠琳反於夏公上言曰陛下新卽位惠琳不誅威去矣臣請偏師斷其頭優詔許之公乃秣

芻以載於車烝糧以曝於日齎輓輕重人利百倍惠琳誅是有金紫大夫尚書左揆開國扶風之命焉明年賊闢劫蜀兵以叛詔公分師以會伐令司空光顏將往會公乃悉出帳下衞以驍果之柄以付之然後豐其資賞副以兼乘涉棧道者五千餘騎人無徒步而進者馬有羨力兵不勞困蜀人駭竄自我功爲多役罷是有檢校司空之命焉公之始帥太原也內外乘馬不過千餘匹三年卑而秣之者六千匹出之於野者以萬數及今十不能一二焉嘗大閱於并城東種落畢會旗幟滿野周迴數十里不絕時回鶻



悔錄將軍來在會聞金鼓震伏其在江陵也蠻酋張伯靖殺長吏劫據辰錦諸州連九洞以自固詔公討之公上言曰緣溪諸蠻狐鼠跧竄王師步趨不習嵌崄泝水行舟進寸退里晝不得戰夜則掩覆攻實危道招可懷來臣今謹以便宜未宣討詔先遣所部將李志烈齎書諭旨俟其悛心不十餘日伯靖果以隸黔六州之地乞降下公天子褒異一以委公公命志烈復往伯靖遂以其下舒秀和等來就戮詔公皆署麾下將以撫之由是六州平而伯靖亦卒爲我用荆俗不理室居架竹苫茅皁庳褊逼風旱麾戞熇

然自火公乃陶瓦積林半入其直勉勸假借俾自爲之數月之閒廛閈如化災害滅少人始歌之及朝廷有淮蔡之師乃命公爲襄陽節度以拊撫之既至再旬而王師濟漢器備車徒皆若素具俸秩廩祿一以資軍公之大槩推誠厚下善用人之所長故誅琳破闢柔伯靖秀和皆談笑指麾而人人自輸其效理身理家和易孝敬親喪不自支事兄嫂有過人者前後四顯親而先府君位尚書先夫人封號國朋友姻戚泳游於德宇者如歸焉自始建牙選將開幕壁於今纔二十年矣目擊爲將相者逮不肖凡九人焉



其餘從公而同奉朝請者可知也公之先自兩漢至隋氏郡守列侯駙馬御史郡丞將軍刺史著作郎數百年冠冕不絕代若公之出入更踐位與壽極其上無如也高祖協貞觀中文皇征遼爲海東運糧使洮州都督自高祖至王考禮部府君爲政皆嚴明無畏避初府君爲松滋江陵令恃豪頼軍目氣勢者比比皆杖殺邑人相與刻石歌詠之先是開元天寶閒安之尉京劇挺之吏右職破壞豪黠如神明至是挺之子武洎府君又著稱有唐言剸斷者先嚴氏焉自公始用儒素謙廉見推於早歲及爲大官益自勞謙貴貴尊尊而哀賤下於己者雖走胥負卒幼子童孫終不得聞辱詬之言而窺怠惰之容矣用是享年七十七仕五十年一爲尚書三歷僕射六兼大夫五任司空再踐司徒三居保傅階崇金紫爵極國公判并襄皆天下重地也繼爲統帥者十有四年前後奏名刺率百辟以慰慶吉凶者凡八載然而褫免之誚不聞於耳憂悔之緒不萌於心非夫上取信於其君下取信於其友權近不疑於畏逼戎旅賴我以安全其孰能如此哉詩所謂終溫且惠淑慎其身於實敢信備錄聞諸有司謹狀上尚書考功稹燮贊無



狀孤負明恩天付郡符官未稱責日夜憂畏豈暇爲文無何太保公諸子以稹門吏之中恩顧偏厚具狀官閥且訃日時願布有司以旌懿行其閒親承講貫子孫不得而聞者往往漏略恐他人纂撰益復脫遺感念曩懷遂書行實其所行事由荊而下皆所經見由荊而上莫非傳信飾終定謚期在至公謹狀

## 告畬三陽神文

維年月日通州司馬稹用肴酒爲州人告於畬三陽之神圖籍鐫載者艾傳述通之盛時戶四萬室耕稼騈緻謠謳

湧溢壓閈珠玉樓雉丹漆孝順子孫廉能吏卒軒然神功坐受嘉栗政式不虔人用不謐奪富撓豪軋窮役疾弱者逋播悍者憤怫饑饉因仍盜賊倉卒閭落焚燔城市剽拂人民遂空萬不存一神居毀蕩神氣蕭颾再完陋宮楊不容膝僅有雞豭無復芬苾豺虎號嘷麋鹿幽噎厲鬼瘴人貪吏殄物闌闠卯墟門戶蒿䓮神又何情受人祈乞嗚呼罔天軸地羅星走日水火炎潤原隰生出古不獨加今不獨屈化由人與胡不為率我貳茲邑星歲三卒熟視民病飽聞政失自喪守後月環其七弊深力薄未暇纖悉都盧



虛持先後排比附防風俗簡用紀律功不甚農虛不勝實乃勸州人大課芟銍人人自利若受鞭扶旋六十里功旬半畢嗚呼教則人功理有陰隲農勸事時賞信罰必市無欺奪吏不侵軼非神敢煩在我有術雷蟄雨枯蒸頑曝鬱
闕
導百來呵厲四逸非我敢知有神之吉惟我惟神各恤其恤神永是邪我非常秩繼我者誰為神斯慄尚饗

## 告畬竹山神文

稹聞天好平施而特累山岳許其嵩崇聖王亦視之公侯不惜牲幣蓋以其鎮定區宇舒貯風雲毓櫟櫨棟礎洎百穀萬貨以資養於人也至於蒙翳薈羅惡木穴窟虺蜥虎豺迎凝吞噬以遂其高傲堅頑之勢非天意也按通之載號神為名山川且逼邑屋而扶道途然而不砟不穫不礎不柱蘩集貙蟒蔽弊道路將五十年矣實人力之不足於山也非神之過今天子斬三叛之明年通民畢賦用其間餘夾津而南闢山三十里為來年農種張本自十月季旬周甲癸而功半就郡司馬元稹率屬攸置酒肴以告於神曰通之邑居纔二百室一旦為神剪翳穢戮豺狼幅員六十里之地亦足為用力於神神其戒哉敬用嘉祝祝曰為



山輸力為民豐食廪以萬億蠹賊以殛報用黍稷謐用正直播布不殖淫厲不息風雨不式豭麋不比俾民無得將他山是嗇棄神之域為神之羞永永無極神其畏哉尚饗

## 報三陽神文

維元和十三年九月十五日文林郎守通州司馬權知州務元稹謹遣攝錄事參軍元叔則以清酒庶饈之奠以報於三陽神之靈越九月始踐朔霖雨既旬式從祟典俾吏拜稽首祈三辰克霽於明神神初饗若不踰祈幽妖靈虬不克亂負輸穫熟者賴神之仁仁必報式備報典不敢讓

伏惟尚饗

祈雨九龍神文

稹始以長慶二年夏六月相天子無狀降居於同愁懟焦勞求念人隱思有以報陛下莫大之恩涉歲於玆理用不效冬不時雪春不時雨越二月宿麥不滋耒耜不利大懼玆歲患成於人以羞陛下之獎寄刻責罪悔罔識攸咎大凡天降疵癘必因於人豈予心之虛削孤獨依倚氣勢耶將予刑之僭濫失所寃哀無告耶或予政之抑塞和令開洩閉藏耶舉動云爲罔不在我神怒天譴降災於我身我



不敢讓今夫蠢蠢何罪物物何知使不肖者長理而災害隨至無乃天之降罰不得其所耶痛毒惻怛無所赴露惟龍司水於同同人神之謹齋戒沐浴叩首揮淚願以小子稹爲千萬請命於龍龍其鑒之克三日雨我田疇其有以報不然災於予身亦足以謝伏惟尚饗

報雨九龍神文

同州刺史元稹謹以清酌庶饈之奠敬祭於九龍之神是月己巳刺史稹以二從事蒙受塵露百里詣龍爲七邑民赴訴不雨予固慙惻言訖涕下親爲龍言龍意享若是夕而應庚午而降辛未而洽癸酉而飫甲戌而霽乙亥而報報典不渝龍祐宜永訖是嘉穀勿旱勿霪歲其有成無忘龍德尚饗

幽州平告太廟祝文

維長慶元年歲次辛丑五月景申朔十四日己酉孝曾孫嗣皇帝臣諱某敢昭告於太祖景皇帝天革隋暴付唐養理高祖太宗奉順天紀元宗平寧六合同軌物盛而微壖祟則毀網漏鯨鯢隙開螻蟻幽燕狼顧齊趙虎視割據封壤傳序孫子不貢不覲自卒自始聖父披攘震駭波委擒



滅斬除如運支指冀方獨迷再伐再已碣石是徼承詔唯唯逮臣寡昧虔奉先旨洞照誠明滌濯痕恥承元雲奔總亦風靡悉率賦輿盡獻州里不命一將不戮一士不費一金不亡一矢五紀逆命一朝如砥實天垂休實聖垂祉敢薦成功以永千紀尚饗

祭淮瀆文

維元和九年歲次甲午十二月朔甲辰某日辰使謹遣某用少牢醴酒之奠昭禱於淮瀆長源公之靈浩浩靈源滔滔不息流謙處順潤下表德清輝可鑑浮穢不匿月映澄

鮮霞明煥韜經界區夏左右萬國百川委輸萬靈受職越
海貢誠載舟竭力明哲用興凶戾潛殛眇爾吳頑蔑然蠢
賊鴟張蔡郊蟻聚淮側喪父禮虧干君志愎天子命我滌
除妖慝卒乘桓桓戈鋋嶷嶷電率爪牙雷憤胸臆王心示
懷士剪猶抑柔叛誘衷取順捨逆咨爾有神逮爾有極彼
暴我仁彼枉我直歸我者昌倍我者闘不斬祠祀不湮溝
洫不殄渠魁不虐畏逼不進梯衝不耀矛戟火滅燎原人
歸壽域然後潔神牛羊奉神黍稷告神有成謂神不忒尚
饗



告贈皇考皇妣文

嗣子稹等謹以常饌嘉蔬之奠敢昭告於皇考贈右散騎
常侍皇妣贈滎陽郡太君今皇帝二月五日制書澤被幽
顯小子稹叅奉班榮得用封贈越七月二十八日乃詔先
夫人曰滎陽郡太君洎八月之九日復詔先府君曰右散
騎常侍祇命隕越哀號不逮追念顧復若亡生次惟積洎
稹幼遭閔凶積未成童稹生八歲蒙騃孩稚昧然無識遺
有清白業無樵蘇先夫人備極勞苦躬親養育截長補敗
以禦寒凍質價市米以給晡旦依倚舅族分張外姻奉祀
兇喪禮無遺者始亡兄集得尉興平然後衣服飲食之具
麤有准常而猶卑薄儉貧給不暇足慈訓備至不肖乃立
積初一命稹始奉朝供養未遑奄忽遺棄纍罪不死重罹
纓裳遷換因循遂階榮位大有車馬豐有俸秩書扇雖存
舊老巳盡顧是所有將焉用之嗚呼生我者父母享此者
妻子勤顇者兄嫂優餘者婢僕追孝不過於一奠薦寵不
過於揚名哀哀劬勞亦又何報摧圮殞裂酸傷五情謹於
先太君載誕之日祇告贈典并焚黃制以獻號慕莫及痛
毒肝心伏惟尚饗



告贈皇祖祖妣文

孝孫稹敢昭告於皇祖陳州南頓縣丞贈尚書兵部員外
郎府君祖妣贈晉昌縣太君唐氏惟元統運嘗宅區夏選
建賢善俾公彭城公實能德延於後嗣降及兵部爲隋巨
人抑揚直聲扶衞衰俗戶部績緒傳於魏州蘊欝懿粹族
用繁昌始兵部賜第於靖安里下及天寶五世其居冕弁
駢比羅列省寺一日秉朝燭者凡十四五叔仲伯季姊妹
諸姑洎友壻彌孫歲時與會聚者百有餘人冠冕之盛重
於一時燕寇突來人士駭散蔭籍朘削龜繩用稀我曾我

祖仍世不偶先尚書盛德大業屈於郎署小子稹蒙幸餘福據有方州今皇帝嗣位之初澤被幽顯尚書府君洎滎陽郡太夫人當進封贈小子稹伏念先尚書嘗以比部郎乞換追命朝列不許大孝莫申是用追述先志乞回恩於祖父祖妣是歲八月十八日詔以兵部員外郎晉昌縣太君來告第摧慕感咽五情傷殞謹以仲冬日至修奉常薦焚獻制書昭告神几伏惟尚饗

告祀曾祖文

孝曾孫稹謹以清酌庶饈之奠敢昭告於曾祖岐州參軍



府君禮稱礿禘烝嘗一歲用是四者而已唐制位五品皆廟祀廟祀亦以求吉日其餘未廟祀者各奉家傳疎數每異昔我先府君深惟孝思終已不怠每歲換正至涉佳辰覩兒孫賓游相會聚未嘗無悲是用日至暨正旦仲夏之五日季秋之初九莫不修奉祠祀以達事生之意焉逮小子稹冒華靦榮當立廟以事先人於京師會值譴出未果修構宗子積牧民於金復不克以上牲陪祀每衣裘葛酸傷五情今謹依約廟則每歲以一至二分暨正旦與宗積彼此奉祀於治所始用變禮不敢不告伏惟尚饗

祭翰林白學士太夫人文

維元和六年七月某日文林郎守江陵府士曹參軍元稹謹遣弟某姪男祇酌捧饌敢昭告於白氏太夫人之靈嗚呼分同伯仲古則拜親既陪長幼之列遂生骨肉之恩禮由情展情以義殷情至則爾豈獨古人況稹早歲而孤資性疎愚既不得爲達識者所顧亦不願與順俗者同趨行過二十塊然無徒及太夫人令子藝成學茂德馨一舉而搴芳蘭署再舉而振藻彤庭愚亦乘喧濫吹謬列莖英跡由情合言以心誠遂定死生之契期於日月可盟誼同金



石愛等弟兄每均捧檄之祿迭慶循陔之榮用至於二門之童孺莫不達廣孝之深情逮稹謫居東洛泣血西歸無天可告無地可依喘息將盡心魂以飛太夫人推濟壑之念憫絕漿之遲問訊殘疾告諭禮儀減旨甘之直續鹽酪之資寒溫必服藥餌必時雖白日屢化而深仁不衰天乎是感人乎詎知不幸餘生苟活重戴冠纓再展升堂之拜旋爲去國之行（闕一字）澤畔之云幾奄天禍之無名朋友訃告慰問縱橫猶恍恍而期悞忽浪浪而淚盈處衆憫默入門屛營移疾於趨府之辰孰知潛慟視惟幼女在側無處

言情行吟倚嘆夢哭魂驚往往不寐晨鐘坐聽豈由禮而當爾蓋感深之所縈嗚呼仁之莫報哀不得申（闕一字）太夫人以猶在感今古之同塵嗚呼哀哉太夫人族茂（闕二字）仁深聖善勵諸子以學故大被擇鄰示諸子以正故寸蔥方判係參不疑戒歌非淺仲則金鑾之英季則蓬山之選豈（闕一字）因地而德所貴飭躬而顯何昊天之不弔罔終惠於哲人既生賢與種德何顛頹之相因見聚螢而肄業知織縷之嘗勤（闕一字）將期於萬石曾不待夫重茵嗚呼哀哉誰非顧復我實（闕二字）疾有萌漸禍無因緣哀感行路况乃令子之交親雖千祠之稠疊終萬恨之莫陳嗚呼哀哉伏惟尚饗



## 祭禮部庾侍郎太夫人文

外孫女壻朝議郎守尚書祠部郎中知制誥元稹謹以清酌嘉蔬之奠敢昭告於庾氏太夫人扶風郡太君韋氏之靈赫赫韋門祁祁騫騫蹇蓄峻崎洛澤清源公卿委累賢彥駢繁金玉不耗芝蘭有根厥生孟母德盛教尊訓下以順睦族以姻猶子猶女惟弟惟昆至者處者終無間言他族之長豈無豐溫自我均養人用不怨佛氏有云世火焚燔慧劍斷綱摩尼照惛心馬獨得深入妙門嗚呼良人早世素業空存戒歌以義爲軻避喧教自髫齔成於冠婚謂爲重器瑚璉璵璠南北臺省東西掖垣更踐迭處以慰朝昏孝女視膳令婦執笄封崇茅社抱弄荃蓀陔蘭始茂隙駟俄奔神不可恃天何足論嗚呼哀哉白日入地晝翣羅軒燎火宵爐銘旌曉翻望望踰闔遲遲改轅佳城故兆風樹秋原哀子泣血行人斷魂稹也幼婦時惟外孫合姓異縣謫任遐藩升堂不及執紼空歎伏讀哀誄跪薦芳罇辭訣有禮悽愴無垠嗚呼哀哉伏惟尚饗



## 祭亡妻韋氏文

嗚呼敘官閥誌德行具哀詞陳薦奠皆生者之事也於死者何有哉然而死者爲不知也故聖人有無知（闕二字）嗚呼死而有知豈夫人而不知予之心乎尚何言哉且曰人必有死死何足悲死且不悲則壽夭貴賤縗麻哭泣藐爾遺稚蹙然鰥夫皆死之末也又何悲焉况夫人之生也選甘而味借光而衣順耳而聲便心而使親戚驕其意父兄可其求將二十年矣非女子之幸耶逮歸於我始知賤貧食亦不飽衣亦不溫然而不悔於色不戚於言他人以我爲

拙夫人以我爲尊置生涯於濩落夫人以我爲適道捐晝夜於朋宴夫人以我爲狎賢隱於幸中之言嗚呼成我者朋友恕我者夫人有夫如此其感也非夫人之仁耶嗚呼歔欷恨亦有之始予爲吏得祿甚微以日前之戚戚每相緩以前期縱斯言之可踐奈夫人之已而況攜手於千里忽分形而獨飛昔慘悽於少別今永逝與終離將何以解予懷之萬恨故前此而言曰死猶不悲嗚呼哀哉惟神尚饗

## 秋分日祭百神文



維長慶元年歲次辛丑八月甲子朔十八日辛巳皇帝遣通議大夫行內侍省常侍賜紫金魚袋李某祭於百神之靈朕奄宅萬有亭毒品類日月所照永思和寧上極於天下蟠於地包山絕海窮冥入元至於毛鱗躶羽之神咸秩無文以祛不若秋序始肅時將順成且報且祈用舉常祀罔害嘉穀以貽神羞

## 祭亡友文

嗚呼英英君子汲汲仁義壽則道亨天亦德熾滔滔衆人沒沒名利材不稱官老不識事紫綬榮身黃髮垂穗徒擲天年竊耀名器石頑慧明亦有何貴君雖促齡實大其志呼吸風雲擺落塵膩泥滓珠玉糞土名位瞪目凡流傾心俊異譽如不聞毀亦不忌不求近效直詣殊致圈檻豺狼籠御鵰鶚塹山堙海吞河噴渭嶽立英髦粉碎庸媚德我者煌煌虐我者惴惴赫赫其門揚揚其氣念昔日之盡言此唯君之大意天不降年志亦沒地我輩猶在尚可希冀故曰交本乎道道通乎類身沒類存道則不墜信後圖之未忘奈目前之歔欷昔江瀆之送君每重宵而疊醉曾不易其津涯忽莫陳於喪次孀婦號呼哀徹縱稚拜我者累



日之舊童示我者絕時之遺字埋萬恨於深心洒終天之別淚嗚呼哀哉尚饗

## 白居易

居易字樂天其先太原人徙下邽貞元十四年進士元和元年制策乙等累轉主客郎中知制誥文宗朝授太子少傅封馮翊縣侯會昌中以刑部尚書致仕大中元年卒年七十六贈右僕射

### 荷珠賦 以泣珠絲鮮瑩爲韻

迸水所集輕荷正敷引脩莖而出葉凝玉液以成珠淨綠田田神龜之巢處斯在虛明皎皎靈鵲之銜來豈殊既羅



列其青蓋又昭章於白榆亂點的皪分規青瑩仰虛無以上出掩晶熒而外映灑之不著湛兮逾淨時寄寓於傾欹每因依於平正可止則止必荷之中央在圓而圓得水之本性颸風既息而常凝魚鳥頻銜而不定爾乃一氣晴後初陽照前宿雨霽而猶濕曉露裛而正鮮熠熠有光映空水而煥若纍纍無數遍池塘而炯然宛轉而魚目迴視沖融而蚌胎未堅因霑濡而小大隨散合以虧全輕彩蕩漾穠香厭浥明璣而夜月爭光丹粟而晨霞散日其息也與波俱停其動也與風皆急若轉於掌乃是江妃之珠如凝於盤遂成泉客之泣冰壺捧之而殊倫水鏡沈精而莫及則知氣有相假物有相資惟雨露之留處當芙蓉之茂時雖賦象而無準必成形而在茲喻於人則寄之生也擬於道則沖而用之自契元珠之妙何求赤水之遺

### 動靜交相養賦 并序

居易常見今之立身從事者有失於動有失於靜斯由動靜俱不得其時與理也因述其所以然用自儆導命曰動靜交相養賦云

天地有常道萬物有常性道不可以終靜濟之以動性不



可以終動濟之以靜養之則兩全而交利不養則兩傷而交病故聖人取諸震以發身受諸復而知命所以莊子曰智養恬易曰蒙養正者也吾觀天文其中有程日明則月晦日晦則月明明晦交養晝夜乃成吾觀歲功其中有信陽進則陰退陽退則陰進進退交養寒暑乃順且躁者本於靜也斯則躁爲民靜爲君以民養君教化之根則動養靜之道斯存且有者生於無也斯則無爲母有爲子以母養子生成之理則靜養動之理明矣所以動之爲用在氣爲春在鳥爲飛在舟爲楫在弩爲機不有動也靜將疇依

所以靜之爲用。在蟲爲蟄。在水爲止。在門爲鍵。在輪爲柅。不有靜也。動奚資始。則知動兮靜所伏。靜兮動所倚。吾何以知交養之然哉。以此。有以見人之生於世。出處相濟。必有時而行。非匏瓜不可以長繫。人之善其身。枉直相循。必有時而屈。故尺蠖不可以長伸。嗟夫。今之人知動之可以成功。不知非其時動亦爲凶。知靜之可以立德。不知非其理靜亦爲賊。大矣哉。動靜之際。聖人其難之。先之則過時。後之則不及時。交養之間。不容毫釐。故老氏觀妙。顏氏知幾。噫。非二君子。吾誰與歸。



## 汎渭賦并序

右丞相高公之掌貢舉也。予以鄉貢進士舉及第。左丞相鄭公之領選部也。予以書判拔萃選登科。十九年。天子並命二公對掌鈞軸。朝野無事。人物甚安。明年春。予爲校書郎。始徙家秦中。卜居於渭上。上樂時和歲稔。萬物得其宜。下樂名遂官閒。一身得其所。既美二公佐清靜之理。又荷二公垂特達之恩。發於嗟歎。流爲詠歌。予時汎舟於渭。因爲汎渭賦以導其意。詞曰。

亭亭華山下有人。跂兮望兮。愛彼三峯之白雲。汎汎渭水上有舟。沿兮泝兮。愛彼百里之清流。以我爲太平之人兮。得於斯而優遊。又感陽春之氣熙熙兮。樂天和而不憂。曰予生之幸兮。時哉時哉。當皇唐受命之九葉兮。夷與華而無氛埃。及帝纘位之二紀兮。命高與鄭爲鹽梅。二賢兮爰立。四門兮大開。凡讀儒書與履儒行者。率充賦而西來。雖片藝而必收兮。故不棄予之小才。感再遇於知己。心慚怍而徘徊。登予名於太常兮。署予職於蘭臺。臺有蘭兮閣有芸。芳菲菲兮其可襲。備一官而無事。又不維而不縶。家去省兮百里。每三旬而兩入。川有渭兮山有華。澹悠悠其可



賞。目白雲兮潄清流。其或偃而或仰。門去渭兮百步。常一日而三往。夜分兮扣舷。天無雲兮水無煙。遲遲兮明月。波澹灧兮棹夤緣。日暮兮舟泊。草萋萋兮沙漠漠。習習兮春風。岸柳動兮渚花落。發浩歌以長引。舉濁醪而緩酌。春冉冉兮其將盡。予何爲乎不樂。鳥樂兮雲際。鳴嚶嚶兮飛翩翩。魚樂兮泉底。鬐撥撥兮尾瀲瀲。我樂兮聖代。心融融兮神泄泄。伊萬物各得其樂者。由聖賢之相契。賢致聖於無爲。聖致賢於既濟。凝爲和兮聚五福。發爲春兮消六沴。不我後兮不我先。適當我兮生之世。彼鱗蟲兮與羽族。咸知

樂而不知恵我爲人兮最靈所以媿賢相而荷聖帝樂乎樂乎汎於渭兮詠而歸聊逍遥以卒歲

傷遠行賦

貞元十五年春吾兄吏於浮梁分微祿以歸養命予負米而還鄉出郊野兮愁予夫何道路之茫茫茫茫兮二千五百里自鄱陽而歸洛陽朝濟乎大江暮登乎高崗山險歧兮路屈曲甚孟門與太行楓林鬱其百尋涵瘴煙之蒼蒼其中閴其無人唯鷓鴣之飛翔水有含沙之毒蟲山有當路之虎狼況乎雲雷作而風雨晦忽霮䨴兮不見日陽涉



泥濘兮僕夫重膇陟崔嵬兮征馬元黄步一步兮不可進獨中路兮徬徨噫昔我往兮春草始芳今我來兮秋風其凉獨行踽踽兮惜晝短孤宿煢煢兮愁夜長況太夫人抱疾而在堂自我行役諒夙夜而憂傷惟母念子之心心可測而可量雖割慈而不言終藴結於中腸曰有弟兮侍左右固就養而無方雖温凊之靡闕詎當我之在傍無羽翼以輕舉羨歸雲之飛揚惟晝夜與寢食之心曷其弭忘投山館以寓宿夜綿綿而未央獨展轉而不寐候東方之晨光雖則驅征車而遵歸路猶自流鄉淚之浪浪

宣州試射中正鵠賦 以諸侯立戒衆士知訓爲韻

聖人弦木爲弧剡木爲矢惟弧矢之用也中正鵠而已矣是謂武之經禮之紀故王者務以選諸侯諸侯用而貢多士將俾乎禮無秕稗位有降殺廣場闢而堵墻開射夫同而鐘鼓誠於以致國用寇藏貢使技癢者出於羣藝藏者推於衆在乎矢不虚發弓不再控射繹志也信念兹而在兹鵠小鳥焉取難中而能中乃設五正張三侯叶吉日於清晝順殺氣於素秋禮事展樂容修既五善而斯備將百中而是求於是誠心内藴莊容外奮升降揖讓合君子之



令儀進退周旋伸先王之彝訓故禮舉而義得且無聲而有聞及夫觀者坌入射者挺立矢既挾弓既執抗大侯佽決拾指正則掌内必取料鵠乃彀中所及雕弧乍滿當晝而明月彎彎銀鏑急飛不夜而流星熠熠其一發也驊若徹札其再中也擂如貫笠玉霜降而弓力調金風勁而弦聲急愜羣心而踴躍駭衆目而翕習若然者安知不能空彎而雁驚虚引而猿泣者也矧乃正其色温如栗如游於藝匪疾匪徐妙能曲盡勇可賈餘豈不以志正形直心莊體舒不出範兮信得禮之大者無失鵠也豈反身而求諸

斯蓋弓矢合規容止有儀必氣盈而神王寧心瞽而力疲則知善射者在乎合禮合樂不必乎飲羽在乎和容和志不必乎主皮夫如是則射之禮射之義雖百世而可知

## 省試性習相近遠賦 以君子之所慎焉爲韻

噫下自人上達君德以慎立而性由習分習則生常將俾夫善惡區別慎之在始必辨乎是非糾紛原夫性相近者豈不以有教無類其歸於一揆習相遠者豈不以殊途異致乃差於千里昏明波注導爲愚智之源邪正岐分開成理亂之軌安得不稽其本謀其始觀所恒察所以考成敗



而取捨審臧否而行止俾流遁者返迷途於騷人積習者遵要道於君子且夫德莫德於老氏乃曰道是從矣聖莫聖於宣尼亦曰非生知之則知德在修身將見素而抱樸聖由志學必切問而近思在乎積藝業於黍累慎言行於毫釐故得其門志彌篤兮性彌近矣由其徑習愈精兮道愈遠而其旨可顯其義可舉勿謂習之近徇迹而相背重阻勿謂性之遠反眞而相去幾許亦猶一源派別隨渾澄而或濁或淸一氣脈分任吹煦而爲寒爲暑是以君子稽古於時習之初辨惑於成性之所然則性者中之和習者外之徇中和思於馴致外徇戒於妄進非所習而習則性傷得所習而習則性順故聖與狂由乎念與罔念福與禍在乎慎與不慎慎之義莫匪乎率道爲本見善而遷觀誠僞於既往審進退於未然故得之則至性大同若水濟水也失之則衆心不等猶面隔面焉誠哉性習之說吾將以爲教先

## 求元珠賦 以元非智求珠以眞得爲韻

至乎哉元珠之爲物也淵淵緜緜不知其然存乎視聽之表生乎天地之先其中有象與道相全求之者刳其心俾



損之又損得之者反其性乃元之又元元無音聽之則希珠無體搏之則微故以音而求者妄以體而得者非倏爾去焉將窅冥而齊往忽乎來矣與罔象而同歸是以聖人之求元珠也損明聖薄仁義索之惟艱失之孔易將在乎以心忘心以智去智其難得也劇乎剖巨蚌之胎其難求也甚乎伺驪龍之睡夫惟不皦不昧至明至幽將致之於馴致豈求之於躁求性失則遺若合浦之徙去心虛潛至同夜光之暗投斯乃動爲道樞靜爲心符至光不耀至眞不渝察之無形謂其有而非有應之有信謂其無而非無

故立喻比夫至寶強名謂之元珠名不徒爾喻必有以以不凝滯爲圓以不炫耀爲美蓋外明者不若內明之理純白者不若虛白之旨藏於身不藏於川在乎心不在乎水然則外其心頤其神韜其光保其眞雖無脛求之必臻勞其智役其識肆其志徇其慼雖沒齒求之不得則知眞宗奧秘妙本冥默珠者無形之形元者無色之色亦何必遊赤水之上造崑邱之側苟悟漆園之言可臻元珠之極

## 漢高祖斬白蛇賦 以漢高皇帝親斬長蛇爲韻

高皇帝將欲戡時難撥禍亂乃耀聖武奮英斷提神劍於



手中斬靈蛇於澤畔何精誠之潛發信天地之幽贊卒能滅強楚降暴秦創王業於炎漢於時瓜剖區宇蜂起英豪以堅甲利兵相視以壯圖銳氣相高皆欲定四海之洶洶救萬姓之嗷嗷帝既心闚咸陽氣王芒碭率卒晨發縱徒夜亡有大蛇兮出山穴亘路傍凝白虹之精彩被素龍之文章鱗甲皚以雪色睛眸赩其電光聳其身形蜿蜿而莫犯舉其首勢矯矯而靡亢勇夫聞之而挫銳壯士覩之而摧剛於是從者告於高皇高皇乃奮布衣挺干將攘臂直進瞋目高驤一呼而猛氣咆哮再叱而雄姿抑揚觀其將斬未斬之際蛇方欲縱毒螫肆猛噬我則審其計度其勢口誅雷霆手操鋒鋭凜龍顏而色作振虎威而聲厲荷天之靈啟神之契舉刃一揮溘然而斃不知我者謂我斬白蛇知我者謂我斬白帝於是灑兩血摧霜鱗塗野草濺路塵嗟乎神化將窮不能保其命首尾雖在不能衞其身盛矣哉聖人之草昧經綸應乎天順乎人制勍敵必示以乃武乃文靜災禍不可以弗躬弗親若夫龍泉黯黯秋水湛湛苟非斯劍蛇不可斬天威煌煌神武洸洸苟非我王蛇不可當是知人在威不在衆我王也萬夫之防器在利不在大斯劍也三尺之長於以讋萬物於以威八方歷數既



終闡素靈之夜哭嗜欲將至知赤帝之道昌由是氣吞豪傑威震幽遐素車降而三秦歸德朱旗建而六合爲家彼戮鯨鯢與截犀兕未若我提青蛇而斬白蛇

## 大巧若拙賦 以隨物成器巧在其中爲韻

巧之小者有爲可得而闚巧之大者無迹不可得而知蓋取之於巽受之以隨動而有度舉必合規故曰大巧若拙其義在斯爾乃掄材於山審器於軌物將務乎心匠之忖度不在乎手澤之翦拂故爲棟者資其自天之端爲輪

者取其因地之屈其公也於物無情其正也依法有程既游藝而功立亦居肆而事成大小存乎目擊材無所棄取舍資乎指顧物莫能爭然後任道宏用隨形制器信無爲而爲因所利而利不凝滯於物必簡易於事豈朝疲而暮倦庶日省而月試知大巧之有成見庶物之無棄然則比其義取其類亦猶善從政者物得其宜能官人者才適其位嘉其尺度有則繩墨無撓工非刓劂自得不矜之能器靡雕鎪誰識無心之巧衆謂之拙以其因物不改我爲之巧以其成功不宰不改故物全不宰故功倍遇以神也郢



人之術攸同合乎道焉老氏之言斯在噫舟車器異杞梓材殊罔枉枘以鑿罔破圓爲觚必將考廣狹以分寸審刓方以規模則物不能以長短隱材不能以曲直誣是謂心之術也豈慮手之傷乎且夫大盈若沖大明若蒙是以大巧棄其末工則知巧在乎不違天眞非勞形於木人之內巧在乎無枉物情非役神於棘刺之中若然者豈徒與班倕之輩騁技而校功哉

雞距筆賦 以中山兎毫作之尤妙爲韻

足之健兮有雞足毛之勁兮有兎毛就足之中奮發者利距在毛之內秀出者長毫合爲乎筆正得其要象彼足距曲盡其妙圓而直始造意於蒙恬利而銛終騁能於逸少始則創因智士製在良工拔毫爲鋒截竹爲筒視其端若武安君之頭銳窺其管如元元氏之心空豈不以中山之明視勁而迅汝陰之翰音勇而雄一毛不成採衆毫於三穴之內四者可棄取銳武於五德之中雙美是合兩揆相同故不得兎毫無以成起草之用不名雞距無以表入木之功及夫親手澤隨指顧秉以律動有度染松煙之墨灑鵞毛之素莫不畫爲屈鐵點成垂露若用之交戰則摧敵



而先鳴若用之草聖則擅場而獨步察所以稽其故雖云任物以用長亦在假名而善喻向使但隨物棄不與人遇則距畜縮於晨雞毫摧殘於寒兎又安得取名於彼移用在玆映赤箋狀紺趾乍舉對紅箋疑錦臆初披輟翰停毫既象乎翹足就棲之夕揮芒拂銳又似乎奮拳引鬬之時苟名實之相副信動靜而似之其用不困其美無儔因草爲號者質陋折蒲而書者體柔彼皆瑣細此實殊尤是以搦之而變成金距書之而化作銀鈎夫然則董狐操可以修爲良史宣尼握可以刪定春秋其不象雞之羽者鄙其

輕薄不取難之冠者惡其軟弱斯距也如劍如戟可繫可縛將壯我之毫芒必假爾之鋒鍔遂使見之者書狂發秉之者筆力作挫萬物而人文成草八行而鳥迹落縹囊或處類藏錐之洗滑團扇或書同舞鏡之揮霍儒有學書臨水負笈登山含毫既至握管未還過兔園而易感望雞樹以難攀願爭雄於爪趾之下冀得儁於筆硯之間

黑龍飲渭賦 以出爲漢祥下飲渭水爲韻

龍爲四靈之長渭居八水之一飲亹亹之清流落彬彬之元質忽兮下降賁然躍出首蜿蜒以涌煙鱗錯落而點漆



動而無悔爰作瑞於秦川應必有徵乃效靈於漢日觀其攸止察其所爲行藏不忒動靜有儀晴眸炫耀文彩陸離躍於泉於焉表異守其黑所以標奇或隱或見時行時止順冬夏而無乖應昏明而有以於是稽大易按前史叶聖人之昌運飛而在天表王者之休徵下而飲水爾乃降長川俯高岸氣默默以黯黯光爍爍而爛爛聞之者心駭而屏息覩之者目眙而改觀一呼一吸而聲起風雷或躍或騰而勢超雲漢覩夫莫智匪常莫黑至祥契昌期於南面合正色於北方拖尾迴翔擘波騰驤飲清瀾之浩浩動素浪之湯湯頓頷而碎珠迸落奮鬐而細雨飛揚警水府兮鱣鮪奔走駭泉室兮蛟鼉伏藏元雲從而淺深一色白日照而左右交光且彼候時出處憑虛上下度弱水而斯馭去鼎湖而是駕聞茂先之劍飛是長房之杖化豈若此炎精冥契水德潛稟元甲黯以凝黛文章斐兮摛錦逼而察也類天馬出水而遊遠而望之疑晴虹截澗而飲已而負蒼天去清渭排冥冥之寥廓反浩浩之元氣則知水物之靈鱗蟲之貴盛矣哉抑斯龍之所謂

敢諫鼓賦 以聖人來諫諍之道爲韻



鼓者工所制諫者君所命鼓因諫設發爲治世之音諫以鼓來懸作經邦之柄納其臣於忠直致其君於明聖將使內外必聞上下交正於是乎唐堯得以爲盛治者也至矣哉君至公而滅私臣有犯而無欺諷諫者於焉盡節獻納者由是正辭言之者無罪擊之者有時故謇謇匪躬道之行也鼘鼘不已聲以發之始也土鼓增華賁桴改造外揚音以應物中含虛而體道不窕不摦由巧者之作爲大鳴小鳴隨直臣之擊考有若坎其缶於宛邱之下又如殷其雷在南山之陬音鏗鏘以鏜鞳響容與以徘徊徹於帝心

四聰之耳必達納諸人聽七諍之臣乃來故用於朝朝無面從之患行於國國無居下之訕洋洋盈耳幽贊逆耳之言坎坎動心明啟沃心之諫且夫鼓之爲用也或備於樂懸或施於戎政以諧八音節奏以明三軍號令未若備察朝闕發揮廷諍聲聞於外以彰我主聖臣良道在其中以表我上忠下敬然則義之與比德必有鄰將善旌而並建與謗木而俱陳是以聞其聲則知有獻替之士聆其響不獨思將帥之臣嗟乎舍之則聲寢用之則氣振雖聲氣之在鼓終用舍之由人



君子不器賦（以用之則行無施不可爲韻）

君子哉道本生知德由天縱抱乎不器之器成乎有用之用不器者通理而黄中有用者致遠而任重蓋由識包權變理縕通明業非學致器異琢成審其時有道舒而無道卷慎其德舍之藏而用之行語其小能立誠以修詞論其大能救物而濟時以之理心則一身獨善以之從政則庶績咸熙既居家而必達亦在邦而允釐彼子貢雖賢唯稱瑚璉之器彥輔信美空標水鏡之姿是謂非求備者有何足以多之豈如我順乎通塞合乎語默何用不臧何嚮不克施之乃伊呂事業蓄之則莊老道德雖應物而不滯終飭躬而有則若止水之在器因器方圓如良工之用材隨材曲直原夫根純精於妙有完元和於虛受内宏道而惟新外濟用而可久鄙斗筲之奚算哂挈瓶之固守何器量之差殊在性情之能不豈不以神爲元樞智爲心符全其神則爲而勿有虛其心則用當其無故動與時合靜與道俱時或用之必開臧武之智道不行也則守甯子之愚至乎哉冥心在我無可而無不可應用不疲無爲而無不爲信大成而大受非小慧而小知故庶類曲從則輪轅適用若一隅偏執則鑿枘難施是以易尚隨時禮貴從宜展矣君子斯焉取斯



賦賦（以賦者古詩之流爲韻）

賦者古詩之流也始草創於荀宋漸恢張於賈馬冰生乎水初變本於典墳青出於藍復增華於風雅而後諧四聲祛八病信斯文之美者我國家恐文道寖衰頌聲陵遲乃舉多士命有司酌遺風於三代明變雅於一時全取其名則號之爲賦雜用其體亦不出乎詩四始盡在六義無遺是謂藝文之儆策述作之元龜觀夫義類錯綜詞采舒布

文諧宮律言中章句華而不艷美而有度雅音瀏亮必先體物以成章逸思飄颻不獨登高而能賦其工者究筆精窮旨趣何慚兩京於班固其妙者抽秘思騁妍詞豈謝三都於左思掩黃絹之麗藻吐白鳳之奇姿振金聲於寰海增紙價於京師則長楊羽獵之徒胡爲比也景福靈光之作未足多之所謂立意爲先能文爲主炳如繪素鏗若鐘鼓郁郁哉溢目之黼黻洋洋乎盈耳之韶武信可以淩轢風騷超軼今古者也今吾君網羅六藝淘汰九流微才無忽片善是求況賦者雅之列頌之儔可以潤色鴻業可以發揮皇猷客有自謂握靈蛇之珠者豈可棄之而不收

洛川晴望賦 以願拾青紫爲韻

金商應律玉斗西建嘉旬雨之時晴叶秋成而適願是用步閶里詢黎獻皇風演溢歌且聽於昇平聖澤汪洋誦不聞於胥怨爾乃命親懿會朋執賦邙山眺洛邑天泬寥而雲靜氣肅殺而風急三川浩浩以奔流雙闕峨峨而屹立飛梁徑度訝殘虹之未消翠瓦光凝驚宿雨之猶濕嘉三時之是務觀五穀之斯入覽滌場之在勤知滯穗之見拾及夫日色曛黲寒光熒熒遠水澄碧羣山結青山水隱映



花氣氳冥瞻上陽之宮闕兮勝仙家之福庭望中嶽之林嶺兮似天台之翠屏宜其迴鑾輿兮檢玉牒朝千官兮御百靈使西賓之誇少弭東人之思攸寧不亦盛哉客有感陽舒詠樂只揮毫翰獨徙倚願得采於芻蕘終期拾乎青紫

叔孫通定朝儀賦 以制定朝儀上尊下肅爲韻

稷嗣君上稽天命下察人聽以爲作樂者存乎功成制禮者本乎理定故易尚隨時禮貴從宜於以致理何莫由斯允矣君子休哉令規採三代之帝典起兩漢之朝儀於斯時也秦吞六雄之後漢承百王之弊禮壞樂崩上陵下替將欲創洪業尊皇帝馴致王道丕革季世莫先乎正位以經邦體元而立制者也夫其將用於國先習於野辨度數於聲名文物審等威於君臣上下儒生肅以濟濟物有其容國典煥其煌煌禮無違者然後闢雙闕會百僚動必嚴恪進無諠囂長幼之序不忒貴賤之儀孔昭鏘鏘兮若萬國赴塗山而會秩秩兮如百官仰太一而朝歲十月天地澄爽宮殿清曠風傳警蹕日麗天仗於是右陳列辟左立丞相東西分而則別文武儼以相向簪裾奕奕頌鵷鷺之

具寮劍戟森森列熊羆之名將帝容式展皇威克壯莫不上恭己以臨下下竭誠而奉上觀其威儀允淑容止具篤天子負鳳扆以皇皇正龍顏而穆穆百辟欣戴九賓悅服拔劍者懲懼而慄慄飲酒者敬慎而肅肅故知君有威故能守其邦臣有儀所以保其祿帝謂叔孫舊章斯存可以發揮我洪德啟迪我後昆方將守而經國豈止煥而盈門不然何以表一人之貴知萬乘之尊

## 中和節頌 并序

乾清而四時行坤寧而萬物生聖人則之無爲而無不爲



神唐御宇之九葉皇帝握符之五載夷夏咸寧君臣交欣有詔始以二月上巳日爲中和節自上而下雷解風動翌日而頒乎四嶽浹辰而達乎八荒於戲中和之時義遠矣哉惟唐之興我神堯子兆人而基皇德太宗家六合而開帝功元宗執象而薰仁壽之風代宗垂拱而阜富庶之俗爲弈乎赫赫煌煌八聖重光以至於我皇我皇運元樞陶淳精治定而化成嗣皇極於穆清納黔首於升平於時數惟上元歲惟仲春皇帝穆然居青陽太廟命有司考時令以爲安萌芽養幼少緩刑獄布慶賜蓋百王常行之道未足以啟迪天地之化發揮祖宗之德乃命初吉肇爲中和中者揆三陽之中和者酌二氣之和其爲稱也大矣非至聖疇能建之於是謀始要終循義討源於以九八節而七六氣排重陽而拉上巳煦元氣於厚壤則幽蟄蘇而句萌達噫和風於窮荒則桀驁化而獷俗淳垂萬祀以攄無窮被四表以示大同於時兩儀三辰貞明絪縕千品萬彙熙熙忻忻繇是文武百辟僉拜手稽首而颺言曰大哉睿德合於元造又曰昔在唐堯敬授人時垂於典謨降及周文在鎬飲酒列於雅頌斯蓋欽若四序愷樂一方而已未若



肇建令節混同天下澤鋪動植慶浹華夷若斯之盛歟蓋聖人之作事必導達交泰幽贊亭毒與元化合其運與眞宰同其功丕休哉其至矣賤臣易忝濡文明之化就賓貢之列輒敢美盛德頌成功獻中和頌一章附於唐雅之末

頌曰

權輿胚渾元黃既分煦嫗絪縕肇生蒸民天命聖神是爲大人大人淳淳爲天下君巍巍我唐穆穆我皇纂承九葉照臨八方四維載張兩曜重光齷齪唐虞趑趄羲皇乘時有作煥乎文章乃建貞元以正乾坤乃紀吉辰以般仲春

吉辰伊何。號爲中和。和維大和。中維大中。以暢中氣。以播和風。萌芽昆蟲。昭蘇有融。如幹元化。如運神功。於戲德洽道豐。萬邦來同。微臣作頌。垂裕無窮。





白居易二

河北榷鹽使檢校刑部郎中裴宏泰可權知貝州刺史依前榷鹽使制

勅某官裴宏泰。以幹蠱之才。領鹽鹵之務。管榷條制。動皆得宜。觀其所能。若有餘地。可假兼職。俾之牧人。而河北列城。久乏良吏。俗多思理。政不難施。亦猶凍餒之人。易爲衣食。今予命爾。煦而飫之。襦袴之謠。佇入吾耳。可兼知貝州刺史



崔陵可河南尹制

勅河洛千里。都畿在焉。俾之乂安。屬在尹正。鳳翔隴州節度觀察處置等使正議大夫檢校禮部尚書兼鳳翔尹御史大夫上柱國安平縣開國男食邑三百户賜紫金魚袋崔陵有精敏之用。潔直之操。施於有政。由是知名。始資州縣之勞。卒致公卿之位。況剌部有理行。主計無愆違。尹右輔而鎮西郊。蓋獎能報勤之旨也。昔吳公爲河南守。謹身廉平。人服教化。袁安爲河南尹。政令清肅。號爲嚴明。誰其嗣之。無易陵者。往爲表則。勿替能名。可檢校禮部尚書兼

河南尹散官勳封賜如故

侯丕可霍邱縣尉制

勅賜太常寺奉禮郎翰林待詔上護軍侯丕夫執藝以事上奉詔而處中其於出入謹身夙夜祇命比他局署實倍恭勤既寵之以職名又優之以祿俸蓋先勞後食之義也汝其承之可守壽州霍邱縣尉依前翰林待詔勳如故

崔楚臣可兼殿中侍御史制

勅成德軍節度押衙銀青光祿大夫檢校太子賓客兼監察御史崔楚臣材膺爪士職在牙旗每祇命以奉辭必竭



誠而得禮既嘉詳敏亦念恭勤式示寵名宜遷憲秩可殿中侍御史餘如故

王庭湊曾祖五哥之可贈越州都督祖未怛活可贈左散騎常侍父昇朝可贈禮部尚書制

勅成德節度鎮冀深趙等州觀察處置等使金紫光祿大夫檢校工部尚書兼鎮州大督府長史大夫上柱國太原縣開國男食邑三百户王庭湊曾祖故忠武將守左武衛大將軍員外置同正員兼試太常卿五哥之等鬼神有知履孝敬者福祿至王侯無種仗忠信者富貴來我有列臣本於良允奮發而勵節許國感激而揚名顯親夫教必有初德無不報安有收其才而遺其本愛其後而忘其先乎是用褒崇以宏寵澤庶使聞者起孝作忠可依前件

崔羣可秘書監分司東都制

勅前武寧軍節度徐泗濠等州觀察處置等使正議大夫檢校工部尚書使持節徐州諸軍事兼徐州刺史御史大夫上柱國賜紫金魚袋崔羣天授至寶爲國重器始自修己移於事君輔弼藩宣不失其道及離征鎮名赴闕庭方登道途遂遘疾恙正在頤養之際豈任朝謁之勞誠宜許



以便安不可闕其祿食而移秩外史分曹東周加寵優賢無易於此且有後命俟其有瘳可秘書監分司東都散官勳賜如故

授王建秘書郎制

勅太府丞王建太府丞與秘書郎品秩同而祿廩一今所轉移者欲職得宜而才適用也詩人之作麗以則建爲文近之矣故其所著章句往往在人口中求之輩流亦不易得帑藏之吏非爾官也而翱翔書府吟咏秘閣改命是職不亦可乎可秘書郎

董昌齡可許州長史制

敕將仕郎權知泗州長史兼殿中侍御史賜緋魚袋董昌齡頃爲邑宰分贊郡符皆聞約己之名每展在公之節稽其器局允謂廉能議以稍遷用彰勤効可許州長史兼侍御史散官勳如故

柳經李褒並泗州判官制

敕徵事郎前河南縣尉柳經儒林郎試太子通事舍人李褒等潁淮列城泗州爲要控轉輸之路屯式遏之師故府有寮軍有倅選擇補署得聞於朝廷而經等皆有所長宜



當是選守臣置奏因而可之仍加秩命用示優寵經可監察御史充泗州團練副使散官如故褒可試太常寺協律郎充武寧軍節度泗州兵馬留後判官仍改名衛散官勳如故

張諷等四人可兼御史中丞侍御史監察御史同制

敕義成軍節度馬步都知兵馬使光祿大夫檢校太子詹事兼侍御史上柱國張諷等御史府自中執憲暨察視之官皆顯秩也惟懷材而展効者可以授焉爾等昨領偏師出疆赴難指蹤而去摩壘而還忠勇勤勞宜有加獎故以憲職第而寵之可依前件

啖異可滁州長史許志雍可永州司户崔行儉可隋州司户並准赦量移制

敕守袁州司馬員外置同正員啖異等有司奉新制明舊章凡負疵瑕必霑慶澤況爾等各有才用多淹歲時譴累重輕遽從恩貸班資遠邇率以例遷如聞進修豈忘牽復可依前件

程執撫亡父懷信贈太保李祐亡父景暑贈太子少傅柏耆亡父良器贈太子少保白餘盛亡父



孝德贈太保同制

敕中散大夫檢校右散騎常侍兼右神武軍大將軍知軍事御史大夫上柱國河東縣開國男食邑三百户賜紫金魚袋程執撫父贈太子太保懷信等咸有忠勳播爲先德爰承義訓垂在後昆故我令臣皆乃愛子襲弓裘而秉詩禮猶水木之有本源將使天下之爲人子者感恩天下之爲人父者知勸宜加寵贈以表顯揚可依前件

嚴謨可桂管觀察使制

敕漢置部刺史掌奉詔條糾吏理蓋今觀察使職耳桂林秦郡也東控海嶺右扼蠻荒自隋迄今不改戎府地遠則權重俗殊則理難馭而化之非才不可朝議大夫前守秘書監驍騎尉賜紫金魚袋嚴謨嘗守商洛刺黔巫州部縣道謐然安理是能用寬猛相濟之政撫夷夏雜居之人故也跡其往効式是南邦況爾操行端和文學精茂實寺書府善於其官勉副前言俟申後命可使持節都督桂林諸軍事守桂林州刺史兼御史中丞桂州本管都防禦觀察處置等使散官勳如故



杜式方可贈禮部尚書制

敕生有寵祿歿有褒崇此王者所以明終始之恩厚君臣之道也故桂州本管都防禦觀察等使正議大夫使持節都督桂州諸軍事守桂州刺史兼御史中丞上柱國南陽縣開國男賜紫金魚袋杜式方慶襲台庭任當垣翰服名教乃保家之子樹風聲爲守土之臣盡禮事君勞心奉職奄忽淪逝念之惻然況近屬連姻遠藩捐館聞訃之命實悼中心贈飾之恩宜加常等俾趨榮於八座用賁寵於九原可贈禮部尚書仍賻布帛二百段米粟二百石委度支逐便支遣

武昭除石州刺史制

敕某官武昭王師伐蔡爾在行間致命奮身挑戰當寇忠憤所感卒獲生全求之軍中不可多得司馬以爾信直謹厚可領邊城爾宜酬乃知己副我朝獎撫獷戎雜居之俗安離石重困之人勉而涖之其任不細可石州刺史

梁希逸除蔚州刺史制

敕某官梁希逸頃爲蔡將陷在賊庭知有君臣不顧妻子率其所屬當戰陣前反旆倒戈翻然歸我忘家之士希逸有之間從司空再平淮右指蹤銜命皆稱所使可以移用俾之守疆非邊列城蔚爲衝要雄右軍號務兼錢刀酬勤選能俾乃兼領宜思來効以續前勞可蔚州刺史兼橫野軍使并知本州鑄錢事



盧元勳除隰州刺史制

敕盧元勳乃者鎮帥承元納款之際柏耆將命之初軍情洶然未知嚮化而元勳挺身奮臂出於眾中指明安危分別逆順顏色不撓聲氣甚厲言行事立朕甚多之雖有優升未酬義烈宜以一郡寵而旌之用勸四方聞其風者可

隰州刺史

楊孝直除滑州長史制

勅楊孝直早以才力從戎冀方專習武經通知吏事承元移鎭孝直實來詢謀驅馳有所裨助軍郡之佐寵秩非輕用答忠勞以明勸奬可滑州長史

張嘉泰可延州長史制

勅前丹州司馬張嘉泰一從戎旅多歷歲時奉職有勞率身無過軍部長佐資秩不卑自丹轉延頗爲優穩題輿便道往守乃官可延州長史



魏元通除深王府司馬制

勅魏元通有禦侮之才扞城之畧服勤戎職善守邊州訓旅牧人有可稱者夫文武迭用出入序遷所以關才能而均勞逸也爾宜解綬郡邸曳裾王門飭躬愼儀以奉朝謁可依前件

楊造等亡母追贈太君制

勅通事舍人楊造翰林待詔某亡母等生播徽華殁留儀範訓保家之子爲有國之臣或相禮彤庭或待詔金馬咸居禁近率有忠勤風樹之心必憂深而思遠蓼蕭之澤宜自葉而流根並啟邑封各從子貴揚名之孝與汝成之可依前件

張植李翺等二十人亡母追贈郡縣夫人制

勅壽州刺史張植亡母某氏等夫忠於上者教有所自仁於下者恩有所延孝理之風實繇此作當今良二千石皆與朕共理雖祿不逮養而名可顯親將慰匪莪之心宜流自葉之澤俾從子貴咸贈邑封

陳中師除太常少卿制

勅尚書吏部郎中兼侍御史陳中師早以體物之文待問



之學中鄉里選第甲乙科及筮仕立身皆有本末不背俗以矯逸不超時以沽名從容中道自致聞望累踐郎署再參憲司官無卑崇事無簡劇如玉在佩動必有聲爲時所稱何用不可朕以立國之本禮樂爲先今之太常兼掌其事貳茲職者不亦重乎歷代迄今謂之淸選往復是命佇觀有成予方急才爾寧久次可太常少卿

衢州刺史鄭羣可庫部郎中齊州刺史張士階可祠部郎中同制

勅某官鄭羣等今之正郎班望頗重中外要職多由是選

故其所選不得不慎必循名實而後命之羣與士階久典名郡謹身化下有循吏之風會課陟明宜當是選國之大事在祀與戎一掌祠曹一司武庫各領其要爾宜敬之羣可庫部郎中階可祠部郎中

元稹可太子左諭德依前入蕃使制

敕通事舍人元稹東宮之有諭德猶上臺之有騎省也清班優秩所選非輕朕前遣使臣往修戎好以稹言信行敬命爲介焉揚旌出疆反駕奔命有所敵奏多叶便宜乃知得人可以卒事故加是命以寵勸之可太子左諭德依前入蕃使



盧昂量移虢州司户長孫鋐量移遂州司户同制

敕萬州司户參軍盧昂等頃負疵瑕各從譴謫或遠竄荒裔或未復班資既逢蕩滌之恩俾及轉遷之命況聞修省以克己固將校試而用能吾無棄人汝宜自効可依前件

李石楊穀張殷衡等並授官充涇原判官同制

敕李石等用武之地曰涇與原合爲一鎮控扼夷虜朕授布鉞責其成功布乃祇惕受命思有以自輔者因上言石穀殷衡等學業才畫堪置幄中分務列官咸可其請而布憂邊甚切選士必精爾宜各竭所能爲知己用可依前件

李演除左衛上將軍制

敕王者法鈎陳設環列非勳勤之將信近之臣則何以久張爪牙轉致肘腋者也某官李演常從德宗皇帝南蒐於梁籍名功臣謂之定難洎出分戎律入拱宸居内外周旋不懈於位交戟之下周廬肅然今之轉遷示益親信移領左廣仍參夏卿夫八屯之警巡七萃之勤惰爾爲其正盡得察之宜惜前勞無隳乃力可依前件

康昇讓可試太子司議郎知欽州事兼充本州鎮遏使陳倓可試太子舍人知巒州事兼充本州鎮遏使李容可試太子通事舍人知賓州事兼賓澄巒横貴等五州都遊奕使馮緒可試太子通事舍人知田州事充左江都知兵馬使滕殷晉可試右衛率府長史知瀼州事兼充左江都知兵馬使五人同制



敕容州本貫經畧招討左押衙兼右廂兵馬使康昇讓等有奉職徇公之勤有理戎殄寇之効其帥公綦上章以聞吾方念勞爾宜受賞況容之諸郡有大小郡之兼職有重

輕量能第功分命而往噫方藩雖遠朝聽甚卑有善必聞無功不錄吾言及此欲爾知之可依前件

西川大將賀若岑等一十二人授御史中丞殿中監察及諸州司馬同制

勑丞相鎭蜀志在憂邊俾靜蕃蠻實資將校故加寵任以責成功某官某等若干人類例勳勞進登班秩憲官名重郡佐祿優參以命之足爲榮奬爾宜恭承主帥愼守封疆戮力一心無落戎事可依前件

前右羽林將軍李彥佐服闋重除本官兼御史中



丞知軍事制

勑軍有羽林用法星象統之爪士以拱宸居某官某前以忠勞選登戎衞而能訓勇力之士以備時使申誰何之令以奉徼巡夙夜祇嚴不懈於位既終喪紀宜服官常假中執憲之名行上將軍之事勉修舊職用副新恩可依前件

奉天縣令崔鄯可倉部員外郎判度支案制

勑奉天縣令崔鄯大凡南宮郎無非愼選者也况地官之屬有堆案盈几之文有月計歲會之課故員外郎不可逾時缺不待滿歲遷事劇才難斷可知矣而鄯自操白簡宰赤縣繩舉違謬惠養鰥惸皆有善聲著於官次豈能於彼而不能於此乎爾宜率厲人佐計務決繁析滯期有可觀可依前件

翰林待詔李景亮授左司禦率府長史依前待詔制

勑某官李景亮夫執藝事上者必揆日時計勞績而後進爵秩以旌服勤况待詔宮闈飭躬晨夜比於他職宜有加恩宮坊衞官以示優奬可依前件

故鹽州防秋兵馬使康太崇贈鄧州刺史制



勑故某官康太崇嘗習韜鈐夙稱拳勇使之訓旅能叶武經使之守疆能著戎績永言殂謝宜及褒榮俾追寵於朱旛庶知恩於黃壤可贈鄧州刺史

劉總外祖故瀛州刺史盧龍軍兵馬使張懿贈工部尚書制

勑故某官張懿德善者將啟後人忠孝者克揚前烈有美必復亶其然乎而懿仗忠履義體仁養勇學究韜畧藝窮騎射負幽燕之勁氣雖振其名有將相之長才不得其位命屈當代慶流後昆有外孫爲吾賢帥以忠許國以順

克家揚名顯親自義率祖推恩外族歸美前修俾追八座之榮以輟九原之歎可依前件

劉總外祖母李氏贈趙國夫人制

敕李氏族茂本支行光內則柔明繕性和淑保身輔佐良人克諧家道訓成賢女作相令門善積於中福延於後段公威德當流慶於外孫令伯孝心願推恩於祖母式遵贈典用贊德芬宜從大國之封追正小君之命可贈趙國夫人

蕭俛一子迴授三從弟伸制



敕吏部尚書蕭俛頃在台庭時逢郊禮大行慶澤先及輔臣當延賞於允嗣願推恩於友愛厥有典例因而從之咨爾弟伸可恭成命可河中府參軍

賈曄入回鶻副使授兼御史中丞賜紫金魚袋制

敕少府少監賈曄行人之官官必有介所以敬王事而重國命也以爾曄稟訓台鼎飭躬搢紳自登班行多歷年祀恪勤官次保守令名斯可以倅貳使臣諭申朝旨宜假憲秩仍加命服以示兼寵俾之出疆況繼好二邦奉辭萬里副車之任選亦不輕茲吾使能期爾復命可依前件

張屺授廬州刺史兼御史中丞制

敕廬龍軍節度判官檢校刑部郎中張屺司徒總言爾從事於幽薊之間有年歲矣嘗委事任備觀器用務叢而益辦職久而彌勤頗出輩流宜加獎擢況公侯之嗣幕府之英餘慶所鍾有才如是今以名郡寵而任之旌善勸能仍兼中憲可廬州刺史

韓公武授左驍衛上將軍制

敕朝散大夫檢校左散騎常侍兼右金吾衛將軍御史大夫上柱國賜紫金魚袋韓公武我元老之令子也孝于家



忠于國故出則秉旄鉞入為執金吾寵任益崇謙敬彌著而勤於夙夜疾癘所侵上陳表章乞就頤養夫環衛之列心膂之臣雖親信之寄則同而勞逸之間或異宜輟繁重俾從便安可檢校左散騎常侍兼左驍衛上將軍御史大夫散官勳如故

姚元康等授官充推官掌書記制

敕朝散郎行秘書省秘書郎姚元康儒林郎試太常寺協律郎鄭懿等益部浮陽皆大征鎮也文昌全畧皆賢將相也而能以禮聘士以職任才多聞得人咸樂為用況爾等

籌謀文藻各負所長苟能贊察兼掌奏記孜孜不怠翩翩有聲慰薦褒升其則不遠元康可試左武衛倉曹參軍充劍南西川觀察推官散官如故懿可試左金吾衛兵曹參軍充横海軍節度掌書記散官如故

楊元諒等三十人加官制

勅右神策軍忻州行營兵馬使試太常卿楊元諒等夫才不録則勸善之道廢勤不賞則念功之典缺而元諒輩凡三十人咸列禁戎遠從征討臨難有身先之勇奔命無道



敝之勞宜以祿秩酬其忠效所謂材不失選賞不逾時亦欲使爲善者不疑有功者速勸也可依前件

李益王起杜元穎等賜爵制

勅李益等去年春朕以陵寢事大哀惶疚心而益等齋慄奔命各率其職俾予孝道型于四海何嘗一日而忘之卽命有司舉常典凡爵之高下視執事之重輕有司亦能遵我成命第而次之進級益封無有不當由益而下爾宜欽承可依前件

王計除萊州刺史吳暐除蓬州刺史制

勅王計等咸以材畧載筆從軍藝學智謀霈然足用多歷年祀備嘗艱危進退周旋不聞失道司徒宏正詳奏以聞因以竹符分命試吏而蓬萊二郡各介一方牧人者但不擾其心不奪其力則雖華夷南北土物不同皆可以自足自遂矣宜用此道往安養之可依前件

義武軍奏事官虞候衛紹則可檢校秘書監職如故制

勅某官衛紹則服勤藩鎮敷奏闕庭奉主帥之表章達軍府之情狀嘉其忠效宜可褒升俾洽新恩用充舊職可依前件



授庾敬休監察御史等制

勅渭南縣尉庾敬休等咸文行清茂士之秀者宜從吏列擢在朝行各隨才用分命以職司諫執憲佇有可稱

深州奏事官衛推試原王友韓季重可兼監察御史充職制

勅某官韓季重上將臨戎陪臣將命詳其奏報頗盡事情特加寵章用奬勞效王官憲職以示兼榮可依前件

袁幹可封州刺史兼侍御史制

勅安南兵馬使封州刺史兼監察御史袁幹委質藩方稔

知戎旅嘗驅寇盜累著功勞故命遷領郡符超升憲簡足以安荒俗耀遠人敬而承之無替前效可封州刺史

華州及陝府將士吉少華二千三百三十五人各賜勳五轉制

勅某官吉少華等距河重鎭分陝近藩俾遏寇虞實資士旅勞旣同力賞宜徧行次第其名書於勳籍可各賜勳五轉

京兆尹盧士玟除檢校左散騎常侍兼中丞瀛漠二州觀察等使制



勅夫疆理天下壞制四方乘時省置何常之有故方隅未寧務先經畧則轉委方伯以總統之及兵革甫定思宏風化則並命連帥以分理之朕常以幽薊一方環封千里延袤廣莫專制實難屬元戎改轅新帥進律因而置制以叶便宜葢王者弛張變通之要也京兆尹盧士玟爲人端和爲政寬簡自尹京輦人甚便安今司徒總籍甚爾名叶從人望河間列郡乞委士玟因而可之必易爲理況新造之府經始之政勞徠安輯是爾所能俾珥左貂兼執中憲寵任不細勉哉是行可依前件

# 欽定全唐文卷六百五十八

## 白居易三

武寧軍軍將郭暈等五十八人加大夫賓客詹事太常卿殿中監制

勅某官某頃以齊寇發狂王師致討武寧裨將五十八人雖有元戎指蹤制勝實由衆校同心許國合力成功宜以憲秩儲寀寺卿府監舉申賞典用益勳庸可依前件

贈僕射蘇兆男三人妻兄一人並被蔡州誅戮各贈太子贊善大夫等制



勅故某官男等淮寇之起爾陷其中能守父訓不失臣節竟遇蠭蠆並爲鯨鯢葵將死而心傾劍雖埋而氣在毒延禦侮禍及維私將貢幽魂宜追寵命俾贈青宮之秩用伸赤族之寃可依前件

王士則除右羽林大將軍制

勅羽林所設上法星文軍衛之中號爲雄重稱茲選任不易其人左驍衛將軍王士則勳戚之家義方之子發身學劍餘力知書早踐班榮累參環列職近而身彌檢愼任久而心益恭勤早以自居勞而不伐況一備禁衛四爲偏將

滯於久次宜有超升俾領上軍仍遷右廣統良家之騎士訓期門之材官寵任不輕無墮於事可右羽林軍大將軍

前穀熟縣令李季立授奉天丞兼監察御史充回鶻使判官制

勅某官李季立蕃國通聘使臣告行上請屬寮同役王命以爾嘗爲令長頗有幹能加之恪恭可備選擇假威憲職兼命邑丞足示優榮勉勤任使可依前件

李懷金等各授官制

勅博野鎮都虞候殿中監李懷金等戮力戎行叶謀王事



既展捍城之効彌章奉國之心不加寵榮何勸忠勇敬授爵命勉思令圖可依前件

王日簡可朝散大夫德州刺史制

勅前代州刺史代北軍使王日簡吾聞任有才則事集獎有勞則功勸以日簡嘗爲代守軍睦人安雄効所能可居要地是用超登階級遷領郡符勵精壹意其聽吾言夫主憂則臣勞時危則節見今冠戎暴起封域未寧是忠臣奮奇謀烈士展殊効之日也朝立功而夕受賞汝其念之哉可德州刺史

薛元賞可華原縣令制

勅前大理丞薛元賞甸服之制也署以尹正承以令長上下有統而理化行焉以元賞前爲廷尉丞察獄平刑頗聞敬慎寺卿奏課邑宰缺員故移欽恤之心使布惠和之化上承而長下字吾人無或越思而乖統理可華原縣令

王承林可安州刺史制

勅安陸古鄖國也介荆漢之間承軍旅之後宜得謹良長吏以養理之也前相州刺史王承林比刺安陽勤修其職錄勞獎善故申命焉況爾生勳伐之家早階寵祿宜自修



立以光大其門爾當思勤儉以檢身務廉平以臨下率吏用禮勸人歸農勿偵勿佻一遵吾之約束可安州刺史

嚴綬可太子少傅制

勅東朝保傅歷代尊榮漢擇名儒任先疏廣晉求耆德選在山濤實資六傅之賢用宏三善之道檢校司徒兼太子少保嚴綬文雅成器恭謙致用出領重鎭以帥諸侯入爲具寮以長卿士歷踐中外備嘗艱虞殆三十年勤亦至矣況理心以體道知命而安時是謂敎誨之人可領調護之任由保還傅爾其敬之可太子少傅

源寂可安王府長史制

敕義成軍節度判官檢校兵部員外源寂早膺慰薦累展才能謀畫有終恭勤無怠守臣推善列狀升聞可使束帶立朝廷曳裾遊藩邸俾從賓佐入補王官

鄭枋可河中府河西主簿制

敕鄭滑觀察推官試太子通事舍人鄭枋名列士林職參軍府修身無闕從事有勞旣展効於卽戎宜試能而補吏俾之劇邑庶有可觀可依前件

喬弁可巴州刺史制



敕權知巴州刺史喬弁前假竹符俾臨巴郡一意爲理三年有成州人借留廉使置奏旣因會課宜及陟明九仞之功無虧一簣無狃眞授而怠初心可巴州刺史

薛戎贈左散騎常侍制

敕夫有名於時有勞於國盡忠以事上遺愛而及下則必生享寵祿歿加褒崇所以旌善人而勸來者故浙東觀察使越州都督兼御史中丞薛戎挺英於冠族擢秀於士林凡踐官榮皆著聲績及授符節委之察廉自江而東政成人乂老而將智病且知終方覲闕庭忽捐館舍是用廢朝軫念加賻申恩俾增九原之光追備八貂之列可依前件

辛弁文可淄州長山縣令制

敕趙州臨城縣令辛弁文旣有英材又知臣節逋逃冠難奔走道途言念忠勞宜加恩奬俾換銅墨移宰長山可依前件

知汴州院官侍御史盧蒙可檢校倉部員外郎陜府院官盧台可兼侍御史鄭滑院官李克恭可試大理評事獨孤操可衞佐並依前知院事同制



敕鹽鐵官漕運職小大遠邇羅布於四方自丞相播兼領以來而撮大綱覈羣吏職以能進秩由課遷法無僭差人有懲勸今蒙台克恭操等咸當自舉分命以官勉副知己無忝成命可依前件

王智興可檢校右散騎常侍兼御史大夫充武寧軍節度副使領本道兵馬赴行營制

敕沂州刺史御史大夫王智興李愿李愬之鎭武寧也汝爲裨將勵節忘身濟成大功汝實有力奬其成効擢授郡符海沂之間又著聲績宜加新命以寵舊勞仍提鋭師往

副戎律夫將之撫衆如子弟則衆之視將如父兄苟推赤心而無疑必蹈白刃而不悔勉親士卒佇翦寇戎可依前件

田羣可起復守左金吾衛將軍員外置兼澶州刺史制

敕前左武衛將軍田羣忠謹立身韜鈐嗣業自參戎衛尤見恭勤而燕薊之間澶爲要郡公侯之後羣有令名俾分符竹之榮佇濟弓裘之美宜奪情禮起而用之

楊於陵亡祖母崔氏等贈郡夫人制



敕大孝存乎始終殊恩被於幽顯追榮之命安可廢耶戸部尚書楊於陵亡祖母崔氏等風範有初光塵未昧發揮婦道標表母儀施及孝孫陟於高位夫蘊德者垂裕於後揚名者光昭其先俾彰積慶於中故許推恩而上各從寵贈用顯貽謀可依前件

邵同貶連州司馬制

敕朝議大夫守衛州刺史兼御史中丞邵同寵在專城職當守土不承制命擅赴闕庭違越詔條叛離官次將懲慢易宜舉憲章可連州司馬仍馳驛發遣

鄭公逵可陝州司馬制

敕朝議郎守原王府長史上柱國賜緋魚袋鄭公逵衆推士行時許吏才自列班榮尤彰恭恪夙夜匪懈春秋已高宜罷曳裾之勤徃贊坐棠之理是爲優秩用答令名可守陝州大都督府右司馬散官勳賜如故

劉泰倫可起復謁者監制

敕朝議郎前行內侍省內謁者監上柱國賜紫金魚袋劉泰倫古者有中涓謁者皆侍奉親近之臣也今之寵秩亦由舊焉況泰倫有行藝可以飾身才幹可以掌務監臨內



署朝請中闈謹密端和甚宜厥職久於其事無之實難宜加進秩之恩仍舉奪情之典勉承獎任勿替初終可起復朝議大夫行內侍省內謁者監

王師閔可檢校水部員外郎徐泗濠等州觀察判官制

敕前徐泗濠等州觀察支使朝議郎殿中侍御史內供奉上騎都尉賜緋魚袋王師閔朕以師律授智與智與以軍書辟師閔才既爲知已用官不俟滿歲遷所以使能而責理也然則贊廉察安戎旅既命之後吾有望於爾焉勉副

所從佇展來効可檢校尚書水部員外郎兼殿中侍御史充徐泗濠等州觀察判官勳賜如故

薛從可右清道率府倉曹制

勅三品子薛從惟汝父平守吾藩鎮能以忠力殄寇安人酬庸既以啟封延賞亦宜及嗣勉承義訓無忝寵章可朝散郎行右清道率府倉曹參軍

義武軍行營兵馬使高從政等五人河東節度行營兵馬使傅義等二十四人並破賊可御史大夫中丞侍御史制



勅古者賞不逾時所以勸勳庸也爵有加等所以激忠勇也而某官高從政等以義武之師統晉陽之甲前蹈白刃中推赤心大摧賊徒連告戎捷超榮速賞爾實當之故視軍功遞遷憲秩破竹之勢其思有終可依前件

故奉天定難功臣試殿中監陳日榮等一十二人可贈商鄧唐隋等州刺史制

勅春秋崇褒善之義國家厚追榮之寵其身歿而名不殞時去而恩未及者大司馬得稽勳籍舉而行之故某官某等凡十二人按狀徵書宜加寵命飾終之典其可廢乎可依前件

段斌宗惟明等除檢校大理太僕卿制

勅義武軍節度都押衙兼侍御史段斌衙前虞候檢校太子賓客宗惟明等寇虞未平將校方用宜以爵賞勸其忠勞而斌奔命獻俘惟明奉章告捷各勤乃事咸造於庭並加寵榮以示優奬斌可試太僕卿依前兼侍御史惟明可檢校大理卿餘各如故

戶部尚書楊於陵祖故奉先縣主簿楊冠俗可贈吏部郎中於陵奏請迴贈制



勅故某官楊冠俗貽厥孫謀垂裕後世揚其祖美不忘先也以冠俗之棲遲下位道屈於時以於陵之光大其門慶鍾於後生不逮事歿有追榮宜加義率之心用舉飾終之典可贈吏部郎中

故光祿卿致仕李愬贈右散騎常侍制

勅故某官某國老之子藩臣之兄嘗列棘以承家竟懸車而捐館生加爵寵歿及褒榮茲惟舊章用慰幽穸

劉悟妻馮氏可封長樂郡夫人制

勅古者有策名命婦賜號夫人蓋積善於閨門而受封於

國邑也澤潞節度使劉悟妻馮氏傳芳茂族作合良臣成此忠貞之功因於輔佐之力禮從夫貴慶叶家肥俾開大郡之封以正小君之命可封長樂郡夫人

夏州軍將二人授侍御史制

敕某官某等早稱武藝久隸軍麾稟命元戎服勤王事或千里移鎮從爲紀綱或十乘啟行倚爲肘腋綿歷年月積成勤勞不加寵榮何勸忠効並命憲職宜敬承之並可兼侍御史餘如故

日試詩百首田夷吾曹璠等授魏州兗州縣尉制



敕乃者魏兗二帥以田夷吾曹璠善屬文貢置闕下有司奏報明試以詩五言百篇終日而畢藻思甚敏文理多通賢侯薦延宜有升奬因其所貢郡縣各命以官而倚馬爰來衣錦歸去以文得祿亦足爲榮可依前件

衛佐崔蕃授樓煩監牧使判官校書郎李景讓授東畿防禦巡官制

敕某官崔蕃等咸因文行自致班序或佐衛蘭錡或典校蓬山各從所知將展其用夫司牧坰野備禦都畿所以班馬政而遏寇虞也茲皆重務爾勉贊之可依前件

李愬李愿薛平王潛馬總孔戣崔能李鄘李文悅咸賜爵一級並迴授男同制

敕封爵之設在乎賞勸有以襃德有以序勳賞善興功實由茲道而某官李愬等或望崇台鼎或委重旌旄爰及藩條共分憂寄有勞於事無怠於心宜疏爵以啟封許推恩而及嗣祗受厥命永孚於休可依前件

故工部尚書致仕杜羔贈右僕射制

敕故某官杜羔生於仁族發爲公器敦厚孝友本乎天性文學政事出於餘力自立朝右藹然素風司隸平刑駁議



廉問凡所踐歷不懈於位以年致政以疾就第出處進退皆叶時中遽此淪謝惻惻興念夫生有榮祿歿有寵贈所以極君道厚時風亦聖人有始卒之義也宜追端揆以申襃飾猶有精爽知吾不忘可贈尚書右僕射

幽州兵馬使劉悚除左驍衛將軍制

敕某官劉悚夙負氣概早習騎射才推燕趙之士學究孫吳之書加以忠厚可當任用況有令弟爲吾信臣節著艱貞情鍾友愛夫寵寄於外莫重於藩垣委任於中莫親於禁衛加此一職寵示二人豈不爲榮季出叔處可左驍衛

將軍

前幽州押衙瀛州刺史劉令璆除工部尚書致仕

制

勅某官劉令璆勳伐之家弓裘之嗣嘗修戎職亦領郡符迨此遲暮知有止足夫壯而奮發以忠事國老而知退以道安身人所難能理宜嘉尚俾超崇秩以寵高年可工部尚書致仕

盧衆等除御史評事制

勅幽州節度判官盧衆等幽薊重鎮盧龍舊軍是吾北門



委在上將實資寮佐以濟謀猷爾等或參務戎旃或專司奏記俱因事任各展才能而御史府官廷尉寺吏用申褒獎以勸忠勤勉奉元戎佇成嘉績

張偉等一百九十餘人除常侍中丞賓客詹事等

制

勅盧龍軍押衙兵馬使什將隨軍某等夫爵賞行於上則忠勞勸於下有國之典其可廢乎吾思薊首將及吏合聚衆力鎮寧一方緜以歲年積成勤効命以朝右貴秩言坊清班舉為寵章用申酬獎

梁璲等六人除范陽管內州判司縣尉制

勅盧龍軍節度要籍梁璲等咸以幹能早膺任使各參軍要同濟戎功言念恭勤宜加優獎郡掾邑佐分而命之仍兼舊職勉申來効可依前件

渤海王子加官制

勅渤海王子舉國内屬遣子來朝祇命奉章禮無違者夫入修職貢出錫爵秩茲惟舊典舉而行之

石士倹授龍州刺史制

勅石士倹東川帥涯上言士倹久習武藝兼通吏事可使



為郡責成其功吾聞江油巴夷雜處勿以遐陋而忘緝綏奉法愛人無貟知巳可龍州刺史

韓萇授尚輦奉御制

勅韓萇局分六尚職奉七輦茲惟優秩列在通班以爾立身頗恭守事甚謹宜有所奬可升於朝可尚輦奉御

孟存授成都府少尹制

勅孟存嘗參劇務亦牧疲人咸有能名得於主帥三蜀征鎮屯於成都雖有忠賢委為尹正至於贊修庶務通統諸曹承而貳之實資亞理勉勤厥職無累所知可成都府少

尹

杜元穎等賜勳制

敕中書舍人杜元穎等有位於朝有勞於事不加慶賜何勸恪勤宜各策名列於勳籍可依前件

商州壽州將士等賜勳制

敕某官某等夫勳者所以馭貴敘勞亢身庇族非因大慶不降殊恩爾皆委質從軍服勤事國宜按勳籍分而賜之可依前件

內侍楊志和等授朝散大夫制



敕楊志和等咸分要職列在內司慎靜檢身恭勤守事宜以章綬命爲大夫佩服寵光爾無失墜可依前件

內常侍趙宏亮加勳制

敕內常侍趙宏亮等列名禁籍祇命宮闈多歷歲時積成勞効宜加勳賞以洽恩榮可依前件

烏行初授衛佐制

敕烏行初重允之子早稟義方詩禮弓裘式聞不墜賞延之典本勸忠勳環衛之官兼資慎擇非唯久任亦以才升可佐衛曹參軍

烏重允妻張氏封國夫人制

敕古者夫爲大夫則妻爲命婦況在小君之位未加大國之封豈惟有廢徽章抑亦無勸忠力也某官某妻某氏以鳲鳩之德作合邦君輔成勳猷馴致爵位雖從夫貴未授國封今以南陽本邦善地錫爲湯沐加號夫人茲乃殊榮足光閨闥可封鄧國夫人

鎭州軍將王怡判官李序先被賊中誅因並死各贈官及優恤子孫制

敕朕嘗思鎭冀之間弔伐之際有仗順死義不吾聞者因



命宏正列狀以聞而某官王怡等頃陷艱虞思伸忠効或名節將立併命於幽憂或義烈臨奮失身於戮辱履危如虎尾視死如鴻毛若無襃揚何勸天下既降飾終之命仍加身後之禮追崇延寵有越常倫冀使死節之魂忠憤之骨知我憐憫歿無恨焉怡可贈左僕射序可贈給事中

武寧軍陣亡大將軍李自明贈濠州刺史制

敕王師之討蔡平鄆也自明爲武寧裨將隸於元戎凡所指蹤必先致命三軍之士於今稱之有勞未圖無祿早代生不及賞歿而加恩庶使猛將義夫聞而相勸曰死猶不

忘況生者乎可贈濠州刺史

裴宏泰可太府少卿知左藏庫出納制

勅前度支河北榷鹽使朝議郎檢校尚書刑部郎中使持節貝州諸軍事兼權知貝州刺史侍御史充本州防禦使上柱國賜紫金魚袋裴宏泰九土之貢百品之貨辨其名物謹其出納常在外府統以上卿宜求幹敏之才以爲之貳而宏泰頃分榷務兼撫郡民當軍興之時法行政立則受藏之府事繁物夥量其器能可以專委勉膺是任無替前勞可守太府少卿知左藏庫出納散官勳賜如故



李昌元可兼御史大夫制

勅通議大夫使持節儀州諸軍事儀州刺史兼御史中丞上柱國李昌元弓裘令子疆場勞臣能讀父書甚識戎事每在戰陣未嘗無功及委藩條亦聞有政而知臣者君也賞勞者爵也亞相之秩威重寵崇加乎爾身以勸能者可兼御史大夫

田頹可亳州刺史制

勅正議大夫前檢校右散騎常侍使持節洺州諸軍事兼洺州刺史御史大夫充本州團練使上柱國賜紫金魚袋田頹自別屯將壘專領郡城而能勤恤師人與之勞逸故臨戎則士樂爲用撫下而衆知嚮方忠勳既彰能政亦著牧守之選吾所重之譙鄲之間人亦勞止授爾印綬往勞來之宜推前心佇立後効可檢校右一作左散騎常侍使持節亳州諸軍事兼亳州刺史御史大夫本州團練使鎭遏使散官勳賜如故

薛伯高等亡母追贈郡夫人制

勅某夫人某氏等始播婦儀終垂母道教其令子爲我良臣皆茂著才名榮居爵位永言聖善宜及顯揚俾追啟邑



之封式表統家之訓可依前件

# 欽定全唐文卷六百五十九

白居易 四

## 李佑授晉州刺史制

敕牧守之官與吾共理下之安否繫乎其人必稽前功方降是命某官李佑夙負材器累經任用當領軍郡頗著政聲而平陽舊都近罷征鎮土疆事物既廣且殷藉爾良能爲予撫字夫均其征役簡其科禁謹身省事以臨其人而人不安未之有也徃宏是道以康晉人可依前件

## 武寧軍將王昌涉等授官制



敕王昌涉等早以材力召募從軍元和以來南征北伐咸有勞績著於一時主帥上聞乞加褒賞故以寺卿憲職序而寵之無棄前功在申後效可依前件

## 馬總亡祖母韋氏贈夫人制

敕某官馬總亡祖母韋氏播茲懿範貽厥嘉謀施及孝孫實居貴仕將明餘慶其在追榮不惟垂裕後昆抑且光照幽壤宜降封邱之命以慰令伯之心可贈某夫人

## 路貫等授桂州判官制

敕藩閫之重委以侯伯軍府之要掌在賓寮貫等以文行修身以智謀從事佐廉問澄清之務撫華夷錯雜之人俾其乂安實在參贊宜及寵命以光所從可依前件

## 駙馬都尉鄭何除右衛將軍制

敕周設七萃漢列八屯皆以拱衛王宮肅嚴徼道統茲騎吏其屬親賢某官鄭何擢秀士林挺質公器以貞和陶其性以禮樂文其身善積德門慶連戚里况久踐名職累著聲猷念舊獎能宜加榮寵環列之尹不易其人俾宣力於爪牙不失親於肺腑可右衛將軍餘如故

## 封太和長公主制



敕公主之封號也或以善地或以嘉名立愛展親茲惟舊典第四女端明成性和順稟教靜無違禮故組紃有常訓動必中節故環珮有常聲歲茂穠華日新淑問乃眷肅雍之德俾開湯沐之封可封某公主

## 宋朝榮加常侍制

敕河東節度都押衙試太子賓客兼御史中丞宋朝榮嘗因戰功擢領邊郡授能適用故有轉遷龍樓上寮衙門右職雖有兼命未表殊恩宜加騎省之榮不改憲臺之重以茲寵任足報忠勳爾其敬承無墮乃力可檢校左散騎常

侍餘如故。

贈陣亡軍將等刺史制

勑。故某官某等。王師問罪。至於淄青。爾等同執干戈。親當矢石。忠而盡瘁。勇而亡身。或退卒於師。或進歿於戰。俱死王事。深惻朕心。念捐軀於軍前。宜追命於泉下。郡守之貴。以示褒榮。可依前件。

諸道軍將等授官制

勑。平齊之役也。諸軍指期。衆校合戰。某官等各輸戮勇。同樹勳勤。永思積日之勞。頗媿踰時之賞。故於奬授。有所超遷。朝右貴班。宮坊清秩。或參憲職。分以命之。庶知我心。不忘忠力。可依前件。



裴度韓宏等各賜一子官并授姪女壻等制

勑。某官某等。謁廟郊天。改元肆眚。是爲大慶。與衆共之。矧股肱心膂之臣。與吾同體。延賞任子。其可廢乎。爾等或以文華。或以吏職。有所修立。稟於義方。自當褒升。況霑慶澤。俾舉展親之典。用叶推恩之道。猶子愛壻。各命以官。爾其敬承。無忝朝奬。可依前件。

入回紇使下軍將官吏夏侯仕戡等四十人授卿監賓客諮議衛佐同制

勑。某官夏侯仕戡等。前命鄭權之入回紇也。爾等參護使車。用祗王命。悉心盡力。有恪恭跋涉之勤焉。宜以省寺軍衛之班。宮坊府邸之用。舉爲賓典。分以寵之。辨等旌勞。於是乎在。可依前件。

盧昂可監察御史裏行知轉運永豐院制

勑。虢州司戶參軍盧昂。前負瑕疵。事多曖昧。今聞修省。善亦昭彰。況有大僚。同知情狀。且明非罪。仍舉有才。吾信人言。遂可其奏。爾思自効。無辱所知。可依前件。



張維素亡祖紘贈戶部郎中制

勑。右散騎常侍張維素亡祖某縣令某。德合上元。才終下位。命屈於當代。慶流於後昆。故其孝孫。實登貴仕。經曰。無念爾祖。詩曰。貽厥孫謀。此言孫之謀。能顯揚其先祖之德。能垂裕於後也。不追榮於列宿。曷旌德於太邱。可贈戶部郎中。

興州刺史鄭公逵授王府長史李循授興州刺史同制

勑。鄭公逵等。或以行稱。或以才舉。進修所致。班秩不卑。改

命序遷各適其用且乘朱輪於郡邸曳長裾於王門士子名宦至斯亦不爲不遇也立朝寀部各敬爾官可依前件

權知陵州刺史李正卿正除刺史制

勅審材之要考察爲先吾之於人試乃可用李正卿頗閑吏道因假郡符畏法愛人善於其職夫速旌其能則吏勸久於其政則化成未可轉遷就加眞秩副吾知獎無怠始終可陵州刺史

知渭橋院官蘇洌授員外郎依前職前進士王績授校書郎江西巡官制



勅某官蘇洌當以幹良分領劇務受任稱職主者上聞績既有成賞安可缺前進士王績亦以藝學籍名太常著爲令聞及此慰薦一以課進一以才升咸加班榮同以褒獎臺官校職爾各欽承可依前件

湖南都押衙監察御史王璀可柳州司馬依舊職制

勅某官王璀郡司馬之官秩祿頗厚凡在戎行有軍課者多兼命以優寵焉而璀以鞭弭櫜鞬從事征鎭前後主帥咸稱有功宜加新命仍率舊職蓋欲旌往勞而責來效也爾其勉之可兼柳州司馬

安南告捷軍將黃士脩授銀青光祿大夫試殿中監制

勅某官黃士脩戎首來降陪臣告捷服勤靡盬將命無違宜以恩榮獎其勞効貴階崇秩兼而寵之可依前件

授徐綰兵部員外郎李光嗣右司員外郎制

勅具官徐綰以丞相之子爲尚書郎人得見於會朝而不得見於私室其言不敢近政其動未嘗違謙用是寡尤式彰能訓論者美宣祖大臣以行至移風稱易名者必曰光



嗣之王父也爾克敬有後敏以自圖多所周防恐墜遺法而皆以去列可使陟居武庫部都曹郎選惟重并舉而授無墮當官可依前件

王鎰可刑部員外郎制

勅刑曹郎闕朕詔執事擇可以善於其職者而殿中侍御史王鎰自居殿中能察非法連鞫庾獄多協平允加以溫敏靜專可當是選一歲之獄決在秋冬今方其時宜敬乃職

京兆府司錄參軍孫簡可檢校禮部員外郎荆南

節度判官浙東判官試大理評事韓佽可殿中侍御史巡官試正字晃朴可試協律郎充推官

同制

敕某官孫簡等凡使府之制量職之輕重以命官揆時之遠近以進秩俾等殺有常序遷次有常程勞逸均而名分定矣簡自登憲司佐相幕府暨糾天府皆有可稱而佽等亦以文學發身謀畫効用荆揚浙右實籍賓僚況今之公卿大夫皆由此途出慎爾職事爾無自輕可依前件

冀州奏事官田練可冀州司馬兼殿中侍御史制

敕某官田練幹敏立身公勤濟事奉州將之手疏達軍人之血誠念其忠勞宜有寵擢假憲名於殿內遷郡秩於治中茲謂兼榮爾其敬受可依前件

薛常翽可邢州刺史本州團練使制

敕新授深州刺史薛常翽平蔡之役常領偏師實立勳勞遂膺寵任今屬方隅多故將守用能且以翽之長林居邢之要地故命魚符換郡熊軾移轅夫事至而功成時來而節見此忠良之事業也爾其念之哉可依前件

牛元翼可檢校左散騎常侍深州刺史御史大夫



制

敕某官兼御史中丞權知深州事牛元翼命官之要凡試吏者必俟成効然後即眞而元翼有理戎之才扞城之畧權領軍郡能修武經士樂人安厥有成績是用假威臺憲眞拜郡符仍以金貂示其兼寵吾聞忠臣立節烈士垂名其要無他得時而已勉竭才力副予斯言可依前件

王衆仲可衡州刺史制

敕前虔州刺史王衆仲聚學修身由文飾吏累經任使頗著良能前牧南康亦聞有政宜新印綬載領藩條而衡湘之間蠻越雜處無以俗陋不慎乃事無以地遠而怠厥心副吾陟明俟汝奏課可依前件

田盛可金吾將軍勾當左衞事制

敕右金吾衞將軍田盛夫任官至執金吾古今所榮重也而盛生勳德門有文武畧居貴介而無佚傾誰何而有勞言念徼巡之功宜及轉遷之命處左攝事以表使能可依前件

陳楚男王府諮議參軍君賞可定州長史兼御史

軍中驅使制

勑某官陳君賞夙承義訓幼有令聞專繼弓裘之名通知軍旅之事因仍憲職兼佐郡符敬服寵章勉從任使

崔承寵可集州刺史制

勑太子左諭德崔承寵早登班級亟換星霜自陳力於貴朝屢奉辭於外國職由事博績以勞成就力宮坊既申贊諭之美分符郡邸佇聞刺擧之能宜勵公心祇承寵命

前貝州刺史崔鴻可重授貝州刺史制

勑前貝州刺史崔鴻嘗牧貝邱能修其職及辭印綬頗歷去思相時之宜從人之望俾換新命再臨舊邦況聞貯蓄



時林諳詳物務而方州思理侯伯薦能勉勤為政之心勿忝知人之擧

前吉州刺史李繁可依前吉州刺史制

勑前吉州刺史李繁累奉藩條皆奏課第故移縉雲之政俾牧廬陵之人雖降璽書未臨郡邸屬魚章改造熊軾追還事既謀新職宜仍舊勉率分憂之任庶成來暮之謠

瀛漠州都虞候萬重皓可坊州司馬制

勑某官萬重皓嘗資武力早備戎行頗歷艱虞亦聞勤効而藩隅未靖遷轉從宜言念前勞宜加優秩可坊州司馬

崔墉可河南府法曹參軍制

勑鄆曹觀察判官監察御史裏行崔墉文行飾躬公清奉職士林推美藩府薦能軍旅之間久資其用忠勤之後不隕其名宜拔才於功臣俾試吏於府掾可依前件

前河陽節度使魏義通授右龍武軍統軍前泗州刺史李進賢授右驍衛將軍并檢校常侍兼御史大夫制

勑文武之才內外迭用軍國之任出入遞遷斯所以優勳賢而均勞逸也某官魏義通以戎功積久榮委旌旄某官



李進賢以軍課居多寵分符竹各勤其職咸用所長是以河陽三城鎮靜而不擾泗濱一郡緝理而有勞我有禁軍爾宜分領親信則倚為心膂動用則張為爪牙苟非其人不副此任咸假貂蟬之貴仍兼憲職之榮勉哉二臣無替一志可依前件

李元成等授官制

勑黔州觀察使兼度支使李元成等或蘊蓄能才咨謀是藉或分領劇務課績有成并可奏書各遷憲職勉勤乃事無忝所知可依前件

馬總準制追贈亡父請迴贈亡祖制

敕夫積善者慶鍾於後顯揚者光昭於先而總貫爲邦君賢爲國士荷貽謀之訓用率義之丈上獻表章有所陳乞朕念其祖德褒以臺郎所以復陳實必與之言慰范喬泣涕之思庶使幽顯兩無恨焉可贈某官

權知朔州刺史樂璘正授兼御史中丞制

敕樂璘專習武經旁通吏道試補郡守以觀其能連帥上聞果副所舉夫審官之要在因其所長而任之則政速成而化易就也才既試可官宜即眞何以寵之就加憲職可



朔州刺史兼御史中丞

神策軍推官田疇加官制

敕田疇官列環衞職參禁軍愼檢有聞恭勤無怠顧是勞效例當轉遷郡佐官寮以示兼寵

裴敞授昭義軍判官裴倂授義成軍判官各轉官制

敕裴敞等昭義義成今之重鎭實藉賓介以參謀猷而二帥皆勤於奉公精於辟士度才而授職循序而請官頗合所宜咸可其奏可依前件

雲州刺史高榮朝除太子賓客河東都押衙制

敕高榮朝常領銳師入攻堅冠因累獎賞位至專城才有所長宜遷戎職功不可忘兼進榮班勉事元戎無替勞効

韋綬等賜爵制

敕韋綬等去年春夏同奉寢園事集禮成副吾哀敬宜加封爵以報恪勤可依前件

烏重明等贈官制

敕故某官烏重明等夫生樹功勳歿加褒飾有國之常典也重明等在興元初常執勤於奉天策勳爲定難無祿即



代有勞未圖星歲屢遷光塵不昧聞鞞之念予心曷忘俾慰幽泉各追顯秩可依前件

羽林龍武等軍將士各加改轉制

敕夫軍衞警則內外嚴爵賞明則忠勤勸爾等咸以材力列於禁營屬去年以來屢陳儀仗雖加賜予未答勤勞因詔有司舉行賞典吾匪虛授爾宜敬承文武班資各從序進可依前件

新羅賀正使金良忠授官歸國制

敕新羅使倉部郎中金良忠等朕以文明御時以仁信柔

遠聲教所及駿奔而來況溟漲一隅舟航萬里爾慕我化我圖爾勞隨其等倫命以寵秩無替前效永爲外臣可依前件

除裴垍中書侍郎同平章事制

門下朕聞后德惟臣臣德惟良在太宗時實有房杜贊貞觀之業在元宗時實有姚宋輔開元之化咸克佑我烈祖格於皇天朕祇奉丕圖懋繼前烈思欲貞百度和萬邦建中於人垂拱而理永維房宋之化寤寐求思至誠感通上帝眷佑果賚良弼輔予一人正議大夫行尚書戶部侍郎



上柱國賜紫金魚袋裴垍器得天爵文爲國華行有根源詞無枝葉忠敬恭順貫之以誠心方潔貞廉輔之以通識玉立不倚金扣有聲洎內掌綸言密參樞務嚴重有大臣之體溫雅秉君子之文每獻納之時動有直氣當顧問之際言無隱情遠圖是經大事能斷匡予不逮時乃之功及領地官且司邦賦會計務劇出納事殷投刃而皆虛委棼絲而必理歷試已久全才益彰宜登中樞以副僉望夫宰輔者下執邦柄上代天工爲國蓍龜注人耳目爾尚降乃德以親百姓廣乃志以序九流匡朕心以清化源從人欲以致和氣予欲宣力汝爲股肱予欲詢謀汝爲心膂予違望於汝弼勿謂不從汝言逆於朕心必求諸道獨立勿懼直躬而行明聽斯言敬踐乃位嗚呼罔俾房宋專美於前可中書侍郎同中書門下平章事散官勳賜如故主者施行元和六年十一月

除段祐檢校兵部尚書右神策軍大將軍制

門下爲君之心惟功勞是念有國之典以賞勸爲先其有輯睦師徒保綏黎庶盡勤王之節建護塞之勳則宜進以官常委之軍要兼文武之秩參內外之榮斯所以彰念功



而明懋賞也四鎮北庭行軍兼涇原等州節度支度營田觀察處置等使光祿大夫檢校工部尚書使持節涇州諸軍事涇州刺史兼御史大夫上柱國鴈門郡開國公段祐早膺事任累著公忠名因義聞位以勳致自分戎閫實控塞門明舉武經大修邊務士卒有勇保障無虞虜不近邊農皆狎野展執珪之勤禮湛戀闕之深誠方圖爾勞且遂其志夫六官庀職大司馬列於前二翼分師大將軍處其右長夏官以率屬領環衛而拱宸苟非信臣安可兼委嘉乃實効副予虛求將慎重其腹心宜進登於喉舌敬服休

命勉揚令圖可檢校兵部尚書右神策軍大將軍知軍事散官勳封如故主者施行

除趙昌檢校吏部尚書兼太子賓客制

門下王者以尚齒尊賢為禮以念功任舊為心況文武之才有以兼備則中外之職所宜迭居所以寵舊勳而優耆德者也前荊南節度管內支度營田觀察處置等使金紫光祿大夫檢校兵部尚書兼江陵尹上柱國天水郡開國公趙昌聚學飾身修誠致用久膺事任累著勳猷統護交州威惠之聲克振鎮臨南海撫循之政有經自移部荊門



馳心魏闕增修職貢益勵忠勤爰舉寵章用旌茂績夫望優四皓然後能調護春闈才冠六卿然後能綱紀會府惟爾年德足尚可以周旋其間宜增喉舌之榮以崇羽翼之任服我休命其惟懋哉可檢校吏部尚書兼太子賓客散官勳封如故主者施行

# 欽定全唐文卷六百六十

## 白居易五

除鄭絪太子賓客制

門下王者重輔弼之任明進退之宜見可即升知否則捨茲朕所以推誠不惑與物無私者也銀青光祿大夫守門下侍郎同中書門下平章事兼宏文館大學士上柱國賜紫金魚袋陽武縣開國侯鄭絪早以令聞入參禁署永惟勤績出授台司期爾有終匡予不逮歲月滋久謀猷寖微罔清淨以慎身每因循而保位既乖素履且鬱皇猷宜副



羣情罷茲樞務朕以其久居內職累事先朝思厚大臣貴全終始俾就優閒之秩用申寬大之恩可太子賓客散官勳封如故主者施行

加程執恭檢校尚書右僕射制

門下職參揆務權總戎麾必唯其人乃授斯柄自非望崇垣翰功著旂常則何以副儀形之求稱節制之任我有休命爾其欽承銀青光祿大夫檢校兵部尚書使持節滄州諸軍事兼滄州刺史御史大夫橫海軍節度支度營田滄景等州管內觀察處置等使上柱國邢國公食邑三千户

程執恭義勇立身忠慤成性聚爲事業發爲勳猷歷事先朝久專外閫殿邦而山岳比鎭奉國而金石爲心動修武經居有循化洎執珪入覲班瑞言旋忠懇內激於心誠恭順外形於詞氣爰舉酬庸之典稍增命秩之榮方圖前勞且有後命朕思安封域望在勳賢任既切於腹心位猶輕於喉舌以守土勤王之效雖進官封念來朝述職之忠未加寵數特升右揆俾在中樞勉終永圖無替成績可檢校右僕射餘並如故

除王佖檢校户部尚書充靈鹽節度使制



門下靜邊之要選將爲先夫有統馭之才然後授以節制之任有撫備之畧然後鎭以夷夏之衝期乎攘遏寇虞愼固封域今予命爾時謂得人開府儀同三司檢校刑部尚書兼右衛上將軍寧塞郡王食實封二百五十户王佖忠厚立誠果斷効用愼始終而行有枝葉踐夷險而道無磷緇早練武經果從軍職頃逢多壘實佐元戎節著臨危功參定難位由勞致名以忠聞自列六卿且司七萃星霜屢變金石彌堅宜申命於北轅俾遏戎於南牧進地官以崇新命極勳秩以褒舊功中簡朕心外諧僉議況五原重鎭諸夏長城修戎政莫先於威聲牧邊民莫尚於惠實師雜昆夷之悍訓必在和地爲獯虜之鄰撫宜以信勉率是道往分朕憂歲時之間期於報政委望斯在爾其聽之可檢校户部尚書兼靈州大都督府長史御史大夫充朔方靈鹽定遠城節度副使知節度事管內支度營田觀察處置押蕃落等使仍賜上柱國散官食實封並如故主者施行

除閻巨源邠寧節度使制

門下華夷要地實爲蕃漢鈇鉞重柄必授忠賢況乎犄角諸軍金湯中夏有坐甲護邊之旅任切於捍循有引弓犯塞之虞寄深於備禦內作心腹外張爪牙苟非信臣不在



茲選奉天定難功臣開府儀同三司檢校尚書右僕射兼羽林軍統軍御史大夫上柱國定襄郡王食邑一千三百户閻巨源備知虜態明練兵符永惟頗牧之能宜授郇邠之寄長南宮而遷左揆壯西郊而委中權既圖前勞且佇來效於戲十聯之帥可以觀政萬夫之長可以樹勳勉宏令猷副我休命可檢校尚書左僕射使持節邠州諸軍事兼邠州刺史御史大夫充邠寧慶等州節度管內支度營田觀察處置等使散官勳封並如故主者施行

授吳少陽淮西節度留後制

門下議事以制擇善而行是適變通庶臻康濟此王者所以宏德而息人也況閫外重寄淮右成師建有德以統藩方擇有才以領留府仰惟令典今舉行之彰義軍馬軍先鋒兵馬使正議大夫檢校右散騎常侍使持節申州諸軍事申州刺史兼御史大夫會稽郡王吳少陽忠勞許國貴介成家蓄武畧於韜鈐宣吏能於符竹屬元戎既歿謀帥其難朕將選衆以升試可而用推掌戎務已逾歲時而能和輯師人勤修土貢布寬簡有恒之政動悅人情守恭順



不踰之心靜俟君命有嘉大節可假中權宜進列於貂蟬俾增威於貔武仍加勳秩式茂寵章嗚呼重觀其能我故委之留事載佇其效爾宜勉於後圖敬思是言往率乃職可銀青光祿大夫檢校左散騎常侍依前兼御史大夫使持節蔡州諸軍事權知蔡州刺史充彰義軍節度管內支度營田申光蔡等州觀察處置等使留後仍賜上柱國封如故主者施行

除程執恭檢校右僕射制

門下臣之節極乎忠功君之柄先乎爵賞欲忠者之克懋也故爵有加等欲功者之速勸也故賞不踰時古先哲王實用茲道今我命爾因其舊章橫海軍節度支度營田滄景等州觀察處置等使起復冠軍大將軍左金吾衛大將軍員外置同正員檢校兵部尚書使持節滄州諸軍事兼滄州刺史御史大夫上柱國邢國公程執恭業傳將畧名在勳籍蘊天爵以修己忠孝兩全竭臣節而事君夷險一致紀綱我列郡節制我成師動揚休聲靜著茂實自合符徵旅奔命出疆暴露歷於三時供億出於二郡整衆而身作師律伐謀而心爲戰鋒服金革而無辭當矢石而有勇



雨晦識雞鳴之信風高見隼擊之威遠畧既申茂勳方集朕以恒陽之衆蠢爾無知毆彼生人致之死地每一念至惻然久之與其傷和而濟功曷若含垢而修德既罷師旅爰圖勤勞效且居多賞宜從重俾自夏官之長特升右揆之崇獎忠勤功於是乎在承我休命爾其欽哉可檢校尚書右僕射餘竝如故主者施行

除郎官分牧諸州制

漢宣帝云與我共理者其惟良二千石乎誠哉是言朕每三復安得循吏副吾此心今之臺郎一時妙選嘗經任歷

率有才用雖典曹庀事其務非輕而卹隱分憂所寄尤重是用並命分牧吾人歲時之間期於報政戶部郎中某可某州刺史兵部員外郎某可某州刺史云云朕高懸爵賞佇期酬效咨爾夙夜其念之哉無俾龔黃專美前代

除張宏靖門下侍郎平章事制

門下夫佐佑天子燮理陰陽平章法度登進賢哲外撫夷狄內安元元使百官修其職一物不失其所此宰相之任也朕思得良弼馴致此道咨予命汝其殆庶乎某官張宏靖惟乃祖乃父代居相位咸有成績書於旂常爾有忠正



恭肅文以禮樂日濟其美振揚家聲一時之人謂之才子亟登清貫益著令聞洎出刺陝部移鎮蒲坂政不苛細甚得人心察吏將卒皆樂爲用清簡之化聞於京師由是鄭風緇衣之好漢庭元成之美朝望時議翕然與之人謀既同朕志亦定乃用登爾於佐輔授爾以大政尚克欽乃嘉命業乃代官竭其股肱服我前訓嗚呼三代爲相邦家之光爾其念哉無替乃前人之徽烈

授范希朝京西都統制

門下閶闔風至太白星高謀帥護邊國之大計具官范希朝忠貞勤儉以爲質惠和智勇以爲用一代名將三朝信臣朕以西邊列鎮三四若有總統則易成功思得良帥有威名者幷護諸將歲一巡邊乘秋順令揚其威武則南牧之馬引弓之人知我有備不戰而去誰其任者無如希朝以爾有朔方之榮有振武之效功在疆場名聞羌戎惟實與聲皆副是選今拜爾爲大將尊爾爲司徒節制進退一令諸稟倚望如右可不愼歟可充京西都統

贈李吉甫先父官幷與一子官制

勅其官李吉甫出入將相迨今七載而能修庶職敘彝倫



毗予一人以底於道夙夜不怠厥功茂焉夫忠於君者教本於親寵其身者賞延於嗣於是乎有飾終之命有任子之恩所以感人心而勸臣節也惟兹舊典可舉而行

除李絳平章事制

門下昔在堯舜聰明文思尚賴良臣實相以濟況朕薄德不逮先王是用急疾於求賢置之於左右俾承弼納誨以匡不逮言雖逆耳必求諸道事苟利人咸可其奏兹足以宣股肱之力成天下之務歷選多士爰得良輔乃降厥命其聽之哉其官李絳齋莊嚴重內明外直進退舉措有大

臣體自參內職每備顧問忠讜之操終然不渝及貳地官專領財賦未逾周月亦有成績歷試多可人望攸歸俾登中樞無易絳者於戲爾以文學入仕以正直奉上才膺大用職亦屢遷十年之間位至丞相何以報國在乎匪躬欽哉懋哉無忝朕命

授韓宏許國公實封制

梁宋之交水陸合會人雜難理軍暴難戢因變肆亂往往有焉唯此一方朕嘗憂慮今有良帥鎮而撫之政立功成宜舉賞典某官韓宏以長材大畧作我藩臣本於忠力輔



以政理自分閫寄在浚之郊嚴貞師律恭守朝憲訓兵積粟明罰信賞軍和食足禮節竝行河南晏如於茲一紀是則有大勳於國有大患於人會課議功無出其右夫有過人之效則有加等之命古之王者所以賞一人而天下勸者用此道也可不務乎是用建於上公授之眞食以示殊寵以旌殊績欽我休命子孫其保之

除裴度中書舍人制

司勳郎中知制誥裴度以茂學懿文潤色訓誥體要典麗甚得其宜施之四方朕命惟允况中立不倚道直氣平介然風規有光近侍臺郎滿歲班列當遷綸閣之職所宜眞授可中書舍人

除蕭俛起居舍人制

敕左補闕翰林學士蕭俛頃居諫列職司其憂夙夜孜孜拾遺左右朕嘉乃志選在內庭自參密近益見忠讜始終不替尤足多之記事之官一時清選俾膺是命以宏勸奬可守起居舍人依前件

除崔羣中書舍人制

庫部郎中知制誥翰林學士崔羣端厚和敏飾以文學溫



良忠敬得侍臣之風自列內朝兼司誥命事煩而益密職久而彌精六年於茲勤亦至矣况小大之事常所訪問盡規極慮宏益居多所宜寵以正名式光禁職敬乃嘉命其惟有終

獨孤郁守本官知制誥制

考功員外郎史館修撰獨孤郁爲人沉實敏行寡言粲然文藻秀出於衆累升諫列再秉史筆洎掌功論率以直聞求之周行不可多得而掖垣近職綸閣重選俯詢時議爾宜居之

授沈傳師左拾遺史館修撰制

京兆府鄠縣尉沈傳師。庶職之重者。其史氏歟。歷代以來。甚難其選。非雄文博學。輔之以通識者。則無以稱命。今茲命爾。其有旨哉。昔談之書。遷能修之。彪之史。固能終之。惟爾先父。嘗譔建中實錄。文質詳畧。頗得其中。爾宜繼前志。率前修。無忝爾父之官之職。可左拾遺史館修撰。

除許孟容河南尹兼常侍制

昔吳公袁安。爲河南尹。守皆能以廉平清肅。馭吏教人。孰能繼之。我有良吏。某官許孟容。才志甚大。言論甚高。在臺



閣間。藹然公望。嘗尹京邑。觀其器用。臨事能守。當官敢言。不吐剛以茹柔。不附上以急下。政無煩碎。甚合衆心。及是轉遷。頗有遺愛。河洛千里。都畿在焉。凡所選任。必歸望實。考言詢事。非爾而誰。不忘舊政。可立新績。仍以騎省。申而寵之。

除李程郎中制

隋州刺史李程。頃以詞學。入參訓命。旋以才用。出領詔條。漢東大郡。委之共理。勵精爲政。三年有成。中外序遷。朝之彝典。尚書郎缺。爾宜補之。

裴克諒權知華陰縣令制

華陰令卒。非選補時。調租勉農。政不可缺。前鎮國軍判官試大理評事裴克諒。久佐本府。頗有勤績。屬邑利病。爾必周知。宜假銅墨。試其才理。待有所立。方議正名。

贈高郢官制

故尚書右僕射高郢。立身從事。皆有本末。在亂不汙。可以言忠。守官不撓。可以言直。以道佐主。可以言正。以年致仕。可以言禮。有一於此。人鮮克舉。況備四者。不亦君子乎。天不慭遺。深用軫悼。宜加褒贈。以旌其風。仍俾善人。聞而知



勸。可贈某官。

貶于尹躬洋州刺史制

中書舍人于尹躬。其弟皐謨。贓汙狼籍。雖無從坐之法。合當失教之責。然以典職詔命。恭勤五年。我卽念勞。爾宜思過。俾居近郡。茲謂得中。

贈裴垍官制

故太子賓客裴垍。忠正恭慎。佐予爲理。事君盡禮。徇國忘身。積憂與勞。搆成疾恙。以致淪逝。念之惻然。頃屬多故。未申禮典。永惟褒飾。寧忘於心。今則命數之間。宜從加等。庶

使忠於君者有以勸焉可贈其官

除軍使邠寧節度使制

金方之氣凝爲將星王者法天選命豪傑授之以鈇鉞拜爲將軍以威西戎以護中夏而倚望若是安可非其人哉某官某出忠入孝仗信抱義行有餘力學劍讀書鬱然將林用兼文武自領軍衞爲我爪牙夙夜警巡不懈於位材官知訓環列增勳服勤五年茲爲成績可以移用使之守疆邠郊大藩控扼胡虜若得良將則無外虞知臣者君非爾不可仍加副相以重是行勉樹勤勞式光寵擢



除韋貫之中書侍郎平章事制

門下周宣漢宣繼體之主一得申甫一得魏邴咸克致理號爲中興朕嗣位以來永監前烈惟是賢俊寤寐求思歷選周行乃獲時彥宜以政柄舉而授之具官韋貫之溫重明正國之公器當官必守臨事能斷簡在朕志迨今累年乃者擢居諫司以觀其直出領符竹以觀其理煩之劇務以觀其用訪之大政以觀其體歷試必中衆望允屬倚之爲相僉曰宜哉可中書侍郎同中書門下平章事夫臣事君以忠后從諫則聖靡不有始鮮克有終理化不成恒由於此今我與爾永終是圖雖休勿休以臻其極嗚呼二宣之業吾有望焉

除拾遺監察等制

渭南縣尉庾敬休等咸文行清茂士之秀者宜從吏列擢在朝行各隨才用分命以職司諫執憲佇有可稱

除范傳正宣歙觀察使制

古之諸侯三載考績選其賢者命爲長率所以勸功行而興理化也蘇州刺史范傳正文學政事二美具焉選自郎署出分符竹江南列郡連領者三所至之部悉心爲理明



諭朝旨恭守詔條謹身省事以臨其下政簡而肅意誠而明吏不能欺人是以息而去思之歎來暮之謠往復有政聞於人聽雖古循吏蔑以加之朕以陵陽與壤土廣人庶其地有險所寄非輕跡其前效可當此選況黟歙之遺愛尚在吳興之新政方播升車便道足慰人心固當望風自安計日而理倚注於爾往宜欽哉

邊鎮節度使起復制

執親之喪三年禮也聖人不得已而奪之金革之事無避權也忠臣不得已而從之某官某握我兵要守在塞門忠

勇威惠合以爲用師人悅附戎虜畏服迨彼諸部聞其姓名況歲廣屯田日討軍實載陳遠畧方集大勳自罹家艱遽致公政茹荼銜恤已過旬時而軍旅不可以無帥疆埸不可以無主且慮人慢或生戎心蓋臣節大於孝思王事急於情禮捨輕從重徇公滅私變而通之正在於此俾加戎秩用護邊封往復舊職無違朕命

除任迪簡檢校右僕射制

書曰德懋懋官功懋懋賞此先王所以匡飭天下也其有忠勞輸於國惠澤及於人高位厚賞朕無所愛某官任迪



簡項以本鎮元戎來朝俾佐師律實掌留務屬偏裨不軌誘動軍部亂行忤命至於再三而迪簡冒白刃於戎首置赤心於人腹挺身誓衆罔不率從羣情旣歸因命爲帥況閭閻蕩析倉廩匱竭野有餓莩軍無見糧又能推恩信以結衆心率勤儉以勸生業士旅悅附流庸思歸周月之間泰然安堵開置幕府叶和親鄰俾予無憂時乃之力夫爲將守立功如斯不加爵賞何勸來者建官惟百端揆長之自非勳賢不在此選以是加等之命寵乃殊常之績俾增威於閫外仍就拜於軍中爾其欽哉無替厥命

除常侍制

某官某往以強毅剛正見稱於時擢在左曹俾之駁議旋以言動小有過差左遷遠藩亦聞有政雖經三黜僅歷二紀而堅直之氣終是不渝人之所難亦足嘉尚宜可束帶立之於朝正色讜言時有所取俾登西掖仍珥右貂從容前後以備顧問

除裴武太府卿制

勑聚九州之賦辨百貨之名按其度程謹其出納孰爲主者外府上卿務殷秩崇不易其選某官裴武有通敏之識



有倚辦之才以茲器用早膺任使小大之務罔不勵精累有勤績存乎官次而受藏之府國用所資若非使能何以集事俾陞顯列仍委劇務爾宜率其官屬欽乃職司會帑藏出入之要修權量平校之法以遵成式無使改易謹而守之斯爲稱職

杜佑致仕制

勑盡悴事君明哲保身進退始終不失其道自非賢達孰能兼之司徒同平章事杜佑以長才名畧爲國元臣歷事四朝殆逾三紀出專征鎭爲諸侯帥入贊台衮爲王室輔

嘉猷茂績中外洽聞寵任既崇勤勞亦至頃以年登致仕退請懸車方深倚注久未得謝勉就牽率迨茲累年今抗疏披誠至於數四敦諭頗切陳乞彌堅期於必遂理不可奪守沖知止佑實有焉賢哉大夫今古同道宜從優異之命式表褒崇之禮尚資耆望俾傅東朝可太子太師致仕如天氣晴和亦任朝謁昔祁奚申叔皆就請老國有大事入議否臧忠臣愛君豈必在位永觀前事期副茲懷

鄭涵等太常博士制

某官鄭涵等竝早以文行久從吏職輩流之間頗爲淹滯



況雅有學識進修不已禮官方缺宜當此選凡朝廷禮制或損益有宜中外論議或褒貶不決爾爲博士皆得正之所任非輕各敬乃事竝可太常博士

除韓皐東都留守制

國之都府半在東州未遑時巡方委留鎮非位望崇盛加之勳舊者則不足以允僉屬而副重寄也刑部尚書韓皐名德之後鬱然公才正行通規貫乎始終累遷臺府連鎮藩維入修職業出樹風聲故多遺愛著聞中外況一登朝序殆三十年舊德耆望無居其右俾乂東夏僉以爲然乃加冢卿以示崇寵敬服嘉命永孚於休可檢校吏部尚書東都留守

中書舍人韋貫之授禮部侍郎制

勑典郊祀之禮獻賢能之書今小宗伯實兼二事非直清明正者不足以處之中書舍人韋貫之沉實堅峻文以禮樂行成於内移用於官公直之聲滿於臺閣頃以詞藻選登禁掖秉筆書命時稱得人久積勤勞宜有遷轉可使典禮以和神人可使考文以第俊秀儀曹之選僉議所歸往修乃官無替厥問可禮部侍郎餘如故



薛存誠除御史中丞制

勑庶官之政得人則舉況中執憲準繩之司所以提振紀綱端肅内外蓋一職修者其斯任之謂歟給事中薛存誠選自郎署列於左曹居必靜專言皆讜正章疏駮議多所忠益可以執憲立於朝端況副相方缺臺綱是領糾正百官爾得專之夫直而不絞威而不猛不附上而急下不犯弱以違強率是而行號爲稱職敬服斯命往其懋哉可御史中丞餘如故

前長安縣令許季同除刑部郎中前萬年縣令杜

羔除戶部郎中制

前長安縣令許季同前萬年縣令杜羔等項自郎署分宰京邑。而長吏待之。小乖常禮。雖同辭托故。動未得中。然遠恥以退。道不失正。各從免職。亦旣踰時。况文行政能。皆推於衆。詢諸時議。宜有遷授。尚書郎缺。方選才良。憲部人曹。俾膺並命。季同可刑部郎中。羔可戶部郎中。

京兆少尹辛祕可汝州刺史制

京兆少尹辛祕頃守吳興。時逢擾亂。安人殄寇。節效可稱。出倅戎車。入貳京輦。亦有政績。著於官常。今以汝汾軍郡



之大方。求良吏委之分憂。詢事考能。爾當其選。往即乃土。以舒吾人。可汝州刺史。

# 欽定全唐文卷六百六十一

白居易　六

除李遜京兆尹制

近歲京兆長吏數遷。誠不便時。抑有其故。或鈐鍵不謹。吏緣爲姦。或鉤距太煩。人受其弊。旣非中道。皆不得已而罷之。宜求恬智寬猛相濟者。親諭斯旨。使久於其職。以息吾人。浙江東道觀察使御史中丞李遜。十年以來。連守四郡。或紛擾之際。或荒饉之餘。威惠所加。罔不和輯。賞其殊績。擢在大藩。自臨會稽。一如舊政。况省科禁。以便俗通津梁。以息征動。遵詔條。溪副朝旨。江南列鎮。良帥則多。集課程



功。爾爲稱首。而內史之選。久難其人。今予所求。唯爾可使。雖表率州部。其委非輕。然尹正京師。所資尤急。宜輟材於浩壤。佇觀政於輦轂。望爾有成。無替厥命。可權知京兆尹。

除孔戣等官制

渾金璞玉。方圭圓珠。雖性異質殊。皆國寶也。是故能官人者。亦辨而用之。諫議大夫孔戣。靜專貞白。不涉聲利。執言守事。無所依違。駕部郎中薛存誠。廉潔直方。飾以詞藻。中立不倚。介然風規。吏部員外郎王涯。端明精實。加之以敏

懿文茂學尤推於時並歷踐朝行恪勤官次諫垣郎署藹其休聲宜加公奬擢在近侍左右禁闈可以同升必能評奏臺議發揚綸誥臨事有立屬詞可觀各隨所長分命以職祇奉乃事無替厥猷戩存誠並可給事中涯可兵部員外郎知制誥

除李建吏部員外郎制

勅六官之屬選部郎首之歷代以來諸曹郎之中擇其踐歷久考第高加以有器局律度者遷焉今之選任亦由是矣兵部員外郎李建文行才理公勤課績可謂具美宜居



厥官歲調方殷勉勤爾事可吏部員外郎

除劉伯芻虢州刺史制

給事中劉伯芻以文雅才名給事左闥實掌駁議再逾歲時亦謂恪勤宜從遷轉而虢畧近郡黎人未康藉爾良能爲予撫字懸賞佇效勉哉是行可授虢州刺史

除周懷義豐州刺史天德軍使制

西受降城尤居邊要西戎北虜介乎其間委之郡符建以戎號將守之選宜乎得人前汝州刺史周懷義久列禁衛嘗從征伐又領軍郡率著勤功宜加奬用可屬憂寄况茲要鎮實扼戎吭犄角諸軍扃鐍右地牧人訓旅兼領非輕無替前勞在申後效可豐州刺史天德軍使

除某官王某魏博節度使制

師長之選重難其人况河上列城鄴中雄鎮初喪良帥思安衆心若親與仁方膺是命某官王某出忠入孝根乎至性好學樂善出於餘力發自修已施於爲政可以守土可以長人今兩河之間三軍之帥是用命爾領茲大藩澄清魏風輯理相土爲我垣翰永孚於休往其欽哉無替厥職可魏博等州節度觀察使



除某節度留後起復制

懋勳德者慶鍾於嗣襲忠順者教本於親於是乎有代及之恩有賞延之命所以光子道而激臣節也茲惟舊典可舉而行某官某惟乃祖父勤勞王家咸有忠功書於甲令降及於爾亦克負荷早承義訓久倅戎麾自罹憫凶能著誠敬恭俟朝命靖安人心雖在幼沖足可嘉奬今屬元戎初喪衆望禺然宜選親賢以爲統帥留府之事俾爾專之加戎秩以奪哀還冬卿以示寵奉揚新命無忘前修爾宜懋哉懸賞佇效可節度留後檢校工部尚書

除薛平鄭滑節度使制

武牢以東至於白馬形勢之地水陸之會宜擇文武兼備者以爲守臣右衛將軍薛平自司禁旅爲我爪牙訓整警巡能宣其力嘗使於絶國可謂有勞嘗牧於大都亦聞有政況忠厚爲質通明爲用秉吏道之刀尺襲將門之弓裘可以爲三軍之帥可以理千乘之賦俾輟才於北落往節制於東方爾宜式遏四封輯寧百衆明簡稽以實軍旅信賞罰以勸吏人勉率乃職無忝厥命仍以冬卿副相兼而寵之可檢校工部尚書兼御史大夫鄭滑潁等州節度使



觀察處置等使

除盧士玟劉從周等官制

君有舉左史得書之政有闕諫官得補之二職者歷朝之清選也前侍御史盧士玟嘗在西川時爲從事亂危潛伏能潔其身前監察御史劉從周頃佐宣城奉公守正端士之操終然不渝時所稱論並宜甄奬況學術詞藻見推於衆並命清貫僉以爲宜記事盡規各佇能効士玟可起居郎從周可右補闕

張正一致仕制

前諫議大夫張正一學行器用爲時所稱擢居諫官冀効忠讜雖年齒未暮而衰疾有加所宜頤養不可牽率俾移優秩以從致政可國子司業致仕

張正甫蘇州刺史制

浙右列城吳郡爲大地廣人庶舊稱難理多選他郡二千石之良者轉而遷焉鄧州刺史張正甫自領南陽僅經三載廉平清簡以臨其人人安政和理行第一宜以大郡推而廣之用旌前勞且佇後効可蘇州刺史

崔清晉州刺史制



左司郎中崔清以才良行敏補尚書郎頗積功勤宜加奬任頃嘗爲郡亦聞有政平陽舊壤時謂名藩得才與能方可共理安人訓俗佇有成績可晉州刺史

除柳公綽御史中丞制

勅中憲之設糾謬懲違一引其綱百職具舉非清與直不稱厥官諫議大夫柳公綽忠實有常文以詞學介然端直有古之遺風頃居臺憲累次郎位持平守正人頗稱之擢首諫司器望益重今副相缺位中司專席惟有守者可以執憲惟無私者可以閑邪詢事審官爾當是選光昭新命

振起舊章宜一乃心以揚其職可御史大夫

除田興工部尚書魏博節度使制

馭下安人其道不一或序能以次用或因効以拔才所命雖殊同歸共理某職某官田興時屬本軍初喪戎帥亂政咸啟羣心不寧而興列在偏裨奮其義勇謀成必中事至能斷智畧所及指麾所加一軍獲安百衆附悅連獻章疏恭俟制命有節有理朕用嘉之夫以將材如彼軍情若此允膺不次之舉可責非常之功是用寵之冬卿擢爲大將仍以印綬就拜軍中其敬之哉無墮乃力可檢校工部尚



書兼御史大夫魏博等州節度觀察等使

除鄭餘慶太子少傅制

東朝三少歷代重選不必備位在乎得人吏部尚書鄭餘慶貞明儉素有古人風發自修身施於爲政出入中外多歷要重咸有勤績存於官次況動中禮法學綜儒元是謂羽儀之臣可居師傅之任輔我元子爾其勉歟可太子少傅

除裴堪江西觀察使制

江西七郡列邑數十土沃人庶今之奧區財賦孔殷國用所繫茲爲重寄宜付長才同州刺史裴堪素蓄器幹久經任遇日者資其忠諒入爲諫議大夫藉其良能出爲左馮翊曾未周歲政立績成區區一郡未盡其用鍾陵要鎭可以委之夫簡其條章平其賦役徇公率正以臨其人而人不安未之有也祇服厥命往修乃官仍兼中憲以示優寵可江西觀察使兼御史中丞

贈杜佑太尉制

生有爵祿歿有褒贈此王者所以崇哀榮之禮厚君臣之恩況有輔臣所宜加等某官致仕佑以通濟之才公忠之



節逢時入用爲國大臣外領藩鎭內參台鉉積勤盡悴迨過三紀左右於位亦既八年天不憖遺奪我元老憫然興歎實軫於懷永言褒榮俾峻禮命上公之秩用賁幽靈嗚呼録舊旌勞知予不忘可贈太尉

除孔戣萬年縣令制

京邑令缺多擇尚書郎有才理者補之兵部員外郎孔戣自御史府遷夏官之屬凡所涖職一心奉公在郎署間稱有名實加以文學緣飾吏能俾宰京劇佇有成効

除裴向同州刺史制

馮翊之地密邇郊畿分内史之政參京師之化俾善所職其在得人京兆少尹裴向器藴利用學通政事久試吏治頗著良能累守大郡入亞天府奉上撫下皆有可稱左輔之重爾膺其選況征賦猶重人庶未康實望良才與之共治勉副所舉往修厥官可同州刺史

除武元衡門下侍郎平章事制

門下朕嗣守丕業殆將十年實賴一二輔臣與之共理故外鎮方域則仗以爲將有絳侯厚重之質有邴吉寛大之風自登台司克厭人望頃屬巴蜀軍後人殘權委節旄俾



往鎮撫信及夷貊恩加疲瘵每因利以施惠不易俗而修教政無苛得人用便安惠兹一方時乃之績報政既久屬望益深宜歸左輔以參大政夫坦然公道可以敘衆才曠然虚懷可以應羣務弼違救失不以尤悔爲慮進善絀惡不以親讎自嫌用此輔君足爲名相欽率是道往復乃官可門下侍郎同中書門下平章事

除李夷簡西川節度使制

征鎮之大實惟蜀川西距於戎南漸於海有重江複山之險有長轂堅甲之旅水陸交會華夷雜居疇能治之我有良帥山南東道節度使李夷簡以正事上以簡臨下仗兹器用累當任遇執憲之難也爾爲臺丞其職甚舉司計之重也爾調邦賦其効可稱爰資長才出領重鎮自總符鉞於漢之南專奉詔條削去弊政均穀籍不一之賦罷舟車無名之征近悦遠來歸如流水俗用丕變人迄小康三載考功爾爲稱首進其右秩遷於大藩以均惠乎四方以旌勸乎羣吏昔文翁明於教化种暠優於政能巴蜀之間遺美猶在不替前効可以嗣之佇聞有成用光厥命可檢校吏部尚書劍南西川節度等使



除袁滋襄陽節度使制

漢以二千石之良者入爲公卿周以六官之賢者出兼侯伯内外之任所命則殊至於治軍國寵忠賢其致一也戸部尚書袁滋奉上甚勤臨下甚簡安人撫衆尤是所長須資其能移鎮東郡畧其科禁緩其征徭政不滋彰人用休息在郡七載績成課高璽書徵還益聞遺愛老幼遮道事隣古人朕方勤卹疲民褒奬循吏累月再命其有旨哉舉鄭滑之政也故旌武公之美寵以司徒憂襄漢之人也故仗叔子之才委兹征鎮類能而使其在此乎勉揚厥聲無

替前効可某官充山南東道節度等使

歸登右常侍制

敕近侍之列騎省爲貴歷代迄今選任頗重必詢望實而後命之工部侍郎歸登朴忠沈厚心無詭詐介圭不飾止水無波澹然自居以致名稱抱此素行歷踐清貫掌議左掖貳職冬官歲時滋深體望益茂可以備顧問應對之選列言語侍從之臣冠附貂蟬立之於右訪諸時論僉以爲然可右散騎常侍

李程行軍司馬制



隋州刺史李程頃自周行出分憂寄漢南大郡守之五年頗著良能宜當選獎況專習文學通知兵事西南重鎮初委元戎愼選副車爾當此舉三軍之重俾往貳之仍加憲職以示優寵可御史中丞劍南西川行軍司馬

李甑虞部郎中制

金州刺史李甑雅有文藝飾以政事早從吏職久領郡符謹愼廉平頗副所任虞曹郎缺命以序遷敬茲寵命勉守厥位可尚書虞部郎中

牛僧孺監察御史制

河南縣尉牛僧孺志行修飾詞學優長頃對策於庭其詞亮直累從吏職頗謂滯淹訪諸時論宜當朝選俾升憲府以觀其才可監察御史

裴克諒量留制

華州刺史奏華陰令裴克諒在官清白奉法考秩向滿其政如初借留三年用觀成績朕方旌求良吏俾養黎元適副所懷宜可其奏

張聿都水使者制

前湖州長史張聿頃以藝文擢升朝列嘗求祿養出署外



官名不爲身志亦可尚秩期既畢班序當遷俾領水衡以從優秩可都水使者

薛伾鄜坊觀察使制

鄜時延安抵於中部羌夷種落散在其間戎夏雜居易擾難理宜選寬明之使通知邊事者委以符節而糾綏之右金吾將軍薛伾服勤戎職練達吏道出入中外綿歷歲年能一乃心以宣其力自加寵遇再執金吾徼巡有嚴夙夜匪懈在公若是何用不臧況爲人沈靜內肅外和按俗守封是其所善宜輟務於誰何俾宣風於廉察庶乎勞徠諸

部綱紀列城奉詔條以安人參戎索以訓旅欽承厥命往復乃官仍踐冬卿式光重寄可檢校工部尚書充鄜坊等州觀察使

韓愈比部郎中史館修撰制

敕太學博士韓愈學術精博文力雄健立詞措意有班馬之風求之一時甚不易得加以性方道直介然有守不交勢利自致名望可使執簡列爲史官記事書法必無所苟仍遷郎位用示褒升可依前件

李暈安州刺史制



宿州刺史李暈勲閥之門嗣生才畧久參戎衞頗著勤勞試守列城觀其爲政屬汴泗之右創晝州居府署城池委之經始一日必葺三年有成且聞公勤宜有遷轉重分憂寄再佇良能往安吾人無忝厥命可安州刺史

竇易直可給事中制

前御史中丞竇易直器質智識厚重聞敏文合法要學通政經累踐臺郎擢司邦憲寛猛舉措甚得其中官不易方府無留事前因病免今以才遷俾升瑣闥以備顧問凡制令奏議官獄典章苟有依違皆得駁正所任不細宜敬乃官可給事中

孟簡賜紫金魚袋制

漢制二千石有政績者就加寵命不即改移蓋欲使吏久於官人安其化也常州刺史孟簡簡易勤儉以養其人政不至嚴心未嘗怠曾未再稔績立風行歲課郡政毗陵爲最方求共理實獲我心宜加命服以示旌寵庶俾羣吏聞而勸焉宜賜紫金魚袋

盧元輔杭州刺史制

河南縣令盧元輔早以學藝列在周行嘗守商都頗聞有



政再領京縣益見其才江南列郡餘杭爲大征賦尤重疲人未康藉爾登車往分憂矚勞徠安輯稱朕意焉懸賞旌能以佇報政可杭州刺史

傅良弼可鄭州刺史制

敕金紫光祿大夫使持節沂州諸軍事行沂州刺史兼御史中丞騎都尉傅良弼燕冀之間紛擾之際多壘失守孤城保全介於險中率乃麾下轉戰郊野來覲闕庭徇義滅親忘家喪子忠勤勇烈人所難能若不褒升何勸來者海沂剖竹未足報功溱洧頒條可兼觀政敬承後命無替前

勞可使持節鄭州諸軍事行鄭州刺史兼御史大夫散官勳如故

張徹宋申錫可並監察御史制

勅舊制副丞相缺中執憲得出入御史缺則於內外史中考覈其實封奏其名以補之今御史中丞僧孺奏某官張徹某官宋申錫皆方直強毅可監察御史章下丞相府丞相亦曰可朕其從之並可監察御史

楊子留後殷彪授金州刺史兼侍御史河陰令韋同憲授南鄭令韋弁授絳州長史三人同制



勅某官殷彪等今之郡守古侯伯也今之邑令古子男也於吏有君臣之道焉於人有父母之道焉郡邑之間承上率下者州長史也凡此之官與吾共理使吾人安而無怨者其在吏良而政平乎金泰之郡也奏告專達得行異政以彪清平信惠臨事能守大小之職率著名績故仍憲簡俾往牧之南鄭梁之邑也上有賢帥無憂掣肘以同憲河陰有政可以移用故換銅印俾往宰之而絳爲名藩弁實良士命之贊貳亦叶其宜宜各悉心修舉三職可依前件

獨孤郁司勳郎中知制誥制

考功員外郎知制誥獨孤郁學識文行時論所推選自外郎擢居右闥綸言樞命既重且難委以發揮甚聞稱職而端諒忠謹介然自居爲臣若斯足可嘉獎宜當滿歲職亦適年宜從美遷以光近侍可司勳郎中知制誥

錢徽司封郎中知制誥制

勅中臺草奏內庭掌文西掖書命皆難其人也非慎行敏識夙學懿文四者兼之則不在此選祠部郎中翰林學士錢徽藹然儒風粲然詞藻縝密若玉端直如絃自參禁司益播其美貞方敬慎久而彌彰應對必見於據經奏議多聞於削藁迨今六載其道如初嘉其忠勤宜有遷擢俾轉



郎吏仍參綸閣茲乃榮奬爾其敬承可依前件

馮宿除兵部郎中知制誥制

勅吾聞武德暨開元中有顏師古陳叔達蘇頲稱大手筆掌書王命故一朝言語煥成文章朕承祖宗思濟其美凡選一才補一職皆不敢輕易其庶幾前事乎刑部郎中馮宿爲文甚正立意甚明筆力雄健不浮不鄙況立身守事端方精敏而我誥命忽思潤色之聽諸人言曰宿也可宿立朝歷御史博士郡守尚書郎在仕進途不爲不遇然不

登茲選未足其心故吾于今歸汝職業仍遷秩爲五兵郎中勉繼顏陳無辱吾舉可尚書兵部郎中知制誥

盧元輔吏部郎中制

敕六官之屬升降隨時獨吏部郎班秩加諸曹之右歷代迄今未嘗改也則其典職之重選用之精可知矣洛州刺史盧元輔深於文敏於行加以剸犀之利洞膽之明挈而用之無往不適連領大郡至於三四剗訛剔弊迎刃有聲宜付劇司俾之藻制曹選郎缺用爾補員歲調方殷佇揚乃職可尚書吏部郎中



鄭覃可給事中制

敕給事中之職凡制敕有不便於時者得封奏之刑獄有未合於理者得駁正之天下冤滯無告者得與御史糾理之有司選補不當者得與侍中裁退之率是而行號爲稱職固不專於掌侍奉贊詔令而已中大夫行諫議大夫雲騎尉滎陽縣開國男食邑三百户鄭覃清節直行正色寡言先臣之風藹然猶在自居首諫益勵謇諤擢領是職必有可觀亦欲天下聞之知吾奬骨鯁之臣來諫諍之道也可給事中散官勳如故

韋審規可西川節度副使御史中丞李虞仲崔戎姚向溫會等並西川判官皆賜緋各檢校省官兼御史制

敕西川曰益部地有險府有兵凝戎屏華號爲難理故吾命文昌爲帥長俾鎮撫焉次命審規爲上介俾左右焉又命虞仲戎向會等爲庶寮俾咨度焉進言者謂文昌賢而審規輩才以才佐賢蜀必理矣輟三署吏贊丞相府假憲官職加臺郎暨一命再命之服以遣之其於張大光榮與四方征鎮之賓寮不侔矣爾等苟佐吾丞相以善政聞使



吾無一方之憂吾寧久遺汝於諸侯乎爾其勉之可依前件

欽定全唐文卷六百六十二

白居易七

魏博軍將呂晃等從宏正到鎭州各加御史大夫賓客等制

勅去年冬命侍中宏正建大將軍旗鼓移鎭於成德軍而晃以下四十有一人實從魏來或驅或殿披堅執銳可謂有勞宜以宮坊之寮憲府之職隨其名秩序而寵之可依前件

張平叔可戶部侍郎判度支制



勅故事君使臣其道不一或先勞而後受賞或先加寵而後責功蓋宜便有後先時事有緩急故耳朝議大夫守鴻臚卿兼御史大夫判度支上柱國賜紫金魚袋張平叔國之材臣也計能析秋毫吏畏如夏日司會逾月綱條甚張況師旅未息調食方急倚成取濟非爾而誰故自大鴻臚換居人部造膝而揆不時而遷其要無他是欲急吾事而望倚爾功也公卿以降羣有司盈庭然問曰與吾坐而決事丞相以下不過四五而主計之臣在焉非智能則事不可成非諒直則吾難近噫職局之外得不思稱官望而厭我心乎可守尚書戶部侍郎判度支散官勳賜如故

李虞仲可兵部員外郎崔戎可戶部員外郎制

勅劍南西川節度判官朝散大夫檢校尚書戶部郎中兼侍御史上柱國賜紫金魚袋李虞仲劍南西川觀察判官朝議郎檢校刑部員外郎兼侍御史雲騎尉賜緋魚袋崔戎等去年春朕憂西南事授丞相文昌鉞鎭撫之次選郎吏有才實如虞仲輩者往贊理之故其制云苟佐吾丞相以善政聞寧久遺汝於諸侯乎今蜀政成矣蜀人乂矣是汝輩職修事舉而奉吾詔書甚謹也前言在耳安可弭忘



並命爲郎主吾信賞虞仲可行尚書兵部員外郎戎可尚書戶部員外郎散官勳如故

牛僧孺可戶部侍郎制

勅戶部侍郎周之地官小司徒也掌天下田戶之圖生齒之籍賦役貨幣之政令以待國用而質歲成元和以還日益寵重善其職者多登大任中茲選者莫匪正人誰其稱之我有邦彥朝議郎（一作大夫）守御史中丞上柱國賜紫金魚袋牛僧孺自舉賢良踐歷臺閣秉潤色筆提糾繆綱而書命無繁詞決事無留獄受寵有憂色納忠多苦言朕心知

之何用不可夫以人曹之重如彼僧孺之賢如此俾居是職不亦宜乎可守尚書戶部侍郎散官勳賜如故

庾承宣可尚書右丞制

勑朝議大夫守尚書刑部侍郎驍騎尉庾承宣昔我太宗文皇帝嘗謂尚書丞百職綱維事一失中則天下有受其弊者因命戴胄魏徵及杜正倫劉洎輩繼領是職分居左右官修事理人到於今稱之故吾前命崔戎一作從持左綱今命承宣操右轄累口籍籍頗爲得人況承宣端諒勤敏周知典故必能爲我紐有條之綱柅妄動之輪坐曹得出



入郎官立朝得奏彈御史決會政要扶樹理本無俾戴魏劉杜專美於貞觀中可守尚書右丞散官勳如故

張聿可衢州刺史制

勑中散大夫行尚書工部員外郎上柱國吳縣開國男食邑三百戶張聿內外庶官同歸共理牧守之任最親吾人蓋弛張舉措由其心賞罰威福懸其手若一日失其職一郡非其人而名未達於朝聽之閒爲害已甚矣選授之際得不慎夫以爾聿前領建溪有理行次臨汭郡著能名用爾所長副吾所急宜輟郎署往須詔條來暮之聲佇入吾耳可使持節衢州刺史散官勳如故

辛邱度可工部員外郎李石可左補闕李仍叔可右補闕三人同制

勑朝散大夫右補闕內供奉飛騎尉辛邱度等朕詔丞相求方畧忠讜之士置於左右而播等以石暨仍叔應詔言其爲人厚實謇直嘗以文行謀畫從容於幕府之閒臨事敢言當官能守可使東帶同升諸朝又言邱度介潔靜專不交勢利宜加推奬以勸其徒況久次者轉遷後來者登進皆適所用平章可之可依前件



魏博軍將薛之縱等十四人各授官爵制

勑薛之縱等去年冬授愬鉞俾自徐鎮潞而愬與其麾下同德食不求飽席不暇煖節鎮殿定一如所委此誠愬之忠畧然所賴之縱等焦心戮力同濟厥功而須賞已踰時秩宜加等我有爵祿分而命之知吾不遺細大之功可依前件

裴度李夷簡王播鄭絪楊於陵等各賜爵并迴授爵制

勑禮云臣下竭力盡忠以立功於國者必報之以爵祿此

書上之不虛取於下也而司空度等咸以忠力作股肱心膂之臣大節大勞書在甲令然則功如是忠如是高爵重秩予何愛焉故於統御之初先行信賞詔主爵者合爲奏書或加寵進封或延恩任子次勳第品咸按舊章行乎敬之無忝予一人之嘉命可依前件

鄭餘慶楊同懸等十人亡母追贈郡國夫人制

勑餘慶亡母某氏等夫德不旌則勸善之典缺矣親不顯則揚名之道廢矣凡今公卿大夫至於元士濟濟然抱忠履信立我朝者皆聖善之教蘋蘩之方所致也自家刑國



有所從來不大封崇是忘報施朕去年仲月統御之初發號推恩先降是命豈直光前慰後而已哉亦欲使天下爲母者聞庶幾乎善統其家慈訓其子厚人倫而美教化也可不務乎

李寘授咸陽令制

勑某官李寘近者西夷犯塞詔諸將出師司計臣俊言寘有應辨才可司饋餉故自京府掾假臺郎憲職以命之屬寇遁師旋未展其用況在公族推有器幹今授銅印俾宰咸陽夫庶官之任爲急西郊咫尺佇爾能聲可京兆府咸陽縣令

程羣授坊州司馬制

勑程羣嘗從事於鎮冀之間病免所職垂老之歲棄爲窮人倀倀無歸有足傷者夫一夫不獲若納諸隍此聖王用心推己及物今宜與羣祿食使飽煖其身亦猶晉君不能忘情於絳老也往佐中部爾其念哉可坊州司馬

海州刺史王元輔加中丞制

勑海州刺史王元輔漢制二千石有政績者就中加命秩不即改移蓋欲使吏久於官而人安於化也今元輔爲郡



頗有理名廉使上聞奏課居最宜加中憲旌而寵焉庶使與君共理者聞而知勸可兼御史中丞

楊潛可洋州刺史李繁可遂州刺史史備可濠州刺史制

勑朝散大夫守尚書金部郎中上柱國楊潛溫厚靜專有端士之操朝議大夫前使持節吉州諸軍事吉州刺史上柱國李繁精強博敏有才子之稱將仕郎前使持節光州諸軍事守光州刺史雲騎尉史備變通健決有良吏之用而能本於文學輔以政事爲郎見其行爲郡聞其聲夫洋

東梁之險遂居蜀之腴濠控淮之要三者皆名郡而委之三吏得不思勤儉教蒸勞來安輯膏兩吾土襦袴吾人者乎潛可使持節洋州諸軍事守洋州刺史散官勳如故繁可使持節都督遂州諸軍事守遂州刺史備可使持節濠州諸軍事守濠州刺史充團練渦口西城等使散官勳如故

張洪相里友畧並山南東道判官同制

勅朝議郎守太常博士上柱國張洪前瀛漢等州都團練判官朝議郎侍御史內供奉上柱國賜緋魚袋相里友畧



等元翼以大節大忠緯聞朝野授鉞開府殿我漢南而又求賢乞能以自參貳則其賓案宜有以稱之故求吾俊造之英勳列之胄達朝議而練戎事者與焉今以洪之知國禮奉家聲以友畧之富藝文飽軍旅兩中是選合而命之優秩寵章無所愛惜時無古今代有忠賢苟置吾元翼於羊杜間別有陟明之典在洪可檢校尚書職方員外郎兼侍御史充山南東道節度判官仍賜緋魚袋散官勳如故友畧可檢校尚書屯田員外郎兼侍御史充山南東道觀察判官散官勳如故

姚成節右神策將軍知軍事制

勅朝議郎前使持節成州諸軍事守成州刺史充本州守捉使賜紫金魚袋姚成節嘗爲天平軍裨將當劉悟之立忠勳也謀成事集爾有助焉雖授一城未足酬獎況聞信厚勤恪宜於爪牙肘腋間居之昔漢文帝以宋昌忠勞擢拜將軍掌宿衛今吾用汝猶前志也環拱之職得不勉歟可毅果校尉守右神策將軍知軍事餘如故

高鉞等一十人亡母鄭等太君制

勅起居郎高鉞亡母滎陽郡太君鄭氏等子有侍臣咸士



之秀者或左右以書吾言動前後以補吾闕遺森然在庭各舉其職爰思乃教知所從來豈非善稟於親行成於內徙隣斷織訓使然耶不追封邑之榮曷顯統家之慶可依前件

柳公綽可吏部侍郎制

勅京兆尹兼御史大夫柳公綽長吏數易爲害甚多邇來都畿未免斯弊或苛急而人重困或懦弱而姦不息得其中者其公綽乎細大必躬親剛柔不吐茹甚稱厥職惜而不遷然智者常憂忠者常勞亦非吾以平施御臣下之道

也尚書六職天官首之辨論官材澄汰流品比諸內史選妙秩清詢衆用能無易公綽爾宜飭躬承命以裴王崔毛爲心茍副吾言用稱乃職而今而後亦何往而不適哉可尚書吏部侍郎

孔戣可右散騎常侍制

勑昔齊桓公心體懈墮則隰朋侍漢成帝親重儒術則劉向從今之常侍是其選矣稱其任者惟正人乎大中大夫守尚書吏部侍郎上柱國賜紫金魚袋孔戣言行謹直風操端莊肅然禮容清廟之器始自筮仕迄於天官虛舟爲



心利刃在手全才具美時論多之可使珥貂立吾左右從容侍從以備顧問隰朋劉向豈遠乎哉可右散騎常侍

王公亮可商州刺史制

勑尚書司門郎中王公亮茂於學精於文文學之外有析毫剸鐘之用自佐戎律領郡符持憲爲郎皆稱厥職吾前命劉遵古張平叔爲商州刺史繼有善政人用乂安今爾代之守而勿失況商土瘠商人貧可以靜理而阜安不宜改絃而易轍以爾精敏當自得中可商州刺史

韋覬可給事中庾敬休可兵部郎中知制誥同制

勑職之要莫先乎駁正文之選莫難於司言將使朝綱有條朕命惟允在二者得人而已中大夫使持節蘇州諸軍事守蘇州刺史上騎都尉韋覬精微專直通乎事典可使平奏議而坐右一作左曹朝散大夫守尚書禮部郎中上柱國庾敬休溫裕端明飾以辭藻可使書誥命而專右席而輪轅鑿枘各適所宜夫惟刺史守列城郎官應列宿選任倚注非不榮重然吾左右前後方求正人如覬敬休不宜疎遠亦猶有聲之玉無纇之珠不置佩服之中掌握之上皆非其所也宜自敬謹無忝吾言覬可行給事中散官勳



如故敬休可尚書兵部郎中知制誥散官勳如故

李愬贈太尉制

勑故特進行太子少保上柱國涼國公食邑三千戶食實封五百戶李愬在建中歲泚賊叛逆惟太師晟實仗大順翦而誅之在元和朝蔡寇亢斥惟爾愬實奮奇策虜而戮之父子之功書於甲令俱爲第一焯煇當時矧爾一登將壇六換鈇鉞坐論巖廊之道卧理保傅之事方深倚望奄忽淪謝是用當食累嘆視朝三輟豈不以爪牙之威軼於外股肱之痛軫於中者乎而弔奠之命賵賻之數雖加常

等未表殊恩宜以太尉之秩贈上公之哀斂俾爾被哀榮服忠孝從先太師於九原也不其盛歟嗚呼美終必復禮無不答昔爾之勤勞如彼今吾之寵飾如此君臣報施可謂兩臻其極焉爾靈有知欽我追命可贈太尉仍令所司備禮冊命賜絹二千匹布七百端米粟一千石委度支送

田布贈右僕射制

勑朕聞古之臣子有忍死効節爲忠者有不傷髮膚全歸爲孝者有不顧性命引決爲忠者但問所操所蹈何如耳豈繫去就生死之間耶噫今有重義如泰山輕生如鴻毛



死而不朽者安得不褒揚寵飾使天下聞之所以勸孝心激忠腸然後薄者敦懦者立幸生者恥格也故魏博等州節度觀察處置等使起復寧遠將軍守右金吾大將軍員外置同正員檢校工部尚書兼魏州大都督府長史御史大夫賜紫金魚袋田布其父太尉甚賢此子鎮陽之亂宏正歿焉而布枕戈嘗膽誓報寃恥故吾以大將軍之旗鼓鈇鉞先臣之土壤士卒盡用委付親加勉諭人鬼之憤期一洩而甘心焉既而激發魏師出疆臨敵事有不得已者布亦未如之何卒至於剖心自明遺疏自列謝君於天上報父於地下可謂田氏有孝子國家有烈臣則吾之知臣宏正之知子明矣聳動人聽盡傷我懷故廢臨朝所以示哀也加禮命所以示榮也哀榮恩禮至則至矣嗚呼曾未足以顯爾之節不厭吾之心乎可贈尚書右僕射賜布帛三百段米粟二千石委度支逐便支遣

韋貫之可工部尚書制

勑河南尹韋貫之善馭者齊六轡善理者正六官六官成則百事舉故吾選賢任舊以次第補之而六卿之林吾已得五闕一不可待汝而成貫之以正行明誠爲先朝輔始



以直進終以直退道有消長德無緇磷及帥湘潭尹河洛而廉平清一之政繼聞於京師名簡吾心善入我耳宜置朝右以鎮厚時風況今之尚書漢之公卿也言動可否屬人耳目焉固不專率四屬程百工備位於冬官而已可工部尚書餘如故

太子詹事劉元鼎可大理卿兼御史大夫充西蕃盟會使右司郎中劉師老可守本官充盟會副使通事舍人太僕丞李武可守本官兼監察御史充盟會判官三人同制

勑太子詹事劉元鼎等夫選可任而任之則用無不適擇可勞而勞之則事無不成蓋君使臣臣事君之大端也屬西夷乞盟求可以涖之者歷選多士吾得三人今以元鼎之博通師老之誠諒武之恭敏合而爲用不亦可乎爾宜臨之以莊示之以信形儀辭氣皆有可觀必能率服彼戎不獨益敬吾使法卿憲秩寵之以遣可依前件

許季同可祕書監制

勑大理卿許季同國朝以來有劉得德一作威張文瓘唐臨爲大理卿有魏徵虞世南顏師古爲祕書監設官之重得



賢之盛人到於今稱之今季同以明愼欽恤理刑獄以文學博雅掌圖籍由廷尉而掌祕府論者榮之宜自重其官自遠其道又思與劉張唐魏虞顏爲比不亦自多乎可祕書監

張元夫可禮部員外郎制

勑殿中侍御史張元夫官有秩清而選妙者其儀曹員外郎之謂乎凡殿內御史雖文才秀出功課高等者滿歲而授猶曰美遷有如元夫連膺二遷歷彼踐此僉以爲宜況怒飛青冥翔集禁陛由茲去者十八九焉汝知之乎思有以稱可尚書禮部員外郎

楊嗣復可庫部郎中知制誥制

勑權知兵部郎中楊嗣復朕聞前代制誥中書令侍郎舍人通掌之國朝以來或以他官兼領惟其人是用不限於資秩職署焉予以爲然多繇是選前所命者時稱得人研實覈名次第及汝汝嗣復根於義訓播爲令器文煥發而才秀出不當汩沒於郎吏間況貞元中汝父爲中書舍人甚稱厥職今使汝繼書吾命成一家言堂烜國華在於此舉爾宜兢兢祗勵無隕其名可庫部郎中知制誥



張平叔可京兆少尹知府事制

勑商州刺史張平叔爲人廉直爲政簡惠前後歷掾邑宰郡守而去思來暮之謠繼聞於人聽焉及副鹽鐵官刺商雒郡會課報政亦甲於他官自貞元以來用三科取士奉詳明政術可以理人之詔而得其名有其實者幾何人哉平叔居其一也能効若是何用不臧故事內史缺未補閒亞尹得行大京兆事試可而即眞者往往有之故其選任日益難重爾宜稱所舉愼厥職無墮大以勤小無急弱以緩強夕念朝行遵吾約束可京兆少尹知府事

康日華贈坊州刺史制

敕漢令軍中士有不幸死者得以棺斂傳送若是而已猶四方歸心焉矧吾褒贈以榮之惻隱以將之顯其忠撫其後亦所以激生者節豈獨慰逝者魂乎左神策軍赴行營正將試太常卿康日華領王師死王事軍書置奏朕甚悼焉可贈坊州刺史

張籍可水部員外郎制

敕登仕郎守國子博士張籍文教興則儒行顯王澤流則歌詩作若上以張教流澤爲意則服儒業詩者宜稍進之



頃籍自校祕文而訓國胄今又衆名揣稱以水曹郎處焉前年以來凡歷文雅之選三矣然人皆以爾爲宜豈非篤於學敏於行而貞退之道勝邪與之寵名可以獎夫不汲汲於時者可尚書水部員外郎散官如故

何士乂可河南縣令制

敕漢朝郎官出宰百里故今京邑令缺多命尚書郎補焉朝議郎行尚書水部員外郎何士乂慎檢和易介然有常守而勿失可使從政然能佩弦以自滇帶星以自勤則緩急勞逸之間必使適宜而會理矣以爾思退故吾進之可守河南縣令散官如故

崔植一子官迴授姪某制

敕丞相植典職樞務亦既逾歲而能明我目達我聰左右我躬以底於道況屬郊祀攝贊大儀寵錫之間植宜加等而念其猶子乞用推恩既叶舊章允膺新命其姪某可某官

王起等賜勳制

敕中書舍人王起等朕臨御之始慶賞遂行卿士大夫遞加勳秩自武騎尉以上十有二轉自起以下十有四人咸



賜以勳舉書於籍可依前件

蕭俛除吏部尚書制

敕古者君使臣以禮臣事君以忠季代以還鮮由茲道先皇帝常創於是故在位十五載凡解相印者殆二十人多寵爲大僚或付以兵柄矧予小子宜有加焉而輔弼之臣嘗經一日造吾膝沃吾心則思與之始終厚申恩禮不惟勸感來者且不敢失墜先志也尚書右僕射蕭俛忠肅孝敬佐吾爲理以勤事國以疾退身本末初終不失其道既免樞務倚爲右揆（一作俾居端揆）朕欲加恩超等復吾前言而俛

繼上讓章。至於三四。敦諭煩切。陳乞彌堅。是用正命爲選部尚書。而冠六卿。統百職。尚可以表吾寵重。亦所以成爾謙光。爾宜欽厥始。愼厥終。毋忝我褒揚之命。可吏部尚書。

溫堯卿等授官賜緋充滄景江陵判官制

勅。溫堯卿等。今之俊乂。先辟於征鎭。次升於朝廷。故幕府之選。下臺閣一等。異日入爲大夫公卿者十八九焉。荆門景域。南北大府。而堯卿等或已參軍要。或方受兵書。各命以官。分試其事。名秩章綬。分而寵之。夫千里之行。始於足下。苟自強不息。亦何遠而不屆哉。可依前件。



神策軍及諸道將士某等一千九百人各賜上柱國勳制

勅。古之善爲國者。勞不忘而賞不濫。有賞一人而爲僭者。有千百人而不爲費者。其要在當否而已。不繫於衆寡也。朕自統御已來。忽忽有念。念天下材力之將。勇敢之士。進有征討之苦。退有守捍之勤。藏之中心。何嘗暫忘。而亟因大慶。思洽普恩。某等若干人。咸進勳級。並可上柱國。

李彤授檢校工部郎中充鄭滑節度副使王源中授檢校刑部員外郎充觀察判官各兼侍御史賜緋紫制

勅。萬年令李彤。侍御史王源中等。舜以五長綏四國。若今之節制也。周以十聯率諸侯。若今之廉察也。國家合爲一柄。付有功諸侯。故其陪臣選任益重。或輟朝籍。授簡書者。往往而有。況承元有大忠於國。受重任於外。使其承上泣下。敬始善終。實在庶寮叶力以濟。今以彤宰京邑有理劇之用。如水在器。撓之不濁。以源中立憲府有糾正之能。如刃發硎。割之無滯。一可以倅戎事。一可以佐軺車。二職交修。在此一舉。臺郎憲吏。金印銀章。加乎爾身。無忝我命。可依前件。



柳公綽父子溫贈尚書右僕射。竇牟父叔向贈工部尚書。薛伯高父憚贈尚書司封郎中。元宗簡父琚贈尚書刑部侍郎。皇甫鏞父愉贈尚書右僕射。韋文恪父漸贈太子少保。王正雅父翃贈太子太師。范季睦父彥贈禮部郎中八人亡父同制

勅。古人有云。樹欲靜而風不止。子欲養而親不待。向無顯揚襃贈之事。則何以旌先臣德。慰後嗣心乎。故朕每施大

恩行大慶而哀榮之命未嘗闕焉銀青光祿大夫行尚書吏部侍郎上護軍河東縣開國子柳公綽父溫等咸有令子集於中朝資父事君移忠自孝本於嚴訓酬以寵名賜命追榮各高其等嗚呼存者不匱往者有知斯可以載揚蘭陔之光輟風樹之嘆耳可依前件



# 欽定全唐文卷六百六十三

## 白居易八

### 李宗河可渭南令李玘可京兆府戶曹制

敕李宗河等夫綱一提則羣目舉源一澄則衆流清故朝廷命官師選寮屬亦得其人矣按內史公綽奏宗河學古修己練達道理乃乞爲甸縣令玘勵節徇公通詳典故乞爲天府掾況渭南封圻之守邑戶曹府籍之要司位雖未高職亦不細宜乎以三語自試以一同自効無俾爾長貽失舉之責焉可依前件



### 兵部郎中知制誥馮宿侍御史裴注義武軍行軍司馬御史中丞蕭籍饒州刺史齊照鄧州刺史渾鐬並可朝散大夫同制

敕某官馮宿等凡品秩之制有九自五而上謂之貴階而宿司吾言注持吾憲籍照以降皆著勤由朝議郎一進而及此此之所以爲貴者蔭及子命及妻豈惟腰白金服赤茀從大夫之後而已寵數既重思有以稱之並可朝散大夫

### 太常博士王申伯可侍御史鹽鐵推官監察御史

裏行高諧河東節度參謀兼監察御史崔植並
可監察御史三人同制
勅某官王申伯學優行茂飾以詞藻執禮定議多得其中某官高諧溫莊潔白不交勢利某官崔植外和內直通知政典在倫輩內而人皆謂之滯淹惟是三子之才吾得於御史中丞僧孺御史吾耳目官也非清明勁正不泥不撓者安可使辨淑慝振紀律廣吾之聰明焉並命同升無忝是舉可依前件

溫造可起居舍人充鎮州四面宣慰使制



勅殿中侍御史溫造嘗糾天府不曠官馳軺車不辱命況爲人外和內決以兼濟爲心拔居殿中以備時使會吾憂兩河間事求可諭朝旨慰人心者使焉揆劾酌能汝中吾選故不待滿歲擢爲右史出則銜吾命入則記吾言奬任不輕思有所立可依前件

高芳潁等四人各贈刺史制
勅故某官高芳潁等昔文王葬枯骨之無知也但惻隱之心不忍棄也故天下皆歸仁焉況捐軀之魂死節之骨見危授命朕甚憫之深州故小將高某等四人皆從戰陣連歿王事褒贈之數宜其有加並命追榮以光地下可依前件

崔咸可洛陽縣令制
勅度支員外郎崔咸漢以四科辟士求多畧不惑強明決斷者任三輔令故今兩京令缺亦擇尚書郎有才理者補之而咸在郎署中推爲利用加以詞學緣飾吏能操割洛陽必有餘力然宰大邑如烹小鮮人擾則疲魚擾則餒寬猛吐茹其鑒於茲可洛陽令

周愿可衡州刺史尉遲銳可漢州刺史薛鯤可河



中少尹三人同制
勅前復州刺史周愿等夫勞者之思休息病者之思救療人之本情也今兵戈甫定物力未豐如聞湘衡巴漢之間人猶疲困宜擇良二千石俾休息而救療之而愿銳鯤等前以符竹分領三郡皆有善政達乎朝廷舉課考能無愧是選息勞救病其有望於汝乎河中吾之股肱郡也貳尹職而佐府事者亦在得人命鯤處之無荒厥職可依前件

楊景復可檢校膳部員外郎鄆州觀察判官李綬
可監察御史天平軍判官盧載可協律郎天平

軍巡官獨孤涇可監察御史壽州團練副使馬植可試校書郎涇原掌書記程昔範可試正字涇原判官六人同制

勅某官楊景復等士子不患無位患巳不立苟有所立人必知之惟爾等六人藴才業文咸士之秀者果爲賢侯交辟俾朕得聞其姓名是用各進其秩分授以職若修飾不已籌謀有聞則鴻漸之資當從此始而景復稟訓祗命頗著令稱故因滿歲特假臺郎古者功臣之良入補王職朝獎非遠爾其勉之可依前件



前盧州刺史殷祐可鄭州刺史制

勅某官殷祐夫吏寬信則人人不偷吏廉明則人人盡力吾觀祐之爲政其近之乎前守盧江能率是道歲會課第甲於他州俾精前功且佇後效宜換符竹移牧鄭人在春秋時鄭爲侯國武公善於其職子產遺愛於人人無古今吏有能否聽吾用汝汝其嗣之可鄭州刺史

李德循除膳部員外郎制

勅尚書郎自奏議彌綸外凡邦之牲豆之品醴膳之數實糾理之今文昌長佐春官卿以朝散大夫守祕書丞上柱國李德循籍訓於台庭業官於書府揆才考第得補爲郎司膳缺員爾宜專掌可尚書膳部員外郎餘如故

張正甫可同州刺史制

勅馮翊吾左輔也分理浩穰率先風化故其選任次内史一等而冠四方岳牧之首焉宜求吏課高位望重者分部共理以夾輔京師尚書右丞賜紫金魚袋張正甫自登臺閣爲人讜直物論時望敬而重之及領藩部爲政寬簡將吏黎庶信而愛之所謂朝廷正臣郡國良吏常有惠政加於是邦迨茲五年去思猶在故輟臺轄再委郡符宜敬服



新命增修舊政俾吏畏如夏日人歸如流水愼於終始典於厥官可持節同州諸軍事守同州刺史充本州防禦使散官勳如故

崔琯可職方郎中侍御史知雜制

勅近歲以來副相多缺朝綱國紀專委中憲而侍御史一人得總臺事以左右之今御史中丞德裕以中散大夫行尚書吏部員外郎上柱國崔琯守文無害莅事惟精在郎署中推其才理奏補是職請觀其能因而可之仍加寵秩操執舉措爾無自輕可行尚書職方郎中兼侍御史知雜

事散官勳如故

韋綬從右丞授禮部尚書薛放從工部侍郎授刑部侍郎丁公著從給事中授工部侍郎三人同制

勅尚書右丞韋綬等朕在東宮時先皇帝垂慈聖之德念予沖蒙選端士通儒使講貫今古自禮樂刑政暨君臣父子之道博我約我日就月將俾予今不至墻面克荷丕訓大揚耿光實綬放公著之力也故朕嗣位未逾時月或自郡邸或自省署徵擢寵用爲丞郎給事官雖超拜職亦俱



舉師道光而心逾讓人爵貴而心益恭宜更褒升重酬輔導以綬精粹辯博有先儒之風可作秩宗以放端明慎重行君子之道可居憲部以公著檢敬規度得有司之體可貳冬官於戲貞百工平五刑典三禮皆重任清秩予無愛焉蓋欲表二三子道不虛行而明予一人德無不報也綬可禮部尚書放可刑部侍郎公著可工部侍郎餘並如故

李諒除泗州刺史兼團練使當道兵馬留後兼侍御史賜紫金魚袋張愉可岳州刺史同制

勅扼淮壓湖（一作湘）之列城曰泗與岳州車會焉軍戎屯焉是二郡守不易爲政先是守（一作分）領者多會有故歲時罷去長吏數易人必重困宜擇良二千石救而養之以諒自澄城長試尚書郎中間又再爲州牧三宰劇縣皆苦心卹隱煦嫗及物操刃決滯耆驕有聲而愉亦學古入仕甚自修飾河西有政次於諒焉故命愉守岳命諒守泗仍以戎職留事憲簡章綬一加於諒諒其聽之哉異日吾將以重官劇職處爾爾安得不副吾所急用爾所長更宜以難理之郡自試爾各依前件

裴廙授殿中侍御史制



勅某官裴廙貞觀初張行成爲殿中侍御史糾劾巡察時以爲能朕思宏貞觀之風故選御史府官亦先其精敏剛正者以爾廙動循道理語必信直勵其志節有類行成因授厥官無忝吾舉可殿中侍御史

裴通除檢校左散騎常侍兼御史大夫充回鶻弔祭冊立使制

勅語曰使於四方不辱君命可謂士矣況馳輶軒奉璽書稱天子之使以耀焜絕域者豈容易其選哉少府監裴通溫敬忠實加之謹敏有言語可任以專對有辨識可委以

便宜屬北方君長來告代嗣求可以將命展禮申吾哀榮之恩者其任不細頗難其人擇臣者君而通可使命爲副丞相而加金貂之貴授冊與節臨軒遣之庶乎遠而有光華且欲使絕俗殊鄰益敬吾使也可依前件

元稹除中書舍人翰林學士賜紫金魚袋制

勑仲尼曰志有之言以足志文以足言言之無文行而不遠故吾精求雄文達識之士掌密命立內廷甚難其人爾中吾還朝散大夫守尚書祠部郎中知制誥上柱國賜緋魚袋元稹去年夏拔自祠曹員外試知制誥而能芟繁詞



剗弊句使吾文章言語與三代同風引之而成綸綍垂之而爲典訓凡秉筆者莫敢與汝爭能是用命爾爲中書舍人以司詔令嘗因暇日前席與語語及時政甚開朕心是用命爾爲翰林學士以備訪問仍以章綬寵榮其身一日之中三加新命爾宜率素履思永圖敬終如初足以報我可守中書舍人充翰林學士仍賜紫金魚袋散官如故

孔戣授尚書左丞制

勑漢詔丞相歲舉質直忠厚遜讓者蓋所以急賢俊扶政教厚風俗也然則退藏疎賤之士苟有一善尚搜而揚之况任久位崇才全望重而不致於急官要職者將何以紀綱庶政而羽儀朝廷焉正議大夫守右散騎常侍上柱國賜紫金魚袋孔戣自十年來歷中臺左曹國庠卿寺洎藩守近侍之職各於其任皆有可稱矧又貞白端莊淡然自立進無矜滿之色居無隳替之容求之周行不可多得若戣者宜尚扶政教厚風俗之選也尚書丞掌決百事樞轄六曹晉魏已還右卑於左惟有立者可以糾吏惟無瑕者可以律人無以易戣往恭乃位可尚書左丞散官勳賜如故



授柳傑等四人官充鄭滑節度推巡制

勑試太子司議郎柳傑等古者公府得自選吏屬今仍古制亦命領征鎮者必先禮聘而後升聞矧鄭滑帥承元輸忠仗順炳焉有大節於國奉上莅下實藉寮案以左右之而傑等或緣飾詞華或貯蓄才行揣摩忠誠以待已知宜展籌謀用光慰薦傑可某官充鄭滑節度推官

第十二妹等四人各封長公主制

勑古者帝子下嫁必使王公主焉近代或有未笄年而賜湯沐者亦加公主之號以寵重之第十二妹等先皇帝之

子也比朕之子宜加等焉故當幼年各封善地咸命爲長公主未及釐降先開邑封所以慰太后慈念之心表先帝肅雍之訓亦欲使吾孝理之道敦睦之風自骨肉間以及天下可依前件

韓愈等二十九人亡母追贈郡國太夫人制

勅王者有褒贈之典所以旌往而勸來也其有淑順之德標表母儀者聖善之訓照燭子道者又有名高秩尊祿養之不逮者霜降露濡孝思之罔極者非是典也則何以顯其教而慰其心焉國子祭酒韓愈母某氏等蘊德累行積中發外歸於華族生此哲人爲我藎臣率由茲訓教有所自恩不可忘是用啟郡國之封極哀榮之飾嗚呼歿而無知則已苟有知者則顯揚之孝追寵之榮可以達昊天而貫幽穸矣往者來者監予心焉可依前件



授駱峻太子司議郎梧州刺史賜緋魚袋兼改名元休制

勅某官駱峻桂林守土臣式方言梧爲要郡兵後人困乞廉貞吏以撫之又言峻守道抱器可以起用朕方思良吏以活元元適副所求即可其奏宮寮郡印命服嘉名四者與之足爲優異峻宜副所舉愼所爲無以滋章爲聰明無以鹵莽爲高簡勉率中道往安梧人可梧州刺史

劉總弟約等五人並除刺史賜紫男及姪六人除贊善洗馬衛佐賜緋同制

勅某官劉約等惟爾先人太師濟經武秉哲爲國元臣鎭陽之役實殁王事茂勳大節書於旂常惟爾兄司空總象賢纂戎以續名業納忠於王室振耀其家聲而爾約等亦能稟守其風忠恭孝友念義方之訓而不墮居貴介之地而不驕況兼器能皆可任用授郡符而加命服者五升朝序而佐環衛者六朱轓紫綬煥赫相望勳德之家於斯爲盛嗚呼昔武子有遺愛晉人憐其子趙季有篤行漢朝寵其弟今以濟之仗順積善宜鍾慶於子孫以總之輸忠立愛可延賞於弟姪多與爵祿予無惜焉欲使天下知爾父兄忠順之若彼而國家報施之如此可依前件



王元輔可左羽林衛將軍知軍事制

勅國家設十二衛猶漢之有南北軍而左右羽林尤稱親重自諸衛而移鎭者謂之美遷左神武將軍王元輔生勳伐之家通吏理之事佐戎臨郡率著能名可以掌勾陳而

護建章備巡警而嚴羽衞大將軍事假而行之宜勵初終副茲寵任可依前件

尚書工部侍郎集賢殿學士丁公著可檢校左散騎常侍越州刺史浙東觀察使制

勑古者通守守土刺史按部從宜務簡今則合之故任日崇而選日重非廉平簡直兼愷悌之德者曾不足中吾選馬某官丁公著嘗以學行禮法誨予一人報德圖勞連加寵擢起曹書殿兼而委之二職增修三命益敬朕以浙河之左抵於海隅全越奧區延袤千里宜得良帥俾之澄清



往分吾憂無出爾右假左貂而帖中憲操郡印而握兵符勉哉是行佇聞報政可依前件

鄭絪可吏部尚書制

勑天官太宰秩序常尊自昔迄今冠諸卿首非位望崇盛者不可以處之而朕卽位以來凡命故相領者三矣迨此而四可不重乎東都留守防禦使檢校刑部尚書兼御史大夫滎陽縣開國公鄭絪有郇吉之寬裕子產之恭惠合而爲用藩輔四朝故事遺愛留於官次國之都府半在東周委以保釐人安吏肅重煩耆德入領冢卿昔魏用崔炎毛玠典吏曹一時之士以廉節自勵國朝以宋璟（一作李景）乂掌選部亦能遏絕訛僞振張紀綱官無古今得人則理吾言及此欲爾繼之可吏部尚書

重授李晟通事舍人制

勑李晟昔管仲云升降揖讓進退閑習臣不如隰朋今之通事舍人近此選也而晟嘗中此選善於其職故相薦通奏之節宜揚拜起之儀引而贊之不聞失禮旣終喪紀宜服官常可使束帶曳裾爲吾謁者可通事舍人

徐登授醴泉令制



勑徐登京兆尹言登前爲涇陽令清廉簡直奉法愛人請補醴泉再考其績昔子路理蒲仲尼誨曰愛而恕可以容困溫而斷可以抑姦今醴泉人與蒲相類宜用此道往訓養之歲時之閒期於報政可醴泉縣令

王汶加朝散大夫授左贊善大夫致仕制

勑王汶善修其身爲時良士善訓其子爲國憲臣况以時制之年知終請老不加優秩何厚吾風禮大夫七十而致仕故我以朝散贊善二大夫之爵加乎爾身惟秩與年兩皆得禮以茲退去亦足爲榮可依前件

元公度授華陰令制

勅元公度吾欲理化萬方故自近始前授大宗正翺印綬使牧華人翺能副吾此心選吏責課言公度廉明有守乞宰華陰當道東西往來先是爲邑者多飾廚傳舍奉賓客以沽名譽而不親吾人爾能革之足爲良宰敬長畏法無慢乃官可華陰縣令

唐州刺史韋彪授王府長史楊歸厚授唐州刺史劉旻授雅州刺史制

勅韋彪等善覲人者先考其能然後授以事使輪轅鑿枘



各適其用則羣職庶政得以交修今以彪宦久年高勤於爲政俾從優逸入補王官以歸厚文行器能辱在巴峽勵精爲理績茂課高區區萬州豈盡所用且移大郡稍展奇才以旻早著戎功通諳吏事西南物土罔不周知習俗從宜宜守嚴道分命以職各用所長庶乎咸修乃官同底於理可依前件

鄭絪烏重允馬總劉悟李佑田布薛平等亡母追封國郡太夫人制

勅經曰立身揚名以顯父母孝之終也而絪等學文武之道以飾厥功可謂善立身矣居將相之位以光大其門可謂能揚名矣夫自家所以刑國本立而後道生必待我哀榮之恩方成爾始終之孝是用啟封追號各顯乃親慰後光前孝道備矣可依前件

奉議郎殿中侍御史內供奉飛騎尉賜緋魚袋盧商可劍南西川雲南安撫判官朝散大夫行開州開江縣令楊汝士可殿中侍御史內供奉充劍南西川節度參謀二人同制

勅劍南西川雲南安撫判官奉議郎殿中侍御史內供奉



飛騎尉賜緋魚袋盧商等士之束髮立身爲知已用也無遠近無勞逸但問所務者何所從者誰耳今蜀之帥遴之長皆勤於述職妙於揀賢多得其儁材樂告以善道故以參其選馬或從事有勞或即戎奔命輟元黃之著述振銅墨之滯淹以良士而贊賢侯宜乎多成功而鮮敗事矣勉思所立各服乃官

李演贈太子少保制

勅夫生立勳勤下以忠事上也歿加褒飾上以義荅下也忠義臻其分哀榮極其恩而君臣之道全矣故奉天定難

功臣開府儀同三司檢校兵部尚書兼左衛上將軍御史大夫李演忠信以爲幹義勇以爲器器與幹合鬱成將材故出長諸侯入統七萃拊巡警衛朕甚賴之方深倚仗遽此淪謝茲予所以當宁興念廢朝軫懷聞鼙鼓而長太息者也追崇之命宜有加焉可贈太子少保

李諒授壽州刺史薛公幹授泗州刺史制

勑壽州刺史李諒等詩云愷悌君子人之父母朕三復斯言往往興嘆安得循吏俾父母吾人乎吾前命諒爲泗守未卽路會壽守植卒因改諒守壽命公幹守泗諒之理課



前詔詳矣公幹自尚書郎連領二郡政平法一甚便於人加以有理戎之材可付留事故輟軍保一作倅仍憲秩而兼寵之夫壽與泗皆郡之大者也諒與公幹皆二千石之良者也以大都委良吏不亦宜乎噫諒無忘澄城之理公幹無替亳城之政則愷悌之化吾有望於二郡焉諒可壽州刺史公幹可泗州刺史

柳公綽罷鹽鐵守本官兵部侍郎制

勑某官柳某昔先皇帝知爾有材元和以來應用不暇及領權管漕運之務屬陵寢郊邱之禮財給事集時乃之功宜有轉移以均勞逸況聞牢籠無遺利課督有常規今詔刑部尚書播代之亦令守而勿失朕將興理化先務根本凡百職事悉歸有司惟茲夏官實掌戎政簡稽調補今方其時司馬貳卿佐平邦國是爾本職無忘增修可守兵部侍郎

崔元備張惟素鄭覃陸瀍韋宏景賜爵制

勑崔元備等禮莫重於復土事莫大於愼終使朕以孝敬之誠獲貢於先帝實賴左右侍從之臣服勤祗事展四體而竭一心誠俾予無悔賞不敢忘爵不敢愛爾宜疏封服



命而揚之可依前件

劉約授棣州刺史制

勑前齊州刺史兼御史中丞劉約故太保濟之子太尉總之弟也吾嘗思濟之功總之忠而嘉約之謹厚累遷至齊州刺史在官無敗事罷秩有去思念舊錄能宜當寵用況公侯之後約有通才封域之間棣爲要郡委之共理誰曰不然可使持節棣州諸軍事棣州刺史依前御史中丞散官勳如故

李肇可中散大夫鄆州刺史王鎰可朗州刺史溫

造可朝散大夫三人同制

勑朝請大夫使持節澧州諸軍事澧州刺史上柱國賜紫金魚袋李肇等乃者李景儉使酒獲戾而肇等與之會飲失於檢愼宜有所懲由是左遷分爲郡守今首坐者既復班列緣累者亦當徵還但以長吏數易其弊頗甚況聞三郡皆有政能人方便安不宜遷換故吾以采章階級並命而就加之蓋漢制進爵秩降璽書慰勞良二千石之旨也爾當是命得不勉哉

奉勑試邊鎭節度使加僕射制

門下鎭寧三邊左右百揆兼茲重任必授全材某鎭節度使某乙天與忠貞日彰名節德溫以肅氣直而和明畧足以濟時英姿足以遏寇累經事任歷著勳庸中權之令風行外鎭之威山立戎夷慴服漢兵無西擊之勞疆埸底寧胡馬絕南牧之患禁暴而三軍輯睦除害而百姓阜安千里長城一方內地實嘉乃績爰簡朕心夫竭力輸誠爲臣之大節念功懋賞有國之恒規顧茲忠勤宜進爵秩爾有統戎之畧已授旌旄爾有宣贊之猷特加端揆往踐厥職其爲有終可尚書左僕射餘如故主者施行



# 欽定全唐文卷六百六十四

白居易九

## 與王承宗詔

勑王承宗朕臨馭天下及此五年三叛誅夷四方清泰不以功武自負常推恩信爲先爾父云亡卽欲命卿受詔而遠近方鎭內外人情紛然奏陳皆云不可朕以卿累代積勳賢之業一門有忠義之風功著艱危恩連姻戚雖中心是念而衆請難違可否之閒久不能決然亦欲觀卿進退之禮察卿忠孝之心卿自罹閔凶屬經時月待使臣而動皆得禮奉章疏而言必由衷請獻官員願輸貢賦而又上陳密欵遠達深誠潔身而謀出三軍損己而讓推二郡斯有以得臣子之大節知君親之大恩卿心既然朕意亦定特加新命仍撫舊封今授卿起復左金吾衞大將軍檢校工部尚書充成德軍節度使恒州刺史恒冀深趙等州觀察等使兼御史大夫仍賜上柱國幷賜告身旌節等件想卿忠孝哀感兼深其德棣兩州以卿進讓元欲於卿親屬之內選授一人在法雖有推恩相時亦恐非便今所以除薛昌朝德棣兩州觀察使昌朝昔嘗事卿先父今又與卿

親隣卿宜具以誠懷令報昌朝知悉卿今受命之後足得節制三軍使其不失事宜方見卿之忠藎昨者衆情易惑非卿不能効此誠羣議難排非朕不能斷此意所宜保持大義勉勵遠圖深念斯言永副予望其當軍大將已下各宜特與改轉卿卽條錄聞奏其官健等亦宜量加優賞想宜知悉

與茂昭詔

勅茂昭盧校等至省所奏恒州事宜并別論情陳獻者具悉卿望重勳賢寄崇藩鎮謀參廟算寵接國姻累上表章



繼陳誠款永言智畧已見匡濟之才載念公忠益表感知之志若非勞瘁憂國義勇忘家則丹赤之心不能至此想風興嘆至於再三所緣恒州事宜朕亦思之甚熟但以武俊率身仗順於國有功忠勲所延宜及後嗣承宗又密陳深款遠獻忠誠既念舊勞已降成命討其奉詔必合感恩如或乖違續有商議卿宜以睦隣爲事體國爲心想卿誠懷當悉朕意

與師道詔

勅師道省表具悉卿業重相門位崇戎閫忠輸於國行著於家久而益彰嘉嘆無已所奏亡兄師古請列於私廟昭穆者此乃心推孝友誠切恭敬覽表見情深足嘉尚但以祠廟所見貴於禮成師古雖則始營至卿方行祔禮卽卿爲廟主固合其宜況師古爵位尊崇宏選自合祔廟別立祠宇使其主之奉以蒸嘗亦非乏祀也已令有司重議如此頗謂得中且叶禮經卿宜知悉

與師道詔

勅師道朱何至省所奏當道赴行營兵馬取正月過渡河逐便攻討并奏兵馬出界後請自供一月糧料又奏待收下城邑若有軍糧一月已後續更支計并陳謝慰問者具



悉卿文武間生忠貞特立動有所効知無不爲昨獻帛助軍極盈數於萬匹今又賫糧出境減經費於三旬此乃力之所任無不罄竭慮之所及無不經營因時見憂國之心臨事識忠臣之節詔書慰諭未盡朕懷章疏謝陳益嘉乃志再三興嘆寤寐難忘其所奏聞竝依來表想宜知悉

與於陵詔

勅於陵省所賀安南破環王國賊帥李樂山等三萬人者具悉卿蠻夷犯疆方鎮致討兇徒喪敗荒徼清平卿素蘊

忠誠又連封壤疾既同於山藪勢益壯於輔車想聞捷書當倍慰愜載省所賀深見乃懷

與希朝詔

勅希朝省所奏請自部領當道兵馬一萬五千人取蔚州路赴行營并奏土門及承天軍各添兵士備禦者具悉卿武毅雄才忠貞大節出爲良將倚作信臣約已徇公忘身許國忿違命不恭之寇激勤王自効之心親統銳師率先羣帥況又周知要害備設防虞計其威聲已振兇醜有臣如此朕復何憂佇建殊功以副深望所有動靜宜數奏聞想當知悉



與劉濟詔

勅劉濟李皐至省表及露布十二月十七日劉緄部領當道行營兵馬收下饒陽縣城破賊衆三千人并擒斬將校收獲馬畜器械等兼送賊將朝履清等四人又進所收饒陽縣等者具悉卿盡忠伐叛發漁陽精銳之師緄仗順臨戎討冀方昏狂之寇詔下而父子戮力鼓行而將卒齊心先羣帥以啟行首諸軍而告捷連擒逆將併下賊城歸獻罪之俘囚進已收之縣邑可謂忘身徇國盡禮事君疾風知偃草之心大雪見貞松之節況表章之內益嘆恭勤而眷想之間如觀風采計茲兇醜當已震驚破竹之勢可乘覆巢之期非遠佇清大憝重副深懷其饒陽縣卿宜且令鎮守稍加存撫用勸將來宋常春卿所密奏具委事情且宜叶和以體朕意故令宣慰想當知悉

與季安詔

勅季安省所奏當道行營兵馬今月十七日已收棗強縣其賊棄城夜走者具悉卿輸忠報國嫉惡忘家遣無敵之師伐不襲之寇軍聲遠届先路以風行逆黨潛知棄城而



宵遁已收縣邑益振兵威此皆卿訓練所加指麾有素永言明効實屬深懷固可乘勢應機逐便進討以卿忠盡當副朕心

與希朝詔

勅希朝張嘉和至省所奏前月二十六日破逆賊河湟鎮六千餘人具悉卿親領統師誓誅逆黨張軍心以吞敵奮士力而指蹤潛戒偏裨先攻險阻伐謀而事有成算剋日而動不愆期果敗兇徒遂據要地況殺傷既重收獲頗多益壯軍威可奪虜氣佇聞掃蕩以慰衷懷

與從史詔

勅從史曹公乂至省所奏今月三日柏鄉縣南破賊眾約三萬人并擒斬首級收獲器械及馬等又奏當軍所傷士馬數并量事優卹事宜具悉卿外揚武畧內竭忠謀率有名之師深入其阻遏無狀之寇大挫其鋒兵刃屢加捷書頻至殺傷數廣績効居多非卿悉力摧兇誓心報國則何能指麾之下動必成功表奏之間事皆審實既光重委益副深懷嘉歎再三不忘寤寐所奏承璀出軍合陣并續發露布事宜具委所陳想當知悉



與季安詔

勅季安許峯至省所奏具悉卿勳親重德台輔元臣竭誠信以戴君宏識度而體國謀能竭慮言必盡忠周覽表章益增寤嘆吳少陽自參軍務頗効恭勤豈待奏陳已有處分想宜知悉

與昭義軍將士詔

勅昭義軍節度下將士等卿等當軍將士與諸道不同自經艱難多易將帥而忠順之節未嘗有虧朕每思之無時暫忘盧從史爲卿主將作朕藩臣權位尊崇恩寵優厚而乃外示恭順內懷姦邪刻削軍中暴殄境內朕以君臣之道未忍發明爲之含容頗有年月近又苟求起復請討恒州與賊通謀爲國生患自領士馬久屯行營收當軍賞設之資加本道芻粟之估不爲公用盡入私家此則主將之恩於卿何有臣子之分負朕日深卿等辨邪正之兩端識逆順之大義抱忠勇者恥居其下守名節者憤發於中失三軍之心已聞大去犯衆人之怒果見不容遠察事宜備知誠款與言嘉歎至於再三其當軍將士等賞設已有處分上自將校下及士卒各勵爾志再思朕言卿等承前以



來常保忠貞之節自今以後永爲心腹之軍宜念始終副茲矚望故令宣慰宜並悉之夏熱卿等各得平安好遣書指不多及

與承璀詔

勅承璀卿總領禁軍控臨戎境見敵每張其勇敢因事益表其忠勤言念在懷發於寤嘆昭義軍將士等去邪遠惡仗義保忠統其成師宜得良帥孟元陽夙懷武毅累著功庸威名甚彰人望所屬以之爲帥必愜軍情以之討賊必有勳績今授元陽檢校尚書右僕射充昭義軍節度等使

未到行營間其昭義軍卿宜切加宣撫務使安寧烏重允職在偏裨保於忠正宜從獎擢以表殊恩今授烏重允河陽節度使兼御史大夫卿亦宜諭此恩意令知朕心兼恐河陽無人速宜進發想當知悉

與元陽詔

勅元陽澤潞全軍方討恒冀盧從史虧失大節包藏二心姦迹邪謀日已自露軍情物議俱所不容尋追赴朝今已在道朕以昭義將士忠順成風況在行營久勤戎事今欲使其戰者奮發居者悅安共成大功必在良帥以卿有澱水之勳効有河陽之政令思之甚熟無以易卿宜領重藩



仍遷宗秩今授卿檢校尚書右僕射充澤潞節度等使幷賜旗節告身等往卿宜速發先到潞府上訖便赴行營慰安軍心宣諭朕意烏重允徇忠守節宜加獎用今便授重允河陽節度使兼御史大夫想宜知悉

與昭義軍將士詔

勅昭義軍節度下將士等卿等久在行營乍無主將而士旅輯睦軍壘安寧足彰守正之心尤見盡忠之節以此嘆矚勞於寤興孟元陽是朕信臣爲國良將威畧可以攝兇孽慈和可以牧師人累著忠勤克諧朕命爲其主帥必副羣情況卿等同嫉姦邪久困貪暴宜以仁賢之帥撫卿忠義之軍靖思元陽無出其右今授元陽檢校尚書右僕射充卿等當道節度使勉同王事以慰朕懷烏重允特効忠誠深宜獎擢今便授河陽節度使兼御史大夫故令宣慰並宜知悉

與師道詔

勅師道林英至省所陳奏幷進王承宗與卿書者具悉王承宗童騃無知兇嚚有素雖藉祖父之寵曾微分寸之勞



但以武俊勳在冊書姻連戚屬朕獨排羣議特降殊私未卒父喪使承祖業即加新命仍撫舊封則朕於承宗恩亦至矣而僞陳誠款欺誑使臣假託軍情拒違詔命則承宗於朕罪莫大焉悖理亂心暴於天下此乃承宗干國家之紀非朕忘武俊之功遂至用師蓋非獲已仍開生路許以自新而梟音不悛鴟張益熾人情共棄國典不容在於朕心安敢輕捨卿旣膺注意義感酬恩所獻表章具已詳覽慮深遠計詞切讜言在忠謀而則然於事體而未可誠嘉勤志難允懇懷今諸道將帥親領士馬深入寇境頻奏捷

書四面合圍一心旅進窮迫已甚覆滅非遥況卿同遣司徒已收縣邑冀清氛孽佇建功名勉於令圖副此矚望

與師道詔

勑師道任文質至省表具悉盧從史頃者請率全師誓清妖孽推誠待物許之不疑而背恩於上結怨於下邪謀貳志日以彰聞虧大節而自絕於君積羣怒而不容於衆因以邀命幸而脫身屈法申恩已有處分昨者詔旨已明示卿卿體國爲心事君盡力固宜有聞必薦有見必陳竭其忠諒之誠濟其獻替之美省閱章奏嘉嘆良多



與執恭詔

勑執恭王克謹至省所奏今月八日進收平昌縣已令鎮守幷奏劉濟欲與卿約義事者具悉卿奉辭伐罪仗節啟行指顧偏裨收復城邑已令鎮備兼務緝綏威惠之方旣明弔伐之義斯在永言倚任彌注衷情劉濟將相大臣與卿先父同列欲求契約固合允從豈惟繼好私情亦足叶心王事載省來奏深鑒乃誠至於寢興不忘嘉矚

與承宗詔

勑承宗頃者盧從史包藏姦詐矯示公忠下誣物情上惑朝聽使卿陷於違命使朕至於用兵交亂君臣罪有所在今從史已正刑典遠棄驩州搆亂者旣就屏除誘陷者自宜明白況卿代連姻戚朕豈不思祖有功勞朕豈不念事不得已勢至如斯棄絕以來常懷惻惻卿今旣陳章疏懇獻衷誠請進官員願修貢賦誓心以納款歸罪而責躬情可哀憐法存開釋朕託於人上及茲六載體天地含宏之德厚君臣終始之恩常以人安爲心豈欲物失其所今所以開獨見之路降非常之恩卿及將士等已具制書並從洗滌卿仍復舊官爵便充恒冀深趙德棣等州節度觀察等使幷賜旌節告身等往爵土仍舊君臣如初想卿中懷當自知感所宜追補前悔勉勤後圖夙夜思之永副朕意想當知悉



與吉甫詔

勑吉甫韓用政至省所奏陳謝具悉卿忠貞立身文武爲德志惟經國謀不忘君才可以雄鎮方隅故委之外閫智可以密參帷幄故任以中樞而能一其衷心再有沖讓雖勞謙彌切每陳丹府之誠而憂寄方深難輟紫垣之務勉諭已伸於前詔忠勤載露於來章今征討已停方隅稍泰

克清之日雖則不遥難奪之心亦宜且抑重此宣慰當體朕懷是推至公煩有陳謝

### 與劉濟詔

勅劉濟省所謝男緫及孫景震等授官并謝賜器仗弓甲刀斧等者具悉卿文武全才將相重任本於忠諒成此勳勞尚德尊賢位已極於台輔念功懋賞寵宜及於子孫時論允歸朝章斯舉至於出茲戎器賜我元臣但可以申朕恩私未足以表卿功績載覽來表備見乃誠併此謝陳益嘉勤藎



### 與鄭絪詔

勅鄭絪省所奏邕管黄少卿及子弟等事宜具悉卿望重中朝寄深南服誓敷惠政佇化遠人言念忠勤不忘監寤山洞夷落易擾難安比來撫之未及其道覽卿所奏頗合其宜歲時之間當革前弊勉於招諭以副朕心

### 與劉總詔

勅劉總卿業繼將門才兼武畧累臨軍郡悉著良能襲以弓裘宜加旌鉞仍舉奪情之典以昭延賞之恩今授卿起復雲麾將軍檢校工部尚書充范陽節度等使并賜旌節官告往想宜知悉

### 與茂昭詔

勅茂昭王日興至省表陳讓檢校太尉者具悉卿文武大僚勳戚重望累展朝宗之禮足表恭敬之心況多戰伐立功彌彰勤藎言念及此每用嘉焉宜加寵榮已降新命何至謙讓仍辭舊官眷倚之懷並具前詔想宜知悉

### 與劉總詔

勅劉總康志安至省所奏陳具悉卿之先父爲朕元臣大節殊功沒而不朽宜加恩禮俾洽哀榮故命宰臣爲之撰



錄卿義深報國孝重承家旣感顯親之恩願竭戴君之節遠有奏謝益用嘉之想宜知悉

### 與房式詔

勅房式卿以良才尹茲東洛公忠無怠聲績有聞嘉嘆之深寧忘寤寐宣城重寄深在得人藉卿政能往就綏撫今授卿宣州刺史兼御史中丞充宣歙等州都團練觀察處置等使并賜告身往卿宜便起赴本道勉修所任以稱朕懷想當知悉

### 與盧恒卿詔

勑盧恒卿累登朝序皆著公方自領藩條益彰理行恪恭而奉上勤儉以牧人不加寵榮何勸來者朕以擢管漕運軍國所資其務甚殷所寄尤重以卿有忠勞之前效幹濟之長才常簡朕心宜授此職今除卿尚書刑部侍郎充諸道鹽鐵轉運使并賜告身往宜即赴闕庭想當知悉

## 與薛苹詔

勑薛苹楊君靖至省所陳謝具悉卿勤王之節徇公滅私事主之誠移忠資孝苟非襃贈何以顯揚且清白之風旣自家而刑國則寵旌之澤宜因葉以流根式遵追遠之經



用表教忠之訓是爲禮典煩致謝章

## 與嚴礪詔

勑嚴礪薛光朝至所陳謝具悉卿徇公竭誠臣節克著揚名濟美子道有光教忠旣本於義方追遠宜崇於禮命俾優襃贈爰慰孝思秩貴冬官以表過庭之訓封榮石窌用旌徙宅之賢雖示新恩允符舊典遠煩陳謝深見懇誠

## 與餘慶詔

勑餘慶省所謝陳具悉卿累居哀職時謂盡忠自尹洛師日聞報政臣節旣彰於宣力子道莫大於揚名俾光孝思爰舉禮命榮襃冢宰寵賁幽靈式是彝章豈爲私渥有煩陳謝深見誠懷

## 與從史詔

勑從史楊幹至省所奏今月七日到潞城縣降雪尺餘兼奏耆老等詣闕請欲立碑并手疏通和劉濟本末事宜者具悉卿分朕之憂求人之瘼時降大雪豐年表祥豈惟澤及土田將使物無疵厲休慶斯在慰望良深耆老等遠詣闕庭請立碑記尋已允許當體誠懷以旌政能無至陳讓知卿洽比其隣翼戴爲意陳此手疏發於血誠忠懇彌彰



嘉嘆不已永言臣節何日忘之想宜知悉

## 與韓臯詔

勑韓臯省所陳賀具悉卿朕自守睿圖每思寬政慮先禁暴念在措刑李錡負國反常阻兵干紀未勞師旅已就誅夷卿宣力納忠秉心嫉惡遠陳慶賀深見懇誠想宜知悉

## 與元衡詔

勑元衡卿立身許國竭力匡君人之具瞻予所嘉賴凋殘是恤遠藉宣風之能利澤所資暫輟爲霖之用慈和旣敷於兵後惠信當洽於言前永念忠勤豈忘寤想計卿行邁

已到西川。涉遠冒寒。固甚勞頓。勉加綏撫。以副朕懷。想宜知悉。

與顏証詔

敕顏証。戴岌至。省所賀及謝王國清充五嶺監軍。具悉。卿職在撫綏。任兼備禦。公勤夙著。聞望日彰。言念於懷。豈忘寤寐。乾象昭感。壽星垂文。與時相膺。有道則見。顧慙非德。何以當之。卿戎旅事殷。宜有監領。蓋爲常例。煩至謝陳。想宜知悉。

與從史詔



敕從史。省所陳謝追贈亡母幷舉薦章悅。具悉。卿推誠奉國。積慶成家。既彰盡節之忠。宜洽流根之澤。雖祿難逮養。已闕靈於九原。而孝在顯親。宜旌賢於三徙。俾崇封贈。以極哀榮。章悅既有才能。又所諳委。卿卽發遣。令赴闕庭。卿之忠誠。朕所識察。豈待陳露。然後知之。載覽來章。益嘉懇切。想宜知悉。

與季安詔

敕季安。省所陳請。具悉。卿。朕纂成鴻業。司牧蒼生。僅致小康。未臻大化。實慚薄德。未稱崇名。而華夷兆人。內外羣后。屢有勤請。難於固違。卿遠獻表章。明徵典訓。納忠於上。歸美於君。勉從懇誠。良用愧悵。儲貳者。上繼宗祖。下貞邦家。心豈暫忘。事或未暇。尚阻來請。當體所懷。

與高固詔

敕高固。卿奉國戴君。必竭忠節。統戎護塞。克著勳勞。自領藩垣。委之心膂。忠懇之志。久而益彰。欽嘆在懷。何嘗暫忘。以卿一從軍旅。多在邊陲。歲月積深。勤勞滋久。所宜出入中外。周旋寵光。今授卿檢校尚書右僕射御史大夫兼右羽林軍統軍。以端揆之崇。兼環衛之帥。遂卿望闕之戀。表



朕念功之心。仍賜卿官告。卿宜卽赴闕庭。想宜知悉。

與茂昭詔

敕茂昭。盧校至。省所奏請上尊號及建儲闈。賀誅李錡。並進馬者。具悉。卿。朕以寡德。祗嗣丕圖。雖至小康。豈稱大號。迫於人望。遂抑予懷。永惟強名。實愧虛受。儲貳者。上繼宗祖。下貞邦家。心非暫忘。事或未暇。尚阻來請。宜體所懷。李錡包藏禍心。奮發兇德。不勞征討。自就誅夷。想卿忠誠。倍以爲慰。所進馬馴良可尚。服御且閑。取其戀主之心。足表爲臣之節。再三省覽。嘉嘆久之。想宜知悉。

與柳晟詔

勅柳晟卜英琦至省所奏慶雲并進圖者具悉昌運將開祥符先見發自和氣聚爲慶雲捧日而五色相宜垂天而萬物咸覩斯爲嘉瑞宜契昇平朕方致小康未臻大化受茲方貺祇惕良深卿以誠事君推美奉上獻輪囷於圖畫陳懇款於表章披閱再三彌增嘉嘆

與仕明詔

卿久鎭邊防初膺閫寄式旌勤効俾洽恩榮褒德念功故進封以示寵忠誠亮節宜因實而錫名旣表新恩亦惟舊



典今改封卿丹陽郡王仍改名忠亮勉勤乃事以副所懷想宜知悉

與崇文詔

勅崇文段良玭至省所謝亡妻邑號具悉卿有濟時之勳寵居袞職士政承積善之慶列在王官俾洽恩光故加褒贈念梧桐之早落不及夫榮追芣苢之遺芳宜從子貴式崇寵命以賁幽靈省茲謝章良用嘉嘆

與希朝詔

勅希朝劉忠謹至省所奏沙陀突厥共一千八百七十人并駝馬器械歸投事宜具悉卿以將帥之才鎭華夷之要憂勞爲國忠勇忘家聲動冠戎塵清封畧突厥等嚮風輸款率屬來賓雖慕我懷柔遠無不至亦因卿威惠導之使來念其歸投宜有優賜今賜衣服及匹段等自首領已下卿宜等第給付其部落家口等遠經跋涉宜稍安存以勸歸心用副注意

與元衡詔

勅元衡省所奏當管南界外生蠻東凌六部落大鬼主苴春等以所管子弟百姓等二千餘户請内屬黎州并奏南



路蕃界消息者具悉卿以文武之才兼將相之任仁和下布黎庶獲安威惠旁流蠻夷率附勲勤所著倚賴彌深欽矚之懷豈忘寤寐生蠻部落苴春等久阻聲教遂此歸投願屬黎州請通縣道勉於撫慰以勸將來所奏蕃界事宜具已知悉戎虜雖聞喪敗封疆不可無虞亦宜隄防用副憂矚

與陸庶詔

勅陸庶省所奏當管新開福建陸路四百餘里者具悉卿望重周行寄分越徼嘉聞素著茂政累彰況勤可使人智

能創物廢驚波之路開砥石之途舍舊謀新以夷易險財力不費商旅斯通惠既及人動非擾下績用可尚欽嘆良深

與宗儒詔

勑宗儒卿邦家楨幹班列羽儀嘗作股肱弼諧無怠及司管籥鎭靜有方欽重之懷寢興不捨春官之長非賢不居旣簡朕心亦符人望今授卿禮部尚書幷賜官誥往除餘慶東都留守卿宜便與交割卽赴上都想宜知悉

與希朝詔



勑希朝省所奏党項歸投事具悉卿邊隅寄重閫外事繁威行而軍聲外揚信及而戎心內附動皆展効進必盡忠勞績彌彰倚望尤切党項拓跋忠敬等項雖爲盜今已經恩慴而歸投情可容恕計其後効以補前非卿宜安存無使疑懼其磨梅部落等尚能繼志亦許自新宜加招諭令知朕意

與韓宏詔

勑韓宏任光輔至省所陳請具悉卿文武全畧邦家重臣自居大藩厥有成績輯寧百姓嚴整三軍使予無憂惟爾之力省兹章奏懇願朝宗誠嘉深衷難遂勤請朕以梁宋之地水陸要衝運路咽喉王室藩屛人疲易散非卿之惠不能安師衆難和非卿之威不能戢今衆方悅附人又知歸鎭撫之間事難暫輟雖戀深雙闕積十年而頗勞然倚爲長城捨一日而不可勉卿忠力布朕腹心宜體所懷卽斷來表

與嚴礪詔

勑嚴礪省所奏進蒼角鷹六聯具悉卿任重列藩寄兼外閫事皆奉上動必竭誠時屬勁秋致兹鷙鳥調習成性進



獻及時取其効用之能足表盡忠之節

與韓宏詔

勑韓宏卿苦心奉國極慮撫人惠彼一方於兹十載歷展勤王之効累陳戀闕之誠才以任彰節因事著不加殊寵何表成功夫外擁旌旄爪牙之任重內參台衮股肱之寄深以爾一心授兹二柄永言倚賴當副誠懷今除卿同中書門下平章事依前宣武軍節度等使餘並如故幷賜官告往想宜知悉

與季安詔

敕季安劉清潭至省所奏貝州宗城縣百姓劉宏爲母病割股充祭事宜具悉卿任重彌諧寄深鎮守勤撫綏之政贊燮理之功至使部人忘身展孝雖因心有感誠化我之時風而率下可知足表卿之理行省兹陳奏欽嘆良深

與茂昭詔

敕茂昭盧校至省所陳奏具悉卿翼戴君親出入將相久專戎閫累覲王庭忠勞必竭其智謀誠懇每形於章表近者志在憂國慮及安邊請率精兵親防黠虜朕以卿當管軍鎮寄重事殷實藉撫綏用安封部雖未允所請而深嘉



乃誠今又密奏恒州具申事體曲盡忠勤之節備知丹赤之心言念再三發於嗟嘆眷重之至併在予懷想宜知悉

與潘孟陽詔

敕孟陽卿夙懷才畧早振聲猷歷踐班行累彰績效自守關輔克舉藩條惠及蒸黎威行軍鎮永言所任未展其能朕以東川蜀門重鎮弊承軍後雄壓險中思得忠勤之臣撫此凋殘之俗量才注意無以易卿今授卿劍南東川節度觀察使并賜官告往想宜知悉

與韋丹詔

敕韋丹竇從直至省所陳賀並奏江饒等四州旱損其所欠供軍畱州錢米等並已放免又奏權減俸及修造陂堰並勸課種蒔粟麥等事宜具悉朕頃緣時旱慮害農功雖推咎己之心敢望動天之德而未逾浹日膏澤霈然仰荷元休俯增祗惕卿喜深稱慶忠切分憂既覽賀陳兼詳奏請至如蠲逋以卹人隱減俸以濟軍須抑末業而移風務兹菽麥防旱年而歎雨修利陂塘皆合其宜並依所奏非卿公勤奉上仁惻發中則共理之心不能至此再三興嘆一二難申勉於始終以副朕意想宜知悉



與從史詔

敕從史史弊至省所陳謝具悉卿亡父早踐班榮久著偉績永言襃贈自叶典常況卿孝友承家勤勞事國念兹忠節皆稟義方將慰匪莪之心宜流自葉之澤豈爲殊渥頻至謝章

與孫璹詔

敕孫璹劉德惠至省所進隴右地圖兼進戰車陣圖車樣及奏陳收復河湟事宜者具悉卿尹兹右輔固乃西疆創制戎車繕修軍實思收故地誓立殊勳載覽陣圖兼詳所

奏誠得開邊之畧益加報國之心斯謂盡忠彌增注意眷言所至無忘於懷

與李良僅詔

勑李良僅卿久在軍門習知邊事居常恭恪動必忠勤眷乃才良可分憂寄今授卿延州刺史兼安塞軍使幷賜官告往延州既兼軍鎮且雜蕃戎防遏撫綏兩須得所宜勉所任用副朕懷

與崇文詔

勑崇文卿忠廉立身簡直成性董戎長武邊候久安授律



西川兇徒蕩滅是以寵崇外閫秩進上公而能省事安人多方撫俗諭朕念功之旨勉其師徒宣朕卹隱之心慰彼黎庶威力無暴功成不居累陳表章懇請朝覲雖嚴邦之寄重誠欲藉才而望闕之戀深固難奪志且嘉且嘆彌感於懷屬時候嚴凝山川修阻永言跋涉當甚勤勞佇卿來思副朕誠望想宜知悉冬寒卿比平安好遣書指不多及

# 欽定全唐文卷六百六十五

白居易十

與茂昭書

勑茂昭王日興至省所奏今月十八日大破賊衆一萬七千人幷擒斬收獲訖者具悉卿親率勁兵誓平妖寇竭股肱之力中有奇謀勵父子之軍前無强敵故能深入賊境大破兇徒殺傷既多俘獲亦廣具詳奏報備見忠勞眷屬之懷發於寤嘆將士等各懷勇烈同忿寇讎激於衆心致此殊效況荷戈於炎暑之際奮身於鋒刃之間永念於茲



未嘗暫忘故令宣慰宜幷悉之

與昭義節度親事將士等書

勑昭義軍節度下親事將士等盧從史受恩至重負國至多衆所不容追令赴闕朕以誤曾任使貴全始終今則止於貶官此蓋曲從寬典卿等抱忠懷義朕所素知頃以諸營同事從史三軍一體俱是王臣既不相干又能自効朕方優賞以酬功勳何至不安有此疑懼必恐從史已追之後元陽未到之閒卿等當營乍無主將或被外人扇誘令衆意憂疑勢使之然事非獲已朕雖在此遠見軍情料卿

本心必無此意況元陽勤儉恤下寬厚愛人久在河陽甚近澤潞元陽臧否卿等合諳以卿忠義之軍故擇仁賢爲帥已有詔示宣諭元陽若到行營一無所問乃至將士家口亦令優卹安存卿復何憂必得其所況昭義將士艱難以來保守忠貞未嘗虧失天下稱嘆卿亦自知又卿父母妻兒家田墳墓一物以上並在潞州頃刻之間豈忍便棄朕之此語卿宜細思各相勉諭同保忠順計元陽已合到彼卿等便聽元陽指麾想卿等心必副朕意故令宣慰並宜知悉



與恒州節度下將士書

勅成德軍節度下將士等朕以王者之道與物無私若違命執迷則罔有容捨若知非改悔則無不舍宏不窮無告之人不塞自新之路頃屬姦臣從史謀構異端致使恒陽隔於恩外六郡之地皆廢農桑三軍之人並懼鋒鏑每一念至中心惻然今卿等繼獻表章遠輸誠款省承宗之勤懇艱阻其情思武俊之功勞不能無念況事因詿誤而理可哀矜今已降制書各從洗雪承宗仍復舊官爵充恒冀深趙德棣六州觀察使成德軍節度使將士等官爵實封並宜仍舊待之如初卿等各宜協力同心知恩感德共保終始稱朕意焉故令宣慰宜並知悉

與吐蕃宰相鉢闡布勅書

勅吐蕃宰相沙門鉢闡布論與勃藏至省表及進奉具悉卿器識通明藻行精潔以爲眞實合性忠信立誠故能輔贊大蕃叶和上國宏清淨之教思安邊陲廣慈悲之心令息兵甲既表卿之遠略亦得國之良圖況朕與彼蕃代爲甥舅兩推誠信共保始終覽卿奏章遠叶朕意披閱嘉嘆至於再三所議割還安樂秦原等三州事宜已具前書非



不周細及省來表似未指明將期事無後艱必在言有先定今信使往來無壅疆埸彼此不侵雖未申以會盟亦足稱爲和好必欲復修信誓卽須重畫封疆雖兩國盟約之言積年未定但三州交割之後剋日可期朕之衷情卿之志願俱在於此豈不勉歟又緣自議三州已來此亦未發專使今者贊普來意欲以再審此言故遣信臣往諭誠意卽不假別使更到東軍此使已後應緣盟約之事如其間節目未盡更要商量卿但與鳳翔節度使計會此已處分令其奏聞則道路非遙往來甚易頗爲便近亦冀速成更

待要約之言皆已指定封疆之事保無改移卽蕃漢俱遣重臣然後各將成命事關久遠理貴分明想卿通才當稱朕意曩者鄭叔矩路泌因平涼盟會沒落蕃中比知叔矩已亡路泌見在念玆存沒每用惻然今旣約以通和路泌合令歸國叔矩體骨亦合送還表明信誠兼亦在此其論與勃藏等尋到鳳翔舊例未進表函節度不敢聞奏自取停滯非此稽留昨者方進表函旋令名對今便發遣更不遲迴仍令與祠部郎中兼御史中丞徐復及中使劉文璨等同往其餘事宜已具與贊普書內卿宜審於謀議速副



誠懷兼有少信物賜卿具如別錄至宜領也冬寒卿比平安好遣書指不多及

## 與吐蕃宰相尚綺心兒等書

勅吐蕃宰相尚綺心兒等論思諾悉至省表幷進奉具悉卿等才器特茂識畧甚明仗義立身資忠事主上佐贊普下康黎元以尋盟納款爲謀繼好息人爲請是卿上策叶朕中心每覽表章輒用嘉嘆朕與彼蕃國代爲舅甥日結恩信自論盟會頗歷歲時常欲速成以爲永好雖誠明之內彼此無疑而言約之間往復未盡今故畧收來意重示所懷想卿通明當所鑒悉河隴之地國家舊封論州郡則其數頗多計年歲則沿來甚近旣通和好悉合歸還今者捨而不言豈是無心愛惜但務早成盟約所以唯言三州則沒於彼者甚多歸於此者至少猶合推於禮讓豈假形於言詞來表云此三州非創侵襲不可割屬大唐來且此本不屬蕃豈非侵襲所得今是却歸舊管何引割屬爲詞去年論與勃藏來卽云覆取進旨贊普便請爲定今兩般使至又云比之小務未合首而論之前後旣有異同信使徒煩來去雖欲速爲盟會其如無所適從靜言二三固不



在此若論和好卽今各無侵軼已同一家若議修盟卽須重定封疆先歸三郡若三郡未復兩界未分卽是未定封疆憑何以爲要約彼若吝惜小事輕易遠圖未能修盟且務通好至於信使一往一來但令疎數得中足表情意不絕彼有要事卽令使來此有要事亦令使往若封境之上小小事意但令邊頭節度兩處計會商量則勞費之間彼此省便前般蕃使論悉吉贊至緣盟約事大須審商量未及發遣後使雖是兩般所論只緣一事故令相待今遣同歸在於日時亦未淹久所送鄭叔矩及路泌神柩及男女

等竝已到此良用惻然厚贈遠歸深嘉來意其劉成師原非劉闢子姪本是成都郡人已令送還本貫其餘事目竝在贊普書中卿等宜審參量以副朕意使迴之日可備奏聞今遣兼御史中丞李銛及中使與迴使同往各有少信物具如別數至宜領之秋涼卿等各得平安好遣書指不多言

## 與新羅王金重熈等書

勑新羅王金重熈金獻章及僧沖虛等至省表兼進獻及進功德幷陳謝者具悉卿一方貴族累葉雄才仗忠孝以



立身資信義而爲國代承爵命日慕華風師旅叶和邊疆寧泰況又時修職貢歲奉表章進獻精珍忠勤竝至功德成就恭敬彌彰載覽謝陳益用嘉嘆滄波萬里雖隔於海東丹慊一心每馳於闕下以玆嘉尚常屬寢興勉宏始終用副朕意今遣金獻章等歸國幷有少信物具如別錄卿母及妃幷副王宰相已下各有賜物至宜領之冬寒卿比平安好卿母比得和宜官吏僧道將士百姓等各加存問遣書指不多及

## 與驃國王雍羌書

勑驃國王雍羌卿性宏毅勇代濟貞良訓撫師徒鎭寧邦部欽承王化思奉朝章得睦隣之善謀秉事大之明義又令愛子遠赴闕庭萬里納忠一心稟命誠信彌著嘉想益深今授卿檢校太常卿幷卿男舒難陀那及元佐摩訶思那等二人亦各授官誥往至宜領之此所以表卿勳勤申朕恩禮敬受新命永爲外臣勉宏令圖以副遐矚今有少信物具如別錄想宜知悉也冬寒卿比平安官吏百姓等竝存問之遣書指不多及

## 與南詔清平官書



勑南詔清平官段諾突李附覽爨何棟尹輔首段谷普李異傍鄭鑾利等段史倚至知異牟尋喪逝朕以義重君臣情深軫悼卿等哀慕所切當何可任又知閤勸繼業撫人輸誠奉教蒸蒸咸乂封部獲安皆是卿等同竭忠謀佐成休績永言及此嘉慰良深勉終令圖以嗣遐矚今遣諫議大夫兼御史中丞段平仲持節册命閤勸想當悉之卿等各有少信物具如別錄至宜領也春寒卿等各得平安好遣書指不多及

## 與回鶻可汗書

皇帝敬問回鶻可汗夏熱想比佳適可汗有雄武之姿英果之略統制諸部君長一方纂承前修繼守舊好故得邑落蕃盛士馬精強連挫西戎永藩中夏況嚮風之義每勤於朝聘事大之敬常見於表章動皆由衷言必合禮朕所以深嘉忠款追想風規至於寢興不忘嘆矚勉宏令德用副誠懷達覽將軍等至省表其馬數共六千五百匹據所到印納馬都二萬匹都計馬價絹五十萬匹緣近歲以來或有水旱軍國之用不免闕供今數内且方圓支二十五萬匹分付達覽將軍便令歸國仍遣中使送至界首雖都



數未得盡足然來使且免稽遲貴副所須當悉此意頃者所約馬數蓋欲事可久長何者付絹少則彼意不充納馬多則此力致歉馬數漸廣則欠價漸多以斯商量宜有定約彼此爲便理甚昭然況與可汗禮在往來義存終始親隣既通於累代思好益厚於往時所以萬里推誠期於一言見信遠思明智固體朕心其東都太原置寺此令人勾當事緣功德理合精嚴又有彼國師僧不必更勞人檢校其見撚拓勿施鄔達於等今並放歸所令帝德將軍安慶雲供養師僧請住外宅又令骨都祿將軍充檢校功德使其安立請隨班次放歸本國者並依來奏想宜知悉今賜少物具如別錄内外宰相及判官摩尼師等並各有賜物至宜准數分付内外宰相官吏師僧等並存問之遺書指不多及

## 與金陵立功將士等勅書

勅浙西立功將士等朕自臨寰宇已再逾年以忠恕牧萬人以恩信馭百辟動必思於卹隱靜無忘於泣辜庶乎馴致小康寖興大道也李錡因緣屬籍踐歷官常包藏禍心素懷梟獍之性彰露凶德忽發豺狼之聲朕念以宗枝務於容貸諭以迷復卒無悛心而乃保界重江竊弄凶器抗



拒朝命驅脅師人背德欺天亂常干紀蜂蠆之毒流於郡縣犬彘之行肆於閨門惡稔禍盈親離衆叛人神共棄天地不容卿等忠憤闇彰義勇潛發變疾風雨謀先鬼神中推赤心前蹈白刃率其膂力死命於軍前擒其兇魁生致於闕下廓千里之沴氣濟一方之生人誠感君親義激臣子臨危見不奪之節因事立非常之功予嘉乃誠一念三嘆至於圖勞懋賞詢事策勳各有等差續當處分故先宣慰宜並悉之冬寒卿等各得平安好遺書指不多及

答李遜等謝恩命附入屬籍表

卿先父頃逢多難嘗立大功每想忠勞豈忘存歿念先臣之績雖書名於太常推同姓之恩更附籍於宗正俾增榮於一族兼延寵於九原卿等或詩禮承家或弓裘奉業感鍾新命慶屬本枝省所謝陳深嘉誠懇

批李夷簡賀御撰君臣事迹屏風表

朕思求理化親閱典墳至於去邪納諫之規勸政慎兵之誠取而作鑒書以爲屏與其散在圖書心存而景慕不若列之繪素目覩而躬行庶將爲後事之師不獨觀古人之



象卿詞彰恭順義見忠規省覽再三深叶朕意所賀知

批百寮嚴綬等賀御撰屏風表

朕烈祖太宗以古爲鏡用輔明聖實臻理平垂作孫謀每懼乎失墜取爲殷鑒遂飾之丹青至若明君直臣前言往事森然在目如見其人論列是非既庶幾爲座隅之誡發揮獻納亦足以開臣下之心況卿等職在儀刑政當補察各勤所任共副兹懷所賀知

答杜兼謝授河南尹表

卿文通吏道學達政源凡歷官常輒聞績効觀能以授俾亞理於三川見可而遷宜專臨其一府盡委封畿之政仍兼運漕之權歲時之間佇有勤効勉恭爾職重副予懷所謝知

答段祐等賀冊皇太子禮畢表

朕祗膺統序恭守典常爰推至公乃命長子使主國鬯用貞邦家冊畢禮成良增感慶卿等各司軍衛同奉表章備見忠誠益深嘉嘆所賀知

答李詞賀處分王士則等德音表

朕臨馭天下以懲勸爲先有惡必誅無功不念顧承宗之



罪誠合討除思武俊之勳宜令嗣襲況墳墓禁其翦伐將校許以歸降庶明用師蓋非獲已卿職修卿寺誠奉本枝省兹賀章備見忠藎

批宰相賀赦王承宗表

先臣武俊功不可忘後嗣承宗過而能改朕所以捨其罪悔議以勳親垂宥過之恩尚宜及爾十代引泣辜之責誠合在予一人與其黷武而取威不若匿瑕而務德卿等重居台輔密贊謀猷發於衷誠有此稱賀省閱章奏嘉嘆久之

答王承宗謝洗雪及復官爵表

帝者之道。蕩然無私。唯推赤心。以牧黔首。故一夫不獲。若納之於隍。一物歸誠。則容之如地。況卿家聯懿戚。寵自先朝。祖立茂功。賞延後嗣。因人詿誤。不汝疵瑕。滌以恩波。煦之寵澤。撫舊封而廉察六郡。進新律而統制三軍。蕩穢加恩。何以過此。及覩來表。乃見深誠。言必由衷。事皆知感。承家襲慶。誓繼力於前修。補過酬恩。願指期於報効。永言爾志。甚叶朕懷。勉思始終。用副眷矚。所謝知。

答高郢請致仕第二表



卿有忠貞之節。立於險中。有清重之名。鎮於朝右。而能始終有道。進退有常。援禮引年。遺榮致政。人鮮知之。卿獨能行。不惟振起古風。亦足激揚時俗。於卿則確然難奪。在朕則情豈易忘。誠鑒乃懷。未允來表。

答裴垍讓中書侍郎平章事表

卿自登台輔。每竭忠貞。一身秉彝。百度惟序。致君盡力。久積股肱之勤。憂國勞心。微生腠理之疾。暫從休告。遽獻表章。所陳雖是卿心。所請殊非朕意。宜加調攝。速就平和。以副虛懷。無爲固讓。

答劉總謝檢校工部尚書范陽節度使表

卿幼承義訓。長有令聞。能遵忠孝之風。不墜弓裘之業。朕所以命加異等。寵冠常倫。特授雙旌。超登八座。豈惟延賞。亦在任能。將懋前修。勉申後効。載省章疏。深鑒誠懷。所謝知。

答任迪簡讓易定節度使表

卿修文立身。經武致用。每誓心於忠勇。常濟事以智謀。自副戎車。已屬時望。及分節鉞。果愜軍情。況武義之師。輸忠仗順。所期撫慰。以就輯寧。何至撝謙。有茲陳讓。所進官告



今却賜卿。宜體朕懷。即斷來表。

答裴垍讓宰相第二表

卿疾病以來。表疏相繼。雖辭乞之誠頗切。而注望之意方深。所以來章。久而未報。然念卿勤懇之請。至於再三。若心不甚安。即疾難速愈。是用輟樞劇之務。加崇重之官。稍遂優閒。佇期痊復。勉從爾志。深抑予懷。

答裴垍謝銀青光祿大夫兵部尚書表

卿自居鈞軸。日獻謀猷。戴君常竭其股肱。憂國每形於顏色。及嬰疾病。益不遑安。未踰四旬。以至三讓。撝謙秉易退

之道。堅懇陳難奪之詞。遂抑朕心。俯從卿請。而七命印綬五兵尚書。官秩甚崇。事務稍簡。就以優養。冀乎和平。載省表章。深見誠意。

答文武百寮嚴綬等賀御製新譯大乘本生心地觀經序表

朕勤求道本。廣抱教源。以眞如不二之宗。助清淨得一之化。況斯經典。時爲大乘。名理精微。翻譯成就。雖契心則離於文字。而得意亦假於筌蹄。庶使發揮。因爲述序。卿等精通外學。懇竭忠誠。引經贊揚。奉表稱賀。再三省覽。嘉嘆久之。



答孟簡蕭俛等賀御製新譯大乘本生心地觀經序狀

大僊經典。最上法乘。來自西方。閟於中禁。將期利益。必在闡揚。遂命僧徒。譯其句偈。兼詔卿等。潤以文言。昨因披尋。深得眞諦。悟本生不滅之義。證心地無相之宗。方勤護持。聊著序引。永言述作。猶愧聖明。卿等賀陳。良深嘉尚。

答元應授岳鄂觀察使謝上表

夏口重鎭。屬在時賢。非明肅不能理其軍。非簡儉不能阜其俗。以卿有仁厚之質。謇直之風。累踐班行。皆著名節。遂輟中憲。往臨外藩。知已下車。深慰人望。佇茲報政。用副朕懷。所謝知。

答李鄘授淮南節度使謝上表

卿抱兼人之才。秉徇公之節。每登要職。悉著能名。若刃發硎。投而不滯。如玉在佩。動必有聲。朕以距淮而南。人物繁會。非廉明何以貞師察俗。非簡惠何以通商綏農。前勞既彰。後効何遠。載省來表。知已下車。忽副虛懷。佇觀新政。所謝知。



答元義請上尊號表

朕自君臨。幸逢休泰。時歲豐稔。兇醜殄夷。此皆宗社降靈。忠賢宣力。顧惟寡德。敢受鴻名。卿中發懇誠。上尊美號。雖屬人望。難貪天功。宜悉所懷。勿固爲請。

答薛平賀生擒李錡表

朕自嗣耿光。每多惕厲。念必先於除害。志無忘於安人。李錡大負國恩。自貽天罰。師徒未動。於疆場父子俱肆於市朝。信上天之禍淫。與率土而同慶。省視來表。深鑒乃誠。所賀知。

答杜黃裳請上尊號表

朕以薄德嗣守丕圖不敢荒寧以宏理道幸屬歲時豐稔兇寇梟夷風雨不愆禮圜丘而報本雷霆未震釁太社而服刑斯皆十聖降靈幽贊寡昧百辟叶德馴致和平永惟宏名實懼虛美卿上稽祖訓下酌羣情陳獻表章請加徽號曁於王公卿士降及耆艾緇黃咸一乃心各三其請朕嘗以宰元化者曲成於物法天道者從欲於人雖恤隱泣辜未臻三五之化而樂推欣戴難違億兆之心德非稱焉讓不獲已勉從所請深愧於懷



答李扞等謝許上尊號表

朕自臨萬邦僅經三載位雖托於人上化未洽於域中永念眇身敢當大號卿等義深宗室忠盡君親一其情誠三有陳獻迫以人望厭於天心遂抑所懷勉從其請固辭而事非獲已撫德而何以堪之再省謝章彌增惕厲

答馮伉請上尊號表

朕統承大寶時屬小康伐謀而吳蜀克清示信而華夷有截斯皆宗社垂祐天地降和非予沖人所能馴致卿上稽十聖之訓下酌萬人之心以爲不讓強名未傷於體道屈已循物何爽於至公遂抑素懷俯從衆望雖鴻名未稱每勞蹐地之心而人欲不從即爽法天之德勉依勤請良用愧懷

答長安萬年兩縣百姓耆壽等謝許上尊號表

朕每念雍熙慙未及於億兆永言徽號讓已至於二三而文武具寮緇黃庶老懇陳誠款明引訓謨開予以天地無私之心起予以聖宗不易之訓以大道者無求於物物尊而不辭至公者非欲其名名立而不讓迫於固然之禮不得已而許之卿等誠至感通義深欣戴再煩陳謝益用愧懷



答元素謝上表

卿用兼文武識合變通轂綱領於中朝授麾幢於外閫吏能足以惠物將畧足以董戎人望所歸予心是賴知卿已到本鎮當慰疲人深藉撫綏之方以安凋弊之俗日期報政歲望成功勉勤所圖用副朕意

答韓臯請上尊號表

銷沴致和幸逢昌運加名建號豈稱眇身而文武具寮黎獻庶老引古今之明訓陳億兆之懇誠謂德有所歸謳歌

不可以苟讓謂功有所獻徽號不可以固辭遂抑中懷俯從衆望庶增修乎茂實冀克副於鴻名卿發誠自中歸美於上勉依所請彌愧於心

答馮伉謝許上尊號表

朕以眇身嗣於丕業心雖勞於惕厲化未及於雍熙永惟强名實懼虛美上自一二元老下及億兆黎人大洽詢謀明徵典訓增予以巍巍之號感予以愚愚之誠既迫所懷俯從其請卿義深奉上志切戴君再省謝陳彌增愧惕

答百寮謝許追遊集宴表



在昔哲王居於人上推其憂樂與衆共之頃屬三兇薦興二載連獲凡百有位咸一其心誠念嘉謀共致昭泰今四表無事三農有年想與羣情同其具慶是宜削苛察之前弊煦寬裕之新恩仁及下而啟迪歡心澤先奏而導迎和氣昨逢多故主憂且使臣勞今致小康上安則宜下樂庶欲解人之慍粗申推已之恩豈曰殊私煩於陳謝

答李扞謝許遊宴表

朕自御萬方僅經三載運逢休泰俗漸和平當朝野無虞之時見君臣相遇之樂是故去滋彰之化宏優貸之恩近自宗親下及士庶賜其宴衎遂以優游蓋以已之所安思與人之共樂雖夕惕而若厲每戒志於無荒賜春遊以發生宜助時而有慶卿等榮崇宗寺恩重本枝省所謝陳彌嘉誠懇

答薛平謝授浙東觀察使表

卿久踐吏途累聞能政及居藩鎮尤見忠勤訓導而羣黎向方廉察而列郡承式實嘉乃績每簡予心宜遷雄劇之藩以廣循良之化勉於爲理副朕所懷所謝知

答朱仕明賀册尊號及恩赦表



朕以寡德嗣承睿圖俯從衆誠勉受鴻稱慶之大者豈在予一人推而廣之宜及爾萬姓爰因受册之禮遂施作解之恩俾與羣生同斯大慶卿盡忠訓旅推美奉君省茲賀陳深見誠至

答劉濟詔

勑劉濟省所奏茂昭送卿管內百姓殷進能等七人奏前後事由具悉卿爲國大臣與君同體寬而得衆忠以忘身每循公而滅私能虛懷以容物與茂昭疆場之事小有違言曲直是非朕已明辨卿外崇藩翰內贊謨猷念屈已以

爲心或難容忍思戴君而是力宜務叶和勉卿寛裕之懷
助朕含宏之化想宜知悉

答盧虔謝賜男從史德政碑文并移貫屬京兆表

卿男從史爲國重臣自領大藩厥有成績公忠茂著政理
殊尤勒石所以表勳賜文所以褒德惟功是念有善必旌
是國舊章非予私渥昨又請移卿貫願隸京邑家聲益振
臣節逾章雖清望標門崇冠山東之族而丹心戀闕恥爲
闕外之人載省懇誠彌深嘉嘆所謝知

答杜佑謝男師損除工部郎中表



卿道贊謨猷功成輔弼師損克承訓義雅有令名豈惟賞
延兼以能選班行久次頗積功勤郎署積遷未爲渥澤省
茲章奏深見懇誠所謝知

答王鍔陳讓淮南節度使表

卿自領大藩累彰殊効惠安百姓表正一方雖戀闕誠深
然殿邦寄切既執圭而肆覲宜返旆而勞旋況淮海要衝
旌旄重任永言共理已有成功方注意於撫綏何懋誠而
陳讓難允來請宜體所懷

答韓宏讓同平章事表

致理之道審官爲先以卿有文武之才故授卿以將相之
任所冀外爲藩翰張爪牙之威内贊謨猷宣股肱之力僉
諧允屬衆望攸歸方注意於安危何執謙而陳讓所進官
誥今却賜卿無或再辭即斷來表

答韓宏再讓平章事表

將相兼委實難其人非其德不可謬承當其才不在懇讓
朕非虚授卿勿固辭宜斷來章即奉成命已具前詔當體
朕懷

答杜兼謝上河南少尹知府事表



三川封畿實重其任貳職綱紀亦難其人卿素懷器能累
著聲績亞理以明慎選專領以展長才知已下車當親綏
撫佇聞報政用副憂勤所謝知

答王鍔賀賑恤江淮德音表

水旱流行江淮艱食朕明申詔旨親遣使臣蠲其逋租賑
以公廩爰興利物之利用表憂人之憂庶俾疲氓均霑惠
澤卿克勤乃職共理爲心省茲賀陳深見誠意

答宰相杜佑等賀德音表

古先聖王托於人上與百姓同其欲與天下共其憂唯推

是心可厎於道。朕臨御萬國，迨茲五年，惕厲之懷，雖勤於夙夜；愆伏之候，猶害於歲時。思革弊以救災，在濟人而損己。是用欽刑緩死，責己卹貧，罷郡國之貢珍，省宮殿之煩費，延春令而布仁行惠，先南風而解慍阜財。庶憑歡心，以召和氣。卿等或匪躬獻替，或悉力弼諧，啟沃之間，已申霖雨之用；燮理之際，佇見陰陽之和。各宜勉之，以輔予理。所賀知。

答宗正卿李詞等賀德音表

朕統承鴻緒，子育蒼生，累歲有秋，今春不雨，在陰陽之數雖有盈虛，爲父子之心，敢忘惻隱？俾除人弊，以盪歲災。卿等任重宗卿，恩連屬籍，省茲陳賀，深見忠誠。

答將軍方元蕩等賀德音表

朕以時陽舛候，春澤愆期，思備旱之方，無如貶省，務動天之德，莫若精誠。是以修己卹人，去煩節用，冀答天戒，以致時和。卿志竭邦家，職修軍衛，省茲表章，深用嘉之。所賀知。

答宰相杜佑等賀德音表

朕以春候發生，歲功資始，順陽和而布政，賑貧乏而勸農，載念罪人，因除弊事，隨其所利，施以爲恩，富庶之端，實漸於此。卿等義敦宗戚，誠竭君親，省茲賀陳，用增嘉歎。

答京兆府二十四縣耆壽謝賑貸表

朕勤求人隱，慎卹農功，念播植之時，必資首種，慮懸磬之日，多乏見糧。將便公私，宜從斂散。卿等名登庶老，業守先疇，各勉農人，以副朕意。所謝知。

批河中進嘉禾圖表

上天降休，下土効祉，將表豐年之兆，故生同穎之祥。顧慙寡德，受此嘉瑞，披圖省表，閱視久之。卿發誠自中，歸美於上，亦宜勉勤匡贊，馴致雍熙，庶洽升平之風，以叶和同之慶。所賀知。

欽定全唐文卷六百六十六

白居易十一

冊新回鶻可汗文

維長慶元年歲次辛丑四月庚寅朔二十一日庚戌皇帝若曰唐有天下垂二百載列聖垂拱八荒卽敘舟車之所及日月之所照威綏仁董罔不嚮化惟北之氣積厚而靈靈發象生生爲豪傑義信武烈代爲名王南西東方亦有君長較雄鬬智莫之與京國朝已來寖漬風澤或効功伐或申婚媾同和協比以訖於今今朕不得祗嗣大統推義



布信以初爲常矧乎柔遠申恩睦鄰展禮茲爲舊典垂自祖宗虔奉恭行安敢失墜咨爾九姓回鶻君登里羅羽録歿密施句主録毗伽可汗地生奇特天賜勇智英姿所莅雄畧所加諸戎雜虜愛畏柔服風靡山立清寧一方宜人有土受天百祿時推代嗣實來告予曰予一人實隣冊命是用遣使朝議大夫檢校左散騎常侍兼少府監御史大夫雲騎尉賜紫金魚袋裴通副使朝議大夫守少府少監兼御史中丞襲魏國公食邑三千戶賜紫金魚袋賈嶙等持節備物冊爲登里羅羽録沒密施句主録毗伽可汗於戲善必有鄰德無不答此崇恩禮則彼竭信誠克保大義永藩中夏昭昭天地實聞斯言

冊回鶻可汗加號文

維長慶元年歲次辛丑某月朔某日皇帝若曰北方之強代有君長作毆元朔賓於皇唐粵我祖宗錫乃婚媾五聖六紀二邦一家此無北伐之師彼無南牧之馬兵匣鋒刃使長子孫叶德保和以至今日咨爾回鶻君登里羅羽録歿密施句主録毗伽可汗義智忠肅武決勇健天之所授時而後生故東漸海夷西亘山狄惠寧威制鱗帖草偃聲



有聞於天下氣無敵於荒外而能事大圖遠納忠貢誠請仍舊姻誓嗣前好朕惟睦鄰是務柔遠爲心旣降和親之命遂申飾配之禮禮物大備寵章有加喜動陰山光增昴宿夫以回鶻雄傑如彼慶榮若此雖自貴曰天驕子未稱其盛雖自尊曰天可汗未稱其美宜賜嘉號以大誇將來今遣使某官某副使某官某等持節加冊爲信義勇智雄重貴壽天親可汗於戲釐降展親大德也進冊加號大名也宜乎思大德稱大名懋哉始終欽若唐之休命

贈劉總太尉冊文

維長慶元年四月某日。皇帝若曰。朕聞古有履忠伏順生而大有爲者。又有功成身退。殁而永不朽者。非正氣合德間生挺出。則高名大節。孰能兼之哉。故天平軍節度使檢校司徒兼侍中楚國公劉總。降自天和。生爲人傑。得君於先帝。叶運於昌時。纂戎弓裘。守土燕薊。迨此一紀。北方晏然。有開必先。納款於我。沈斷大事。奮揚奇謀。捧幽都四封之圖。挈盧龍三軍之籍。盡獻闕下。高謝人間。感動君臣。驚激忠義。顧妻子若脫屣。視富貴如浮雲。惟道是從。奉身以退。仲連事成而蹈滄海。子房名遂而追赤松。賢明所歸。今



古一致。朕方攺授兵柄。移鎮鄆郊。命作司徒。倚爲左相。期奮乃志。將沃朕心。而天不憖遺。邦失柱石。夫臣戴君如元首。則君視臣如股肱。股肱或虧。何痛如是。兹朕所以廢朝軫念。備禮加恩。庸建爾於上公。蓋褒贈之崇重者也。嗚呼爾總。尚知之乎。今遣使某官某副使某官某持節冊贈爾爲太尉。

## 爲宰相賀赦表

臣某等言。伏奉今日制書。大赦天下者。臣與百執事。奉揚宣布。與億兆衆蹈舞歡呼。自天降和。率土同慶。臣等誠歡誠忭。頓首頓首。伏惟皇帝陛下出震御極。建元發號。大明升而六合曉。一氣薰而萬物春。肆眚措刑。滌瑕蕩穢。凡在黔首。納於歡心。矧又祇祀天地。孝享宗廟。蠲減租賦。策徵賢良。褒德及先。賞功延嗣。敬賓養老。念舊睦親。生人之積弊盡除。有國之頹綱必舉。況陛下承二百祀鴻業之重。纂十一聖耿光之初。始奉嚴禋。新開寶歷。天下之目。專專然觀陛下之動。天下之耳。禺禺然聽陛下之言。斯則陛下出一言不終日。必達於朝野。舉一事不浹辰。必聞於華夷。當疲人求安思理之秋。是陛下敬始慎微之日。苟行一善。則



可以動人聽而式歌舞。況具衆美。信足以感人心而致和平。康哉可期。天下幸甚。臣等謬居重位。幸屬鴻休。慙竊股肱。喜深骨髓。歡忻悚躍。倍萬常情。無任鼓舞慶幸之至。

## 爲宰相請上尊號第二表

臣某等言。今月二十四日。臣等已陳表章。請上尊號。愚誠雖懇。聖鑒未迴。蹐地跼天。不勝大願。臣等誠惶誠恐。頓首頓首。臣聞大道者無求於物。物尊而不辭。至公者非欲其名。名生而不讓。不讓故與天合德。不辭故率土歸心。斯所謂應乎天而順乎人者也。伏惟皇帝陛下嗣興一德。統牧

萬方致時俗之和平納生靈於富一作福壽金革已偃銷七十載之厲階玉燭方調啟一千年之聖運天人合應書軌混同而鴻名未加盛典猶缺華夷失望史冊無光此誠君上之謙然亦臣下之罪也今臣所以上稽天意下酌人情再黷皇明重陳丹懇臣謹按書曰思曰睿睿作聖又曰乃聖乃神乃武乃文經曰明王以孝治天下凡此五者歷觀列辟雖甚盛德莫能兼之伏以陛下自即大位及玆二年無巾車汗馬之勞而坐平鎮冀無亡弓遺鏃之費而立定幽燕仁和一薰獷驁盡化可不謂睿文乎削平天下震耀



八荒北虜求婚以稟命西戎乞盟而納款威靈四及奔走來賓可不謂神武乎陛下以萬乘之尊四海之富供養長樂道光化成推而致之可塞天地可不謂孝德乎故臣等敢冒死稽首上尊號曰睿文神武孝德皇帝伏惟陛下畧撝謙之小節宏祖宗之大猷惟十一一作二聖在天豈忘繼其志以億兆人爲子寧忍阻其心特迴宸衷俯受徽號在元穹不爲主宰於盛德有所形容煥乎大哉垂裕無極此實天下之幸甚非獨臣之幸也臣等無任誠願懇禱之至

爲宰相讓官表

臣某言伏奉今日制書授臣某官同中書門下平章事者寵擢非次憂惶失圖蹐地跼天不知所措臣某誠兢誠惕頓首頓首臣聞上理陰陽下平法度外撫夷狄內親黎元使百官各修其職一物不失其所此宰相之任也臣有何功德有何才能越次超倫忽承此命下乖人望上紊朝經致寇速尤無甚於此臣謬因文學忝列班行先朝乏人擢居內職星霜屢改爵秩驟加未逾十年忽登相位名浮於實任過其才豈唯覆餗是憂實累知人之鑒況陛下肇開歷數將致升平輔弼之臣尤宜慎擇臣粗知古今敢言本



末樞衡要地初不得人則理化勞心終無成日此所以重陳手疏再瀝血誠乞迴此官別授能者臣若得請便不負恩情見於辭非敢飾讓皇天白日實鑒臣心無任懇款屏營之至謹奉表陳讓以聞

賀平淄青表

臣某言伏見二月二十二日制書逆賊李師道已就梟戮者皇靈有截睿算無遺妖氛廓清遐邇慶幸臣某誠歡誠喜頓首頓首臣聞亂常干紀天殛神誅李師道包藏禍心暴露逆節罪盈惡稔衆叛親離未勞師徒自取擒戮伏惟

睿聖文武皇帝陛下文經天地武定華夷凡是猖狂無不誅翦兩河清晏四海會同昇平之風實自此始臣名叅共理職忝分憂忭舞歡呼倍萬常品守官有限不獲稱慶闕庭無任慶快踴躍之至謹具奏聞謹奏

賀上尊號後大赦天下表

臣某言伏奉七月十三日制書大赦天下跪捧宣布蹈舞歡呼自天降休率土同慶中謝臣聞元功盛德非鴻名不能形容物厲人疵非皇澤不能滌蕩自非上聖莫能兼之伏惟元和聖文神武法天應道皇帝陛下纂承大業子育



羣生信及豚魚威殲梟獍削平寰海混一車書億兆一心願崇大號從人欲而俯膺盛禮賜時和而廣洽皇恩蠲減賦租收拔淹滯命黜陟而別能否開諫議而策賢良宿弊必除舊章咸舉帝王能事盡集於今凡在生靈孰不幸甚臣謬當委擢職在頒條忭躍之誠倍萬常品限以守官不獲稱慶闕庭無任慶忭之至

爲宰相賀雨表

臣某言臣聞聖明在上刑政叶中則天地氣和風雨時若常聞其語今見其時臣某等誠歡誠躍頓首頓首臣伏以陰陽氣數盈縮相隨去秋多霖今春少雨宿麥猶茂農功未妨陛下念物憂人先時戒事靡神不舉有感必通故雲出於山月離于畢初灑塵以霢霂漸破塊而霶霈圃囿田疇無不霑足雨之所致臣知其由自上而來雖因天降從中而得實與心期發於若厲之誠散作如膏之澤凡在率土孰不歡心臣等位忝鈞衡職乖燮理仰陰陽而增懼顧霖雨而懷慙無任兢惕之至

爲宰相賀殺賊表

臣某等言伏承其道逆賊某乙某月某日已被其殺戮訖



皇靈震耀兇孽梟夷率土普天歡呼鼓舞臣等誠喜誠忭頓首頓首臣聞亂臣賊子阻兵干紀者明則有天討幽則有鬼誅遲速之間罔不殲殄伏惟文武孝皇帝陛下君臨八表子育羣生合天覆地載之德順春生秋殺之令宿寇遺孽闇然銷亡四海九州廓然清晏逆賊某乙一介賤隸兩河叛人包藏禍心竊弄凶器戕害主帥虔劉善良幕燕鼎魚偷活頃刻顛木之餘枿瘞疽之遺種斧斨欲加而先折鉞石未攻而自潰不有弔伐孰知德威不有妖氛孰知神算則天下之心有以知順存逆亡其猶影響者也臣伏

以其乙既已斬首其乙將何保身若不乞降即應生變輔之或在車則相依皮既不存毛將安附況我乘破竹彼繼覆車止戈之期翹足可待無任喜慶忭躍之至

## 賀雲生不見日蝕表

臣某等謹言臣聞堯湯之逢水旱陰陽定數也宋景之感熒惑天人相應也蓋天地大統不能無災皇王至誠可以銷慝嘗聞此說今偶其時臣等誠欣誠幸頓首頓首伏見司天臺奏今月一日太陽虧者陛下舉舊章下明詔避正殿降常服禮行於己心禱於天天且不違物寧無應況正



陽月朔亭午時中和氣周流密雲布濩蒙然暫蔽赫矣復明昇翳朝曦但驚若煙之涌曜靈畫掩不見如月之初所謂誠至於中而感通於上也臣等敢不再陳事理重考禎祥三光忌盈必有時蝕萬物莫覩與無災同慶生交感之間喜浹照臨之內雖卿雲五色瑞景再中除沴致祥曾何足比百辟伏賀萬人仰觀事彰天鑒孔明道配日新其德臣等幸遭昌運謬荷殊私皆乏濟時之才同居待罪之地日月薄蝕自慙燮理無功山川出雲實賴聖明有感感賀欣戴倍萬常情無任忭躍竦踴之至

## 爲崔相陳情表

臣植言臣有情事久未敢言今輒陳露伏增戰灼臣亡父某官亡妣某氏是臣本生亡伯某官某贈某官臣今承後建中初德宗皇帝念臣亡伯位高無後以猶子之義命臣繼絕仍賜臣名嗣襲雖移孝思則在上荷君命永承繼絕之宗中奪私恩遂阻劬勞之報歲月曠久情禮莫伸自去年已來累有慶澤凡在朝列再蒙追榮或有陳乞皆許迴授況臣猥當寵擢謬陟台階爵祿之榮實有踰於同輩顯揚之命獨未及於先人飲泣茹悲哀慙兩極臣今請以在



身官秩升前後合敘勳封特乞聖慈迴充追贈倘允所請無幸於斯則臣烏鳥之心猶再生而展養犬馬之力誓萬死以酬恩蹐地仰天不勝感咽披陳誠懇煩黷宸嚴無任惶懼激切之至謹奉表陳露以聞

## 忠州刺史謝上表

臣某言臣以去年十二月二十日伏奉敕旨授臣忠州刺史以今月二十八日到本州當日上任訖殊恩特獎非次遷榮感戴驚惶隕越無地臣某誠喜誠懼頓首頓首臣性本疏愚識惟褊狹早蒙採錄擢在翰林僅歷五年每知塵

忝竟無一事上荅聖明及移秩宮寮卑冗疎賤不能周愼自取悔尤猶蒙聖慈曲賜容貸尚加祿食出佐潯陽一志憂惶四年循省晝夜寢食未嘗苟安負霜枯葵雖思向日委風黃葉敢望霑春豈意天慈忽加詔命特從佐郡寵授專城喜極魂驚感深泣下方今淮蔡底定兩河乂寧臣得爲昇平之人遭遇已極況居符竹之寄榮幸實多誓當負刺愼身履氷勵節下安凋瘵上副憂勤未死之間期展微効竭身地遠仰首天高螻蟻之誠伏希憐察無任感激懇款彷徨之至謹遣某官某乙奉表陳謝以聞臣某誠惶誠



恐頓首頓首謹言

## 杭州刺史謝上表

臣某言去年七月十四日蒙恩除授杭州刺史屬汴路未通取襄陽路赴任水陸七千餘里晝夜奔馳今月一日到本州當日上任訖上分憂寄內省庸虛仰天感（一作戴）恩踴地失次臣某中謝臣謬因文學忝廁班行自先朝黜官以來六年放棄逢陛下嗣位之後數月徵還生歸帝京寵在郎署不踰年擢知制誥未周歲正授舍人出泥登霄從骨生肉唯有一死擬將報恩旋屬方隅不寧朝廷多事當陛下旰食宵衣之日是微臣輸肝寫膽之時雖進獻愚衷或期有補而退思事理多不合宜臣猶自知況在天鑒忝非土木如履氷泉合當鼎鑊之誅尚忝藩宣之寄才小官重恩深責輕欲答生成未知死所唯當夙興夕惕焦思苦心恭守詔條勤恤人庶下蘇凋瘵上副憂勤萬分之恩莫酬一二仰天舉首望闕馳心葵藿之志徒傾螻蟻之誠難達無任感恩激切之至謹奉表稱謝以聞

## 爲宰相謝官表

臣某言伏奉今月日制書授臣守本官同中書門下平章



事者殊常之命非望之恩出自宸衷加於凡陋竦駭震越不知所爲中謝臣伏准近例宰相上後合獻表陳謝臣今所獻與衆不同伏惟聖慈特賜留聽臣伏聞元宗即位之初命姚元崇爲宰相元崇欲救時弊獻事十條未得請間不立相位元宗明聖盡許行之遂致太平實由於此陛下視今日天下何如開元天下微臣自知才用亦遠不及元崇若又僶俛安懷因循保位不惟恩德自負實亦軍國可憂臣欲候坐對時便陳當今切事下捄時弊上酬君恩臣之誓心爲日久矣陛下許行則進不許則退進退之分斷

之不疑敢於事前先此陳啟況臣才本庸淺遭遇盛朝天心自知不因人進擢居禁署訪以密謀恩獎太深讒謗竝至雖內省行事無所愧心然上黷宸聽合當死責豈意憐察曲賜安全螻蟻之生得自茲日今越流輩授以台衡拔於萬死之中致在九霄之上捫心撫己審分量恩陛下猶不以衆人之心待臣臣豈敢以衆人之心事上皇天白日實鑒臣心得獻前言雖死無恨無任感恩懇款之至謹奉表陳謝以聞臣某誠惶誠恐頓首頓首謹言

## 蘇州刺史謝上表



臣居易言伏奉三月四日恩制授臣使持節蘇州諸軍事守蘇州刺史臣以某月二十九日發東都今月五日到州當日上任訖時當明盛寵在藩條祇命荷恩以感以懼臣某誠歡誠幸頓首頓首伏惟皇帝陛下嗣膺歷數重造寰區將致昇平在先政化詢求牧守勤卹黎元實陛下慎選惟良之秋責成共理之日也臣以微陋早忝班行前自中書舍人出爲杭州刺史幸免敗闕實無政能已蒙寵榮入改宮相今奉恩寄又分郡符獎飾具載於詔中慶幸實生於望外況當今國用多出江南江南諸州蘇最爲大兵數不少稅額至多土雖沃而尚勞人徒庶而未富宜擇循良之吏委以撫綏豈臣瑣劣之才合當任使然既奉成命敢不誓心必擬夕惕夙興焦心苦節唯詔條是守唯人瘼是求諭陛下憂勤之心布陛下慈和之澤則亭育之下疲人自當感恩而歲時之間微臣或希報政塵瀆皇鑒吐露赤誠寵至空驚恩深未答無任懇惶懇激之至謹差軍事散將某乙奉表陳謝以聞臣某誠惶誠恐頓首頓首謹言

## 元和南省請上尊號表



臣聞皇階肇興必本其丕烈明號允屬將御其成功所以開天地命歷之符合人靈慶感之運臣等輒敢上稽天鑒下采人謠以今月十九日瀝懇陳辭冀孚睿聽九重尊祕萬有禺禺誠如動天心如履薄臣等誠惶誠恐頓首頓首伏惟睿聖文武皇帝陛下一德繼統上符十天六龍時乘下壓羣嶽張寶圖以光帝載懸玉鏡以澈襟靈休明會朝則百神冥衛清淨子物而萬邦式孚今夫陰本於刑陽稱其德以刑而右武以德而尚文蓋將導人君無爲之初宜天道有成之始今陛下宣威紀功示人以武也業古垂統示人以文也纂炎唐十一之盛陋宗周八百之期序庶徵

於域中惟賜履於閫外宇宙至廣每驚符瑞之繁動植殊輕奚答生成之造昔之述夏禹美宣王雖外軼其聲而中未盡善孰若陛下慮及一物精入萬樞發揮盛祉啟迪鴻業自彼元和至於茲歲掃羣妖清巨祲率黎崇之不恪剗節枅之方圓或身暴都市或首懸藁街天英神斷不疾而速雖堯伏四罪殷征三年揆之於今彼有慙德固當仰應名實丕隲鴻徽闡乾位於象帝之文飾宸耀於稟氣之類豈可抱沖謙之微事曠祖宗之大猷臣等不勝由衷大願願上尊號曰元和聖文神武法天應道皇帝伏願納天人之貺采臣庶之誠昭示至公允塞羣議無任悃迫懽懽之至



第三表

臣聞古先哲王垂衣御極何嘗不取鑒祖則作爲盛猷伏覩列聖以來必崇明號既以表域中之大亦以示天下之公苟或沖讓未行撝謙不發則無以焜煌前烈威讋外區臣等所以披誠上陳冀垂明聽墨詔批答天心尚違臣庶禺禺不知所措臣等誠惶誠恐頓首頓首伏聞開元天寶之盛也典章大備劍戟已銷表德顯功累上尊稱蓋天人之符契不得已而從之陛下稟上聖之姿造中興之運踐臨土宇虔奉宗祧恢復兩河廓清四海象天爲大竝日之中丕業巍乎已成鴻名鬱而未稱臣等所以采前古之議酌當今之詮敢悅懌於天顏冀光昭乎史冊百辟卿士皆以爲宜萬方黎元固不可忽陛下損之於其成之代棄之於太寧之時尚以河湟未收關隴設備而欲更施利澤方啟舊章執謙德而彌仰崇高議神功而無以彰灼億兆延頸靈祇顧懷率土之人皆知不可況天地之意祖宗之靈乎臣等命偶昌期職叨樞近雖微誠不足以上感而懇願終冀於必從伏乞深惟訓謨特降宸慮允華夷之至望回日月之殊輝誕受鴻名光膺大慶紹五帝三皇之絕典光九廟萬國之丕休人神交感孰不爲允無任懇款兢惶之至



第四表

臣聞仰稽舊章虔上尊號懇誠三瀝沖旨未回朝野禺然罔知攸措臣等誠惶誠恐頓首頓首臣聞帝王御極作人司牧德盛者爰加顯號功高者必建鴻名是用叶天地之符塞人祇之望榮非爲己義實徇公爰在累聖必從衆欲

矧陛下踐寶祚握瑤圖懸日月而照九圍鼓雷霆而清八極故得吳蜀電滅齊蔡砥平攄祖宗之宿憤救黎元於焚溺今者威加四海澤浸八荒文軌罔不同華夷罔不服政刑罔不舉符瑞罔不臻闢再造之宏規致中興之昌運而典冊猶鬱徽號未崇何以副萬國之心何以答三靈之貺臣等謬居樞近累黷宸嚴望九重之俯從爲千載之榮遇雖則祈天之奏伏蒲而未感所冀回日之誠傾藿而必遂臣等不勝懇款屏營之至

## 論請不用奸臣表



臣某言臣聞主聖臣忠聖主旣明臣輒獻至忠之誠上明國之典下去邪之疑伏望陛下納臣之諫則海隅蒼生兵屯咸偃無大臣之諫則國必敗有大臣之諫則國必安非疑元稹之徵其事有實亦不虛矣矯詐亂邪實元稹之過朝廷俱惡卿士同寃裴度論議之謀陛下已令獎度之勳不允所請理已爲乖今陛下含忍不爲竄逐處之臺司同議國典天下人心無不惶戰何執元稹之言居度散司之職且同議裴度今功業今代一人卿侯士庶無不同惜今天下欽度者多奉稹者少陛下不念其功何忍信其奸臣之論況裴度有平蔡之功元稹有罯軒之過東都留守誠卽清閒人勞之功不合居於散地伏望陛下聖恩照明莅無矯言伏乞追裴度別議寵榮臣素與元稹至交不欲發明伏以大臣沈屈不利於國方斷往日之交以存國章之政臣等職當諫列不敢不奏謹奉表以聞無任兢迫戰切之極瞻望迴恩天下同慶謹案文苑英華註云元白交分始終不替方元傾裴白不應有此論列集固無之光謂君直友逆則順君以誅友古有行之者則此奏亦不爲過但白非其人也與元稹二表俱非是當以唐書爲正

## 諫詔吐突承璀率師出討王承宗疏



唐家制度每征伐專委將帥責成功比年始以中人爲都監韓全義討淮西賈良國監之高崇文討蜀劉貞亮監之且興天下兵未有以中人專統領者神策旣不置行營節度旣承璀爲制將又充諸軍招討處置使是實都統恐四方聞之必輕朝廷後世且傳中人爲制將自陛下始陛下忍受此名哉且劉濟等洎諸將必恥受承璀節制心有不樂無以立功此乃資承宗之姦挫諸將之銳

## 再言承璀疏

陛下討伐本委承璀外則盧從史范希朝張茂昭今承璀

進不決戰已喪大將希朝茂昭數月乃入賊境觀其勢似陰相爲計空得一縣卽堅壁不進理無成功不亟罷之且有四害以府帑金帛齊民膏血助河北諸侯使益富強一也河北諸將聞吳少陽受命將請洗滌承宗章一再上無不許則河北合從其勢益固與奪恩信不出朝廷二也今暑濕暴露兵氣薰蒸雖不顧死孰甚其苦又神策離募市人不狃於役脫奔逃相動諸軍必搖三也回鶻吐蕃常有游偵聞討承宗歷三時無功則兵之彊弱費之多少彼一知之乘虛入寇渠能救首尾哉兵連事生何故蔑有四也



事至而罷則損威失柄祇可逆防不可追悔

河朔復亂合諸道兵討無功賊取弓高絕糧道深州圍益急因上言

兵多則難用將衆則不一宜詔魏博澤潞定滄四節度令各守境以省度支貲餉每道各出銳兵三千使李光顏將光顏故有鳳翔徐滑河陽陳許軍無慮四萬可徑薄賊開弓高糧路合下博解深州之圍與牛元翼合還裴度招討使使悉太原兵西壓境見利乘隙夾攻之開令招諭以安其心未及誅夷必自生變且光顏久將有威名度爲人忠勇可當一面無若二人者

欽定全唐文卷六百六十七

白居易十二

## 初授拾遺獻書

五月八日翰林學士將仕郎守左拾遺臣白居易頓首頓首謹昧死奉書於旒扆之下臣伏奉前月二十八日恩制除授臣左拾遺前充翰林院學士者臣與崔羣同狀陳謝但言忝冒未吐衷誠今者再黷宸嚴伏惟重賜詳覽臣按六典左右拾遺掌供奉諷諫凡發令舉事有不便於時不合於道者小則上封大則廷諍其選甚重其秩甚卑所以



然者抑有由也大凡人之情位高則惜其位身貴則愛其身惜位則偷合而不言愛身則苟容而不諫此必然之理也故拾遺之置所以卑其秩者使位未足惜身未足愛也所以重其選者使上不忍負恩下不負忍心也夫位不足惜恩不忍負然後能有闕必規有違必諫朝廷得失無不察天下利病無不言此國朝置拾遺之本意也由是而言豈小臣愚劣闇懦所宜居之哉況臣本鄉里竪儒府縣走吏委心泥滓絕望煙霄豈意聖慈擢居近職每宴飫無不先及每慶賜無不先霑中廏之馬代其勞內廚之膳給其食朝慙夕惕已逾半年塵曠漸深憂愧彌劇未伸微効又擢清班臣所以授官已來僅將十日食不知味寢不遑安唯思粉身以答殊寵但未獲粉身之所耳今陛下肇建皇極初受鴻名夙夜憂勤以求致理每施一政舉一事無不合於道便於時故天下之心喁喁然日有望於太平也然今後萬一事有不便於時者陛下豈不欲聞之乎萬一政有不合於道者陛下豈不欲革之乎倘陛下言動之際詔令之閒小有遺闕稍關損益臣必密陳所見潛獻所聞但在聖心裁斷而已臣又職在中禁不同外司欲竭愚衷合



先陳露伏希天鑒深察赤誠無任感恩欲報懇款屛營之至謹言

## 論制科人狀

近日內外官除改及制科人等事宜

右臣伏見內外官近日除改人心甚驚遠近之情不無憂懼喧喧道路異口同音皆云制舉人牛僧孺等三人以直言時事恩獎登科被落第人怨謗加誣惑亂中外謂爲誑妄斥而逐之故並出爲關外官楊於陵以考策敢收直言者故出爲廣府節度韋貫之同所坐故出爲果州刺史裴

垍以覆策又不退直言者故免內職除戶部侍郎王涯同所坐出爲虢州司馬盧坦以數舉事爲人所惡因其彈奏小誤得以爲名故黜爲左庶子王播同之亦停知雜臣伏以裴垍王涯盧坦韋貫之等皆公忠正直內外咸知所宜授以要權致之近地故比來衆情私相謂曰此數人者皆人之望也若數人進則必君子之道長若數人退則必小人之道行欲卜時事之否臧在數人之進退也則數人者自陛下嗣位以來竝蒙獎用或任之耳目或委以腹心天下人情日望致理今忽一旦悉疏棄之或降於散班或斥



於遠郡設令有過猶可優容況且無瑕豈宜黜退所以前月以來上自朝廷下至衢路衆心洶洶驚懼不安直道者疚心直言者杜口不審陛下得知之否凡此除改傳者紛然皆云裴垍等不能委曲順時或以正直忤物爲人之所媒孽本非聖意罪之不審陛下得聞之否臣未知此說虛實但獻所聞所聞皆虛陛下得不明辯之乎所聞皆實陛下得不深慮之乎虛之與實皆恐陛下要知臣若不言誰當言者臣今言出身戮亦所甘心何者臣之命至輕朝廷之事至大故也臣又聞君聖則臣忠上明則下直故堯之聖也天下已太平矣尚求誹謗以廣聰明漢文之明也海內已理矣賈誼猶比之倒懸可爲痛哭二君皆容納之所以得稱聖明也今陛下明下詔令徵求直言反以爲罪此臣所以未諭也陛下視今日之理何如堯與漢文之時乎若以爲及之則誹謗痛哭尚合容而納之況徵之直言索之極諫乎若以爲未及則僧孺等之言固宜然也陛下縱未能推而行之又何忍罪而斥之乎此臣所以爲陛下流涕而痛惜也德宗皇帝初卽位年亦徵天下直言極諫之士親自臨試問以天旱穆質對以兩漢故事三公當免卜



式著議宏羊可烹此皆指言當時在權位而有恩寵者德宗深嘉之自第四等拔爲第三等自畿尉擢爲左補闕書之國史以示子孫今僧孺等對策之中切直指陳之言亦未過於穆質而遽斥之臣恐非嗣祖宗承耿光之道也書諸史策後嗣何觀焉陛下得不再三省之乎臣昨在院與裴垍王涯等覆策之時日奉宣令臣等精意考覆臣上不敢負恩下不忍負心唯秉至公以爲取捨雖有讐怨不敢棄之雖有親故不敢避之唯求直言以副聖意故皇甫湜雖是王涯外甥以其言直合取涯亦不敢以私嫌自避當

時有狀具以陳奏不意羣心嗷嗷構成禍端聖心以此察之則或可悟矣儻陛下察臣肝膽知臣精誠以臣此言可以聽採則乞俯迴聖覽特示寬恩僧孺等准往例與官裴垍等依舊職奨用使內外人意歡然再安若以臣此言理非允當以臣覆策事涉乖宜則臣等見在四人亦宜各加黜責豈可六人同事唯罪兩人雖聖造優容且過朝夕在臣懼惕豈可苟安敢不自陳以待罪戾臣今職爲學士官是拾遺日草詔書月請諫紙臣若默默惜身不言豈惟上孤聖恩實亦下負人道所以密緘手疏潛吐血誠苟合天心雖死無恨無任憂懼激切之至



## 論于頔裴均狀

于頔裴均欲入朝事宜

右臣聞諸道路皆云于頔裴均累有進奉竝請入朝伏聞聖恩已似允許臣側聽時議內酌事情爲陛下謀恐非穩便晝夜思慮不敢不言伏見貞元以來天下節將握兵守土少肯入朝自陛下刑服三兇威加四海是得諸道節度使三二年來朝廷追則追替則替奔走道路懼承命之不暇斯則聖德皇威大被於四方矣夫謀宜可久事貴得中當難制之時則貴欲令其朝覲及可制之日則不必使之盡來何則安眾心收眾望在調馭之得其宜也臣伏見近日節度使或替或追稍似煩數今又許于頔等入奏或慮便留在朝臣細思之有三不可何者竊見外使入奏不問賢愚皆欲仰希聖恩傍結權貴上須進奉下須人事莫不減削軍府割剝疲人每一入朝甚於兩稅又聞于頔裴均等數有進奉若又許來荊襄之人必重困於剝削矣奪軍府疲人之不足奉君上權貴之有餘伏料聖心知之深所不忍此不可一也臣又竊聞時議云近日諸道節度使或



以進奉希旨或以貨賄藩身謂恩澤可圖謂權位可取以入覲爲請以戀闕爲名須來即來須住即住要重位即得重位要大權即得大權進退周旋無求不得天下節度使盡萌此心不審聖聰聞此議否今于頔等以入覲爲請若又許之豈非須來即來乎既來必以戀闕爲名若又許之豈非須住即住乎則重位自然合加況必求之乎大權不得不與況必圖之乎重位大權人誰不愛于頔既得則茂昭求之臣聞茂昭又欲入朝已謀行計茂昭亦宰相也亦國親也若引于頔爲例獨不可乎若盡與之則陛下重位

大權是以人情假人也授之可乎若獨與彼不與此則忿爭怨望之端自此而作今倖門已開矣速杜之又令于頔等開之臣必恐聖心有時而悔矣其不可二也臣又竊見自古及今君臣之際權太重則下不得所勢太逼則上不甚安今于頔任兼將相來則總朝廷之權家通國親入則連戚里之勢勢親則疎者不敢諫權重則羣下不敢言臣慮于頔未來之間內外迎附之者其勢已赫赫炎炎矣況其已來乎臣恐于頔未到之間內外合言者已不敢言矣況其已到乎脫或至此陛下有術以制馭之耶若用術制



之不如不制之安也若又無術將如之何且于頔身是大臣子爲駙馬性靈事迹陛下素諳一朝到來權兼內外若繩以規制則必失君臣之心若縱其作爲則必敗朝廷之度進退思慮恐貽聖憂其不可三也凡此三不可事實不細伏乞聖覽再三思之今臣所言皆君臣之密機安危之大計伏望祕藏此狀不令左右得知況臣以疎議親以賤論貴語無方便動有悔尤言出身危非不知耳但以職居近密身被恩榮苟有聞知即合陳露儻言而得罪亦臣所甘心若默而負恩則臣所不忍伏希聖鑒俯察愚誠謹具奏聞謹奏

## 論和糴狀

今年和糴折糴利害事宜

右臣伏見有司以今年豐熟請令畿內及諸處和糴令收錢穀以利農人以臣所觀有害無利何者凡曰和糴者官出錢人出穀兩和商量然後交易也比來和糴事有不然但令府縣散配戶人促立程限嚴加徵催苟有稽遲則被追捉迫蹙鞭撻甚於稅賦號爲和糴其實害人儻依前而行臣故曰有害無利也今若有司出錢開場自糴比於時



價稍有優饒利之誘人人必情願且本請和糴只圖利人人若有利自然願來利害之間可以此辨今若除前之弊行此之便是眞得和糴利人之道也二端取捨伏惟聖旨裁之必不得已則不如折糴折糴者折青苗稅錢使納斛斗免令賤糴別納見錢在於農人亦甚爲利況度支比來所支和糴價錢多是雜色匹段百姓又須轉賣然後將納稅錢至於給付不免侵偷貨易不免折損所失過本其弊可知今若量折稅錢使納斛斗既無賤糴麥粟之費又無轉賣匹段之勞利歸於人美歸於上則折糴之便豈不昭

然由是而論則配戶不如開場和糴不如折糴亦甚明矣臣久處村閭曾爲和糴之戶親被迫蹙實不堪命臣近爲畿尉曾領和糴之司親自鞭撻所不忍覩臣頃者常欲疏此人病聞於天聽疎遠賤微無由上達今幸擢居禁職列在諫官苟有他聞猶合陳獻況備諳此事深知此弊臣若緘默隱而不言不惟上孤聖恩實亦內負夙願猶慮愚誠不至聖鑒未迴卽望試令左右可親信者一人潛問鄉村百姓和糴之與折糴孰利而孰害乎則知臣言不敢苟耳或慮陛下以勅命已下難於改移以臣所見事又不然夫



聖人之舉事也唯務便人唯求利物若損益相半則不必遷移若利害相懸則事須追改不獨於此其他亦然伏望宸衷審賜詳察謹具奏聞謹奏

## 論太原事狀三件

### 嚴綬　輔光

右嚴綬輔光太原事迹其間不可遠近具知臣前日對時已仔細面奏今奉宣輔光已替嚴綬續追此皆聖鑒至明左右不能惑聽合於公議斷自宸衷內外人心甚爲愜當其嚴綬早須與替不可更遲緣與輔光久相交結軍中補署職掌比來盡由輔光今見別除監軍小人乍失依託或恐嚴綬相黨曲爲安陳軍情事宜之間須過防慮伏望聖恩速令貞亮赴本道便許嚴綬入朝

### 貞亮

右貞亮原是舊人曾任重職陛下以太原事弊使替輔光然臣伏聞貞亮先充汴州監軍日自置親兵數千又任三川都監日專殺李康兩節度使事迹深爲不可違性自用所在專權若貞亮處事依前卽太原却受其弊雖將追改難以成功其貞亮發赴本道之時恐須以承前事切加約束令其戒懼此事至要伏惟聖心不忘



### 范希朝

右范希朝前在振武威令大行至今蕃戎望風畏伏況又勤儉信實所在士卒歸心今若太原要人無出希朝之右伏恐聖意慮其有年臣又訪聞希朝筋力猶堪驅使但且令鎭撫必愜軍情待其一二年間威制成立然後擇能者則必易守成規則雖老年事須且用其靈武比太原雖小亦是要鎭如納臣愚見伏望便須擇人與希朝相代謹具奏聞

奏請加德音中節目二件

緣今時旱請更減放江淮旱損州縣百姓今年租稅

右伏以聖心憂軫重降德音欲令實惠及人無如減放租稅昨正月宁所降德音量放去年錢米伏聞所放數內已有納者縱未納者多是逃亡假令不放亦徵不得況旱損州縣至多所放錢米至少百姓未經豐熟又納今年租稅疲乏之中重此徵迫人力困苦莫甚於斯却是今年伏望聖恩更與宰臣及有司商量江淮先旱損州作分數更量



放今年租稅當疲困之際降惻隱之恩感動人情無出於此敢竭愚見以副聖心

請揀放後宮內人

右伏見大歷已來四十餘歲宮中人數積久漸多伏慮驅使之餘其數猶廣上則屢給衣食有供億糜費之煩下則離隔親族有幽閉怨曠之苦事宜省費物貴遂情頃者已蒙聖恩量有揀放聞諸道路所出不多臣伏見自太宗元宗以來每遇災旱多有揀放書在國史天下稱之伏望聖慈再加處分則盛明之德可動天心感悅之情必致和氣光垂史冊美繼祖宗貞觀開元之風復見於今日矣非小臣愚懇不能發此言非陛下英明不能行此事如蒙允許便請以德音中次第處分謹具奏聞伏待聖旨謹奏

論于頔所進歌舞人事宜狀

右臣三五日來聞于時議云前件所進者並是于頔愛妾被普寧公主聞欲選進今于頔所進事非獲已者臣未知此說虛之與實再三思之皆為不可何則于頔自入朝來陛下待之深得其所存其大體故厚加寵位知其性惡故不與威權中外人情以為至當在於于頔亦自甘心今因



普寧奪其愛妾眾人既有流議于頔得以為詞臣恐此事不益聖德在臣愚見豈敢不言伏見陛下數月以來分別邪正所有制斷所有處置無不合於公論無不愜於人情惟此一事實乖時體關於損益臣實惜之今道路云云皆有此說是于頔自進亦恐外人不知去就之間恐須却賜于頔內足以辨明聖意外足以止息浮詞又令于頔有所感戴臣所聞所見如此伏恐陛下要知輒敢密陳庶裨萬一謹具奏聞謹奏

論魏徵舊宅狀

李師道奏請出私財收贖魏徵舊宅事宜

右今日守謙宣令撰與師道詔所請收贖魏徵宅還與其子甚合朕心允依來奏者臣伏以魏徵是太宗朝宰相盡忠輔佐以致太平在於子孫合加優卹今緣子孫窮賤舊宅典賣與人師道請出私財收贖却還其後嗣事關激勸合出朝廷師道何人輒掠此美依宣便許臣知非宜況魏徵宅內舊堂本是宮中小殿太宗特賜以表殊恩既又與諸家不同尤不宜使師道與贖計其典賣其價非多伏望明勅有司特以官錢收贖使還後嗣以勸忠臣則事出皇



恩美歸聖德臣苟有所見不敢不陳其與師道詔未敢依宣便撰伏待聖旨謹具奏聞謹奏

論王鍔欲除官事宜狀

右臣竊聞王鍔見欲除平章事未知何故有此商量臣伏以宰相者人臣極位天下具瞻非有清望大功不合輕授王鍔既非清望又無大功若加此官深爲不可昨日裴均除平章事內外之議早已紛然今王鍔若除則如王鍔之輩皆生冀望之心矣若盡與則典章大壞又未感恩若不與則厚薄有殊或生怨望倖門一啟無可奈何臣又聞王鍔在鎭日不卹凋殘唯務差稅淮南百姓日夜無憀五年誅求百計侵削錢物既足部領入朝號爲羨餘親自進奉凡有耳者無不知之今若授同平章事臣恐四方聞之皆謂陛下得王鍔進奉而與宰相也臣又恐諸道節度使今日已後皆割剝生人營求宰相私相謂曰誰不如王鍔邪故臣以爲深不可也其王鍔歸鎭與在朝伏望並不除宰相臣尚未知所聞信否貴欲先事而言或恐萬一已行卽言之無及伏惟聖鑒俯察愚衷謹具奏聞謹奏

論裴均進奉銀器狀



右臣伏聞向外傳說云裴均前月二十六日於銀臺進奉前件銀器雖未審知虛實然而物議喧然既有所聞不敢不奏伏以陛下昨因時旱念及疲人特降德音停罷進奉天意如感雨澤應期巷舞途歌咸呼萬歲伏自德音降後天下禺望遵行未經旬月之間裴均便先進銀器誠有此事深損聖德臣或慮有人云裴均所進銀器發在德音之前遂勸聖恩不妨受納以臣所見事固不然臣聞衆議皆云裴均性本貪殘動多邪巧每假進奉廣有誅求料其深心不願停罷必恐卽日修表倍程進來欲試朝廷嘗其可

否何者前月三日降德音准諸道進奏院報事例不過四五日即裴均合知至二十六日進物方到以此詳察足見姦情今若便容果落邪計況一處如此則遠近皆知臣恐諸道依前從此不守法度則是陛下明降制旨又自棄之何以制馭四方何以取信天下臣反覆思慮深爲陛下惜之伏准德音節文除四節及旨條外有違越進奉者其物送納左藏庫仍委御史臺具名聞奏若此事果實則御史臺必准制彈奏諫官必諫宰相必論天下知之何裨聖政以臣所見伏望明宣云裴均所進銀器雖在德音之前恐



四方不知宜送左藏庫收納如此則海內悅服天下歡心事出宸衷美歸聖德又免至御史諫官奏論之然後有處置在於事體深以爲宜伏願聖心速賜裁斷謹具奏聞謹奏

## 論孫璹張輔一作奉國狀

### 孫璹

右伏以鳳翔右輔之地控壓隴蜀又近國門最爲重鎮承前以來多擇有功勳德望者爲之節度使昨者孫璹忽除此官臣緣素未諳知不敢輕議可否及制下之後甚不愜人心孫璹雖久從軍不聞有大功効自居禁衞亦無可稱至於姓名衆未知有縱有才畧堪任將帥猶宜且試於小鎮不合便授此重藩豈唯公議之間以爲過當亦恐同類之內皆生倖心況今聖政日明朝綱日舉每命一官一職人皆側耳聽之則除授之間深宜重慎今孫璹已受成命未可遽又改移待到鳳翔觀其可否以後不可不審伏恐聖聰要知

### 張輔國

右輔國當徐州用兵之時已有殊効及李錡作亂之日又



立大功忠節亦誠海內推服近來將校少有比倫已蒙聖恩授金吾大將軍以示獎勵以臣所見更宜與一方鎮以感動天下忠臣之志以摧攝天下姦臣之心何者輔國之事無人不知方鎮之榮無人不愛若輔國更得節度使天下聞知人皆爲貪寵榮誰不爭効忠順萬一若一方有事一帥負恩則麾下偏裨競爲輔國亂臣賊子不敢不息一則明勸忠貞二則闇銷禍亂聖人機柄正在於斯今輔國聞已有年亦宜速用事不可失臣深惜之然以輔國未曾爲理人官恐未可便授大鎮若近邊次節度有要替處與

輔國最爲得宜謹具奏聞謹奏

## 論元稹第三狀

監察御史元稹貶江陵府士曹參軍

右伏緣元稹左降事宜昨李絳崔羣等再已奏聞至今未蒙宣報伏恐愚誠未懇聖慮未迴臣更細思事有不可所以塵黷至於再三臣內察事情外聽衆議元稹左降不可者三何者元稹守官正直人所共知自授御史已來舉奏不避權勢只如奏李公佐等之事多是朝廷親情人誰無私因以挾恨或假公議將報私嫌遂使誣謗之聲上聞天



聽臣恐元稹左降已後凡在位者每欲舉事必先以元稹爲戒無人肯爲陛下當官執法無人肯爲陛下嫉惡繩愆內外權貴親黨縱橫有大過大罪者必相容隱而已陛下從此無由得知此其不可者一也昨者元稹所追勘房式之事心雖奉公事稍過當既從重罰足以懲違況經謝恩旋又左降雖引前事以爲責詞然外議諠譁皆以爲元稹與中使劉士元爭廳自此得罪至於爭廳事理已具前狀奏陳況聞劉士元蹋破驛門奪將鞍馬仍索弓箭嚇辱朝官承前已來未有此事今中官有罪未見處置御史無過却先貶官遠近聞知實損聖德臣恐從今已後中官出使縱暴益甚朝官受辱必不敢言縱有被凌辱毆打者亦以元稹爲戒但吞聲而已陛下從此無由得聞此其不可者二也臣又訪聞元稹自去年以來舉奏嚴礪在東川日枉法收沒入平人資產八十餘家又奏王紹違法給券令監軍押柩及家口入驛又奏裴玢違勑旨徵百姓草又奏韓皐使軍將封杖打殺縣令如此之事前後甚多屬朝廷法行悉有懲罰計天下方鎭皆怒元稹守官今貶爲江陵判司卽是送與方鎭從此方鎭報怨朝廷何由得知臣伏聞



德宗時有崔善貞密告李錡必反德宗不信送與李錡李錡大怒遂掘坑縱火燒殺崔善貞未數年李錡果反至今天下爲之痛心臣恐元稹左降後方鎭有過無人敢言皆欲惜身永以元稹爲戒如此則天下有不軌不法之事陛下無由得知此其不可者三也若無此三不可假如朝廷誤左降一御史蓋是小事臣何敢煩黷聖聽至於再三乎誠以所損者深所關者大以此思慮敢不極言陛下若以臣此言爲忠又未能別有處置必不得已則伏望且令追制改與一京師閒官免令元稹却事方鎭此乃上裨聖政

下愜人情伏望細察事情斷在聖意謹具奏聞謹奏

請罷兵第二狀

請罷恒州兵事宜

右緣討伐恒州事宜前者已具奏聞此事至大至切臣不合一奏便休伏願聖聰再賜詳省臣伏以河北事體本不合用兵既已用兵亦希萬一所以人意或望成功今看事勢保必無望何者陛下本用兵之初第一倚望承璀第二准擬希朝茂昭今承璀自去以來未敢苦戰已喪大將先挫軍威至今與從史兩軍入賊界下營未得從史雖經接



戰與賊勝負畧均况奏報之間又事恐非實遷延進退貴引日時不唯意在逗遛兼是力難支敵希朝茂昭數月以來方入賊界據所奏到賊新市城一鎮便過不得又奏深澤縣今却被賊打破則其進討之勢想亦可知劉濟親領全軍分圍樂壽又奏賊城堅守卒不易攻師道季安元不可保今看情狀似相計會各收一縣便不進軍如此事由陛下具見據其去就豈有成功未審聖心何如更有所望以臣愚見速須罷兵若又遲疑其害有四可爲陛下痛惜者二可爲陛下深憂者二何則若果有成功即不論用度多少既的知不可即不合虛費貲糧悟而後行事亦非晚今遲校一日有一日之費更延旬月所費滋多終須罷兵何如早罷臣伏見陛下比來愛人省用發自深心至於聖躬每事節儉今以府庫錢帛百姓脂膏資助河北諸侯轉令富貴強大臣每念此不勝憤歎此其爲陛下痛惜者一也臣伏恐河北諸將見吳少陽已受制命必引事例輕重同詞請雪承宗若章表繼來即議無不許請而後捨模樣可知轉令承宗膠固同類如此則與奪皆由隣道恩信不出朝廷實恐威權盡歸河北臣每念此實所疚心此其爲



陛下痛惜者二也今天時已熱兵氣相蒸至於饑渴疲勞疫疾暴露衣甲暑濕弓箭瘡痍上有赤日前有白刃驅以就戰人何以堪縱不惜身亦難忍苦況神策官健又最烏雜以城市之人例皆不慣如此忽思生路或有奔逃一人若逃百人相扇一軍若散諸軍必搖事忽至此悔將何及此其爲陛下深憂者一也臣伏聞回鶻吐蕃皆有細作中國之事小大盡知今聚天下之兵唯討承宗一賊自冬及夏都未立功則兵力之強弱資費之多少豈宜使西戎北虜一一知之忽見利生心乘虛入寇以今日之勢力可能

救其首尾哉兵連禍生何事不有萬一及此實關安危臣每思之憂入骨髓此其爲陛下深憂者二也伏惟詳臣此狀察臣此心審賜裁量速有處分如此則是陛下社稷宗廟之福不獨天下幸甚謹具奏聞

請罷兵第三狀

請罷恒州兵馬事宜

右臣所請罷兵前後已頻陳奏今日事勢又更不同比來日月漸深憂惶轉甚若不極慮若不切言是臣懼罪惜身上負陛下伏希聖鑒憐察血誠知臣心如此更詳此狀臣



伏以行營近日事體陛下一一具知師道令收棣州至今竟未奉詔至於表章詞意近者亦甚乖宜季安等心元不可測與賊計會各收一空縣而已相顧拱手便休聞昨者澤潞潰散健兒其間有入魏博卻投邢州者季安追捉並按軍令昨所與詔都不稟承據此情狀畧無形迹但恐今日以後此輩無不辦爲又比來所望有功只在南北兩道今師道希朝等屯軍向欲半年過新市一鎮未得茂昭又稱兵少特地方請加兵則南道勢力今亦可見北道承璀竟未立功元陽新到邢州又奏兵數至少請諸軍兵馬議不可抽假使承璀等竭力盡忠終恐不副聖意據此事勢萬無成功陛下猶未罷兵不知更有何所待臣伏恐劉濟近日情似盡忠今忽罷兵慮傷其意以臣所見理固不然劉濟大姦過於羣輩外雖似順中不可知有功無功進退獲利初聞罷討或可有詞見雪恒州必私懷喜何則於承宗本末之勢同也假令劉濟實忠實盡陛下難阻其心猶須計量重輕捨小圖大豈緣劉濟一人惆悵而不顧天下遠圖況今事情又不至此伏望聖意斷之不疑臣昨日以軍久無功時又漸熱人不堪命慮有奔逃前狀之中已具



陳奏今果聞神策所管徐泗鄭滑兩道兵馬各有言語似少不安臣自聞之不勝憂切一軍若不寧貼必扇諸軍之心自此動搖何慮不有事忽至於此者則陛下求不罷討得乎一種罷兵何如早罷必待事不得已然後罷之只使陛下威權轉銷天下模樣更惡如此事勢皆在目前只合逆防不合追悔今盧從史已歸罪左降王承宗又乞雪表來元陽方再整本軍劉濟且引兵欲進因此事勢正可罷兵赦既有名罷亦有勢若又此時不罷臣實不測聖心臣伏料陛下去年初銳意用兵之時必謂討承宗如討劉闢

李錡兵合之後坐見誅擒豈料邊延經年如此然則始謀必勉猶不可知後事轉難更何所望至於竭府庫以富河北諸將虛中國以使戎狄生心可爲深憂可爲痛惜已具前奏不敢再陳況今日已前所惜者威權財用今日已後所憂者治亂安危國家有天下二百年陛下承宗社十一葉豈得以小忿而忘國家大計豈得以小恥而忘宗社遠圖伏願聖心以此爲慮臣前後已獻三狀不啻千言詞旣繁多語亦懇切陛下若以臣所見非是所言非忠況以塵



黷不休臣卽合便得罪若以臣所見爲是所言爲忠則陛下何忍知是不從知忠不納不然則臣合得罪不然則陛下罷兵伏望讀臣此狀一二十遍斷其可否速賜處分臣不勝負憂待罪懇迫兢惶之至謹奏

# 欽定全唐文卷六百六十八

## 白居易十三

### 奏所聞狀

向外所聞事宜

右伏見六七日來向外傳說皆云有進旨令宣與諸道進奏院自今已後應有進奉並不用申報御史臺如有人勘問便仰錄名奏來者內外相傳不無驚怪臣伏料此事多是虛傳且有此聞不敢不奏伏惟德音除四節外非時進奉一切並停如有違越仰御史臺察訪聞奏今若不許報



臺不許勘問卽是許進奉而廢德音也伏以陛下憂人思理發自深誠德音中停罷進奉最是大節昨者裴均所進銀器發在德音之前猶慮四方不知將謂容有違越特令送出外庫宣報所司遠近傳呼聞於道路此則不獨人心欣躍感動四方實亦國史光明垂示百代今未踰數月忽有此消息賀德音之使未絕於道途許進奉之聲已聞於內外此衆情所以驚愕而不測也臣訪昨聞又無明勅伏料聖意必無此處分但恐宣傳之際或致疑誤遂令內外有此流傳實恐旬月之間散報諸道虧損聖政無甚於斯

若此果虛即望宣示內外令知聖旨使息虛聲伏願宸衷速有處分謹具奏聞謹奏

論承璀職名狀

承璀充諸軍行營招討處置使

右緣承璀職名自昨日來臣與李絳等已頻論奏又奉宣令依前定者臣實深知不可豈敢順旨便休伏望聖慈更賜詳察臣伏以國家故事每有征伐專委將帥以責成功近年以來漸失舊制始加中使命爲都監頃者韓全義討淮西之時以賈良國爲都監近日高崇文討劉闢之時以



劉貞亮爲都監此皆權宜且爲近例然則興王者之師徵天下之兵自古及今未有令中使專統領者今神策軍既不置行營節度使即承璀便是制將又充諸軍招討處置使即承璀便是都統豈有制將都統而使中使兼之臣恐四方聞之必輕朝廷四夷聞之必笑中國王承宗聞之必增其氣國史記之後嗣何觀陛下忍令後代相傳云以中官爲制將都統自陛下始伏乞聖慮以此思之臣又兼恐劉濟茂昭及希朝從史乃至諸道將校皆恥受承璀指麾心既不齊功何由立此是資承宗之計而挫諸將之勢也伏乞聖慮又以此思之臣伏以陛下自春宮以來則曾驅使承璀歲月既久恩澤遂深望陛下念其勤勞貴之可也陛下憐其忠赤富之可也至於軍國權柄動關於治亂朝廷制度出自於祖宗陛下寧忍徇下之情而自墮法制從人之欲而自損聖明何不思於一時之間而取笑於萬代之後今臣忘身命瀝肝膽爲陛下痛言者非不知逆耳非不知危身但以螻蟻之命至輕社稷之計至重伏乞聖慮又以此思之陛下必不得已事須用之即望改爲都監且循舊例雖威權尚重而制度稍存天下聞之不甚驚聽如



蒙允許伏望速宣與中書改爲諸軍都監臣不勝憂迫懇切彷徨之至

奏閿鄉禁囚狀

虢州閿鄉湖城等縣禁囚事宜

右伏聞前件縣獄中有囚數十人並積年禁繫其妻兒皆乞於道路以供獄糧其中有身禁多年妻已改嫁者身死獄中取其男收禁者云是度支轉運下囚禁在縣獄欠負官物無可塡賠一禁其身雖死不放前後兩遇恩赦今春又降德音皆云節文不該至今依舊囚禁臣伏以罪坐之

刑無重於死故殺人者罪至於死坐贓者身死不徵今前件囚等欠負官錢誠合塡納然以貧窮孤獨唯各一身債無納期禁無休日至使夫見在而妻嫁父已亡而子囚自古罪人未聞此苦行路見者皆爲痛傷況今陛下愛人之心過於父母豈容在下有此窮人古者一婦懷寃三年大旱一夫結憤五月降霜以類言之臣恐此囚等憂怨之氣必能傷陛下陰陽之和也其囚等人數及所欠官物并赦文不該事由臣即未知委細伏望與宰相商量兼令本司具事由分析聞奏如或是實禁繫不虛伏乞特降聖慈發



使一時放免一則使縲囚獲宥生死皆知感恩二則明天聽及早遠近自無寃滯事關聖政不敢不言臣兼恐度支鹽鐵使下諸州縣禁囚更有如此者伏望便令續條疏其事奏上

## 論嚴綬狀

奉宣令依中書狀撰制除嚴綬江陵節度使

右臣伏以趙宗儒衆稱清介有恒嚴綬衆稱怯懦無恥二人臧否優劣相懸宗儒自到江陵雖無殊政亦聞清淨境內頗安縱要改移即合便擇勝宗儒者且嚴綬在太原之事聖聰備聞天下之人以爲談柄陛下罷其節制追赴朝廷至今人情以爲至當今忽再用又替宗儒臣恐制書下後無不驚嘆兼邪人得計正人憂疑大乖羣情深損朝政臣前後所奉宣撰制若非甚不可者亦不敢切論今此除授實甚不可伏望聖慈更賜裁量其制未敢便撰伏待聖旨謹奏

## 論孟元陽狀

奉宣令依中書狀撰制除孟元陽右羽林軍統軍仍封趙國公食邑三千戶



右臣伏以孟元陽激水有功河陽有政自到澤潞戎事頗修但以老年事須與替比諸流輩事迹不同今所除官合加優獎昨者范希朝在太原日昏耄不理人情共知及除統軍衆猶謂屈今元陽事迹不同希朝又除統軍恐似更屈雖加封爵悉是虛名況元陽功効忠勤天下有數今以無能者一例除改無所旌別臣恐今日已後無以勸人以臣所見若改除金吾大將軍輕重之間實爲得所只如柳惟晨李簡之輩有何功業合比元陽猶居此官動逾年歲伏望聖慈以此裁量其制未敢依中書狀便撰謹具奏聞

伏待聖旨謹奏

謝官狀

新授將仕郎守左拾遺翰林學士臣白居易新授朝議郎守尚書庫部員外郎翰林學士雲騎尉臣崔羣

右臣等伏奉恩制除前件官今日守謙奉宣進旨特加慰諭并賜告身者聖慈曲被寵命猥加俯以拜恩跪而受賜蹈舞離次驚惶失圖伏以郎吏諫官古今所重位當星象職在箴規皆須聞望清方行實端慤然後可以佐彌綸於



草昧能正其詞盡獻納於芻言必直其節苟輕所選實忝厥官臣等學識庸虛才質愚懦自居近職忝冒已深況超擢榮班慙惶交至初授殊常之寵聞實若驚再思難報之恩感而欲泣唯當奮勵駑鈍補拾闕遺中誓赤誠上酬元造俯伏憂愧若無所容無任感恩兢惕之至謹奉狀陳謝以聞謹奏

奏陳情狀

翰林學士將仕郎左拾遺白居易

右今日守謙奉宣聖旨以臣本官合滿欲議改轉知臣欲有陳露令臣將狀來者臣有情事不敢不言伏希聖慈俯察愚懇臣母多病臣家素貧甘旨或虧無以爲養藥餌或缺空致其憂情迫於中言形於口伏以自拾遺授京兆府判司往年院中曾有此例資序相類俸祿稍多儻授此官臣實幸甚則及親之祿稍得優豐荷恩之心不勝感激輒敢塵黷無任兢惶謹具奏陳伏待聖旨

謝官狀

新授京兆府戶曹參軍翰林學士臣白居易

右伏奉恩制除臣前件官今日守謙奉宣聖旨特加慰諭兼賜告身者俯僂拜恩怵惕受命戰越踊躍驚惶失容蹈



舞屛營不知所據臣叨居近職已涉四年自顧庸昧無裨明聖塵忝歲久憂慙日深況於官祿之間豈敢有所選擇但以位卑俸薄家貧親老養闕甘馨之費病乏藥石之資人子之心有所不足昨蒙聖念雖許陳請敢望天恩遽從所欲況前件官位望雖小俸料稍優臣今得之勝登貴位此皆皇明俯察元造曲成念臣爲子之心賜臣及親之祿臣所以撫心知愧因事吐誠烏鳥私情得盡歡於展養犬馬微力誓効死以酬恩榮幸不止於一身感戴實深於萬

品無任荷恩抃躍之至

謝蒙恩賜設狀

右今日守謙奉宣聖旨以臣初入院特賜設者臣生長窮賤才質孱微草野鄙夫風塵走吏豈期聖造擢在禁闈煦以天慈賜以御食臣所以凌兢受命俯伏荷恩心魂不寧手足無措況樽開九醞饌列八珍惠過加籩榮優置醴金罍引滿將王澤而共深玉饌屢厭與聖德而俱飽終食且歎捫心自驚戰汗慙惶隕越於下謹奉狀陳謝以聞謹奏

謝恩賜衣服狀



右今日守謙奉宣聖旨以臣初入院特賜衣服者臣自入禁司纔經旬月未陳薄効累受殊私況前件衣服等獻自遠方降從御府既鮮華而駭目亦輕暖而便身臣實何人堪此榮賜必擬秘藏篋笥傳示子孫何則顧陋質而懷慙貌非稱服撫微軀而荷寵力不勝衣因物感恩無任愧懼謹奉狀

三月三日謝恩賜曲江宴會狀

右今日伏奉聖恩賜臣等於曲江宴樂并賜茶果者伏以暮春良月上巳嘉辰獲侍宴於內庭又賜歡於曲水蹈舞踴地歡呼動天況妓樂選於內坊茶果出於中庫榮降天上寵驚人間臣等謬列近司猥承殊澤捧觴知感終宴懷慙肉食無謀未展涓埃之効素餐有愧難勝醉飽之恩以此兢惶未知所報謹奉狀陳謝以聞謹奏

九月九日謝恩賜曲江宴會狀

右今日伏奉進止賜臣等於曲江宴會特加宣慰并賜酒脯等者伏以重陽令節大有豐年賜宴於無事之朝追歡於最勝之地況天廚酒脯御府管絃寵錫忽降於宴中慶幸實生於望外仍加慰諭曲被輝華臣等各以凡才同參



密職幸遇休明之日多承飫賜之恩樂感形骸歡容動而成舞澤均草木秋色變以爲春徒激丹心豈報元澤謹奉狀陳謝以聞謹奏

臘日謝恩賜口蠟狀

右今日蒙恩賜臣等前件口蠟及紅雪澡豆等仍以時寒特加慰問者伏以時逢臘節候屬祈寒豈意聖慈不忘微賤念嚴凝而加之煦嫗慮皸瘃而潤以脂膏氣動中歡容發外挾纊之恩甫及和則體舒不龜之澤既霑感而手舞臣等省躬懷愧因物諭情豈止飲德繫心唯驚寵賜必

擬渠身勵節以答鴻私感躍之誠倍萬恒品謹具奏聞謹奏

中和日謝恩賜尺狀

右今日奉宣賜臣等紅牙銀寸尺各一者伏以中和屆節慶賜申恩當晝夜平分之時頒度量合同之令況以紅牙爲尺白金爲寸美而有度煥以相宣逮下明忖度之心爲上表裁成之德慶澤所及歡心畢同臣等塵忝日深寵錫歲至雖恩光下濟咫尺之顏不違而尸素內慙分寸之功未効捧受愧畏倍萬恒情謹具奏聞謹奏



謝清明日賜新火狀

右今日高品官唐國珍就宅宣旨賜臣新火者伏以節過藏煙時當改火助和氣以發滯表皇明而燭幽臣顧以賤微荷茲榮耀就賜而照臨第宅聚觀而光動里閭降實自天非因榆柳之燧仰之如日空傾葵藿之心徒奉恩輝豈勝欣戴

謝恩賜冰狀

右今日奉宣旨賜臣等冰者伏以頒冰之儀朝廷盛典以其非常之物用表特異之恩況春羔之薦時始因風出當夏蟲之疑日忽自天來煩暑迎消清飈隨至受此殊賜臣何以堪欣駭慙惶若無所措但欽之慄慄常傾受命之心捧之兢兢永懷履薄之戒以斯惕厲用答皇恩謹奉狀陳謝以聞

謝賜新歷日狀

右今日蒙恩賜臣等前件新歷日者臣等拜手蹈舞鞠躬捧持開卷受時見履端之有始披文閱處知御歷之無窮慶賀既深感戴無極謹奉狀陳謝

謝恩賜茶果等狀



右今日高品杜文清奉宣進旨以臣等在院進撰制問賜茶果梨脯等曲蒙聖念特降殊私慰諭未終賜賚旋及臣等慙深曠職寵倍驚心述清問以修詞言非盡意仰皇慈而受賜力豈勝恩徒激丹誠詎酬元造無任欣戴抃躍之至

社日謝賜酒餅狀

右今日蒙恩賜臣等酒及蒸餅環餅等伏以時維秋社慶屬年豐頒上尊之酒漿賜大臣之餅餌既非舊例特表新恩空荷皇慈豈伸丹慊謹奉狀陳謝

論重考科目人狀

今年吏部應送科目及平判人所試文章等

右臣等奉中書門下牒稱奉進旨令臣等重考定聞奏者臣等竊有所見不敢不奏伏以今年吏部科第不置考官唯遣尚書侍郎二人考試吏部事至繁劇考送固難精詳所送文書未免瑕病臣等若苦考覆退者必多韓臯累朝舊臣伏料陛下不能以小事致責臣等又以朝廷所設科目雖限文字其間收採兼取人林今吏部只送十人數且非廣其中更重黜落亦恐事體不宏以臣所見兼請不考



已得者不妨儌倖不得者所勝無多貴收人材務存大體伏乞以臣等此狀宣付宰臣重賜裁量伏聽進旨

舉人自代狀

中書省朝議郎權知尚書兵部郎中騎都尉楊嗣復

右臣伏准建中元年正月五日勅文武常參官上後三日舉一人自代者伏以前件官有辯敏之學有體要之文文可以掌王言學可以待顧問名實相副輩流所推選備侍臣參知制命酌其宜稱誠合在先臣既諳詳輒舉自代謹具聞薦伏聽勅旨

論重考試進士事宜狀

右臣等伏料自欲重試進士以來論奏者甚衆伏計煩黷聖聽之外必以爲或親或故同爲黨庇臣今非不知但以避嫌事小隱情責深所以冒犯天威不敢不奏伏希聖鑒試詳臣言伏以陛下慮今年及第進士之中子弟得者僥倖平人落者受屈故令重試重考乃至公至平凡是平人孰不慶幸況臣等才識淺劣謬蒙選充考官自受命以來夙夜惶懼實憂愚昧不副天心敢不盡力竭誠苦考得失



其間瑕病纖毫不容猶期再三知臣懇盡然臣等别有愚見上禆聖聰反覆思量輒敢密奏伏惟禮部試進士例許用書策兼得通宵得通宵則思慮必周用書策則文字不錯昨重試之日書策不容一字給燭只許兩條迫促驚忙幸皆成就若比禮部所試事校不同雖詩賦之間皆有瑕病在與奪之際或可矜量倘陛下垂仁察之心降特達之命明示瑕病以表無私特全身名以存大體如此則進士等知非而愧恥其父兄等感激而戴恩至於有司敢不懲革臣等皆蒙寵擢又忝職司實願禆補聖明敢不罄竭肝

膽謹具奏聞伏待聖裁謹奏

## 讓絹狀

恩賜田布與臣人事絹五百匹

右田布以臣宣慰進旨敬命荷恩遂與臣前件絹臣不敢受尋以奏陳昨日中使第五文岑就宅奉宣令臣受取者臣已當時進狀陳謝訖感戴聖恩昨日不敢不謝酌量事宜今日不敢不言臣家素貧非不要物但以昨者陛下遣臣宣諭田布不同常例田布今日之事不同諸家何者未報父讎未雪國恥凡人有物猶合助之況取其材有所不



忍又昨除田布魏博節度制中誡云一飯之飽必均於士卒一毫之費必用於戈录今以五百匹絹與臣臣若便受則是有違制命不副天心臣又以凡節將之臣發軍討叛大費雖資於公給小用亦藉其家財今陛下方欲使田布誓心報讎捐軀殺賊伏料宣諭慰問使者道路相望若奉使之人悉須得物臣恐鎮州賊徒未殄田布財產已空欲救將來乞從臣始此則求田布物者必息而田布感聖渥倍深責其成功必有可望臣食國家之厚祿居陛下之清官每月俸錢尚慙尸素無名之貨豈合苟求伏願天鑒照臨知臣不是飾讓臣又非不知如此小事不合塵黷尊嚴心實不安不敢不奏其前件絹臣尋已却還田布伏乞聖慈許臣不敢取仍望宣示田布令知聖恩謹錄奏聞伏待聖旨

## 論左降獨孤朗等狀

都官員外郎史館修撰獨孤朗可富州刺史起居舍人溫造可朗州刺史司勳員外郎李肇可澧州刺史刑部員外郎王鎰可郢州刺史

右今日宰相送詞頭左降前件官如前令臣撰詞者臣伏



以李景儉因飲酒醉詆忤宰相既從遠貶已是深文其同飲四人又一例左降臣有所見不敢不陳伏以兩省史館皆是近署聚飲致醉理亦非宜然皆貶官即恐太重況獨孤朗與李景儉等皆是僚友旦夕往來一飯一飲蓋是常事景儉飲散之後忽然醉發自猶不覺何況他人以此矜量情亦可恕臣又見貞元之末時政嚴急人家不敢歡宴朝士不敢過從眾心無憀以為不可自陛下臨御及此二年聖慈寬和天下欣戴臣恐此詔或下衆情不免驚憂兼恐朝廷官寮從此不敢聚會四方諸遠不知事由奔走流

傳事體非便伏惟宸鑒更賜裁量免至貶官各令罰俸感恩知失亦足戒懲臣不揆惷愚輒敢塵黷豈不懼罪豈不惜身但緣進不因人出於聖念自忠州刺史累遷中書舍人已涉二年一無裨補夙夜慙惕實不自安前後制勅之間若非甚不可者恐煩聖聽多不備論今者所見若又不奏是圖省事有負皇恩伏希天慈以此詳察知臣所奏不是偶然其獨孤朗等四人出官詞頭臣已封訖未敢撰進伏待聖旨

論行營狀 應緣鎭州行營利害事宜謹具如後



一請專委李光顔東面討逐委裴度四面臨境招諭事

右臣等伏見自幽鎭有事以來詔太原魏博澤潞易定滄州等五道節度各領全軍又徵諸道兵馬計士八十萬四面圍繞已逾半年王師無功賊勢猶盛弓高已失深州甚危者豈不以兵數太多反難爲用節將太衆則心不齊莫肯率先遞相顧望又以朝廷賞罰近日不行未立功者或先封官已敗衂者不聞得罪既無懲勸以至遷延若不改張必無所望今李光顔既除陳許節度盡領本軍伏請抽諸道勁兵通前約與三四萬人從東速進開弓高糧路合下博諸軍解深邢重圍與元翼合勢令裴度領太原全軍兼招討舊職四面壓境觀釁而動若乘虛得便卽令同力翦除若戰勝賊窮亦許受降納款如此則鎭州夾攻以分其力招諭以動其心未及誅夷自生變改況光顔久諳戰陣素有威名裴度爲人忠勇果決加以明懸賞罰使其憂責在身事勢驅之自須死戰若比向前模樣用命百倍相懸破賊責功無出於此況太原興王之地天下勁兵今旣得人足當一面以此討度無如二人



一請抽揀魏博澤潞易定滄州四道兵馬分付光顔事

右伏請詔光顔於前件四道揀選馬步精銳者每軍各取三四千人並令光顔專統一則藉其兵力討襲鎭州二乃每軍抽人不爲不用其餘放去理亦無妨況令守疆亦足展効或聞澤潞魏博兵馬同討淮西之時素諳光顔勤卹將士必樂爲用可望成功今光顔得到下博後卽陳許先有八千人昨又發三千人光顔又領鳳翔馬軍一千三百人加以徐泗鄭滑河陽等軍悉皆勁銳堪用況兼魏博等

四道所抽兵馬約有三四萬人盡付光顏足以成事其裏陽陝府東都汝州等道兵馬仍委光顏揀擇可否若不堪用不如放還豈惟虛費資糧兼恐撓敗軍陣今既只留東西二帥請各置都監一人諸道兵馬監軍伏請一時停罷如此則衆齊令一必有成功

一請勒魏博等四道兵馬却守本界事

右伏以朝廷本用田布之意以宏正遇害令報父讐望其感激衆心先立功効今領全師出界供給度支數月已來都不進討非田布固欲如此抑有其由或聞魏博一軍累



經優賞兵驕將富莫肯爲用況其軍一月之費計實錢二十七八萬貫今天下百計求取不足充其數月衣糧若且依前將何供給則不如使退守本境自供給衣糧省費之間利害明矣其澤潞易定等雖經接戰勝負略均且昭義全軍收臨城一縣不得則其兵力亦可知矣滄州新經敗挫叔良又乏將謀勢不支任必無可望今請魏博等四道各歸本界嚴守封疆如此則不獨減無用之兵亦可以省有限之費就中魏博尤要退軍虛費貲糧最可痛惜者也

一請省行營糧料事

右伏以行營最切者並不以國用將竭軍費不充更至春夏已來實恐計無所出今若兩道更留六萬其餘退食本道衣糧即每月所費僅減其半一月之用可給兩月唯供六萬所費無多既易支持自然豐足責其死戰敢不盡心臣以爲當今至切無過於此

一請因朱克融授節後速討王庭湊事

右克融庭湊同惡相濟物情事理斷在不疑今朝廷特赦克融新授節鉞縱終助援必恐遲疑當逼邇克融之時是經營庭湊之日遲則心固久則計成三數月間須有次第



延引入夏轉難用兵今正是時時不可失以臣等所見謹具如前狀以行營今日事宜眞可謂急危極矣其間變故遠不可知但恐如今救已遲晚若猶可及無出於此何者苟兵數不抽軍費不減食既不足衆何以安不安之中何事不有伏料陛下覽臣此狀必有二疑一者以臣等愚是儒生不諳兵事縱知誠懇的未信行臣亦以此自疑久未敢奏今既事切不敢不言若攻戰機宜非臣所習而軍國利害雖愚亦知況察羣情兼聽衆議與臣此奏所見多同伏望不以臣等儒生輕而不用也二者伏恐行營事勢奏

報不眞皆云賊徒計日合破。又陛下以制置既久，難於改移前事。若得其宜，即合旋有成績。至今既無次第，安得不務改圖。古人云：收之桑榆，事猶未晚。若因循且過，即救療轉難。臣又切有過憂，敢不盡吐肝肺，實恐軍用不濟，更須百計誅求，日引月加，以至困極。今天下諸色錢內，每貫已抽減三百，茶鹽估價，有司並已增加，水陸關津，四方多請率稅，不許即用度交闕，盡許則人心無憀。自古安危，皆繫於此。伏乞聖慮察而念之，不以重難改移，忽於大計也。臣等又憂深州久圍，救兵不至，弓高新陷，糧道未通，下博諸



軍致於窮地，光顔兵少，欲入無由，外即救援不來，內即饑糧罄竭，各求生路，誰向死門。無可奈何，忽然奔散，即聖心雖悔，其可及乎。其鑒不遙，在貞元中韓全義五樓之敗是也。伏望陛下詳臣此狀，思臣此言，若以爲然，速賜裁斷。臣等受恩日久，憂國情深，志在懇切，言無方便。伏望聖鑒，俯察愚衷。無任感激悃款之至，謹同詣延英門進狀以聞，伏聽敕旨。謹奏。

論姚文秀打殺妻狀

據刑部及大理寺所斷，准律非因鬬爭，無事而殺者，名爲故殺。今姚文秀有事而殺者，則非故殺。據大理司直崔元式所執，准律相爭爲鬬，相擊爲毆，交鬬致死，始名鬬殺。今阿王被打狼籍，以致於死，姚文秀檢驗身上一無損傷，則不得名爲相擊。阿王當夜已死，又何以名爲相爭。既非鬬爭，又蓄怨怒，即是故殺者。又按律疏云：不因爭鬬，無事而殺，名爲故殺。此言事者，謂爭鬬之事，非該他事。今大理刑部所執，以姚文秀怒妻有過，即不是無事，既是有事，因而毆死，則非故殺者。此則唯用無事兩字，不引爭鬬上文。如此是使天下之人，皆得因事殺人，殺人了即曰我有事而



殺，非故殺也，如此可乎。且天下之人，豈有無事而殺人者。足明事謂爭鬬之事，非他事也。又凡言鬬毆死者，謂是素非憎嫌，偶相爭鬬，一毆一擊，不意而死，如此則非故殺，以其本原無殺心。今姚文秀怒妻頗深，挾恨既久，毆打狼籍，當夜便死，察其情狀，不是偶然，此非故殺，孰爲故殺。若以先因爭罵，不是故殺，即如有謀殺人者，先引相罵，便是交爭，一爭之後，以物毆殺了，則曰我因有事而殺，非故殺也，又如此可乎。設使因爭，理猶不可，況阿王已死，無以辨明，姚文秀自云相爭，有何憑據。又大理寺所引劉士信及駱

全儒等毆殺人事。承前寺斷不爲故殺。恐與姚文秀事。其間情狀不同。假如畧同。何妨誤斷。便將作例。未足爲憑。伏以獄貴察情。法須可久。若崔元式所議不用。大理寺所執得行。實恐被毆死者自此長冤。故殺者從今得計。謹同參酌件錄如前。



# 欽定全唐文卷六百六十九

白居易十四

## 謝賜設及匹帛狀

右今日高品劉全節奉宣進旨。以臣等在院覆策畢。特加慰問。并賜設及匹帛者。臣等職在掌文。詔令考策。雖竭鄙昧。猶懼闕遺。豈意皇鑒下臨。聖慈曲至。恵加賜食。榮及承筐。寵厚縑緗。仰難勝於元貺。恩深醉飽。退有愧於素飡。徒積慙惶。何酬慶賜。

## 薦李晏韋楚狀



朝議大夫前使持節海州諸軍事守海州刺史上柱國李晏

右前件官比任海州刺史。被本道節度使配諸州稅麥。一例加估徵錢。晏頻申奏。恐損百姓。本使稱用軍事切。不得已而從之。及被人論。朝廷勘覆。責不聞奏。除削官階。在法誠合舉行。於晏即爲獨屈。况晏累爲宰牧。皆著良能。清白公勤。頗聞於衆。自經停罷。已涉三年。退居洛陽。窮餓至甚。身典三郡。家無一金。據此清廉。別堪優奬。又建中初李正已與納連反。汴河阻絶。轉輸不通。晏先父洧即正已堂弟爲徐州刺史當叛亂之時洧以一郡七城歸國効順棄一家百口任賊誅夷開運路之咽喉斷凶渠之右臂遂使逆謀大挫妖冠竟消從此徐州埇橋至今永爲内地如洧之予實可念之臣伏以洧之忠功不可忘晏之吏材不可棄伏希聖念量授一官庶使廉吏忠臣聞之有所激勸

伊闕山平泉處士韋楚

右件人隱居樂道獨行善身斂跡市朝息機名利況家傳簪組兄在班行而楚獨棲山卧雲鍊氣絶粒滋味不接於口塵埃不染於心二十餘年不改其樂志齊箕潁節類顔



原揞紳之間多所稱歎臣爲尹正合具薦論雖飛鴻入冥自忘飲啄而白駒在谷亦貴縶維儻蒙寘彼周行縻之好爵降羔鴈之禮命助鵷鷺之羽儀足以厚貞退之風遏躁進之俗兹亦盛事有裨聖朝

以前件謹具如前臣伏以念功振滯前王之令猷貢士推能長吏之本職其李晏韋楚等並居府界不踐公門臣實諳知輒敢論薦有涉塵黷無任兢惶謹具奏聞伏聽勅旨

太和六年六月二十六日河南尹臣白居易狀奏

爲宰相謝恩賜酒脯餅果等狀

右中使某奉宣聖旨賜臣等前件物等俯僂受賜竦躍荷恩天酒來以分甘御羞降而示惠臣等省躬知感因物言情寵過加籩懼多尸素之責榮同置醴慙無麴蘖之功徒瀝丹誠豈酬元造

爲宰相謝恩賜吐蕃信物銀器錦綵等狀

右臣等材愧庸虚職叨輔弼遇天下削平之日當西戎即敘之時遂使殊方致茲遠物此皆率由元化感慕皇風人臣既絶外交問遺敢爲己有今蒙重賜益荷聖慈況來自外夷知德廣之所及降從中旨仰恩深而不勝感戴慙惶



倍萬常品

爲段相謝恩賜設及酒脯等狀

伏蒙聖慈特加寵錫珍羞出於内府旨酒降於上尊捧戴歡榮不知所措臣久叨台鼎新忝節旄勤勞無展於股肱醉飽有慙於口腹

爲段相謝借飛龍馬狀

伏以出從内廏行及中塗假飛龍之駿駒代跛鼈之蹇步執鞭拜命借馬喻身取其戀主之心以表爲臣之節恩深易感情懇難陳竦踴之誠倍百羣品

為段相謝手詔及金刀狀

詔賜累加慙惶交集寵來天上感動人間且金蘊其堅奉之而永貞王度刀宣其利操之而遠耀天威豈惟佩作身榮實可藏爲家寶况臣望闕漸遠受恩轉多比堅而報國有時効死而殺身無地

晉謚恭世子議

晉侯以驪姬之惑殺太子申生或謂申生得殺身成仁之道是以晉人謚爲恭世子載在方冊古今以爲然居易獨以爲不然也大凡恭之義有三以孝保身子之恭以正承



命臣之恭以道守嗣君之恭若棄嗣以非禮不可謂道受命於非義不可謂正殺身以非罪不可謂孝三者率非恭也申生有焉而謚曰恭不知其可若垂之來代以爲訓戒居易懼後之臣子有失大義守小節者將奔走之將欲商榷敢徵義類在昔虞舜父頑母嚚舜既克諧瞽亦允若申生父之昏姬之惡誠宜率子道以幾諫感君心以至誠雖申生之孝不侔於舜而獻公之頑亦不逮於瞽盍以烝烝之乂俾不格於姦乎故咎之始形則齋栗祗載爲虞舜可也若不能及禍之將兆則讓位去國爲吳泰伯可也若又不能及難之將作則全身遠害爲公子重耳可也三失無一得於是乎致身於不義不祗陷父於不德不慈負罪被名以至於死臣子之道不其惑歟夫以堯之聖書美曰允恭舜之孝書美曰溫恭今以申生之失道亦謂曰恭庸可稱乎周之衰也楚子以霸王之器奄有荆蠻光啟土宇赫赫楚國由之而興謚之爲恭猶曰薄德今申生徇其死不顧其義輕其身不圖其君俾死之後弒三君殺十有五臣實啟禍先大亂晉國則楚恭之得也如彼申生之失也若此異德同謚無乃不可乎左氏修魯史受經於仲尼蓋仲



尼之志邱明從而明之無善惡無大小莫不微婉而發揮焉至於申生之死也之謚也畧而無譏何其謬哉何以覈諸且仲尼修春秋明則有凡例幽則有微旨其有君不君臣不臣父不父子不子者率書名以貶之故書曰晉侯殺其太子申生不言晉人而書晉侯且名太子者蓋明晉侯不道且罪申生陷君父於不義也以微旨考之則仲尼明貶可知矣以凡例推之則左氏之闕文可知矣嗚呼先王之制謚豈容易哉善惡始終必褒貶於一字所以彰明往者勸阻來者故君子於其謚無所苟而已矣繇是而言則

恭世子之謚不亦誣乎不亦誣乎

## 對才識兼茂明於體用策

問皇帝若曰朕觀古之王者受命君人兢兢業業承天順地靡不思賢能以濟其理求讜直以聞其過故禹拜昌言而嘉猷罔伏漢徵極諫而文學稍進匡時濟俗罔不率繇厥後相循有名無實而又設以科條增求茂異捨斥已之至言進無用之虛文指切著明罕稱於代茲朕所以嘆息鬱悼思索其真是用發懇惻之誠咨體用之要庶乎言之可行行之不倦上獲其益下輸其情君臣之間驩然相與



子大夫得不勉思朕言而茂明之我國家光宅四海年將二百十聖宏化萬邦懷仁三王之禮靡不講六代之樂罔不舉浸澤於下升中於天周漢已還莫斯爲盛自禍階漏壤兵宿中原生人困竭耗其大半農戰非古衣食罕儲念茲疲甿遠乖富庶督耕殖之業而人無戀本之心峻榷酤之科而下有重斂之困舉何方而可以復其盛用何道而可以濟其艱既往之失何者宜懲將來之虞何者當戒昔主父懲患於晁錯而用推恩夷吾致霸於齊桓而行寓令精求古人之意啟迪來哲之懷眷茲洽聞固所詳究又執契之道垂衣不言委之於下則人用其私專之於上則下無其效漢元優游於儒學盛業竟衰光武責課於公卿峻政非美二途取捨未獲所從余心浩然益所疑惑子大夫熟究其旨屬之於篇興自朕躬毋悼後害

對臣聞漢文帝時賈誼上疏云可爲痛哭者一可爲流涕者二可爲長太息者三是時漢興四十載萬方大理四海大和而賈誼非不見之所以過言者以爲詞不切志不激則不能迴君聽感君心而發憤於至理也是以雖盛時也賈誼過言而無愧雖過言也文帝容之而不非故臣不失



忠君不失聖書之史策以爲美談然臣觀自茲以來天下之理未曾有髣髴於漢文帝時者激切之言又未有髣髴於賈誼疏者豈非君之明聖不侔於文帝乎臣之忠讜不逮於賈誼乎不然何衰亂之時愈多而切直之言愈少也今陛下思禹之昌言而拜之念漢之極諫而徵之廢虛文之無用者奬至言之斥已者詢臣以可行之策諭臣以不倦之意懇惻鬱悼發於至誠此真聖王思至理求過言之明旨也斯則陛下之道已宏於前代臣之才識劣於古人輒欲過言以裨陛下明德萬分之一也裨之者非敢謂言

之必可行也體用之必可明也且欲使後代知陛下踐祚之後有樸直敢言之臣出焉無俾文帝賈誼專美於漢代然後退而俯伏以待罪戾焉臣誠所甘心也謹以過言昧死上對伏蒙陛下賜臣之策有思興禮樂之道念救疲甿之方辨懲往戒來之宜審推恩寓令之要至矣哉陛下之念及此實萬葉之福也豈惟一代之人受其賜而已哉臣聞疲病之作有因緣焉救療之方有次第焉臣請爲陛下究因緣陳次第而言之臣聞太宗以神武之姿撥天下之亂元宗以聖文之德致天下之肥當二宗之時利無不興



弊無不革遠無不服近無不和貞觀之功既成而大樂作焉雖六代之盡美無不舉也開元之理既定而盛禮興焉雖三王之明備無不講也禮行故上下輯睦樂達故內外和平所以兵偃而萬邦懷仁刑清而兆民自化動植之類咸煦嫗而自遂焉雖成康文景之理無以出於此矣洎天寶以降政教寖微寇旣薦興兵亦繼起兵以遏寇寇生於兵兵寇相仍迨五十載財征由是而重人力由是而罷下無安心雖日督農桑之課而生業不固上無定費雖日峻管榷之法而歲計不充日削月朘以至於耗竭其半矣此臣所謂疲病之因緣者也豈不然乎由是觀之蓋人疲由乎稅重稅重由乎軍興軍興由乎寇生寇生由乎政缺然則未修政教而望寇戎之銷未銷寇戎而望兵革之息雖太宗不能也未銷兵革而求征徭之省未省征徭而求黎庶之安雖元宗不能也何則事有所必然雖常人足以致勢有所不可雖聖哲不能爲伏惟陛下將欲安黎庶先念省征徭將欲省征徭先念息兵革將欲銷兵革先念銷寇戎將欲銷寇戎先念修政教何者若政教修則下無詐僞暴悖之心而寇戎所由銷矣寇戎銷則無興發攻守之役



而兵革所由息矣兵革息則國無餽餉飛輓之費而征徭所由省矣征徭省則人無流亡轉徙之憂而黎庶所由安矣臣竊觀今天下之寇雖已盡銷伏願陛下不以易銷而自怠今天下之兵雖未盡散伏願陛下不以難散而自疑無自怠之心則政教日肅無自疑之意則誠信日明故政教肅則暴亂革心誠信明則獷驁歸命革心則天下將萌之寇不過而自銷歸命則天下已聚之兵不散而自息然後重斂可日減疲甿可日安富庶可日滋困竭可日補日安則和悅之氣積日富則廉讓之風形因其廉讓而示之

以禮則禮易行矣乘其和悅而鼓之以樂則樂易達矣舉斯方而可以復其盛用斯道而可以濟其艱懲既往之失莫先於誠不明而政不修戒將來之虞莫大乎寇不銷而兵不息此臣所謂救療之次第者也豈不然乎至若齊行寓令之法以霸諸侯漢用推恩之謀以懲七國施之今日臣恐非宜何者且今萬方一統四海一家無鄰國可傾非夷吾用權之秋也雖欲寓令令將何所寓耶今除國建郡置守罷侯無爵土可疏非主父矯弊之日也雖欲推恩恩將何所推耶但陛下嗣貞觀之功宏開元之理必將光二



宗而福萬葉矣何區區齊漢之法而足爲陛下所慕哉精究之端實在於此矣又蒙陛下賜臣之問有執契垂衣之道委下專上之宜敦儒學而業衰責課實而政失者此皆政化之所急古今之所疑陛下幸念之臣有以見天下之理興矣夫執契之道垂衣不言者蓋言已成之化非謀始之謂也委之於下者言王者之道庇其司分其務而已非謂政無大小悉委之於下也專之於上者言王者之道秉其樞執其要而已非謂事無巨細悉專之於上也漢元優游於儒學而盛業竟衰者非儒學之過也學之不得其道也光武責課於公卿而峻政非美者非考課之累也責之不得其要也臣請重爲陛下別白而明之夫垂衣不言者豈不謂無爲之道乎臣聞無爲而理者其舜也歟舜之理道臣粗知之矣始則懋於修己勞於求賢明察其刑明慎其賞外序百揆內勤萬樞昃食宵衣念其不息之道夫如是豈非大有爲者終則安於恭己逸於得賢明刑至於無刑明賞至於無賞百職不戒而舉萬事不勞而成端拱凝旒立於無過之地夫如是豈非眞有爲者乎故臣以爲無爲者非無所爲也必先有爲而後至於無爲也老子曰無爲而無不爲蓋是謂矣夫委下而用私專上而無效者此



由非所宜委而委之也非所宜專而專之也臣請以君臣之道明之臣聞上下異位君臣殊道蓋大者簡者君道也小者繁者臣道也臣道者百職小而衆萬事細而繁誠非人君一聰所能徧察一明所能周覽也故人君之道但擇其人而任之舉其要而執之而已矣昔九臣各掌其事而唐堯乘其功以帝天下十亂各効其能而周武總其理以王天下三傑各宣其力而漢兼其用以取天下此三君者不能爲一焉但執要任人而已亦猶心之於四肢九竅百

骸也不能爲一焉然而寢食起居言語視聽皆以心爲主也故臣以爲君得君之道雖專之於上而下自有以展其効矣臣得臣之道雖委之於下而人亦無以用其私矣由此而言光武督責而政未甚美者非他昧君臣之道於小大繁簡之際也漢元優游而業以寢衰者非他昧無爲之道於始終勞逸之間也二途得失較然可知陛下但舉中而行之則無所惑矣臣伏以聖策首言曰思賢能以濟其理求讜直以聞其過又曰上獲其益下輸其情其末章則又曰與自朕躬無悼後害此誠陛下思酌下言欲聞上失



勤勤懇懇慮臣輩有所隱情者也臣敢不再竭狂直以副天心之萬一焉臣聞古先聖王之理也制欲於未萌除害於未兆故靜無敗事動有成功自非聖王則異於是莫不欲逞於始悔追於終政失於前功補於後利害之效可略而言且如軍暴而後戢之兵亂而後遏之善則善矣不若防其微杜其漸使不至於暴亂也官邪而後責之吏姦而後誅之懲則懲矣不若審其才得其人使不至於姦邪也人餒而後食之人凍而後衣之惠則惠矣不若輕其徭薄其稅使不至於凍餒也舉一知十不其然乎今陛下初嗣祖宗新臨蒸庶承多虞之運當鼎盛之年此誠制欲於未萌除害於未兆之時也伏惟陛下敬惜其時重慎其事既往者且追救於弊後將來者宜早防於事先夫然則保邦恒在於未危恭已常居於無過三五之道夫豈遠哉臣生也得爲唐人當陛下臨御之時覩陛下昇平之始斯則臣朝聞而夕死足矣而況充才識之貢承體用之問者乎今所以極千慮昧萬死當盛時獻過言者此誠微臣喜朝聞甘夕死之志也不然何輕肆狂瞽不避斧鑕若此之容易焉伏惟少垂意而覽之則臣生死幸甚生死幸甚謹對



## 禮部試策五道

### 第一道

問周禮庶人不畜者祭無牲不耕者祭無盛不蠶者不帛不績者不縗皆所以恥不勉抑游惰欲人務衣食之源也然爲政之道當因人所利而利之故修其教不易其俗齊其政不易其宜由是農商工賈咸遂生業若驅彼齊人强以周索牲盛布帛必由已出無乃物力有限地宜不然而匱神廢禮誰曰非闕且使日中爲市貿遷有無者更何事焉

對利用厚生教之本也從宜隨俗政之要也周禮云不畜無牲不田無盛不蠶不帛不績不縗蓋勸厚生之道也論語云因人所利而利之蓋明從宜之義也夫田畜蠶績四者土之所宜者多人之所務者衆故周禮舉而爲條目且使居之者無游惰無墮業焉其餘非四者雖不具舉則隨土物生業而勸導之可知矣非謂使物易業土易宜也夫先王酌教本提政要莫先乎任土辨物簡能易從然後立爲大中垂之不朽也若謂其驅天下之人責其所無强其所不能則何異夫求萍於中逵植橘於江北反地利違物



性執甚焉豈直易俗失宜匱神廢禮而已且聖人辨九土之宜别四人之業使各利其利焉各適其適焉猶懼生生之物不均也故日中爲市交易而退所以通貨食遷有無而後各得其所矣由是言之則大易致人之制周官勸人之典論語利人之利三科具舉有條而不紊矣謹對

第二道

問書曰眚災肆赦又曰宥過無大而禮云執禁以齊衆不赦過若然豈爲政以德不足耻格峻文必罰斯爲禮乎詩稱既明且哲以保其身易稱利用安身以崇德也而語云無求生以害仁有殺身以成仁若然則明哲者不成仁歟殺身者非崇德歟

對聖王以刑禮爲大憂理亂繫焉君子以仁德爲大寶死生一焉故邦有用禮而大理者有用刑而小康者古人有崇德而遠害者有蹈仁而守死者其指歸之義可得而知焉在乎聖王乘時君子行道也何者當其王道融人心質善者衆而不善者鮮一人不善衆人惡之故赦之可也所以表好生惡殺且臻乎仁壽之域矣而肆赦宥過之典由茲作焉及夫大道隱至德衰善者鮮而不善者衆一人不善衆人效之故赦之不可也所以明懲惡勸善且革澆漓



之俗矣而執禁不赦之文由茲興焉此聖王所以隨時以立制順變而致理非謂德政之不若刑罰也然則君子之爲君子者爲能先其道後其身守其常則以道善乎身罹其變則不以其身害乎道故明哲保身亦道也巢許得之求仁殺身亦道也夷齊得之雖殊時異致同歸於一揆矣何以覈諸觀乎古聖賢之用心也苟守道而死死且不朽是非死也苟失道而生生而不仁是非生也向使夷齊生於唐虞之代安知不明哲保身歟巢許生於殷周之際安

知不求仁殺身歟蓋否與泰各繫於時也生與死同歸於道也由斯而觀則非謂崇德者不爲成仁殺身者不爲明哲矣嗚呼聖王立教同出而異名君子行道百慮而一致亦猶水火之相戾同根於冥數共濟於人用也亦猶寒暑之相反同本於元氣共濟於歲功也則用刑措刑之道保身殺身之義昭昭然可知矣謹對

第三道

問聖哲垂訓言微旨遠至於禮樂之同天地易簡之在乾坤考以何文徵於何象絕學無憂原伯魯豈其將落仁者



不富公子荆曷云苟美朝陽之桐聿來鳳羽泮林之椹克變鴞音勝乃侯乎木雞巧必資乎瓦注咸所未悟庶聞其說

對古先哲王之立彝訓也雖言微旨遠而學者苟能研精鉤深優柔而求之則壺奧旨趣將焉廋哉然則禮樂之同天地者其文可得而考也豈不以樂作於郊而天神和焉禮定於社而地祇同焉上下之大同大和由禮樂之馴致也易簡之在乾坤者其象可得而徵也豈不以乾以柔克而運四時不言而善應坤以陰騭而生萬物不爭而善勝柔克不言之謂易陰騭不爭之謂簡簡易之道不其然乎老氏絕學無憂儆其溺於時俗之習也原伯魯不學將落戒其廢聖哲之道也孟子不富之說慮蘊利而生孽也公子荆苟美之言嘉安人而豐財也鳳鳴朝陽非梧桐而不棲擇木而集也鴞止泮林食桑椹而好音感物而變也事有躁而失靜而得者故木雞勝焉有貴而失賤而得者故瓦注巧焉雖去聖逾遠而大義斯存是故遠旨微言可明徵矣謹對

第四道



問天地有常道日月有常度水火草木有常性皆不易之理也乃至鄒衍吹律而寒谷暖魯陽揮戈而暮景迴呂梁有出入之游周原變堇荼之味不測此何故也將以傳信乎抑亦傳疑乎

對原夫元氣運而至精分三才立而萬物作惟天地日月暨水火草木度數情性各有其常其隨事應物而遷變者斯人之所感也何哉惟天地萬物父母惟人萬物之靈蓋天地無常心以人心爲心苟能以最靈之心感善應之天地至誠之誠感無私之日月則必如影隨形響隨聲矣而

況於水火草木乎故有吹律於寒谷和氣生焉揮戈於曜靈暮晷迴焉神合乎水游呂梁而出入不溺化被於草木周原而堇荼變味蓋品彙之生則守其常性也精誠之至則感而常通也靜守常性動隨常通是道可於物而非常於一道也夫如是則兩儀之道七曜之度萬物之性可察矣可信矣夫何疑焉謹對

第五道

問紡績之弊出於女工桑麻不甚加而布帛日已賤蠶織者勞焉公議者知之欲乎價平其術安在又倉廩之實生



於農畝人有餘則輕之不足則重之故歲一不登則種食多竭往年時雨愆候宸慈軫懷遣使振廩分官賤糶故得餒殍載活麥禾載登思我王度金玉至矣竊聞壽昌常平今古稱便國朝典制亦有斯倉開元之二十四年又於京城大置賤則加價收糴貴則終年出糶所以時無艱食亦無傷農今者若官司上聞追葺舊制以時斂散以均貴賤其於美利不亦多乎

對人者邦之本也衣食者人之所由生也古者聖人在上而下不凍餒者非家衣而戶食之蓋能爲之開衣食之源均財用之節也方今倉廩虛而農夫困布帛賤而女工勞以愚所闚粗知其本何者夫天地之數無常故歲一豐必一儉也衣食之生有限故物有盈則有縮也古之人知其必然也故敦儉嗇以足衣務儲蓄以足食是以禹有九年之水湯有七年之旱野無青草人無菜色者無他焉蓋勤儉儲積之所致耳故曰前事之不忘後事之元龜也當今將欲開美利利天下以厚生生蒸人返貞觀之昇平復開元之富壽莫善乎實倉廩均豐凶則耿壽昌之常平得其要矣今若升聞率修舊制上自京邑下及郡縣謹豆區以



出納督官吏以監臨歲豐則貴糴以利農歲歉則賤糶以卹下若水旱作沴則資爲九年之蓄若兵革或動則餽爲三軍之糧可以均天時之豐儉權生物之盈縮修而行之實百代不易之道也虞災救弊利物寧邦莫斯甚焉然則布帛之賤者由錐刀之壅也苟粟麥足用泉貨流通則布帛之價輕重平矣抑居易聞短綆不可以汲深曲士不可以語道小子狂簡不知所以裁之莫究微言空慚下問謹對

進士策問五道

第一道

問禮記曰事君有犯無隱又曰爲人臣者不顯諫然則不顯諫者有隱也無乃失事君之道乎無隱者顯諫也無乃失爲臣之節乎語曰不知命無以爲君子易曰樂天知命故不憂又語曰君子憂道不憂貧斯又憂道者非知命乎樂天不憂者非君子乎夫聖人立言皆有倫理雖前後上下若貫珠然今離之則可以旁行合之則不能同貫豈精義有二耶抑學者未達其微旨耶

第二道



問大時不齊大信不約大白若辱大直若屈此四者先聖之格言後學之彝訓有國者酌之以行化也立身者踐之以修已也然則雷一發而蟄蟲蘇勾萌達霜一降而天地肅草木衰其爲時也大矣斯豈不齊者乎日月代明而晝夜分刻漏者準之無杪忽之失焉春秋代謝而寒暑節律呂者候之無累黍之差焉其爲信也大矣斯豈不約者乎堯讓天下而許由遁周有天下而伯夷餓其爲白也大矣斯亦不辱者乎桀不道龍逄諫而死紂不道比干諫而死其爲直也大矣斯豈不屈已者乎由是而觀有國者立身者惑之久矣衆君子試爲辨之

第三道

問大凡人之感於事則必動於情發於歎興於詠而後形於歌詩焉故聞蓼蕭之詠則知德澤被物也聞北風之刺則知威虐及人也聞廣袖高髻之謠則知風俗之奢蕩也古之君人者採之以補察其政經緯其人焉夫然則人情通而王澤流矣今有司欲請於上遣觀風之使復採詩之官俾無遠邇無美刺日採於下歲聞於上以副我一人憂萬人之旨識者以爲何如

第四道



問百官職田蓋古之稍食也國朝之制懸在有司兵興以還吏鮮克舉今稽其地籍則田亦具存計以戶租則數多散失至使內外官中有品秩等局署同而厚薄相懸不啻乎十倍斯者積弊之甚也得不思革之乎請陳所宜以救其失

第五道

問穀帛者生於下也泉貨者操於上也必由均節以致厚生今田疇不加闢而菽粟之價日賤桑麻不加植而布帛

之估日輕懋力者輕用而愈貧射利者賤收而愈富致使農人益困游手益繁矣然豈穀帛斂散之節失其宜乎將泉貨輕重之權不得其要乎今天子方策天下賢良政術之士親訪利病以活元元吾子若待問於王庭其將何辭以對



# 欽定全唐文卷六百七十

白居易　十五

## 策林一　有序

元和初予罷校書郎與元微之將應制舉退居於上都華陽觀閉戶累月揣摩當代之事構成策目七十五門及微之首登科予次焉凡所應對者百不用其一二其餘自以精力所致不能棄捐次而集之分爲四卷命曰策林云耳

### 一策頭

臣伏見漢成帝以朱雲廷辱張禹令持下殿雲攀檻檻折



成帝容之後當理檻帝命勿易以旌直臣臣每覽漢史至此未嘗不三復而歎息也豈不以臣不愛死雖憐其死而必諫乎君能納諫雖折其檻而必容乎不然何雲之竭忠也如此而帝之見容也又如此伏惟陛下以至誠化萬國以至明臨兆人故數年之間仍降詔旨四海之內累徵賢良思酌下言樂聞上失諭以旁求之意詢以無隱之辭是則陛下納諫之旨遠出於漢朝徵臣獻言之罪不虞於折檻矣況清問之下條對之中苟言有可觀策有可取陛下必光揚其名氏優崇其爵秩與夫勿易折檻以旌直臣之

意又相萬也賤臣得不有犯無隱以副陛下納諫之旨乎殫思極慮以盡微臣獻言之道乎唯以直詞昧死上對臣生也幸沐聖朝垂覆育之惠當陛下無忌諱之日斯則朝聞夕死足矣而況於充賦王庭者乎伏念庸虛謬膺詔選誠不足以明辯體用對揚德音欲率爾而言適足重小臣狂簡之過若默默而退又何以副陛下虛求之心是以窺玉琥讀金策慚惶僶俛不知所裁者久矣然以愚慮之中千或一得而往古之成敗耳或妄有所聞當今之得失目或妄有所見進不敢希旨退不敢隱情唯以直言昧死



上對

二策項

臣聞人無常心習以成性國無常俗教則移風故億兆之所趨在一人之所執是以恭默清淨之政立則復朴保和貴德賤財之令行則上讓下競恕己及物之誠著則蒼生可致於至理養老敬長之教洽則皇化可升於太寧由是言之蓋人之在教若泥金之在陶冶器之良窳由乎匠之巧拙化之善否繫乎君之作爲伏惟陛下慎而思之勤而行之則太平之風大同之俗可從容而馴致矣

臣聞教無常興亦無常廢人無常理亦無常亂蓋興廢理亂在君上所教而已故君之作爲爲教興廢之本君之舉措爲人理亂之源若一出善言則天下之人獲其福一違善道則天下之人罹其殃若一肆其心而事有以階於亂一念於德而邦有以漸於興交應之間實猶影響今陛下以懋建皇極爲先則大化不得不流矣以欽若前訓爲本則大樸不得不復矣以緝熙庶績爲念則五刑不得不措矣以祇奉宗廟爲心則五教不得不敷矣而尚有未流未措未復未敷之問此乃陛下勞謙之德太過故不自見其



益也求理之心太速故不自見其功也臣何以知之然臣聞有始有卒者其惟聖人乎此言王者行道非始之難終之實難也陛下又能終之則太平之風大同之俗如指掌耳豈止化流樸復刑措教敷而已哉

三策尾

臣鄙人也生仁壽之代沐文明之化始以進士舉及第又以拔萃選授官臣之名既獲二成君之祿已受一命雖天地不求仁於芻狗而畎澮思委潤於滄溟惓惓之誠蓄之久矣幸遇陛下發旁求之詔垂下濟之恩詳延謨猷親覽

條對。逢不諱之日。雖許極言。當無過之朝。不知所述。無裨清問。有負皇明。仰冒宸嚴。伏待罪戾。謹對。

臣幸逢昭代。得列明庭。慚無嘉言。以充清問。輒罄狂瞽。惟陛下擇之。謹對。

臣生聖代三十有五年。蒙陛下子育之恩。覩陛下昇平之化。謬膺詔選。充賦天庭。安足。親承德音。條對清問。逢旁求之日。雖許直言。當已理之朝。將何極諫。塵黷聖鑒。俯伏待罪。謹對。

四美謙讓



臣聞王者之有天下也。自謂之理非理也。自謂之亂非亂也。自謂之安非安也。自謂之危非危也。何者。蓋自謂理且安者。則自驕自滿。雖安必危。自謂亂且危者。則自戒自強。雖亂必理。理之又理。安之又安。則盛德大業。斯不遠矣。伏惟陛下嗣建皇極。司牧蒼生。夙興以憂人。夕惕而修已。以今日之理。陛下視朝廷未以爲理。以今日之安。陛下視海內未以爲安。而又思酌下言。樂聞上失。弊無不革。利無不興。今則嚴禋郊廟。猶謂敬之不至。愛養黎庶。猶謂惠之不宏。省罷進獻。猶憂人之困窮。蠲免逋租。猶慮農之勤匱。搜揚俊乂。猶謂賢之遺逸。滌蕩罪戾。猶念獄之非辜。底定兵戈。猶懼其未戢。懷柔夷狄。猶恐其未賓。大化參乎陰陽。猶慚之以寡德。重光並乎日月。猶讓之以不明。斯乃陛下勞謙之心。合天運之不息也。勤卹之德。合地道之無疆也。如臣者何所知焉。何所述焉。伏以聖聰。貴聞庶議。苟有愚見。敢不極陳。

五塞人望歸衆心　在慎言動之初

夫欲使人望塞。衆心歸者。無他焉。在陛下慎初之所致耳。

臣聞天子動則左史書之。言則右史書之。言動不書。非盛



德也。書而不法。後嗣何觀焉。若王者言中倫。動中度。則千里之外應之。百代之後歌之。況其邇者乎。若言非宜。動非禮。則千里之外違之。百代之後笑之。況其邇者乎。是以古之天子。口不敢戲言。身不敢妄動。動必三省。言必再思。況陛下初嗣祖宗。新臨兆庶。臣伏見天下之目。專專然以觀陛下之動也。天下之耳。喁喁然以聽陛下之言也。則陛下出一言。不終日而達於朝野。動一事。不浹辰而聞於華夷。蓋是非之聲。無翼而飛矣。損益之名。無脛而走矣。陛下得不慎之哉。伏惟觀於斯。察於斯。使一言一動。無所苟而已

矣言動不苟則天下之望塞焉天下之心歸焉

六教必成化必至　在敬其終

問先王之敎布在方策事雖易舉政則難成豈文之空垂將行之未至思臻其極佇質所疑

夫欲使政必成化必至者無多焉在陛下敬始慎終之所致耳臣聞先王之訓不徒言也先王之敎不虛行也淺行之則小理深行之則大和淺深小大之應其猶影響矣然則天下至廣王化至大增減損益難見其形是以政之損者雖不見其日損必有時而亂也敎之益者雖不見其日



益必有時而理也陛下但推其誠勤其政慎其始敬其終日用而不知自臻其極此先王終日所務者也終日所行者也不可月會其敎化之淺深歲計其風俗之厚薄焉臣又聞易曰聖人久於其道而天下化成詩曰靡不有初鮮克有終此言王者之敎待久而成也王者之化待終而至也陛下誠能久而終之則何慮政不成而化不至乎

七不勞而理　在順人心立敎

問方今勤卹憂勞夙夜不怠而政敎猶缺懲勸未行何則上古之君無爲而理令不嚴而肅敎不勞而成何施何爲得至於此

臣請以三五之道言之臣聞三皇之爲君也無常心以天下心爲心五帝之爲君也無常欲以百姓欲爲欲順其心以出令則不嚴而理因其欲以設敎則不勞而成故風號無文而人從刑賞不施而人服三五所以無爲而天下化者由此道也後代反是故不及者遠焉臣請以三代以後之事言之臣聞後代之天下三五之天下也後代之人三五之人也後代之位三五之位也居其位得其人有其天下而不及三五者何哉臣竊驚怪之然亦粗知其由矣豈



不以己心爲心抑天下以奉一人之心也以己欲爲欲咈百姓以從一人之欲也苟或心與道未合政與時並行得失交爭利害相半如此則雖宵衣旰食勞體勵精纔可以致小康不足以宏大道故出令而吏或犯設敎而人敢違刑雖明而寡懲賞雖厚而鮮勸此由捨人而從欲是以勤多而功少也伏惟陛下去彼取此執古御今以三五之心爲心則政敎何憂乎不洽以億兆之欲爲欲則懲勸何畏乎不行政敎洽則不殷憂而四海寧懲勸行則不勤勞而萬人化此由捨己而從衆是以事半而功倍也臣又聞太

宗文皇帝嘗曰朕雖不及古然以百姓心爲心臣以爲致貞觀之理者由斯一言始矣伏願陛下從而鑒之嗣而行之則天下幸甚天下幸甚

八風行澆朴　由教不由時

問時俗之理亂風化之盛衰何乃得於往而失於來薄於今而厚於古或曰興替之道執在君臣又云澆朴之風繫於時代二說相反其誰可從

臣聞代之澆瀉人之朴略由上而不由下在教而不在時蓋政之臧否定於中則俗之厚薄應於外也何以驗覈伏



請以周秦以降之事言之臣聞周德寖衰君臣陵替蠶食瓜割分爲戰國秦氏得之以暴易亂曾未旋踵同歸覆亡炎漢勃興奄有四海僅能除害未暇化人迨於文帝景帝始思理道躬行慈儉人用富安禮讓自興刑罰不試昇平之美隣於成康載在漢書陛下熟聞之矣降及魏晉迄於梁隋喪亂宏多殆不足數我高祖始建區夏未遑緝熙迨於太宗元宗抱聖神文武之姿用房杜姚宋之佐謀猷啟沃無怠於心德澤施行不遺於物所以刑措而百姓欣戴兵偃而萬方悅隨近無不安遠無不服雖成康文景無以尚之載在國史陛下熟知之矣然則周秦之亂極矣及文景繼出而昌運隨焉梁隋之弊甚矣及二宗嗣興而王道融焉若謂天地生成之德漸衰家國君臣之道漸喪則當日甚一日代甚一代不應衰而復盛澆而復和必不爾者何乃清平朴素之風薄於周秦之交而厚於文景之代耶順成和動之俗喪於梁隋之際而獨興於貞觀開元之年耶由斯言之不在時矣故魏徵有云若言人漸澆訛不反質樸至今應爲鬼魅寧可復得而教化耶斯言至矣故太宗嘉之又按禮記曰教者人之寒暑也事者人之風雨也



此言萬民之從王化如百穀之委歲功也若寒暑以時則禾黍登而菽麥熟若風雨不節則稂莠植而秕稗生故教化優深則謙讓興而仁義作刑政偷薄則詐僞起而姦宄臻雖百穀在地成之者天也雖萬物在下化之者上也必欲以涼德弊政嚴令繁刑而求仁義行姦宄息亦猶飄風暴雨從陽伏陰而望禾黍豐稂莠死其不可也亦甚明矣故曰堯舜率天下以仁比屋可封桀紂率天下以暴比屋可戮斯則由上在教之明驗也伏惟聖心無疑焉

九致和平復雍熙　在念今而思古也

問今欲感人心於和平致王化於朴厚何思何念得至於斯

臣聞政不念今則人心不能交感道不思古則王化不能流行將欲感人心於和平則在乎念今而已伏惟陛下知人安之至難也則念去煩擾之吏愛人命之至重也則念黜苛酷之官卹人力之易罷也則念省修葺之勞憂人財之易匱也則念減服御之費懼人之有餒也則念薄麥禾之稅畏人之有寒也則念輕布帛之征慮人之有愁苦也則念損嬪嬙之數故念之又念之則人心交感矣感之又



感之則天下和平矣將欲致王化於雍熙則在乎思古而已伏惟陛下仰羲軒之道也則思興利而除害侔唐虞之聖也則思明目而達聰師夏禹之德也則思泣辜而卹人法殷湯之仁也則思祝網而愛物鑒漢之盛也則思罷露臺而海內流化觀周之興也則思葬枯骨而天下歸心宏貞觀之理也則思開房杜之讜議以致昇平嗣開元之政也則思得姚宋之嘉謀而臻富壽故思之又思之則王澤流行矣行之又行之則天下雍熙矣

十王澤流人心感　在恕己及物

夫欲使王澤旁流人心大感則在陛下恕己及物而已夫恕己及物者無他以心度心以身觀身推其所爲以及天下者也故己欲安則念人之重擾也己欲壽則念人之嘉生也己欲逸則念人之憚勞也己欲富則念人之惡貧也己欲溫飽則念人之凍餒也己欲聲色則念人之怨曠也陛下念其重擾則煩暴之吏退矣念其嘉生則苛虐之官黜矣念其憚勞則土木之役輕矣念其惡貧則服御之費損矣念其凍餒則布帛麥禾之稅輕矣念其怨曠則妓樂嬪嬙之數省矣推而廣之念一知十蓋聖人之道也始則



恕己以及人終則念人而及己故恕之又恕之則王澤不得不流矣念之又念之則人心不得不感矣澤流心感而天下不太平者未之聞也

十一黃老術　在尚寬簡務清淨則人儉朴俗和平

夫欲使人情儉朴時俗清和莫先於體黃老之道也其道在乎尚寬簡務儉素不眩聰察不役智能而已蓋善用之者雖一邑一郡一國至於天下皆可以致清淨之理焉昔宓賤得之故不下堂而單父之人化汲黯得之故不出閤

而東海之政成曹參得之故獄市勿擾而齊國大和漢文得之故刑罰不用而天下大理其故無他清淨之所致耳故老子曰我無爲而人自化我好靜而人自正我無事而人自富我無欲而人自樸此四者皆黃老之要道也陛下誠能體而行之則人儉朴而俗清和矣

十二政化速成　由不變禮不易俗

夫欲使政化速成則在乎去煩擾師簡易而已臣請以齊魯之事明之臣聞伯禽之事魯也變其禮革其俗三年而政成太公之理齊也簡其禮從其俗五月而政成故周公



嘆曰夫平易近人人必歸之魯後代其北面事齊矣此則煩簡遲速之效明矣伏惟陛下鑒之

十三號令　令一則行推誠則化

問號令者所以齊其俗一其心故聖人專之愼之然則號令既出而俗猶未齊者其故安在號令既行而心猶未一者其失安歸欲使下令如風行出言如響應導之而人知勸防之而人不踰將致於斯豈無其要

臣聞王者發號施令所以齊其俗一其心俗齊則和心一則固人於是乎可任使也傳曰人心不同如其面焉故一人一心萬人萬心若不以令一之則人人之心各異矣於是積異以生疑積疑以生惑除亂莫先乎令者也故聖王重之然則令者出於一人加於百辟被於萬姓漸於四夷如風行如雨施有往而無返也其在周易渙汗之義言號令如渙汗然一出而不可復也故聖王愼之然則令既出而俗猶未齊者由令不一也非獨朝出夕改晨行暮止也蓋謹於始慢於終則不一也張於近弛於遠則不一也急於賤寬於貴則不一也行於踈廢於親則不一也且人之心猶不可以不一而理況君之令其可二三而行者乎然



則令既一而天下之心猶未悅隨者由上之不能行於己推於誠者也凡下從上也不從口之言從上之所好也不從力之制從上之所爲也蓋行諸己也誠則化諸人也深若不推之於誠雖三令五申而令不明也苟不行之於己雖家喻戶曉而人不信矣聖王知其如此故以禮自修以法自理愼其所好重其所爲有諸己者而後求諸人責於下者必先禁於上是以推之而往引之而來導之使行禁之使止使天下之心禺禺然惟望其令聽其言而已故言出則千里之外應如響令下則四海之內行如風故曰禁

勝於身則令行於人者矣又曰下令如流水發源蓋是謂也如此則何慮乎海內之令不如身之使臂臂之使指者哉

十四辨興亡之由　由善惡之積

問萬姓親怨之由百王興亡之漸將獨繫於人乎抑亦繫於君乎

臣觀前代邦之興由得人也邦之亡由失人也得其人失其人非一朝一夕之故也其所由來者漸矣天地不能頓爲寒暑必漸於春秋人君不能頓爲興亡必漸於善惡善



不積不能勃焉而興惡不積不能忽焉而亡善與惡始繫於君也興與亡終繫於人也何則君苟有善人必知之知之又知之其心歸之歸之又歸之則載舟之水由是積焉君苟有惡人亦知之知之又知之其心去之去之又去之則覆舟之水由是作焉故曰至高而危者君也至愚而不可欺者人也聖王知其然故則天上不息之道以修己法地下不動之德以安人修己者慎於中也慄然如履春冰安人者敬其下也凜乎若馭朽索猶懼其未也加以樂人之樂人亦樂其樂憂人之憂人亦憂其憂憂樂同於人敬慎著於己如是而不興者反是而不亡者自生人以來未之有也臣愚以爲百王興亡之漸在於此也

十五忠敬質文損益

問忠敬質文百代循環之教也五帝何爲而不用三王何故而相承將時有同異耶道有優劣耶又三代之際損益不同所祖三才其義安在豈除舊布新務於相反相異乎復扶衰救弊其道不得不然乎又國家祖述五帝憲章三代質文忠敬大備於今而尚人鮮朴忠俗多利巧欲救斯弊其道如何



臣聞步驟殊時質文異制五帝以道化三王以禮教道者無爲無爲故無失無失故無革是以唐虞相承無所改易也禮者有作有作則有弊有弊則有救故殷周相代有所損益也損益之教本乎三才夏之教尚忠忠本於人人道以善教人忠之至也故曰忠者人之教也忠之弊其民野救野莫若敬故殷之教尚敬敬本於地地道謙卑天之所生地敬養之故曰敬者地之教也敬之弊其人詭救詭莫若文故周之教尚文文本於天天道垂文而人則之故曰文者天之教也文之弊其人僿救僿莫若忠然則三王之

所祖不同者非欲自異而相反也蓋扶衰救弊各隨其運也運茍有異教亦不同雖忠與敬各繫於時而質與文俱致於理標其教則殊制臻其極則同歸亦猶水火之相形同根於冥化共濟於人用也寒暑之相代同本於元氣共成於歲功也三王之道亦如是焉我國家欽若五帝憲章三代典謨不易之道祖述而大用忠敬迭救之教具舉而兼行可謂文質協和禮樂明備之代也然臣聞孔子曰殷因於夏禮周因於殷禮損益始終若循環然其繼周者百代可知也臣觀周之弊也爵賞黷刑罰窮而秦反用刑名



祚因中絕及漢雜以霸道德又下衰迨於魏晉以還未有繼而救者是以周之文弊今有遺風故人鮮朴忠俗猶利巧伏願陛下以繼周爲己任以行夏爲時宜稍益質而損文漸尚忠而救僿斟酌於教經緯其人使瞻前而道繼三王顧後而光垂萬葉則盡善之道大同之風不專於上古矣

十六議祥瑞　辨妖災

問國家將興必有禎祥國家將亡必有妖孽斯豈國之興滅繫於天地之災祥歟將物之妖瑞生於時政之昏明歟又天地有常道災祥有常應此必然之理也何以桑穀之妖反爲福於太戊大鳥之慶竟成禍於帝辛豈吉凶或僭在人將休咎不常其道儆戒之徵安在改悔之效何明又祥必偶聖妖必應昏何以明時不能爲無災亂代或聞其有瑞報施之道何繆濫哉

臣聞國家將興必有禎祥國家將亡必有妖孽者非孽生而後邦喪非祥出而後國興蓋瑞不虛呈必應聖哲妖不自作必候淫昏則昏聖爲祥孽之根妖瑞爲興亡之兆矣文子曰陰陽陶冶萬物皆乘天氣而生然則道之休明德



動乾坤而感者謂之瑞政之昏亂腥聞上下而應者謂之妖瑞爲福先妖爲禍始將興將廢實先啟焉然有人君德未及乎休明政不至於昏亂而天文有異地物不常則爲瑞爲妖未可知也或者天示儆戒之意以寤君心俾乎君修改悔之誠以答天鑒如此則轉亂爲治變災爲祥自古有之可得而考也臣聞高宗不聽飛雉雊於鼎宋景有罰熒惑守於心及乎懋懿德以修身出善言而罪己則升耳之異自殄退舍之慶自臻天人相感可謂明矣速矣且高宗三代之賢主也有一德之違亦譴見於物宋景列國之

常主也有一言之感亦冥應乎天則知上之鑒下雖賢主也苟有過而必知下之感上雖常主也苟有誠而必應故王者不懼妖之不滅而懼過之不悛不懼瑞之不臻而懼誠之不至足明休徵在德吉凶由人矣失君道者祥反成妖悟天鑒者災亦爲瑞必然而已矣抑臣又聞王者之大瑞在乎天地泰陰陽和風雨時寒暑節百穀熟萬人安賦役輕服用儉兵革偃刑罰措賢者出不肖者退聲教日被謳歌日興此之謂休徵此之謂嘉瑞也王者之大妖在乎兩儀不泰四氣不和風雷不時水旱不節五穀不稔百騰



不藏徭役煩征賦重干戈動刑獄作君子隱小人見政令日缺怨讟日興此之謂咎徵此之謂妖孽也至若一星一辰之瑞一雲一露之祥一鳥一獸之妖一草一木之怪或偶生於氣象或偶得於陶鈞信非休咎之徵興亡之兆也何則隱見出處亦不於常明聖之朝不能無小災小沴衰亂之代亦或有小瑞小祥固未足質帝王之疑明天地之意耳王者但外思其政内省其身自謂德之不修誠之不著雖有區區之瑞不足嘉也自謂政之能立道之能行雖有瑣瑣之妖不足懼也臣竊謂妖祥廢興之由實在於此故雖辭費不敢不備而言之

十七興五福銷六極

問昔周著九疇之書漢述五行之志皆所以精究天人之際窮探政化之源然則五福之祥何從而作六極之沴何故而生將欲辨行可明本末又令人財耗費既貧且憂時沴流行或疾而夭思欲銷六極致五福敺一代於富壽納萬人於康寧何所施爲可致於此

臣聞聖人興五福銷六極者在乎立大中致大和也至哉中和之爲德不動而感不勞而化以之守則仁以之用則



神卷之可以理一身舒之可以濟萬物然則和者生於中也中者生於不偏也不邪也不過也不及也若人君内非中勿思外非中勿動動靜進退皆得其中故君得其中則人得其所人得其所則和樂生焉是以君人之心和則天地之氣和天地之氣和則萬物之生和於是乎三和之氣訢合絪緼積爲壽蓄爲富舒爲康寧斂爲攸好德益爲考終命其羨者則融爲甘露凝爲慶雲垂爲德星散爲景風流爲醴泉六氣叶乎時七曜順乎軌迨於巢穴羽毛之物皆煦嫗而自蕃草木鱗介之祥皆叢萃而繼出夫然者中

和之氣所致也若人君内非中是思外非中是動動靜進退不得其中故君不得其中則人不得其所人不得其所則怨嘆興焉是以君人之心不和則天地之氣不和天地之氣不和則萬物之生不和於是乎三不和之氣交錯堙鬱伐爲凶短折攻爲疾聚爲憂損爲貧結爲惡耗爲弱其羨者潛爲伏陰淫爲愆陽守爲彗星發爲暴風降爲苦雨四序失其節三辰亂其行迨乎襁褓卵胎之生皆夭閼而不遂木石華蟲之怪皆糅雜而畢呈夫然者不中不和之氣所致也則天人交感之際五福六極之來豈不昭昭然



哉臣伏見比者兵賦未減人鮮無憂時沴所加衆或有疾德宗皇帝病人之病憂人之憂於是救之以廣利之方悅之以中和之樂將使易憂爲樂變病爲和惠化之恩莫斯甚也然臣竊聞善除害者察其本善理疾者絶其源伏惟陛下欲紓人之憂先念憂之所自欲救人之病先思病之所由知所自以絶之則人憂自弭也知所由以去之則人病自瘳也然後申之以救療之術則人易康寧鼓之以安樂之音則人易和悅斯必應疾而化速利倍而功兼六極待此而銷五福待此而作如是可以陶三才繆濫之氣發爲休祥敺一代鄙夭之人臻乎仁壽中和之化夫何遠哉

十八辨水旱之災 明存救之術

問狂常雨若僭常暘若此言政教失道必感於天也又堯之水九年湯之旱七年此言陰陽定數不由於人也若必繫於政則盈虛之數徒言如不由於人則精誠之禱安用二義相戾其誰可從又問陰陽不測水旱無常將欲均歲功於豐凶救人命於凍餒凶歉之歲何方可以足其食災危之日何計可以固其心將備不虞必有其要歷代之術可明徵焉



臣聞水旱之災有小有大大者由運小者由人由人者由君上之失道其災可得而移也由運者由陰陽之定數其災不可得而遷也然則小大本末臣粗知之其小者或兵戈不戢軍旅有強暴者或誅罰不中刑獄有寃濫者或小人入用讒佞有得志者或君子失位忠良有放棄者或男女臣妾有怨曠者或鰥寡孤獨有困死者或賦斂之法無度焉或土木之功不時焉於是乎憂傷之氣憤怨之心積以傷和變而爲沴古之君人者逢一災遇一異則回視反聽察其所由且思乎軍鎮之中無乃有縱暴者耶刑獄之

中無乃有寃濫者耶權寵之中無乃有不肖者耶放棄之
中無乃有忠賢者耶內外臣妾無乃有幽怨者耶天下窮
人無乃有困死者耶賦入之法無乃有過厚者耶土木之
功無乃有屢興者耶若有一於此則是政令之失而天地
之譴也又洪範曰狂常雨若僭常暘若言不信不乂亦水
旱應之然則人君茍能改過塞違率德修政勵敬天之志
虔罪己之心則雖踰月之霖經時之旱至誠所感不能爲
災何則古人或牧一州或宰一縣有暴身致雨者有救火
反風者有飛蝗去境者郡邑之長猶能感通況王者爲萬



乘之尊居兆人之上悔過可以動天地遷善可以感神明
天地神明尚且不違而況於水旱風雨蟲蝗者乎此臣所
謂由人可移之災也其大者則唐堯九載之水殷湯七年
之旱是也夫以堯之大聖湯之至仁於時德儉人和刑清
兵偃上無狂僭之政下無怨嗟之聲而卒有浩浩滔天之
災炎炎爛石之沴非君上之失道蓋陰陽之定數爾此臣
所謂由運不可遷之災也然則聖人不能遷災能禦災也
不能違時能輔時也將在乎廩積有常仁惠有素備之以
儲蓄雖凶荒而人無菜色固之以恩信雖患難而人無離
心儲蓄者聚於豐年散於歉歲恩信者行於安日用於危
時夫如是則雖陰陽之數不可遷而水旱之災不能害故
曰人強勝天蓋是謂也斯亦圖之在早備之在先所謂思
危於安防勞於逸若患至而方備災成而後圖則雖聖人
不能救矣抑臣又聞古者聖王在上而下不凍餒者何哉
非家至日見衣之而食之蓋能均節其衣食之源也夫天
之道無常故歲有豐必有凶地之利有限故物有盈必有
縮聖王知其必然於是作泉刀布帛之貨以時交易之以
時斂散之所以持豐濟凶用盈補縮則衣食之費穀帛之



生調而均之不啻足矣蓋管氏之輕重李悝之平糴耿壽
昌之常平者可謂不涸之食不竭之府也故豐稔之歲則
貴糴以利農人凶歉之年則賤糶以活餓殍若水旱作沴
則資爲九年之蓄若兵甲或動則餽爲三軍之糧上以均
天時之豐凶下以權地利之盈縮則雖九年之水七年之
旱不能害其人危其國矣至若禳禱之術凶荒之政歷代
之法臣粗聞之則有雩天地以牲牢禁山川以圭璧祈土
龍於元武舞羣巫於靈壇徙市修城貶食徹樂緩刑省禮
務嗇勸分殺哀多婚弛力舍禁此皆從人之望隨時之宜

勸卹下之心表恭天之罰但可以濟小災小弊未足以救大危大荒必欲保邦邑於危安人心於困則在乎儲蓄充其腹恩信結其心而已蓋羲農唐虞禹湯文武皆由此道而王也

## 策林二

### 十九息游惰　勸農桑議賦稅復租庸罷緡錢用穀帛

問一夫不田天下有受其餒者一婦不蠶天下有受其寒者斯則人之性命繫焉國之貧富屬焉方今人多游心地



有遺力守本業者浮而不固逐末作者蕩而忘歸夫然豈懲戒游惰之法失其道耶將敦勸農桑之教不得其本耶臣伏見今之人捨本業趨末作者非惡本而愛末蓋去無利而就有利也夫人之趨利者甚矣苟利之所在雖水火蹈焉雖白刃冒焉故農桑苟有利也雖日禁之人亦歸矣而況於勸之乎游惰苟無利也雖日勸之亦不爲矣而況於禁之乎當今游惰者逸而利農桑者勞而傷所以傷者由天下錢刀重而穀帛輕也所以輕者由賦斂失其本也夫賦斂之本者量桑地以出租計夫家以出庸租庸者穀帛而已今則穀帛之外又責之以錢錢者桑地不生銅私家不敢鑄業於農者何從得之至乃吏胥追徵官限迫蹙則易其所有以赴公程當豐歲則錢糴半價不足以充緡錢遇凶年則息利倍稱不足以償逋債豐凶既若此爲農者何所望焉是以商賈大族乘時射利者日以富豪田壟疲人終歲勤力者日以貧困勞逸既懸利病相誘則農夫之心盡思釋耒而倚市織婦之手皆欲投杼而刺文至使田卒汙萊室如懸磬人力罕施而地利多鬱天時虛運而歲功不成臣常反覆思之實由穀帛輕而錢刀重也夫糴



甚貴錢甚輕則傷人糴甚賤錢甚重則傷農農傷則生業不專人傷則財用不足故王者平均其貴賤調節其重輕使百貨通流四人交利然後上無乏用而下亦阜安方今天下之錢日以減耗或積於國府或滯於私家若復日月徵求歲時輸納臣恐穀帛之價轉賤農桑之業轉傷十年以後其弊或甚於今日矣非所謂平均調節之道也今若量夫家之桑地計穀帛爲租庸以石斗登降爲差以匹夫多少爲等但書估價並免稅錢則任土之利載興易貨之弊自革弊革則務本者致力利興則趨末者回心游手於

道途市肆者可易業於西成托迹於軍籍釋流者可返躬於東作欲其浮惰其可得乎加以陛下念稼穡之艱難則薄斂而人足食矣念紡績之勤苦則省用而人豐財矣念異貨之敗度則寡欲而人著誠矣念奇器之蕩心則正德而人歸厚矣其興利除害也如彼又修己化人也如此是必應之如響答順之如風行斯可謂下令如流水之源繫人於苞桑之本者矣欲其浮惰其可得乎

二十　平百貨之價　陳斂散之法請禁銷錢爲器



問今田疇不加闢而菽粟之估日輕桑麻不加植而布帛之價日賤是以射時利者賤收而日富勤力穡者輕用而日貧夫然豈殖貨斂散之節失其宜耶將泉布輕重之權不得其要也

臣聞穀帛者生於農也器用者化於工也財物者通於商也錢刀者操於君也君操其一以節其三三者和鈞非錢不可也夫錢刀重則穀帛輕穀帛輕則農桑困故散錢以斂之則下無棄穀遺帛矣穀帛貴則財物賤財物賤則工商勞故散穀以收之則下無廢財棄物矣斂散得其節輕重便於時則百貨之價自平四人之利咸遂雖有聖智未有易此而能理者也方今關輔之間仍歲大稔此誠國家散錢斂穀防險備凶之時也時不可失伏惟陛下惜之臣又見今人之弊者由銅利貴於錢刀也何者夫官家採銅鑄錢成一錢破數錢之費也私家銷錢爲器破一錢成數錢之利也鑄者有程銷者無限雖官家之歲鑄豈能勝私家之日銷乎此所以天下之錢日減而日重矣今國家行挾銅之律執鑄器之禁使器無用銅銅無利也則錢不復銷矣此實當今權節重輕之要也



二十一　人之困窮由君之奢欲

問近古以來君天下者皆患人之困而不知困之由皆欲人之安而不得安之術今欲轉勞爲逸用富易貧究困之由矯其失於既往求安之術致其利於將來審而行之以康天下

臣聞近古以來君天下者皆患人之困而不知困之由皆欲人之安而不得安之術臣雖狂瞽然粗知之臣竊觀前代人庶之貧困者由官吏之縱欲也官吏之縱欲者由君上之不能節儉也何則天下之人億兆也君者一而已矣

以億兆之人奉其一君則君之居處雖極土木之功殫金玉之飾君之衣食雖極海陸之味盡文采之華君之耳目雖惱鄭衛之音厭燕趙之色君之心體雖倦畋漁之樂疲轍迹之游猶未全擾於人傷於物何者以至多奉至少故也然則一縱一放而弊及於人者又何哉蓋以君之命行於左右左右頒於方鎮方鎮布於州牧州牧達於縣宰縣宰下於鄉吏鄉吏轉於村胥然後至於人焉自君至臣等級若是所求既眾所費滋多則君取其一而臣已取其百矣所謂上開一源下生百端者也豈直若此而已哉蓋君



好則臣爲上行則下效故上苟好奢則天下貪冒之吏將肆心焉上苟好利則天下聚斂之臣將寘力焉雷動風行日引月長上益其侈下成其私其費盡出於人人實何堪其弊此又爲害十倍於前也夫如是則君之躁靜爲人勞逸之本君之奢儉爲人富貧之源故一節其情而下有以獲其福一肆其欲而下有以罹其殃一出善言則天下之心同其喜一違善道則天下之心共其憂蓋百姓之殃不在乎鬼神百姓之福不在乎天地在乎君之躁靜奢儉而已是以聖王之修身化下也宮室有制服食有度聲色有節畋遊有時不徇己情不窮己欲不殫人力不耗人財夫然故誠發乎心德形乎身政加乎人化達乎天下以此禁吏則貪欲之吏不得不廉矣以此牧人則貧困之人不得不安矣困之由安之術以臣所見其在茲乎

二十二不奪人利　議鹽鐵與榷酤誠厚斂及雜稅

問鹽鐵之謀榷酤之法山海之利關市之征皆可以助佐征徭又慮其侵削黎庶捨之則乏用於軍國取之則奪利於生人取捨之間孰爲可者



臣聞君之所以爲國者人也人之所以爲命者衣食也衣食之所從出者農桑也若不本於農桑而興利者雖聖人不能也苟有能者非利也其害也何者既不自地出又非從天來必是巧取於人曲成其利利則日引而月長人則日削而月朘至使人心窮王澤竭故臣但見其害不見其利也所以王者不殖貨利不言有無耗羨之財不入於府庫析毫之計不行於朝廷者慮其利穴閉而罪梯搆然則聖人非不好利也利在於利萬人非不好富也富在於富天下節欲於中人斯利矣省用於外人斯富矣故唐堯夏

禹漢文之代雖薄農桑之稅除關市之征棄山海之饒散鹽鐵之利亦國足而人富安矣何則欲節而用省也秦皇漢武隋煬之時雖入太半之賦徵逆折之租建榷酤之法出舟車之筭亦國乏而人貧弊矣何則欲不節而用不省也蓋所謂山林不能給野火江海不能實漏巵夫利散於下則人逸而富利壅於上則人勞而貧故下勞則上無以自安人富則君孰與不足禮記曰人以君爲心君以人爲體詩曰愷悌君子人之父母由此而言未有體勞而心逸者也未有子富而父貧者也臣又聞地之生財多少有限



人之食利衆寡有常若盈於上則耗於下利於彼則害於此而王者四海一家兆人一統國無異政家無異風若奪其利則害生害不加於人欲何加乎若除其害則利生利不歸於人欲何歸乎故奪之也如皮盡於毛下本或不存與之也同囊漏於貯中利將焉往與奪利害斷可知焉是以善爲國者不求非農桑之產不重非衣食之貨不用計數之吏不畜聚斂之臣聞榷筦之謀則思侵削於下見羨餘之利則念誅求於人然後德澤流而歌詠作矣故曰利出一孔者王利出二孔者強利出三孔者弱此明君立國子人者貴本業而賤末利也

二十三議鹽法之弊　論鹽商之幸

臣伏以國家鹽之法久矣鹽之利厚矣蓋法久則弊起弊起則法隳利厚則姦生姦生則利薄臣以爲隳薄之由由乎院場太多吏職太衆故也何者今之主者歲考其課利之多少而殿最焉賞罰焉院場既多則各慮其商旅之不來也故羨其鹽而多與焉吏職既衆則各懼其課利之不優也故慢其貨而苟得焉鹽羨則幸生而無厭之商趨矣貨慢則濫作而無用之物入矣所以鹽愈費而官愈耗貨



愈虛而商愈饒法雖行而姦緣課雖存而利失今若減其吏職省其院場審貨帛之精麤謹鹽量之出入使月有常利歲有常程自然鹽不誘商則出無羨鹽矣吏不爭課則入無濫貨矣鹽不濫出貨不濫入則法自張而利復興矣利害之效豈不然乎臣又見自關以東上農大賈易其資產入爲鹽商率皆多藏私財別營裨販少出官利唯求隸名居無征徭行無榷稅身則庇於鹽籍利盡入於私室此乃下有耗於商農上無益於筦榷明矣出山海之饒鹽鐵之利利歸於人政之上也利歸於國政之次也若上不歸

於人次又不歸於國使幸人姦黨得以自資此乃政之疵國之蠹也今若剗革弊法沙汰姦商使下無僥倖之人上得析毫之計斯又去弊興利之一端也唯陛下詳之

二十四議罷漕運可否

問秦居上腴利號近蜀然都畿所理征賦不充故歲漕山東穀四百萬斛用給京師其間水旱不時賑貸貧乏今議者罷運穀而收脚價糴戶粟而折稅錢但未知利於彼乎而害於此乎

臣聞議者將欲罷漕運於江淮請和糴於關輔以省其費



以便於人臣愚以為救一時之弊則可也若以為長久之法則不知其可也何者方今自淮以南逾年旱歉自洛而西仍歲豐稔彼人困於艱食此穀賤於傷農困則難於發糶賤則易於乞糴斯則不便於彼而無害於此矣此臣所謂救一時之弊則可也若舉而為法徇以為常臣雖至愚知其不可何者夫都畿者四方所湊也萬人所會也六軍所聚也雖利稱近蜀之饒猶未能足其用雖田有上腴之利猶不得充其費況可日削其穀月朘其食乎故國家歲漕東南之粟以給焉時發中都之廩以賑焉所以贍關中之人均天下之食而古今不易之制也然則用舍利害可明徵矣夫賣斂糴之資省漕運之費非無利也蓋利小而害大矣故久而不勝其害輓江淮之租贍關輔之食非無害也蓋害小而利大矣故久而不勝其利大凡事之大害者不能無小利也事之大利者不能無小害也蓋恤小害則大害不去愛小利則大利不成也古之明王所以能興利除害者非他蓋棄小而取大耳今若恤汎舟之役忘移穀之用是知小計而不知大會矣此臣所謂若以為長久之法則不知其可也



二十五立制度　節財用均貧富禁兼并止盜賊起廉讓

問天地之利有限也人之欲無窮也以有限奉無窮則必地財耗於僭奢人力屈於嗜欲故不足者為奸為盜有餘者為驕為濫今欲使食力相充財欲相稱貴賤別而禮讓作貧富均而廉恥行作為何方可至於此

臣聞天有時地有利人有欲能以三者與天下共者仁也聖也仁聖之本在乎制度而已夫制度者先王所以下均地財中立人極上法天道者也且天之生萬物也長之以

風雨成之以寒燠聖人之牧萬人也活之以衣食濟之以器用若風雨淫寒燠甚則反傷乎物之生焉若衣食奢器用費則反傷乎人之生焉故作四時八節所以時寒燠節風雨不使之過差為沴也聖人制五等十倫所以倫衣食等器用不使之踰越為害也此所謂法天而立極者也然則地之生財有常力人之用財有常數若羨於上則耗於下也有餘於此則不足於彼也是以地力人財皆待制度而均也尊卑貴賤皆待制度而別也大凡爵祿之外其田宅棟宇車馬僕御器服飲食之制暨乎嬪婚祠葬之度自



上而下皆有數焉若不節之以數用之以倫則必地力屈於僭奢人財消於嗜欲而貧困凍餒奸邪盜賊盡生於此矣聖王知其然故天下奢則示之以儉天下儉則示之以禮俾乎貴賤區別貧富適宜上下無羨耗之差財力無消屈之弊而富安溫飽廉恥禮讓盡生於此矣然則制度者出於君而加於臣行於人而化於天下也是以君人者莫不唯欲是防唯度是守守之不固則外物攻之故居處不守其度則峻宇崇臺攻之飲食不守其度則殊滋異味攻之衣服不守其度則奇文詭制攻之視聽不守其度則奸聲豔色攻之喜怒不守其度則僭賞淫刑攻之翫好不守其度則妨行之貨蕩心之器攻之獻納不守其度則讒諂之言聚斂之計攻之道術不守其度則不死之方無生之法攻之夫然則安得不內固其守甚於城池焉外防其攻甚於寇戎焉將在乎寢食起居必思其度思而不已則其下化之詩曰儀刑文王萬邦作孚此之謂矣

二十六養動植之物　以豐財用以致麟鳳龜龍

臣聞天育物有時地生財有限而人之欲無極以有時有



限奉無極之欲而法制不生其間則必物暴殄而財乏用矣先王惡其及此故川澤有禁山野有官養之以時取之以道是以豺獺未祭罝網不布於野澤鷹隼未擊矰弋不施於山林昆蟲未蟄不以火田草木未落不加斧斤漁不竭澤畋不合圍至於麛卵蚳蝝五穀百果不中殺者皆有常禁夫然則禽獸魚鼈不可勝食矣財貨器用不可勝用矣臣又覯之豈直若此而已哉蓋古之聖王使信及豚魚仁及草木鳥獸不狘胎卵可窺麟鳳效靈龜龍為畜者亦由此塗而致也

二十七請以族類求賢

問自古以來君者無不思求其賢賢者罔不思效其用君賢兩不相遇其故何哉今欲求之辨之其術安在

臣聞人君者無不思求其賢人臣者無不思效其用然而君求賢而不得臣效用而無由豈不以貴賤相懸朝野相隔堂遠於千里門深於九重雖臣有慺慺之誠何由上達雖君有孜孜之念無因下知上下茫然兩不相遇如此則豈唯賢者不用矧又用者不賢所以從古以來亂多而理少者職此之由也臣以爲求賢有術辨賢有方方術者各



審其族類使之推薦而已近取諸喻其猶線與矢也線因針而入矢待弦而發雖有線矢苟無針弦求自致焉不可得也夫必以族類者蓋賢愚有貫善惡有倫若以類求必以類至此亦猶水流濕火就燥自然之理也何則夫以德義立身者必交於德義不交於險僻以正直克己者必用於正直不用於頗邪以貪冒爲意者必比於貪冒不比於貞廉以悖慢肆心者必狎於悖慢不狎於恭謹何者事相害而不相利性相戾而不相從此乃天地常倫人物常理必然之勢也則賢與不肖以此知之伏惟陛下欲求而致之也則思因針待弦之勢欲辨而別之也則察流濕就燥之徒得其勢必彙征而自來審其徒必羣分而自見求人之術辨人之方於是乎在此矣

二十八尊賢　請厚禮以致大賢也

問國家歲貢俊造日求賢良何以所得者率尋常之才所來者非師友之佐豈時無大賢乎將求之不得其道乎

臣聞致理之先先於行道行道之本本於得賢得賢之由由乎審理若禮之厚薄定於此則賢之優劣應於彼故黜位而朝西面而事則師之才至矣先之以身下之以邑則



友之才至矣展皮弊之禮盡揖讓之儀則大臣之才至矣南面而坐使者先焉則左右之才至矣憑几據杖以令名焉則廝役之才至矣是以得師者帝得友者王得大臣者霸得左右者弱得廝役者亂然則求師而得友求友而得臣者有矣未有求臣而得友求友而得師者也是故圖帝而成王圖王而成霸者有矣未有圖霸而成王圖王而成帝者也夫以夷吾之賢爲不可名之臣桓公所以霸齊也孔明之才爲非屈致之士劉氏所以圖蜀也夫欲霸一國圖一方猶審其禮行其道焉況開帝王之業垂無疆之休

苟無尊賢之風師友之佐則安能宏其理恢其化乎國家有天下二百年政無不施德無不備唯尊賢之禮未與三代同風陛下誠能行之則盡美盡善之事畢矣

二十九請行賞罰以勸舉賢

問頃者累下詔旨令舉所知獻其狀莫匪賢能授以官罕聞政績將人不易知耶將容易其舉耶

臣伏見頃者德宗皇帝頻下詔旨令舉所知自是內外百寮歲有聞薦有司各詳其狀咸命以官語其數誠得多士之名考其才或非盡善之實何則得賢由舉擇愼審愼審



由賞罰必行自十年以來未聞有司以得所舉賞一人以失所舉罪一人則內外之薦恐未專精出處之賢或有違濫斯所以令陛下尚有未得賢之嘆也伏惟申命所舉深詔有司量其短長之材授以大小之職然後明察臧否精考殿最得人者行進賢之賞謬舉者坐不當之辜自然上下精詳遠近懲勸謹關梁以相保責轅輪以相求俾夫草靡風行達於上下天下之耳盡爲陛下聽天下之目盡爲陛下視明其視則舉不失德廣其聽則野無遺賢而後官得其才事得其序如此則陛下但凝神端拱而天下理矣

三十審官　量才授職則政成事舉

夫官既備而事未舉才既用而政未成者由官與才不相得也且官有大小繁簡之殊才有短長能否之異稱其任則政立枉其能則事乖故先王立庶官而後求人使乎各司其局也辨衆才而後入仕使乎各盡其能也如此則官雖省才雖半可得而理矣若以短任長以大授小委其不可而望其可強其不能而責其能如此則官雖能才雖倍無益於理矣故曰任小能於大事者猶狸搏虎而刀伐木也展長才於短用者猶驥捕鼠而斧剪毛也所不相及豈



不宜哉王者誠能量衆才之短長審庶官之小大俾操鑿枘者無圓方之謬備輪轅者適曲直之宜自然人盡其能職修其要彝倫日敘庶績日凝又何患乎事不舉而政未成哉

三十一大官乏人　由不慎選小官也

問國家台袞之才臺省之器胡然近日稍乏其人將欲救之其故安在

臣伏見國家公卿將相之具選於丞郎給舍丞郎給舍之才選於御史遺補郎官御史遺補郎官之器選於秘著校

正畿赤簿尉雖未盡是十常六七焉然則畿赤之吏不獨以府縣之用求之秘著之官不獨以校勘之用取之其所責望者乃丞郎之椎輪公卿之濫觴也則選用之際宜得其人臣竊見近日秘著校正或以門地授畿赤簿尉唯以資序求不商較其器能不硏覈其才行至使頃年以來臺官空不知所取省郎闕不知所求豈直乏賢誠亦廢事且以資序得者僅能參於簿領以門地進者或未任於鉛黃臣恐台衰之才臺省之器十年以後稍乏其人又頃者有司懲趨競之流塞僥倖之路俾進士非科第者不授校正



校正欠資考者不署畿官立而爲文權以救弊蓋一時之制非可久之術今者有司難於掄才易於注擬因循勿改守以爲常至使兩畿之中數縣之外雖資序皆當其任而名實莫得而聞故每臺省缺員曾莫擬議則守文之弊一至於斯伏願思以後難革其前失廣丞郎椎輪之本疏公卿濫觴之源如此則良能之才必足用矣要劇之職不乏人矣

三十二議庶官遷次之遲速

問先王建官升降有制遷次有常此經久之道也或云賞善罰惡者不踰時月又曰爲官吏者可長子孫豈今古之殊制乎不然何遲速之異如此也今欲速遷而勸善恐誘躁求之心將令久次而望功慮興滯用之嘆疾徐之制何以爲中

臣聞孔子曰苟有用我者三年而有成舜典曰三載考績三考黜陟幽明雖聖賢爲政未及三年不能成也雖善惡難知不過九載必自著也由此而論爲官吏者不可速遷也不可久次也若未三年而遷則政未立績未成且躁求之心生而馴致之化廢矣若過九載而不轉則明不陟幽



不黜且勸善之法缺而懲惡之典墮矣大凡內外之官其畧如此然則最與天子共理者莫先於二千石乎臣竊見近來諸州刺史有未兩考而遷者豈爲善成政之速速於聖賢耶將有司考察之不精耶不然何遷之遽也又有踰一紀而不轉者豈善惡未著莫得而知耶將有司遺忘而不舉耶不然何轉之遲也臣伏見順宗皇帝詔曰凡內外之職四考遞遷斯實革今之弊行古之道也然臣猶以爲吏能有聞者既以四考遷之政術無取者亦宜四考黜之將欲循其名辨其實則在陛下獎糾察之吏督考課之官

使別其否臧明知白黑仍命曰雖久次者不得逾於四載雖速遷者亦待及於三年此先王較能之大方致理之要道也伏惟陛下試垂意而察焉

三十三革吏部之弊

問吏部之弊爲日久矣今吏多於員其故何因官不得人其由何在奸僞日起其計何生馳騖日滋其風何自欲使吏與員而相得名與實而相符趨競巧濫之弊銷公平政理之道長奸孅者不能欺於藻鏡錙銖者不敢詐於銓衡豈無良謀以救其弊



臣伏見吏部之弊爲日久矣時皆共病不知其然臣請備而言之臣聞古者計戶以貢士量官而署吏故官不乏吏士不乏官士吏官員必相參用今則官倍於古吏倍於官入色者又倍於吏也此由每歲假文武而筮仕者衆冒資廕而出身者多故官不得人員不充吏是以爭求日至奸濫日生斯乃爲弊之一端也臣又聞古者州郡之吏牧守選而舉之府寺之寮公卿辟而署之其餘者乃歸有司有司所領既少則所選必精此前代所以得人也今則內外之官一命以上歲羨千數悉委吏曹吏曹案資署官猶懼不給則何暇考察名實區別否臧者乎至使近代以來寖而成弊眞僞爭進共徵循資之書賢愚莫分同限停年之格才能者淹滯而不振巧詐者因緣以成奸此又爲弊之一端也今若使內外師長者各選其人分署其吏則庶乎官得其才矣使諸色入仕者量省其數或間以年則庶乎士不乏官矣官得其才則公平政理之道所由長也士不乏官則趨競巧濫之弊所由銷也矧又減銓衡之偏重則力不撓而易平矣分藻鏡之獨鑒則照不疲而易明矣與夫千品折於一面百職斷於一心功相萬也得失相懸豈



不遠矣臣以爲芟煩劃弊莫尚於斯

三十四牧宰考課　議殿最未精又政不由己

問今者勤卹黎元之隱精求牧宰之才亦既得人使之爲政何以撫字之方尚未副我精求之旨疲困之俗尚未知我勤卹之心豈才未稱官將人不求理備陳其故以革其非

臣聞王者之設庶官無非共理者也然則庶官之理同歸而牧宰之用爲急蓋以邦之賦役由之而後均王之風教由之而後行人之性命繫焉國之安危屬焉故與夫庶官

之寄輕重不可齊致也臣伏見陛下勤卹黎元之心至矣慎擇牧宰之旨深矣然而黎元之理尚未副陛下勤卹之心牧宰之政尚未稱陛下慎擇之旨非人不求理非才不稱官以臣所窺粗知其由矣臣聞賢者爲善不待勸矣何哉性不忍爲惡耳愚者爲不善雖勸而不遷也何哉性不能爲善耳賢愚之間謂之中人中人之心可上可下勸之則遷於善捨之則陷於惡故曰懲勸之廢也推中人而墜於小人之域懲勸之行也引中人而納諸君子之途是知勸沮之道不可一日無也況天下牧宰中人者多去惡遷



善皆得勸沮伏以方今殿最之法甚備黜陟之令甚明然則就備之中察之者未甚精也就明之中奉之者未甚行也未甚精則臧否同貫未甚行則善惡齊驅雖有和璞之眞不能識也雖有齊竽之濫何由知之如此則豈獨利淫亦將失善善苟未勸淫或未懲欲望副陛下勤卹之心稱陛下慎擇之旨或恐難矣臣又請以古事驗之臣聞唐虞之際也敷求俊乂而四凶見用及三考黜陟而四罪乃彰則知雖至明也尚或迷眞僞之途雖至聖也不能去考察之法故其法張則變曲爲直如蓬生於麻也其法弛則變香爲臭使蘭化爲艾也且聖人之爲理豈盡得賢而用之乎豈盡知不肖而去之乎將在夫秉其樞操其要刻邪爲正削觚爲圓能使善之必遷不謂善之盡有能使惡之必改不謂惡之盡無成此功者無他懲勸之所致也則考課之法其可輕乎臣又見當今牧宰之內甚有良能委之理人亦足成政所未至者又有其由臣聞牧宰古者五等之國也於人有父母之道焉於吏有君臣之道焉所宜弛張舉措由其心威福賞罰懸於手然後能鎭其俗移其風也今縣宰之權受制於州牧州牧之政取則於使司迭相拘



持不敢專達雖有政術何由施行況又力役之限賦斂之期以用之費省爲求不以人之貧富爲度以上之緩急爲節不以下之勞逸爲程縣畏於州州畏於使雖有仁惠何由撫綏此猶束舟楫而望濟川絆騏驥而求致遠臣恐龔黃卓魯復生於今日亦不能爲理矣

三十五使百職修皇綱振　在乎格慎默之俗

夫百職不修萬事不舉皇綱弛而不振頹俗蕩而不還者由君子讜直之道消小人愼默之道長也臣伏見近代以來時議者率以拱默保位者爲明智以柔順安身者爲賢

能以直言危行者爲狂愚以中立守道者爲凝滯故朝寡敢言之士庭鮮執咎之臣自國及家寖而成俗故父訓其子曰無介直以立仇敵兄教其弟曰無方正以賈悔尤識者腹非而不言愚者心競而是效至使天下有目者如瞽也有耳者如聾也有口者如含鋒刃也愼默之俗一至於斯此正士直臣所以退藏而長太息也豈直若此而已哉蓋愼默積於中則職事廢於外強毅果斷之心屈畏忌因循之性成反謂率職而舉正者不達於時宜當官而行法者不通於事變是以殿最之文雖書而不實黜陟之法雖備而不行欲望善者勸惡者懲百職修萬事舉不可得也



然臣以爲歷代之頹俗非國朝不能革也國朝之皇綱非陛下不能振也革振之術臣粗知之何者夫人之蚩蚩唯利是務若利出於愼默則愼默之風大起若利出於讜直則讜直之風大行亦猶冬月之陽夏日之陰不召物而自歸之者無他溫涼之利所在故也伏惟陛下以至公統天下以至明御羣臣使情僞無所逃言行無所隱有若讜直強毅舉正彈違者引而進之有若愼默畏忌吐剛茹柔者推而遠之使此有利彼無利安得不去彼取此乎斯所謂俾人日從善遠罪而不自知也如此則百職修萬事舉皇綱振頹俗移太平之風由斯而致矣

白居易十六

## 策林三

### 三十六達聰明致理化

夫欲達聰明致理化則在乎奉成式不必乎創新規也臣聞堯之所以神而化者聰明文思也舜之所以聖而理者明四目達四聰也蓋古之理化皆由聰明出也自唐虞以降斯道寖衰秦漢以還斯道大喪上不以聰接下下不以明奉上聰明之道既阻於上下則詭僞之俗不得不流於內外也國家承百王已弊之風振千古未行之法於是始立匭使始加諫員始命待制官始設登聞鼓故遺補之諫入則朝廷之得失所由知也匭使之職舉則天下之壅蔽所由通也待制之官進則衆臣之謀猷所由展也登聞之鼓鳴則羣下之冤濫所由達也此皆我烈祖所剏累聖所奉雖堯舜之道無以出焉故貞觀之太和開元之至理率由斯而馴致矣自貞元以來抗疏而諫者留而不行投書於匭者寢而不報待制之官經時而不見於一問登聞之鼓終歲而不聞於一聲臣恐衆臣之謀猷或未盡展朝廷



之得失或未盡知壅蔽者有所未通冤濫者有所未達今幸當陛下踐阼體元之始施令布和之初則宜申明舊章條舉廢事使列聖之述作不墜陛下之聰明惟新以初爲常令其時矣時不可失惟陛下惜而行之則堯舜之化祖宗之理可得而致矣臣故曰達聰明致理化在乎奉成式不必乎創新規也

### 三十七決壅蔽　不使人知所欲

臣聞國家之患患在臣之壅蔽也壅蔽之生生於君之好欲也蓋欲見於此則壅生於彼壅生於彼則亂作其間歷代有之可畧言耳昔秦二代好佞趙高飾諂諛之言以壅之周厲好利榮夷公陳聚斂之計以壅之殷辛好音師涓作靡靡之樂以壅之周幽好色褒人納豔妻以壅之齊桓好味易牙蒸首子以壅之雖所好不同同歸於壅也所壅不同同歸於亂也故曰人君無見其意將爲下餌蓋謂此矣然則明王非無欲也非無壅也蓋有欲則節之有壅則決之節之又節之以至於無欲也決之又決之以至於無壅也其所以然者將在乎靜思其故動防其微故聞甘言則慮趙高之諛進於側矣見厚利則慮榮夷公之計陳於

前矣聽新聲則慮師涓之音誘於耳矣顧艷色則慮褒氏之女惑於目矣嘗異味則慮易牙之子入於口矣大如是安得不晝夜慮之寤寐思之立則見其參於前行則想其隨於後自然兢兢業業日愼一日使左不知其所欲右不知其所好雖欲壅蔽其可得乎此明王節欲決壅之要道也

三十八君不行臣事　委任宰相

臣聞建官施令者君所執也率職知事者臣所奉也臣行君道則政專君行臣道則事亂專與亂其弊一也然則臣



道者百職至衆萬事至繁誠非一人方寸所能盡也故王者但操其要擇其人而已將在乎分務於羣司各令督責其課受成於宰相不以勤倦自嬰然後謹殿最而賞罰焉審幽明而黜陟焉則萬樞之要畢矣故失君道者雖多夕愓若厲之慮而彝倫未必序也行臣事者雖多日昃不食之勤而庶績未必凝也得其要逸而有終非其宜勞而無功故也臣又聞坐而論道三公之任也作而行之卿大夫之職也故陳平不肯知錢穀邴吉不問死傷者此有司之職也非宰相之任也夫以宰相尚不可侵有司之職況人君可侵宰相之任乎可侵百執事之事乎臣又聞宰相之任者上代天工下執人柄羣職由之而理亂庶政由之而弛張君之心膂待宰相而啟沃君之耳目待宰相而聰明設其位不可一日非其人得其人不可一日無其寵疑則勿用用則勿疎然後能訢合其心馴致其道蓋先王所以端拱凝旒而天下大理者無他焉委務於有司也仰成於宰相也

三十九使官吏清廉　均其祿厚其俸也

臣聞爲國者皆患吏之貪而不知去貪之道也皆欲吏之



清而不知致清之由也臣以爲去貪致清者在乎厚其祿均其俸而已夫衣食闕於家雖嚴父慈母不能制其子況君長能檢其臣吏乎凍餒切於身雖巢由夷齊不能固其節況凡人能守其清白乎臣伏見今之官吏所以未盡貞廉者由祿不均而俸不足也不均者由所在課料重輕不齊也不足者由所在官長侵刻不已也其甚者則有官秩等而祿殊郡縣同而俸異或削奪以過半或停給而彌年至使衣食不充凍餒並至如此則必冒白刃蹈水火而求私利也況可使撫人字物斷獄均財者乎夫上行則下從

身窮則心濫今官長日侵其利而望吏之不日侵於人不可得也蓋所謂渴馬守水餓犬護肉則雖日用刑罰不能懲貪而勸清必矣陛下今欲革時之弊去吏之貪則莫先於均天下課料重輕禁天下官長侵刻使天下之吏溫飽充於內清廉形於外然後示之以恥糾之以刑如此則縱或爲非者百無一二也

四十省官併俸減使職

臣聞古者計人而置官量賦而制祿故官之省置必稽人戶之衆寡祿之厚薄必稱賦入之少多俾乎官足以理人



人足以奉吏吏有常祿財有常征財賦吏員必參相得者也頃以兵戎屢動荒沴薦臻戶口流亡財征減耗則宜量其官而省之併其祿而厚之故官省則事簡事簡則人安祿厚則吏清吏清則俗阜而天下所由理也然則知清其吏而不知厚其祿則飾詐而不廉矣知厚其祿而不知省其官則財費而不足矣知省其官而不知選其能則事壅而不理矣此三者迭爲表裏相須而成者也伏惟陛下詳而行之臣又見兵興以來諸道使府或因權宜而置職一置而不停或因暫勞而加俸一加而無減至使職多於郡縣之吏俸優於臺省之官積習生常煩費滋甚今若量其職員審其祿秩使衆寡有常數厚薄得其中故祿得其中則費不廣而下無侵削之患矣職有常數則事不煩而人無勞擾之弊矣此又利害相懸遠者伏惟陛下念而救之

四十一議百司食利錢

臣伏見百司食利利出於人日給而經費有常月徵而倍息無已然則舉之者無非貧戶徵之者率是遠年故私財竭於倍利官課積於逋債至使公食有闕人力不堪弊既滋深法宜改作且王者惡言求利患在不均況天下之錢



一也謂之曰利曷若謂之曰征乎取之於寡曷若取之於衆乎今若日計其費歲會其用舉爲定數命曰食征隨兩稅而分徵使萬民而均出散之天下其數幾何均之於衆則貧戶無倍息之弊矣入之有程則公食無告闕之慮矣公私交便其在茲乎

四十二議百官職田

臣伏以職田者職既不同田亦異數內外上下各有等差此亦古者公田稍食之制也國家自多事已來厥制不舉故稽其地籍而田則具存考以戶租而數多散失至有品

秩等官署同廩祿厚薄之相懸近乎十倍者矣今欲辨內外之職均上下之田不必乎創新規其在乎舉舊典也臣謹按國朝舊典量品而授地計田而出租故地之多少必視乎品之高下租之厚薄必視乎田之肥墝如此則沃瘠齊而戶租均等列辨而祿食足矣今陛下求其典而典存焉索其田而田在焉誠能申明舉而行之則前弊必自革矣

四十三議兵　用捨逆順興亡

問傳曰誰能去兵兵之設久矣又曰先王耀德不觀兵二



者古之明訓也然則君天下者廢而不用且涉去兵之非資以定功又乖耀德之美去就之理何者得中

又問兵不妄動師必有名議之者頗辨否臧用之者多迷本末故有一戎而業成王霸一戰而禍及危亡興滅之迹何由逆順之要安在

臣聞天下雖興好戰必亡天下雖安忘戰必危不好不忘天下之王也祭公曰先王耀德不觀兵老子曰兵者不祥之器不得已而用之斯則不好之明訓也傳曰誰能去兵兵之設久矣又周定天下偃武修文猶立司馬之官六軍之衆以時教戰斯又不忘之明訓也然則君天下者不可去兵也不可黷武也在乎用之有本末行之有逆順逆順之要大畧有三而兵之名隨焉夫興利除害應天順人不爲名先義然後動謂之義兵相時觀釁取亂侮亡不爲禍先敵至而應謂之應兵恃力宣驕作威逞欲輕人性命貪人土田謂之貪兵貪者亡兵應者強兵義者王王之兵無敵於天下也故有征無戰焉強之兵先弱敵而後戰也故百戰百勝焉亡之兵先自敗而後戰也故勝與不勝同歸於亡焉然歷代君臣惑於本末聞王者之無敵則思耀



武是獲一兎而欲守株也見亡者之自敗則思弭兵是因一咽而欲去食也曾不知無敵者根於義自敗者本於貪而欲歸咎於兵責功於武不其惑歟興廢之由逆順之要昭然可見唯陛下擇之

四十四銷兵數省軍費　斷召募除虛名

臣伏見自古以來軍法之衆資糧之費未有如今日者時議者皆患兵之衆而不知衆之由皆欲兵之銷而不得銷之術故散之則軍情怨而戎心啟聚之則財用竭而人力疲爲日既深其弊亦甚臣以爲銷兵省費者在乎斷召募

去虛名而已伏以貞元軍興以來二十餘年陛下念其勞效固不可散棄幸以時無戰伐又焉用增加臣竊見當今募新兵占舊額張虛簿破見糧者天下盡是矣斯則致衆之由積費之本也今若去虛名就實數則一日之內十已減其二三矣若使逃不補死不填則十年之間十又減其三四矣故不散棄之則軍情無怨也不增加之則兵數自銷也去虛就實則名不詐而用不費也故臣以爲銷兵之方省費之術或在於此唯陛下詳之

四十五復府兵置屯田　分兵權存戎備助軍食



夫欲分兵權存戎備助軍食則在乎復府兵置屯田而已昔高祖始受隋禪太宗既定天下以爲兵不可去農不可廢於是當要衝以開府因隙地以營田府有常官田有常業俾乎時而講武歲以勸農分上下之等遞勞逸之序故有虞則起爲戰卒無事則散爲農夫不待徵發而封域有備矣不勞饋餉而軍食自充矣此亦古者尉候之制兵賦之義也況今關畿之內鎮壘相望皆仰給於縣官且無用於戰伐若使反兵於舊府興利於廢田張以簿書頒其廩積因其卒也安之以田宅因其將也命之以府官始復於關中稍置於天下則兵權漸分而屯聚之弊日銷矣戎備漸修而訓習之利日興矣軍食漸給而飛輓之費日省矣一事作而三利立唯陛下裁之

四十六選將帥之方

臣聞君明則將賢將賢則兵勝故有不能理兵之將而無不可勝之兵有不能選將之君而無不可得之將是以君功見於選將將功見於理兵者也然則選將之術在乎因人之耳而聽之因人之目而視之因人之好惡而取捨之



故明王選將帥也訪於衆詢於人若十人愛之必十人之將也百人悅之必百人之將也萬人伏之必萬人之將也臣以爲賢愚之際優劣之間以此而求十得八九矣

四十七御功臣之術

臣聞明王之御功臣也量其功而限之以爵審其罪而糾之以法限之以爵故爵加而知榮矣糾之以法故法行而知恩矣恩榮並加畏愛相濟下無貳志上無疑心此明王所以念功勞而全君臣之道也若不限之以爵則無厭之心生矣雖極人臣之位而不知榮也若不糾之以法則不

忌之心啟矣雖竭人主之寵而不知恩也恩榮不知畏愛不立而望奉上之心盡念功之道全或難矣故傳曰報者倦矣施者未厭此由爵無限而法不行使之然也唯陛下察之

四十八禦戎狄　徵歷代之策陳當今之宜

問戎狄之患久矣備禦之畧多矣故王恢陳征討之謀賈生立表餌之術婁敬興和親之計晁錯建農戰之策然則古今異道利害殊宜將欲採之孰爲可者

又問今國家北虜欵誠南夷請命所未化者其惟西戎乎



討之則疲頓師徒捨之則侵軼邊鄙許和親則啟貪而厚費約盟誓則飾詐而不誠今欲遏彼虔劉化其桀驁來遠人於朔漠復舊土於河湟上策遠謀備陳本末

臣聞戎狄者一氣所生不可剪而滅也五方異族不可臣而畜也故爲侵暴之患久矣而備禦之畧亦多矣考其要旨大較有四焉若乃選將練兵長驅深入之謀自王恢始建以三表誘以五餌之術自賈誼始厚以賂遺結以和親之計自婁敬始徙人實邊勸農教戰之策自晁錯始然則用王恢之謀則殫財耗力罷竭生人禍結兵連功不償費故漢武憬然而下哀痛之詔也用賈誼之術則羌胡之耳目心腹雖誘而荒矣而華夏之財力風教亦隨而弊矣故漢文知其不可而不行也用婁敬之計則啟寵納侮厚費偷安雖侵畧之患暫寧而和好之約屢背故漢氏四代爲匈奴所欺也用晁錯之策則邊人有安土之患未免攻戰之勞匈奴無得志之虞亦絕歸心之望故漢武猶病之有廣武之役也是以討之以兵不若誘之以餌誘之以餌不若和之以親和之以親不若備之有素斯皆前代已驗之事可覆而視也以今參古棄短取長亦可擇而用焉然臣



終以爲近算淺圖非帝王久遠安邊之上策何者臣觀前代若政成國富德盛人安則雖六月有北伐之師不足憂也若政缺國貧德衰人困則雖一時無南牧之馬不足慶也何則國富則師壯師壯則令嚴人安則心固心固則思理如此久久則天子之守不獨在於諸侯將在於四夷矣則暫雖有事何足憂焉若國貧則師弱師弱則不虞人困則心離心離則思亂如此久久則天子之憂不獨在於邊陲或在於蕭牆矣則暫雖無事何足慶焉蓋古之王者慶在本而不在末憂在此而不在彼也今國家柔中懷外近

恱遠來非虜向風南蠻底貢所未化者其餘幾何伏願陛下畜之如犬羊視之如蜂蠆不以士馬強而力盛恃之而務戰爭不以亭障靜而烟塵銷輕之而去守備但且防其侵軼遏其虔劉去而勿追來而勿縱而已然後畧四子之小術宏三王之大猷以政成德盛爲圖以人安師壯爲計故德盛而日聞則服服必懷柔師壯而時動則威威必震讋夫然可以不縻財用不煩師徒不盟誓而外服不和親而內附如此則四海之內五年之間要荒未服之戎必匍匐而來河隴已侵之地庻從容以歸上策遠謀不出於



此矣

四十九備邊倂將置帥

臣伏見方今備邊之計未得其宜何則京師之兵其數頗衆城堡甚備器械甚精以之遏侵掠禁奪攘則可矣若犬戎大至長驅而來臣恐將卒雖多無能抗者今所以軫陛下慮者豈非此乎其所以然者葢由鎮壘太多主將太衆故也夫鎮多則兵散兵散則威不相合而力不相濟矣將衆則心異心異則勝不相讓而敗不相救矣卒然有事誰肯當之今若合之爲五將統之以一帥將合則戮力帥一則同心仍使均握其兵分守其界明察功罪必待賞罰然後據便宜之地扼要害之衝以逸待勞以寡制衆則雖黠虜無能爲也臣又以爲自古及今有不能守塞之兵而無不可守之塞有不能備戎之將而無不可備之戎故曰十圍之木持千鈞之屋得其宜也五寸之關能制其開闔居其要也伏惟陛下握戎之要操塞之關則西陲之憂可以少息矣

五十議守險　德與險兼用

問易曰王公設險以守其國記曰在德不在險然則用之



則乖在德之訓棄之則違守國之誡二義相反其旨何從又問以山河爲寶者萬夫不能當也以道德爲藩者四夷爲之守也何則苗恃洞庭負險而亡漢都天府用險而昌又何故也今欲鑒昌亡審用舍復何如哉

臣聞易曰王公設險以守其國又秦得百二以吞天下齊得十二而霸諸侯葢恃險之論興於此矣史記曰在德不在險傳曰九州之險是不一姓葢棄險之議生於此矣臣以爲險之爲用用舍有時時既失之棄亦未爲得也何者夫險之爲利大矣爲害亦大矣故天地閉否守之則爲利

天地交泰用之則爲害盍天地有常險而聖人無常用也然則以道德爲藩以仁義爲屏以忠信爲甲冑以禮法爲干櫓者教之險政之守也以城池爲固以金革爲備以江山爲襟帶以邱陵爲咽喉者地之險人之守也王者之輿也必兼而用之昔漢高帝除害興利以安天下自謂德不及於周而賢於秦故去洛之易卽秦之險建都創業垂四百年是能兼而用之也桀紂三苗之徒負大河憑太行保洞庭而不修德政坐取覆亡者是專恃其險也莒子恃其僻陋不修城郭浹辰之間喪其三都者是怠棄其險也由



斯而觀之山河之阻溝墉之固可用而不可恃也可誠而不可棄也智以險昌愚以險亡昌亡之間唯陛下能鑒之

## 五十一　議封建論郡縣

問周制五等其弊也王室衰微秦廢列國其敗也天下崩壞漢封子弟其失也侯王僭亂何則爲制不同同歸於弊也故自古及今議其是非者多矣今若建侯開國恐失隨時之宜如置守專城慮乖稽古之義考其要旨其誰可從又問封建之制肇自黃唐郡縣之規始於秦漢或沿或革以至國朝今欲子兆人家四海建不拔之業垂無疆之休大鑒興亡從長而用無論古今擇善而行侯與守而何先郡與國而孰愈具書於策當舉行之

臣聞封建之廢久矣是非之論多矣異同之要歸於三科或曰周人制五等封親賢其弊也諸侯擅戰伐陪臣執國命故聞蠶食爪剖以至於衰滅也而李斯周青臣之議繇是興焉又曰秦皇廢列國棄子弟其敗也萬民無定主九族爲匹夫故魚爛土崩以至於覆亡也而曹冏士衡之論繇是作焉又曰漢氏侯功臣王同姓其失也爵號太尊土宇太廣故鴟張豕解以至於勃亂也而晁錯主父之計繇



是行焉然則秦懲周之弊也既以亡而易衰漢鑒秦之亡也亦矯枉而過正歷代之說無出於此者以臣所觀竊謂知其一未知其二也何者臣聞王者將欲家四海子兆人垂無疆之休建不拔之業者在乎操理柄立人防導化源固邦本而已盍刑行德立近悅遠安恩信推於中惠化流於外如此則四夷爲臣妾況海內乎雖置守罷侯亦無害也若法壞政荒親離賢棄王澤竭於上人心叛於下如此則九族爲讐敵況天下乎雖廢郡建邦又何益也故臣以爲周之衰滅者上失其道天厭其德非爲封建之弊也秦

之覆亡者君流其毒人離其心非唯郡縣之咎也漢之禍亂者寵而失教立不選賢非獨強大之故也繇是觀之苟固其本導其源雖郡與國俱可理而安矣苟踰其防失其柄雖侯與守俱能亂且危矣伏惟陛下慮遠憂近鑒古觀今以敦睦親族爲先不以封王爲急以優勸勞逸爲念不以建侯爲思以尊賢寵德爲心不以開國爲意以安撫黎元爲事不以廢郡爲謀則無疆之休不拔之業在於此矣況國家之制垂二百年法著一王理經十聖變革之議非臣敢知



五十二議井田阡陌　息游惰止兼幷實版圖

問三代之牧人也立井田之制別都鄙之名其爲名制可得而知乎其爲功利可得而聞乎

又問自秦壞井田漢修阡陌兼幷大啟游惰實繁雖歷代因循誠恐弊深而害甚如一朝改作或慮失業而擾人既廢之甚難又復之非便斟酌其道何者得中

臣聞王者之貴生於人焉王者之富生於地焉故不知地之數則生業無從而定財征無從而平也不知人之數則食力無從而計軍役無從而均也不均不平則地雖廣人雖多徒有富之名而無富之實是以先王度土田之廣狹畫爲夫井量人戶之衆寡分爲邑居使地利足以食人人力足以闢土邑居足以處衆人力足以安家野無餘田以啟專利邑無餘室以容游人逃刑避役者往無所之敗業遷居者來無所處於是生業相因食力相濟其出財征也不待徵書而已平矣其起軍役也不待料人而已均矣然後天子可以稱萬乘之貴四海之富也洎三代之後厥制崩壞故井田廢則游惰之路啟阡陌作則兼幷之門開至使貧苦者無容足立錐之居富強者專籠山絡野之利故



自秦漢迄於聖朝因循未遷積習成弊然臣以爲井田者廢之頗久復之稍難未可盡行且宜漸制何以言之昔商鞅開秦之利也蕩然廢之故千載之間豪奢者得其計王莽革漢之弊也卒然復之故一時之間農桑者失其業斯則不可久廢不可速成之明驗也故臣請斟酌時宜參詳古制大抵人稀土廣者且修其阡陌戶繁鄉狹者則復以井田使都鄙漸有名家夫漸有數夫然則井邑兵田之地衆寡相維門閭族黨之居有亡相保相維則兼幷者何所取相保則游惰者何所容如此則庶乎人無浮心地無遺

力財產豐足賦役平均市利歸於農生業著於地者矣

五十三議肉刑　可廢不可用

問肉刑者其來尚矣其廢久矣前賢之論是非紛然今欲棄之而不行法或乖於稽古若舉而復用義恐失於隨時取捨之間何者爲可

臣伏以漢除肉刑迨今千有餘祀其間博聞達識之士議其是非者多矣其欲廢之者則曰刻膚革斷支體人主忍而用之則愷悌惻隱之心乖矣此緹縈所謂雖欲改過自新其道亡繇者也其欲復之者則曰任箠令用鞭刑酷吏



倚而行之則專殺濫死之弊作矣此班固所謂以死罔人失本惠者也臣以爲議事者宜徵其實用刑者宜酌其情若以情實言之則可廢而不可復也何者夫肉刑者蓋取劓剕黥刖之類耳書所謂五虐之刑也昔苗人始淫爲之而天既降咎及秦人又虐用之而天下亦離心夫如是則豈無濫死者耶漢文帝始除去之而刑罰以清我太宗亦因而棄之而人用不犯夫如是則豈有罔人者耶此臣所謂徵其實者也臣又聞聖人之用刑也輕重適時變用舍順人情不必乎反今之宜復古之制也況肉刑廢之久矣人莫識焉今一朝卒然用之或絕筋或折骨或面傷則見者必痛其心聞者必駭其耳又非聖人適時變順人情之意也徵之於實既如彼酌之於情又如此可否之驗豈不明哉傳曰君子爲政貴因循而重改作又曰利不百不變法臣以爲復之有害而無利也其可變而改作乎

五十四刑禮道　迭相爲用

問聖王之致理也以刑糾人惡故人知勸懼以禮導人情故人知恥格以道率人性故人反淳和三者之用不可廢也意者將偏舉而用耶將並建而用耶從其宜先後有次耶成其功優劣有殊耶然則相今日之所宜酌今日之所



急將欲致理三者奚先

臣聞人之性情者君之土田也其荒也則薙之以刑其闢也則蒔之以禮其植也則穫之以道故刑行而後禮立禮立而後道生始則失道而後禮中則失禮而後刑終則修刑以復禮修禮以復道故曰刑者禮之門禮者道之根知其門守其根則王化成矣然則王化之有三者猶天之有兩曜歲之有四時廢一不可也並用亦不可也在乎舉之有次措之有倫而已何者夫刑者可以禁人之惡不能防

人之情禮者可以防人之情不能率人之性道者可以率人之性又不能禁人之惡循環表裏迭相爲用故王者觀理亂之深淺順刑禮之後先當其懲惡抑淫致人於勸懼莫先於刑剗邪窒欲致人於恥格莫尚於禮反和復朴致人於敦厚莫大於道是以衰亂之代則弛禮而張刑平定之時則省刑而宏禮清淨之日則殺禮而任道亦如祁寒之節則疎水而附火徂暑之候則遠火而狎水順歲候者適水火之用達時變者得刑禮之宜適其用達其宜則天下之理畢矣王者之化成矣將欲較其短長原其始終順其變而先後殊備其用而優劣等離而言之則異致合而理之則同功其要者在乎舉有次措有倫適其用達其理而已方今華夷有截內外無虞人思休和俗已平泰是則國家殺刑罰之日崇禮樂之時所以文易化成道易馴致者由得其時也今則時矣伏惟陛下惜而不失焉

策林四

五十五止獄措刑　在富而教之

問成康御宇囹圄空虛文景繼統刑罰不用太宗化下而人不犯成此功者其效安在桀紂在上比屋可誅秦氏爲君赭衣滿道致此弊者其故安在今欲鑒桀紂秦氏之弊繼周漢太宗之功使人有恥且格刑措不用備詳本末著之於篇



臣聞仲尼之訓也旣庶矣而後富之旣富矣而後教之管子亦云倉廩實知禮節衣食足知榮辱然則食足財豐而後禮教所由興也禮行教立而後刑罰所由措也蓋前事之不忘後事之元龜臣請以前事明之當周成康之時天下富壽人知恥格故囹圄空虛四十餘年當漢文景之時節用勸農海內殷實人人自愛不犯刑法故每歲決獄僅至四百及我太宗之朝勤儉化人人用富庶加以德教至於昇平故一歲斷刑不滿三十雖則明聖慎刑賢良恤獄之所致也然亦由天下之人生厚德正而寡過也當桀紂之時暴征斂萬姓窮苦有怨無恥奸宄並興故是時也比屋可戮及秦之時厚賦以竭人財遠役以殫人力力殫財竭盡爲寇賊羣盜滿山赭衣塞路故每歲斷罪數至十萬雖則暴君淫刑奸吏弄法之所致也然亦由天下之人貧困思奸而多罪也由是觀之刑之繁省繫於罪之衆寡也教之廢興繫於人之貧富也聖王不患刑之繁而患罪

之衆不患教之廢而患人之貧故人苟富則教斯興矣罪
苟寡則刑斯省矣是以財產不均貧富相併雖堯舜爲主
不能息忿爭而省刑獄也衣食不充凍餒並至雖皐陶爲
士不能止姦宄而去盜賊也若失之於本求之於末雖聖
賢並生臣竊以爲難矣至若察小大之獄審輕重之刑定
加減於科條得情僞於察色此有司平刑之要也非王者
卹刑之德也至若盡欽卹之道竭哀矜之誠使生者不怨
死者不恨此王者卹刑之法也非聖人措刑之道也必欲
端影於表澄流於源則在乎富其人崇其敎開其廉恥之



路塞其寃濫之門使人內樂其生外畏其罪則必過犯自
省刑罰自措斯所謂致羣心於有恥立大制於不嚴古者
有畫衣冠異章服而人不犯者由此道素行也

五十六論刑法之弊　升法科選法吏

問今之法貞觀之法今之官貞觀之官昔何爲而太和今
何爲而未理事同效異其故何哉將刑法不便於時耶抑
官吏不得其人耶

臣伏以今之刑法太宗之刑法也今之天下太宗之天下
也何乃用於昔而俗以寧壹行於今而人未休和臣以爲
非刑法不便於時是官吏不循其法也此由朝廷輕法科
賤法吏故應其科與補其吏者率非君子也甚多小人也
蓋刑者君子行之則誠信而簡易簡易則人安小人習之
則詐僞而滋彰滋彰則俗弊此所以刑一而用二法同而
理殊者也矧又律令塵蠧於棧閣制勑堆盈於案几官不
徧覩法無定科令則條理輕重之文盡詢於法直是使國
家生殺之柄假在於小人小人之心孰不可忍至有黷貨
賄者矣有怙親愛者矣有陷讐怨者矣有畏權豪者矣有
欺賤弱者矣是以重輕加減隨其喜怒出入比附由乎愛



憎官不察其所由人不知其所避若然則雖有貞觀之法
苟無貞觀之吏欲其刑善無乃難乎陛下誠欲申明舊章
刻革前弊則在乎高其科重其吏而已臣謹按漢制以四
科辟士其三曰明習律令足以決狐疑能按章覆問文中
御史者辟而用之伏惟陛下懸法學爲上科則應之者必
俊乂也升法直爲清列則授之者必賢良也然後考其能
奬其善明察守文者擢爲御史欽恤用情者遷爲法官如
此則仁恕之誠廉平之氣不散於簡牘之間矣掊刻之心
舞文之弊不生於刀筆之下矣與夫愚詐小吏竊而弄之

者功相萬也臣又聞管仲奪伯氏之邑沒無怨言季羔刖門者之足亡而獲宥孔明黜廖立之位死而垂泣三子者可謂能用刑矣臣伏思之亦何代無其人哉在乎求而用之考而獎之而已伏惟陛下再三察焉

五十七使人畏愛悅服　理大罪赦小過

問政不可寬寬則人慢刑不可急急則人殘故失於恢恢則漏網而爲弊務於察察則及泉而不祥將使寬猛適宜疎密合制上施畏愛之道下有悅服之心刑政之中何者爲得



臣聞聖人在上使天下畏而愛之悅而服之者由乎理大罪赦小過也書曰宥過無大況小者乎刑故無小況大者乎故宥其小者仁也仁以容之則天下之心愛而悅之矣刑其大者義也義以糾之則天下之心畏而服之矣臣竊見國家用法似異於是何則急察之政急於朝官而寬於外官懲戒之刑加於小吏而縱於長吏是則權輕而過小者或反繩之寄重而罪大者或反捨之臣復思之恐非先王宥過刑故之道也然則小大之喻其猶魚耶魚之在泉者小也察之不祥魚之吞舟者大也漏之不可刑煩猶水濁水濁則魚喁政寬猶防決防決則魚逝是以善爲理者舉其綱疎其網綱舉則所羅者大矣網疎則所漏者小也伏惟陛下舉其綱於長吏疎其網於朝官舍小過以示仁理大罪而明義則畏愛悅服之化闇然而日彰於天下矣

五十八去盜賊　舉德選能安業厚生

臣聞聖王之去盜賊也有二道焉始則舉有德選有能使教化大行姦宄者去次又安其業厚其生使廉恥大興貪暴者息故舜舉皋陶不仁者遠晉用士會盜奔於秦此舉德選能之效也成康阜其俗禮讓興行文景富其人盜賊



屏息此安業厚生之驗也由是觀之則俗之貪廉盜之有無繫於人之勞逸吏之賢否也方今禁科雖嚴桴鼓未靜斂藪者時聞於道路穿窬者或縱於鄉閭無乃陛下之人有多困窮凍餒者乎無乃陛下之吏有非循良明白者乎伏惟陛下大推愛人之誠廣喻稱善之旨厚其生業使俗知恥格舉以賢德使國無倖人自然廉讓風行姦濫日息則重門罕聞於擊柝外戶庶見於不扃者矣

五十九議赦

臣謹按書曰眚災肆赦又易曰雷雨作解君子以赦過宥

罪斯則赦之不可廢也必矣管子曰赦者奔馬之委轡也不赦者痤疽之礦石也又諺曰一歲再赦婦兒喑啞斯又赦之不可數也明矣然則赦之爲用用必有時數既失之廢亦未爲得也何者赦之爲德大矣爲賊亦甚矣大凡王者踐祚改元之初一用之則爲德也居常致理之際數用之則爲賊也故踐祚而無赦則布新之義缺而好生之德廢矣居常有數赦則惠姦之路啟而名亂之門開矣由此而觀蓋赦者可疎而不可數也可重而不可廢也用捨之要其在茲乎



六十 救學者之失 禮樂詩書

問學者教之根理之本國家設庠序以崇儒術張禮樂而厚國風師資肅以尊嚴文物煥其明備何則學詩書者拘於文而不通其旨習禮樂者滯於數而不達其情故安上之禮未行化人之學將落今欲使工祝知先王之道生徒究聖人之心詩書不失於愚誣禮樂無聞於盈減積之爲言行播之爲風化何爲何作得至於斯

臣聞化人動衆學爲先焉安上尊君禮爲本焉故古之王者未有不先於學本於禮而能建國君人經天緯地者也國家刪定六經之義裁成五禮之文是爲學者之先知生人之大惠也故命太常以典禮樂立太學以教詩書將欲使四術並舉而行萬人相從而化然臣觀之太學生徒誦詩書之文而不知詩書之旨太常工祝執禮樂之器而不識禮樂之情遺其旨則作忠興孝之義不彰失其情則合敬同愛之誠不著所謂去本而從末棄精而好粗至使陛下語學有將落之憂顧禮有未行之歎者此由官失其業師非其人故但有修習之名而無訓導之實也伏望審官師之能否辨教學之是非俾講詩者以六義風賦爲宗不



專於鳥獸草木之名也讀書者以五代典謨爲旨不專於章句詁訓之文也習禮者以上下長幼爲節不專於俎豆之數裼襲之容也學樂者以中和友孝爲德不專於節奏之變綴兆之度也夫然則詩書無愚誣之失禮樂無盈減之差積而行立者乃升之於朝廷習而事成者乃用之於宗廟是故溫柔敦厚之教疏通知遠之訓暢於中而發於外矣莊敬威嚴之貌易直子諒之心行於上而流於下矣則覩之者莫不承順聞之者莫不率從管乎人情出乎理道欲人不化上不安其可得乎

六十一黜子書

臣聞仲尼沒而微言絕，七十子喪而大義乖。大義乖則小說興，微言絕則異端起。於是乎岐分派別，而百氏之書作焉。然則六家之異同，馬遷論之備矣；九流之得失，班固敘之詳矣。是非取舍，較然可知。今陛下將欲抑諸子之殊途，遵聖人之要道，則莫若宏四術之正義，崇九經之格言。故正義著明，則六家之異見不除而自退矣；格言具舉，則九流之偏說不禁而自隱矣。夫如是，則六家九流尙爲之隱退，況百氏之殊文詭制，得不藏匿而銷盪乎？斯所謂排小



說而扶大義，斥異端而闡微言，辨惑嚮方，化人成俗之要也。伏惟陛下必行之。

六十二議禮樂

問：禮樂並用，其義安在？禮樂共理，其效何徵？禮之崩也，何方以救之乎？樂之壞也，何術以濟之乎？

臣聞序人倫，安國家，莫先於禮；和人神，移風俗，莫尙於樂。二者所以並天地，參陰陽，廢一不可也。何則？禮者納人於別而不能和也，樂者致人於和而不能別也。必待禮以濟樂，樂以濟禮，然後和而無怨，別而不爭。是以先王並建而用之，故理天下如指諸掌耳。志曰：六經之道同歸，而禮樂之用爲急。故前代有亂亡者，由不能知之也；有知而危敗者，由不能行之也；有行而不至於理者，由不能達其情也。能達其情者，其唯宗周乎？周之有天下也，修禮達樂者七年，刑措不用者四十年，負扆垂拱者三百年，龜鼎不遷者八百年，斯可謂達其情、臻其極也。故孔子曰：吾從周。然則繼周者，其唯皇家乎？臣伏聞禮減則銷，銷則崩；樂盈則放，放則壞。故先王減則進之，盈則反之，濟其不及而洩其過，用能正人道，反天性，奮至德之光焉。國家承齊梁陳隋之



弊，遺風未弭，故禮稍失於殺，樂稍失於奢。伏惟陛下慮其減銷，則命司禮者大明唐禮；防其盈放，則詔典樂者少抑鄭聲。如此則禮備而不偏，樂和而不流矣。繼周之道，其在茲乎？

六十三沿革禮樂

問：禮樂之用，百王共之。然則歷代以來，或沿而理，或革而亂，或損而興，或益而亡，何述作之跡同，而失得之效異也？方今大制雖立，至理未臻，豈沿襲損益未適其時宜，將文物聲明有乖於古制？思欲究盛禮之旨，審至樂之情，不和

者改而更張可繼者守而不失具陳其要當舉而行

臣聞議者曰禮莫備於三王樂莫盛於五帝非殷周之禮不足以理天下非堯舜之樂不足以和神人是以總章辟雍冠服簠簋之制一不備於古則禮不能行矣干戚羽旄屈伸俯仰之度一不修於古則樂不能和矣古今之論大率如此臣竊謂斯言失其本得其末非通儒之達識也何者夫禮樂者非天降非地出也蓋先王酌於人情張爲通理者也苟可以正人倫寧家國是得制禮之本意也苟可以和人心厚風俗是得作樂之本情也蓋善沿禮者沿其



意不沿其名善變樂者變其數不變其情故得其意則五帝三王不相沿襲而同臻於理失其情則王莽屑屑習古適足爲亂矣故曰行禮樂之情者王行禮樂之飾者亡蓋謂是矣且禮本於體樂本於聲文物名數所以飾其體器度節奏所以文其聲聖人之理也禮至則無體樂至則無聲然則苟至於理也聲與體猶可遺況於文與飾乎則本末取舍之宜可明辨矣今陛下以上聖之資守烈祖之制不待損益足以致理然苟有沿革則願陛下審本末而述作焉蓋禮者以安上理人爲體以別疑防欲爲用以玉帛俎豆爲數以周旋裼襲爲容數與容可損益也體與用不可斯須失也樂者以易直子諒爲心以中和孝友爲德以律度鏗鏘爲飾以綴兆舒疾爲文飾與文可損益也心與德不可斯須失也夫然則禮得其本樂達其情雖沿革損益不同同歸於理矣

六十四復樂　古器古曲

問時議者或云樂者聲與器遷音隨曲變若廢今器用古器則哀淫之音息矣若捨今曲奏古曲則正始之音興矣其說若此以爲何如



臣聞樂者本於聲聲者發於情情者繫於政蓋政和則情和情和則聲和而安樂之音由是作焉政失則情失情失則聲失而哀淫之音由是作焉斯所謂音聲之道與政通矣伏覩時議者臣竊以爲不然何者夫器者所以發聲聲之邪正不繫於器之今古也曲者所以名樂樂之哀樂不繫於曲之今古也何以考之若君政驕而荒人心動而怨則雖舍今器用古器而哀淫之聲不散矣若君政善而美人心和而平則雖奏今曲廢古曲而安樂之音不流矣是故和平之代雖聞桑間濮上之音人情不淫也不傷也亂

七之代雖聞咸韺韶武之音人情不和也不樂也故臣以爲銷鄭衛之聲復正始之音者在乎善其政和其情不在乎改其器易其曲也故曰樂者不可以僞唯明聖者能審而述作焉臣又聞若君政和而平人心安而樂則雖援蕢桴擊野壤聞之者亦必融融洩洩矣若君政驕而荒人心困而怨則雖撞大鐘伐鳴鼓聞之者適足慘慘戚戚矣故臣以爲諧神人和風俗者在乎善其政歡其心不在乎變其音極其聲也

六十五議祭祀



問聖王立郊廟重祭祀者將以展誠敬而事鬼神乎將欲禪教化而利生人乎

又問近者敬失於鬼祭祀以淫禳禱者有僭濫諂媚之風蒸嘗者失疏數豐儉之節今欲使俗無淫祀家不黷神物省費而厚生人守義而不惑何爲何作可以救之

臣聞祭祀之義大率有三禋於天地所以示人報本也祠於聖賢所以訓人崇德也享於祖考所以教人追孝也三者行於天下則萬人順百神和此先王所以重祭祀者也臣又觀之豈直若是而已哉蓋先王因事神而設教因崇祀以利人俾乎人竭其誠物盡其美美致於鬼則利歸於人焉故阜其牲牷則牛羊不得不蕃矣豐其黍稷則倉廩不得不實矣美其祭服則布帛不得不精矣不畜者無牲不田者無盛則游惰者不得不懲矣勤本者不得不勉矣四者行於天下雖曰事鬼神其實厚生業也故曰禮行於祭祀則百貨可極焉斯之謂矣然則物力有餘則奢淫之弊起祀事不節則諂黷之萌生先王又防其然也是以宗廟有數豐約有度疏數有時非其度者則鬼不享而禮不容非其類者則神不歆而刑不舍二者行於天下則人與



神不相黷矣不相傷矣近代以來稍違祀典或禮物失於奢儉或巫史假於淫昏追遠者昧從生之文徼福者有媚神之祭雖未甚弊亦宜禁之伏惟陛下崇設人防申明國典烝嘗不經者示之以禮禳禱非鬼者糾之以刑所謂存其正抑其邪則人不惑矣著其誠謹其物則人厚生矣斯亦齊風俗和人神之大端也惟陛下詳之

六十六禁厚葬

臣伏以國朝參古今之儀制喪葬之紀尊卑豐約煥然有章今則鬱而不行於天下者久矣至使送終之禮大失其

中貴賤昧從死之文奢儉乖稱家之義况多藏必辱於死者厚費有害於生人習不知非寖而成俗此乃敗禮法傷財力之一端也陛下誠欲革其弊抑其淫則宜乎振舉國章申明喪紀奢侈非宜者齊之以禮凌僭不度者董之以威故威行於下則壞法犯貴之風移矣禮適其中則破產傷生之俗革矣移風革俗其在茲乎

## 六十七議釋教　僧尼

問漢魏以降像教寖興或曰足以耗蠹國風又云足以輔助王化今欲禁之勿用恐乖誘善崇福之方若許之大行



慮成異數殊俗之弊禪化之功誠著傷生之費亦深利病相形從其遠者

臣聞上古之化也大道惟一中古之教也精義無二蓋上率下以一德則下應上無二心故儒墨六家不行於五帝道釋二教不及於三王迨乎德既下衰道又上失源離派別樸散器分於是乎儒道釋之教鼎立於天下矣降及近代釋氏尤甚焉臣伏覩其教大抵以禪定爲根以慈忍爲本以報應爲枝以齋戒爲葉夫然亦可誘掖人心輔助王化然臣以爲不可者有以也臣聞天子者奉天之教令兆人者奉天子之教令令一則理二則亂若參以外教二三執甚焉况國家以武定禍亂以文理華夏執此二柄足以經緯其人矣而又區區西方之教與天子抗衡臣恐乖古先惟一無二之化也然則根本枝葉王化備焉何必使人棄此取彼若欲以禪定復人性則先王有恭默無爲之道在若欲以慈忍厚人德則先王有忠恕惻隱之訓在若欲以報應禁人僻則先王有懲惡勸善之刑在若欲以齋戒抑人淫則先王有防欲閑邪之禮在雖臻其極則同歸或能助於王化然於異名則殊俗足以貳乎人心故臣以爲



不可者以此也况僧徒月益佛寺日崇勞人力於土木之功耗人利於金寶之飾移君親於師資之際曠夫婦於戒律之間古人云一夫不田有受其餒者一婦不織有受其寒者今天下僧尼不可勝數皆待農而食待蠶而衣臣竊思之晉宋齊梁以來天下凋弊未必不由此矣伏惟陛下察焉

## 六十八議文章　碑碣詞賦

問國家化天下以文明奬多士以文學二百餘載文章煥焉然則述作之間久而生弊書事者罕聞於直筆褒美者

多覩其虛辭今欲去偽抑淫芟蕪刬穢黜華於枝葉反實於根源引而救之其道安在

臣謹案易曰觀乎人文以化成天下記曰文王以文理則文之用大矣哉自三代以還斯文不振故天以將喪之弊授我國家國家以文德應天以文教牧人以文行選賢以文學取士二百餘年煥乎文章故士無賢不肖率注意於文矣然臣聞大成不能無小弊大美不能無小疵是以凡今秉筆之徒率爾而言者有矣斐然成章者有矣故歌詠詩賦碑碣讚誄之制往往有虛美者矣有媿辭者矣若行



於時則誣善惡而惑當代若傳於後則混真偽而疑將來臣伏思之大非先王文理化成之教也且古之為文者上以紉王教繫國風下以存炯戒通諷諭故懲勸善惡之柄執於文士褒貶之際焉補察得失之端操於詩人美刺之間焉今褒貶之文無覈實則懲勸之道缺矣美刺之詩不稽政則補察之義廢矣雖彫章鏤句將焉用之臣又聞稂莠秕稗生於穀反害穀者也淫辭麗藻生於文反傷文者也故農者耘稂莠簸秕稗所以養穀也王者刪淫辭削麗藻所以養文也伏惟陛下詔主文之司諭養文之旨俾辭賦合炯戒諷諭者雖質雖野采而獎之碑誄有虛美媿辭者雖華雖麗禁而絕之若然則為文者必當尚質抑淫著誠去偽小疵小弊蕩然無遺矣則何慮乎皇家之文章不與三代同風者歟

六十九採詩　以補察時政

問聖人之致理也在乎酌人言察人情而後行為政順為教者也然則一人之耳安得徧聞天下之言乎一人之心安得盡知天下之情乎今欲立採詩之官開諷刺之道察其得失之政通其上下之情子大夫以為何如



臣聞聖王酌人之言補己之過所以立理本導化源也將在乎選觀風之使建採詩之官俾乎歌詠之聲諷刺之興日採於下歲獻於上者也所謂言之者無罪聞之者足以自誡大凡人之感於事則必動於情然後興於嗟歎發於吟詠而形於歌詩矣故聞蓼蕭之篇則知澤及四海也聞禾黍之詠則知時和歲豐也聞北風之詩則知威虐及人也聞碩鼠之刺則知重斂於下也聞廣袖高髻之謠則知風俗之奢蕩也聞誰其穫者婦與姑之言則知征役之廢業也故國風之盛衰由斯而見也王政之得失由斯而聞

也人情之哀樂由斯而知也然後君臣親覽而斟酌焉政之廢者修之闕者補之人之憂者樂之勞者逸之所謂善防川者決之使導善理人者宣之使言故政有毫髮之善下必知也教有錙銖之失上必聞也則上之誠明何憂乎不下達下之利病何患乎不上知上下交和內外胥悅若此而不臻至理不致昇平自開闢以來未之聞也老子曰不出戶知天下斯之謂歟

七十納諫　上封章廣視聽

問國家立諫諍之官開啓沃之路久矣而謇諤者未盡其



節謀猷者未竭其誠思欲取天下之耳目裨我視聽盡天下之心智爲我思謀政之壅蔽者決於中令之絶滅者通於外上無違德下無隱情何爲何方得至於此

又問先王立訓唯諫是從然則歷代君臣有賢有否至若獻替之際是非之間若君過臣規固宜有言必納如上得下失豈可從諫如流以是訓人其義安在

臣聞天子之耳不能自聰合天下之耳聽之而後聰也天子之目不能自明合天下之目視之而後明也天子之心不能自聖合天下之心思之而後聖也若天子唯以兩耳聽之兩目視之一心思之則十步之內不能聞也百步之外不能見也殿庭之外不能知也而況四海之大萬幾之繁者乎聖王知其然故立諫諍諷議之官開獻替啓沃之道俾乎補察遺闕輔助聰明猶懼其未也於是設敢諫之鼓建進善之旌立誹謗之木工商得以流議士庶得以傳言然後過日聞而德日新矣是以古之聖王由此塗出焉

臣又聞不棄死馬之骨然後良驥可得也不棄狂夫之言然後嘉謀可聞也苟臣管見之中有可取者陛下取而行之苟臣芻言之中有可採者陛下採而用之則聞之者必曰如某之言如某之見猶且不棄況愈於某之徒歟則天



下謀猷之士得不比肩而至乎天下謇諤之臣得不繼踵而來乎故覽其謀猷則天下之利病如懸於握中矣納其謇諤則朝廷之得失如指諸掌內矣所謂用天下之耳聽之則無不聰也用天下之目視之則無不明也用天下之心識思謀之則無不聖神也聖神啓於上聰明達於下如此則何壅蔽之有耶何絶滅之有耶臣又嘗觀歷代人君有愚有賢舉事非盡失也人臣有能有否出言非盡得也然則先王勤勤懇懇勸從諫誡自用者又何哉豈不以自

古以來君雖有得未有愎諫而理者也況其有失乎臣雖有失未有從諫而亂者也況其有得乎勤懇勸誡之義在於此矣惟陛下鑒之

七十一去諂佞從讜直

問天地無私賢愚間生焉理亂有時邪正迭用焉然則理代豈無愚邪者耶將有而不任耶亂代豈無賢正者耶將有而不用耶思決所疑可徵其驗

又問歷代之君無不知用賢則理用愚則亂從諫與從佞亡也而取舍之際紛然自迷故誅放者多非小人寵用者



鮮有君子至使衰亡危亂歷代相望豈臣之邪正惑其心乎將已之愛惡昏其鑒乎昏惑之由必有其故

臣聞昏明不並興邪正不兩廢蓋賢者進則愚者退矣曲者用則直者隱矣亦由晝夜相代寒暑相推必然之理也然則盛明之代非無小人小人之道消不能見而爲亂也昏衰之代非無君子君子之道消不肯出而爲理也故殷紂之末三仁在朝虞舜之初四凶在位雖仁在朝不能用之所以喪天下速於旋踵也雖凶在位卒能去之所以理天下易如覆掌也用舍與亡之驗唯明主能察之然則歷



代之主莫不知邪以賢盛以愚衰君以諫安以佞危然則有前車覆而後車不誡者何也蓋常人之情悅其從命遜志者惡其違已守道者又君子難進而易退況惡之乎小人易進而難退況悅之乎是則常主之待君子也必敬而踈其遇小人也必輕而狎狎則恩易下及踈則情難上通是以面從者日親動則假虎威而自負也骨鯁者日踈言則犯龍鱗而必死也故政令日以壞邦家日以傾斯所以變盛爲衰轉安爲危者矣是以明主知君子之守道也雖違於已引而進之知小人之徇惑也雖從於命推而遠之



知讜言之爲良藥也雖逆於耳恕而容之知佞言之爲美疹也雖遜於心忍而絕之故政令日以和邦家日以理斯所以變衰爲盛轉危爲安者矣盛衰安危之效唯明主能鑒之

七十二使臣盡忠人愛上　在乎明報施之道

夫欲使臣節盡忠人心愛上則在乎明報施之道也傳曰美惡周必復又曰其事好還然則復與還皆報施之謂也夫日月不復則晝夜不生陰陽不復則寒暑不行善惡不復則君臣不成昔者五帝接其臣以道故其臣致君以德

也三王使其臣以禮故其臣事君以忠也秦漢以降任其臣以利故其臣奉君以賈道賈道者利則進不利則退故君昏寡救惡之士國危鮮致命之臣是以其君獨安獨危其臣亦獨憂獨樂君臣之道既阻於上則兆庶之心不得不離於下也故曰君視臣如股肱則臣事君如元首君待臣如犬馬則臣待君如路人君愛人如赤子則人愛君如父母君視人如土芥則人視君如寇讎孔子云審吾之所以適人知人之所以求我也則盡忠愛上之策在於此不在於彼矣



### 七十三養老　在使之壽富貴

臣聞昔者西伯善養老而天下歸心善養者非家至戶見衣而食之也蓋能爲其立田里之制以安其業導樹畜之產以厚其生使生有所養老有所終死有所送也近代之主以爲老者非帛不煖非肉不飽而特頒其布帛肉粟之賜則謂養老之道盡於是矣臣以爲此小惠也非大德也何則賜之以布帛仁則仁矣不若勸其桑麻之業使天下五十者可以衣帛矣賜之以肉粟惠則惠矣不若教其雞豚之畜使天下七十者可以食肉矣然後牧以仁賢慎其刑罰雖不與之年而老者得以壽矣不奪其力不擾其時雖不與之財而老者得以富矣使幼者事長少者敬老雖不與之爵而老者得以貴矣此三代盛王所以不遺年而興孝者用此道也

### 七十四睦親　選用

臣聞聖人南面而理天下自人道始矣人道之始始於親親故堯之教也睦九族而平百姓文王之訓也刑寡妻而御家邦斯可謂教之源理之本也今陛下誠欲推其恩廣其愛使惠洽九族化流萬人則宜乎先親後疏自近及遠



者也然後置其師傅開之以教訓選其賢能授之以官政或出爲牧守入爲公卿如此則雖無三代封建之名而有三代翼戴之實也使棣華之詠協於內麟趾之風著於外所謂枝葉茂而根本可庇骨肉厚而家國俱肥則天下之人相從而化矣故曰未有九族睦而萬人叛者也未有九族離而萬人和者也蓋先王所以布六順而化百姓敷五教而協萬邦者由此道素行也

### 七十五典章教令

問子大夫才膺間出副我旁求宜當悉心靡有所隱其或

典章有違於古禁令不便於今爾無面從予將親覽
臣伏以今之典章百王之典章也安有戾於古道者歟今
之禁令列聖之禁令也安有乖於昔時者歟但在乎奉與
不奉行與不行耳陛下之念至此誠思理之心切好問之
旨深也此臣所以極千慮昧萬死而獻狂直者以副天心
之萬一焉臣聞典章不能自舉待教令而舉教令不能自
行待誠信而行今百王之典具在列聖之法明備而禁未
甚止令未甚行者臣愚以爲待陛下誠信以將之昔宓賤
行化德及泉魚非嚴刑所致也推其誠而已魯恭爲理仁



及春翟非猛政所驅也委其信而已今以陛下上聖之資
仁惠之力令行禁止之勢萬萬於一邑一宰也何慮教不
敷而化不洽乎臣聞周公之理也周年而變三年而化五
年而定陛下苟能勤教令以撫之推誠信以奉之則三年
化成五年理定臣竊未以爲遲矣伏惟陛下少垂意而待
焉

# 欽定全唐文卷六百七十二

## 白居易十七

得甲居蔡曰寶人告以爲僭不可入官訴云傳句
不余欺是以寶之

魯道寖微守臣喪職眷茲臧氏代稱家卿方搆禍於家門
始有誣於內子問則以黷察而愈欺理異斬關而放跡同
據邑之請三年一兆既徒稽於大蔡始僭終吉彼何幸於
纖人故帝舜格言唯先蔽志宣尼垂範數而爲黷則知禍
福無門通塞唯數焉有性命之理存乎卜祝之間若廢與



之道適然是善惡之徵一貫人與僭而不入因君子之明
刑

得甲畜非斗龜財物歸之遂至萬千或告違禁詞
云名在八龜

財無苟得義不厭取若奉業以往積而無傷或非道以行
動且爲害於稽爾甲爰契我龜已見負圖不獨七星之號
空嗟入夢詎終千載之期是諸侯之寶念彼當畜非宗伯
之屬其誰敢私豈伊匪人妄致諸櫝迹罔厠於主守家用
寶於神龜徵以從長占八九之數窮於既厭收千萬之盈

茲乃多藏。且不豫於官事。靡嘗知禁。亦可畏於人言。必曰職我之由。守而勿失。名可覆視。余無爾刑。

得甲去妻後妻犯罪請用子蔭贖罪甲怒不許

二姓好合。義有時絕。三年生育。恩不可遺。鳳雖阻於和鳴。烏豈忘於反哺。旋觀怨偶。遽抵明刑。王吉去妻。斷紘未續。孔氏出母。踈綱將加。誠鞠育之可思。何患難之不救。況不安爾室。盡孝猶慰母心。薄送我畿。贖罪寧辭子蔭。縱下山之有怒。曷陟屺之無情。想芣苢之歌。且聞樂有其子。念葛藟之義。豈忍不庇於根。難抑其辭。請敦不匱。



得辛氏夫遇盜而死遂求殺盜者而爲之妻或責其失貞行之節不伏

親以恩成。有讎寧捨。嫁則義絕。雖報奚爲。辛氏姑務雪寃。靡思違禮。勵釋憾之志。將殄萑蒲。蓄許嫁之心。則乖松竹。況居喪未卒。改適無文。苟失節於未亡。雖復讎而何有。夫讎不報。未足爲非。婦道有虧。誠宜自恥。詩著靡他之誓。百代可知。禮垂不嫁之文。一言以蔽。無效尤於邾婦。庶繼美於恭姜。

得乙與丁俱應拔萃乙則趨時以求名丁則勤學以待命互有相非未知孰是

立己徇名。則由進取。修身俟命。寧在躁求。智乎雖不失時。仁者豈宜棄本。屬科懸拔萃。才選出羣。勤苦修辭。乙不能也。吹噓附勢。丁亦恥之。躁靜既殊。性習遂遠。各從所好。爾由徑而方行。難強不能。吾捨道而奚適。觀得失之路。或似由人。推通塞之門。誠應在命。所宜勵志。焉用趨時。若棄以非鼓。失則自求諸己。儻中其正鵠。得亦不愧於人。無尚苟求。盍嘉自致。

得丁冒名事發法司准法科罪節度使奏丁在官有美（集作善）政請免罪授眞以勸能者法司以亂



法不許

宥則利淫。誅則傷善。失人猶可。壞法實難。丁僭濫爲心。僶俛從事。始假名而作僞。咎則自貽。及勵節而爲官。政將何取。節使以功惟補過。請欲勸能。憲司以仁不惠姦。議難亂紀。制宜經久。理貴從長。見小善而必求。材雖苟得。踰大防而不禁。弊將若何。濟時不在於一夫。守法宜遵乎三尺。盍懲行詐。勿許拜眞。

得乙上封請永不用赦大理云廢赦何以使人自

新乙云數赦則姦生恐弊轉甚

刑乃天威赦惟王澤於以御下存乎建中上封以宥過利滛倖門宜閉大理以盪邪除舊權道當行皆推濟國之誠未達隨時之義何則政包寬猛法有弛張習以生常則起爲姦之弊廢而不用何成作解之恩請思砭石之言兼詠蓼蕭之什數則不可無之亦難

得景居喪年老毀瘠或非其過禮景云哀情所鍾

孝乃行先則當銜恤子爲親後安可危身景喪則未終老其將至懷荼蓼之慕誠合盡哀迫桑榆之光豈宜致毀所



以爰資肉食唯服麻縗況血氣之既衰老夫耄矣縱哀情之罔極吾子忍之苟滅性而不勝則傷生而非孝因殺立節庶畢三年之喪順變從宜無及一朝之患既虧念始當愧或非

得辛奉使遇昆弟之仇不鬬而過爲友人責辭云銜君命

居兄之仇避爲不悌銜君之命鬬則非忠將滅私而奉公宜棄小而取大辛時惟奉使出乃遇讐斷手之痛不忘誠難共國飲冰之命未復安可害公節以忠全情由禮抑末失使臣之體何速諍友之規臾駢立言嘗聞之矣子夏有問而忘諸乎是謂盡忠于何致責

得軍帥選將多用文儒士兵部詰其無武藝帥云取其謀也

忘身死節誠重武夫制敵伐謀則先儒士將籌策而可尚奚騎射之足稱軍帥明以知兵精於選將以爲彎弧學劒用無出於一夫悅禮敦詩道可宏於七德功宜保大理貴從長若王師之有征以謀則可苟戎略之無取雖藝何爲況晉謀中軍選於義府漢求上將舉在儒流豈惟我武惟揚誠亦斯文不墜元戎舉德未爽能軍兵部執言恐爲辱



國

得甲至華嶽廟不禱而過或非其違衆甲云禱非禮也

嶽則配天自修常事神雖福善安可苟求宜率道以去邪豈從衆而失正甲志惟守義言乃合經以爲視以三公實天子之所饗降其百福寧匹夫之可禳如修蘋藻之誠是用秕稗之禮況人之僭濫徒欲乞靈而神實聰明豈歆滛祀非鬼是爲諂也黷神無乃吐之旅於泰山古猶致誚檮

於華嶽。今豈不非諒正直之難誣。雖馨香而勿用。將勸來者。所宜救歟。

得乙隱居徵辟不起。子孫請以所辟官用蔭。所司不許

修身獨善。寵則若驚。制爵尊賢。命其難廢。形雖遺於軒冕。蔭宜及於子孫。乙貞以自居。辟而不起。鶴書莫顧。雖忘卹後之心。爵命已行。寧闕賞延之典。若使死無用蔭。生不及榮。何成旌善之風。且是廢君之命。場苗不食。誠自絕於縶維。葛藟有陰。義難虧於燕翼。請優後嗣。以獎外臣。



得江南諸州送庸調。四月至上都。戶部科其違限。訴云。冬月運路水淺。故不及春至

賦納過時。必先問罪。淹卹有故。亦可徵辭。月既及於正陽。事宜歸於宰旅。展如澤國。葢納地征。歲有入貢之程。敢忘慎守。川無負舟之力。寧免稽遲。苟利涉之惟艱。雖愆期而必宥。地官致詰。虛月其憂。江郡執言。後時可愍。然恐事非靡盬。辭或憑虛。請驗所届公文。而後可遵令典。

得景爲縣令。教人煮木爲酪。州司責其煩擾。辭云以備凶年

事不舉中。有災寧救。政或擾下。雖惠何爲。景念在濟時。動非率法。且煩人而不卹。是昧烹鮮。何歉歲以爲虞。將勸煮酪。信作勞於無用。豈爲教之有方。必也志切救災。道敦行古。周官荒政。自可擇其善者。新室弊法。焉用尤而效之。宜聽責言。勿迷知過。

得丁爲郡守。行縣見昆弟相訟者。乃閉閤思過。或告其矯。辭云。欲使以田相讓也

化本自家。政先爲郡。禮寧下庶。宜寬不悌之刑。訓在知非。是得長人之道。況天倫不睦。地訟攸興。利方競於膏腴。恩



難虧於骨肉。教宜引古。過貴自新。雖閧爭以鬩墻。有傷魯衛之政。庶使愧而讓畔。將同虞芮之風。苟無訟之可期。則相容而何遠。推田以讓。爾誠謝於孟光。閉閤而思。吾何慙於延壽。宜嘉靜理。勿謂矯誣。

得甲獻弓。蹲甲而射不穿一札。有司詰之。辭云。液角者不得牛戴牛角

貫革乖方。則宜致詰。相角失理。亦可徵辭。甲莫體以成。執簫而獻。中規不撓。六材雖則合三。捨拔有愆。七札不能穿一。且恐傷人之甲。不曰堅乎。而非戴牛之弓。無自入也。液

信虧於巧者射遂爽於臧兮周典足徵彼自乖於三色楚君明試此無愧於二臣咎且有歸責之非當

得乙有同門生喪親將往弔之其父怒而撻之使遺縑而已或詰其故云交道之難

子道貴恭當從理命交游重義盍卹哀情孝不在於詭隨仁豈忘於惻隱乙父訓乖愛子道昧擇交況求益之初無友不如己者及居喪之際凡人猶合救之旣罔念於一哀是有違於久要苟知生而不弔雖贈死以何爲舊館遇喪宣父尚猶出涕同門在戚王丹未可忘情縱申遺帛之誠



豈補贈芻之義肆一杖之怒父兮旣爽義方杜三諫之辭子也亦虧孝道宜哉或詰允矣知言

得轉運使以汴河水淺運船不通請築塞兩岸斗門節度使以當軍營田悉在河次若斗門築塞無以供軍

川以利涉竭則壅稅水能潤下塞亦傷農將捨短以從長宜去彼而取此汴河決能降雨流可通財引漕運之千艘實資積水生稻粱於一溉亦藉餘波利既相妨用難兼濟節度使以軍儲務足思開寶而有年轉運司以邦賦貴通恐負舟而無力辭雖執競理可明徵壅四國之征其傷多矣專一方之利所獲幾何贍軍雖望於秋成濟國難虧於日用利害斯見與奪可知

得景爲宰秋雩刺史責其非時辭云旱甚若不雩恐爲災

居常授時政則行古恤人救弊道在從宜旱將害於粢盛雩難拘於秋夏景象雷是職不雨其憂苟旱魃之從時虐既太甚雖蓐收之戒序雩亦何傷冀有聞於鸛鳴庶無虞於狼顧馨香以感夕且望於月離稼穡其傷時難遵於龍



見雖事乖魯史而義合隨時製錦執言是亦爲政褰帷致詰未可與權

得丁爲郡歲凶奏請賑給百姓制未下散之本使科其專命丁云恐人困

臨邦賑乏情本由衷爲國救災美終歸上丁分條出守求瘼居心歲不順成人既憂於二鬴公有滯積戶將饑以一鍾是輸濟衆之誠允叶分憂之政然以事雖上請恩未下流稍違主守之文遽見職司之舉使以未有君命何其速歟郡以苟利國家專之可也卹貧賑廩鄧攸雖見免官矯

制發倉汲黯不聞獲罪請宥自專之過用旌共理之心

得戊兄爲辛所殺戊遇辛不殺之或責其不悌辭云辛以義殺兄不敢返殺

捨則崇讐報爲傷義當斷友于之愛以遵王者之章戊居兄之仇應執兵而不返辛殺人以義將俾刃而攸難雖曾策垂文不可莫之報也而周官執禁安得茍而行之將令怨是用希實在犯而不校援子產之誠損怨爲忠徵臾駢之言益仇非智難從不悌之責請聽有孚之辭

得甲爲將以簞醪投河命衆飲之或非其矯節甲



曰推誠而已何必在醉

將主軍情酒存人欲推誠之義必在於均飽德之文不專於醉甲寄分外閫令出中權九醞投河義由獨斷一瓢飲水惠在同霑倘師人之多寒恩逾挾纊如戰士之載渴功倍望梅分少以表無頗和衆寧宜及亂豈資滿腹所貴歸心少卿絕甘見稱漢代子反獨醉實敗楚軍茍臧否之是由何古今之有異非其矯節是不知言

得乙有罪丁救以免乙不謝或責之乙云不爲已

在公而行誠非爲巳懷惠以謝則涉徇私彼既求仁而得仁此宜以直而報直乙惟獲戾丁乃解紛以爲非罪而拘冶長見稱於尼父直言以免叔向寧謝於祁奚論恩則邱山不勝在道而江湖可忘況情非私謁可以不愧於人義在公行實亦無求於我合嘉遺直勿聽責言

得景妻有喪景於妻側奏樂妻責之不伏

喪則思哀見必存敬樂惟飾喜舉合從宜夫婦所貴同心吉凶固宜異道景室方在疚庭不徹懸鏗鏘無倦於鼓鐘好合有傷於琴瑟既從夫義是棄人喪儼麻縗之在躬是吾憂也調絲竹以盈耳於汝安乎如賓之敬頗乖若往之



哀斯瀆遂使唱和不應憂喜相干道路見縗猶聞必變隣里有殯亦爲不歌誠無惻隱之心宜受庸奴之責

得甲年七十餘有一子子請不從政所由云人戶減耗徭役繁多不可執禮而廢事

役且有辭信非懋力老而不養豈謂愛親戀若阻於循陔怨必興於陟岵顧惟甲子及此丁年戶減事繁政宜勤於晝夜家貧親老養難闕於晨昏在子道而可矜雖王徭之宜免事聞諸禮情見乎辭天子敦風猶勸養其三老庶人從政亦何假於一夫況當孝理之朝難抑親人之請所由

之執愚謂不然

得景於逆旅食噬腊遇毒而死其黨訟之主人云買之有處

生不可保死必有因盍知命於喪予豈尤人於食我景秋蓬方轉朝蕤欲晞旅次爰來將受餐而已生涯溘盡當終食之間且非祭地之疑自是逢天之戚永言其黨不察所由死且焉知徒云噬腊之毒買而有處請無寘堇之嫌誠虐士之可哀在主人而何咎幸思恕物無妄罪人

得詔賜百寮資物甲獨以物委地而不拜有司劾



其不敬云本賦物故不敢拜

賜表主恩拜明臣禮苟臨事而不敬雖有辭而勿聽甲列在朝行須其資物宜荷天而受賜何委地而如遺曾是姦賦誠可惡於清德令爲寵錫諒難拒於鴻私既爲善而近名亦失恭而遠禮必也志疾貪冒節勵貞廉自當辭讓有儀豈得棄捐不拜況人不易物錘離委珠而徒爲心苟無瑕伯夷飲泉而可爽宜許有司之劾用懲不恪之辜

得乙爲大夫請致仕有司詰其未七十乙稱羸病不任事

時制未及尚可俟朝疾疢所加固難陳力乙位參食采志在懸車揆以紀年桑榆之光未暮驗其羸病蒲柳之質先零既稱量力而行所謂奉身以退雖髮未種種告老無乃速歟而心既諄諄致政固其宜矣請高知止無強不能

得景爲縣官判事案成後自覺有失請舉牒追改刺史不許欲科罪景云令式有文

政尚無寬過宜在宥苟昨非之自悟則夕改而可嘉景乃案寮參諸簿領當推案務劇詎免毫釐之差屬褰帷政苛不容筆削之改誤而不隱悔亦可追縣無罔上之姦州有



刻下之虐先迷後覺判事雖不三思苟有必知牒舉明無二過揆人情而可恕徵國令而有文將欲痛繩恐非直筆

得甲替乙爲將甲欲到乙嚴兵守備不出迎發制書勘合符以法從事御史糾其無賓主之禮科罪不伏

師律貴貞兵符示信苟未會合敢忘戒嚴乙奉中權甲承後命推輪相代言赴及瓜之期衷甲自防猶軫前茅之慮且信惟守器權在隱情符節既未合同軍衛如何徹警所宜慮遠安可徇私闕於將迎雖乖主禮究其守備是叶軍

謀無責建牙恐非直指

得鄉老不輸本戶租稅所司詰之辭云年八十餘歲有須賜請預折輸納所司以無例不許

月制既登誠宜加惠歲賦不入何以奉公苟布常而是違雖移用而不可鄉老年參耆耋名繫版圖天賜未須且有躁求之請地征合納非無苟免之心曾是徇私固難違例況時逢恤老節合勸王尚齒肆筵我歲斂於善養食毛入賦爾奚忘於樂輸受賜任待於時須量入難虧於歲杪不從妄請誠謂職司



得乙女將嫁於丁既納幣而乙悔丁訴之云未立婚書

女也有行義不可廢父兮無信訟所由生雖必告而是遵豈約言之可爽乙將求佳壻曾不良圖入幣之儀既從五兩御輪之禮未及三周遂違在耳之言欲阻齊眉之請況卜鳳以求士且靡咎言何奠雁而從人有乖宿諾婚書未立徒引以爲辭聘財已交亦悔而無及請從玉潤之訴無過桃夭之時

得景請與丁卜丁云死生付天不付君也遂不卜或非之

聖人建易雖用稽疑君子樂天固宜知命苟吉凶之罔僭何臧否之足詢丁執心不回出言有中爾考前知之兆誠足決疑吾從昆命之文必先蔽志以爲禍福由己休咎則繫於慎行生死付天修短乃存乎陰隲當脫身於木雁寧問命於蓍龜言既中倫理亦窮性況詹尹釋策有問焉知鬬廉立言不疑何卜不從握粟是謂忘筌

得耆老稱甲多智縣司舉以理人或云多智賊也未知合用否



道雖棄智政且使能苟養之以恬則用之不惑甲稱子智縣舉爾知將老者之審才得賢斯美何或人之懵理爲賊是虞誠蔽蕩之無聞庶利仁之可取然以智殊小大用有否臧識若限於挈瓶或當害物道能宏於樂水何爽理人請審兩端方從一見

得乙爲邊將虜至若涉無人之地監軍責其無勇畧辭云内無糗糧外無犄角

封疆貴安伍候尚警苟不固吾圉則速即爾刑乙登彼將壇鎮於邊壘誠可戒嚴走集罔有敵於我師何乃啟納冠

戎。若無人於吾地。是昧安邊之畧。信貽失律之凶。拳勇蔑聞。罪戾誰執。如或寇強師老。食絕城孤。期盡敵而還。且勤於堅守。苟知難而退。猶愈於覆亡。宜矜犄角之辭。難議建牙之罪。

得景進柑子過期壞損所由科之稱於浙江楊子江口各阻風五日

進獻失期。罪難逃責。稽留有說。理可原情。景乃行人。奉玆錫貢。薦及時之果。誠宜無失其程。阻連日之風。安得不愆於素。覽所由之語。聽使者之辭。既異遑寧。難科淹恤。限滄波於于役。匪我愆期。販朱實於厥包。非予有咎。捨之可也。誰曰不然。



得丁喪所知於野張帷而哭鄰人詰云夫子惡野哭者

死喪有別。哭泣從宜。情或異於親疏。禮則殊於內外。丁義勤交道。動循容止。未忘半面。嘗同傾蓋之歡。永念重泉。遂展張帷之哭。雖聲非有慟。而分止所知。未乖夫子之言。何致鄰人之詰。如或肆號咷於路左。物或惡之。今則具威儀於野中。禮無違者。允符前志。奚郵斯言。

得甲妻於姑前叱狗甲怒而出之訴稱非七出甲云不敬

細行有虧。信乖婦順。小過不忍。豈謂夫和。甲孝務恪恭。義輕好合。饋豚明順。未聞爽於聽從。叱狗愆儀。盍勿庸於疾怨。雖怡聲而是昧。我則有尤。若失口而不容。人誰無過。雖敬君長之母。宜還王吉之妻。

得乙為軍帥昧夜進軍諸將不發欲罪之辭云不見月章

表旗示信。戎政貴明。在九章而或乖。雖三令而惟反。乙是稱戎帥。未達軍容。奉明罰之辭。無聞月捷。用潛師之計。方事宵征。徒欲董以爪牙。曾不明其耳目。況將經武。必在昭文。夜號未申。有虞固宜不進。月章莫舉。毀匵自可當辜。訴非失辭。責乃當罪。（一作過聽）



得景嫁殤鄰人告違禁景不伏

生而異族。死豈同歸。且非合祔之儀。爰抵嫁殤之禁。景夭婚是恤。窀穸斯乖。以處子之舜華。遷他人之蒿里。曾靡卜於鳴鳳。各異室家。胡為相以青烏。欲同宅兆。徒念幼年無偶。豈宜長夜有行。況生死寧殊。男女貴別。縱近傾筐之歲。

且未從人。雖有遊岱之魂。焉能事鬼。既違國禁。是亂人倫。請徵媒氏之文。無抑鄰人之告。

得丁陳計請輕過移諸甲兵省司以敗法不許丁云宥罪濟時行古之道何故不可

軍興事亟。則務益兵。時泰教成。固難敗法。丁志崇陳計。識昧相時。當兵戰之朝。詎資凶器。在刑行之日。寧利幸人。是廢國章。欲崇軍實。禍關黷武。弊起惠姦。宥罪未若慎行。濟軍不如經國。況王霸道異。古今代變。小哉管氏之器。曾是行權。胥矣省司之言。孰非經久。得失斯在。用捨可知。



得甲在獄病久請將妻入侍法曹不許訴稱三品

以上散官

獄雖慎守。病則哀矜。苟或無瘳。如何罔詒。甲罪抵刑憲。身從幽縶。憂能成疾。膏肓之上未痊。危則思親。縲絏之中有請。勢窮搖尾。念切齊眉。卧或十旬。既軫彌留之懼。官惟三品。宜從侍執之辭。敢請法曹。式遵令典。

得乙聞牛鳴曰是生三犧皆用之矣問之皆信或謂之妖不伏

上稟天性。旁通物情。是謂生知。孰云行怪。況形雖異類。心則同歸。四鳥分飛。聽音既稱有信。三犧皆用。聞鳴豈可爲妖。且叶前言。殊非左道。爾惟不講。我則有辭。揆以周官。業將同於夷隸。詳夫魯史。責不及於葛盧。獸語可徵。人言奚恤。

得丁母乙妻俱爲命婦每朝參丁母云母尊婦卑請在婦上乙妻云夫官高不合在下未知孰是

肅恭成德。卑則敬尊。著定辨儀。賤無加貴。眷彼母妻之品。視其夫子之官。敬將展於君前。禮且殊於門內。閨閫垂訓。長幼雖合有倫。朝廷正名。等列豈宜無別。婦道雖云守順。國章亦可易班。母則失言。妻唯得禮。且子今位下。高欲宗予。而夫也官崇。如何卑我。請依序守。無使名愆。



得景請預駙馬所司糾云景庶子也且違格令欲科家長罪不伏

冒婚傲倖。既抵官刑。罔上失忠。亦虧臣節。在幼賤而不禁。豈尊長之無辜。屬下嫁王姬。旁求都尉。選吹簫之匹。雖則未獲貞人。預傅粉之郎。豈可濫收庶子。況姻連天族。榮冠人倫。詞既異於承祧。禮難當於釐降。掩藏庶孽。唯慮其不諧。貪冒寵榮。詎思於有罪。豈非或益而損。曾是欲蓋而彰。

國章寧捨於面欺家長宜從於首坐

得甲夜行所由執之辭云有公事欲早趨朝所由以犯禁不聽

趨朝有時則當蚤作防姦以法寧縱晨行雖夙夜之自公豈警巡之可犯甲陳力是念相時斯昧方鳴三鼓知行夜之猶嚴未闢九門信將朝而尚早趨進合遵於辨色夙興宜伺其啟明既爽時然後行是必動而有悔非巫馬爲政焉用出以戴星同宣子俟朝胡不坐而假寐宜遵街禁用表司存



得郡舉乙清高廉使以爲通介無常罪舉不當郡稱往通今介時人無常乙有常也

退藏守道自合銷聲待用濟時則難背俗乙行藏未達通介不常若德至而無稱固難滅跡既名彰而見舉誠合隨時徒立身以清高且於物而疑滯無固無必盍守宣尼之言獨清獨醒信貽漁父之誚兼濟豈資於絶俗全眞未爽於同塵宜從不當之科俾愼無常之舉

得景於私家陳鐘磬鄰人告其僭云無故不徹懸

器不假人易而生亂樂惟節事過則有刑禮既異於古今法且禁其鐘磬景苟求飾喜罔念速尤竊笥簴以陳樂由奢失僭金石而奏罪以聲聞雅當犯貴之辜難許徹懸之訴然恐賜同魏絳僭異於奚且彰非闕之恩何爽南鄰之擊是殊國禁無告家藏

得丁氏有邑號犯罪當贖請同封爵之例所司不許辭云邑號不因夫子而致

邑號旌賢國章議貴如或不能自庇則將焉用其封丁氏恩降閨門罪罹邦憲寵非他致既因表以勳賢咎雖自貽亦可免於刑戮若不從其寬典則何貴於虛封漢卹緹縈



猶聞贖父齊分石窌豈不庇身宜聽輯矣之辭難奪贖令之請

欽定全唐文卷六百七十三

白居易十八

得景與乙同賈景多收其利人刺其貪辭云知我貧也

仁無貪貨義有通財在潔身而雖乖於知己而則可景乙奇贏同業氣類相求競以錐刀始聞小人喻利推其貨賄終見君子用心情表深知事符往行如或貧富必類自當與讓立廉今則有無相懸固合損多益寡是爲徇義豈曰竭忠受粟益親孔氏用敦吾道分財損己叔牙嘗謂我貧



無畏人言俾彰交態

得景夜越關爲吏所執辭云有追捕

設以關防辨其出入既慎守而無怠豈僞遊而能過景勤恪居懷夙夜奔命以謂寇攘事切宜早圖之罔思呵察戒嚴不可踰也雀蒲乃司敗小事襟帶實國家大防仰老氏之文雖知善閉稽周公之制尚曰不征責已具於有司理難辭於靡鹽盍從致詰無信飾非

得乙以庶男冒婚丁女事發離之丁理饋賀衣物請以所下聘財折之不伏

婚以匹成嫡庶宜別訟由情察曲直可知將令人有所懲必在弊之不及隱其庶孽冒乃婚姻情以矯誣始聞好合事斯彰露旋見仳離既生非偶之嫌遂起納徵之訟詞多執競理有適歸乙則隱欺在法而聘財宜沒丁非罔冒原情而饋禮可追是非足明取與斯在

得乙在田妻餉不至路逢父告饑以餉饋之乙怒遂出妻妻不伏

象彼坤儀妻惟守順根乎天性父則本恩饌宜進於先生饍可輟於田畯夫也望深饁彼方期相敬如賓父兮念切



枵然旋聞受哺於子義雖乖於齊體孝則見於因心盍嘉陟岵之仁翻肆送畿之怒執親是念難忘父一之言不爽可徵無效士二其行犬馬猶能有養爾豈無聞鳳凰欲阻于飛吾將不取

得丁上言豪富人畜奴婢過制請據品秩爲限約或責其越職論事不伏

品秩異倫臧獲有數苟踰等列是紊典常丁志在作程惡夫過制爰陳誠於白奏俾知禁於素封將使豪富之徒資雖積於鉅萬僮僕之限數無踰於指千抑滔義叶於隋時

革弊道符於漢日責其論事無乃失辭若守職而越思則爲出位將盡忠於陳詐難伏嘉言楚旣失之鄭有辭矣

得甲爲邠州刺史正月令人修耒耜廉使責其失農候訴云土地寒

教有權節業無易宜地苟異於寒溫農則殊於早晚甲分憂率職從俗勉人天時有常農宜先定地氣不類寒則晚成雖愆揉木之時未違把草之候正惟廉使何昧遺風縱稼器之已修先成焉用苟土膏之不起欲速何爲誠宜嘉乃辨方豈可詰其行古循諸周禮修耒雖在於季冬訓此



甿人于耜未乖於正月責則迂也訴之宜哉

得乙掌宿息井樹客至不誅相翔者御史糾之辭云罪在守塗之人

姦或不誅吏將焉用苟欲科其官失必先辨以司存乙愼守無聞庇徒有息嘉賓戾止誠宜慮以相翔暴客事來固合擒而勿佚旣曠官禁是縱公行且戒事之前不申嚴於聚柝慢官之後欲移過於守塗誠乖率屬之方宜甘責帥之罰然以官雖聯事等列或殊罪不同科重輕宜別比夫所屬請以異論

得景爲私客擅入館驛欲科罪辭云雖入未供

傳舍是崇使車攸處將供行李必辨公私何彼客遊欲從公食豈無逆旅宜受饋於盤飧旣匪使臣何苟求於館穀信饕餮而是啟寧僭濫之可容同周官之廬入宜銜命非鄭氏之驛置豈延賓法旣自干咎將誰任然則不應入而妄入刑固難逃而已供與未供罪宜有別請從減降庶叶科條

得洛水暴漲決破中橋往來不通人訴其弊河南府云雨水猶漲未可修橋縱苟施功水來還破請待水定人又有辭



大水爲災中橋其壞車徒未濟誠有阻於往來修造從宜亦相時之可否顧茲浩浩阻彼憧憧人訴川梁不通壅而爲弊府慮水沴薦至毀必重勞苟後患之不圖則前功之盡棄將思濟衆固合俟時徵啟塞之文雖必葺於一日防懷襄之害未可應乎七星無取人辭請依府見

得景爲將敵人遺之藥景受而飲之或責失人臣之節不伏

軍尚隱情臣宜守道況握中權之要當絕外交之嫌景受

命建牙遇敵飲藥直雖可舉忠則不知且事君在公訓旅貴信失人臣之節爾豈自明惑士卒之心吾將安仰況兵惟尚詐人不易知同饋醪而無他推誠猶可苟流毒而不察雖悔寧追無謀既昧三思不伏恐涉貳過勿疑以飲徒徇陸抗之名未達而嘗且墜宣尼之訓是違師律難償隣言

得丁將在別屯士卒有犯每專殺戮御史舉劾訴稱曾受棨戟之賜

將非處右莫敢示威軍或別屯則宜專命丁位雖佐理分



以戎行執專征之權錫弓於周典操司獄之柄受棨於漢儀既有令而必行信無瑕而可戮實握兵之能政奚執簡之舉違如或稟命於連營畏子不敢今則分部而賜戟無我有違宜崇魏絳之威勿議秦彭之罪

得甲告老請立長爲嗣長辭云不能請讓其弟或詰之云弟好仁

讓賢雖仁廢長非順徒聞建善則理其如亂嗣不祥甲告老於朝立子爲後雖急難自舉必有可觀者焉而長幼以倫無所苟而已矣況欲正其爵位豈宜越以鴈行於弟克恭厥兄徒見好仁之請知子莫若於父盍從立長之言無忌雖欲傳家季札終當棄室諒可致詰罔聽不能

得甲出妻妻訴云無失婦道乙云父母不悅則出何必有過

孝養父母有命必從禮事舅姑不悅則出乙親存爲子年壯有妻兆啟和鳴授室之儀雖備德非柔淑宜家之道則乖若無爽於聽從曷見尤於譴怒信傷婉娩理合仳離且聞莫慰母心則宜去矣何必有虧婦道然後棄之未息游詞請稽往事姜詩出婦蓋爲小瑕鮑永去妻亦非大過明



徵斯在薄訴何爲

得景有姊之喪合除而不除或非之稱吾寡兄弟不忍除也

喪雖寧戚禮宜節哀俾不足與有餘必跂及而俯就景愛深血屬禮過時制興鮮兄之歎情既鍾於孔懷及居姊之喪服將除而不忍雖志崇敦睦而事越典彝況儀貴適中哀不在外宜抑情而順變多奚以爲苟在禮而或踰過猶不及請遵仲尼之訓無執季路之辭

得丁陷賊庭守道不仕賊帥逼之辭云堯舜在上

下有巢許遂免所司欲旌其節大理執不許

臣節貴忠國經懋賞宜遵善道難廢彝章丁陷在賊庭強其祿仕敦在三之義因時難而名聞守無二之忠經歲寒而節見逼夷齊以周粟引巢許於唐臣身以道存情非利動所當厚獎何乃深疑且人無不臣之心所謂順也邦有惟重之典其可廢乎從亂則必論辜守道豈無旌善野哉大理信乃執迷展矣所司誠爲勸沮

得景爲大夫有喪丁爲士而特弔或責之不伏

官有常尊禮無不敬位若殊於等列弔則異其節文景爲



大夫丁乃元士居喪而哭合遵朝夕之期特弔以行奚越尊卑之序旣乖前典乃速斯言且禮貴明徵位宜愼守俟非其事信于食菜之榮儀失其宜徒展贈芻之意是曰無上將何以觀

得吏部選人入試請繼燭以盡精思有司許之及考其書判善惡與不繼燭同有司欲不許未知可否

旁求俊造追將筮仕歷試文辭俾從卜夜苟狂簡而無取宜確執而勿聽萃彼羣才登於會府惟賢是急慮失實於握珠有命則從許借光於秉燭及乎考覈罕有菁英屬辭旣謝於揀金待問徒煩於繼火將期百鍊之後思苦彌精何意一場之中心勞逾拙曷如早已焉用晚成敢告有司勿從所請

得乙貴達有故人至坐於堂下進以僕妾之食或誚之乙曰恐以小利而忘大名故辱而激之也

貴賤苟合曾是況交窮達相致乃爲執友乙旣登貴仕爰有故人以爲念舊追歡知己之心未至行權勵節成人之美則多不登夫子之堂乃進僕人之食苟推誠而相激雖



屈辱以何傷安實敗名重耳竟慙於子犯感而成事張儀終謝於蘇君是勉後圖且符往行如或識纔半面契未同心雖發憤以達人必取怨於謗巳以斯致誚亦謂合宜

得景領縣府無蓄廩無儲管郡詰其慢職景云王者富人藏於下故也

賦斂異名君臣殊政藏諸百姓在王者而則然虛我千倉於職司而不可景實茲國用豐彼家財人不誅求誠爲寬政府無儲蓄寧匪慢官況今征稅有常公私兼濟苟能取之以道則下自樂輸何必藏之於人使上將乏用旣爽奉

公之節宜甘掠美之科罔縱縣辭請依郡詰

得丁食於喪者之側而飽或責之辭云主人食我以禮故飽

飲食以陳庶無求飽齊衰可恤仁豈忘情丁靡念人喪姑求主禮遇加籩之膳誠可療饑對泣血之哀亦宜忘味既念吉蠲之饎是忘惻隱之心況舂於其隣相猶違禮而食於其側飽亦非仁徒嘉施氏之儀且昧宣尼之教勿思變色當顧戚容

得甲爲獄吏囚走限内他人獲之甲請免罪



圜土不嚴罪人其遁亡而由已誠曰慢官獲則因人其何補過相維彼甲所謂攸司不念恪居儆於羑里旋聞失守逸乃楚囚雖非故縱所爲曾是慢常而致徒稱勿佚未可塞違得於他人自是疎網無漏失其所職豈可出柙不科無貪假手之功固合甘心於罰

得乙川游所由禁之云有故要渡

示衆知防必修水禁救人鮮死無縱川游乙行險不思馮河無悔慕呂梁之術習於浮水違周官之令忘彼危身將不弔而是虞雖有故而宜禁忘子產喻政爾則狎而翫之引仲尼格言吾恐蹈而死者既殊利涉當戒善游未可加刑且宜知懼

得景爲將每軍休止不繕營部監軍使劾其無備辭云有警軍陣必成何必勞苦

將苟有謀勞而後逸師不用律臧亦爲凶況未靖方隅尚勤征伐即戎推轂既崇四七之名臨敵屯營何乖什伍之列是使人慢孰謂戎略薄威雖欲恤勞儆警恐爲懈怠且有嚴有翼猶奪先人之心不備不虞寧救長蛇之尾必也權能制勝謀必出奇亦待臨事有成然後斯言可信監軍之劾舉未失中彼景之辭試可乃已



得丁乘車有醉吐車茵者丁不科而吏請罪之丁不許

克寬克仁所謂易事不知不慍是曰難能況乎醉起甕間嘔盈車上小人沉湎自貽誚於彼昏君子含宏乃忘情於斯怒宥過所宜無大知非庶使有慙未乖觀過之仁雅叶諦思之義且恕當及物察貴用情絶纓繼溜醉而猶捨吐茵及亂誤豈不容無從下吏之規庶叶前賢之美

得甲牛觝乙馬死請償馬價甲云在故牧處相觝

請備半價乙不伏

馬牛於牧蹄角難防苟死傷之可徵在故誤而宜別況日中出入郊外寢訛既品量以齊驅或風逸之相及爾牛孔阜奮騂角而莫當我馬用傷踠駿足而致斃情非故縱理合誤論在阜棧以來思罰宜惟重就桃林而招損償則從輕將息訟端請徵律典當備半價勿聽過求

得景娶妻三年無子舅姑將出之訴云歸無所從

承家不嗣禮許仳離去室無歸義難棄背景將崇繼代是用娶妻百兩有行既啟飛鳳之兆三年無子遂操別鶴之



音將去舅姑終鮮親族雖配無生育誠合比於斷絃而歸靡適從庶可同於束蘊固難効於牧子宜自哀於鄧攸無抑有辭請從不去

得丁喪親賣宅以奉葬或責其無廟云貧無以爲禮

愼終之道必信必誠死葬之儀有豐有省諒欲厚於卜宅亦難輕於虞居丁旻天降凶遠日叶吉思葬具之豐備欲祔九原顧家徒之屢空將鬻五畝愛雖深於送死義且涉於傷生念顏氏之貧豈宜厚葬覽子游之問固合稱家禮所貴於從宜孝不在於益侈盍伸破產之禁以避無廟之嫌

得甲之周親執工伎之業吏曹以甲不合仕甲云今見修改吏曹又云雖改仍限三年後聽仕未知合否

業有四人職無二事如或居肆則不及仕門（一作任）甲旣有周親是稱工者方恥役以事上且思祿在其中有慕九流雖欲自遷其業未經三載安可同升諸公難違甲令之文宜守吏曹之限如或材高拔俗行茂出羣豈惟限以常科



自可登乎大用以斯而議誰曰不然

得乙請用父蔭所司以贈官降正官蔭一等乙云父死王事合與正官同

官分正贈蔭別品階如酬死繼之勳則厚賞延之寵追恩乙父勵乃臣節捐軀致命尚克厎定爾功繼代勤能豈忘勤卹我後椒聊既稱有實桃李未可無陰忠且忘身優宜及嗣如或病捐館舍贈官當合降階今則死衞國家敘蔭所宜同正庶旌義烈用叶條章

得景爲錄事參軍刺史有違法事景封狀奏聞或

責其失事長之道景云不敢不忠於國
守位居常小宜事大持法舉正卑可糾尊景名署外臺身由中立直而自守郡郵之政必行明不相蒙州將之邪無隱且六條枉撓百事滋昏苟不提綱是爲漏網雖輿違犯上虧敬長之小心而陳奏盡忠得事君之大節旣非下訕難抑上聞

得丁私發制書法司斷依漏洩坐丁訴云非密事請當本罪

君命是專刑其無小王言非密罪則從輕丁乃攸司屬當



行下不愼厥德擅發如綸之言自災於身難求疎網之漏然則法通加減罪有重輕必也志在私行唯當專達之責如或事關樞密則科漏洩之辜請驗跡於紫泥方定刑於丹筆

得甲爲所由稽緩制書法直斷合徒一年訴云違未經十日

王命急宣行無停晷制書稽緩罪有常刑將欲正其科繩必先揆以時日甲懈位敗度慢令速尤蓄怠棄之心旣虧臣節壅駿奔之命自犯國章然則審時勾稽考程定罪法



直以役當期月所由以違未浹辰將計年以斷徒恐乖閱實請據日而加等庶叶公平是曰由文俾乎息訟

得乙盜買印用法直斷以僞造論訴云所由盜賣因買用之請減等

賄以公行印惟盜用罪之大者法可逃乎伊人無良同惡相濟所由旣敗官爲墨子取予求彼乙乃竊器成姦不畏不入潛謀斯露竊弄難容猶執薄言將求末減用因於買比自作而雖殊情本於奸與僞造而何異以茲降等誠恐利淫



得有聖水出飲者日千數或謂僞言不能愈疾且恐爭鬭請禁塞之百姓云病者所資請從人欲

執禁之要在乎去邪爲政之先必也無訟毖彼泉水流於道周飲勵之人孔多蔑聞病間濫觴之源不足必起爭端訟所由生欲不可縱上善未能利物左道足以惑人且稽以祥符徵之時事地不藏寶當今自出醴泉天之愛人從古未聞聖水無聽虛誕之說請塞訛僞之源

得景有志行隱而不仕爲郡守所辟稱是巫家不當選吏功曹按其詭詐景不伏

鳴鶴處陰聲聞于外元豹隱霧樂在其中此將適於退藏彼何強之維縶景業敦道行志薄宦情太守以舉爾所知將申蒲帛之聘夫子以從吾所好不顧弓旌之招懼俗吏之徒勞引巫家以自譏冀其言遜獲免翻以行詐論辜况商洛拂衣漢且求之不得潁川洗耳堯亦存而勿論天子尚不違情功曹如何按罪

得丁爲刺史見冬涉者哀之下車以濟之觀察使責其不順時修橋以徼小惠丁云恤下

津梁不修何以爲政車服有命安可假人丁職是崇班體



非威重輕漢臣之寵失位於高車徇鄭相之名濟人於大水志雖恤下道昧叶中與其熊軾涉川小惠未遍曷若虹橋通路大道甚夷啟塞既闕於日修揭厲徒哀其冬涉事闕失政情近沽名宜科十月不成庶辦二天無政

得甲告其子行盜或誚其父子不相爲隱甲云大義滅親

法許原情慈通隱惡俾恩流於下亦直在其中甲忝齒人倫忍傷天性義方失教曾莫愧於父頑攘竊成姦尚不爲其子隱道既虧於庭訓禮遂闕於家肥且情比樂羊可謂不慈傷教况罪非石厚徒云大義滅親是不及情所宜致誚

得州府貢士或市井之子孫爲省司所詰甲稱羣萃之秀出者不合限以常科

惟賢是求何賤之有况士之秀者而人其捨諸惟彼郡貢或稱市籍非我族類則嫌雜以蕭蘭舉爾所知安得棄其翹楚誠其惡於稗敗諒難捨其茂異揀金於砂礫豈爲類賤而不收度木於澗松寧以地卑而見棄但恐所舉失德不可以賤廢人况乎識度冠時出自牛醫之後心計成務擢於賈豎之中在往事而足徵可常科而是限州申有據



省詰非宜

得乙充選人職官選人代試法司斷乙與代試者同罪訴云實不知情

官擇賢良選稽名實苟作僞而心拙必代斲而手傷乙情非容姦行乖周慎將如吾面遂充職以不疑未見子心果代試而有悔既彰聞而貽戚乃連坐以論辜察情諒不同謀詰罪誠應異罰法無攸赦選者當准格論人不易知職官所宜情恕削奪恐爲過當貶降庶叶決平

得甲與乙爵位同甲以齒長請居乙上乙以皇宗不伏在甲下有司不能斷

庠序辨儀則先長長朝廷列位必尚親親惟彼周行是名同位德非心競禮失肩隨甲以桑榆年高何以卑我乙以葛藟族貴奚獨後予各與爭長之辭遂昧常尊之位然禮經尚齒且王室貴親晉鄭同儕信高卑之或等滕薛異姓諒先後之可知難遵少長之倫宜守親疎之序

得選舉司取有名之士或云不息馳騖恐難責實

聲雖非實善豈無名不可苟求亦難盡棄屬時當側席任



重掄林思得士於聲華懼誘人於奔競若馳騖而方取慮非歲貢之賢儻寂寥而後求恐失日彰之善將期撫實必在研精但取捨不私是開乎公道則吹噓無益自閉其倖門名勿論於有無鑒自精於舉措

得太學博士教胄子毀方瓦合司業以非訓導之本不許

教惟馴致道在曲成將遜志以樂羣在毀方而和衆況化人由學成性因師雖和光以同塵德終不雜苟圓鑿以方枘物豈相容道且尚於無隅義莫先於不斵司業以訓導貴別或慮雷同學官以容衆由寬何傷瓦合教之未墜蓋宣尼之言然文且有徵則戴氏之典在將勸學者所宜甄之

得甲居家被妻毆笞之鄰人告其違法縣斷徒三年妻訴云非夫告不伏

禮貴妻柔則宜禁暴罪非夫告未可麗刑何彼無良於斯有怒三從罔敬待以庸奴之心一杖所加辱於女子之手作威信傷於婦道不告未爽於夫和招訟於隣誠愧聲聞於外斷徒不伏未乖直在其中雖昧家肥難從縣責



得乙居家理廉使舉請授官吏部以無出身不許使執云行成於內可移於官

調選正名誠宜守序敷求懋德安可拘文乙積行於中闇彰於外廉使以道敦知己欲致我於青雲天官以限在出身將棄予於白屋事雖異見理可明徵掄瑣瑣之林則循舊格刈翹翹之楚寧守常科幸當側席之求無惑刻舟之執況自家刑國移孝入忠既聞道不虛行足見舉非失德所宜堅決無至深疑

得景定婚訖未成而女家改嫁不還財景訴之女

家云無故三年不成

義敦好合禮重親迎苟定婚而不成雖改嫁而無罪景謀將著代禮及問名二姓有行已卜和鳴之兆三年無故竟愆嬿婉之期桃李恐失於當年榛栗遂移於他族既聞改適乃訴納徵揆情而嘉禮自虧在法而聘財不返女兮不爽未乖九十之儀夫也無良可謂二三其德去禮逾遠責人斯難

得丁爲大夫與管庫士爲友或非之云非交利也

見賢不稱且虧事上之節非義苟合則涉黷下之嫌丁貴



乃立家友其管庫不思進善徒務降尊若接而或非自貽交利之責儻知而不舉則速蔽賢之尤既未覈於是非故欲紊乎貴賤况公叔薦士家臣尚見同升雖文子好能管庫不聞爲友信乖愼守宜及或非

得四軍帥令禁兵於禁街中種田御史劾以無勑文辭云因循歲久且有利於軍

爲國勸農田疇有制示人知禁衢路攸先瞻彼三農藝斯五稼且町畽是務豈是贍軍雖轍迹不加未爲曠土輦轂必資於平易康莊難縱以荒蕪務有畔之農秋成而利亦葢寡侵如砥之道歲久而弊則滋多請論環衛之非式表鐵冠之劾

得甲爲郡守部下漁色御史將責之辭云未授官以前納采

諸侯不下用戒淫風君子好求未乖婚義甲既榮爲郡且念宜家禮未及於結褵責已加於執憲求娶於本部之內雖處嫌疑定婚於授官之前未爲縱欲况禮先納采足明嬿婉之求聘則爲妻殊非強暴之政宜聽隼旟之訴難科漁色之辜



得乙爲三品見本州刺史不拜或非之稱品同

桑梓攸重必在恪恭官品斯同則宜抗禮乙班榮是踐威重可觀况衣錦還鄉已崇三品之秩雖剖符臨郡應無再拜之儀豈以州里版圖而紊邦家典制如或商周不敵敢不盡禮事君今且晉鄭同儕安得降階卑我既不愆素何恤或非

得景爲獸人冬不獻狼責之訴云秦地無狼

鮮或不給既曠乃官辭且無徵是重而罪景獸人斯掌曾獻罔供當路可求曾不思於疐尾充庖爲用遂有關於去

賜既愆冬獻之期難償秋官之責載詳地產重振一作國核章薦必以時吾能言於周有生靡常所予勿謂其秦無縱口給之不懃在面欺而無捨

得景負丁財物丁不告官強取財物過本數縣司以數外贓論之不伏

人縱於貪動而生悔物非其道取則有贓丁放利欲贏景逋債未償懷不忌而強取姑務豐財遑無厭之過求豈非黷貨情難容於強暴法必禁以奪攘以交易而求多尚宜准盜在倍稱而過數孰謂非贓若以律論當從縣斷



得乙請襲爵所司以乙除喪十年而後申請引格不許乙云有故不伏

爵命未墜嗣襲有期在紀律而或愆當職思而宜舉乙舊德將繼新命未加所宜纂彼前修相承以一子何乃廢其後嗣自棄於十年歲月既已滋深公侯固難必復然以法通議事理貴察情如致身於宴安則宜奪爵若居家而有故尚可策名須待畢辭方期析理

得丁為士葬其父用大夫禮或責其僭辭云從死者

禮惟辨貴孝不貶親是謂奉先孰云僭上丁慶加一命憂及三年凶降昊天且結茹荼之痛吉從遠日方追食采之榮既貴賤之殊宜亦父子之異道同曾元易簀正位於大夫殊晏嬰遣車見非於君子未爽慎終之義允符從死之文辭則有徵責之非當

得甲將死命其子以嬖妾為殉其子嫁之或非其違父之命子云不敢陷父於惡

觀行慰心則稟父命辨惑執禮宜全子道甲立身失正沒齒歸亂命子以邪生不戒之在色愛妾為殉死而有害於人違則棄言順為陷惡三年之道雖奉先而無改一言以失難致親於不義誠宜嫁是豈可順非況孝在慎終有同魏顆理命事殊改正未傷莊子難能宜忘在耳之言庶見因心之孝

欽定全唐文卷六百七十四

白居易十九

代王佖荅吐蕃北道節度使論贊勃藏書

大唐朔方靈鹽豐等州節度使檢校戶部尚書寧塞郡王王佖致書大蕃河西北道節度使論公麾下遠辱來書兼蒙厚貺慰悚之至難述所懷國家與彼蕃代爲舅甥日洽恩信雖云兩國實若一家遂令疆場之臣得以書信相問況麾下以公忠之節雄勇之才翊佐大邦經略北道佖近蒙制命守在邊陲慰望之情一一難盡皇帝以贊普頻遣



和使懇求通好凡此邊鎮皆奉朝章但令慎守封陲不許輒令侵軼至于事理彼此宜然且如党項久居漢界曾無征稅既感恩德未嘗動搖然雖懷此撫循亦聞闚彼財貨亡命而去獲利而歸但恐彼蕃不知大爲党項所賣其中亦聞誘致事甚分明不能縷陳計已深悉今請去而勿誘來而勿容不失兩境之歡不傷二國之好在此誠爲小事于彼卽是遠謀幸履坦途勿遵邪徑今聖上德柔四海威及萬方雖外國蠻夷尚皆率伏況中華臣妾敢有不恭豈假彼蕃欲相借助誠愧厚意終訝過言承去年出師討逐回紇其間勝負此亦備知不勞來書遠相示及所蒙寄贈幷已檢到佖爲邊須守常規馬及胡瓶依命已受其迴紇生口緣比無此例未奉進止不敢便留今却分付來人至彼望垂檢領有少荅信具如別數幸恕寡薄也初秋尚熱惟所履珍和謹因譯語官馬屈林恭迴不具佖白

代忠亮荅吐蕃東道節度使論結都離等書

大唐四鎭北庭行軍涇原等州節度使檢校工部尚書兼御史大夫丹陽郡王朱忠亮致書大蕃東道節度使論公都監軍使論公麾下專使辱問悚慰良深國家與吐蕃代



爲舅甥日修鄰好雖曰兩國有同一家至於封疆尤貴和叶忽枉來問稍乖素誠雖有過言敢以東告來書云頻見燒草何使如然者至如時警邊防歲焚宿草葢是每年常事何忽今日形言況牛馬因風猶出疆以相及草木延火縱近境而何傷遽懷異端未敢聞命又云去年忽生異見近界築城者且國雖通好軍不撤警近邊修壘彼此尋常況城是漢城地非蕃地豈乖通理何致深疑靜言思之誰生異見頃當報牒彼已息諮今又再言寧無慙德又云皇天無親有德卽輔者皇帝君臨萬方迨及四載道光日月

德動乾坤南非東西化無不及若非皇天輔德明神福仁非虜何爲歸明南蠻何爲慕化風雨何因大順歲時何因屢豐則神助天親可明驗矣彼若無故生疑無端結怨但思小利不務遠圖則咎孽之生恐不在此永言取笑却請三思又云漢之臣下頻有叛逆者近以吳蜀小寇暫肆猖狂未及討除尋以殄滅皇威不露妖沴自清豈假彼蕃遠思旁助忠亮謬蒙恩渥叨在藩垣恭守邊隅幸隣封壤縱未能爲漢名將亦不可謂秦無人輒獻直言以袪深惑願推誠信同保始終各勉令圖以求多福歲暮嚴寒惟所履



安勝遠垂惠貺愧佩殊深今因押衙迴亦有少荅信具如別紙想輕尠也不具忠亮謹白

## 與元微之書

四月十日夜樂天白微之微之不見足下面已三年矣不得足下書欲二年矣人生幾何離闊如此況以膠漆之心置於胡越之身進不得相合退不得相忘牽攣乖隔各欲白首微之微之如何如何天實爲之謂之奈何僕初到潯陽時有熊孺登來得足下前年病甚時一札上報疾狀次序病心終論平生交分且云危惙之際不暇他及唯收數帙文章封題其上曰他日送達白二十二郎便請以代書悲哉微之於我也其若是乎又睹所寄聞僕左降詩云殘燈無焰影幢幢此夕聞君謫九江垂死病中驚起坐闇風吹雨入寒窗此句他人尚不可聞況僕心哉至今每吟猶惻惻耳且置是事畧序近懷僕自到九江已涉三載形骸且健方寸甚安下至家人幸皆無恙長兄去夏自徐州至又有諸院孤小弟妹六七人提挈同來頃所牽念者今悉置在目前得同寒煖饑飽此一泰也江州風候稍涼地少瘴癘乃至虵虺蚊蚋雖有甚稀湓魚頗肥江酒極美其餘食物多類北地僕門內之口雖不少司馬之俸雖不多量



入儉用亦可自給身衣口食且免求人此二泰也僕去年秋始遊廬山到東西二林間香爐峯下見雲水泉石勝絕第一愛不能捨因置草堂前有喬松十餘株修竹千餘竿青蘿爲墻垣白石爲橋道流水周於舍下飛泉落於簷間紅榴白蓮羅生池砌大抵若是不能殫記每一獨往動彌旬日平生所好者盡在其中不唯忘歸可以終老此三泰也計足下久不得僕書必加憂望今故錄三泰以先奉報其餘事況條寫如後云云微之微之作此書夜正在草堂

中山窻下信手把筆隨意亂書封題之時不覺欲曙舉頭但見山僧一兩人或坐或睡又聞山猿谷鳥哀鳴啾啾平生故人去我萬里瞥然塵念此際蹔生餘習所牽便成三韻云憶昔封書與君夜金鑾殿後欲明天今夜封書在何處廬山庵裏曉燈前籠鳥檻猿俱未死人間相見是何年微之微之此夕此心君知之乎樂天頓首

## 與劉蘇州書

夢得閣下前者枉手札數幅兼惠荅憶春草報白君巳下五六章發函披文而後喜可知也又覆視書中有攘臂痛



拳之戲笑與抃會甚樂甚樂誰復知之因有所云續前言之戲耳試爲留聽與閣下在長安時合所著詩數百首題爲劉白唱和集卷上下去年冬夢得由禮部郎中集賢學士遷蘇州刺史冰雪塞路自秦徂吳僕方守三川得爲東道主閣下爲僕稅駕十五日朝觴夕詠頗極平生之歡各賦數篇視草而別歲月易邁行復周星一往一來忽又盈篋誠知老醜冗長爲少年者所嗤然吳苑洛城相去二三千里捨此何以啟齒而解顏哉嗟乎微之先我去矣詩敵之勍者非夢得而誰前後相荅彼此非一彼雖無虛可擊此亦非利不行但止交綏未嘗失律然得雋之句警策之篇多因彼唱此和中得之他人未嘗能發也所以輒自愛重今復編而次焉以附前集合成三卷題此卷爲下遷前下爲中命曰劉白吳洛寄和卷自太和六年冬送夢得之任之作始居易頓首

## 與楊虞卿書

師皐足下自僕再來京師足下守官鄠縣吏職拘絆相見甚稀凡半年餘與足下開口而笑者不過三四及僕左降詔下明日而東足下從城西來抵昭國坊巳不及矣走馬



至滻水才及一執手憫然而訣言不及他邇來雖手札三往來亦不過問道途報健否而巳鬱結之志曠然未舒思欲一陳左右者久矣去年六月盜殺右丞相於通衢中迸血髓磔髮肉所不忍道合朝震慄不知所云僕以爲書籍以來未有此事國辱臣死此其時耶苟有所見雖畎畝皁隸之臣不當默默況在班列而能勝其痛憤耶故武相之氣平明絶僕之書奏日午入兩日之內滿城知之其不與者或誣以僞言或搆以非語且浩浩者不酌時事大小與僕言當否皆曰丞郎給舍諫官御史尚未論請而贊善大

夫何反憂國之甚也僕聞此語退而思之贊善大夫誠賤冗耳朝廷有非常事卽日獨進封章謂之忠謂之憤亦無媿矣謂之妄謂之狂又敢逃乎且以此獲辜顧何如耳況又不以此爲罪名乎此足下與崔李元庾輩十餘人爲我悒悒鬱鬱長太息者也然僕始得罪於人也竊自知矣當其在近職時自惟賤陋非次寵擢夙夜腆愧思有以稱之性又愚昧不識時之忌諱凡直奏密啟外有合方便聞於上者稍以歌詩導之意者欲其易入而深戒也不我同者得以爲計媒孽之辭一發又安可君臣之道間自明白其



心乎加以握兵於外者以僕潔慎不受賂而憎秉權於內者以僕介獨不附己而忌其餘附麗之者惡僕獨異又信狺狺吠聲唯恐中傷之不獲以此得罪可不悲乎然而寡友益相重交游益相信信於近而不信於遠亦何恨哉近者少遠者多多者勝少者不勝又其宜矣師臯僕之是言不發於他人獨發於師臯師臯知我者豈有愧於其間哉苟有愧於師臯固是言不發矣且與師臯始於宣城相識迨於今十七八年可謂故矣又僕之妻卽足下從父妹可謂親矣親如是故如是人之情又何加焉然僕與足下相知則不在此何者夫士大夫家閨門之內朋友不能知也閨門之外姻族不能知也必待友且姻者然後周知之足下視僕莅官事擇交友接賓客何如哉又視僕撫骨肉待妻子馭僮僕又何如哉小者近者尚不敢不盡其心況大者遠者乎所謂斯言無愧而後發矣亦猶僕之知師臯也師臯孝敬友愛之外可畧而言足下未應舉時嘗充賢良直言之賦其所對問志磊磊而詞諤諤雖不得第僕始愛之及與獨孤補闕書讓不論事與盧侍郎書請不就職與高相書諷成致仕之志志益大而言益遠而僕愛重之心



繇是加焉近者足下與李宏慶友善宏慶客長安中貧甚而病亟足下爲逆致其母安慰其心自損衣食以續其醫藥甘旨之費有年歲矣又足下與崔行儉游行儉非罪下獄足下意其不幸及於流竄勅下之日躬俟於御史府門而行李之具養活之物崔生顧其旁一無闕者其餘奉寡姊親護其夫喪撫孤甥誓畢其婚嫁取貴人子爲婦而禮法行於家由甲乙科入官而吏聲聞於邑凡此者皆可以激揚頹俗表正士林斯僕所以嚮慕勤勤豈敢以骨肉之姻形骸之舊爲意哉然足下之美如此而僕側聞蚩蚩之

徒不悦足下者已不少矣但恐道日長而毀日至位益顯而謗益多此伯寮所以愬仲由季孫所以毀夫子者也昔衛玠有云人之不逮可以情恕非意相加可以理遣故至終身無喜愠色僕雖不敏常佩此言師皐人生未死見千變萬化若不情恕於外理遣於中欲何爲哉欲何爲哉僕之是行也知之久矣自度命數亦其宜然凡人情通達則謂由人窮塞而後信命僕則不然十年前以固陋之姿瑣屑之藝與敏手利足者齊驅豈合有所獲哉然而求名而得名求祿而得祿人皆以爲能僕獨以爲命命通則事偶



事偶則幸來幸之來尚歸之於命不幸之來也捨命復何歸哉所以上不怨天下不尤人者實如此也又常照鏡或觀寫眞自相形骨非富貴者必矣以此自決益不復疑故寵辱之來不至驚怪亦足下素所知也今且安時順命用遣歲月或免罷之後得以自由浩然江湖從此長往死則葬魚鼈之腹生則同鳥獸之羣必不能與掊聲攫利者擁量其分寸矣足下輩無復見僕之光塵於人寰間也多謝故人勉樹令德粗寫鄙志兼以爲别居易頓首

與陳給事書

正月日鄉貢進士白居易謹遣家僮奉書獻於給事閤下伏以給事門屏間請謁者如林獻書者如雲多則多矣然聽其辭一辭也觀其意一意也何者率不過有望於吹噓剪拂耳居易則不然今所以不請謁而奉書者但欲貢所誠質所疑而已非如衆士有求於吹噓剪拂者給事獨不得爲之少留意乎大凡自號爲進士者無賢不肖皆欲求一第成一名非居易之獨慕耳既慕之所以切不自揆嘗勤苦學文迨今十年始獲一貢每見進士之中有一舉而中第者則欲勉狂簡而進焉又見有十舉而不第者則欲



引駑鈍而退焉進退之宜固昭昭矣而遇者自惑於趣舍何哉夫蘊奇挺之才亦不自保其必勝而一上得第者非他也是主司之明也抱瑣細之才亦不自知其妄動而十上下第者亦非他也是主司之明也豈非知人易而自知難耶伏以給事天下文宗當代精鑒故不揆淺陋敢布腹心居易鄙人也上無朝廷附麗之援次無鄉曲吹噓之譽然則孰爲而來哉蓋所仗者文章耳所望者主司至公耳今禮部高侍郎爲主司則至公矣而居易之文章可進也可退也竊不自知之欲以進退之疑取決於給事給事其

能捨之乎居易聞神蓍靈龜者無常心茍叩之者不以誠則已若以誠叩之必以信告之無貴賤無大小而不之應也今給事鑒如水鏡言爲蓍龜邦家大事咸取決於給事豈獨遺其微小乎謹獻雜文二十首詩一百首伏願俯察悃誠不遺賤小退公之暇賜精鑒之一加焉可與進也乞諸一言小子則磨鉛策蹇騁力於進取矣不可進也亦乞諸一言小子則息機斂迹甘心於退藏矣進退之心交爭於胸中者有日矣幸一言以蔽之旬日之間敢佇報命塵穢聽覽若奪氣褫魄之爲者不宣居易謹再拜



## 爲人上宰相書

二月十九日某官某乙謹拜手奉書獻於相公執事書曰古人云以水投石至難也某以爲未甚難也以卑干尊以賤合貴斯爲難矣何者夫尊貴人之心堅也強也不轉也甚於石焉卑賤人之心柔也弱也自下也甚於水焉則合之難也豈不甚於水投石哉然則自古及今往往有合者又何哉此蓋以心遇心以道濟道故也苟心相見道相通則水反爲石石反爲水則其合之易也又甚乎以石投水焉何者石之投水也猶觸之有聲受之有波心道之相得也則貴者不知其貴也賤者不知其賤也當其冥同訢合之際但脗然而已矣其合之易也豈不甚於石投水哉噫厥道廢墜不行於代久矣故貴者自貴耳賤者自賤耳維同心同道不求相合也今某之心與相公之心愚智不侔也今某之道與相公之道小大不倫也矧又尊卑貴賤之勢相懸如石焉如水焉而欲強至難爲至易無乃不可乎然則知其不可而爲之者抑有由也伏以相公方今佐裁成之道當具瞻之初竊希變天下水石之心自相公始也通天下貴賤之道自某始也不然者夫豈不自知其狂進



妄動哉伏望少留聽而畢辭焉幸甚幸甚某伏覩先皇帝之知遇相公也雖古君臣道合者無以加也然竟不與大位不授大權不盡行相公之道者何哉識者以爲先皇父子孝慈之間亦古未有也蓋先皇所以輒以知人之明用賢之功致理之德以留賜今上也亦猶太宗黜李勣而使高宗寵用之也故今上在諒陰而特用也相公自郎官而特拜也推此二者有以見識者之言信矣斯則先皇知遇之恩貽燕之念今上速用之旨倚賴之誠相公寵擢之榮託寄之重自國朝以來三者兼之甚鮮矣故某竊惟相公

自拜命以來八九日。得食不暇飽。得寢不暇安。行則㦬然。居則惕然。思所以荅先皇之知。副今上之用。允天下之望哉。某竊以爲必然矣。況今主上肇撫蒼生。初嗣洪業。雖物不改舊而令宜布新。是以百辟傾心。㦬㦬然以待主上之政也。萬姓注目。專專然以望主上之令也。四夷側耳。禺禺然以聽主上之風也。豈直若此而已哉。蓋待其政者。勤惰邪正。繫其中焉。望其令者。憂喜親疏。生其中焉。聽其風者。畏侮動靜。出其中焉。而將來理亂之根。安危之源。盡在於三者之中矣。如此則相公得不匡輔其政。緝熙其令。宣和



其風乎。然則匡輔緝熙宣和之道。某雖不敏。嘗聞於師焉。曰。天子之耳。待宰相之耳而後聽也。天子之目。待宰相之目而後明也。天子之心識。待宰相之心識而後聖神也。宰相之耳。待天下之耳而後聽也。宰相之目。待天下之目而後明也。宰相之心識。待天下之心識而後能啟發聖神也。然則下取天下耳目心識。上以爲天子聰明神聖者。此宰相之本職也。而爲匡輔緝熙宣和之道也。若宰相唯以兩耳聽之。兩目視之。一心思之。則朝廷之得失。豈盡知見乎。必不盡也。而況於天下之得失乎。宰相之耳目得聰明乎。必未也。而況於上以爲天子聰明聖神乎。然則天下聰明心識。取之豈無其道耶。必有也。在乎知與不知、行與不行耳。噫。自開元以來。斯道寖衰。鮮能行者。自貞元以來。斯道寖微。鮮能知者。豈惟不知乎不行乎。又將背古道而馳者也。何也。古者宰相以危言危行扶危持顛爲心。今則敏行遜言。全身遠害而已矣。古者宰相以接士爲務。今則不接賓客而已矣。古者宰相以開閤爲名。今則鏁其第門而已矣。致使天下之聰明。盡委棄於草木中焉。天下之心識。盡沈沒於泥土間焉。則天下聰明心識。萬分之中。宰相何嘗



取得其一分哉。是故寵益崇而謗益厚。歲彌久而愧彌深。至乃上負主恩。下斂人怨。行止寢食。自有慙色者。夫豈非不得天下聰明心識之所致耶。然則爲宰相者。得不思易其轍乎。是以聰明損於上。則正直銷於下。畏忌慎默之道長。公議忠讜之路塞。朝無敢言之士。庭無執咎之臣。自國及家。寖以成弊。故父訓其子曰。無介直以立仇敵。兄教其弟曰。無方正以賈悔尤。先達者用以養身。後進者資而取仕。日引月長。熾然成風。識者腹非而不言。愚者心競而是效。至使天下有目者如瞽也。有耳者如聾也。有口者如含

鋒刃也。如此。則上之得失。下之利病。雖欲匡救。何由知之。嗟乎。自古以來。斯道之弊。恐未甚於今日也。然則爲宰相者。得不思變其風乎。是以慎忌積於中。則政事廢於表。因循苟且之心作。強毅久大之性虧。反謂率職而舉者不達於時宜。當官而行者不通於事變。故殿最之書雖具而不實。黜陟之法雖備而不行。欲望惡者懲善者勸。或恐難矣。古之善爲宰相者。豈盡得賢而用之乎。豈盡知不肖而去之乎。蓋在於秉鈞軸之樞。握刀尺之要。剗邪爲正。削觚爲圓。能使善之必遷。不謂善之盡有。能使惡之必改。不謂惡



之盡無。成此功者無他。懲勸之所致耳。然則爲宰相者。得不思提其綱。使羣目皆自張乎。是以懲勸息於此。則賢能乏於彼。故岳鎮闕而不知所取。臺省空而不知所求。今則尚書六司之官。暨於百執事者。大凡要劇者多虛其位。閒散者咸備其官。或曰。所以難其人。重其祿也。嗟呼。徒知難其人而闕之。不知邦政日歸於下吏也。徒知重其祿而愛之。不知稍食日費於冗員也。損益利害。豈不明哉。古之善爲宰相者。虛其懷。直其氣。苟有舉一言者。必從而索之。苟有薦一善者。必隨而用之。然後明察否臧。精考眞僞。得人

者。行進賢之賞。謬舉者坐不當之辜。自然審輪轅以相求。謹關梁以相保。故才無乏用。國無廢官。豈可疑所舉之未精。而反失其善。重所任而不苟。而反廢其官。與其廢官。寧其虛授。與其失善。寧其謬升。但在乎明覈是非。必行賞罰。則謬升虛授。當自辨焉。然則爲宰相者。得不思振其領。使衆毛皆舉乎。是以庶政闕於內。則庶事數於外。至使天下之戶口日耗。天下之士馬日滋。游手於道途市井者不知歸。託足於軍籍釋流者不知反。計數之吏日進。聚斂之法日興。田疇不闢而麥禾之賦日增。桑麻不加而布帛之價



日賤。吏部則士人多而官員少。姦濫日生。諸使則課利少而羨餘多。侵削日甚。舉一知十。可勝言哉。況今方域未甚安。邊陲未甚靜。水旱之災不戒。兵戎之動無期。然則爲宰相者。得不圖將來之安。補既往之敗乎。若相公用天下之目觀而救之。夫豈無最遠之見乎。用天下之心圖而濟之。夫豈無最長之策乎。策之最長者。見之最遠者。在相公鑒而取之。誠而行之而已。取之也。行之也。今其時乎。時之爲用大矣哉。古者聖賢有其才無其位。不能行其道也。有其才有其位。無其時。亦不能行其道也。必待有其才有其位

有其時然後能行其道焉某竊見相公曩時制策對中論風化澆淳之源明天人交感之道陳兵災救療之術可謂有其才矣又伏見今月十一日制詞云其代予言允屬良弼必能形四方之風成天下之務可謂有其時矣今相公有其才有其位有其時則行道由已而由道乎哉某又聞一往而不可追者時也故聖賢甚惜焉方今拭天下之目以觀主上之作爲也側天下之耳以聽相公之舉措也如此則相公出一言不終日而必聞於朝野主上發一令不浹辰而必達於華夷蓋主上輯百辟和萬姓服四夷之時



在於此時矣相公充人望代天工報國之恩正在於今日矣或者曰君臣之道至大也可以漸合不可以速合也天下之化至大也可以漸行不可以速行也賢人之事業至大也行之可以枉尺而直尋也某以爲殆不然矣夫時之變事之宜其間不容息也先之則太過後之則不及故時未至聖賢不進而求時既來聖賢不退而讓蓋得之則不啻乎事半而功倍也失之則不啻乎事倍而功半也嗟乎或者徒知漸合其道而不知啟沃之時失於漸中矣徒知漸行其化而不知燮理之時失於漸中矣徒知枉尺而直尋而不知易失於時則難生於漸中雖枉尋不能直尺矣近者宰相道不行化不成事業不光明率由乎有志於漸中矣請以前事明之某嘗聞太宗顧謂羣臣曰善人爲邦百年然後能勝殘去殺當今大亂之後將求致理寧可造次而望乎魏文貞曰不然夫亂後易理猶饑人易食也若聖哲施化人應如響期月而可信不爲難三年成功猶謂其晚太宗深納其言時封德彝輩共非之曰不可三代以後人漸澆訛皆欲理而不能豈能理而不欲魏徵書生不識時務信其虛說必亂國家於是太宗卒從文貞之言力



行不倦三數年間天下大安戎狄內附太宗曰惜哉不得使封德彝見之斯則得其時行其道不取於漸之明効也況今日之天下豈弊於武德之天下乎相公之事業豈後於文貞之事業乎在於疾行而已矣所以主上踐阼未及十日而寵命加於相公者惜國家之時也相公受命未及十日而某獻於執事者惜相公之時也夫欲行大道樹大功貴其速也蓋明年不如今年明日不如今日矣故孔子曰日月逝矣歲不我與此言時之難得而易失也伏惟相公惜其時之易也而不失焉慮其漸之難也而不取焉抑

又聞濟時者道也行道者權也扶權者寵也故得其位不可一日無其權得其權不可一日無其寵然則取權有術也求寵有方也葢竭其力以舉職而權必自歸忘其身以徇公而寵必自至權歸寵至然後能行其道焉伏惟相公詳之而不忽也抑又聞不棄死馬之骨者然後良驥可得也不棄狂夫之言者然後嘉謨可聞也苟某管見之中有可取者俯而取之芻蕘言之中有可採者俯而採之則知之者必曰如某之見猶且不棄況愈於某之徒歟則天下通情達識之士得不比肩而至乎聞之者必曰如某之言



猶且不棄況愈於某之徒歟則天下謇諤敢言之士得不繼踵而來乎伏惟相公試垂意焉則天下之士幸甚某遊長安僅十年矣足不踐相公之門目不識相公之面名不聞相公之耳相公視某何爲者哉豈非介者耶狷者耶今一旦卒然以數千言塵瀆執事者又何爲哉實不自揆欲以區區之聞見裨相公聰明萬分之一分也又欲以濟天下顛頽之人死命萬分之一分也相公以爲何如何如

欽定全唐文卷六百七十五

白居易二十

## 與元九書

月日居易白微之足下自足下謫江陵至於今凡所贈答詩僅百篇每詩來或辱序或辱書冠於卷首皆所以陳古今歌詩之義且自敘爲文因緣與年月之遠近也僕既愛足下詩又諭足下此意常欲承答來旨麤論歌詩大端并自述爲文之意總爲一書致足下前累歲已來牽故少暇間有容隙或欲爲之又自思所陳亦無足下之見臨紙復



罷者數四卒不能成就其志以至於今今俟罪潯陽除盥櫛食寢外無餘事因覽足下去通州日所留新舊文二十六軸開卷得意忽如會面心所蓄者便欲快言往往自疑不知相去萬里也既而憤悱之氣思有所洩遂追就前志勉爲此書足下幸試爲僕留意一省夫文尚矣三才各有文天之文三光首之地之文五材首之人之文六經首之就六經言詩又首之何者聖人感人心而天下和平感人心者莫先乎情莫始乎言莫切乎聲莫深乎義詩者根情苗言華聲實義上自聖賢下至愚騃微及豚魚幽及鬼神

羣分而氣同形異而情一未有聲入而不應情交而不感者聖人知其然因其言經之以六義緣其聲緯之以五音音有韻義有類韻協則言順言順則聲易入類舉則情見情見則感易交於是乎孕大含深貫微洞密上下通而一氣泰憂樂合而百志熙五帝三皇所以直道而行垂拱而理者揭此以爲大柄決此以爲大竇也故聞元首明股肱良之歌則知虞道昌矣聞五子洛汭之歌則知夏政荒矣言者無罪聞者足戒言者聞者莫不兩盡其心焉洎周衰秦興採詩官廢上不以詩補察時政下不以歌洩導人情



乃至於諂成之風動救失之道缺於時六義始刓矣國風變爲騷辭五言始於蘇李蘇李騷人皆不遇者各繫其志發而爲文故河梁之句止於傷別澤畔之吟歸於怨思彷徨抑鬱不暇及他耳然去詩未遠梗槩尚存故興離別則引雙鳧一鴈爲喻諷君子小人則引香草惡鳥爲比雖義類不具猶得風人之什二三焉於時六義始缺矣晉宋已還得者蓋寡以康樂之奧博多溺於山水以淵明之高古偏放於田園江鮑之流又狹於此如梁鴻五噫之例者百無一二焉於時六義寖微矣陵夷至於梁陳間率不過嘲風雪弄花草而已噫風雪花草之物三百篇中豈捨之乎顧所用何如耳設如北風其涼假風以刺威虐也雨雪霏霏因雪以愍征役也棠棣之華感華以諷兄弟也采采芣苢美草以樂有子也皆興發於此而義歸於彼反是者可乎哉然則餘霞散成綺澄江淨如練離花先委露別葉乍辭風之什麗則麗矣吾不知其所諷焉故僕所謂嘲風雪弄花草而已於時六義盡去矣唐興二百年其間詩人不可勝數所可舉者陳子昂有感遇詩二十首鮑防有感興詩十五首又詩之豪者世稱李杜李之作才矣奇矣人不



逮矣索其風雅比興十無一焉杜詩最多可傳者千餘篇至於貫穿今古覼縷格律盡工盡善又過於李然撮其新安吏石壕吏潼關吏塞蘆子留花門之章朱門酒肉臭路有凍死骨之句亦不過三四十首杜尚如此況不逮杜者乎僕嘗痛詩道崩壞忽忽憤發或食輟哺夜輟寢不量才力欲扶起之嗟呼事有大謬者又不可一二而言然亦不能不麤陳於左右僕始生六七月時乳母抱弄於書屏下有指無字之字示僕者僕雖口未能言心已默識後有問此二字者雖百十其試而指之不差則僕宿習之緣已在

文字中矣及五六歲便學爲詩九歲諳識聲韻十五六始知有進士苦節讀書二十已來晝課賦夜課書間又課詩不遑寢息矣以至於口舌成瘡手肘成胝既壯而膚革不豐盈未老而齒髮早衰白瞥瞥然如飛蠅垂珠在眸子中也動以萬數蓋以苦學力文所致又自悲矣家貧多故二十七方從鄉試既第之後雖專於科試亦不廢詩及授校書郎時已盈三四百首或出示交友如足下輩見皆謂之工其實未窺作者之域耳自登朝來年齒漸長閱事漸多每與人言多詢時務每讀書史多求理道始知文章合爲



時而著歌詩合爲事而作是時皇帝初即位宰府有正人屢降璽書訪人急病僕當此日擢在翰林身是諫官月請諫紙啟奏之外有可以救濟人病裨補時闕而難於指言者輒詠歌之欲稍稍遞進聞於上上以廣宸聰副憂勤次以酬恩獎塞言責下以復吾平生之志豈圖志未就而悔已生言未聞而謗已成矣又請爲左右終言之凡聞僕賀雨詩而衆口籍籍已謂非宜矣聞僕哭孔戡詩衆面脈脈盡不悅矣聞秦中吟則權豪貴近者相目而變色矣聞樂遊園寄足下詩則執政柄者扼腕矣聞宿紫閣村詩則握

軍要者切齒矣大率如此不可徧舉不相與者號爲沽名號爲詆訐號爲訕謗苟相與者則如牛僧孺之戒焉乃至骨月妻孥皆以我爲非也其不我非者舉不過三兩人有鄧魴者見僕詩而喜無何而魴死有唐衢者見僕詩而泣未幾而衢死其餘則足下足下又十年來困躓若此嗚呼豈六義四始之風天將破壞不可支持耶抑又不知天之意不欲使下人之病苦聞於上耶不然何有志於詩者不利若此之甚也然僕又自思關東一男子耳除讀書屬文外其他懵然無知乃至書畫棊博可以接羣居之歡者一



無通曉即其愚拙可知矣初應進士時中朝無緦麻之親達官無半面之舊策蹇步於利足之途張空拳於戰文之場十年之間三登科第名入衆耳迹升清貫出交賢俊入侍冕旒始得名於文章終得罪於文章亦其宜也日者又聞親友間說禮吏部舉選人多以僕私試賦判傳爲準的其餘詩句亦往往在人口中僕恧然自愧不之信也及再來長安又聞有軍使高霞寓者欲聘娼妓妓大誇曰我誦得白學士長恨歌豈同他妓哉由是增價又足下書云到通州日見江館柱間有題僕詩者復何人哉又昨過漢南

日適遇主人集衆樂娛他賓諸妓見僕來指而相顧曰此是秦中吟長恨歌主耳自長安抵江西三四千里凡鄉校佛寺逆旅行舟之中往往有題僕詩者士庶僧徒孀婦處女之口每每有詠僕詩者此誠雕蟲之戲不足爲多然今時俗所重正在此耳雖前賢如淵雲者前輩如李杜者亦未能忘情於其間古人云名者公器不可以多取僕是何者竊時之名已多既竊時名又欲竊時之富貴使己爲造物者肯兼與之乎今之迍窮理固然也況詩人多蹇如陳子昂杜甫各授一拾遺而迍剝至死李白孟浩然輩不及



一命窮悴終身近日孟郊六十終試協律張籍五十未離一太祝彼何人哉彼何人哉況僕之才又不逮彼今雖謫在遠郡而官品至第五月俸四五萬寒有衣饑有食給身之外施及家人亦可謂不負白氏之子矣微之微之勿念我哉僕數月來檢討囊篋中得新舊詩各以類分分爲卷首自拾遺來凡所遇所感關於美刺興比者又自武德訖元和因事立題題爲新樂府者共一百五十首謂之諷諭詩又或退公獨處或移病閑居知足保和吟翫情性者一百首謂之閑適詩又有事務牽於外情性動於內隨感遇

而形於歎詠者一百首謂之感傷詩又有五言七言長句短句自一百韻至兩韻者四百餘首謂之雜律詩凡爲十五卷約八百首異時相見當盡致於執事微之古人云窮則獨善其身達則兼濟天下僕雖不肖常師此語大丈夫所守者道所待者時時之來也爲雲龍爲風鵬勃然突然陳力以出時之不來也爲霧豹爲冥鴻寂兮寥兮奉身而退進退出處何往而不自得哉故僕志在兼濟行在獨善奉而始終之則爲道言而發明之則爲詩謂之諷諭詩兼濟之志也謂之閑適詩獨善之義也故覽僕詩者知僕之



道焉其餘雜律詩或誘於一時一物發於一笑一吟率然成章非平生所尚但以親朋合散之際取其釋恨佐懽今銓次之間未能删去他時有爲我編集斯文者畧之可也微之夫貴耳賤目榮古陋今人之大情也僕不能遠徵古舊如近歲韋蘇州歌行清麗之外頗近興諷其五言詩又高雅閑澹自成一家之體今之秉筆者誰能及之然當蘇州在時人亦未甚愛重必待身後然後人貴之今僕之詩人所愛者悉不過襍律詩與長恨歌已下耳時之所重僕之所輕至於諷諭者意激而言質閑適者思澹而詞迂以

質合迂宜人之不愛也今所愛者並世而生獨足下耳然千百年後安知復無足下者出而知愛我詩哉故自八九年來與足下小通則以詩相戒小窮則以詩相勉索居則以詩相慰同處則以詩相娛知吾罪吾率以詩也如今年春遊城南時與足下馬上相戲因各誦新艷小律不雜他篇自皇子陂歸昭國里迭吟遞唱不絕聲者二十里餘樊李在傍無所措口知我者以爲詩仙不知我者以爲詩魔何則勞心靈役聲氣連朝接夕不自知其苦非魔而何偶同人當美景或花時宴罷或月夜酒酣一咏一吟不知老



之將至雖驂鸞鶴遊蓬瀛者之適無以加於此焉又非仙而何微之微之此吾所以與足下外形骸脫蹤迹傲軒鼎輕人寰者又以此也當此之時足下興有餘力且欲與僕悉索還往中詩取其尤長者如張十八古樂府李二十新歌行盧楊二秘書律詩竇七元八絕句博搜精掇編而次之號元白往還詩集衆君子得擬議於此者莫不踴躍欣喜以爲盛事嗟乎言未終而足下左轉不數月而僕又繼行心期索然何日成就又可爲之歎息矣又僕嘗語足下凡人爲文私於自是不忍於割截或失於繁多其間妍媸益又自惑必待交友有公鑒無姑息者討論而削奪之然後繁簡當否得其中矣況僕與足下爲文尤患其多已尚病之況他人乎今且各纂詩筆麤爲卷第待與足下相見日各出所有終前志焉又不知相遇是何年相見在何地溘然而至則如之何微之微之知我心哉潯陽臘月江風苦寒歲暮鮮歡夜長無睡引筆鋪紙悄然燈前有念則書言無次第勿以繁雜爲倦且以代一夕之話也微之知我心哉樂天再拜

## 答戶部崔侍郎書



侍郎院長閣下戶部牒中奉八月十七日書具承康寧喜與抃會并別覩手翰訪叙綢繆何眷好勤勤若此之不替也幸甚幸甚首垂問以鄙況不足云蓋默默兀兀委順任化而已次垂問以體氣除舊目疾外雖不甚健亦幸無急病矣次垂問以月俸月俸雖不多然量入以爲用亦不至凍餒矣又垂問以舍弟渠從事東川近得書且知無恙矣終垂問以心地此最要者輒梗槩言之頃與閣下在禁中日每視草之暇匡牀接枕言不及他常以南宗心要互相誘導別來閒獨隨分增修比於曩時亦似有得得中無得

無可寄言來書云麤示可乎斯不可也又知兵部李尚書同在南宮錢蕭二舍人移官閒秩退朝之暇數獲晤言每話舊遊輒蒙見念此蓋君子久要之心不爲榮顇合散增減耳而不佞者又何幸焉然自到潯陽忽已周歲外物盡遣中心甚虛雖賦命之間則有厚薄而忘懷之後亦無窮通用此道推頹然自足又或杜門隱几塊然自居木形灰心動逾旬月當此之際又不知居在何地身是何人雖鵬鳥集於前枯柳生於肘不能動其心也而況進退榮辱之累耶又思頃者接確論時走嘗有言薦於執事云心與迹



多相戾道與名不兩立苟有志於道者若不幸於外是幸於內猥蒙歎賞猶憶之乎今之身心或近是矣退思此語撫省初心求仁得仁又何不足之有也前月中長兄從宿州來又孤幼弟姪六七人皆自遠至日有餬食歲有麤衣饑寒獲同骨月相保此亦默默委順之外益自安也況廬山在前九江在左出門是滄浪水舉頭見香爐峰東西二林時時一往至如瀑水怪石桂風杉月平生所愛者盡在其中此又兀兀任化之外益自適也今日之心誠不待此而後安適況兼之者乎此鄙人所以安又安適又適而不知命之窮老之至也院長公望日重啟沃非遙仰惟勉樹勲名勿以鄙劣爲念

與濟法師書

月日弟子太原白居易白濟上人侍右昨者頂謁時不以愚蒙言及佛法或未了者許重討論今經典閒未諭者其義有二欲面問答恐彼此卒卒語言不盡故麤形於文字願詳覽之敬佇報章以開未悟所望所望佛以無上大慧觀一切衆生知其根性大小不等而以方便智說方便法故爲闡提說十善法爲小乘說四諦法爲中乘說十二因



緣法爲大乘說六波羅蜜法皆對病根投以良藥此蓋方便教中不易之典也何者若爲小乘人說大乘法心則狂亂狐疑不信所謂無以大海內於牛迹也若爲大乘人說小乘法是以穢食置於寶器所謂彼自無創勿傷之也故維摩經摠其義云爲大醫王應病與藥又首楞嚴三昧經云不先思量而說何法隨其所應而爲說法正是此義耳猶恐說法者不隨人之根性也故又法華經戒云若但讚佛乘衆生沒在罪苦不能信是法破法不信故如此非獨慮說者不能救病亦懼聞者不信沒入罪苦也則佛之付

噣豈不丁寧耶何則法王經云若定根基爲小乘人說小乘法爲大乘人說大乘法爲闡提人說闡提法是斷佛性是滅佛身是說法人當歷百千萬刼墮諸地獄縱佛出世猶未得出若生人中缺脣無舌獲如是報何以故衆生之性即是法性從本以來無有增減云何於中分別病藥又云於諸法中若說高下即名邪說其口當破其舌當裂何以故一切衆生心垢同一垢心淨同一淨衆生若病應同一病衆生須藥應同一藥若說多法即名顛倒何以故爲妄分別析善惡法破一切法故隨機說法斷佛道故此又



了然不壞之義也又金剛經云是法平等無有高下是名阿耨多羅三藐三菩提又金剛三昧經云皆以一味道終不以小乘無有諸襍味猶如一雨潤據此後三經則與前三經義甚相戾也其故何哉若云依維摩詰謂富樓那云先當入定觀此人心然後說法又云不觀人根不應說法夫以富樓那之通慧又親奉如來爲大弟子尚未能觀知人心況後五百歲末法中弟子豈能盡觀知人心而後說法乎設使觀知人心若彼發小乘心而爲說大乘法可乎若未能觀彼心而率已意說又可乎既未能觀與默然不

說又可乎若云依義不依語則上六經之義互相違反其將孰依乎若云依了義經則三世諸佛一切善法皆從此六經出孰名爲不了義經乎況諸經中與維摩法華首楞嚴之說同者非一也與法王金剛三昧之說同者亦非一也不可徧舉故於二義中各舉三經此六經皆上人常所講讀者今故引以爲問必有甚深之旨焉今且有人忽問法於上人上人或能觀知其心或未能觀知其心將應病與藥而爲說耶將同一病一藥而爲說耶若應病與藥是有高下是有襍味即反法王等三經之義豈徒反其義又



獲如上所說之罪報矣若同一病一藥爲說必當說大乘大乘即佛乘也若讚佛乘且不隨應且不救病即反維摩等三經之義豈徒反其義又使衆生沒在罪苦矣六者皆如來說如來是眞語實語不誑語不異語者今隨此則反彼順彼則逆此設有問者上人其將何法以對焉此其未諭者一也又五蘊者色受想行識是也十二因緣者無明緣行行緣識識緣名名緣色色緣六入六入緣觸觸緣受受緣愛愛緣取取緣有有緣生生緣老死病苦憂悲苦惱是也夫五蘊十二因緣蓋一法也蓋一義也畧言之則爲

五詳言之則爲十二雖名數多少或殊其於倫次轉還合同條貫今五蘊中則色受想行識相次而十二緣中則行識色入觸受相緣一則色在行前一則色次行後正序之旣不類逆倫之又不同若謂佛次第而言則不應有此雜亂若謂佛偶然而說則不當名爲因緣前後不倫其義安在此其未諭者二也上人耆年大德後學宗師就出家中又以說法而作佛事必能研精二義合而通之仍望指陳著於翰墨蓋欲藏於篋笥永永不忘也其餘疑義亦續咨問居易稽首



## 遊大林寺序

余與河南元集虛范陽張允中南陽張深之廣平宋郁安定梁必復范陽張時東林寺沙門法演智滿士堅利辯道深道建神照雲皐恩慈寂然凡十七人自遺愛草堂歷東西二林抵化城憩峯頂登香鑪峯宿大林寺大林窮遠人迹罕到環寺多淸流蒼石短松瘦竹寺中唯板屋木器其僧皆海東人山高地深時節絕晚於時孟夏如正二月天山桃始華澗草猶短人物風候與平地聚落不同初到怳然若別造一世界者因口號絕句云人間四月芳菲盡山寺桃花始盛開長恨春歸無覓處不知轉入此中來旣而周覽屋壁見蕭郎中存魏郎中宏簡李補闕渤三人姓名詩句因與集虛輩歎且曰吁此地實匡廬間第一境由驛路至山門曾無半日程自蕭魏李遊迨今垂二十年寂寥無繼來者嗟乎名利之誘人也如此時元和十二年四月九日太原白樂天序

## 荔枝圖序

荔枝生巴峽間樹形團團如帷蓋葉如桂冬青華如橘春榮實如丹夏熟朶如蒲萄核如枇杷殼如紅繒膜如紫綃瓤肉瑩白如冰雪漿液甘酸如醴酪大畧如彼其實過之



若離本枝一日而色變二日而香變三日而味變四五日外色香味盡去矣元和十五年夏南賓守樂天命工吏圖而書之蓋爲不識者與識而不及一二三日者云

## 三游洞序

平淮西之明年冬予自江州司馬授忠州刺史微之自通州司馬授虢州長史又明年春各祗命之郡與知退偕行三月十日參會於夷陵翌日微之反棹送予至下牢戍又翌日將別未忍引舟上下者久之酒酣聞石間泉聲因捨

棹進策步入缺岸初見石如疊如削其怪者如引臂如垂幢次見泉如瀉如灑其奇者如懸練如不絕綫遂相與維舟巖下率僕夫芟蕪刈翳梯危縋滑休而復上者凡四五焉仰睇俯察絕無人迹但水石相薄磷磷鑿鑿跳珠濺玉驚動耳目自未訖戌愛不能去俄而峽山昏黑雲破月出光氣含吐互相明滅晶熒玲瓏象生其中雖有敏口不能名狀既而通夕不寐迨旦將去憐奇惜別且嘆且言知退曰斯境勝絕天地間其有幾乎如之何俯通津緜歲代寂寥委置罕有到者乎予曰借此喻彼可爲長太息者豈獨



是哉豈獨是哉微之曰誠哉是言矧吾人難相逢斯境不易得今兩偶於是得無述乎請各賦古調詩二十韻書於石壁仍命予序而紀之又以吾三人始遊故以爲三遊洞洞在峽州上二十里北峰下兩岸相廞間欲將來好事者知故備書其事

## 故京兆元少尹文集序

天地間有粹靈氣焉萬類皆得之而人居多就人中文人得之又居多蓋是氣凝爲性發爲志散爲文粹勝靈者其文沖以恬靈勝粹者其文宣以秀粹靈均者其文蔚溫雅淵疏朗麗則檢不扼達不放古淡而不鄙新奇而不怪吾友居敬之文其殆庶幾乎居敬姓元名宗簡河南人自舉進士歷御史府尚書郎訖京兆亞尹二十年著格詩一百八十五律詩五百九賦述銘記書碣讚序七十五總七百六十九章合三十卷長慶三年冬遘疾彌留將啟手足無他語語其子途云吾平生酷嗜詩白樂天知我者我歿其遺文得樂天爲之序無恨矣既而途奉理命號而告予無幾何會予自中書舍人出牧杭州歲餘改右庶子移疾東洛明年復刺蘇州四年間三換官往復奔命不啻萬里席



不遑煖矧筆硯乎故所托文久未果就及刺蘇州又劇郡治數月政方暇因發篋閱睹居敬所著文集其間與予唱和者數十首燭下諷讀惜惻久之怳然疑居敬在傍不知其一生一死也遂援筆草序序成復視涕與翰俱悲且吟曰黃壤詎知我白頭徒念君唯將老年淚一灑故人文重曰遺文三十軸軸軸金玉聲龍門原上土埋骨不埋名嗚呼居敬若職業之恭慎居處之莊潔操行之貞端襟靈之曠淡骨月之敦愛邱園之安樂山水風月之趣琴酒嘯咏之態與人久要遇物多情皆布在章句中開卷而盡可知

也故不序時寶歷元年冬十二月乙酉夕在吳郡西園北齋東牖下作序

送侯權秀才序

貞元十五年秋予始舉進士與侯生俱爲宣城守所貢明年春予中春官第既入仕凡歷四朝才朽命剝蹇躓不暇去年冬蒙不次恩遷尚書郎掌誥西掖然青衫未解白髮已多矣時予尚爲京師旅人見除書走來賀予因從容問其官名則曰無得矣問其生業則曰無加矣問其僕乘囊資則曰日消月朘矣問別來幾何時則曰二十有三年矣



嗟乎侯生當宣城別時才文志氣我爾不相下今予猶小得遇子卒無成由子而言予不爲不遇矣嗟乎侯生命實爲之謂之何哉言未竟又有行色且曰欲謁東諸侯恐不知我者多請一言以寵別予方直關慨然竊書命筆以序之爾

白氏長慶集後序

白氏前著長慶集五十卷元微之爲序後集二十卷自爲序今又續後集五卷自爲記前後七十五卷詩筆大小凡三千八百四十首集有五本一本在廬山東林寺經藏院一本在蘇州南禪寺經藏內一本在東都勝善寺鉢塔院律庫樓一本付姪龜郎一本付外孫談閣童各藏於家傳於後其日本暹羅諸國及兩京人家傳寫者不在此記又有元白唱和因繼集共十七卷劉白唱和集五卷洛下遊賞宴集十卷其文盡在大集內錄出別行於時若集內無而假名流傳者皆謬爲耳會昌五年夏五月一日樂天重記

序洛詩序

序洛詩樂天自序在洛之詩也予歷覽古今歌詩自風騷



之後蘇李以還次及鮑謝徒迄於李杜輩其間詞人聞知者累百詩章流傳者鉅萬觀其所自多因讒冤譴逐征戍行旅凍餒病老存歿別離情發於中文形於外故憤憂怨傷之作通計今古什八九焉世所謂文士多數奇詩人尤命薄於斯見矣又有以知理安之世少離亂之時多亦明矣予不佞喜文嗜詩自幼及老著詩數千首以其多也故章句在人口姓字落詩流雖才不逮古人然所作不啻數千首以其多矣作一數奇命薄之士亦有餘矣今壽過耳順幸無病苦官至三品免罹饑寒此一樂也太和二年詔

授刑部侍郎。明年病免歸洛。旋授太子賓客分司東都。居二年。就領河南尹事。又三年。病免歸履道里第。再授賓客分司。自三年春至八年夏。在洛凡五周歲。作詩四百三十二首。除喪明哭子十數篇外。其他皆寄懷於酒。或取意於琴。閒適有餘。酣樂不暇。苦詞無一字。憂歎無一聲。豈牽強所能致耶。蓋亦發中而形外耳。斯樂也。實本之於省分知足。濟之以家給身閒。文之以觴咏弦歌。飾之以山水風月。此而不適。何往而適哉。茲又以重吾樂也。予嘗云。理世之音安以樂。閒居之詩泰以適。苟非理世。安得閒居。故集洛



詩別爲序引。不獨記東都履道里有閒居泰適之叟。亦欲知皇唐太和歲有理世安樂之音。集而序之。以俟夫採詩者。甲寅歲七月十日云爾。

## 因繼集重序

去年微之取予長慶集中詩未對答者五十七首追和之。合一百一十四首寄來。題爲因繼集卷之一。今年予復以近詩五十首寄去。微之不踰月依韻盡和。合一百首又寄來。題爲因繼集卷之二。卷末批云。更揀好者寄來。蓋示餘勇。磨礪以須我耳。予不敢退舍。即日又收拾新作格律共五十首寄去。雖不得好。且以供命。夫文猶戰也。一鼓作氣。再而衰。三而竭。微之轉戰迨茲三矣。即不知百勝之術。多多益辦耶。抑又不知鼓衰氣竭。自此爲遷延之役耶。進退唯命。微之微之。走與足下和答之多。從古未有。足下雖少我六七年。然俱已白頭矣。竟不能捨章句。拋筆硯。何癖習如此之甚歟。而又未忘少年時心。每因唱酬。或相傲謔。忽忽自哂。況他人乎。因繼集卷且止於三可也。忽恐足下嬾發不能成就至三。前言戲之者。殆爲巾幗之挑耳。然此一戰後。師亦老矣。宜櫜弓匣刃。彼此與心休息乎。和晨興一



章錄在別紙。語盡於此。亦不修書。二年十月十五日。樂天重序。

## 香山居士寫真詩序

元和五年。予爲左拾遺翰林學士。奉詔寫真於集賢殿御書院。時年三十七。會昌二年。罷太子少傅。爲白衣居士。又寫真於香山寺經藏（一作藏經）堂。時年七十一。前後相望。殆將三紀。觀今照昔。慨然自嘆者久之。形容非一。世事幾變。自（一作因）題六字。以寫其（一作所）懷。

## 長慶集後序

前三年元微之爲予編次文集而敘之凡五帙每帙十卷訖長慶二年冬號白氏長慶集邇來復有格詩律詩碑誌序記表贊以類相附合爲卷軸又從五十一以降卷而第之是時太和二年秋予春秋五十有七目昏頭白衰也久矣拙音狂句亦已多矣由兹而後宜其絕筆若餘習未盡時時一詠亦不自知也因附前集報微之故復序於卷首云爾



# 欽定全唐文卷六百七十六

白居易二十一

## 江州司馬廳記

自武德以來庶官以便宜制事大攝小重侵輕郡守之職總於諸侯帥郡佐之職移於部從事故自五大都督府至於上中下郡司馬之事盡去唯員與俸在凡內外文武官左遷右移者遞居之凡執役事上與給事於省寺軍府者遙署之凡仕久資高耄昏軟弱不任事而時不忍棄者實莅之莅之者進不課其能退不殿其不能才不才一也若有人蓄器貯用急於兼濟者居之雖一日不樂若有人養志忘名安於獨善者處之雖終身無悶官不官繫乎時也適不適在乎人也江州左匡廬右江湖土高氣清富有佳境刺史守土臣不可遠觀遊羣吏執事官不敢自暇佚惟司馬綽綽可以從容於山水詩酒間由是郡南樓山北樓水湓亭百花亭風篁石巖瀑布廬宮源潭洞東西二林寺泉石松雪司馬盡有之矣苟有志於吏隱者捨此官何求馬案唐典上州司馬秩五品歲廩數百石月俸六七萬官足以庇身食足以給家州民康非司馬功郡政壞非司馬

罪。無言責無事憂。噫。爲國謀則尸素之尤蠹者。爲身謀則祿仕之優穩者。予佐是郡。行四年矣。其心休休如一日二日。何哉。識時知命而已。又安知後之司馬。不有與吾同志者乎。因書所得。以告來者。時元和十三年七月八日記。

## 草堂記

匡廬奇秀甲天下山。山北峯曰香爐峯。北寺曰遺愛寺。介峯寺間。其境勝絕。又甲廬山。元和十一年秋。太原人白樂天見而愛之。若遠行客過故鄉。戀戀不能去。因面峯腋寺作爲草堂。明年春。草堂成。三間兩柱。二室四牖。廣袤豐殺



一稱心力。洞北戶。來陰風。防徂暑也。敞南甍。納陽日。虞祁寒也。木斲而已。不加丹。墻圬而已。不加白。墄階用石。羃牕用紙。竹簾紵幃。率稱是焉。堂中設木榻四。素屏二。漆琴一張。儒道佛書各三兩卷。樂天既來爲主。仰觀山。俯聽泉。傍睨竹樹雲石。自辰及酉。應接不暇。俄而物誘氣隨。外適內和。一宿體寧。再宿心恬。三宿後頹然嗒然。不知其然而然。自問其故。答曰。是居也。前有平地。輪廣十丈。中有平臺。半平地。臺南有方池。倍平臺。環池多山竹野卉。池中生白蓮白魚。又南抵石澗。夾澗有古松老杉。大僅十人圍。高不知幾百尺。修柯戛雲。低枝拂潭。如幢竪。如蓋張。如龍蛇走。松下多灌叢蘿蔦。葉蔓駢織。承翳日月。光不到地。盛夏風氣如八九月時。下鋪白石。爲出入道。堂北五步。據層崖積石。嵌空垤塊。雜木異草。蓋覆其上。綠陰蒙蒙。朱實離離。不識其名。四時一色。又有飛泉植茗。就以烹燀。好事者見。可以永日。堂東有瀑布。水懸三尺。瀉階隅。落石渠。昏曉如練色。夜中如環珮琴筑聲。堂西倚北崖右趾。以剖竹架空。引崖上泉。脈分綫懸。自簷注砌。累累如貫珠。霏微如雨露。滴瀝飄灑。隨風遠去。其四傍耳目杖屨可及者。春有錦繡谷花。



夏有石門澗雲。秋有虎谿月。冬有鑪峯雪。陰晴顯晦。昏旦含吐。千變萬狀。不可殫紀。覼縷而言。故云甲廬山者。噫。凡人豐一屋。華一簀。而起居其間。尚不免有驕矜之態。今我爲是物主。物至致知。各以類至。又安得不外適內和。體寧心恬哉。昔永遠宗雷輩十八人。同入此山。老死不反。去我千載。我知其心以是哉。矧予自思從幼迨老。若白屋若朱門。凡所止。雖一日二日。輒覆簣土爲臺。聚拳石爲山。環斗水爲池。其喜山水病癖如此。一旦蹇剝。來佐江郡。郡守以優容撫我。廬山以靈勝待我。是天與我時地。與我所卒獲

所好又何以求焉尚以冗員所羈餘累未盡或往或來未遑寧處待予異日弟妹婚嫁畢司馬歲秩滿出處行止得以自遂則必左手引妻子右手抱琴書終老於斯以成就我平生之志清泉白石實聞此言時三月二十七日始居新堂四月九日與河南元集虛范陽張允中南陽張深之東西二林寺長老湊公朗滿晦堅等凡二十有二人具齋施茶果以落之因爲草堂記

## 許昌縣令新廳壁記

民非政不乂政非官不舉官非署不立是三者相爲用故



古君子有雖一日必葺其牆屋者以是哉許昌縣居梁鄭陳蔡間要路由於斯當建中貞元之際大軍聚於斯兵殘其民火焚其邑大田生荆棘官舍爲煨燼乘其弊而爲政作事者其難乎去年春叔父自徐州士曹掾選署厥邑令於是約己以清白納人以簡直立事以強毅以清白故官吏不敢侵於民以簡直故獄訟不得留於庭以強毅故軍鎮不能干於縣由是居二年民用康政用暇乃曰儲蓄邦之本命先營囷倉又曰公署吏所寧命次圖廳事取材於土物取工於子來取時於農隙然後豐約量其力廣狹稱其位儉不至陋壯不至驕庇身無燥濕之憂視事有朝夕之利官由是而立政由是而舉民由是而乂建一物而三事成其孰不韙之哉嗚呼吾家世以清簡垂爲貽燕之訓叔父奉而行之不敢失墜小子舉而書之亦無媿辭若其官邑之省置風物之有亡田賦之上下蓋存乎圖諜此畧而不書今但記新廳之時制與叔父作爲之所由也先是邑居不修屋壁無紀前賢姓字湮泯無聞而今而後請居厥位者編其年月名氏自叔父始時貞元十九年冬十一月一日記



## 養竹記

竹似賢何哉竹本固固以樹德君子見其本則思善建不拔者竹性直直以立身君子見其性則思中立不倚者竹心空空以體道君子見其心則思應用虛受者竹節貞貞以立志君子見其節則思砥礪名行夷險一致者夫如是故君子人多樹之爲庭實焉貞元十九年春居易以拔萃選及第授校書郎始於長安求假居處得常樂里故關相國私第之東亭而處之明日履及於亭之東南隅見叢竹於斯枝葉殄瘁無聲無色詢於關氏之老則曰此相國之

手植者自相國捐館他人假居繇是筐篚者斬焉篲箒者刈焉刑餘之材長無尋焉數無百焉又有凡草木雜生其中蕃茸薈鬱有無竹之心焉居易惜其嘗經長者之手而見賤俗人之目翦棄若是本性猶存乃芟蘙薈除糞壤疏其間封其下不終日而畢於是日出有清陰風來有清聲依依然欣欣然若有情於感遇也嗟乎竹植物也於人何有哉以其有似於賢而人愛惜之封植之況其眞賢者乎然則竹之於草木猶賢之於衆庶嗚呼竹不能自異惟人異之賢不能自異惟用賢者異之故作養竹記書於亭之



壁以貽其後之居斯者亦欲以聞於今之用賢者云

## 東林寺經藏西廊記

元和初江西觀察使韋君丹於盧山東林寺神運殿左甘露壇右建修多羅藏一所土木丹漆之外飾以多寶相好嚴麗鄰諸鬼功雖兩都四方或未前見一切經典盡在於內蓋釋宮之天祿石渠也初藏旣成南東北廊亦具獨西未作而韋君薨迨今十餘年風日所飄爍雪雨所霑濕西南一隅壞有日矣僧坊衆惜之予亦惜之非不是圖財力不足暨十三年予作景雲律師塔碑成景雲弟子饋絹百匹予以法施淨財義不已有即日移用作藏西廊因請寺長老演公滿公琳公等經之寺綱維令杲靈達等成之蓋欲護前功償始願非任於布施相功德心也其集經名數與創藏由緣詳於李肇碑文此但書新作西廊而已十四年月日忠州刺史白居易記

## 東都十律大德長聖善寺鉢塔院主智如和尚茶毗幢記

浮圖教有茶毗威儀事具涅盤經陀羅尼門有佛頂咒功德事具尊勝經經文甚詳此記不載今但載大師僧行佛



事與建幢義趣而已大師姓吉號智如絳郡正平人自孩及童不飲酒不茹葷不食肉不見戲年十二授經於僧皎二十二受具戒於僧晤學四分律於曇濬律師通楞伽思益心要於法凝大師貞元中寺舉省選衆補昭成敬愛等五寺開法臨壇大德繇是行寖高名寖重僧尼輩請以聖善寺勅置法寶嚴持院處之居十年而法供無虛日律講無虛月使疑者信惰者勤增上慢者退僧風驟變佛事勃興實我師傳授誘誨之力也太和八年十二月二十三日終於本院報年八十六僧夏六十五明年正月十五日合

都城道俗萬數具涅槃儀移窆於龍門祖師塔陂又明年某月某日用闍維法遷祔於奉先寺祖師塔西而建幢焉噫大師自出家至即世前後講毗尼三十會度苾蒭百千人秉律登壇施法行化者五十五載而身相長大面相端嚴心不放逸口無戲論四部瞻仰敬而畏之矧又以直心坐道場以密行傳法藏爲東王城十大德首爲南贍部八關戒師名冠萬僧利及百衆所謂提智慧劍破煩惱賊揭無畏鼓降内外魔凜乎佛庭之直臣鬱乎僧壇之大將者也初師之將遷化也無病無惱宴坐齋心領一童詣諸寺



遇像致敬逢僧與遊口雖不言心若默別後數日而化識者異之及臨盡滅也告弟子言我歿後當依本院先師遺法勿塔勿墳唯造佛頂尊勝陁羅尼經一幢寘吾荼毗之所吾形雖化吾願常在願依幢之塵之影利益一切衆生吾願足矣今院主上首弟子振公洎傳法受道侍者弟子某等若干人合力建幢以畢師志振輩以居易辱爲是院門徒者有年矣又十年以還蒙師授八關齋戒見託爲記附於眞言蓋欲以奉本教而滿先願尋往因而集來果也欲重宣此義以一偈贊之偈云

幢功德甚大師行願甚深執見如是幢不發菩提心

## 畫西方幀記

我本師釋迦如來說言從是西方過十萬億佛土有世界號極樂以無八苦四惡道故也其國號淨土以無三毒五濁業故也其佛號阿彌陁以壽無量願無量功德相好光明無量故也諦觀此娑婆世界微塵衆生無賢愚無貴賤無幼艾有起心歸佛者舉手合掌必先嚮西方有怖厄苦惱者開口發聲必先念阿彌陀佛又範金合土刻石織文乃至印水聚沙童子戲者莫不率以阿彌陀佛爲上首不



如其然而然由是而觀是彼如來有大誓願於此衆生此衆生有大因緣於彼國土明矣不然者東南北方過去現在未來佛多矣何獨如是哉唐中大夫太子少傅上柱國馮翊縣開國侯賜紫金魚袋白居易當衰暮之歲中風痺之疾乃捨俸錢三萬命工人杜宗敬按阿彌陀無量壽二經畫西方世界一部高九尺廣丈有三尺阿彌陀佛坐中央觀音勢至二大士侍左右天人瞻仰眷屬圍繞樓臺妓樂水樹花鳥七寶嚴飾五彩彰施爛爛煌煌功德成就弟子居易焚香稽首跪於佛前起慈悲心發宏誓願願此功

德迴施一切衆生。一切衆生有如我老者。如我病者。願皆離苦得樂。斷惡修善。不越南部。便覩西方。白毫大光。應念來感。青蓮上品。隨願往生。從見在身。盡未來際。常得親近而供養也。欲重宣此願。而偈讚云

極樂世界清淨土。無諸惡道及諸苦。願如我身老病者。同生無量壽佛所。

## 畫彌勒上生幀記

南贍部州大唐國東都香山寺居士太原人白樂天。年老病風。因身有苦。遍念一切惡趣衆生。願同我身。離苦得樂。



由是命繪事。按經文。仰兜率天宮。想彌勒內衆。以丹素金碧形容之。以香火花果供養之。一禮一讚。所生功德。若我老病苦者。皆得如本願焉。本願云何。先是樂天歸三寶。持十齋。受八戒者有年歲矣。常日日焚香佛前。稽首發願。願當來世與一切衆生同彌勒上生。隨慈氏下降。生生劫劫。與慈氏俱。永離生死流。終成無上道。今因老病。重此證明。所以表不忘初心。而必果本願也。慈氏在上。實聞斯言。言訖作禮。自爲此記。時開成五年三月日記。

## 香山寺新修經藏堂記

先是樂天發願修香山寺。既就。（原註：事具前記）迨今七八年。寺有佛像。有僧徒。而無經典。寂寥精舍。不聞法音。三寶闕一。我願未滿。乃於諸寺藏外。雜散經中。得遺編墜軸者數百卷帙。以開元經錄按而校之。於是絕者續之。亡者補之。稽諸藏目。名數乃足。合是新舊大小乘經律論集。凡五千二百七十卷。乃作六藏分而護焉。寺西北隅有隙屋三間。土木將壞。乃增修改飾。爲經藏堂。堂東西間闢四窗。置六藏。藏二門。啟閉有時。出納有籍。堂中間置高廣佛座一。座上列金色像五百。像後設西方極樂世界圖一。菩薩影二。環座



懸大幡二十有四。榻席巾几。洎供養之器咸具焉。合爲道場。簡儉嚴淨。開成五年九月二十五日。堂成藏成。道場成。以香火釁之。以飲食樂之。以管磬歌舞供養之。與閒振源濟劍操洲暢八長老及比丘衆百二十人。圍繞讚嘆之。又別募清淨七人。日日供齋粥。給香燭。十二部經。次第諷讀。俾夫經梵之音。晝夜相續。洋洋乎盈耳哉。忻忻乎滿願哉。爾時道場主佛弟子香山居士樂天。欲使浮圖之徒遊者歸依。居者護持。故刻石以記之。

## 香山寺白氏洛中集記

白氏洛中集者樂天在洛所著書也太和三年春樂天始以太子賓客分司東都及茲十有二年矣其間賦格律詩凡八百首合爲十卷今納於龍門香山寺經藏堂夫以狂簡斐然之文而歸依支提法寶藏者於意云何我有本願願以今生世俗文字之業狂言綺語之過轉爲將來世世讚佛乘之因轉法輪之緣也十方三世諸佛應知噫經堂未滅記石未泯之間乘此願力安知我他生不復游是寺復覩斯文得宿命通省今日事如智大師記靈山於前會羊叔子識金環於後身者歟於戲垂老之年絕筆於此有知我者亦無隱焉大唐開成五年十一月二日中大夫守太子少傅馮翊縣開國侯上柱國賜紫金魚袋白居易樂天記

## 東林寺白氏文集記

昔余爲江州司馬時常與廬山長老於東林寺經藏中披閱遠大師與諸文士唱和集卷時諸長老請余文集亦置經藏唯然心許他日致之迨茲餘二十年矣今余前後所著文大小合二千九百六十四首勒成六十卷編次既畢納於藏中且欲與二林結他生之緣復曩歲之志也故自忘其鄙拙焉仍請本寺長老及主藏僧依遠公文集例不借外客不出寺門幸甚太和九年夏太子賓客晉陽縣開國男太原白居易樂天記

## 聖善寺白氏文集記



中大夫守太子少傅馮翊縣開國侯上柱國賜紫金魚袋太原白居易字樂天與東都聖善寺鉢塔院故長老如滿大師有齋戒之因與今長老振大士爲香火之社樂天曰吾老矣將尋前好且結後緣故以斯文寘於是院其集也帙六十五卷凡三千二百五十五首題爲白氏文集納於律疏庫樓仍請不出院門不借官客有好事者仍就觀之開成元年五月十三日樂天記

## 沃洲山禪院記

沃洲山在剡縣南三十里禪院在沃洲山之陽天姥岑之陰南對天台而華頂赤城列焉北對四明而金庭石鼓介焉西北有支遁嶺而養馬坡放鶴峯次焉東南有石橋溪溪出天台石橋因名焉其餘卑巖小泉如子孫之從父祖者不可勝數東南山水越爲首剡爲面沃洲天姥爲眉目夫有非常之境然後有非常之人棲焉晉宋以來因山洞

闕厥初有羅漢僧西天竺人白道猷居焉次有高僧竺法潛支道林居焉次又有乾興淵支遁開威蘊崇實光識斐藏濟度逞印凡十八僧居焉高士名人有戴逵王洽劉恢許元度殷融郗超孫綽桓彥表王敬仁何次道王文度謝長霞袁彥伯王蒙衛玠謝萬石蔡叔子王羲之凡十八人或游焉或止焉故道猷詩云連峯數千里修林帶平津茅茨隱不見雞鳴知有人謝靈運詩云暝投剡中宿明登天姥岑高高入雲霓還期安可尋蓋人與山相得於一時也自齊至唐茲山寖荒靈境寂寥罕有人游故詞人朱放詩



云月在沃洲山上人歸剡縣江邊劉長卿詩云何人住沃洲此皆愛而不到者也太和二年春有頭陀僧白寂然來游茲山見道猷支竺遺跡泉石盡在依依然如歸故鄉戀不能去時浙東廉使元相國聞之始爲卜築次廉使陸中丞知一作和之助其繕完三年而禪院成五年而佛事立正殿若干間齋堂若干間僧舍若干間夏臘之僧歲不下八九十安居遊觀之外日與寂然討論心要振起禪風白黑之徒附而化者甚衆嗟乎支竺歿而佛聲寢靈山廢而法不作後數百歲而寂然繼之豈非時有待而化有緣耶六年夏寂然遣門徒僧常贄自剡抵洛持書與圖詣從叔樂天乞爲禪院記云

昔道猷肇開茲山後寂然嗣興茲山今日樂天又垂文茲山異乎哉沃洲山與白氏其世有緣乎

## 修香山寺記

洛都四野山水之勝龍門首焉龍門十寺觀遊之勝香山首焉香山之壞久矣樓亭騫崩佛僧暴露士君子惜之予亦惜之佛弟子恥之予亦恥之頃予爲庶子賓客分司東都時性好閒遊靈跡勝槩靡不周覽每至茲寺慨然有葺



完之願焉迨今七八年幸爲山水主是償初心復始願之秋也似有緣會果成就之噫予早與故元相國微之定交於生死之間冥心於因果之際去年秋微之將薨以墓誌文見託既而元氏之老狀其臧獲輿馬綾帛洎銀鞍玉帶之物價當六七十萬爲謝文之贄來致於予予念平生分文不當辭贄不當納自秦抵洛往返再三訖不得已迴施茲寺因請悲知僧清閑主張之命謹幹將士復掌治之始自寺前亭一所登寺橋一所連橋廊七間次至石樓一所連廊六間次東佛龕大屋十一間次南賓院堂一所大小

屋共七間凡支壞補缺壘隤覆漏杇墁之功必精赭堊之飾必良雖一日必葺越三月而就譬如長者壞宅鬱爲導師化城於是龕像無燥濕陊泐之危寺僧有經行宴坐之安遊者得息肩觀者得寓目關塞之氣色龍潭之景象香山之泉石石樓之風月與往來者耳目一時而新士君子佛弟子豁然如釋憾刷恥之爲清閒上人與予及微之皆夙舊也交情願力盡得知之憾往念來歡且贊曰凡此利益皆名功德而是功德應歸微之必有以滅宿殃薦冥福也予應曰嗚呼乘此功德安知他劫不與微之結後緣於



兹土乎因此行願安知他生不與微之復同遊於兹寺乎言及於斯漣而涕下唐太和六年八月一日河南尹太原白居易記

## 如信大師功德幢記

有唐東都臨壇開法大師長慶四年二月十三日終於聖善寺華嚴院春秋七十有五夏臘五十二是月二十二日移窆於龍門山之南岡寶歷元年某月某日遷葬於奉先寺祔其先師塔廟穴之上不封不樹不廟不碑不勞人不傷財唯立佛頂尊勝陀羅尼一幢幢高若干尺圍若干尺六隅七層上覆下承佛儀在上經咒在中記讚在下皆師所屬累門人奉遺志也師姓康號如信襄城人始成童授蓮花經於釋嚴既則戒學四分律於釋晤後傳六祖心要於本院先師淨名楞伽俱舍百法經根論枝囿不通爲繇是禪與律交修定與慧相養蓄爲通粹揭爲僧豪自建中訖長慶凡九遷大寺居十補大德位涖法會主僧盟者二十二年勤宣佛命卒復祖業若貴賤若賢愚若小大中乘人游我門繞我座禮我足如羽附鳳如水會海於戲非夫動爲儀言爲法心爲道場則安能使化緣法衆悅隨欣戴



一至於是耶同學大德繼居本院者曰智如弟子上首者曰嚴隱暨歸靖藏周常貢懷嵩圓恕圓晧貞操等若干人聚謀幢事瑑刻既成將師理命請蘇州刺史白居易爲記記既訖因書二四句偈以讚云

師之度世以定以慧爲醫藥師救療一切師之闍維不塔不祠作功德幢與衆共之

## 華嚴經社石記

有杭州龍興寺僧南操當長慶二年請靈隱寺僧道峯講大方廣佛華嚴經至華藏世界品聞廣博嚴淨事操歡喜

發願願於白衆中勸十萬人人轉華嚴經一部十萬人又勸千萬人人諷華嚴經一卷每歲四季月其衆大聚會於是攝之以社齊之以齋自二年夏至今年秋凡十有四齋每齋操捧香跪啟於佛曰願我來世生華藏世界大香水海上寶蓮金輪中毗盧遮那如來前與十萬人俱斯足矣又於衆中募財置良田十頃歲取其利永給齋用予前牧杭州時聞操發是願今牧蘇州時見操成是功操自杭詣蘇凡三請於予曰操八十一矣朝夕待盡恐社與齋來者不能繼其志乞爲記誠俾無廢墜予即十萬人中一人也宜乎志而贊之噫吾聞一毛之施一飯之供終不壞滅況田千畝齋四時用不竭之征備無窮之供乎噫吾聞一願之力一偈之功終不壞滅況十二部經常出於千人口乎況十萬部經常入於百千人耳乎吾知操徒必果是願若經之句義若經之功神則存乎本傳若社人之姓名若財施之名數則列於別碑斯石之文但敘見願集來緣而已寶歷二年九月二十五日前蘇州刺史白居易記



## 吳郡詩石記

貞元初韋應物爲蘇州牧房孺復爲杭州牧皆豪人也韋嗜詩房嗜酒每與賓友一醉一詠其風流雅韻多播於吳中或目韋房爲詩酒仙時予始年十四五旅二郡以幼賤不得與游宴尤覺其才調高而郡守尊以當時心言異日蘇杭苟獲一郡足矣及今自中書舍人閒領二州去年脫杭印今年佩蘇印既醉於彼又吟於此酣歌狂什亦往往在人口中則蘇杭之風景韋房之詩酒兼有之矣豈始願及此哉然二郡之物狀人情與曩時不異前後相去三十七年江山是而齒髮非又可嗟矣韋在此州歌詩甚多有郡宴詩云兵衞森畫戟燕寢凝清香最爲警策今刻此篇於石傳貽將來因以予旬宴一章亦附於後雖雅俗不類各詠一時之志偶書石背且償其初心焉寶歷元年七月二十日蘇州刺史白居易題

## 蘇州南禪院千佛堂轉輪經藏石記

千佛堂轉輪經藏者先是郡太守居易發心蜀沙門清閑矢謨吳僧常敬宏正神益等傳功檀主鄧子成梁華等施財院僧法宏惠滿契元惠雅等蒇事太和三年秋作開成元年春成堂之費計緡萬藏與經之費計緡三千六百堂之中上蓋下藏蓋之間輪九層佛千龕彩繪金碧以爲飾

環蓋懸鏡六十有二藏八面面二門丹漆銅鍇以爲固環藏敷座六十有四藏之內轉以輪止以柅經函二百五十有六經卷五千五十有八藏成經具之明年蘇之緇白徒聚謀曰今功德如是誰其尸之宜請有福智僧越之抄喜寺長老元遂禪師爲之主宜請初發心人前本郡守白少傅爲之記僉曰然師既來敎行如流僧至如歸供施達儭隨日而集堂有羨食路無飢僧遊者學者得以安給惠利饒益不可思量師又日與苾蒭衆升堂焚香合十指禮千佛然後啟藏發函鳴犍椎唱伽陁授持讀諷十二部經經



聲洋洋充滿虛空上下近遠有情識者法音所及無不蒙福法力所攝鮮不歸心佻然巽風一變至道所得功德不自覺知緜是而言是堂是藏是經之用信有以表旌覺路也脂轄法輪也示火宅長者子之便門也開毛道凡夫生之大寶也豈其然乎又明年院之僧徒三詣雒都請予爲記夫記者不唯記年月述作爲亦在乎辨興廢示勸戒也我釋迦如來有言一切佛及一切法皆從經出然則法依於經經依於藏藏依於堂若堂壞則藏廢藏廢則經墜經墜則法隱法隱則無上之道幾乎息矣嗚呼凡我國土宰官支提上首暨摩摩帝輩得不虔奉而護念之乎得不維持而增修之乎經有缺必補藏有隙必葺堂有壞必支若然者眞佛弟子得福無量反是者非佛弟子得罪如律開成四年二月一日記

蘇州南禪院白氏文集記

唐馮翊縣開國侯太原白居易字樂天有文集七帙合六十七卷凡三千四百八十七首其間根源五常枝派六義恢王敎而宏佛道者多矣然寓興放言緣情綺語者亦往往有之樂天佛弟子也備聞聖敎深信因果懼結來業悟



知前非故其集家藏之外別錄三本一本寘於東都聖善寺鉢塔院律庫中一本寘於廬山東林寺經藏中一本寘於蘇州南禪院千佛堂內夫惟悉索弊文歸依三藏者其意云何且有本願願以今生世俗文字放言綺語之因轉爲將來世世讚佛乘轉法輪之緣也三寶在上實聞斯言開成四年二月二日樂天記

太湖石記

古之達人皆有所嗜元晏先生嗜書嵇中散嗜琴靖節先生嗜酒今丞相奇章公嗜石石無文無聲無臭無味與三

物不同而公嗜之何也眾皆怪之走獨知之昔故友李生名約有云苟適吾意其用則多誠哉是言適意而已公之所嗜可知之矣公以司徒保釐河雒治家無珍產奉身無長物惟東城置一第南郭營一墅精葺宮宇慎擇賓客性不苟合居常寡徒游息之時與石爲伍石有族聚太湖爲甲羅浮天竺之徒次焉今公之所嗜者甲也先是公之僚吏多鎮守江湖知公之心惟石是好乃鉤深致遠獻瑰納奇四五年間纍纍而至公於此物獨不廉讓東第南墅列而置之富哉石乎厥狀非一有盤拗秀出如靈邱鮮雲者



有端嚴挺立如真官神人者有縝潤削成如珪瓚者有廉稜銳劌如劍戟者又有如虬如鳳若跧若動將翔將踴如鬼如獸若行若驟將攫將鬬風烈雨晦之夕洞穴開嗑若欲雲歕雷嶷嶷然有可望而畏之者煙霽景麗之旦巖堮霮䨴若拂嵐撲黛靄靄然有可狎而翫之者昏曉之交名狀不可撮要而言則三山五岳百洞千壑覼縷簇縮盡在其中百仞一拳千里一瞬坐而得之此所以爲公適意之用也嘗與公近觀熟察相顧而言豈造物者有意於其間乎將胚腪凝結偶然成功乎然而自一成不變已來不知幾千萬年或委海隅或淪湖底高者僅數仞重者殆千鈞一旦不鞭而來無脛而至爭奇騁怪爲公眼中之物公又待之如賓友親之如賢哲重之如寶玉愛之如兒孫不知精意有所召耶將尤物有所歸耶孰不爲而來耶（一作何爲而來）必有以也石有大小其數四等以甲乙景丁品之每品有上中下各刻於石陰曰牛氏石甲之上景之中乙之下噫是石也百千載後散在天壤之內轉徙隱見誰復知之欲使將來與我同好者覩斯石覽斯文知公之嗜石之自會昌三年五月丁丑記



## 冷泉亭記

東南山水餘杭郡爲最就郡言靈隱寺爲尤由寺觀言冷泉亭爲甲亭在山下水中央寺西南隅高不倍尋廣不累丈而撮奇得要地搜勝槩物無遁形春之日吾愛其草薰薰木欣欣可以導和納粹暢人血氣夏之夜吾愛其泉渟渟風泠泠可以蠲煩析酲起人心情山樹爲蓋巖石爲屏雲從棟生水與階平坐而翫之者可濯足於牀下臥而狎之者可垂釣於枕上矧又潺湲潔澈粹冷柔滑若俗士若道人眼耳之塵心舌之垢不待盥滌見輒除去潛利陰益

可勝言哉斯所以最餘杭而甲靈隱也杭自郡城抵四封叢山複湖易爲形勝先是領郡者有相里君造虛白亭有韓僕射皐作候仙亭有裴庶子棠棣作觀風亭有盧給事元輔作見山亭及右司郎中河南元藇最後作此亭於是五亭相望如指之列可謂佳境殫矣能事畢矣後來者雖有敏心巧目無所加焉故吾繼之述而不作長慶三年八月十三日記

錢塘湖石記

錢塘湖事刺史要知者四條具列如左



錢塘湖一名上湖周迴三十里北有石函南有筧凡放水溉田每減一寸可溉十五餘頃每一復時可溉五十餘頃先須別選公勤軍吏二人立於田次與本所由田戶據頃畝定日時量尺寸節限而放之若歲旱百姓請水須令經州陳狀刺史自便押帖所由即日與水若待狀入司符下縣縣帖鄉鄉差所由動經旬日雖得水而旱田苗無所及也大抵此州春多雨秋多旱若隄防如法蓄洩及時即瀕湖千餘頃田無凶年矣（原註州圖經云湖水溉田五百頃謂係田也今按水利所及其公私田不啻千餘頃）自錢塘至鹽官界應溉夾官河田放湖入河從河入田淮鹽鐵使舊法又須先量河水淺深待溉田畢却還本水尺寸往往旱甚即湖水不充今年修築湖堤高加數尺水亦隨加即不啻足矣脫或不足即更決臨平湖添注官河又有餘矣（原註雖非澆田時若官河乾淺但放湖水添注可以立通舟船）俗云決放湖水不利錢塘縣官縣官多假他詞以惑刺史云魚龍無所託或云菱茭失其利且魚龍與生民之命孰急菱茭與稻粱之利孰多斷可知矣又云放湖即郭內六井無水亦妄也且湖底高井管低湖中又有泉數十眼湖耗則泉涌雖盡竭湖水而泉用有餘況前後放湖終不至竭而云井



無水謬矣其郭中六井李泌相公典郡日所作甚利於人與湖相通中有陰竇往往堙塞亦宜數察而通理之則雖大旱而井水常足湖中有無稅田約十數頃湖淺則田出湖深則田沒田戶多與所由計會盜洩湖水以利私田其石函南筧幷諸小筧闥非澆田時並須封閉築塞數令巡檢小有漏泄罪責所由即無盜洩之弊矣又若霖雨三日已上即往往堤決須所由巡守預爲之防其筧之南舊有缺岸若水暴漲即於缺岸洩之又不減兼於石函南筧洩之防堤潰也（原註大約水去石函口一尺爲限過此須泄之）予在郡三年仍歲逢

旱湖之利害盡究其由恐來者要知故書於石欲讀者易曉故不文其言長慶四年三月十日杭州刺史白居易記

白蘋洲五亭記

湖州城東南二百步抵霅溪溪連汀洲洲一名白蘋梁吳興守柳惲於此賦詩云汀洲採白蘋因以爲名也前不知幾千萬年後又數百年有名無亭鞠爲荒澤至大歷十一年顏魯公眞卿爲刺史始翦榛導流作八角亭以遊息焉旋屬災潦薦至沼堙臺圮後又數十載萎蕪隙地至開成三年宏農楊君爲刺史乃疏四渠濬二池樹三園構五亭



卉木荷竹舟橋廊室洎遊宴息宿之具靡不備焉觀其架大溪跨長汀者謂之白蘋亭介三園閱百卉者謂之集芳亭面廣池目列岫者謂之山光亭翫晨曦者謂之朝霞亭狎清漣者謂之碧波亭五亭間開萬象迭入嚮背俯仰勝無遁形每至汀風春溪月秋花繁鳥啼之旦蓮開水香之夕賓友集歌吹作舟棹徐動觴詠半酣飄然恍然遊者相顧咸曰此不知方外也人間也又不知蓬瀛崑閬復何如哉時予守官在洛陽楊君緘書賫圖請予爲記予按圖握筆心存目想覼縷梗槩十不得其二三大凡地有勝境得人而後發人有心匠得物而後開境心相遇固有時耶蓋是境也實柳守濫觴之顏公椎輪之楊君繪素之三賢始終能事畢矣楊君前牧舒舒人治今牧湖湖人康康之由革弊興利若改茶法變稅書之類是也利興故府有羨財政成故居多暇日繇是以餘力濟高情成勝槩三者旋相爲用豈偶然哉昔謝柳爲郡樂山水多高情不聞善政龔黃爲郡憂黎庶有善政不聞勝槩兼而有者其吾友楊君乎君名漢公字用乂恐年祀寖久遠來者不知故名而字之時開成四年十月十五日記



記畫

張氏子得天之和心之術積爲行發爲藝藝尤者其畫歟畫無常工以似爲工學無常師以眞爲師故其措一意狀一物往往運思中與神會髣髴焉若驅和役靈於其間者時予在長安中居甚閒聞甚熟乃請觀於張張爲予盡出之厥有山水松石雲霓鳥獸暨四夷六畜妓樂華蟲咸在焉凡十餘軸無動植無大小皆曲盡其能莫不向背無遺勢洪纖無遁形迫而視之有似乎水中了然分其影者然後知學在骨髓者自心術得工侔造化者由天和來張但

得於心傳於手亦不自知其然而然也至若筆精之英華指趣之律度予非畫之流也不可得而知之今所得者但覺其形眞而圓神和而全炳然儼然如出於圖之前而已耳張始年二十餘致功甚近予意其生知之藝與年而長則畫必爲希代寶人必爲後學師恐將來者失其傳故以年月名氏記於圖軸之末云時貞元十九年清河張敦簡畫六月十日太原白居易記

## 記異

華州下邽縣東南三十餘里曰延平里里西南有故蘭若



而無僧居元和八年秋七月予從祖兄曰皡自華州來訪予遂出於蘭若前及門見婦女十許人服黃綠衣少長雜坐會語於佛屋下聲聞於門兄熱行方渴將就憩且求飲望其從者蕭士清未至因下馬自縶轡於門柱舉首忽不見意其退藏於窗闥之間從之不見又意其退藏於屋壁之後從之又不見周視其四旁則墻堵環然無隙缺覆視其族談之所則塵埃冪然無足迹蹤是知其非人悸然大異之不敢留上馬疾驅來告予予亦異之因訊其所聞兄曰云云甚多不能殫記大抵多云王允老於此覩其辭意若相與數其過者厭所去予舍八九里因同往訪焉果有王允者年老即其里人也方徙居於蘭若東百餘步葺墻屋築場蓺樹僅畢明日而入既入不浹辰而允死不越月而妻死不逾時而允之二子與二婦一孫死餘一子曰明進大恐懼不知所爲意新居不祥乃撤屋拔樹夜徙去遂獲全焉噫推而徵之則衆君子謀於社以亡曹婦人來焚糜竺之室信不虛矣明年秋予與兄出遊因復至是視允之居則井堙竈夷闃然唯環墻在里人無敢居者異乎哉若然者命數耶偶然耶將所徙之居非吉土耶抑王氏有



隱慝鬼得謀而誅之耶茫乎不識其由且志於佛室之壁以俟辨惑者九月七日太原白樂天云

欽定全唐文卷六百七十七

白居易 二十二

## 李陵論

論曰忠孝智勇四者爲臣爲子之大寶也故古之君子奉以周旋苟一失之是非人臣人子矣漢李陵策名上將出討匈奴竊謂不死於王事非忠生降於戎虜非勇棄前功非智名後禍非孝四者無一可而遂亡其宗哀哉予覽史記漢書皆無明譏竊甚惑之司馬遷雖以陵獲罪而無譏可乎班孟堅亦從而無譏又可乎按禮云謀人之軍師敗



則死之故敗而死者是其所也春秋所以美狼瞫者爲能獲其死所而陵獲所不死得無譏焉觀其始以步卒深入虜庭而能以寡擊衆以勞破逸再接再捷功孰大焉及乎兵盡力殫摧鋒敗績不能死戰卒就生降噫墜君命挫國威不可以言忠屈身於夷狄束手爲俘虜不可以言勇喪戰勳於前墜家聲於後不可以言智罪逭於躬禍移於母不可以言孝而引范蠡曹沫爲比又何謬歟且會稽之恥蠡非其罪魯國之羞沫必能報所以二子不死也而陵苟免其微軀受制於彊虜雖有區區之意亦奚爲哉夫吳齊者越魯之敵國匈奴者漢之外臣俾大漢之將爲單于之擒是長寇讎辱國家甚矣況二子雖不死無陵生降之名二子苟生降無陵及親之禍酌其本末事不相侔而陵竊慕之是大失臣子之義也觀陵答子卿之書意者但患漢之不知己而不自內省其始終焉何者與其欲刺心自明刎頸見志曷若効節致命取信於君與其痛母悼妻尤君怨國曷若忘身守死而紓禍於親焉或曰武帝不能明察下聽流言遽加厚誅豈非負德答曰設使陵不苟其生能繼以死則必賞延於世刑不加親戰功足以冠當時壯節



足以垂後代忠孝智勇四者立而死且不朽矣何流言之能及哉嗚呼予聞之古人云人各有一死死或重於泰山生或輕於鴻毛若死重於義則視之如泰山也若義重於生則視之如鴻毛也故非其義君子不輕其生得其所君子不愛其死惜哉陵之不死也失君子之道焉故隴西士大夫以李氏爲愧不其然乎不其然乎

## 畫元始天尊讚 并序

元者諸天之先始者萬靈之母混而成一强以爲名至哉無上尊得以是爲號正月二十有三日德宗神武孝文皇

帝在九仙之月過八音之日也皇帝敎宏元訓業奉眞宗承文祖之貽謀申孝孫之誠敬以謂元始天尊者眞儀不遠隨相而生神用無方應念而至故命設繪素展儀刑五彩彰施七寶嚴飾所以表當宁之瞻仰感在天之聖神通元應於希夷集靈祐於肸蠁詞臣承命跪唱讚云

元聖何在天上天欲往從之窅無緣命工設色五彩宣忽如眞相見於前聖應聖兮元又元薦百福兮垂萬年

## 畫大羅天尊讚 幷序

道用無窮統之者大聖神化不測感之者至誠非圖像無



以示儀形非供養無以展嚴敬故一念一禮而福隨之畫大羅天尊者奉爲順宗至德大聖大安孝皇帝忌辰之所造也皇帝祖元元之風嗣清淨之理志在善繼心惟孝思申命工人彰施繪事粹容儼若眞相炳焉憑志誠而上通垂景福而下濟詞臣奉詔恭爲讚云

眞通之象孝感之心率土瞻仰在天照臨蓄爲精誠發爲圖畫如從大羅應念而下

## 畫大羅天尊讚 幷序

唐元和己丑歲四月十四日畫大羅天尊一軀成奉爲睿聖文武皇帝降誕之辰所造惟歲之春惟月之望誕千年一聖之始降百祥萬壽之初電繞樞而夜明雷出震而時泰皇帝孝敬寅畏憂勤勞謙以謂無疆之休雖肇自於元聖莫大之慶思廣被於羣生爰命國工俾陳繪事眞相儼若元風穆如疑從大羅感聖而降至誠上通於一德景福旁濟於萬靈休命耿光自茲無極詞臣承詔恭爲讚曰

大羅天兮高不測浩無倪兮杳無極中有聖兮無上尊惟元德兮可升聞圖相好兮仰高眞誠上感兮福下臻俾百祥兮與萬壽配聖日兮而長新

## 畫大羅天尊讚 幷序



歲正月十九日順宗仙駕上昇之日月也皇帝嗣位六載每及茲晨齋居孝思明發不寐以爲元祖之教本乎道先帝之神在乎天故畫大羅天尊像者欲以最上勝因而成本功德也然則知之者不如念之者念之者不如仰之者是用諦念眞力虔仰尊儀命設色之工圖其儀形命掌文之臣贊其功德達孝誠於天上致孝理於域中斯蓋宏願發於我皇景福薦於先后稽首奉詔跪稱讚云

維大羅兮天上天維天尊兮仙上仙高眞之鑒照下界孝

敬之心達上元每一念兮以一仰感罔極兮福無壃

## 騶虞畫讚 幷序

騶虞仁瑞之獸也其所感所食暨形狀質文孫氏瑞應圖具載其事元和元年夏有以騶虞圖贈予者予愛其外猛而威內仁而信又嗟曠代不覿引筆讚之詞曰

孟山有獸仁心毛質不踐生芻不食生物有道則見非時不出三季已還退藏於密我聞其名徵之於書不識其形得之於圖白質黑文猊首虎軀是耶非耶孰知之乎已矣夫已矣夫前不見往者後不見來者吁嗟乎騶虞



## 貘屏讚 幷序

貘讀陌白豹也

貘者象鼻犀目牛尾虎足生南方山谷中寢其皮辟瘟圖其形辟邪予舊病頭風每寢息常以小屏衛其首適遇畫工偶令寫之按山海經此獸食鐵與銅不食他物因有所感遂爲讚曰

邈哉奇獸生於南國其名曰貘非鐵不食昔在上古人心忠質征伐教令自天子出劍戟省用銅鐵羨溢貘當是時飽食終日三代以降王法不一鑠鐵爲兵範銅爲佛佛像日益兵刃日滋何山不剗何谷不隳銖銅寸鐵罔有孑遺悲哉彼貘無乃餒而嗚呼非貘之悲惟時之悲

## 畫雕讚 幷序

壽安令白昊予宗兄也得丹青之妙傳寫之要毛羣羽族尤是所長長慶元年以畫雕貺予予愛之因題讚云

鷙禽之英黑鵰丁丁鉤綴八爪劍插六翮想入心匠寫從筆精不卵不雛一日而成軒然將飛戛然欲鳴毛動骨活神來一作采著形始知造物不必杳冥但獲天機則與化爭韓幹之馬籍籍知名薛稷之鶴翩翩有聲硏工覈能較眞鬭靈豈無他人不如我兄



## 酒功讚 幷序

晉建威將軍劉伯倫嗜酒有酒德頌傳於世唐太子賓客白樂天亦嗜酒作酒功讚以繼之其詞云

麥麴之英米泉之精作合爲酒孕和產靈孕和者何濁醪一樽霜天雪夜變寒爲溫產靈者何清醑一酌離人遷客轉憂爲樂納諸喉舌之內淳淳泄泄醍醐沆瀣沃諸心胷之中熙熙融融膏澤和風百慮齊息時乃之德萬緣皆空時乃之功吾嘗終日不食終夜不寢以思無益不如且飲

## 佛光和尚眞讚 幷序

會昌二年春香山寺居士白樂天命績以寫和尚眞而贊之和尚姓陸氏號如滿居佛光寺東芙蓉山蘭若因號焉我命工人與師寫眞師年幾何九十一春會昌壬戌我師尚存福智壽臘天下一人靈芝無根寒竹有筠溫然言語凝然風神師身自假師心是眞但學師心勿觀師身

## 畫彌勒上生幀讚 幷序

南贍部州大唐國東都城長壽寺大苾蒭一作芻道嵩存一惠恭等六十人與優婆塞士良惟儉等八十一人以太和八年夏受八戒修十善設法供捨淨財畫兜率陀天宮彌勒菩薩上生內眾一鋪眷屬圍繞相好莊嚴於是嵩等曲躬合掌焚香作禮發大誓願願生內宮劫劫生生親近供養按本經云可以除九十九億劫生死之罪也有彌勒弟子樂天同是願遇是緣爾時稽首當來下生慈氏世尊足下致敬無量而說讚曰

百四十心合爲一誠百四十口發同一聲仰慈氏形稱慈氏名願我來世一時上生

## 繡西方幀讚 幷序

西方阿彌陀佛與閻浮提有願此土眾生與彼佛有緣故受一切苦者先念我名祈一切福者多圖我像至於應誠來感隨願往生神速變通與三世十方諸佛不侔噫佛無若干而願與緣有若干也有女弟子宏農郡君姓楊號蓮花性發宏願捨淨財繡西方阿彌陀佛像及本國土眷屬一部奉爲故李氏長姊楊夫人滅宿殃追冥佑也夫範銅設繪不若刺繡文之精勤也想形念號不若覩相好之親近也即造之者誠不得不著感不得不通受之者罪不得不滅福不得不集爾時蓮花性焚香合掌跪唱讚云



金方刹金色身資聖力福幽魂造者誰宏農君受者誰楊夫人

## 繡阿彌陀佛讚 幷序

繡西方阿彌陀佛一軀女弟子京兆杜氏奉爲皇妣范陽縣太君盧夫人八月十一日忌辰所造也五綵莊嚴一心恭敬願追冥福誓報慈恩讚曰

善始一念千念相屬繡始一縷萬縷相續功績成就相好具足金身螺髻玉毫紺目報罔極恩薦無量福

## 繡觀音菩薩讚 幷序

故尚書膳部郎中太原白府君諱行簡妻京兆杜氏奉爲

府君祥齋敬繡救苦觀音菩薩一軀長五尺二寸闊一尺八寸紉針縷綵絡金綴珠衆色彰施諸相具足發宏願於哀懇薦景福於幽靈稽首焚香跪而讚曰

集萬縷兮積千針勤十指兮虔一心嗚呼鑑悲誠而介冥福實有望於觀世音

畫水月菩薩讚

淨淥水上虛白光中一覩其相萬緣皆空弟子居易誓心歸依生生劫劫長為我師

吳興雲鶴讚



有鳥有鳥從西北來丹腦火綴白翎雪開遼水一去緱山不迴噫吳興郡孰為來哉寶歷之初三元四齋天無微飇地無纖埃當白晝下與紫雲偕三百六十拂壇徘徊上昭元貺下屬仙才誰其居之太守姓崔

北齊驃騎大將軍高敖曹讚并序 奉勅撰

高昂字敖曹渤海蓨人也姿體甚異膽力過人累經戰伐皆著功績官至驃騎大將軍儀同三司冀州刺史其勇敢忠壯冠於一時時稱為名將後竟以攻戰死於王事年四十八贈太尉諡曰忠武讚曰

敖曹之容好配子羽生揚勳烈死謚忠武武不顧身忠不忘主誠哉選士無以貌取

箴言并序

貞元十有五年天子命中書舍人渤海公領禮部貢舉事越明年春居易以進士舉一上登第洎翌日至於旬時伏念固陋懼不克副公之選充王之賓乃自陳戒於德作箴言曰

我聞古君子人疾沒世名不稱恥邦有道貧且賤今我生休明代二十有六年乃策名名旣聞於君乃干祿祿將及



於親升聞逮養繄公之德公之德之死矢報之報之之義靡他惟勵乃志遠乃猷俾德日修道日就是報於公匪報於公是光於躬匪光於躬是華於邦吁其念哉其勗哉庶俾行中規文中倫學惟時習罔怠棄位惟馴致罔躁求惟一德五常陶甄於內惟四科六藝斧藻於外若御輿旣勤銜策乃克駿奔若冶金旣砥淬礪乃克利用無曰擢甲科名旣立而自廣自滿尚念山九仞虧於一簣無曰登一第位其達而自欺自卑尚念行千里始於足下嗚呼我無監於止水當監於斯文庶克欽厥止愼厥終自顧於箴言無

作身之羞公之羞

續虞人箴 元和十五年

唐受天命十有二聖業業惕惕咸勤於政鳥生深林獸在豐草春蒐冬狩取之以道鳥獸蟲魚各遂其生君民朝野亦克用寧在昔元祖厥訓孔章馳騁畋獵俾心發狂何以驗之曰羿與康曾不是戒終然覆亡故我列聖鑒彼前王雖有畋遊樂不至荒高祖方獵蘇長進言不滿十旬未足爲歡上心忽悟爲之輟畋故武德業垂二百年降及宋璟亦諫元宗溫顏聽納獻替從容及璟趨出鶴死握中故開



元事播於無窮噫逐獸於野走馬於路豈不快哉銜橛可懼噫夜歸禁苑朝出皇都豈不樂哉寇戎可虞臣非獸臣不當獻箴輒思出位敢諫從禽螻蟻命小安危計深芻禪萬一臣死甘心

磐石銘 幷序

太和九年夏有山客贈余磐石轉寘於履道里第時屬炎暑坐臥其上愛而銘之云爾

客從山來遺我磐石圓平膩滑廣袤六尺質凝雲白文折煙碧莓苔有斑麋鹿無跡置之竹下風掃露滴坐待禪僧眠齧醉客清泠可愛支體甚適便是白家夏天牀席

續座右銘 幷序

崔子玉座右銘余竊慕之雖未能盡行常書屋壁然其間似有未盡者因續爲座右銘云

勿慕貴與富勿憂賤與貧自問道何如貴賤安足云聞毀勿戚戚聞譽勿欣欣自顧行何如毀譽安足論無以意傲物以遠辱於人無以色求事以自重其身遊與邪分歧居與正爲鄰於中有取捨此外無疏親修外以及內靜養和與眞養內不遺外動率義與仁千里始足下高山起微塵



吾道亦如此行之貴日新不敢規他人聊自書諸紳終身且自勗身歿貽後昆後昆苟反是非我之子孫

上元日歎道文

道本無象功成強名生一氣之先爲萬物之母吹煦寒暑陰陽節而歲功成輔相乾坤上下交而生物遂故能阜蕃動植啟迪雍熙邦家保安夷夏咸若今以時殷獻歲節及上元女道士某等奉爲皇帝焚香行道敬修功德伏願聲聞紫極丕降元休大庇羣生永康四海流光垂慶億萬斯年

## 劉白唱和集解

彭城劉夢得詩豪者也其鋒森然少敢當者予不量力往往犯之夫合應者聲同交爭者力敵一往一復欲罷不能繇是每制一篇先相視草視竟則興作興作則文成一二年來日尋筆硯同和贈答不覺滋多至太和三年春以前紙墨所存者凡一百三十八首其餘乘興扶醉率然口號者不在此數因命小姪龜兒編錄勒成兩卷仍寫二本一付龜兒一授夢得小兒崙郎各令收藏附兩家集予頃以元微之唱和頗多或在人口常戲微之云僕與足下二十



年來爲文友詩敵幸也亦不幸也吟詠情性播揚聲名其適遺形其樂忘老幸也然江南士女語才子者多云元白以子之故使僕不得獨步於吳越閒亦不幸也今垂老復遇夢得得非重不幸耶夢得夢得文之神妙莫先於詩若妙與神則吾豈敢如夢得雪裏高山頭白早海中仙果子生遲沉舟側畔千帆過病樹前頭萬木春之句之類眞謂神妙在在處處應當有靈物護之豈唯兩家子姪祕藏而已己酉歲三月五日樂天解

## 代書

廬山自陶謝洎十八賢已還儒風綿綿相續不絕貞元初有符載楊衡輩隱焉亦出爲文人今其讀書屬文結草廬於巖谷間者猶一二十人卽其中秀出者有彭城人劉軻軻開卷慕孟子爲人軻秉筆慕揚雄司馬遷爲文故著翼孟三卷豢龍子十卷雜文百餘篇而聖人之旨作者之風雖未臻極往往而得予佐潯陽郡三年軻每著文輒來示予予知軻志不息異日必能跨符楊而攀陶謝軻一旦盡賫所著書及所爲文訪予告行欲舉進士予方淪落江海不足以發軻事業又羸病無心力不能徧致書於臺省故



人因援紙引筆寫胷中事授軻且曰予到長安持此札爲予謁集賢庾三十二補闕翰林杜十四拾遺金部元八員外監察牛二侍御祕書蕭正字藍田楊主簿兄弟彼七八君子皆予文友以予愚直嘗信其言苟於今不我欺則子之道庶幾光明矣又欲使平生故人知我形體已悴志氣已憊獨好善喜才之心未死去矣持此代書三月三日樂天白

## 補逸書 幷序

湯征諸侯葛伯不祀湯始征之作湯征

葛伯荒怠敗禮廢祀湯專征諸侯肇徂征之湯若曰格爾三事之人逮於有衆啟乃心正乃容明聽余言咨爾先格王有彝訓曰祿無常荷荷於仁福無常享享於敬惠乃道保厥邦覆乃德殄厥世惟葛伯反易天道怠棄邦本虐於民慢於神惟社稷宗廟罔克尊奉暨山川鬼神亦靡禋祀告曰罔犧牲以供俎羞予畀厥牛羊乃既於盜食曰罔黍稷以奉粢盛予佑厥稼穡乃困於仇餉今爾衆曰葛罪其如予聞曰爲邦者祗奉明神撫綏蒸民二者克備尚克保厥家邦吁廢於祀神震怒肆於虐民離心頊繩契以降暨



於百代神怒民叛而不顛隮者匪我攸聞小子履以涼德欽奉天威肇征有葛咨爾有衆克濟厥功其有儆師徒戒車乘敬君事者有明賞其有罔率職罔戮力不恭命者有常刑明賞不僭常刑無赦嗚呼朕告汝衆君子監於茲欽哉懋哉罰及乃躬不可悔

## 三教論衡

太和元年十月皇帝降誕日奉勑名入麟德殿內道場對御三教談論畧錄大端不可具載

第一座　秘書監賜紫金魚袋白居易安國寺賜紫引駕沙門義休太清宮賜紫道士楊宏元

### 序

中大夫守秘書監上柱國賜紫金魚袋臣白居易言談論之先多陳三教讚揚演說以啟談端伏料聖心飽知此義伏計聖聽飫聞此談臣敢畧而不言唯序慶誕贊休明而已聖唐御區宇二百年皇帝承祖宗十四葉太和初歲良月上旬天人合應之期元聖慶誕之日雖古者有祥虹流月瑞電繞樞彼皆瑣微不足引喻伏惟皇帝陛下臣妾四



夷父母萬姓恭勤以修己慈儉以養人戎夏乂安朝野無事特降明詔式會嘉辰開達四聰闡揚三教儒臣居易學淺才微謬列禁筵猥登講座天顏咫尺隕越於前竊以釋門義休法師明大小乘通內外學靈山嶺岫苦海津梁於大衆中能獅子吼所謂彼上人者難爲酬對然臣稽先王典籍假陛下威靈發問既來敢不響答

### 僧問

義休法師所問毛詩稱六義論語列四科何者爲四科何者爲六義其名與數請爲備陳者

對

孔門之徒三千。其賢者列爲四科。毛詩之篇三百。其要者分爲六義。六義者。一曰風。二曰賦。三曰比。四曰興。五曰雅。六曰頌。此六義之數也。四科者。一曰德行。二曰言語。三曰政事。四曰文學。此四科之目也。在四科內。列十哲名。德行科則有顏淵閔子騫冉伯牛仲弓。言語科則有宰我子貢。政事科則有冉有季路。文學科則有子游子夏。此十哲之名也。四科六義之名數。今已區別。四科六義之旨義。今合辨明。請以法師本教佛法中比方。卽言下曉然可見。何者。



卽如毛詩有六義。亦猶佛法之義例有十二部分也。佛經千萬卷。其義例不出十二部中。毛詩三百篇。其旨要亦不出六義內。故以六義可比十二部經。又如孔門之有四科。亦猶釋門之有六度。六度者。六波羅蜜。六波羅蜜者。卽檀波羅蜜尸波羅蜜羼提波羅蜜毗梨耶波羅蜜禪定波羅蜜般若波羅蜜。以唐言譯之。卽布施持戒忍辱精進禪定智慧是也。故以四科可比六度。又如仲尼之有十哲。亦猶如來之有十大弟子。卽迦葉阿難須菩提舍利弗迦旃延目乾連阿那律優波離羅睺羅是也。故以十哲可比十大弟子。夫儒門釋教。雖名數則有異同。約義立宗。彼此亦無差別。所謂同出而異名。殊途而同歸者也。所對若此。以爲何如。更有所疑。請以重難。

難

法師所難十哲四科。先標德行。然則曾參至孝。孝者百行之先。何故曾參獨不列於四科者。

對

曾參不列四科者。非爲德行才業不及諸人也。蓋繫於一時之事耳。請爲終始言之。昔者仲尼有聖人之德。無聖人



之位。棲棲應聘七十餘國。與時竟不偶。知道終不行。感鳳泣麟。慨然有吾已矣夫之歎。然後自衛反魯。删詩書。定禮樂。修春秋。立一王之法。爲萬代之教。其次則敘十哲。論四科。以垂示將來。當此之時。顏閔游夏之徒。適在左右前後。目擊指顧。列入四科。亦一時也。孝經云。仲尼居。曾子侍。此言仲尼閒居之時。曾參則多侍從。曾參至孝。不忍一日離其親。及仲尼旅遊歷聘。自衛反魯之時。曾參或歸養於家。不從門人之列。倫擬之際。偶爾見遺。由此明之。非曾參德行才業不及諸門人也。所以不列四科者。蓋一時之闕耳。

因一時之闕。爲萬代之疑。從此辨之。又無可疑矣

問僧

儒書奥義。既已討論。釋典微言。亦宜發問

問

維摩經不可思議品中云。芥子納須彌。須彌至大至高。芥子至微至小。豈可芥子之內。入得須彌山乎。假如入得。云何見得。假如却出。云何得知。其義難明。請言要旨。僧答不錄

難

法師所云。芥子納須彌。是諸佛菩薩解脱神通之力所致



也。敢問諸佛菩薩。以何因緣。證此解脱。修何智力。得此神通。必有所因。願聞其說。僧答不錄

問道士

儒典佛經。討論既畢。請迴餘論。移問道門。臣居易言。我太和皇帝祖元元之教。挹清淨之風。儒素緇黃。鼎足列座。若不講論元義。將何啟迪皇情。道門楊宏元法師。道心精微。眞學奥秘。爲仙列上首。與儒爭衡。居易竊覽道經。粗知元理。欲有所問。冀垂發蒙。

問

黄庭經中有養氣存神長生久視之道。常聞此語。未究其由。其義如何。請陳大畧。道士答不錄

難

法師所答。養氣存神長生久視之大畧。則聞命矣。敢問黄者何義。庭者何物。氣養何氣。神存何神。誰爲此經。誰得此道。將明事驗。幸爲指陳。道士答不錄

道士問

法師所問。孝經云。敬一人則千萬人悅。其義如何者

對



謹按孝經廣要道章云。敬者禮之本也。敬其君則臣悅。敬一人則千萬人悅。所敬者寡而悅者衆。此之謂要道也。夫敬者謂忠敬盡禮之義也。悅者謂悅懌歡心之義也。要道者謂施少報多簡要之義也。如此之義。明白各見於經文。其閒別有所疑。即請更難

難

法師所難云。凡敬一人則合一人悅。敬二人則合二人悅。何故敬一人而千萬人悅。又問。所悅者何義。所敬者何人。

對

孝經所云一人者謂帝王也王者無二故曰一人非謂臣下衆庶中之一人也若臣下敬一人則一人悅敬二人則二人悅若敬君上雖一人則千萬人悅何以明之設如人有盡忠於國盡敬於君天下見之何人不悅豈止千萬人乎設如有人不忠於國不敬於君天下見之何人不怒亦豈止千萬人乎然敬卽禮也禮卽敬也故傳云見有禮於其君者事之如孝子之養父母也如此則豈獨空悅乎亦將事而養之也見無禮於其君者誅之如鷹鸇之逐鳥雀也如此則豈獨空不悅乎亦將逐而誅之也由此而言則



敬不敬之義悅不悅之理了然可見復何疑哉

退

臣伏惟三教談論承前舊例朝臣因對敭之次多自敍才能及平生志業臣素無志業又乏才能恐煩聖聽不敢自敍謹退

六讚偈 幷序

樂天常有願願以今生世俗文筆之因翻爲來世讚佛乘轉法輪之緣也今年登七十老矣病矣與來世相去甚邇故作六偈跪唱於佛法僧前欲以起因發緣爲來世張本也

讚佛偈

十方世界天上天下我今盡知無如佛者堂堂巍巍爲天人師故我禮足讚嘆歸依

讚法偈

過見當來千萬億佛皆因法成法從經出是大法輪是大寶藏故我合掌至心迴向

讚僧偈

緣覺聲聞諸大沙門漏盡果滿衆中之尊假和合力求無



上道故我稽首和南僧寶

讚衆生偈

毛道凡夫火宅衆生胎卵濕化一切有情善根苟種佛果終成我不輕汝汝無自輕

懺悔偈

無始劫來所造諸罪若輕若重無小無大我求其相中間內外了不可得是名懺悔

發願偈

煩惱願去涅槃願住十地願登四生願度佛出世時願我

得親最先勸請請轉法輪佛滅度時願我得値最後供養受菩提記

## 八漸偈 幷序

唐貞元十九年秋八月有大師曰凝公遷化於東都聖善寺塔院越明年二月有東來客白居易作八漸偈偈六句四言以讚之初居易常求心要於師師賜我八言焉曰觀曰覺曰定曰慧曰明曰通曰濟曰捨繇是入於耳貫於心達於性於茲三四年矣嗚呼今師之報身則化師之八言不化至哉八言實無生忍觀之漸門也故自觀至捨次而



讚之廣一言爲一偈謂之八漸偈蓋欲以發揮師之心教且明居易不敢失墜也歸而升於堂禮於牀䟺而唱泣而去偈曰

### 觀偈

以心中眼觀心外相從何而有從何而喪觀之又觀則辨眞妄

### 覺偈

惟眞常在爲妄所蒙眞妄苟辨覺生其中不離妄有而得眞空

### 定偈

眞若不滅妄卽不起六根之源湛如止水是爲禪定乃脫生死

### 慧偈

慧之以定定猶有繫濟之以慧慧則無滯如珠在盤盤定珠慧

### 明偈

定慧相合合而後明照彼萬物物無遯形如大圓鏡有應無情



### 通偈

慧至乃明明則不昧明至乃通通則無礙無礙者何變化自在

### 濟偈

通力不常應念而變變相非有隨求而見是大慈悲以一濟萬

### 捨偈

衆苦既濟大悲亦捨苦既非眞悲亦是假是故衆生實無度者

欽定全唐文卷六百七十八

白居易二十三

## 蘇州重元寺法華院石壁經碑文

碑在石壁東次石壁在廣德法華院西南隅院在重元寺西若干步寺在蘇州城北若干里以華言唐文譯刻釋氏經典自經品衆佛號以降字加金焉夫開士悟入諸佛知見以了義度無邊以圓教垂無窮莫尊於妙法蓮華經凡六萬九千五百五言證無生忍造不二門住不可思議解脫莫極於維摩詰經凡二萬七千九十二言攝四生九類



入無餘涅槃實無得度者莫先於金剛般若波羅蜜經凡九千二百八十七言禳罪集福淨一切惡道莫急於佛頂尊勝陀羅尼經凡三千二十言應念順願願生極樂土莫疾於阿彌陀經凡一千八百言用正見觀眞相莫出於觀音普賢菩薩法行經凡六千九百九十言詮自性認本覺莫深於實相法密經凡三千一百五言空法塵依佛智莫過於般若波羅蜜多心經凡二百五十八言是八種經具十二部合一十一萬六千八百五十七言三乘之要旨萬佛之秘藏盡矣是石壁積四重高三尋長十有五丈厚尺有咫有石蓮敷覆其上下有石神固護其前後火水不能燒漂風日不能搖消所謂施無上法盡未來際者也唐長慶二年冬作太和三年春成律德沙門清晃矢厥謀清海繼厥志門弟子南容成之道則終之寺僧契元捨藝而書之郡守居易施詞而讚之讚曰

佛涅槃後世界空虛惟是經典與衆生俱設復有人書貝葉上藏檀龕中非堅非久如蠟印空假使有人刺血爲墨剝膚爲紙即壞即滅如筆畫水噫畫水不若文石印蠟不若字金其功不朽其義甚深故吾謂石經功德契如來付



囑之心

## 有唐善人墓碑銘并序

唐有善人曰李公公名建字杓直隴西人魏將軍申公發公十五代祖也周柱國陽平公遠六代祖也綏州刺史明高祖也太子中允進德曾祖也綿州昌明令珍玉大父也雅州別駕贈禮部尚書震考也贈博陵郡太君崔氏妣也陳許節度禮部尚書遜兄也渭源縣君房氏妻也容管招討使濟外舅也長慶元年二月二十三日夜無疾即世於長安修行里第是歲五月二十五日歸祔於鳳翔某縣某

鄉某原之先塋春秋五十八有二女五男曰納朴恪愨碩公官歷校書郎左拾遺詹府司直殿中侍御史比部兵部吏部員外郎兵部吏部郎中京兆少尹澧州刺史太常少卿禮部刑部侍郎工部尚書職歷容州招討判官翰林學士鄜州防禦副使轉運判官知制誥吏部選事階中大夫勳上柱國爵隴西縣開國男有史官起居郎渤海高釴作行狀翰林學士中書舍人河南元稹作墓誌有尚書主客郎中知制誥太原白居易作墓碑大署其碑曰善人墓善人者何公幼孤孝養太君太君老疾常曰猨子勸吾食吾



輒飽勸吾藥吾意其疾瘳猨子公小字也及長居荆州石首縣其居數百家凡爭鬬稍稍就公決公隨而評之寖及鄉人不詣府縣皆相率曰往問李君公養有餘力讀書屬文業成與兄遜起應進士俱中第爲校書時以文行聞故德宗皇帝擢居翰林翰林時以視草不詭隨退官詹府詹府時以貞恬自處不出戶輒逾月鄜帥路恕高之拜請爲副在鄜時有非類者至以病去爲御史時上任有過其行事者作謬官詩以諷爲吏部郎時調文學科暨吏課高者得無停年又省成勞急成狀限縣是吏史輩無緣爲姦迄今選部用其法知制誥時筆削間有以自是不屈者因請告改少尹少尹時與大議歲減府稅錢十三萬在澧時不鞭人不名吏居歲餘人人自化在禮部時由文取士不聽譽不信毀公爲人質良寬大體與用綽然有餘裕爲政廉平易簡不求赫赫名與人交外淡中堅接士多可而有別稱賢薦能未嘗倦好議論而無口過遠邪諛而不忤物其居家菲衣食厚賓客敬兄嫂禮妻子愛甥姪初先太君好善喜佛書不食肉公不忍違其志亦終身蔬食自八九歲時始諷詩書日三百言諷畢盡得其義善理王氏易左氏



春秋前後著文凡一（一作三）百五十二首皆理義撮要詞無枝葉其卓然者有詹事府司直比部員外郎廳記請雙日坐疏與梁肅書上宰相論選事狀秉筆者許之薨之日不識者惜識者嘆交遊出涕執友慟哭夫如是其善人乎傳曰善人國之紀也語曰善人吾不得而見之矣噫善人之稱難乎哉獨加於公無愧焉銘曰

古者墓有表表有云顯其行省其文故季札死仲尼表其墓曰君子今吾喪李君署其碑曰善人嗚呼李君有知乎無知乎君之名與此石俱

西京興善寺傳法堂碑銘并序

王城離域有佛寺號興善寺之坎地有僧舍名傳法堂先是大徹禪師晏居於是寺說法於是堂因名焉有問師之名迹曰號惟寬姓祝氏衢州西安人祖曰安父曰皎生十三歲出家二十四具戒僧臘三十九報年六十三終興善寺葬灞陵西原詔謚曰大徹禪師元和正眞之塔云有問師之傳授曰釋迦如來欲涅槃時以正法密印付摩訶迦葉傳至馬鳴又十二葉傳至師子比邱及二十四葉傳至佛馱先那先那傳圓覺達摩達摩傳大宏可可傳鏡智璨



璨傳大醫信信傳圓大一作滿忍忍傳大鑒能是爲六祖能傳南嶽讓讓傳洪州道一一謚曰大寂寂即師之師貫而次之其傳授可知矣有問師之道屬曰由四祖以降雖嗣正法有冢嫡而支派者猶大宗小宗焉以世族譬之即師與西堂藏甘泉賢勒潭海百巖暉俱父事大寂若兄弟然章敬澄若從父兄弟徑山欽若從祖兄弟鶴林素華嚴寂若伯叔然當山忠東京會若伯叔祖嵩山秀牛頭融若曾祖伯叔推而序之其道屬可知矣有問師之化緣曰師爲童男時見殺生者盭然不忍食退而發出家心遂求落髮於僧曇受尸一作戶羅於僧崇一作僧崇藏學毗尼於僧如證大乘法於天台止觀成最上乘道於大寂道一貞元六年始行於閩越間歲餘而迴心改服者百數七年馴猛虎於會稽作滕家道場八日一作年與山神受八戒於鄱陽作迴嚮道場十三年感非人於少林寺二十一年作有爲功德於衞國寺明年施無爲功德於天宮寺元和四年憲宗章武皇帝召見於安國寺五年問法於麟德殿其年復靈泉於不空三藏池十二年二月晦大說法於是堂說訖就化其化緣云爾有問師之心要曰師行禪演法垂三十年度白



黑衆殆百千萬億應病授藥安可以一說盡其心要乎然居易爲贊善大夫時嘗四詣師四問道第一問云既曰禪師何故說法師曰無上菩提者被於身爲律說於口爲法行於心爲禪應用有三其實一也如江湖河漢在處立名名雖不一水性無二律即是法法不離禪云何於中妄起分別第二問云既無分別何以修心師曰心本無損傷云何要修理無論垢與淨一切勿起念第三問云垢即不可念淨無念可乎師曰如人眼睛上一物不可住金屑雖珍寶在眼亦爲病第四問云無修無念亦何異於凡夫耶師

曰凡夫無明二乘執著離此二病是名貞修（貞一作眞）修者不得動不得忘動即近執著忘即落無明其心要云爾師之徒殆千餘達者三十九人其入室受道者有義崇有圓鏡以先師常辱與予言知予嘗醍醐嗅薝蔔者有日矣師既歿後予出守南賓郡遠託諜述追令而成嗚呼斯文豈直起師教慰門弟子心哉抑且志吾受然燈記記靈山會於將來世故其文不避繁銘曰

佛以一印付迦葉至師五十有九葉故名師堂爲傳法

唐故湖州長城縣令贈戶部侍郎博陵崔府君神道碑銘并序



公諱孚字某古太嶽允也今博陵人也唐虞之際因生爲姜姓暨周封齊分類曰崔氏長源遠派大族清門珪組賢俊準繩濟美斯崔氏所以綿千祀而甲百族也隋散騎常侍諱洽公六代祖也唐冀州武強令諱紹曾祖也監察御史諱頎王父也常州江陰令育皇考也公幼以門蔭子補太廟齋郎初調授汝州葉縣尉再調改宋州單父尉時天寶末盜起燕薊毒流梁宋屠城殺吏如火燎原單父之民將墜塗炭公感激奮發仗順與兵挫敗賊徒保全鄉縣拳勇之徒歸之如雲方欲糺合貔虎歐誅虵豕京觀羣盜金湯一方本道節度使奇之將議上聞會有同事者爭功陰相傾奪公超然脫屣遂以族行東游江淮安時俟命屬吳王出閤領鎮求才撫人常聞公名試以吏事遂表請爲宋城尉事舉移假連水令賞緋魚袋縣政修轉常州錄事參軍糺察課賦浙東採訪使聞之奏授越州餘姚令吏畏人悅歲未滿浙西採訪使知之奏改湖州長城令長城之理又加於前二邑焉政成秩滿解印罷去優游自得獨善其身興元元年疾歿於宋太和五年遷葬於洛享年若干詔贈尚書戶部侍郎夫人隴西李氏追封岐國夫人皆從子



貴也公爲人儀表魁梧氣概倜儻負不羈之才慕非常之功始發軔於單父志立而功不就終稅駕於長城道行而位不達善慶所積實生司空司空諱宏禮公之幼子也以學發身以文飾吏以幹蠱克家以忠壯許國典十郡領二鎮再釐東土追命上公雖天與之才國與之位亦由公義方之訓輔而成焉大丈夫貯蓄材術樹置功利鎡錤富貴焯燿邦家不當其身而得於後父析子荷相去幾何嗚呼崔公何不足之有按國典官五品以上墓廟得立碑又案

喪葬令凡諸贈官得同正官之制其孫彥防彥佐等奉父命述祖德揭石於墓勒銘於碑銘曰

天無全功賢無全福既享天爵難兼世祿矯矯崔公道積厥躬大志長畧卷於懷中黃綬過冠思奮奇功銅印宇人躬行古風才高位下步潤塗窮竟戢羽翮不展心膂天道有知善積慶鍾昭哉報施其在司空

## 淮南節度使檢校尚書右僕射趙郡李公家廟碑銘并序

王建侯侯建廟廟有器器有銘所以論譔先德明著後代



或書於鼎或文於碑古今之通制也維開成某年某月某日宣武軍節度使檢校尚書右僕射汴州刺史上柱國賜紫金魚袋趙郡李公齋沐祗慄拜章上言請立先廟以奉常祀於是得請於天子承式於有司是歲某月某日經始於東都明年某月某日有事於新廟外盡其物內盡其志三獻百順神格禮成其友居易以李氏宗祖世家名爵與僕射志行官業書於麗牲之碑謹按家畧九代祖善權後魏譙郡守八代祖延觀徐梁二州刺史七代祖續某郡太守六代祖顒達隋潁州刺史五代祖遷皇朝宜穀二州別駕贈德州刺史高祖孝卿右散騎常侍贈鄧州刺史曾祖府君諱敬元總章儀鳳間歷吏部尚書同中書門下三品中書令宏文館大學士監修國史封趙國公謚曰文憲才智職業載在國史令祭於第一室以妣薊國夫人范陽盧氏配焉王父府君諱守一屬世難家徙不求聞達避榮樂道與時浮沉終成都府郫縣令令祭於第二室以妣滎陽夫人鄭氏配焉先考府君諱晤歷金壇烏程晉陵三縣令府君爲人篤於家行飾以吏事動有常度居無惰容所莅之邑有善政辭滿之日多遺愛不登貴仕其命矣夫令祭



於第三室以先妣上谷夫人范陽盧氏配焉府君累贈至尚書右僕射夫人累贈至上谷郡太夫人前後凡三追命六告身渥澤疊洽自葉流根從子貴也郫縣暨晉陵府君咸善積於躬道屈於位儲祉流慶而僕射生焉僕射名紳字公垂六歲丁晉陵府君憂孺慕號踊如成人禮九歲終制孝養上谷太夫人年雖幼承順無違家雖貧甘旨無闕侍親之疾冠帶不解者三載餘可知也執親之喪水漿不入口者五日餘可知也先是祖妣考妣晉陵府君前娶夫人裴氏無子早卒洎叔父兄妹之殯咸未歸祔各處一方

公在斬衰中親護九喪匍匐萬里及其（一作期）襄事禮無闕
違至誠感神有靈烏瑞芝之應事動鄉里名聞公卿言孝
友者以爲表率憲宗嗣統三年李錡盜據京口公居無錫
會擢第東歸錡聞公名署職引用初諭以謀畫結舌不對
次强以章檄絕筆不書誘之以厚利不從迫之以淫刑不
動將戮辱者數四就幽囚者七旬誠貫神明有死無二言
名節者以爲準程朝廷嘉之拜右拾遺歲餘穆宗知公忠
孝文行召入翰林特授司封員外郎知制誥遷中書舍人
承顏造膝知無不言獻替啟沃如石投水俄拜御史中丞



戶部侍郎旣而望屬台衡朝當晏駕時移世變遂出椽高
要佐潯陽旋爲滁壽二州刺史大凡公之爲政也應用無
方所居必化臥理二郡以去害爲先故有盜奔獸依之感
廉察浙右以分憂爲功故有卹鄰活殍之惠尹正河洛以
革弊爲急故有擿姦扶羸之威文宗知公全才以汴難理
乃授鈇鉞俾鎭綏之初宣武師人驕强狠悍狃亂徼利積
習生常公旣下車盡知情僞刑賞信惠合以爲用一年而
下懲勸二年而下服畏三年而下恥格肅然丕變薰然太
和撫之五年人俗歸厚至於捍大患禦大災却飛蝗遏暴
水致歲於豐稔免人於墊溺噫微公之力汴之民其爲殍
乎其爲魚乎殊績尤課不可具舉天下征鎭淮海爲大非
公作帥不足以長東諸侯制加銀青光祿大夫揚州長史
淮南諸道節度觀察等使餘如故詔下之日出次於外軍
門不擊柝里巷無犬吠從容五日按節而東百姓三軍挈
壺漿捧簞醪遮道攀餞者動以萬輩皆嗚咽流涕如嬰兒
之別慈母焉噫若非襦袴之惠及其幼雞豚之養及其老
又推赤心置人腹中者則安能化暴戾之俗一至於此乎
西人泣送東人歌迎梁楚千里風變化移膏雨景星所至



掌福於時開成會昌之際上方致理公未登庸熙熙蒼生
環望而已盛矣哉大丈夫生於世也以忠貞奉乎君以義
利惠乎人以黻冕貴乎身以宗廟顯乎親以孝敬交乎神
宜其荷百祿輔一德爲有唐之宗臣者歟君子謂李氏之
廟也休哉公之祭也順哉然曰有孫如此有子如此可謂
孝矣故其碑銘曰

祭祀從貴爵土有秩諸侯之廟一宮三室皇皇西室皇祖
中書孝孫追遠昭穆有初顯顯中室王父郡令順孫祇享
盡慤盡敬肅肅東室先考晉陵嗣子奉薦孝思蒸蒸嗣子

其諱僕射公垂公垂翼翼齋嚴諒直爲子爲臣有典有則載膺休命載踐右職以孝肥家以忠肥國乃授侯伯纛鉞旍戟乃饗祖禰牲牢黍稷家聲振耀國典褒飾六命徽章三世血食光大遺訓顯揚先德子孫承之垂裕無極

故饒州刺史吳府君神道碑銘 并序

汩市朝溺妻子非達也困山林擯血屬亦非達也若有人與羣動處一代間彼爲彼我爲我不自潔不自污不巢許不伊呂水其心雲其身浮沈消息無徃而不自得者非達人乎吾友吳君從事於斯矣君諱丹字眞存太子通事舍



人覽之曾孫睦州司馬庭之孫太子宮門郎贈工部尚書銓（一作詮）之長子以進士第入官歷正字協律郎大理評事監察殿中侍御史太子舍人水部庫部員外郎都官駕部郎中諫議大夫大理少卿饒州刺史職歷義成軍節度推官浙西道節度判官潼關防禦判官鎭州宣慰副使（一作司）匭函使階至中大夫勳至上柱國讀書數千卷著文數萬言寶歷元年六月某日薨於饒州官次其年十一月某日葬於常州晉陵縣仁和鄉北原從遺志也君生四五歲弄泥沙時所作戲輒象道家法事八九歲弄筆硯時所出言輒類詩家篇章不自知其然蓋宿習儒元之業明矣弱冠喜道書奉眞籙每專氣入靜不粒食者累歲顥氣充而丹田澤飄然有出世心既壯在家爲長屬有三幼弟八稚姪嗷嗷慄慄不忍見其饑寒慨然有干祿意乃曰肥遁不可以立訓吾將業儒以馳名名競不可以恬神吾將體元以育德凍餒不可以安道吾將强學以徇祿祿位不可以多取吾將知足而守中繇是去江湖來京師求名得名求祿得祿身榮家給之外無長物無越思素琴在左黃庭在右澹乎自處與太和始終履仕途二十七年享壽命八十二



歲無室家累無子孫憂屈伸寵辱委順而已未嘗一日戚戚其心至於歸全反眞故予所謂達人之徒歟信矣仲弟湖州長史某以予辱與其兄遊既爲同門生又爲同舍郎周知初終託爲碑記噫先生之道吾能引古以明之銘曰漢中大夫東方曼倩夏侯湛高之作廟貌讚唐中大夫眞存先生白樂天知之作神道銘嗚呼二大夫異代而同途其皆達者乎

唐故通議大夫和州刺史吳郡張公神道碑銘 并序

張之爲著姓尚矣自漢太傅良侍中肱晉司空華丞相嘉以降勳賢軒冕歷代不乏肱避地渡江始居於吳故其子孫稱吳郡人嘉以孝悌聞於郡故其所居號孝張里嘉之曾孫裕在宋爲司徒即公五代祖也司徒之孫儔在隋爲吳郡都督即公曾王父也台州臨海令諱鷃即公之大父也袁州司馬諱孝績即公皇考也或以人物著或以閥閱稱迄今爲江南右族公諱擇字無擇未冠丁袁州府君憂廬於墓晝號而夜泣者三年矣有靈芝醴泉出焉既冠好學能屬文從鄉試登明經第應制舉中精通經史科補宏



文館校書郎調左金吾錄事換杭州錄事參軍在杭州前後詰僞制補吏者三十八人駁假年侍老者二十人舉而正之人服其明會劉幽求來爲刺史舉課上聞詔授絳州錄事參軍絳之郡丞有主壻者怙寵侮法豪奪人利公數其罪露章奏之章下丞相府丞相姚元之奇之致書褒美尋改太原府功曹參軍給事中張昶爲江淮安撫使表公正直奏署郡從事吏部尚書陸象先爲河東按察使狀公清白奏授懷州獲嘉令在獲嘉以不茹柔得人心以不吐剛得罪繇是左遷鄂州司馬移深州司馬轉虢州長史時上方思理詔求二千石之良者時宰以公蹇諤擢拜和州刺史公之在郡奉詔條卹人隱而已不知其他無何水潦害農公請蠲穀籍之損者什七八時李知柔爲本道採訪使素不快公之明直密疏誣奏以附下爲名遂貶蘇州别駕老幼攀泣而遮道者數百人信宿方得去移曹州别駕歲餘謝病歸老於家天寶十三載正月二十一日終於東都利仁里私第其年二月十二日葬於河南府伊闕縣中李原享年八十三噫公生天地間八十有三年可謂壽矣其間當明皇帝馭天下四十有五年可謂時矣有其才得



其壽逢其時然職不過陪臣秩僅至郡守凡所貯蓄鬱而不舒嗚呼其命也夫公之文學常爲賀知章賈彥璿許之公之諒直常爲李邕張庭珪稱之公之政事又爲劉姚張陸推之夫以八君子之力援之而不足以一知柔之力排之而有餘戹窮不振以至没齒嗚呼其命也夫古人云道不虛行又云其後必有達者故公之子大理評事誠以節行聞於時公之孫戸部侍郎平叔以才位光於國報施之道信昭昭矣不在其身則在子孫相去幾何哉長慶二年某月某日平叔奉祖德揭而碑之居易據家狀序而銘之

其詞曰

有木有木碩大而長破爲桷杙不作棟梁有驥有驥規行矩步辱在短轅不駕大輅嗚呼噫嘻公亦如之將時不我遇而我不遇時勿謂已矣天錫多祉既賢其子以濟其美又才其孫以大其門苟無先德孰啟後昆

## 唐贈尚書工部侍郎吳郡張公神道碑銘 并序

有唐嶺南觀察推官試大理評事吳郡張公大歷三年十一月八日終於伊川別墅五年八月七日葬於伊闕縣中李原春秋五十五元和十三年詔贈主客員外郎明年贈



太常少卿又明年贈尚書工部侍郎夫人吳郡陸氏貞元二年一作三年某月某日終於某所春秋六十六追封嘉興縣太君又封吳郡太夫人嗣子通議大夫守尚書戶部侍郎判度支上柱國賜紫金魚袋平叔以長慶二年某月某日立神道碑太原白居易文其碑云公諱諴一作誠字老萊吳郡人父諱無擇和州刺史祖諱孝績袁州司馬由高曾而上世德世祿載在和州府君碑內此不書公年十八以通經中第及調判入高等授蘇州長洲尉秩滿丁先府君憂既禫又丁先太夫人憂泣血六年哀毀過禮以方寸再亂殆無宦情既除喪退居不調者累年而親友以大義敦責不得已而復起選授左武衛騎曹一作將軍參軍分司東都屬安祿山陷覆洛京以僞職淫刑脅劫士庶公與同官范陽盧巽潛遁於陸渾山食木實飲泉水者二年訖不爲逆命所汙及肅宗嗣位詔河南尹薛伯連搜訪不仕賊庭隱藏山谷者伯連得六人以應詔而公與巽在焉繇是名節聞於朝野君子以爲知道優詔褒美特授密縣主簿未周歲還宋州碭山縣令時睢陽當大兵後野無草里無人公撫之一年襁負至二年汙萊闢三年衣食足及解印去縣民



相率泣而餞之君子以爲知政嶺南節度觀察使李勉偉人也既高公陸渾之節又美公碭山之政欲以名職禮命起而大之遂奏授試大理評事充觀察推官及除書簡牒到門即公捐館舍之明日也才如是命如是嗚呼哀哉公常自負其才不後於人自疑其命不偶於世及將去碭山而反伊川也頓駕搦管沈嘆久之因賦詠懷詩云論成方辨命賦罷即歸田竟如是言終於衡茅之下君子以爲知命公有三子曰平仲平叔平季夫人陸氏即國子司業侹賢殿學士善經之女賢明有法度初公既殁諸子尚幼夫

人勤求衣食親執詩書諷而導之咸爲令子又常以公遺志擇其子而付之故平叔卒能振才業致名位追爵命揭碑表繼父志揚祖德此誠孝子順孫之道也亦由夫人慈善教誘之德浸漬而成就之不其然乎居易常辱與戸部遊而知其家事故見託撰述庶傳信焉銘曰

猗嗟碭山以文行保家聲以義節振時名以惠政撫縣民而職不登諸侯卿秩不及廷尉評悲哉猗嗟碭山前有和州名德如彼後有戸部才位若此才子之父名父之子賢者兼之可謂具美休哉



## 大唐泗洲開元寺臨壇律德徐泗濠三州僧正明遠大師塔碑銘 并序

娑娑世界中有釋迦如來出爲上首如來滅後像法中或羅漢僧或菩薩僧在在處處出爲上首佛道未喪開生其人故泗洲開元寺臨壇律德大師實一方上首也大師譙郡鄼人世姓暴氏僧號明遠七歲依本郡霈禪師出家十九從泗洲靈穆律師受具戒五夏通四分律俱舍論乃升講座乃登戒壇元和元年衆請充當寺上座明年官補爲本州僧正統十二部開元寺北地二百步作講堂七間僧



院六所又淮泗間地卑多雨潦歲有水害師與郡守蘇遇等謀於沙湖西隙地創避水僧坊建門廊廳堂廚廄二百間植松杉楠檉檜一萬本由是僧與民無墊溺患旋屬災焚本寺寺殲像滅僧潰者數年師與徐州節度使王侍中有緣遂合願叶力再造寺宇乃請師爲三郡僧正奏乞連置戒壇因其施利廓其規度侍中又以家財萬計助而成之自殿閣堂亭廊庖廩藏洎僧徒臧獲傭保馬牛之舍凡二千若干百十間其中像設之儀器用之具一無闕者長慶五年春作太和元年秋成輪奐莊嚴星環棊布如自地



踊若從天降供施無虛日鐘梵有常聲四衆知歸萬人改觀於是增上慢者起敬種善根者發心利喜饒益巨能具舉若非大師於福智僧中而得第一若非侍中於敬修人中亦爲第一則安能作大佛事而中興像教者乎故如來所謂我滅後我法傳授於弟子囑於大臣斯言信矣師以太和八年十二月十九日齋時終於本寺本院是月二十九日道俗衆萬輩恭敬悲泣備涅槃威儀遷全身歸於湖西塼塔遵本教而奉先志也報年七十僧臘五十有一始出家訖於遷化志業行願道力化緣引而伸之隨日廣大

前後臨戒壇者八登律座者十有五僧尼得度者三萬衆江淮行化者四十年或疑是人如來所使羅漢菩薩吾焉知之初大師以功德爲心既成而化侍中以譔錄見託未就而薨今按弟子僧元亮素行狀序而銘之嗚呼所以滿大師之願終侍中之志也銘曰

平地踊塔多寶示現險路化城導師方便繄我大師亦有大願像法是宏塔廟是建佛人交接兩得相見法有毗尼象有僧尼承教於佛得度於師宣傳戒藏振起律儀四十餘載勤而行之福德如空不可思議緣合而來功成而去知性不動色身無住示有遷化非實滅度表塔勒銘門人戀慕



唐東都奉國寺禪德大師照公塔銘并序

大師號神照姓張氏蜀州青城人也始出家於智凝法師受具戒於惠䔩律師學心法於惟忠禪師忠一名南印即第六祖之法曾孫也大師祖達摩宗神會而父事印其教之大旨以如然不動爲體以妙然不空爲用示眞寂而不說斷滅破計著而不壞假名師既得之揭以行化出蜀入洛與俗人有緣用一作月開六壇僅三十載隨根說法言下多悟由是裂疑網拔惑箭漸離我人相者日日有焉起正信見本覺頓發菩提心者時時有焉其餘退惡進善隨分而增上者不可勝紀夫如是可不謂煩惱病中師爲醫王乎生死海中師爲船師乎嗚呼病未盡而醫去海方涉而船失粵以開成三年冬十二月示滅於奉國寺禪院以是月遷葬於龍門山報年六十三僧夏四十四明年傳教主院上首弟子沙門清閑糾門徒合財施與服勤弟子志行等營度喪事卜兆於寶應寺荷澤祖師塔東若干步窆而塔焉示不忘其本也其諸升堂入室得心要口訣者有宗



實在襄復儼在洛道盈在鎮知遠在徐曰建在晉道光在潤道威在潞雲眞在慈一作磁雲表在汴歸忍在越會幽齊經在蔡智全景元紹明在秦各於一方分作佛事咸鼓鐘鳴吼龍象蹴蹋斯皆吾師之教力也不其盛歟衆以余忝聞法門人結菩提之緣甚熟請於塔石序而銘曰

伊之西北洛之南東法祖法孫歸全於中舊塔會公新塔照公亦如世禮祔於本宗

唐撫州景雲寺故律大德上宏和尚石塔碑銘并序

元和十一年春廬山東林寺僧道深懷縱如建沖契宗一至柔晉諸智則智明雲臬太易等凡二十輩與白黑衆千餘人俱賚持故景雲大德宏公行狀一通贄錢十萬來詣潯陽府請司馬白居易作先師碑會有故不果十二年夏作石墳成復來請會有病不果十三年冬作石塔成又來請始從之旣而僧反山衆反聚落錢反施者（一作寺府）翌日而文就明年而碑立其詞云爾

我聞竺乾古先生出世法法要有三曰戒定慧戒生定定生慧慧生八萬四千法門是三者迭爲用若次第言則定爲慧因戒爲定根定根植則苗茂慧因樹則果滿無因求滿猶夢果也無根求茂猶揠苗也雖佛以一切種智攝三界必先用戒菩薩以六波羅蜜化四生不能捨律律之用可思量不可思量如來十弟子中稱優波離善持律波離滅有南山大師得之南山滅有景雲大師得之師諱上宏姓饒氏曾祖君雅祖公悅父和（一作知）恭臨川南城人童而有知故生十五歲發出家心始從舅氏剃落壯而有立故生二十五（一作二）歲立菩提願從南嶽大圓大師受具戒樂其所由生故大歷中不去父母之邦請隸於本州景雲寺修道應無所住故貞元初離我所徙居洪州龍興寺說法親近善知識故與匡山法眞天台靈裕荆門法裔暨興果神湊建昌惠進五長老交遊佛法屬王臣故與姜相國公輔顏太師眞卿暨本道廉使楊君憑韋君丹四君子友善提振禁戒故講四分律而從善遠罪者無其數隨順化緣故坐甘露壇而誓衆主盟者二十年荷擔大事故前後登方等施尸羅者十有八會救拔羣生故娑婆男女由我得度者萬五千七十二人示生無常故元和十年巳亥遷化於東林精舍示滅有所故是月丙寅歸於南岡石墳住世七十七歲安居六十五夏自生至滅隨迹示教行止語默無非佛事夫施於人也博則反諸已也厚故門人鄉人報如不及繇是蓺松成林琢石爲塔有碑碑有銘銘曰

佛滅度後薝蔔香衰醍醐味醨誰反是香誰復是味景雲大師景雲之生一匡苾蒭中興毗尼景雲之滅衆將安仰法將疇依昔景雲來行道者隨蹤迹者歸今景雲去升堂者思入室者悲鑪峯之西虎谿之南石塔巍巍有記事者以眞實辭書於塔碑

## 唐江州興果寺律大德湊公塔碣銘（并序）

如來滅後後五百歲有持戒見性者曰興果禪師師姓成號神湊京兆藍田人既出家具戒於南嶽希操大師參禪於鍾陵大寂大師志在首楞嚴經行在四分毗尼藏其他典論以有餘力通大歷八年制懸經論律三科策試天下僧師中等得度詔配江州興果寺後從僧望移隸東林寺即雁門遠大師舊道場有甘露壇白蓮池在焉師既居是寺興佛事元和十二年九月七日遘疾二十六日反眞十月十九日遷全身於寺道北祔雁門墳左春秋七十四夏臘五十一至乎哉師本行也以精進心脂不退輪以勇健



力揭無畏鼓故登壇進律鬱爲法將者垂三十年領羯磨會十三化大衆萬數儀範所攝惠用所誘貴高憎慢罔不降伏其威重如是自興果起東林一盂齋一榻居衣麻寢菅如坐漆室（一作七寶）縣是名聞檀施來無虛月盡歸寺藏與大衆共之迨斂手足目（一作日）前無長物其簡儉如是師心行禪身持律起居動息皆有常節雖冱寒隆暑風雨黑夜捧一鑪秉一燭行道禮佛者四十五年凡十二時未嘗闕一其精勤如是師既疾亟四大將壞無戀著念無厭離想郡太守門弟子進醫饋藥者數四師頷之云報身非病焉用是爲言訖趺坐恬然就化其了悟如是門人道建利辯元審元惣等封墳建塔思有以識之以先師嘗辱與予游託爲銘碣初予與師相遇如他生舊識一見欣合不知其然及遷化時予又題四句詩爲别蓋欲會前心集後緣也不能改作因取爲銘曰

本結菩提香火社共嫌煩惱電泡身不須戀戀從師去先請西方作主人

欽定全唐文卷六百七十九

白居易二十四

唐故會王墓誌銘 并序

唐元和五年冬十一月四日會王寢疾薨於內邸大小斂之日上皆不舉樂不坐朝恩也越十二月十八日詔京兆尹王播監視葬事窆於萬年縣崇道鄉西趙原禮也是日又詔翰林學士白居易爲之銘誌故事也王諱纁字某德宗之孫順宗之子陛下之弟幼有令德早承寵章未冠而王受封於會夫以祖功宗德之慶父天兄日之貴胙土列



藩之寵好德樂善之賢宜乎壽考福延爲王室輔嗚呼降年不永二十一而終哀哉皇帝厚惇睦之恩深友悌之愛故王之薨也軫悼之念有加於常情王之葬也遺奠之儀有加於常數哀榮兼備斯其謂乎銘曰

歲在寅月窮紀萬年縣崇道里會王薨葬於此

故滁州刺史贈刑部尚書滎陽鄭公墓誌銘 并序

周宣王封母弟桓公於鄭厥後因封命氏爲滎陽人鄭自桓公而下平簡公而上世家婚嗣咸詳於史牒故不書公諱某字某五代祖諱某北齊尚書令是爲平簡公曾祖諱某下邳郡太守王父諱某衛州刺史王考諱某秘書郎贈鄭州刺史公即秘書第三子好學攻詞賦進士中第判入高等始授鄠城尉無何本郡守移他鄉州民有暴悖者相率遮道麾訶不去公忿其犯上立斃六七人採訪使奇之奏署支使改浚儀主簿轉大理評事兼佐漕務彭果領五府奏公爲節度判官會果坐贓連累僚佐貶光化尉移向城尉歷北海時安祿山始亂傳檄郡邑邑民孫俊鄧犀伽歐市人刼廩藏以應公時已去秩因奮呼率僚吏子弟急擊之殺俊犀伽盡殲其黨繇是一邑用寧朝廷美之擢授



登州司馬尋轉長史累加朝散大夫入爲太子左贊善大夫尚書屯田員外郎太子中允出攝淄州刺史俄換萊州連有善最詔授檢校司勳郎中兼侍御史充青萊登海密五州租庸使太尉李公光弼鎮徐州奏公爲徐州刺史充海登沂三州招討使加正議大夫賜紫金魚袋公威惠舊著比至郡而蒼山賊帥李浩與其徒五千來降繇是三郡底定復入爲衛尉少卿相國王公縉統河南奏公爲副元帥判官未幾除秘書少監兼滁州刺史本州團練使居八載政績大成大歷十二年二月十五日薨於揚州權窆於

某所享年七十有八公凡七佐軍四領郡祿俸不積滯衣食無常主常嘆曰以飽暖活孀幼以清白貽子孫是吾心也逮啟手足卒如其志先是太夫人常寢疾公衣不解髮不櫛者彌年侍疾執喪憂毀過禮公尤善五言詩與王昌齡王之渙崔國輔輩聯唱迭和名動一時逮今著樂詞播人口非一晚賦思舊遊詩百篇亦傳於代前夫人清河崔氏贈清河郡太君後夫人博陵崔氏贈博陵郡君生子七人女七人長子雲逵有才名官至刑部侍郎京兆尹公由京兆累贈至散騎常侍刑部尚書次子微終潤州司馬次



子公逵有至行初公年高就養不仕及居憂廬墓泣血三年淮南節度使本道黜陟使泉朝賢袁高高參等累以孝悌稱薦鄉名教者慕之今爲侍御史上柱國滄景節度參謀次子方逵衡州司士參軍次子震當陽丞次子文弼幽州參軍次子安逵率府倉曹參軍公自捐館舍殆逾三紀家國多故未克反葬至元和二年月日始遷兆於鄭州新鄭縣某原祔先秘書塋二夫人從焉時京兆已即世諸弟在下位獨侍御史銜恤襄事孝備始終見託述譔銘於墓石銘曰

世祿德門斯謂之可久懿文茂績斯謂之不朽二千石之祿七十八之年斯謂之貴壽內史之顯揚柱史之孝行斯謂之有後嗚呼鄭公榮如是哀如是又何不足之有

## 唐揚州倉曹參軍王府君墓誌銘 代裴頲舍人作

公諱某字士寬其先出自周靈王太子晉凡二十一代而生翦翦爲秦將軍又三世而生珣珣居太原故今爲太原人又十九代而生瓊瓊爲後魏僕射謚孝簡公又二代而生曾祖諱滿官爲河南府王屋縣令王父諱大璡爲嘉州司馬父諱昇爲京兆府咸陽令河南府伊闕令有文行學



術應制舉對沈謀秘畧策登科詩入正聲集公即伊闕第三子好學善屬文天寶中應明經舉及第選授婺州義烏縣尉以清幹稱刺史韋之晉知之署本州防禦判官無何租庸轉運使元載又知之假本州司倉專掌運務歲終課績居多遂奏聞眞授永泰中勅遷越府戶曹屬邑有不理者公假領之所至必理大歷中本道觀察使薛兼訓以公清白尤異表奏之有詔權知餘姚縣令時海寇初殄邑焚田荒公乃營邑室創器用復流庸闢菑畬凡江南列邑之政公冠其首其制邑闢田增戶之績則會稽之牒地官之

籍載焉建中初選授揚州倉曹參軍至五年七月二十六日疾歿於江都縣之私第春秋六十二夫人清河崔氏鳳閣舍人融之姪孫鄭州司戸法昴之女婦順母訓中外師之貞元二十年十一月十三日疾終於三原縣之官舍享年六十二有子曰播曰炎曰起咸以進士舉及第播應制舉對直言極諫策授集賢殿校書郎累遷監察殿中侍御史三原令炎既第未仕起應博學宏詞科選授集賢殿校書郎昆弟三人不十年而五登甲第時論者榮之一女適范陽盧仲通播等號護靈輿以永貞元年十月二十五日



遷祔於京兆府富平縣淳化鄉之某原從吉兆也嗚呼夫懋言行畜事業俾道積於躬者在人也踐大官贊元化俾功加於民者由命也有其人無其命雖聖與賢無可奈何維公受天地之和積爲行發爲文宣爲用故在家以孝友聞行已以清廉聞涖事以幹蠱聞如金玉在珮動而有聲其大者又常以經德秉哲致君濟人爲已任有識者深知之宜乎作王者心膂耳目之官以經緯其邦家而才爲時生道爲命屈名雖聞於天子位不過於陪臣鬱鬱然歿而不展其用者命矣夫古人云有明德大智者若不當世其後必有餘慶今其將在後嗣乎不然何乃德行政事文學之具美聚乎公之三子乎天其或者殆將肥王氏之家大王氏之門以甚明報施之道者也其不佞頃對策於王廷也與炎同升諸科焉祗命於憲府也與播聯執其簡焉及爲考文之官也又起在選中焉辱與公之三子游而聆公之遺風甚熟故作斯文無隱情無愧辭焉銘曰

緱山道光淮水靈長繩繩子孫代有賢良將軍輔秦武功抑揚孝簡翊魏文德闡彰降及於公實生於唐大智全才應用無方作掾於郡三語有章承乏於邑一同載康展如



之人何用不臧宜登大位俾紹前芳嗚呼百鍊之金不鑄干將十圍之林不作棟梁公亦如之與世不當道不虛行後嗣其昌

## 唐太原白氏之殤墓誌銘 并序

白氏下殤曰幼美小字金剛奴其先太原人高祖諱志善尚衣奉御曾祖諱溫都官郎中王父諱鍠河南府鞏縣令先府君諱季庚大理少卿山東別駕先太夫人潁川陳氏封潁川縣君幼美即第四子也旣生而惠旣孩而敏七歲能誦詩賦八歲能讀書鼓琴九歲不幸遇疾夭徐州符離

縣私第貞元八年九月權窆於縣南原元和九年春二月二十五日改葬於華州下邽縣義津鄉北岡祔於先府君宅兆之東三十步其兄居易行簡藐然巳孤撫哀臨穴斷手足之痛其心如初且號且銘誌於墓曰

嗚呼剛奴痛矣哉念爾九歲逝不迴埋魂閟骨長夜臺二十年後復一開昔葬苻離今下邽魂兮魂兮隨骨來

## 醉吟先生墓誌銘 并序

先生姓白名居易字樂天其先太原人也秦將武安君起之後高祖諱志善尚衣奉御曾祖諱溫檢校都官郎中王



父諱鍠侍御史河南府鞏縣令先大父諱季庚朝奉大夫襄州別駕大理少卿累贈刑部尚書右僕射先大父夫人陳氏贈穎川郡太夫人妻楊氏宏農郡君兄幼文皇浮梁縣主簿弟行簡皇尚書膳部郎中一女適監察御史談宏謩三姪長曰味道廬州巢縣丞次曰景回淄州司兵參軍次曰晦之舉進士樂天無子以姪孫阿新爲之後樂天幼好學長工文累進士拔萃制策三科始自校書郎終以少傅致仕前後歷官二十任食祿四十年外以儒行修其身中以釋教治其心旁以山水風月歌詩琴酒樂其志前後著文集七十卷合三千七百二十首傳於家又著事類集要三十部合一千一百三十門時人目爲白氏六帖行於世凡平生所慕所感所得所喪所經所遏所通一事一物巳上布在文集中開卷而盡可知也故不備書大歷六年正月二十日生於鄭州新鄭縣東郭宅以會昌六年月日終於東都履道里私第春秋七十有五以某年月日葬於華州下邽縣臨津里北原祔侍御僕射二先塋也啟手足之夕語其妻與姪曰吾之幸也壽過七十官至二品有名於世無益於人褒優之禮宜自貶損我歿當斂以衣一襲



以車一乘無用鹵簿葬無以血食祭無請太常謚無建神道碑但於墓前立一石刻吾醉吟先生傳一本可矣語訖命筆自銘其墓云

樂天樂天生天地中七十有五年其生也浮雲然其死也委蛻然來何因去何緣吾性不動吾行屢遷已焉已焉吾安往而不可又何足厭戀乎其間

## 唐銀青光祿大夫太子少保安定皇甫公墓誌銘 并序

公姓皇甫諱鏞字穌卿始封祖微子也周克殷封於宋九

代至戴公戴公之子曰皇父因字命族爲皇父氏至秦徙茂林改父爲甫及漢遷安定朝那其後爲朝那人五代祖珍義資建二州刺史曾祖文房高陵令祖鄰幾賜汝州刺史考愉累贈尚書左僕射太子太保妣洛陽賈氏贈姑臧郡太夫人公由進士出身補夏陽主簿試左武衛兵曹充宣歙觀察推官轉大理評事詔徵授監察御史改秘書郎殿中侍御史內供奉始賜朱紱銀印充鳳翔節度判官營田副使旋又徵還眞拜殿中改比部員外郎河南令都官郎中河南少尹歷太子左右庶子幷分司東都俄又徵拜



國子祭酒未幾謝疾改太子賓客轉秘書監分司又就拜檢校左散騎常侍兼太子賓客轉秘書監分司始加命服正三品又遷太子少保分司封安定縣開國男食邑三百戶始立家廟享三世公先娶博陵崔氏後娶范陽盧氏二夫人皆有淑德先公而歿有二子曰璥曰珧一女適太原王諲以開成元年七月十日寢疾薨於東都宣教里第享年七十七皇帝廢朝一日是歲十月三日用大葬之禮歸全於河陰縣廣武原從太保府君先塋以盧夫人合祔焉公自將仕郎累階至銀青光祿大夫自武騎尉累勳至上柱國自布衣而佩服金紫自旅食而廟饗祖考封爵被乎身褒贈及乎先官品蔭乎後大其門肥其家儒者之榮無闕焉皆求已稽古之力自致耳公爲人器宇甚宏衣冠甚偉寡言正色人望而敬之至於燕遊觴詠之間則其貌溫然如春其心油然如雲也初元和中公始因郎官分司東洛由是得伊嵩趣愜吏隱心故前後歷官八九凡二十有五年優游洛中無西笑意忘懷窮達與道始終澹然不動其心以至於考終命聞者慕之謂爲達人當憲宗朝公之仲弟居相位操利權也從而附麗者有之公獨超然雖貴



介之勢不能及仲之失寵得罪也從而緣坐者有之公獨皦然雖骨月之親不能累識者心伏號爲偉人公好學善屬文尤工五言七言詩有集十八卷又著性言十四篇居易辱與公游迨二紀矣自左右庶子歷賓客訖於少保傅皆同官東朝分務東周在寮友間聞之最熟故得以實錄誌而銘曰

賢哉少保令聞令儀金璧其操鸞鳳其姿德如斯壽如斯位如斯嗚呼人爵天爵實兼有之廣武之原大河之湄龜告筮從吉土良時封於茲樹於茲嗚呼少保之墓百代可

知

唐故銀青光祿大夫秘書監曲江縣開國伯贈禮部尚書范陽張公墓誌銘 并序

公諱仲方字靖之其先范陽人晉司空茂先之後永嘉南遷始徙居於韶之曲江縣後嗣因家焉唐朝贈太常卿諱宏愈公之曾祖也嶺南節度使廣州刺史殿中監諱九皐公之王父也贈尚書右僕射諱抗公之皇考也贈潁川郡太夫人陳氏公之皇妣也都昌令仲端以下四人公之兄也監察御史仲孚以下二人公之弟也博陵郡夫人崔氏



公之夫人也右清道率府胄曹景宣進士茂元明經智周公之子也監察御史裏行楊澥校書郎陸賓虞公之壻也公即僕射府君第五子貞元中進士舉及第博學選登科初補集賢院校書郎丁內憂喪除復補正字選授咸陽縣尉鄜坊節度使辟爲判官奏授監察御史裏行俄而眞拜歷殿中轉侍御史倉部員外郎金州刺史度支郎中駮宰相事議出爲遂州司馬移復州司馬俄遷刺史改曹州刺史河南少尹鄭州刺史入爲諫議大夫福建觀察使兼御史中丞徵還爲太子賓客再爲左散騎常侍京兆尹華州刺史兼御史大夫秘書監勳至上柱國階至銀青光祿大夫封至曲江縣開國伯食邑七百戶開成二年四月某日薨於上都新昌里第詔贈禮部尚書以某年八月某日歸葬於河南府某縣某鄉某原祔僕射府君之封域焉公幼好學長善屬文俯取科第如拾地芥著文集三十卷藏於家纂制詔一百卷行於代尤工五言章句詩家流稱之嘗譔先僕射府君神道碑及丞相文獻始興公廟碑由文得禮秉筆者許之文獻始興公九齡卽公之伯祖開元中以儒學詩賦獨步一時及輔弼明皇帝號爲賢相餘慶濟美宜在於公公沿其業襲其文而不嗣其位惜哉矧公爲人



溫良沖淡恬然有君子德立朝直清貞諒肅然有正人風在官寬重易簡綽然有長吏體爲子弟孝敬爲伯父慈和與朋友信寵辱不驚其心喜慍不形於色入仕四十載歷官二十五享年七十二才如是祿如是壽如是宜哉居易與公少同官老同游結交慕德久而彌篤故景宣等以論譔先德見託爲文式序且銘勒於墓石銘曰

在唐張氏世爲儒宗文獻既歿鬱生我公我公渢渢學奧詞雄緣情體物有文獻風慶襲於家道積厥躬駿足逸翮

天驥冥鴻始自筮仕迄於達官六刺藩部再珥貂蟬大諫選重尹京才難賓於望苑寵在蓬山凡所踐歷皆有可觀終然允臧已矣歸全嗚呼洛郊北阡邙阜西原佳城一閉陵谷推遷所不泯者令名藹然

## 唐故武昌軍節度處置等使正議大夫檢校戶部尚書鄂州刺史兼御史大夫賜紫金魚袋贈尚書右僕射河南元公墓誌銘 并序

公諱稹字微之河南人六代祖巖隋兵部尚書封平昌公五代祖宏隋北平太守高祖義端魏州刺史曾祖延景岐州參軍祖諱悱南頓縣丞贈兵部員外郎考諱寬比部郎中舒王府長史贈尚書右僕射妣滎陽鄭氏追封陳留郡太夫人公即僕射府君第四子後魏昭成皇帝十五代孫也公受天地粹靈生而岐然孩而嶷然九歲能屬文十五明經及第二十四試判入四等署秘省校書二十八應制策入三等拜左拾遺即日獻教本書數月間上封事六七憲宗召對言及時政執政者疑忌出公爲河南尉丁陳留太夫人憂哀毀過禮杖不能起服除之明日授監察御史使於蜀按任敬仲獄得情又劾奏東川帥違詔條過籍稅又奏平塗山甫等八十八家冤事名動三川三川人慕之其後多以公姓字名其子朝廷病東諸侯不奉法東御史府不治事命公分臺而董之時有河南尉離局從軍職尹不能止監察使死其柩乘傳入郵郵吏不敢詰內園司械繫人踰年臺府不得知飛龍使匿趙氏亡命奴爲養子主不敢言浙右帥封杖決安吉令至死子不敢愬凡此數十事或奏或劾或移歲餘皆舉正之內外權寵臣無奈何咸不快意會河南尹有不如法事公引故事奏而攝之甚急先是不快者乘其便相噪嗾坐公專逞作威黜爲江陵士曹掾居四年徙通州司馬又四年移虢州長史長慶初穆宗嗣位舊聞公名以膳部員外郎徵用既至轉祠部郎中賜緋魚袋知制誥制誥王言也近代相沿多失於巧俗自公下筆俗一變至於雅三變至於典謨時謂得人上嘉之數召與語知其有輔弼才擢授中書舍人賜紫金魚袋翰林學士承旨尋拜工部侍郎旋守本官同中書門下平章事公既得位方將行己志答君知無何有僉人以飛語構同位詔下按驗無狀上知其誣全大體與同位兩罷之出爲同州刺史始至急吏緩民省事節用歲收羨財千萬以

補亡戶逋租其餘因弊制事贍上利下者甚多二年改御史大夫浙東觀察使將去同之耆幼鰥獨泣戀如別慈父母遮道不可通詔使導呵揮鞭有見血者路闢而後得行先是明州歲進海物其淡蚶非禮之味尤速壞課其程日馳數百里公至越未下車趣奏罷自越抵京師郵夫獲息肩者萬計道路歌舞之明年辨沃瘠察貧富均勞逸以定稅籍越人便之無流庸無逋賦又明年命吏課七郡人各築陂塘春貯雨水夏溉旱苗農人賴之無凶年無餓殍在越八載政成課高上知之就加禮部尚書降璽書慰諭



以示旌寵又以尚書左丞徵還旋改戶部尚書鄂岳節度使在鄂三載其政如越太和五年七月二十二日遇暴疾一日薨於位春秋五十三上聞之軫悼不視朝贈尚書右僕射加賻贈焉前夫人京兆韋氏懿淑有聞無祿早世生一女曰保子適校書郎韋絢今夫人河東裴氏賢明知禮有輔佐君子之勞封河東郡君生三女曰小迎未笄道衛道扶齠齓　子曰道護三歲仲兄司農少卿積姪御史臺主簿某等銜哀襄事裴夫人韋氏長女暨諸孤幼等號護轜翣以六年七月十二日祔葬於咸陽縣奉賢鄉洪瀆原從先宅兆也公著文一百卷題爲元氏長慶集又集古今刑政之書三百卷號類集并行於代公凡爲文無不臻極尤工詩在翰林時穆宗前後索詩數百篇命左右諷詠宮中呼爲元才子自六宮兩都八方至南蠻東夷國皆寫傳之每一章一句出無脛而走疾於珠玉又觀其述作編纂之旨豈止於文章刀筆哉實有心在於安人治國致君堯舜致身伊臯耳抑天不與耶將人不幸耶予嘗悲公始以直躬律人勤而行之則坎壈而不偶謫瘴鄉凡十年髮斑白而來歸次以權道濟世變而通之又齟齬而不安居相



位僅三月席不煖而罷去通介進退卒不獲心是以法理之用止於修一職不布於庶官仁義之澤止於惠一方不周於四海故公之心不足也逢時與不逢時同得位與不得位同富貴與浮雲同何者時行而道未行身遇而心不遇也執友居易獨知其心以泣濡翰書銘於墓曰

嗚呼微之年過知命不謂之夭位兼將相不謂之少然未康吾民未盡吾道在公之心則爲不了嗟哉惜哉道廣而俗隘時矣夫心長而運短命矣夫嗚呼微之已矣夫

## 唐故虢州刺史贈禮部尚書崔公墓誌銘 并序

唐有通四科達三教者曰惟崔公公諱元亮字晦叔其先出於炎帝至裔孫穆伯受封於崔因而命氏漢初始分爲清河博陵二祖故其後稱博陵人曾祖悦洛州司戸參軍贈太子少保祖光迪贈贊善大夫考抗揚州司馬兼通事舍人贈太子少師妣太原王氏贈晉陽郡太夫人公即少師季子解褐補秘書省校書郎從事宣越二府奏授協律郎大理評事朝廷知其才徵授監察轉殿中歴侍御史膳部駕部員外郎洛陽令密州刺史公既至密密民之凍餒者賑恤之疾疫者救療之胔骼未殯者命葬藏之男女過



時者趣嫁娶之三月而政立二年而化行密人悦之發於謡詠換歙州刺史其政如密先是歙民畜馬牛而生駒犢者官書其數吏緣爲姦公既下車盡焚其籍孳息貿易一無所問先是歙民居山險而輸税米者擔負跋渉勤苦不支公許其計斛納緡賤入貴出官且獲利人皆忘勞農人便之歸如流水朝廷聞其政徵拜刑部郎中謝病不就俄改湖州刺史政如密歙加之以聚羨財而代逋租則人不困謹茶法以防黠吏則人不苦修堤塘以防旱歳則人不饑罷甿賴之如依父母入爲秘書少監改曹州刺史兼御史中丞謝病不就拜太常少卿遷諫議大夫屢上封章言行職舉上召對加金紫以奬之假貂蟬以寵之未幾朝有大獄人心惴駭勢連中外衆以爲寃百辟在廷無敢言者公獨進及霤危言觸鱗天威赫然連叱不去遂置笏伏陛極言是非血淚盈襟詞竟不屈上意稍悟容而聽之卒使罪疑惟輕實公之力既而眞拜因旌忠臣繇是正氣直聲震耀朝右搢紳者賀皆曰國有人焉國有人焉公以爲名不可多取退不必待年決就長告徑遵歸路朝廷不得已在途拜太子賓客分司東都公濟源有田洛下有宅勸誨



子弟招邀賓朋以山水琴酒自娱有終焉之志無何又除虢州刺史蓋執政者惜其去將欲馴致而復用之太和七年七月十一日遇疾薨於虢州廨舍天子廢朝一日贈禮部尚書周行士林聞者相弔宗族交友靡不出涕遺直遺愛公兼有焉嗚呼公之將終也遺誡諸子其書大畧云吾年六十六不爲無壽官至三品不爲不達死生定分何足過哀自天寶以還山東士人皆改葬兩京利於便近唯吾一族至今不遷我殁宜歸全於滏陽先塋正首卯之義也送終之事務從儉薄保家之道無忘孝悌吾玉磬琴畱别

樂天請爲墓誌云爾夫人范陽盧氏先公而歿有子九人長曰熅通事舍人次曰芻言罕言舉進士次曰綴中牟尉其下皆幼稚熅等哀毀孝敬號護轜翣以九年四月二十八日用大葬之禮歸窆於磁州昭義縣磁邑鄉北原遷盧夫人而合祔焉遵理命也公之丁少師憂也退居高郵其地卑濕泣血卧苫者三載因病痺其兩股焉逮於終身竟不能趨拜從祖弟仁亮竄謫巴南歿而無後公先命長男熅護喪歸葬後命幼子聽繼絶承祧自宗族及朋執閒有死無所歸孤無所依者公或葬之祭之或衣之食之或婚



之嫁之俟齊二家之類是也故閨門稱其孝羣從仰其仁交遊服其義可不謂德行乎公幼嗜學長善屬文以辭賦舉進士登甲科以書判調天官入上等前後著文集凡若干卷尤工五言七言詩警策之篇多在人口其餘著述作者許之可不謂文學乎公之典密歙湖也理化如彼可不謂政事乎居大諫騎省也忠讜如此可不謂言語乎公夙慕黄老之術齋心受籙服氣鍊形暑不流汗冬不挾纊膚體顔色冰清玉溫未識者望之如神仙中人也在湖三歲修三元道齋輒有彩雲靈鶴迴翔壇上久之而去前後

置齋七八而鶴來儀者凡三百六十其内修外感也如此可不謂通於大道乎公之晚年又師六祖以無相爲心地以不二爲法門每遇僧徒輒論眞諦雖耆年宿德皆心伏之及易簀之夕大怖將至如入三昧恬然自安仍於遺疏之末手筆題云蹔榮蹔悴敲石火即空即色眼生花許時爲客今歸去大歷元年是我家其解空得証也又如此可不謂達於佛性乎總而言之故曰通四科達三教者也居易不佞辱與公游者三十餘年年老分深定爲執友況奉遺札託爲斯文且慚鄙陋不敢辭讓銘曰



溢水之陽鼓山之下吉日吉土載封載樹嗚呼博陵崔君之墓

欽定全唐文卷六百八十

白居易二十五

## 唐故溧水縣令太原白府君墓誌銘 幷序

公諱季康字某太原人秦武安君起之裔冑北齊五兵尚書建之五代孫也曾祖諱士通皇朝利州都督祖諱志善尚衣奉御父諱鏻揚州錄事參軍公即錄事府君次子歷華州下邽尉懷州河內丞徐州彭城令江州潯陽令宿州虹縣令宣州溧水令歿於官舍明年某月某日歸葬於華州下邽縣某鄉某原享年若干嗚呼公爲人温恭信厚爲



官貞白嚴重友於兄弟慈於子姪鄉黨推其行交游讓其才自尉下邽至宰溧水皆以潔廉通濟見知郡守流譽於朋寮才不偶時道屈於位而徒勞於州縣竟不致於青雲命矣夫哀哉公前夫人河東薛氏先公若干年而歿生二子一女女號鑒虛未笄出家長子某杭州於潛尉次子某睦州遂安尉後夫人高陽敬氏父諱某某官生一子二女女皆早夭子曰敏中進士出身前試大理評事歷河東鄭滑邠寧三府掌記夫人在室以孝敬奉親爲淑女旣嫁以柔和從夫爲順婦及主家以慈正訓子爲賢母故敏中遵其教飭其身升名甲科歷聘公府以文行稱於衆以祿養榮於親雖自有兼才然亦由夫人訓導之所致也夫人以太和七年正月某日寢疾終於下邽別墅享年若干明年某月某日啟溧水府君薛夫人宅兆而合祔焉禮也時諸子盡歿獨敏中號泣襄事託從祖兄居易誌於墓石銘曰

繄我叔父溧水府君治本於家事施政於縣民繄我叔母高陽夫人德修於室家慶積於閨門訓著趨庭善彰卜鄰故其嗣子休有令聞

## 大唐故賢妃京兆韋氏墓誌銘 幷序



德宗聖文神武皇帝元妃韋氏諱某字某京兆人也曾祖某某官祖某某官父某某官妃即某官府君第某女也母曰永穆公主元和四年四月某日妃薨於某所以某年四月某日詔葬於萬年縣上好里洪平原上悼焉哀榮之禮有以加焉嗚呼惟韋氏代德宦業族系婚戚有國史家牒存焉今奉詔但書地及時與妃之所以曰賢之義而已貞元中沙鹿上仙長秋虛位凡六十九御之政多聽於妃妃先以采蘩之誠奉於上故能致霜露之感薦於九廟次以樛木之德逮於下故能分雲雨之澤洽於六宮其餘坐論

婦道行贊內理服用必中度故組紃有常訓言動必中節故環珮有常聲七十二年禮無違者冊命曰賢不亦宜哉永貞中號奉宮車誓留園寢麻衣告朔蓬首致哀執匪懈之心視真於靈座修無上之道薦福於崇陵殆茲歿身不衰其志故葬之日掌文之臣白居易得以無媿之詞誌於墓而銘曰

京兆阡兮洪平原兮歲巳丑兮日丁酉兮惟土田兮與時日龜兮著兮偕言吉我我新墳兮葬者誰德宗皇帝韋賢妃



## 唐河南元府君夫人滎陽鄭氏墓誌銘 并序

有唐元和元年九月十六日故中散大夫尚書比部郎中舒王府長史河南元府君諱寬夫人滎陽縣太君鄭氏年六十寢疾歿於萬年縣靖安里私第越明年二月十五日權祔於咸陽縣奉賢鄉洪瀆原從先姑之塋也夫人曾祖諱遠思官至鄭州刺史贈太常卿王父諱瞌（一作瞌）朝散大夫易州司馬父諱濟睦州刺史夫人睦州次女也其出范陽盧氏外祖諱平子京兆府涇陽縣令夫人有四子二女長曰沂蔡州汝陽尉次曰秬京兆府萬年縣尉次曰積同州韓城尉次曰稹河南縣尉長女適吳郡陸翰翰爲監察御史次爲比邱尼名眞一二女不幸皆先夫人歿府君之爲比部也夫人始封滎陽縣君從夫貴也稹之爲拾遺也夫人進封滎陽縣太君從子貴也天下有五甲姓滎陽鄭氏居其一鄭氏勳德官爵有國史在鄭之源派婚姻有家牒在比部府君世祿官政文行有故京兆尹鄭雲逵之誌在今所敘者但書夫人之事而已初夫人爲女時事父母以孝聞友兄姊睦弟妹以悌聞發自生知不由師訓其淑性有如此者夫人爲婦時元氏世食貧然以豐潔家祀傳



爲貽燕之訓夫人每及時祭則終夜不寢煎和滌濯必躬親之雖隆暑沍寒之時而服勤親饋面無怠色其誠敬有如此者元氏鄭氏皆大族好合而姻表滋多凡中外吉凶之禮有疑議者皆質於夫人夫人從而酌之靡不中禮其明達有如此者夫人爲母時府君既歿積與稹方髫齔家貧無師以授業夫人親執詩書誨而不倦四五年間二子皆以通經入仕稹既第判入等授秘書省校書郎屬今天子始踐阼策三科以拔天下賢俊中第者凡十八人稹冠其首焉由校書郎拜左拾遺不數月讜言直聲動於朝廷

以是出為河南尉長女既適陸氏陸氏有舅姑多姻族於是以順奉上以惠逮下二紀而歿婦道不衰內外六姻仰為儀範非夫人恂恂孜孜善誘所至則曷能使子達於邦女宜其家哉其教誨有如此者既而諸子雖迭仕祿秩甚薄每至月給食時給衣皆始自孤弱者次及疏賤者由是衣無常主廚無異膳親者悅疏者來故傭保乳母之類有凍餒垂白不忍去元氏之門者而況臧獲輩乎其仁愛有如此者自夫人母其家殆二十五年專用訓誡除去鞭扑常以正顏色訓諸女婦諸女婦其心戰兢如履於氷常以



正辭氣誡諸子孫諸子孫其心愧恥若撻於市由是納下於少過致家於太和婢僕終歲不聞忿爭童孺成人不識檟楚閨門之內熙熙然如太古時人也其慈訓有如此者噫昔漆室緹縈之徒烈女也及為婦則無聞伯宗梁鴻之妻哲婦也及為母則無聞文伯孟氏之親賢母也為女為婦時亦無聞今夫人女美如此婦德又如此母儀又如此三者具美可謂冠古今矣嗚呼惟夫人之道移於他則何用而不臧乎若引而申之可以維一國焉則關雎鵲巢之化斯不遠矣若推而廣之可以肥天下焉則姜嫄文母之風斯不遠矣豈止於訓四子以聖善化一家於仁厚者哉居易不佞辱與夫人幼子稹為執友故聆夫人美最熟稹泣血號慕哀動他人託為撰述書於墓石斯古孝子顯父母之志也嗚呼斯文之作豈直若是而已哉亦欲百代之下聞夫人之風過夫人之墓者使悍妻和嚚母慈不遜之女順云爾銘曰

元和歲丁亥春咸陽道渭水濱云誰之墓鄭夫人

唐故坊州鄜城縣尉陳府君夫人白氏墓誌銘 并序

夫人太原白氏其出昌黎韓氏其適潁川陳氏享年七十



唐和州都督諱士通之曾孫尚衣奉御諱志善之元孫都官郎中諱溫之孫延安令諱鍠之第某女韓城令諱欽之外孫故鄜城尉諱潤之夫人故潁川縣君之母故大理少卿襄州別駕諱季庚之姑前京兆府戶曹參軍翰林學士白居易前秘書省校書郎行簡之外祖母也惟夫人在家以和順奉父母故延安府君視之如子既笄以柔正從人故鄜城府君敬之如賓自延安終夫人哀毀過禮為孝女洎鄜城歿夫人撫訓幼女為節婦及居易行簡生夫人鞠養成人為慈祖母迨乎潔蒸嘗敬賓客睦娣姒工刀尺善

琴書皆出於餘力焉。貞元十六年夏四月一日，疾歿於徐州古豐縣官舍。其年冬十一月，權窆於符離縣之南偏。至元和八年春二月二十五日，改卜宅兆於華州下邽縣義津鄉北原，卽潁川縣君新塋之西坎，從存歿之志。居易等號慕慈德，敬譔銘誌，泣血秉筆，言不成文。銘曰：

恭惟夫人，女孝而純，婦節而溫，母慈而勤。嗚呼！謹揚三德，銘於墓門。恭惟夫人，實生我親，實撫我身。欲養不待，仰號蒼旻。嗚呼！豈寸魚之心，能報東海之恩。

海州刺史裴君夫人李氏墓誌銘　幷序



夫人贊皇縣君李氏，趙郡高邑人也。六代祖素立，安南都護；五代祖休烈，趙州刺史；高祖諱至遠，天官侍郎；曾祖畬，國子司業；祖諱承，工部尚書、湖南觀察使；考諱藩，門下侍郎、同平章事，贈戶部尚書。夫人諱娥，相國長女也，適河東裴君克諒，今爲海州刺史。一子曰鐵，左衛騎曹參軍。一女適隴西李遂，遂爲壽州錄事參軍。由此而上，得於國史家牒云。夫人爲相門女，邦君妻，不以華貴驕人，能用恭儉克已，撫下若子，敬夫如賓。衣食之餘，傍給五服親族之飢寒者；又有餘，散霑先代僕使之老病者；又有餘，分施佛寺僧徒之不足者。澣衣菲食，服勤禮法。禮法之外，諷釋典，持眞言，棲心空門，等觀生死，故治家之日，欣然自適，捐館之夕，怡然如歸。寶歷三年三月一日，疾終於海州官第，其歲十一月十四日，歸祔於某所先塋，年五十有四。夫人之從裴君也，歷官九任，凡三十一年，族睦家肥，輔佐之力也。由此而上，得於裴君狀云。夫源遠者流長，根深者枝茂。噫！李氏之世德世祿，有所從來。矧相國端方廉雅，孝友忠肅，自從事彭城，登庸宰府，不以夷險而遷其道，宜乎居極位享名賢也。夫人敬恭勤儉，柔順慈惠，自女於室，婦於家，不以初



終而息其行，宜乎啓封邑光德門也。裴君修文達政，潔已愛人，自佐邑從軍，連牧二郡，不以寒暑而易其心，宜乎荷百祿號良二千石也。嗚呼！非此父不生此女，非是夫不稱是妻，斯所謂類以相從，合而具美者也。論譔表誌，其可闕乎？銘曰：

高邑之祥，降於李氏；相門之慶，鍾於女子。女子有行，歸我裴君；君亦良士，宜賢夫人。夫人雖歿，風躅具存。勒銘泉戶，作範閨門。

故鞏縣令白府君事狀

白氏芊姓楚公族也楚熊居太子建奔鄭建之子勝居於吳楚閒號白公因氏焉楚殺白公其子奔秦代爲名將乙丙已降是也裔孫白起有大功於秦封武安君後非其罪賜死杜郵秦人憐之立祠廟於咸陽至今存焉及始皇思武安之功封其子仲於太原子孫因家焉故今爲太原人自武安以下凡二十七代至府君高祖諱建北齊五兵尚書贈司空曾祖諱士通皇朝利州都督祖諱志善朝散大夫尚衣奉御父諱溫朝請大夫檢校都官郎中公諱鍠字確鍾都官郎中第六子幼好學善屬文尤工五言詩有集



十卷年十七明經及第解褐授鹿邑縣尉洛陽縣主簿酸棗縣令理酸棗有善政本道節度使令狐章知而重之秩滿奏授殿中侍御史內供奉賜緋魚袋充滑臺節度參謀軍府之要多咨度焉居歲餘公嘗規章之失章不聽公因留一書遺章不辭而去明年選授河南府鞏縣令在任三考自鹿邑至鞏縣皆以清直靜理聞於一時公爲人沉厚和易寡言多可至於涉是非關邪正者辨而守之則確乎其不可拔也大歷八年五月三日遇疾歿於長安春秋六十八以其年權厝於邽縣下邑里夫人河東薛氏夫人之父諱傲河南縣尉大歷十二年六月十九日歿於新鄭縣私第享年七十以其年權窆厝於新鄭縣臨洧里公有子五人長子諱季庚襄州別駕事具後狀次諱季般徐州沛縣令次諱季軫許州許昌縣令次諱季寧河南府參軍次諱季平鄉貢進士元和六年十月八日孫居易等始發護靈櫬還葬於下邽縣北義津鄉北原而合祔焉謹狀

## 襄州別駕府君事狀

公諱季庚字某鞏縣府君之長子天寶末明經出身解褐授蕭山縣尉歷左武衞兵曹參軍宋州司戶參軍建中元



年授彭城縣令時徐州爲東平所管屬本道節度使反反之狀先以勝兵屯埇口絕汴河運路然後謀東闚江淮朝廷憂虞計未有出公與本州刺史李洧潛謀以徐州及埇口城歸國反拒東平遣驍將信都崇敬石隱金等率勁卒二萬攻徐州徐州無兵公收合吏民得千餘人與李洧堅守城池親當矢石晝夜攻拒凡四十二日而諸道救兵方至既而賊徒潰運路通首挫逆謀不敢東顧繇是徐州一郡七邑及埇口等三城到於今訖不隸東平者實李洧與公之力也德宗嘉之命公自朝散郎超授朝散大夫自彭

城令擢拜本州別駕賜緋魚袋仍充徐泗觀察判官故其制云今州將忠謀翻然効順叶其誠美共贊良圖我懸爵賞俟茲而授宜加佐郡之命仍寵殊階之序貞元初朝廷念公前功加檢校大理少卿依前徐州別駕當道團練判官仍知州事故其制云嘗宰彭城挈而歸國舊勳若此親寵茂如或不延厚於忠臣將何勸於義士宜從亞列再貳徐方秩滿又除檢校大理少卿兼衢州別駕秩滿本道觀察使皇甫政以公政績聞薦又除檢校大理少卿兼襄州別駕貞元十年五月二十八日終於襄陽官舍享年六十



六其年權窆於襄陽縣東津鄉南原至元和六年十月八日嗣子居易等遷護於下邽縣義津鄉北原從輩縣府君宅兆而合祔焉夫人潁川陳氏陳朝宜都之後祖諱璋利州刺史考諱潤坊州鄜城縣令妣太原白氏夫人無兄姊弟妹八歲丁鄜城府君之憂居喪致哀主祭盡敬其情禮有過成人者中外姻族咸稱異之十五歲事舅姑服勤婦道夙夜九年迨於奉烝嘗睦娣姒待賓客撫家人又三十三年禮無違者故中外凡為冢婦者皆景慕而儀型焉又別駕府君卽世諸子尚幼未就師學夫人親執詩書晝夜教導恂恂善誘未嘗以一箠一杖加之十餘年間諸子皆以文學仕進官至清近實夫人慈訓所致也夫人為女孝如是為婦順如是為母慈如是舉三者而百行可知矣建中初以府君彭城之功封潁川縣君元和六年四月三日歿於長安宣平里第享年五十七其年十月八日從先府君祔於皇姑焉有子四人長曰幼文前饒州浮梁縣主簿次曰居易前京兆府戶曹參軍翰林學士次曰行簡前秘書省校書郎幼子金剛奴無祿早世初高祖贈司空有功於北齊詔賜莊宅各一區在同州同城縣至今存焉故自



司空而下都官郎中而上皆葬於韓城縣今以卜歸不便遂改卜靳縣府君及襄州別駕府君兩塋於下邽縣義津鄉北原其兩塋同兆域而異封樹蓋從時宜且叶吉也謹狀

## 醉吟先生傳

醉吟先生者忘其姓字鄉里官爵忽忽不知吾為誰也宦遊三十載將老退居洛下所居有池五六畝竹數千竿喬木數十株臺榭舟橋具體而微先生安焉家雖貧不至寒餒年雖老未及昏耄性嗜酒耽琴淫詩凡酒徒琴侶詩客

多與之遊遊之外棲心釋氏通學小中大乘法與嵩山僧如滿爲空門友平泉客韋楚爲山水友彭城劉夢得爲詩友安定皇甫朗之爲酒友每一相見欣然忘歸洛城內外六七十里間凡觀寺邱墅有泉石花竹者靡不遊人家有美酒鳴琴者靡不過有圖書歌舞者靡不觀自居守洛川洎布衣家以宴遊召者亦時時往每良辰美景或雪朝月夕好事者相過必爲之先拂酒罍次開詩篋詩酒既酣乃自援琴操宮聲弄秋思一遍若興發命家僮調法部絲竹合奏霓裳羽衣一曲若歡甚又命小妓歌楊柳枝新詞十



數章放情自娛酩酊而後已往往乘興屨及鄰杖於鄉騎遊都邑肩舁適野舁中置一琴一枕陶謝詩數卷舁竿左右懸雙酒壺尋水望山率情便去抱琴引酌興盡而返如此者凡十年其間賦詩約千餘首歲釀酒約數百斛而十年前後賦釀者不與焉妻孥弟姪慮其過也或譏之不應至於再三乃曰凡人之性鮮得中必有所偏好吾非中者也設不幸吾好利而貨殖焉以至於多藏潤屋賈禍危身奈吾何設不幸吾好博奕一擲數萬傾財破產以致於妻子凍餒奈吾何設不幸吾好藥損衣削食鍊鉛燒汞以至於無所成有所誤奈吾何今吾幸不好彼而自適於杯觴諷詠之間放則放矣庸何傷乎不猶愈於好彼三者乎此劉伯倫所以聞婦言而不聽王無功所以遊醉鄉而不還也遂率子弟入酒房環釀甕箕踞仰面長吁太息曰吾生天地間才與行不逮於古人遠矣而富於黔婁壽於顏淵飽於伯夷樂於榮啟期健於衛叔寶甚幸甚幸餘何求哉若捨我所好何以送老因自吟詠懷詩云抱琴榮啟樂縱酒劉伶達放眼看青山任頭生白髮不知天地內更得幾年活從此到終身盡爲閑日月吟罷自哂揭甕撥醅又飲



數杯兀然而醉既而醉復醒醒復吟吟復飲飲復醉醉吟相仍若循環然繇是得以夢身世雲富貴幕席天地瞬息百年陶陶然昏昏然不知老之將至古所謂得全於酒者故自號爲醉吟先生於時開成二年先生之齒六十有七鬚盡白髮半禿齒雙缺而觴詠之興猶未衰顧謂妻子云今之前吾適矣今之後吾不自知其興何如

## 季冬薦獻太清宮詞文

維元和二年歲次丁亥十二月甲寅朔二十六日己卯嗣皇帝臣稽首大聖祖高上大道金闕元天元皇大帝伏以

今年司天臺奏正月三日祀上帝於南郊佳氣充塞四方溫潤祥風微起廬州申連理樹一株彰義軍節度使進白烏一鄭滑觀察使奏瑞麥五科司天臺奏六月五日夜鎮星見河陽節度使進白雀一荆南節度使申連理樹一本山南西道觀察使申嘉瓜一枚司天臺奏六月十三日代老人星見河南府申芝草兩莖司天臺奏冬至日佳氣充塞瑞雪祈寒者臣嗣承丕圖肅恭寅畏祖宗垂慶佳瑞薦臻虔奉禎祥伏深祗惕今時惟元律節及季冬仰薦明誠敬率恒典謹遣攝太尉司徒平章事杜佑薦獻以聞謹詞



## 禱仇王神文

白居易

維長慶二年歲次癸卯八月癸未朔越十七日己亥朝議大夫使持節杭州諸軍事守杭州刺史上柱國白居易謹遣朝議郎行餘杭縣令常師儒以清酌之奠敬祭於仇王神嘗聞神者所以司土地守山川驅禽獸福生人也餘杭縣自去年冬逮今秋虎暴者非一神其知之乎人死者非一神其念之乎居易與師儒猥居牧宰慙無政化不能使渡江出境是用虔告於神惟神廟居血食非人不立則人神之主也獸神之屬也今縱其屬殘其主於神何利焉於人何辜焉若一辭之後神其有知即能揮靈申威服猛禁暴是人之福幸亦神之昭昭若人告不聞獸害不去是無神也人何望焉嗚呼正直聰明孟鑒於此尚饗

## 祝皋亭神文 今杭州皋亭山神在城東北一作錢塘湖龍君祝文

維長慶二年歲次癸卯七月癸丑朔十六日戊辰朝議大夫使持節杭州諸軍事守杭州刺史上柱國白居易以酒乳香果昭告於皋亭廟神去秋愆陽今夏少雨實憂災沴重困杭人居易忝奉詔條愧無政術既逢愆序不敢寧居一昨禱伍相神祈城隍祠靈雖有應雨未霑足是用擇日



一作撰詞祗事改請於神恭惟明神稟靈於陰祗資善於釋氏聰明正直潔肅一作靖慈仁無幽不通有感必應今請齋心虔告神其鑒之若四封之間五日之內雨澤霑足稼穡滋稔敢不增修像設重薦馨香歌舞鼓鐘備物以報如此則不獨人之福亦惟神之光若寂寥自居肸蠁無應長吏虔誠而不荅下民盼望而不知坐觀田農使至枯悴如此則不獨人之困亦惟神之羞惟神裁之敬以俟命尚饗

## 祭龍文

維長慶二年歲次癸卯八月癸未朔二日甲申朝議大夫

使持節杭州諸軍事守杭州刺史上柱國白居易率寮吏薦香火拜告於北方黑龍惟龍其色元其位坎其神壬癸與水通靈昨者歷禱四方寂然無應今故虔誠潔意改一作致命於黑龍龍無水欲何依作何宅顧神無靈將恐竭一作歇澤能救物我實有望於龍物不自神龍豈無求於我若三日之內一雨霶霈是龍之靈亦人之幸禮無不報神其聽之急急如律令

## 祭淛江文

維長慶四年歲次甲辰五月巳酉朔四日壬子朝議大夫



使持節杭州諸軍事守杭州刺史上柱國白居易謹以清酌少牢之奠敢昭告於淛江神滔滔大江南國之紀安波則爲利洚流則爲害故我上帝命神司之今屬潮濤失常奔激西北水無知也如有憑焉浸淫郊鄽壞敗廬舍人墜墊溺籲天無辜居易祗奉璽書興利除害守土守水職與神同是用備物致誠躬自虔禱庶俾水反歸壑谷遷爲陵土不騫崩人無蕩析敢以醴幣羊豕沉奠於江惟神裁之無忝祀典尚饗

## 祭崔相公文

維太和六年歲次壬子十月庚申朔二十四日癸未中大夫守河南尹上柱國晉陽縣開國男食邑三百戶賜紫金魚袋白居易謹以清酌庶羞之奠敬祭於故相國吏部尚書贈司空崔公敦詩惟公德望事業識度操履爲時而生作國之紀巖廊匡輔藩部政治父母黎元股肱天子斯皆談在人口播於人耳今所敘者眷知而已於戲自古及今貴重知音故詩美伐木易稱斷金始愚於公同入翰林因官識面因事知心獻納合章對揚聯襟以忠相勉以義相箴朝案同食夜牀並衾綢繆五年情與時深及公登庸累



分閫鎮愚亦去國出領符印徐宣遠部忠杭遐郡雁去寄書潮來傳信無由會合祇望音問未卜後期但敦前分太和之初連徵歸朝公長夏司愚貳秋曹玉德彌溫松心不凋南宮多暇屢接遊遨竹司雪夜杏園花朝杜曲春晚潘亭月高前對青山後携濁醪微之夢得慕巢師臯或徵雅言酣詠陶陶或命俗樂絲管嘈嘈藉草蔭松枕麴餔糟會未周歲索然分鑣公又授鉞南撫荆蠻報政入覲復總天官愚因謝病東歸澗瀍方從四皓旋守三川時蒙問訊日奉周旋豈無要約良有因緣洛城東隅履道西偏修篁迴

合流水潺湲與公居第門巷相連與公齒髮甲子同年兩心相期三逕之閒優游攜手而終老焉嗚呼易失者時難忱者天既奪我志又殲我賢邱園未歸館舍先捐百身莫贖一夢不還鬱鬱佳城茫茫九原淒淒簫鼓慘慘風煙祖奠遲遲泣涕漣漣平生親友羅拜柩前賢人已矣天地蒼然嗚呼哀哉敦詩尚饗

祭崔常侍文

維太和元年歲次丁未二月丙午朔七日壬子中大夫守太子賓客分司東都上柱國賜紫金魚袋白居易謹以清



酌庶羞之奠敬祭於故秘書監贈禮部尚書崔公惟公之世祿家行文章政事播於時論此不復云今但敘舊好寫衷誠而已嗚呼居易兄弟與公伯仲前後科第同登者四五屬為僚友二十餘年又賸部房與公同聲塵之遊定膠漆之分兩家不幸十年以來哀釁所鍾零落殆盡我老君病唯餘二人天不憖遺公又即世不登大位不享永年夙志莫伸幽憤何極居易方屬疾恙不遂執紼遣姪阿龜往展情禮此如不祭永痛奈何嗚呼重易平生知我寢門一慟可得而聞乎嗚呼重易平生嗜酒奠筵一酌可得而歆乎嗚呼哀哉伏惟尚饗

白居易二十六

## 哀二良文并序

丞相隴西公出鎭於汴州。軍司馬御史大夫陸長源實左右之。二年而軍用寧。司空南陽公作藩於徐州。軍副使祠部員外郎鄭通誠實先後之。三年而民用康。暨十五年春隴西薨。浹辰而師亂。大夫以直道及禍。十六年夏。南陽薨翌日而難作。員外以危行遇害。惜乎。大夫人之望也。員外國之良也。咸克潔於身。儉於家。勤於邦。又申之以言行文



學。智謀政事。故其歷要官。參劇務。如刀劍發鉶。割而無滯如鐘磬在懸。動而有聲。識者以爲異時登天子股肱耳目之任。必能經德秉哲。紹復隴西南陽之事業。以藩輔王家嗚呼。善人宜將鍾奕葉之慶。而不免及身之禍。天乎。報施之朕何其昧歟。昔詩人有黃鳥之章。以哀三良不得其死今斯文亦以哀二良名其篇云

伊大化之無形兮。浩浩而茫茫。中有禍兮若機之張。梁之亂兮。陸受其毒。徐之難兮。鄭罹其殃。惟善人兮。邦之紀綱邦之瘁兮。正人先亡。謂天之惡下民兮。胡爲乎生此忠良謂天之愛下民兮。胡爲乎生此豺狼。我欲偕冥冥問蒼蒼蒼蒼之不可問兮。俾我心之盡傷。悲夫而今而後。吾知夫天難忱而命靡常

## 祭城北門文爲濠州刺史作

某年日月。某官某敬以醴幣。祭於外城北門。某聞北鄘四門之神。有水旱之災。於是乎禜之。今年春天作淫雨。將害於農。墊於民。惟城積陰之氣。惟北太陰之位。是用昭告於城之北門。惟門有神裁之。某以天子之休命。殿於是邦。大懼天厲之不時。俾黎民阻饑。敢以正辭告神。神若之何不聽。敢以至誠感神。神若之何不弭。尚克陰沴不作。時暘咸



若。百穀用成。庶民用寧。實惟鄘之神。門之靈。於戲北鄘北門之神。明聽斯言。罔俾雨水昏墊。以作某之憂。神之羞

## 祭匡山文

維元和十二年歲次丁酉二月辛酉朔二十一日。將仕郎守江州司馬白居易。謹以清酌之奠。敢昭告於匡山神之靈。恭惟神正直聰明。扶持匡廬。福利動植。居易賦命蹇薄與時參差。頓於靈山。棲止陋質。遺愛寺側。既置草堂。欲居其中。參禪養素。而開構池宇。在神域中。往來道途。由神門

外輒用酒脯告虔於神神其聽之歆此薄奠非敢儌福所期薦誠尚饗

祭廬山文

維元和十二年歲次丁酉二月二十五日乙酉將仕郎守江州司馬白居易以香火酒脯告於廬山遺愛寺四旁上下大小諸神居易夙聞匡廬天下神秀幸因佐宦得造茲山又聞永遠宗雷同居於是道俗並處古之遺風而遺愛西偏鄭氏舊隱三寺長老捨予此居創新堂宇疏舊泉沼或來或往棲遲其間不惟躭翫水石以樂野性亦欲擺去煩惱漸歸空門儻秩滿以來得以自遂餘生終老願託於斯今葺構既成遊息方始爰以潔敬薦茲馨香不敢媚神不敢禳福但使疫癘不作魑魅不逢猛獸毒蟲各安其所苟人居之靜謐則神道之光明齋心露誠庶幾有答尚饗



祭故贈婕妤孟氏文

維元和二年歲次丁亥十二月甲寅朔十九日壬申皇帝遣某官某以庶羞之奠致祭於故婕妤之靈曰惟爾和順積中柔明奉上動靜合肅雝之體進退得婉孌之儀選自良家備茲內職修令顏以碩德蘭幽有香守明節而保身玉潔無玷方資懿範以茂嘉猷彼美有聞於何不淑遽茲淪逝深用惻傷既卜日晨爰申奠醊以爾有班氏之明智故贈以婕妤以爾有宓妃之姿容故葬於洛浦魂兮不昧歆此誠懷尚饗

憲宗祭吳少誠文

維元和五年歲次庚寅二月辛未朔二日壬申皇帝遣內侍省內府局丞賜緋魚袋孫士玫以清酌庶羞之奠致祭於故彰義軍節度使贈司徒吳少誠之靈曰惟爾武毅挺質韜鈐奮身負勇果之雄材蓄變通之明識自察廉列郡節制成師貞且有爲勤而不擾軍戎戢睦封域底寧從義而致誠仗順而保福既延寵渥方茂輝榮遽此幽淪深用傷悼逝波不捨去日苦多想松檟以軫懷聞鼓鼙而興嘆恩加遣奠禮舉褒崇念爾有靈知予此意尚饗



祭咸安公主文

維元和三年歲次戊子三月癸未某日皇帝遣某官某以庶羞之奠致祭於故咸安大長公主覩濬毗伽可敦之靈曰惟姑柔明立性溫惠保身靜修德容動中規度組紃之訓既習於公宮湯沐之封遂開於國邑及禮從出降義重

和親承渥澤於三朝播芳猷於九姓遠修好信旣申洽比之姻殊俗保和實賴肅雍之德方憑福履以茂輝榮宜降永年遽歸長夜悲深訃告寵極哀榮爰命使臣往申奠禮故鄉不返烏孫之曲空傳歸路雖遙青冢之魂可復遠陳薄酹庶鑒悲懷嗚呼尚饗

祭回鶻可汗文

維長慶元年歲次辛丑月日皇帝遣使朝議大夫檢校右散騎常侍兼少府監御史大夫雲騎尉賜紫金魚袋裴通致祭於故愛登羅汨沒密施毗伽保義可汗之靈粤以英



武之姿雄奇之策撫有九姓制臨一方氣吞諸戎名播上國況能嚮風納款繼好息人代爲親隣歲入職貢方賴威畧共清寰瀛倚爲長城永固中夏而天殲驕子國喪名王奪氣色於陰山貫精光於昴宿凶訃云至悲懷用深故遣使臣往將國命展弔奠之禮申哀榮之恩猶有明靈當鑒誠意尚饗

祭張敬則文

維元和三年歲次戊子七月辛巳朔二十七日丁未皇帝遣某官某以清酌之奠致祭於故鳳翔節度使贈某官張敬則之靈惟爾挺武毅之質負將相之才名以忠聞位由勳致自膺閫職益茂勳猷惠葺疲甿威吞黠虜一方膏雨千里長城繼博望之功勞能恢代業傳子房之籌畧不墜家聲方誓山河遽捐館舍逝川無捨遠日有時徽績空存書旗常而播美音容不見聽鼙鼓而增思永念忠勳彌深軫悼往陳遺奠庶鑒悲懷嗚呼尚饗

祭符離六兄文

維貞元十七年某月某日從祖弟居易等謹祭於符離主簿六兄之靈嗚呼聖忘情愚不及情情所鍾者唯居易與



兄豈不以親莫愛於弟兄別莫痛於死生斯親也而有斯別也孰能不哀從中來而失聲去年春居易南遊兄亦東適黟歙之間欣然一覩相顧笑語相勉行役中途遠別情甚感激孰知此別爲生死隔矧兄遇疾於路路無藥石歸全於家家無金帛環堵之室不容弔客稚齒之子未知哀戚自古孔懷之痛亦莫我之與劇古人有言神福仁天福敬又曰惡有餘殃善有餘慶惟兄道源乎太和德根乎至性以孝友肥其身以仁信殖其行而位不登於再命年不及於知命何報施之我欺俾吾兄之不幸嗚呼已焉哉旣

卜遠日就宅新阡春草之中畫爲墓田滻水南岸符離東偏其地則邇其別終天惟弟與家人儼拜哭於車前魂兮有知鑑斯文歆斯筵知居易之心焭焭然

## 祭小弟文

維元和八年歲次癸巳二月某朔二十五日仲兄居易季兄行簡以清酌之奠致祭於亡弟金剛奴嗚呼川水一逝不復再還手足一斷無因重連惟吾與爾其苦亦然黃壚白日相見無緣每一念至腸熱骨酸如以刀火刺灼心肝況爾之生生也不夭苗而不秀九歲夭焉昔權殯爾滻南



古原今改葬爾渭北新阡祔先塋之北次就卑位於東偏奠神魂之不孤庶窀穸之永安嗚呼自爾捨我歸於下泉日來月往二十二年吾等罪逆不孝殃罰所延一別爾後再罹凶艱灰心垢面泣血漣漣松檟之下其生尚殘昔爾孤於地下今我孤於人間與其偷生而孤苦不若就死而團圓欲自決以毀滅又傷孝於歸全進退不可中心煩冤仰天一號痛苦萬端嗚呼爾魂在几爾骨在棺吾親奠醑於爾床前苟神理之有知豈不聞吾此言尚饗

## 祭烏江十五兄文 時在宣城

維貞元十五年七月七日從祖弟居易謹以清酌庶羞之奠敬祭於故烏江主簿十五兄之靈易云積善之家必有餘慶書曰非天夭人人中絕命則冉牛斯疾顏回不幸何繆舛之若斯諒聖賢之同病惟兄之生生而不辰孩失其怙幼喪所親旁無兄弟藐然一身自強自立以致成人蓋以孤子靡託孝友彌敦自居易與兄及高九行簡雖從祖之昆弟甚同氣之天倫故雖百里信宿之別曷常不惻然而悲辛矧終天之永訣知後期而無因徒撫膺而隕涕諒沈痛之難伸追思乎早歲離阻各悲零傳中年集會共喜



長成同參選於東都俱署吏於西京居則共被而寢出則連騎而行友于四人同年成名優游笑傲怡怡弟兄雖不侔八龍三虎亦自謂當家一時之榮及兄羈滯淮南薄遊江東居易亦以行邁忽逆旅而相逢或酒或歌宴衎從容何朝不遊何夕不同常以兄仁信根於心孝悌積於躬謂至行之有答必景福以來從嗚呼位始及一命祿未遇數鍾年又不得四十而歿於道途之中鬱壯志而不展結幽憤於無窮況舊業東洛先塋北邙三千里外身歿陵陽有妹出嫁無男主喪悠悠孤旐未辨還鄉宣城之西荒草道

傍旅殯於此行路悲涼秋風蕭蕭白日無光聚今晨之弟姪對前日之盃觴稽首再拜魂兮來享進三奠而退一慟孰不神酸而骨傷哀哉伏惟尚饗

## 祭浮梁大兄文時在九江

維元和十三年歲在丁酉閏五月己亥居易等謹以清酌庶羞之奠再拜跪奠大兄於座前伏惟兄孝友慈惠和易謙恭發自修身施於爲政行成門內信及朋僚廉幹露於官方温重形於酒德冀資福履保受康寧不謂纔及中年始登下位辭家未踰數月寢疾未及兩旬皇天鑒遠降此



凶酷交遊行路尚爲興嘆骨肉親愛豈可勝哀舉聲一號心骨俱碎今屬日時叶吉窀穸有期下邽南原永附松檟居易負憂縶職身不自由伏枕之初既闕在左右執紼之際又不獲躬親痛恨所鍾倍百常理嗚呼追思曩昔同氣四人泉壤九重剛奴早逝巴蜀萬里行簡未歸煢然一身漂棄在此自兄至止形影相依死灰之心重有生意豈料避兮之日毛羽摧頹垂白之年手足斷落誰無兄弟孰不死生酌痛量悲莫如今日宅相癡小居易無男撫視之間過於猶子其餘情禮非此能伸伏冀慈靈俯鑑悲懇哀纏痛結言不成文嗚呼哀哉伏惟尚饗

## 祭李侍郎文

維長慶元年歲在辛丑五月丙申朔十月乙巳中散大夫守中書舍人翰林學士上柱國賜紫金魚袋元稹朝議郎守尚書主客郎中白居易謹以清酌庶羞之奠敬祭於故刑部侍郎贈工部尚書隴西李公杓植之靈於戲代重名義公能佩服德潤行擅温温郁郁凡嚮善者如螘慕肉時重爵位公負楨幹春秋天官是攝是贊尚書六職公理其半朝重文翰公掌詔令西閣絲言內庭密命公實出入迭



操二柄家重隆盛公暨陳許兩掖中臺差肩接武青幢赤茀叔出季處門重婚嗣公娶令族鏘鏘振振和鳴似續男女七人五珠二玉年重壽考公亦云老心雖壯健髮已華皓五十加八亦不爲夭人重康寧公體豐盈迫乎奄忽不失和平啟手足夜無呻吟聲古稱五福公有七福凡人得一死猶瞑目矧公兼之豈有不足所不足者不在其身快快惻惻其在他人爲門戶惜主爲骨肉惜親爲吾儕惜良友爲朝廷惜賢臣況稹也不才居易無似辱與公遊十九年矣昔貞元歲俱初筮仕並命同官蘭臺令史以公明達

以我頑鄙度長絜能信非倫擬一言腑合不知所以莫逆之交實從茲始淸問登近遞罹讒毀江澧通州左遷萬里或合或散一伏一倚浩浩世途是非同軌齒牙相軋波瀾四起公獨何人心如止水風雨如晦雞鳴不已不因紛阻孰辨君子以膠投漆如弧有矢所以綢繆見於生死前年去年次第徵還或先或後俱到長安水流火就松茂柏堅置酒欲飲握手何言初論瘴癘次敘艱難三心六眼同一潸然稹與居易旋登禁掖公領銓衡職勤務劇私室多故公門少隙歡會實稀光陰虛擲不相勸勉急務歡適且曰



朱顏已去白日可惜花寺春朝松園月夕大開口笑滿酌口喫言約則然心期未獲嗚呼杓植而忍遺我棄我何處捨我何之豈反眞歸冥漠然而無所爲將精多魂強的然而有所知怳如聞兮倏如覩未甘心於永辭彼有靈兮此有夢胡不一來兮質我疑逝川渺其不迴日月忽乎有時指岐下以歸祔備大葬之威儀禮有進而無退祖於庭而送之畿旌竿舉兮轜輪動遂不得少留乎京師嗚呼杓植其鑒於茲爵盈不飲豆乾不食如之何勿思公兒號我公馬嘶我如之何勿悲嗚呼杓植已而已而哀哉尚饗

## 祭楊夫人文

維元和二年歲次戊子八月辛亥朔十九日己巳將仕郎守左拾遺翰林學士太原白居易謹以淸酌庶羞之奠敬祭於陳氏楊夫人之靈惟夫人柔明治性溫惠保身靜修言容動中規度洎承訓師氏作嬪良人茂四德而蘭幽有香潔百行而玉立無玷發爲淑問著爲芳猷姻族有輝閨闈是式噫福仁何昧積慶無徵宜享永年遽歸長夜浮生若此永痛如何嗚呼生必有涯人誰不沒所甚感者其唯情乎故事劇者情易鍾感深者理難遣夫人雖宜其室竟



未辭家蓄和順之誠不得施於娣姒蘊孝敬之德不得展於舅姑有志莫伸何恨過此況一嬰沈痼自夏徂秋伏枕七旬姊妹視疾歸櫬千里弟兄主喪凋桃李之花夫遠不見失乳哺之愛女小未知乃使哀情倍鍾血屬洛川追遞秦野蒼茫日慘不光雲愁無色姊妹且病親老尤慈哭別一聲聞者腸斷居易早聆懿範近接嘉姻維私之眷每深有慟之情何已敬陳薄奠庶鑒悲誠尚饗

## 祭中書韋相公文

維太和三年歲次己酉六月己酉朔三十日戊寅中大夫

守太子賓客分司東都上柱國晉陽縣開國男食邑三百户賜紫金魚袋白居易謹以茶果之奠敬祭於故中書侍郎平章事贈司空韋公德載惟公忠貞大節輔弼嘉謨倚注深恩哀榮盛禮伏見冊贈制中已詳惟公世禄官業家行士風茂學清詞沖襟宏度伏見碑誌文中已詳此不重書但伸夙願公佩服世教棲心空門外爲君子儒内修菩薩行常接餘論許追高蹤元和中出守開忠二郡日公先以喻金鑛偈相問往復再三繇是法要心期始相會合長慶初俱爲中書舍人日尋詣普濟寺宗律師所同受八戒



各持十齋繇是香火因緣漸相親近及公居相位走在班行公府私家時一相見佛乘之外言不他及誓趨菩提交相度脱去年臘月勝業宅中公云必結佛緣無如願力因自開經篋出大方廣佛華嚴經中十願品一通合掌焚香口讀手授云自持護始傳一人會未經旬公即捐館追思覆視似不偶然今即日於道場齋心持念一願一力如公在前以至他生不敢廢墜至若與公同科第聯官僚奉笑言蒙推獎窮通榮悴之感離合存殁之悲盡成虚空何足言歎今茲薦奠不設葷腥庶幾降臨鑒察精意噫浮生是幻眞諦非空靈鷲山中既同前會兜率天上豈無後期嗚呼韋君先後間耳伏惟尚饗

## 祭弟文

維太和二年歲次戊申十二月壬子朔三十日辛巳二十二哥居易以清酌庶羞之奠致祭於郎中二十三郎知退之靈日月不居新婦龜兒等衋酷如昨俯及歲暮奄過大祥禮制云終追號永遠哀纏手足悲裂肝心痛深痛深孤苦孤苦嗚呼自爾去來再周星歲前事後事兩不相知今因奠設之時粗表一二吾去年春授秘書監賜紫今年春



除刑部侍郎孤苦零丁又加衰疾殆無生意豈有宦情所以僶俛至今待終龜兒服制今已請長告或求分司即擬移家盡居洛下亦是夙意今方決行養病撫孤聊以終老合家除蘇蘇外並是通健龜兒頗有文性吾每自教詩書二三年間必堪應舉阿羅日漸成長亦勝小時吾竟無兒窮獨而已茶郎叔母以下並在鄭滑職事依前蕲蕲卿娘盧八等同寄蘇州免至饑凍遥憐在符離庄上亦未取歸宅相得彭澤場官各知平善骨兜竹石香鈿等三人久經驅使昨大祥齋日各放從良尋收膳娘新婦看養下邽楊

琳庄今年買了。并造堂院已成。往日亦曾商量。他時身後甚要新昌西宅。今已買訖。爾前後所著文章。吾自檢尋編次。勒成二十卷。題爲白郎中集。嗚呼。詞意書迹。無不宛然。唯是魂神。不知去處。每開一卷。刀攪肺腸。每讀一篇。血滴文字。擬憑崔二十四舍人譔序。他日及吾文集。同付龜羅收傳。前年以來。合家所造齋供功德。皆領得否。朔望晨夕饗奠。復嘗來無。不諭音容。潛歿已久。乃至夢寐相見。全稀。豈幽冥道殊。莫有拘礙。將精爽遷散。杳無覺知。不然。何一去三年。而茫昧若此。吾今頭白眼闇。筋力日衰。黃壤之期



亦應不遠。但恐前後乖隔。不知得見爾無。下邽北村。爾塋之東。是吾他日歸全之位。神縱不合。骨且相依。豈戀餘生。願畢此志。嗚呼。奠筵將徹。幃帳欲收。此生之間。豈有見日。未死之際。應無忘期。仰天一號。心骨破碎。猶冀萬一。聞吾此言。痛心痛心。千萬千萬。尚饗。

## 祭李司徒文

維太和四年歲次戊戌七月癸酉朔十九日辛卯。中大夫守太子賓客分司東都上柱國賜紫金魚袋白居易。內從表弟朝請大夫守少府監上柱國李翺謹以清酌庶羞之奠。敬祭於故相國興元節度贈司徒李公。惟公之生。樹名制節。忠貞諒直。天下所仰。惟公之歿。遭罹禍亂。冤憤痛酷。天下所知。雖千萬其言。終不能盡。故茲奠次。但寫私誠。居易應進士時。以鄙劣之文。蒙公稱獎。在翰林日。以拙直之道。蒙公扶持。公雖徇公。愚則受賜。或中或外。或合或離。契濶綢繆。三十餘載。至今豆觴之會。軒蓋之遊。多奉光塵。最承歡惠。眷遇既深於常等。痛憤實倍於衆情。永訣奈何。長慟而已。翺情兼中外。分辱眷知。綿以歲時。積成交舊。敢申薄奠。庶鑒微衷。嗚呼哀哉。伏惟尚饗。



## 祭微之文

維太和五年歲次巳亥十月乙丑朔十七日辛巳。中大夫守河南尹上柱國晉陵縣開國男食邑三百户賜紫金魚袋白居易。以清酌庶羞之奠。敬祭於故相國鄂岳節度使贈尚書右僕射元相微之。惟公家積善慶。天鍾粹和。生爲國楨。出爲人瑞。行業志畧。政術文華。四科全才。一時獨步。雖歷將相。未盡謨猷。故風聲但樹於藩方。功利不周於夷夏。噫。此蒼生之不遇也。在公豈有所不足耶。詩云。淑人君子。胡不萬年。又云。如可贖兮。人百其身。此古人哀惜賢良

之懇辭也若情理憤痛過於斯者則號呼抑鬱之不暇又安可勝言哉嗚呼微之貞元季年始定交分行止通塞靡所不同金石膠漆未足爲喻死生契濶者三十載歌詩唱和者九百章播於人間今不復敘至於爵祿患難之際寤寐憂思之間誓心同歸交感非一布在文翰今不重云唯近者公拜左丞自越過洛醉別愁淚投我二詩云君應怪我留連久我欲與君辭別難白頭徒侶漸稀少明日恐君無此歡又曰自識君來三度別這回白盡老髭鬚戀君不去君須會知得後迴相見無吟罷涕零執手而去私揣其故中心惕然及公捐館於鄂悲訃忽至一慟之後萬感交懷覆視前篇詞意若此得非魂兆先知之乎無以寄悲情作哀詞二首今載於是以附奠文其一云八月涼風吹白幕寢門廊下哭微之妻孥親友來相弔唯道皇天無所知其二云文章卓犖生無敵風骨精靈殁有神哭送咸陽北原上可能隨例作埃塵嗚呼微之始以詩交終以詩訣絃筆兩絕其今日乎嗚呼微之三界之間誰不生死四海之內誰無交朋然以我爾之身爲終天之別既往者已矣未死者如何嗚呼微之六十衰翁灰心血淚引酒再奠撫棺



一呼佛經云凡有業結無非因集與公緣會豈是偶然多生以來幾離幾合既有今別寧無後期公雖不歸我應繼往安有形去而影在皮亡而毛存者乎嗚呼微之言盡於此尚饗

## 祭盧虔文

維元和四年歲次己丑七月日皇帝遣某官某以清酌庶羞之奠致祭於故秘書監贈兵部尚書盧虔之靈惟爾質性端和風猷茂遠名因文著位以才升秉大節而事君始終一致陳義方而訓子忠孝兩全甲族推華士林增美久在貂蟬之列近遷圖籍之司方延寵光遽閟幽穸褒獎之命雖已表於哀榮遣奠之恩宜再申於軫悼魂兮不昧鑒此誠懷尚饗

# 欽定全唐文卷六百八十二

## 牛僧孺

僧孺字思黯。隋僕射奇章公宏之裔。第進士。元和初登賢良方正制科。長慶三年。以戶部侍郎同中書門下平章事。敬宗立。加中書侍郎銀青光祿大夫。封奇章郡公。罷爲武昌節度使。文宗立。復以兵部尚書同平章事。加門下侍郎。出爲淮南節度使。名拜左僕射。武宗朝進太子太傅。貶循州長史。宣宗立。還爲太子少師。卒年六十九。贈太尉。謚曰文簡。



### 請仍禁諸道節度不得奏請任使奏

諸道節度觀察等使請在臺御史充判官。臣伏見貞元二年勅。在中書門下兩省供奉官及尚書省御史臺見任郎官御史。諸司諸使並不得奏請任使。仍永爲常式者。近日諸道奏請。皆不守勅文。臣昨十三日已於延英面奏。伏蒙允許重舉前勅。不許更有奏請。

### 請祧遷元宗廟主奏

謹案周禮天子七廟。三昭三穆與太祖之廟合而爲七。尚書咸有一德篇亦曰。七代之廟可以觀德。荀卿子曰。有天下者祭七代。有一國者祭五代。則知天子上祭七代。典籍通規。祖宗功德。不在其數。國朝九廟之制。法昔周之文太祖皇帝始爲唐肇基天命。義同周之后稷也。高祖神堯皇帝創業經始。化隋爲唐。義同周之文王也。太宗皇帝神武應期。造有區夏。義同周之武王也。其下三昭三穆。謂之親廟。四時常饗。自如禮文。今以新主立廟。元宗明皇帝在三昭三穆之外。是親盡之祖。雖有功德。禮合祧遷。祫禘之歲則從合食。

### 請立決獄程限奏



天下刑獄。苦於淹滯。請立程限。大事。大理寺限三十五日詳斷畢。申刑部。限三十日聞奏。中事。大理寺三十日。刑部二十五日。小事。大理寺二十五日。刑部二十日。一狀所犯十人已上。斷罪二十件已上。爲大事。所犯六人已上。所斷罪十件已上。爲中事。所犯五人已下。所斷罪十件已下。爲小事。其或所抵罪狀。若所結刑名並同者。則雖人數甚多。亦同一人之例。比來刑獄淹滯。亦緣官吏人稀。今請刑部四覆官幷大理六丞。每月常二十日入其廚料。牒戶部准例加給。又近日所斷刑獄。多稱緣元推節目不盡。移牒勘

覆致此淹滯今日以後如臺推覆節目不盡致令所司須更盤勘元推官書下考本典轉選日量殿三選

## 奏黃州錄事參軍張紹棄妻狀

右臣得張紹妻盧氏狀其張紹寵婢花子每令無禮相陵臣推問有實者伏以張紹忝跡衣冠幸陶德化不敦二姓之好敢瀆三綱之經嬖惑女奴蔑侮妻室非特衣服飲食貴賤渾同兼亦待遇等威衽席顛倒款招明白愆尤至多縱稟性庸愚靡及於教義而歷官州縣合聞於憲章遲其邪心曾不懼法顧茲醜行恐玷大猷臣職在觀風事先按俗有關政理敢不申聞伏乞明示罪名流竄遠地使人知家道以誡士林謹具奏聞伏聽勑旨



## 奏議吐蕃維州降將狀

吐蕃疆土四面萬里失一維州無損其勢況論董勃纔還劉元鼎未到比來修好約罷戎兵中國禦戎守信爲上應敵次之今一朝失信戎醜得以爲詞聞贊普牧馬茹川俯於秦隴若東襲隴坂徑走回中不三日抵咸陽橋而發兵枝梧駭動京國事或及此雖得百維州亦何補也

## 養生論

僧孺嘗讀嵇康養生論曰導養得理以盡性命下可數百年至於調節嗜慾全息正氣誠盡養生之能者僧孺以養身之於養生難與易相遠也所以康能著其論而陷大辟蓋能其易而不能其難者也且天地稟生之道衆而貴之者寡然而貴乎生以有用於道也生而無用焉貴其生矣而又況康不能養乎哉且康居於是世能忘名利之名而不能使人忘其名能忘其情慾之情而不能自忘其情能忘己喜怒於內而不能防人之喜怒於外雖其名利情慾喜怒之心不敗乎內而能致其康寧焉碩大焉猶善豢者之犬彘肥腯適足使屠儈之刃促乎已矣出而處語而默是養其生者也處而語出而默生其喪矣沮焉溺焉道無邪行無詭言中規行中矩而得其時是養生於出處者也孔焉孟焉可而仕否而退是養生於出處語默之間者也若中散者棲乎下不可謂出揚其名不可謂默非出處則在用中於禮義人倫之道也禮者道之器也而肆情傲物蔑棄冠服是禮之大喪也禮喪而道喪則鍾會欲無惡晉王欲不刑之不可得也然康之爲人區區不列於中人豈欲引而論之哉以折文垂論則人之中者引而惑必衆故

不得不明也先人無求生以害仁有殺身以成仁又有患難以相死此則得死此則得道得死而爲壽不以非道得生而爲壽也仁如比干而剖死直如屈原而溺死廉如介推而焚死忠如蕭望之而藥死而道存洋洋乎不已予謂所存之生至遂大是能養生者若碌碌愚生不以五常之道爲人予焉知其壽歟焉知其昆蟲歟木石歟靈蛇千年予不知其壽也石有時而泐予不知其久也葵能衛其足予不知其全也若康之養生有類是也適爲下矣又況不能類之者哉嗚呼能養生於道者生死長短可也



## 善惡無餘論

易曰積善之家必有餘慶積不善之家必有餘殃則其善惡之積俱無餘也不者善人之子不必皆惡若慶必加於善人殃必加於不善人予恐慶殃之謬加也力人而已余固曰善惡慶殃俱無餘也餘慶勸人之善餘殃誠人之惡則善人之子能不有恃慶怠於善者乎惡人之子能不有恣惡俟其殃者乎末代之君世祿之人先見萬乘之尊我八音之娛我五味之飽我黃金白璧之富我不知父兄得道而傳之已行不善而失之乃至乎萬乘爲匹夫世家爲皁隷烏謂餘慶之可恃乎父善及子乎子不善而父伐之石碏是也兄善及弟乎弟不善而兄殺之周公是也父母與兄弟不能令子弟之不善又可以恃餘慶於天下乎父惡殃子乎父出之而堯貴之虞舜是也母惡殃子乎母惡之而父好之鄭莊公是也兄惡殃弟乎兄伐之而齊立之桓公是也父母兄弟不能攻子弟之善而況餘殃可累於天下乎且善者天下好之常道也惡者天下惡之亦常道也豈有將好惡必先稽其所自哉必不然矣若以勸善懲惡爲意則當懲報復於身猶慮其不信況欲遠懲於身後



而取人之信者乎又不然矣昔夫差信伍員初善也任宰嚭終惡也初善霸天下終惡滅全吳前慶後殃者皆身也太甲放桐宮初惡也任伊尹終善也初惡受拘囚終善復天下前殃後慶亦身也吳之嗣可以前慶後殃殷之嗣可以前殃後慶乎予固謂殃慶皆復於身也不復乎子孫也然予敢謂善必慶而貴惡必殃而賤也所以貴者道貴也所以賤者道賤也道之貴乎孔父素王也道之賤乎殷辛獨夫也餘慶餘殃則吾不信之矣

## 守在四夷論

傳曰古者天子守在四夷蓋言能令四夷不侵咸自守境洎周漢迄隋多不知守身但欲令四夷自守殊不知四夷自守國內皆成四夷也因著論以明之何者夫守之大旨以防攻也善防其攻者莫若防其敗善防其敗者莫若防其亡夫四夷不守境不過於畧地侵城是有敗無亡也若王者之貴如天如地苟落一星伐一樹不足損天地之光輝蓋帝王之權能殺人能生人能達人能窮人能貧人能富人故四國之人思親之必伺君好而贊之雖似親之其實攻之王者守大道淪非道是則不見敗而有亡也況四



夷之攻至難者有四國人之攻至易者亦有四四夷之攻以白刃國人之攻以巧言四夷之攻以鼓鼙國人之攻以秘隱四夷之攻以兵相害國人之攻以矯相親四夷之攻以兵相侵國人之攻以矯相益故觀白刃則懼而思守也聆巧言則甘而思受也聽鼓鼙則警而思備也遇秘隱則懵而思述也逢相害則恚而思讐也見相親則感而思近也值相侵則忿而思報也得相益則和而思隣也攻邊則人人思守也攻身則人人思受也抑人情之常非所鑽鑿而異也且王者之守有六失守之不固則非道攻之守之不貞則色攻之守之不約則聲攻之守之不廉則聚斂攻之守之不儉則奢侈攻之守之不正則邪佞攻之守之不仁則征伐攻之夏捨淑德而嬖妹喜是色攻而亡也殷捨德音而耽愔愔是聲攻而亡也周厲捨亷節而悅榮夷公是聚斂攻而亡也秦始皇捨節儉而起阿房是奢侈攻而亡也漢靈捨正直而近刑人是倖佞攻而亡也隋煬捨慈仁而事遼東是征伐攻而亡也自三王百代無四夷之攻而亡者皆以守身不謹爲嗜慾所攻故也雖得四夷自守復何益哉或云幽王爲犬戎所滅僧孺以爲幽王自以守



道不固頻舉僞烽嗷嗷天下空於杼軸加以褒姒以色攻傳諸侯不信而敗非獨由於四夷也至於晉之十六國稽其本則禍於惠帝也賈后以色攻賈謐以佞攻致令八王並興生人減半然後戎夷乘間敢爲窺窬可謂四夷先起於內不由四夷不守於外也故有德者必先守身而後四夷無德者不先守其身但令四夷自守曾不防戎狄在其國中故攻秦之胡者二世也豈必東夷南蠻西戎北狄哉沈尹戌雖舉守四夷之言而不書守身之道是載華而畧實非垂範之旨也敢因文字以附簡書之闕

## 辨名政論

史記商鞅見孝公以爲鞅說之以帝王道公曰安得待數十百年以伯說之欲而未能以強國之術說之而公甚歡也似云強國非帝王之道又若云帝王之道必成於數十百年余愈恐後之爲政者捨強國富人而別求帝王之道則潰潰然無指歸矣請搉而論之且君道無定名便國利人則君之道也然予所謂鞅之政必可以強國富人也而鞅之傳曰令不十年而人大悅家給而人足怯私鬭而勇公戰予則不知皇帝王伯捨此何爲君道也且帝如軒轅



虞舜乎斬蚩尤而格有苗是不欲強其國歟王如夏啟周文乎滅有扈而伐有崇是不欲強其國歟伯如齊桓晉文乎修內政而蒐被廬是不欲強其國歟況秦之患者六國若不先富其人而強其國又可以高枕無爲而成君道歟況皇帝王伯同位而異名者也孰謂皇帝之名優乎哉王伯之名劣乎哉君人者當務乎道適時不務乎名飾位也故捨名而就時者日昌捨時而就名者日亡宋襄之亡慕伯之名而失時者徐偃之亡慕仁之名而失時者魯隱之亡慕讓之名而失時者若使秦居六國之衛不先富人強國而別求皇帝王伯之道予謂就帝王之名而失時者又安得君於天下乎嗚呼天地不分於皇人帝人王人伯人政利於人皆君也秦始可以弱其國而有天下皇矣乎子曰足食足兵民信之矣又曰既庶矣繼曰富之若此則夫子之政亦先強國富人也庸可謂夫子之道非帝王之道歟又曰如有用我者朞月而已可也若如此又不可謂帝王之道必成於數十百年也或曰子云如有王者必世而後仁百年亦可勝殘去殺矣如此則帝王之道久而成者也予又不知其然矣且堯之有道乎生丹朱焉舜之有道



乎生商均焉則堯之道宜成於朱也舜之道宜成乎均也又何堯舜之道未成於身而不成於朱均之世也且危邦之人思治甚於饑人之思食也若以數十百年之道導危邦是猶強柔嘉之食遠其期而給饑人邦危人饑此何以安之乎飽之乎予故曰政有富生人強國家皆安得不謂之君道也不知皇帝王伯之名升降也又不知數十百年而成何待也

## 辨私論

近古之人所謂私者謂苟牟於利苟處於逸苟潤其屋者

也僧孺以爲斯皆小人之私非聖人之私也夫聖賢無私而不自知其私也何者必公其身以利於人是不私一身而使天下私之也胡以言之夫嬰兒見保傅之母則咤然而識非有知而親之利其乳哺而私之也櫪馬見廁養之夫則奮然而嘶非有知而親之利其芻粟而私之也夫天下之人非復乳孩櫪馬之愚也苟有公其身而利之者孰不利而私之乎故賢君良臣必私天下而公其身故天下之人皆私而親之暗君愚臣必公天下而私其身故天下之人皆公而疎之人疎之者多故天下任其亡也親之者



多故天下欲其昌也昔大禹之手足胼胝是公其身於理水也咎繇之謩明弼諧是公其身於規諫也傅說之對揚王庭是公其身於輔佐也周公之吐握勤拳是公其身於禮賢也宣父之作春秋刪詩書是公其身於垂教也故有夏之人思大禹之功有虞之人思臯陶之直有殷之人思傅說之政有周之人思周公之勤有道之人思宣父之教或開國尊其嗣而私之或建祠崇其像而私之至於殷辛之聚財鹿臺是以天下之利私於已也故天下公而疎之秦始皇之廢棄諸侯是以天下之爵私於身也故天下亦公而疎之故武王公天下之財而散之而天下之兆庶皆私而親之高皇帝公天下之爵而封之而天下之英雄亦皆私而親之是以自私者人公而亡也自公者人私而昌也夫聖賢非必公其身私在其中不得不公也天下非必私於一人公在其中不得不私也余謂亡國之君亡家之臣亡身之人俱不得私之道也非聖賢之無私也

## 質無誠論

周衰至秦漢大道根蠹詐源派别姦稔雜紛不可救止往往見強國質小國子弟天子有疑於諸侯亦邀子質之以



爲膠固春秋之時晉懐質秦而逃歸自立也六國之時燕丹質秦而怨由生也兩漢之時隗洵質而囂再叛也頹風蕩蕩事難殫記豈不由信不以信信之而以質質之以信信人而人信之以疑疑人而人疑之且彼以信矣而我要其質是疑無信矣我以疑疑之彼固不信則質無有矣故記曰殷人作誓而人叛也周人作會而人疑也作誓會勸人叛疑也人疑誓會而叛之況質其子而人疑之則非誓會之比也且君臣之道恩義也禮義結其外父子之道天性也慈孝結其内離其内求其外割其天性拘其恩義是

不若兩全其道內外恩親雙得矣若空知彼不得親其親而固結之是不知彼不親其親而怨矣是又質之無益矣昔有孝如曾參者不思離其親豈可以劓之慈如卜商者哭以喪明豈可以奪之忍如樂羊者能食其羹又何以質之夫天下愛義者少愛親者多能從人者少能從欲者多故質而求誠我之利少因質以生怨辭者多矣昔樂毅下齊人有告其叛者燕昭猶能備禮送其妻子何也燕昭信毅毅必不叛也苟或以叛質之無益而生怨也奈何秦漢之時不能以至信信之王道導之導之不能奉順以討之



討之不服退加修德以柔之而務質其子脫御之失所則貫怨而生禍御之得所猶以離其親親非孝者治也於戲秦漢所以至誠不浹於天下矣

## 訟忠

春秋周大夫萇宏之城成周也晉女叔寬謂宏違天不免也國語衞彪傒又云長叔支天有咎也支天壞違天也人道補天反常也誘人城周誑人也左邱明皆然其言某以爲一言喪邦其例由斯矣若是則帝王不務爲政而務稱天命下不務竭忠而務別興衰矣雖欲不亡其亡固翹足而俟矣必謂天壞不支自古無中興之君乎衰運不補自古無持危之臣乎殷太戊周宣王胡以承天壞而興乎殷傅說周吉甫胡以持衰運而壽乎二君二臣天豈私之乎且彪傒謂臣謀其君爲違天則危而不扶爲順天乎人道補天爲反道則舍人徵天爲合道乎誘人勤王爲誑人則勸人叛王爲信人乎辭之悖亂有至是者夫人道邇也忠者人倫紀綱也天道遠也談者人倫虛誕也假天道以助人倫猶慮論誣於失也况舍人事徵天道棄邇求遠無裨於教者也又謂不得終果由支天壞也則趙高秦之助壞



者也董賢漢之助壞者也曹爽魏之助壞者也賈謐晉之助壞者也咸家族身戮者天不壽之夫天之所與豈有親者以道承天則天無壞者以亂承天則天無支者故支壞非天也興衰由人也但有人不支而敗無天不可支也嗚呼宏無殷宗周宣以任之位卑大夫不爲王卿士卒命強晉迫脅非道殘勦士死難於宏爲得矣奈何邱明不識周殺忠臣所以國危也晉殺王臣所以國分也但紀宏之戮死是神彪傒叔寬反常之說也謹按魏子賞賈辛以定王室也夫子曰其命也忠當有後於晉國也賞忠有後則身

忠不謂反天戮也是知邱明謬聞偏見失聖之旨甚遠恐史冊久謬誣惑爲臣者將求事之得不以文字申訟哉

譴猫

猫爲獸捕鼠啖饑猫性也鼠好害物猫食之是猫於人爲爪牙於獸職爲刺姦也所以伊祁氏季春疑日迎猫然則人假借畜猫之義盡矣僧孺常學大小戴禮知迎猫之利攝饗者悉辭以苦鼠之竊請迎畜之僧孺因允其言是猫也非不壯大[犭屈]狨而爲之蠹踰鼠族者性懶不捕善伺饔人戶隙搜蓋覆器挈蓋隱器如智有十手百目者而猶家



人割剩食三時加哺不敢輟嗚呼鼠伏隱處也猫人畜食之也鼠竇原垣深窖也猫安薦茵堂室也鼠出恍獲畏怕也猫遊安緩舒閒也既伏隱處也則出可伺之也既竇厚垣深窖也何地可空之也既出恍獲畏怕也掘搖之可恒之也惟猫甚不易也僧孺嘗讀晉漢二史見更始元年赤眉擾秦中崤函岐雍大苦之以更始宜制之而人又苦之是意亂君之猶猫竊者也晉太康末趙廞亂岷蜀漢銅梁大苦之以羅沖征之而人又苦之是意亂臣亦猫竊者也向使更始非仗漢則秦人皆得擒之矣羅沖非仗晉則蜀人皆能捕之矣猫非仗於人則庖人皆得戮之矣然三者皆知仗之苟竊也曾不知人甚苦之矣以至於逐之以至於戮之故有爲國者有知兵者有防盜者有仗而皆亂者則踰於盜也踰於亂也思饔人迎猫不可不慎也

象化

象龍禱雨三月不應巫病民咨王甚愁孺有言者王無愁也象之誤也夫龍善化雨而時在乎天天使雨龍得化不使雨龍不得化聖人象龍而救民是乃象其化者也龍之性善學者人之心故象性莫若心而已使性非心可象則



鳲鳩之性均而木刻鳲鳩足以象均邪獬豸之性觸而瑰飾獬豸冠足以象觸邪龍以性善化而龍於化人者衣袞則其象不以土木亦明矣湯是以龍其聰而深無不聞也龍其明而高無不見也言若出爲雲而物仰之有陰智若躍乎淵而物觸之有潤天而不雨百姓視王爲雨也雖七歲炎炎不聞有咨者而况三月哉

別志

僧孺見仙翁兄深仰其爲眞人也僧孺讀史傳嘗病仙者能上升鄙見也斯不然僧孺聞胡國西胡法至其將歿之

日必大會族黨州里衆其人齋其食人則飄飄而發地焉數百里外而墜窮谷中國中人咸謂曰化予焉知非胡國之幻乎今兄不離世間而離世間浩蕩乎嗜欲之境蹂躪乎人情之囿三事五侯躬擁篲於門獲禮仙翁者爲榮不獲禮爲羞況雙眸炅然紅膚若花迅駭無羈竦步飄飄然予安謂其非至人乎昔昌黎韓公侍郎掌國子裴李二相府皆命世之大賢與兄文字不曰師則曰夫子又焉測兄之壽耶嵇君著養生一篇以中才用心養其性命斯爲勝矣腥者吾食諸稔者吾食諸僊於我者食諸又不測兄之



元妙也至於煮鍊金石妙至先覺若指手掌不爲能事賄利軒冕故無不明於心劉郎之骨非凡目所測太和三年秋九月偶拜兄於夏口眷予塵俗授之元記又約僧孺爲道弟所訝眞步超遥白雲無繫要他日爲拜會之資僧孺抽毫以敘離恨題文曰別志且用契異時之語焉

雞觸人述

鄠杜之郊人有雞大不麑麛類剛勇百鷄之特疾視促步內斷外果雖狺狺猛犬桓桓壯士伺釁潛搏胥爲驚魘則前後背血流朱殷者數四以降咸以彼特長觜利距也失恃則力不能擊宜仁柔矣乃因跧側樹枝目不能視聽以長纓羈縶使彼莫得旅拒即求砥礪錯斂其長觜使禿秡不能害物錘鈐敲折其利距使過擊不能痛物然後縱其逸也雞不省猶張拳勢瞪瞋眸咬咬爭鳴剛猶突如隣童咸操荆礫弄調笑喜曰昔吾畏其搏我啄我每至此則心悸狂亂視若左右紛錯百千雞之衆矣今彼啄擊不能爲害則雖茲雞在前後若不見豈雞之異矣君子於是歎至剛自折者若此不度力取笑者又如此且其職也宜司晨而鳴風雨不移縱有專場妒敵之志亦爭鳴於族類非宜



於怫人矣爾依於人人即爾主輕肆其勇而悖於主所以雞有長觜利距不能久恃已失所恃乃以踵擊者取隣童之笑所宜然矣僧孺常思度謂欲移人之事當有類其雞者嗚呼宜誡夫剛哉

齊誅阿大夫語

齊威王謂阿大夫曰汝能顧吾左右哉曰近吾君者也王曰吾以阿民寄汝是則割吾憂於心者而謂給吾使於宮者爲近耶夫宮中之近不過爲吾折枝矣吾體有所貴是亦有所賤豈以反貴於心乎故入宮之職非近也入心之

職爲近也順顧走指出入無方者藝之至也授印於外不必在宮者信之至也汝在吾所以信而比吾所以藝不愧冕衣裳哉今則戮汝使卿大夫識遠近之正於是羣臣快賀而國大治君子曰正室之明莫盛乎午者左右陰不至也如齊威安有不明乎

崔相國羣家廟碑

憲宗元和十四年詔右相中書侍郎平章事清河郡公立家廟於長安崇業里廟三室粤五月二十二日天子命以羊一豕一助奠太常出博士一人相禮儀即日加贈烈考



金部公尚書左僕射極顯親之榮錫教忠也先是丞相清河公諏日卜牲致齋盥洗朝服立於阼階之東司儀告辦宗祝贊事奉贈鄭州刺史府君神主祔於第一室夫人樂平郡太夫人王氏配座室曰皇考廟奉懷州刺史贈太子少師府君神主祔於第二室夫人魏國太夫人李氏配座室曰王考廟奉今贈太尉府君神主祔於第三室夫人齊國太夫人盧氏晉國太夫人王氏配座室曰考廟始迎嚴嚴卒事兢凌俛與舒於愉愉勿勿瞻虔俯慕肸蠁交格逮闔賓明禮既勿違君子於是觀卿大夫之孝而知周德之所在矣廟第一室曰鄭州公諱湛字湛然以德門清閥冠當代之（疑作以）宏度茂質儀搢紳以全用具業職文武釋褐常州武進縣主簿累選潁川滎陽二長史動必中禮遷必以庸治官將私皦皦矩矩歲終上能宰相啟公爲壽州刺史未被詔而公捐館爲有德者之所哀痛第二室曰懷州公諱朝字守忠即鄭州公第二子也純粹凝秀發爲菁華臨涖不耀舉適大當蜀屬天寶羯起虎臣扞難聠得士爲勇弱公以辟三府由試大理寺直攝監察御史四遷檢校倉部郎中兼侍御史知鄭潁兩州節度使觀察留後錄刺



史事時副元帥梁國公抱玉以全師軍岐下鐮饋廩食悉責於公急須草草一呼三索應卒尤翔了辦綽綽移試國子司業兼懷州刺史內殿召問賜金紫寵之以基址大用未幾改檢校左庶子充河西隴右糧料使是以志將疇謀陟岵以不及致詔恩重此露前能優贈秘書監大夫家風行孝具於貞元中右相司徒滎陽鄭公餘慶神道碑文第三室曰贈太尉公諱積字實方懷州公之嗣子也善史書五言詩爲文而敏政建中年德宗狩梁漢九州歲貢瑟縮不集上在巡責賦稅急租庸包大夫表公嘗從二府事澄

磨割剝以漸漸於當時累請公以秘書丞殿中侍御史為判官居廣陵揚子運江南以趨行在公號憂國厄晡旦自力蹄馳轍飛職貢塡路冠平謝免脩然脫屣雖蹤希象外而功行擅灼為時須遠遂適無容矣三遷檢校金部郎中司自陝以東水陸運會其年失仲弟哀踰於禮遂嬰疾不起其後寵章七告身自司徒公冊贈太尉至於初終密行具於舊相今太常趙郡李公絳神道碑文夫以鄭州之厚仁懷州之器業金部之忠孝三良百行施豈無集元和年清河公竟以全德文武恭忠溫直相憲宗外綏華戎內接萬幾條綱品例疎貫折折不質不要天下瞻信立言者識丞相之輔理而知三廟之遺懋遠矣古者道施於仁則鏤於鐘彝書於簡編其或行浮而實未稱者史氏闕逸乃必噫哀於謚誄發揮於文辭寄金石存景行以備紀事者以之補採今清河公禎祥聖代庸跡焯闡推始反本以崇宗祧規方豐菲一中於度牲牷豆籩無有闕時春秋禘嘗盡忠盡敬猶以丕烈耿光未克篆籀泣奉家老狀請隴西牛僧孺傳而誄之銘曰

昭昭成廟櫨松桷柏斲之磨之謹古不飾二門耽耽瞻東應南周匝墉垣庭植冬陰三室峙扃肅械嚴深濟濟孝孫以時饗之簠簋豆籩既具而宜恪恭聲聞如見如疑明德馨香百福已來厥初大風齊太之遺支允茂秩累累而賢滎陽之仁河內之才太尉植行將開以先丹穴感靈乃儀鳳凰丞相厥生輔我唐章忠孝懋宣與時太平耀榮祖宗以尊顯親既祭則禮以敬如存牲牢具肥祝史贊神宗婦宗工整整平平祉祚之傳若火移薪於萬斯年爰有記云

## 昭義軍節度使辛公神道碑

辛氏於隴西為望家其後因官從帝或雍或洛源濬派洪將徵復張以及於僕射皇考璿璿益以儒業自喜優遊高放不樂取求制科高第乞官山水朝廷除處州遂昌令嗜不念歸再移仍南及亡累贈至左散騎常侍僕射諱秘字藏之即常侍府君第四子也以能通五經開元禮三命至華原主簿書判入等為長安尉太常卿故丞相渤海高郢以唐制盡將禮樂委博士奏乞用公朝廷與之不能得去訖六年再為祠部兵部員外博士猶如故朝有禮天地奉山原之使既謝上必奏曰臣唯乞得辛某自副幾不以禮樂累陛下上高之連可故公再為禮儀使判官雖當時耆


欽定全唐文　卷六百八十二　牛僧孺　三十

年鴻生語及禮即唯曰辛某在若不敢出口元和皇帝初元年高選刺史公出爲湖州時觀察使李錡不奉詔舉江南六州兵獲京口竊采石渡臨江索留因命心腹將率壯士高職重賄鈎其膽且約曰若等當以其日同起取五刺史欲斬以號令在錡鎭實多年交有素故刺史不得隸兵馬及難作顏防用李雲驅市人舉當一戰敗走李素受縛於蘇項釘船檣唯公以儒雅賊未急迫公乃夜起撫左右曰使若等有父母妻子成其家皆天子恩也若能隨李錡爲賊乎左右皆泣曰唯公命乃開羅城門收湖下子弟得



人數百公親以衣衣之以食食之柔里掩出劘壘始呼大戰川東斬將屠營值旦悉先殲登城號令中外恬然於是時武功冠江南錡爲之失勢就縛天子親命使以金印紫綬賞公急詔徵爲河東軍司馬兼御史中丞其實將以大將節與公以故未畢就拜爲左司郎中更京兆汝州刺史本州防禦諫議大夫出爲常州刺史治職檢身專（疑）問昭升改河南尹時天子大舉伐趙既釋復征司空度率五諸侯取蔡連戰四年伊瀍之間屬刻百役公撫困應須恒恒寧寧上大喜出少府節以豹竿戟纛驛走就授先一日立

百辟於朝讀白紙詔命公以昭義軍節度使潞州大都督府長史檢校工部尚書兼御史大夫公褒衣儒冠帶劍持節潞自盧從史不稟不供急斂自守人已大罷及柏鄉連營三歲決死公之至止開城入府量倉數藏酸寒濩落公私之具盡可哀痛左右前後計於公請乞救於上公曰天子以兵定殘賊空內府賞死士於今數年矣吾不能如卜式輩以家助獻詎敢復以請求苦上耶於是約出入畜用度俸不入家聘不賚金宴不侑樂食不兼豆更四年詔徵府有貫十七萬食倉有斛七十萬刃銛函堅幟赤幕青十



五年冬行於洛及關以疾不任朝覲天子命中貴人郊勞歸第以十二月己卯薨享年六十四上憫惜震悼罷朝贈尚書左僕射贈賵有加公於得入仕以業儒書於得著名以典禮樂於得勲賞以立武功於善終始以謙退勤儉於中外親既有名而貴於屬且近者餉給無所加疎而賤雖千百里曠不相面須與無所吝大官十五年居不易宅死亡之日家不歲計公之於孔門可謂成人矣子男八人少穆少逸少恭長順仲扈行質仲和行檢或儒或文仕過侯國夫人河東裴氏先公而卒將葬而公嘆曰人之居無常

而墳墓因焉吾家之兆及於四代三卜矣且使吾死有吾豈止墓而守者焉吾死無吾於地固無擇而已矣他日吾死於此亦遂葬而無用遷焉遂定乎萬年縣洪原鄉少陵原及將亡前爲文自誌其墓又重前說歿有書一通緘置几上既開之即送往飾終之制具盡於此既儉而周於禮不違時之名人無不多其能終而達其不撓耳諸孫恭命無敢墜失既葬會謀曰先人德行官業宜刻於石以聞不朽隴西牛僧孺時號專業文陳郡殷台書迹絕妙且其人吾家之壻且練吾先人行事敢不告求僧孺實紀錄而台實書既序而銘曰



禮災秦漢於綿蕝存晉卑胡僭俎豆曠腥慕古惟唐求野據經公嘗博士綴緝搜羅三代之儀濟濟復興祇職六年區別嚴兢儒道克施亦志武事憑江錡反公實郡吏掉棘張空以出不防萬馬周網血赫湖塘江南之功焯出有光鄒魯諸生因功張皇憂公慎法奉守王度入郎出牧尹洛將湍茹剛無弱銷剔人蠹居不易地服不易初財分先族以儉遺孫恬於將終執筆自誌男良女淑既壽而貴謂之爲人易此而何詩以備傳不刻不磨

# 欽定全唐文卷六百八十三

## 李藝

藝貞元時人。

### 唐故寧遠將軍守左金吾衛大將軍隴西李公墓誌銘 并序

天爲淳源支流一派後榍先軌者蓋紐宗子相襲焉由士闕時望扃扇和風昔附闕獨於前聞也公諱宗卿字同係臨汝郡人曾祖蘭州刺史曰闕州龍遊縣闕瑱考朝議郎泗州虹縣尉援本以敦序闕時衣冠及位公道亮取時宏



性測初勵躬祇厲克事闕難濟國操節倅揩拖義爲紳常以顯闕隱闕進會於道並泰則何宦而闕自董武崇階總兵闕門闕宗族處朝裹交在位隙伺內薦冀乎闕公植其風忽遺其命也時貞元十三年歲次闕夏口官舍嗚呼春秋六十有二夫人汲郡康氏毀躬闕長子德方次子直方宏方季子幼方等主奠號天哀闕河南元氏先公之淪次女十六娘已許於天水趙氏幼女十闕茹泣貫心闕於闕月十一日權闕禮也於戲修榦挺空而見擢君子不幸於闕生誠藝通忝殊眷孟伯之子恭命爲詞

杳杳遼氣闕顧巖作度闕其一噫云夢奠倏歎頹闕代闕馳
闕彰其二曙興神輦告赴原塋却負闕哀闕至情其三

## 穆寂

寂貞元時人

### 南蠻北狄同日朝見賦 以渡瀘款塞咸造闕庭爲韻

我皇道叶神化功高睿算萬國之光斯臨八聖之業是纂遐哉辮髮之俗旣竭赤誠湯爾椎髻之人亦輸丹款豈不以陰陽煥乎金鏡律呂諧乎玉琯德該動植而以信以寬仁及飛走而不麛不卵故得殊方述職異俗來庭歸我元



造沐我皇靈曉適赤坂以向日夕過白登以占星磧路誠遙委義幕氈裘之質山梯雖險致穿胸儋耳之形然則自南自北或馳或渡俱爲九譯之鄉各涉萬里之路同臻禁地事且叶於不期並列盛時禮若符於有素是以坦王道恢帝圖蕩然與龍山非隔廓爾將鳳穴靡殊集六蠻而輝赫九域萃五狄而光耀八區通無不賓鄙周宣勤乎薄伐遠無不服笑諸葛矜於渡瀘遂能革至性於方外柔獷俗於面內大行人明其近遠懷方氏導其進退靡僭晷刻旣從荔浦之源罔復斯須爰自榆林之塞有以見化溢含宏恩覃覆燾膳豐館給禮洽郊勞孰云胡越之異來若同心且殊虞芮之爭會如兩造以其逾絕漠逈懸巖益由君遺軒轅嶺項臣掩伊陟平咸不然則焉能抵秦川來魏闕皆展遐方之貢獻共備同日之朝謁者哉

## 盧仝

仝范陽人隱居少室山自號玉川子以諫議徵不起甘露之變因宿王涯第被害

### 門銘

貪殘姦詐狡佞訐愎身之八殺背惠恃己狎不肖妒賢才



命之四孼有是有此余敢辭無是無此余之師一日不見余心思其人懼其人其交其難敢告於門

### 櫛銘

人之有髮兮旦旦思理有身兮有心兮胡不如是

### 掩關銘

蛇毒毒有形藥毒毒有名人毒毒在心對面如弟兄美言不可聽深於千丈坑不如掩關坐幽鳥時一聲

### 龜銘

龜汝靈於人不靈於身致網於津吾靈於身不靈於人致

走於塵龜吾與汝隣

## 韋孝標

孝標桐廬人元和十四年進士除秘書省正字太和中試大理評事

### 王師如時雨賦（以慰悅人心如雨枯旱爲韻）

念黎庶兮罹於毒痛我興師以翦屠如旱歲之稼穡得膏雨之霑濡豈不以垂渥澤潤涸枯草木之心寧虞暵其乾矣天人之意將使衛討邪乎至乃銳戈矛齊卒伍誠告虔於上帝祈發生於下土龍旗電掣疑驟蔚矣之雲鼉鼓雷奔似送沛然之雨匪六師之是侵實百姓以爲心所謂謀



臣如雨猛將如林馳之驟之似得時而將降六伐七伐謂決渠而就深既踴躍而成列象沈陰之欲泄青蓱剸而破塊將分白羽麾而散絲不絕奚潤草之芳茂信洗兵之是附異苞茅之貢矣爾職不恭同陰雨以膏之我心則悅不疾不徐箕張翼舒向兵革而自弭喻霶霈之有餘多鼓鈞聲知上善之不若密雲不雨想西郊之未如且宣王六月兮非旱之備高宗三年兮適足爲費惟鬼方之是懼何人倫之足慰豈比指綠林於一戎養蒼生於百卉知我者信號令如春不知我者疑甘澤隨輪一鼓而風雲作氣再麾而寰宇清塵以此出征爲活國不能無戰乃愛人故得戎羯來王淮夷納款嗟螻蟻之猶聚將刑戮而尚緩令挾泰山壓危卵不得已而用師如救歲之大旱

## 獨孤郁

郁字古風常州刺史及子貞元十四年進士元和初舉制科高等累官秘書監卒年四十贈絳州刺史

### 對才識兼茂明於體用策

問皇帝若曰朕觀古之王者受命君人兢兢業業承天順



地靡不思賢能以濟其理求讜直以聞其過故禹拜昌言而嘉猷罔伏漢徵極諫而文學稍進匡時濟俗罔不率繇厥後相循有名無實而又設以科條增求茂異捨斥已之至論進無用之虛文指切著明罕稱於代茲朕所以嘆息鬱悼思索其真是用發懇惻之誠咨體用之要庶乎言之可行行之不倦上獲其益下輸其情君臣之間驩然相與子大夫得不勉思朕言而茂明之我國家光宅四海年將二百十聖宏化萬方懷仁三王之禮靡不講六代之樂罔不舉漏澤於下升中於天周漢已還莫斯爲盛自禍階漏

壞兵宿中原生人困竭耗其大半農戰非古衣食罕儲念兹疲甿未遂富庶督耕殖之業而人無戀本之心峻榷酤之科而下有重斂之困舉何方而可以復其盛用何道而可以濟其艱既往之失何者宜懲將來之虞何者當戒昔主父懲患於晁錯而用推恩夷吾致霸於齊桓而行寓令精求古人之意啟迪來哲之懷眷茲洽聞固所詳究又執契之道垂衣不言委之於下則人用其私專之於上則下無其功漢元優游於儒術盛業竟衰光武責課於公卿峻政非美二途取捨未獲所從余心浩然益所疑惑子大夫



熟究其言旨屬之於篇興自朕躬毋悼後害

對臣聞天發生以雷雨聖人發生以號令天道帝道並行於上羣僚庶物感遂於下伏惟陛下與天爲仁與雷作解臣則蠢動之一物也氣下乃出安知其由比於金石草木物之無心者也和之或大鳴小鳴終始相生清濁雜作變而成文者以聖人擊考之不得藏其聲也若臣者樸直蠢愚陛下考之而無聲是不如金石草木之無心矣敢不極聞以對伏以陛下發德音訪巖藪招賢士求直言詢可行之謀垂不倦之聽欲使上獲其益下輸其情君臣之間驩然相遇此禹所以稱大漢所以稱盛者用此道也臣何足以仰承之臣以爲有國不患無賢患不能用賢不患無直言患不能容直言今夫朝廷之大百官之衆非無賢也然陛下雖纘凝旒或未之察羣臣各默默來朝而退雖有賢才孰能辨之觀易卦乾上坤下否坤上乾下泰乾爲君坤爲臣君意下降臣誠上達則是天地交泰之時也君意不下降臣誠不上達則是天地不交否之時也若太宗文皇帝每一視朝未嘗不從容問羣臣政之得失下有一毫之善上無不獎上有一毫之失下無不諫或有引入禁內或



周旋禁中疾則幸其第沒則臨其喪君臣之道可謂至矣是以無遺才無闕政巍巍蕩蕩與天無窮者上下交泰也秦帝胡亥信用左右左右欲專秦柄乃教胡亥曰陛下富有春秋初卽位奈何與公卿廷決事事卽有誤示羣臣短也於是胡亥常居禁中羣臣希見者不聞其過天下所以亂者上下不交也伏惟陛下上法天下法地中法太宗每坐朝宜旨使羣臣各有所陳陛下賜之溫顏盡其啟沃言語侍從之臣得以奉其職左右有所書以貽來代諫諍之官與聞其政而獻替之使此輩無有所補黜之可也使其

稍識大體陛下與之論道講政豈不可裨於萬一也孰敢不輸其情乎茍居位者不與之言獻直言者不與之用又何必搜羅巖穴遠訪不用之人勤求不信之言乎賢者又何來也來者又何言也此體用之要求賢濟理之術盡於是矣惟陛下行之若生人之困於衣食而無戀本之心但兵宿中原如此實由方面大臣之罪也夫方面大臣宜直播天子之休風保撫其人如赤子而乃傾其脂血剝其生財聚其技慧淫巧以蕩上心天子誠以爲物力有餘而不知其情也執事者又未嘗聞以生人艱苦爲言而得罪者



豈其盡直而不用乎夫王者居於九天之上非臣下痛激肝血指明而言亦何由而達也若臣下者草木孤賤宜周旋其所以能而言之也今天下困於商稅不均可謂甚矣百姓之忘本十而九矣昔嘗有人有良田千畆柔桑千本居室百堵牛羊千蹄奴婢千指其稅不下七萬錢矣然而不下三四年桑田爲墟居室崩壞羊犬奴婢十不餘一而公家之稅曾不稍蠲督責鞭笞死亡而後已於是州伯邑長方以人安賦集攘臂於其間趨辦朝廷用昇考績取彼逋責均其所存展轉奔逃又昇戶口是以賦益重而人益貧不均之甚一也是故欲人之財賦均一而無自蹙之患宜視通邑之盈虛使鄉戶坐於田迭相隱覈其上下不使貪官贓吏紛動其間則有無輕重可得而均也夫古有四人今轉加七計口而十分之其所以盡悴出賦而衣食其九者農夫蠶婦而已絳衣淺帶以代農者人十之一縵胡之纓短後之服仰衣食縣官者人十之一髠頭壞衣不耕不蠶坐而供養者人十之三審曲面勢以飭五材鬻工而衣食者人十之二乘時射利貿遷有無取倍稱之息而衣食者人十之二游手倚市以庇妻孥以給衣食者人十之



一其餘爲農桑之藪焉農夫糠覈不足而十人者齧馬厭粱粟蠶婦衣不蔽形而十人者咸襲羅紈是以性近儒則入仕近武則從軍善計則貿遷避事則髠削技巧則爲工師拙奸則爲駔儈非蠢愚耑一無他腸者孰肯勤體効力爲稼穡之苦乎且以田廢而衣食罕者戶口所在減而背本之利多不均之甚二也陛下誠能寬農人之徵而優樂之杜眾邪之門而困辱之則農桑益而衣食有餘也自兵革以來人多流散版籍廢絕戶口蕩析加以憂懼越於異鄉未以僥倖利其茍且寬之則偷於朝夕勤之則挺而陷

於邪又訛言焉屋室聚爲瓦礫田野俱爲榛蕪賦稅不均居者日困又爲此也伏望陛下勅百姓所在編爲土著不卽歸之舊鄉繕黃籍生則書之死則去之庶男女之所生戶口之多少可得而知也無田者給與公田假種食因其井泉制爲民居藝桑麻種蒲蔬育狗彘三年不輸官自初卽於三年人猶有之他者所至得以重罪罪之然後人安其生樂其業而無奔亡之患矣安土則敦本敦本則人庶矣稅均則斂輕斂輕則人富矣以此阜俗不盛何爲以此濟人何難之有若夫鹽榷者經國之所資財用之大寶也



然而當今之務若修其業除其弊亦可以無重斂之困也夫鹽榷之重弊失於商徒操利權州縣不奉法賈太重而吏太煩布帛精粗不中數矣夫以商徒操利權則其利有時而廢州郡不敢誰何是勸農人以逐末也州郡不奉法則各私其人而盜煮者行矣賈太重則貧者不堪矣吏太煩則縻費之者衆矣布帛精粗不中數則女工徒損風俗偷薄而上困矣卽如此宜罷鹽鐵之官以省費停郡府之政令以一其門禁人爲商以反其耕損其厚賈以利其人速其售而布帛必精以齊其俗以厚其利如此亦可大裨

於國大賴於人矣酒酤之人罷之可也夫既往之失不能久於其道將來之虞中道盡也自古帝王未有不勤儉於其初天下歸焉滿假於其終天下離焉陛下以勤儉爲恒滿假爲戒勤而不已損之又損慎終如初守而勿失天地所以能長且久者以其運行不息也陛下其可息乎可懈乎鼂錯所以急繩七國者欲尊天子恐削弱遲而禍大矣主父所以推恩子弟者因其欲而分裂諸侯之易矣今天下一家盡爲郡縣無諸侯強大之患無宗室葭莩之親而以推恩爲言臣恐未可以令天下也齊桓之時列國相傾



管夷吾欲輔霸業恐諸侯先謀而爲之備是以修其寓令而兵食足焉使戰者必耕耕者必戰無事則散之壠畝有事則授之甲兵此古人之意可行之驗也夫舜之所以爲聖人以其選賢任能也五教契也五穀棄也五刑臯陶也八音夔也虞伯益也水土禹也喉舌龍也共工垂也舜無事焉是以執左契垂衣裳而天下理豈以必躬必親侵於百職然後以爲聖乎必也信而顯之作而行之任之而績用不立則有竄三苗於三危流共工於幽州放驩兜於崇山殛鯀於羽山刑罰有可必加矣孰敢用其私乎儒家者

流示人以中而爲之節訪其所至而導其不至使夫君臣父子各得其正此其所長也然迂者爲之則執古以非今凝滯而不變夫責課者所以俯仰百官也然光武用之而非美者責人之効重也伏惟陛下取漢光武之求實勿務速成用漢元帝之崇儒知其凝滯任人而示之所爲端拱而不失其勇闕取捨之間於此乎判矣陛下不能用臣言不當問也謂臣不能言其事不當來也既來矣陛下問狀宜直其辭既問矣微臣盡忠宜採其策盡忠者不易持也直者誰欲爲也忠未見盡直必有惔惔構而直不悔不信而忠不追者蓋有之矣由未見其爲人也非天之與其剛健地之與其直方內不疑其身外不疑於人憂君而不顧其已濟物而不求其利者孰肯悃悃款款出於骨髓發於肝膈如此其切於天下乎夫天下者天下之天下也天子安微臣得保其生不安微臣不保其死是以懷其効以天下爲憂不懷其身以天下爲念知所以責難於君者所以懷其身所以懷其身者宜及天下如此況陛下宗廟之重其可忽乎屬之於篇勉之於上是在陛下酌之而已矣謹對



## 上權侍郎書

貞元十三年八月日獨孤郁謹上書於舍人三兄閣下郁以世舊遂獲謁見敘故大賢之遇郁也亦不以常交言之眷意甚露郁瑣瑣鬱堙三年無聞摧頹折羽而不喜者非失意之謂非尤人之謂蓋將因事自罪而不喜也借如豫章生於擁腫小木之中樵蘇見之亦以嗟矣一有不嗟則必自與擁腫者亦不多遠也珠璣混於礫石之中童子弄之亦以驚矣一有不驚則必自與礫石者亦不多遠也鏌鋣臥於鉛鈍之下下工覩之固亦知矣一有不知則必自與鉛鈍者亦不多遠也毛嬙後於宿瘤而行有目者覩之固即分矣一有不分則必自與宿瘤者亦不多遠也苟與乎擁腫礫石鉛鈍宿瘤輩果殊異則不能移凡眼所擇況逃乎良工巧冶有識者之目哉今禮部侍郎之目固亦國之良工巧冶有識者之目也於中再擇再不中是眞已爲擁腫礫石鉛鈍宿瘤矣何止與斯不遠哉此所以因事自罪而不喜也或諭之曰今之道尚光子之所以不振者晦過也子之道豐蔀也子且眞有崪天之材而隱植之有照乘之珍而密櫝之有切玉之利而謹橈之有傾都之艷而

深帷之雖使離婁左執光而右拭皆迫而索之固亦不能知子矣子何不移植露光披鋒示貌使識者覩而駭之彼之所誨固亦郁所不能焉已必不材也必不實也必不利也必不姝也且適過於有識者之目是自揚其短也已必材也必實也必利也必姝也雖小示其光鋒幹貌於一人驚我亦已多矣所不驚者是予四事果不足異於族凡也郁病直拙獨大賢於郁分殊尚不能以亟況悠悠者與郁常行乎時輩之間多酌其言語善者鄙者而自減盈消息其旨稍有可驚不敢不於許言者言之今之後學者或歎



曰吁後學何所歸哉此且非宜長者所當聞也亦非宜長者所不當聞也今朝廷先達病在不能公也或能公而不能爲力也覽其文則贊美稱嗟無不至也其間善惡輕重進退則心以別矣此其所以爲不能公也鮮有知其必善而風鼓之不啻若自其口出此其所以爲公不能爲力致使逞逞之倫其下才者亦曰今夫在位者其無公歟其無心歟有一善未嘗肯稱也意曰非我事也又慮與之談者不與我符愛也是使諸子竊竊然自以無聞爲不辱遂相與擇捷趨邪紛也於主司之跡親者苟能致譽則不詰其所以致譽者之賢不肖而曹趨之矣此實今之躁進苟得之風也在朝廷大賢主而名之驅而正之於其善者扶之持之有善而未具者決之導之使四方學士知嚮方焉何如其曰非我事也若使一人曰非我事也十人曰非我事也舉朝廷皆曰非我事也苟非我事則無所不非我事無所不非我事則天地之間無乃已寂寥乎昔孔子飭詩書禮樂以化齊弟子而至天下使孔子亦曰非我事也則今者安盡聞夫七十子之賢詩書禮樂之盛七十子亦曰非我事也又孰爲播孔子之聖如此其大乎今文亦如是朝



廷先達亦如是後之達者亦如是若不相播則人文禮義知已復往之道不幾乎息乎郁不肖辱承大賢之心深矣非又敢以假喻自薦也意欲以大賢擇眾賢如七十子之徒是亦方孔子於大賢也何如不宣郁再拜

## 答孟郊論仕進書

某還白天下病不言久矣吾子猥貺嘉言以篤鄙人之志是勗天下之心也幸何獨乎鄙人也利何獨乎是文耶夫言豈一端而已矣知惡而不言是使天下之爲惡者不思其懼也知善而不言是使天下之爲善者不勸其慕也此

二者天下之達道也僕嘗論之安敢不爭斯語直以阨蒙推賴吾子之所聞見雖欲激昂以是非天下其誰一從僕之所云耶吾子知僕將宦遊訪僕曰是役也爲身之役歟爲人之役歟意甚善古人曰仕非爲貧也又曰君子之仕行其義也僕雖不肖寧獨以衣服飲食犬馬聲色屋室使僕之屑屑歟僕將沈棄蹇連乎則撫循吾之軀何爲也其將奮飛騰淩乎則君之建官行封豈私吾饑而寒也又曰親戚處乎大位力主人也足下之所謂親戚者曷若僕之有身耶足下所待僕者寧以曲私從義乎天下之君子固



當有以自力也粤其果有茂異僕幸側聞其風曷敢不踴躍話道於彼不識況親戚之無間乎苟不能藉此第僕能富貴之且猶莫許而況又妄於他人耶又曰不待位而言之大道之言也信哉古人有庶人謗於道商旅議於市芻蕘者得進其狂妄焉足下念僕孱性而欲輔僕愚心共至公於天下是直諒多聞之益也某則何幸其將責僕以必聞以至公之道爲市價於天下也某何人哉昔張安世爲大司馬車騎將軍錄尚書事常有所薦其人來謝安世大恨以舉賢進能豈有私耶謝絕之有郎功高不調而自言安世應曰君之功高明主所知人臣執事何短長而自言乎絕不許已而郎遷幕府長史郎辭去之官安世問以過失長史曰將爲明主股肱而士無所進論者以爲譏安世曰明主在上賢不肖較然臣下自修而已何知士而薦之其匿名迹遠權勢如此彼推揚賢哲乃公卿大夫四岳十二牧之職也而富平陰用陽不敢當如僕瑣瑣方困奈何以上官他人之任反以許乎人哉東野用心冀有以相照幸無以僭越之道深望於鄙人也某頓首

## 與田將軍書



天子賞將軍之勳自裨校領十萬軍率給麾幢節符佩黃金印者數四廟祖於京開東第駟門號公侯家子弟姻族以將軍故皆爲好官將軍之勳名可謂盛矣美矣然某聞古人曰成功不久難處且物禁太盛昔者周公以至聖之德致太平之功以成王幼小不忍而去名公有不悅色何者勢逼不能無嫌故也夫以聖處猶難況非聖哉故范蠡晉侯知其然去之而遠害昔者李斯爲秦破山東從擒諸侯尊秦爲天子秦王以爲丞相任事秦廷之貴惟斯耳斯知盛滿不行卒爲秦擒韓信爲漢誅趙魏破齊楚尊漢爲

天子。漢裂土封王於荆。漢將之貴惟信耳。信不知降挹。一旦蜚言被疑。卒受呂后之誅。彼二子可謂巧於爲人。拙於爲身。故二子始有周呂勳。卒受參夷誅。何則。日務進而不知退。故今上封足下爲公。爲王。爲十萬戸侯。傳子襲孫。居爲䕫。爲龍。出爲桓。爲文。且令名公無不悅。邑足下豈不賢於周公哉。夫今之遊宦者。辛勤數千萬言。得一官。俸不過三二萬。數僕不過一二人。滿當罷。戀戀不欲去。豈非顧其利耶。況夫遭時變。即據千里土。權殺生柄。不覺炎燠更變。歌僮侍兒俳優不離前。爲樂萬方。以娛情。惟恐其不歡。無



纖憂能鑽其胸。豈不顧畱之耶。顧其勢不可。是以取古堯讓天下而長有天下。孫叔敖不悔去者三。願將軍無受吳張元之說。納馬援鄒陽之策。思畱侯陶朱之舉。悟韓信李斯之惑。立竇融河西之績。覽郭馬李高數賢之事。稽叔敖三去之美。昔蔡澤之說范雎也。引鞅起踵以擊奪其位。雎受說而歸相讓澤。非不知澤情而受市也。葢審理必然。今某來非縱横時。豈澤之徒歟。既非奪位而來。又豈欲騁口衒世。直以惜賢人之業耳。惟將軍無猜焉。

## 辯文

或曰。文所以指陳是非。有以多爲貴也。其要在乎彩飾其字。而愼其所爲體也。又曰。文章乃一藝耳。是皆不知上流之文。而文之所由作也。夫天之文位乎上。地之文位乎下。人之文位乎中。不可得而增損者。自然之文也。故伏羲作八卦以象天地。窮極終始萬化。無有差忒。故易與天地準。此聖人之文至也。但合其德而三才之道盡。後聖有作。不能使之爲五或七而九。洎曲折者。是其文之至也。文字既生。治亂既形。仲尼作春秋以繩萬世。而褒貶在一字。是亦文之至者乎。然則易卦之一畫。春秋之一字。豈所謂崇飾



之道而尚多之意耶。夫文者。考言之具也。可以華。則不足以畢天地矣。故聖人當使將來無得以筆削。果可以包舉其義。雖一畫一字。其可已矣。病不能然。而曰必以彩飾之能。援引之富。爲作文之秘訣。是何言之末歟。夫天豈有意於文彩耶。而日月星辰不可踰。地豈有意於文彩耶。而山川邱陵不可加。八卦春秋豈有意於文彩耶。而極與天地侔。其何故得以不可越。自然也。夫自然者。不得不然之謂也。不得不然。又何體之愼耶。夫天地八卦春秋。惟止於此者也。吾得定其所云。其不至於此者。惟吾何學焉。吾安能

以天下之心也。是則其心卓然絕於俗者。其文不求而至也。無得子爲教。苟於聖達之門無所入。則雖劬勞憔悴於黼黻。其何數哉。是故在心曰志。宣於口曰言。垂於書曰文。其實一也。若聖與賢則其書文皆教化之至言也。徒見其纖靡而無根者多。紿曰文與藝。嗚呼。

陳岠

岠官泗州徐城令。

朝廷卓絕事記序

余宰邑秩滿。暫寓居於重光寺空院。塊然無以遣日。緬想



人生在世。如白駒之過隙。有美事高烈。猶可稱述。如碌碌凡愚。河魚草木。隨時凋落。蔑爾無聞。因思朝廷古今耳目相接名賢碩德遺芳餘躅。是非共五十餘條。載爲一卷。不敢傳諸好事。但自抒於鄙懷。時貞元十四年夏六月記。

王真

真德宗朝官漢州刺史。充威勝軍使。

道德經論兵要義述表

臣真言。臣聞昔者庖犧氏作。承天地。理萬物。猶以爲皇道不足。故寂然思化。精義感通。然則天既不言而生。地既不言而育。故河出龍圖。洛出龜書。所以示其文也。由是得以畫卦象。制文字。焉逮夫智慧萌生。真樸潛消。則文字之理又不足。故載誕我元元皇帝。以代天地而言。將善救其弊者也。是以諄諄然五千之文。殷勤懇惻。斯亦至矣。可謂啟道德之根源。絕言語之枝葉。比之文章。則三辰昭回於天也。擬乎動植。則萬物充盈於地也。論其教戒。則百行全備於人也。何爲禮者亂之首。亂猶理也。亂矣非禮則無以理之。故曰亂之首也。夫文者武之君也。武者文之備也。斯蓋二柄兼行。兩者同出。常居左右。孰可廢墜。故曰忘戰則危。



好戰則亡。是知兵者可用也。不可好也。可戰也。不可忘也。自軒轅皇帝以兵遏亂。少昊以降。無代無之。暨於三王之興。雖有聖德。咸以兵定天下。則三王之兵。皆因時而動。動畢而後戢。戢即不復用也。及至嗣君。或驕或僻。或暴或淫。或怒或貪。或矜或忌。乃爲我師我旅。我國我家。動必取強。用必求勝。載窮載黷。且戰且前。或不戢而自焚。或無厭而取滅。塗萬姓之肝腦。快一人之忿慾。毒痛海內。災流天下。是以道君哀其若此。又不可得而廢去。遂不得已而用之。夫聖人用兵之道。不以其慍怒也。不以其爭奪也。不以其

貪愛也不以其報怨也蓋整而理之蓄而藏之以謹無良以威不聽非用之於戰陣非用之於殺伐非用之於田獵非用之於強梁此聖人用兵之深旨也又怒者逆德也兵者凶器也爭者人之所甚惡也若以逆德用凶器行人之所甚惡豈容易哉故曰上德者天下歸之上仁者海內歸之上義者一國歸之上禮者一鄉歸之無此四德者人不歸也人不歸則用兵用兵卽危之道也故謂不祥之器又曰死地所以王者必先務於道德而重用兵也抑臣又聞之創業之主亡亡以成其功繼體之君存存以保其位故聖人以必不必則兵戎可得而戢衆人以不必必之則戰伐益興故道君非獨諷其當時侯王蓋亦防其後代人君輕用其兵也由是特建五千之言故先舉大道至德修身理國之要無爲之事不言之教皆數十章之後方始正言其兵原夫深衷微旨未嘗有一章不屬意於兵也何者伏惟道君降於殷之末代征伐出於諸侯當其時王已失眾正之道也久矣且不得指斥而言故極論沖虛不爭之道柔弱自卑之德以戒之夫爭者兵戰之源禍亂之本也聖人先欲堙其源絕其本故經中首尾重疊唯以不爭爲要也夫唯不爭則兵革何由而興戰陣何因而列故道君叮嚀深誡其有旨哉其有旨哉夫天地何言陰陽不測是以道君強爲之名而立文字欲人知之使其行之非難知也非難行也況我國家祖有道而宗有德源聖裔而派仙源乎唐哉皇哉不可得而稱也伏惟睿聖文武皇帝陛下聰明文思濬哲溫恭纘十葉之鴻輝傳千億之命緒闡皇道而育萬物宏帝德而貞百度寂然不動神而化之戢干戈於方興之時卻行陣於已列之地無爲無事上德上仁貴五千之至言賤百二之重險結繩而理大化克被於生靈擊壤之歌至德亟聞於野老天下幸甚天下幸甚臣少習儒業長無武功覩昇平於明盛之時賴亭育於仁壽之域是以不揆庸陋敢侮聖人之言甘心從鼎鑊之誅儌倖納芻蕘之志臣伏以道德經文遠有河公訓釋中存嚴氏指歸近經開元注解微臣狂簡豈敢措詞今之所言獨以兵戰之要採摭元微輒錄道德經中章首爲題序列如左各於題後粗述元元皇帝聖旨或先經以始其事或後經以終其義謬將臆度用達管窺既無百中之能庶均萬分之一因號曰道德論兵要義述詞理荒鄙塵瀆宸嚴無任惶

懼戰越之至謹言

進道德經論兵要義述狀

右臣伏以君之至明貴能下聽臣之至誠貴有上聞微臣性識庸愚知慮寡薄久從戎府不到朝廷特蒙陛下曲貸殊私擢居重任四年之內再領方州無分聖主憂勤不救生靈罷弊胡顏尸素久冒寵榮夙夜兢慚啟處無地臣每伏念筋力駑鈍無可以驅馳身命輕微不足以報効退難補過進實思忠願獻芻蕘庶裨萬一至於上明天道中酌人情下稽地理莫不竭盡臣子之誠冀報君父之德惟詩



也三百義必在於無邪惟經也五千理必歸於至正伏惟皇帝陛下體至道爲人君以無事理天下一自臨馭萬國康寧日月不照之鄉聲教猶暨霜露表均之地恩信仍加刑罰措而得謂無寃干戈戢而必不復用無爲無事雖休勿休海內歡娛天下幸甚是以微臣狂簡輒敢竊疏前件論兵要義述上下兩卷令離爲四卷幷敘表等不揆荒蕪用申懇欵伏乞聖慈昭鑒俯賜優容布問公卿式明穿鑿然後退死溝壑臣所甘心瀝血吐誠伏待罪責不勝悃迫戰越之至謹差子將尚瓘謹具別封進上謹奏元和四年七月日

## 鄭太穆

太穆官金州刺史

上于司空頔書

閤下爲南溟之大鵬作中天之一柱騫騰則日月暗搖動則山嶽頹眞天子之爪牙諸侯之龜鑑也太穆幼孤二百餘口饑凍兩京小郡俸薄尚爲衣食之憂溝壑之期斯須至矣伏惟賢公息雷霆之威垂特達之節賜錢一千貫絹一千匹器物一千事米一千石奴婢各十人分千樹一葉之影卽是濃陰減四海數滴之泉便爲膏澤



## 支裔

裔貞元時人

尚書李公造華嚴三會普光明殿功德碑 幷序

闕一字象至高六位表陰陽之度佛乘最妙四諦斷生滅之疑猶患愛水亂流耶山蔽日用拯羣溺於習坎殖智牙於大闕十二字之以闕一字律不求髻寶自得衣珠至若了義滿字之元宮眞空妙有之大道爲三藏百法之長其惟華嚴道場者歟此萬封山門闕五字山闕一字則闕二字河東節度觀察

支度營田等處置使兼北都畱守銀青光祿大夫檢校禮部尚書兼御史大夫太原尹上柱國隴西縣開國闕八字李公說之所營建也。我尚書捧日天枝，干霄帝緒，勳逾稷禼，德邁蕭曹，明鏡懸臺，何秋毫之闕八字割闕三字況復詞鋒冠陽春之華，仁德同愛日之煦。是則九層峻柱，萬里長城，聲政聞乎王庭，謳歌溢於塞下。至若輿土宇之闕五字之梯航，旃陁闕二字童子童孫，家至聽法，增上慢之匹夫匹婦，比屋談元。鳳苑龍城，多新戶牖，豐宮沛寢，倍薦華香。故得部政感闕四字闕新施祿俸闕一字因人天證知，存沒沾被。上棟下宇，



搆輪奐之福庭，或丹或青，赫莊嚴於梵域，自然膺舟檝之望。入鳳凰之池，壽明彭封闕一字帶礪闕三字靈翼衛千福闕二字八座之應，戩穀也。粤若內政，保於宜家，中堂合於進饋，佐君子以仁惠，慈愛光啟，尚書以盛闕一字信能闕二字夫人闕一字樂安任氏，疎通妙性，黼藻智牙，桃李光於肅邕，芝蘭茂其靜慎，贊成我尚書集此造殿功德者，其惟闕二字夫人之謂歟。自然順坤儀闕三字出世之道，如月之亘，森菌桂以馨香，如山之容，冥大椿之壽考。以宏鵲巢之美，式佐甘棠之功，斯蓋夫人之功德也。普光明殿者，即毗盧闕四字演三

處再會之法堂也。觀夫七處九會之樓臺，六峯六天之塔廟，如瓶沙之苑囿，類須達之園林，何必瞻烏，豈煩偃草。彩霄艴闕一字詎滅天台綠樹闕二字忽疑靈鷲。南瞻花縣，則櫛比閈閎；北眺晉山，迺合沓松石。此皆禪師恣心目之所精選也。我尚書聞微妙之迹，在菡萏之峯闕一字秉鉞事殷，乖於飛蓋巡闕乃騶迴鸞之札，慰沃禪林，緘龍藏之經，慇懃正法。初禪師之肇朕華嚴道場也，濫闕一字一剎一堂闕一字設於七處九會闕二字於善財也，則眾塔星攢乎絕頂；妙拯於慈氏也，乃諸天雲靄乎羣峯。蜃氣成樓于上方，月輪作



殿於下界。尊經寶闕一字寫闕一字繪緗闕二字分身眾多塔廟闕二字明實沈之分野，廣大鹵之有情而已哉。禪師俗姓元氏，法字道融，鳳翔天興人也。力微皇帝之遠條，後魏闕一字宗皇帝之華緒。外勁竹楨，內闕三字談元。乃香象威儀，傳法則師子奮迅。心學龍樹，德邁天親。操自在之戒珠，揭無畏之法印。貌正滿月，目凝明星闕三字裳闕一字寒輟餔，救餒士無放於闕二字路闕一字禁於下山。轉龍藏則惟精惟勤，禮華嚴則一句一拜。其安禪也，情無散亂；其得定也，身不動搖。幽明降心闕三字福地祇叢闕一字而護法山靈闕一字以安人

至若神光瑞井之休祥。梵僧童子之應瑞。貓虎曳練以表素。文字隱石以呈奇。異跡孔多。此不具載。於是(闕一字)殿(闕二字)因山構成。始審曲面勢而工(闕一字)不瞻星揆日而事集。將施夏屋之力。果符大壯之規。諒杼人僝功。侔造化以暗會其蒇事也。庀畚鍤以皃趨。鶴躍騈(闕一字)木而電耀雷奔。叢楹戢孴以齊(闕二字)梁偃蹇以橫亘。仰藻井以反照。乘鸞鈴而嚮風。五色比象於其間。眾聖列坐儼其內。陽闔澒洞以互曜。陰牕玲瓏而焜煌。金石之所嚴措。絡珠之所分別。香泥淨鴛鴦之瓦。雨起青煙。寶網散琉璃之文。風搖佩影。



寒暑隔閡於峻宇。日月迴薄於雕甍。目麗譙之崢嶸。上干碧落。寫高閣之窕窱。下戛(闕三字)井可以傍窺。烟霞可以俯闞。寧知非覩史他之移至。乾闥婆之幻遊。遲想像於萬卦第登陟於三休。豈羡夫崑崙山之九重(闕二字)陟降已哉。我尚書成茲紺殿。必有豐碑。且地有靈蹤。山稀巨石。禪師至懷憂念寢處無遑。乃杖策諦尋。隨意墾劚。忽逢(闕三字)中碑材礱之斲之。唯除分寸。豈非禪師之所心致。抑尚書德感之所致也。喬智慙測海。識陋窺天。敢罄芻蕘之詞。用深功德之海。乃(闕一字)銘曰。

(闕二字)靈山疏峯。挾障六天。九會併在其上。陰陽助巧。造化資匠。如有龍鬼。岑崟肸蠁。若存聖賢。夕護朝降。其一

悅(闕三字)岧嶤化城(闕一字)有方廣(闕一字)來此京(闕五字)岫崢嶸。長驅五蔭。俯就三明。形梯寶階。普濟羣生。其二

廣殿崇墉。迴出烟外。繡楹日逼。紺瓦雲靄。寶山眞(闕六字)傳法者。樹別天籟(闕一字)刹垂(闕五字)其三

聖師高渺。岧然勝輪。嵌空彩閣。繚繞卿雲。梵響雖到。天聲易聞。誰其建之。八座當(闕一字)豐碑永傳(闕四字)其四

## 獨孤良器

良器德宗朝右司郎中

### 放馴象賦 以珍異禽獸無育國家為韻

皇上御寶歷之惟新闢乾符發坤珍德被華夷數雲雨之廣澤恩及飛走含天地之全仁乃却走馬以反素斥馴象而不畀非耳目之可役同寶玉之遐棄放之於無人之境歸之於不毛之地或羣或友伊飲齕之無虞載寢載興信生成之自遂解網之惠無聞放麑之仁克類然後以儒為林藪賢哲以為禽以道為囿利忠良以為獸亮功格於人神至德齊於宇宙是由化與澤俱仁與道符賢為其寶太康之訓不作獸用不擾虞人之箴遂無徇物之情允著好生之德式乎可以順天然可以遂亭育既絕燧尾之患不虞焚身之戮去狂顧於人寰徇野心於林麓伊昔漢氏惟其晉家焚雉頭之裘於前殿却千里之馬於後車猶自颺休垂美有聞無譁況我一人溫恭允塞本忽之而勿營非欲之而復抑徃籍之所未覩前王之所不克誠可以懷四夷柔萬國者也



## 裴郁

郁德宗朝尚書左丞

### 禘祫配祭及昭穆位次議

禘祫之禮殷周以遷廟皆出太祖之後故得合食有序尊卑不差及漢高受命無始封祖以高皇帝為太祖太上皇高帝之父立廟享祀不在昭穆合食之例為尊於太祖故也魏武創業文帝受命亦即以武帝為太祖其高皇太皇處士君等並為屬尊不在昭穆合食之列晉宣創業武帝受命亦即以宣帝為太祖其征西頴川等四府君亦為屬尊不在昭穆之列國家誕受天命累聖重光景皇帝始封唐公實為太祖中間代數既近在三昭三穆之內故皇家太廟唯有六室其宏農府君宣光二祖尊於太祖親盡則遷不在昭穆之數著在禮志可舉而行開元中加置九廟獻懿二祖皆在昭穆是以太祖景皇帝未得居東向之尊今二祖已祧九室惟序則太祖之位又安可不正伏以太祖上配天地百代不遷而居昭穆獻懿二祖親盡廟遷而居東向徵諸故實深所未安請下百寮僉議

### 請罷孝敬皇帝忌日廢務議

謹案孝敬皇帝忌不廢務伏以讓皇帝位非正統親則旁尊詳考舊章合同孝敬其忌日廢務請罷

宗子不得稱皇某奏

乃者宗子名御皆云皇某親行於文疏曹署此非避嫌自卑之道也謹按儀禮曰諸侯之子稱公子公子不稱先君公子之子稱公孫公孫不得祖諸侯此自卑別尊之道也又禮記公君有合族之道族人不得以其戚戚君位也鄭元注云族人皆臣也不得以父兄子弟之親自戚於君位謂齒列也所以尊君別嫌今宗子若以皇字爲稱首從數



爲序親誠非卑別尊不戚君位之義又按儀禮從父昆弟即今同堂也從祖昆弟即今再從也族昆弟即今三從也聖朝方崇敦敘宜辯等威其三從內伏請依舊其餘各以祖禰本封爲某王公子孫則親疎有倫名理歸正

孟郊

郊字東野湖州武康人年五十始第進士調溧陽尉鄭餘慶鎮興元奏爲參謀卒年六十四張籍諡之曰貞曜先生

上常州盧使君書

道德仁義天地之常也將有人主張之乎將無人主張之乎曰賢人君子有其位言之可以周天下而行也無其位則周身言之可也周身言之可周天下言之不可也仲尼當時無其位言之亦不可周天下而行也及至著書載其言則周萬古而行也豈惟周天下而已哉仲尼非獨載其言周萬古而行也前古聖賢得仲尼之道則其言皆載之周萬古而行閣下道德仁義之言巳聞周天下誦之久矣其後著書君子亦當載之周萬古而行也幸甚幸甚道德仁義之言天地至公之道也君子著書期不朽亦天地至公之道夫何讓哉是故不以道德仁義事其君者以盜賊



事其君也不以道德仁義之衣食養其親者是盜賊養其親也閣下既以道德仁義事其君聞之天下久矣小子願求閣下道德仁義之衣食以爲養也謂之中庸之道謂之中庸則敢求也謂之特達則不敢求也小子嘗衣食宣武軍司馬陸大夫道德仁義之矣陸公旣沒又嘗衣食此郡前守吏部侍郎韋公道德仁義之矣韋公旣去衣食亦去道德仁義顯其主張謹載是書及舊文又有子遇之書同乎緘獻輕重可否傾一言陳謝誠冀於異日不宣郊再拜

又上養生書

天之與人一其道也天地不棄於人人自棄於天天可棄於人乎曰不可人自棄也已曰人皆棄之乎曰賢人君子不棄也凡人棄之可天有殺物之心而無棄物之心則萬物莫能生矣是故君子之於萬物皆不棄也而況於身乎棄其身是棄其後也棄其後是棄其先也故曰君子之道豈易哉敢不法天而行身乎所以君子養其身養其公也小人養其身養其私也身以及家家以及國國以及天下以公道養天下則天下肥也以私道養天下則天下削也養身之道豈容易哉養其公者天道養也養其私者人情



養也以天道養其人則合天矣以人情養其人則不合天矣以人情養其人自棄矣天道質也人情文也天道靜也人情動也質者生之侈也靜者生之得也動者生之棄也文不以質勝之則文爲棄矣動不以靜制之則動爲棄矣天者水之謂也人者魚之謂也魚棄水則螻蟻得之矣人棄天則疾病得之矣魚可安於水而不可翫於水其失也在乎恣波浪而不迴也人可安於天而不可翫於天其失也在乎恣嗜慾而不迴也所謂安於天者法天之味而食之食不違於四時也法天之聽而聽之聽不違於五節也法天之明而視之視不違於五色也食與視聽苟違於天則疾病得之矣故曰君子法天而行身也小人翫天而棄身也書之座右嵇康猶有所棄秦之醫和晉之杜蒯其亦不書於右則何以爲君子之座哉良藥苦口也苦口獲罪於人苟或有矣仁義之獲罪於天未之有也恩養下將遠辭違書寫至誠之言不勝惶悚之甚不宣郊再拜

### 讚維摩詰

貌是古印言是空音在酒不飲在色不淫非獨僧禮亦使儒欽感此補亡書謝懸金



## 李巖

巖德宗朝禮儀使判官司門郎中

### 諫爲肅王造塔疏

墳墓之義經典有常自古至今無聞異制層甎起塔始於天竺名曰浮圖行之中華竊恐非禮況肅王天屬名位尊崇喪葬之儀存乎簡冊舉而不法垂訓非輕伏請準令造墳庶遵典禮

### 婦爲舅姑服期年議

謹按大唐開元禮五服制度婦爲舅姑及女子適人爲其

父母皆齊衰不杖周。稽其禮意，抑有其由也。蓋以婦人之道，以專一不得自達，必繫於人，故女子適人，服以夫斬而降其父母。喪服傳曰：女子以適人為父母何以周也？婦人不二斬，婦人從人，無專用之道，故未嫁從父，既嫁從夫，夫死從子。父者子之天也，夫者妻之天也。先聖格言，歷代不易。以此論之，父母之喪，尚止周歲，舅姑之服，無容三年。且服者報也，雖有加降，不甚相懸，故舅姑為婦大功九月，以卑降也；婦為舅姑齊衰周年，以尊加也。其父母舅姑除變之節，十二月小祥除腰絰，十三月大祥除衰裳去絰，十五



月而禫，踰月復吉。

## 王紳

紳官寧國令。

### 周氏墓石

夫人姓周氏，其先汝南人也。爰自炎漢，逮於有唐，綿歷衣冠，其來尚矣。曾王父府君珪，皇承務郎，勑授蔚州三河縣令。王大父府君歸，皇宣德郎，試左贊善大夫，賞緋魚袋，兼上柱國。王父君彥，皇彭城郡高望府折衝，賞緋魚袋，兼上柱國。皆業崇儒行，世繼簪組，閭次門慶，逾長。夫人則折衝府君之長女。幼年貞柔，至性純孝，凜乎正氣，賢行自天，雅量絕儔，風期難並。適佐君子，令淑尤彰，雍睦承家，母儀增書。是以（闕）儉恭聞，惠和不以鉛粉益容，但以禮節資德。時貞元辛巳歲，寢疾，終於莫亭集賢里之私第。伏枕逾月，醫無所為，以其年五月十三日奄從於化，享年四十八。嗚呼！天命數盡，生也有涯，哀哉哲人，何為不壽！瑤琴絕聽，寶鏡休窺，珍玩滿室，莫之能守。親戚彌切，痛無偕老之期；歧路感傷，嗟有懷仁之德。以其年冬十一月八日卜兆於鄚城東南二十五里世業原，平之禮也。雲結長川，風悲草樹。嗣



子操、次子模，並殘骸毀容，能竭孝道，慮恐陵谷將變，歲序將遷，刊石紀時。其銘曰：

郡城東南兮滹水湄，歲往月來兮無盡期。明明寒月兮對孤壠，蕭蕭白楊兮風吹。

## 蔣偕

偕，秘書監乂子。以父任歷右拾遺、史館修撰，轉補闕、主客郎中，累遷太常少卿。

### 李司空論諫集序

公元和二年四月，以監察御史選充翰林學士，未幾改主

客員外郎依前充學士逾年轉司勳員外郎來年改本司郎中依前充學士自始直內署周旋凡五年不獨以文章號令爲應職意欲極直諫之道開天子之耳目致生人於仁壽以爲己任是時因抗言論事面命授中書舍人賜之金紫時憲宗固以爲南司大用矣不逾年自戶部侍郎遂平大政其後二十年間崇踐中外卒以剛鯁致姦凶之大禍大中初有詔史官差第元和間相臣五人將臣五人將命圖形以補淩煙二十四人之次有司即以公之名跡列在選中及上奏獨公之名留中不報噫自古忠臣不得其



死者自兩漢王嘉李固至西晉張華如國朝褚河南裴河東之類剛毅不回有類公之遺烈於公之生今中執法夏侯公乃授余以公平生所論諫凡數十事其所爭皆磊磊正直臣風槩讀之者令人激起忠義自始內廷迄於罷相次成七篇著之東觀目爲李相公論事集下以楷模於後代上以顯元和聖后納諫之德昇平之運可惜其致云爾大中五年辛未歲冬十月史臣蔣偕序

## 陳諫

諫德宗時人爲劉晏屬吏

### 勸聽政表

臣某言伏以大行皇帝導揚天命付陛下以宗社託陛下以殷憂俾抑情以順人節哀以聽政伏惟皇帝陛下哀思至孝與天罔極不忍遵奉喪過乎哀羣臣上陳未蒙降允荒迫之至不知所措伏以上天降禍率土號慕哭泣之哀喪紀之節凡在臣子所宜同哀豈合此時再三陳請但四郊尚有師旅萬國未登和平衆事從宜兆人思理當通變之日非慕巳疑之時陛下臨之浹辰則雍熙可覩廢之一日則憂慮或生所以遺旨殷勤俾三日而聽政非欲抑陛



下至哀之情蓋爲社稷萬人之計不得不爾也臣聞周稱成康漢稱文景咸爲至理之主百王則而象之然成王有顧命康王翌日而踐祚文帝著遺令景帝釋服而視朝夫豈無私懷爲至公抑也伏惟陛下省當時安危之理順普天延企之望睿謀光於八葉成天子不匱之孝答先聖乃眷之情凡在生靈孰不悲戴臣等時逢繼聖位忝通班犬馬之心不勝哀懇

### 第二表

臣某言臣聞先王立禮所以安邦國定社稷也帝王喪制

之義古今損益不同蓋時有安危禮有沿革當萬邦無事可以諒闇屬百度思理固當節哀時殊事異不得不然至於罔極之情孝思之感皆由率天性隱痛深焉或不在喪服之輕重臨朝之遲速也臣謹案孝經云事天明事地察德教加於百姓刑於四海蓋天子之孝也又禮中庸曰武王周公其達孝乎夫孝者善繼人之志善述人之事者也臣等伏考前典保寧家邦嚴薦胙於九廟流慶祚於萬葉此所謂繼先皇之志也哀痛既往經營將來致干戈於不用登兆庶於壽域此所謂述先皇之事也陛下倘忘此二



者未忍哀情固違百辟之誠請不咨前王之故實其若天地宗廟何其若萬方四海何臣等位忝班行同國所戚不任哀迫之至

第三表

臣某等言昔袁盎以漢文孝過於曾參臣今伏以聖情之慟過於漢文遠矣凡在羣下孰不歸仁臣等荒迫之中竊有所感伏以大行皇帝深惟天下之重憑几顧命俾陛下三日而聽政今熙熙萬國企聞王言已七日矣而御哀永慕未忍抑從尚可謂奉先皇之旨行天子之孝乎大行皇帝封植萬邦傳之陛下屬艱難之運當金革之辰庶務權宜懸於晷刻如或一夫不獲一事不理雖陛下心同大舜跡齊武丁豈可謂負荷祖業永利兆庶之望也臣等荒愚未見其可所以前後三表血誠上請祇冒宸扆戰越伏深無任憂戚之至

心印銘序

安定梁肅字敬之學止觀法門於沙門元浩其未知也患不能知之既知之患不能至之於是作心印銘蓋几杖盤盂座右之類取其自省也其文自浩浩羣生至有無云云



言未知也自本則不然至終篇言其既知也以既知之心印其未知號曰心印銘大抵與經論合而歸於無相庶乎哉諫獲與敬之遊又嘗聞浩公之言故序其所由然著於銘之首云

登石傘峯詩序

中書侍郎平章事高陽齊公昔遊越鄉閱翫山水者垂三十載初棲於剡嶺後遷於玉笥自解薜此山未二紀而登台鉉乃施舊居之西偏爲昌元精舍其東偏石傘巖付令弟秀才推俄而中書即世推高尚之致文行之美與伯氏

相倖至元和九年秋九月七日浙東廉使越州牧兼御史中丞楊公洎中護軍王公率僚佐賓旅同遊賦詩紀登覽之趣小子承命序其梗槩以冠篇竊謂斯地也斯文也必傳於後世與蘭亭東山俱爲越邦之不朽者矣

## 劉晏論

開元天寶閒天下戶千萬至德後殘於大兵饑疫相仍十耗其九至晏充使戶不二百萬晏通計天下經費謹察州縣災害蠲除振救不使流離死亡初州縣取富人督漕輓謂之船頭主郵遞謂之捉驛稅外橫取謂之白著人不堪命皆去爲盜賊上元寶應閒如袁晁陳莊方清許欽等亂江淮十餘年乃定晏始以官船漕而定吏主驛事罷無名之斂正鹽官法以裨用度起廣德二年盡建中元年黜陟使實天下戶收三百餘萬王者愛人不在賜與當使之耕耘織紝常歲平斂之荒年蠲救之大率歲增十之一而晏猶能時其緩急而先後之每州縣荒歉有端則計官所贏先令曰蠲某物貸某戶民未及困而奏報已行矣議者或譏晏不直振救而多賤出以濟民者則又不然善治病者不使至危憊善救災者勿使至賑給故賑給少不足以活人活人多則闕國用國用闕則復重役矣又賑給近僥倖吏下爲姦彊得之多弱得之少雖刀鋸在前不可禁以爲二害災沴之鄉所乏糧耳它產尚在賤以出之易其雜貨因人之力轉於豐處或官自用則國計不乏多出菽粟恣之糶運散入村閭下戶力農不能詣市轉相沾逮自免阻饑不待令驅以爲二勝晏又以常平法豐則貴取饑則賤與率諸州米常儲三百萬斛豈所謂有功於國者耶



## 董侹

侹字庻中元和中爲荊南從事

## 荊南節度使江陵尹裴公重修玉泉關廟記

玉泉寺覆船山東去當陽三十里疊障迴擁飛泉迤邐信途人之淨界域中之絕景也寺西北三百步有蜀將軍都督荊州事關公遺廟存焉將軍姓關名羽河東解梁人公族功績詳於國史先是陳光大中智顗禪師者至自天台宴坐喬木之下夜分忽與神遇云願捨此地爲僧坊請師出山以觀其用指期之夕前壑震動風號雷虩前劈巨嶺下堙澄潭良材叢木周匝其上輪奐之用則無乏焉惟將軍當三國之時負萬人之敵孟德且避其鋒孔明謂之絕

倫其於殉義感恩死生一致斬良擒禁此其效也嗚呼生爲英賢歿爲神靈所寄此山之下邦之興廢歲之豐荒於是乎繫昔陸法和假神以虞任約梁宣帝資神以拒王琳聆其故實安可誣也至今緇黄入寺若嚴官在傍無敢褻瀆荆南節度工部尚書江陵尹裴均曰政成事舉典從禮順以爲神道之教依人而行禳彼妖昏祐我蒸庶而祠廟墮毁廞懸斷絶豈守宰牧人之意也耶乃令邑令張憤經始其事爰從舊址式展新規欒櫨博敞容衛端肅唯曩時禪坐之樹今則延袤數十圍夫神明扶持不凋不衰胡可



度思初營建之日白黿出其新橋若有所感寺僧咸見亦爲異也尚書以小子曾忝下介多聞故實見命紀事文豈足徵其增創制度則列於碑石貞元十八年記

修陽山廟碑

古武陵封壤所至湘岳辰澧皆附庸之部楚辭載涔陽羅江即其證也今俗豪家多嗜書知敬殆黔中遺風不絶者歟東漢光武二十五年駙馬都尉梁君松平五溪名郡廨置漢壽城即荆州刺史所治地有陽山神祠直上千仞横亙三峯紅崖青壁絶若彩繢日月迴薄仙馭往來沉沉洞宮孰詳究奥昔王郎新志謂雲夢之神夏首獻魚訖於秋分魚潮之初羣彙各異網罟雖設無能獲者至今洞庭餘艎若遭迅風靡不卬首求請多獲利濟頂上有池下繆山麓即書沱潛之源驗在兹矣故此邦之人是依是憑用介景福余嘗以楚山爲天下絶若陽山者又此無倫亭亭孤標迥出天外彰善癉惡猶影響焉永貞元年沅水泛溢壞及廬舍幾盈千室生人禽畜隨流逝止明年雲漢爲厲稼穡之土斂爲負租三年旱彌深郡牧遍走無訴俗不可以終否故良牧宇文公得以肆力焉公名宿字元明始至之



日巷鮮居人有歎奔禽駭之勢公感憤激衷誓拯焚溺請於廉使條白上聞詔使臣錫以廩粟公申布聖澤遍問里閭逮斑白稚齒延頸仰給皆聯聯鼓舞喜得生活公乃詢於衆曰山澤之神利及物者安在合禱祈之矧邑邑陽山此地之望某雖寡德敢不先謁焉迺沐浴致齋斂咎薦誠再拜而後祝曰惟人神之本今人若墜冰谷時歟事歟曷不可歟今彫瘵殆盡而神不恤使清淩全州鞠爲茂草豈獨予之辜抑神之耻宿謬當朝廷分憂之寄嘗懼丹懇不達以速官謗惟神降鑒明聽予言余或不虔不恪余將勵

精勵志勤以勤人敢徼肹蠁之福音動左右禮無媿詞自時厥後一晴一雨皆符郡人小大之望財若天雨流庸半還食菽飲水室家相保種稑所産集爲有年乃聚族謩曰良牧之仁通於神明無有窮已噫詩不云乎愷悌君子人之父母仁遠乎哉且又神祇昭荅如此而不思有以報乎乃相與繕修祠屋整頓睟容想像如在共旌陰騭之感庶展虔恭之敬願公壽考禔福穰穰庶渤海頻川異時爲並駕齊驅云

## 閻貞範先生碑



先生名寀天水人蟬聯戚屬才爲時選再登憲府三領大郡不樂進取機密求出爲武陵相聞桃源有黃君瞿童之事甘心而請學焉黃君欣然留公秋分中夜授以洞神正一券云蒼崖沉沉如交杳冥羽節繽紛徃來無聲黃悚異命公爲記時淮將跋扈朝議以正人涖之可使遷善傳召公爲申州刺史公將命始至數陳王綱誘諭忠節然察其惡稔亦以上聞渠兇愈怒鑿空構禍初貶韶陵怒猶未厭逗遛不遣再貶韶州司戶參軍獲脫虎口矣於是忠賢失志長蛇肆毒天子念公之勤重惟險阻詔還恩降造膝面拜汝州刺史錄前效也爲節將挾忿奏替改授澧州刺史澧人熙熙如蒙春陽星歲七稔里俗丕變公將償宿心方圖別墅居無何轉吉州刺史公乃歎曰夙奉道予志期修進而流年不待齒髮將暮湛恩稠疊恐遂無報乃上言乞以皇帝誕慶之辰度爲武陵桃源觀道士永焚香火庶竭涓埃之力少酬亭育之報優詔褒美賜號遺榮仍宣付史館以尚賢也朝右詞臣歌詩頌德者凡百餘首嘗試論之太上有立德立功之道是使君子步驟而不敢懈五秉之粟七鍾之祿亦固爭之安有視青綬蒼玉爲泥土指丹霄



白雲爲枕席者乎噫心願已諧而降年不永謝安石所以長太息於舟中矣以貞元七年十一月三日順化於鍾陵宗華觀甲子三百九十有八天下嚮道之士無不泣然出涕僉云聖唐敷道德之教垂二百年能以進退出處消息無累者惟稽山賀君桃源閻君兩人而已漢庭二踈不至於道烏足云云迺相與諡爲貞範先生從古義也贊曰

大道旣隱百氏紛昏爰有黃庭孰知其門於惟先生金華玉英解綬乞身誓遊三清上惜其才難奪其誠乃寵嘉號是曰遺榮蒼蒼桃源煙巖盤盤上有洞宮下有星壇醮火

旣明羽旆珊珊骫授玉書列爲眞官東海三秀西山五色老萊近名嵇康寡識曷若先生臨爐自得陽巡陰轉三十有六賸魂遺形古仙同域浮山舊侶梗槩微德

張仲方

仲方韶州始興人貞元中擢進士登宏詞補秘書省正字調咸陽尉爲邠州從事歷侍御史倉部員外郎文宗朝官至秘書監累加銀青光祿大夫封曲江縣伯開成二年卒年七十二贈禮部尚書謚曰成

披沙揀金賦（以求寶之道同乎選才爲韻）



披流沙之至寶惟良金而可求諒稟質以相混信韜光而莫儔處其汙而含潔潛其剛以產柔將陶甄以入用在晶熒而必收爾乃發彼衆彩瑩然祕寶砂礫之下自守其堅剛茫昧之中我得其精好遠邇必取纖微罔遺泛隤淹以吐色洗蒙垢以成姿匪塵泥之足亂豈玉石以生疑旣乍明而乍滅在沙之而汰之同至人受汙以不吝等君子藏光以俟時且流形厚地晦質元造厥貢取戒於不貪旁求必歸於有道然後百寶惟斥三品惟崇美價初炫微明內融晦沉潛而不雜秉熠爚以潛通將耀質而有異豈藏山之與同鑑裁無疲期必分於醜好拂拭相借固不假於磨礱俾精鍊以作範庶從革以成功亦何異夫才爲物表道出常塗標百行以卓爾擒繁文而煥乎每和光而不昧居衆流而有殊善惡由茲必分眞僞於焉可辨雖知已而見錄本良工而妙選將永隔於下流且不遺於片善故明因特達道靡邅迴乍披之而可玩亦求之而乃來同無脛而斯感豈衆口以爲猜今振藻以作賦而愧乎擲地之無才

駁贈司徒李吉甫謚議

古者易名請謚禮之典也處大位者舉其巨節蔑諸細行



垂範當代彰示後人然後書之垂於不朽善善惡惡不可以誣故稱一字則至當焉舉一事則至明焉定褒貶是非之宜泯同異紛綸之論贈司徒吉甫稟氣生材乘時佐治博涉多藝含章炳文燮贊陰陽經綸邦國惜乎通敏資性而便媚取容故載踐樞衡疊補台袞大權在己沉謀罕成好惡徇情輕脫寡信諂淚在臉遇便則流巧言如簧應機必發夫大臣之翊戴元后者端俗致治孜孜夙夜緝熙庶績平章百揆兵者凶器不可從我始及其伐罪則料敵以成功至使內有害輔臣之盜外有懷毒蠆之孽師徒暴野

戎馬生郊皇上旰食宵衣公卿大夫且慙且恥農人不得在畝紡婦不得事桑耗賦斂之常貲散帑藏之中積徵邊徼之備竭運輓之勞僵尸血流齒骼成岳毒痛之聲號訴無辜勦絕羣生逮今四載禍胎之兆實始其謀遺君父之憂而豈謂先覺者乎夫國之論大功者不可以妄取不可以枉致必咨籌畫乃著丕顯不競而分豈妨全美當削平西蜀乃言語侍從之臣擒剪東吳則訏謨廊廟之輔較其時則有異言其力則不倫何乃捨其所重而錄其所輕存其所小而略其所大且奢靡是嗜而曰愛人以儉授受無



守而曰慎才以輔斥諫諍於外豈不近之蔽聰乎舉忠烈之廣豈不近之匿愛乎焉有蔽聰匿愛家範無制而能垂法作程憲章百度乎謹案謚法曰敬者夙夜儆戒曰敬書曰敬明乃訓易曰敬以直內內而不肅何以形於外憲也者刑也法也戴記曰憲章文武又曰發慮憲義以爲敬恪終始載考歷位未嘗劾一法官讞一小獄及居重位以安和平易寬柔自處考其名與其行不類研其事與其道不侔一定之辭惟精審愼異日詳制貽諸史官請俟蔡寬將平天下無事然後都堂聚議謚亦未遲謹議

## 沈傳師

傳師字子言禮部員外郎既濟子貞元十年進士登制科乙第寶歷中累官尚書右丞歷江南西道觀察使轉宣歙池觀察使入爲吏部侍郎太和元年卒年五十九贈尚書

### 元和辨謗畧序

臣聞乾坤定而上下分矣至於播四時之候遂萬物之宜在驗乎妖祥之二氣祥氣降則爲豐爲茂妖氣降則爲沴爲災君臣立而卑高隔矣至於處神明之奧詢獻納之辭在審乎邪正之二說正言勝則爲忠爲讜邪言勝則爲讒



爲諛故詩云萋兮斐兮成是貝錦刺其組織之甚巧也語曰邪徑敗良田讒口亂善人惡其莠言之蠹政也蓋謂似信而詐似忠而非便便可以動心捷捷可以亂德豈止鶡鳩彫卉薏苡惑珠者哉況立國立家自中徂外道偏則刑罰不中讒勝則忠孝靡彰遐覽前聞緬思近古招賢容諫遠佞嫉邪慮之則深防之未至伏惟睿聖文武皇帝陛下垂衣御宇化洽文明謨猷博訪於搢紳旌貢屢臻於巖穴尚復廣四目周四聰制理皆在於未萌作範將垂於不朽乃詔掌文之臣令狐楚等上自周漢下洎隋朝求史籍之

忠賢罹譏謗之事迹敘瑕釁之本末紀謠詠之淺深編次指明勒成十卷昔虞舜有聖讒之命我皇修辨謗之書千古一心同垂至理將俟法官退日昃之政别殿備乙夜之觀則聖慮先辨謗何由興上天不言而民自信矣

## 王茂元

茂元濮州濮陽人德宗時上書自薦擢試校書郎太和中檢校工部尚書嶺南節度使遷涇原節度使封濮陽郡侯召爲將作監領陳許節度使會昌中徙河陽卒贈司徒謚曰威



### 奏吐蕃交馬事宜狀

右臣得所由狀報吐蕃請於鳳翔交馬者臣伏以吐蕃梟則犬羊心唯虵豕不思率服但逞姦欺國家務以懷柔極其撫御敦惠好於非類擇使命於本朝容養甚宏錫賚非薄昔魏酬倭國止於銅鏡鉗文漢遺單于不過犀毗綺袷並一介之使將萬里之恩豈若陛下選彼周行取於宗屬而敢淹停曠日留止彌年久已迴車又請交馬覘其詭詐難以保明深算機宜未可容許臣又見蕃中來人説云其首領素已年侵更兼心疾不恤其衆連誅舊臣羞徵無時凶荒累歲以此遂違盟約仍致逗遛今恐事出多端致由羣下上欺聖德旁損廟謨翻覆難知善惡未決竊計君奕合有表章伏望更勅羣臣商量且命界首止絕儻須存遠馭要示殊恩但言彼蕃來往不時邊將奏論甚切亦無妨國體未阻戎心臣自擁節旄亟諭星館修葺器械蓄積良儲又時巡訪川原討尋蹊隧每當衝要必有隄防增築故城穿濬新塹徧箱鹿角未易可當木梯魚膏不曾虛棄雖臨揺落免有寇攘忖彼物情未能（闕一字）衆其若便侵亭障自起烟塵臣且率勵當軍猶可獨當一面況其隣道悉是强兵敢忘充國之請行不慮張宗之辭難伏乞聖恩鑒臣鐵石納臣芻蕘使其畏慑威靈挫乎姦宄臣不勝憤激懇迫之至



### 楚三閭大夫屈先生祠堂銘

按史記本傳及圖經先生秭歸人也姓屈名原字靈均一名平字正則本實楚之苗裔大丈瑕受屈爲卿遂以命氏先生義特百夫文横千古其忠可以激俗其清可以厲貪仕楚爲三閭大夫屬君懷不惠與靳尚等夷尚嫉原才譖漏憲令構成釁狀錮絕恩私由是忠言如風不入主聽險

黨若鐵斥爲窮人始楚與齊連衡以弱秦秦以商於之地六百里爲河外五城以餌楚楚嗜張儀之紿不納先生之諫子蘭鄭袖內㬥於朝虵秦豕齋外披封畧原爲放臣王卒客死離騷始作徒冀幸君之一悟汨羅終赴痛皆醉而獨醒嗚呼忠在禍先功成罔貴洎成忠死世貴何深蓋有國有家之所大病志士仁人之所悼嘆也嗟乎先生君辱身死周旋存殁之際感慨今古之心宜乎上與比干夷齊攜手作華胥羲軒之遊假靈於遺芬而困於佞幸者也安可爲鼠肝蟲臂魚腴鼇跡而已哉元和十五年余剌建平



之再歲也考驗圖籍則州之東偏十里而近先生舊宅之址存焉爰立小祠憑神土偶用表忠貞之所誕卓犖之不泯也銘曰

麟出非時終困於人劍有雄鋩不用無神矯矯先生不緇不磷舉世皆醉抱忠沒身汨水悠悠言問其濱歸山高高獨揖清塵誕靈是所粵秭歸土義風敬承廟貌無睹庭而可修予期負弩死不可作余構其宇聳忠來者載陳清酤乞靈臧氏非愚所取已矣先生蘋誠其吐

張籍

籍字文昌和州烏江人貞元中進士終國子司業

上韓昌黎書

古之胥教誨舉動言語無非相示以義非苟相諛悅而已執事不以籍愚暗時稱發其善教所不及施誠相與不間塞於他人之說是近於古人之道也籍今不復以義是執竿而拒歡來者烏所謂承人以古人之道歟頃承論於執事嘗以爲世俗陵靡不及古昔蓋聖人之道廢弛之所爲也宣尼沒後楊朱墨翟恢詭異說干惑人聽孟子作書而正之聖人之道復存於世秦氏滅學漢重以黃老之術教



人使人寖惑揚雄作法言而辯之聖人之道猶明及漢衰末西域浮屠之法入於中國中國之人世世譯而廣之黃老之術相沿而熾天下之言善者唯二者而已矣昔者聖人以天下生生之道曠乃物其金木水火土穀藥之用以厚之因人資善乃明乎仁義之德以教之俾人有常故治生相存而不殊今天下資於生者咸備聖人之器用至於人情則溺乎異學而不由乎聖人之道使君臣父子夫婦朋友之義沉於世而邦家繼亂固仁人之所痛也自揚子雲作法言至今近千載莫有言聖人之道者言之者惟執

事焉耳習俗者聞之多怪而不信徒推爲訾終無裨於教也執事聰明文章與孟子揚雄相若盍爲一書以興存聖人之道使時之人後之人知其去絕異學之所爲乎曷可俯仰於俗囂囂爲多言之徒哉然欲舉聖人之道者其身亦宜由之也比見執事多尚駮雜無實之說使人陳之於前以爲歡此有以累於令德又商論之際或不容人之短如任私尚勝者亦有所累也先王存六藝自有常矣有德者不爲猶以爲損況爲博塞之戲與人競財乎君子固不爲也今執事爲之以廢棄時日竊實不識其然且執事言



論文章不謬於古人今所爲或有不出於世之守常者竊未爲得也願執事絕博塞之好棄無實之談宏廣以接天下士嗣孟子揚雄之作辨揚墨老釋之說使聖人之道復見於唐豈不尚哉籍誠知之以材識頑鈍不敢竊居作者之位所以咨於執事而爲之爾若執事守章句之學因循於時置不朽之盛事與夫不知言亦無以異矣籍再拜

## 上韓昌黎第二書

籍不以其愚輒進說於執事執事以導進之分復賜還答曲折教之使昏塞者不失其明然猶有所見願復於執事以畢其說焉夫老釋惑乎生人久矣誠以世相沿化而莫之知所以久惑乎爾執事才識明曠可以任著書之事故有告焉今以爲言諭之不入則觀書亦無所得爲此而止未爲至也一處一位在一鄉其不知聖人之道可以言諭之不入乃舍之猶有已化者爲證也天下至廣民事至衆豈可資一人之口而親諭之者近而不入則舍之遠而有可諭者又豈可以家至而說之乎故曰莫若爲書爲書而知者則可以化乎天下矣可以傳於後世矣若以不入者而止爲書則爲聖人之道奚傳焉士之壯也或從事於要



劇或旅遊而不安宅或偶時之喪亂皆不皇有所爲況有疾疢吉凶虞其間哉是以君子汲汲於所欲爲恐終無所顯於後若皆待五六十而後有所爲則或有遺恨矣今執事雖參於戎府當四海弭兵之際優游無事不以此時著書而曰俟後或有不及曷可追乎天之與人性度已有器也不必老而後有或立者昔顏子之庶幾豈待五六十乎執事目不覩聖人而究聖人之道材不讓於顏子矣今年已踰之曷懼於年未至哉顏子不著書者以其從聖人之後聖人已有定制故也若顏子獨立於世必有所云著也

古之學君臣父子之道。必資於師。師之賢者。其徒數千人。或數百人。是以沒則紀其師之說以爲書。若孟子者是已。傳者猶以孟子自論集其書。不云沒後其徒爲之也。後孟子之世發明其學者。揚雄之徒。咸自作書。今師友道喪。浸不及揚雄之世。不自論著以興聖人之道。欲待孟子之門人。必不可冀矣。君子發言舉足。不遠於理。未嘗聞以駁雜無實之說爲戲也。執事每見其說。亦拊抃呼笑。是撓氣害性。不得其正矣。茍正之不得。曷所不至焉。或以爲中不失正。將以苟悅於衆。是戲人也。是玩人也。非示人以義之道



也。

## 陸泌

泌河南洛陽人。長慶中官臨汝令。

### 對小吏陵上判

得丁爲小吏。好陵上。爲人操下。如東濕薪。議者稱酷吏。曰其理有所效。

在下陵上。昔賢所恥。嚴法峻文。平國不設。是用敏於從事。可以臨人。必也允乎平反。方堪議罰。丁爲小吏。不慎厥躬。未能謹恪以執謙恭之道。縱是暴慢。且招苛酷之名。奉上有類於寧成。操下乃同於東濕。孽則自作。罰實難逃。雖欲文過引人。無乃執迷於已。

## 楊行惲

行惲。穆宗時人。

### 對黜免判

得諫議大夫廖眞坐事黜。後既寢病。猶用大夫之簀。御史舉其非法。大理斷無罪。

廖眞干祿從班。既處大夫之職。立朝東帶。須勤公正之心。不著芳聲。俄嬰罪累。人非士師。同展禽之三黜。才異河陽。



若潘仁之再免。既而巢儁作孽。止鵬成災。膺膝乖宜。初驚二豎之夢。手足將啟。終切九泉之悲。眷彼禮容。須依貴賤。瞻言令式。亦具科條。有德乃合旌門。無官誠宜易簀。不思林放之問。有昧曾子之儀。憲局彈違。實得其所。

欽定全唐文卷六百八十五

皇甫湜

湜字持正睦州新安人第進士補陸渾尉仕至工部郎中

## 東還賦

歸去來兮將息我以勸遊日月出入如忽忽然兮何東西南北之悠悠淹踵楚以轢宋幾途梁而軌周旋巴鄧兮結鞅事崤函兮相輔褫予魄於波瀾委予迹於靈邱來默默兮無定徃區區兮曷求朝吾既去夫帝鄉越嵩華而並河經淮水兮凌大江抵揚州之寄家亘年歲以不居謂須臾



兮月逶迤陟火嶺之峩峩既脫身於水險聊憩美兮雲波息足於蓬蝸曽不得暖床之席扁舟渺兮前程途時浩瀚彼夷越之都府於滄瀛之曲阿將窮耳目兮又泝東南眇千里兮烟霞閩禺會衝諸海親日飛蟲伏蠆鑠肉消骨溽蒸湫閉浸淫歊鬱城薄沴兮雲生山遇炎兮火出戾止逾月館城之東垣垝肩及庭蕪膝容屋下羅星戸內冷風淖泥淤激虺毒陰攻地淹於澤水貴於玉療渴者胝肩趨庭者踵足眠發夕兮反覆坐終日兮拳局念假宿之若狂嗟爾居人兮誰寘於毒駕言出遊期於少蘇烏夷犬戎咽水嚚衢狀貌羣分頭角萬殊渠股反舌蟲聲鬼軀面綠眼青瞠眈遠紆見人驚異直愕不起忽如呵鬬側言眞喜腥臊濁澤吹鄽襲里躬顛僕眩屼然雙止入室何處出門何從冠帶不襲言詞不通茸果卒歲輕葛禦冬朝避天火夕逃海風如何君子棲遲斯邦喟舒息兮無所擗鬱咽兮誰與安讀書之下幃兮樂儒行之環堵苟吾道之無爽又何陋於斯土顧言行之有常雖蠻夷兮可處燕市屠狗趙人博徒絕聖棄智忘貧化麄望見相識聞聲來趨時與追隨聊寬須臾雲盎盎兮雨紛紛夜明月而不見人情眷戀於江



介夢綢繆於渭濱公孫遊兮蓮勺尼父聘兮蔡陳一困身於王者一固窮兮聖人思九州之博大胡自陷於斯民盍歸來兮無自苦恨

## 傷獨孤賦 并序

傷獨孤者傷君子也蓋傷君子有道而無命也河南獨孤申步勝冠舉進士博學宏辭登科典校秘書不幸短命無後其人也君子也天厚之才而嗇之年又亡其家傷哉余獲知於君也久而叨磨漸之益焉不幸淪喪所知追想其人作賦傷之也

惜逝者之日遠兮心隱惆而內傷顧來者之不可與期兮云誰嗣子之芬芳思夫君之好修兮企千載之相望紆文章於六經兮儒林爲之有光何事業之始酣而志力之方剛宜盛德之日新俾滋大而熾昌飛霜肅其早零兮意慘慘而不長俄銷鑠以委絕兮還四氣之無當謂明神正直兮始吾以爲信然天賞善而聽卑兮吾乃今知其過之必夷夷而長久兮蹇煩遠而歷茲斯美人兮下泉雖爲芳蘭兮誰與佩之追往日之譎懽兮曾宿息而不離我不見其幾何兮歿七日而及斯涕浪浪以相接兮痛湛湛而不移



謂陽光而烜燎兮遽蔑爾其焉之或左右之歔欷兮若感慟兮虛儀懷玉音之清冷兮佀屬耳而依依嗟眷想之若存兮竟天地而長辭願一撫而無孤更出涕而淋漓聞古人所孜孜兮貴身沒而名存顏冉不登下壽兮無百里而愈尊齊梁趙楚之君非不富且貴兮人不得而稱之嗚呼自古而固然兮予何歎乎今人

醉賦 并序

昔劉伶作酒德頌以折搢紳處士予嘗爲沈湎所困因作醉賦寄任山尹君君嗜此物亦以警之爾

沈湎於酒有晉之七賢心遊於夢境墮於烟六府漫漫四支綿綿逶隨眞淳陶和渾觧遺天地之濶大失膏火之燒煎寂寂邈邈歸根復朴居若死灰行猶飄縠車屢墜兮無傷衣鎮濡兮不覺機發而動魂交而瞑合文子之淳味反騷人之獨醒曾不知其耳目尚何懼於雷霆寓四體之合眞歸一元而太寧麴蘖既散竹桂滋巳百慮森傷七情紛始風飄火爇衿夸跱跂嗟海鳥之聚還顧息肩兮未幾蘇門子聞而笑之曰予之於道其猶醯雞歟彼至仁者之於天地根性命於虛無拂披聚散脫遺寰區形猶大象心冥



太初故大道不失而至道可居也今乃假荒惑之物沈耳目之機其解須臾憂恚繁滋中心不可捐外患生於時爲疹爲毒爲狂爲醨負責人道陰陽戾違束乎巫醫毆乎有司辱身滅名瘻肺淫支狼狽顛蹶爲人大嗤不得盡年玉色先衰曾不知都無醉時使人困苦兮如茲

鶴處雞羣賦

羣雞兮喧卑獨鶴兮超特何靜躁之殊致顧仙凡之異德今乃同處斯爲失職恃軒昂之貌棲恥鑿垣抱清迥之心餓羞爭食恐沈於衆何德之孤志在寥廓跡依泥塗戀祥

雲於紫蓋憶仙馭於清都處眾而將齊一鵠離羣而每羨雙鳧孰曰其微易散茲乃實繁有徒在識家而競入悲得食而相呼憂心悄悄慍于羣小憩霓裳於永夜鮮玉羽於清曉思太湖之渠刷念秋漢之清矯涅而不緇素以為表寂寞清唳依違馴擾同李陵之入胡滿目異類似屈原之在楚眾人皆醉或振羽以將鳴或戢冠而瞪視囂囂煩耳紛紛撲地安知警露之質豈識凌雲之意獨立不懼誠則莫之與京碩大無朋所謂拔乎其萃何憂乎彼衆我寡而患乎去同即異慘澹無色低徊不平困眼前之擾擾哀足



下之營營動必以誠鄙度關之詐戒之在鬭非擅場之名誰恤大以舍小念彼濁而此清和而不同早以自牧動憂違衆居常慎獨彼雖距似金形似木終羞與噲等為伍孰處夫下交之瀆是宜翔金穴集芝田冀松喬於碧落侶鸞鳳於紫煙而乃忽齒陋質於階下混庸衆於君前惆悵非所昂藏自賢顧彼雖矣相羣若是多多益辨兩兩而比自謂鳥中之賢且具天下之美與之遊息甚可嗤鄙每戒比之匪人常恥獨為君子時乎有在物不終否爾惡能浼我哉吾當一舉千里

## 履薄冰賦 以戒慎之心如履冰上為韻

冰之積也不厚人之履也難任此焉投足可為寒心彼墊溺之攸處在恐懼而誠深慎同數馬之人然非萬石誠若倚衡之子不以千金水始凝冰未壯乏六尺之為厚非七月之所尚螽斯之股兮猶且不同齊人之紈兮曾無以況雖鞠躬而欲涉何跬步之能抗有同居累卵之危無殊坐積薪之上股栗兮在茲魂驚於所之怵惕求前豈人心之難測趦趄有畏類狐性之多疑每縮縮而若墜常兢兢而自持與巢幕兮焉比將臨泉兮是擬丈夫不處斯畏其沒



身夫子所懲不惟於滅趾徐子忘其故步尚書越其素履行自失於佻佻舄無施於几几視之豈無履而若虛非北陸積堅之始是東風初解之餘水蟲隔而纖鱗必露秋蟬比而輕翼不如當履道未成其難汔濟縱善行無跡不可躊躇兢慎圖其不敗震懾謂其將壞步搖搖爾式彰君子之行身飄飄然誰謂邑人不戒如何克己若此履冰與習坎而相類符執玉而可懲故疊足是虞側身以進言忘足履之適自近廉隅庶幾心腑之中無貽悔吝得過隕易危之吉靡濡首失容之釁行之止於三思戒實先於六慎

## 山雞舞鏡賦 以麗容可珍照之則舞爲韻

有珍禽兮在南土金碧其容質蔽芾其毛羽翫夫色必自鑒以呈形愛其儀故乃見而屢舞從裔壤貢丹墀未識儆之狀徒觀采采之姿是詢孺子爰發此思知照水而自窺尚且心乎愛矣俾對鏡而言舞不勞歌以送之於是爛出雕籠驚成綺翼奇章若繢翠彩如織瞥然影起乍躞蹀以多姿歘爾形分遂蹁躚而可則苞七步之節奏備八佾之程式俄俯仰乍逡巡透雪彩而姿逸洞銀華而色新錦臆雙呈因疑其若合花毛兩向未知其孰眞覘月中兔形



自隱窺臺上鵲影懸陳駭目自遺百戲忘餐奚顧八珍對百鍊而流睇翻五色而交麗巽巴渝而折旋類夏采而行綴搖金距非知善鬬所爲轉朱身庶與來儀相契方激昂而匪懈將偃仰而增銳誰云不節之儀式表能勤之繼映朱光而影耀射金景而私照兩邊而分寸不差一體而纖毫必肖類鳳因簫感哂鶴爲琴召豈假爲冠於漢然仰我威容不同似木於齊方稱乎覩妙宜其鸞回於綺殿雪落於青瑣雖自好而則然必假鑒而獲可變態盡其妍不曲折擬諸形容幸無私於一照庶餘光而可從

## 對賢良方正直言極諫策

問曰蓋聞昔之令主體上聖之資御大寧之時猶懼理之未至也求賢以致用猶懼動之不中也咨諫以聞過矧維寡昧膺受多福思負荷之重警風波之虞求賢咨諫豈敢怠忽至若窮神知化以盛其德經武緯文以大其業考古會極通教化之源明目達聰周視聽之表斯夙夜之所志也子大夫何以匡建而致之乎自中代以還求理者繼作皆意甚砥礪而效難彰明莫不欲還朴厚而澆風常扇莫不欲遵儉約而侈物常貴莫不欲遠小人而巧諛常進莫



不欲近莊士而忠直常疎莫不欲勉人於義而廉隅常不修莫不欲禁人爲非而抵冒常不息其所謬盭豈無根源爰自近歲仍數大澤霜露所墜霑濡必同滌瑕穢以導人心省徭役以豐物力蠲田租以厚農室葺國學以振儒風督廢職以振綱維備衆官以序賢俊庶繼先志臻於治平而政行者未聞輸勞者未艾農者無以免艱食學者無以通微言立事之績未紀於庶功乏才之歎未輟於終食盡於法者無不去而法未修明切於政者無不行而政未光大豈丕變其俗道廣而難濟乎豈不得其門事繁而愈失

乎佇聞嘉言無或隱諱周之受田有經制漢之名田有恒數今疆畛相接半爲豪家流庸無依率是編戶本於交易爲奪富以補貧將欲因循豈損多而益少酌於中道其術如何取人唯其行不必文采命官唯其才不必資考然則行非造次而備察才非錯綜而徧知不必文采爲輕重而士可進退不必資考爲程準而吏有條貫適變矯枉渴於良規何方可以序六氣來百祥何施可以壽羣生仁衆姓徵於前訓而有據議於當代而易從勿猥勿并以稱朕意

對臣伏見陛下徵天下之士親策於庭求賢思理亦云至



矣然臣未知將以爲虛策乎將以求實效乎以爲虛策則後之搢紳者觀書於太史氏曰天子之憂人如此急賢如此徵賢良方正直言極諫之士親禮而問之斯亦足以爲名矣若以得人爲務社稷之計爲心則不宜待之如是也夫王者其道如天其威如神以聘問先之以禮貌接之造膝而言虛心以受猶恐懼隕越而不得盡其所懷況乎坐之階庭試以文字拳曲俯僂承問而上對乎且天下之事難一二以疏舉臣所當言又有非臣下所宜聞知清問所不說又鬱而不得發彊附之於篇考視者必以爲餘煩又擯而不得通矣陛下何惜一賜臣容足之地於冕旒之前使得熟數之乎可採則行之無用則罷之何損於明也然臣不敢有望於是謹旁緣聖問粗竭愚瞀儻陛下憐察其志而寬其誅賜之異日之問而卒其說則覆照之下形氣之生孰不幸甚制策曰蓋聞昔之令主體上聖之姿御大寧之時猶懼理之未至也求賢以致用猶懼動之不中也咨諫以聞過矧唯寡昧膺受多福思負荷之重警風波之虞求賢咨諫豈敢怠忽至若窮神知化以盛其德經武緯文以大其業考古會極通教化之源明目達聰周視聽之



表斯夙夜之所志子大夫將何以匡建而致之乎此陛下之憂勤切至也臣聞堯舜以天下爲己憂而未以位爲樂也臣又聞百事之成也必在敬之其失也必在慢之今陛下念前王之戒而不敢怠忽思爲國之經而不忘夙夜求賢咨諫延及微賤臣有以見堯舜之心矣夫法天地之道以施政順陰陽之和以育物事無不序動無不時此窮神知化之盛德也武以止殺禁暴則兵宜戢文以經邦致明則化必行此經武緯文之大業也崇禮而明義好士而尊儒斥魏晉已降衰末之法稽周漢以前盛明之禮斯考古

會極之方也任賢而勿貳招諫而必行屏近習之纖佞進周行之骨鯁斯明目達聰之道也抑臣又聞先王所以不視而明不聽而聰披頸頁之萌斷非僻之緒其義易知也蓋左右僕御唯正之供必有足信者必有知禮者出使足以盡情僞居常足以助聽覽左右之臣旣如是矣而又日與公卿大夫講論政事史書其舉官箴其闕以至於百工庶人莫不諫而謗焉濟濟多士爲之股肱赳赳武夫爲之爪牙茲所以永有天下也今宰相之進見亦有數侍從之臣皆失其職百執事奉朝請以進而律且有議及乘輿之



誅未知爲陛下出納喉舌者爲誰乎爲陛下爪牙者爲誰乎日夕侍起居從遊豫與之論臣下之是非賞罰之臧否者復何人也股肱不得而接何疾如之爪牙不足以衞其危甚矣夫奄夷虧殘之微禍險之徒皂隸之職豈可使之掌王命握兵柄內膺腹心之寄外當耳目之任乎此壯夫義士所以寒心銷志泣憤而不能已也誠能復周之舊典去漢之末禍還諫官史官侍臣之職使之左右前後日延宰相與論義理有位於朝者咸引而進之溫其色以安其意久其對以進其詞可採者必行有犯者無罪王之爪士宜擇公卿大臣總統而分理之則政不足平刑不足措人不足和財不足豐蠻夷戎狄不足臣休徵嘉瑞不足致矣又何慮乎視聽之表有所不周乎制策曰自中代以還求理者繼作皆意甚砥礪而效難彰明莫不欲還朴厚而澆風常扇莫不欲遵儉約而侈物常貴莫不欲遠小人而巧諛常進莫不欲近莊士而忠直常疎莫不欲勉人於義而廉隅常不修莫不欲禁人爲非而抵冒常不息其所謬盩豈無根源者臣聞一日克己復禮天下歸仁焉王者之謂也故人不從上之令而從其所行夫上古之君躬率以正



軌度其信恕已及物自誠而明此其所以其化如神天下如截也中代以還則異乎此至誠不著而欲任法以防人忠恕不行而欲縱身以檢物雖砥礪其意而事實不符此所以有其意而無其效也夫欲人之朴厚而不先之以少私寡欲無爲至誠所以澆風常扇也欲人之儉約而不率之以卑宮菲食沈珠貴穀所以侈物常貴也欲遠小人而好悅耳之言所以巧諛常進也欲近莊士而惡咈口之慮所以忠直常疎也欲勉人於義而貪濁在位所以廉隅常不修也欲禁人爲非而法制不一所以抵冒常不息也則

謬盭之本其在兹乎陛下誠能一皆反之其效可立彰明
矣制策曰爰自近歲仍數大澤霜露所墜霑濡必同滌瑕
穢以導人心省徭役以豐物力蠲田租以厚農室葺國學
以振儒風督廢職以補綱維備衆官以序賢俊庶繼先志
臻於治平而改行者未聞輸勞者未艾農者無以免艱食
學者無以通微言立事之績未紀於庶工乏才之歎未輟
於終食盡於法者無不去而法未修明切於政者無不行
而政未光大豈丕變其俗道廣而難濟乎豈不得其門事
繁而愈失乎佇聞嘉言無或隱諱者臣以陛下滌瑕穢而



改行未聞正言不自其本故也夫欲人之改行率德在明
賞罰不在滌瑕穢也故賞當善罰當惡天下曉然逃惡而
趨善賞當功罰當罪天下聳然遠罪而趨功則人自為理
而上無為矣此堯舜之所以利天下也夫賞罰者報也賞
之失稱罰之不當咎孰甚焉伏見兵興以來開權宜之道
行苟且之政臺省之官王公之爵溢於州郡徧於輿臺將
帥之臣借緋紫於使令定官員而奏請名器輕於土芥操
柄擅於爪牙此其所以賞人而人不勸也州縣之斷獄月
以千數連年累紀未聞有一疑獄而決於朝者未聞有一
屈人而訴於闕者豈天下長吏盡如皋陶哉律令格式具
而不遵鄉縣州府各自為制所怒則專殺為常臆斷則自
生愚意且欲人知所避而能自達不其難乎況乎賦役之
不恒衣食之不足尚不懼死焉能避罪此其所以罰人而
人不沮也賞之不勸罰之不沮欲人改行其或難焉雖滌
其瑕穢惠奸貸法而已又何為也伏惟陛下慎用賞賞必
當功則天下之善勸矣慎用刑刑必當罰則天下之罪沮
矣夫擇人而用之則僭濫不作審人而赦之則廉恥自生
如是則無所改其行無所滌其瑕矣又何足憂之陛下省



徭役而輸勞者未艾小惠未徧而有司長吏或壅而未承
故也若陛下加惠而俯察之則物力何懼乎不豐勞者何
憂乎未艾陛下蠲田租以厚農室而人猶艱食者生者猶
少而費者猶多故也商乘堅而厭肥工執輕而仰給兵橫
行而厚祿僧道無為而取資勞苦頓瘁終歲矻矻瀕於死
而為農者亦愚且少矣況乎兩稅不均失變通救弊之法
百端橫賦隨長吏自為之政乎若均工商老釋之勞逸輕
田野布帛之征稅蠲橫暴之賦減鎮防之兵則耕者如雲
積者若山矣臣請再為陛下精言之夫賤珍奇之貨斥雕

琢之淫則工商之道自息矣黜異端之學使法不亂而教不煩則老釋之流當屏矣且天下所以蔥蔥然者豈非以兵乎使稅之厚人之屈而不可蠲復者豈非以商乎今昆夷未平邊備未可去中夏或虞鎮防未可罷若就其功則莫若減而練之也今之將帥勝任而知兵者亦寡矣怙衆以固權位行賂以結恩澤因循鹵莽保持富貴而已豈暇教訓以時服習其事乎今若特加申令使之教閱簡奮勇秀出之才去屠沽負販之黨則十分之士可省其五矣多而無用曷若少而必精乎又若州府虛張名籍妄求供億



盡設其給以豐其私今若核其名實糾以文法則五分之兵又可省其半矣夫衆之虛曷若寡之實乎一則以强兵一則以寡賦若江淮州郡遠寇戎屬清平自非具使令備儀注者一切可罷以其經費代征徭蕩逋懸然後慎擇長吏曲加綏撫不四三年而家給人和則橫暴不作賦斂自均至理而升平矣尚何虞於人猶艱食乎陛下葺國學以振儒風而微言猶鬱者蓋其所由干祿而得仕者以章句記讀而不由義理故也若變其法則可以除其弊矣陛下督廢職以補綱維而立事之績未紀於庶工者實有司之

辠也今職備而不舉法具而不行諫諍之臣備員不聞直聲彈察之臣塞路未嘗直指公卿大夫則偷合苟容持祿養交爲親戚計遷除領簿而已興利之臣專以聚斂計數爲務共理之吏專以附上剝下爲功習而爲常漸以成俗標異而圭角者悔吝立及和光而溷泥者富貴立須雖陛下焦勞聰明如此之切至將何益焉伏請下明詔爲畫一之法使居是官理是人奉是法者必有名績然後許遷擢考功之殿最焉敢阿比而干刑司則能者日進不能者日退而庶工立事之績將褒揚紀述之不暇矣陛下備衆官



以序賢俊而乏才之嘆未輟於終食者由在上者遷之太亟在下者刻之太深故也古之取人也拔十得五猶以爲多曲輪直桷各適其用今則不然舉於禮部則曰幽昧者凡陋而不可採選於吏部則曰聲名者虛浮而不可用工文者則懼華而不實敦質者則懼朴而寡能冠蓋之族則以爲因依微賤之人則以爲幽險上求之愈切下損之彌細夫士何負於有司而乃蹇頓之抑刻之如是哉才能如積抑鬱在下一朝闕輔相之職卿大夫之官不得則曰岳不降神時之乏人於是循環其所已用者遞遷居上者不

知格限無聞聲績或一時超拜或再歲四遷以是爲適當
然耳是仕進之門常闔而天子之官天子之權當途者五
六人迭居持之而已以陛下之明聖夫豈不欲國之得人
乎以宰相之公忠夫豈不欲人之足用乎蓋從來已久因
循如是耳伏惟陛下申勅朝廷州府令每歲各舉所知於
禮部禮部於計偕常選之中訪察推擇得其人則待以不
次之位遇以非常之恩不得其人則必行殿罰以懲踰濫
則周之以寧舜之以封坐而致矣乏才之嘆何有於聖朝
哉陛下謂盡於法者無不去而法未修明切於政者無不



行而政未光大者由有司長吏不得其人也捨人務政雖
勤何益臣伏見赦令節文周備纖悉空文虛聲溢於視聽
而實功厚惠未有分寸及於蒼生聖德不宣王澤不流雖
陛下寤寐思理宰相憂勤奉職又何爲也夫將直其枝必
正其根朝廷乃根也州郡乃枝也令朝廷之號令有朝出
而夕改者矣主司之法式有昨破而今行者矣伏惟陛下
正綱以張萬目澄源以清萬派則四方大率矣由是言之
非道廣而難濟事繁而愈失也實承詔將事者之罪耳制
策曰周之受田有經制漢之名田有恒數今疆畛相接半

爲豪家流庸無依率是編戶本於交易焉奪富而補貧將
欲因循豈損多而益寡酌於中道其術如何者臣聞古之
道不可變也古之法不必行也夏之桀殷之紂周之幽厲
井田法非亡也而天下大亂我太宗元宗井田法非修也
而天下大理夫貞觀開元之際不受田而均不名田而贍
者朝廷正法令行一人之寃得以聞一吏之犯得以誅由
此致也是政之舉化之成則田自均人自贍而天下陶然
化矣豈待曲吏而事爲乎其與貞觀開元非異時也法苟
未行人苟失職徒易其制更其業擾人斂怨而已耳制策



曰取人唯其行不必文采命官唯其才不必資考然則行
非造次而備察才非錯綜而徧知不以文采爲重輕而士
可進退不必資考爲程準而吏有條貫適變矯枉渴於良
規者令之取士以文字記讀爲法其素履實行則無門而
知使由文字而進者往往犯姦贓爲梟獍以成其弊也乾
元以還版籍斯壞所在游寄莫知從來伏惟勅天下人士
未歸者一皆復貫願留者則令著籍置鄉校縣學州庠以
教訓其子弟長育其才自鄉升之縣自縣升之州自州升
之禮部公卿子弟長於京輦者則使之必由太學然後登

有司如是其幼弱其壯老發言舉足云爲進取可得而知矣然後參以才藝試以器用誠取人之急務伏惟陛下裁之若資考之限其章句之庸才資蔭之常調者仍宜舊貫賢能之士則行臣嚮者之謀從有司長吏之舉其賞必行其罰信焉可也制策曰何方可以序六氣來百祥何施可以壽羣生仁衆姓徵於前訓而有據議於當代而易從勿猥勿并以稱朕意者臣聞古者山林藪澤皆有時禁動作之爲無差月令則六氣以序百祥以來而生生之類莫不躋仁壽之域矣今捨此而不務殺胎毀卵傷仁撓和而奉



胡夷之法以正月五月九月斷天下之屠欲蕃物産而祈福祐斯亦無謂矣伏惟陛下動遵月令前訓可據之文也事稽時禁當代易從之道也施之而不已執之而有恒則帝皇之美遠慙於今日矣臣謹對

## 上江西李大夫書

居蓬衣白之士所以勤力苦心矻矻皇皇出其家辭其親甘窮餓而樂離別者豈有貳事哉篤守道而求知也有位之人所以休聲茂功鑠光保大不絶勳而窮名者亦無異術焉樂育材而得人也人無所知雖賢如仲尼窮死而道也況其下者乎未得其人雖聖如唐堯水不抑而凶未去況其下者乎故上之於人下之求知相須若此之急而相得若此之難者何也蓋以在位者居高而聽深在下者行卑而迹賤其事勢不同出處相懸故也況乎上之人負其位不肯求下之人負其才不肯屈此其所以相須若此之急相得若此之難也湜自學聖人之道誦之於口銘之於心徒恨今之人待士之分以虛華而已今之士望人之分以毫末而已上下相鼓波流相翻抱特行者混衆人抱奇才者乏卓識智與愚相混古之道不行是以役役棲棲獨



鬱鬱而無語竊以閣下以周召之才居周召之職獨智傑出孜孜以下問收接而博觀自江而西沈潛液澤傳之天下汪洋喧鬧是以發憤而來非有他也欲以望閣下之輝光窺閣下之深高下靡豪傑之風以快平生之心耳伏惟降其尊嚴而省覽之裁其可否而去就之無以淺微察其辭觀其志而不錄其卑幸甚謹獻舊文十首以先面贄干犯左右惶懼於旌門之前

## 論進奉書

臣聞一人莫非王臣尺土莫非王有山川林藪之所産殖

雨露春秋之所成就莫非王林誠宜推至公以示無外今國家既有公府又爲私藏使州郡貢賦之外進奉相及恐非以天下爲家示天下無私之道也且任土之貢生產有常履畝之收等籍既定人識所出吏難爲姦進奉既無程度莫知紀極恣横徵發因緣贓私驅陛下赤子措之不存之地侈君之嗜慾惑君之聰明實大姦之門大罪之竇也臣雖熟知陛下上聖之姿深仁之理凡内藏之實以充讌賜非務積藏如四遠未知何如百姓受弊何如後嗣平中之主由此而傷儉德萌侈心何雖漢有少府水衡筦榷山



澤之利終不若領之於大農也且地之財無盡王之用不會何必固之内府以開濫關耶伏望陛下罷内藏歸之公府約别進合之古制徵斂有常財用無虧絶姦之根源除政之粃蠹全大體與大和天下大幸伏見正月十一日赦書陛下深念疲人懇責貪吏徃之隨使貢來一皆罷之此實白日之明層雲之澤也凡諸州府必有羨餘不歸之王廷必沒於私室伏請每使當罷必上其數而謹其收水旱之不虞疾疫之不期以振罷羸以代錮免軍旅之事工役之用以給其費以供其須居常之歲閉藏以待時無敢散洩而干刑司如是則大賚於人大伸於用矣

## 答李生第一書

辱書適曛黑使者立復不果一二承來意之厚傳曰言及而不言失人粗書其愚爲足下答幸察來書所謂今之工文或先於奇怪者顧其文工與否耳夫意新則異於常異於常則怪矣詞高則出於衆出於衆則奇矣虎豹之文不得不炳於犬羊鸞鳳之音不得不鏘於烏鵲金玉之光不得不炫於瓦石非有意於先之也迺自然也必崔嵬然後爲岳必滔天然後爲海明堂之棟必撓雲霓驪龍之珠必



錮深泉足下以少年氣盛固當以出拔爲意學文之初且未自盡其才何遽稱力不能哉圖王不成其弊猶可以霸其僅自見也將不勝弊矣孔子譏其身不能者幸勉而思進之也來書所謂浮豔聲病之文恥不爲者雖誠可恥但慮足下方今不爾且不能自信其言也何者足下舉進士舉進士者有司高張科格每歲聚者試之其所取迺足下所不爲者也工欲善其事必先利其器足下方伐柯而捨其斧可乎哉恥之不當求也求而恥之惑也今吾子求之矣是徒涉而恥濡足也寧能自信其言哉來書所謂汲汲

於立法寧人者逌在位者之事聖人得勢所施爲也非詩賦之任也功既成澤既流詠歌紀述光揚之作作焉聖人不得勢方以文詞行於後今吾子始學未仕而急其事亦太早計矣凡來書所謂數者似言之未稱思之或過其餘則皆善矣既承嘉惠敢自疎怠聊復所謂俟見方盡湜再拜

## 答李生第二書

湜白生之書辭甚多志氣甚横流論說文章不可謂無意若僕愚且困逌生詞競於此固非宜雖然惡言勿從不可



不卒勿怪夫謂之奇則非正矣然亦無傷於正也謂之奇即非常矣非常者謂不如常者謂不如常乃出常也無傷於正而出於常雖尚之亦可也此統論奇之體耳未以文言之失也夫文者非他言之華者也其用在通理而已固不務奇然亦無傷於奇也使文奇而理正是尤難也生意便其易者乎夫言亦可以通理矣而以文爲貴者非他文則遠無文即不遠也以非常之文通至正之理是所以不朽也生何嫉之深耶夫繪事後素既謂之文豈苟簡而已哉聖人之文其難及也作春秋游夏之徒不能措一辭吾何敢擬議之哉秦漢以來至今文學之盛莫如屈原宋玉李斯司馬遷相如揚雄之徒其文皆奇其傳皆遠生書文亦善矣比之數子似猶未勝何必心之高乎傳曰言之不出恥躬之不逮也生自視何如哉書之文不奇易之文可謂奇矣豈礙理傷聖乎如龍戰於野其血元黄見豕負塗載鬼一車突如其來如焚如死如棄如此何等語也生輕宋玉而稱仲尼班馬相如爲文學按司馬遷傳屈原曰雖與日月爭光可矣生當見之乎若相如之徒即祖習不暇者也豈生稱誤耶將識分有所至極耶將彼之所立卓爾



非强爲所庶幾遂讐嫉之耶其何傷於日月乎生笑紫貝闕兮珠宫此與詩之金玉其相何異天下人有金玉爲之質者乎被薜荔兮帶女蘿此與贈之以芍藥何異文章不當如此說也豈爲怒三四而喜四三識出之白而性入之黑乎生云虎豹之文非奇夫長本非長短形之則長矣虎豹之形於犬羊故不得不奇也他皆倣此生云自然者非性不知天下何物非自然乎生又云物與文學不相侔此喻也凡喻必以非類豈可以彈喻彈乎是不根者也生稱以知難而退爲謙夫無難而退謙也知難而退宜也非謙

也豈可見黃門而稱貞哉生以一詩一賦爲非文章抑不知一之少便非文章耶直詩賦不是文章耶如詩賦非文章三百篇可燒矣如少非文章湯之盤銘是何物也孔子曰先行其言既爲甲賦矣不得稱不作聲病文也孔子曰必也正名乎生既不以一第爲事不當以進士冠姓名也夫煥乎郁郁乎之文謂制度非止文詞也前者捧卷軸而來又以浮艷聲病爲說似商量文詞當與制度之文異日言也近風教偷薄進士尤甚迺至有一謙三十年之說爭爲虛張以相高自謾詩未有劉長卿一句已呼阮籍爲老



兵矣筆語未有駱賓王一字已罵宋玉爲罪人矣書字未識偏傍高談稷契讀書未知句度下視服鄭此時之大病所當嫉者生美才勿似之也傳曰惟善人能受盡言孔子曰君子無所爭必曰射乎問於湜者多矣以生之有心也聊有復不能盡不宣湜再拜

## 答李生第三書

湜白時論所以難在諭其本而善守之使千流萬轉不遷於末則蕩而失其憤眊無睹囂囂相訾何所得哉始與生言奇不言正也故論止於奇生以正抑其奇然後參正流焉譬與生說先牛馬以說駱駝而非云也云以無傷於正猶易之凡言無咎本皆有咎此未了也易之無咎不一本有咎由慎故免亦曰咎自己招不可咎人亦曰義生以凡目之當是讀書未熟自僕云無傷也生言非常之物如何得常故當爾也所以千年聖而愚比肩也生言天象形象非常者皆爲妖妄如天出景星地出醴泉盡非常謂之妖可乎假如妖星熒惑天所常懸牛溲馬勃地所常有足尚乎生何窒生以松柏不艷比文章此不知類也凡比必於其倫松栢可比節操不可比文章大人虎變君子豹變此



文章比也有以質爲貴者有以文爲貴者引茅屋越席易黼藻元黃之用可乎生云奇與易作者何別在所爲耳請考之於實生爲易矣試爲僕作難者視何如相如揚雄也恐生乃不能非不爲也楚詞史記太元之不朽也豈爲資笑謔乎哉如鳥鵲啁啾聲斷便已人如不聞爾何足貴也所言詩書之文不奇舉多言之也易處多奇處少爾易文大抵奇也易處幾希矣孟子常引詩云周餘黎民靡有孑遺豈周遂不遺一民哉僕之言猶是生云知難而退爲謙是知不可取然後止非可取而不取也救參異生而師惑

之何哉生之師且惑萩蓼生卷中文能囊包天地耶此不遜悌之言吾不信也詩載臣之譏君曰嗚呼小子未知臧否非面命之言提其耳此過於以時奉譏也詩人尚不聞得罪生何諱之深乎易曰匪我求童蒙童蒙求我生奉書相干宜有答也又再三瀆瀆則不告也韓退之復張籍書曰頑然不入者親以言諭之不入則其覩吾書固將無所得矣生最之而已

答劉敦質書

湜求聞來京師三年矣一年以未成顛蹶二年以不試狼



狽及今三年而不遇有司且夫以方輪鹿軸而求疾驅迅馳祇足見其坎坷杌杌輗款而來不安未見其能取一也退則惟其初未通人事謂人之得失或爲在已始求賓與眼中始無人而心巉然謂其天下公議可抵而掇也律身以古人而不知時凡所出行動與今戾其所聞見可揭而行也是以矜勢自取窮辱不能展轉其心乃於再三夫如是可以怨天耶尤人耶罪時耶縱横耶反覆耶無所歸適乃幡然復故即日裹貧策羸而歸將復愚見自鈍唫於數晦求無夸人之望出潼關歷峽游洛順河而東一路逢識友爲道所歸者其疎者口余親者面余咸以爲年未勝冠當役力於名達銳心於取進而遽以行止爲論是爲佻薄爲太早計謀進而黜退而不能以爲年之少得失未可知不可當遽歸何言止耶則顏子當奔驅進取不宜遽安一室閒而樂也然而顏子安之者時也以爲老而將亡然必當止耶則太公當幽潛伏死不宜復出磻溪而干文王也然而太公干文王者時也夫行止何惑哉不先時而已矣又有以榮爲諭者是又不然以所聞所得之道在於我者也故不由其道矣雖富而貴爲辱滋甚顧吾道何如哉必



富貴而後榮是秦齊梁楚之君當與大舜侔曾參不得爲孝猗頓動天地矣且今之取進者曲拳折人非以爲屈疾趨卑拜非以爲沖妄歸聽以拘錄細計騁門室之辨釣色適之欲以入其身必見以爲恭低顏以爲惡且悅其所爲容焉必以在乎羣萃默其口而止遂其外而起理吾盡知之矣然而未言道吾盡知之矣然而未行不必爲粹深淺愼且不測其所爲與焉必下矣與其上援之聲與力拔與雙疊登而取階崇而級厚頤然不知羞偃然如固有之其所爲然也且直已行道之人常其禮貌定其交際身不以

形勢屈口不以觀望柔行特其拂心言苦而倒耳是之則受非之則辭惟道所存矣夫順人之與拂其人也豈不懸哉必怒其所爲矣在於羣萃之秀出心畏所加識之高下目之所取動而正則枉者嫉爲而是則非者形默則相忌云則不合如是而求志之得道之光德之貴名之白聲之充難矣固當決鬱而未通密塞而無歸浪滂而不救亦其所爲然也語曰陳力就列不能者止傳曰見險而能止者知矣哉困則知變窮則思反必之後圖余懼其無所爲及也行當持手於窮潤貫利瀨江穀土練麻而養逍遥溫飽



期不失其所以爲心而已自外皆休請矣人心爲何如也夫窮與達非其相反皆繫於所遭今達而光吾師禹皐陶窮而獨善吾師顏子窮哀天下負其道以轘軫諸侯以全仁義吾師仲尼古聖人迹之得失何殊未全聞彼泰其心此改其樂也故士無遇不遇視其時當其道不失其已百經怪時董生之賢乃賦士不遇司馬遷又從而悲之離騷之文又大於哀自非邇聖人必有偏而不起之弊耳比有城游郡而處其相知心者不一二其餘面而已是以憤懣而誰説意氣不得泄今又遠去江南若復默口將懼無復

故出與舒疊僂指而質言之不慙亦唯子之故也

# 欽定全唐文卷六百八十六

皇甫湜二

## 送邱儒序

吾居河陰邱生敲門請曰儒貴求知子謹自露願以是非賜決語其學如猗頓之富聽其文如清廟之樂觀其刻意厲行如奉商鞅之法而懼秦刑吾驚而與之游踰年闕其藝於洛下吾遠來遊洛下諭之曰子知市乎懷貝玉以如名都之肆未有置而不售者也挈而之三家之墅未有不盜而困矣子將安賈哉京師賢才市也一人不知子也他



人知子一門不容子也他門容子謹持其所有以往未有不成者也今子之類固少勢能移事者稀爲一不知爲一相移白變而爲黑倒上而爲下吾末如之何也矣生不信而試果困而見吾酌酒而賀之曰謹持貝玉以往之都市可矣曰諾乃叙其行

## 送簡師序

鳳羽而麟毛鳥與獸也經傳以比聖人豈非以其心不以其形者耶師雖佛名而儒其行雖夷狄其衣服而仁義其心雖未齒於士與鳳麟類矣不猶愈於冠朝冠服朝服或溺於淫怪之說以斁彝倫者耶嗚呼師吾獨賢也刑部侍郎昌黎韓愈旣貶於潮浮屠之徒讙快以抃師獨憤起訪余求叙行以資適潮不顧蛇山鰐水萬里之險毒若將朝得進拜而夕死可者嗚呼悲夫吾絆不得侶師以馳

## 送孫生序

浮屠之法入中國六百年天下胥而化其所崇奉乃公卿大夫野益荒人益饑敎益頹天下將蕪而始渾然自上下安之若性命固然也孫生天與之學獨曉然於厚夜聰然於大醉發憤著書攻而指斥之其詞骯髒痛入肝血乃忘



力之不足以死爲斷庶幾萬一悟主救人者嗚呼不得古人而與之必也生乎遂除肉刑一女言也能移高山一翁願也彼髡褐雖翳地其無足憂乎西江之涯值生盡出其說以爲贄而見余余旣悲而異之乃約其言

## 送王膠序

始湜於江陵望見王膠而異之知其爲膠又悅其膠名之不凡然未之諭不忍而問諸膠乃稱曰膠之爲言猶牢固也膠痛今之人其始之心以利囘其始之交以利遷將固吾初心與吾交勿以利遷將固吾心與吾交猶懼醉睡病

昏之時忽然而忘之故以膠自名欲吾造次顛沛起居意問記吾心守與交也膠以進士舉進士尤輕其流懼混然與之化懼書紳銘坐之怠疎故以膠自名其始望見膠而異之又悅其名而爲之交又悅其言誠其意耳又悅其與吾業同遂大悅之徵其文章乃出累百篇其歌詩高處用古人其錄述詞壯而有奇然後吾與膠見其才之全其爲人之誠也今侍郎韓公余之舊知將薦膠而未具於西行敘以先之

唐故著作左郎顧況集序



吳中山泉氣狀英淑怪麗太湖異石洞庭朱實華亭清唳與虎邱天竺諸佛寺鈞號秀絕君出其中間翕輕清以爲性結泠汰以爲質煦鮮榮以爲詞偏於逸歌長句駿發踔厲往往若穿天心出月脅意外驚人語非尋常所能及最爲快也李白杜甫已死非君將誰與哉君字逋翁諱況以文入仕其爲人類其詞章常從韓晉公於江南爲判官騤成其磊落大績入佐著作不能慕順爲衆所排爲江南郡丞累歲脫縻無復北意起屋於茅山意飄然若將續古三仙以壽九十卒湜以童子見君揚州孝感寺君披黃衫白絹鞜頭眸子瞭然炯炯清立望之眞白圭振鷺也既接歡然以我爲揚雄孟子顧恨不及見三十年於茲矣知音之厚曷嘗忘諸去年從丞相涼公襄陽有曰顧非熊生者在門訊之即君之子也出君之詩集二十卷泣請余發之涼公適移莅宣武軍余褒歸洛陽諾而未副今又稔矣生來速文乃題其集之首爲序

送陸鴻漸赴越序

君子自數百里訪予羈病牽力迎門握手心喜宜涉旬日始至焉究孔釋之名理窮歌詩之麗則野墅孤島通舟必



行漁梁釣磯隨意而往餘興未盡告云遐征夫越地稱山水之鄉轅門當節鉞之重進可以自薦求試退可以閒居保和吾子所行蓋不在此尚書郎鮑侯知子愛子者將推食解衣以拯其極講德游藝以凌其深豈徒嘗鏡水之魚宿耶溪之月而已吾是以無閒勸其晨裝

朝陽樓記

嶺南屬州以百數韶州爲大其地高其氣清南北之所同貢朝之所途先時此州無政有聞土穢水煩人劇吏慢田畝蕪而不墾城郭牢而不實時唯李君奉詔而來一年龐

治二年稱治三年大成顧郡之城制狹而專門墻枳扃庭除湫底秋之澍雨沉氣乃上暑之燀爍清風不下人慢吏褻無嚴諸侯於是掠旁入之利乘可爲之時端景相勢凝土度木經營未幾興就巖然登閎豐崇高明朗融耽耽晝飾沈沈生白攺積陰於多陽散溫沴爲祥風公庭若虛炎天若秋兹焉觀遊其政優優密親嚴客嘉肴旨酒兹焉宴喜其樂亹亹朱衡旅楹君子攸寧飛磴雲基君子攸躋乃及月春乃擇清辰宴豆既陳賓寮有容肅肅羣羣詵聲以止天地若開山川如新原隰成文雲霞相凌蕩遠目於天



涯叢一境於階端四座洸然若夜行之煜於光煩痾之脫於身畢夕皆下熙然滿足以其直城之東目爲朝陽詩云鳳凰鳴矣于彼朝陽前代之良二千石若東萊頳川是鳥咸集兹樓可以樹修竹列高梧矣僉以君朝之望也而出刺是州不已屈以事高不心望以卑遠夙夜其官聲績用明羽儀之拜日月以數嗣而居者致遠請標疇克於將來

## 枝江縣南亭記

京兆韋庇爲殿中侍御史河南府司錄以直裁聽羣細人增搆之責掾南康移治枝江百爲得宜一月遂淸乃新南亭以適曠懷俯湖水枕大驛路地形高低四望空平青莎白沙控柞緣崖澀芰圓葭誕漫朱華接翠裁緣繁葩春燭決湖穿竹渠鳴郁郁潛魚歷歷産鏡嬉碧淨鳥白赤洗翅窺奧纈霞縠烟旦夕新鮮冷唳喧啼怨抑情綿令君騁望逍遥湖上令君宴喜絃歌未已其民日致忻游成羣使纓歎戀停車止征實爲官業而費家貲不妨適我而能惠衆嗚呼是乃仁術也豈直目觀而已乎人知韋君若是也多惜以尺刀效小割異日賦政千里總戎疆埸吾知其辦終也亦若是而已矣乃爲作記刻於兹石以圖永久



## 吉州廬陵縣令廳壁記

在易之爻二與四同功其善不同二多譽四多懼四之多懼以近君也今州之近縣當刺史理所其難爲與支縣相百宜矣哉廬陵戸餘二萬有地三百餘里駢山貫江扼嶺之衝材竹鐵石之贍殖苞篚輦緝之富聚土沃多稼散粒荆揚故官人率以貪敗令日兩趨州衙退祇承錄判將校事之紛錯率相關臨煩言易生凡事難專故愈不理近年百姓創罷徵賦發斷其人益訛與處險易以亡匿尤輕犯禁夫以不專之理理益訛之俗承積弊之餘雖使冉季復

生將不能也今清河張君儇為之理適得良二千石俾顓其政而展其材居未再稔最於一郡張君恂恂以奉上煦煦以字民剸繁決劇以通敏彈豪糾黠以沉斷清白之操較然絕類便安之謠流而遠聞宜舉其卓卓以敦沮勸縣之故習令將之邑佐發斂盛粻緡具車舫千里迎拜君以讓却之單艇赴官則吏皆廉縣之故習令始至取官羨物益備器用團鄉次役以供芻粟君以法諭之一切禁絕則民知恥布其大信推以至誠促嚴吏家慰愁民戶故秋夏之稅先期而集宥過以容不逮獎能以勸不修為魁而萃



頑者取一以警百故政刑之簡朞月而治以俸錢葬枯而恩浹以家飲救渴而澤周募合兄弟之析居者而民以養廧復老弱之流庸者而疆以實和氣潛通連歲大穰庭內閒閒似密與蒲余既堙厄斥置於此始來而宏農楊君敬之具為余話君美談既接益久得實其聞乃刻山石鑱廳壁盛之以觀求久

吉州刺史廳壁記

自江而南吉為富州民朋吏嚚分土艱政蓋以近歲適茲不幸紹繼無狀大官以降為者羞薄而不省務子弟以資授者縱欲而不顧法州遂瘡痍御史中丞張公歷刺縉雲潯陽用清白端正之治詔書寵褒賜以金紫移莅於吉下車之初視簿書簿書棼如絲視胥吏胥吏沸如糜召詰其官皆眊然如醒登進其民皆繭然而疲公噫貽良久於是大新其典為之開之以修省簡便鍵之以勤彊練密凡事從宜處約以躬率之省費一倍法防既周銖兩之姦無所容墨俗斯息單民得職威令神行惠利川流未及再朞庶富而教至於無事百姓扶老提穉載路而歌曰昔吏訑訑令吏詹詹公能馭之鉛亦為銛跖亦為廉始紲而苦終優



以恬昔民嗷嗷今民咍咍公能撫之鰥寡有怡流亡既來徭稅先具汙茨盡開鬻覆官倉倉無斗糧公來幾時積粟埋梁鬻閱官庫庫無尺繒公來幾時山積層層瑞露溶溶降味公松瑞蓮猗猗合蔕公池公有異政神之祚之民歌路謠冀聞京師天子明聖恩光遠而於是掾吏將卒趨伏固請願書於公堂之北壁夫堂壁有記本以志善懲惡名氏遷次末也列東西之舊則備今用紀編以首能為政垂為後式

睦州錄事參軍廳壁記

入州門東六曹之聯事所署都其任者廳於門西經始之意衆未喻也前刺史李君爲政更年大惠一州記徵始聞而未至也思宜利所遺步覽庭內顧以兹爲不厭𢈔材鳩庸即日即工馮寬顯構相前增葺儼然華就翩然樂遷六縣之駿奔於是乎肅序百胥之事於是乎總齊郡官之退食於是乎逶迤矣利不十不變法其斯之謂乎錄事參軍旣荷寵飾有懷章示具以廳壁爲記宜異也謂湜書之元和八年四月三日記

荆南節度判官廳壁記

荆山之南府壓上游置尹視京河置使視揚益同巴蜀吳越之治臻自上古爲天下㪟在今爲咽腴之地置荆南之治否乃天下低昂也夫根之堅扶之必以枝轂之環運之必以輪其宜介之庸賢乃使之幽光也御史大夫河東裴公尹正大都節度羣州置幙東盡敬之誠以序賓客得宏農楊用乂首分於其軍膏宣燭明風助震聲蹲蹲貔貙萬肺如串乃新治所爰奠賓客前是相承即據而安以耆容菽以穉憑頑旣謬旣瀆瑟縮未帖兹止厥位俾齊厥務於是用乂立廳於此不偪不豐退食從公式治於中爰得我容思耆定於永久莫若書壁之白故用乂索我以文

夷惠清和論

伯夷不降其志不辱其身非其君不事非其民不使乃至餓死而不顧是以孟子謂之清柳下惠辱其身降其志不羞汚君不辭小官乃至三黜而不去是以孟子謂之和若枝之聖人則彼之所行皆一方之士也夫聖人之道可以進則進可以止則止是天下之是非天下之非出攣拘之域不凝滯於物通塞若水變化若龍動之謂聖靜之謂道非可以一善目非可以一行稱安肯立惡人之朝黜而不羞恥武王之粟餓而至死故曰彼之所行皆一方之士也即而評焉在於清和互有長短請列而辨之彼伯夷者揭標表於不滅蹈臣子之所難行信道之篤執之如山嫉惡之心惡之如鬼清風所激有心必動此其所長也至於傳之汎愛易之隨時聖人之權濟物之義豈止未暇亦將有妨若柳下惠辱已以求利物潔身以事無道唯斯人是哀唯吾道是存薰蕕雖同河濟不雜此其所長也至於無道則隱亂邦不居而飲盜泉水食不仁粟垂傲物之迹近寬身之仁又君子所不由矣則清和之用於與奪爲功均然

清之流矯於前而激於後使萬年亂臣賊子懼貪夫惡人恥且衆人之難爲者也和之迹疑於徃而做於今使夫偷苟之輩有容貪利之徒得語且衆人之所易爲者也顏回曰舜何人也孟子曰謂其身不能是賊其身夫然則士之率性飭躬立志希古當以聖人爲準的中庸爲慕尚力苟不足寧中止焉則清與和皆非通道不可準則若迺迹而辨以矯俗爲心必不得已願附清者

## 編年紀傳論

論曰古史編年至漢史司馬遷始更其制而爲紀傳相承



至今無以移之歷代論者以遷爲率私意蕩古法紀傳煩漫不如編年湜以爲合聖人之經者以心不以跡得良史之體者在適不在同編年紀傳繫於時之所宜才之所長者耳何常之有夫是非與聖人同辨善惡得天下之中不虛美不隱惡則爲紀爲傳爲編年是皆良史矣若論不足以析皇極辭不足以杜無窮雖爲紀傳編年斯皆辠人且編年之作豈非以事繫日以日繫月以月繫時以時繫年者哉司馬氏作紀以項羽承秦以吕后接之亦以歷年不可中廢年不可闕故書也觀其作傳之意將以包該事迹參貫話言纖悉百代之務成就一家之說必新制度而馳才力焉又編年紀事束於次第牽於混并必舉其大綱而簡於序事是以多闕載多逸文乃别爲著録以備書之言語而盡事之本末故春秋之作則有尚書左傳之外又爲國語可復省左史於右合外傳於内哉故合之則繁離之則異削之則闕子長病其然也於是革舊典開新程爲紀爲傳爲表爲志首尾具敘述表裏相發明庶爲得中將以垂不朽自漢及今代已更八年幾歷千其間賢人摩肩史臣繼踵推今古之得失論述作之利病各耀聞見競誇才能改其規模殊其體統傳以相授奉而遵行而編年之史



遂廢蓋有以也唯荀氏爲漢紀裴氏爲宋略強欲復古皆爲編年然其善語嘉言細事詳說所遺多矣如覽正史方能備明則其密漏得失章章於是矣今之作者苟能遵紀傳之體制同春秋之是非文敵遷固直如南董亦無上矣儻捨源而事流棄意而徵跡雖服仲尼之服手絶麟之筆等古人之章句署王正之月日謂之好古則可矣顧其書何如哉

## 東晉元魏正閏論

論曰王者受命於天作主於人必大一統明所授所以正天下之位一天下之心舜傳之堯禹傳之舜以德禪者也桀放於湯受殺於武以時合者也秦滅二周兼六國以力成者也漢革秦社稷以義取者也故自堯以降或以德或以時或以力或以義承授如貫終始可明雖殊厥跡皆得其正以及魏取於漢晉得於魏史策紀載彰明可知百王旣通行萬代無異辭矣惠帝無道羣胡亂華晉之南遷實曰元帝與夫祖乙之圮耿盤庚之徙亳幽王之居鎬平王之避戎其事同其義一矣而拓跋氏種實匈奴來自幽代



襲有先王之桑梓自爲中國之位號謂之滅耶晉實未改謂之禪耶已無所傳而往之著書者有帝元今之爲錄者皆閏晉可謂失之遠矣或曰元之所據中國也對曰所以爲中國者以禮義也所謂夷狄者無禮義也豈繫於地哉杞用夷禮杞即夷矣子居九夷夷不陋矣沐紂之化商士爲頑人矣因戎之遷伊川爲陸渾矣非繫於地也晉之南渡人物攸歸禮樂咸在流風善政史實存焉魏氏恣其暴強虐此中夏斬伐之地雞犬無餘驅士女爲肉籬委之戕殺指衣冠爲芻狗逞其屠刈種落繁熾歷年滋多此而帝之則天下之士有蹈海而死天下之人有登山而餓忍食其粟而立其朝哉至於孝文始用夏變夷而易姓更法將無及矣且授受無所謂之何哉又曰周繼元隋繼周國家之興實繼隋氏子謂是何對曰晉爲宋宋爲齊齊爲梁江陵之滅則爲周矣陳氏自樹而奪無容於言況隋兼江南一天下而授之於我故推而上我受之隋隋得之周周取之梁推梁而上以至於堯舜得天統矣則陳姦於南元閏於北其不昭昭乎其不昭昭乎

## 孟子荀子言性論



論曰孟子曰人之性善荀子曰其善者僞也是於聖人皆一偏之論也推而言之性之品有三下愚中人上智是也聖人言性之品亦有三可上可下不移是也黃帝生而神靈幼而徇齊文王在母不憂在師不煩后稷不坼不副克岐克嶷之謂上智矣齊桓公以管仲輔之則理以易牙輔之則亂子夏出見紛華而悅入聞仁義而樂之謂中人矣越椒之生熊虎之狀叔魚之生谿壑之心謂下愚矣是故有生而惡者得稱性善乎哉有生而善者得稱性惡乎哉故曰孟子荀卿之言其於聖人皆一偏之說也窮理盡性

惟聖人能之宜乎微言絕而異端作大義乖而偏說行孟子大儒也荀卿亦大儒也是豈特開異門故持曲辯哉蓋思有所未至明有所不周耳即二子之說原其始而要其終其於輔教化尊仁義亦殊趨而一致異派而同源也何以明之孟子以爲惻隱之心人皆有之是非之心人皆有之性之生善由水之趨下物誘於外情動於中然後之惡焉是勸人汰心源返天理者也荀子曰人之生不知尊親長習於教然後知焉人之幼不知禮讓長習於教然後知焉是勸人黜嗜慾求善良者也一則舉本而推末一則自



葉而流根故曰二子之說殊趨而一致異派而同源也雖然孟子之心以人性皆如堯舜未至者斯勉矣荀卿之言以人之性皆如桀跖則不及者斯怠矣書曰唯人最靈記曰人生而靜感於物而動則孟之言合經爲多益故爲賢乎

## 篤終論

生不能保七尺之軀死何故隔一棺之土然則衣衾所以襯尸棺槨所以隔眞故桓司馬不如速朽季孫璠璵比之暴骸文公厚葬春秋以爲華元不臣漢王孫親土漢書以爲賢於秦始皇夫葬者藏也藏也者欲人不得見也而大爲棺槨備存器物無異埋金路隅而書表於上也吾氣絕之後便即時服幅巾故衣以蘧篨裹尸擇不毛之地穿坑下尺平生之物皆無自隨唯齎孝經一卷示不忘孝蘧篨之外便以親土若不如此則寃悲沒世長爲恨鬼

# 欽定全唐文卷六百八十七

皇甫湜三

## 狠石銘

狠石蒼蒼驪山之傍鑱朴礲𤸷嶷然四方昔秦皇帝謀之不臧七十萬人茲焉惶惶發石此山言礎於壙若有憑依屹住中逵谿刑甓迫人力無施故老相傳以狠名之自昔太古不封不樹有葛於溝有薪於野後聖有作緣情不忍爲之棺槨其在唐虞則維窾木噫嘻暴秦虐用其人壙而象山下錮三泉窮珍總奇力瘁財殫驅逐而前如刈草菅



天毒其衷神憤其凶譴戍一呼九州風從白挺荆棘指麾峭潼險阻不闔干戈倒鋒屍露於㘭燧熛於童蓬顆無依不十年中禹葬會稽不改其行聖德洋洋厥饗久長至於漢劉釋之而言中如可欲猶隙南山剗私其身以盡其人刻詞狠石炯戒千春

## 壽顏子辨

土與水火風雜爲千品萬殊大凡太虛之中形而有者皆主於土揮而動者皆主於風液而通者皆主於水躍而養者皆主於火天地之與稊米醯雞之與應龍雖殊大小必質四者具四者之性然後爲一物抑四者能爲質不能爲知者也動焉四不動焉四四者能質不能知有虛而靈者合焉以爲物知凡四者之合而有也而合乎是爲知若角若鱗若飛若走舉爲其屬不合於是爲無知若草若木若金若石舉爲其屬最靈者人人之中爲心心之知爲神人之生也質乎土風水火而心乎知其於死也氣旋於虛而反於土風水火之性各旋其所質固化而無矣若心之知則未知其處焉而人見其質之化也謂知亦從而亡豈不愚甚矣哉彼繇心所以知者虛而靈其不可爲無也較然



矣其質也游冥而化遷者也夫心猶水也水清則撓而濁者不存存則不清心猶鏡也鏡明則塵埃不止止則不明聖與愚受於初一也聖人瑩其心而窒其誘是以能照天下之理故其心清而定愚者負其心而薄於外是以閉天下之理故其心塵而結清而定者離其質也玲瓏乎太虛之中動而合則爲文王仲尼順而安則必始終天地塵而結者離其質也狂攘兮太虛之中轉而合於有則爲禽爲獸其於人也爲愚爲凡於草木者無所不爲矣雖欲少安得乎推是而言則彭祖爲夭而顏子爲壽盜跖爲殺而比

干爲終。

明分

天下之是非繫於人。不懸於迹。一於分。不定於所爲。孰謂人。君子小人是也。孰爲分。君子小人之別是也。彼誠君子矣。爲之無不是。彼誠小人矣。動而之非。故君子指人之過爲嫉惡。譽人之善爲樂賢。言己之光美擬於堯禹。參於天地爲昌言。順則爲周公。變則爲伊尹。其心定矣。其歸一矣。雖萬殊百化。一於君子而已。所謂左之右之。君子宜之。右之左之。君子有之。小人者不然。其過人爲毀訾。其譽人爲比周。言己之光美爲矜夸。變則爲賊。順則爲僞。其心定矣。其歸一矣。雖萬殊百化。一於小人而已。所謂天下之惡皆歸焉。余故曰天下是非繫於人。不懸於迹。一於分。不定於所爲。横天地絕古今人之所由者二而已。



公是

湜次揚州。其地面大江而負山。往時城郭。牽於形勢。以是一州南其東向。府縣室閭涂井凡居處舉卽其向。狃於常不知向非也。州有浮屠某初爲表景以端之。地以縣之。於一祠。猶約南北甚正而居之中。人爲偏焉。予常途往東者疑視自淮而南。咸以不正白之於衆。不知甚正也。祠之人斷事者將墮其志。反其面焉。余知其始爲止之曰。反白以爲黑。倒上以爲下。謂此疑也。夫不唯倒之。而又毀之。罔之甚矣。周之道衰。嘉瑞不至。凡有於山澤者。皆鴟梟麇鹿也。彼麟獨生之。故不祥。必遭仲尼。然後知其麟也。昔周之季也。王者不作。凡在天下者。皆曲私幽險也。彼少正卯生之。故反爲聞人。必遭仲尼。然後知少正卯之辠也。向微仲尼。則麟怪而少正卯聞人乎。今無異詞矣。今是州與祠其顚倒有似焉。則知直者寡而枉者多。奪寡宜矣。以枉者定之。直者枉之亦宜矣。必有過而後公是焉。噫。無其遇者亦衆矣。余不知也不果。



諭業

逍遥遊曰。適百里者宿舂糧。適千里者必聚糧。此言務遠則積彌厚。成安君曰。千里饋糧。士有饑色。樵蘇後爨。師不宿飽。此言持不實則危。一則寓論。一則武經。相發明其義符也。故彊於內者外必勝。殖不固者發不堅。功不什倍不可以果。志力不兼兩不可以角敵。號猿貫蝨。徹札飲羽。必非一歲之决拾。仰馬出魚。理心順氣。必非容易之搏拊。淺闒庸種無嘉苗頹絇疎織無良帛夫欲利其獲不若優其爲穫之方若欲顯其能不若營其爲顯之道求諸人不若求諸己馳其華不若馳其實彼則趦趄於卿士之門我則婆娑於聖賢之域彼則巾車於名利之肆我則冠屨於文史之囿道寢而後進業成而後索以其勞於彼曷若勤於此以其背於路曷若齎於家求售者聲門而衒賈致賤者深匵而俟價求聘者自容於靚粧取賄者嫌扃於密影鮪可薦也不慮綸罟之不逢橘可貢也不慮包匭之不入務出人之名安得不厲出人之器戰橫行之陣安得不振橫



行之畧書不千軸不可以語化文不百代不可以語變體無常軌言無常宗物無常用景無常取在譚其理數其微賦物而窮其致謌詠者極性情之本載述者遵良直之旨觴類而長不失其要此大畧也夫比文之流其來尚矣自六經子史至於近代之作無不詳備當朝之作則燕公悉以評之自燕公已降試爲子論之燕公之文如楩木柟枝締構大廈上棟下宇孕育氣象可以燮陰陽而閱寒暑坐天子而朝羣后許公之文如應鐘鼙鼓笙簧錞磬崇牙樹羽考以宮縣可以奉明神享宗廟李北海之文如赤羽白甲延亘平野如雲如風有貙有虎闐然鼓之吁可畏也賈常侍之文如高冠華簪曳裾鳴玉立於廊廟非法不言可以望爲羽儀資以道義李員外之文則如金轝玉輦雕龍彩鳳外雖丹青可掬內亦體骨不饑獨孤尚書之文如危峰絕壁穿倚霄漢長松怪石傾倒谿壑然而畧無和暢雅德者避之楊崖州之文如長橋新搆鐵騎夜渡雄震威厲動心駭耳然而鼓作多容君子所慎權文公之文如朱門大第而氣勢宏敞廊廡廩廄戶牖悉周然而不能有新規勝槩令人竦觀韓吏部之文如長江秋注千里一道衝飈



激浪瀚流不滯然而施諸灌溉或爽於用李襄陽之文如燕市夜鴻華亭曉鶴嘹唳亦足驚聽然而才力偕鮮悠然高遠故友沈諫議之文則如隼擊鷹揚滅沒空碧崇蘭繁榮曜英揚蕤雖迅舉秀擢而能沛艾絕景其他握珠璣奮組繡者不可一二而紀矣若數公者或傳符於帝宰或受命於神工或鳳翥詞林或虎踞文苑或抗轡荀孟或攘袂班揚皆一時之豪彥筆硯之麟鳳今皆游泳其波瀾偃息其林藪銓其一揖之舊也而驟以諭業之言動子之志誠未當也遂絕意隨計解褎退修循力行待取之儒規達先

難後獲之通理將爲勇退眞勇進也斯可尚矣予既信余之不欺余亦貴子之不忽因源流遵業而列諭焉

## 春心

恨不樂兮何鄉江之上兮山之陽日遲遲兮正春草茸茸兮既長見美人兮未可以求蹇愁予兮此時出郊坰兮遥望緣千里兮滿芳菲山縈鬱以四周溪潺湲兮數支花思林兮苔媚石水光揺席兮烟染衣鳥嚶嚶兮聲急曷孤遊兮不歸顧馳逐而紛煩非余心之所希欲淹留以愉衍非余心之所期直目兮思薰傷心兮感茲折桃李兮有贈意



不遂兮天之涯愛韶妍之悅懌懼日夕之差池春心曷來之遲而去速使余汲汲以傷悲

## 讓風

昨以南昌迄於建昌悠悠三千厥路何長値予之喜逢時之祥高桅引帆月抱虹張縱飛掞箭疾激無妨僕夫謳愉懷戴難忘今由建康抵於我家終朝之程百里之賖翻然怒號格在灘沙汹汹湍波蛟螭磨牙胡力甚易爲竟思哀若曰昨非相恩今非相戾余本無心於君自爾而不可尋則不當廟食於天子名書於太史既依巫祝乃命姓氏拔木周郊亂軍雎水胡有知無知之一彼一此能動天地其唯精誠日回魯戈霜擊燕庭自我淹留凡幾晦明咫尺燕越心如懸旌曾不余感孰稱爾靈爾之好正直今我與爾同好爾之道聰明我又與爾同道自宜嚮應丕俟昭報

## 廬陵香城寺碣

州城南偏寺曰香城基於乾夫姓翟名宣棄地爲園開池引泉日以昌大登聞於天再勅寺人豐護羣蟲長史承緒締構綿連殿堂峙起裴高實然洪收路分平起之年奏移古額始爲寺焉厥後悠久僧志不專風消雨淋蛟漏雀穿



丹白侵剝階甍頓遷朽樹枯隄涸鮒愁鳶迄於元和翔歷三傳刺史維崔嗣績於前於是遠公奉命始葹歲年荒歉功加不延鄭牧來茲修架是先經之營之門房洞褰列庫豐蔚危危掀掀鄭君既移誰續其編炅師作主亘公來禪大飾圖像益崇榱椽百祀來勝江山助妍宜序於銘以刻於堅既序既刻光流億年

## 護國寺威師碣

師諱承威姓劉氏河南洛陽人也幼而靜定病天下無古今無賢愚大馳於勢利汲死而無悔掀然逸發不懼過正

之識。遂以弱年奮其獨知。從照師問佛法。次從光師受僧律。竟依同學廣師證師講習其傳。天寶八載。始以勅度居東都敬愛寺。十三載。詔置護國寺於河陰。御題雖挂。一簣未覆。蒼然古原。架構無時。於是千僧百賈相聚謀曰。將成大功。實資衆力。若非盛名豐福。孰能議而建之。乃相與設金翠雲纓花香之飾。迎請吾師。以至德丁酉歲適來爰止。師以為造作土木。為尤滋久。就危山無人之境。闢蒿萊不田之地。比之妨閭害穀。不猶愈乎。鏟其榛崕。才容足處。周鄭士庶。翕然依之。多方誘掖。隨機道達。折夸者之鋒。散執者之迷。曉愚者之黑。清貪者之滯。勢聲益張。走集滋遐。靡然而財贍。雅然而院列。軒房互映。圖像增設。目前千里。足下萬井。方肆而大之。使後不能加。大歷五年正月五日。無疾而歿。其三月。塔成以瘞。厥後恩加院額。僧經寺事。千甍波起。萬金堆聚。孰不感嘆。蘖栽成於合抱。九流源於濫觴。推功歸美。我則無愧。門弟子如岳等。以歲時益深。流輩向盡。懼成蕪滅。後人不知。乃磨好石。託我銘曰。

士不拘數。矯俗惡兮。人驚獨出。撇攣縛兮。能適其靜。既嶢高兮。非葯非蓺。結架牢兮。厥後因之。大而肆兮。門人泣咨。紀成事兮。



## 韓愈神道碑

韓氏出晉穆侯。晉滅武穆之韓。而邑穆侯孫萬於韓。遂以為氏。後世稱王。漢之興。故韓襄王孫信有功。復封韓王。條葉遂著。後居南陽。又隸延州之武陽。拓跋後魏之帝。其臣有韓茂者。以武功顯。為尚書令。實為安定桓王。次子均。襲爵。官至金部尚書。亦能以功名終。尚書曾孫叡素。為唐桂州長史。善化行於江嶺之間。於先生為王父。生贈尚書左僕射諱仲卿。僕射生先生。先生諱愈。字退之。乳抱而孤。熊熊然角。嫂鄭氏異而恩鞠之。七歲屬文。意語天出。長悅古學。業孔子孟子。而侈其文。秀人偉生。多從之游。俗遂化服。炳炳烈烈。為唐之章。貞元十四年。用進士從軍宰相董晉平汴州之亂。又佐除州青淄。通漕江淮。入官於四門。先生實師之。擢為御史。十九年。關中旱饑。人死相枕藉。吏刻取息。先生列言天下根本。民急如是。請寬民徭而免田租之弊。專政者惡之。行為連州陽山令。陽山民至今多以先生氏洎字呼其子孫。累除國子博士。不麗邪寵。懼而中請分司東都避之。除尚書都官郎中。分司判祠部。中官號功德使司京城觀寺尚書斂手就職先生按六典盡索之以歸誅其無良時其出入禁譁衆以正浮屠授河南令魏鄆幽鎭各爲留邸貯潛卒以槖罪士官無敢問者先生將摘其禁以壯朝廷斷民署吏俟旦發留守尹以聞皆大恐令遽相禁有使還爲言憲宗悅曰韓愈助我者是後鄆邸果謀反東都將屠留守以應淮蔡華州刺史奏華陰令柳澗贓詔貶澗官先生守尚書職方郎中奏疏言華近在國城門外刺史奏縣令罪不參驗坐郡御史考實奏事如州宰相不爲堅白本意先生竟責出省復比部郎中修史主柄者



不喜不卒展用再遷中書舍人廷議蔡叛可誅與衆意違改右庶子十二年七月詔御史中丞司彰義君討元濟出關趨汴說都統宏宏悅用命遂至郾城勢審其賊虛實請節度使裴度曰某領精兵千人取元濟度不聽察居數日李愬自文城果行無人擒賊以獻遂平蔡方三軍之士爲先生恨復謂度曰今藉聲勢王承宗可以辭取不煩兵矣得柏耆先生受詞使耆執筆書之持以入鎭承宗恐懼割德棣以降遣子入侍還拜刑部侍郎憲宗盛儀衛迎佛骨士女縱觀傾城先生大懼遂移典校上章極諫貶潮州刺史大官謫爲州縣薄不治務先生臨之若以資遷洞究海俗海夷陶然遂生鮮魚稻蟹不暴民物掠賣之口計庸免之未相直輒與錢贖及還著之赦令轉刺袁州治袁州如潮徵拜國子祭酒其屬一奏用儒生日集講說生徒官之以藝學淺深爲顧侍品豪曹游益不留既除兵部侍郎方鎭反太原兵以輕利誘回紇召先生禍福譬引虎齧臃血直今所患非兵不足遽疏陳得失王廷湊屠衣冠圍牛元翼人情望之若大蚖虺先生奉詔入賊淵然無事行者既至召衆賊帥前抗聲數責致天子命詞辯而銳悉其機情



賊衆懼伏賊帥曰惟公指公乃約之出元翼歸士大夫之喪功可意而復移公大喜且欲相之遷吏部侍郎會京兆尹以不治聞遂以遷拜勅曰朕屈韓愈公爲尹宜令無參御史不得爲故常兼御史大夫用優之禁軍老姦宿惡不攝盡縛送獄京理恪然御史中丞有寵旦夕且相先生不詣固爲耻矣械囚送府令取尹狀決之先生脫囚械縱去御史悉奏宰相乘之兩改其官復爲吏部侍郎銓不鎖入吏選父七十母六十身七十悉與三利取才財勢路絕病滿三月免四年十二月丙子薨靖安里第年五十七嗣天

子不御朝贈禮部尚書寶歷元年三月癸酉葬河南某縣先叔父雲卿當肅宗代宗朝獨爲文章官兄會亦顯名官至起居舍人會妻之亾先生以期衰服服焉用報之朝有大獄大疑文武會同莫先發言先生援經引決考合傳記侃侃正色伏其所詞執女政而出又曰其賢善耳必心躍色揚鉤而游之内外惸弱悉撫之一親以仁使男有官女有從而不啻於已生交於人已而我負終不計死則庀其家均食剖資與人故雖微弱待之如賢戚人詬笑之愈篤未嘗一食不對客閨人或晝見其面退相指語以爲異事



實嗜才技毫細無所畧然而天下之進士而後者望風戁畏以爲瑞人神士朗出天外不可梯接非有奇卓望門不敢造未嘗宿貸有餘財每曰吾明日解衣質食今存者已多矣遺命喪葬無不如禮俗習夷狄盡寫浮圖日以七數之及拘陰陽所謂吉凶一無污我夫人高平郡君孤前進士昶謹以承命湜既以銘先生墓矣又悉敍其系葉德詔於碑以圖永久而揭以詞

韓因朔封自武之穆厥全趙孤天下陰福子孫宜昌宣惠遂王秦絶韓祀蟣蝨有子繼王陽翟繼王安定三王其爵韓氏何盛桂胄系雅三祖官下秘書發祥追錫僕射徑執道荒物喪其明誰懇其治先生之生先生之武襲蹈聖矩基於其身克後其所居歸邱軻危解禍羅具兮素兮有靦何多靡引而忘天吝其施垂陛乃頹羣心孔哀厥聲赫赫滿華徧貊年千世百新在竹帛我銘在碑展我哀思

## 韓文公墓誌銘并序

長慶四年八月昌黎韓先生既以疾免吏部侍郎書諭湜曰死能令我躬所以不隨世磨滅者惟子以爲囑其年十二月丙子遂薨明年正月其孤昶使奉功緒之錄繼訃以



至三月癸酉葬河南河陽乃哭而敘銘其墓其詳將揭之於神道碑云先生諱愈字退之後魏安桓王茂六代孫祖朝散大夫桂州長史諱叡素父祕書郎贈尚書左僕射諱仲卿先生七歲好學言出成文及冠恣爲書以傳聖人之道人始未信既發不掩聲震業光衆方驚爆而萃排之乘危將顛不懈益張卒大信於天下先生之作無圓無方至是歸工抉經之心執聖之權尚友作者跋邪觝異以扶孔氏存皇之極知與罪非我計茹古涵今無有端涯渾渾灝灝不可窺校及其酣放豪曲快字凌紙怪發鯨鏗春麗驚

耀天下。然而栗密窈眇。章妥句適。精能之至。入神出天。嗚呼極矣。後人無以加之矣。姬氏以來。一人而已矣。始先生以進士三十有一仕。歷官其爲御史尚書郎中書舍人。前後三貶。皆以疏陳治事。廷議不隨爲皋常。惋佛老氏法潰聖人之隄。乃唱而築之。及爲刑部侍郎。遂章言憲宗迎佛骨非是。任爲身恥。震怒天顏。先生處之安然。就貶八千里海上。嗚呼。古所謂非苟知之亦允蹈之者耶。吳元濟反。吏兵久屯無功。國涸將疑。衆懼洶洶。先生以右庶子兼御史中丞行軍司馬。宰相軍出潼關。請先乘遽至汴。感說都統。



師乘遂和。卒擒元濟。王庭湊反。圍牛元翼於深。救兵十萬。望不敢前。詔擇庭臣往諭。衆慄縮。先生勇行。元稹言於上曰。韓愈可惜。穆宗悔。馳詔無徑入。先生曰。止君之仁。死臣之義。遂至賊營。麾其衆責之。賊恇汗伏地。乃出元翼。春秋美臧孫辰告糴於齊。以爲急病。校其難易。孰爲宜褒。嗚呼先生。眞古所謂大臣者耶。還拜京兆尹。斂禁軍帖早。糴鹼倖臣之鉆。再爲吏部侍郎。薨年五十七。贈禮部尚書。先生與人洞朗軒闢。不施戟級。族姻友舊不自立者。必待我然後衣食嫁娶喪葬。平居雖寢食。未嘗去書。怠以爲枕。飡以飴口。講評孜孜。以磨諸生。恐不完美。游以詼笑嘯歌。使皆醉義忘歸。嗚呼。可謂樂易君子。鉅人長者矣。夫人高平郡君范陽盧氏。孤前進士昶。壻左拾遺李漢。集賢校理樊宗懿。次女許嫁陳氏。三女未笄。銘曰。

惟天有道。在我先生。萬頸胥延。坐廟以行。令望絕邪。痌此四方。惟聖有文。乖微歲千。先生起之。焯役於前。嬪義滂仁。耿照充天。有如先生。而合亘年。按我章書。經紀大環。墜不時施。昌極後昆。噫嘻永歸。奈知之悲。

## 悲汝南子桑文



汝南周子桑治書通春秋。非仁義不動止。年二十三。貞元十九年如京師。將舉五經。秋及陝。見無舉詔。東還。冬及宋而病。閏月丁亥而死。時天寒大雪。火不星。前纊不銖。身寒之聲與將死之聲犁然。其具書存乎側。其所行存乎側。友人安定皇甫湜適至。見之而哀之。爲文悲之。

渾沌無端。誰開闢之。善惡未形。誰分白之。善其福之。惡其禍之。謂善之福。夷死何饑。謂惡之禍。跖死何肥。何闔閭之死。金玉其墓。何黔婁之死。手足不覆。孰主張其事而顛倒其數。天且高。地且邃。鬼神之形幽。敢問何故。巫咸招。曰來吾語汝天有正理地有坦途精者常不足麤者常有餘有餘常豐不足常枯子乃惑之一何愚人事著矣指物以復子何聖者千年而愚者如麻鳳凰不下而鴟鴞滿家何草不芝盡野而莎何蟲不龍盡水而鰕非精者理少而麤者理多蘭萎何先蓬死何難玉何爲而脆石何故而頑衣冠何蹇戎狄何蕃何麟而怪何鶴而軒彼人事皆然推於物亦然是爲自然巫咸畢歌歌已而去之曰父耶母耶天兮人兮已焉哉謂之何哉

祭柳子厚文　皇甫湜

嗚呼柳州秀氣孤稟弱冠遊學聲華藉甚肆意文章秋濤瑞錦吹迴蟲濫王風凛凛連收甲科驟閱班品青衿搢紳屬目歛衽公卿之祿若在倉廩至駿難馭太白易滲華鐘始撞一頓聲寢梧山恨望桂水愁飲鬱鬱羣議悠悠積毀竟淹荒瘴遂絕羇枕嗚呼柳州命實在天賢不必貴壽不必賢雖聖與神無如命何自古以然相視咨嗟歸葬秦原卹路江臯聲容蔑然相嘆增勞惟有令名日遠日高式薦誠辭以佐羞醪尚饗



欽定全唐文卷六百八十八

符載

載字厚之蜀人隱居廬山李巽觀察江西辟掌書記試太常寺協律郎授監察御史

愁賦

愁之爲物也親賤貧傲富貴無賢知兮不肖事違衷而必至非元黃之色殊甘辛之味其去也若緣雲之難其來也類走丸之易愁兮愁志士蹇以徘徊鬱風雲之氣挺棟梁之材思宏廓以經濟刻洪勳於鼎鼐命路猶隘天衢未開滄波悠悠以東注白日忽忽其西頹元德拊髀以泣下孔明抱膝而思來愁兮愁靜女悵其誰語聳端操而不爽抱明心以自處當泮冰之良辰期鳴雁之得侶桃李豔於淑景蕙蘭生於幽渚望蹇修兮不來念良人兮何許愁兮愁邊塞兮行役始忘家而徇國忽時淹而歲積金河流而更遥銅柱去而太劇凝雲披嶺驚沙滿磧馬向北以嘶風人上隴而吹笛功名慨其緬邈鬢髮颯以斑白伏波據鞍而骨驚定遠操戈而涕激愁兮愁禁掖兮恩光爭修曼態競飾明璫動千金之巧笑希一顧於君王嫡妒盈於思慮移

奪起於毫芒何長門之咫尺邈阻絕乎陵岡宮殿深兮月皎歌吹清兮夜長班姬無言以掩扇陳后迴裾而就牀愁兮愁春與秋兮登臨放臣寓目遊子開襟楓江千里青壁萬尋微波蕩漾灌木蕭森香雜花而覆水見高葉之亂林起宋玉之沈思傷屈平之遠心愁兮愁往事紛其斷續申生被譖周勃受辱樂毅無階以返燕黃權何計而歸蜀投令君於虛器疑卞和之美玉李廣失路於匈奴徐市泛舟於海曲過山陽而日晚望西陵而樹綠包胥感激於秦庭鄒陽畏逼於梁獄愁兮愁羇志杳而無伴鴻漸於陸層霄



未半懷戴君與利物每行吟而坐歎安得百斛之醇醪使斯愁也霞開而雲散者哉

## 新廣雙城門頌 幷序

貞元十四年我常侍鍾陵之政成繇賦均調法令修理男女大小秖承教化土地千里嵩嵩浩浩莫不剗心化爲端良然後覃思閒暇將有改築自我宮府至於門臺是用乘時洗故作新先是城有贅墉橫亘東西盤護便地甚曰無壯瞻彼闉闍亦特其門崇未及雉廣不容軌公斷掘平夷垣修塗壞撤規模巖巖四扉每五夜將旦候吏雲委鼓鳴逢逢輷然洞開軒蓋絕塵而並騖軍旅擁闕而坌入旗過優游馬不駢蹄徘徊流覽勝氣洋溢改作之致騰凌前人眞卓然之思也君子謂公氣冥元極智遊象㦤以盛德統於大位苟視民之弊吾見其壅閼不和之氣決防潰澤之不若也豈復有煩宄滛濫之志漸於風俗哉循跡觀政正在於是公嘗自濡翰有所紀敘實恐撝謙休聲不揚小子愚陋贊述銘頌請刻於貞石之陰使新門之績也皇皇然頌曰

鍾陵古城隘不工麗譙隙穴廢崇墉右貂作鎭寢前蹤中



央砥平谿壑龐巖城朝旦日曈曈高開四門車馬通此邦此績垂無窮敢紹華藻揚清風

## 蘄州新城門頌 幷序

城于防春秋書之重時也城于蘄輿人誦之美功也何可謂之功曰余得言之矣大唐庚辰歲秋九月岳鄂觀察使御史中丞鄭公前牧於蘄春始佩銅虎符是年冬十一月蔡人不虔天子詔諸侯之師誅破之我有疆埸與人腹背處禍甚劇爲虛落然民大愁恐若寇暴至是邦也夙昔無事人傲慢垂百餘祀城隍不張頹墉壞堞僅爲平野公乃

度舊址。量客土。備畚鍤。嘯丁壯。勃焉而興。於是謹刀布以索力。考鼛鼓以蕩氣。嚴進退以設令。立師伍以程課。烝徒雷呼。萬鎚星飛。誅惰聳勞。間無番時。凡甲子五癸。卽崒然城成矣。墉高三雉。門容兩轍。周迴一千八百四十步。門臺睥睨。霞絕雲截。如崇山斷岸。邈不可嚮。議金湯者。我居首焉。曰者嗣曹王皋討希烈之叛。於此嘗具板榦。作爲坯築。役徒巨億。經費稱是。樹而復潰。卒無能名。風俗耆老以爲蛟螭靈怪。蟠窟固護。使人不見其績也。公躬自省視。循理辨物。心禱且計。輔之至誠。遂用堅緻。嗚呼。蘄城楚舊封也。



疆淮蔡。邇申息。地當隘束。實生攻奪。若嚮時敵者驅鐵衣出穆陵。襲我無備。搖脛而至。卽江淮之南。吾見其波動矣。然俾夫大藩倚其固。屬郡抱其勢。千里士庶。高枕而卧。寇不致萌。彎弓捻矢之意者。新城之謂也。繇是大君聽民間威聲。聞望以公有文武上才。秉心塞淵。可以防方隅。可以握權貴。故拔自倅牧。雄居盛府。山川幢蓋。皆舊物也。寄任之重。寬無其隣。夫賢爲世出。績因時達。微新城吾見公之力才事業其堙鬱不揚乎。緘生作頌。頌以後辭曰。

庚辰之歲。鶉首有彗。人用五兵。維彼蘄下。壇及風馬。實啟我情。在昔無虞。茂其闉闍。埤堞頹傾。我公作守。恢拓荒舊。乃新其城。百堵言言。四阿孱顔。矗如雲平。扼衝據會。寇不敢過。生人休戚。維茲盛烈。遭時而發。鴻振芳名。我有貞石。不追不琢。孰聞風聲。是用作頌。冀茲不朽。與日永明。

## 賀樊公畋獲虎頌并序

虎在毛物。有剛猛而爲暴者也。畋而獲之。覩令施而士勇者也。且荆爲澤國。疆亘雲夢。伐麕麏弋鴻雁。蓋便習也。唯獲虎則異。故大而張之。六年冬十二月臘日甲辰。節度使御史大夫樊公大畋於郢城。修軍禮也。先期之辰。命耆將



宿帥。將騎步兵五千。盛陳於所舍之地。越翌日。朝陽始昇。郊牧靜夷。建大旆之彤彤。抗高旌之萎蕤。無小無大。千戟萬羽。閃舒絢煥。膠轕磢錯。狀濤湧而波汩。咸從公而觀之。於是樹蘭防。列轅門。表旗鼓。而卒伍縈紆遼蔓。星陳鱗次。中軍發號。沸渭四起。拉榛棘。祕梗橦。高坱埤。踣健足。剗驍翅。脂染鳴鏑。血湔飛幟。或潰潰以狂顧。或奔猭而滅地。竭銳精以圖免。雖絕脰而猶視。士氣方雄。乃縱火攻。烈焰炎炎。燒雲颺風。凝陰深巷。薈翳蒙籠。抃呼未終。山平澤通。其有盲鬱攸走。煤燼蒙茸。袒裼徒搏。獨殺者不可勝道。維明

日復圍於龍山之北岡先是里人之訟乳虎爲暴肆毒貪婪白晝族行圈皁無豕牛林麓絕樵蘇老幼愁恐極於兵寇既卜其穴乃大搜而取之爽氣凌厲士掬餘怒思與鬭死莫有異慮敲扣拍撲芟殺策硎洞篁篠之冥密劃蒙蔓之纍絡勢窮則搏鬬於莽下觀其怒氣之所狡憤迅軀之所騰跱鋸牙之所噉齕鉤爪之所拏攫傑作人立呀若箕張聲軒暴雷目爍爍炬爰有一人烏獲之倫威鬱喬傑慓狡獷決憑髯奮怒毛豎皆裂鐏長戟以撐拒乃匐身而掩刃勢傾力絕四偃在地穿喉貫背爪有餘搏於是騰氣射虹蜺酣譟破山林耋老慶童幼抃淋漓舁負獻於公所公以爲天稔其毒必將姙孕剖視其腹即獲乎四子矣於是迴鑣返旆校能計獲發府庫行飲勞賞功也大凡古者天子諸侯四時皆畋因畋以理兵先視其禮儀次察其號令後觀其坐作進退之度有不用命者乃斬之以狗於衆焉武德修備乃事蒐狩上以奉宗廟下以禮賓客其有肉不登俎材不中器則謂之不軌不物而君子譏之今大夫法先王之制順時序之氣展敬農隙大講戎事卒乘具文章明武修也威儀肅行伍列禮盛也無逸飛無漏走令張也繄是三者備足焜燿況乎啟沉毅誅暴横耽耽五虎犇在指顧是得不謂動合模範成堂堂之觀乎公常握文武之柄荷申甫之寄擁旄荊國星霜四周流愷悌之仁布大中之化政之被民者如陽和熙熙蒸變生物各遂暢達不知其然故無得而稱焉洎於軍旅之際德禮也如是勇練也如是播此智畧寓諸形容因知公之師可以振文經可以翊皇威可以截不庭可以攝四夷與上古儔侶赫赫巍巍即豈獨躪荒山殪猛獸馳騁觸蹙左旋右抽而已哉載末儒也猥以縫掖獲陪鞭弭之後目覩盛烈失去畏懦敢愛文字使其闇然而不彰乎適作頌曰

元陰凝兮殺氣厲揚三軍兮順時殺鋋戟羅兮山谷隘飛走殫兮林莽壞有虎勃起兮萬夫駭鬭呀夭矯兮雷霆唱紆沉慮兮振明戒于一奮兮傾五害旋勝軍兮翻大旆空皋藪兮樂幼艾勇毅之師無與對可誅不王截海外

### 爲杜相公賀恩賜淮西粟帛表

臣某言今月某日中使某官至伏知聖旨賜淮西節度使吳少誠米若干石鹽若干石帛若干疋雨露之潤忽沾於焦旱生育之德忽被於饑寒凡在臣庶孰不慶幸臣某誠

歡誠喜頓首頓首日者少誠迷誤興兵淮蔡陛下開日月
之耀霽雷震之威洗其瑕穢復賜珪爵使螻蟻重安於窟
穴草木再洽於恩光大義易克邪之心和平銷悖亂之氣
今復恤其歉儉賜之粟帛聖澤灑危疑之地皇慈周反側
之人合救時之宜塞未萌之釁微禽食椹尚懷好音萬夫
戴恩豈不知感此所謂睿圖宏遠神武深沉善戰於仁施
之中伐謀於茫昧之際武何戈而不止物何化而不從增
七德之輝華動八紘之踴躍臣叨居將相職守藩維不獲
奔走稱慶宮闕無任歡抃懇款之至謹奉表陳賀以聞



請朝覲表

臣某言臣聞臣之事君猶子之事父苟闕庭之侍曠晨昏
之禮絕擬議名教得爲孝子乎臣自違天顏二十餘載身
不趨宮闕之地心不展烏鳥之誠戴天嚮日肝肺焦灼況
臣暮齒筋力漸衰以中人之材當大藩之寄智慮昏殆政
術荒疎自揣封疆固多敗累豈可使萬人稟無德之令四
方興尸祿之譏踞形顧影月慙歲恥方今赫赫大國髦彥
如林采於衆才必超十倍伏願陛下暫迴慈眷俯察愚衷
念蒼生之疲授能者之位即微臣無妨賢之愧大君有任
用之明得公論於搢紳盡私誠於犬馬再以白首獲奉紫
宸備一刻於周行實百生之榮耀前後陳乞煩黷聖聰雖
懇迫之未伸瞻軒墀之已近不勝悽悽之至

廬州進嘉禾表

臣某言得廬州刺史裴靖狀稱巢縣百姓唐海母喪廬墓
手自耕植以備祠祭無何於栗田之中颯產嘉禾一本六
穗一本五穗即時差錄事參軍朱寧丁寧考驗事狀明白
臣聞感天地者存乎誠通神明者極乎孝蘊而爲精粹發
而爲禎祥上元與之獻酬后土爲之泄露故使騰芳高隴



擢穎清秋冠九穀之英英增大田之藹藹此皆陛下聖德
茂濊化洽名教立風俗厚生人之內有淳孝靈瑞之下有
嘉禾邁風烈於前王煥丹青於唐史不然何幽贊元答其
若是乎臣猥以鈍劣祇守風土宣陛下之恩澤撫陛下之
庶甿覩茲盛美光榮耳目不勝歡忭踴躍之至

謝賜冬衣表

臣某言中使某至伏奉詔旨并賜臣及將士冬衣等來自
九天頒於下土手捧目視霞開雪凝是何眇爾之賤質膺
此爛然之盛服臣某中謝臣久在藩條無裨政術每懼素

飡之責以咸負乘之羞陛下含貸優容天覆地載伏念微臣之羸老且憂將校之寒沍賜之以衣服寵之以光榮俱無汗馬之勞已有維鵜之刺雖君父德大不求於所酬而臣子感深自期於必死無任感恩懇激之至謹奉表以聞

謝賜藥方表

臣某言中使朱萬春至伏知聖旨念臣風疾賜臣手詔幷賜御札藥方四道天使忽臨宸翰猶濕跪捧驚越不知所從臣某中謝前月九日臣飲食失宜誤爲熱風所中初甚沉頓肢體不安今暫調護稍用衰退伏以微臣之疾貽陛



下之憂降駟騎於雲霄出神方於禁掖循端究末味密思精補神農之闕遺蔑桐君之漏畧乾坤恩重螻蟻感深將欲調和已知平愈此所謂半枯之樹遇陰陽而扶踈既涸之魚值洪波而奮迅仰天忭躍跼地兢惶惟兩曜以鑒誠何百年之可報不勝感戴懇迫之至

謝手詔表

臣某言今月日中使郭忠政至伏奉手詔以臣微疾尚軫聖懷日月私臨於幽蟲雨露曲霑於旱草感戴所迫若無精魂臣某中謝臣初中風疾狀候頗劇自蒙聖澤特賜神方酌和劑之宜備甘辛之味曾不信宿已覺痊平伏以聖意纏綿此方神異思慮超古今之表重輕得損益之中故以藥攻病如水灌火且以鴻恩爲湯餌何榮衛之不調以造化爲岐和何膏肓之不去邱山至重草芥極微報恩之分殺身後已不勝激切危懇之至謹奉表陳謝以聞

第二表

臣某言中使某至伏蒙詔旨褒臣政事慰臣疾病幷示除改廬州刺史路應等五色絲綸九霄雨露光華潤澤併集微臣捧戴兢惶無地容措臣某中謝臣伏見自淮而南天



下重鎮臣叨受旄鉞僅二十年人無夭昏歲屬豐稔瞻彼疆域小有康寧此皆陛下睿謀鴻化之所被及豈臣薄劣自能致理臣所患風疾漸至降損飯食甘適肢體便安此皆陛下神方祕術之所攻療非臣調護所能平愈伏見除改諸州刺史等路應和而明裴靖才而通羅珦斷而達李正明強而毅陛下或以賞擢或以能遷或增之以憲司或擢之以棘寺實所謂宸鑒高遠睿奬宏深雖虞舜官人之美無以過此臣才非申甫恩重嵩華惟跼地以彷徨敢窺天之遠近不勝懇切慺慺之至謹奉表陳謝以聞

上西川韋令公書

伏見自建功汧隴之後。天子念重付託西蜀。擁旄仗節垂二十年。能斷西戎之股肱。鑿南蠻之耳目。獻驃國之絃管。摧芥蔕之横猾。四方仰首。威聲赫然。是何才畧如是之偉也。巴岷之人。蒙恩惠被法禁。秋霜膏雨。不足爲喻。是何教化如此之美也。於戲大丈夫生於天地之間。功德富貴而已矣。今令公英姿玉色。照灼當世。勳業格皇天。崇高如泰山。若使圖丹青刻鐘鼎。爲有唐一世之盛。令公獨得之矣。某頃不自揆。謬隱匡廬間。其所務者不專文字。亦嘗有意



窺佐王治國之術。思樹勳不朽之事。心長才短。難進易退。徘徊林壑。屢易星霜。齒髮蕭索。無所成遂。雖命使然也。亦實慚質鈍。自成都違奉。馳心旌麾。高卑勢殊。分絕干請。一昨戀慕滋甚。不敢寧處。因修狀疏。并獻拙文。不謂滄溟量深。轉涵微細。猥見下荅。仍賜褒寵。蓬蓽之下。煥然有光。臨風悚息。不知所措。某氣性野直。寡儔少合。宇宙至廣。迥無知音。遭逢知音。便是死所。伏惟令公上才宏識。傑出人表。律呂一動。變寒爲溫。伏知小生。爰自茲日至於沒齒。無沈痼之恨矣。然九霄之鴻。假勁翮而飛者也。萬斛之舟。假長風而逝者也。鴻與舟不翮不風。皆摧頹朽蠹之物也。安能自運哉。輒敢比況。輕塵視聽。伏計令公發函之際。當不哂飛逝也。新文五章。音以賞奏。重干宗匠。伏惟俯賜省覽。幸甚幸甚。

上韋尚書書

伏惟尚書雲霄之祿位。汧隴之勳業。河海之宇量。青萍之操持。斯事已形丹青。載在太常。野人復欲云云。則若詠滄溟之深。頌泰山之高。識者聞之。以爲悠悠腐儒僕不曉事。故畧而不書。某聞獸饑思食。士窮思遇。此生物之常也。其



有食不濟。遇不至。常情必然。某則否。何哉。夫蘭有香。雖植蘙薈。必從風而揚之。士有道。雖混闒茸。必由人而彰之。某拜顏踰年。出入五謁。而善竟不聞於左右。顧不及於布褐汨沒塵土。造次羈旅。是缺行敗德。充溢視聽之深也。射矢失中。求正諸己而已矣。不然。卽黃金之臺。崔嵬造天。獨不陪郭隗之後。從容而登之乎。然有志未遂於節下。將欲求遂於節下。伏惟少請詳之。幸甚幸甚。頃年與友生數人。隱居廬山中。時包祭酒牧於江州。小子荒唐。曾以短書干之。包公聲聞君子也。一言感激。因爲遠大。當是時賢豪侁侁

滿盈江湖翕然以風槩相與亦屢爲侯伯之有土者行束帛之禮焉其皆抗詞不應斯鵾鵬一舉之致以方寸之地久違寧覲顧瞻歸路敢逡巡乎昨奔走萬里得伸拜慶慈顏怡怡然喜其如人親戚隣里亦會酒相賀雖爵祿未及而門戶有光稽古之力實亦斯在則古林之松桂草堂之朋友懷芳結念相望於轂口可勝言哉今欲越三峽之湍瀨適九江之遐阻以業就志以家依山清風白雲相與終歲斯也者非大官上列恢張特達之賜則無以自振焉尚書功德巍巍與嵩華伴善政如和羹深仁類陽春寵材拯



困多在輦下今羽毛頹弱大賢能煦而嫗之使其騫飛乎今鱗介蟠屈大賢能澤而雨之使其騰驤乎顧之即榮重委之即廢賤通塞之路期於反掌敢不虛中惕慮敬俟遣値伏惟非常施與之幸甚幸甚

上襄陽楚大夫書

天下有特達之道可施於人者二焉大者以位舉德其有自泥塗布褐一奮而登於青冥金紫者也次者以財拯困其有自糲飯蓬戶一變而致於膏粱廣廈者也載羽毛頹弱未敢辱公扶搖九萬之勢家室空耗今則困矣敢欲以次者爲節下之累謂之何哉載聞至誠貴直至敬無飾故以懇質之詞爲述情之具伏惟少留意焉幸甚載頃與友生數人隱居廬山其所學者不獨文章名數而已意根於皇極大中之道用在於佐王治國之術常欲致君於堯舜馳俗於中古此乃小子夙夜孜孜不怠也攻錯未半歸寧蜀道蜀之連帥以載微有文采遮使止住小子亦隳產不應扶持東下意者欲開故山草堂拂舊帙編簡晨昏之暇終竟前志一昨牽滯事故不覺淹久囊橐之貲日竭高厲之氣日消上無以供養尊長下無以撫字孤稚彷徨燥灼



內熱如疾每延想舊居雲霞在天松桂遶屋肺腑一夕而九迴矣夫欲搆大廈者陵雲之基形宏敞之勢兆未備者榱桷朽壞而已得不謂班倕惜之乎鑄寶劍者負斷犀之資照含斗之氣所闕者淬拭發硎而已得不謂歐冶惜之乎載伏覩大夫起自堯山牢奮臂遊長安以宏偉之才進乎明君不十數年佩虎符握龍節有盛德勳庸於世眞天下特達之士也載亦敢以肺腸之事干之誠能迴公方寸之地爲小子生涯庇庥之所移公盈月之俸爲小子度世衣食之業使隱不遺親闕道以靜片言之下大獲素尚即

赫赫巍巍之稱當在寰宇之內不在主客也載聞蒲牢之鐘擊之以莛筯叩者之誤也艅艎之舟投之以秉庾載者之咎也今載欲發大名壯志敢以細言詭數上干高明乎且常見前賢房大尉書贈張燕公云欲起自燕國公門下矣載亦欲感君之恩望公之顧使異日之談亦起自大夫門下矣詞理如此不合經義退自思省終用慚愧伏惟溟渤之浪涵容尺波幸甚幸甚不宣載再拜

與劉評事伯芻書

聆夫子之善聲滿盈矣世且多故無緣會覿開襟嚮風勞



止如何余友蘭陵蕭易簡篋中獲足下所製窮達述高韻孤峙詞趣淵密探聖賢性命之際究天地否泰之理固知殷紂之黃屋不爲通也顔子之陋巷不爲窮也使百世君子之知道益明守道益堅不汲汲不戚戚從容中道斯立言之由也顧惟短才謬嘗爲文伸紙始竟百骸清快斂袵已久無可自適因豫章王兵曹往聊寫梗槩不盡慨詠之萬一耳

寄南海王尚書書

尚書以雄才盛業作鎭南服紆精誠之慮荅天子之寄百越又清幕士燦然甚善甚善公昔典九江載在匡廬被以淳仁扇以清風中林逋客安樂無橫至於敞南軒之勝開北樓之讌纏綿罇斝操觚發詠者可勝言哉爾後榮遷亞尹承江陵之歡好超拜容府展襄陽之慶荷違奉尊嚴不十數年伏以英姿奮登雲霄光華富貴烜赫當世某今藏遁山邱作老書生江湖重阻禮數間絕尚書或眇不寘慮卽小子旦暮敢不馳心於旌戟耶一昨徑理扁舟遠離潯陽不畏道路時伸賀禮屬船隘熱劇飲食江水度廬陵百餘里防護無術痁疾動作藥物荒乏艤於委路以今月十



八日達南康使醫工診視了未瘳愈自揣氣力不任支持遂祈戎使君致健步持短書幷備舊文緘結敬獻閣下運動不偶嬰此疾瘵志莫伸端緒未展然不獲覩節旄之重挹政化之光仰首嚮風愁惋盈膺伏計宣達聰明悉善下賢幸甚幸甚三月中馮翊嚴謩至山居道楊秀才衡攜挈口累歸心大府此人氣性岐嶷有縱橫之才未遭知己久見堙壓加以蹇駮聲音不振如駕雛鍛翮瞻雲興歎況曩昔承歡厚薄齊同一旦流離棲身失圖北遊不可立家無路伏惟尚書大廈宏敞能不以蓋覆爲意乎伏枕陳露

兢惶展轉不宣某再拜

荅澤潞王尚書書

某有舊故爲南康郡太守今年夏五月往遊其門至冬十月歸山下遂於江州盧使君處伏奉書問并覩押衙盧從史所留示委曲重詞異禮一何特達捧讀慙恐若無憑依伏惟尚書忠厚淳粹發於大造靈姿傑立長材卓然以社稷爲生死以勳庸爲倚任義感生於慷慨聞望歸於德禮屬思宏邁遠蹤前人由是天子以山東之利兵廣土授之使長於諸侯蓋有以也夫翊王公之美者莫如賢賛策畫



之利者莫如才延納優劣不啻十百如某者一蓬蓽士也癡緩樸訥無可採擇性嗜閒退不求聲利頃在山林中飲食斷藥保養性命時運不適即覽閱六籍或持竿釣魚以此竟歲人世機事視之懵然不悟高明橫加鄙夫手疏襟素不師文字是所謂嘗蘇草而擬蘭蕙簸礫石而揀瓌璧欲自愧始爲天下士君子之先伏知異日截犬戎壹宇宙拯民戴主在此志也念茲菲薄無用裨補況且多病形憊氣衰不任策使實貽敗累未獲趨拜謝恩銘闕又南歸日晚酬荅稽疎瞻望旌麾惶灼無次古人有感一言重一顧期於殞越請報國士即小子平生之旨豈無是耶伏惟開懷察納不記疵愫幸甚幸甚不宣某再拜

寄徐泗張大夫書

明公材畧橫世氣爲人傑旌節森然先鎮東徐靜則近鄒魯之士講詩道禮動則駕貔貅之卒肅清淮海名聞休烈風動四方節士義夫孰不投心甚善甚善眞天子文武大臣哉載迂儒不才越尋常間敢以疎鈍切懷風槩如是星霜十周天矣緬彼山川遼敻蕭條世多械束末由造請復欲牽文字試書功德事無端緒殆似行佞懷緘浩思殊鬱



鬱不快也適值去年秋有冠軍將軍李圓者道來自東狀貌不凡三扣柴荆載意其偉士延坐與語語酣中起議及劒術云嘗以青萍覩公乃發筐篋出閣下寶劒銘相示載鑒裁不明敢懸貨人因覽文以異劒覩劒以奇文繇是憑之爲聰明依之爲肺腸忽陳蕪穢妄有紀述摭拾冠軍之行跡鄭重執事之美茂得爲通誠導意之因緣也大凡人之有生處而道德不滋於身者竊雨曜之光明也出而功烈不被於世者偷大君之珪組也況乎屬一詞也一事上不陳教化次不敘志意皆游言也豈曰文爲一昨諷公之

製聳文豪爽立意健激首則見定忠固義之分末則存策勳樹績之心識者謂公異日必帥諸侯蕩蕃虜拔鋒燧於近塞洗腥臊於絕漠黃河九曲爲大國池沼然後拜閶闔和陰陽炎炎赫赫載勳盟府豈獨擁旄按甲長於一方而已哉載不量氣力庶慕區區之分借如智慮短薄無裨絲髮亦欲如班孟堅之比爲竇車騎刻燕然之石公謂之何哉載今蹙然飛書遠聞伏以冠軍緣公而德彰小子援公而思勇輒託記錄之目輒以葛溪劍志爲名屬事相交關謹偕寓獻貴賤不倖禮實異儀輕用塵黍臨風震悚閤下



武爲休庇若將獻酬張布錦繢鋪映麻枲命使令問訊江君奔走之僕山中茅舍偶自詳憶耳不宣載再拜

贈蘄州盧員外書

去年春三月某有謂暫出蓬户間適值麾幢將度潯陽嚴太守命某爲貳食之客偶於末席備聆嘉話如和風扇春膏雨潤物眞可愛也玉斝未酔蘭棹遽動襟緒百端鬱鬱不開後有遠役南征千里夏徂冬歸道路蕭條音塵寂滅至此而已今者有襄漢之役實遊郡境誓將維舟泄宣曩懷一昨至蘄陽岸下屬日晏水濶風猛波起帆席張快不可偃落眄睞失徒煙露蒼茫杳杳馳心悵然無悰某深山耕漁之人也不求千進貴賤之異何緣區偪竊嚮下風聽君子之議采輿人之誦若將時會踐升朝廷伏知君侯必能明禮樂補教化翊大君於皇極保蒼生於仁壽夫如此則善人國之紀也敢不恭敬乎敢不親愛乎拳拳之衷正在此耳方迫行邁稍趨北路廷賓英華戀慕滋篤李山人丞以藝術日遊門闇問訊所止將欲候起居今故留之用書寫懷其他文一軸蓋執贄也非敢誇也不遺細陋或見光寵但顧抵襄漢病夫拂拭耳目而俟之某再拜



寄贈于尚書書

朱校書至猥辱書問并示孟處士碑篆端由捧讀彌日抃躍無次夫旌善人採遺美蓋有位君子之所行志豈伊薄劣敢議發揮言輕賜重益用惶駭又於朱校書處恭覩製作約數十篇高格倖山嶽迅勢擬波濤邁氣薄雲霄遠思躡鴛鴻當世翰墨都無此手臟腑悦悦至今悸動斯可謂煥乎文章也一昨奉辭伐罪統貔虎之師沉謀偉畧洞入神鬼以鎮則有制以戰則有威巍巍赫赫聲振寰海斯可謂威乎武事也文武吉甫佐天子贊襄使奸臣賊子無萌

芽於禍亂者我尚書之謂矣小人君子咸知幸甚某一凡夫也棲遁匡廬垂二十年讀書不及於豎儒把筆纔過於常談泯泯人世隣乎強仕斯亦不足畏也然徒有愚妄之意愛大名慕大節懸芳竹帛爲千古榮懃懃懇懇正爲此耳小子聆閣下之事業英姿豪韻迥如古人私心歡喜動作顚沛況前旨稠疊猥賜誘喻令一至峴首追賞風景小生何人當此珍重誠宜奔走拜伏旌麾間識征南之儀觀揖當陽之談話凝襟滯想從茲泄露屬入夏多病氣力衰羸火雲始生道路且遠瞻仰尊重魂爽飄然若望溟海未



知濟涉如此誠激何緣上達唯有簡牘可寄肺腸今如特差袛舍人呂及自潯陽專往奉狀塵獻鈐閣伏惟鑒察愚樸不責狂瞽幸甚幸甚候問起居之禮謹俟異日此無多談

## 謝李巽常侍書

某官任進朝至猥賜書札幷官告衣服鞍馬等開緘之後伏知常侍不以載懦劣無取飛章上聞蒙授太常寺奉禮郎充南昌軍副使者此所謂天子厚澤下潤林泉諸侯盛禮曲霑固陋思惟腆薄何緣如是五内慙愧彷徨失從某弱年不自揆妄植強操祖尚名節嘗以爲靜既砥礪以修道動即功德以被世故棲遲不進垂二十年雖跡在邱壑而心非長往且山木之挺者憂良匠之不來室女之容者憂士夫之不娶某雖孱愚材貌俱微實求知音爲之投誠一昨候謁盛府禮數優貸降大人之嚴重涵小生之潤畧顧問采色若有所注居未經時榮命果來變枯槁爲美粹易荷衣爲簪組起締構於平地生翼羽於雛鷇鴻漸之兆始於茲辰與夫尋常感恩不同日而語也誠宜掩山扉別巖松扶策病憊祇赴所職伏以歸山之日嘗於甘子堂中



輒以私志上廣視聽嘗恐道有所未立學有所未周遭值引遇速貽敗累實欲姑務斂退以備見聞況江西爲藩鎮之雄常侍負伊咎之資署置賓佐四方傾耳或主客懸絕祇取笑焉故嚮風斂手不敢上道又某童孺酷嗜山水建中初與友生數人自岷蜀結心匡廬始至甚病困無以贍結偶獲一地蓬陋翳薈苟取便易未遑變更含憤不快如病毒螫近者江州李使君以俸錢四萬爲某買山號三洞峯在二林之右孤巖絕壑匡廬之左壞褐破袍沛然滿篋方將面雲峯構草堂咏歌堯舜綢繆松柏報償昔年之志

而去是有始而無卒有會而無心必當爲谿猿谷鳥側目相視豈止於林慙澗恥而已哉伏惟閣下道極上才之美政布中和之化昭昭德禮攬接士庶凡在草木尚獲暢達區區鄙愫冀見察納某幼小淪賤胄緒湮遏糟心服道年甫強仕比爲四海之諸侯屬意亦勤矣禮則甚厚實未隨之令常侍不問賢否事出沉斷恩寵忽至門户有光銜涕感激不知所措則自玆日至於沒地出於閣下門闌矣菲薄之質已爲閣下從事矣夫如是雖千里之外猶趨奉左右也伏計王公大人雅量如淵當見其遐遠樹名異日豈



以一召違命遂賜重乎鄙人恃此敢存俯仰既乞守蓬蓽未獲奔走其官告人馬輩謹並使還府久處荒野詞意疎蕪干犯尊嚴但增惶恐狂狷幸甚幸甚

荅李巽再請書

今月二十一日謹遣家人楚山專奉狀伏計已達任押衙至猥賜書示幷官告衣服等戴荷之至無任下情孟夏漸熱云云即日某侍奉外蒙恩常侍開長者之懷以國士見遇拔自蓬蓽署職拜官手疏纏綿出於濬發古人云屈於不知己而伸於知己今常侍知我實獲死所捧讀之次涕激肝心假如時命不偶溘死朝露平生志氣已無所恨若齒髮猶壯前途未失即立疑之忿庶幾賢達故前啟求息山林更自磨礪報荅之分正在此矣伏惟曲賜鑒察免貽聽熒幸甚幸甚其官告衣服鞍馬等欲留告身爲與職名相聯欲留白衣又與公服同對捨一取一竊未合度謹令並却附上伏惟委曲鑒照下情懇望

荅李巽第三書

專使孟溫朝至再蒙示及招誘誨諭激切倍劇前書之賜議者云得地千里不如一士閣下以泰山之高就蟻蛭之



卑損折威重一至於此是何節士義夫之不投心服體是何藩臣方伯之不師謙降禮是何澆風弊俗之不易邪蹈正是何奸臣賊子之不悛暴畏義君子動氣小人抃手熙熙相賀如見中古如載之不肖猶夫人也常侍之引遇也如是況今有賢於載者乎是知劇辛趙往鄒衍齊來抑有以也夫丈夫處世誠宜種道德樹勳績頹年急節慨如不及然才短而好進者敗謀人而不審已者危三尺童子明詳斯旨伏覽書示閣下又許與過以遠圖伏計俯示鄙人實恐孤負聰明視聽失所以鉛刀爲重器以散木爲良材

反覆思量益用慚惕是以前後懇懇少求退息欲磨鈍使利拂昏冀明蹄涔之內灌瀉涓滴料新營山居松桂未盈尺圩堫未快乾即閣下已在鳳池矣此不揆懦劣敢希提攜助君治國裨補萬一若素尚飽滿耳某昧於機要識且迂疎敢恃深知果竭肺腑儻允遂鄙志從容林壑野人之誠也敢不歡愉以受賜或固使愚陋周旋幕府諸侯之禮也敢不恭敬以俟命此進退之分繫於主不繫於客也意有處切不覺費詞伏惟再垂覽察幸甚幸甚

荅盧大夫書



貞元元年八月二十五日野人符載再拜頓首上書於觀察使大夫盧公某伏見古人或出以行道或處以向晦皆其德不昧其迹不辱者以其立身之本固動靜之分明也載顧散細之材無榱桷之用違力妄進祇取顛沛故盧山南往有一畝之宅有友生五人切切偲偲更迭鼓琴意者擬立誠絜矩師避地避言之義豈曰嘉隱以干聞達是月二十一日賢都水弟叔姪至止伏奉書諭猥加詞飾捧緘開讀光曜林壑蘊蓄慚懼若無憑依伏惟大夫天子碩臣包甫冠申文武皇皇作藩於唐以河海之廣涵游泳之物曲存惠好俯慰顑頷則士君子相顧而言曰以方伯高明之尊以野客草茅之賤尚能降損懷抱招納以禮況四方多士得不望塵欽義奔走於下風者耶方今江湖上接鯨鯢之地皇帝以襟帶軫慮授大夫以安之恭聞旌鉞之至也政不煩吏不擾帷幄多賢傑軍旅有敘事黎人熙熙各遂生性爰及巖谷亦云逍遙是知凡在府蔭孰不幸甚載誠宜被荷服躡芒屩拜跪於旌戟之下常以山中氣寒嬰內藏之病高風搖落寢欲增劇未申悃欵良用震恐倏羸形支持堪自興運端神肅氣側聽精微之論伏惟少賜鑒



燭以達愚悃幸甚幸甚不宣載再拜

從樊漢南爲鹿門處士求修墓牋

廬山山人符載頓首頓首死罪夫仁義揚顯朗德之充也惠慈被幽昧仁之原也竊見故鹿門孟處士浩然納靈含粹伏儒傑立文寶貴重價吞連城一旦殞落門允陵茂吁嗟邱隴頹陷荒圃形或異斧高不及隱永懷若人行路慨然前日辦覺佛寺峴首亭恭覩明公垂意拳拳將墓文表隨封起窀穸闕境搢紳瞀聞嘉聲風動興感偕至踴躍然垂休務當時從善貴流今閣下外迫軍旅程使之劇內勞

賓客俯仰之勤韋耗星歲未遑指顧嘗恐旦夕飛踐廊廟纏綿深旨鬱紆不寫則處士之風流精爽沉翳厚地矣或好事者乘而射之孤負夙志矣伏惟閤下醇仁盛德覆乎草木除惡彰善發於鄉黨割省庶務凝神晷刻盼睞官屬望則疑首尾實足以副士林之翹翹慰羇魂之冥冥事關教化不主名譽伏惟慮之始終之幸甚幸甚



# 欽定全唐文卷六百八十九

## 符載二

### 鄧州刺史廳壁記

國家自祿山犯德五兵勃起毒流天下於鄧最劇是州也地宜政事與他郡不類故得詳備而記之按天官書角亢之下爲鄧鄧侯吾離之國也本楚地六國時屬韓秦昭王三十五年取韓地置南陽郡既滅韓徙天下不軌之人而實之至兩漢間多封勳庸大臣外戚主家氣高野曠地方千里控二都之浩穰道百越之繁會藩閫桐柏陂池江漢商於臨汝環我股臂故自前代至於我唐戰爭攘奪千載



不息多爲暴強者攻取之其望雄其俗豪鬬伉健尚畋獵藏亡匿死橫猾難制其有臨之者疎緩不中輒失聲實天寶十五年春魯炅自商州刺史御史中丞領是州牧是年六月二京陷於胡虜虜帥阿史那王立李節來寇我馬魯接戰大敗之其明年春逆將武珣復圍我馬魯培壖補卒堅峙自據正月至於八月不下他日絕食整旗犯出彼將乘病而困之反手與鬬賊頗橫潰因退保我城馬魯屯居順陽山谷中積數月肅宗皇帝升寶位於靈武詔加御史

大夫襄鄧節度復牧我壘完葺如故至德初寇讐滅定頗國公來瑱以御史大夫代魯公之政先是有驍將李釗梁崇義者二人素齊名皆負威望會來朝京師釗得授權柄崇義不欲出其下攘城縱跡因殺而幷之代宗含垢務理未卽顯戮遂署爲襄陽節度是州隷焉崇義以受命之際狀不明白嘗畿跋扈二十餘年晚節謀叛無臣子道天子命淮西節度李希烈誅之希烈無妄生釁復以怒取使宿賊封有麟主張焉建中四年希烈僭逆於梁諸侯之師荷戟四會有麟亦嬰城自守連攻不拔景寅歲皇帝厭亂淮



西始定連帥陳仙奇裨將李季汶來討之季汶雅有膽畧以機擒敵以誠誓衆遂梟有麟以聞是時天子尤寶鄧爲咽喉之地以爲兵戎之後黎人破碎茍非賢哲不能生活乃詔尚書金部郎中王公綏而治之其始至也宣天子之恩澤使民沐浴之垂方伯之教令使民承受之然後以大誠受物以至信結物以元機運物以嚴禁肅物構壞竿爲廬舍銷遺鏃爲鋤耜伐蒿萊爲場圃掘腥穢爲泉井交父子之歡正夫婦之倫依仁化者如水赴壑首年而富中年而敎季年而政成其籍版自四千戶至於萬三千戶其藏屯粟自三千斛至數（一作四）萬斛其餘飾傳遽之舍作栖旅之館儲什器之用蓋餘力也先是有奉天禦侮臣十數輩上多其功旣侯王之復賜得公田五十萬畝以我郡壤寬且腴將併力焉公以爲鄧在邦畿千里之內詭隨授與則上以耗天子之地下以貽齊民之困堅秉古制不輸尺土此又政之殊尤者也於戲民之生也如鳥獸然饑食渴飲難馴易駭名公端士承時之平因俗之卑或以智力理之可也若移之於瘡痏毒痛之後非德信積中和粹發外以誠被物如父愛子則何以臻於此夫人君在上百辟在下



其欲正生人之性命敷大中之教化扶淫僭之風俗行明白之刑賞非有功者則不得操其柄焉故刺史於他官爲重漢制秩中二千石冠進賢銀印青綬隼旟龍節蓋所以大其威而昭其德也今天下郡國僅四百餘所上憂黔首垂意於理有淳政被民者增秩賜金如漢宣帝時濟濟多士作民父母遐邇一德同思於理則雍熙仁壽之化豈其遠乎載寓遊樂土聞公撫凋瘵之民也善故書宇下以貽爲政或足文行侯亦無取焉自貞元二年夏五月郡公名氏品秩遷授雄劇年代寖遠亦列敘其次使將來者覽之

端如貫珠也五年八月十五日記

江州錄事參軍廳壁記

錄事參軍之於郡縣紀綱也車轄也綱弛則目疎轄抗則載輸政之成敗亦繇是也自漢魏以還歷江左郡有督郵主簿後魏北齊後周隋文州有錄事參軍煬帝時罷州置郡有東西曹掾主簿國朝省掾主簿復爲錄事參軍其於勾稽失糾愆謬省抄目守符印一州之能否六曹之榮悴必繫乎其人也其人強其務舉其人困其務削循名考實豈容易哉況潯陽古郡也地方千里江涵九派緡錢粟帛



動盈萬數加以四方士庶旦夕環至駕車乘舟疊轂聯檣威猛則騰口以飛訕阿懦則腹非而生誚重輕之得尤難其人隴西李尹少昌切玉剸鐘之利也恪勤強毅當官而行其於公家也不掩善以蔽才不隱過而貸非不苛細以作煩不潤畧而破方剛柔疎緻雅得其度繇是官府有程準案牘無留閒遊我宇下清風凜然是時郡守李公以鉅鹿超異之政來領此郡内用六條外理百姓使人人門戶與行孝睦井賦均一然後從容郡閤時與羽衣縫掖講黃老言其餘枝葉節目委於有司而不領故李君得以息心奉法上事牧守下督案吏暢於中發於外人無間言也夫士無貴賤尊有道也位無大小觀有政也苟素飧碌碌俾躬處厚祿雖多亦奚以爲是宜書錄事之美於壁間聳善而儆不肖蓋春秋之微旨矣先是此庭此宇荒涼蕪黷端士不履今前後有修竹左右有廊廡穆然清邃皆自我焉聊記述之序遂以李君爲首亦所以重績而新廳也

襄陽北樓記

天時有晦明人情有舒慘或感瘁交攜鬱凝不發非登高遠眺望則無以疎達其氣導沖和之性焉藹藹襄陽山水



之鄉征南與峴亭之賞賢王造北樓之勝緬邈千載遐襟一致靜操其旨得不根柢於是乎然勢勝則同制作迺異請得本末而言之先前之人公舍之内特達危榭以瓌碩之林樹窪雜之地左右翳薈顧視生熟人莫能登甚無光輝我公懷之思有所致會異日官府無事攜鄒生枚叟之客高步縱覩於城之墉次於北隅大獲偉地公竟符曩意據陴不去元機一發樓在吾目由是振陳成新拔卑爲高經營鼓智才力什一笑抃之下峩峩横空襄人駭之謂靈物佐助不然者何以不殫貨不峻程不罷民而成不朽之

績容易若此之甚也夏五月辛巳公欲亟逞遐矚亦既樂只為食肴酒聚賓而登之興其勢隱軫氣崇融上乘百雉旁壓萬井飛陛虹指長檻雲截陵昭回而永睇闞萬態之紛糾楚山無際漢水遠去郢門商雒微茫天外當是時大火炎炎里閈如燔更簟驟盥躁灼不解及其燕也卽窈靄靜深端和肅清輕飈四來衝闥動扃座賓相顧如在顥氣況乎春之發舒秋之泬寥固不言而勝矣壯而不侈謂之範作而不費謂之智登降有序謂之禮享宴有惠謂之仁道崇者聲輝位大者物舉搢紳君子咸謂為此樓與羊公



峴亭不沒矣若掘客土斬異林礱他山之石奪齊人之力肆浩蕩之觀窮靡嫚之樂實曰涼德賈謗不暇亦文者何述焉野人鮿劣備詳公明白之實敬揚休休為來者大猷五年六月十五日記

## 五福樓記

人之氣剛而直靈而無方欲其全也唯其所養故處卑陋則痾恙慘怛而邪僻溪戾生焉居高明則遐曠博大而和平康樂生焉其或將移志氣張耳目聳形體使百祥九德沛然洋溢臺觀不作孰為起予是以我尚書劉公有麗譙之制建嘉名者其有旨乎曰太乙五福遊乎神宮之三年也先是茲樓北嚮之廳也穹崇宏敞實惟古制公之家每斷大事行大宴威儀四設必在於是搢紳籩豆陳乎上麾幢鐘鼓羅乎下雖庭階燦爛誠則偉矣而直視南墉雲物悠然蒼茫雉堞若生遠思以聰明幹材智以光華照城壁百堵之上忽生飛樓連甍沓栱攢倚碧空離坎之地新陳對列相與饒借赫然公府自下而望之也若鼇山冠雲蜃氣橫天霓裳鶴駕縹緲髣髴及其登也居顥氣之中坐青霞之側惝怳自顧謂生羽翼二江東注萬井如畫耳聞天



語目視鳥背雲山嶔岑山與雲齊風從中來肌骨淒淒於戲勝不終屈必有伸也天作蜀國殆萬餘祀前人厥陋我能補之愜賢豪之軌躅成藩閫之雄觀何其英特也公涯岸氣業傑出無侶神用迅密參乎化機嘗以至公篤信佐故太尉之幕二十年矣賓主神交中無猜腸亹落之際以柄授手居無幾今天子雙旌千乘而褒寵之熊羆井絡實為天府號令政化風行雷動自纓弁至於椎髻鮐背至於稚齒莫不冠帶其法制飲食其恩信曾未周歲炎炎休聲然後結構之興出我餘力況其新棟宇重威容也陳享宴

均慈惠也肆觀覽省風俗也采謳謠裨政教也豈止窮歡娛供視聽臨江遲客當宵待月而已哉有部從事符載揚盛迹刻貞石鎮梁益使百世君子知五福之巍巍也

## 梵閣寺常準上人精院記

峯巒不巉峭無以爲秦華院宇不嚴麗無以爲梵閣此寺之有此院猶頭之戴冕弁目之懸眸子有闕是者謂之禺昂丈夫其實誣之矣蜀郡豪也其民侈而夸者有之其土腴而譁者有之偶得靜地黃金以梯梵閣據龜城犀浦之間背郭六七里而遙擺喧傲俗已有眞趣及履吾之精院



也非天雲而高非川澤而深非江海而遠非山林而靜滿庭多修竹古樹喬柯密葉扶踈膠轕其下向有茅齋洞啟晨朝日出光照屋棟一聞鐘磬焚香掃地其心泠然也亭午無人經行林中凡鳥不來時聞天風其形飄然也沈沈子夜清宵夐絕唯餘皓月鋪軒洞牖其氣凝然也夫人之神不靈者耳目汩也居處蕪也思慮昏也苟身棲清淨之域目睇澄鮮之境心遊寂寞之地雖妄想有金城湯池之固不得與吾爲敵矣余爲六塵組織因於懺洗嘗與一二善友跳身此來高僧達客徵言相誘剎那之下我得本性況復主人棲處偃仰動淹星歲哉院主姓瞿氏眞釋種也行業如圭璧標韻如松鶴毗尼大藏啟其關鎖壇場之上鬱有風稱弟子以羸漏之質入旃檀之林臭聞馨香身意快樂故書美以示於道流欲使後之君子遊其地覩其文明其人知余詞之不鹵莽也丁亥歲正月辛卯國家郊天之日也試太常寺協律郎攝監察御史符載厚之記

## 黃仙師瞿童記

朗州桃源桃花觀南岳黃洞元居焉有弟子姓瞿字柏庭年十四太和末散嗜慾不入傲然懷厭世之志大歷四年



庚寅歲自辰溪來稽首宇下願廕道域厠役隸之末仙師以慈物軫慮遂許之雖處童孺給侍甚謹在醜不美率性恭默每旦暮仙師修朝拜之禮攝齋莊之色焚香搥磬叩頭擎跽如臨君父如是者積一二歲不衰矣或往往獨行入谿洞中根究深處信宿方返仙師讓之輒云偶造佳地遭遇神聖覩雲氣草木屋宇飲食使人澹然忘情不樂故處因求願偕往仙師曰靈仙之府必在左右然尚幼小謂所至之地不卽爾也無何有丹砂之役領至襄陽市闤闠之下齋人浩擾則瞑目不視神氣醉泥返至逆旅通宵而

後醒問其故捧手對曰太樸散壞者久矣今之人圓冠方屨以詐相尚以利相市余所不堪方大駭其說不敢以常僕僕之其後數以前事請仙師亦有意將逝屬暑雨壞道不得果去八年癸丑夏五月甲辰晦正衣服拜訣於戶外自言靈期逼近難可畱止請自是往至日月合於鶉首復近於茲地馬仙師少加撫愛未即聽遣室有同學道士朱靈辯者恐童子精神懾懦爲妖邪所攻將欲載丹筆符而禦之童不懌且多傲詞云他辰之相見歲在降婁矣庭際有大栗樹遠人不過數仞遂背行冉冉從樹旁滅沒化去



有聲隆然如風飄雷震衆以爲事出言妄怪愕失次馳告鄰落共四圍而索之于崖沈沈漠然無聲洞西行一二里有巨蛇威猛甚盛自道中拖腹橫據勢不得近次至於東隅見右足八指羅印於地上折弱篠八枝縱橫插植若誌冥驗之數餘不復覩先是未潛景之日劚芝園間獲珉石圓大如五銖錢朗瑩可愛跪而授師曰此秦客所棄棊子也幸加秘護後有符契仙師靈辯狀之不昧惜向時之無斷俛然發篋復覩故物其慙愧慕望者可勝言哉後經時會白晝假寢輒幻罔而至備申摳衣之敬診其容態但以承事尊上爲疲耳至於日者之約無替焉仙師以建中元年自武陵卜居於廬山紫霄峯下古壇石室高駕顥氣載弱歲慕道數獲踐履其域話精微之際得與聞此太息良久自感悟曰神遠人乎哉道遠人乎哉夫瞿氏之子受天之氣生人之世百骸六臟非有卓然異色也以一誠之志唯巖洞是慕彼秦人之宅尚得而往況仙師遁跡空山垂二十年根之以渾元守之以太和遺肢體冥耳目息歸於踵神舍於素窈窈冥冥中含至精方將入天地之門遊化初之原磅礴萬物不見其朕豈遲鸞鶴之馭而滿其道歟



門人先往而師資尚淹畱塵世天其意者以時人溺於羶腥汨亂正氣多札瘥夭昏之患使布陰德大拯生命符三千之數耶弟子風波之民不能自拔泥淖繼芳金籍徒以區區文字紀其糟粕不亦悲夫然庶示於好事者共爲起予之地耳貞元元年八月二十日符載記

## 襄陽張端公西園記

南雍州地靈氣爽號爲雄勝峴山漢水環抱里閈東西主人有問於我我或致讓其地荆揚淮楚之不侔也繇是侍御史張公得風景之高朗依連帥之仁愛遂此一廬作爲

宅居居有園園在萬山東五六里檀溪西三百許步南值漢高廟正相當佛宮數四與岑巒邐迤蒼蒼松檜盡爲庭木前有名花上藥羣敷簇秀霞鋪雪灑瀲灔清波後有含桃朱杏的皪蔭靄殊滋絶泳甲冠他圃每天清雲淨雨霽風息山僧羽客泊簪纓好事者亟來從之開軒設簟耳目袪曠煮茶摘果動至酣樂出門爲人寰宴居成山林適自中得萬累何遠故公用是上才草闈風聲舊齒曩曹輸飛青冥令手操財賦之柄心寓希夷之際人謂官薄我有浩氣屈伸通塞頹如也卽西園之地實張公營道之塲也是



何棲心拔俗之遐曠也如此載匡廬逋客目遊履踐故輒書眾美於素壁之上使異日造辟疆者遂用之爲導云丁丑歲六月庚午推歷者以爲金畏火而伏之日也符載厚之記

## 鍾陵東湖亭記

雷霆風雨蕩陽之積也河海川谷洩陰之凝也樓觀臺榭宣人之滯也天氣鬱則雨暘不明地氣塞則萬物不生人氣壅則百神不靈我常侍李公架崇岡作新亭導百骸理七情用斯義也況斯郡也翼軫之所照燭江湖之所潨射扼七城控百越地侔千乘艘駕萬舳王臣聘客環至吾府將有以省風而修好也我有善地不築不蓋我有樽酒不斟不酌其將欲斂詩人葛屨之刺乎甚不然也先是東湖汗漫與江邊際秋潦備助人憂爲魚故相齊公築塘以禦之厭殺水勢且便車馬盡績則懋爲塗或微而洪之民蓋累鉅萬口噫息雷動噓氣霧散繇是行里者駢肩礙踵不得周旋焉我常侍作橋以張之其修也可以發二矢其廣也可以方兩軒結搆高標揭蘖孱顏白晝晴虹東西竟天恢里閈之迫隘通鄉遂之迴環千輪馳萬蹄驅渾渾浩浩



水流飆駭盛矣哉澤民利物如是其偉也公樂斯橋之豪大慨斯橋之孤峙常欲建亭卜勢迭爲光華會春物含秀嘯領賓從亟來乎其上相與牽率履行而東連岡萃然橫我步武以爲茲地必答前志喜形於色竦身而登之卽果若眞宰以萬古之勝待我矣平坳漏削涯岸鴻盤數仞不知抔土眞天造也公覽紆密思計校呈狀萬材已構他人不知於是匠受命吏受命談笑眄睞而亭成其望也神張其登也形端其高也渠渠其邃也耽耽橫四棟以燾冪闞八扉而呀豁飛廊連軒以翼翥旁舍沓靄而雲合然後迴

首永睇從風開襟當軒萬井直視千里西山邐迤橫擁邊夐占護蒼翠古來無人一朝此地盡得歸我每良辰嘉客思有宴賞輒具肴酒共爲歡娛天晴日宴湖光入座寂寞虛徹眇然四去或無鳥過不辨空水於戲牧鍾陵之民五改火矣首年而衣食富二年而姦慝禁三年而禮讓興大抵以清淨惠慈爲理本剛明正直爲化基與民同欲萬戶一令遂用無事里中或謠曰李公不愉吾何以居李公不宴吾何以逸夫如是卽斯亭斯榭士林君子猶以爲固歟異日捧飛詔擁丹轂霈然爲霖沃旱濡焦彼吒之斑白童



稚徘徊於階墀軒闥者卽羊公之峴首名伯之棠樹謳歌思慕尤在永久而不在茲日也載嘗忝從事重遊舊所猥獲登踐陋顏一開顧茲盛美瞽矇有頌然事光而材薄多見其不知量矣是亭居東湖之上因請諡之曰東湖亭

## 長沙東池記

諸侯之封茅受土荷天子心膂之寄者有旌旗車服之盛有生殺賞罰之重宜有以鼓鐘池榭而張大之況長沙大郡也江山亘千里道途控百越有主人焉有大賓焉渾渾四來擊櫂摩軒主人苟不以享讌觀遊而禮之者卽詩人以爲褊故我有東池之製焉壬午歲皇帝命御史中丞楊公領湖南七郡之地公方厚簡重氣岸恢大以文章禮樂藻繢德義踐右史歷文昌登少常伯朝廷之休聲茂績沛然也以素望膺盛拜故捧詔之日公卿賀登車之日道路喜下車之日童老慶朞月而苛細去周歲而兵食足三年而風俗清卽觀遊池沼之作出於餘力矣先是佛廟之旁有泉沚焉陰流沮洳不能措杯於其上加以隙田數百畝磽瘠滲漏不產嘉穀莞莎蒲稗狼藉紐纖公以重價償僧而求之僧滿志也於是相地形鑿水路掘卑壤築高岸盡



東其勢渟深注淺公以美利僦民而營之民悅隨也居是累月池成大水旣瀦長江闕二字平澄無邊天空境明一來窺臨百骸以清江湖思遠著人襟靈右有青蓮梵宇巖巖萬構朱甍寶剎錯落青畫左有灌木叢林陰藹芊眠不究幽深四時蒼然柯葉吟風聲若哀絲自北徂南夐邈悠悠鶺鴒鳧鷺差池淹流太陽晨曦金波瞑浮氣象詭怪恍惚瀟洲湘西有山黛色沈沈或時無風影墮池心中間乃背城闉之局東追風物之遐曠盛嘯賓客泛舟而遊駐彩旌動蘭橈逍遙遠去與隨趣往縈涯繞嶼不記沿泝晤言始

歡間以壺觴絲桐緣雲以淒切羅綺從風而翠燦有美一人蛾眉嬋娟綺袖自障清歌采蓮聲發波中宛宛神仙當是時憂者泰褊者曠勞者逸惛者爽豁七情之底滯蕩百靈之疴恙豈比夫高陽習家之醉同年而語哉何長沙之卑濕貽搢紳君子之慮也夫賢達之蘊才智也不得其時卽騰陵宇宙鼓鑄萬物且兹地也朝爲蹄涔夕爲蓬壺茫茫平地波瀾在我識者覩公之爲事也量細以度大詳近以徵遠伏知異日必能成天下之務利天下之物斡運元



化變調正氣致君雍熙與咎夔爲徒者於此而見之矣載項年盧岳嘗辱公顏閔之顧賀榮拜寵自舊山以來拂拭孱弱屢陪遊泛覩盛美而不書者君子或以爲闕也乃抉謏才須賢能以耀乎將來者也

土洑鎮保寧記

夏口至西南四百里其山曰西塞其鎮曰土洑山鎮相距可百餘丈崖岸中斷呀然摩霄大江浩浩橫注其下其餘控荆衡走揚越氣雄勢傑岡連水匯者蓋數千里此天用設險於吳楚也苟邊將不虔化爲豺狼以一鼓之鐵一邱之木撐鬭鍵鏁絕流東溢則江介之勝吞八九於鎮中矣在昔僭吳偏宋或攻或守年代紛綸莫可悉數永泰中代宗以董秦爲淮西節度是鎮隸焉秦素兇戇昧懵王度乘先朝寬大之典幸是地咽喉之固雖無跋扈之志而多剽剝之暴至於士民工商連檣如雲必將沿於斯泝於斯主守者乃高其門閎厲其威容恣奸吏巧誣聽部伍強丐誤差毫釐誘入罪地輸其緡錢魚鹽丹漆羽毛小則半取之大則竭索之愁痛之聲雷動宇內小人君子咸謂爲蠻貊之域無何李希烈自裨將驅除董秦奪其兵柄其土洑之民方組織禍階軍食不足督索之酷倍百前政甲子歲希



烈大逆不道皇帝震怒命宗臣曹王皐肅將天威詰誅暴亂節制江西之事春二月王乞靈宗廟一戰而克故是鎮復歸於我遠近皆轂涕爲笑姁愉相賀枯骸瘠體脫去擔負然否則傾矣而未甚泰元年夏四月國家裂諸侯之地俾大夫盧公藩壤沔鄂以江蘄等六大郡屬之車始至而沴氣肅清令始設而軸轄滿盈和始扇而魚鼈不驚浹辰之下舊染汙俗咸與保寧矣昨野人出自山林來謁上郡帆次於檻側卒不識禁將不呵問無逗遛於時無哀歎於貨向至暮夜則漁者唱樵者和蕩蕩然罷鳴柝吠犬之驚

於戲昔登太行摧輪之險今踐通衢如砥之泰非所托遇仁賢所守用德義則孰能致此歟是知王者之御四海得賢而治失人而亂諸侯之守封畧以德則固恃險則亡其猶影響耶況大夫寬仁惠和文武光明存易簡爲約束萬夫知禁倚誠信爲政令千里自化變我澆俗寖爲貞淳若察近以遠則他日手持陶鈞心運動植嗤嗤橫目知受其大賴矣小子感前後之殊事樂人庶之服悅故爲保寧記以獻敢無愧詞貞元景寅歲夏五月三日山客符載記

保安鎮陣圖記



甲子歲我王克蘄春之明年也是時天子居梁州丞相司徒勉出於陳留逆豎乘是遂爲六合鯨吞虎踞使宿賊杜少誠長短兵三萬方將拔蘄取黃濟江而南至於五嶺盡以天子之地懸自受署焉春二月逆師自穆陵陰山白沙三大關支下而進威聲炎炎如無枝梧緣道邏守已陷六七我師洶然少阻氣勢王感慨激三軍沈畧通神明以爲是鎮地勝而險固卒獰而孱弱彼必知我將銳志而圖之設伏衆戎盡殪可也乃命兵馬使伊慎傑帥驍悍四千人銜枚宵入張諸柵之卒伏於莽闇賊騾闕來以蝥弧偕登於是中軍一鼓萬夫雷呼內兵乘高而唐突之伏卒陵背而芟割之紅旗拉風長戟如倚晨暮三接朱殷谿瀆獲馬牛百萬蹄斬首數千級其餘斃踣瘡痏嗢嗢枕籍者遂大築京觀以爲武功焉由是氛霧蕩八方日月麗大幽兇醜懷締搆江淮完性命江淮而南父子夫婦無僕虜之患皆一舉之力也故自希烈亂常天下擁兵之諸侯議鴻勳茂績者莫敢承風焉先是包大夫佶司天下之賦將自揚徂荆萬檣峩峩不得安動緊我之捷卽陸驅車水方舟驚飈駭雲集貢於天王君子爲我王之勳績也大宜載太常刋



鼎銘豈獨繢簡素而已載忝賓介厠櫜鞬之末得備書事揚公休聲貞元元年七月二十日記

甘露記

大唐壬午歲南陽張公宰上元之二年也有甘露降於庭梧瀼瀼靄靄如雨非雨者數日縣大夫謙不敢自道其美胥徒洎邑之緇黃幼艾以狀聞於連帥連帥表奏於天子天子嘉之優詔寵答煥然光曜癸未歲復降於庭梧夏四月余自淮南罷去丞相府將假道以歸主人備勞餞之禮遂盛於杯器以示予予取前箸以嘗之卽薰喉淬齒液不

及咽。而腑臟塗然矣。輒自揣大化之精而計之曰。夫天地無私也。至虛也。寂然不動。感而遂通。若御物之心誠。萬人之氣和。爲祥雲也。甘露也。或御物之心淫。萬人之氣冤。爲繁霜也。苦雨也。動於此。形於彼。自開闢至於茲日。無他理矣。夫如是。張公之政。徭賦調歟。倉廩實歟。風俗厚歟。人民樂歟。不然。則何嘉祥元貺鍾於邑也。如此繇是言之。二千石至於六百石。主有土之教化。操生人之性命。正卽爲禎祥。邪卽爲妖沴。得不嚴心直志。靜操理本。上答神明之旨乎。茂宰之時政也。張君名集。某郡某里人也。其餘風猷義



行。存乎碑頌。此不書。甲申歲十月一日記。

# 欽定全唐文卷六百九十

符載三

## 江陵陸侍御宅讌集觀張員外畫松石圖

六虛有精純美粹之氣。其注人也。爲太和。爲聰明。爲英才。爲絕藝。自肇有生人。至於我儕。不得則已。得之必騰凌霓絕。獨立今古。用雖大小。其神一貫。尚書祠部郎張璪。字文通。丹青之下。抱不世絕儔之妙。則天地之秀。鍾聚於張公之一端者耶。初公盛名赫然。居長安中。好事者卿相大臣。旣迫精誠。乃持權衡尺度之迹。輸在貴室。他人不得誣妄而覩者也。居無何。謫官爲武陵郡司馬。官閑無事。從容大



府。士君子由是往往獲其寶焉。荊州從事監察御史陸澧字深源。洎令弟曰濔。曰潤。曰淮。皆以文行頴耀當世。故令藻蘊奇之士。多游其門焉。秋七月。深源陳讌宇下。華軒沈沈。樽俎靜嘉。庭篁霽景。疎爽可愛。公天縱之思。欻有所詣。暴請霜素。願撝奇蹤。主人奮裾。嗚呼相和。是時座客聲聞士凡二十四人。在其左右。皆岺立注視而觀之。員外居中箕坐鼓氣。神機始發。其駭人也。若流電激空。驚飈戾天。摧挫斡掣。撝霍瞥列。毫飛墨噴。捽掌如裂。離合惝怳。忽生怪

狀及其終也則松鱗皴石巉巖水湛湛雲窈眇投筆而起爲之四顧若雷雨之澄霽見萬物之情性觀夫張公之藝非畫也眞道也當其有事已知夫遺去機巧意冥元化而物在靈府不在耳目故得於心應於手孤姿絶狀觸毫而出氣交沖漠與神爲徒若忖短長於隘度算妍媸於陋目凝觚舐墨依違良久乃繪物之贅疣也寧置於齒牙間哉嗚呼由基之弧矢造父之車馬內史之筆札員外之松石使其術可授雖執鞭之賤吾亦師之如不可求從吾所學則知夫道精藝極當得之於元悟不得之於糟粕衆君子



以爲是事也是會也雖蘭亭金谷不能尚此或闕歌頌取羞前人命鄙夫首敘諸公得揮其宏思耳

上巳日陪劉尚書宴集北池序

才智宏傑者其人尊政教易簡者其民泰時節和暢者其游盛地形盤鬱者其宴雄我尚書劉公挺天姿之英特釆人心之愉樂乘上巳之暄淑趣北池之汗漫操四駕騰百祥皇皇煜煜氣象飄動眞高會也況乎九天之澤滂沱下澍新握龍節保寧坤維苟或風流褊儉不耀是則欲顑頷寵榮也豈承荷錫命之意乎巖巖西蜀古稱天府之奧也江山數千里羌蠻萬餘落歲時風俗豪侈凡所好尚奇偉譎怪遭值此際得攄胷襟故尤爲壯觀矣先期旬日也嚴經術洗涯岸洞篁篠熾臺榭有事之辰也擁幢蓋揖賓客寅及於近郊卯及於北池其降車也鼙鼓發登舟也絲桐揭解纜也百戲作覽水府摧江離叱天吳拉馮夷躍黿魚騰蛟螭名琴高嘯宓妃引蓬壺以迴泊若雲蔚而霞帔一何壯也及乎耳煩目劇綿趣靜境稍自引去於空潤水波不動四羅郡山簪裾坐於天上思慮遊於象表又何曠也觀夫水嬉之倫儲精蓄銳天高日晏思奮餘勇實有赤縣



兩爲朋曹獻奇較藝鈎索勝負於是劃萬人之浩擾豁一路之清泚南北穩徹中無飛鳥爰挂錦彩從風爲標爛然長虹橫拖空碧乃許才力量遠邇一號令雷鼓而飛千橈動萬夫呼閃電流於目背羽翼生於肘下觀者山立陰助鬬志肺腸爲之沸渭草樹爲之偃悴揭竿取勝揚旌而旋觀其猛厲之氣騰陵之勢崇山可破也青天可登也若使移於摧堅陷陣之地寧有對宇宙乎夫文質殊塗古今異宜君子作事得時也是都也有軍旅焉有南詔焉有西戎焉尚或以清流激湍一觴一詠爲賓客之娛者是不知變

也而識者咍之其觀一時之能事成千古之休烈在今辰也豈與夫永和少長咸集同日而言哉載自顧薄劣塵厠下介謬處陳璋之任被命首敘敢逡巡乎請賦八韻以耀蘭亭諸子也先是故太師韋公因是令節課賓寮賦詩迺取諸黃裳以爲韻今尚書繼之以青蓋欲使其五色相宣耳

九日陪劉中丞賈常侍宴合江亭序

井絡萬方之奧區也重陽四序之佳節也合江一都之奇勝也張此筵者中丞劉公焉監此軍者常侍賈公焉是亭



鴻盤如山橫架赤霄廣場在下砥平雲截而東西南北畟然也場中羅崇牙大旆亭上列雕盤玉斝主人與賓朱紫爛然相與峩冠揖讓而臨之雷鼓震動壺觴波湧山川風景凌軒入坐地形勝天氣嘉人心洽三者既極遂成歡娛不知醉之無從也夫和樂之在人心也未嘗不激於衷而形於外此自然之數是言也其故何哉禮曰有爲而爲之曩者藩隅變故主帥徂殁而子繼弟及者有之毒民殺吏者有之逐將攘位者有之兵戈一動羶腥數歲今坤維禍起太尉公甃落山川之所控引兵車之所雜蹂蕃蠻之所連屬師漏於涓滴釁成於波瀾安危之計懸在絲髮我常侍沈斷元機發如飈馳以眄睞之力移山邱之勢我中丞聰明英傑動與神遇承要約當談笑閒萬形施張已在靈府遂乃推大誠布大賞誅橫猾拔雋異息老穉洗故瑕一日而聲作浹旬而恩被盈月而政成森然萬戶與令清淨麾幢之所至也自耆耋至於童孺瞻其馬首拜其玉顏唯恐其不爲父母也故茲會之宴賞今日之愉樂與彼登桓景之山落孟嘉之帽飲菊酒佩絳囊者豈同日而言哉於戲非常侍無以康護全蜀非中丞無以恢建盛烈能羆二



美輝映一時若使載事者聆而書之可以聳忠良而驚奸慝也載忝幕府之舊謬親文翰憑良會之奇勝來羣情之踴躍敢竭思慮紀其風流至於登臨眺聽之興烟霞草樹之狀即存乎大雅六韻之什此無備焉

中和節陪何大夫會讌序

中和王節也萬國承之樂洪慶也夫天地之大德曰生發生之盛氣曰春春之於孟也萌動而方微於季也發泄而過強唯仲春木德乃茂沃生人之愷樂洗萬物之枯槁當三陽之正中凝四氣之太和以正星鳥以推律度五年春

皇帝負黼扆臨前殿酌天心之旻美順人情之煦嫗啟襟
宸於高瓊建嘉名於振古遂下明詔詔天下以每年春二
月朔旦爲中和之節焉凡八紘九州舟車所至之域莫不
嚮風蹈躍承順帝則卽今日之會我岳鄂連帥御史大夫
何公蓋所以祇明詔宣德教而歡萬民也夫景不和無以
破昏蒙之氣地不雄無以壯光華之會且觀夫廣場削平
空迥無涯黃鶴前峙以崢嶸大江旁注而逶迤朝之日晴
陽始昇鏡清無塵高楊如烟拂冠垂紳主人乃揖乎英僚
上介洎簪裾耆老之客相與羅拜於北向已而敘登於阼



階之上脫劍搢笏百戲具舉焉旌旗飄飄馬鳴蕭蕭始金
鼓以一振忽端立而揚鑣鐵衣錚鏦白羽在腰列高的於
虛碧翻大旆於回飈既而鏗絲桐耀丸劍齊入體以岑崟
疊湧而川注喧風徐來春日未斂美人盤跚緩步前墀態
生橫波怨拂蛾眉感青春之不再歌朱實之離離音綿眇
以切雲塊遠放而如遺樂及於繁奏爵及於無算檢一變
至於懽懽一變至於醉莫不載時之交泰飲公之惠洽恬
悅饜飫充塞臟腑而已哉大夫涵青雲之器極黃裳之美
忠厚方直清明而深堨至忠以輔國啟大誠以御物下車
於江夏自始至於茲日德行浹人於骨髓禮義澤人於思
慮馨香問望久而益茂故地方千里民蓋百萬口親愛如
父母威畏如神明利劍水鏡日懸戶牖此所以無嚚訟無
寃志熙熙穆穆爲清淳之俗焉今天子以皇極大中之道
居鴻寶之位垂二十載矣如天之覆如地之幬如春之仁
如秋之威神聖聰明文武溫龔侔羲農之遐想軼唐虞之
絕軌況乎稷契咎夔訏謨其內也如彼韓侯申甫輯柔其
外也如此則何憂乎北邊何患乎犬戎異日也若飛詔發
來大夫有鼎鉉之拜則天下之理又未可量矣鄙夫樸野



亦承玉筆之一人也授教序述慙靦無措請咸賦八韻用
極中和之美焉

## 鄂州何大夫創製夏亭詩序

豐城有神劍非司空無以發沈塞揚光彩爲天下之大寶
江夏有善地非亞相無以起雄峙作亭榭爲天下之至勝
虛極必盈晦極必明開物之務繫於賢者此自然之理也
先是郡中寺曰頭陁名與碑並登臨鍾萃大雲氣邑下酡
礫石公政教既備游心佛寺慨此頹落乃沛然而張之聳
阿閣矗長檻嚴像設熾臺塔凡所相好皆鼎新也方務翦

伐用探勝會一時景歟值甘心采入意謂粹絕余將擭之迺緣後殿穿窈窕出乎蒼莽之巔果有實境待我而啟萬古不偶今爲知音通塞之際若有感也觀乎經營之初也鏟嵽嵲堙坎窞斬榛楛掘株枿翳薈掃盡天形巍然山川雲氣一朝噴泄公智動於內形象於外口疏手指煥然成亭侈儉無過因歸於中當於是延賓介洎郡之士君子相與開襟而登之殊解乎淩泱漭駕崢嶸壓夏口撐大別開井閈於砌下擁城闉於宇後倚檻凝立在青冥中連山積水悠悠渺渺長想一去周流物表何如宇宙於此爲細繇



是言之因知公宏邁可以拔幽陋材智可以陶品彙應用不測與造物者爲徒乎崇崇夏籍南峴何羊祜之事齊芳永久夫詩者比興而詠志也凡我登覽盛美情傲無述豈文士之意乎況主人唱首韻鏗金石得不搜思上承獻酬請咸繼大夫之後賦六韻之作耳

## 甘子堂各賦一物詩序

甘子堂近取嘉木以名之也戊寅歲常侍李公陋舊制晝新制茲堂一構官舍增氣槩巍然也堂中廣數筵環軒有六閤閤有雅琴古籍繪圖篆隸砌下有短松弱柳蘭荃芳杜名花百品羅植左右自春陽至於沍寒之際未嘗不鋪霞疊雪照爛庭廡新花驟發不啻故態佐以壺酒與賓娛之其與宴當高會雖登山臨水不敵也或月滿清夜簾帷沈沈洞開羣扉斂衽端坐此際有以見公萬累去百靈集氣衝寥廓與古爲徒豈獨馳心政術區區於鍾陵之氓而已矣是知此堂也外可以延風景內可以輔性靈改作之思符規中律請因以所覩一物賦三韻極書當時之美使將來君子知李公有深旨焉

## 送薛評事還晉州序



十八年秋七月余自潯陽來赴丞相府與評事始相值初揖其風貌次聆其嘉話終覽其篇詠如遊三山入仙洞沈深窈窱稍造異境烟霞草樹別有姿狀使人澹然忘歸也夫詩之所主大者存諷刺備勸戒觀風俗之美惡細者眄江山采雲物導性情之幽滯評事公之作才思凝遠高韻孤枝躍出寥廓至於天池雲飛鶴去不可附近尚使名聲蹇落晚歲不偶斯乃執文柄者之咎也薛生何有哉廣陵握手秋往汾晉渺渺長路肅辰氣清想君馬上見落葉聽候鴈一吟一嘯自有遐趣亦足以開遊子顏也千里之別

勿復悵悵。

送袁校書歸秘書省序

國朝以進士擢第爲入官者千仞之梯。以蘭臺校書爲黃綬者九品之英。其有折桂枝。坐芸閣。非名聲衰落。體命轗軻。不十數歲公卿之府。緩步而登之。袁生富有春秋。挺豪健之姿。心氣剛明。端行美文。余始見於海昏。抵湓浦西遊長安。長安士大夫甚多之。日者昌黎韓公尹京兆。朗鑒之下。應鄉試。浩浩千輩。生爲甲冠。繇是爲聞秀才焉。天官侍郎以判銓調士。生涉高級。繇是授讎校之官焉。於戲。人之



生也患詞不修。誠不立。苟進取行已者。盡併生也。欲逃問望。傲富貴。其可得乎。去年秋。有休澣之請。來覲於伯兄。展禮於亞相棣萼。增韡韡之盛。賓主得厭厭之樂。道光事備。青春北歸。柳茁帝里。蘭芳省署。嘯侶持觴。吟弄風月。藹藹當年。爲樂何如。走以嘉禮一來江夏。相值於諸侯之館。因得與羣彥賦祖行詩。實亦從此旋歸舊隱。偶長松老鶴。爲度時之適。豈復以華簪爲肺腸之慮哉。中朝珪組君子。大半皆匡廬之舊。間闊久矣。爲余揖其休暢也。

送崔副使歸洪州幕府序

今四方諸侯裂王土。荷天爵。開蓮花之府者凡五十餘鎮。焉以禮義相推。以賓佐相高。長城巨防。懸在一士。苟人非髦彥。延納失所。雖地方千里。財賦百倍。有識君子咸舉手而指之。我主君常侍李君以南昌軍倅辟於崔君。眞得賢也。崔君名稅。字文約。天資方厚。氣邑淳重。有端正之行業。有操斷之利用。柔則水順。剛乃山峙。工文章。善笑謔。言語飮酒。可百觴。交朋好與遊者。如攀瓊枝坐瑤圃。油然竟日而不知厭也。始以貞幹調補義興尉。參河南府軍事。割而不衄。職而能斷。蹤跡清直。風聲藹然。是知動公卿之顧。走



郡府之檄。士林籍籍。有自來矣。十六年冬。自洛陽抵襄州。歷江夏。將祇承本府之命。大夫何公上才碩望。作鎮茲地。十四年矣。急才愛士。與饑渴等。每賓客至。登廳門下陳榻者。輒損折威重。降就禮數。歡愉周旋。襟期洞開。況與常侍交分重邱山。疆埸連風烟。見我從事。斐如會面。不得不留連繾綣。以道平生之意乎。繇是窮勝賞。酬宴醵。景無徒畫。花不浪發。江夏郡東有黃鶴山。山中頭陀大雲精舍。顓師竹院。惟一師茶園。又有東城石壁。壁前有桃李樹千株。澤國多雨。芳華久困。適值寒食前後。天野清明。衆花齋發。火

然雪白是日也或嗤丸劍之跳躍鄙絲桐之嘈囋大夫乃滅徒御挈琴酒相與屢遊乎其間遺石而坐觸陰而息雅杯徐行微微春風好鳥一聲爲我笙鏞往復如此彌旬累晝皆所以竭主人之志盡公約之歡也明發理棹黯然愁慕南浦悠悠別如之何於戲古人云良辰美景賞心樂事四者難幷今實幷之矣常恐後會追之不及恨恨正在於此耳公約得不思之乎得不念之乎展布才力好輔君子以成賓主之美乃所望也副相視事久困倦劇未能操觚抒思故小生敢於敘述冠於首章不知慙怍之無從也請



咸賦春中一物爲道路之志

送盧端公歸巴陵兼往江夏謁何大夫序

乙卯歲主君以清淨之理治洪州之三年也侍御史盧公自江夏展禮於我來之日至往之日凡甲子四焉享勞俎輾慊然不足卽客之重輕可知也將行主人賦五言詩一首韻諧金石光寵道路亦命酬和粲如編玉顧謂鄙從事符載序而導之云端公名泰卿字成業有當世才幹瑰瑋磊落不縈苛細工爲文能讀三略六韜觀其發論指畫規模宏拔眞卓然之士也中歲轗軻竄逐江湖萍泛雲遊二十餘年常侍於公有松柏之心有管鮑之知故再遊長沙一至鍾陵相望益重相歡逾劇方翻驊騮之足簸鵰鶚之翮雷發千里風生九霄豈止於賓其褒橐而已哉蓋通塞有時難與命言悠悠北歸悵望如何山有木工則度之常時而語矣況在其封域焉載知副相必起羸發困結攬賢傑延於參畫之地寧使涉洞庭波視木葉落歸守蓬戶饑餓旦夕哉勉矣風水唯當痛飲醉高秋之別

送盧端公歸恒州序

今天子纘嗣鴻業也雨露霶然洗濯八荒藩臣安謐交修聘問是以侍御史盧君奉本府司空王公之命以乘馬玉



帛展禮於我焉夫使之來也擁萬里之傳結四鄰之歡大或議兵食細卽道款曲重輕之齊懸於俯仰非才人快士之選卽何以當之端公少而能斷壯而宏遠練時務之書負豪爽之聲始至也其氣直而肅其詞遜而婉其儀恭而和折旋應對雅會機要我太尉公悅而延坐與語目爲儁異顏色禮數橫加其間可謂賓之秀發者也繇是先太師之意達賢司空之禮備胸襟之志也展賓主之好也深則皇華之美盡在此矣亦何必誦詩三百然後爲得乎太尉

南康公作坤維之梁柱二十三年矣大勳大德播塞宇宙藻藉今古迥無其曹明司空英姿粹氣授於天造忠厚義烈繼芳前休異日也合德同心翊戴是思勤於王家康活民庶小子見史臣載事之筆濡翰流離之不暇也實近爲司空抃手而還知端公徘徊此地久而彌暢太尉嚴館戒吏厚餼具牢米禾芻薪亦如之唯恐其趍然道別也端公感惜恩貸屢迴征駕自去歲之鑿冰至今歲之流火方遂其行焉蟬鳴嘒嘒涼飈欲動繚繞長路愁懷若何九月十月之交想端公下太行抵常山停車騎拂霜雪嚴城旦闢



矛戟如林復命於雙旌之下赫然有光也主君以尊重之命下介引而敘之抽毫之際臨深履薄之不啻也咸賦四韻以代雜佩之贈焉

送盧侍御史赴王令公幕序

持俯仰全檢劑從容溫謹之地齷齪之士也跨時俗尚奇偉抗志風雲之表從橫之才也監察御史范陽盧公神宇聳峙襟靈爽拔脫苛細於塵垢得豪雋於意氣義分形於造次才畫充於懷抱邁迹遐逸與人無倫年未弱冠爲鄱陽尉目事必剖間無留刃勢掩曹輩快聲飈馳江西伯常侍鮑公祭酒李公寵以賓介之目授以叢劇之務政或闕漏我能補焉無幾何馳車遠遊北至恒冀聞以利計於司徒王公司徒器之開深沈之懷垂沛然之愛歡則膠固義存諷諭故能不四五年始自黃綬歷廷評司直冠惠文冠御史雖取恩知己實自躡青雲之梯也況年纔黑髮采色照地奮於名跡其心巍巍則氣高五白之博室有千金之數直大夫豪達之事豈足累盥目之視耶昨扁舟南行次廬陵郡下適値侍御將歸華幕幸接便道爲共濟之遊話酣意密備取賢主君之盛業歡喜失次若無所從因輒以



狂瞽私自忖度以爲人生於世其公者樹勳烈銘鼎彝休聲巍巍垂之無窮其私者富貴壽考而已矣今令公功德格皇天忠義貫古人地方數千里甲兵十餘萬身爲上公壽方無疆英英三子殷如川瀆尚書以寬厚保師旅大夫以沈毅威暴亂都尉以才智承恩澤一門雄雄洪業所鍾生人之美盡於斯矣成天下之務者時也射萬世之利者勢也若當此時抗雙旌驅四牡星馳丹陛對敭休命彼燕趙東平之諸侯恥不若也皆執玉帛爭修覲禮使純誠動鬼神之感光耀增日月之輝君臣之道穆穆皇皇則史冊

之美又盡於此矣夫何犬戎之瑣細而敢爲大國之患難紓命公之思慮哉侍御犀額驚頷骨狀甚貴懸知是行也必能露丹懇騁飛辯大陳明義以酬國恩山中異日偶承來問聞侍御褒衣結綬從公於北闕之下明天子以卿大夫印綬加之不可得而讓也窮秋葉脫鴈號霜勁矣行道開襟下帆鍾陵衆君子珪璋偉士英英照爛美侍御之所從也樂請抒詩什以貺之載懦夫也酺觴疑所謂以附於敍末

## 夏日盧大夫席送敬侍御之南海序



今天下司王職之官官立帥帥立屬制置滋久繁冗日甚二年春皇帝以易簡之道大黜冗吏詔近臣冠惠文冠者四人分行郡國以權之所至之邦刀布粟帛有廢供給辦二千六百石得自考課殿最以聞朝廷重其寄能其人以監察御史敬公清明上才克荷斯任故自黔中距於南海盡得而董之夏四月辛巳至於江夏六月丁酉馳於嶺嶠鄂管連帥御史大夫盧公闢以高館羅以籩豆搜文以餞之禮也先是侍御之至風威儀稜江湖颷馳如霜氣肅物莫不震惕我大夫政有和裕賦無逋曠饔夕飧朝問候君子有以見天王之臣行者以威重居者以恪敬也且國家尚兵以來百萬軍食仰給黎庶者數年矣至於靡弊等劇矣今羣寇底定人生始泰如饑腸凍骨易施饘褐是行也軌大中扇仁風決滯寃察賢良使海隅蒼生沐浴汪濊者正在於是豈獨責稽逋之賦乎小子濫以儒列廁末座大夫欲卑賤者得申其志至猥而命之載久棲山林詞樸意拙跪受簡牘伏用靦汗然各請賦五言二章頌皇皇之盛也

## 鍾陵夏中送裴判官歸浙西序



樹生人之本寵天下之利鹽鐵而已矣非剸犀切玉之器操劃利病之權務通泉貨上充天府下活人命則不得而居之國家委中丞李公以王賦之柄輕重之權實才授也去年春三月至於秋八月不雨關中饑饉職司憂焉以豫章江夏長沙諸郡地產瓌林且憑江湖將刳木爲舟以漕國儲乃命河東裴從事承檄擁傳與三諸侯圖之從事名滉字瀾之風緒高華中和而深敬恭文敏羽翼吏道始以幹局爲萬年尉中歲遠竄乎南徼會恩澤下降李公聆其才而辟之方今藩維大臣奉法謹文所至之邦朝令夕供

加以瀾之禮以持外誠以發內溫溫多可中無疵吝故方帥地主瞻其顏色聽其聲氣畧去形體相與懽愉醆斝之下闇然事緝斯所謂賢士哉若人也與夫用威造勢者豈同年而語耶眇眇千帆從風飛揚復命主人賓亦有光或者云勤不報屈不伸余不信矣況我公於公揖珪璋之望於私敦中外之愛感歎流落慨然盈懷即異日調和鼎鼐掄才取士得不與中丞同力合謀也水國方夏白波無邊檣烏一動吟嘯千里主公知非文什無以紓離志奉送將歸猥令首敘腆焉如缺但欲言鼓韶濩者之唱調耳



## 潯陽歲暮送徐十九景威遊潞府序

道舊者同志之至歡乎送遠者有情之至悲乎二者激人中腸我獨何爲鍾此懷抱始余與徐君識面余獨一言道合遂相顧攬載即亟往候太傅夫人起居他年余及楊郎中偕詣梓潼依李太傅生亦相從其於講道藝攻闕漏時上下郪中諸山賦詩舉酒吟嘯風月每至忘形骸也爾後鳥飛雲散南北四去邈邈悠悠凡十餘年昨余被命名爲江西從事生乃枉道顧訪病劣不任罷歸潯陽生亦策馬相隨余有茅居在郡南西嶺下前有芙蓉菱芡後有高梧大竹家貧無他具日爲徐君春黃粱爚園蔬鰡鱐數器相顧下筯頹然簷下快然偃仰至宵夜即燎薪火觴白酒引滿之際更語曩事襟期浩然如太古時人間萬累無非糠粃斯一何爲樂之甚也徐君僑寓成都日久常欲扶持尊老歸家洛陽寒氣綿薄不與意會有澤潞從事尚書郎郗君士美生之姑之子也長材端操敦好中外將自茲始裂裳而從之闕顏未熟執袂相送歲暮風雪獨遊萬里會面寄書杳杳何期又一何愁慕之深也徐君方厚有志氣履行醇固善爲文匿華爲晦叩之乃應加以身長七尺聲如



笙簧能飲酒斗餘談語聘睞自有標韻所至之地方伯牧守洎賢士大夫莫不爲子前席倒屣即士道其幾乎喪矣況山東望雄諸侯賢明舉才攜雋樹勳當世豫章之幹寧逃於班輸之目乎厚自珍重無恚知己崔君行先齊君照予之舊友也郗君士美盧君頊子得之友人蕭易簡也此數君子皆以宏才賓畫幕中寒暑推謝爲余問其無恙否耶復以是便代雙鯉

## 荆州與楊衡說舊因送遊南越序

載弱年與北海王簡言隴西李元象洎中師高明會合於

蜀四人相依。然約爲友。遂同詣青城山。斬刈蓁葦。手樹屋宇。俱務佐王之學。初載未知書。其所覽誦。章句而已。中師發明大體。擊去疵雜。誘我於疏通廣博之地。示我於精淳元顥之際。偲偲之道。實有力焉。無幾何。共欲張聞見之路。方乘扁舟。沿三峽。造潯陽廬山。復營蓬居。遂我遁棲。二三子以道德相播。以林壑相尚。精綜六籍。翺翔百氏。繇是聲譽殷然。爲江湖聞人。居五六年。載出廬岳。歸蜀問起居。中師愛惜離思。振衣相送。泝九江。歷楚。抵秭歸而旋。執袪之際。互修前志。己巳歲。自成都至。中師自長安僑寓荆州。羈



旅相依。各被婚娶。困於柴水。去歲迄今。凶問洊臻。王李二生。相次殞零。草堂無主。雲林索寞。鄉風長想。不知涕之橫墜也。噫。青城匡廬。岑嶔際天。下有煙霞。上有神仙。緬懷曩昔。逍遥其下。背負素琴。手持道書。掬泉掃石。吟嘯終晝。是時年少無事。費傲光景。造適則止。不知其他。孰謂倏忽。與中師啟煩襟。期晦明。一十二年於茲矣。辭山林。墮塵滓。五變星霜矣。歲月馳於外。憂喜攻於內。動非濟當世之務。靜不庇環堵之室。泥塗碌碌。視日旦暮。永言念此。厚用慚穢。思欲攀石門之松桂。宿靈溪之烟月。可再得乎。然蹋度者多繫乎出處。知幾者不滞於進取。前年冬。中師聊整文思起。嘗於禮闈間飛聲騰陵。譟動公卿。常伯輸敎。俯授高第。雖不當素尚。亦天路之鴻漸也。世之繇此而進者。必聯振六翮。聿求昇翥。茍有便捷。躍登青冥。十六七矣。中師旅食淹恤。內顧勤窶。策馬南向。慰其家室。未幾而囊金中罄。庖煙屢絕。乘時蒸鑠。將遊炎方。又何其濩落也。相國齊公。挺鸑皇之儀。鬱經緯之譽。新荷天寵。鎭安越服。執事行業明白。且曰親舊。或將修假道之禮。不爲丁寧結約。求以自輔乎。重慎舟檝。無畏遠道。議者云。五嶺風候。加餐飯。日舉醇



酒數觴。可以佐助正氣。生其誌之。

## 宣城送黎山人歸滁上瑯琊山居序

有沃田。有良耜。土膏脈發。凌春而耕之。播種稑之種。極耘耨之力。其或七年旱。九年水。穫不登於秉庾者。此天時也。非爲農之不精也。用聰明。端思慮。古先典籍。鑽研而求之。以道德爲冕弁。以仁義爲組綬。其名不光。其位不及身。尚嬰於貧賤者。此人時也。非爲學之不至也。山人誦堯舜之言。服堯舜之行。四十年矣。鬢毛斑白。龍鍾布褐。得不曰命之水旱歟。山人名復。氣清骨植。凡態不入。揖讓應對甚有

素士之風採賾以知章居易以安貧立誠以守晦服勤以樹善始結茅於滁上有瑯琊山青泉白石羅在戶牖耕漁之暇時時閱素卷飲濁醪以雲霞爲賓友以林籟爲簫管頹然竟歲不知其他頃有好事者日抵其廬舍莫不叢口一意頌我中丞崔君之賢明山人聞風褰足於蓬戶齋心於宣城手持短書候獻鈴閣中丞厚德如山愛敬士大夫降千乘之嚴貴納縫掖之顑頷相與談話惠其氣色枯株旱草霢霂膏雨嗟夫古人云國士遇我正在此耳何必他感然後捐軀乎況復與其文藝之優贍慨其羽毛之頹弱



將欲借搏扶之力鴻漸之勢拔自泥滓化窮爲通黎君心腸得不快然哉中丞下車日久政成俗阜倉廩實禮義立府中清淨白晝無事遂甘心於賓客焉朱軒洞開四壁風涼彈絃清歌絡繹行觴簪裾荷惠陶然一醉居無何山人有歸歟之興中丞乃抽妙思動高韻以大雅之什貺之文人幕客聯和瓊璧組繡鄙夫知到山之日猿鶴顧迎視有喜色也嗚呼幽蘭生於大澤香薰芬馥過時不採摧於蓬蒿矣黎君隱於滁上韞才蓄力是行不偶老於風塵矣去矣自愛謹候休問載卑客也才識短陋猥以敘述冠於羣什如處泰山之上兢惶惴恐之不暇也敢爲首乎

奉送良郢上人遊羅浮山序

良郢法師多聞強學風表端淨拔乎出萃者也始童子剃落轉持麈尾講仁王經白黑讚歎生希有想旣進具酷自砥礪加之以聰明迅發至於修多羅毗尼達摩書雜如是若干種法上人悉知解以佛門言之文學則游夏也以法將則韓彭也異日必能破魔軍闡元風當來像敎不墜於地矣甲申歲夏六月中丞楊公下車長沙之三年也余自故山扁舟一葉主人舍我於東館師荷簦振策惠然相顧



始見其青蓮眼目水田衣裳其心則懽如也次聞縱論雲涌波委甚嚴如也居累日報余以羅浮之行雲心不定稍欲引去噫沙門釋子棄捐萬慮攜三衣缽乞食自給晦宿聚落朝行亂山心明境界何樂如此悲夫塵勞之士校名利溺愛縛區區於尋尺之內寧復拱懷於方外之游哉嘗聞說者云有蓬萊一島浮至與羅山合幷因命曰羅浮風烟草樹木有異態余未嘗踐履其心技癢師到日爲我殷勤手疏寄非來檀越也

說玉贈蘭陵蕭易簡遊三峽序

玉在寶族拔乎其萃者也濡天地之沖和納陰陽之粹精堅剛滋潤配德君子故爲璉爲瑚爲珪爲璋以奉乎神祇人鬼以飾乎車服冕弁非是則禮樂之道有墜於地焉當其沈耀隱璞墮汨沙泥中枯槁闇藹光明不發庸工睨之譬頑塊意方拾之惑而復投此卞氏所以喑鳴珉瑀所以長王去聲也及其逢值英匠識密鑒洞掇於瓦礫而不疑扣之鏗然琢之爛然如蒸栗截肪氣吞蛇文珍貫魚目是時也卽趙不得私愛秦不得暴取坐齋宮而後見藉繅繡而後執委連城如脫屣割土地如裂帛以償其價猶恐其不直玉則尚然人豈無之士君子含累蘊器困於側陋塵垢被身體蓬茨沒四壁智不贍饘禍道不信妻子闒茸視之猶聱夫也及其乘時運之會遭知己之顧鬱起耕釣作時功勳上以戴大君下以福生人澤流萬世聲塞九寓是時也一言受卿相再詞啟茅社以厚其禮猶謂之不重於戲有至物必有至人有盛才必有大用歷觀前代不知則已苟或知之則古獄之劍不爲朽鐵也鹽車之馬不爲病駒也爨下之桐不爲樵薪也磻溪之士不爲傭叟也蘭陵蕭易簡韜沈邃之識抱宏偉之材業巨命臨與時淺落若鬱者之事尚或不泯則道必有所明志必有所行指顧樹勳續呼嘯取金紫是夫人也肯昧茲數而隕穫於此際哉人謂甚病余固知甚泰矣然三峽孱顏驚波觸天行客易愁況聞哀猿苟有鍾粟尺帛之可共則寧使賢者栖栖沿泝其間去矣自愛余一嘆矣且玉有盛美可以況德亦感乎和璞之事故爲說玉以餞之

## 植松論

楚國主人嗜材寡異有樹美松於庭者培沃土灌甘澤根柢深固柯葉暢達居二三年起盈尺挺於累丈始筵筋大



於拱抱高姿傑然若陵重芬主人方凝睇結意曰是可採之矣將行斧焉客有遇之者曰噫其甚也是木有戞雲之姿有構廈之材繩墨大速恐夭其理今植於庭除之間亢耳目之翫尚見狎近氣色不振若徙於嵩岱之間沆瀣之華注於內日月之光薄於外祥鸞嗷嗷戲其上流泉湯湯鳴其下巖岫重複漠漠然清淨靈風四起聲掩竽籟是時也當境勝神王拔地千丈根實黃泉枝摩青天則可以柱明堂而棟大廈也豈暇曠之旨捨此而取其榱桷棼橑哉主人曰客言雖濶而無岸然余終能大之矣

江陵府陟屺寺雲上人院壁張璪員外畫雙松讚

世人丹青得畫遺跡張公運思與造化敵根如蹲虬枝若交戟離披慘澹寒起素壁高秋古寺僧室虛白至人凝視心境雙寂

淮南節度使灞陵公杜佑寫眞讚 幷序

丞相灞陵公以虎符龍節清鎭淮海凡十五年矣有盛德美化加於民可以刻金石以圖其形遂於龍興佛廟大修繪事自相國洎監軍使樊常侍賓僚將校羅乎素壁森然也有部從事殿中侍御史穆賞作灞陵志太常寺奉禮郎



符載作寫眞讚以頌之夫蘊二儀統萬類役百靈者莫善於人故得全氣者爲至聖堯舜周孔是矣得間氣者爲大賢夔龍伊尹是矣自叟古達於玆日一時之理百化之損益未嘗不繇是矣然則造時者必繫乎君輔時者必繫乎臣也至於蘊咎夔之業得輔相之道者其灞陵公之謂乎公參三才之粹氣包五行之靈用以太和爲正性以至仁爲厚德以神明爲視聽以禮樂爲肢體涯岸宏大才智傑出注百川而溟海不動臨萬象而元機獨運修眉廣顙睟容玉色如祥鸞彩鳳徘徊瑞氣得不謂人倫之上才歟公之爲政也根柢於誠信柯幹於刑賞枝葉於禁忌達時之通變識人之好惡聽覽而不察寬裕而有制故蒙澤者如膏雨畏刑者如秋霜萬情浩擾懸我條貫生生之分各得其性得不謂民之父母歟公之爲學也冠冕六籍衣裳羣史履屨百氏每讀書取其實而不取其華深研著述號爲通典大抵自開闢旁行至乎歷代有兵食財賦職官禮樂交關於當世者莫不摘拾其英華滲漉其膏澤截煩以趣約裁疎以就密其有覽之者如熱得澤如饑得食五車萬卷盡爲冗廢得不謂立言垂範歟守藩歲久哀乞朝覲上



賜優詔聽答悃欵伏見車騎煜煜星馳闕下明天子闢閶闔負黼扆延國老於雲臺之下鋪陳皇王之道德發明古今之敎義上以揚君后之鴻化下以言理國之大要是知經天地戡禍亂敦五敎端百揆大君以此柄授公知公不得而讓也夫漢之麒麟唐之凌烟愛其德卽圖其人覩其人則景行其事復銘景鐘樹甘棠此皆以遺芳餘烈決於人骨髓者也異日廣陵之民懷公之惠愛嗅公之馨香企公之軌躅帷袂接武沈吟玆地嚴目而視捧手而指必知夫咨嗟慨詠之聲發於肺肝矣載山林野賤之士猥辱眄

睟塵厠下界恭覩盛德敢無詞乎不書爵氏灞陵公之尊
也讚曰
碩德昂昂智圓德方武庫矛戟禮容珪璋神氣端凝風儀
高張晴天鶴立秋水龍驤擁旄淮南俗阜民康休聲四塞
入覲天王天王虛懷待公廟堂始終進退赫然有光後人
來斯環遶長廊以此淨域便爲甘棠

劍南西川幕府諸公寫眞讚并序

戊辰歲尚書韋公授鉞之四年也初尚書以汧隴殊勳拜
執金吾天子猶以爲功重而報輕俾作鎭於蜀得自開幕



府延納賢儁焉韋公虛中下體愛敬士大夫故四方文行
忠信豪邁倜儻之士奔走接武麐至幕下搢紳藉藉爲一
時偉人時符子客於成都歎其盛美又咸得衆君子之歡
而嘗思欲讚頌之事無由緣殆似行佞蘊蓄浩思殊鬱鬱
不快也適會有沙門義全者善丹青尤工寫眞諸公博雅
好事皆使圖畫之山客由是得書眞意因述寫眞讚十三
章使士林才彥不獨仰大府得賢之盛抑亦欲屬詞比跡
各明其爲人也

金部陳郎中東美字德將

河目犀額材爲國楨幹局方大質文光明霞出海嶠鸞翔
玉京式瞻冠紱福吝不生

兵部張郎中芬字茂宗

襟靈灑散揮斥塵細佩服五常翺翔六藝儲和養正含器
經世風裁伊何空山松桂

水部司空郎中曙字文初

風儀朗邁振拔氛囂玉氣凝潤鶴情超遙文燭翰苑德成
士標問望何有羽儀中朝

金部尹員外植字元本



英明淳粹凝作正氣沈益神明默分涇渭世或蕩本我則
歸至高閱繪圖憲章有寄

禮部裴員外說字公諒

體岸恢峻神機宏廓河發崑崙風生廣莫道以義見文由
雅作彰善繩僣讜言無怍

殿中鄭侍御鋼字礪甫

中和曼溢爲祥聖代彩鳳翺翔卿雲靄霸誠多被物跡則
用晦神宇森森彤諸粉繪

監察盧侍御理字公瑜

疏通亮直。落落公林。馴義立則。求仁不回。松吟石澗。雪灑瑤臺。高張粉繪。清風四來。

太常王協律立字元起

王生嶷嶷。精粹在體。雪山孤峙。瑤池見底。靜必感神。動則有禮。共事騫舉。出納雲陛。

左衛劉倉曹闢字太初

皎皎太初。器傑文雄。靈蟠出水。秋鶚乘風。鑪化宇宙。無所不攻。他時圖畫。麟閣之中。

右衛李兵曹公進字德昇



質器渾素。實曰清儒。三獻俎豆。八音笙竽。擺落羈局。沈研道樞。高播屹立。無得而踰。

大理錢評事徽字文美

和順中積。英華外發。碧海靈珠。秋天朗月。風度可法。文章無轍。何許鳳樓。峩峩雙闕。

劉將軍

雲摩氣英。百戰知名。蓮花劍利。騂角弓鳴。臨敵有勇。奉身以誠。志清淮海。材冠戎兵。皎皎素壁。雄雄華精。每遊秦苑。翱翔柳營。

徐將軍進朝

姿觀瓌奇。和門之雋。麗首箕口。虎頭鷹瞬。臨戎激勵。撫上下信。虛實知兵。龍蛇識陣。機謀宏遠。轄宇高峻。何處功名下邳古鎮。

欽定全唐文　卷六百九十　符載

欽定全唐文卷六百九十一

符載 四

荆州城東天皇寺道悟禪師碑

師姓張氏婺州東陽人十四出家依明州大德祝髪二十五受戒於杭州竹林寺初參國一服勤五年大歷十一年隱於大梅山建中初謁江西馬祖二年參石頭乃大悟遂隱當陽紫陵山後於荆南城東有天皇寺頃因火廢僧靈鑒將謀修復乃曰苟得悟禪師爲化主必能福我時江陵尹右僕射裴公稽首問法致禮迎至師素不迎送客無貴



賤皆坐而揖之裴愈加敬石頭之道殆盛於此師患背痛臨終大衆問疾師驀名典座近前師曰會麽對曰不會師拈枕子抛於地上卽便告寂壽六十坐三十五夏法嗣三世曰惠眞曰幽閑曰文賁實元和二年四月十三日也

廬山故女道士梁洞微石碣銘

有形必盡至精不死默默順道歸根復始靈龜或昏鮮得造彼仙師獨覺閉跡山水巖巖廬峯上承太空紫雲深處石室在中靈以靜生境因圖融形氣無眹與天渾同道昭成毀時則代謝人皆惡遷我不拒化鶴飛塵外壇寄松下唯餘天風蕭瑟晨夜

廬山元德先生碣銘

五帝已遠道則浸微眞氣蕭索淳風不歸愛惡糾訐遂成妍媸鑽鑿正性潰爲瘡痍邈哉先生體尚無爲爰自東岱汎然來茲宴坐空山照本冥思萬慮去矣視身如遺時時輔和醇酒一巵谿聲松籟盡爲塤篪天有晦明形亦遷移頹然委順與化相推元德素風敦薄扶衰瞻望廬岳烟霧淒其勒銘巖頂與山並垂

賀州刺史武府君墓誌銘



武氏之得姓遠矣府君之世家貴矣左右僕射司徒太尉尚書令楚僖王士讓之元孫九江王宏度之曾孫納言司徒同中書門下平章事定王攸曁之孫尚書膳部員外郎徐州刺史勝之子外祖母爲元宗皇帝之姑皇妣爲肅宗之姨豫章之根大天津之流廣穠華靈潤鍾於府君焉府君諱充字虛受墻岸魁峙操履堅峻藴之文武辯有口才喜立名跡以排難拯時爲事業始以高蔭補兩館生解褐授洪州南昌尉操利刃也次授潤州江寧尉馳驥足也自廣州司士掾轉陳州錄事參軍甲子歲蔡賊希烈叛猛用

兗器逆師至於襄城遣裨將鄭貴以精卒一萬來逼我城馬刺史薛賓任公如臂指憑公如金湯顧眄成邱陵呼嘯爲矛戟寇用懾息不得攻取井邑完固我之力焉俄而大梁陷兹地孤險實慮吞奪遂馳謁劉宣武不免介冑而說之換兵鬭騎動如響答保安究竟我功綽焉劉司徒嘉其威毅咨其策畫延至幕府以爲賓榮是時希烈赫然東平勢雄或相寵亂以膏濟火公復驅皇華之車投之以心膂諭之以逆順張之以禍福示之以機宜秘謀飛辯得轉丸反掌之勢由是淄青致寧陵之師解陳州之圍合匡君之



力摧兗邪之氣破堅陣擒宿將平姦隙結歡好誅逆將在兹一舉得不謂三寸之舌賢於百萬之師乎司徒表其勳績亟聞乎闕下累遷尚書虞部員外郎報功也無幾何丞相府除退歸鄭郊五六年閒居易食貧雖四方禮辟日至其户不苟其所從也適値有土者懟其不答或用陰訕遂有臨賀之拜焉至郡教民以慈愛易俗以禮讓達其志意通其嗜慾曾未春歲大用治理嗚呼南方氣炎春秋稍高冀遷元土養護餘齡居任凡六霜竟困於足痺年六十九以貞元十八年夏五月丙戌卒於官舍遺孤扶護以十九年秋七月戊子葬於滎澤之廣武原禮也嗚呼才與命二者難幷今古其猶病諸上帝實司之爲之奈何以公之行業誠信宏才敏識宜躋上位利及庶物而纔止尚書郎二千石牢落遠地竟至於殂纓紱之士愁憤慨思可勝道哉夫人隴西李氏朝散大夫秘書丞相光之女母儀陰教輝華士族先公數歲而歿至是而合祔焉嗣子曰異曰典溫厚謹良奉承家風茹荼毀瘠動中於禮從子沇貳其窀穸之事以余爲舅之友也見托爲銘曰

悠哉悠哉位不勝才一郡褊小六年徘徊逸翮徒張高風



不來炎徼隕落搢紳悲哀舊櫝新墳滎澤之隈冥冥鸞鳳同棲夜臺

## 犀浦縣令楊府君墓誌銘

唐益州犀浦縣令宏農楊府君春秋三十九以大歷十四年冬十月卒於郫縣之私第且迫多故權窆於是縣之近郊有才子衡進士擢第官曰左金吾衞倉曹參軍爲桂陽部從事以貞元十五年十月某日啟護於成都以十六年春二月某日歸葬於鳳翔之陳倉某鄉某原從先塋也府君諱鷗字叔儀漢太尉次子復之裔羽林衞大將軍襲觀

國公之曾孫金吾衛大將軍漢潤夔濮等六州刺史令深之孫朝請大夫絳州司馬昭獻之子發緒洪流丕承和粹世嗣厥德休有光耀府君涵五氣之英華挺九流之上才端睦孝慈勇義而文年甫弱冠儔朋推揖鄉里舉秀士未果銓試遭司馬捐館崩迫歸絳營邱三年服除承順遺命再射羿彀以制科登第補修前績怏怏有遺意也解褐授隴州汧隴縣尉會大盜入國上皇南巡地衝賊要方急完禦公以一尉之柄推挽令長驅徒走吏摧沮橫猾用張我師天子聞而嘉之詔授大理評事參佐汾陽公幕府謩猷



碩畫實詢我焉是時公年未三十聲華隱發青萍出匣霜鋩照人人既心畏我復自負緣是有貝錦之詩焉遂除成都府戶曹參軍事太夫人在堂公養志氣奉遺體動無違顏唯疾之憂故州閭稱其孝也孤寡稚弱族居百口饘褐齊一莫間我爾故朋友尚其義也有從祖父誤淪罪網家爲奴隸宗屬顧視咄嗟而已公破鬻田產露坐佛寺不計旦夕悉以貲贖世母與太夫人重聯娣姒之歡眇焉室妹奮出泥滓嘉耦於吉士故鄉黨服其仁也於風流興詠高標敻遠妻嫂姑姊妹羣從子弟又雅爲文每良辰美景指烟月眄琴酒未嘗不操觚拂硯搜拾奇麗不出庭戶璨如瓊瑤亦一門之盛永泰三載蜀將亂迫公不從之築塞門戶視死不應相國杜公鴻漸景行操履奏授犀浦縣令函牛之鼎用烹小鮮一邑之理固不待歌頌而知矣時視僚友杜員外甫岑郎中參郗舍人昂聞公風聲望公飛翔謂青冥寥廓舉翼而至不幸殞落鄰乎短祚遠邇承風失聲咨嗟與善降祥其安在哉夫人李氏趙郡之望族也祖崇饒州司馬考諤成都府法曹夫人貞懿文淑風度明茂奉上撫下閨門穆然天寶十四載春秋十七而歸於我在蜀



前公二歲而歿故至是而合祔焉倉曹少孤露始在齠齔荼蓼辛螫厚自砥礪攻文種譽樹身須時克荷家聲君子以爲孝嗣矣某與倉曹爲山林之友二十年矣迨遞萬里見托爲誌故得備采風烈銜恤爲銘刻於墓門之石銘曰寶雞古地鬱穹崇兮高山大澤氣所鍾兮神歸卜宅安其中兮延休發祉方未窮兮

尚書比部郎中蕭府君墓誌銘

嗚呼蘭陵蕭君蘊賢人之業藏佐世之德大君未盡其力生人未享其福鍾厲遘痾殞靈休時哀哉君諱存字成性

梁武帝季子鄱陽王恢之裔。五世祖唐刑部尚書生雅州都督。都督生左衛長史元恭。長史生密州莒縣主簿旻。主簿生揚州府功曹穎士。穎士字茂挺。特達聰明。業於上才。以詩書禮樂皇帝王霸之術爲己任。開元中進士擢第。靈鳳神龍。煥乎文章。高價風馳。撼動八荒。是時禺禺昂昂賢雋之士。揖涯岸趨閫望。如百川之委溟海。羣山之仰嵩岱。君即功曹之子也。稟乾坤清粹之氣。聚而爲德義。散而爲識度。行可以輔教。才可以拯時。大抵根儒術。尚名理。喜言人之善。鋤人之惡。其餘九流百氏。質文沿革。雖千古覺絕。



如以眸子視左右掌也。大歷初與昌黎韓愈天水趙贊博陵崔造素友善。齊名。李大夫棲筠領浙西。擢華刈楚。遂奏授蘇州常熟縣主簿。顏太師眞卿典吳興。纂文編韻。延納以修術（疑）之任。宰相劉公晏司轉運。與能洛晝。奏授左金吾衛兵曹參軍。明年遷廷尉評。建中包諫議佶掌鹽鐵。聆風欽舊。奏授監察御史。明年轉殿中侍御史。自貞元元年夏至十年春。凡再爲侍御史。四爲尚書郎。初御史大夫張滂董戎天子之倬。君留務於上國。時主計者張權侵官交關有司。君不阿撓。庭辯可否。哆南箕。燭光芒。繇是愁憤乞守外職。竟罷歸潯陽。君有草堂在廬山下紫霄峯。晚節學無生。得禪悅之味。每天氣寥朗。神有所詣。輒駕紫騮攜酒壺。學業。同紫府之客。恣遊其上。弄泉坐石。不記早暮。無幾何。登黃石巖之絕巔。谷颼飀。丁毒腑臟。右體麻痺不仁。雖藥膳充席（疑）岐和疊跡。不得施其力焉。春秋六十二。十五年冬十月五日遘疾。十六年冬十月五日。卒於潯陽溢城之私第。遂以是年十一月十二日。權窆於承仙之西岡。未克葬於臨汝故也。凡纓紱之倫。痛環璧之破碎。悲豫章之摧拔。莫不驚惋憯怛。嚮風悽欷焉。夫人河東裴氏。王父璡



越州倉曹參軍事。皇考光輔。蘇州吳縣丞。資淑和之氣。承禮義之訓。陰範內則。璨然有光。有子四人。曰寶。曰東。曰愿曰奐。咸端素溫良。克荷家聲。吞茹荼蓼。若絕生理。今相國齊公抗。河南尹張式。給事許孟容。鄭鄆州正則。兵部楊郎中憑。憑弟吏部郎中凝。盧輔闕景亮。陸殿中灃。投分許與期於莫逆。衆君子振鱗奮翼。日薄霄漢。君未中壽。獨歸泉壤。匪有豪曹。櫪有飛黃。不發不馳。埋骨摧銳。可哀也哉。可哀也哉。相國於君有死生之交。情至於葬。舊鄉撫嵇。紹蓋餘力也。足以慰其精靈焉。載後學小子。日遊於藩故遺芳

盛烈，備得詳悉，見託誌錄，銜酸爲銘。銘曰：
崇山鬱鬱連西岡，青龍白虎爲壽堂。靈其少安樂且康，旌頭不明歸舊鄉。

爲劉尚書祭韋太尉文

維年月日，某官某祭於某官之靈：乾坤瑞氣，蓊鬱淳精，誕生碩臣，爲才爲英。其體軒昂，其神清明，大包九德，全貫五行。聞望昭宣，勳榮崢嶸，靜專動直，淵默雷聲。甲子之歲，宗社震驚，塵飛四野，人弄五兵。公在隴州，保捍孤城，師徒顛頓，凶孽縱橫。一發沈機，萬夫掃平，天維地軸，爲之不傾。天



子報功，夫何超越，全蜀千里，虎旗龍節，堅完卒乘，延納賢傑，武事雄稜，文華昭晰。西戎夭矯，南詔貿絕，德惠震威，投心象闕。激揚風教，提攜義烈，二十年間，沱江澄澈。爰有獷人，驃國彌臣，化所未洽，古之不馴，飲我大誠，沛然來賓。遂使皇澤，播其無垠，奉聖功成，樂府聲新。一時事業，萬古紛綸，實冀昊穹，福善與人。何豫章之磅礴，奄摧落乎青春。嗚呼！曩者危疑之際，邪臣交搆，獨秉精誠，飛章上奏，忠同折檻，詞近及靁，昏霧忽清，太陽乃晝。淒涼陳跡，惋毒中壽，志未展於生前，寵徙光於身後。於戲！某以薄劣，獲事旌旃，猥承國士之顧，謬居羣彥之先，彷徨授署，昧懵機權。顧無能於布政，懼取譏於大賢，蕭條歧路，眇默風烟。諒徂奠之無路，瞻壽堂而潸然。

爲賈常侍祭韋太尉文

至道之世，君臣聖明，必有賢才，爲之挺生。昭昭我公，得一居貞，窺神靈之壺奧，涵天地之淳精，胸襟洞達，方畧縱橫。文房啟而風雅斯在，武庫開而禍亂乃平。甲子之歲，逆泚變節，河海沸騰，宗社阽隉。孤軍隴上，勢窮援絕，激臨危之肝肺，成曠世之勳烈。帝有寵命，擁旄蜀川，威聲烜赫，德禮



昭宣。家有美政，人無兀賢，熙熙穆穆，二十餘年。機謀內發，英明獨照，頓挫西戎，經營南詔，通驃國之幽阻，導彌臣之叫窱，咸屈膝於君王，信萬古之榮耀。方期驅兵卒乘，覲謁帝庭，承汪濊之殊澤，陳訏謨之大經。如何尊重，遘茲殞靈，地偃喬岳，天沈輔星。昨者疾瘳之日，咸望再起，頻造屛內，候公動止。憂國慷慨，請立太子，事苟未行，歿而後已。今上嗣位，人神交喜，哀傷大賢，不見如此。某謬以菲薄，監臨此軍，參蕭曹之議論，覩伊霍之功勳。淒涼門館，顧慕風雲，非百身之可贖，寄一慟於斯文。

爲西川幕府祭韋太尉文

維年月日。祭於某官之靈。聖歷應數。今古同風。五百年閒。運屬我公。長河噴射。太華穹崇。鬱起生人之表。獨棲顥氣之中。往者鯨鯢蕩海。波濤洶洶。京洛風塵。人神震恐。公遂屹立。天授智勇。斬刈師徒。扶持汧隴。逆黨顚頹。心推計擁。繇是安危。繫之輕重。天子報功。禮數乃殊。既握龍節。亦執金吾。國之西南。實曰成都。夷夏混合。山川盤紆。苟非哲人。莫啟令圖。咨我賢達。付之方隅。公乃厭坤維之厚德。注羣生以和氣。應變參乎杳冥。布政歸乎簡易。剗風俗之姦宄。



平人心之險陂。肅貔虎以雲屯。禮英髦而麏至。蠲萬痾於藥草。新百貨於鄽肆。綢繆賓客之歡。肅穆鬼神之祀。補前人之漏畧。極當時之能事。道尊而獷俗承風。聲烜而殊鄰慕義。狺狺犬戎。背約報仇。疆埸蠆毒。大邦冦讎。公動機權。控扼咽喉。闢其厖落。係其魁酋。峨和窣雲。大渡橫流。伏不敢動。垂二十秋。伊昔南蠻。嚮化虔奉。朝旨將率非良。撫綏失禮。興兵戰伐。深入邊鄙。十萬之師。蕩爲厲鬼。公以誠往。彼由感起。拜新詔於皇都。歸舊封於越巂。提攜椎髻之類。造列青衿之齒。驃國之與彌臣。伏聯蹤而疊軌。臣製樂以奉聖。裁文以敘美。考一德之輝光。諒有唐而已矣。方期五福之壽。享九命之尊。至雍熙於宇內。相玉帛於天門。何至業之堙鬱。逢逝水之迅奔。竭涸滄海。摧頹崑崙。精靈一去。嶽烈空存。嗚呼哀哉。錦城秋暮。北郊長路。寂寞山川。蕭疎草樹。雖蘋藻之屢薦。終轜車而不駐。慟軍府之悲涼。增煙霞之思慕。某等俱以孱鈍。獲事旌旄。庇蓮府之光彩。無汗馬之勳勞。戴恩愧厚。顧位慙高。問沈痛之何有。與三江之滔滔。

爲劉尚書祭張中丞文



維年月日。祭於某官之靈。惟靈和粹在躬。行方而通。蕭灑囂塵之外。翶翔禮樂之中。與物大信。推之至公。落落賢人之慶。恢恢長者之風。學有餘力。備攻衆藝。環璧文章。龍蛇草隸。江湖之地。東西無際。獨負高名。聞乎早歲。赫赫太師。光鎭此川。大啟幕府。盡心招延。運籌帷幄之內。折衝樽俎之前。鬱然時論。謂蜀得賢。某也不才。接武隨肩。緬茂三益。周旋十年。或朝遊古寺。或夜接華筵。歡呼醆斝。嘯傲風煙。神理無狀。忽鍾沈疾。顧侶無悰。懷仁若失。陰深府舍。寥落煙日。雖道義不間於同心。而笑語每乖乎促席。何士林之凋瘵碎金相與玉質某以懦劣謬司戎律方屬理兵未遑造室眷言襟契何啻膠漆一面有垂百齡俄集舊鄉迨遞素帷蕭瑟望精爽以申哀誠不知涕洟之所出

祭張中丞文

惟靈總四科之要推六藝之先襟懷灑散文翰聯翩寄情琴酒長嘯風煙有名當世三十餘年誠謂羽翼中朝潤色王度翔鸞彩鳳翅翼雲路荏苒江海蹉跎晚暮道乃光華疾成沈痼崇巖絕壑松摧桂蠹哀茲下泉永寐不寤某頃同舍周旋後塵肺腸見許筆硯相親顧以孱虛每慕仁人



實冀鄙志於茲大伸奈何昭時奄落窮塵永懷道義臨風酸辛畫翣柳車白日青春鄉關樹老岷蜀塋新戎事見羈執紼無因具罇罍以寫意聊寄恨於江濆

為劉尚書祭王員外文

維年月日祭於某官之靈惟靈行業端簡襟期高朗類彼雲霄萬夫是仰根蟠一德冥入羣象和自中來道非外獎風儀峻峙神氣森爽清濟橫流蓮峯直上爛爛文章早歲擅場鏘金扣玉折桂穿楊昔在太師作鎮坤方大啟幕府聿求賢良君赴招延價重珪璋賓主之際赫然有光余復繼來厠接周行契侔金石韻擬笙簧並几聯曹擁閭環廊紛紜笑謔爛漫壺觴昨者象緯成災禍丁故使門庭倉卒軍旅沸渭猥蒙遺命俾司留事顧此孱虛實憂殞墜東川無狀橫相猜忌破表焚牋封山掠騎因得討罪誅其不義屢犯鋒鋩幾經憂畏天子明察龍旌旋至何事護才忽膺重寄告語未接潰殤已熾晷刻小睽音容永閟如何昊蒼負此沈意危迫是同歡榮乃異嗚呼哀哉賓寮分切親懿情偏念家道之霜薤若肺腸之焦然位不過郎署壽纔及中年彼禍淫與福善吾將仰首而呼天一罇酌奠百慮纏



綿維撫孤之感躅庶幾誠之在焉

為杜相公祭崔中丞文

嗚呼子有四教文行忠信惟公佩服終身不磷惠慈敦厚溫恭淑慎趨善如流惟賢是進公方可與利用無朕駃驥絕塵青萍淬刃果參戎府九牧大郡教化諏謀作程垂訓不躋高位丁此巨釁茫茫上天殲我賢俊嗚呼佑自弱齡實奉周旋綢繆出處四十餘年昔佐此府周行接聯佑忝末介公總中權朝整金鑣夕同綺筵揮動醆斝沈吟風烟對博千場春日秋天氣振耳熱勝負爭前今也冥冥音容

藐然沈思永痛涕泣纏綿嗚呼世且多故權窆茲地苟安其宅豈靈之意悠悠羸疾浩浩官吏無因執紼遠送幽隧天寒景淑雲愁雁思傾一卮以寫誠痛百年之永異

祭何大夫文

巖巖泰山羣嶽攸宗公有盛德與之比崇高朗沈深神超氣融禮樂方外粹和積中禺禺昂昂大人之容天高起鶴泉深見龍早張雄詞扣玉鏗鏘文場一戰陷敵摧鋒結綬王畿部局生風拾遺丹階危言匪躬公嘗從事浙西盛府咨籌畫畧輝光賓主皇帝順狩褒梁重阻納貢匍匐達行



在所帝曰首至西方惟汝建社擁旄於鄂之渚自公之來法舉令行鋤姦翦暴振獨蘇惸疆理封域繕完甲兵十五餘年夏水潦清德宇宏曠威容光明日莫休時調鼎和羹嗟此梁棟奈何頹傾位竟不來負我蒼生嗚呼載有蓬戶廬山之曲接連人郡沿迴往復早獲請謁許布心腹掩過與能情優禮縟想公振揚清風無鄰律呂翰墨龜龍搢紳遺我細微合我嘉姻永言感慟破骨傷神嗚呼哀哉去歲春暮旌旗滿路眄睞風煙畱連草樹前日東亭天光曉晴金罇玉管芳樹流鶯誰謂累夕幽明遽隔瞬目交臂遂成

古昔心敬無飾詞哀必激寫慟絕於江干疑精靈之可覿

爲楊廷評祭何大夫文

伏惟尊靈涵清明之氣秉中庸之德事業存乎教化忠厚形於家國文章根風雅之奧議論探元聖之域虎視犀額山立玉色惟公昔年聲譽赫然拾遺補闕丹陛之前天子思理垂意藩外聿來沔鄂十五餘載浩浩茲邑民繁境大通至信於豚魚被深仁於幼艾秋霜可畏春日可愛卷風波於夏水失險阻於西塞嗚呼地有四海候公而清天有三階望公而平昊穹謂何殲我賢明小人君子號呼震驚



嗚呼賓主之道人倫之義情禮所加殺身有地如朗小子孱愚下位無絕俗之姿寡卓然之異猥辱提引叨居賢次顧侶之榮撫心多愧頃將重命驅車遠使不憚山川敢告顦顇昔我往矣寵節煌煌今我來思丹旐悠揚慟哭江干若摧肺腸儻神靈之昭鑒殊辛酸之未央

爲江西李常侍祭顗和尚文

大方浩浩天高地厚彼上人者空門稱首塵埃三界揮斥萬有如淨蓮花出泥離垢早歲蜀中師事全公一言悟解了得真空靈境內虛妄境外融寶山見月性海無風其謬

蹇淵，體剛法健，動直靜專。在昔安卑，屈宰堯山。聿來射策，遽登紫垣。異日從容，危冠上前。以手畫地，慷慨論邊。道合時來，舜日堯年。纏綿三接，奮發九遷。帝念和戎，公駕軺軒。詞危氣激，張威懾蕃。擁旄襄漢，建旆荆蠻。卒乘完勁，勳庸昭宣。征南當陽，芳若蘭荃。我有令問，與之周旋。嗚呼！仁人在上，安危所屬。世且多難，奪公何速。溘然朝露，壞乎梁木。望缺三台，壽虧五福。大誠至信，漸人被俗。擁杵輟舂，鄉號里哭。嗚呼！載本諸生，器識孱愚。猥辱拂拭，化珉爲瑜。昔歲渚宮，灌涸濡枯。前年南擁，顧重禮殊。將致賓僚，將貢國都。



感念厚意，使人捐軀。漢水之陽，峴山之隅。千乘煜煜，旦夕陪趨。秋景沈寥，春華芳敷。爛漫醆斝，淒鏘笙竽。拜首節旄，將去踟躕。吟嘯敘什，丁寧匡廬。星霜未周，幽顯異途。神歸蒼昊，魄散黃壚。明明知音，今也其孤。仰天涕下，被臆交襦。嗚呼！舊山之下，石田踈惡。智昧經營，食無藜藿。歲時淹久，情禮漏畧。瞻望壽堂，脾酸肺削。驅策輿隸，匍匐宛洛。清酒隻鷄，申哀獻恪。涼風白露，帷帳蕭索。門戟朝開，井梧夜落。生芻一束，意不爲薄。寫慟絕於精靈，冀斯文之可託。

祭外舅房州李使君文

以非薄投心依止，周旋瞻仰，年踰一紀。東洛之濱，湘江之涘，晨朝後夜，談元析理。破壞結縛，我則用喜，甘露洗心，簫韶洞耳。一昨猥受朝寄，聿來此方。撫俗未幾，懷仁不忘。師雖無心，應物則深。尺素紆屈，千里相尋。纏綿舊故，啟迪塵襟。窮弊邑之風物，暢平生之登臨。嗚呼！風火扇災，遽成沈疾。睽累旬之晤語，謝百靈之形質。雖眞性之湛然，愴尊容之已失。荒郊野塔，秋晨曉日，幡蓋飄蕩，香花蕭瑟。寄慘怛於斯文，諒悲懷之不一。

祭處士李君文



良友三人，來自蜀川。身棲廬嶽，氣屬雲天。至寶多脆，靈芝不堅。君與王生，早落窮泉。當時食貧，窆禮從權。殯宮蕭索，二十餘年。在風塵中，觸故牽纏。每懷曩昔，深衷惻然。頃亦有意，祗承付託。訪君姻族，獲歸京洛。賢舅緇褐，外弟罷弱。實恐歲時，遂移舟壑。神本尚簡，禮貴適時。卽其故地而窀穸之。衛玠短命，伯道無兒。千秋拱樹，我心傷悲。嗚呼！我李處士，已而已而。

祭樊司空文

天有神氣，地有山川。交感絪縕，實生大賢。聰明惠和，忠厚波潤濬廣。根柢深長。沃日淮海。梢雲豫章。氣韻孤高。鶯鴻翺翔。高行端簡。秉心直方。在天寶中。族大且光。一門六姻。鳴玉琅琅。作宰藍田。政聳民康。棲遲半刺。亦振芬芳。才盛位卑。聲昭彰。遂登侯牧。答時之望。雨洩雲蒸。虬螭騰驤。浩路方騁。羽鱗摧傷。嗚呼昔公典郡歸江之涘。小子旋蜀道途。舍此扁舟。旋泊弱植。殘鄙公辱車馬。晤言則喜。與能獎善。感慨知己。意敵周親。禮成半子。迫切寧覲。不遑留止。爰方浹旬。遽征千里。縈紆巖嶂。浩蕩雲水。惠愛纏綿。簡書塡委。食貧多故。淹歷周祀。遠侍板輿。敬符深旨。嗚呼哀哉。



歲暮朐腮。積雪皚皚。旅館蕭條。凶訃亦來。望風一號。使人甚哀。心腸結塞。彌旬不開。公嘗好古。服膺儒藝。擅美素琴。騰芳草隸。洎拜靈座。清塵四蔽。札盡徽銷。空知灑涕。嗚呼公用中孚。納人於誠。人負長者。薄塵頌聲。道孤無鄰。怨抑不平。逝景潛晦。崇山忽傾。孀稚寃號。自硤徂荊。霜降露濡。毒漬中情。今則虔恭。歸厝先塋。靈有安宅。道無弛程。泬寥之晨。萬象悽清。野曠鴻斷。天色光明。煌煌素車。翩翩銘旌。出祖荒遠。惋慟交并。聞諸格言。黍稷非馨。意有所欽。生芻豈輕。湛彼罇罍。冀降明靈。儻精爽之如在。庶哀詞之是聽。

## 祭妻李氏文

坤道尚順。婦德尚柔。於維夫人。璨璨寡仇。玉樹易摧。慶雲不留。零落當年。職此之由。禮云胖合。意不爲薄。矧余於子。既和且樂。一朝已矣。百端無託。穆穆中闈。從茲寂寞。常日和鳴。尚爲邈然。此別如何。遂欲終天。夏木蓋庭。新陰芊眠。美景如舊。孤魂不還。同穴相從。乃曰義全。斯言旦旦。神無懵焉。

## 爲崔氏妹祭大夫何郎文

嗚呼莫莫女蘿。縈紆葛藟。我有弱妹。克配君子。關雎之化。



夫婦之始。禮奉籩豆。義濟生死。常恐寡訓。昧章懵理。夙夜箴規。庶無愧恥。結褵成婚。垂三十春。樂踰鼓瑟。敬越如賓。才盛道貴。爲唐碩臣。擁旄樹羽。夏水之濱。鼎食錦衣。長戟朱輪。宗族百口。庇公清塵。浩浩陂池。常爲無津。坊崩水涸。哀此窮鱗。嗚呼序當仲姊。自慚疎昧。用禮過恭。豐家甚泰。良辰美景。長幼高會。錯落圓方。抑揚眄睞。神理如何。杳杳茫茫。朝榮夕落。使人摧傷。言自漢江。將歸洛陽。喪旗旅櫬。新墳舊鄉。苟可薦誠。蘋藻馨香。感深恩而何報。寄洸痛於孤孀。

爲錢侍御太夫人祭新婦文

嗚呼婦姑之間尊嚴而已情苟不至兩城千里吁嗟新婦德禮具美心之所親如臂有指齒髮衰暮方用依倚天降鞠凶骨驚心死新婦門緒薰華派流深遠貞淑端一聰明婉娩奉余以敬待夫有則舉案得如賓之禮均養實鳴鳩之德勤勞絲枲吉蠲酒食自中閨之與外姻莫不盡其心力嗚呼爾之事我善非一端柔聲順色迎意承歡晨雞初鳴風高露寒環佩至止我心則安今也年高人間意闌爾復捨我窮泉杳漫房帷空虛孤稚摧殘深沈注視焦然肺



肝嗚呼鄉關迢遞道路乖阻權厝茲地非爲永處壽堂猶近如聞晤語靈其慰安無或羈旅撫棺永訣持觴奠酹寫一慟於高秋望素車以延佇

爲杜相公祭易棣張相公太夫人文

能羆之門將大而榮必有令母贊成家聲於維尊儀涵懿稟靈德補陰教言爲婦經輔助司空淑茂芳馨大君有命啟封於邢宜保攸長既休且寧鞠凶何謂鍾我天齡英英冢子少年仗鉞身靜邊烽世間忠節孟子賢聖陶侃勲烈實由二母卜鄰截髮端揆承訓事君禮竭知與古人異時同轍杯圈猶澤扃枕永訣創鉅痛深茹荼泣血某以拙薄叨鎮藩維偕分天子之茅土共列太常之旌旗歲月崩迫窀穸有期拘以戎事無因載馳風景蕭索山川逶迤遣蘋藻以寫慟瞻壽堂而淒其

欽定全唐文卷六百九十二

白行簡

行簡字知退太子太傅居易弟貞元末進士元和中累遷司門員外郎主客郎中寶歷二年卒

文王葬枯骨賦 以德及枯骨天下歸心為韻

骨雖無知葬以表德展厚禮於九原樂深仁於萬國惠加於鬼則遊岱之魂有依義感於人故歸周之心不忒原夫靈臺肇建壁池是穿宛彼枯骨委兹窮泉既靡覩其銘誌曾莫知夫歲年西伯乃色變畫圖涕流泣然爰命從者將



收瘞焉俾夫惻隱之心因形骸而下至於地升聞之德隨精魄而上動於天徒觀其年代超忽英靈淪沒土變豐肌苔封朽骨於是惠霑生死澤及榮枯遺奠有加於蘋藻備物無闕於芻塗幽壤始闢見佳城於白日靈邱是啟旋卜宅於青烏既而遷彼古埏葬之中野推誠於重泉之內昭德於普天之下念此窮塵之骨尚或壠之欲使行路之人不得見也且夫聖人哀死君子表微用之於國而上下忻戴書之於史而載籍光輝諸侯感而思服百姓從而知歸以之理人而人自化以之奉天而天不違故能掩骼敎行送終義立澤靡不浸仁無不及恩加師旅而同德數千慶延子孫而卜代三十且封比干之墓惟德是欽護信陵之塚其仁未深曷若我罔辨名氏莫知古今招亡散之寃復於棺槨收無主之骨斂以衣衾蓋所以感鬼神而動天地豈止夫三分天下而二者歸心

垂衣治天下賦 以聖理無為道光前古為韻

天睠唐帝恭承永命守無事為至德彰不言為大命當宁而百蠻是賓垂衣而八極居正當書軌以混合系祖宗而作聖始契無外人羞有為戴北極以定位比南山而不移



皇皇焉儼六服以御宇燭燭焉虛四聰而聽卑備其文火龍迴帶以如動藏乎用天地成功而不知與區夏再造俾古今同道靜以虛襟固其大寶儲精而雲鬱冠蓋恭已而耀生黼藻故能追軒皇躋陶唐文物周衞邦家有光颯祥雲乎五彩蟠瑞氣於六章豈徒具飾乎領袖亦已權量乎圓方是知垂拱者古之難委裘者聖之旨蓋與神合寧將智使不然何以配天心安地紀一家之大無煩車馬以巡遊九重雖深盡見山川之疆理所尚者形神不拘清淨為徒體安以一襲道洽於三無俟時不在於顛倒致美何傷

於曳婁於時天淨泰階城開外戶應星精以列將動岳神而生輔楚製者分閫而守封縫掖者坐帷而論古纘未周而如挾衰有闕而咸補德旣昌焉不亦宜然蕢出豈勞於問歷山呼無待於卜年凝旒而惠澤潛布斂衽而皇風靡前與三五爭步驟微臣亦迷其後先

## 君臣同德賦

曰若稽古巨唐累聖重光盛烈貫於千古英聲超於百王爾乃羣瑞呈祥衆靈叶慶神降休祉天垂寶命鳳籙於是薦臻龜書以之疊映萬姓忻東戶之日一人奏南風之詠



至矣哉孅無德而稱焉臣聞非常之主必有非常之臣是以元凱升而唐德茂稷禹用而虞化淳武丁夢徵兮求版築之士文王卜兆兮得垂釣之賓豈直星精之誕方朔維嶽之降甫申故能殷周歎其多士皇漢歌其得人亦有九合稱齊三分號蜀猶傳善政尚嚮芳躅方鴻翼以濟時比魚水而敦俗誠小國之邊鄙亦順時而自足豈若我聖明之有天下也總六合以爲家籠八荒而建國旣垂拱而敷化諒偃兵而興德爲百代之規模立萬邦之軌則於是大君端冕而多暇羣臣奉職而有方巍巍蕩蕩濟濟鏘鏘咸

有一德視人如傷夔龍在位鵷鷺成行君臣同德而均美聖母臨人而永昌豈徒超五臣而逾十亂固將六五帝而四三皇小臣微淺才智疎越濫吹紫庭獻賦絳闕敢同輿頌竊爲歌曰元首明哉股肱良哉盛德至矣大業廣矣我一人兮化無窮臨萬國兮道旣融同心同德君聖臣忠子孫孫永代克隆

## 車同軌賦（以君德遐布夷夏同道爲韻）

倬彼皇道大哉聖君窮厚載於宇內俾咸駕於海瀆故得遥遥之形周八埏而匪閡彭彭之響經萬國而俱聞所以



義在知方理資從式見軫轉而不阻諒輻輳而有則宏濟之利旣均美於三無順動之端方齊功於一德是故達於疆場踐彼幽遐表合縱而道廣知轍跡而路賒亦由誠於險去其邪推善御於有截被至治於無譁殊途同歸方見域中之大引重致遠是睹天下爲家然則將利於時必徵所措旣同轍而異履爰發軔而循度周流勿越誠轉蓬之足施轥轢非逾將挂轄而可布至若偈兮無外隱爾如斯念徵至而必繼嘉大同而在茲固將混區宇會華夷始曳輪而寧虧遠邇終推轂而不失毫釐觀其政之大者道亦

斯假茍憑軾而知風矧擊轅而合雅顧踐履之奚到豈獨
不柬信應用之無疆寧惟諸夏原夫建皇極開帝功三才
旣美九有攸同可使循環如貫運動不窮四會五達之莊
悠然盡屆島夷卉服之俗逖矣皆通爾乃庶政聿修遐方
可討俾守位者將順其理利轉者必會於道故車書而混
同誠鴻業之斯係

振木鐸賦 以振文教而納規諫爲韻

國家古典修時令順命適人之職執木鐸以徇本其敎在
每歲之發生聽其音如羣物之始振於是官師傾聽道路



咸聞採謳謠於多士延諷刺於大君外振金聲將發號而
施令中含木德貴偃武而修文所以應之如響從以如雲
道達天和契宮商而成韻揄揚帝命獻詩頌而爲羣懿夫
一氣維則萬人是效儆於有位佇從善而如流愼乃攸司
固匪怒而伊敎百官奉職而奔走萬族尋聲而騰趠觀乎
四會五達舉而搖之溥天率土孰云遠而期赫赫於永代
每鏘鏘於此時響不聞空能同誹謗之木聽猶在耳將陳
誦諫之詩莫不獻其詞而諤諤帥其屬而師師靡其荒怠
曷不肅祇士傳言而戾止工執藝而疇咨足以播祥風於
地末闡皇明於天垂故夫聖之訢合詢芻蕘而聽納動而
悅隨謀卿士之箴規乃知我武不施司馬之執奚爲斯文
未喪封人之喻攸宜徒云擊石拊石曷若恩斯勤斯與德
音而共暢載仁聲而遠馳則六變通神九成感物不足擅
美而標奇也故我后振鐸以聳善喜人之敢諫俾夫下不
瀆上不慢由和鈴之昭其聲致朝野之淸宴

望夫化爲石賦 以望遠思深質隨神變爲韻

至堅者石最靈者人何精誠之所感忽變化而如神離思
無窮已極傷春之目貞心彌固俄成可轉之身原夫念遠



增懷憑高流眄心搖搖而有待目眇眇而不見緜蘿雖托
難立節以自持金石比堅故推誠而遂變徒觀夫其形未
泐其怨則深介然而凝類夫啟母之狀確乎不拔堅於王
霸之心口也不言腹兮則實形落落以孤立勢亭亭而迥
出化輕裘於五色獨認羅衣變纖手於一拳已迷紈質矧
乎石以表其貞變以彰其異結千里之怨望含萬里之幽
思綠雲朝觸拂峩峩之髻鬟微雨暮霑灑漣漣之珠淚雜
霜華於臉粉脫苔點於眉翠昔居人代雖云賦命在天今
化山椒可謂成形於地於是感其事察其宜採蘼蕪之芳

生不相見化芙蓉之質死不相隨冀同穴於冥漠成終天之别離則知行高者其感深跡異者其致遠委碧峯之窈窕辭紅樓之婉娩下山有路初期攜手同歸窺戶無人終歎往而不返嗟乎貞志可嘉高節惟亮同胚渾之凝結異追琢而成狀孤煙不散若襲香於爐峯之前圓月斜臨似對鏡於廬山之上形委化而已久目凝睇而猶望悲夫思婦於行人莫不覩之而惆悵

## 歐冶子鑄劍賦 以雷公發鼓蛟龍捧鑪爲韻

先王之御天下也與物爲公知文不足以獨理故資武以



爲雄弧矢之利以征不服劍戟之用以威遠戎俾梯山而入貢故率土而向風懿夫歐冶實曰良工鑄龍泉之劍鍊耶溪之銅於是制良模啟洪鑪炎炭赫以震爇大冶屹而山孤其始作也煙氣成陣橐聲若雷三光動色六氣飛灰蛟龍捧鑪雷公擊節龍勢初成玉匣新發利可吹毛光能瑩雪此劍之德百夫稱傑此劍之用千里流血豈比乎解牛之刃自謂良庖倒戟之于虎皮以包蒙莊說之以喻道周處憑之以斬蛟荆軻一拔以擊秦柱漢高三尺以定天下士庶得以安身王侯得以闢土是知劍也藉以防虞豈比樂云不在鐘鼓既而切玉期用剸犀是逢常聞靜亂舊說爲龍佩服是宜則聖哲攸重棄捐不可故牛斗是衝馮諼再彈而見於下客季札一返空挂於長松逮夫邊塵欲飛邦人斯恐猛士揮戈謀臣賈勇是殲是滅再持再捧四夷懾之以寧居一人得之以垂拱是劍也古今之重是劍也荷君之寵

## 金躍求爲鎮鋣賦 以大冶無私祥金乃躍爲韻

金有利用躍而呈祥騰沸渭之炎彩耀赫奕之雄光始則沈潛將委形於鍛鑄終能踴躍求效用於鋒鋩於是挺奇



姿奪良冶歎凡目之莫辨懼名工之或舍既翕赩之在鎔尚淵淪之未寫迸紫光而旁射期遊刃以剸犀烘赤氣而上衝願成形於斬馬徒觀其扇巨橐鑠利金聲激射勢浮沈皃氏傾耳以駭意歐冶拭目以窺臨既而赫矣不常爛然有待紅霞聚蓄於穹谷滄波跳出於溟海風雷於是借威日月爲之揚彩自殊美玉豈韞匱以沽諸願比琱戈庶因兹而礪乃若夫流精表異變態無私象君子有剛柔之性同聖人不凝滯於時蓮鍔尚融若踊決雲之刃雲鋒未鑄如呈切玉之姿矧夫騰躍在中發揚於外君若銷形製

器我則保其堅貞君若應用銜身我則期於遠大懿其鑠爲金而不離效其祥而自殊幸托跡於鎔範希效質於規模彼號巨闕出昆吾龍藻龜文既已稱其昔有指晉揮鄭孰可使其今無嗟乎光彩陸離輝華彰灼疑狂電之乍發狀長星之不落異十日之俱流殊衆口之相鑠精靈有感不憚豐城之沈神化無方願繼延平之躍哂備物之鈎戟恥分形於錢鏄客有仰祥金以立誠庶堅貞之有託

## 漉水羅賦 以漉彼水蟲疎而無漏爲韻

羅之名兮惟一羅之用兮不同彼以獲禽爲利此以救物爲功象夫天而圓其外體乎道而虛其中執拯溺之心忘乎雲鳥表好生之德及其水蟲觀其膺用之初裁成之始利物提挈順時行止夕挂於壁若滿月之在天曉用於人狀圓荷之在水爾乃匪虛實如有無心寧勞於凝滯體非憚於沾濡伊紗燈之護蟲則理齊而功倍彼綸巾之漉酒乃跡同而用殊若夫氣爽秋曉景光春晝臨桐井之銀牀近蓮塘之玉甃於是銅瓶傾寫金盆俯就迸千點之珠光垂一帶之冰溜初疑散絲之雨灑綠雲而亂飛又似瀑布之泉穿碧煙而下透且夫環之勁鐵取其堅而不朽羃以



輕紗取其疎而無漏彰妙用於不凡表深仁而善救漉顏生之瓢水欲飲而徐清漉范令之釜魚將烹而獲宥然則開三面者其仁未如張一目者其害有餘曷若篩蟨蟲而必礙投勺水而皆虛縱醯雞爲解羅之鳥捨井鮒爲漏網之魚斯則用資於生不資於殺仁在乎密不在乎疎夫以道存仁恕水何大而不漉物莫隱欺蟲何微而見遺雖焦螟之生必全有以小爲貴若江漢之流雖大盡可一以貫之功且知其至矣用寧憂於巳而客有撫而歌曰玉巵無當兮安可擬風瓢有聲兮不足比惟漉羅之用也大哉故去此而取彼

## 舞中成八卦賦 以中和所製盛德斯陳爲韻

卦惟體德舞以象功分其節於乾坤之位列其畫於綴兆之中相彼六爻爰配數於六律侔茲八體俾叶義於八風原夫乍合乍離進旅退旅參於綴而九變無撓辨於位而五方有序作既自於天心用必在夫君所剛柔斯別皆取象於負圖俯仰可觀各分行於曳緒爾其舞既備位亦陳贊陽和之啟蟄助雷雨之解也卦始畫於庖犧當皇唐貞元之歲易咸列於宣父在聖祖中和之辰度曲未終變態

無極震艮以節其動止離坎以分其南北聞之者正性命而深和觀之者守精微而不賊繼虞韶之盡美哂夏樂之慙德徵其本察其儀成於巽而德風備矣變爲兌而聖澤在斯近取諸身且表乎是則是傚大合乎樂孰爲乎不識不知矧夫作者既取諸身演者必因於聖諒曠代而莫覩實於斯而爲盛其始也取於卦而施諸人其終也觀其妙而通乎政是以契茲穆穆異彼傞傞象在於中將致天地交泰德形於外以明保合太和且夫周八佾而非美漢五行而徒製雖冠華秉翟於干戚之間起索隱鈎深於天人



之際曷若容止合於彖象幽賾殊乎卜筮客有欣千載之一時歌聖功而獻藝

## 石韞玉賦 以溫潤積中英華發外爲韻

高山穹崇山有石兮玉在其中物不能自珍緜千載而抵飛鵲寶所以爲異貫四時而見白虹積苦文而外翳涵冰形而內融煥乎有文既自抱其堅白孰兮在璞將有俟於磨礱嗟夫委質含章藏暉晦跡閟奇文於特達韜善價於今昔棄他山之下未得輝乎滿堂泛渭水之中誰復知其盈尺混清潤以潛穎託層崖而委積愛而不見雖類懷寶迷邦和而不同終辨我心匪石懿夫石惟縝密玉乃堅貞孕明含粹養素挺英包其蒙詎覩蕊兮之色藏於密誰識詘然之聲徒觀夫明其內晦其外諒可久而可大見其素隱其華若去泰而去奢形委順而可轉心抱忠而無瑕闇然而彰同夫珠媚於水光而不耀異乎金在於沙爾其玉方韞藏石未磨礲氣中潛以育德色旁達而示信處於鑿鑿則水折而方流依彼巖巖亦山輝而未潤照廡之光尚戢截肪之色空存昧識者但見其落落精鑒者方辨其溫溫石不能言莫遇琢磨之力玉未成器難逢拂拭之恩則



知至寶在乎藏眞至德惡乎自伐刳其心而白不受采實其腹而間不容髮客有愛此堅貞想其清越歎時俗之莫顧惜輝華之潛發儻見采於一拳庶無虞於再刖

## 沽美玉賦 以懷寶迷時豈曰君子爲韻

美矣哉有玉於茲不磷不緇韜而藏則傷乎秘寶懷而匿又慮乎失時是以露瑤華之炯爾就朝市而沽之且以辨玉璞之名且以見至珍之道耀盈尺之爍爍彰合拱之皓皓使思之者覩於貞清仰之者知乎堅好首六瑞以爲瑞排衆寶而稱寶然後厥聲載路厥價載聞蘊十德以光代

先駟馬以薦君。亦何必隱映其華。韜藏其美。行於魯謂迷邦之士。入於宋比越鄉之子。豈獨用爲薦神。亦自以爲厲己。且時見玉而旣重。玉待時而以諧。獻楚之忠誠必賞。求秦之價直非乖。自可覆之於匱。鬻之於懷。間彼琅玕。照追師之笥。離於衣褐。裨天子之階。寧令善價不再。良辰無幾。且遠於簪裾。永疏於筐篚。夫然則玉工貽誚。君子不韞藏之則爾能。求沽之則吾豈。如垂棘之璧。不琢之珪。亦當出彼巖石。鬻此規擕。是以百爾之行。一與之齊。未有玉逢價而更惜。士於時而自迷。然則事有可而必行。辭有爲而



焉說。道旣危而思隱。善求顧而無伐。故沽玉者遵於賜言。待價者存乎子曰。沽哉於斯文而蓋闕。

澹臺滅明斬龍毀璧賦 以璧惡苟求人難力制爲韻

璧之爲寶也至珍。龍之爲物也至神。蘊彼堅貞。由是見希於代。神其變化。胡不可畏於人。苟以力奪我寶。則必害及爾身。原夫被褐而來。艤舟以濟。懷白璧爲利涉。佩青蛇而自衞。光連曉日。若明鏡之高懸。影落深潭。狀白虹之初霽。孤櫂纔移於渡口。二龍欻見於波際。將至寶因此可求。謂匹夫於焉易制。徒觀其迅雷鏗磤。狂電翕赩。轉清輝而陽景滅。曜噴風雨而晴空變色。拖尾乃無所遁逃。矯首則方將薦食。朱浮焉能施其術。佽飛莫得用其力。滅明乃挺利劍。整扁舟。驅天吳。北陽侯。壯志奮而髮植冠聳。瞋目張而皆裂血流。白刃下耀於淵室。紫氣上衝於斗牛。左絕其脰。右揕其喉。擢錦繢之鱗。觸驚波而乍聚乍散。灑元黃之血。隨奔流而或沈或浮。旣風恬而雨絕。俄霧廓而煙收。龍實最靈。孰可以威而讋。璧惟重寶。豈得不義而求。旣而弭波瀾。濟江干。璧非人願。保全而莫可。人非劍思。耀武而誠難。然後韞神邸。即長路。持拱璧而歎息。盼中流而回顧。豈不



以懷寶者爲物所求。恃力者爲人所惡。且龍實恃力。人惟懷璧。爾實我欺。我非爾惜。雖在時之攸重。諒於人而何益。聞老氏之誡。莫守乎滿堂。考聖人之清。不貴於盈尺。遂投之河而神罔敢受。毀於岸而人莫敢有。紛然電散。謂齊后之碎連環。驌爾星分。同亞父之撞玉斗。則知動不可妄求。不可苟。始則將害於人。終乃自貽伊咎。胡不伏水府而藏珠於頷。照崑山而銜耀於口。故貪而斃也。誠罹有悔之凶。毀以棄之。安能無脛而走。嗟乎仁必有勇。信千古而不朽。

新月誤驚魚賦 以在水如鉤有並垂綸爲韻

纖纖之月兮濯影清流渾渾之鱗兮妄意懸鈎乍見之而深入復毚焉而誤遊尋落餌遲來舟游泳不安頗似縱而方引唫喁自失疑巳懸而未收當其照溪篁與舟子駭垂竿而亂動訝半規而特起諒不知夫月來徒有虞於夕死或跳躍無所每健羨於脱泉周旋不能乍蹉跎於失水且復走菱荇觸洲沚斂鬐鬛以曲全高首目而圜視引耀方文形儀更眞挂影西南盡迷元兔與波上下難晦紫鱗雖類吳牛之喘月獨喻文鰩之觸綸轉蕩其心似迎其手恐韋復於未濟懼鈎深於善誘同畏景惡跡之士視於無形



異貪餌慕羶之徒求之何有夕惕未巳宵迷不舒每流浪而遷逝願息陰以躊躇豈將畏首與畏尾亦將愼終而愼初靄靄孤光隔千里而共此䱤䱤下視雖擘波其焉如旣而魄盡中流光沈西海猶睚眙於故處尚怵惕其安在豈鵬化之質不能奮飛方魚服之時每嗟危殆悲夫似是之疑何莫由斯況文竿晝引緒繭宵垂苟人謀之不輟何天道之可窺安得遠猜機漾修迥笑明月而弄淪漣與狎鷗而相並

## 斗爲帝車賦 以運乎中央臨制四海爲韻

惟斗之列在天之中象其車之爲用明乎運而不窮爛然有光隨月建而不忒循環靡定轉天道而潛通爾其自彼元功彰乎眞宰輻輳而衆星有次環回而周天可待將臨無極同樂御之在君隨轉無窮異月輪之生海故得四時式序九有皆臨順乎軌而克陰陽之分比於轂而正天地之心宛轉潛移循環微至周行不失於紀綱順動罔差於躔次何有象而著天何無跡而行地是使星辰日月之度光不失三春夏秋冬之期時不愆四懿夫拱極昭彰垂精耀芒將倬功於引重在載德以知方莫測車行式瞻其上



象遙觀帝座宛在彼中央是動不過位止無其常作解疑夫轞轞有耀想乎煌煌然則七星所臨下土之分度數必循於厚載經行用昭其廣運是以義將德比動與化俱廣覆之恩旣博致遠之道斯殊輪不推兮展雲鋒而罔憚駕非馬也歷天險而無虞所以取轅轂喻璿樞見維北之運矣豈指南而已乎猶一人之在上而萬國之是制規圓而輪轉罔差鱗次而運行無替遵不已之道豈念窮塗駕自然之車寧愁輿曳是則天衢可陟雲路有勢幸見殊於輪扁之徒不可使其功而效藝

以德爲車賦 以至德之人有同車載爲韻

人之蘊德兮唯車可同載諸身兮運轉無窮苟規模之不紊在夷險以皆通遊必有方靡假顏生之御成之在我寧煩奚仲之功原夫雕斲何勞周旋不礙得亨衢古道以方駕將璞玉渾金而共載廓情田而作路終自東自西調意馬以服箱任或進或退且見其制非假手用不由人馳懿範而深疑軋軋聽嘉聲而乍認轔轔如榮晝錦之衣便同華轂儻被懸鶉之服豈異椎輪是何輗軏無施脂膏莫有學海深而濡軌堪虞詞林秀而養材自久誨人不倦初訝



其役車不休見賢思齊豈憚乎挾輈而走莫不乍行乍止載疾載徐究其理而大矣較其功而忽諸程君之夢捧陽精還同照乘黃霸之惠如時雨宛是隨車乃知德以飾身爲規車將載物是致苟執德之不惑故憑車而取類善行而所去無跡遵道而雖遠必至功能救旱喻流水以寧慚美播惟馨媲七香而何異大矣哉妙才難問良工在茲曝腹而那殊炙輠書紳而乍認執綏此車也價雖擅於五行應難比矣數徒多於百兩未足方之士有軌轍無踰威儀靡忒逢時期牽駕之用抱素乏丹青之飾儻題品之未遺願爲車而比德

狐死正邱首賦 以樂生戀本仁者之心爲韻

狐者微物死乃可珍想彼邱而結戀正茲首以歸仁生也有涯且不忘其本死而無二亦不喪其眞可比德於先哲實聞言於古人原夫委化將終微情有托面淇梁之窟穴目武都之林巒顧慕而首尾不差向背而東西必度死生契濶知歸骨之莫從視瞻無囘念舊鄉之可樂矧茲異質蘊彼仁心寧九尾之足尚實三德而可欽豈不以懷舊誠切戀主志深等太公之於齊終聞返葬比莊舄之去越尚



發哀吟想夫溘爾數窮隱然存盼歎青邱之永訣想南山之不見其心懷土望故處以增悲惟首正邱聊向隅而表戀知其戀本者合於禮戀舊者繼乎情何綏綏之陋質叶仁人之美名觀物化感平生頤指而千羊讓德頭會而百獸慙獰徒觀其首也不囘心乎惟懇殊聽冰而表智異含沙而掐損正有芃之質志在慎終委莫赤之容仁無棄本想其美也合於禮者鄙羵首之牂羊符戀主之良馬觀跂行喙息之類其數則多察樂生念本之徒斯情蓋寡緊茲獸之可奇諒古今而稱之死不擇音嗟逐鹿於往日生而

隱霧歎元豹於昔時曷若懷念遠之感軫去故之悲異哉首卯之仁也非眾類之等夷

## 五色露賦 以率土康樂之應爲韻

惟上天之陰隲至誠感通靈液肇吉能分五色之異以候一時之出祥風爍乎茂草瑞景晞乎朝日元黃雜錯綴玉樹以相鮮丹紺交輝映金盤而乍失既能偶聖以呈貺寧有普天之不率飛液花塢流光蕙圃青熒玉綴燦爛珠吐靈藥訝仙童捧來潤石疑女媧欲補花禽拂著宛如陳寶之雞平野染成煥若徐方之土當其金烏戢耀玉兔騰光



夜寂空知警鶴寒輕猶未爲霜徒想狀天酒類神漿豈辨彰施而披棘尤分雜錯以沾裳滿林嶺而霞駁徧莓苔而錦章自然鬱爲天祚慶我皇唐何必徵勒畢之言以爲國泰驗吉雲之說乃辨時康嘉其風中煜爚空際浮爍綴瑤草以紛敷泫庭柯而照灼彼瀼瀼刺其感歎此湛湛歡其宴樂徒用興其詠歌曾何覩其交錯未若含瑞表德耀彩逢時乍綺分於彼或星合於茲爲陰陽之淳粹作花木之葳蕤喜氣度闕徒虛語耳榮光出水曷足方之是知天降休祥聖爲明證淡汪濊之仁澤得文質之善稱天何言哉國有感而善應

## 三夢記 并序

人之夢異於常者有之或彼夢有所往而此遇之者或此有所爲而彼夢之者或兩相通夢者

天后時劉幽求爲朝邑丞嘗奉使歸未及家十餘里適有佛堂院路出其側聞寺中謌笑懽洽寺垣短缺盡得睹其中劉俯身窺之見十數人兒女雜坐羅列盤饌環遶之而共食之見其妻在坐中語笑劉初愕然不測其故久之且思其不當至此復不能捨之又熟視容止言笑無異將就



察之寺門閉不得入劉擲瓦擊之中其罍洗破迸走散因忽不見劉踰垣直入與從者同視殿廡皆無人寺扃如故劉訝益甚遂馳歸比至其家妻方寢聞劉至乃敘寒暄訖妻笑曰向夢中與數十人同游一寺皆不相識會食於殿庭有人自外以瓦礫投之杯盤狼籍因而驚覺劉亦具陳其見蓋所謂彼夢有所往而此遇之者矣

元和四年河南元微之爲監察御史奉使劍外去踰旬予與仲兄樂天隴西李杓直同游曲江詣慈恩佛舍徧歷僧院淹留移時日已晚同詣杓直修行里第命酒對酬甚懽

暢兄停杯久之曰微之當達梁矣命題一篇於屋壁其詞曰春來無計破春愁醉折花枝作酒籌忽憶故人天際去計程今日到梁州實二月二十一日也十許日會梁州使適至獲微之書一函後寄紀夢詩一篇其詞曰夢君兄弟曲江頭也入慈恩院裏游屬吏換人排馬去覺來身在古梁州日月與游寺題詩日月率同蓋所謂此有所爲而彼夢之者矣

貞元中扶風竇質與京兆韋旬同自亳入秦宿潼關逆旅竇夢至華岳祠下見一女巫黑而長青帬素襦迎路拜揖



請爲之祝神竇不獲已遂聽之問其姓自稱趙二娣及覺具言於韋明日至祠下有巫迎客容質妝服皆所夢也顧謂韋曰夢有徵也而命從者視囊中得錢二環與之巫撫掌大笑謂同輩曰如所夢矣韋驚問之對曰昨夢二人從東來一髯而短者祝醑獲錢二環焉及旦乃徧述於同輩今則驗矣竇因問巫之姓氏同輩曰趙二娣也自始及末合若符契蓋所謂兩相通夢者矣

行簡曰春秋及子史言夢者多然未有載此三夢者也世人之夢亦衆矣亦未有此三夢豈偶然耶抑亦必前定耶予不能知今備紀其事以存錄焉

## 紀夢

長安西市帛肆有販粥求利而爲之平者姓張不得名家富於財居光德里其女國色也嘗因晝寢夢至一處朱門大戶棨戟森然由而入望其中堂如欲燕集張樂之爲左右廊皆施幃幄有紫衣吏引張氏於西廊幕見少女如張等輩十許人皆花容綽約釵鈿照耀既至吏促張妝飾諸女迭助之理澤傅粉有頃自外傳呼侍郎來競隙間窺之見一紫綬大官張氏之兄嘗爲其小吏識之乃言曰吏部沈公也俄更呼曰尚書來又有識者并帥王公也逡巡復



連呼曰某來某來皆郎官以上六七箇坐定前紫衣吏曰可出矣羣女旋進金石絲竹鏗鍧震響中署酒酣并州見張也而視之尤屬意謂之曰汝能習何技對曰未嘗學聲音使與之琴辭不能曰第操之乃撫之而成曲予之箏亦然琵琶亦然皆平生所不習也王公曰可矣因命采牋爲詩一絕以與之張受之置之衣中王公曰恐汝或遺今乃口授吟還梳閑掃學宮妝獨立閑亭納夜涼手把玉簪敲砌竹清歌一曲月如霜張曰且歸辭父母異日復來忽驚

啼而藉手捫衣帶曰尚書遺詩矣索筆錄之問其故泣對所夢且曰殆將死乎母怒曰汝乍魘爾何以爲聲乃出不祥言如是因臥病累日外視有持酒肴者又有將食來者女曰且須膏沐澡瀹母聽良久靚妝盛飾而至食畢乃徧拜父母及坐客曰時不留某今往矣因援衾而寢父母環伺之俄爾遂絕時會昌二年六月十五日也

## 羅立言

立言宣州人貞元末進士太和末由盧州刺史名爲司農少卿爲京兆少尹知府事以附李訓鄭注誅



### 振木鐸賦 以發號施令王猷所先爲韻

上方繼統大寶發號初年俾木鐸是徇彰皇恩而宣清韻乍分庶道乎無遠不浹長聲始振將表乎有開必先蓋欲由舊章布新令使有聞而必戒如審樂以知政德音爰降義符招諫之君大典允敷道契多能之聖洪纖手運斷續風移始條貫以遐遠終激揚而廣施發乎門以瀏亮徹三條而透迤將警乎羣心斯乃有倫有要言提乎衆耳孰可不識不知且夫洞然諧音鏘爾立號豈比官師之職無勞有司之告則知君立教非鐸而不宣金有聲非木而奚遒所以酌彝古典稽法前王範乎金蓋取乎剛德示利振以木期在乎直言有章罔非舌而是出信有聲而必揚鄙伐鼓之坎坎小和鈴之央央節奏中規周旋有序合椌楬諧律呂俢弁之制自異陶匏之音不舉動而逾出擊且殊於錞于虛以和鳴懸匪勞於簨簴帶未央晨漏時與俱來混南山殷雷乍迷其所於以明盛禮於以揚王猷日闢四方聽思聰而廣被教覃萬國澤咸霈而周流或乃妙響清越緜緜將歇敢煩手於再振冀駭耳於一發客有觀光以成文願刊象魏之闕



### 風偃草賦 以上之化人乃如是焉爲韻

人之化兮從政之所向草之偃兮隨風之所仰大小覃及道均乎廣數高下必加義存乎溥暢將咸被於榮悴非有阻於遐曠感之化靡自符於順柔動而悅隨豈因乎用壯如雲起於龍名若臣和於君唱豈蕭條衆芳之間翔翔激水之上而已美其抗威有制應物無私播生成於萬族順炎涼於四時彌岡坂以盡仆歷原隰而無遺飀飀其音時自南而自北扶疎其狀隨左之而右之汎蘭叢而影分丹蘋轉蕙圃而光搖碧滋有感而施不獨芃芃其麥靡類皆

長寧遺楚楚者茨則知草之偃風威之所䕺人之理上政之所化不然則何以喻德君子比訓小人佐天地之化育助雷雨於陶鈞當槁葉辭條我則激淒清於霜夕及晴川解凍我則散煦嫗其陽春豈直落餘花於黃菊翻碎浪於青蘋至哉凝韻松桂傳香蘭茝不行而疾合帝德之無方不厲而威若神功之有宰茲君令所以爲此聖人於焉嘉乃觀其匪疾匪徐或吹或噓俾夫曲者必直勾者必舒庭葉晚飛墜丹梧於颯爾池荷夜轉瀉珠露以連如是則草非風不靡人非化不被故取鑒者用於斯觀政者必於是



況王者致理與物化遷敬授人時乃何風不順式孚惠澤則何草不元既殊拔木之日斯鄙偃禾之年賦風行之義可以知其教焉

## 李師聖

師聖貞元時人

### 唐故許氏夫人祈氏墓誌

夫人字芳太原人也先伊耆氏之胄封爵列位皆附舊史故隱顯不言因遠祖居毗陵今爲毗陵人也祖觀父昇並高尚雲林獨立不懼積慶儲祉是生夫人夫人即昇之長女也年始初笄歸於許氏輔佐君子協和中外其儀可範其德可大貞順模於九族婉娩美於當代嗚呼上天而假其德不假其永世之壽是足可悲以貞元廿年七月三日寢疾卒於 闕 孝鄉唐昌里之私第春秋五十有五以貞元廿一年孟春月三日安厝於震澤里之原禮也夫人生二子長仲宣次仲康並哀疚悚心窮號泣血懼山谷之遷變乃刻石而爲銘

## 嚴礪

礪字元明少爲浮屠法從兄震薦爲興州刺史檢校尚書



左僕射領山南西道節度使元和四年卒贈司空

### 奏崔河圖狀

得昌潤狀量移官通州別駕崔河圖使奴詆百姓妻抑壓於家中驅使又詆稱疾病請於果州尋醫審令驗問並無疾患者崔河圖自量移通州已逾三載不遵法度故犯典章恃其曾踐周行歷官省闥恣爲累横侵擾黎元使奴詆抑良人訴疾妄求出界交通豪俠迫脇村閭伏以巴南諸州去使遼遠山川重阻道路崎危若縱姦人必慮扇結況河圖怨望日久情狀難原 下闕

高昇

昇德宗朝官鳳翔節度使。

對春日餧獸夏日迎猫判

習齒以春日餧獸姜肱以夏日迎猫

至人御時大禮爰設資亭育以爲德立隄防以垂範三千之儀畢備九歌之序載揚承規理人開物成化習齒以青陽肇發落韶夏之風景姜肱以朱明始臨欣畏日之卉木俱尊函丈之業共仰摳衣之軌爰兹餧獸未叶於順時復此迎猫有虧於通典事不師古如何兩昧學而不修此焉雙缺適吳蜀以俱廢比臧穀以同年雖聖主寬刑唯罟一面而愚人懵學自挂三章咎也已招法將焉設請從泣辜之筆以徵秦禮之至。



柳子温

子温京兆華原人太子太保公綽之父官丹州刺史。

對給地過數判

甲給地過數科所由曰更耕之田

磽肥異宜給受殊制苟夫田之可易在公道而奚爽惟甲奉其所主念此爲農無怠無荒將陳耕鑿之力是薦是蓘以期國家之利雖在勤不匱而處塉則勞風雨每調莫覩如雲之稼收穫斯至空嗟懸磬之室徒逢時於樂土終歎乏於良田懷不足而是憂思鼓腹而何及觀其所給察其所由在周典而無辜論漢史而何著惟農是恤於法何乖寧易地以豐財豈守株而喪本更耕之訴據百畒而何傷過數之科在三章而宜捨

田宏正

宏正本名興字安道平州人田季安時爲衙内兵馬使季安死衆請宏正爲帥與將吏約請歸六州版籍於朝然後視事憲宗嘉之加銀青光祿大夫檢校工部尚書魏州大都督府長史兼御史大夫上柱國沂國公充魏博節度觀察處置度支營田等使乃賜今名元和十四年加檢校司徒同中書門下平章事進侍中穆宗立王承元以成德軍請帥詔宏正兼中書令爲節度使長慶元年爲王庭湊所害年五十八册贈太尉謚忠愍



謝授節鉞表

臣聞君臣父子是謂大倫爰立紀綱以正上下其或子爲不子臣爲不臣覆載莫可得容幽明所宜共殛者也臣家

本邊塞累代唐人從乃祖乃父以來沐文子文孫之化臣幸因宗族早列偏裨空馳戎馬之鄉不覩朝廷之禮惟忠與孝天與臣心常思奮不顧生以身殉國無由上達私自感傷豈意命偶昌時事緣難故白刃之下謬見推崇天慈遠臨免書罪戾朝章洊及仍委旂旄錫封壤於全藩列班榮於八座君父之恩已極絲毫之效未伸但以覥冒知羞低徊自愧是知功榮所著必俟危亂之時徼幸之來却在清平之日循涯揣分以寵爲憂伏自天寶以還幽陵肇禍山東奧壤悉化戎墟雖外一車書而內懷梟獍官封代襲刑賞自專國家含垢匿瑕垂六十載臣每思此事當食忘餐若稍假天年得奉宸筭兼弱攻昧批亢擣虛竭鷹犬之資展獲禽之用導揚和氣洗滌僞風然後退歸田園以避賢路臣懷此志陛下察之又臣每在軍中多居偏鎮每遇奇計心實覩之有布衣崔憺結茅王屋但茹松柏不雜風塵與臣周旋頗有年歲自臣受命惠然肯來臣遂請攝節度參謀俾之奏事臣胸襟所蓄書不盡言實冀因人紓其積憤臣不勝感恩戴荷懇苦之至謹差攝節度參謀王屋山人臣崔憺謹奉表陳奏以聞



## 與李渤書

宏正珍重執事之心積二十餘年竟不獲自道於執事者徒懇懇終日常恐空老而無所歸誠固內不自安矣自前年朝謁得展拜執事於道路之間時苦牽事復畧不得伸前時所蓄之意彌有不足於心矣執事以古今仁義發爲懲惡勸善之心豈惟當世士君子所賴抑亦姬公孔子之心待執事而明白之矣每覽前後史策紀其所爲古之賢者有出無愧矣宏正近奉制書去魏就鎮自念榮寵已極能無憂惕之甚哉且自二毖亂常以來六十餘載矣河北之地教化之所不行冀趙魏常山又河北之尤者日月積習遂爲匪人誠可悲矣寢食常念之以爲負經濟不羈之才者執事可以將朝廷之化移獷俗之心矣宏正庸虛輒不自意思君子降重爲邑人啟茅塞之心仰執事坐師氏之筵使鄙夫修擁篲之禮則向之羞姑可掩矣不審執事當俯而就之乎復恥而不就乎今輒虛上倅之位俟君子光臨古人有功成不居退得所詣者鄙人咏之久矣儻終不拒至誠之情幸甚

田布

布字敦禮魏博節度使宏正之子授御史中丞入爲左金吾衛將軍拜河陽節度使長慶初徙涇原牙將史憲誠叛逼布行河朔舊事布度衆且亂爲書謝帝引刀自刺年三十八贈尚書右僕射謚曰孝

遺表

臣觀衆意終負國恩臣既無功敢忘即死伏願陛下速救光顏元翼不然者義士忠臣皆爲河朔屠害



# 欽定全唐文卷六百九十三

## 薛存誠

存誠字資明河東人第進士元和中累拜給事中遷御史中丞卒贈刑部侍郎

### 禎石賦 以素質元字篆隸相參爲韻

上帝乃眷下顧豐我皇祚產禎石以報德約遠人以遐赴外輝煥以發章内清明而含素方圓冰潔篆隸星布五千符聖歷之長一九合太陽之數瑩然非追琢所及忽爾若神靈來附考乎文也知諸受命之期徵乎石焉示此維城之固且夫文旌乎實石堅乎質垂本根以繁茂作元后之貞吉驗符而天命有歸貽慶而孫謀莫失方洛書以自來狀河圖以負出懿夫爍彩發鮮隱起成姸貿非工斲字乃神鐫移篆文於玉璽之上取隸則於銅棺之前紛鳥跡以屈漢若飛騰而在泉帝拜昌言慶實延於卜代名傳聖運功何異於補天苟不思而來曁恭承眷於上元信乎瑞以勤致彰乎天賜其爲后也貴乎無得而稱其爲石也下乃不求而致豈比夫渭濱之璜兮空言佐命峴首之碑兮永沉文字孰若我垂吉祚於當時演昌期於後嗣且夫文可

嘉而不可卷石可固而不可轉題八角而爾乃增輝刻九言而吾斯盡善宜子孫之蟄蟄得先徵於隸篆太宗勞謙垂制虔告上帝伊連被而莫紀自高祖而流裔其石也爲遐玉之祥惟孤也實先君之糸誠降慶之所致敢欺紿於興隸於是公卿列辟劒佩鏘鏘聯趨詣石載拜稱觴斯萬人之有慶表二聖之重光不然何炫發於石玉侔其相瑩煌無黜璀璨有章帝曰祖考之德惟覃股肱之能以叅故天錫之罔替諒不穀而何堪

僊石靈臺賦

惟神化之所感何禎祥之必臻位將天而同德天與日而共新百靈扶於三善萬象資乎一人是以英聲遠被嘉貺必陳於是祕其迹則如畫如隱圖其文則匪雕匪刻屈若絲縈舒同髮直彩非因染辭無假飾雖貞籙之可觀固神功之靡測若乃烟消宇發苔落文生映月波起含日金明彰八千之綿祚著三代之珍名或鸞迴而鳳轉乍雲點而霜橫法兼篆籀體備形聲信天筆之攸假實神翰之所成至如桂影宵臨星光夜燭分若珠解連同瓔續映朝霞以散錦流夕露以垂玉紀三皇之故事包五代之遺躅足使



濁河龍沫清洛龜沈旣超前而冠後亦挾古而光今所以管絃流韻鐘石凝音豈獨妙符至理固亦道叶乾心總羣瑞以考徵實表盛乎貞紀騰茂實於千載激清流乎萬祀元象煥以呈祥靈山鬱以効祉明皇期一作基之永固與天地乎終始嗟微臣之菲薄屬欽明於暮齒望天闕以長謠情顧戀其何已也

孔戣

戣字君嚴冀州人登進士第元和初授嶺南節度使穆宗立召爲吏部侍郎改右散騎常侍轉尚書左丞以禮部尚書致仕長慶四年卒年七十三贈兵部尚書謚曰貞

謝致仕表

臣某言臣聞七十致政禮經格言此蓋先王立教示人有終也苟或冒榮貪祿不知其退亦搢紳之醜也今臣年已過矣耄亦及之顧盼班行每懷慙靦幸屬聖明御宇多士盈朝百度旣貞萬靈遂性躍魚戲在藻之樂野夫盡擊壤之歡微臣叨逢此時得以陳露而猶進不知止懼損明風況齒髮已衰筋力不逮雖列官次恐貽敗闕伏以南宮左轄華省紀綱政理所關選用爲重豈臣衰朽久膺此任伏

乞聖鑒察臣誠懇賜臣骸骨歸老邱園所冀聖朝無浮食之人微臣免强飯之責將違聖代戀闕誠深無任悃欵之至

謝賜手詔兼神刀藥金狀

右中使某至伏奉墨詔幷賜藥金一合神刀等俯循陋質仰戴殊私渤澥無比其深山嶽無方其重臣蓽門賤品環堵諸生乏禦侮之籌謀罕濟時之方畧而因緣官學塵忝班行效無可稱事每逾量聖慈過聽擢領藩方祇命戎途不敢陳讓省躬撫事益懼菲才今又特降王人遠臨郊甸



寶刀出於武庫上藥本於金精足以蠲除疫癘激發忠勇顧惟孱懦承此寶光捐軀盡節豈足爲報無任感戀懇款之至

謝借馬狀

右中使至奉宣進止將前件馬送臣至京兆路界祇承寵光載兢載惕微臣猥以庸瑣謬分憂寄拜命之日已受賜於龍媒遵路之時復假榮於天驥恩私稠疊渥澤殊常豈謂聖意不遺獨懷軫念轡驊騮於内廐騁逸步於長衢驅馳忘勞服習如志誓當夙駕奔走所部冀安夷獠以免聖憂無任感恩懇款之至

賀冊尊號狀

右臣聞唐德格天列聖垂祐必紀名號以彰治功伏惟元和聖文神武法天應道皇帝陛下纘戎十聖時乘六龍躬一德而善繼丕承鑿有形而天覆地載既休武功方用文經遺步驟於殷周振聲容於華夏既而天人合應億兆叶心探至道於邦家之先揭鴻猷於彊名之域陛下初違羣議方守謙光旋體至公遽迴慈睠德意既降盛禮將陳凡在品彙無任幸甚臣以待罪遐徼不獲稱慶闕庭徒勤子



牟江海之心有同太史滯留之日無任懽抃之至

爲崔大夫賀冊皇太子狀

臣聞帝皇立極必建儲貳俾承宗祧所以祗奉粢盛永固社稷者也伏惟睿聖文武皇帝陛下積德承業光有天下思正國本以和人心載考春秋之義以明君臣之道主玆匕鬯允屬元良推明至公振舉舊典皇太子體仁秉哲既嫡且賢温文發中孝友聞外欽若丕訓允膺冊禮陛下將嗣十聖之休烈垂百代之懿範大備禮物廣設明庭陰氣方晦而忽銷旭日既昇而增朗夷夏胥悦神祇克諧足以

包夏孕商跨周軼漢夫何晉魏以降易置瑣瑣不足侔比盛禮既畢洪恩又洽恤刑議獄旌善賞勞禮問高年存恤疾隱皇王之德於茲備矣臣忝列近侍親承睿謨抃蹈之切不任愚懇

奏加嶺南州縣官課料錢狀

右伏以前件州縣或星布海壖或雲絶荒外首領强黠人戶傷殘撫御緝綏尤藉材幹刺史縣令皆非正員使司相承一例差攝貞廉者懇不願去貪求者苟務狥私臣自到州深知其弊必若責之以理莫若加給料錢令具分折如前幷不破上供錢物輒陳管見務在遠圖伏乞天恩允臣所請



又謝賜藥金狀

右內給事袁思藝至奉宣聖旨賜臣江東成金二挺若服之後深有補益兼延駐者伏以仙方所秘靈藥稱珍必候休明之辰上益無疆之壽不意俯迴天眷念及微臣賜九轉之金駐百年之命且螻蟻賤質豈能長固蒲柳易朽常慮先彫竊荷生成之恩寧酬造化之德澤如河海空欣羽翼之期寵若邱山何伸灰粉之謝

元錫

錫字君貺元和九年蘇州從事歷淄王傅終衢州刺史

蘇州刺史謝上表

臣某言伏奉十一月七日恩勅授臣持節蘇州諸軍事守蘇州刺史以今月六日到州上訖臣績用無聞寵章非次恩崇效淺任過憂深承命震惶不知所措臣某中謝伏惟睿聖文武皇帝陛下道符乾元功配坤德盛明參於兩曜休烈冠於百王覆幬羣生憂勤庶政至於牧人長吏簡在宸衷然後明視達聰獎勞懲過俗臻壽域垓靡窮人是以列郡庶尹莫不甘於隕首以荅元造臣藝術非工吏能罕立累因過幸嘗忝官榮所歷衢婺兩州皆屬荒殘之後侵漁稍息是朝廷法令之明饑饉不生屬年歲豐稔之運績無異等恩被殊私累貪天功以竊身寵况東吳繁劇首冠江淮自非良能豈可妄處受任踰重兢慙失圖獨不汰侈於法程晏安於寢食誓刻肌骨用申涓毫無任受恩慙懼之至



福州刺史謝上表

臣某言臣才不過人任忽踰量跼蹐無措憂慙不容臣某

誠惶誠懼頓首頓首臣歷忝方州誠無異效至如俗幸不擾人懷小安是屬天時實非臣力況自永貞以來陛下每降卹隱之澤則惸嫠保安發賑救之仁則癘災不起法令昭著姦邪已清時歲豐穰流庸自占比屋日用豈臣之功陛下勸奬道崇葺綏念切採擢凡品統臨列城將何以表正一方肅清羣吏庶竭微力仰酬天慈力不足則繼之以死是臣職分所當奉行秉茲一心敢有貳事以今月二十八日到所部上訖謹奉表陳謝以聞

衢州刺史謝上表



臣某言伏奉九月二十一日恩旨授臣衢州刺史以今月十八日到州上訖祗承寵光魂首飛越臣已嘗試任績用無聞薦沐恩私兢惶靡措臣本諸生行能罕立徒以親知謬舉踐履踰涯常叨省署之榮亟歷萬方之重事懷覥冒恩戴生成伏以浙東諸州衢爲大郡累經荒儉切在保綏憂勤所分簡求非易臣自量智力懼不勝任守信偷安踰年受代當此益重實昧寵章頃屬旱災相繼夭喪過半生聚長育理難卒平賦斂徵求物有常數自前年以來陛下以覆育之慈深布弔憫賑貽口食蠲復地征人用昭蘇氣消疵癘竊以匹夫遂性天下懷仁況江表獲安動踰百萬臣職當撫字倍切常情欲宣明詔條通達幽隱敦實務本者勸之以農開通明敏者進之以學奉朝廷法制守使府規模克勵小心庶無大悔有渝此志敢逭明刑

宣州刺史謝上表

臣某言中使王文朝至伏奉六月六日恩制授臣宣州刺史兼御史中丞充宣歙池等州都團練觀察處置等使以七月二十九日到鎮上訖臣謬承寵章顧影慙灼祗奉明詔撫心震驚臣某中謝伏惟元和聖文神武法天應道皇



帝陛下嗣承大寶光啟中興德洽生靈道超今古平逆亂之本建太平之階將澄化源先正理道詳授長吏撫綏疲人冀厚生成用須教化以臣庸昧何以表率一方以臣孱微何以訓齊百姓始懼貪冒終思悔尤伏以人之性命懸在衣食衣食所繫蠶農爲先使蠶不失時農無愆候其在姦豪屛息賦役均平既絕侵漁雖災害不困既均物力雖貧乏亦安不困而安可成富庶臣累叨重任願効微功嘗所粗知猶勉懼不至況有未達豈昏愚可任竊自思惟不進寢食至若鉛刀一割之用駑馬再馳之勤所願酬恩更

期効命。旬歲無補。刑章敢逃。無任受恩惶恐之至。

## 薛平

平字坦塗。贈太保平陽郡王嵩子。累官左龍武大將軍。授鄭滑節度使。入爲左金吾衛大將軍。帥鄭滑。徙盧平。封魏國公。拜河中絳隰節度使。更封韓。召拜太子太保。以司徒致仕。卒年八十。贈太傅。

### 奏騶虞見狀

當管虞鄉縣王賢鄉有白虎入靈峯觀。謹按孫氏瑞應圖。白虎者義獸也。名騶虞。王者德至鳥獸。澤洞幽冥則見。謹



畫圖進上。

## 李涉

涉洛陽人。初與弟渤偕隱廬山。自號清溪子。憲宗朝爲太子通事舍人。謫峽州司倉參軍。太和中爲太學博士。復以事流康州。

### 南溪元巖銘 并序

桂爲郡也。巖其先之有井室人民百千祀矣。居是邦者匪哲則豪。何四三里之內。而巖不載於前籍。爲巖將屈於古而合伸於今哉。爲人未知其巖。巖俟人以時哉。青溪子昧而未詳也。予之仲曰渤。受天雅性。生不雜玩。少嘗讀高士傳列仙經。遊衡霍幽遐之境。巢嵩廬水石之奧。凡俗所覩。必皆礱磨大璞。翦鑿遺病。意適而制。非主於名。寶歷初。自給事中出藩於桂。一之年。治鄉野之病。二之載。搜郛郭之遺。得隱山元巖。冥契素尚。余因謫去炎海。途由桂林。巖之勝再遂其賞。勒銘洞石。表遠跡於他年。銘曰。

桂之有山。潛靈億年。拔地騰霄。戟列刀攢。巖之有洞。窈窕鬱盤。虎挂龍懸。形狀萬端。旁馳杳冥。仰踏巑岏。玉落磬墜。幽深晝寒。巴陵地道。小有洞天。文籍之圖。吾何有焉。酒一



卮兮琴一曲。元巖之下可以窮年。

## 王涇

涇官河南府密縣尉。元和元年入爲太常博士。

### 中宗廟主當遷議

禮經祖有功宗有德。皆不毀之名也。惟三代行之。漢魏已降。雖曰祖宗。親盡則遷。無功亦毀。不得行古之道也。昔夏后氏十五代祖顓頊而宗禹。殷人七代祖契而宗湯。周人三十六王。以后稷爲太祖。祖文王而宗武王。聖唐德厚流廣。遠法殷周。奉景皇帝爲太祖。祖高祖而宗太宗。皆在百

代不遷之典故代宗升祔遷代祖也德宗升祔遷高宗也令順宗升祔中宗在三昭三穆之外謂之親盡遷於太廟夾室禮則然矣或諫者以則天太后革命中宗復而興之不在遷藏之例臣竊未喻也昔者高宗晏駕中宗奉遺詔自儲副而陟元后則天太后臨朝廢爲廬陵王聖歷元年太后詔復立爲皇太子屬太后聖壽延長御下日久奸臣擅命桼其紀度敬暉桓彥範等五臣俱唐舊臣匡輔王室翊中宗而承大統此乃子繼父業是中宗得之而且失之毋授子位是中宗失之而復得之二十年間再爲皇太子



復踐皇帝位失之在已得之在已可謂革命中興之義殊也又以周漢之例推之幽王爲犬戎所滅平王東遷周不以平王爲中興不遷之廟其例一也漢呂后專權產祿秉政文帝自代邸而立之漢不以文帝爲中興不遷之廟其例二也霍光輔遷之廟其例三也伏以中宗孝和皇帝於聖上爲六代伯祖尊非正統廟亦親盡爰及周漢故事是與中興功德之主不同奉遷夾室固無疑也

大唐郊祀錄序

朝散郎前行河南府密縣尉太常禮院修撰臣涇言臣聞在昔聖王之御宇也仰則觀天以知變俯則考地以取象因順變之道作爲禮樂化成人文以光天下者莫大乎郊祀著之方策豈微臣詎一二所能盡臣聞禮有志誠非玉帛無以見乎外樂有志節非鐘磬無以達乎中故自五帝殊時三王異禮莫不因之沿革觀損益焉伏惟皇帝陛下承天景命列聖重光法唐堯無爲而化致大禹黻冕之美明德超於千古至誠通於百靈玉帛牲牷大備前典微臣謏參綿蕝久歷歲時每仰絲綸輒書故實謹集歷代郊廟享祀之要及聖朝因革沿襲之由倫比其文各標篇目裁



爲大唐郊祀錄十卷其中義有同異皆隨文注釋神位升降幷寫而爲圖祝史陳告之詞工歌大雅之什亦俱編於次謹詣光順門隨表封進伏望頒諸東觀庶有補於將來上表陛下教敬之原下伸微臣蟻術之望無任屏營懇款之至

李虞仲

虞仲字見之趙郡人元和初進士又擢宏詞累拜中書舍人大和中累遷兵部侍郎改吏部開成四年卒年六十五贈吏部尚書

授學士王源中戶部侍郎制

勑竭誠於補袞，必罄訏謨；鋪文於誥命，以光鴻業。非明識屢經於體遠，麗藻已著於知微，則何以副我虛求，允於任使？翰林學士中散大夫中書舍人上柱國賜紫金魚袋王源中，天籟無器，大球不磨，範圍可以程搢紳，刀尺可以制度量。自拔於郎署，寘諸中禁，嘗因進見，數奏以言。揖黃憲而褊胸不生，覩汲黯而風神自整。今時方無事，政在和平，外付股肱，內倚心腹，必冀協恭以奉上，營道而同方，俾下無間言，上無偏聽。萬物攸繫，朕時賴之。勉勤夙夜之規，以副簡求之望。可尚書戶部侍郎知制誥，依前充翰林學士，散官勳賜如故。

授學士李讓夷職方員外郎充職制

勑夫言語侍從之臣，非賢不命，久而加獎，則彞典也。翰林學士朝議郎行左補闕賜緋魚袋李讓夷，器以琢成，材爲衆出，蘊積邁時之志，發明扶道之心，學務研精，文推軼拔。早飛聲於戎幕，遂躐位於諫垣，忠言屢聞，密命斯委，果揚溫雅之稱，宜獲持謀（一作訏謨）之效。亦旣久次，所宜轉遷，受遐寵於握蘭，用酬勞於視草。勉宏前懿，以服寵榮。可行尚書



職方員外郎，依前充翰林學士，散官賜如故。

授學士王源中等中書舍人制

勑朝廷之制，外有綸闈之職，以奉大猷；中有翰苑之司，以專密命。帝王懿範，備舉而行，森然在前，其道一貫。朝散大夫守尚書戶部郎中充翰林學士上柱國賜紫金魚袋王源中，能斷大事，美秀而文，服君子之儒，乘賢人之業。朝議郎行尚書禮部員外郎充翰林學士上柱國賜紫金魚袋宋申錫，和順積中，英華發外，懷致君之志，布經國之文。二者皆國器也，先皇帝能用之。顧予沖人，敢不加敬？申命執事，崇其寵章，藉右掖之芳名，參內庭之重任，思爲盡飾，朝典宜之。源中可權知中書舍人，依前翰林學士，散官勳賜如故。申錫可守尚書戶部侍郎知制誥，充翰林學士，散官勳賜如故。

授學士路隋等中書舍人制

勑夫秩高綸閣，職贊書命，禁署之內，用才尤難。蓋以討論而功垂無窮，潤色而言流有截。非嘉績日著，雄文風翔，則何以茂於轉遷，副此僉屬？朝議郎守諫議大夫充翰林學士上輕車都尉賜紫金魚袋路隋，澄澄天倪，落落風韻，氣

含古道。行爲人師。朝議郎行尚書庫部員外郎充翰林學士上柱國賜紫金魚袋韋表微。符彩外朗。誠明中虛。言皆本仁。動必循矩。而皆揚歷榮序。輝耀朝倫。以高行清議發於身。以精理敏識稱於職。而澄羣（疑）之聽。昭宣素風。況選自先朝。擢居內職。或依經而諫諍爲志。或視草而周密居心。言念前勞。是嘉成績。洎予嗣位。思親賢人。覩形容而鄙恡自祛。察言行而公忠益見。奧詞達學。偉望清規。式叶予求。宜從朝獎。中書理本。內禁化源。幷承訓誥之榮。往勵將明之道。我方舉爾善。爾宜懋厥官。隋可守中書舍人。依前



翰林學士。散官勳賜如故。表微可守本官知制誥。依前翰林學士。散官勳賜如故。

## 授柏耆兵部郎中等制

勅。夏官之屬。以九法平簡稽司寇之列。以三典詰邦禁。選用郎吏。斯爲重難。朝議郎前使持節婺州刺史上柱國騎都尉賜紫金魚袋柏耆。勁正誠明。富以材識。揚聲禮闈。直筆諫垣。徵事郎使持節蘄州諸軍事守蘄州刺史驍騎尉賜緋魚袋狄兼謩。舊德在人。文風擅價。興起憲署。勞徠疲瘵。有以恬退自安。遇事而後發。有以昭融美稱。非道而莫遷。顧茲缺員。宜乎幷拜。懋承寵擢。以奉彌綸。耆可守尚書兵部郎中。散官勳賜如故。兼謩可守尚書司門郎中。散官勳賜如故。

## 授王政雅等兵部郎中制

勅。朝議大夫郎守尚書戶部郎中兼侍御史知雜事上輕車都尉賜緋魚袋王政雅。朝議郎守尚書戶部郎中上柱國賜紫金魚袋豆盧曙等。御史府紀綱中外。事雜而繁。故常以侍御史一人綜其庶務。政無大小。罔不關決。繇是得參舉中臺郎之可者以兼領焉。既而第其課績。以勸能吏。



陟明者必載遷於省閣。當選者復繼入於憲闈。此其可以爲重也。爾等皆以簡愿端明。修詞踐行。發强可以守直。開敏可以適中。嘗遊刃於京邑。亦坐籌於戎闈。臺閣之上。聲華益高。贊均輸於財征。表明慎於郵罰。分曹左右。其用維新。是宜舉武部之雄。以奬成績。授都曹之重。以勵兼才。博觀稱服之能。式副有司之請。政雅可守兵部郎中兼侍御史知雜事。散官賜如故。豆盧曙可職方郎中。

## 授蕭睦祠部員外郎制

勅。朝散大夫使持節袁州諸軍事守袁州刺史上柱國蕭

睦中臺總天下之務分以郎吏各有司存前代用人率爲慎選以爾克茂才實嘗擢科名操尚端貞職業修舉累登使局頃綰郡章去常見思居不自伐是宜陟以郎署貯其彌綸能稽舊章則無敗事可行尚書祠部員外郎散官勳如故

授李行修刑部員外郎制

勅登仕郎殿中侍御史內供奉護軍李行修沉正爲質發彊於用敏識可以周務懿文可以誠身連擢憲闈聲績甚茂近以江淮災旱睠切瘵黎舉爾忠實往申慰撫攬轡有



卹人之色登車多濟物之心既表嘉庸仍當滿秩優其遷擢以勸公勤刑曹詳讞之難郎署彌綸之重斯爲盛選無愧當官可守刑部員外郎散官勳如故

授張勝之比部員外郎制

勅宣武軍節度判官朝議郎檢校尚書戶部郎中兼侍御史賜緋魚袋張勝之卑以自牧文而有禮既踐憲臺遂參相府事人見必盡之操在醜有不爭之美尚書列屬分曹涖職聽其會計以考歲成擢用爲郎是稱清選勉爾從政以休輿議可行尚書比部員外郎散官賜如故

加劉栖楚御史大夫制

勅都輦之下居百郡之首尹正之重俾四方承流苟或枹鼓不驚豪右自息所宜增秩以稱任能朝議郎守京兆尹上柱國賜紫金魚袋劉栖楚長才挺生利用能斷徇公忘己奉上絕私居多急病之心動著必聞之美黃旄之姦不發赭裾之盜靡聞載勤檢馭之方頗精風化之本繄爾才術副予簡求朕所以惜其聲猷難議遷擢尚留劇任更俟當官就加青綬之秩重委黃圖之理宜崇望實無替威名可以本官兼御史大夫餘如故



授崔羣右僕射兼太常卿制

勅僕射貳令之職也奉常正卿之選也假中臺之極稱冠列寺之崇秩受此兼命必資重賢前荆南節度管內觀察處置等使銀青光祿大夫檢校吏部尚書江陵尹御史大夫上柱國清河縣開國公食邑一千五百戶崔羣道合時中識通政本含五行之秀氣爲一代之偉人文學致名公忠涖職清貞不撓方廉自持曩升台階助我憲祖實著贊時之績用存經國之規周旋累朝揚歷大位出作垣翰入標羽儀風雨有不已之鳴雪霜無可變之色秉是全德罔

聞異詞。乃者輟自夏卿。授之戎閫。統荆衡之巨鎮。嗣羊杜之前聲。政推洽平。理在徵復。禮樂之器。予心所難。冀流合雅之音。將考依經之制。愼簡斯久。僉諧乃俞。俾迴軍旅之謀。式暢人祇之職。伯夷官業。佇乃修明。可檢校尚書右僕射兼太常卿。散官勳封如故。

授楊歸厚太子右庶子制

勑。爲官相者。非班位已深。名望有素。則不可也。前東都留守判官朝議郎檢校太子右庶子兼侍御史上柱國賜緋魚袋楊歸厚。詞場英華。諫省勤舊。及典列郡。政聲必聞。乃



者罷符印之勞。佐保釐之重。賢士君子。歎其不遷。儲闈屬寮。中庶爲美。爰用分職。爾其往哉。可守太子右庶子分司東都。散官勳賜如故。

授高重同州刺史兼防禦使制

勑。漢號左馮翊。分理浩穰。近者非清名顯秩。不在茲選。正議大夫行給事中上柱國渤海縣開國男食邑三百戶賜紫金魚袋高重。沉厚守道。貞介操身。以禮法爲踐履之途。以學行爲游泳之地。堅金不耗。止水無波。穆然士風。休有美論。屬者侍周禁署。駮議瑣闈。重席有戴憑之名。通經得陳邵之美。侍從之暇。附益宏多。移於牧人。宜有善政。吾以商原故地。豐水攸同。襟帶山川。接畛甸服。掌離宮之管鑰。領近關之式遏。俾揚風化。思得兼材。爾宜提舉政經。蘇息物力。清靜率下。以奉詔條。用荅寵榮。勿替休問。可使持節同州諸軍事同州刺史充本州防禦長春宮等使。散官勳封賜如故。

授裴洌郭矑等諸州刺史制

勑。朝散大夫前守蓬州刺史上輕車都尉裴洌。朝議郎前守通州刺史賜緋魚袋郭矑等。夫上之化下。猶泥之在鈞。



唯甄者之所爲耳。以爾等前所爲政。皆播能名。人多袴襦之謠。理有綏定之績。衡陽苞湖。賦繁地闊。尤藉良牧。以扇仁風。勉奉詔條。陟明斯在。洌可守衡州刺史。散官勳如故。矑可守利州刺史。散官賜如故。

授王承休等諸州刺史制

勑。致果校尉守右監門衛將軍兼御史中丞王承休。朝議郎守太子少尹賜紫金魚袋王宏質等。咸以事勞。顯於中外。或武稱和義。環衛有嚴。或吏能適時。長征攸佐。循其履歷。頗謂優深。寵以郡符。俾洽條理。夫以巴賓雜俗。山谷異

宜必在通其有無繕其征賦勉茲勤卹用表分憂承休可
朝請郎使持節陵州諸軍事陵州刺史散官如故宏質可
使持節澤州諸軍事守澤州刺史散官賜如故

授李渤給事中鄭涵中書舍人等制

勅舉才命官得人斯重詢事考績稱職爲難況較正違失典司文誥參我密命爲吾近臣非望實兼優則不在茲選朝議郎守諫議大夫知匭使上騎都尉賜緋魚袋李渤清標雅裁器韻不羣贍學積文泉源益濬有濟人經國之術資通時利物之才朝散大夫守尚書司封郎中知制誥上



柱國鄭涵操履堅明雄文炳蔚虛懷宏達雅思沖深立言嘗見其著誠秉志頗聞其經遠夫澄其源者必清其流端其本者必正其末其便蕃禁掖潤色王猷君不可以私其人臣不可以虛其受簡材既因於朕志當官爰俟於爾能其有嘉聞以光茂選渤可守給事中散官勳賜如故涵可守中書舍人散官勳如故

賈餗等中書舍人制

勅參掌宥密斧藻訓誥侍立於文陛之下揮翰於禁署之中非第一流不在其位朝散大夫守太常少卿知制誥上柱國賈餗器範溫雅詞藻宏麗朝散大夫守尚書職方郎中知制誥上柱國清河縣開國男食邑五百戶崔咸學探奧旨文有正聲而皆公論所歸清規擅稱比美玉而光彩外溢服華組而煥耀揚輝（闕）苟大章之才（闕）識王濬沖之質則損乎文佇爾酌中明吾試可無使相如視草專美於前時也其懋承之餗可守中書舍人散官勳如故咸可守中書舍人散官勳如故

重定房式謚議

式之在西蜀也入人耳目其事熟矣固非愛之者所能粉



飾而文其論惡之者所能披抉而褒其說蜀之此時雖女子小人亦知兇闢斷頭之不日然爲其用者乃救死於頸語其無勇烈之心斯可矣豈可盡披其附麗之名乎如式之於劉闢既不能死可謂求生害仁者也而駁議曰大節已虧無乃過言歟何從聞之闢之走西山也召所疑畏者十數輩於庭將盡殺之然後去而式在其間蒼黃之際闢黨有護持者僅免於難推嚮之論則不當如是明矣然居此時有將見危授命之義殺身成仁之道詰之者稱式無愧色愚不信也如是則式之去希烈也理河南也廉宣城

也何以無忠敬之目歟愚論之曰式也不疾任求之目不閉吉邑之口其罪也無王浩棄家之心無譙元受毒之志其罪也如闞之反天子棄墳墓乃曰顧式說一夢以結其心署一牒以張其勢豈其然乎夫人臣不幸罹於是惟死而已矣然孟子曰生吾所欲也矧自軻已下哉使死之易則王諒李業虞悝鴻信不足貴也意者將不可以必死望人乎始以不死罪之以懷生貶之是異論也夫謚者易其名者也夫子曰名以出信又曰名之必可言也名不正則言不順以至于刑罰不中正謂此耳夫豈容易哉語曰於



其所不知蓋闕如也恍惚之夢駁議之外無言者懼非所以昭示後世也臯陶謨曰五刑五用哉言用刑當其罪也刑其支體於一時猶須當其罪矧刑其行義揭之於千萬年歟康誥曰敬明乃罰請依前謚爲傾

## 杜周士

周士京兆人鄉貢進士

### 樂德教胄子賦 以育材訓人之本爲韻

國家自誠而明講信修睦既移風以設教每登賢而制祿由是命司樂之職掌彼成均教舞勺之童取諸鄉族常德咸事庸言可復納諸軌物則物有其容攝以威儀則儀無不淑日就月將不疾而速於以見中和之教克修杞梓之材可育觀鼓篋請益攝齊員來嚴師尊道至矣休哉捧函丈之筵無思不服聽撞鐘之問有說必該心不忘於翼翼視有主於梅梅審依仁即童蒙之求我語成器如梓人之理材且鼓舞鏗鏘徒聞於物格興道諷誦亦資於釋回豈如中以理心和而適分敬居簡而可久德有常而不紊孝實天經友爲義訓本其至也可以賾天地之情引而伸之可以暢雍熙之運則知敦和章德在聖與仁革蒙惑於初志致輝光於日新於以代天工則庶績時序於以施邦教



則百姓皆淳斯可謂理以樂成俗師以賢得人於戲至教在茲無從匪彝合游泮以來學任道德而爲資孝友祗庸則無不順者自上下下可咸使由之夫然則樂之教也義微而婉以八音爲制以六德爲本既履孝而資忠宜任重而道遠若然者安得不慎其終而思其反者也

### 代孔大夫乞朝覲表

臣某言臣以斗筲之資荷旄鉞之寄職兼千乘位總十連而節制須條曾無可紀妨賢尊祿亦已四年由是再陳表

章備歷衷懇誠在必達義無苟安伏惟元和聖文神武法天應道皇帝陛下憂勤萬務砥礪庶工服勞中外者有更踐之常受寄方隅者無專任之幸所以俗用丕變官稱得人坐致平治實使均一天下幸甚天下幸甚今輒冒犯嚴譴更陳丹悃不敢廣引遠事請以近日言之至如楊於陵鄭絪馬總等或從偏鎮陟授或自周行莅事或三年獲歸或三考除替公議惟允私願亦伸伏乞聖慈平分許循往例賜停見職擇用羣才則聖代盛審官之規微臣無去國之歎無任禱祈之至



## 代崔中丞請朝覲表

臣某言臣歷刺三州連總三府外任逾紀入覲無階就日望雲魂飛心往臣某中謝伏惟睿聖文武皇帝陛下覆載無私遐邇同欽復昇平之故事繼前聖之高蹤中外踐更出入迭用臣以虛薄叨受恩榮徒竭夙夜之心未伸朝夕之敬天威咫尺誠寤寐而無違雲漢昭回固瞻仰而何及是以前在朋寧封章累上及移臨松漠星紀屢周微衷尚隔於戴盆積望徒懸於窺管葵藿之誠彌切犬馬之戀愈深人欲天從於茲未驗下情上達終冀不誣敢黷宸嚴罄陳丹懇伏乞賜臣除替許至闕庭側蹈舞於羣寮備班行之散地足趨中禁目覩大明俾成九族之榮以盡百生之幸非敢竊國賓五獻之禮希康侯三接之恩一覩龍顏萬死爲足無任懇到迫切之至謹遣某官陳乞以聞

# 欽定全唐文卷六百九十四

## 高元裕

元裕字景圭。渤陽人。始名允中。大和中改今名。第進士。元和中累擢尚書左丞。出爲宣歙觀察使。入授吏部尚書。拜山南東道節度使。封渤海郡公。卒年七十六。贈尚書右僕射。

### 請外臺御史振舉舊章奏

伏以天下三司監院官帶御史者。從前謂之外臺。得以察訪所在風俗。按舉不法。元和四年。御史中丞李夷簡亦曾



奏知監院官多是臺中寮屬。伏請委以各訪察本道使司及州縣有違格勑不公等事。罕能遵行。歲月既久。事須振起。伏請自今以後。三司知監院官帶御史者。幷屬臺司。凡有紀綱公事。得以指使。

### 請將賀蘭進興等重付臺司覆勘疏

伏以神策軍所推妖囚。訪聞其徒結黨聚衆。恣爲宂狡。合就嚴刑。臣亦料軍中推窮。必得情實。然獄宜公共。刑貴正名。今刑部大理。皆是陛下掌獄之官。都不關知。便成其獄。三尺之法。無所憑依。伏乞以元惡三人付大理寺重加覆問。若無異同。便正刑書。則凡在中外。皆知事歸有司。不廢彝典。彰陛下愼刑之意。快兆人共棄之心。臣忝風憲。得議刑政。事關國體。不敢不論。

## 李夷簡

夷簡字易之。鄭惠王元懿四世孫。以宗室子始補鄭丞。棄官去。擢進士中拔萃科。元和時檢校禮部尚書。山南東道節度使。徙帥劍南西川。貞元十三年召爲御史大夫。進門下侍郎同中書門下平章事。出爲淮南節度使。進太子少師。分司東都。卒年六十七。贈太子太保。



### 請定應給食實封絹匹奏

應給食實封官。自貞元十三年已後。節度使兼宰相。每百戶給八百端匹。若是絹。更給綿六百兩。節度使不兼宰相。每百戶給四百端匹。軍使及金吾諸衞諸軍大將軍。每百戶給三百五十端匹。至貞元二十一年七月六日勑。應食實封。其節度使宜令百戶給八百端匹。若是絹。兼綿六百兩。伏以食封本因賞功。封之多少。視功之厚薄。不以官位散要。別制等差。其節度使兼宰相。請准舊例。餘節度不兼宰相。准貞元二十年已前例處分。

李紳

紳字公垂。潤州無錫人。元和初進士。穆宗朝拜戶部侍郎。開成時爲宣武節度使。武宗立。徙淮南。入爲兵部侍郎同平章事。轉中書侍郎。守右僕射門下侍郎。封趙國公。出爲淮南節度使。會昌六年卒。贈太尉。諡文肅。

寒松賦

松之生也。於巖之側。流俗不顧。匠人未識。無地勢以銜容。有天機而作色。徒觀其貞枝肅矗。直幹芊眠。倚層巒則捎雲蔽景。據幽澗則蓄霧藏烟。穹石盤薄而埋根。凡經幾載。



古藤聯緣而抱節。莫記何年。於是白露零。涼風至。林野慘慄。山原愁悴。彼衆盡於元黃。斯獨茂於蒼翠。然後知落落高勁。亭亭孤絕。其爲質也不易葉而改柯。其爲心也甘冒霜而停雪。叶幽人之雅趣。明君子之奇節。若乃確乎不拔。物莫與隆。陰陽不能變其性。雨露所以資其豐。擢影後凋。一千年而作蓋。流形入夢。十八載而爲公。不學春開之桃李。秋落之梧桐。亂曰。負棟梁兮時不知。冒霜雪兮空自奇。諒可用而不用。固斯焉而取斯。

善歌如貫珠賦　以聲氣圓直有如貫珠爲韻

歌者達其志。曲者導其情。方假象以微妙。將類珠而取明。於以遂條暢。於以考清貞。揚穆穆之音。端而陳德。審纍纍之節。貫以成聲。且夫發深誠。表和氣。惟中規之可法。諒徑寸而同貴。儼然在上。初宛轉以凝旋。肅若飄空。想熒煌而動緯。惟乙所傳。宜商有焉。溫良則無類於曲。舍暢則有取於圓。雅調相依而瀝瀝。清音迭奏而綿綿。乍起黃鐘。疑蚌開而色爛。將吟綠水。如浦沉而影連。美乎迴若循環。疎非掩抑。聲既發而明朗。珠既貫而紘直。九功是闡。同在握以騰光。三歎屢聞。非闇投而改色。其曲彌清。其音彌久。馳熠



熠以交映。度連連而相受。出乎口吻。元珠莫覩。於可聞入彼虛無。象罔雖求而何有。故能直己中奮。和心外舒。咄長言而皎矣。務妙轉以繩如。聆湛露之終。光懸瑞景。體橫汾之末。目駐神居。斯可以正煩濁。別流亂。陽春續響於孤絕。白雪連耀於璀璨。雖聞唱以殊聲。終合音於共貫。是知大雅含象。清明式符。曲折而必遵於道。周圓而可法於珠。俾將繼聲者識乎有曲。審音者知我無渝。

授韓宏河中節度使制

門下。王者統馭萬寓。緝熙庶政。必有文武全器。柱石之臣。

出壯藩岳入和台鼎使其效彰中外聲播華夷所居而人心自寧所莅而軍令自肅克是任者其惟至公開府儀同三司守司徒兼中書令上柱國許國公食邑三千戶韓宏受天地凝粹之氣得山川崇深之靈厚其體而莊其容虛其心而宏其量早洞戎韜之略久膺節制之權隱然大梁克有成績及功宣盪寇志展勤王懇申戀闕之誠竟遂來朝之禮位高百辟榮冠一時恩極而愈恭名光而益勵朕方欲樹以垣翰仗乎忠賢乃睠關河之首實惟股肱之郡自昔重寄無非元勳是用命以上公復茲雄鎮於戲頃居



東夏父子偕分閫之榮今處近郊伯仲並登壇之貴道苟積於忠實顧何愛於寵章往惟欽哉副我明命可守司徒兼中書令河中尹充河中晉絳慈隰等州節度觀察處置等使散官勳封如故主者施行

請定四品官制奏

據六典隋置諫議大夫七人從四品上大歷二年昇門下侍郎爲正三品兩省遂闕四品建官之道有所未周詩云袞職有闕仲山甫補之周漢大臣願入禁闥補過拾遺張衡爲侍郎爲居帷幄從容諷諫此皆大臣之任故其秩峻其任重則敬其言而行其道況謇諤之地宜老成之人秩未優崇則難用耆德其諫議大夫望依隋氏舊制昇爲從四品分爲左右以備兩省四品之闕向後與丞郎出入迭用以重其選又御史中丞爲大夫之貳緣大夫秩崇官不常置中丞爲憲臺之長今寺監少卿少監司業少尹並爲寺署之貳皆爲四品中丞官名至重見秩未崇望昇爲從四品

請戶部分判度支奏

南宮六曹皆有職分各責官業即事不因循近者戶部度



支多是諸軍奏請本司郎吏束手閒居今後請祇令本行分判委中書門下簡擇公幹才器相當者轉授

對罷役務農論象肉刑判

得戶部議請罷秦中百役專務農計其人可止關東轉漕長吏云兵滿近郊農人未復恐不足支國用又甲與乙俱獻書甲請復象刑云行之已久人必自化乙請復肉刑云三代舊法所活甚多大理議俱不中

四征不庭錢穀是責百王所切刑法其難將哀輓粟之勞

同舉褚衣之論顧茲建議惟彼獻書職勞不來既有東人之歎惟命難繼永瞻緹縈之感豈擢髮之未允何次骨之攸聞澶漫渭川曾莫顧其千畝刻深秦法且不愧於多端應緣兵未解鞍衣迷襏襫人猶抜劍法異畫𡊄計必平均不應瘠富肥杞令資禁止何必噬膚刖足況國家儉嗇寡欲好生惡死永懷其禍每捐無益之功尚媿論兵豈命有司之殺職由是舉合量出入德用不擾當測淺深減功恤勞既令戎祀能紀揆今酌古必使憲章不墜三輔長吏不牽復於所司千代宏綱兼行之於聖日



## 追昔游集序

追昔游蓋歎逝感時發於悽恨而作也或長句或五言或雜言或歌或樂府齊梁不一其詞乃由牽思所屬耳起梁谿歸諫署升翰苑承恩遇歌帝京風物遭讒邪播歷荆楚涉湘沅踰嶺嶠荒陬止高安移九江泛五湖過鍾陵泝荆江守滁陽轉壽春改賓客留洛陽廉會稽過梅里遭讒者再賓客爲分務歸東周擢川守鎮大梁詞有所懷興生於怨故或隱顯不常其言冀知者於異時而已開成戊午歲秋八月

## 壽州法華院石經堂記

如來以萬門萬行普示羣生隨其性根用假方便水月觀象萬泉俱鑑識眞如者知非在水慧燈傳照百千同朗識佛智者知燈在覺是以如來開三乘諭演菩提旨傳十二輪度生死海是經之要妙諸佛之心印卷舒萬法彰示凡聖信解得入入爲眞諦無我無我無爲無爲無生無生無滅無滅諸佛如來不以寂滅自樂無生自處故現生滅以示羣迷入煩惱中解衆生縛入有相中示衆生滅是以諸佛如來以一切衆生煩惱苦海無明罪垢爲解脫方便故經有火宅窮子以宏法諭有衆生有煩惱離煩惱即諸佛有煩惱即衆生煩惱蓋纏不知明覺如寐如病佛爲解寐療病衆生昏業不能解釋故如來廣清淨教開是經典用曉迷愚以示方便聞是經者發菩提心持是經者入如來智一禮一敬皆資勝因刻於貞石瞻仰常覩表佛慈旨無言現言刋諸蓮宮永乘福慧太和六年歲在壬子七月旣望缺之二日書

## 四望亭記

濠城之西北隅奭聳四達縱目周視迴環者可數百里而

遠盡彼目力四封不閱嘗爲廢墉無所峙望郡守彭城劉君字嗣之理郡之二載步履所及悦而創亭焉豐約廣袤稱其所便棟幹梯陛依墉以成崇不危麗不侈可以列賓筵可以施管磬雲山左右長淮縈帶下繞清濠旁闞城邑四封五通皆可洞然太和七年春二月紳分命東洛路出於濠始登斯亭周目四矚美乎哉春臺視和氣夏日居高明秋以閱農功冬以觀肅成蓋君子布和求瘼之誠志豈徒縱目於白雪望雲於黃鶴庾樓夕月峴首春風蓋一時之勝爽無四者之眺臨斯亭之佳景固難儔儷哉淮柳初



變濠泉始清山凝遠嵐霞散餘綺顧余嘗爲玉堂詞臣筆硯猶在請書亭表事刻石記言癸丑歲建卯月七日趙郡李紳書

蘇州畫龍記

自造父劉累豢氏不副龍不復擾隱去莫狎往時見史必書志代以目識者寡之故工得以詭亂形狀神其變化彪炳五色逾遠眞像蓋上飛於天晦隔層雲下歸於泉深入無底考之丹青難以徵驗好事者張其畫以示羣目觀者或駭疑得其狀長洲令廳北廡有畫蛟龍六焉元素異鱗狀殊質怪驤首拖尾似隨風雷乘櫨薄楣若軼雲雨燕雀懼棲其上螻蟻罔緣其側目視光射瑩無流塵伸盤逶迤如護棖棟每飛雨度牖疎雲殿空鱗鮮耀陰顧壁疑振志其側曰僧繇弗興之舊度模之不知何人也二工圖龍天與幽思今是壁指遠異代繼之圖法無謝於二子而名漏不傳詢於耆人亦絕傳記茂宰博陵崔君據始命余述舉丹素實驗附邑書末簡庶乎後數百年棟宇斯變龍亡其像而事刻編簡縣昭昭然時貞元癸未歲秋七月記



龍宮寺碑

會稽地濱滄海西控長江自大禹疏鑿了溪人方宅土而南巖海跡高下猶存則司其水旱洪爲雲雨乃神龍之鄉爲福之所寺曰龍宮在剡之界靈芝鄉嵊亭里地形爽塏林嶺依抱刹宇頹毀積有年所自創置基三徙而安此地像儀消化鐘磬不揚堵波已傾法輪莫轉老釋修眞持誠茲寺護念常啟願興伽藍而歲月屢遷物力無及貞元十八年余以進士客於江浙時適天台與修眞會於剡之陽師言老禪有念今茲果矣後當領鎭此道幸願建龍宮以資福履余以爲孟浪之詞笑而不荅師曰星歲有期愚有

冥告泉元和三年余罷金陵從事河東薛公平招遊鏡中師已卧病而約言無易太和癸丑歲余自分命洛陽承詔以檢校左騎省廉察於茲歲逾再紀而修眞已爲異物龍宮棟宇將盡命告墳塔因追昔言遂以頭陀僧會眞部領工人將以蔵事余以俸錢三百貫字闕二監軍使毛公承泰亦施焉以月俸俾從事僚吏咸同勝因閭里慕仁風靡爭施子來之功力雲集清涼之蓮宇欝興浹旬而垣墉四周逾月而棟幹連合煥矣眞界昭乎化城擇靜行僧居之以總寺事因具香饌告誠法王上以資我后無疆之祚次以



資神龍水府之福以名寺之功力爲祐靈之顯報一雨之施潤洽必同佛言龍王心力所致七郡山澤城邑萬人介福所安騭我龍德是用迴此法力永資泉宮僧齋護念常爲仰荅余固不敢以修眞之言自伐俾竭誠以爲人刻石記言於寺之刹銘曰

滄海之隅會稽巨澤惟禹功力生人始藉土壤山隩濱海之東溟漲空闊邈秘龍宮貝闕難知珠宮莫測雲雨交昏深沉不隔聞法必聽依佛必降豈騰溟海亦化長江既資勝因爲龍景福節宣風雨以成播育撞鐘以告三界必聞惟爾龍室昭昭不昏我昔麻衣有僧傳言斯人已亡斯言不泯敬報前志以垂後功建飾儀相昭明有融普利羣生罔資已力琢磨記言垂示無斁

墨詔持經大德神異碑銘

賢刼千佛生於後世法輪遞轉應現隨相或國王大臣宰官居士降生有地不以色相故如來言以色見我以音聲求我爲行邪道不以金色瑞相蓮花化生降胎示報以潛靈聖上人姓唐氏生於邑之安吉母梅氏奇孕而夢協靈祥在娠而不茹葷血既生能言不爲戲弄未齔之歲思求



佛乘發念法華三月通貫傳梵音於性稟精護念於神契經聲一發而頑鄙革心晝集夜持而七部圓滿音聲從容指顧閑雅雖捷口利辯者皆隨慕念及登戒之歲僧儀首冠西遊長安祥風達於函關瑞相通於帝夢上人以持經爲國詣闕請見肅宗皇帝召對禁中上拱而歎曰昔夢吳僧口念大乘五光隨發音容宛若協我嘉徵因賜名曰大光以瑞唐姓肅宗元年降誕之辰會齋於定國寺因賜上人墨詔許以天下名寺持意往者住持令內臣趙思溫送於千佛寺持經道場經四七日而吳音清亮常達聖聽上

異其事令高力士以宣諭焉後居藍田精舍先期而寺僧夢天童來降稱曰大光經學達於峯頂師既晏坐自見神手從天而降拊光之心師乃憶先達抱玉大師常志師言令高法音當有神輔夕夢神僧乳見於心命光口飲自是功力顯揚神形不勞尋山採幽偶墜窮谷龍泉莫測淪溺其間心靈了然無所感亂因以本經多寶塔爲誠願持十萬遍恍然出泉若有神捧後詔住資聖寺大師以慈親在吳未荅慈力表乞歸養恩未許還猶繫煩惱之念遂生無妄之疾策蹇强力將投於泉驢伏不前羣鳥拂頂心既時覺疾乃遂瘳昔如來雙鵲巢頂而定慧堅明大師羣鳥摩首而煩疑解脫乃以寶軸加飾首戴法華於千福寺行道日夜俟命有詔許還遂止烏程崇修寶塔日持法華偈以成往願焉永泰元年浙西廉察使韋元輔表大師爲六郡別駕道場將念之首大歷癸丑歲文忠公顏眞卿領郡余先人主邑烏程余生未期歲乳病暴作不嚥不覽者七辰師至命乳母洗滌焚香乃朗念法華至功德品遂起席而坐拱而開目師飲以杯水遂命乳哺疾乃隨愈大師視而笑曰汝何顧返之速乎因以法師易余幼名貞元中余甫



弱冠再遊雲上舟泊之次大師岸於溪側而笑戲拊如兒童焉余爲州將飲醉於館大師引宿於道場夜分將醒白光滿室朗然如晝覩大師晏坐妙音方闡若開毫相經音既息光亦隨斂余是年西邁辭大師於法筵撫余頂曰爾得徑山之言我則無以爲諭行矣自愛去留有時空王教平等者護念大師於永貞元年十二月黒月既夕示滅於法華寺之經院獸號烏墜山木驚振異香飄馥三日不息是日告刺史顏防善曰去矣人世無牽夢泡大師熙和暢達無入不得隨機見教經行無閡維摩詰之儔也知機洞如藏往察來默而不顯晉寶公之倫也經通梵界瑞降天童靈相神光照融顯見曇上人之徒也大哉明德慈悲護世通異相於王宮示法輪之實重昏外識於黎庶懼色相之迷妄是以居若長橋動如浮雲隨鷗自親入獸不亂一衲四十歲無浣濯而居常香馥一飯七十載資禪悅而膚體温然余遭大師留駐於世而不覩大師寂滅之日年逾耳順昏寄塵勞無法舸以濟河悲火宅之迷室忝門徒者追書梵宮時予烏臺舊僚天官郎敬君守郡吳興寄言刊石銘曰

多寶如來。聞經誦塔。牟尼闡教。以宏正法。受持三世。以成賢刧。或降忉利。或生人天。金相不顯。眞如默傳。明燈繼燄。水月分圓。示抱全德。資於上賢。體實戒珠。心惟法鏡。懷實不迷。含光不競。希夷要妙。法凝清淨。發論開蒙。藏機匿聖。瑞協皇夢。功致天童。聲宣梵界。響達宸聰。降靈神手。捧溺龍宮。跡隱三昧。心符六通。金粟分身。普賢馳象。譬喻言辭。光明顯相。仁滋一雨。功歸無量。法性天高。慈門海曠。我昔嬰兒。迷蒙疾痾。靡日沉魄。返年師駐。梵音耳聽。神光目覩。白馬先鑣。迷津莫邇。鼓音已息。慈雲不浮。寶樹摧華。祥泉



涸流。稠林喪斧。苦海沉舟。色相歸空。法身無際。莫測往來。誰分顯晦。三表闡仁。深乎晏諦。

## 張敦實

敦實。憲宗朝爲沂兗觀察副使。時觀察使王遂以慘刻臨下。裨校王弁因衆怒爲亂。敦實及於難。

### 積薪賦 以後來者居上爲韻

積薪如之何。伐自中野。藏用如之何。俟夫爨者。當就燥而未及。固不材而見捨。我盈彼竭。在浸浸以增高。顛之倒之。信多多而益寡。來因高岡之上。徙殊曲突之下。知附熱之足貪。兼微光而是假。原乎瞻彼林薄。爰發條枚。綢繆旣束。負荷皆來。始交積以發地。俄重疊而如堆。顧遇何期。亦有含音之器。操持儻用。豈無束濕之才。匪伐柯於林下。疑設燎於庭隈。入用雖慚於散木。待燃未怯於死灰。幸薰灼之可近。惟掄擇之所裁。必能揚大君之光。資烹飪以調味。豈徒發太守之化。祈澍雨以禳災。觀其疊迹連牆。攢形內向。功成執熱。化歸炎上。催發生於庖人。廢全模於梓匠。曾不知從橫長短之術。成結搆高卑之狀。犬牙交列。未失本枝之形。蠅翼巧成。猶蓄運斤之望。豈徒分強幹弱枝之義。留



錯節盤根之餘。異掄材而晉用。似橧巢而夏居。幸爝火未熄。與獸炭焚如。無之實難。鑽燧者於茲待乏。雖欲勿用。和羹者焉能捨諸。古人懲用賢之乖。喻積薪爲偶。奚自我而爭先。反忽焉而在後。念採掇之所在。顧高下而何有。倘堅貞之可求。庶有心而不朽。

## 費冠卿

冠卿字子軍。青陽人。元和二年進士。母喪廬墓。隱居九華少微峯。長慶三年。御史李仁修舉孝節。召拜右拾遺。辭不受。

## 九華山化成寺記

九華山古號九子山崛起大江之東揖灊廬於西岸儼削成於天外旁臨千餘里高峯峻嶺臣馬連岡走隴子焉自元氣凝結幾萬斯年六朝建都此爲關輔人視山而天長山閱人而波逝其間聖后賢臣歌詠疊興言不及者玆山屈焉開元末有僧檀號張姓自羣舒至爲鄉老胡彥請住廣度男女時豪所嫉長吏不明焚其居而廢之時有僧地藏則新羅王子金氏近屬項聳奇骨軀長七尺而力倍百夫嘗曰六籍寰中三清術內惟第一義與方寸合落髮涉



海捨舟而徒睹玆山於雲端自千里而徑進披榛援藟跨峯越壑得谷中之地面陽而寬平其土黑壤其泉滑甘巖棲澗汲以示高潔曾遇毒螫端坐無念有美婦人作禮奉藥云小兒無知願出泉補過應視坐石石間濼濬時人謂九子神焉素願寫四部經遂下山至南陵有俞蕩等寫獻焉自此歸山跡絕人里逮至德初有諸葛節等自麓登峯山深無人雲日雖鮮明居惟一僧閉目石室其旁折足鼎中惟白土少米烹而食之羣老投地號泣和尚苦行若此某等深過已出泉布買檀公舊地敢冒死請大師從之近山之人聞者四集伐木築室煥乎禪居有上首僧勝諭等同建臺殿楩柟豫章土地生焉斲而斵之碔砆琪瓔不求他山肆其磨礱開鑿溪澗盡成稻田相水攸瀦爲放生池乃當殿設釋迦文像左右備飾次立朱臺掛蒲牢於其中立樓門以冠其寺丹素交彩層層倚空岳巒隊起於前面松檜陣橫於後嶺日月晦明以增其色雲霞聚散而變其狀松聲猿嘯相與斷續都非人間也建中初張公嚴典是邦仰師高風施捨甚厚因移舊額奏置寺焉本州牧賢者到寺嚴師之敬江西估客於雲外見山施帛若干匹錢若



干緡焚香作禮遥以祈祐師廣德焉況親承善誘感悟深哉旁邑豪右一瞻一禮必獻桑土豈諸牧不合禮焉富商大族輕其產哉道德感也本國聞之相與渡海其徒實衆師憂無糧發石得土其色青白不墋如麵夏則食兼土冬則衣半火無少長畬田採薪自給中歲領一從者居於南臺自緝麻衣其重兼鈞堂中榻上惟此而已池邊建臺厝四部經終日焚香獨味深旨時年九十九貞元十年夏忽召衆告別罔知攸適但聞山鳴石隕感動無情與將滅有尼侍者來未及語寺中扣鐘無聲墮地尼來入室堂椽三

壞吾師其神歟趺坐函中經三周星開將入塔顏狀亦如活時舁動骨節若撼金鎖經云菩薩鉤鎖百骸鳴矣基塔之地發光如火其圓光與佛廟羣材締構眾力保護施一金錢報一重果下爲輪王上登聖地昔有護法良吏洎施一僧檀越等具刻銘於石士疾歿代不能立殊績以濟眾又不能破餘財崇勝因緣豕腥羶顧兒婦生爲人非死爲鬼責悲哉時元和癸巳歲余閑居山下幼所聞見謹而錄之孟秋十五日記



## 王承宗

承宗成德軍節度使贈司徒士眞子也士眞卒嗣領節度吳元濟反承宗上書請宥又遣盜殺宰相武元衡數出兵掠鄰鄙詔削官爵吳元濟誅承宗懼求入侍恩許自新復官爵元和十五年死贈侍中

### 自陳表

臣頃在苫廬綿歷時序恭守朝旨罔敢闕違復奉詔書令獻州郡迫以三軍之勢不從孤臣之心今天兵四臨王命久絶白刃之下難避國刑殷憂之中轉積釁隙中由盧從史首爲亂階與天下之兵生海內之亂既不忠於國又不孝於家當其聞父之喪已變爲臣之節迫脅天使瀆紊朝經而乃幸臣居喪敗臣求利上敢欺於聖主下不顧其死親矯情徒見於封章邪妄素萌於胷臆今搆禍者已就擒獲抱寃者實冀辯明況臣之一軍素守忠義橫被從史離間君臣哀號轅門痛隔中外伏冀陛下以天地之德容納爲心宏好生之仁許自新之路順陽和而布澤因雷雨以覃恩追念祖父之前勞俯觀臣子之來效特開湯網使樂堯年

# 欽定全唐文卷六百九十五

## 崔植

植字公修。宰相祐甫猶子。立爲嗣。長慶初拜中書侍郎同中書門下平章事。罷爲刑部尚書。旋授岳鄂觀察使。遷嶺南節度使。入拜戶部尚書。出爲華州刺史。太和三年卒。年五十八。贈尚書左僕射。

### 請詳定御史班位奏

當臺新除三院御史。授上日職事先後。去元和十二年御史臺奏請應除御史職事。但據上日爲先後。未上日不得



計月數者。准其年九月七日敕。不逾一箇月。不在此限。行立班次。即宜以敕內先後爲定。臣伏以御史除官之時。據來處各有遠近。若據一月便爲懲創。恐乖舊例。殊未合宜。伏緣臺司職事。各有定分。先後次第。不可逾越。若行立班次。既依敕令。公事先後。須繫到日。則院長本職。翻然在下。制置錯亂。無所遵承。行之累年。轉見其弊。伏請自今以後。三院御史職事行立。一切依敕文先後爲定。以後赴職稽慢。量道路遠近。則臺司別具名聞奏。須議懲責。豈止顚倒職事而已。

### 對穆宗疏

前代創業之君。多起自人間。知百姓疾苦。初承丕業。皆能勵精思理。太宗文皇帝特稟上聖之姿。同符堯舜之道。是以貞觀一朝。四海寧晏。有房元齡杜如晦魏徵王珪之屬。爲輔佐股肱。君明臣忠。事無不理。聖賢相遇。固宜如此。明皇守文繼體。嘗經天后朝艱危。開元初得姚崇宋璟委之爲政。此二人者。天生俊傑。動必推公。夙夜孜孜。致君於道。璟嘗手寫尚書無逸一篇。爲圖以獻。明皇置之內殿。出入觀省。咸記在心。每歎古人至言。後代莫及。故任賢戒欲。心



歸沖漠。開元之末。因無逸圖朽壞。始以山水圖代之。自後既無座右箴規。又信姦臣用事。天寶之世。稍倦於勤。王道於斯缺矣。建中初。德宗皇帝嘗問先臣祐甫開元天寶治亂之殊。先臣具陳本末。臣在童時。即聞其說。信知古人以韋弦作戒。其益宏多。陛下既虛心履道。亦望以無逸爲元龜。則天下幸甚。

### 論帝王宜儉疏

良史非貌言。漢承秦侈縱之餘。海內凋敝。文帝從代來。知稼穡艱難。是以躬履儉約。爲天下守財。景帝遵而不改。故

家給戶足至武帝時錢朽貫穀紅腐乃能出師征伐威動四方然侈靡不節末年戶口減半稅及舟車人不聊生乃下哀痛詔封丞相爲富民侯然則帝王不可以不示儉於天下也

李行修

行修長慶中官殿中侍御史左司員外郎

## 請置詩學博士書

元和三年六月一日鄉貢進士臣李行修謹昧死惶恐再拜獻書闕下臣覆視漢初經籍起口傳壁匿煥然明備其所由者修廢官立太學朝夕講貫以究聖意歲時程課以



嚴師道使之然也迨乎桓靈之世遂使扶持元極匡飭頹俗尊委裘以終大運其儒術已試之明效歟近學無專門經無師授以音定字以疏釋經是能使生徒由之中才不能使天下由之致理明矣大率五經皆然臣獨以詩學上聞趣所急也伏惟陛下赦其愚瞽垂恩聽察夫詩者發人之蘊故謂之風手舞足蹈之音作用之光祖宗垂風聲勞歌怨誹之音作用之察吏理審教化是以四海雖大羣生雖廣猶民人之和氣息乎踵達乎顚流乎手足猶草木之豐澤漸乎根窮乎杪被乎枝葉上下無滯氣內外無遁情如此則詩得其任風得其性也昔殷周相承俱有聖治道洽於下下無怏心王化盛告成功於神明德澤衰反變化於禮素其辭主文譎諫而不訐其教溫柔敦厚而不愚仲尼接於其時謂王者宜以陶治風俗臣下宜以洗濯疑謬道濟於下吾若之何乃採其詩合三百五篇善者全而用不善者全而去非如春秋諸經或革或因相錯而成也其若禮樂征伐天地陰陽有度假於辭可見喜怒哀樂譏刺諷諭無方非其志莫傳志士躬當治亂之時氣有慘舒之



變臻於極而後動積於中而後形故言之成文歌之成聲有一不至則非全矣是以聖人以全動物物莫能固未施敬於人而人敬未施哀於人而人哀頑者以之開明躁者以之舒靜道源於是絕而莫嗣獨有楚屈原頗得詩人之風介於子蘭靳尚之間終以放死故其道不竟洎秦姍笑三代燔燒經籍世儒坑死於是後學軋於相語喑啞相授以及漢興雜全經者七十年師口說者四三輩漢武篤好經術立於學官雖章句大修而比興未喻時揚雄司馬相如由是選耎觀望將迎忌諱勸百諷一推波助瀾文雖有

餘不足稱也然以本學寖盛時因災異屢啟直聲初或不究終得其助故自殷已降有天下者莫長焉厥後君臣道薄詩道陵夷蘊義感慨之士至曰吾何從乎上之追屈原不足以全性命下之跡相如不足以匡過失故居常則鬱怏其胸襟噫嘻其菑牙代莫通其源臣伏思之以爲詩教未隆於時風雅未洽於下教未隆則士不勸風未洽則言多鈌故聞者卒愕而愠者多暗投而却也自十聖紹業盈二百載經術益試周旋百度吏事反爲緣飾霸道無所舛駮及陛下又登禮巖穴發揚隱伏宸心讜議猶天地相宣



儒風昌言與日月橫騖以辭讓次征伐而不暴以誠明推教化而不浮如此則詩學何爲鬱然積於空虛不用之地乎書殘於古今論失於齊魯漢有毛萇鄭康成師道可觀逮聖朝劉迅者說詩三千言近代言詩者尚之伏惟陛下詔公卿諸儒講其異同綜其指要列四始之元本窮六藝之粹精不使講以多物而無諱蔽之一言而得其言極者爲師法傳經而行其毛鄭不安者亦隨而刊正選立博士弟子員如漢朝故事然後命瞽史納於聰明命司成教之世子是謂端本由朝廷被於民里由京師施之遠方是謂垂化復采詩之官以察風俗是謂兼聽優登才之選以勵生徒是謂興古四者既備大化自流則動天地感鬼神德豚魚甘堇荼來異俗懷鬼方皆在一致推而廣之神而化之不難矣微臣不知時變溺於師言謹詣光順門昧死以聞伏待刑辟

## 李元素

元素元和二年官御史大夫戶部尚書

### 請禁以降誕日爲節假奏

元宗肅宗降誕日據太常博士王涇奏按禮經及歷代典



故並無降誕日爲節假之說惟國朝開元十七年左丞相源乾曜以八月五日是元宗降誕之辰請以此日爲千秋節休假一日羣臣因獻甘露萬歲酎酒士庶村社宴樂由是天下以爲常乾元元年太子太師韋見素以九月三日肅宗降誕之辰又請以此日爲天平地成節休假一日自後代宗德宗順宗即位雖未別置節日每至降誕日天下亦皆休假臣以爲乾曜見素等所奏以爲節假者蓋當時臣子之心喜君父聖壽無疆以爲榮慶今園陵既修升祔將畢謹尋禮意不合更存休假之名請付尚書省集百官

與學官參議勅宜依者臣等聞君子名之必可言言之必可行故可言不可行君子不言伏以元宗肅宗代宗德宗順宗五聖威靈在天已久而當時慶誕猶存正可言不可行之禮請依王涇奏議並停

## 張諗

諗官主客員外郎

### 蕭齋記

蕭字俱載舟還洛陽仁風里第思所以盡其瞻玩藏置之宜謂箱櫝臨視不時又有緘啟動搖之變遂建精室陷列



於垣復本書之意得遐覿之美寂對虛牖勢若飛鶩雖烟露文飛龍鸞縈動輕旆翻揚微雲卷舒不能狀也李君以至行雅操著名當時逍遥道樞脫落榮利識洞物表神交古人而風致之餘特精楷隸所得魏晉已降名書秘迹多矣亦不越於尺素之間未爲殊情也蓋壁宇奇蹤乃爲希寶意象所得非常域也故異而室之文而志之夫蕭之爲言也切然而清於文也蔚然而整宜乎銘壁宜乎命齋蕭齋之名與此字傳矣

## 韋宗卿

宗卿元和中官侍御史戶部員外郎出爲益州刺史

### 隱山六峒記

天作南北星斗辨之地分方夏山川間之其土殊其鎮異故磅礴博厚隱嶙鬱律連岡走峰千里一息秦之山也發地干霄上爲嶕嶢攢空交映積爲崇嶺越之山也桂林郡郛千岩競秀世情賤目俗態無心故茲山接城郭之間億萬斯年石不能言人未稱焉寶歷紀元給事中隴西李公以直諫匡主圖贊國政時未及泰人安得寧公辭帝鄉白雲爲越嶺時雨六條紘布百城震肅人既安年既豐羽扇



空搖鈴閣不引盼羣山而獨往興發得絕境而素尚心來茲山在焉且謚爲隱若夫地因人傳山自人顯故有巖結太素至說稱傅谷闢洪荒及超號張我得茲山以隱名彰爾其爲狀也左扼郡城之固右對招提之刹前虛明而散祝融之火後清泚而壓元武之水外孤峰而競聳中六洞而潛通諒仁智之所樂信靈仙之所宅登山自西舉趾惟左首至於南華峒峒中水長十餘步瀾不可踰深莫之測澄爲靈泉播爲陽江水側平坦可坐數十人自南華峒西轉五十步至夕陽峒峒長數十丈其旁有水與峒終始在

水之東高下有石如砥如礪十數人可憩峒窮有大石高可跂及廣不盈尺鑿穴而望復使下尋有潭東去莫究深廣又北轉而東八十步至於石門自石門又東北五十步至北牖峒峒虛潭幽其水潑墨中有巨魚可三四尺鏤鱗鏤甲朱鬣赬尾人或見者龍以敬之潭之左右怪石萬狀如鳥斯飛如虎斯蹲如衣裳發笥如龍蛇出奔乳竇懸玉石壁流雲潭之南有石室深有便房高有石窗追琢不加清瑩可愛又東南轉一十步至朝陽峒峒中有水旁浸潭側長可數十步三峒之水周圍相通亂於池入於江水中



有石高可三尺其色白其容光圓如薰籠大如巨牀以其水浸於潭側故曰側潭尋側潭之西數十步上有潛洞歷險可至窈窕深邃羽人來暨却上南壁約六七丈有雙碧石盤懸如半璧容水數升其上尋尺有一白石盆常有水升餘酌之不竭味甘如醴色白疑乳煎以病愈飲以頤駐其側可坐五六人左右石壁皆光滑密緻有如磨礱不碍綿絮却下從峒口北轉路絕越險山屐不通構梯架空得至雲戶戶內博敞容三十人旁透虛明洪纖可鑒有貞石榻勒爲碁局對以手談局之左右可以偃仰詠於斯觴於

斯賓從徒侶各有攸處出雲戶下視北牖蒙溪如指諸掌戶外有二徑其一直上至山頂山之最高處也桂江屬望縈紆若帶越嶺遐眺點簇如黛寸眸千里周覽一息構亭其上以俟登臨是歲孟秋月慶雲見於西方自卯及酉南北極望萬狀競變五色相鮮州吏請圖以獻之公允而不阻既而亭構因目之爲慶雲亭自亭却下至南華峒口又一徑西去十餘步至白雀峒郡人有獲白雀來獻者雪毛霜羽赬觜紅趾且旌雀瑞因志峒名峒口狹隘側身稍通摩臍夾耳可以方之漸下十餘步其右有立石望之如人



次有石室光滑寬敞人或偃息可容數十從此更下有元潭其深莫測潭東西嵒上有一石樓高低可二三尺自下而望如妝點成樓南有二石相去纔數尺被服如人狀意若就樓而看者元潭泫澄水色如墨見者神竦方暑生寒乃作閣道架潭瞬息疾過西南透於石穴中石穴路右復有乳垂亦如朝陽峒者視其周圍但微小耳愛其光潤則或逾之峒內有穴通嘉蓮峒初嘉蓮峒開而未得其號會有獻同心蓮者遂紀事而名之從峒北出六十步西去有峒其深不測中路多白蝙蝠飛舞在空從東有穴棧閣盤

迴却透元潭之北有兩穴東穴透明長可數丈人不可過莫能究之西穴出於峒口峒內平坦石榻縱橫湯茗在茲笙竽以間有石琴薦寘以撫絃聲越金玉自峒西去至夕陽出西山復入寰六峒之能事畢矣自諸水隱山下池謚曰蒙泉派合成流水源有二其一源自夕陽注嘉蓮經白雀歷朝陽旁浸北牖出於南華流沚積爲池其一源自蒙溪溪源在北牖峒東北里餘出於北山自山南流會於南華峒水合而成池池因山麓不資人力高深向背縈繞縈迴五六里間方舟蕩漾靡微風鏡清波棹女唱榜人歌羽



旗載依鳧鷖翔泳鱗介是宅魚鼈噞喁野女依叢游絲轉空蘋末風清荷底水紅蓴者取饑者採與人同利恨斯池之不大也招提之南長松夾路陰濃蔽日韻響含秋外有連理松異本同幹內有偃蓋松低枝覆空爲寺之光華作山之粉澤松側有竹篔簹盡岸策杖未窮步履猶遠北牖峒口有閑田砥平南北十餘步東西稱是可以施欄檻爲載酒之塲可以構簷楹爲更衣之所乃作水閣立風廊闢厨戶列便房華而不逾儉而不逼面茲池以滉漾對他山之青翠絲竹競藝賓僚滿觴歌聲遏雲舞影臨水取樂今日鄉心暫忘客有中席而言曰夫時景賞樂四者難備東西南北百年不閒既別而復會茲山悵懷而未卜他日請執筆紀大賢獨得之勝并立碣垂隱山六峒之由匪曰爲文且示來者

蕭籍

籍蘭陵人長慶中義武軍行軍司馬遷御史中丞出爲襄州刺史

## 祭權少監文

維年月日門生義武軍節度使行軍司馬文林郎檢校尚



書戶部員外郎驍騎尉賜紫金魚袋蕭籍謹以清酌之奠敬祭於前相國故山南西道節度使檢校吏部尚書兼興元尹御史大夫贈尚書左僕射之靈伏惟明靈稟天地絪縕之和爲唐虞文武之臣宜乎壽登期頤福如崇山安危所注意致大君於三五之日如何昊天壞我梁木承訃之日搢紳失望豈僑終蹇謝輿謠輟相之足云乎信無等級以寄言也嗚呼哀哉公昔在貞元實司文衡第甲者七十有二人惟籍鯫生名不聞於將命者公以至公俾居選中數仞之牆得門而入荷此知巳與嵩華爲輕矧乎侍立班

墀常趨後塵退食台庭亟承嘉言昔之少別今成永訣哭寢之慟百身何贖嗚呼哀哉伏以天子有命司戎使車三請會葬元侯不許既不得見曳杖之日又不得見如斧之封思欲如赤爲志如賜築室邈乎其不可及已身寄於燕趙之交神馳於涇渭之表瞻望遐路心悽目眩其可及乎所可慰者臧孫有後載揚載顯期在茲日以此忍哀齋心遣使儻神理之來顧庶至誠之上達嗚呼哀哉尚饗

盧元輔

元輔字子望姦臣杞子擢進士特恩拜左拾遺累官刑部侍郎拜華州刺史潼關防禦鎮國軍等使入爲兵部侍郎太和三年卒年五十六



胥山祠銘并序

元和十年冬十月朝散大夫使持節杭州諸軍事杭州刺史上柱國盧元輔視事三歲塵天子書上畏羣靈下慚蒸乂乃啟忠祠銘而序曰維唐敷祀典於天下廢淫置明資父事君罔有不舉寢廟既設我命厥新有周行人伍公字子胥陪吳之職得死直言國人求忠者之尸禱水星之舍將職鴟革遂臨浙江千五百年廟貌不改漢史遷曰胥山今云青山者繆也吁善父爲孝記曰父讎不與共戴天諫君爲忠經曰諸侯有諫臣不失國當訪於宋鄭絕楚出疆在平爲未宦臣在奢爲既壯子坎壈仗節乞師於吳軍鼓丁寧五戰至郢先詰王建邦啟土著以話言戴后惟人人虐惟后成湯用爲大義孔子立爲大經子胥修爲大仇驕人賦爲大怨咸令在上慢惡不生則前戈鞭墓非倒行也後戈走昭非逆施也夫差既王宰嚭受賂二十年內越祀又顛太伯廟血將乾闔閭劍光且失公朝則宴焉入則諫焉孰謂矢毒孰謂刀寒雖言屢出口而車甲已困於齊矣



蟹稻已奪於歲矣屬鏤之賜竟及其身鴟夷盛屍投於水濱憤悱鼓怒配濤作神其神迄今一日再至來也海鴟羣飛陽侯夾從聲遠而近聲近而遠奮於吳怫於越夕於楚乃退於是仲秋闞望杭人以旗鼓迓之笳簫和之百城聚覩大耀威靈卷沙墨裂地灰截若岸圻成坑迎潮民格之如呂梁丈人爲靈戈威矛激浪百重渚塞不先跳檣揭舵再飯之間絕其音聲蕩漭千里洪波砥平有滑有腊有鹹有腥遥實乎下庭山海梯航雜林扶桑交臂於卯階金狄在戶雷鼓在堂魏鐏漢豆六代笙簧可謂奉天爵之馨香

獲人神之盛禮佐皇震怒驅叱大邪萬里永清人觀叶一作斗氣銘曰

武王鉞紂子胥鞭平爲人爲父十死一生矯矯伍員執弓挾矢仗其寶劍以謁吳子稽首楚罪皆中紂理蒸報子妻殲鉏直士赫赫王閭實聽奇謨錫之金鼓以號以誅黃旗大舉右廣皆朱戮墓非赭瞻昭乃烏後王嗣立執書以泣顛越言淵宰嚭讒輯步光欲飛姑蘇待執吾則切諫抉眼不入投於河上自統波濤晝夜兩至懷沙類騷洗滌南北簸蕩東西夷蠻卉服罔敢不來雖非命祀不讓瀆齊帝帝



王王代代明明表我忠哉

## 劉肅

肅元和中歷江都縣潯陽縣主簿

### 大唐新語序

自庖羲畫卦文字聿興立記注之司以存警誡之法傳稱左史記言尚書是也右史記事春秋是也洎唐虞氏作木火遞興雖戢干戈質文或異而九邱八索祖述莫殊宣文刪落其繁蕪邱明捃拾其疑闕馬遷創變古體班氏遂業前書編集既多省覽爲殆則擬虞卿陸賈之作袁宏荀氏之錄雖爲小學抑亦可觀邇來記注不乏於代矣聖唐御寓載幾二百聲明文物至化元風卓爾於百王輝映於前古肅不揆庸淺輒爲纂述備書微婉恐貽牀屋之尤全採風謠懼招流俗之說今起自國初迄於大歷事關政教言涉文詞道可師模志將存古勒成十三卷題云大唐新語聊以宣之開卷豈敢傳諸奇人時元和丁亥歲有事於圜丘之月序登仕郎守江州潯陽縣主簿劉肅撰

### 大唐新語後總論

史冊之興其來尚矣蒼頡代結繩之政伯陽主藏室之書



晉之董狐楚之倚相皆簡牘椎輪也仲尼因魯史成文著爲春秋尊君卑臣去邪歸正用夷禮者無貴賤名不達於王者無賢愚不由君命者無大小人邪行正棄其人人正國邪棄其國此春秋大旨也故志曰仲尼成春秋而亂臣賊子懼又曰撥亂世反諸正莫近春秋春秋憑義以制法垂文以行教非徒皆以日繫月編年敘事而已後之作者無力病諸司馬遷意在博文綜覈疎畧後六經而先黃老賤處士而寵姦雄班固序廢興則襃時而蔑祖德述政教則左理本而右典刑此遷固之所蔽也然遷直而事備固

文聽而事詳若用其所長蓋其所短則升堂而入室矣范煜絀公才而採私論捨典實而飾浮言陳壽意不逮文容身遠害旣乖直筆空紊舊章自茲以降漸已陵替也國家革隋之弊文筆聿修貞觀開元述作爲盛蓋光於前代矣自微言旣絕異端斯起莊周以仁義爲芻狗申韓以禮樂爲贅疣徒有著述之名無裨政教之闕聖人遺訓幾乎息矣昔荀爽紀漢事可爲鑒戒者以爲漢語今之所記庶嗣前修不尚奇正之謀重文德也不褒縱橫之晝賤狙詐也刊淫靡之詞歸正也損術數之畧抑末也理國者以人爲



本當厚生以順天立身者以學爲先必因文而輔教纖微之善罔不備書百代之後知斯言之可復也

寇同

同寶歷時鄉貢進士

## 奉義郎試洋王府長史濮陽吳府君墓誌銘 并序

府君諱遙字建儒濮陽人也其先與周同姓文王封太伯於吳至武王始大其邑春秋之後與爲盟主及越滅吳子孫奔散或居齊魯間因爲郡之籍氏焉祖偉皇任虔州虔化縣丞父瑛皇任禹州別駕題與貳邑克著公清積慶所鍾實繁允嗣別駕娶鍾氏而生四子府君即其長也弱不好弄長而能賢清白自持有南朝隱之之操雄謀獨運得東漢漢公之風歷階奉義郎累試洋王府長史始著籍於豫章晚從家於京國優游墳典怡性林泉脫棄軒蓋之榮趣玩琴尊之樂雖二疏之辭榮四皓之讓祿媲之長史今古何殊不幸以大和四年夏六月有六日遘疾終於勝業里之私第春秋六十七以其年十月廿日辛酉祔葬於京兆府萬年縣洪固鄉北韋村嗚呼梁木斯壞哲人其萎青鳥占宅歲之期白鶴爲弔喪之客夫人扶風郡馬氏閫



門肅穆無慚班氏之賢四德不虧豈謝謝姑之德先以寶歷元年十月廿一日捐館於前里第及今克遵祔禮也夫人實生二男一女長曰仲端次曰仲璵並幼而敏慧有文武幹材或親衛於丹墀或縉紳於白武追隙光之莫及痛風樹之不停以其禮經有制空垂志行之文金石靡刊孰紀陵谷之變銘曰

吳氏之先周室配天封伯東南世多其賢春秋之後國始大焉代著仁德府君嗣旃清愼廉退吾無間然秩試王府道優林泉積善何昧逝於中年洪固高原南抱樊川佳城

鬱鬱宿草芊芊鸞鳳茲祔龜兆叶吉夜月松風萬古斯畢

裴簡求

簡求實歷時官瓊王府長史

請置王府寮吏公署狀

伏見諸王府本在宣平坊東南角摧毀多年因循不修至元和十三年七月十三日莊宅使收管其年八月二十五日賣與邠寧節度使高霞寓伏以在城百官皆有曹局惟王府寮吏獨無公署每聖恩除授無處禮上胥徒散居難於管轄遂使下吏因茲弛慢王官爲衆所輕雖嘗列在官



班皆爲偷安散秩伏以府因王制官列府中府既不存官司虛設伏乞賜官宅一區俾諸府合而共局庶寮會而異處如此則人吏可令銜集案牘可見存亡都城無廢闕之曹道路息是非之論

韋瓘

瓘字茂宏京兆萬年人及進士第仕累中書舍人與李德裕善李宗閔惡之貶明州長史會昌末累遷楚州刺史終桂管觀察使

宣州南陵縣大農陂記

宣郡支邑十城而南陵處劇蓋由庶民闐豪物產多狀山川關錯風俗詭浮故理柬則民瀆政放則民怠俱不得其極自非肅廉和敏措動守中則莫至良能況功利及物邪皇帝四年今地官侍郎盧公觀察宣部精心厚下重難邑長乃以寧國令順陽范君假南陵印爲大夫於是肅以檢姦廉以約身和以納民敏以應物物不夭落民得休泰盧公嘗曰時或爽候雲龍遁逃膏澤翔枯物不遂液吾人其瘁乎下令邑中有能修復陂塘積水防患者終懋厥功先時縣有廢陂曰大農積歲不理荒梗幽扈邱隰遁形空規



殘狀非鄉黨之耆耋不可款識輿人飛語他邑病能訾訾囂囂波翻風合范君獨判於心不畏騰口曰利於人也使吾獲戾而罹悔眞吾心也且黔愚皆苦於始作而泰於成功況吾君侯明吾天子聖尚何懼哉乃召鄉老里正尹而計之具畚挶列綆鍤窖礫礱堅披材輦壞日必巡丈周察勢便仁以撫馴悦以附來法以督姦勤以勸勞於是雲動雷行斬莽闢蕪撥腐曝淤培高徹卑不知形疲不憚苦骨不殘民力不費金刀潛軼化工事於農隙三旬而畢不戮一人其始也驅江波六十里活活下來闢荒梗數萬畝汪

汪虛明。疊石構嶺。縱三百步。龍蟠虎鬬。橫殺衝波。泄流引洫。臂發三港。支分脈散。澤入大田。厥功既成。乃有風雨暴鬬。洄激換晨。虺虺沸會。似聞構作。及乎雨斬雲除。則沙洲突出。力捍嶺下。若自開闢之初。信爲神物所相。雖使江河合災。驚濤懷山。大浸崩騷。暴猛來敵。亦不能軼峻防而侵厚趾。斯乃天贊其功。豈非仁深於物乎。其或火雲爇天。旱魃爲虐。歊蒸癉怒。蛟龍逭誅。而翠漵搖岸。澄瀾洗月。溶溶浩浩。獨落天光。順勢導流。猶潤百里。則貫畦浮塍。卒歲之溉千頃。豈爲多哉。其細也。孕鱗甲之族。育鳧雁之羣。羅生菰蒲。蔓合菱藻。漁父舟人。浩歌揚檝。厚生之物。永永不極。斯其功也。可以灼當世而芳千古矣。昔者西門豹治鄴。召翁卿治上蔡。而史氏書美。顯白良能。以其因水茂功。利澤及物者也。則大農傑跡。功符天作。可以論古對能。豈有媿乎。范君尋遷御史。後三年。吏民益慕而願表尤功。今連率范公以文行德器。挺爲時賢。爰領宣部。仁義明舉。其下犨善。常推至公。邑人三請於公。乃曰。他人有善。惟恐不聞。況伯也功利如是。吾豈詭哉。乃從之。邑長李尹久以材能宏張其化。吏民甚安之。追論大農盛績。因民之心。以成其善志。亦春秋之事也。鄉將石定。錄事丁宗耆。壽戴誠。佐史章偁。或參其議。或督其事。洎百姓朱綸李縱田邱程允等若干人。咸請予爲記云。元和八年歲次癸巳六月壬午朔十五日丙申建。

## 修漢太守馬君廟記

東漢太守馬君臻。能奉漢制。撫寧越封。仁惠公利。俗民陶闕一字殊績。章白書於舊史。其尤異則披嶮夷高。東波圍境。巨浸橫合三百餘里。決灌稻田。動盈億計。自漢至今。千有餘年。縱陽驕雨淫。燒稼逸種。唯鏡湖含澤。驅波流滸。注於大海。災凶歲穀。穰熟俾生。物蘇起貧。羸育富。其長計大利及人如此。孔子稱民之父母。馬君有焉。開元中。刺史張楚深念功本。爰立祠宇。久而陊敗。今皇帝後元九年。觀察使平昌孟公。誅斷姦刦。寬遂民類。教化修長。氓吏畏慕。嘗以馬君忠利之績。神氣未滅。壽宮不嚴。何以昭德。十年十一月。乃崇大棟梁。誅翦穢梗。禮物儀像。咸極絜好。後每遇水旱災變。輒加心禱。精意所向。指期如答。則君子惠物。本同於化。樹功本同於治。對德相望。是宜刻石。二十年二月三日記。

浯溪題壁記

分司優閒。誠爲忝幸。宦途蹇薄。分亦可知。因吟作官不了卻歸來。還是杜陵一男子。余洛川弊廬。在崇讓里。有竹千竿。有池一畝。罷郡之日。攜猿一隻。越鳥一雙。疊石數片。將歸洛中。方與猿鳥爲伍。得喪之際。豈足介懷。大中二年十二月七日。



# 欽定全唐文卷六百九十六

## 李德裕

德裕字文饒。趙郡人。宰相吉甫子。文宗朝拜兵部尚書。以本官同平章事。封贊皇伯。爲中書侍郎集賢殿大學士。罷爲興元節度使。徙鎮海軍。武宗立。召授門下侍郎同平章事。兼左僕射。守司徒。進太尉。封衛國公。宣宗立。以太子少保分司東都。再貶潮州司馬。又貶崖州司馬。卒年六十三。

### 黃冶賦并序

蜀道有青城峨眉山。皆隱淪所託。辛亥歲。有以鑄金術干



余者。竊嘆劉向累世懿德。爲漢儒宗。其所述作。根於聖道。猶愛信鴻寶。幾嬰時僇。況流俗之士。能無惑於此乎。因作賦以正之。

漢武帝遭世承平。百蠻以寧。自謂德成堯禹。功高湯武。聞升龍於鼎湖。乃甘心於斯語。有方士李少君譎詐不誕。乘邪進取。盛稱化丹砂爲黃金。可以登青霄而輕舉。時董大夫侍側。帝曰。子知其術乎。仲舒進曰。臣惟聞天地變化。聖人鎔範。方士之言。臣以爲謟。至如圓方爲爐。造化爲冶。鼓風爲橐。熾陽爲火。元黃之氣。絪縕和粹。稟而生者爲仁爲

智是以生寶實繁終古不匱天地之鎔範鼓鑄也如是及夫堯舜之化大道爲爐中和爲冶聲教爲橐文明爲火以法天爲造以得賢爲寶是以得其鴻名後天難老至於仲尼無位大莫能致猶鑄顏與冉底於極智聖人之鎔鑄也取類若乃不務德業營信秘籙祈年永久以極嗜欲斯則不由於正道無益於景福帝曰善乃罷方士而去之故得漢道隆盛令名不虧

## 畫桐花鳳扇賦 幷序

成都夾岷江磯岸多植紫桐每至暮春有靈禽五色小於



元鳥來集桐花以飲朝露及華落則烟飛雨散不知其所往有名工繪於素扇以餥稚子余因作小賦書於扇上

桐始華兮綠江曙綮鮮葩兮泣朝露樹煜煜兮霞舒鳥爛爛兮星布彼嘉桐兮貞且猗當暮春兮發英蕤豈鵷雛之珍族又棲託乎瓊枝被零露兮甘且白涵曉月兮灑鮮澤豈青鳥之靈儔常飲吮乎玉液有嘉穀而不啄有喬松而不適獨美露而愛桐非人間之羽翮逮花落而春歸忽雨散而川寂悵丹穴之何遠想瑤池而已隔爰有妙工圖其麗容宛宛兮若餐珠於芳蘂飄飄兮疑振羽於光風感班姬之素扇空皎潔兮如霰亦有美人增華點絢雀伺蟬而輕驚（原註南朝畫扇尤重蟬雀）女乘鸞而微眄未若繪斯禽於珍箑動涼風於羅薦非欲發長袂之清香掩高歌之孤囀庶玉女之提攜列崑墟之瑤宴乃爲歌曰青春晚兮芳節闌歎紫華兮蔭碧湍美斯鳥兮類鵷鸞具體微兮容色丹彼飛翔於霄漢此藻繪於冰紈雖清秋之已至常愛玩而忘餐

## 通犀帶賦 幷序

客有以通犀帶示予者嘉其珍物古人未有詞賦因抒此作蓋盡其美焉



君子以良玉比德豈不以溫潤而近人惟駭雞之至寶亦含章而可珍包黃中之粹色發奇彩之彬彬芝草繞葩而獵葉烟霞異狀而輪囷雖復孕元兔於月魄隱青鸞於鏡塵顧霄漢之悠遠悵工人之弗真匠者以其靈可禦邪光能遠燭剪截本末發揮藻縟砥若礪金剸如切玉析以爲帶加之盛服御之則袝（一作附）身褫之則韞櫝似達人之卷舒不專玩乎掌握矧乎白璧雖美尚不掩瑕何玆物之無玷豈待瑩而增華溫兮如玉氣舒虹粲兮若晨光爍霞彼廓落之繁飾諒無足以稱嗟若乃名山岑寂珍圖譎詭柳

谷則麟馬槃然扶風則魚龍隱起徒有象而無施故雖奇而莫擬然則美服珍玩近於禍機虞公滅而垂棘返壯武殘而龍劍飛先哲所以聞象則服防患則徹經傒委珮而去宣子辭環以歸

## 鼓吹賦并序

鼓吹本軒皇因出師而作前代將相有功則假之今藩閫皆備此樂余往歲剖符金陵有童子六七人皆於此藝特妙每曲宴奏之及再至江南並逾弱冠悲流年之倏忽憶前歡而悽愴乃爲此賦



追昔吳會之年思爲衛霍之將懷瀚海而發憤想狼居而在望厭桑濮之遺音感簫鼓之悲壯每聞兹樂心焉猶尚爰有侲童（原註出西京賦）頴秀含聰思慮未敢專和發中繁會曲折變態不窮交篴爍電揮手成風或累發而碎隱或徐弁而從容管孤引以嘒嘒鼓輕投而逢逢若乃清景妍和嘉客來萃登高臺而互動對芳樹而並吹見鵬鶚之爭厲聳壯士之憤氣（原註鵬鶚爭壯士怒皆鼓吹曲名）忽疑翔雁呌於寒烟胡沙蔽於天地其始也若伐木丁丁響連青冥喧禽萬族聲應崖谷其縱也狠羊鬬角奔兕相觸轉石振於崩溪燎野焚於寒竹其終也如風飈暫息萬籟皆肅天地霽而雷霆收川波靜而魚龍伏昔我往矣子衿青青我今來思突而弁兮諒昔人之多感覩移柳而興悽惜歲年之易往歎親好之常睽於是勉其成人再命迭作念所思而不見慨悲翁之蕭索（原註所思悲翁並曲名）音豈殊於今昔情自有於哀樂乃知孔將比於鳴蛙陸反思於唳鶴彼衰退於憂傷並榮華之昭灼

## 白芙蓉賦并序

金陵城西池有白芙蓉素萼盈尺皎如霜雪江南梅雨麥



秋後風景甚清漾舟綠潭不覺隆暑與嘉客泛玩終夕忘疲古人惟賦紅蕖未有斯作因以抒思庶得其彷彿焉

朱明夕霽佳木凝陰蘭未歇其秀色鳥尚流其好音泛回塘兮清景暮環修渚兮碧流（一作雲）深誠有感於逝節思更新於賞心是時黛葉已繁瓊英始發搖瑞彩於波上挺纖莖於蘋末忽疑巨蜯濯（一作擇）漪暫覩其明月復似處子映松遙覩其冰雪煥列宿於長河耀良玉於方折點白露於葭菼散飛鴻於林樾余乃鼓輕枻入澄瀛（原註楚詞曰楚人呼池澤中曰瀛）度柳杞（一作杞柳）越蘭衡徘徊容與放志遺縈近汀洲而菱

窞出蓮徑而潭平飛鸂鶒起鵁鶄揮水珠而濺葉動波紋而抗莖傳羽卮而適性合金絲而寫情管度風而音遠歌臨流而轉清既而稍憩（一作出）川陰暫遊霄外極望漪瀾靜無夕靄又如遊女解珮於漢曲宓妃採蓮（一作芝）於湍瀨舒藴藻以爲席倚立荷以爲蓋發巧笑之芬芳感嘉期之來會嗟夫楚澤之中無蓮不紅惟斯華以素爲絢猶美人以禮防躬銀輝光而流燭玉精氣而舒虹雖有貴其符采且未匹其華容由是南國之姝以爲麗觀延華頸於沼沚曳羅裾於磯岸且謂降元實於瑤池徙靈根於天漢悵霄路兮永絕與時芳兮共玩聽高柳之早蟬悲此歲之過半彼妍姿之昭灼待風雨而消散乃爲歌曰秋水潤兮秋露濃盛華落兮嘆芙蓉菖花紫兮君不識萍實丹兮君不逢想佳人兮窈靜處顏如玉兮無冶容



## 重臺芙蓉賦 并序

吳興郡南白蘋亭有重臺芙蓉本生於長城章后舊居之側移植蘋洲至今滋茂余頃歲徙根於金陵桂亭奇秀芬芳非世間之物因爲此賦以代美人託意焉

昔柳惲爲吳興太守顧座客而嘆曰遊汀洲以採蘋憶瀟湘之故人悲白日之已晚惜青春之不返且欲拾瓊蘂於桂山折瑤華於蘭畹客乃稱曰彼有清川爰生瑞蓮紅葩煒而⿰目昱⿰目昱翠葉小而田田（原註此花大於常蓮而葉小於衆荷）願得薦佳名於君子悅麗色於當年於是縱蘭棹泛淪漣吟朱鷺於篴（一作簫）管鳴鵾鷄於瑟絃臨漪瀾以遠望嘆華艷之何鮮是日際海澄廓微風不起涵麗景於碧湍爛朝霞於清沚鮮膚秀頡攢立叢倚疑西子之顏酡自館娃而戾止遠以意之若珠闕玲瓏疊映崑峯粲玉女之光色抗霓旗以相從迫而察之若桂裳重複鬱撓丹谷思江妃之窈窕發紅羅之紛郁爾其映蘭芷出蘋萍掩萋萋之衆色挺嫋嫋之修莖泣清露以擢秀流鮮飇而發精雖草木之無情亦獨立而傾城若乃行潦既收秋光始靜見涼野之夕陰悵回塘之餘景思摘芳以贈遠更臨流而引領翡翠失其輝鮮珠璣奪其光顥惟斯物之特麗宜獨秀於寥天在靈境而何降居下澤而何偏有繁華而不實嗟淑類而莫傳念莊姜之無子非巧笑之未妍彼天意之所屬諒難得而知焉（原註此花無實從根又不三數年故人間罕有）乃爲歌曰吳山秀兮煙景媚因淑女兮感斯瑞蓮雖多兮無厥類蘭徒芳兮何足貴人已去兮

代不留。獨含情兮託茲地。

## 山鳳凰賦 并序

仰山在郡之坤隅。高松翳景。名翬所集。有麗鳥殊色。原註殊色出應瑞鸐鵲賦文如縟繡。邑人呼爲山鳳凰。愛其毛羽。重於身命。雖遭矰繳。終不奮飛。比夫雄雞斷尾。則殊知異心矣。余感而賦之。以貽親友。

懿靈山之岑寂。實珍禽之可依。何文章之英麗。信羽族之所稀。混赤霄而一色。與白日而增輝。煥若玉女攜宓妃。淩丹壑兮遊翠微。振桂裳兮垂組綬。



騰鑣駕兮曳鸞旗。粲若天桃發兮山已春。朝霞爛兮露欲晞。或飲於瀾。或集於磯。揉芙蕖之絳采。掩虹霓之夕霏。既而衡網高懸。虞人合圍。身挂纖繳。足履駭機。畏采毛之摧落。不淩厲而奮飛。乃知玉之敗也。以致其瓊弁。翠之焚也。猶襲其寶衣。何異夫懷祿躭寵。樂而忘歸。玩軒冕而不去。惜印綬而無時。嗟乎。乘君子之器。與茲鳥而同譏。

## 孔雀尾賦 并序

故人以孔雀見遺。死於中途。將命者提挈一作攜空籠與翠尾皆至。余憫而爲賦。

感君子之嘉惠。意未忘於所知。攜珍禽以贈余。諒有貴乎羽儀。去舊國之岑寂。歷三湘之嶮巇。念未飛之眾雛。懷獨宿之羇雌。忽哀鳴而望絕。遂委翼而長辭。異黃鵠之高翔。揭空籠而載馳。想綷羽而不見。覩修尾而增悲。蘭色芊蔚。金華陸離。垂之兮疑拖綠盭。音戾綬名舉之兮如飛翠緌。嗟紱冕之寄身。與鎩翮而一概。雖暫榮而可樂。終以飾而賈害。況復德輶如毛。而鮮舉。福輕乎羽。而莫載。何必負斯尾之翹翹。冒長途而致愛。

## 智囊賦 并序



余嘗感漢晁錯。魏桓範。皆號爲智囊。不能全身。竟罹大患。揚子稱或問多以智殺身。雄對曰。皋陶以其智爲帝謨。箕子以其智爲武王陳洪範。殺身者遠矣。余久欲賦之。比屬適紀總戎。顧言不暇。今俟罪江徼。徬徨歲深。篋篋之中。典籍皆闕。聊以所記古今興敗。粗成此賦。

夫天之清氣爲人。而人之清氣爲智。苟虛心而沖用。必窮神而索至。況恬養以保身。豈憂患之能累。何興敗之相詭。乃躁靜而殊致。或明遠而無疵。或馳騖而役思。故由於彼而入聖門。出於此而爭利器。若乃淡然元默。應變無方。韜隨和而不耀匣干越而寶藏雖不止如炙輠猶淵然如括囊君子所以有斯號者蓋欲保無咎於末光夫智可以養生乃能周物道無夷險用有工拙得於身也祭以免而苟以全失於邦也臧不容而湯不沒彼前軌之昭然曾未戒於危轍嗟乎水濟舟以致遠亦覆舟於畏途智排患以解紛亦有患於不虞將不殆於無涯信莫尚於冥樞或有好學務敏擇仁乃廬斯先哲之所履亦庶幾於不渝然則天智閑閑不嬰世故舉始終而後入先奔沉而預慮或衛足之無術故離形而盡去呂易宗於奇貨疾知來於武庫雖



乘勢興億中非淑人之所務鴟夷子喟然嘆曰昔我經世徒聞智憂索遺珠而不得復明燭其焉求與萬物而道夭又何謨於大猷今我所謂智者乘五湖之浩蕩永終老於扁舟

## 積薪賦 幷序

此郡巖壑重複榛林鬱盛樵採之子未嘗輟音往往沿流而下詣余求售余因積薪於庭竊有所嘆乃爲積薪賦賦曰

邈巖居之幽遠有楚澤之放臣方絕學以自豢誠未暇於披榛悲顏子之飯煤感萊蕪之生塵時束蘊一作縕以請火訪蓬茨於善鄰乃遇樵客維舟水濱余訊之曰樵採賤業常棲隱淪詩既嘉於刈楚傳亦嘆於析薪爾豈延瀨之客不取金而且貧又豈叔敖之子以好廉而苦辛何乃負擔不已其生實勤客顧余而嘆曰貴則近禍富多不仁寄迹於此以養吾眞善大雅之知言信芻蕘之可詢既而交加累積高下齊均矗若井幹疊似龍鱗避沈泉而無浸先曲突以斯陳苟知防患之術終無焦爛之賓嗟長孺之昧道常喻此而求伸雖後來而高處亦居上而先焚使薪爲能



言之物豈容入爨而揚芬未若生幽崖之側糾芳桂之輪不近野田之燎免罹匠者之斤冒霰雪以終歲齊天年於大椿

## 欹器賦 幷序

癸丑歲余時在中樞丞相路公見遺欹器贈以古人之物永懷君子之心嘗欲報以詞賦屬力小一作少任重朝夕盡瘁固未暇於體物今者公已歿世余又放一作旋逐忽覩茲器悽然懷舊因追爲此賦置公靈筵詞曰

昔周道砥平既安且寧赫赫公旦配德阿衡謂難守者成

難持者盈始作茲器告於神明至仲尼憲文武之道思周公之德入太廟而觀器觀一作見遺法而嘆息且曰月滿而虧日中盈一作則昃彼天道而常然欲久盛而焉得乃沃水於器微一作俯察要終挹彼注茲受一作授之若沖虛則[illegible]似君子之困蒙中則端平若君子之中庸既滿則跌一作滿則傾跌霆流電發器如坻隤水若河決非神鼎之自盈異衢樽之不竭蓋欲表人道之隆替明百事之有節然茲器也不以中而自藏不以跌而自傷其過也如彼薄蝕其更也浸發輝光得其道者居則念於豐蔀動乃思於謙受顏既復



而不遠惠屢黜而何咎知任重之必及悟物盈之難久雖神道之無形常參然於前後昔與君子同秉國鈞公得之爲賢相余失之爲放臣覩遺物之猶在懷舊好而悲辛思欲克己以復禮永報德於仁人

## 蚍蜉賦 幷序

此郡多蚍蜉余所居臨流實繁其類或聚於衽席或入於盤盂終日厭苦而不知可禦之術因戲爲此賦令稚子煜和之

惟江潭之下國況幽居於澤畔何螻蟻之微物亦有徒而凌亂或泮散於經笥或賓緣於食案余乃戲而問之曰爾能居厚地而漏山阿無乃處吾身而爲大患蟻不能言辭以意宣其旨曰我稟形於造化亦一氣之所甄嘗濟齊師之乏亦聞媯德之羶覩封穴而知雨驗寸壤而得泉出以時而不息故學者得而稱焉戴粒而遊若巨鼇之冠神岳繞磨而行若日月之麗清天若乃依垤緣壁滛滛奕奕其聚無聲其行無迹値晏温而出遊當祁寒而入隙迅雷作而不駭微雨灑而自適生雖瑣細亦有行藏止若羣羊之聚進加旅雁之翔乘其便也雖鱣鯨而可制無其勢也雖



蛭蟥而不傷今願悔過戢於垣墻豈同青蠅之點白汙君子之衣裳

## 振鷺賦 幷序

此郡帶江緣嶺野竹成林每向夕有白鷺羣飛集於林杪今所居在峯岑之上臨眺一川翫其往來有以自適因爲此賦

日之夕矣川陸載陰有羣飛之振鷺顧儔匹而弄音始遵渚以亂下若濤起於清潯俄矯翼以歸來疑霰集於平林爾其遊止有度不徐不疾散雪彩於江烟皎霜容於寒日

映楓葉而暫見入蘆花而還失嘆美羽之翩翻感余生之憂慄若乃不爲鵠退常與鴻冥乍同合兮如練忽寥落兮如星陋汀葭之靡靡棲岸竹之青青又似素旄陳於曠野白筆森於廣庭悲夫綠篠枝弱巢非所據既蕭瑟而多風亦扶疎而受露豈不知陂澤可宿荆榛易固惡下流而不居恐搏獸之當路逮乎天清潦收獨立漣漪意態閒暇羽毛襂襹或暫往而得遊儵或終夕而守空陂隱青沙以延佇若田父之輟菑重曰振鷺于飛于彼滄洲聊自適於遐曠本無心於去留思有客於微子愧植羽於宛邱信兹禽



之可玩何必從海上之羣鷗

## 問泉途賦 并序

問泉途思沈侯也原註沈使傳師也余與沈侯同侍禁林俱守藩翰出入光寵垂二十年君性樂山水尤好絲竹良辰美景不廢賞心常嘆人世險艱多言可畏固未得盡其所懷也昔尚子平稱吾已知富不如貧貴不如賤未知存亡何如耳陶靖節亦稱人生實難生如之何今作賦以問之

昔我與子同升玉堂同先帝之英盼被霄漢之輝光君聳駕於長沙余建旆於朱方且欲極山水之臨泛盡人生之樂康謝既好於絲竹陶亦閒於壺觴雖爵服之已貴何憂思之未忘寶瑟獨奏於門庭玉顏不畜出一作於洞房今則逝矣前榮可傷於是託意宵夢久而乃寐問冥昧於故人求神道之髣髴或曰生特在於行樂死何用於虚謚或言唯令名之不泯非苦節而安致彼終古之茫茫竟斯言之誰是又曰君有瑶席尚可陳兮君有清香尚可焚兮昔之艷姬復得見兮昔之哀歌復得聞兮誰爲朋友展戲謔兮豈有樽酒接殷勤兮余聞神之清者上爲列星德之粹者復爲賢人萬化轉續如在鎔鈞或壽或夭或鄙或仁亦受



氣於蠻貊仍託形於介鱗獨讒人沒於泉下不得同於物化懷君子之素風方俟命於昊穹無乃困武叔而見宏石迫無極而值充躬有明龍而害正有儀尚之蔽忠苟不罹於此患固無傷於道窮

## 傷年賦 并序

余兹年五十久嬰沉痾楚澤卑濕杳無歸期恐田園將蕪不遂懸車之適乃爲此賦

五十已至生涯可知在安樂而猶嘆況形神之支離傷壽有賈生之痛招魂無宋玉之詞邈故園之寥遠念歸途之

未期。顧稚子而悽惻。想田廬而涕洟。有客戾止。問我何悲。仲尼晚而喜易。郤縠老而敦詩。(原註：國語公問元帥於趙衰。對曰郤縠可。行年五十矣。守學彌篤。)苟朝聞於聖道。雖年往而未衰。余乃對曰。心之憂矣。子豈知之。嗟世路之險隘。矧駑駘之已疲。法先哲以行止。經險阻而勿違。陽息駕於折坂。思保身於不危。文飛轡於嶠道。若遺風(一作大風)而載馳。幸回車之未晚。與此路而長辭。嗟乎。亢必有悔。盈難久持。李躭寵而忘返。豈黃犬之可思。種嬰患而且(一作乃)寤。渺滄波而莫追。雋畏勢(一作畏形勢)而自引。非罻羅之所羇。宜見險而高舉。顧軒冕其如遺。雖高華之難企。在哲人之所為。何必求季主之盡性。訪詹尹而決疑。商有山兮逶迤。從園公兮採芝。湘有水兮漣漪。繼漁父兮維絲。既已覺於今是。豈遑遑於路歧。



## 懷鵙賦 并序

荆楚多飛鵙。余所居在岑壑之中。蓋茲鳥族類所託。不足歎其蕃也。天寶末。韋郇公謫守蘄春。時李鄴公亦以處士放逐。嘗中夜同宴。屢聞鵙音。郇公執爵流涕歎曰。長沙下國。鄴公曰。此鳥之聲。人以為惡。此好音聽之。則無足悲矣。請飲酒。不聞鵙音者。浮以大白。坐客皆企其聲。終夕不厭。余因其夜鳴不已。感前賢亦罹其患。乃為此賦。

我樂遐深。幽居北岑。積杉松之翠靄。蔽筤簵之清陰。風氣常合。頹陽易沉。何飛鵙之茂族。盡棲息乎繁林。余以修短委命。行藏縱心。既無情於忌鵬。非有嘆於巢鴞。初未嘗張羅於叢薄。射宿於川潯。誠不忍於思炙。惟載懷於革音。嗟夫。天地之間。禽有萬類。彼鵷(一作鶵)鳳之靈姿。故特稟於間氣。標靜素於鴻鵠。賦妍華於孔翠。獨茲鳥之可傷。無一美而自庇。或曰人之所處。不宜來萃。故聞其音而悽慘。覩其貌而聘眙。由是翔集無所。摧頹逼威。晝戢翼於蒙籠。夜相鳴而悲思。余乃嘆曰。天有定命。聖不能知。彼冥數之未兆。非畏之而可移。梟集牙而戰勝。蛇入笥而福綏(一作復綏)。造化默以潛運。倚伏難以預祈(一作期)。況乎愛子及室。恩斯勤斯。齊萬物以遂性。豈美惡而異宜。至人入鳥而不亂。至治層巢而不窺。我若不容於深谷。使其伏竄而何之。



## 觀釣賦 并序

余所居在江流之上。每值清景。必杖策獨遊。見蘆人漁子。則樂而忘返。莊生稱就藪澤。樂閒曠。釣魚閒處。此江湖之士。避世之人也。班嗣亦稱漁釣一壑。則萬物不奸其志。是

知古之賢人皆樂於此彼之垂釣者未可量焉因爲觀釣賦

臨江皐以四望愛春水以悠悠赴滄海以東會引清湘而北流原註此水北流想鴟夷而可覿冀漁父之出遊將欲訪行止於二子永棲遲於一邱徘徊春渚忽値釣舟奏小海之悲曲發阿激之櫂謳觀其垂綸川上或縱或收悟直鍼之莫致原註直鍼楚詞察芳餌之自求追感夫子遑遑歲暮麟鳳不來弦歌誰惣客有皓髮愕而招路問孔氏之何治獨危眞而未悟悲聞道之已晚乃引舟而遠去子寂聽其拏音季投



綏而不顧逮乎屈平旣放飄爾南征不汎汎以隨波或皎皎而揚清漁父嘆其違俗大夫甘其徇名遂鼓枻而孤往猶放歌乎濯纓若乃川霧始收秋光向夕蘭露泫而風清竹烟散而潭碧映微月於湍瀨響哀猿於巖壁喜良夜而不歸更鳴根而遠適或有畧小務大邈乎難量任公期年而釣鰲呂望何時而得璜且夫一竿之說所貴不綱九罭未具難希鱒魴顧余情之無欲彼大小而皆忘雖餌食而不取思寄適於濠梁

斑竹筆管賦幷序

余寓居郊外精舍有湘中守贈以斑竹筆管奇彩爛然愛玩不足因爲小賦以報之

山合沓兮瀟湘曲水潺湲兮出幽谷緣層嶺兮茂奇篠夾澄瀾兮聳修竹鷓鴣起兮鈎輈白猿悲兮斷續實璀璨兮來鳳根連延兮倚鹿往者二妃不從獨處茲岑望蒼梧以日遠撫瑤琴兮怨深灑思淚兮珠巳盡染翠莖兮苔更侵何精誠之感物遂散漫於幽林爰有良牧採之巖址表貞節於苦寒見虛心於君子始裁一作操截以成管因天資而具美疑貝錦之濯波似餘霞之散綺自我放逐塊然巖中



泰初憂而絕筆殷浩黙而書空忽有客以贈鯉遂起予以雕蟲念楚人之所賦實周詩之變風昔漢代之方侈增其炳煥綴明璣以爲柙飾文犀以爲玩原註傅子曰漢末一筆之柙雕以黃金飾以和璧綴以隨珠褒以翡翠此筆非文犀之飾必象牙之管也徒有貴於繁華竟何資於藻翰曾不知擇美於江潭訪奇於湘岸況乃彤管有煒列於詩人周得之以操牘張得之以書紳雖茲物之日用與造化之齊均方資此以終老永躬耕於典墳

柳柏賦幷序

夫受天地之正者惟松柏而巳故聖人稱其有心美其後

凋。豈無他木。莫可儔匹。予嘗嘆柏之爲物。貞苦有餘。而姿華不足。徒植於精舍。列於幽庭。不得處園池之中。與松竹相映。獨此郡有柳柏。風姿濯濯。宛然蕤楊。而冒霜停雪。四時不改。斯得爲之具美矣。惜其生而遐遠。人罕知之。偶爲此賦。以貽親友。

惟天地之生物。均覆載而不私。雖草木之殊性。皆榮落之有時。感松柏兮（一作之）得眞。（一作自得）經隆冬而乃知常集霰於窮節。終秉心而不移。觀夫竹嬋娟以挺秀。松英茂以含滋。可蔭蔚於臺榭。故封植於園池。嗟綠柏之貞苦。爰自託於



幽崖。或森森於寒壠。或肅肅於江（一作神）祠。何炎徼之僻陋。或珍木而在茲。齊蓊蔚於蘭若。儷芬芳（一作貞姿）於桂枝。遠而象之。聳幹參差。疑翠旌之陸離。迫而玩之。布葉低垂。若羽（一作孔）蓋之威蕤。又似翠列巢以羣棲。鸞奮翼而來儀。含輕煙於夕景。泣零露於朝曦。待（一作逮）秋實之繁衍。綴青珠以纍纍。嗟乎。材不可備。人亦如斯。子張之容雖盛。柳惠之貞則虧。有長孺之正色。無思曼之風姿。嘆此物之具美。以幽深而見遺。非欲企瓊林於塵外。方玉樹於前墀。望舊國兮無際。思故人兮未期。曾不得倚樹而（一作瓊樹）泛瑤瑟。攀條而獻蘭芝。慨路遠而莫致。抑毫端而孔悲。顧謂稚子。煜起爲謠曰。楚山側兮湘水源。美斯柏兮託幽根。條總翠兮冬轉茂。實垂珠兮秋始繁。彼變化兮不測。焉知非張緒之精魂。

白猿賦（并序）

此郡多白猿。其性馴而仁愛。所止榛林不瘁。果熟乃取。不敢與猴相狎。猴亦畏而避之。昔傅休奕有猿猴賦。但悅其變態似優。以爲戲玩。且不言二物殊性。余今作賦以辨之爾。賦曰。

昔周穆之南邁。將奮旅於湘沅。旣隻輪而無返。化君子以



爲猿。嗟物變而何常。故族類而始蕃。或哀吟於永夜。或清嘯於朝曦。峯合沓以連響。水潺湲而共喧。猶三聲之未絕。感行客之銷魂。觀其雖爲異物。而猶善處。動不爲暴。止皆擇所。棲松欎而不殘。楂梨熟而後取。顧狖貁與猱狿。信莫得而儔侶。若乃靈變難測。神通有知。（原註淮南子稱有神曰猿）女試劍而方接。舉修邁而止馳。養矯矢而未發。眄喬柯而已悲。凌峻巒而電耀。掛長蘿而匏垂。避側足而不履。尚有畏於阽危。施於射則李控弦而盈貫。用於道則華養形而不衰。（原註華陀五禽戲中有戲猿也）彼沐猴之佻巧。雖貌同而心異。旣貪婪而鮮

讓亦躁動而不忌嗟斯物之旣馴有仁愛而可畏故鄧生以違性興感齊后以望恩掩泪嗟乎人之化也實可悲辛或少貴而老賤或始富而終貧中行之後困於畎畝叔敖之子疲於負薪何止鯀化熊而爲厲哀成虎而不仁變欽鵄於瑶席鳴杜魄於巴岷乃知人世之可厭不足控摶而自珍



欽定全唐文卷六百九十七

李德裕二

## 二芳叢賦并序

余所居精舍前有山石榴黄躑躅春晚數榮相錯如錦因爲小賦以狀其繁麗焉

鶗鴂鳴矣衆芳已衰美嘉木之並植惜繁榮之後時觀其擢纖柯以相糺糅鮮葩而如織金散裛蹄之輝玉耀雞冠之色一則含情脉脉如有思而不得類西施之容冶服紅羅之盛飾復似朱草發其英蕤長離奮其羽翼一則凝思



悵悵若將翺而未翔疑嬴女之性情婧鬱金之薄粧又似黄星爛於霄漢瑞鵠來於建章彼紅榮之晅晅麗幽叢而有光其舒焰也朝霞之映白日其含彩也丹砂之生雪牀彼緗蘂之爍爍隱衆葉而閉芳其繁姿也時菊之被秋霜其秀色也鳴鸝之集蕙楊由是楚澤放臣小山遊客厭杜蘅之靃靡忘桂花之潔白玩此樹而淹留倚幽巖而將夕嗟衰老之已遽念流芳之可惜况鮮悲失浪羽畏虚彈有楊朱之危涕無越石之暫懽豈獨琴感猗蘭之曉詩嗟蕙草之殘思欲揖金膏而駐魄扳珠樹而輟餐顧人間之華

艷何足幽賞而盤桓

畏途賦 并序

乙卯歲孟夏余俟罪南服自歷陽登舟五月届於蠡澤當隆暑赫曦之候涉潯陽不測之川親愛聞之無不揮涙令明主祝網幸得生去炎方或有勉余改轅而陸者因答此賦

余以軒冕來寄廟堂非據賀客旋軫弔賓在户自淮服而載馳貫岷山而上泝歊氣溢於大浸温風發於中路於時行潦猥至百川皆注望九派而無際横扁舟而徑度非如漁父之勇已忘胥靡之懼神將駭而還伏蛟欲絶而自去豈有幼安之感幸無杜侯之慮訪潯陽之故里懷靖節之舊居陳一樽以遙奠悲三徑之久蕪當其辭簪組返蓬廬逸妻賓敬稚子歡娱臨流賦詩卧壑觀書對南山之幽靄蔭嘉木之扶踈不爲軒冕之累焉得風波之虞何夫子之早悟居一世之不如然代有覆舟之子皆由任其智力比鵠舳爲輕翕以席帆爲快翼載已重而皆積途既遠而未息志擾擾以争先日冥冥而作慝既而戕風鼓怒氛祲改色深則困於巨浪淺則觸於危石雖有神人莫能拯溺談



者未知患難之所來常以川流爲怵惕令余所謂畏途且作蠡澤敬仲以爲闕二字蒙莊以爲袵席苟能慮於幾微又何畏於行役

知止賦 并序

古人稱山林之士往而不能返朝廷之士入而不能出先哲所以趨舍異懷隱顯殊迹蓋兼之者鮮矣今余自春秋至西漢取其卿大夫進能知止退不失正者綴爲此賦

觀春秋與漢冊求知止之大夫魯莫高於柳惠衛莫貴於甯俞吳乃得於延州楚乃尚於於菟雖至聖無軌超然不拘猶歎行藏以與顔稱卷舒而善遽則由聖門而進退者豈不勇於知止乎在漢留侯與道爲徒厭華屋而不處思赤松以遊娱清則兩龔美則二踈父子欣以相顧衰老至而歸歟祁祁青衿載負經書藹藹元冕祖我城隅歎冥鴻之不及皆雪涕以漣如嗟余生之疲病念寄世之須臾曾涉險而知懼痛摧輪之不虞諒難復於玷缺原註韋元成作詩自著復玷缺之艱難且覃思於元虛聊揮金於餘日乃迴駕於迷途况乎託北阜以爲宅原註應璩書曰南臨洛水北據邙山托崇岫以爲宅因茂林以爲蔭就東山而結廬原註左思徙居洛城東著經始東山廬詩仲既得於清曠原註仲長統論曰欲

卜居清曠以樂吾志陶豈歎於將蕪其遠眺也則伊出陸渾北繞皇居度雙闕之蒼翠若天澤之逶迤少室東映於原隰鳴臯西對於林間其近翫也則檻泉流於一壑嘉木盈於萬株逕被芳蓀沚映芙蕖聽求友之鳴禽見自樂之儵魚徙奇樹於台嶺隱翠葉而垂珠得怪石於震澤聳青岑而韜瑜昔有淮傒種瓜陶相灌蔬竊比君子亦能荷鋤或引蔓於長坂或遵流於清渠傲情人世之外寄迹羲皇之初望夕景於平林眺寒烟於故墟麏麚遠而騰倚鳧雁去而相呼酌盈樽而自慰賴鳴琴而不孤懷綺皓而披素卷想瀛洲



而觀畫圖何必尚遍遊於名嶽盡長往於五湖嗟夫世於知止之道若存若無李斯忘於税駕惠子疲於據梧盡生涯以自若何智力之有餘庶收光之未晚期終老於桑榆

## 劍池賦 并序

丙辰歲孟夏月余居途豐城弭檝江渚問埋劍之地則有池存焉感其至靈之物亦有淪棄非遇識者無由振發雖人亡劍去而故事可悲因維舟俄頃以爲此賦

天地神物龍泉太阿光耀時促沉埋日多往者紫氣衝星時人莫識吳已亡而氣存實乃隆於敵國既精感而上達當龍變而不息未遭風雨之會尚假雷生之力豈通塞之有時何顯晦之難測我不自振掘之而得雖潛朽壤之中每受莓苔之蝕誠宜英主用之提攜指揮內以靖諸侯外以服四夷爲東序之秘寶備有國之光儀一見留於邑長一獲珮於台司始謂伸於知己終乃屈於不知既而長鳴玉匣躍入漣漪化鋒鍔兮奮迅煥晶光兮陸離垂尾滄波斷鯨鯢之族矯首清漢讋江海之祇昔時在獄今成廢池寶常棄於茲地人載懷而孔悲況乎耶溪水涸赤堇山閉巧冶既沒作者曠世風胡已遠壯武復逝斯物倘存知之



者誰氏惟人代兮去不留嗟雙劍兮焉可求

## 望匡廬賦 并序

滄湖口北望匡廬二山影入澄潭峯連清漢江水無際烟景相鮮沿流而東若在世表因懷遠公陸先生悵然成賦

春水湖平霽天景旭眇赴海之清瀾映千霄之翠嶽波鱗爛而勢微帆雁引而相續輕烟冒於爐峯若香散於空谷飛流灑於星灣疑虹飲於曾曲想遠公之平昔比孟綽之不欲談精義於松間原註東林寺有遠公與殷仲堪說易松猶在寄虛懷於巖足喜濯纓而旋返悲負鼎而放逐恥隨屈賈之波不同宗

雷之躅。整襟帶於瑤席。望元師於林麓。原註：余受法於茅山無師，則傳法祖師也徒珮紫青之書。未脫朱丹之轂。感明主之嘉惠。荷天地之覆育。既復扶陽之爵。又剖專城之竹。被金組於薄躬。昭皇明於荒服。豹文忽變。蔚然以姿。蟬緌更新。倏然而脫。雖濼身於滄浪。終有媿於玷辱。念大福兮不再來。歸東皐兮供黍粟。

大孤山賦 并序

余剖符淮甸。道出蠡澤。屬江天清霽。千里無波。點大孤於中流。昇旭日於匡阜。不因佐官。豈遂斯遊。謝康樂尤好山水。嘗居此地。竟闕詞賦。其故何哉。彼孤嶼亂流。非可儔匹。因爲小賦。以寄友朋。



川瀆巘道。人心所惡。必有穹石。禦其橫騖。勢莫壯於灩澦。氣莫雄於砥柱。惟大孤之角立。掩二山而傑豎。高標九派之衝。以捍百川之注。眈若虎視。蚴如龍據。靡搖巨浪。神明之所扶。不倚羣山。上元之所固。必迤邐而何多。信巍然而有數。念前世之獨立。知君子之難遇。如介石者袁楊。制橫流者李杜。觀其側秀靈草。旁挺奇樹。寧憂梓匠之斤。豈有樵人之路。想江妃之乍遊。疑水仙之或駐。嗟瀛洲與方丈。蓋髣髴如煙霧。據神鼇而[illegible]。逐風濤而沿泝。未若根連坤軸。終古而長存。迹寄夜川。負之而不去。雖愚叟之復生。焉能移其咫步。

項王亭賦 并序

丙辰歲孟夏。余息駕烏江。晨登荒亭。曠然遠覽。因覩太尉清河公刻石美項氏之材。嘆其屈於天命。且曰。漢祖困阨之時。生計非蕭張所出。余以爲不然矣。自古聰明神武之主。未嘗不應天順人。以定大業。項氏縱火咸陽。失秦中之固。遷主炎裔。傷義士之心。違天違人。霸業隳矣。漢皆反是。故能成功。據秦遺業。東制區夏。數敗於外。常有關中。爲舊主縞素。以義動天下。雖項氏猶存。而王業基矣。若乃蠖屈鴻門。龍潛天漢。始降志於一人。終申威於四海。則蕭張之計。不亦遠乎。余嘗論之。漢祖猶龍。項氏如虎。龍雖困而其變不測。虎雖雄而其力易摧。一神一鷙。宜乎夐絕。然艤舟不渡。留騅報德。亦可謂知命矣。自湯武以干戈創業。後之英雄。莫高項氏。感其伏劍此地。因作賦以弔之。



登彼高原。徘徊始曙。尚識艤舟之崖。焉知繫馬之樹。望牛渚以悵然。嘆烏江之不渡。想山川之未改。嗟斯人之何遽。

思項氏之入關。按秦圖而割據。恃八千之剽疾。棄百二之險固。咸陽不留。王業已去。將衣錦於舊國。遂揚旌而東顧。雖未至於陰陵。誰不知其失路。恥沐猴之醜詆。乃烹韓而洩怒。謂天命之可欺。何霸王之不寤。嗟乎。楚聲既合。漢圍已布。歌既闋而甚悲。酒盈樽而不御。當其盛也。天下侯伯自我而宰制。及其衰也。帳中美人。寄命而無處。季數遁而不亡。羽一敗而終仆。豈非獨任於威力。不由於智慮。追昔四隤之下。風烟將暮。大咤雷奮。重瞳電注。叱漢千騎。如獵狐莵。謝亭長而依然。愧父兄兮不渡。既伏劍而已矣。彼羣



帥兮猶懼。雖霸業之無成。亦終古而獨步。周視陳迹。緬然如素。聽喬木之悲風。感高秋之零露。因獻弔於兹亭。庶神靈之可遇。

## 金松賦 并序

廣陵東南有顏太師猶子舊宅。其地即孔北海故臺。予因晚春夕景。命駕遊眺。忽覩奇木。植於庭際。枝似檉松。葉如瞿麥。迫而察之。則翠葉金貫。粲然有光。訪其名。曰金松。詢其所來。得於台嶺。乃就主人。求得一本。列於平泉。今聞封植得地。枝葉茂盛。敘其所自。作此賦焉。

青春已暮。白日將夕。經顏子之故巷。訪孔公之舊宅。美珍木之在庭。得嘉名於樵客。曩擢本於台嶺。近徙根於簷隙。其柯肅肅。可比於貞松。其葉纖纖。實侔於瞿麥。風入葉而成韻。露垂柯而流液。不受命於嚴霜。諒同心於寒柏。含春靄而葱蒨。映夕陽而的皪。疑翠尾之羣翔。若金潭之旁射。雜爽籟於篁竹。混晶光於瑤碧。奇樹以垂珠而擅名。金松以潛頴而莫覿。亦猶處子在於隱淪。奇才遺於草澤。我有衡宇。依山岑寂。類仲長之清曠。如蕭宰之窮僻。託根此地。似在崖壁。殊橘柚之不遷。同甘棠之可惜。庶封植於園林。



永愛玩而無斁。

## 靈泉賦 并序

予林居西嶺。平壤出泉。廣不逾尋而深則盈尺。自東鄰故丞相崔公至谷口故丞相司徒李公凡别墅五六。皆謂之平泉。實發源於此。觀其湧不騰沸。淡然冽清。冬温夏寒。明媚可鑑。其靈泉之蘊也。予往歲獲戾放逐。再罹謗傷。泉必變色。久而後復。昔傳長虞庭有湧泉。以其色在夏則冷。涉冬而温。乃爲神泉賦。況潛靈藴異。美過神泉。因效長虞所作。偶成此賦。

山下出泉厥壤非石隨淺深而見底實秋毫之可析其瑩若纖埃之映琉璃微蟲之潛琥珀玉瑕瑜而不掩鏡妍媸而盡覿且夫動則廣大止則虛明如君子之絕德乃望表而見情發源而東百谷皆盈既處高而就下雖遇坎而亦平曩者方騁康衢俄驚覆轍泉色暫晦含晶不發又如塵掩懸黎霧昏秋月累夕而翳盈旬乃澈爾其脉引清泚環匝荆扉淪漣寫照物色殊暉孕蘋藻為蒼碧涵沙礫為珠璣歷長坂而鱗爛度小山而雪披若乃秪石於宇析波入沼凝虛白而逶迤浮縹清而繚繞氣潤蘅蘭色滋松篠含



逸響於桐林動孤光於溪烏於是列植芳菊華艷芊綿漬漪蘭而更馥搖霽景而相鮮葉凝夕露叢靄秋烟美楚人之餐英慕胡公之飲泉況復自亭徂溪賁緣數里懸瀑溜於碧潭散浮湍於清沚乘鵝舶以晨泛聽菱歌而夜起見蒹葭之始香疑沅湘之在此重曰原隰既平泉流既清三逕未荒萬木向榮感棣華之零落愴時鳥之相鳴况閱水兮日逝且歸來兮養生

## 秋聲賦并序

昔潘岳寓直騎省因感二毛遂作秋興賦况余百齡過半承明三入髮已皓白原註自中書舍人及今三參掖垣清秋可悲尚書十一丈鵷掖上寮人文大匠聊為此作以俟知音

露華肅天氣晶碧空無氛霽海清明當其時也草木陰蟲皆有秋聲自虛無而響作由寂寞而音生始蕭瑟於林野終混合於太清出哀壑而憤起臨悲谷而怨盈朔雁聽而增逝孤猿聞而自驚此聲也異桐竹之韻非金石之鳴足以動羇人之魄感君子之情况乎臨淄藻思薛縣英名遽興華屋之嘆預想曲池之平豈待琴而魂散固聞笛以涕零亦有毀家蔡女降北李卿聽胡吹之夜動見霜鴻之曉



征既慷慨而誰訴獨汍瀾而流纓雖復蘇門傲世秦青送行詎能寫自然之天籟究吹萬之清泠客有貞詞瀏淲逸氣縱橫賦掩漏卮之妙文同蟠木之精聊染翰以寫意期報之以瑤瓊

## 牡丹賦并序

余觀前賢之賦草木者多矣靡不言託植之幽深採斵之莫致風景之妍麗追賞之歡愉至於體物良有未盡惟牡丹未有賦者聊以狀之僕射十一丈蔚為儒宗詞賦之首聲氣所感或能相和又見陳思王賦序多言命王粲劉楨

繼作今亦效之邀侍御裴舍人同作

青陽既暮鶗鴂已鳴念蘭若之方歇嘆桃李之陰成惟翠華之艷爚傾百卉之光英抽翠柯以布素粲紅芳而發榮其始也碧海霄澄驪珠躍出深波曉霽丹萍吐實煥神龍之銜燭皎若木之並日其盛也若紫芝連葉鴛雛比翼奪珠樹之鮮輝掩非烟之奇色倏忽摛錦紛葩似織其落也明艷未褫紅衣如脫朱草柯折珊瑚枝碎霞既爍而轉妍紅欲消而猶綷爾乃獨含芳意幽怨殘春將獨立而傾國雖不言兮似人觀其露彩猶泫一作泣日華初照煜其晨葩



情若微笑色雖美而自艷類河濱之窈窕逮乎的皪含景離披向風鉛華春而思蕩蘭澤晚而光融情放縱以自得凝若煥之冶容既而華艷怳惚繁華遽畢驚寶雉之乍迴想江妃而復出望獻璫之玉俄以蔽光感懷珮之川悵然如失客顧余曰勿謂淑美難久徂芳不留彼妍華之閱世非人壽之可儔君不見龍驤閑閟池臺御溝堂挹山林峯連翠樓有百歲之芳叢原註今京師精舍甲第猶有天寶中牡丹在無昔日之通侯豈暇當飛藿之時始嗟零落且欲同樹萱之意聊自忘憂

瑞橘賦并序

清霜始降上命中使賜宰臣等朱橘各三枚蓋靈囿之所植也臣伏以度淮而枳由地氣而不遷吹谷生黍信陽和之所感昔漢武致石榴於異國靈根遐布此西域柔服之應也魏武植朱橘於銅雀華實莫就乃吳人未格之兆也考於前史昭晰可知豈非天地和同靈物効祉去蠻夷之陋獲近太陽感王化之盛更承膏露草木尚爾況乎人心漢宣帝宮館山澤意有所感必詔近臣賦之臣幼學爲文忝列樞近敢稽首獻賦曰



美南州之嘉樹受烈氣於炎德固一志於殊方遂不遷於上國貞枝凝碧蔚湘岸之夕陰華實變黃動江潭之秋色雜丹楓於溪畔映綠篠於巖側翡翠以之列巢鵷雛於焉棲息雖同霑於雨露竊自得於彫飾終獲譽於皇明豈因人而羽翼感洪鈞之獨運斡造化之元力思六合之同風采孤根而移植播元氣之茂育諒英靈之不測逮乎霜飛文囿風落秦川金莖炫燿於朝日玉樹青葱於霽天哉方壺之翠島列靈沼之清漣上鬱松樫下秀蓀荃赩朱草與屈軼華靈芝與賓連靈卉畢植而嘉橘在焉冰心獨潤金

衣更鮮。天漢之華。星焜燿。閬風之珠。樹粲然。香若園於野露。色疑炷於江烟。旣而大官獻新奇果。列筵非厥包之自遠。何菲陋之莫傳。樹隱方塘。比丹萍之初實。盤映皎月。與赤瑛而共妍。東鄙孤臣。謬陳三事。旣乏和羹之用。猶霑可口之味。拜食不割。竊愧晏嬰之知。捧之以拜。重感桓榮之賜。庶不朽於雪霜。永酬恩於天地。

授嗢沒斯可特進行左金吾衛大將軍員外置仍封懷化郡王制

敕。昔秩嘗獻籌。歸忠於大國。日逐避禍。納款於明庭。宣帝



嘉其一心。寵以優禮。或存故王之印綬。或賜歸德之美名。爰舉舊章。式崇新命。回鶻嗢沒斯特勒。倜儻慕義。深沉有謀。駃騠之生。超千里。鷙鶚之擊。厲九秋。屬獻款誠。布於邊將。尋執醜虜。不遺君親。戢其餒殍之徒。曾靡秋毫之犯。旋觀所履。大節甚明。朕與回鶻代結和親。久敦鄰好。念其乖亂。義在固存。莫若撫其酋豪。顯其大順。使諸蕃知我招攜之禮。更逾往昔之恩。仍加帶礪之封。俾授爪牙之寄。服茲休寵。可不敬哉。

授嗢沒斯檢校工部尚書兼歸義軍使制

敕。回鶻代雄絶漠。名振北蕃。而乃厭金革之強。慕朝廷之禮。願襲冠帶。思覩漢儀。蟬蛻自致於潔清。豹變獨蔚其文彩。不有豪傑。孰敵壯圖。嗢沒斯稟氣陰山。降精斗極。生知忠孝。神授兵鈐。自強之心。隱如敵國。衛上之氣。森若戈矛。果能因亂布誠。覩幾立節。深叶懷柔之志。不因告諭之詞。昔者取士殊鄰。秦能致霸。得賢異壤。晉實用材。是用優以寵光。處之權貴。褒納忠之顯効。錫歸義之美名。俾建旆於新軍。示絶席於諸將。勉修臣節。服我官常。可檢校工部尚書。兼左金吾衛大將軍同正。充歸義軍使。懷化郡王。



授歷支特勒以下官制

敕。國家與回鶻久修鄰好。重以姻親。視其酋豪。猶吾赤子。屬本蕃乖亂。種落未安。君長之間。自相疑阻。窮而歸款。得不撫寧。況爾等生戴斗之鄉。精能貫日。負射鵰之藝。氣乃凌雲。忠而善謀。勇則能斷。率其驍騎。來附北邊。願削衽以圖全。且櫜弓而俟命。矢其一志之死。靡他。旣投我以誠。則招之以禮。昔徐盧歇塞。即受漢封。比能入朝。仍疏魏爵。今則解其被毳。榮以彯纓。爰嘉介石之心。式寵銜珠之命。稽侯忠孝。可保於克終。安上子孫。方期於必貴。勉茲師律。爲

我信臣。

授嗢沒斯改姓李名思忠制

昔項伯歸義。奉春建策。賜之劉氏。列在漢宗。爰寵茂勳。仰惟前典。嗢沒斯代雄沙漠。勇冠天山。早稱良將之材。常佩明王之紱。附於絕塞。歲已再期。秉是一心。竟全大節。今則解其毳服。始列牙旗。自我加恩。益聞厲志。驥登異坂。感顧盼而長鳴。劍出豐城。因拂拭而增煥。朕以漢北平太守李廣。北狄避之。號爲飛將。顧其苗裔。頗在龍庭。美瓜瓞之所興。因而命氏。念棣萼之方韡。當使同榮。夫思在無邪。忠爲



令德。嘉其立志。用以錫名。爾宜念之。無替休命。

授迴鶻內宰相愛耶勿歸義軍副使兼賜姓名制

自古軍制。必有佐貳。逮至漢氏。亦循舊章。既得將材。俾參戎政。實資謀策。用正紀綱。愛耶勿往在龍庭。常爲貴相。乘其乖亂。遂投迹於殊鄰。加以懷柔。竟歸心於上國。而又推誠所奉。果協良圖。每獲異謀。必來獻款。旋觀深志。可爲竭情。昔戎狄請盟。良由孟樂。呼韓卒服。始自秩訾。言念茂功。所宜異等。因其請族。錫以嘉名。漢錫秺侯。尚採祭天之義。魏親程昱。用疇捧日之心。寵以貂璫。冠於禪校。服兹新命。宜保厥終。可檢校右散騎常侍兼歸義軍副使。仍賜姓李。名宏順。

授何清朝左衛將軍兼分領蕃渾兵馬制

敕。新授金紫光祿大夫檢校太子賓客使持節都督銀州諸軍事兼銀州刺史充本州押蕃落使及度支銀州監牧馬副使何清朝。漢用駱甲。則灌嬰副於騎將。魏得關羽。則張遼挾以前驅。故能挫強楚之鋒芒。取顏良於麾蓋。爾夙負智勇。備嘗艱難。精誠發而石開。志氣作而虹貫。朕以思忠伏義。倜儻秉心。堅正且聞。誓翦寇。不以賊遺君父。委



之兵柄。庶展拘原。舉駭電之鋒。期於盡敵。得射鵰之騎。未足稱功。宜勉一心。成予九伐。俾參環衞。用壯軍聲。可檢校太子賓客兼左衞將軍侍御史。散官如故。仍領河東道蕃渾兵馬赴振武界。取思忠指揮。

宣懿皇太后祔太廟制

門下。朕近因載誕之日。展承顏之慶。太皇太后謂朕曰。天子之孝。莫大於丕承。人倫之義。莫重於嗣續。穆宗睿聖文惠孝皇帝厭代已久。星霜屢遷。禰宮曠合食之禮。惟帝深濡露之感。宣懿皇太后長慶之際。德冠後宮。夙表沙麓之

祥。實茂河洲之範。先朝恩禮之重。中壼莫偕。況誕我嗣君纘承昌運。已協華於先帝。方延祚於後昆。思廣貽謀。庶宏博愛。爰遵舊典。以慰孝思。當以宣懿皇太后祔太廟穆宗睿聖文惠孝皇帝之室。率是彝訓。其敬承之。朕祇奉慈旨。載深感咽。宣示中外。咸使聞知。主者施行。

仁聖文武章天成功大孝皇帝改名制

王者照臨萬寓。名豈尚於難知。敬順五行。理宜避於勝伏。徵諸前史。義實炳然。昔炎漢之興。洛旁去水。所都名號。猶乃避之。況我國家運昌土德。豈可以王氣勝於君名。所以



憲宗繼明之初。實已捨水。必有冥數。叶於禎祥。漢宣帝柔服北夷。宏宣祖業。功德之盛。侔於周宣。御歷十年。乃從美稱。朕遠惟大漢之事。近稟聖祖之謀。爰擇嘉名。式遵令典。敬承天意。永保鴻休。宜改名爲炎。仍令所司擇日分命宰臣告天地宗廟。其舊名中外奏章。不得更有迴避。布告遐邇。咸使聞知。

討劉稹制

門下。定天下者。致風俗於大同。安生人者。齊法度於畫一。雖晉之欒趙。家有舊勳。漢之韓黥。身爲佐命。至於干紀亂律。罔不梟夷。禁暴除殘。古今大義。故昭義節度劉悟頃居海岱。嘗列爪牙。屬師道阻兵。王師問罪。三面開網。一境離心。乘此危機。遂能歸命。憲宗嘉其誠欵。授以南燕。穆宗待以腹心。委之上黨。招致死士。固護一方。逮於末年。已虧臣節。劉從諫生稟戾氣。幼習亂風。因跋扈之資。以專封壤。恃紀綱之律。以襲兵符。暫展執珪之儀。終無上綬之請。隙駒爲喻。魏豹始務於絕河。井蛙自居。孫述頗聞於恃嶮。誘受亡命。妄作妖言。中伺朝廷。潛圖左道。接壤戎帥。屢奏陰謀。顧茗卯之可矜。豈泉魚之自察。暨乎沉痼。曾靡哀鳴。猶駐



將盡之魂。恣行邪僻之志。罔感舊校。樹立狡童。中使挾醫莫覩其朝服。近臣銜命。不入於壘門。逆節甚明。人神共棄。其贈官及先所授官爵。并劉稹在身官爵。並宜削奪。成德軍節度使王元逵。魏博節度使何宏敬。或姻連王室。或任重藩維。懇陳一志之誠。願揚九伐之命。吳漢任職。受詔而初無辦嚴。卜式樸忠。未戰而義形於色。況成德軍嘗以驍騎橫衝。首破朱滔。士氣方酣。再回魯陽之日。鼓音不息。三周不注之山。魏博軍亦以大旆涉河。竟殲師道。建十二州之旗鼓。以列降人。削六十年之厲階。盡歸王化。士賈餘勇。

軍有雄心必能稟鄧侯之指縱成葛亮之心伐咨汝二帥朕尤注懷成德軍節度鎮冀深趙等州觀察處置等使金紫光祿大夫檢校司徒兼鎮州大都督府長史御史大夫駙馬都尉雲騎尉元逵宜守本官充北面招討澤潞使餘如故魏博等州節度觀察處置等使銀青光祿大夫檢校戶部尚書兼鎮州大都督府長史御史大夫上柱國何宏敬守本官充東面招討澤潞使餘如故潞府曩者烈祖在藩先天啟聖符瑞昭晰絲續煥於泗亭鑾輅巡游金石刻於代邸實爲可封之俗久爲仁壽之鄉艱難以來頗著誠



節必非同惡咸許自新其昭義軍舊將士及百姓等如條初心並赦而不問昭義軍舊大將等如能舍逆效順以州郡兵衆歸降者必厚加封賞如能擒送劉稹者別受土地以振勳庸其村鄉百姓如所在團結歸順者亦加爵賞劉悟下鄆州舊將校子孫及劉從諫近招致將士等喻以善道宜聽朕言凡秉義立名須明大順未有忠於所奉上悖君親昔郤至有言受君之祿是以聚黨有黨而爭命罪孰大焉田橫能得士心人多致命伏於海島莫敢猖狂及漢高召之奔走向闕豈嘗違拒漢使留止田橫唯慕殉以成仁不相挺而作亂故得其主歿延殊寵光顯令名爾等既有義心宜思改悔如能感喻劉稹束身歸朝必當待之如初特與洗雪爾等舊校亦並甄酬仍委陳夷行劉沔王茂元各務進兵同力攻討其諸道進軍並不得焚燒廬舍發掘坵墓擒執百姓以爲俘囚桑麻田苗皆許本戶爲主罪止元惡務安生靈於戲藩維大臣抗疏於外髦俊舊老昌言於朝戒朕以祖宗之法不可私一族刑賞之柄所以正萬邦宜用甲兵陳於原野雖朕以恩不聽羣臣以義固爭詢自僉謀諒非獲已布告中外明體朕懷主者施行

# 欽定全唐文卷六百九十八

李德裕三

## 授王宰兼充河陽行營諸軍攻討使制

勑淮南勁兵伏灌夫之勇河內雄屏委寇恂之忠各用所長俾專大任以茲制勝斯爲良圖忠武軍節度使銀青光祿大夫檢校工部尚書兼許州刺史御史大夫上柱國王宰結髮從軍擁旄爲將一劍橫陳萬筭皆全陰則難窺勇能重閉亞夫急緩之任繼父絳侯祭肜禦侮之才爲吾子路近者狂寇憑阻屢犯顏行茂元莫遑定居驟聞三捷願



言奮旅方展六奇遽屬爽秋暫嬰寒泄誠威重之可倚顧卧護之未任是用改爾乘軒總齊諸校隱如敵國禦彼奔衝昔韓信建旗出井陘之隘鄧艾東馬越陰平之艱皆立奇功稱爲名將爾宜自厲無愧前良

## 遣王會等安撫回鶻制

勑自古哲王撫寧荒服忠於國者則有繼絕之恩順於道者則有固存之義所以厚其嚮化優以報功回鶻累代姻親久修臣禮服我聲教保茲信誠昔以國難識其忠良嚴霜見其貞松疾風知其勁草永言勳力豈忘予懷如聞爲黠戛斯所攻兵折衆叛畜產大耗國人薦飢流離轉徙遠踰沙漠近因太和公主遣使入朝已知新立可汗寓居塞下告窮請命未有所歸每念艱危載深憫惻今欲捄卹窮困撫慰瘡痍使四方知朕不忘舊勳保其大順昔匈奴乖亂呼韓款塞漢宣帝轉粟賑救權時施宜故得三代稱藩北邊罷警前代令典可不務乎宜令左金吾衛大將軍兼御史大夫王會持節充安撫大使宗正少卿兼御史中丞李師偃充副使專往慰問仍賑米粟二萬石俾其安輯離散漸就漠南再復舊疆永言恩好宣示中外宜體朕懷



## 授劉沔招撫回鶻使制

昔東漢中夏既寧匈奴饑饉臧宮請命將臨塞圖刻石之功光武報云柔能制剛弱能制強且傳聞之事常多失實雖滅大寇不如息人朕每覽前史爲之興歎又以大舜修德有苗歸心周穆徂征荒服不至固存取亂在擇良圖回鶻頃以本國薦飢種落攜貳紇扢斯乘其衰亂遂覆危巢既焚老上之庭盡剪名王之族可汗失地遠客來附塞垣朕言念姻親不忘勳力諭以呼韓款塞漢氏舊章戎不亂華國之大典且分兵食捄彼飢人令歸漠南方議賑贍屬

可汗久嬰沉痼。酋長異心。雖隨畜薦居。固無定所。而控弦深入。頗亦渝盟。邊將戎臣。屢抗其疏策。藩渾部落。咸請其驅除。朕以王者之師。以全取勝。匈奴見短。嘉畫敬之善籌。馬邑設權。戒王恢之兵首。推誠含垢。亦以踰時。況朔野沍寒。有皸瘃之患。陰山逕路。多曲折之艱。宜以德綏。豈勞兵卒。某官劉沔。久臨沙漠。頗識虜情。旣啟十乘之行。必致六贏之遁。委之告諭。方俟成功。可守本官充招撫回鶻使。如不自改悔。終須驅逐。其諸道行營兵馬使。權令指揮。主者施行。



## 授張仲武東面招撫回鶻使制

門下。古人云。兵者所以明德除害也。故舉得於外。則福生於內。朕每念戎事。務安生靈。旣獲遠圖。宜恢長筭。回鶻可汗寄託塞上。未歸虜庭。近者遣使劉門。懇陳誠款。宋人病告於子反。朝鮮心附於樓船。繄我信臣。實得要領。幽州盧龍軍節度副使知節度事觀察處置押奚契丹兩蕃經畧盧龍軍等使銀青光祿大夫檢校工部尚書兼幽州大都督府長史御史大夫蘭陵郡王食邑三千戶張仲武。風雲感契。鳧藻協誠。自升將壇。首剪狂寇。戈鋌亟聞於彗埽。牛馬殆至於谷量。故能望影揣情。已探致虜之術。豈止聞風破膽。益堅慕義之心。遽奏封章。願申告諭。彼旣率服。寧忘懷柔。況虜騎往來。疾於風電。沙場夐邈。介以山川。臨敵應機。固難統一。昔衛霍之襲輩。犹異道而行。辛趙之擊罕羌。兩從其志。成予廟勝之策。在舉髦傑之臣。俾爾鷹揚。挫其狼顧。將復蠻夷之叛。固在七擒。勉思將帥之風。無忘五利。崇以夏官之秩。委其統制之權。當竭一心。敬茲休命。可檢校兵部尚書兼充東面招撫回鶻使。其當道行營兵馬使及奚契丹室韋等。並自指揮。餘如故。主者施行。



## 討回鶻制

門下。夫天之所廢。難施繼絕之恩。人之所棄。當用侮亡之道。朕每思前訓。豈忘格言。回鶻比者自恃兵強。久為桀驁。凌虐諸部。結怨近鄰。黠戛斯潛師彗掃。穹廬瓦解。種族盡膏於原野。區落遂至於荆榛。今可汗亡逃。失國竊號自立。遠逾沙漠。寄命邊陲。朕深念衰殘。尋加賑恤。每陳章表。多詐諛之詞。接我使臣。如全盛之日。無傷禽哀鳴之意。有困獸猶鬭之心。去歲潛入朔川。大掠牛馬。今春掩襲振武。逼近城池。可汗皆自率勁兵。首為寇盜。不恥破敗。莫顧姻親河東節度使劉沔料敵伐謀乘機制勝發胡貊之騎以爲前鋒搴翎侯之旗弋彼在穴短兵鏖於帳下元惡軼於轂中況乘匪六龕眾纔一旅儲糧已竭計日可擒太和公主居處不同情義久絕懷土多畏亟聞黃鵠之歌失位自傷寧免綠衣之歎念其羈苦常軫朕心今者脫於豺狼再見宮闕上以攄宗廟之宿憤次以慰太皇太后之深慈永言歸寧良用欣感其回鶻既已破滅義在剪除宜令諸道兵馬使並同進討河東立功將士以下優厚賞給續次條疏處分應在京外宅及東都修功德回鶻並勒冠帶各配諸



道收管其回鶻及摩尼等莊宅錢物等並委功德使與御史臺京兆府各差精強幹事官點檢收錄不得容諸色職掌人及坊市富人輒有影占如有犯者並當極法錢物納官摩尼等僧委中書門下即時條疏聞奏於戲昔漢宣帝值匈奴乖亂推亡固存呼韓單于攜國歸命入朝保塞漢后所以有擁護之恩郅支單于背叛禮義傷毀威重漢史所以明可誅之罪二虜禍福皆自取焉四夷百蠻宜以爲鑒布告中外深體朕懷主者施行

授王元逵平章事制

門下古之命帥必重其名假三事之崇允萬夫之望故韓信以丞相擊魏樊噲以相國伐燕克成茂功賞抑有典成德節度使鎮冀深趙等州觀察處置兼充北面行營招討澤潞等使金紫光祿大夫檢校司徒兼鎮州大都督府長史御史大夫駙馬都尉雲騎尉王元帥逵生稟忠厚天資信誠奇正得於心機嚴莊表於師律去病之略無假孫吳翁歸之才實備文武屬狡童逆命自固穴巢果能揚義聲以載馳繇直道而先奮鋒逾駭電勢盛疾雷宣士卒上據層巒削成垣壘下臨平壤盡見秋毫始擒伏莽之戎遽拔



升天之險尋又陳兵原野漸洗堯山摧困獸之鬬心挫螳螂之怒臂棄甲者萬計折首者千人先獻戎俘益彰臣節彼則望王師之陳草木爲兵聞吾帥之風椒蘭比德顧其殘孽豈獲稽誅夫賞不逾時速人爲善雖禼敷五教已列三公而禹分兵麾宜佩相印是用命爾升於鼎司於戲昔吳起有大功者三不爲魏相竇嬰破藩國者七未踐漢台豈非名器之重曷嘗虛受爾其奮揚威武殲厥渠魁當感激而成功勿遷延而玩寇服茲休命可不戒哉可檢校司徒同中書門下平章事兼鎮州大都督府長史依前充成

德軍節度使鎮冀深趙等州觀察處置兼充北面招討澤潞等使散官駙馬勳如故主者施行

授石雄晉絳行營節度使制

門下兵家之策戒在勢分故楚爲三軍破於英布光武料敵非劉尚之別營葛亮出師制魏延之異道專其大任方見成功斷自朕心授之戎律天德軍豐州四城都防禦本管押蕃落等使兼充晉絳行營諸軍副使銀青光祿大夫檢校左散騎常侍豐州刺史御史大夫上柱國石雄倜儻仗義沉密有謀近者被羽先登搴旗深入剪彼輩允碎其



穹廬勇乃冠軍威能振敵屬壺關逆命羽檄交馳命征虜奉公之心思成臯過險之將嘉其壯節召自極邊旣而亞夫會兵馳六乘之傳庶乎馬武力戰爲衆軍之鋒朕以彥佐早升大將之壇久服上公之袞資其碩望任以指蹤鄧禹之鎮關河功雖未遂羊祜之守吳會身不自行罷戎役以會朝待寇寧而撫俗親授方畧慰彼蒸黎爰擢奇才付予重事爾其再申兵法奮起士心去病無以家爲勿邀天幸臧宮保於常勝實在貴謀敬聽朕言副玆寵寄可守本官兼充晉絳行營諸軍節度使餘並如故主者施行

贈裴度太師制

勑堯之舊臣伯益顯庸於舜禹周之元老召公流美於成康永惟其人是屬良相裴度始以謀策除害佐烈祖之中興終以忠貞立朝毗累聖之鴻業經緯之志華皓不衰功勳爛然圖史煇焯奸邪所忌讒毀於時暨氛霧旣開魚水將叶條風孰見其喜愠零雨皆美其來歸未踐明庭遽嬰沉痼威鳳莫翔於舊沼虛舟常往於夜川殂謝之初朋黨異議贈典不稱人情鬱然屬告類上元渙流大號載懷先正宜有褒崇寵旣極於維師恩有加於在昔豈必望酇侯



之甀方念茂功過梁道之祠乃思遺美以玆爲勸可不務乎

贈陳夷行司徒制

勑昔柳莊云亡輟宗廟之祭公叔旣歿表貞惠之名前代所以追往悼懷飾終加禮永言髦傑宜峻舊章故河中節度晉絳磁隰等州觀察處置等使檢校司徒兼河中尹御史大夫陳夷行身爲儒宗位致宰相言必體要行歸於周得壺遂之深忠持顔子之極樂信能感物桃李所以不言思在無邪藜藿由其不採朕纘成鴻業再授鈞衡陳羣立

朝道無適莫葛亮稱物心匪重輕雖壯趾爲災蹇步爲蹇朕之眦倚方固初終任以建禾暫去岩廊之上射不穿札遂居將帥之間方期永年爲我良翰遽聞淪謝痛悼於心是用襚以衮章載之簡冊言念舊德尚懷黃髮之謀緬想貞風爰舉素絲之節以茲縟禮用慰幽魂

贈崔琯左僕射制

勑孔子以顏冉之行首於四科漢代以荀陳之門方於八凱乃眷時哲係茲令名用舉飾終之恩以抒殲良之嘆故山南西道節度使銀青光祿大夫檢校吏部尚書兼興元



尹御史大夫上柱國崔琯誠明履正粹密鄰幾有子政之精忠得公綽之不欲禮樂二事以爲身文仁義五常自成家範往以茂器列於大僚屬賢相受誣廟堂議法用長孺之道以右正人徵京兆之言豈聞非罪既是魏其之直盍彰王鳳之邪莊色於朝羣公聳視讜詞不撓淑問攸歸歷踐名藩皆有遺愛居常慎獨清則畏知爰自青衿迄於白首厲翼之志終始不渝未陟台階實孤公望追榮左揆式示優崇

贈王茂元司徒制

勑昔許穆公身歿於師贈以侯服王事加等春秋所書言念勞臣終於盡瘁舉茲盛典用峻彝章王茂元幼則服儒長能習吏晚爲邊將頗振軍聲近者元戎啟行大旆臨境誓陟羊腸之險寧辭馬革之勞來必挫鋒去者奪魄挑戰孤壘自揭高旌坐觀爇火之蓬方解迎刃之竹必當樽俎制勝枕席還師勢如風霆功在刻漏遽嬰沉痼莫展良圖伏波之壯志不衰呂蒙之療護無及日未回於三舍星已旋於再周列諸葛之鼓旗徐驅而返閱祭遵之車騎悼往則深亦既聞其綏復是宜加於衮斂勉爾羣帥知予報功



贈右衛將軍李安靜制

勑昔班固有言何武王嘉區區以一簣障江河用歿其身朕常以固作一代之典非所以垂法勸後也若觀時以避禍量力以圖全則三綱之道幾於絕矣故右衛將軍李安靜其祖太子少師綱謇諤大節炳於青史安靜聿修厥德不隕令名往者產祿擅朝充躬交亂每念王室殆於阽危不憚芳蘭之焚竟全孤竹之志廣稱遺老抗感憤之詞茍不食言由忠貞之故永懷臣節遠邁前良近者深戒有司下令遴揀惟爾苗裔靡有孑遺昔庭堅不祀臧文所嘆仲

宣無後魏祖與嗟榮以先王之臣褒以揚名之典懋茲休寵用慰冥魂

贈故蕃維州城副使悉怛謀制

敕兵家之法地有必爭遠則漢氏之得陰山匈奴慟哭近則張愿之城河外朔邊底寧乃眷維州實爲險隘有金湯之固居襟帶之衝沒爲戎疆垂六十載故蕃維州城副使悉怛謀嘗解辮髮獻其壘垣議臣託以和盟沮其誠款尋令東縛歸戮虜庭彼獲甘心且無噍類昔常山臨代爲全趙之寶符河西絕羌斷西戎之右臂兼茲要害用長寇讎



至今蜀人言必流涕豈陳湯之專命由匡衡之廢忠言念始謀久懼幽枉爰加寵贈用慰貞魂

授元晦諫議大夫制

敕昔汲黯薄淮陽守願出入禁闥補過拾遺則諫諍之任實資諒直我求其比今得正人吏部郎中元晦往在內廷嘗感先顧奮發忠懇不私形骸俯伏青蒲至於雪涕數共工之罪不蔽聖聰辨垣平之詐益張文德近因旌別邪正宰弼上言以魯公藏器莫如置革於左右漢后輯檻孰若列游於公卿是用命爾登於文陛爾其副我寵擢不替初心勿沽小名以枉大節勉服官業期於有終可諫議大夫

授徐商禮部員外郎制

敕朝議郎殿中侍御史內供奉上柱國徐商于公以容駟高閎虞氏以升卿名子其所全活不聞大賢猶誠感幽神慶流苗裔矧乃徂往以淑問嘗爲理官屬政在呂宗誅鎮王室將相陷辟忠良受誣而深念羣獄之冤固拒詔使分別楚囚之濫自履危機義激命輕仁爲己任有是陰德宜覃後昆爾風度粹和文詞溫麗列於清憲雅有貞標旣旌先正之忠爰舉賞延之典勉修官業無替家聲



授狄兼謨兼益王傅鄭東之兼益王府長史制

敕古者聖人之教子也皆妙選天下之端士以衛翼之漢代梁王好書則以賈誼經緯之才推明其志淮陽好政則以元成禮讓之節鎮靜其浮前王令猷百代良法況朕建立元子錫之奧區朱邸初開黃髮是憲以兼謨慷慨納說有爰絲正席之忠以東之取捨俟時有貢禹彈冠之操皆行不苟合誠無暗欺歷職有聲居正無撓舉其素行擢在首僚爾宜廣德義之風明孝愛之道俾其嚴於問寢敬不絕馳化與心成中道若性服我休命可不愼歟

授鄭朗等左諫議大夫制

勅。予欲左右前後皆得正人。朝夕交戒。儆予之闕。所以分左右而備箴諫也。思見大儒骨鯁白首耆艾論議通古今喟然動衆心。所以增其秩而厚其祿也。朝散大夫守諫議大夫兼宏文館學士上柱國鄭朗等。皆以貞正守道。列於左掖。從容諷諫。每竭嘉猷。況朗瓚近因陛見。乃能庭爭。執以言責。本於志誠。昔峻坂乘危。爰絲攬轡。期門近出。耿況當車。增主之明。二臣之力。我求端士。用繼前良。期爾盡規。致予無過。拾遺左右。汲黯之願已諧。祿賜愈多。貢禹之誡當勵。勉思厥職。無忝優恩。



授鄭畜緯渭南縣尉直宏文館制

勅。宣議郎前行京兆府參軍驍騎尉滎陽縣開國子鄭畜緯。昔漢武帝云。有社稷之臣。汲黯近之矣。緬懷先正。實邁前良。況兩代持衡。皆有貞節。守正持法。遺風凜然。爾生於德門。早服儒訓。黃金不遺。唯守於一經。白環比德。方榮於四代。嘉其勵行。不隕令名。俾從丹地之遊。佇繼緇衣之美。可京兆府渭南縣尉直宏文館。散官勳如故。

授李丕汾州刺史制

勅。賈誼云。守圉扞敵之臣。誠死城郭封疆。聖人有金城者。比物此志也。若火焚罔而不改其貞。風振野而獨標其勁。臨危自奮。見義必爲。得不寵以名城。列於上賞。忻州刺史兼御史中丞李丕。幼而倜儻。長負不羈。才耀奇而穎出。智釋結而觽解。禦侮是寄。益德冠於三軍。騷動得人。劇孟雄於一敵。昔在爾祖。志康國屯。翼龍而飛。旣濡其雨露。刑馬而誓。已表於山河。貽厥孫謀。載揚休問。近者祲生參伐。盜起汾川。保信都之城。不爲威惕。戮邯鄲之使。終以節全。戎士間行。奏章狎至。閱其忠款。可謂著明。乃眷西河。控於大夏。文侯舊壤。干木遺風。以節槩著者居之。固其宜也。勉圖嘉績。以保令名。



授李丕晉州刺史充冀代行營攻討副使制

勅。晉謀元帥。必有佐軍。漢制出師。皆立副貳。所以重戎事而肅王命也。李丕頗有大慮。常好奇功。自爲攻拒之書。尤邃揣摩之術。淬其智刃。斫未兆之機。森其禮干。得備嚴之稱。旣蟬蛻丹水。鵬搏赤霄。未及歲暮。累見誠節。今以玉壁重地。汾河要津。俾換珪符。用佐樽俎。庶乎易行而謗。成苗賁之爲。不胄而驅。效葉公之入。勉於盪寇。副我知臣。

賜新授太子太師杜衍制

卿道崇德茂體方行正業成廊廟心存邱壑往以時事來還宰旅秉此難進確然莫奪雖違乂辟之望實有鎮浮之益深惟元老想見高風師範之尊東宮莫二舉茲崇秩明昭有德公器斯在雅道有光宜畧常謙即膺成制

賜回鶻嗢沒斯特勒等詔書

勅回鶻嗢沒斯特勒那頡啜特勒頡于伽思於解亦阿豽于思莫賀達于宰相伊難朱密伽諦畧摩咄將軍諦畧等天德軍遞所奏表至再三省覽憂屬良深彼蕃自忠義毗



伽可汗以來代爲親隣連降愛主恩禮特異古今莫及朕君臨萬國撫育殊方苟有未安則宜來告況特勒等乃祖乃父歸誠累朝昨遣嗣澤王溶弔冊先可汗回始聞卿國中喪亂諸部乖離救患卹隣豈忘令典方圖鎮撫以命使臣今又知堅昆等五族深入凌虐可汗被害公主及新可汗播越他所未歸城邑特勒等力不能制思存遠圖相率遁逃萬里歸命又知欲奉公主朝覲忠謀不從已逾大漠之南同款五原之塞發此單使布其赤心言念艱危惻然軫嘆料卿等皆英酋貴族羈寓沙場懷土之情如何可處豈非欲討除外寇匡復本蕃抱此至忠託於大援但緣未知指的難便聽從又慮邊境守臣見卿忽至或懷疑阻不副朕心故遣鴻臚卿張賈馳往安撫朕既奬卿忠款報以信誠雖隔塞垣已如相見卿須深明朕衷盡吐所懷一一言於使臣令其速還聞奏佇聞誠願續有指揮必當副彼急難固不惜於事力勉於謀度用保忠勳秋熱卿及部下諸官并左相阿彼兀等部落黑車子達怛等平安好遣書指不多及

賜回鶻嗢沒斯等詔



勅回鶻嗢沒斯特勒那頡啜特勒烏離思特勒赤心宰相等張賈等回知卿等欲遠赴闕庭自申忠款眷言深志豈忘予懷聞卿等本國頃因飢荒遂至離散親屬內叛諸部外侵新立可汗猶未安定既是國中所奉則爲卿等君親古人云未有仁而遺其親者義而後其君者想卿等本心必思推戴況回鶻代雄朔漠威服諸蕃今已破傷足堪悲憤若皆自爭雄長不顧其君各據一隅必更衰弱深慮從此之後爲諸蕃所輕與卿等本國代結婚親久修鄰好每念於此良用惻然與卿等爲謀須務遠大莫

若自相率勵同奉可汗與復本蕃再圖強盛朕欲召卿赴闕親諭此懷又恐可汗聞知謂朕幸其艱危因有招納蓋欲深全國體兼爲卿等避嫌以此思之難遂於請卿等宜早歸本國不更滯留卿等表請器甲朕君臨萬國非止一蕃祖宗舊章不敢踰越國家未曾賜諸蕃器甲卿等亦合備知若一處開恩必自茲援例朔州般次舊例須待可汗遣驄馬迎聖方令進發可汗信使未至難於遣行今有賜物具在別錄以卿等率先向發特示優恩緣新立可汗未受朝廷冊命數降使至卿等部落亦恐非宜所有賜賚止



於此度想卿等明識深諒朕懷便令高品魏敬休宣諭想宜知悉

賜思忠詔書

呂衛等至知卿與可汗不能戢下頗擾邊疆旣告諭不悛須兵勢驅逐卿忠誠奮發願立奇功請退渾沙陁等部落合勢及戰馬器甲等並已允卿所奏各有別勅處分今令左衛將軍何清朝蔚州刺史契苾通分領蕃渾部落取卿指揮朕已切戒何清朝等令其協盡心力副卿忠誠進取之時一切取卿方畧卿宜每事與宏順等商量審度事機勿爲輕進但得可汗抽退不敢稽留塞上安寧卽是卿之勳力必不可落其奸計以損國威兼令高品駱遂奉權監行營將士卿與之籌慮續續奏聞

賜劉沔張仲武等詔

勅劉沔等自回鶻本國殘破寄命北邊朕以其艱難之時常效勳力平寧之後結以姻親義切懷柔情深兼愛亦旣轉粟賑救降使撫循示信推恩朕無所愧而狼顧塞上鼠首雲中聞有備雖暫移營稍乘隙復來近塞察其情計殊未歸還朕祇荷丕圖撫臨萬國守祖宗之法制思黎庶之乂安豈可蓄虺穴於塞垣養蠆毒於懷袖乘其馳突必欲



驅除昔晉侯報楚之功避子玉於三舍先軫背秦之惠覆孟明於二崤安國庇人大義斯在卿宜遣使告諭明示朕懷如或遲留尚爲巧詐卽須犄角相應臨以兵威勉務良圖副茲委遇

賜張仲武詔

勅仲武周璵至省表知可汗猶有疑懼近日移營卿自總戎麾累翦狂寇英威所震桀驁皆從仁義所綏降附相繼昨者可汗來依塞表已在轂中豈謂黠虜之奸心尚懷翻

覆柔服之際又此道逃遠揣虜情必終難保信昔去病深入大漠方殄獯戎近李靖再襲穹廬始擒頡利況卿伐謀制勝才出古人宜選練勁兵掩其無備使呂嘉懷貳而受首孟獲雖縱而必擒特立奇勳永光千古朕已令劉沔旋師卻入東境候卿本道成功即令歸鎮經畧之事全以付卿須及塞草未青虜騎方困一舉便尅使無孑遺卿先發馬步一萬人於大界原防戍今緣可汗入卿掌握已在網羅豈得更屯精兵守無用之地即宜追赴本道同力剪除緣卿師旅至多費用尤重其出界糧料已令所司依前支



給卿宜勉於盡敵以副朕懷

# 欽定全唐文卷六百九十九

李德裕　四

## 賜何重順詔

勅重順卿代傳忠孝志在功名朕每用注心豈忘終食況卿先父當太和之際已有誠款思靖鄰封臣節昭彰遐邇稱歎澤潞一軍素聞忠順從前命帥皆是儒臣穆宗以劉悟有歸闕之功委之心膂令居善地鎮靖一方及殂謝之時不能堅守臣節遂使三軍上請以幼子總戎其時朝廷因循姑務安靖授以旄鉞事蓋從權今從諫疾恙所侵頗聞綿惙昨士庶奏至大將及下復請劉稹權知軍務朕深惜劉悟一門自夫逸懷以來累代忠節今劉稹又欲自擅



隳其門風當撤瑟之辰罔聞憂戚嘗藥之際更竊兵權尤爲臣子所當共棄卿宜訓練戎旅嚴固封疆候彼軍中有變便須遣書告諭令其三軍送劉稹歸闕請朝廷推新擇帥朕必遣舊德重望委之撫循劉稹厚加爵賞別有任用如妄自制置邀求寵榮國家典法亦難寬宥澤潞一鎮與卿事體不同勿爲子孫之謀欲存輔車之勢但能顯立功效自然福及後昆勉務良圖副茲委遇高秩厚祿無所恡

焉

賜張仲武詔

卿智畧挺生忠誠特著每陳章奏皆契朕心言念壯猷無忘寤寐今緣從諫疾病頗以沉綿深慮將校異謀妄有制置太原地連河朔城府空虛已詔劉沔旋師却歸本鎮又緣回鶻餘燼未滅塞上須有防虞藉卿長才列於禦侮邊境戎事悉以副卿宜深體朕懷勉宏方畧控馭朔塞爲我長城當使早殄餘妖永清絕漠副茲委遇以保功名

賜劉沔茂元詔



勑古者涼風至白露下天子乃命將厲兵以征不義申令誓衆今則其時況蓐收司刑助天而肅殺金星動色應節而耀芒咨爾帥臣爲予之佑得不敬順天道振揚兵威近有詔書令取七月中旬五道齊進王元逵久蓄忠憤爲國除殘率兵先諸軍深入其險阻扳宜務要害之壘絕羌山應援之兵既以扼咽必當破膽而卿不務疾雷先奮欲以歲月勝彼凡爲將帥誰不樂此豈祭遵之安重致欒伯之遷延且不副於詔書以後期於成德若未可深入亦要先聲宜早進軍逮臨賊境樹立城柵羅列旌旗深溝高壘勿與之戰兼擇猛將時出奇鋒令彼一方疲於奔命如此足分賊勢益壯東師昔趙充國征羌漢宣帝詔曰太白出高用兵深入敢戰者吉卿宜思古名將早立奇功無執狐疑之心勉務鷹揚之舉國之大事賞罰必行當體朕懷勿稽詔命想宜知悉

賜彥佐詔意

卿累當大任實總元戎既行節制之師須務綏懷之德養威持重屬在於卿至於負羽先登搴旗深入本非將帥之事當假拳勇之林況自古出師皆有副貳臨難則權以相



濟料敵則智以相資故韓信伐趙張耳爲貳吳漢征蜀劉尚副軍國朝以來多用此制李勣之取平壤參以道宗李靖之襲陰山副之公謹近者劉沔全師北伐按甲雲州委石雄先鋒大破回鶻朕以石雄近摧醜虜已著威名久在徐州諳練士卒今輟自天德與卿副領諸軍卿宜選徐州陳許精兵三千人便令先入勵其猛氣必立奇功倘能挫覆妖巢亦自勳歸元帥勉以率下深務協心體朕至懷以圖丕績

賜石雄詔意

勳石雄古者有必勝之將無必勝之人欲立奇功實在謀帥朕所以求鷙鶚於累百得飛將於無雙總率諸軍以臨賊境況卿受尺一之詔初無辦嚴盤丈八之矛果能盪寇眷言勳績深注余懷近聞從諫時百姓相驚云卿以七千兵至數告於衆魄兆於人今天策向晨巳及成軍之候龍驤建旆必叶渡江之謠舊史昭然冥符可驗加以天道在乎西北順歲有功福星煥乎龍庭爲國大慶勉宏方畧契此休徵昔鍾會以二十萬兵頓於劒閣鄧艾纔一萬衆直抵城都只在決機豈由衆寡知卿能辦故諭此懷然聞卿



每自履軍常先士卒既爲輕敵未足耀奇朕借卿一舉之功以定必擒之計至於小陣不可自行魏武帝嘗戒夏侯妙才曰爲將當有怯時不可但恃勇也當以勇爲本行之以智計但無知任勇一匹夫敵耳張遼單身入昌狶家魏武責曰此非大將法今卿爲萬人之帥啟十乘之行舉必貴謀動資持重報國在於平賊不在輕身爲將本於坐籌寧勞陷陣卿宜以朕之戒嘗自書紳務建功名副茲委遇

賜劉沔詔意

緣卿二年在外城府久虛今殘虜未平南北皆有戎事欲令卿却歸本鎮應接兩隅行營諸軍未知所付聞王逢頗有武用卿所素知今已追赴太原欲令充本道行營都知兵馬使又緣側偏裨日近官秩尚卑指揮諸軍未即宜稱今緣石雄王宰皆欲進兵得卿一軍齊入足分賊勢卿宜審自籌度歸本鎮後在朝及側近武臣誰人堪付行營兵事宜密狀具一兩人進來如卿離行營後兵力事勢深入未得亦須審具事實聞奏不要隱情今取決於卿切在審詳

賜李石詔意



訪聞近日賊中轉更窮蹙自相殺戮人心不安即日軍權多在郭誼因此誘動必應事機李丕是郭誼親密尤合相信卿宜暫追赴使令與郭誼書諭以利害遣其自圖劉稹早務歸降倘效誠款必重酬賞卿宜面看李丕手疏兼令便自封題分付王逢遣密作計召軍人百姓送入澤潞其書草卿宜封進

賜王元逵詔書

材幹筋革出自江淮除進奉之外并勅令所禁蓋以有國之制固須立防朝廷法度理當畫一卿國之懿戚時之信

臣方進勁兵坐清殘孽誠宜假以利器壯軍威朕之於卿固無愛惜但以河朔數鎮事體應同若一度賜卿必轉相援例恩信不一非撫御之遠圖賜與頻繁虧朝廷之舊制卿是朕之心腹必合樂守憲章故示至懷想當知悉

賜李石詔意

省所奏劉稹令賈羣齎李恬書與卿將兵屬同赴闕庭兼請歸葬東都事宜具悉比者河朔諸鎮惟淄青變詐最多劉悟隨來舊將皆習見此事察其情僞深要精詳蓋緣四面王師尅期闕八字石雄王宰已據天井卿當道又得石會



旣失重關之嶮將弋在穴之妖鎮衞勁兵皆臨境上城孤援絕情計已窮所以密將款詞歸命上相恐是偷安旬月潰緩王師稍得自完復來侵軼況饋運日有所費春作漸巳及時勞我師徒恐非至計卿與其要約令面縛來降卿即馳至界首親自受納苟不如此且須進軍必不得因此遷延令其得計仍不得先受章表便與奏聞今賜與劉稹書白想宜知悉

賜王宰詔意

省所奏差張公輔入澤州潞州亦粗得賊中軍情若許招誘乞賜詔命事宜具悉劉稹喪父之初已拒朝命旋又焚爇晉絳廬舍侵逼萬善孤軍罪惡貫盈言詞甚悖自卿全師壓境頻挫其勢尋得天井重關下臨高平危壁遞來頻自知懼方獻僞詞然天奪其心鬼迷其志宋人已病不告析骸之情朱鮪乞降曾無面縛之效尚聞張皇叛卒覬望鴻恩不戢羣兇徒云繼襲想卿忠憤必志梟夷况自去年以來闕頻奄畢今又福星煥耀正臨天駟東漢書云畢爲天網網羅不善之人房爲明堂方集重華之慶懸象昭晰前史所書朕奉天道以行誅守祖宗之成法顧茲小寇終



不貸刑亦知晏實是卿之愛弟將申大義在抑私懷豈無鴒原固愼名器今料其初通信使必謂卿且駐軍想彼叛徒猶希洗雪乘此討襲必有奇功韓信襲歷下之軍李靖剪陰山之寇皆因敵心懈弛故得機討不遺想卿久習兵符備詳虜態便須覆其巢穴不可更有招攜劉稹縱有表章請自面縛不得便自報答亦須奏聞當務遠圖勿拘小信速宜攻討以副朕懷想宜知悉

賜張仲武詔意

昨以李石文吏不可自赴行營令在太原應接戎事緣親

兵在外城府空虛楊弁糺合征師衆纔一旅追逐主帥擅領兵權尋詔近地行營量抽兵馬便令剪撲計日梟夷緣鎭州地接土門最爲便近已詔元逵出師五千人爲向南諸軍聲援顧茲小冦未足勞卿大軍緣何清朝下河水官健曾經楊弁將領久與亂軍同處恐其自思家屬因此搖心宜速與卿本道都頭密意動靜與清朝計會犄角相應如萬一清朝官健禁戢不定抽歸太原已令把絕鴈門遏其歸路卿便須出軍掩襲勿遣漏失兇徒每事與清朝商量務從權便應機在速不更待奏聞



賜劉沔詔意

勑自古出師莫重謀帥李廣臨塞威動殊鄰吳漢理軍隂如敵國舉茲制勝方見成功往者羯胡亂華伊洛未靖光弼以上勛元宰移守盟津即知急病捄艱因事爲重以卿近破狂虜已著英名河内當賊咽喉爲吾雄屏爰求威望將以撫寧昔漢光武謂冦恂曰潁川迫近京師當以時定惟念卿獨能平之從九卿復出憂國可知也卿勿以累換雄藩輕此寄任策勛之日遷擢必殊詔到便宜擇精兵二千人自領赴鎭直抵萬善震耀威聲壯忠武一作捕鹿犄角之形分常蛇首尾之勢今屬水潦將至農事已興偃武息人固難淹久勉宏方畧副朕誠懷

賜王宰詔意

將帥大畧前史備書保境者以守險自固進攻者以過險必尅制其死命務須批亢今賊在網羅只守巢穴廣立虛柵多設疑兵蓋謂自防豈暇侵軼且欲偷安歲月以老王師卿分兵相守果中奸計況卿已得天井尋扼咽喉游刃其間更何顧慮聞天井前後寨柵二十餘所以備奔衝如此費兵固須寡力料賊四面設備兵數可知卿進大軍便



須拒捍何暇更於諸路敢軼封疆以近事明之足可爲據昨者榆社兵馬盡赴太原自沁至儀五百餘里賊已却得石會其間細路至多數旬無備竟不馳突卿以此揣度可見其情又諸軍都頭各守一寨遷延避冦苟務過時卿若更廣詢謀取其自便必恐撓卿思慮難見成功卿宜密度事機自爲心計其賊路逼近州縣及當卿腹背受敵之處即須留兵防守用備冦虞其他抽隨大軍併力攻討如此則出其不意必覆妖巢國家無徵發之勞計司減饋運之費足得制勝豈在濟師又聞每度出兵傷夷不少待其瘡

痛皆復不免戰鬬闕人今爲卿方圓無所愛惜其陣沒官健如無子弟便別擇少壯者充替其亡歿家糧賜亦許不停其傷夷校重有妨役使者亦任擇人充替其傷夷者仍不停糧非惟感勵士心亦冀漸完兵力卿宜以此宣示各使聞知故令中使專往看卿處置須待事了方得遣回謹按集有賜石雄詔意與此篇畧同於奸討下云聞冀氏翼城寨柵有一十八所以備奔衝自此以後又同宰詔于各使聞知下云又聞將士有苟避兵鋒全不得力者卿宜便令守寨不要將行其彥佐隨使衙隊自大將至要設及工巧之徒除卿先令歸本道外聞在者尤多卿既領節旄自有土地幷宜曉諭發遣不要更留仍具人數奏聞雖卿善於撫衆皆自樂從然亦在割情不令撓事故令中使專往看卿處置卿須待了方得遣回



賜王元逵何宏敬詔意

比緣暑熱未退固難進軍想卿至誠豈安終食今清商已至鼙鼓聲雄白露將凝戈鋋氣肅擊隼應節而逾勵代馬嘶風而自豪順天行誅正在今日近者天井冀氏頻有交鋒蓋緣卿等當軍未抵邢州莫分賊勢併有精卒得以奔衝今四面王師一十萬鎮魏兩軍自當其半屯集在境已及歲期雖罰罪除殘誠無所吝然人生膏血杼軸其空朕既爲父母豈有坐延歲月想卿忠憤固不懷安況卿當道頃爲盧從史劉從諫所敗與澤潞素是深讐卿之騎兵海內精勁將虞劉殘憤士有鬬心宜乘此機豈可玩寇想詔到之後速抵邢州但得綴其精兵不令併力西向朕當詔王宰石雄齊心攻討破此殘寇決在今秋故令中使往諭朕意想卿勿更疑惑副茲朕懷謹按何宏敬詔中改未抵邢州爲未過漳河況字以下改爲卿奉親之孝朕所深知想陟岵有懷循陔思養違離周歲固切歸心當早決機豈宜玩寇

賜王元逵何宏敬詔意

近頻捉得賊界生口及收得投降人等每知賊中精卒數亦無多只是應急旋抽併當一面破其此計實在共攻緣王宰即過乾河便抵澤州城下恐賊併取山東兵馬抗拒



南面王師卿宣詔到日便須深入綴其精卒不遣東西旬月免有抽兵王宰必能成事如因此犄角便克澤州則卿之功勛更高王宰朕每念陳兵原野又屬炎熱由此孽童致茲暴陵然獫狁孔亟周宣興六月之師淮夷未寧公且有三年之役事非獲已諒匪勞人卿當深體朕懷早圖戡翦上薦功於宗廟下息患於生靈則卿之子孫永受休祿朕之酬賞必極寵榮布告三軍咸令知悉

賜緣邊諸鎮密詔意

近者寇孽初平海內無事方欲櫜弓矢保乂生人國遠

開邊誠非朕志然盛衰倚伏皆有其時古人云聖人無巧時變是守蓋惜其時也昔漢武帝命將出師輕齎深入耗中國三十餘年竟不得臣伏匈奴蕩定沙漠此未得其時也至宣帝值匈奴百年之運因壞亂危亡之機單于稽首三代稱藩鋒燧不設邊城晏開此遭遇其時也近則回鶻常以兵助中國有戡難之功朝廷累降姻親歲致繒絮因我爲緣振服諸蕃百有餘年最爲強盛及本國衰亂種落流離景附北邊猶爲傑驁因其入塞暫舉偏師遂大破穹廬却收公主歸降甚衆梟戮至多一國銷亡易於拉朽豈



非得其時也今吐蕃未立贊普已是三年將相猜攜自相攻擊緣邊兵馬頗已抽歸想其城鎮皆空守備多闕倘彼鬬戰未定自有黨讎一國之中疑懼相半則備邊城守固有異心計卿軍鎮必有舊人諳練邊事深入窺探來往是常易知隱伏之情足見存亡之兆宜精意選練務得其人切須識見精專誠信可保資以財帛俾其陰通自隴山天寧關北至蕭關原州安樂州烏蘭橋等皆是賊之險路入冠要津各要知兵馬多少何人主領如兵數寡少人心動搖乘此危機必易爲計多設反間密用奇謀使自歸心豈勞兵力觀釁而動取若拾遺此兵法所謂不戰而屈人之兵善之善也國家河西隴右四鎮一十八州皆是吐蕃因中國有難相繼陷沒今當其破滅之勢正是倚伏之期取亂侮亡聖人遠畧斯乃以直報怨非是不守和盟想卿精忠必達此旨故令劉濛專往親諭朕懷卿宜選練師徒多蓄軍食使器甲犀利烽火精明尺籍伍符盡無虛數務修實效勿顯事機制置之間尤須密靜詔書有所不盡皆已指示使臣勉建良圖副茲委遇

賜王宰詔意



卿頃莅澤州頗彰惠政彼之黎庶自合有情申以恩威正在今日卿宜大布誠信且務綏懷不得焚其室廬剪其桑梓自當壺漿塞路襁負而歸兼招取丁壯三五千人不要分給器械每至塡壍攻壘皆遣先驅料澤州城內非其父兄即其子弟必合自相愛惜豈願交接兵鋒兼宜遣使逼其軍城再三號令若能捨逆效順速自歸降非但生全仍加優賞克城之後不犯秋毫如堅守危巢坐待撲滅必當不存噍類務極兵威料其聞此先聲皆自感勵勉於方畧副朕深懷

## 處置楊弁勅

勅楊弁起於卒伍獲在偏裨方屬徂征敢爲桀逆追逐戎帥嘯聚叛徒朕姑務苟安未加顯戮舍其悖亂令赴行營遂駐南轅之軒已盜北門之管戰備符璽并而竊之啟石會重關潛輸逆積釋賈羣縲絏俾遠奸謀惑榆社之義心召橫水之同惡蠆毒近發於懷袖蟻壞幾漏於江河康政等被枌邑之遺風習華墟之有禮遽亡臣節仍助凶威撫弦登陴曾不輿嘆以卵投石自取滅亡雖禁暴除殘國之大典然俾其陷辟終用愧懷



## 誅郭誼等勅

勅理髖髀者不可以芒刃圖蔓草者必絕乎本根故前代陳甲兵以正其刑伐鐘鼓以聲其罪爰用重典庶清亂邦逆賊郭誼等狐鼠之妖依邱穴而自固牛羊之力得水草而逾凶久從叛臣首負逆氣頃自劉從諫背德反義掩賊藏奸稽其怙亂之謀無非親吏之計劉公直安全慶等各憑地險屢抗王師每肆悖言靡懷革面吳冠將敗周邱尚務於陸梁隴坻向平王捷猶偶於必死況郭誼王協聞邢洺歸款懼義旅覆巢賣孽童以圖全據堅城而請命擐甲以祈於撫納要君以蓋其前愆天地神祇所難容舍昔伍被詣吏不免就誅延岑出降終亦夷族致之大辟無所愧懷郭誼王協劉公直安全慶李道德李佐堯劉武德董可武各宜處斬其餘反黨各從別勅處分

## 誅張谷等告示中外勅

勅頃者劉從諫與李訓鄭注結刎頸之交濟其奸謀以圖不軌張皇兵力脅制朝廷自擅一方外爲三窟張谷陳揚庭等皆凶險無行狡詐多端比在京師人皆嫌惡自知險薄無地庇身投迹戎藩寄命從諫久懷怨望得肆陰謀或



妄設妖言成其逆志或僞草章表飾以悖詞既無禮於君親曾不愧於天地自朕君臨萬宇姑務含容而怙亂益堅包藏未息誘受亡命招聚逆徒志猶恃於金湯心不利於王室近又敢爲狂計挾助孽童汙我忠義之軍叶其豺豕之黨神之所棄人得而誅逆賊劉稹弟曹九滿郎君郎姊四娘五娘堂兄洪卿漢卿周卿堂弟魯卿匡堯等張谷并男涯涯男解愁陳揚庭弟宣力男醜奴張溢并男歡郎三寶等門客甄戈伎術人鄭諗蔣讜逆賊李訓兄仲京郭行餘男台王涯姪孫與韓約男茂章茂實王璠男珪并就昭

義梟斬訖夫爲善者天報以福爲惡者天報以殃今沴氣旣消逆節咸服方布和於四海庶息患於五兵宜示中外各令知悉

賜回鶻可汗書

勅我國家臨統萬㝢列塞在陰山之南先可汗惣率本部建牙於大漠之北各安土宇二百餘年此天所以限隔内外不可踰越近聞爲紇扢斯所敗加以饑荒國邑爲墟屍僵道路今可汗稍收離散漸近邊城將議遠圖今先文誥故茲命使宜聽朕言可汗累代以來推誠向國往者中原



有難助剪羣兇列聖念功每加優寵寧國咸安二公主降嫁龍庭爰及先朝復以令公主繼好又以土無絲纊歲遣縑繒恩禮轉深諸蕃稱羨久保誠信兩絕猜嫌但以國家舊章藩漢殊壤稍逾經制豈朕所安去歲嗢沒斯特勒已至近界邊將憤激便請袪除朕念其無主可歸且令安撫今可汗旣立彼又降附便合率領漸復舊疆漂寓塞垣殊非良計又得宰相頡干伽思等表借振武一城權與可汗公主居住中國之制與外蕃不同須守前代規模祖宗法度昔漢朝單于乖亂呼韓款塞宣帝送單于出朔方雞鹿塞唯賑以米粟國初太宗皇帝命李思摩建牙於漠南遺趾并存事皆可驗未有深入漢界借以一城與退渾党項微小雜種同爲百姓實亦屈可汗之尊貴亂中國之舊規若以未復本蕃或欲別遷善地求大國聲援戢諸部交爭亦須率思歸之人且於漠南駐止朕當許公主朝覲親問事宜倘須應接必無所吝冀令彼國從此輯寧豈不謂去危就安轉禍爲福朕緣公主將可汗丹誠來告深感於衷制置之閒須存遠大故遣右金吾衛大將軍兼御史大夫王會副使宗正少卿兼御史中丞李師偃馳往喻懷爰定



所居便申誓約神明是質豈可食言可汗幷保一心自求多福

賜回鶻書意

朕想可汗公主以久修鄰好累降嘉姻望我國家如歸親戚朕每宏容納之意固無纖芥之嫌但以將相大臣累陳公議以可汗代居絕漠臨長諸蕃名聲旣雄部伍甚衆今逗留塞上逼近邊城百姓不安人心疑惑耕種盡廢士馬疲勞朕二年以來保護可汗一國内阻公卿之議外遏邊將之言朕於可汗心亦至矣可汗亦須深見事體早見歸

還所求種糧及安存摩尼尋勘退渾党項刼掠等事并當應接處置必遣得宜唯是擬借一城自古以來未有此事天地以沙漠山河限隔南北想蕃中故老亦合備知只如長安東有潼關西有散關南有藍田關北有蒲關今四海一家天子所都猶有限隔況蕃漢殊壤豈可通同且天下者高祖太宗之天下朕守祖宗成業常懷兢畏豈敢上違天地之限中廢祖宗之法每欲發一號施一令皆告於宗廟不敢自專所借一城理絕言議想可汗便須息意勿更披陳其餘令楊觀專往示喻朕意



賜回鶻可汗書意

楊觀至覽表欲求糧食牛羊糧食已許自巳馬價絹就振武和糴三千石緣中國以農爲本最貴耕牛百姓所畜無多常斷屠殺羊則產於北土不出中華惟塞上蕃渾各有畜牧朝廷未嘗徵率務使安存今之所求難允來意又所請束縛嗢沒斯送歸者嗢沒斯比自投邊將屢獻誠款自本國破亡之初奔迸先至塞上不隨可汗公主巳是二年慮彼猜嫌自懷憂懼窮迫歸命望朕保持未嘗有交構之言離間兩國前可汗巳緣失制馭之道無兼愛之仁侵擾諸蕃肆爲暴虐所以親屬內叛部落外離國破家殘實由於此今可汗失地遠客危難之中尤須追悔前非以安反側若又仁愛不至骨月相殘可汗左右信臣誰敢自保朕統萬國非止一蕃未附者須務懷柔歸誠者因宜存撫倘徇可汗之意殊乖覆育之恩今巳特許歸降止於存其種族必不別有任使授以腹心在可汗不失恩慈於朝廷免虧信義豈不兩全事體深叶良圖況前代以來盡有故事漢朝呼延邪單于款塞其下大將烏厲屈烏厲温敦并來降附漢宣帝封以列侯又國初頡利可汗之破敗也降者



甚衆酋豪首領至朝廷皆拜將軍僅百餘人無不撫納想可汗深明朕意勿更再論摩尼教天寶以前中國禁斷自累朝緣回鶻敬信始許興行江淮數鎮皆令闡教近各得本道申奏緣自聞回鶻破亡奉法因茲懈怠蕃僧在彼稍似無依吳楚水鄉人性嚚薄信心旣去翕習至難且佛是大師尚隨緣行教與蒼生緣盡終不力爲朕深念異國遠僧欲其安堵且令於兩都及太原信嚮處行教其江淮諸寺權停待回鶻本土安寧即却令如舊

賜回鶻可汗書

朕自臨寰區爲人父母惟以好生爲德不願黷武爲名故自彼國不幸爲紇扢斯所破來投邊境已歷歲年撫納之間無所不至初則念其饑歉給其餱糧旋則知其破傷盡還馬價前後遣使勞問交馳道路小小侵擾亦盡不詰今則可汗尚屯近塞未議還蕃朝廷大臣與四方節將皆懷疑忿盡請興師雖朕切務含宏亦所未喻日昨數使却迴皆言可汗只待馬價及令交付之次又聞所止屢遷或侵掠雲朔等州或擊劫羌渾諸部未知此意終欲如何若以未交馬價且近塞垣行止之間亦宜先告邊將豈有倏來



忽去遷徙不常雖云隨逐水草動皆逼近城柵遥揣深意以恃姻好之情每觀蹤跡實懷馳突之計況昨到橫水柵下殺戮至多蕃渾牛羊豈愜驅掠黎庶何罪皆被傷夷所以中朝大臣等皆云回鶻近塞已是違盟更戮邊人實乖大義咸願因此剪逐以雪殂謝之冤然朕志在懷柔情深屈己寧可汗之負德終未忍於幸災石戒直久在京城備知仁心憤惋發於誠懇因請自行嘉其深見事機不能違阻可汗審自詢問速擇良圖無至不悛或貽後悔

## 賜太和公主勅書

勅姑遠嫁絕域二十餘年跋履險難備嘗屯苦朕每念於此良用憫然恭惟太皇太后春秋已高慈愛深厚比者望姑朝謁再敍悲歡倏已歲暮寂無音耗想姑見舊國之城邑能不銷魂望漢將之旌麾必當流涕今朔風既至霰雪已零絕國蕭條固難久處旃墻罽幕何以禦冬肉飯酪漿且非適口朕撫臨萬寓子育羣生一物未安終食三歎況姑累年漂泊何日忘懷想姑高明必是懸鑒姑承宗廟之餘慶爲王室之懿親先朝割愛降婚義寧家國謂回鶻必能禦侮安靜塞垣使邊人子孫不見兵革射獵者不敢西



向畏軒轅之臺今回鶻所爲甚不循理蕃渾是朕之人百姓牛羊亦國家所有因依漢地遂至蕃孳回鶻託以私仇恣爲侵掠每馬首南向姑得不畏高祖太宗之威靈欲侵掠邊疆姑得不思太皇太后之慈愛爲其國母足得指揮若回鶻能不稟命則是棄絕姻好今日以後不得以姑爲詞若恃我爲親稟姑教令則須便自戢斂以繼舊歡想姑以朕此書喻彼將相令其知分更不狥非塞外祁寒且無絲纊朕每御裘服則思彼未授衣豈可回鶻譸張遂忘親愛今寄冬衣若干具如別錄

欽定全唐文卷七百

李德裕五

賜背叛回鶻敕書

近數得邊將奏報知卿等本國自有離亂可汗遇禍雖未悉虛實良深震悼我國家與卿等本國代結姻好久爲親戚協德同心常爲諸蕃所羡故得邊候不聳封疆晏然卿等忽領師徒漠南屯集又數至天德侵掠頗擾邊人聚師無名忠義俱失既乖舊好良用憮然若卿等本國所立新主非可汗至親人心不從擾亂未定卿等只合自申方畧



竭效忠誠安靜本蕃以圖勳績亦合遣使告朕具述此心若新立可汗是中國至親人已歸附卿等便合早自相率保國寧家與可汗協心以修舊好豈得寄命塞上久勞師人朕緣與卿本國情義至深事同一體又緣公主在彼未知存亡故遣使臣魏謩往諭朕意卿宜備陳誠欵不得虛詞兼禁戢師徒勿爲侵軼近聞天德遊奕軍將曾有交鋒卿等既犯塞垣亦是邊將常事今已各令諸鎮不許交兵卿宜曉諭部落各令知悉

與紇扢斯可汗書

皇帝敬問紇扢斯可汗時屬載陽想彼休泰朕撫臨萬寓子育羣生思致治和用臻至理將軍踏布合祖等至鑒表具知可汗生戴斗之鄉居寒露之野智謀精果材志沉雄威動龍荒聲馳象魏眷言丕績深用注懷我太宗文皇帝聖德高於百王英材軼於千古内定諸夏外服百蠻貞觀四年西北蕃君長詣闕頓顙請上尊號爲天可汗是後降璽書西北蕃君長皆稱皇帝爲天可汗臨統四夷實自茲始暨貞觀六年太宗遣使臣王義宏至可汗本國將命鎮撫貞觀二十一年可汗本國君長身自入朝太宗授左屯



衛將軍堅昆都督至天寶末年朝貢不絕則可汗祖先已受我國家恩德計可汗國中遺老必自流傳朕纘奉丕圖思申舊好比聞天寶以後爲回鶻所隔久阻誠欵回鶻自謂天驕罔修仁義肆行殘忍凌虐諸蕃知可汗代爲仇讐果能報復滅其國邑皆已立君驅彼酋渠盡逾沙漠茂功壯節近代無儔回鶻當中國伐叛之時嘗展勳力列聖嘉其大順累降姻親今失國亡逃寄於塞上只合早歸窮欵受朕撫循而乃轉自鴟張益懷狼顧在陰山之外誘惑小蕃乘我無虞即來侵掠恣爲邊患今已四年朕大徵甲兵

久欲除剪比令幽州太原兩道節度使皆充招撫以示綏懷望其悛心猶務含育而凌蔑公主頻擬傷殘馳突邊城敢謀盜竊近太原節度使劉沔不勝其忿潛出偏師乘其譸張使襲牙帳虜衆大潰穹廬盡焚元惡傷殘脫身潛竄巳取得太和公主即至闕庭回鶻殘兵不滿千人散投山谷旬日之内必合梟禽朕再見公主良用欣慰可汗既爲讐怨須盡殲夷倘留餘燼必生後患想遠聞慶快當愜素心聞可汗受氏之源與我同族漢北平太守材氣天下無雙結髮事邊控弦貫石自後子孫多習武畧代爲將門至



嫡孫都尉提精卒五千深入大漠單于舉國來敵莫敢抗威身雖陷没名震蠻貊我國家承北平太守之後可汗又是都尉苗裔以此合族尊卑可知昨聞太和公主爲可汗兵衆所得可汗以同姓之國使遣歸還有以見可汗秉禮義之心重親隣之好朕深用感嘆至於涕零公主尋爲回鶻刼奪久不歸國可汗所遣使臣皆被誅戮朕言念傷痛至今不忘昨見可汗表求訪公主使公主上天入地必須覔得今邊將憤惋巳立奇功回鶻罪人計日可致即當顯戮以謝可汗況回鶻夷滅種族必盡與可汗便爲鄰國各保舊疆繼好息人事同一體從此邊陲罷警弓矢載櫜必當諸部服從皆懷健羨知我兩國永爲宗盟想可汗明智自有良算故令太僕卿兼御史中丞趙蕃持節充使以答深誠質於神明用存大信朕言不貳可不勉歟又自古外蕃皆須因中國冊命然後可彈壓一方今欲冊命可汗特加美號緣未知可汗之意且遣諭懷待趙蕃回日別命使展禮以申和好彼間將相並存問之遣書指不多及

## 與黠戛斯可汗書

皇帝敬問黠戛斯可汗温仵合將軍至覽書及所獻馬百



匹鶻十聯具悉可汗特稟英姿生知雄畧奮揚威武底定龍荒掃回鶻之穹居報怨以直護公主之屬幕事大以誠又遣貴族信臣載馳朔漠名馬鷙鳥遠涉流沙既展同姓之親克副懷柔之旨眷言勳績深慰予衷朕護奉丕圖撫寧萬國豈望化孚有截致殷湯來享之明實恐德未徧覆愧漢宣兼臨之盛況與彼國壤隔内外非正朔所加禮既不施政豈宜及但以惜可汗宗盟之國願保先名爲可汗宏遠之謀須除後患所以具古今禍福往諭至懷昔呼韓邪單于以郅支尚存國難未靖稱蕃事漢福及子孫後漢

單于比以大父依漢而安繼襲其號上書款塞永願藩蔽漢南遂致朔塞底寧烽燧永息近則回鶻結大國之援雄長北蕃諸部率從莫敢不服一隅安樂百有餘年此事昭然可汗所觀況今回鶻種類未盡介居蕃漢之間爰及黑車子久畏其威素服其信慮彼再振常持兩端須令小蕃知朕親厚可汗棄絕回鶻實在和好分定内附約盟則邪計奸謀無由而入故欲顯加冊命昭示萬方況登里可汗回鶻舊號是國家頃年所賜非回鶻自制此名今回鶻國已破亡理當嫌避朕以可汗先祖往在貞觀身自入朝太



宗授以左衛將軍堅昆都督朕思欲繼太宗之舊典彼亦宜遵先祖之明誠便以堅昆爲國施於冊命更加美號以表懿親況堅者不朽之名昆者有後之稱示不忘本豈不美歟朕昨命禮部尚書鄭肅等與彼使臣面陳大計温仵合將軍等皆諭朕旨願言結成豈必契徑路之金舉留犁之酒保茲誠信固在厥初頃者回鶻至塞上請國家精兵十萬送至漢北漸歸本蕃又請借漢界一城養育疲羸以圖興復朕以可汗之故盡不聽從今回鶻是國家叛臣爲可汗讎敵須去根本方保永安是天亡之時易於攻取古人云天與不取反受其咎可汗須乘此機便早務芟夷回鶻未滅以前可汗勿以飲食爲甘弋獵爲樂勵兵秣馬不可暫閑所恨隔在諸蕃國家難於同力倘更近塞豈復稽誅又恐餘孽歸降可汗未能盡戮納有罪之衆受逋逃之臣倘收吾讎必開邊隙此則蕃養虺毒自生厲階前年回鶻宰相等向漢使云李靖擒頡利後國中只有三二十人便卻與復雖在危困尚爾張皇可汗深察此言豈得不慮又聞合羅川回鶻牙帳未盡毀除想其懷土之心必有思歸之志速要平其區落無使孑遺既表成功彼當絕望可



汗已攄積年之憤自爲一代之雄至於居處服章皆宜變革焉得安於所習姑務因循則何以震耀北方彈壓諸部朕撫有中夏愛育生靈常恐百姓未安一物失所豈願更廣威略遥制要荒但緣與可汗方保和盟義同憂樂纖微之事皆欲備言想可汗與將相籌謀副茲誠意此使到日必諒朕心即宜速遣報章此當遣重臣冊命夏熱想可汗休泰將相以下並存問之遺書指不多及

## 與黠戛王書

皇帝敬問黠戛王時及陽和想比佳適注吾合素等至省

表幷進馬事具悉國王陰山雄勁朔野英雄包智畧以周身推誠明而有衆聲高夷落威重藩疆專遣使臣遠獻名馬嚮化之誠既展輸忠之効頗明臨軒省章輟食嘉歎眷言忠藎寧忘寢興頃於貞觀中彼國常奉朝貢亦授官爵寵賜而還爾後但訝音耗久乖不知中爲回鶻所隔及覽來表方嘉壯圖蓄鋭多年乘機大舉快雪寃憤豁開心懷回鶻之營壘既平國家之山河不間既爲鄰境遂閲貢章又知破回鶻之時取得太和公主特遣專使送歸闕庭雖聞行至中途却爲回鶻所奪在國王遵以禮義推之和寧



遠同族之識嫌厚親鄰之恩信賢明如此愧慰難名回鶻頃以失國爲詞款塞相託朕以勳親是念拯卹屢加曾不知恩漸開稔惡賤棄公主侵暴平人日尋干戈時竊牛馬朕爲全舊好不下明誅歲月滋深邊防將倦各用長策繼彰殊勳焚帳幕而公主歸還透網羅而元惡逃遁顧其餘類何所寄生國王遠聞想同深慰然猶恐奔竄尚有凶姦又慮侵彼封疆將復讐怨國王亦須嚴爲備擬善設機謀同務討除盡其根本無貽後患勉繼前修親仁善鄰惟彼與此勿謂遐遠常存寤思因注吾合素回且先詔示其他禮命續專遣使宣慰想宜知悉

## 賜黠戛斯書

皇帝敬問黠戛斯可汗將軍諦德伊斯難殊至覽書幷白馬二匹具悉可汗降精斗極雄朔漠以稱君稟耀旄頭分天街而建國特負英豪之氣夙推統御之才眷想嘉猷載深寤歎來書云溫仵合將軍歸國後漢使不來溫仵合去日朕書具云速遣報章此當遣重臣冊命自是可汗未諭此意報答稍遲此則尋欲遣使只自延望來信又云金石路已隔絕蓋爲山川悠遠未得自與可汗封壤接連非是



兩國之情猶有阻隔想可汗明識無復致疑又云兩地遣書彼此不會且書不可以盡言言不可以盡意況蕃漢文字傳譯不同只在共推赤心永保盟好豈必緣飾詞語以此交歡每欲思維先恩好意不更疑惑便是明誠又云欲除却兩楹間惡刺此之一事實是嘉言緣回鶻雄據北方代爲君長諸蕃臣伏百有餘年今可汗掃其穹居大雪讐恥功業既高於前古威聲已振於北荒固當深務遠圖豈可更留餘燼黑車子不度德量力敢保冦讐則是輕侮可汗獨不向化此而可忍孰不可容況可汗前來云求訪公

主使上天入地必須覔得令若舍而不問何以取信朕懷想可汗乘彼盛秋長驅精騎問回鶻逋逃之罪行黑車後服之誅取若拾遺役無再舉從茲盪定豈不美歟來書又云送公主到彼無一語來緣公主纔離可汗五日便被回鶻刼奪所遣來使盡被殺傷公主二年之中流離沙漠事已隔遠所以不再敘言然趙蕃去日已具感悅之心足表殷勤之意又聞今秋欲移就回鶻牙帳滅其大國便保舊居足使諸蕃畏威回鶻絕望稍近邊境頗謂良圖所云請發兵馬期集去處緣黑車子猶去漢界一千餘里在沙漠



之中從前漢兵未嘗到彼比聞回鶻深意常欲投竄安西待至今秋朕當令幽州太原振武天德緣邊四鎮要路出兵料可汗攻討之時回鶻必當潛遁各令邀截便可梟擒此是軍期須合符契想可汗必全大信用叶一心諦德伊斯難殊朕已於三殿面對兼賜宴樂並依來表不更滯留朕續遣重臣便申冊命故先達此旨令彼國明知冊命之禮並依回鶻故事可汗爰始立國臨長諸蕃須示鄰壤情深宗盟義重以此鎮撫誰敢不從宜體至懷共宏遠畧春暖想可汗休泰將相以下並存問之遣書指不多及

## 賜石雄及三軍勑書

勑石雄晉絳密邇王畿地當襟帶自卿與將士等扼其險要勇冠諸軍捍彼奔衝爲我砥柱每刻期深入屢挫狂鋒批抗擣虛導款遊刃永言勳績豈忘於懷昔商伐鬼方三年乃剋周公東征三年不歸憲宗平淮西文宗定滄海士不解甲或三四年想卿等久在戎行心經此役且士之生代本爲功名仗義從軍固當殉命居平則孝養父母成長則子孫衣食所資無非國力有事則投袂而起負甲先登撫養之恩惟此爲報今者纔近半歲未曰勞師功在垂成



往無不捷將士等各宜感勵成此功名上黨既平天下無事從此永安家室不復征行近者楊弁首爲猖狂扇惑亂卒今則身膏齊斧戮及妻孥生爲不忠之人死爲負義之鬼身名俱滅可不痛哉諸部既安王師益振乘此聲勢必殄餘妖故令中使宣慰兼賜優賞卿等便須鼓行而進徑入賊界下營從此駐軍速圖進取勿使功業歸於別帥爵賞在於他人勉務壯圖副茲厚遇想宜知悉

## 賜潞州軍人勑書意

劉稹乳臭騃童未有所識皆是郭誼王協幸其昏弱矯託

軍情妄獻表章欲求繼襲志在肆行禍福自擅兵權稱感從諫之恩誓同生死及見山東三郡皆已歸降事迫勢窮歸惡劉稹令其一門受戮便欲自取寵榮不義不忠古無其比朕以誘陷劉稹皆是此二人販賣圖全義難容捨已令澤潞冀氏兩路遣軍只取郭誼王協及同惡之類其他軍人一切不問仍各有優賞後從敕處分如兩道兵馬未到以前有忠義之士先非同惡者能自擒戮郭誼等所與優賞並同裴問王釗例處分已詔石雄王宰到彼不令侵擾軍人百姓如秋毫有犯便按軍法各宜勉思機計共保



忠誠勿受奸人扇動妄生疑忌互相告報咸使明知

賜党項敕書

敕自爾祖歸款國家依附邊塞爲我赤子編於黔黎牛馬蕃孳種落殷盛不侵不叛頗効信誠比聞邊將不守朝章失於綏輯因緣征斂害及無辜念爾遠人莫知控告特命朕之愛子實總元戎所冀羣帥聽命而不敢自專諸部懷寃而有所披訴奉我憲令以保和寧如聞莫顧私恩遂懷憑恃攘奪不避於官物驅掠罔憚於平人擅興甲兵恣行攻劫豈有朝廷內地輒此鴟張道路阻艱商旅殆絕朕便欲詔命諸鎮同力勦除深慮玉石難分善惡同斃今再爲條制各使得宜却令節將指揮許其處斷如實有寃濫政乖公平並遣巡院奏聞朝廷必爲申理如或不知恩貸猶敢猖狂國有典章必難容捨故茲宣示當體朕懷

停歸義軍敕書

敕李思忠首率蕃兵歸誠向闕念其忠款特許來朝而又久慕華風願留京邑俾參環衞用報勛庸其歸義軍使宜停將士等同叶義心所宜優寵況聞諸道軍鎮皆置馬軍選擇蕃渾尤不易得緣此將健久工騎射頗出常倫列於



牙旗足壯戎閫宜分諸道節度使團練收管便給本道衣糧稍加安存務令得所

置孟州敕旨

敕昔馮異之守盟津已建軍號近光弼之保伊洛先據三城蓋以河有造舟之危山有摧輪之險左右機軸表裡金湯既當形勝之地實爲要害之郡令所制置豈限常規積萬庾於敖前尤資地利列二矛於河上須壯軍聲其河陰縣宜割屬孟州仍改爲望縣其河清縣却還河南府收管縣官等並准前敕處分其東都鎮遏兵馬依前屬東都防

禦使鄭滑汝州防戍兵各一千人令宏敬權指揮事平後續有處分

李回宣慰三道勅旨

勅成德軍魏博皆出兵甲俯臨賊境秋氣已至攻取是時元逵宏敬制勝伐謀必有成算固須命使遠訪嘉猷又回鶻雖已遁逃尚存餘燼今朔風始勁塞草具腓猶慮未革梟音敢懷狼顧迫於饑窘復擾邊城仲武久欲蕩除俾無噍類成其志業壯彼威聲亦在使臣往喻朕意各宜奮厲早建殊勛解甲來還免彼祁寒之候止戈除害庶臻仁壽

之期咨爾帥臣副茲委遇宜令刑部侍郎兼御史中丞李回充幽州鎮魏等道宣慰

上尊號玉冊文

維會昌二年歲次壬戌四月乙丑朔十四日戊寅攝太尉光祿大夫守司空兼門下侍郎同中書門下平章事臣德裕銀青光祿大夫守尚書左僕射兼門下侍郎同中書門下平章事臣夷行金紫光祿大夫尚書右僕射兼中書侍郎同中書門下平章事臣珙銀青光祿大夫守中書侍郎同中書門下平章事臣紳金紫光祿大夫檢校司徒兼太子太保臣僧孺及文武百官等六千五百七十四人言臣聞羲皇首太古之號成湯顯神武之稱我高祖皇王是憲尊名若古貽厥丕訓為子孫之法豈不善始善述哉矧乃巨唐受命繼體承業理運將至大君以興昊穹所以開至聖也曩者明兩未定帝華不協舍允傳聖深惟至公先后所以昭天命也亦猶堯發於唐侯文興於代邸神明之祚不其難哉伏惟皇帝陛下清明溥暢光耿四海元德莫鄰天休大賚日角見表氣志如神爰初定命正心理物如辰居極而天下無邪矣由是昭德塞違尊賢遠佞禹不自滿

成不敢康罔盤於田不邇於色自閨壼以施王教由家道而刑國風去比周覈名實攬乾綱擇聖紀修舊典協誠質抗嘉壇款泰乙進正臣以端治表禮故老以求讜言遠無蔽獄近無留命祈元祖而膏雨降祀靈岳而嘉穀登省刑罰而蓬孛消發倉廩而螽螟息去歲龍旂承祀大輅親郊捧玉瓚而一獻光靈來格振金石而六變魄寶昭臨然猶古訓是學緝熙於道天文炳煥雲漢其章溫恭敬遜承太任之教和樂愷悌洽戚藩之心德風偃於羣黎威霆動乎絕域又以敬養不逮於長樂昭配未升於禰宮每懷嗣徽

烝烝而慕所以奉若慈訓對越兩儀因心立制永錫其教寬虔劉之罪興惻隱之仁迴雷收霜爲之反禾及單于慕義景附朔邊耀德戢兵謙臨是受至於備文物展國容莫不先甲而布甘澤丁辰而廓陰翳和景晏温卿靄絪緼斯所謂神祇之心應矣天人之際交矣於是服冕之士戴鶡之倫暨藩侯邦伯黃髮駘背不謀而進曰陛下元默天晬輝光日新大矣孝熙四極炅臻誠宜玉版温潤鏤鴻明之德神寶焜燿薦萬斯之年丕惟大典不可辭也陛下猶謙退固拒至於三四羣臣不已乃曰俞哉夫徧覆包含之謂



仁極深研幾之謂聖憲度著明之謂文蠻夷震懾之謂武感而遂通之謂神無思不服之謂孝臣等不勝大願謹奉玉冊玉寶上尊號曰仁聖文武至神大孝皇帝伏惟陛下乾健不息謙尊而光樂戒其耽禽戒其荒壽乃侔於殷宗俗乃厚於成康貽燕後昆受福無疆臣德裕等誠歡誠躍頓首頓首謹言

上尊號玉冊文

維會昌五年歲次乙丑正月己酉朔一日己酉光祿大夫守太尉兼門下侍郎同中書門下平章事臣德裕光祿大夫守尚書左僕射兼門下侍郎同中書門下平章事臣悰朝議大夫守尚書右僕射兼中書侍郎同中書門下平章事臣讓夷朝議大夫守中書侍郎兼戶部尚書同中書門下平章事臣鉉及文武百官大中大夫太常卿臣孫簡等六千二百二人言臣聞在昔周宣玁狁內侵四牡薄伐以定王國則詩人大其功暨於漢宣北夷乖亂呼韓慕義郅支遠遁則簡策著其美惟此二代稱爲中興間者開成之末星孛如雲螟飛蔽天先帝感之黎人懼焉乃授至聖遺大投艱迄茲成功厥有冥數伏惟仁聖文武至神大孝皇



帝表應龍翼粹含乾剛神全而正氣凝宇定而天光發智燭千里動必察微心鏡萬機物來斯應於是五材用四維張建中和之極綴前聖之綱重樞機修法制刑御家之理無出壼之言銷讒邪遠佞倖絕背公之黨退好徑之人內嚴體貌增堂陛之峻外絕締交去輔車之勢古所謂受命於天惟舜獨正也又曰一心定而萬物服惟陛下得之曩者北狄矜功耗蠹中國種類磐牙根柢封殖異術肺腑縞衣如荼挾邪作蠱浸淫宇內倒懸不解百有餘年既而龍祠堙滅攜國款塞質帝女釁海疆有狼顧平城之心鯨吞

咸洛之志爰命梟將搴旗刈旃兵鏖穹廬火烈荆榛颺蜀幙碎轒轀六羸逭逃貴主生還剗滅妖迹剿除醜類故名王結髮冠帶入臣堅昆稽首鞮譯來獻而又奸臣放命二紀陸梁據太行之固下窺洛邑通故絳之道旁睨近關樹其遺孽以竊兵柄議者僉曰精兵十萬積穀十年泉魚不察湯網宜懸陛下雄斷霆聲羣疑冰釋揚清風而掃雲致迅雷而破山任馮異則拔天井而震上黨仗吳漢則發突騎而窺邯鄲壺關失險山東奪魄屬有戍邊叛將竊發參墟人心搖蕩異議放肆陛下臨朝而言曰二冠獲罪於天



子所不捨未三旬而定晉陽纔朞年而滅潞予不以金賸豨將多降不勞師克粤首馳報非至德感物孰能臻於此乎由是台宰百辟藩屏將帥上言曰成伐東夷而肅愼來賀景翦七國而王室乃安莫不始於武功終致刑措將以禋上帝薦祖宗宜受鴻名以答元貺陛下猶謙遜而五讓之勤請弗已乃屈已以俞之雲漢爲章所以昭法度也神明其德所以成教化也巍乎有功帝堯之則也勤於大道元祖之訓也臣等不勝大願謹奉玉册玉寶上尊號曰仁聖文武章天成功神德明道大孝皇帝伏惟陛下不有其名以保其成不德其功以戒其盈享殷宗之福致周道之平熙我王度永振金聲臣德裕等誠歡誠躍頓首頓首謹言

## 讓官表

臣某言伏以臣之事君猶子之事父若情有所隱志在苟安不事披誠即爲冒寵臣某誠惶誠恐頓首頓首伏惟仁聖文武至神大孝皇帝去邪用相有大舜之功柔遠固存臻漢宣之理故得王道正直海內清和邊朔底寧干戈永戢文明之化方致永熙螢爝之光所宜自息豈敢虛矯上



負君親臣始自孩童常多疾病逮於壯歲猶甚虛羸屬廉問江南荏苒八歲移鎭巴蜀首尾三年暑濕所侵遂成沉痼患風毒脚氣十五餘年服藥過虛又得渴疾每日自午已後瞑眩失常形骸僅存心氣俱竭唯恐晚歸私第殞盡道途臣伏見國史岑文本受委旣深形骸頓竭太宗嘗謂左右知其將盡韋處厚積以虛憊不早退身侍立之時仆於玉階之下臣竊以二臣爲戒不敢遑安所冀陛下宏太宗之仁下軫念於無及臣得延處厚之數免自促於明時伏望陛下察臣懇誠矜臣衰耗得罷繁務退守州行稍獲

安閑漸自頤養一二年後或冀有瘳臣倘餘齒尚存筋力未朽必當灰身粉骨上報聖慈不任祈恩之至謹奉表

## 讓太尉第二表 原註第一表舍人撰不錄同日更進此表

臣某言臣今日已進讓表驚寵之心不遑啟處再陳恐懇實懼爲煩臣某中謝伏見國初已來授此官惟有七人尚父子儀猶以懇辭而免近者智興載義皆超拜太傅太保只緣朝廷重惜此官裴度守司徒十年竟不遷授以臣僭越必致顛擠況臣既無汗馬之勞涓塵莫效又有負薪之疾曠廢至多唯陛下寵以美名榮皆過實而臣靦顏自處



竊位偷安非止獲朝野之譏實恐受神明之譴輒披丹款猶冀聽從伏望息罷新恩且守舊秩不任祈恩迫切之至

## 讓太尉第三表

臣某言臣聞廟器不盈周公戒其必覆馬力已竭顏氏知其必顛臣竊感之以憂以懼臣某中謝昔子文避祿竟之逃死冶屢辭卿迫於懼禍伏以上公亢極本待勛臣其間或授時賢皆是元老臣既非耆艾又乏戰功奉宸算而曾靡運籌假英威而未嘗推轂有何勞效蒙此殊榮夙夜自思至今戰汗伏見廣德二年九月十七日代宗授尚父汾陽王此官三讓而免至大歷十四年閏五月三日德宗再申前命重授尚父不許陳讓三載而終臣竊思尚父十五餘年得延光寵豈非牢讓而致闕一字隲所持昨者恭惟聖獎至深恩義加等祇受典冊未敢固辭臣伏念齒髮雖雕心力猶壯實願贊陛下升平之運見萬方仁壽之期東封告成大典咸備然後散金娛老歸守邱園貪全盛時不忍自促所以再陳懇款上瀆皇明竭至敬而不敢繁文陳至誠而不爲飾讓心懇詞直庶獲聽從伏望特追新恩却守舊秩臣不任懇迫屏營之至



## 讓官表

臣某言臣聞道不欲盈元祖之至誠人惡其上魯史之明規既以迫於愚衷敢慮動而生悔臣某中謝臣頃居宰弼獲戾於時既望汨以懷沙甘赴湘而溺死自謂永違白日莫覩青天雖文宗墜履不遺驟分圭瑞而微臣傷弓是懼常蹈春冰伏值陛下大明初升臨照四海知臣常忝禁署逮事穆宗念已廢之舊物憫既傷之弱羽召自滄海擢授黃閣明德每覆其瑕玼至仁常矜其衰疾參贊萬務條已六年乘冕禋郊再覩配天之禮干戈問罪三見拘原之功

所謂百生遭逢千載際會徼倖伏之數惟恐罹灾思存亡之機所宜知止非慕三公乞骸之節敢希二疏解組之風忍去盛時自貽深感實以久嬰沉痼年漸衰遲宗族孤單兄弟衰落先臣松櫝近在東都家屬數人皆居上國不欲遠離京闕只願歸老田園伏望陛下深鑒孤忠特遂丹懇察臣上報聖德不必須在鼎司改授閑官優游暮齒所冀自知税駕無李斯之嘆音便得懸輿復韋賢之故事進退惶灼伏地涕零不任兢惶感切之至謹奉表陳乞以聞

賀廢毀諸寺德音表



臣某等伏奉今日制拆寺蘭若共四萬六千六百餘所還俗僧尼幷奴婢爲兩税户共約四十一萬餘人得良田約數千頃其僧尼令隸主客户大秦穆護祆二十餘人並令還俗者臣聞仲尼祖述堯舜憲章文武大宏聖道以黜異端末季以來斯道久廢不遇大聖孰能拯之臣某等中謝伏以三王之前皆垂拱而理不可得而言也厥後周美成康漢稱文景至化深厚大道和平人自稟於孝慈俗必臻於仁壽豈嘗有外夷之教玷中夏之風東漢楚王英始盛桑門之饌淪於左道桓帝更增華蓋之飾歸於亂政魏之三祖西晉太康雖君非大聖臣非上哲然猶祖尚老莊斯教未行至東晉因吳人之佻薄襲孫權之弊政始建塔廟乃譯梵書宋齊梁陳其教浸盛好大不經之說陋乃詩書因報拔濟之談隆於仁孝運祚浮促篡奪相尋二百年間五變朝市君無殷宗之福臣靡衞武之年感驗寂寥斯可明矣高祖神堯皇帝方欲剗除斯弊掃刷中區時屬宰臣蕭瑀本梁氏之子孫尋覆車之軌轍廢格明詔以迄於今遂使土木興妖山林增構一巖之秀必極雕鎸一川之腴已布高刹鬼功不可人力寧堪耗蠹生靈侵滅正税國家



大蠹千有餘年伏惟仁聖文武章天成功神德明道大孝皇帝陛下明紹於天粹合於道黜霸圖而功盛入聖學而德優常欲天下之動咸貞於一以一言之蔽思必無邪先定宸心獨發英斷破逃亡之藪皆列齊人收高壤之田盡歸王税正羣生之大惑返六合之澆風出前聖之模爲後王之法巍巍功德煥炳圖書臣竊位樞衡莫能裨益愧無將明之効徒懷鼓舞之心千古未逢百生何幸不任忭賀踴躍之至

薦處士李源表

臣伏見賈誼云守圉捍敵之臣誠死城郭封疆故曰聖人有金城者此物此志也自天寶之後俗尚浮華士罕仗義人懷苟免至有棄城郭委符節者其身不以爲恥當代不以爲非臣恐風俗既成紀綱皆廢此當今之急務教化所宜先也臣訪聞處士李源即故禮部尚書東都留守贈司徒忠烈公憕之少子天與貞孝嗣茲忠烈以父死國難哀纓終身自司農寺主簿絕心祿仕垂五十年放懷山澤罕至人落暨於衰暮多依慧林佛寺以其本憕別業就寓殘生從僧住持不舉烟爨隨僧一食以至五十餘年嗜欲靡



窺精廬同衆寺之舊殿則憕之寢堂源過必敬趨未嘗登踐其端心執孝無有不至忘形患苦絕意貪緣迎斥浮虛就尊志節則孰能挺操不易沉身無聲處薄自頤終老彌篤且憕之忠烈實冠古今當逆羯屠陷飈驅響從而憕抗節誓心約義同列居朝守位抵刃就終臣節之光繇憕益勸而源名銷迹滅徵訪不加實主於居方之臣懸政之闕也況源嘗守沉默不語是非或心交靜求理契深要一言開析百慮洗然致君阜時指象如見抱此貞用棄於清朝臣竊爲陛下深惜伏乞就授一官召赴京闕仍以事迹宣付史館則聖代有求賢之盛朝廷美得材之難憕之貞烈如存源之承荷不墜忠孝之美幷集憕門光嗣德於一時激爲臣於千古

欽定全唐文卷七百一

李德裕 六

請宣賜鶴林寺僧謚號奏

潤州鶴林寺故禪師元素傳牛頭山第五祖智威心法是徑山大覺之師伏請依釋門例賜謚號大額

請罷呈榜奏

舊例進士未放榜前禮部侍郎遍到宰相私第先呈及第人名謂之呈榜比聞多有改換頗致流言宰相稍有寄情有司固無畏忌取士之濫莫不繇斯將務責成在於不撓



既無取舍豈必預知臣等商量今年便任有司放榜更不得先呈臣等仍向後便爲定例如有固違御史糾舉

諫敬宗搜訪道士疏

臣聞道之高者莫若廣成元元人之聖者莫若軒黄孔子昔軒黄問廣成子理身之要何以長久廣成子云無視無聽抱神以靜形將自正神將自清無勞子形無摇子精乃可長生愼守其一以處其和故我修身千二百歲矣吾形未嘗衰又云得吾道者上爲皇而下爲王元元語孔子云去子之驕氣與多欲態色與淫志是皆無益于子之身吾所告子者是已故軒皇發謂天之嘆孔子興猶龍之感前聖之道不其至乎伏惟文武大聖廣孝皇帝陛下稽元祖之訓修軒皇之術凝神閒館物色異人將以覿冰雪之姿屈順風之請恭惟聖感必降眞僊若使廣成元元混迹而至語陛下之道授陛下之言以臣度思無出於此臣所慮赴召者必恠迂之士苟合之徒使物淖冰以爲小術衒耀邪僻蔽欺聰明如文成五利無一可驗臣所以三年之内四奉詔書未嘗以一人塞詔實有所懼臣又聞前代帝王雖好方士未有服其藥者故漢書稱黄金可成以爲飲食



器則益壽又高宗朝劉道合元宗朝孫甑生皆成黄金二祖俱不敢服蓋以宗廟社稷之重不可輕易此事炳然具載國史以臣微見倘陛下睿慮精求必致眞隱惟問保和之術不求藥餌之功縱使必成黄金止可充於玩好則九廟靈鑒必當慰悦寰海兆庶誰不歡心臣思罄愚衷以裨元化輒陳懇款伏積兢惶

停進士宴會題名疏

奉宣旨不欲令及第進士呼有司爲座主趨附其門兼題名局席等條疏進來者伏以國家設文學之科求貞正之

士所宜行敦風俗義本君親然後升於朝廷必爲國器豈可懷賞拔之私惠忘教化之根源自謂門生遂成膠固所以時風寖薄臣節何施樹黨背公靡不由此臣等商量今日已後進士及第任一度參見有司向後不得聚集參謁及於有司宅置宴其曲江大會朝官及題名局席並望勒停緣初獲美名實皆少儁既遇春節難阻良遊三五人自爲宴樂並無所禁唯不得聚集同年進士廣爲宴會仍委御史臺察訪聞奏謹具如前

論喪葬踰制疏



應百姓厚葬及於道途盛陳祭奠兼設音樂等閭里編甿罕知教義生無孝養可紀沒以厚葬相矜器仗僭差祭奠奢靡仍以音樂榮其送終或結社相資或息利自辦生產儲蓄爲之皆空習以爲常不敢自廢人戶貧破抑此之由今百姓等喪葬祭奠並請不許以金銀錦繡爲飾其陳設樂音者及葬物稍涉僭越者並勒毀除結社之類任充死亡喪服糧食等用使如有人犯者並準法律科罪其官吏已上不能糾察請加懲責仍請委出使郎官御史察訪臺司伏請令文及故實不載者令更條檢校官令文不載令請檢校官一品二品請同五品五品已下並請同九品如有曾任正官依本官品第儀則其准勅試官亦仝九品儀如升朝官者請據本官品第升降闕例凡喪皆有品第恐或無知之人妄稱官秩自今以後除升朝官見任官亡歿外餘官去事前五日須除將告語或勅牒於本巡使呈過判押文狀行人方可供應佐命殊功當朝立功名傳遐邇特勅優旨准會典例本品數十分加三分不得別爲華飾右具本朝舊本例如前今後令兩巡使祇據官秩品級與判狀其餘一物已上不得增加兼勒驅使官與金吾司并



門司同力轄鈐如有大段踰越即請據罪科斷行人兼不得追領喪葬之家别有勘責奉勅如過制度不許尺寸事數其假賃行人徒二年喪葬之家即不問罪仍付所司

論公主上表狀

右臣等伏見公主上表稱妾李者伏以臣妾之義取其賤稱家人之稱卽宜區別因循舊章恐未爲得臣等商量今日以後公主上表從大長公主以下並望令稱某邑公主第幾女上表仍不令稱妾所冀臣子之道因此正名郡主縣主亦望准此未審可否

李思忠請進軍於保太柵屯集狀

右伏以今年八月制置待諸道進軍移營逼可汗衙帳即李思忠領衍蕃騎深入覆其巢穴續緣劉沔張仲武確稱冬寒進軍未得請待正初今已及期望詔劉沔張仲武一時進軍以壯思忠兵馬恐不闕令往中受降城令在保太柵屯集稍爲穩便望付翰林賜思忠詔處分其劉沔張仲武詔意謹同封進

論譯語人狀

右緣石佛慶等皆是回鶻種類必與本國有情紇扢斯專



使到京後恐語有不便於回鶻者不爲翻譯兼潛將言語輒報在京回鶻望賜劉沔忠順詔各擇解譯蕃語人不是與回鶻親族者令乘遞赴京冀得互相參驗免有欺蔽未審可否

請更發兵山外邀截回鶻狀

右緣回鶻既已討除須令殄滅今可汗窮蹙正可梟擒萬一透入黑車子部落必恐延引歲月勞師費財望速詔忠順令進軍於山外黑車子去路邀截恐振武軍馬數少其李思忠下沙陀五百騎易定軍馬一千騎便令何清朝押領同去如至陰山北蕃知回鶻猶在舊處便令從北進軍取背則前後受敵必無所逃未審可否

殄滅回鶻事宜狀

右臣等商量回鶻衰殘取之在速一切須令三月已前事了陛下若欲早見功効須激勸人心自古用兵皆懸賞格以此誓衆人必輕生今因景度等往幽州太原振武望三道各賜敕書如兵馬使已下大將取得可汗便授金吾小將軍及大郡刺史賞錢一萬貫如取得宰相便授兼御史大夫賞錢五千貫若是小將軍長行取得白身授兼御史



中丞賞並准此今可汗與宰相只有四人直依此酬賞只用二萬五千貫文比一月供軍所費五分之一如此即得義知勸黠虜無逃伏望出自宸衷早賜明敕處分未審可否

討襲回鶻事宜狀

右臣等伏見李靖再破頡利可汗方始擒得望付翰林錄李靖傳詔示劉沔曉諭云比者未取卻公主與回鶻接戰朝廷力稍不及含之即易今既取卻公主又與回鶻接戰即須翦除令盡不得遺生後患兼令揀退渾沙陀共三千

騎縱排比兼驢取三千人十日乾糧及乾蒸餅闌塞上五百錢買得一頭牛亦令約人數驢取牛肉乾脯且如此排比待景度幽州使回令劉沔專差信實軍將至景度數採問事情如仲武便肯出兵討襲即須且讓仲武不得爭功如仲武不闕詞言悠慢未有去思即須及塞草未青虜馬羸弱便令蕃軍掩襲必見成功其李靖傳事謹奏上伏希聖明採納

論昭義三軍請劉稹勾當軍務狀

右伏以元和中李師道自擅一方久爲桀逆及王師壓境



天網四陳劉悟頗識轉禍之機乃有納忠之効朝廷獎其歸命寵遇優渥待以信臣委之雄鎭從諫因父歿自總兵權屬寶歷中政務因循事歸苟且與其符節以紊國章然猶恭守詔條咨諏善道亦修覲禮一至闕庭驟陟台階實非公議爰自近歲頗聚甲兵招致亡命之徒遂成逋逃之藪怵於邪說自謂雄豪及寢疾彌留罔思臣節又令紀綱舊校誘動軍情樹置騃童再圖兵柄陛下以澤潞元宗歷試舊地有上黨古闕風俗和平人心忠義艱難以後多用儒臣又以劉悟功著先朝欲全其宗族特令供奉官薛士幹宣諭示以聖情而將校繼有表章未從明命臣等伏思劉悟以師道之逆親自梟夷誠合示一軍大順之源置子孫於無過之地而乃繼師道覆車之軌襲怙亂之風此而可容孰不可忍固須廣詢廷議以盡羣情臣等商量望令兩省御史臺并文官四品以上武官三品以上於尚書省集議奏未審可否

李彥佐翼城駐軍事宜狀

右彥佐即至翼城計賊中軍人百姓必有歸降來者彥佐務推恩信必盡綏懷臣等深慮賊中潛奸人詐爲降附人



數漸廣必有異謀臣等商量望付翰林詔示彥佐如有百姓歸降量事優恤各令復業如軍歸降者亦須各有優賞便令將朝廷意旨轉相招誘逐旋疎理處置不得留在翼城如軍人已歸降者不許卻入賊中即望於界上別立一營令屯集委彥佐揀幹事軍將別將三五百人主領仍不與器械並不得令在晉絳界內屯集未審可否

請賜澤潞四面節度使狀

右臣伏見後漢秦豐叛光武令朱祐盡力攻之至窮困豐乃將其母子九人降祐光武不舍其罪至洛陽斬之大司

馬吳漢劾奏祐違詔受降失將帥之任伏以兵未交鋒便能歸順須存大信猶可曲全今劉稹告諭不悛加兵自備逆命之罪天地不容若至窮蹙歸降並不得受臣等謹錄漢朝故事如前望付翰林錄示元逵彥佐劉沔茂元宏敬及義逸行周等詔令准此處分未審可否

## 幽州鎮魏使狀

右緣秋氣已至將議進兵幽州須早取可汗鎮魏須速平劉稹各要遣使諭旨兼潛探三鎮軍情今日延英面奉聖旨欲令張賈充使臣等續商量張賈幹濟有才甚諳軍中



事體然性稍負氣不安恬恐不如且輟李回充使如以綱臺不可暫闕即兵部侍郎鄭涯久充戎鎮判官性甚精敏雖無詞辨言亦分明官重事閑最相宜稱

## 請賜劉沔詔狀

右訪聞劉沔頗練兵機惟臨機決策不免遲疑兵書云用兵只聞拙速不聞巧遲深恐過爲慎重漸失事機望賜劉沔詔比緣回鶻未爲擾侵且務綏懷今既殺戮邊人驅刼牛馬頻已有詔速令驅除自度便宜臨機應變不得過懷疑慮皆待指揮朝廷既假以使名令爲諸將節制邊境之事皆以責成向後或要移營進軍一切自取機便不必皆候進止未審可否

## 請賜回鶻嗢沒斯等物詔狀

右比者只待張賈使回今到已數日須早發遣緣回鶻已入邊界未測多少天德兵力寡少須務懷柔伏以自古禦戎只有二道一是厚加撫慰二是以力驅除此事利害較然前古皆有明效漢宣帝厚撫呼韓代享其利邊境六十年無事漢武力制匈奴海內疲弊生人減半今嗢沒斯若不稍加恩意令盡歡心須至以力驅除必恐永爲邊患假



使其衆殘破摧伏不難亦須先加以恩不令疑貳古人云將欲取之必固與之正謂此也臣等商量縱不與糧食接借其賜物不可太薄若止於只賜特勒宰相實恐發遣未得須是稍令優厚於朝廷若無費損可以保全朝野羣情皆望如此伏希聖慈特賜察納

## 請賜宏敬詔狀

右緣令王宰自領陳許兵直抵邢州要詔示元逵宏敬諭以河陽太原皆隔山險進軍未得緣卿等已東面進軍賊中惛懼近日頻入晉絳焚燒村舍地邇關輔深要防虞恐

昭義知西道進軍稍難偷安旬月今令王宰自領全師直抵磁州以分賊勢望令付翰林約此意撰詔未審可否

論彥佐劉沔下諸道各軍狀

右訪聞諸道各軍皆自有都頭常相顧望不肯効命請依河朔軍法委彥佐劉沔每三二千人分爲一團如有應急使用處便點一團令去一切成敗責成都頭如此則人必齊心將皆懼法臨機赴敵不敢因循如蒙允許望付翰林各賜詔處分未審可否

論陳許兵馬狀



右緣魏博討賊遷延頗招物議昨令陳許兵馬直抵磁州此是制敵深謀攻心上策徐迺文到京之後方知陳許發兵便云宏敬全軍自取磁州則是畏懼陳許須待宏敬出軍表到方得委知若便遣王宰罷行亦是姑息太過只緣河陽山險攻守艱難王宰頓軍虛費饋運望密詔示王宰但令從容排比未要速便道途賊中聞此軍聲必合破膽魏博若全師自出續止陳許不遲如蒙允許望付翰林約此賜詔處分未審可否

論河陽事宜狀

右緣河陽奏事官高從真到稱十八日陳後遍山遍谷盡是賊軍茂元兵力寡少頗似危急若賊勢更甚便要退守懷州非惟損挫威聲必恐驚動東洛皆由魏博未有陳戰陳彥佐又隔深山所以併力南攻不得不慮自元和以來賊中用衆皆取軍寡弱處卽併兵用力一處不敵後卽移向他處計王宰排比已有次第倘遣全軍便發救援河陽不止捍蔽洛京足以臨制魏博如恐全軍費損饋運計王宰必見先鋒望今日降中使賜詔令宜發先鋒五千人便赴河陽所冀免落奸計事機至切不可更遲如蒙允許望賜茂元王宰行敏詔處分



第二狀

右訪聞河陽兵力已竭弓矢皆盡地邇東洛實係安危內外人情無不憂恐切望詔王宰發先鋒五千人後須自領全軍繼進仍望今日內發使賜詔處分河陽所貯諸道進助軍器械並望且搬賜茂元猶恐器械數少兼望內賜甲一千副弓三千張并弦箭三萬隻陌刀二千口兼聞河陽軍用磬竭賞給不充自出軍以來並未有恩賜望賜絹三萬匹且以河陽見在物委度支差腳速搬送未審可否

奏宣王宰欲令直抵磁州得否宜商量奏來狀

右臣等商量。昨者緣魏博久未進軍。兼涉物議。所以請王宰全軍直抵磁州。以分賊勢。所冀昭義破膽。宏敬不敢逗留。今既收平恩。殺傷不少。便許宏敬自當一面。必見成功。然河朔軍情。常須以威臨制。宏敬一心雖至忠順。終慮將校異端。況中外人心。皆憂河陽寡弱。王宰已排比兵。又須恩賜。且令全軍赴河陽。兼得遙制魏博。兩面事勢。皆得機宜。未審可否。

請賜仲武詔狀



右臣等見李回說。仲武似疑劉稹未有罪狀。及見李回說從諫積惡僭侈。便忠憤感激。告若罪狀如此。朝廷固合誅夷。臣等商量。因處分邊事。望賜仲武書諭。以深意要云。從諫入覲之初。與鄭注交結。因緣貨賄。濫授鈞衡。及歸鎮後。又與李訓結託。所謀狂險。中外具悉。自訓注夷滅。心不自安。頗恃甲兵。轉懷悖慢。先朝外雖優寵。中實懷疑。及從諫疾病之時。曾無誠款。昨遣中使臨問。兼借名醫。矯託異端。竟不相見。便樹置劉稹。令將校繼獻章表。不待朝旨。便令繼襲。以澤潞一鎮。有啟聖舊宮。艱難以來。多用文吏。如抱眞首創軍募。於國。兼有大功。身歿之後。其子皆赴京闕。比謂劉稹愚騃。廹於軍情。望其管惜家門。稍能悛悔。頻敢馳突。晉絳侵軼河陽。近李丕投降。及魏博收平恩縣。得劉稹榜帖。並已進來。皆呼官軍爲賊。逢著即須痛殺。悖逆如此。天地不容。想卿遠聞。應當奮激。卿宜速諭諸蕃部落。同滅可汗。卿但北邊立功。劉稹必當自潰。策勛命賞。以卿一道爲先。卿深體此懷。兼示將校。如蒙允許。望付翰林約此意撰詔。

欽定全唐文卷七百二

李德裕 七

請授王宰兼行營諸軍攻討使狀

右緣王茂元雖是將家久習吏事深入攻討非其所長訪聞東畿自聞狂寇侵軼尚未安定茂元縱得痊復且要留鎭河陽行營諸軍須便有所委茂元疾雖加重朝廷亦免他虞前月二十九日延英面奉聖旨亦以兩道節度同在一處非便臣等商量望授王宰兼行營諸軍攻討使如蒙允許望加劉沔張仲武招撫使例降黃敕處分未審可否



論石雄請添兵狀

右訪聞冀氏去潞州最近纔二百里已下於此進兵最當要害翼城亦是大路須備賊奔衝石雄雖兵數已多終是分張處廣 闕 須初允所請方可責其成功今緣西備蕃戎邊鎭不可抽減向東抽發又不及幾訪聞奏事軍將張宏慶云陳許徐泗兵初到行營軍外子弟有一萬人已上緣未有戰陳聞不得已稍卻歸本道今猶有少壯堪充戰卒五六千人皆是父子兄弟人心齊一臨時使用絕勝諸軍冀氏去賊最近石雄又至驍勇假其兵力事必速成陛下方集大勳不可更惜小費臣等商量望賜石雄義逸詔令與陳許徐泗軍外子弟各召二千人並須揀少壯有武藝堪入戰陣者充仍望約陳許長行制度支權給衣糧徐泗緣有醬菜望以兩處兵馬皆在行營事體須同不可獨給如蒙允許望速賜詔示

請問薄仲榮賊中事宜狀

右臣等昨於延英奏請降中使問薄仲榮生口四十人內幾人是赤頭郎聖意以元逵之故不欲更問臣等商量緣薄仲榮是賊之心腹必盡知謀計終要遣使出城勘問賊



中兵馬多少諸界布置防備何處今欲入兵何處最當要害兼問賊中人情還思歸順否直對鎭州押衙軍將仔細勘問不要回避必得事情因此不妨便知生口赤頭郎數元逵知勘赤頭郎賊中事宜必不疑慮因此兼勘河陽魏博生口以此參驗必知未審可否

請問生口取賊計策狀

右伏以殘寇未平須廣求良計臣等苟有所見則合上聞遠則韓信近則李靖皆臨刑免死後立殊勛忽有其人亦不可料望令勘事中使宣問如有奇計秘能必取劉稹或

可以反間令自相梟戮及能設計取彼州縣兼招得都頭者並仰速具事由聞奏如計畫明切便堪施行卽貸其死命令於諸軍敕命不妨有可採錄或助戎功可否之間在於宸斷

請諸道進軍狀

右緣王宰兵已深入須取澤州又恐賊於萬善向東衝突須更尅期齊進正月六日並是良辰一日雖是歲首亦合軍機緣軍在行營歲日與常日無異賊中有州縣村閭隨分必須作歲乘其無備必易成功其兩日伏在聖明裁定



戎事尚密所降中使望計行程令取事前兩日到行營卽待又恐賊中困蹙卽自有變望密詔王宰石雄義忠等聞彼有變便須星夜兼進先差專使與彼大將書具云初經變革須得王師應接以安人心兵馬並不入潞州只在三數十里內下營並不驚擾村閭卽當秋毫不犯直須待立功軍出潞州新節度使入後處置大段公事了方得抽軍其元逵宏敬緣隔山東又恐漏洩此意並望不賜詔示如蒙允許望付翰林各賜詔處分

論劉稹送款與李石狀

右臣等得李石狀報劉稹潛有款誠伏以王師壓境已是六月賊軍累經侵軼頗肆猖狂今事勢窮困人心思變因此請命蓋迫靈誅望詔李石且與李恬書不得云已與奏聞但遣將兵屬直界首方敢上聞以此邀之更觀旬月仍望詔元逵宏敬王宰石雄便令齊入切料旬朔之內必有變生今饋運之費計至春末並足如二月以來尚未殄滅然後議納其款事亦不遲如蒙允許望付翰林各賜詔處分

請發河中馬軍五百騎赴振武狀



右臣德裕得忠順狀請自至界上親臨賊營專看事機首爲撲滅緣當道軍馬數少請軍馬一二千騎臣等商量緣可汗移營已近振武忠順勇於戰鬭必可指蹤河中地閑馬軍有朔方舊法都虞候〔闕〕川防戎臣素所諳知望發馬軍五百騎令王縱部赴振武取忠順指揮今當回鶻衰殘亦要及時驅逐事有應變不可憚煩仍望賜絹一千八百匹內三百匹充職掌人優賞以戶部物充度支差綱發遣兼望令中使送如蒙允許望付翰林賜詔處分兼詔示忠順守志其賜忠順狀謹遵連封未審可否

請遣使至天井冀氏宣慰狀

右臣等近訪聞賊中之計。只待林木陰合。以老王師。如此遷延。必恐過夏。伏見元和中憲宗緣淮西久未成功。遣尚書右丞許孟容至行營宣慰。令面詰責光顏重允。累取光顏等及大將以下狀。皆請一個月內併賊。自後不敢逗留。累破大城柵。憲宗又令梁守謙往。遂破郾城。續令裴度去。竟破淮蔡。去秋李回唯至魏鎮兩道。王宰石雄並未有制使宣慰。臣等商量。望令李回至天井冀氏宣慰。兼取王宰石雄及諸軍都頭兩道大將等狀。令具破賊期限聞奏。如



蒙允許。望令乘遞早發。未審可否。

奏晉州刺史李丕狀

右緣安義節管沙陀兵馬三十餘年。蕃人之心。最尚讐怨。戰陣之際。固難隄防。李丕既不主兵。無以自衛。且令在州綏緝。應接石雄行營。每欲進兵。與其謀度。不妨理郡。兼得坐籌。如蒙允許。望各賜詔處分。未審可否。

李克勤請官軍一千二百人自引路取涉縣斷賊山東三州道路狀

右奉宣令臣等商量奏來者。臣等喚得王逢細問。王逢云。自領行營兵馬。便在榆社。並不到儀州。其涉縣道路遠近。山川險阻。先不曾諳委。又恐李克勤所通涉縣多少。未得諳實。今請於儀州置軍糧遞下塞。兼側近捉生勘問。委知涉縣無賊大兵鎮守。方可進軍。又云榆社河東怯弱。終不堪用。代山向北軍馬。王逢曾經使用。郎校精強。今來是防秋時。請委節度使除蔚州飛狐靈邱與幽州接界外。代諸州軍量抽二千人。即得此二千人。已敵榆社五千人。又向北烽子約有一千人。敵已來極勁。耐辛苦。一人敵十人。量抽五百人。將赴行營。每隊與十人五人。令陰入賊城。非



常得力。又云李克勤與一千二百人。無闕三百人已來堪用。臣等商量。且差中使押領李克勤赴榆社。至晉州過日。先召取李丕與李克勤面議機計。審定入兵處所。錄取兩本狀。一本封進。一本將與義忠。其所要兵馬多少。及進軍時日。並委義忠與行營大將及克勤審細商量奏聞。如可決行。須便應機速去。不要更待進止。即事得神速。免漏軍機。如蒙允許。望賜義忠李丕詔處分。未審可否。

魏城入賊路狀

右伏以饋運支計。本約至五月。今若五月未平小寇。即須

便過盛暑臣等夙夜思慮切要改張石雄西面險阻須得王宰義忠深入方可進軍榆社兵甲未足天井固難獨入以此故遂成因循訪聞魏城絕當要害向南十二里至狗脊嶺雖有小山並無險阻二十五里便至武鄉縣直抵潞州便是平川臣等訪問王逢須得一萬精兵方可前進今側近更無徵兵處遠處又不及事望降中使與石雄商量便將義武步兵萬人就義武馬軍兼沙陀馬軍五百就榆社沙陀此外於中武部兵及河中衙隊共揀七千人通約似僅一萬人并榆社宣武兗海義武馬軍都是一萬五千精兵足得濟事取魏武路直入旬月必見成功冀氏翼城猶有一萬八千人但令保險又守城寨權差供奉一人監鎮待石雄得武鄉後卽令冀氏翼城諸寨兵馬齊進與石雄合軍仍委石雄與李丕同商量如此穩便卽須排比今月中旬末赴魏城事貴神速不得漏洩



天井冀氏行營狀

右昨者初夏頻請進軍所冀未熱之時便見次第今炎毒已甚廹促稍難殷宗伐鬼方周公東征皆三年乃尅淮蔡滄景亦經四年王者之師以全取勝急攻則狂賊得計稍緩則賊勢日窮兇出內庫貨財以資軍食計量饋運必及冬間緣兩道皆有供奉官非惟節將心不敢安難於擇便亦恐營柵甚暑不易祇供望賜詔各令且回兼詔示王宰石雄亦不可稍緩之意但云時方炎暑恐供奉在彼有妨戎事任卿自擇便利不得安閒

請准兵部依開元二年軍功格置跳盪及第一第二功狀

開元格臨陣對寇矢石未交先鋒挺入陷堅突衆賊徒因而破敗者爲跳盪



右開元中酬跳盪功止於武官及勳比今日流例卽事校簿其立跳盪功與格文相當者不問軍將官健白身便望授監察御史如巳是御史者超兩資授憲官巳至常侍大夫者臨時別望優與處分其先鋒第一功如有官者便授檢校將軍卿監累官至賓客者卽授御史其第二功無官者授（一作擢）檢校少卿監及中郎將累官至賓客者卽與御史

開元格跳盪功破賊陣不滿萬人所叙不得過十人若萬人以上每一千人聽加一人其先鋒第一功所叙不

得過二十人第二功所叙不得過四十人

右三等立功人數請依開元格收叙如過此數並望落下

開元格招得一萬人已上其頭首一人准跳盪功例一千人已上准第一等例賊數不滿千人量差等處分

右若依舊格難有此例今望招得一千人便准跳盪例五百人准第一等例五百人以下節級處分

開元格每獲一生酬獲人絹十疋

右緣並無軍將官健等第稍似不備今請獲賊都頭賞絹三百疋獲正兵馬使賞絹一百五十疋獲副兵馬使都虞



候賞絹一百疋都虞候以上仍並別酬官爵如是官健仍優與職名獲賊十將賞絹七十疋獲賊副將賞絹三十疋獲賊赤頭郎及劉稹新召宅內突將賞絹十疋獲賊長行賞絹三疋如是土團練鄉夫之類不在此例每獲生口便望令所獲人對中使點勘上歷不得令有虛妄其賞給時亦望令中使自對面分付

以前件開元格如前臣等商量緣比來大陣酬賞只是十將以上得官其副將已上至長行並無甄錄今但與格文相當即便酬官所冀盡沾渥澤又緣每陣獲生並有優賞今據開元舊格等級加恩如此則須賞有名人心知勸如蒙允許望各賜詔仍封賞格令牓示三軍未審可否

## 奉宣石雄所進文書欲勘問宜商量奏來狀

右臣等商量賀意比因楊弁作亂之時已涉賊中言語究其蹤跡必非循良深知王宰不知爲其詿誤若不尋問旬月後王宰的自知見朝廷隱忍必懷憂負又不一度明辨石雄轉有所疑望付封晉絳所進賊中文書詔示王宰及守度對王宰追賀意勘問如審有潛報蹤由便就行營按



軍令如涉曖昧即令王宰差使押領送上都其遊奕差替聞奏仍望詔示石雄未審可否

## 論赤頭赤心健兒等狀

右健兒等敢同元惡久抗王師比屋皆誅未足塞責然以此軍忠義未嘗失節艱難已後頻立戰功赤頭赤心皆是賊妄立此名以張聲勢未必人皆敢勇生死一心所慮玉石俱焚善惡同棄詔王宰石雄義逸國亮許其自相糺出如是鄆州父兄子弟及從諫處招到兇惡將健等乘用兵後爲劉稹出死力戰鬭先犯官軍毀罵行營節度使者任

自推出卽免累及平人伏料如此號令必不敢容蔽兇黨其合誅戮者亦自甘心昭示四方稱朝廷弔人伐罪之意如蒙允許望付翰林約此意詔示未審可否

論堯山縣狀

右臣等見鎭州奏事官梁居簡稱城內並無禮於元逵兇惡頭首推出二十餘人並梟戮訖其餘皆懼殺戮卻閉城門伏以寇孽既平盡是國家城鎭控制河朔須存壘垣豈可更令元逵窮兵攻取望中使賜城內將士勅書招攜各令安堵仍賜元逵詔便令抽兵歸本道并賜盧鈞詔亦令



自遣使安存未審可否

奏磁邢州諸鎭縣兵馬狀

右件州縣兵馬並准江淮諸道例割屬本州收管所有解補並委刺史自處置訖闕二字如鎭遏十將以上是軍中舊將兼有憲官不願屬刺史者並委盧鈞追上驅使

潞磁等四州縣令錄事參軍狀

右緣地貧俸薄無人情願多是假攝破害疲甿望委吏部於今年選人中揀幹濟曾有績効人稍優一兩任注擬其俸料待勘數到續請商量聞奏

以前並是積久之弊且要改張所冀刺史得主兵權免受牽制官人皆由選擇可委緝綏既無軍頭干侵自然得施教化臣等商量如前未審可否

論邢州狀

右邢州城門盧宏指稱劉從諫安置昭義軍額龍岡縣安置邢州額刺史李行循見在縣中安置伏以朝廷制置必在正名劉從諫曾不聞奏擅自移改臣等商量邢州額望依前於城安置刺史便勒移入州內如亭臺有僭侈處並勒毁拆訖聞奏龍岡縣依前充縣令理所



巡邊使劉濛狀

右緣李回等稱黠戛斯使云今冬必欲就黑車子收回紇可汗餘燼切望國家兵馬應接黠戛斯使回日已賜勅書許令幽州太原天德振武各於路邀截出兵伏以控馭蕃戎最在誠信既有期約不可參差須遣使臣早爲布置其劉濛使望靈武至天德振武取太原路赴京兵力素全番人至衆只要令先事揀練兼修整器械緣累年用兵討所闕者最是兵仗早須爲備擬仍令代北諸軍鎭添補逃亡官健及點檢退渾沙陀等部落樅樅排比至防秋時且各

令於把頭烽內要害城鎮屯集待知回鶻指的消息卽於山外邀截其天德自西受降城至振武穿陰山賊路如有要路削及添木石塡塞處早令下手修繕仍於要路深掘壕塹多置陷馬坑須防黠戛斯向北蹙逐回鶻入塞唐突緣天德振武兩處兵力寡少恐須臨時接借望委劉濛與節度防禦使仔細商量據下切要聞不得妄令申請其幽州兵馬至多不得先令排比待冬至初續降中使賜詔如蒙允許望付翰林約此意各賜詔處分未審可否

昭義軍事宜狀



右今日見石雄報狀盧鈞因出城至斐村送兵馬步軍遂回旗刼掠以此知盧鈞都不曉戎事從前發遣兵馬節度使不合出子城諸城門亦合先布腹心把捉聞昭義軍中畏懼石雄稍甚如軍亂未定且要石雄提挈精卒自至澤州移牒索亂軍頭首如送出首惡其餘不問計必當無事如指揮未定且要分五百人兼揀好將鎭守端氏城其端氏城是劉從諫近年修築非常牢固去年劉稹阻命安全慶軍元在端氏所以敢擾西界今若分兵鎭守端氏卽翼城盡無可虞又恐亂軍潰散於諸處刼掠河陰兵馬切不可抽亦須稍加警備石雄忠勇思慮恐未周至伏望賜密詔處分謹錄奏聞

請先降使至党項屯集處狀

右伏以前代伐叛皆須先諭文誥倘未柔服則當臨以兵威古人云明其有罪敵乃可服緣党項自麟府鄜坊至於太原徧居河曲種落實蕃其間皆有善良豈敢盡爲暴害況北有殘虜西有犬戎使其貳心終成邊隙切要存以大信示以優恩撫納不悛然加顯戮便須擒盡首惡永絶禍根如此則朝廷誅之有名彼亦無怨臣等商量望差給合



一人令邊鎭出兵護送且至叱利鎭城下密召酋長喻以國恩問其屯兵事由有何冤屈旣命親王爲帥又有巡院監察只合詣闕伸冤豈可便興師旅殘毀城戍焚爇村閭百姓何辜受此塗炭其首謀逆叛及打破邠寧鹽州界城堡罪人並須分別送出仍須自本族酋長不特是族內平人善惡旣分邊境寧靜卽且爲容忍待之如初若不送罪人猶敢嘯聚必當大兵誅討他日不得有詞如蒙允許臣等續揀擇使臣聞奏仍望付翰林約此意撰勑書未審可否

## 論鹽州屯集党項狀

右。党項久爲劫盜。須示嚴刑。比者且務含容。猶可待之恩信。今者自知惡稔。朝廷將欲剪除。必恐轉不自安。更懷奸計。出師則鳥散山谷。抽兵則蟻聚塞垣。日往月來。漸成邊患。望賜王釗士幹詔。及其屯集未散。速令攻討。如已退散則須乘此兵力驅出南山其打破城堡及於叱利鎮屯集者卽且驅出。令於平夏放牧。不得更過山險。切須分別詳審。不得枉及無辜。務令邊塞永清。商旅無滯。兾因此舉。盡獲叛徒。未審可否。



## 討襲回鶻事宜狀

右。臣頻奉聖旨。緣回鶻漸逼把頭烽。早須討襲。兼如何取得公主者。臣久經思慮。非不精詳。回鶻皆騎兵。長於野戰。若在磧鹵。難與交鋒。雖良將勁卒。無以制勝。臣比聞戎虜不解攻城。則知除馬上馳突。其佗並不慣習。臣料必無遊奕伏道。又未會斫營。倘令石雄以義武馬軍一千騎。兼揀退渾一千騎。精選步卒。以爲羽翼。銜枚夜襲。必易成功。臣夙夜籌度。無出此計。如以爲允。伏望各賜密詔處分。臣伏望留中不出。

## 論幽州事宜狀

右。臣伏見報狀。見幽州雄武軍使張仲武已將兵馬赴幽州。雄武軍使今日奏事官吳仲舒到臣宅。臣扶疾與之相見。細問雄武。只有兵士八百人在。此外更有土團子弟五百人。臣問兵馬至少。如何去得。仲舒答臣云。只繫人心歸向。若人心不從。三萬人去亦無益。據此說。卽是仲武得幽州人心。又云。張絳初處置陳行泰之時。已曾喚仲武。欲讓與留務。是衙門內一二百人未肯。仲武行至昌平縣。去幽州九十里。卻令歸鎮。臣又問萬一入不得。卽有何計。仲舒



云。幽州軍糧並貯在嬀州。及向北七鎮。若萬一入未得。卻於居庸關守險。絕其糧道。幽州自存立不得。伏以陳行泰張絳。皆是邀求符節。固不可比仲武先布款誠。候朝廷指揮。因此拔用。必能盡節。加之恩寵。亦似有名。緣在假未獲面奏。謹先密奏。伏望留中不出。

## 論田羣狀

右。臣數日來竊聞外議云。田肇緣田羣抵法。不食而終。義動人倫。無不傷歎。伏見後漢時河間尹入潁川人史玉。皆坐殺人當死。尹次兄初史玉母渾。皆詣官曹求代其命。因

繼而物故漢帝哀之並赦其死既有故事敢不密陳臣若於中書公論必外爲人傳說臣對諸宰臣不敢議及此事今手狀陳奏實願發自天慈必冀中外人心無不感說臣與田牟兄弟唯識其面未嘗交言班行具知非敢謬妄況臣年近六十位忝上公唯願竭肺肝上裨聖德豈敢稍涉情故罔惑聖聰此伏願留中不出狀

論劉稹狀

右臣適見度支報狀王宰已似納其情款發使之時不以先聞便受表章欲自擅招撫之功昔韓信破田榮李靖擒



頡利皆是納降之後潛兵掩襲只可令王宰失信豈可損朝廷武威建立奇功實在今日必不可以太原小擾失此事機緣內養尋常充使恐節將未便承稟伏望降供奉官今日便赴行營自首進軍掩其無備兼許三軍倘立殊勳必比諸軍倍加賞賜如劉稹已出潞府須令全家面縛兼郭誼劉公直張谷陳揚庭李仲京等面縛即受領如劉稹自來卻令送回輒不敢受兼要降供奉官至晉絳行營密諭石雄若王宰已納劉稹即石雄無功可紀累經大陣自當矢石垂成之際須自取奇功便看齊入勿失此便

太原狀

右太原只自貧虛犒賞不足從前人心忠順況一千五百人豈足爲事必不可姑息寬縱況兵事未罷深慮所在動心望賜李石詔且令身赴行營於側近徵兵討亂兼遣義忠卻赴太原許罪其首惡其餘一切不問若兵力可及便須翦戮頃年張延賞在西川因張朏作亂走至漢州卻得入成都今令李石且依有兵處卻入則不損朝廷威命兼不妨榆社有兵望降使處分

以前件臣緣假日兵機切速不暇與李紳等參議謹密



狀奏聞如蒙允許便望今日

論鎮州奏事官高迪陳意見二事狀（請官軍回避偷兵處不戰）

右高迪稱賊中更無他計只是潛抽兵併向一處排陣引官軍索戰官軍即須探知若攻城寨來即要與戰如不來並不要將兵逼逐緣偷兵併來停住三日不得即須卻歸本處但三四數度不與戰即賊知官軍覺其情計自然喪氣如此不得便宜後必軍人別有變故每度出軍排陣官軍便逼逐與鬬皆是落賊奸計一度小得便宜後知官軍三個月瘡痍未復即撤兵又向別處切要王宰石雄義忠

常密遣細作探知偵知諸處抽兵來卽不要戰知抽兵郤兵虛處卽入兵攻討但常如此支敵萬萬不落便宜

第二狀

右高迪稱鎭州魏博兵馬至多並未分得賊勢緣不離舊處下營一兩個月一度將兵深入燒掠村閭驅討牛馬與乞火相類賊中並固守城邑外有村閭牛馬賊亦不惜今須令鎭州兵馬移軍下寨扼其要害每移三二十里卽得魏博卽須令早過漳河若且如今日下營處賊中都未忙忽灼然分賊勢未得又云河北節度使朝廷若會其情甚



易驅使每賜詔切要好言語優獎彼此不要令知與元逵詔卽須云一切委任元逵與宏敬詔卽云一切委任宏敬但稍示親信必自盡心

以前謹具如前高迪雖是河北軍將臣每度與言頗似忠信盡望付翰林約此意賜元逵宏敬王宰石雄義忠詔所冀速平殘寇謹錄奏聞

欽定全唐文卷七百三

李德裕八

任畹李丕與臣狀共三道

右臣緣小寇未殄前月末與河中畱後任畹委曲令轉問李丕有何方略一一條疏報令得任畹書并封送李丕狀兩道並謹封進其李丕狀一道論請依前取黃澤嶺路斷賊要害臣近訪知魏城路又狗脊嶺東西經五月十四日陣破賊掘坑塹至深必恐進兵不得古人云戰不勝則易地而處伏望密詔義忠朝淸潛移兵取黃澤路掩其不備



得否令子細籌度如可去便候進止事貴神速須務至密機計倘漏還備隄防其一狀請令諸軍各齎十日乾糧深入過險此亦是用奇之計伏望約此意賜石雄王逢詔令如此排比石雄就河府王逢就絳州各曬乾糧緣日色猶烈數日可致兼各賜度支側近軍糧米一二千石尤冀集事臣緣寇孽未翦每得四遠文狀皆願一一上聞頻瀆宸嚴不任惶惕伏望畱中不出

續得高文端賊中事宜四狀

高文端稱直下打澤州城恐損官軍兵馬緣賊兵原有一

萬五千人常出一半已上於四面山谷埋伏待官軍打城困乏即四面齊來救援恐落賊奸計其陳許軍請過乾河北逼澤州更下一寨城寨連接更築鹿項夾城但從一面起手圍繞澤州每日常須大兵排陣四面抵敵賊救兵賊心危急恐被圍合必有大戰待賊軍退敗乘勢便收澤州如此則不損官軍免落奸計伏望依此詔示王宰

請令王逢進軍取賊固鎮兩寨但兩嶺上排陣直抵賊固鎮寨當川亦須著兵亦抵賊寨緣固鎮兩寨四面懸崖官軍便打必恐損人難收其賊寨更無井水盡吃泉水在寨



東南澗內約一里已來但逼賊寨三兩日絕其取水路賊軍無水可吃即須拔寨退走官軍便可進固鎮東十五里是青龍寨在嶺北側上四面並是懸崖取水亦在寨外還依固鎮寨絕其取水路即是青龍寨東去沁州十五里城寨至牢固賊兵約一千五百人內五百人土軍團練全安慶自領伏望依此詔示王逢

長橋賊都頭王釗約將一萬兵今在洺州城內緣劉稹處置卻失天井關都頭薛茂卿一門又處置卻邢洺兩州救援兵馬使談朝清兄弟三人王釗自此疑懼劉稹差親器仗官賈少遇追王釗入潞州並不伏追官健一時叫闕王釗已持兩端必不肯爲劉稹用命本是潞州子弟見有兄弟數人在軍材能最出於衆若招降至多必恐顧惜家口又官健投降後爲諸軍所殺亦恐非願惟密將意與王釗令將一萬人卻入潞州處置得劉稹別與一道節度使兼與檢校高官更別賜錢物高文端云官健受苦日久朝夕難過家屬盡在潞州若遣回軍必皆情願臣恐宏敬不知王釗不伏劉稹追呼伏望專降中使密賜詔示令依此速致意與王釗取其回意聞奏河朔多冀邑人若遣傳意計



合必達

臣問高文端賊中誰人作急高文端云潞州城內即有郭誼王協張谷向外即劉公直臣先得元龜狀稱劉公直曾事王晏平常依倚於王宰伏望詔王宰令百方將意與劉公直若肯回戈卻取劉稹亦許別與重官酬仍別賜錢物

以前謹具如前昨日高文端到宅辭臣因子細問得賊中事宜兼共商量計策皆似可謹錄奏聞謹奏

## 天井冀氏事宜狀

右臣昨日晚見鎮州奏事官高迪云向前已曾向臣言軍

中密事。今更有切事要言於臣。請不令王助知。今山東三州歸降已平了。天井冀氏卻須令堅守城寨。不得與戰。不二十日內必自生變。緣賊已窮蹙。不可更逼著。恐其計窮必爲濟河焚舟之計。一人敵十人之命。官軍與戰。必恐不利。若萬一小衄。卻恐延賊旬月之命。緣臨洺已投魏博。當道兵馬過來不得。請召宏敬速撥兵取臨洺路。便扼武安潞府知山東兵來。必梟擒劉稹向闕。臣伏見高迪之言至忠至切。伏望速賜宏敬王宰石雄詔處分。謹密狀奏聞。伏望留中不出。



洺州事宜狀

右適徐迺文將宏敬委曲呈臣。似憂朝廷處置洺州。亦未得所。臣細問其故。徐迺文云。安王已送款狀與王釗。高元武又歸投王釗。即日有二萬六千人。甚得軍心。都頭盡皆畏伏。取郭誼未得已前。且要令在洺州勾當。緣歸降人皆未甚安。忽恐惜留王釗。未肯放出。萬一有此。終不如無。伏望速降使賜宏敬詔。看彼事宜。如王釗出彼未得。且令勾當。待盧鈞到後。令赴闕不遲。崔叔度是王釗下都頭。甚有膽略。昨來首謀歸國。盡是叔度。王釗未出已前。宏敬意且欲留叔度。今在闕下。伏望於安省安置。其宏敬委曲。謹封進上。委曲中所云中丞。是李回。謹錄奏聞。

回鶻事宜狀

右自劉稹平後。臣久欲奏聞。請降識事情中使宣諭仲武令早滅卻殘虜。兼探仲武見劉稹平後。有何言說。兩度緣延英論事校多。未及陳奏。昨日奏事官論博言到。傳仲武語與臣。近稍得回鶻消息。人心頗有離異。緣可汗欲得投安西。其部落百姓皆云骨肉盡在向南。願投國家。又云與室韋已不得所。據此時勢。即合歸降。不然自相破滅。伏望



因此機便。特降供奉官有才識者充使。兼賜仲武詔。諭以劉稹已平。天下無事。惟殘虜未滅。常繫聖心。仲武猶帶北面詔討使。合爲國家了卻殘虜。成此功業。令超於鎮魏。朝廷酬報。必極優崇。料仲武企羨兩道立功。皆加寵位。又知朝廷內無寇孽。足得捍邊。仲武是見機之人。必思自効。令取歲內百計招降。兼示以優待可汗。必令得所。緣國家與回鶻久爲敵國。結怨已深。雖近方戢兵。終須早有經略。且令招誘。最爲得宜。臣謹密狀聞奏。此狀望留中不出。

振武節度使李忠順與臣狀一道

右今日振武奏事官閻邱宏到云卻收到河東没落官健楊惟清等二人稱回鶻可汗在天德北三百里已下臣昨日已見李思忠下軍將閻禺說思忠意緣朝廷册命黠戛斯恐回鶻可汗必懷嫉妬與諸小番合勢遮截漢使請令漢兵且於天德住待計會黠戛斯兵馬迎接方可進發令忽近天德已似有驗其邊界事宜李思順皆自有表進訖李思順別有狀一道稱回鶻合祿哈等一人投降賫得款云可汗見在兵只有一千五百人衣甲約六七十領角有三隻鼓有四面每度與諸番打得羊馬數亦至少旋自分



卻據此通款事皆詣實李忠順疑蕃人詐妄未敢奏聞其別狀謹封進上伏望聖慈早加警備以戒不虞臣此狀請留中不出

## 潞州事宜狀

右臣伏見報兵馬不肯發赴振武閉城叫反古人云敗軍之氣沒世不復今潞府乘破敗之後又失天險只是憚於征役豈敢更爲逆命亦恐是盧鈞姑息太過軍人知其畏懦因此生心然亦須及其事初預爲之備臣比見叛亂之地皆是制置太遲及朝廷徵發賊已處處設備兵法云疾雷不及掩耳又云用兵只聞拙速不聞巧遲去春楊弁便是速討之力旬日而平望賜王宰密詔令府城下揀四千人縱縱排比如已聞作亂不要更待詔旨令一千人守石會關令三千人取儀州路把斷武安緣軍糧兵馬多在山東但遣邢州不通自然駐旬月不得邢洺之心未可保亦望密詔王縱温士闕各令自守不得出兵惟要於武安路太原兵馬遥爲聲援最切在令山東斷絕卽立可誅翦縱萬一無事不妨且賜密詔王宰先知石雄勇於赴敵計亦知警急必便澤州亦要賜澤州詔守並須用河陽兵馬不



得用昭義舊人亦要賜恭甫詔知有警急發馬步一千人赴晉州屯集以防越軼臣思慮所及不敢不便奏聞伏望留中不出

## 論昭義軍事宜狀

右適魏博奏事徐迺文見臣云昨日聞三道使出城一道往魏博恐令宏敬出軍卻慮三州不安實非穩便臣當時說向聖意只令石雄至潞州界首搜索惡人恐三州未諭朝旨知宏敬忠藎故令中使先往遣宏敬安存三州並不徵發迺文稱若如此處置至爲切當緣涉縣正當山東糸

口。絶是要地。有鎭兵五百人已下。去潞府一百六十里。軍糧至多。潞州官健月糧皆在此請受。恐潞府叛兵急則投竄。涉縣搖動三州。切要國家先遣兵把捉此鎭。有昭義舊都押衙焦長楚是本軍舊人。劉從諫降黜。令往山東。今在邯鄲。若朝廷特賜一詔。令鎭守涉縣。兼把捉潞河嶻子口。至爲穩便。如焦長楚不可委信。朝廷專揀一武將速去亦得。古人云。耕當問奴。織當問婢。蓋以其雖是下賤。能識耕織之故。臣不諳澤潞界内山川。見迺文所說。稍似有理。不敢不便密狀聞奏。望賜留中不出。



## 進上尊號玉冊文狀

今月二十一日奉宣令臣撰文者。臣聞王充云。古之帝王建德者。須鴻筆之臣褒述紀德。又揚雄云。郎廟之上。高文典冊用相如。臣本以門蔭入仕。不由俊造之選。獨學無友。未嘗琢磨。然心好藝文。老而不倦。近加衰病。久廢含毫。祇奉渥恩。實懷榮懼。謹以撰訖。謹連封進。不任兢惶隕越之至。謹錄奏聞。伏候敕旨。

## 進上尊號玉冊文狀

奉宣令臣撰文者。伏以陛下聰明神武。高視百王。伐罪成功。清和六合。雖有鴻筆。猶難措詞。況臣從吏多年。文業久廢。克勵疲病。莫副殊知。祇荷明恩。倍懷兢惕。謹以撰訖。謹連進上。不任榮忭惶越之至。謹錄奏聞。伏聽勅旨。

## 進眞容讚狀

奉宣令臣撰者。臣幼習儒風。莫能勵已。長從吏役。無所成名。雖嘗忝禁林。獲掌綸命。學旣慚於刻鵠。文有愧於雕蟲。陛下假以恩光。常加寵飾。賜令撰述。益荷殊榮。但以談天者豈測其高。酌海者莫知其廣。聖功神武。睿德文思。雖欲贊揚。實慚不逮。今已撰訖。謹連封上。塵黷嚴宸。無地自容。不任兢惶榮抃之至。



## 進幽州紀聖功碑文狀

奉宣令臣譔述者。伏以北狄强悍。勇於四夷。前代聖王。莫能制服。昨者回鶻雖乘危蹙勢。已內侵。豺狼之師。尚餘十萬。陛下神武雄斷。智出無方。震天威以霆擊。碎獮戎而瓦解。武功盛烈。高視百王。豈比周穆犬戎之征。荒服不至。漢武馬邑之詐。羣帥無功。將垂耿光。宜著鴻筆。臣學藝荒淺。久病衰殘。紀軒后之功。徒知竭思。叙唐堯之德。終愧難名。採其功狀。稍似摭實。今已撰訖。謹連進上。輕黷宸扆（一作嚴）

不任惶越謹錄奏聞

進頡戞斯朝貢傳圖狀

臣二十一日於延英面奏吕述等准勅訪頡戞斯國邑風俗編爲一傳今修撰已成稍似詳備臣伏見貞觀初因四夷來朝太宗令閻立本各寫其衣服形貌爲職貢圖臣謹令畫工注（一作潛）寫注吾合素等形狀列於傳前兼臣不揆淺陋輒撰傳序所冀聖明柔遠之德高於百王絶域慕義之心傳於千古輕瀆宸嚴伏增兢懼謹封上進

進侍宴詩一首狀



伏以六合清和四夷慕義芳春令節錫宴羣臣見膏露之晞陽喜薰風之解愠萬心歡樂累日忘疲伏惟陛下睿德日新文章天縱詞高黄竹思縟白雲含毫而瑞景揚光摛藻而非煙動色臣早司綸綍嘗忝内庭雕蟲薄技實慼憲宗穆宗文宗知奬不揆淺薄輒進詩一首輕瀆宸嚴伏增惶惕謹隨狀奉進

進新舊文十卷狀

四月二十三日奉宣令狀臣進來者伏以揚雄云童子雕蟲篆刻壯夫不爲臣往在弱齡卽好詞賦性情（一作情性）所得衰老不忘屬吏職歲深文業多廢意之所感時乃成章豈謂擊壤庸音謬入帝堯之聽巴渝末曲猥蒙漢祖之知跼蹐慙惶神魂飛越謹錄新舊文十卷進上輕瀆宸嚴無任兢惕

進瑞橘賦狀

今月十九日聖恩賜臣朱橘三顆者伏以遠自湘山移根清籞蒙雨露之渥澤庇日月之休光始發素榮俄成丹實誠宜奉金華之宴助玉食之甘豈謂恩及賤微獲觀嘉瑞臣久參綸命常効雕蟲仰荷皇慈輒獻小賦輕黷宸扆倍



積兢惶臣又伏見元宗朝種柑結實宣付史館祖宗故事敢不奏聞其賦謹隨狀上進臣不任感恩踴躍之至謹奉狀以聞

進西南備邊錄狀

伏以犬戎歷代爲患國之仇讐南蠻自經負恩常懷反側西蜀兩路實繫安危臣頃在西川講求利病頗收要害之地實盡經遠之圖因著西南備邊錄十三卷臣所創立城鎮兼畫小圖米鹽器甲無不該備昔蕭何收秦圖書具知阨塞軍國之政莫切於斯謹封進上庶裨聖覽第四卷敘

維州本末尤似精詳所冀聖慈知臣竭力奉公盡心立事所至之地不敢苟安輕黷宸嚴伏增戰越

## 論遊幸狀

人君動法於日

右臣竊見近日陛下畋遊稍遠還宮近夜伏以人君動法於日故日出而視朝日入而宴息古人云將旦清風發羣陰伏君以臨朝不牽於色日將入傳曰侍君就房有常節伏望陛下深察古人之言向後遊幸不至侵夜

人君動敬天道



古以人君天之所予常宜奉順天道亦猶人臣之事陛下常須戒慎臣雖暗昧不知天道近頻見中朝人說自秋已來五星所行稍失常度此皆天意殷懃儆戒陛下毛詩云敬天之渝無敢馳驅又古人云動人以行不以言應天以實不以文伏惟陛下稍節馳驅以順天意

以前臣伏蒙陛下自遠鎮授之鈞衡若畏避不言實負恩德不敢對諸宰臣論奏謹具密狀以聞不任惶懼迫切之至

## 請於太原添兵備狀

右緣嗢沒斯等本國殘破未有所歸逗留塞上今已歲周雖近有恩賜喻其歸還然本蕃未寧時屬寒沍馬畜羸乏必難首途回鶻和好多年忠効久著雖在邊境之內計無侵軼之虞臣等所慮吐蕃變詐多端不可測度或謂朝廷方備北虜未暇西防或云嗢沒斯招來黠汗回鶻乘此機勢謀陷豐州緣元和十三年已曾此來不可無備太原兵額雖存皆被軍將放卻散諸處緩急點集至難臣等商量請發陳許步軍三千人鄭滑步軍三千人令至太原屯集如北邊有警則大同軍正當賊路足應事機如河西有虞



便令取嵐石路過河至亦近便況兩道人心忠義徵發不難只如一年防秋無所損費臣等詢於物議皆願有此隄防伏惟聖明特賜允納

## 請遣使訪問太和公主狀

右伏以元和中回鶻累請和親憲宗不許至長慶初穆宗以北虜代結姻好中國無虞邊境晏然生人受福所以割慈下嫁用示懷柔今回鶻國已破亡公主未知所在若不遣使訪問慰其艱危戎狄必謂國家降主虜廷本非愛惜便懷輕易之意永無敬重之心非止甚傷虜情實亦負於

公主臣等商量望令苗鎭將一二十輕騎齎詔書先至嗢沒斯處令其轉差人送入至公主所在若嗢沒斯便受朝旨固表恭順之心若辭拒此行足彰背叛之跡因此偵察無所隱情伏希聖旨特賜省察

論幽州事宜狀

右臣等今月五日於紫宸陛下訪問劉約事宜令臣等亦與君賞一書諭以此意臣等將謂君賞久在河朔諳練戎機遠授規模必副聖意君賞只合自出己意潛道款誠事從乖張泯然無跡豈有將朝廷密旨顯示亂軍激其悖心



致此章表兼見君賞與張絳手疏詞甚卑遜非惟失將帥之體實亦失忠藎之誠近者何重順未得節制初遣茂復諭旨又遣執方致書臣等兩度令元寔申意料重順豈不知是朝廷密諭然竟無大將軍表終守恭順之詞所以授之有名不紊朝典幽州一方自朱克融畱連中使不受賜衣繼以楊志誠累遣將吏上表邀求官爵自此悖亂之氣與鎭魏不同今若便與闕二字實爲朝廷之恥伏望且逗畱旬月更候事宜克恭慊回日伏望不賜詔書庶全事體

論儀鳳以後大臣褒贈狀

故中書令郝處俊

右儀鳳元年八月高宗將傳位於天后處俊對曰天下者高祖太宗之天下也非天皇之天下也天皇只合謹守宗廟傳之子孫誠不可持國與人有私於天后其事遂止處俊後子孫爲酷吏所害

故文昌右相岑長倩

右天授初鳳閣舍人張嘉福與王慶之等率數百人連名上表請立武承嗣爲皇太子長倩與地官尚書格輔元竟不署名以中宗在東宮不可更立武承嗣言詞切直仍責



上書者遣散爲承嗣所害

故御史大夫同鳳閣鸞臺平章事格輔元

右張嘉福請立武承嗣爲皇太子天后問輔元輔元固稱不可爲武承嗣所害

故右衛將軍李安靖

右天授年王公百僚皆勸革命安靖獨義形於色及被收下獄來俊臣詰其反狀安靖謂曰以我是唐家老臣須殺任殺若問其謀反實無可對爲俊臣所害

故贈越州都督徐有功

右當天后革命之初宗室英賢將相耆老忠於國者相繼受誅徐有功自司刑丞累遷至司刑少卿數議大獄務在平恕凡所濟活者數百家前後奏雪枉破家者三經斷死而執志不渝兼明元宗外祖母龐氏之冤開元中贈越州都督就第弔祭贈物三百段一子官

以前臣等伏見元和以來褚遂良狄仁傑張柬之等子孫累有恩制授惟此數家未蒙甄錄望各訪求子孫承嫡者特授一官如先未有謚者各令有司定謚如無子孫特與追贈所貴百代之下再振清風海內忠良無不感厲未審可否



論故循州司馬杜元穎狀

右臣等商量杜元穎雖失於馭遠致蠻寇內侵然握節嬰城舍生取義圍解之後懲貶不輕但以蠻夷之情不可開縱若爲之報怨以快其心則是不貴王臣取笑戎狄漢景所以聞鄧公之說恨鼂錯之誅元穎長慶之初首居宰弼潔廉畏法忠藎小心雖無光赫之名頗著直清之稱既逢昌運合與申冤望乞還舊官階等仍追贈右僕射未審可否

第二狀奉宣令更商量奏來者

右臣等商量比聞外議皆以元穎不能綏撫南蠻又無備禦責此二事以爲愆尤臣等究其情由實有本末緣韋皐久在西蜀自固兵權邀結南蠻爲其外援親昵信任事同一家此時亭障不修邊防罷警若後人加置一卒繕理一城必有異詞便乖隣好自武元衡以後三十餘年戎備落然不可獨責元穎蠻退後京城傳說驅掠五萬餘人音樂伎巧無不蕩盡緣郭釗無政都不勘尋臣德裕到鎭後差官於蠻經歷州縣一一勘尋皆得來名具在案牘蠻共掠九千人成都郭下成都華陽兩縣只有八千人其中一人



是子女錦錦雜劇丈夫兩人醫眼大秦僧一人餘並是尋常百姓並非工巧其八千九百餘人皆是黎雅州百姓半雜獦獠臣德裕到鎭後移牒索得三千三百人兩番送得與監軍使於龍興大慈寺點閱並是南界蠻獠緣朝廷寵待如舊從此蠻心益驕今西川節將惟務姑息臣等所以薄元穎之過謂合追榮頻承顧問不敢不縷悉聞奏況元穎歿後五經大赦下位卑官皆得追復官爵倘聖旨以贈與爲優望只准赦文卻還舊爵其贈官落下未審可否

論太和五年八月將故維州城歸降准詔卻執送本蕃就僇人吐蕃城副使悉怛謀狀

右臣頃蒙先朝授劒南西川節度使其悉怛謀雖是吐蕃酋長久樂皇風將彼堅城降臣當道臣差行維州刺史虞藏儉便領兵馬入據其城飛章以聞先帝驚喜其時與臣仇者望風疾臣遽興疑言上罔宸聽以爲與吐蕃盟約不可背之必恐將此爲詞侵犯郊境遂詔臣卻還此城兼執送悉怛謀等令彼自僇復降中使迫促送還昔白起殺降終於杜郵致禍陳湯見按是爲郅支報仇感歎前事愧心



終日令者幸逢英主忝被台司輒敢追論伏希省察且維州據高山絕頂三面臨江在戎虜平川之衝是漢地入邊之路初河隴盡歿惟此州獨存吐蕃潛將婦人嫁與此州門者二十年後兩男長成竊開壘門引兵而入遂爲所滅號曰無憂城從此得併力於西邊更無虞於南路憑陵近甸旰食累朝貞元中韋皋以經略河湟此城爲始盡銳萬旅急攻數年吐蕃愛惜既甚遣其舅論莽熱來救雉堞高峻臨衝難及於層霄鳥徑屈蟠猛士多糜於礧石莫展公輸之巧空擒莽熱而還及南蠻負恩掃地驅劫臣初到西蜀衆心未安外揚國威中緝邊備其維州熟臣信令乃送款與臣臣告之以須俟奏報藉探情僞其悉怛謀等尋帥城兵并州印甲仗塞途相繼空壘來降臣即大出牙兵受其降禮南蠻在列莫敢仰視況西山八國隔在此州比帶使名都成虛語諸羌久苦蕃中徵役願作王人自維州降後皆云但得臣信牒帽子便相率內屬其蕃界合水棲雞等城既失險阻自須抽歸可減八處鎮兵坐收千餘里舊地臣見此有莫大之利爲恢復之機所以面許奏聞各加酬賞臣自與錦袍金帶畀俟朝旨且吐蕃維州未降以前



一年猶圍逼魯州以此言之豈守盟約況臣未嘗用兵攻取彼自感化來降又沮議之人豈思事實犬戎遲鈍土曠人稀每欲乘秋犯邊皆須數歲聚食臣得維州逾月未有一使入疆自此之後方應破膽豈有慮其復怨鼓此浮詞臣受降之初指天爲誓寧忍將三百餘人性命棄信偷安累表陳論乞垂矜舍答詔嚴切竟令執還加以體被三木輿於竹畚及將即路冤叫呼天將吏對臣無不隕涕其部送者更遭蕃帥譏誚云既以降彼何須送來乃卻將此降人戮於漢界之上恣行殘忍用固攜離至乃擲其嬰孩承

以槍纍臣聞楚靈誘殺蠻子春秋明譏周文收送鄧叔簡冊深鄙兇乎大國貢此異族塞忠款之路快凶虐之情從古以來未有此事伏惟仁聖文武至誠大孝皇帝陛下振睿聖之宏圖得懷徠之上策故南蠻申請朝之願北虜効款塞之誠臣實痛惜悉怛謀等舉城向化解辮歸義而未加昆邪之爵不賞庶其之功翻以忠愛受屠爲仇讐所快身遭此酷名又不彰職由愚臣陷此非罪雖時更一紀而運屬千年所以具陳根本不憚繁細冀蒙睿鑒追獎忠魂伏乞宜付中書各加褒贈冀華夷感德幽顯伸冤警既往



之倖心激將來之峻節臣無任懇願之至

論救楊嗣復李珏陳夷直狀

右臣等聞向外傳說紛然陛下皆遣中使未測其由臣等相顧憂惶不知死所嗣復等所涉議論實負聖明臣等所以顯書其罪不爲未減只望止於竄逐用戒羣邪古人稱刑人於市與衆共棄陛下若以嗣復等罪狀必不可容伏望且降使臣就彼鞫問待得其罪顯戮不遲如便遣使必遺後悔文宗只緣貶宋申錫更不按問至今人以爲冤臣等於嗣復等實無情故所利者宗廟所惜者聖明不欲令一事駭聽失天下之望若使四方將相或以此爲詞臣等避罪不言無以塞責伏望陛下特回宸慮下納愚忠臣等餘年方敢自保陛下若以臣等事君不盡情涉容姦先罪臣等實所甘分輒陳肝血不避嚴誅不任懇切兢惶之至謹俯伏待罪望速降勑旨

第二狀

右臣等適以有狀論奏未奉聖旨今向外之心驚駭不知所爲臣等若苟務偷安不更冒死陳奏必恐旬月之後人情皆以爲冤陛下此時追悔無及臣等昨者商量之初只



以嗣復等所涉議論不可令在藩鎮止於貶責足以塞辜如更過於此實搖動天下之心必損聖明之德如以臣等情涉顧望伏望先罪責臣實所甘分臣等專在中書伏望特開延英賜對得面陳肝血死無所恨

第三狀

右臣等適再已陳奏未奉聖旨伏見貞元初宰臣劉晏緣德宗在東宮時涉動搖之論竟以此坐死旋則朝廷中外皆以爲冤兩河不臣之地悉恐亡懼德宗尋亦追悔官其子孫近則宋申錫涉交通藩邸貶官文宗尋又追悔至於

流涕如嗣復等螻蟻之命至細至微特賜矜全必彰聖德天下臣子孰不上感天慈不爾恐四海人情自此憂懼臣等亦兢危不暇無以裨助聖明伏望特開延英賜臣等面陳血誠以安中外如蒙聖慈納臣等愚懇伏望更重貶官所冀人心允愜



欽定全唐文卷七百四

李德裕 九

張仲武寄回鶻生口駝馬狀

右臣等舊讀實錄不至遺忘伏思累聖以來未有此例謹按左傳諸侯不相遺俘昔魯受齊俘見譏左氏諸侯尚爲非禮况在台臣臣等忝備鈞衡須謹繩墨若苟受私遺不守舊章則何以上戴聖君儀刑百辟伏望聖恩盡許卻還從此便爲故事仍望許臣與一書報答令其深諭國體其書草續撰進上以聞



前試宣州溧水縣尉胡震狀

右胡震博通六經華皓一志家在海郡筋力未衰臣童幼之時於震受業豈謂年逾四紀位列三公雖自君恩亦因儒訓臣伏以元和二年前揚州士曹參軍薛元造緣與臣亡父授經具表論薦憲宗授越州諸暨縣令臣幸因家門舊事輒敢薦聞伏希聖慈特授浙東管內一官所冀臣報其舊恩獲繼先志既顯華門之士實爲儒者之榮臣不任懇款兢皇之至

論河東等道比遠官加給俸料狀

右河東等道。或與王舊邦。或陪京近地。州縣之職。人合爲樂。只緣俸祿寡薄。官同比遠。元和六年閏十二月十二日及元和七年十二月二十四日勑。河中鳳翔鄜坊邠州易定等道。令戶部加給俸料錢。共當六萬二千五百貫。吏曹出得平留官數百員。時議以爲至當。自後訪聞戶部所給零碎。兼不及時。觀察使以爲虛折。皆別將破用。徒有加給不及官人。近地好官。依前比遠。伏望今日以後。戶部卻與實物。仍及時支遣諸道。並委觀察判官專判此案。隨月加給官人。不得別將破用。如有違越。觀察判官遠貶。觀察使



奏取進止。又選人官成後。皆於城中舉債。到任填還。致其貪求。罔不由此。其今年河東隴州鄜坊邠州新授比遠官等。望許連狀相保。戶部各借兩月加給料錢。至支給時除下。所冀初官到任。不帶息債。衣食稍足。可責清廉。

## 請淮南等五道置遊奕船狀

淮南緣疆界闊遠請令出三百人　浙西宣歙江西鄂岳各出一百人

右訪聞自有還僧以來。江西劫殺。比常年尤甚。自上元至宣池地界。商旅絕行。緣所在長吏。掩閉道路。頗甚怨嗟。望每道令揀前件人解弓弩又諳江路者。每一百人置遊奕將一人。須清白強幹。稍有見會者充。如法造遊奕船。船五十隻。一百人分爲兩番。長須在江路來往。淮南遊奕至池州界首。浙西遊奕至宣州界首。江西遊奕至鄂州界首。常須每月一度至界首交牒。各知界內平安。申報本使。其下番人便於沿江要害處置營。不得抽歸。使下其糧餉春冬衣。委使司差人就營所支給。如三度以下擒捉得賊。委使司超與職名。其官健以下。便以賊贓物賞給。務令優厚。如兩度有賊不覺察。遊奕將科責差替。如容縱賊盜。不問有贓無贓。並委本道差人所在集衆決殺。如賊大段巢穴去處。仰數道計會。一時掩捉。倘去根本。軍將授官酬賞。所貴



鄰接之地。同力叶心。江路盜賊。因此斷絕。臣等今月二十五日已於延英殿面奏。伏蒙聖恩允許。未審可否。

## 論兩京及諸道悲田坊狀

臣等聞卹貧寬疾。著於周典。無告常餼。存於王制。國家立悲田養病。置使專知。開元五年。宰臣宋璟蘇頲奏。所稱悲田。乃關釋教。此是僧尼職掌。不合定使專知。請令京兆按此分付其家。元宗不許。至二十二年十月。斷京城乞兒悉

令病坊收管官以本錢收利以給之令緣諸道僧尼盡已還俗悲田坊無人主管必恐病貧無告轉致困窮臣等商量緣悲田出於釋教並望更爲養病坊其兩京及諸州合於子錄事耆年中揀一人有名行謹信爲鄉閭所稱者專令勾當其兩京望給寺田十頃大州鎮望給田七頃其他諸州望委觀察使量貧病多少給田五頃三二頃以充粥飯如州鎮有羡餘官錢量與置本收利最爲穩便若可如此方圓不在更望給田之限各委長吏處置訖聞奏

## 論田牟請許党項讐復回鶻嗢没斯部落事狀



右臣等雖不習兵鈐昧於邊事然酌其物理情實可知伏希聖慈特賜詳覽比者陛下常慮回鶻國中離散未是實情今據我阿尼伊難珠合等書云此間更無活處即是實耗又回鶻安孝順云赤心宰相問漢國中看你回鶻好無足知依倚大國意甚勤懇今若許田牟徇党項貪利之心不自量力犯必死之虜絶歸款之誠事捷亦損耗甲兵大虧恩信不成則永爲邊患取笑四夷况窮鳥入懷尚須矜憫遠人慕義曾未犯邊自六月至今未嘗捉烽戍一人奪党項一物披誠款塞望闕哀鳴昨者所獻表章詞懇意順棄而不納先務誅夷此不可一也若回鶻國中無釁種落皆安嗢没斯叛逆而來即須拒絶可汗既自失國牙帳已無攜挈傷殘寄命他所嗢没斯等迫於饑困各欲求生田牟執稱背國亡命是去年爲惡徒黨都似與德彝雪屈爲党項報讐察其用情殊非體國此不可二也漢宣帝五鳳中匈奴大亂議者多曰匈奴爲害日久可因其壞亂舉兵滅之蕭望之對曰宜遣使弔問救其災患四夷聞之咸貴中國之仁義其後南單于果是臣服六十年邊境無事今縱不能扶其微弱豈宜因此幸災此不可三也伏望具詔



太原振武排比騎兵於邊上嚴防侵軼待犯國家城鎮然後以武力驅除若只於党項退渾小有劫奪任部落自相仇報亦未可助以甲兵常令大信不渝懷柔得所彼雖戎狄必合感恩待張賈使回足知情實仍望詔田牟不得擅出詭計妄邀奇功兼詔仲武不得納將吏感詞爲國生事如蒙允許伏望付翰林酌此意處分

## 請密詔塞上事宜狀

一據太原奏事官孫儔稱昨來回鶻到橫水柵殺戮軍人百姓今抽在釋迦泊東約西去可汗三百里未知此回

鶻是那頡特下爲復是可汗遣來今且須以此回鶻爲罪人云不受可汗指揮擅自劫掠邊界請密詔劉沔與仲武計會先經畧此賊如可以討逐事亦有名摧此一支可汗必自知懼

一比聞公主與可汗常別居帳幕每見漢使亦是別見望密詔劉沔與忠順守志每有使去即令將密意看方便說諭公主知親廟子孫只合死生爲國常須作計自拔歸投國家不合與可汗同行擾亂邊界如萬一迎得公主亦不得便令赴闕須且留在邊上制置回鶻縱力不



能及只要假公主名號制服蕃人

一又慮回鶻於山林安置老弱家口將精兵逼近城柵攪擾百姓如有此事即須堅壁清野不得與戰其小城堡兵力薄少不堪固守處並望抽入大城回鶻縱得小城亦無用處即別選驍將潛出兵掠其家口輜重此最是制勝之術

右謹件如前望各賜密詔潛令以此爲意

讓司空後舉太常卿王起自代狀

伏惟建中元年正月五日敕常參官上後三日舉一人自代者昔東漢以陳蕃爲三公其上表曰不愆不忘率由舊章臣不如太常胡廣臣伏見前件官五朝舊老一代名臣孔門四科實居其首皐陶九德無不備包足以燮和陰陽允叶人望當唐虞讓德之舉副陛下則哲之知伏望察臣至誠實非飾請所冀虞邱無蔽賢之咎臧文免竊位之譏謹錄奏聞伏候勅旨

加司徒請停冊禮狀

臣伏見今月二十二日制書制授臣司徒仍令所司擇日備禮冊命者臣竊位妨賢允宜黜免聖慈寬宥擢授中台



跼蹐慙惶若臨泉谷伏以明庭授冊上路乘軒豈可以覥冒之容再塵清廟不稱之服重列天衢爲衆目之所嗤致處士之橫議臣且自愧況在周行又以伐叛之時所宜務簡炎蒸之候不可勞人伏見太和四年裴度受司徒平章事固辭冊禮竟獲允從既有近例足得循守伏望陛下察臣懇款皆自至誠冊命之禮特賜停罷臣不任哀懇屏營之至

請改封衞國公狀

臣今日蒙恩進封趙國公承命哀惶不任感涕臣亡父先

臣憲宗寵封趙國先臣與嫡子嫡孫寬中小名三趙意在傳嫡嗣不及支庶臣前年恩例進封合是趙郡臣以寬中之故改就中山臣亡祖先臣曾居衞州汲縣竟以汲縣解進士及第倘蒙聖恩改封衞國遂臣私誠庶代受殊榮免違先志如蒙允許望賜帖麻施行臣不任悲懇屏營之至謹奉狀奏聞

### 爲星變陳乞狀

臣某言伏以謫見天文以警在位稽於前史皆有明徵臣某中謝臣才非時須量乖公器因緣門蔭遂忝華貲出入



藩宣已逾三紀早負素飡之責常愧周行老無黃髮之謀空竊高位夙夜思省冰炭在心近伏見熒惑順行稍逼上相實懼天譴以致身災武德七年熒惑犯左執法右僕射蕭瑀遜位貞觀十五年熒惑犯上相左僕射高士廉遜位國史之內此例至多臣人微才輕位忝上相倘冒恩寵猶自懷安忽至顛隮必傷元化雖竭誠報國心不愧於神明盡禮事君志實貫於冰雪所慮物忌其滿天與之災跼蹐兢惶不知所據伏望聖慈察臣單緒海內孤根百口童蒙仰臣覆露一門宗祀須臣主持特免上公退歸私第所冀中衢擊壤復比於堯君舊里懸車不慚於漢相臣不任祈恩皇迫之至

### 讓張仲武寄信物狀

右今月日仲武判官華封輿到臣宅送前件書幷信物等已聞奏訖臣素具懇誠實非飾讓臣登朝序垂三十年未曾爲宰相撰碑所悉蓋緣雕蟲薄技已忝榮名不願鬻文更受財貨比見文士或已居重位或已是暮年矻矻爲文只望酬報臣心鄙恥所不樂聞太和中幽州刺史李載文撰碑斂取太過軍亂之際怨詞頗甚況今陛下聖明御寓



風教鼎新文德邁於羲軒武功高於周漢河朔節將皆竭忠誠尤宜示以典章令知法度臣忝居台鉉過受殊恩若不守廉隅坐受厚賂何以仰裨元化表率庶僚倘以仲武之情不可全阻許臣量受一千疋已是乖臣本心伏希聖慈鑒臣丹懇仲武書謹封進上

### 再讓仲武寄信物狀

右高品孟公度至奉宣聖旨緣河朔體大令臣即受者伏以浩蕩之功生靈共戴擊壤之內謳歌必歸昨者藩臣拜章願紀貞石臣謬當臣願獲聖功才力至微神武難備莫

能相質空愧雕蟲豈敢廣受縑素增其蕪鄙虧於事體乖臣本心昨日進狀懇辭誠非飾讓實以文至淺陋已慚黄絹之工取又不廉益昧素絲之節愚衷上啟宸鑒未回特降王人重宣聖旨捧戴慚懼進退徬徨臣事君之心實無所隱終希允臣誠懇獲守典章使廉儉興行皇風遐暢謹再狀以聞

謝宣示嗢沒斯等冠帶訖圖狀

伏以漢宣帝時呼韓單于來朝京邑然待以客禮未備漢儀至後漢建武二十六年單于慕先人之義歸心中國光武修祖宗之業柔服北邊因其稱藩始加冠帶厥後綿歷五代僅及千年惟聞征伐之勤莫覩來廷之盛伏惟陛下功高漢后威服窮荒不勞六月之師坐俟七旬之格故得嗢沒斯誓心向闕稽首歸忠自獻刑馬之書仍酌畱犁之酒永勵臣節以保塞垣今則榮以影纓解其衣毳簪笏就列威儀可觀推勁悍之心豈勞戴鶡服禮義之化寧比冠鶡鑒于丹青益表神化臣等謬參樞近獲覩成功歡忭之心倍萬常品



謝恩賜王元逵與臣贊皇縣圖及三祖碑文狀

高品楊文端至奉宣聖旨賜臣前件圖等伏以桑梓雖存久隔兵戈之地松楸浸遠已絶霜露之思運屬承明時逢開泰戎臣効順寰海大同故國山河因丹青而盡見祖宗基構尋碑版而可知祗戴天慈載深感泣不任荷恩榮惕之至

謝恩令進異域歸忠傳兩卷序中改云奉勑撰狀

奉宣卿所進異域歸忠傳兩卷宜寫賜嗢沒斯序中仍云奉勑撰者臣才識淺近學藝空虛輕黷宸嚴方懷兢惕豈望聖慈宏貸特假寵光須賜歸國之功仍榮奉勑之字草木承雨露之澤皆被鮮輝煙霞照日月之光盡成綵績顧臣璅陋獲奉殊恩竹帛垂榮傳于不朽不任荷恩感戴之至今既奉勑撰序與臣自進不同序中已改兩處訖謹同封進上如允聖意伏望宣付中書門下

謝宣示進黠戛斯朝貢圖深愜於懷狀

今日款義行深至奉宣聖旨卿所進圖傳深愜於懷者伏以陛下大化神明百蠻震疊故遠夷慕義萬里來朝誠宜圖以丹青錄於編簡傳之千古以燀威靈臣學術空虛文藝淺薄輒爲傳序莫究聖功陛下遽納微誠特賜宣示寵

渥所及搢紳爲榮不任荷恩感戴之至

謝贈故蕃維州城副使悉怛謀官狀

伏以遠夷率服大國綏懷一失良圖千古不復悉怛謀仰天歸命空壁求降據其款誠已絕羌戎之望執之爲戮實傷義士之心受降之時臣與其盟詛力不能救心實懷慚運屬聖明合申幽枉輒敢論奏豈望聽從陛下用周文之心已同葬骨念沂城之枉仍賜策書臣忝補鈞衡嘗居戎帥仰感元造倍百羣情臣不任荷恩感戴之至

謝所進瑞橘賦宣付史館狀



高品劉傳奉宣聖旨賜臣批示以臣所請宣示史館特賜允從者伏以橘性不遷楚詞所載聖情封植禁籞結根此六合同風九州共貫之應也元宗朝種柑結實亦是乘太平之休氣道德之仁風事協祖宗實光簡冊臣目覩佳瑞慙無潤色之工心感元猷莫盡揄揚之美豈謂天慈曲被特允微衷擊壤賡音獲知于皇鑒雕蟲薄技謬列于青緗千古光榮百生何幸不任感恩踴躍之至謹奉狀陳謝以聞

謝賜讓官批答狀

高品馮至珣至奉宣聖旨幷賜臣批答以臣昨所陳請未賜允從者蜉蝣殘命未報君恩犬馬微誠敢忘臣節迫以服藥瞑眩抱疾沉羸心力衰殘形氣減耗承許俞之命或慮闕遺奉密勿之機實憂不逮輒陳誠款冀或聽從陛下特降綸言再加褒飾德音撫慰自合忘生睿獎至深豈敢言病謹當策勵疲蹇上副天慈竭盡肺肝以修官業不任荷恩感戴之至

謝恩不許讓官表狀

行深紹宗奉宣聖旨豈政理有失風俗有乖何遽退辭一



二年分憂不用進表者伏以自古臣得其君最爲難遇非龍顏英主良平無以効其謀非日角聖姿寇鄧莫能申其志則知致理不由于臣力成功皆系于上心伏以陛下明過高光德侔天地常制勝于千里之外動合機先不取材于三傑之臣皆躋慮表故能征伐必克擒縱無遺臣謬忝鈞衡親稟宸算竟微獲兎之効內展指蹤又無汗馬之勞外施武力每奉聖詔屢奬丹誠夙夜自思冰炭交集況今四表無事六氣斯和籥勺可致于治平文軌盡同于元化時雨既降浸灌何施鴻明照臨爝火宜息昨者輒陳誠懇

上黷宸嚴。所冀守介石之誠。或能回日。寧敢慕揮金之樂。取適當年。陛下至德矜愚。深慈宥過。寬其罪戾。重降恩私。唯願盡螻蟻之生。勉自陳力。豈復顧蜉蝣之命。更徇微衷。上戴皇明。尤增覥懼。臣不任荷恩感激之至。

謝恩不許讓官表狀

今日行深紹宗奉宣聖旨。卿太尉官自朕意。與不是他門僥求而得。不要更引故事辭讓者。臣跪受聖旨。惶灼無地。臣昨者以位高疾作。器滿忌傾。實懷職室之憂。敢喜在閭之賀。輒陳微懇。退積慙惶。陛下察臣孤立事君。寵拔皆由



於睿鑒。一心守道。進取不近於回邪。勉以至公。絕其辭讓。臣敢不祗奉明詔。克勵貞規。慕孔父益恭之誠。遵叔敖愈卑之志。豈比罪無所禱。孫賈黜于聖人。久不自安。崔烈詢于厥子。仰思宸睠。倍積光榮。不任荷恩感激之至。謹奉狀陳謝以聞。

謝恩加特進階改封衞國公狀

奉今月二十七日敕。臣封衞國公者。仰戴天慈。獲遂私懇。以感以泣。榮惕載深。伏以支庶嗣侯。雖存故事。元成以兄有讒。乃紹扶陽之封。耿霸以父屬愛。遂繼牟平之爵。開元中。蘇頲特封許國公。亦無襲字。然地居嫡長。受則無嫌。伏思亡父先臣開國全趙。亡兄巳經繼襲。未得傳孫。臣每念貽謀。豈宜不正。若苟安殊寵。實愧幽明。輒罄愚衷。果蒙聽察。況衞國疆畛。密邇叢臺。先祖之所成名。由茲光大。微孫得以啟土。實謂至榮。祗奉寵章。益慚非據。不任荷恩感戴之至。

謝恩加特進階狀

伏奉今月十二日制書。授臣散官特進者。伏以漢氏之制。勳望優隆。則位加特進。服以文冕。列侍清祠。榮亞三台。品



居第二。自非學深張禹。功重竇融。則何以膺是寵章。允茲瞻望。臣器本凡薄。才在下中。遭逢聖明。謬忝樞務。近者展釆清廟。祇事圜丘。獲覩日月之光。巳驚殊寵。又沐雲霄之澤。更荷新恩。雖臣隕身。豈能上報。惟冀飲冰効節。介石存誠。居若對于神明。動罔愆于風雨。保其一志。少答鴻私。不任荷恩惕懼之至。

會昌五年十二月三日宰相對後就宅宣示謝恩不許讓官表狀

今日奉宣。縱累陳情。終不允遂者。臣荏苒六年。徒竭丹款。

竟無一善稍補皇猷覼冒難居屢祈退免面請則每慮煩瀆口陳則莫盡肺肝頻以懇誠託於同列因臣不對得爲上聞豈意天慈矜愍聖德念舊尚取涓塵之効未徵尸素之尤累降近臣再宣慈旨寔恐罄蜉蝣之命無以報天所冀盡犬馬之心惟知戀主仰戴皇澤倍切微衷不任荷恩兢惕之至

謝賜錦綵銀器狀

中使田獻銛至奉宣聖旨賜臣前件錦綵銀器等臣伏聞虞舜舞干而苗人來格周穆徂征而荒服不至卽知王者



之功莫大于耀德戢兵安人柔遠伏以陛下聖德廣運神武照臨息雷霆之威而蠻夷自服宏天地之德而邊鄙乂安臣願以鴻猷播於蕃帥因綴古今之事庶堅忠義之心豈意慈容厚加寵錫班行聳聽里閈生光非止閭門之榮實增後代之價仰慚恩覆倍積兢惶臣不任忻忭感戴之至

謝恩賜錦綵銀器狀

高品劉行宣至奉宣聖旨以臣撰眞容讚特賜前件錦綵銀器等臣學非稽古文不逮人徒以運遇聖明職叨宰弼宸心向屬榮寵荐加得以淺陋之詞上述鴻明之德叙帝堯之奇表非可强名讚軒后之英威空慚竭思豈謂皇慈曲被厚錫俄霑錦綵窮華麗之文器物呈雕鏤之妙跪受榮感報効無階臣不任忻荷感恩之至

會昌五年六月二十九日就宅宣并謝恩問疾表狀

高品駱遂泰至奉宣聖旨者臣承命兢皇不知所處臣緣抱疾歲久服藥過多形體虛羸筋力不逮寔恐妨廢機務轉積愆尤所以輒獻懇誠願辭繁劇每于延英奏事陛下



常假慈顏心肺肝懷無所不盡更無他故須有上陳只以衰羸自憂顚仆況臣四海之內孤獨一身唯將赤誠仰戴明主豈敢輒懷顧望上負天慈伏望更許兩日將息卽冀朝謁臣不任云云

謝恩問疾狀

高品王克諫至奉宣聖旨卿小有違裕昨日于延英面奏乞假將息實疚余懷宜善頤養當就痊平所要內庫食物及藥物無致嫌疑但具數奏來卽令宣賜者臣緣常服冷藥十五餘年屬蒲柳年侵衰憊日甚風毒脚氣往往上衝

頃刻之間心腹悶痛飯食至少筋力漸羸所以冒昧上陳請三數日在家將息陛下恩深覆育軫父母唯疾之憂德過生成念犬馬至微之命恤問稠疊沉痼頓痊臣食物未得更無所闕天慈下降感極涕零不任感恩兢惕之至

論嗢没斯特勤等狀

右自回鶻近邊人情疑恐聖化所感威德克宣果得嗢没斯望闕歸心率徒効命必在優賞昭示四方使戎狄遠聞皆感恩信望速降中使宣慰嗢没斯特勤及王子等并多攬將軍共七人望各内賜錦綵銀器其嗢没斯下兵馬望



賜米五十石度支給絹三千疋以戸部物充度支速差正綱般送仍許不分散部落待委知事情續議制

論嗢没斯下將士二千六百一十八人賜號狀

右嗢没斯下將士既與衣糧又加冠帶賜其軍號實壯邊聲撫循其人莫切於此臣等商量望賜號歸義軍仍望翰林賜敕書宣示嗢没斯下歸義軍將士等其嗢没斯望且令兼充歸義軍使如蒙允許便添入加工部尚書制宣行仍與中書門下勅牒

論天德軍捉到回鶻生口等狀

右臣等見今日天德軍奏事官王可度云每有回鶻投降及城來捉得十人五人緣不敢留在軍城問得事情後便皆處置伏以回鶻窮困情亦可憐屢有殺傷恐傷仁化望付翰林賜田牟仲武詔前後更有此類便遞送太原令配在諸州安置稍爲允愜未審可否

# 欽定全唐文卷七百五

李德裕十

## 請賜嗢没斯槍旗狀

右嗢没斯既加軍號，甚壯邊城，錫以牙旗，尤彰寵異。臣等商量，望依神策諸城鎮使例，賜以旗兩口，豹尾兩對，器仗并刀一副，令中使押領宣賜。如以中使行遠，齎持稍難，其槍旗令於太原節度使下揀新好者充賜，亦穩便。謹錄奏聞。

## 論嗢没斯家口等狀

右嗢没斯既加軍號，請留家口在太原安置，與諸弟等若處先登者。臣等商量，嗢没斯赤誠向闕，極力捍邊，請遣宗族盡歸內地，非惟絕其顧望，足以堅彼歸心。望詔劉沔，義忠於雲朔等州揀一空閑城壘，兼與隨事造土屋。其嗢没斯及愛耶勿宰相等家口等，即與別造壯淨屋宇安置。其應歸漢家口等，大口每月給米三㪷充糧食，委度支供軍使逐月支給。仍委劉沔差漢兵勾當防援，不得令側近部落侵擾。

## 論太原及振武軍鎮及退渾党項等部落互市牛馬駱駝等狀



右緣回鶻新得馬價絹，訪聞塞上軍人及諸蕃部落苟利貨財，不惜駝馬，必恐充爲互市，招誘外蕃。豈惟資助虜兵，實亦減耗兵備。望詔劉沔、忠順、義忠、守志等切加鈐鍵，如有違犯，並按軍令，馬及互市物納官。如有人糾告，便以所得物充賞。

## 論嗢没斯所請落下馬價絹賜與可汗狀

右臣等商量，賜可汗甚全國體，望付翰林賜可汗書。得嗢没斯表稱：在本分馬價絹並合落下，請充進奉。以可汗本國破殘，久在邊陲，此已量與嗢没斯以下本分馬價絹，便賜可汗。兼望賜嗢没斯詔，獎其忠義。緣卿率衆歸國，若又落下馬價絹，恐可汗與卿結怨轉深，事體之間，亦慮非便。以卿等所請奏進奉馬價絹，回賜可汗，所冀部落早退，令卿等各保安謐。望約此意處分，寔爲允愜。

## 論回鶻事宜狀

右臣等累日精慮，回鶻自到把頭烽北，已是數日，奏報寂然，更無侵軼。察其情狀，只與天德振武界首不殊。前日尚書丞郎鄭肅等皆見臣等懇說，且欲曲全恩信，告諭丁寧縱要驅除只可出於邊將常令曲在於彼未要便與交鋒望更詔劉沔令遣使邀約若事非獲已驅逐不遲恐劉沔撰書敘朝廷意不盡望付翰林賜劉沔書白臣等今月一日所商量遣石雄斫營事今且駐更審候事勢仍望兼賜遂奏詔處分。

### 請發陳許徐汝襄陽等兵狀

右臣等昨日已於延英面奏請太原振武天德各加兵備向後不更往來救援伏蒙聖恩許臣等以進狀請更徵發陳許徐汝襄陽等兵今回鶻雖已抽退康志亮稱退渾走



捉嵐石等州臣等料其必歸靈夏又河曲党項向與回鶻有讐至河冰合時深慮可汗突出過河兼與吐蕃連結則爲患不細深要防虞其所徵諸道兵恐不可停須要及冰未合時前各到所在謹特具聞奏未審可否

### 論回鶻石誠直狀

右自兩日來臣等竊聞外議云石誠直久在京城事無巨細靡不諳悉昨緣收入鴻臚懼朝廷處置內求奉使意在脫身又云石誠直先有兩男逃走必是已入回鶻料其此去豈肯盡心臣等伏以自可汗在邊已使苗縝王會楊觀三度告諭又曾領常照安魯卿同往逗留塞上終不悛心石誠直是一卑微首領豈能有所感寤况自今夏以來兩度黠檢摩尼回鶻又寵待嗢沒斯至厚恐誠直之徒必懷疑怨此去豈止於無益實慮生奸伏望速詔劉沔所在勒回實爲允愜仍望兼賜崔巨元詔

### 論振武以北事宜狀

右緣回鶻牙帳漸移向東去振武疆界稍近今以草青馬壯深慮有意窺邊望令劉沔於雲伽關及邊界要害添兵嚴加警備先令鄭許陳滑兩道兵馬於代州就糧今緣把



頭烽北一川皆是散地若回鶻萬一馳突更無重兵備禦則退渾部落先被破傷太原北境不免騷擾望付翰林賜劉沔詔令酌量事機審探回鶻情僞更於把頭烽北添置令速詳利害聞奏如蒙允許伏望約此意撰詔處分

### 條疏邊上事宜狀

一緣回鶻猶在雲州頗擾邊境據二州蹤跡必無深遠之謀所慮邊上奸人走投回鶻爲其設計令在雲朔等州斷天德振武驛路切須有備防患未萌望速令度支差使於河西路潛爲準擬

一元和八年回鶻回過磧南取柳谷路打吐蕃天德防禦使周懷義奏到朝廷未測其故人情無不憂恐臣德裕先臣奏請自夏州至天德復置廢館十一所以通急驛又請發夏州兵士五百人於故經略軍應接驛路兼護党項臣等未知此路舊館今已廢毀爲復猶有存者望賜忠順詔於此路量事再修舊館以通天德奏事驛路

一訪聞麟勝兩州中間地名富谷人至殷繁蓋藏甚實望令度支揀幹事有才人充和糴使及秋收就此和糴於所在貯蓄且以和糴爲名兼令與節度使潛計會設備



如萬一振武不通便改充天德軍運糧使勝州隔河去東受降城十里自東受降城至振武一百三十里此路有糧東可以壯振武西可以救天德所冀先事布置即免臨時勞擾

驅逐回鶻事宜狀

右臣等累日商量且如八月九日處分太原三道各嚴兵守備更令劉沔遣使告諭待至來春回鶻人馬羸困之時計會驅逐則漢兵免冒寒苦易爲施力臣等思慮量爲得計若如此可行即幽州兵馬望且令於本界屯集待候處分入太原界後即須供出界糧未有用處日費殊廣恐度支物力供饋不辦若處冰合後回鶻更有馳突事當及早驅逐即速爲計會至十月已後寒凍轉甚恐施力不得須便三五日內方及事機又緣太原步兵鈍弱素爲河朔所輕兼本道奏事官孫寮孫儔自稱太原兵敵回鶻不得即須於河朔側近别徵兵取滿萬人方可濟事須令一兩月內便見成功如此即免費貲財得早安邊境伏以自兩漢每四夷有事必令公卿集議蓋以國之大事最在戎機元和中征討王承宗李師道長慶中征討李岕並令集議況



聞向外議論不一互有異同若不一度遍詢羣情終爲閒詞所撓望令公卿集議兩日內聞奏所冀博盡羣議厭服衆心未審可否

公卿集議須便施行其中有未盡處須更令分析聞奏謹具一一如後狀

一議狀云選將練卒未甚得人今緣邊節鎮將下羣守誰人最不稱職文武班中誰人堪任將帥須指陳其事不得泛言

一又云守禦要害未甚有備犄角之設不相應輔車之謀

不相依今何處置兵卽爲要害何處加備卽爲相應並須指言去處

一又云來卽驅逐去亦勿追昨所令集議出師驅逐去亦勿追如此相守何時得了軍糧日有所費邊境終無安寧此最關取舍大計須便堪行用

一又云部落能自攻討者不須止遏而邊上諸蕃多者一二千帳少者力又不足各有家口畜產常自護惜昨者回鶻暫到雲州諸蕃奔逃不暇雜虜旣無統一誰肯盡心今欲將何部落討逐亦須指言去處



一又云各勅邊將遣自招收其遠征戍卒請漸令抽罷此事朝廷非不素知只緣去年將江淮六道衣糧召募天德官健僅經一年更無一人應募李忠順請自招召經半年只得六百人塞上守備處召得一二千人都未濟事戍卒如何抽罷亦須更別陳方略

以前謹具如前昨所降勅旨云且須切應事機不得更爲虛論今詳議狀並未切事機臣等商量望令牛僧孺與夷行同議仔細分析兩日內聞奏未審可否

牛僧孺等奉勅公卿集議須便施行其中有未盡處須更令分析謹連如前

右臣等伏詳公卿所議猶未切要狀云邊將不聞以攻守之術上聞朝廷則將畧可知也又諸道徵兵其數不少烏合之衆號令不齊又近者回鶻攻刦雲州漸入內地節級城守莫能式遏亦未見隣近堡柵首尾救援者竊詳此意只自見大段形勢實未切事機朝廷比來待遇回鶻惟推恩信諭其職分便自退歸所徵戍兵只令守備都未嘗有攻討之意昨來回鶻逼于饑困至雲州刦奪牛羊已爲侵暴事須與城柵鬬敵兵法所謂疾雷不及掩耳便云莫能



式遏亦似過誣堡柵旣無重兵合須自守令其首尾救援亦是虛談自古所云烏合之衆皆謂臨時召募未經訓習如韓信驅市人而戰卽是烏合陳許淄青等兵並是節制之師久經戰伐但令一處指揮自然號令齊一固不可謂之烏合又云漢兵遠襲恐遺虜擒兵法云善用兵者致人之師不可自致所謂致人者是令其自來况虜騎倏忽以來疾如風電固不合將兵遠襲今可以計者緣其有家口輜重不離漢境二三百里遠去未得旣有定所便可爲謀魏武破烏丸李靖擒頡利皆用此計公卿等都不議亦似

未見形勢，非今集議。只緣問驅逐守備二計何先，今既云守備，過冬方圖進取，斯爲上策，便可施行。卽與昨來加劉沔招撫使，且令告諭理亦相近，恐不暇更有訪問。未審可否。

請令符澈與幽州大將書狀

右訪聞張仲武是幽州大將張朝先之子，沈勇有謀。陛下縱欲加恩，亦須且挫其氣。又幽州旬月之內，移易三人，因此翻覆多端，亦要令其知愧。臣等商量，且望令符澈與大將已下一書，觀其報答詞理，足以知其情。出鄰道節將于



國體無虧。其書白謹同封進。

條疏太原以北邊備事宜狀

一、雲州之北，並是散地，備禦之要，繫把頭烽。今符澈雖修繕已畢，把頭烽內並未添兵鎭守，事同虛設，恐不應機。未廢把頭烽以前，把頭烽內舊有軍鎭數處，自廢把頭烽後，併合抽卻。望令巡邊使速與符澈計會，卻抽舊兵依前制置。如舊兵已少，卽于太原城下及閒處抽兵。其與山東接處及西北鎭兵，不在抽限。如更要築堡城，亦委逐便制置。

一、三受降城相去四百里，自置天德軍及振武節度，其東受降城中並在腹內，都無大段兵馬鎭守。就中中受降城不過三五十人，古城摧斷，都不修築。今虜衆在陰山之北，山中盡有過路，若突出山南，便入二城。卽天德振武當時隔斷。其中受降城本是突厥拂雲祠，最是要地，令天德人力不及，望令太原振武共出三千人，速與修築，便令鎭守。卽天德形勢自壯，虜騎不敢窺邊。

一、東受降城緣是近年新築，城內無水，城外取金河水充飲。又于城西門掘一二十井，若被圍守，卽須困蹙。今築



月城，護取井水。其張仁愿舊城，頗當要害。張惟清錯奏，恐黃河侵壞，先賢制置，皆有神靈保持，廢來二十年，基址依舊，園蔬樹木，至今盡在。隔河便是勝州，相去數里，望委巡邊使與劉沔計會，如何卻復舊城，至爲穩便。

以前件，臣等伏以回鶻在邊，切須有備。邊備既壯，制置不難。訪問利害，大約如此。

一、要切須得使臣專往，自驗機宜，謹具條疏如前。其閒條疏不盡者，望委巡邊使與所在節度使商量聞奏。謹具於前條疏，應接天德，討逐回鶻事。

一請速降中使齎勅至雲朔天德已來宣諭生熟退渾及党項諸部落等待天德交鋒後任隨便出軍討逐如得羊馬錢物奴婢等任便本主自收官中更不尋問仍據殺戮回鶻多少別議優賞

一自古出師皆有副貳以防主將有故便須得人石雄驍勇善戰當今無敵望授天德軍都防禦副使兼馬步都知兵馬使助田牟攻討仍勒乘遞赴天德軍

一回鶻藥羅葛元政馬價絹望且勒留在振武令中使與忠順同檢點收管如田牟已用兵其藥羅葛元政便望



委忠順收錄如請歸降仍作般次送付太原除首領外委劉沔且散配儀沁嵐石等州去塞遠處安置並官給糧食如不肯降即須收係待後處分其趙進用等亦望詔劉沔收管其首領於公館安置長行等散配諸處

一田牟都似不曉兵機奏狀已出三千人拒回鶻討其兵數必是全軍盡出忽有不利城內豈免空虛馬上馳突是戎虜所長攻城圍守戎虜所短田牟只合堅守城壘以俟救兵望速詔田牟輒不得出兵野戰待諸處兵至方可逐便討除

一回鶻馬軍難於支敵依林守險須用弓弩望于浙西取弩手四百人宣州取弩手三百人令從河曲路赴天德如所在逢回鶻便令把隘及依叢林射馬河曲路與天德直對兼經歷鹽夏等州所在要處便堪應急到天德後權取田牟指揮

一嗢没斯誠款雖未知真偽然早要別加官爵縱使不誠亦是反間且要獎其忠義為討伐之名令遠近諸蕃知朝廷只是責可汗犯順非是要滅回鶻

一回鶻既乏糧食又累年勞苦人心易動必可招降望且



遣田牟速招降者許以優賞如有降虜旋給糧食遞過太原取優賞不得留在天德

以前臣等商量若待天德奏到已恐不及事機望付翰林各撰密詔令中使向前審詳事勢如已接戰便須准此處分如蒙允許其石雄便須今日降勅未審可否

## 請發鎮州馬軍狀

右太原奏事官孫儔適到云回鶻移營近南四十里劉沔料必是緣契丹不同恐襲其背所以移營又幽州進奏官孫方造云仲武破回鶻之時收得室韋部落主妻兒昨室

韋部落主欲將羊馬金帛贖妻兒仲武並不要只令殺回鶻監使卽還妻兒室韋使已領幽州軍將同去殺回鶻監使緣軍將未回仲武未敢聞奏據此事勢正堪驅除臣等問孫儔與幽州合勢向前移營驅除得否更要添多少兵馬孫儔答云若係移營亦不要添大段兵馬只緣大同軍兵少得易定一千人助大同卽得其鎭州馬軍臣等商量不用徵發穩便未審可否

請市蕃馬狀

右訪聞蕃渾羊馬多在渾河川恐啓戎心更來侵掠回鶻未退尤須備邊朝廷比來所乏最在戎馬因此收市深得事機宜收壯馬令入東　闕保無散失臣等商量望委劉沔誘諭蕃人緣回鶻常有意劫奪恐蕃人作主不得應堪服衣甲壯馬並與收市其以太原見貯戶部物充賞價如市收得後旋送樓煩監收管諸道若有欠缺卽量賜與如蒙允許望付翰林賜劉沔詔處分未審可否

請契苾通等分領沙陀退渾馬軍共六千人狀

右奉宣旨思忠請前件馬軍合勢令商量奏來者臣等商量令劉沔與幽州振武天德合出大軍置營柵漸移向前



逼蹙卽令思忠領蕃渾馬軍深入計思忠兵勢相及可汗牙帳必自有變兼令招其降者卽易成功其蕃兵分爲兩廂各令蕃將押領至爲穩便何清朝契苾通是蕃人各令管一廂所冀諳識虜情易爲指使如蒙允許其何清朝計行李未遠望便以中書門下帖追未審可否

李思忠下蕃騎狀

右臣等訪聞退渾與回鶻久爲讐怨恐合勢後不與思忠叶心或別生事須令遂泰審與劉沔商量如有可疑卽便假發遣其與唐感義奉誠等軍及契苾退渾等部落先各有本管都使都督須令部領自去卽得兵將各相諳識易於指揮望付翰林賜劉沔忠順遂泰等詔處分

河東奏請留沙陀馬軍狀

右思忠本請蕃騎緣言語相通易於指使若令易定兵去恐不相當魏楚又稱向北進軍每頭軍事須得蕃兵一二百騎引行若全令抽卻進軍不得臣等商量沙陀兵望許劉沔量留一半其一半依前令與思忠合勢如蒙俞允望賜劉沔詔處分

請何清朝等分領李思忠下蕃兵狀

右臣等前日商量令契苾通等不受思忠指揮何清朝分領部落臨事取思忠指揮昨日奉宣恐契苾通等不受思忠指揮不要分領臣等亦有深慮不敢不再陳論沙陁部落比在太原衙內性至循良於人情狎熟不令別人管領亦得所虜退渾昨者張獻節纔欲責罰便疑爲惡忽恐思忠制御不得卻自因此生事契苾通本自蕃中王子先在蔚州且遣分領必上下情通更無所慮又思忠雖志誠効順然使用之初亦未可獨任漢將分領事亦得宜契苾通等雖是蕃人任使已熟切更誠勵豈敢不順思忠臣等所



見如此伏望聖明裁斷未審可否

請改單于大都護狀

右訪聞塞北諸蕃皆云振武是單于故地不可存其名號以啟戎心臣等謹詳國史武德平突厥後於振武置雲州都督麟德三年改爲單于大都督聖歷元年改爲安北都護開元八年復爲單于都護其安北都護本在天德自貞觀二十一年以來移在甘州遷徙不定今單于都護望改爲安北都護如此制置稍存故事未審可否

駙馬不許至要官私第狀

臣伏見國朝故事駙馬緣是親密並不合與朝廷要官往來元宗開元中禁止尤切臣訪聞近日駙馬公至宰相及要官私第此輩無他才伎可以延接惟是漏洩禁密交通中外羣情所知以爲甚弊其朝官素是雜流則不妨來往若職在清列豈可知聞伏望宣示宰相其駙馬諸親自今已後有公事任至中書見宰相此外更不得至宰相及臺省要官宅

代高平公進書畫狀

鍾張衛索真蹟各一卷二王真蹟各五卷晉魏



宋齊梁陳隋真蹟各一卷顧陸張鄭田楊董洎

國朝名畫各一卷

伏以前代帝王多求遺逸朝觀夕覽取鑒於斯陛下睿聖欽明凝情好古聽政之暇將以怡神前件書畫歷代共寶是稱珍絕其陸探微蕭史圖妙冠一時名居上品所希睿鑒別賜省覽

進元宗馬射圖狀

伏以元宗皇帝天縱神武藝冠前王凡所畋遊必存繪事豈止雲夢殪兕楚人美旌蓋之雄潯陽射蛟漢史稱舳艫

之盛前件圖臣臘奉光靈素所實惜陛下旁求珍迹以備石渠祖宗之美敢不呈獻

### 奏銀粧具狀

臣有生多幸獲遇昌期受寄名藩每憂曠職孜孜夙夜上報國恩數年以來災旱相繼罄竭微慮粗免流亡物力之間尚未完復臣伏準今年三月初三日赦文常貢之外不令進獻此則陛下至聖至明細微洞照一恐聚斂之吏緣以成奸彫瘵之人不勝其弊上宏儉約之德下敷惻憫之仁萬國羣甿鼓舞未息昨奉五月二十三日詔書令訪茅



山真隱將欲師處謙守約之道敦務實去華之美雖無人上塞丹詔實率土已偃元風豈止微臣獨懷忭賀況進獻之事臣子之常心雖有勑文不許亦合竭力上貢惟臣當道素號富饒近年以來比舊則異貞元中李錡任觀察使日職兼鹽鐵百姓除貢出榷酒錢外更置官酤兩重納榷獲利至厚又訪聞當時進奉亦兼用鹽鐵羨餘貢獻繁多自後莫及至薛苹任觀察使時又奏置榷酒上供之外頗有餘財軍用之間實爲優足自元和十四年七月三日勑卻停榷酤又准元和十五年五月七日赦文諸州羨餘不令送使惟有留使錢五十萬貫支用猶欠十三萬貫不足須自諸事節用百計補塡經費之中未免懸闕至于綾紗等物猶是本州所出易於方圓金銀不出當州皆須外處回市去年二月中奉宣令進盝子計用銀九千四百餘兩其時貯備都無二三百兩乃諸頭收市此時亦稍優饒悉力上供幸免敗闕昨又奉宣旨令進粧具二十件計用銀一萬三千兩金一百三十兩尋令併合聖節進奉金銀造成兩具進納訖今差人於淮南收買旋到旋造星夜不輟竭力營求深憂不迨臣若因循不奏則負陛下任使之恩



若分外誅求又累陛下慈儉之德伏乞陛下覽前件榷酤及諸州羨餘之目則知臣軍用短闕本末有由伏料陛下見臣論奏必賜詳悉知臣竭愛君守官之節盡納忠罄直之心伏乞聖慈宣令宰臣商議何以遣臣得上不違宣旨下不闕軍儲不困疲人不招物議前後詔勑並可遵承輒冒宸嚴敢陳丹懇無任戰汗之至

### 奏繚綾狀

臣昨緣宣索已具軍資歲計及近年物力聞奏伏料聖慈必垂省覽又奉詔旨令織定羅紗袍段及可幅盤條繚綾

等一千匹。伏讀詔書。倍增惶灼。臣伏見太宗朝臺使至涼州。見名鷹。諷李大亮令獻之。大亮密表陳誠。太宗賜詔報云。有臣如此。朕（一本有復字）何憂。再三嘉嘆。事載史書。又元宗令中使於江南採鵁鶄諸鳥。汴州刺史倪若水抗表陳論。元宗亦賜詔嘉納。其鳥即時皆放。又令皇甫詢于益州織半臂背子琵琶捍撥鏤牙合子等。蘇頲不奉詔書。輒自停織。元宗皆不加罪。忻納所陳。臣竊以爲鵁鶄鏤牙至爲微細。若水等尚以勞人損德。瀝款効忠。當聖祖之朝。有臣如此。豈明王之代。獨無其人。蓋有位者蔽而勿言。必非陛下



拒而不納。又伏覩四月二十三日德音云。侯伯有位之士。無或棄予。謂不可諫。其有違道傷理。徇欲懷安。面刺廷爭。無有隱諱。則是容納善道。增光祖宗。不盡忠規。過在臣下。況元鵝天馬。掬豹盤條。文彩珍奇。只合聖躬自服。今所織千疋。費用至多。臣愚亦所未曉。昔漢文衣弋綈之衣。元帝罷輕纖之服。仁德慈儉。至今稱之。伏乞陛下近覽太宗元宗之容納。遠思文帝孝元之恭己。以臣前表宣示羣臣。酌當道物力所宜。更賜節減。則海隅蒼生。無不受賜。臣不任惶惕懇誠之至。

# 欽定全唐文卷七百六

## 李德裕十一

### 亳州聖水狀

臣訪聞此水本因妖僧誑惑。狡計丐錢。數月以來。江南之人。奔走塞路。每三十家都雇一人取水。擬取之時。病者斷食葷血。既飲之後。又二七日蔬食。危疾之人。俟之病愈。其水斗價三貫。而取者益之他水。沿路轉以市人。老病飲之。多至危篤。昨點兩浙福建百姓渡江者日三五千人。臣于蒜山已加捉搦。若不絕其根本。終恐無益黎甿。昔吳時有



聖水。宋齊有聖火。事皆妖妄。古人所非。乞下本道觀察使令狐楚。速令填塞。以絕妖源。

### 王智興度僧尼狀

王智興於所屬泗州置僧尼戒壇。自去冬于江淮以南。所在懸牓招置。江淮自元和二年後。不敢私度。聞泗州有壇。戶有三丁。必令一丁落髮。意欲規避王徭。影庇資產。自正月以來。落髮者無慮數萬。臣今于蒜山渡點其過者。一日一百餘人。勘問惟十四人是舊人沙彌。餘是蘇常百姓。亦無本州文憑。尋已勒還本貫。訪聞泗州置壇次第。凡髡夫

到者人納二緡給牒卽回別無法事若不特行禁止比至誕節計江淮以南失卻六十萬丁壯此事非細繫於朝廷法度下闕

## 請尊憲宗章武孝皇帝爲不遷廟狀

右臣等伏聞開成中文宗嘗顧問宰臣欲褒崇憲宗功德其時宰臣莫能推順美之心明尊祖之義臣等至愚竊所嘆息伏思國家受命二百二十五年矣列聖之功德區宇之廣大王化之盛典禮樂之備具過殷周遠矣而未有中興不遷之廟臣等所以夙夜發憤也禮祖有功宗有德夏



之祖宗經傳無聞殷則一祖三宗成湯爲始祖太甲爲太宗大戊爲中宗武丁爲高宗劉歆曰天子七廟苟有功德則宗之所以勸帝者功德博矣故周公作無逸舉殷之三宗以勸成王漢景帝詔曰孝文皇帝德厚侔天地利澤施四海廟樂不稱朕甚懼焉其爲孝文皇帝廟爲昭德之舞以明休德然後祖宗之功德施於萬代其與丞相列侯中二千石禮官具禮儀奏焉丞相申屠嘉等奏曰功莫大于高皇帝德莫盛于孝文皇帝高皇帝廟宜爲帝者太祖之廟孝文皇帝廟宜爲帝者太宗之廟天子宜代代獻祖宗之廟又漢宣帝詔曰夙夜惟念孝武皇帝躬履仁義選明將討不服功德茂盛不能盡宣而廟樂未稱其議奏有司奏請尊孝武爲世宗廟奏盛德文始五行之舞天子代代獻此則子孫褒崇祖宗之明據也自天寶以後兵宿中原強侯締交髖髀甚衆貢賦不入刑政自出包荒含垢以至于貞元德宗懲奉天之難厭征伐之事戎臣優以不朝終老于外其卒則以幕吏將校代之故長武城在王畿之內斥逐主將河中居股肱之郡坐邀符節韋臯因備邊之勢自擅靈關李錡竊煮海之資專制澤國而兩河蕃鎮或倉



猝易帥甚于奕碁或陸梁弄兵同于拒轍憲宗摅祖宗之宿憤舉升平之典法始命將帥順天行誅元年僇惠琳暨闢錡季年梟元濟及師道其他或折簡而召或執珪請覲獻其名城割其愛子不可遍舉豈有去天下之害不享其名致生人之安不受其報臣伏見元和初議遷廟之禮而史官稱中宗不得號中興之君凡非我失之自我復之謂之中興漢光武晉元帝是也臣等竊思此議實所未盡中宗朝自以政事多釁權移后妃所以未得稱爲中興恐議者復以此爲疑夫興業之與隆道事實不同漢光武再造

邦家不失舊物晉元帝雖在江左亦能纂緒此乃王業中興可謂有功矣殷高宗躬行大孝求賢俾乂周宣王微而後興衰而復盛此乃王道中興可謂有德矣故詩云車攻宣王復古也宣王能內修政事外攘夷狄復文武之境土又蒸民美宣王任賢使能周室中興焉又江漢美宣王能興衰撥亂命召公平淮夷又漢書宣帝贊曰功光祖宗業垂後嗣可謂中興侔德殷宗周宣之美若皆如漢光武晉元帝則殷宗周宣並不得稱中興矣臣等伏思任賢使能內修政事平淮夷之叛復祖宗之土皆憲宗有之所謂隆



道中興與殷高宗周宣王漢宣帝侔德矣臣等敢遵古典請尊憲宗章武孝皇帝為百代不遷之廟上以昭陛下大孝之德廣貽謀之訓下以表臣等思古之憤申欲報之誠如合聖心伏望令諸司清望官四品以上尚書兩省御史臺與禮官參議聞奏謹錄奏聞

宰相再議添徽號狀

右奉批答已蒙允許今欲須下制命昭布萬方伏以軒屈崆峒堯遊姑射未有不心期於至道而能功濟於生靈暨漢之文景尊奉黃老理致刑措時稱大康開元中元宗經始清宮追尊元祖闡繹道要遂臻治平六合晏然四十餘年今者陛下蹈軒后之靈蹤修開元之故事進道不遺于尺璧澄心已得于元珠聖壽必過于殷宗景化方躋于漢代臣等所上徽號義雖盡美意有未周今謹上尊號為仁聖文武章天成功神德明道大孝皇帝所冀冠皇王之高號盡臣子之至誠伏希聖慈容鑒丹懇謹錄奏聞伏候敕旨

宣懿皇后祔陵廟狀

奉宣宣懿皇太后祔光陵同元宮及不移福陵只祔廟何



者為便商量奏來者右臣等伏以園寢已安神道貴靜光陵因山久固僅二十年福陵近又修崇足彰嚴奉今若再因合祔須啟二陵或慮聖靈不安未合先旨又以陰陽避忌亦有所疑不移福陵實合禮意伏以照臨在天光靈未遠合食清廟于禮無違足以申陛下大孝之心表先后昭配之德既遵舊典尤愜衆情臣等商量祔太廟不移福陵實為允便臣等不任感切之至

第二狀

奉宣宣懿皇太后祔廟事令更審商量奏來右臣等伏以

陛下孝極因心。感深追遠。敬愼禮典。發于至誠。臣等仰奉聖情。旁詢物議。經旬思慮。敢不精詳。並請依前狀。只祔太廟。不奉陵寢。實爲合禮。謹再奏狀以聞。謹奏。

第三狀

宣懿皇太后祔廟事。右。臣等訪求典禮。敢不詳愼。伏以太廟合食。非臣子所議。苟不由禮。必爲後代所譏。漢書云。古人據正守順。不敢私其君。如此之難也。臣等若輕爲獻議。不守禮經。非惟上負聖德。固亦自貽物論。所以前者附欽義承慶口奏。假以太皇太后之意。卽于禮至順。人無異詞。



制中云。近因慶誕。太皇太后追感先帝。久曠配食之禮。便及先太后母德慈仁。合配先聖。陛下祇承聖旨。詔臣下行之。於禮無違。可爲後代之法。若捨此商量。便須出於聖意。降敕。情禮至重。實難措詞。伏望陛下察臣等愛君之心。約臣等秉禮之至。特允所奏。必合羣情。臣等不勝懇切之至。

請立昭武廟狀

孟州汜水縣高祖太宗塑像。右。汜水武牢關。是太宗擒王世充竇建德之地。關城東峰有高祖太宗塑像。在一堂之內。伏以山河如舊。城壘猶存。威靈皆畏于軒臺。風雲還疑于豐沛。誠宜百代嚴奉。萬邦所瞻。西漢故事。祖宗嘗所行幸。皆令郡國立廟。今緣定覺寺例合毀拆。望取寺中大殿材木。於東峯改造一殿。四面兼置宮牆。伏望號爲昭武廟。以昭聖祖武功之盛。委孟懷節度使差幹事判官一人勾當修造。緣聖像彩色頗已故暗。望令李石于東都差揀絕好畫手。就加嚴飾。初興功日。望令東都差分司郎官一人薦告。至功程畢日。別差使展敬。未審可否。

奉宣。今日以後。百官不得於京城置廟狀

右。伏見禮記云。君子將營宮室。宗廟爲先。廄庫爲次。宮室



爲後。又韋彤五禮精義對曰。古之制廟。必中門之外。吉凶大事。皆告而行。所以親而尊之。不自專也。今令城外置廟。稍異禮文。書于史策。必虧聖政。伏以朱雀門至明德門。凡有九坊。其長興坊是皇城南第三坊。便有朝官私廟。實則逼近宮闈。自威遠軍向南三坊。俗稱圍外地。至閑僻。人鮮經過。于此置廟。無所妨礙。臣等商量。今日以後。皇城南六坊內不得起私廟。其朱雀街緣是南郊御路。至明德門夾街兩面坊及曲江側近。亦不得置。餘圍外深僻坊。並無所禁。所貴不違禮意。感悅人心。臣等頻奉聖旨。有事許再三

論奏輒罄所見庶裨聰明謹具奏聞伏候勑旨

論侍講奏孔子門徒事狀

右今月十三日於延英殿陛下謂臣等云侍講稱孔子其徒三千亦可謂之朋黨臣等自元和以來嘗聞此語幸因聖慈下問輒敢覼縷而言西漢劉向云昔孔子與顏回子貢更相稱譽不爲朋黨禹稷與臯陶轉相汲引不爲比周何則忠於爲國無邪心也臣嘗以鯀共工驩兜與舜禹雜處堯朝共工驩兜則爲黨舜禹則不爲黨何者共工驩兜相與比周迭爲掩蔽也如賢人君子則不然忠於國則同



心聞於義則同志退而各自行已不可交以私是以趙宣子隨會繼而納諫司馬侯叔向比以事君不爲黨也公孫宏每與汲黯請閒黯先發之宏推其後武帝所言皆聽汲黯雖與公孫宏並進然庭詰云齊人少情譏其布被爲詐則知先發後繼不爲黨矣國史稱太宗嘗與房元齡圖事則曰非杜如晦莫能籌之及杜如晦至竟推元齡之策此又同心圖國不爲黨也何者爲黨漢書稱朱博陳咸相爲腹心背公死黨東漢周福房植各以其黨相傾議論相軋故漢朝朋黨始于甘陵二部及其甚也謂之鉤黨繼受誅夷以王制言之非不幸也魏朝何晏丁謐依附曹爽祖尚浮虛使有魏風俗由玆大壞此皆爲朋黨也略舉數節以明其類至於歷代朋黨不可殫言仲尼知季路之不免子游譏子張之未仁曾子罪卜商喪親無聞夫子罪宰我鑽燧爲久惡旣不掩善固宜稱此又不可爲黨也班固稱周室旣微由是列國公子魏有信陵趙有平原齊有孟嘗楚有春申抵掌而遊談者以四豪爲稱首於是背公死黨之議成守職奉上之義廢矣此四豪者各有門客三千而謂之黨仲尼三千則不爲黨蓋仲尼之徒惟務仁義不以爵



祿爲貴四豪之門惟務譎詐嘗以勢力相高今侍講欲以奔走權勢之徒攫拏名利之輩比方孔門上哲實罔聖聰臣未知元和以來所謂黨者爲國乎爲身乎若以爲國則隨會叔向汲黯房元齡之道可得行矣不必聚黨成羣以臣觀之今所謂黨者進則誣善蔽忠附下罔上歙歙相是態不可容退則車馬馳驅唯務權勢聚於私室朝夜合謀清美之官盡須其黨華要之選不在他人陰附者羽翼自生中立者抑壓不進孔門顏冉豈有是哉陛下以此察之則奸僞自見臣恐更有小人妄陳此說輒舉事例庶裨聰

明伏望陛下留臣此狀時賜覽閱所冀小臣瞽說免惑聖心臣不任懇激之至謹錄奏聞

## 論朝廷事體狀

右臣等每蒙延英殿召對獲聞聖言常欲朝廷尊臣下肅此則是陛下深究爲理之本伏以管仲古之大賢明于理國其言可以爲百代之法管仲云凡軍國之重器莫重于令令重則君尊君尊則國安故安國在乎尊君尊君在乎行令明君察於理人之本莫要於令故曰虧令者死益令者死不行令者死留令者死不從令者死五者死而無赦



又曰令雖在上而論可與不可者在下是上失其威下繫於人也自太和以來風俗大壞令出於上非之者在下此弊不除無以理國韋宏質所論宰相不合兼領錢穀臣等敢以事體聞奏昔匡衡云所以爲大臣者國家之股肱萬姓所瞻仰明王所愼擇也傳曰下輕其上爵賤人圖柄臣則國家動搖而人不靜矣今韋宏質受人教導輒獻封章則是賤人圖柄臣矣臣等又以蕭望之是漢朝名儒重德爲御史大夫奏云今首歲日月少光咎在臣等上以望之意輕丞相乃下侍中御史中丞詰問又貞觀中監察御史陳師合上書云人之思慮有限一人不可兼總數職太宗云此人妄有毀謗止欲離間我君臣流師合於嶺表又賈誼云人主之尊譬如堂羣臣如陛衆庶如地故陛九級上廉遠地則堂高陛無級廉近地則堂卑亦由將相重則君尊其勢然也如宰相有奸媒隱慝則人人皆得上論至於制置職業固是人主之柄非小人所得干議古者朝廷之士各守其官思不出位況韋宏質賤人豈得以非所宜言上黷明主此是輕宰相矣後漢太學諸生頗干時政其時謂之處士橫議皆是亂風深要懲絶伏望陛下知其邪計



從朋黨而來每事明察遏絶將來之漸則朝廷安靜邪黨自銷臣等不勝感憤輒具聞奏伏望特賜省覽謹錄奏聞

## 請增諫議大夫等品秩狀

右據大唐六典隋氏門下省置諫議大夫七人從四品下今正五品上自大歷二年昇門下中書侍郎爲正三品兩省遂闕四品建官之制有所未備謹按左氏傳云袞職有闕惟仲山甫補之能補過也仲山甫則周之大臣漢書汲黯稱願出入禁闥補過拾遺後漢書張衡爲侍中嘗居帷幄從容諷諫拾遺左右皆大臣之任故其秩峻其任重則

君敬其言，而用其道。況謇諤之地，宜用老成之人。秩不優崇，則難用耆德。其諫議大夫望依隋氏舊制，昇爲從四品，分爲左右，以備兩省四品之闕，向後與丞郎出入迭用，以重其選。

御史中丞

右中丞爲大夫之貳，緣大夫秩崇，官不常置，中丞常爲憲臺之長。今九寺少卿及秘書少監、國子司業、京兆少尹等，並省寺之貳，皆爲四品。惟御史中丞官業雖至，品秩未崇，望昇爲從四品，爲大夫之貳，令不隔品，亦爲丞郎出入迭



用，以重其選。

以前，臣等商量，緣事關朝廷典制，須行之可久，必在博盡羣議，詢謀僉同。望令兩省、御史臺五品以上，尚書省四品以上，太子太保、太常卿參議聞奏，未審可否。

論時政記等狀

右長壽二年，宰臣姚璹以爲帝王謨訓，不可闕于紀述，史官疎遠，無因得書，請自今以後，所論軍國政要，宰臣一人撰錄，號爲時政記。厥後因循，多闕紀述。臣等商量，向後坐日，每聞聖言，如有慮及生靈，事關興替，可昭示百代，貽謀後昆者，及宰臣獻替謀猷，有益風教，並請依國朝故事，其日知印宰臣撰錄，連署名，封印，至歲末送史館。

論起居注狀

右起居注，比者不逐季撰錄，至有去官三五年後猶未送納者。伏以每度延英奏事，後向外傳說，三事猶兩事虛謬，豈有起居注記皆三二年後，採於傳聞，耳目已隔，固非實事。向後起居注記，望每季初即送納，向前一季文字與史館，納訖，具狀申中書門下。史館受訖，亦申報中書門下。其起居改轉，便望以注記遲速爲殿最。如有軍國大政，傳聞



疑誤者，仍許於政事堂都見宰相等，臨事酌量。如事已施行，非關機密者，並一一向說所載書事，信實免有傳疑。

論九宮貴神壇狀

右准天寶三載十月六日敕，九宮貴神，實司水旱，功佐上帝，德庇下民，冀嘉穀歲登，災害不作。每至四時初節，令中書門下攝祭者，准禮，九宮次昊天上帝，壇在太清宮太廟上，用牲牢幣璧，類于天地神祇。天寶三載十二月，元宗親祀。乾元元年正月，肅宗親祀。伏以累年以來，水旱愆候，恐是有司禱請，誠敬稍虧。今屬孟春，合修祀典，望至明年正

月癸丑差宰臣一人祈請向後四時祭並差僕射少卿尚書等官所冀稍重其事以申嚴敬臣等去月二十五日已于延英面奏伏奉聖旨令檢舊儀進來者今欲及祭時伏望令有司崇飾舊壇務于嚴潔謹錄奏聞伏候勅旨

## 論九宮貴神合是大祠狀

右旣經兩朝親祀必是祈請有徵伏以自太和以來水旱愆候陛下常憂稼穡每念蒸人臣等所以上副聖心以修墜禮伏見太和三年禮官御史等狀或言縱司水旱兵荒品秩不過列宿今者五星悉是從祀日月猶在中祀又云



太一天一此九神於天地猶子男也竊觀其意皆是以星辰不合比於天地曾不知統而言之則爲天地而在天成象自有尊卑謹按後魏五均志大辰第二星盛而常明者爲天皇露寢大帝常居始由道奧而陳變通之迹又天皇大帝其精耀魄寶蓋萬神之秘圖與河洛之命紀皆稟焉此則上帝是星之明據也天一掌八氣九精之政令以佐天極微明而有常則陰陽序而大運與太一掌十有六神之法度以輔人極微明而得中則神人和而王道平又北斗有衡權二星天一太一參居其閒所以財成天工輔相神道也若一槩以列宿論之實爲乖謬又按漢書天神貴者天一太一佐曰五帝古者天子以春秋祭太一則列于祀典其來久矣今五帝猶爲大祀則太一豈宜降禮稍重其祀固爲得所劉向言祖宗所立神祇舊位誠未易動又曰古今異制經無明文至尊至重難以疑說正也以劉向博通尚難改作況臣等學不究于天人禮尤懵於祀典妄爲參酌恐未得中伏望更令太常卿與禮官詳定庶獲明據

## 論冬至歲朝賀狀



右伏以近例其日若遇有勅權停朝賀惟詣興慶宮賀太皇太后義安太后積善太后不詣閣庭恐乖嚴敬臣子之禮實不遑安臣等商量向後冬至歲如遇有勅權停朝賀者其日中書門下與百僚先詣東上閤門拜表稱慶望內降高品宣答百僚受宣畢然後赴興慶宮庶爲得禮仍望永爲常式未審可否謹錄奏聞伏候勅旨

## 請復中書舍人故事狀

右伏見天寶以前中書舍人六員除機密遷授之外其他政事皆得商量宰臣姚崇奏云事有是非理均與奪人心

旣異。所見或殊。抑使雷同。情有不盡。臣旣是官長。望於狀後略言事理優劣。奏聞進止。自艱難以來。務從權便。政頗去於臺閣。事多系於軍期。決遣萬機。專在宰弼。伏以陛下神武功成。昧旦思理。精覈庶政。在廣詢謀。詩云。不愆不忘。率由舊章。前漢魏相好觀故事。以為古今異制。方今務在奉行故事而已。數條漢興以來國家便宜行事。奏請施行。臣等商量。今日以後。除機密及諸鎮奏請戎事有司支遣錢糧等外。其他臺閣常務。關于沿革。州縣奏請。系于典章及刑獄等。並令中書舍人依故事商量。臣等詳其可否。當別奏聞。



進所撰黠戛斯書狀

右今月十三日。於閤中面奉聖旨。令撰書進來者。臣請待鄭肅等與語了撰述。今撰訖。謹進上。

進所撰頡戛斯可汗書狀

右奉宣。令臣於書內添堅昆事者。緣未審知頡戛斯的是堅昆之後。恐須粗言梗槩。未可明書。今已依宣添改。其閒有詞意未盡處。亦更加添。臣學識空虛。文理淺近。再陳嚴扆。伏積兢惶。謹連封進。

進所撰黠戛斯書狀

右奉宣。令臣撰進來者。臣詳其表中情款。一一報答。盡不闕遺。兼不為文言。遣其易會。緣冊命時須令其稱番事。須云冊命之禮。並依回鶻故事。若須更有邀約。即待朝廷命使日。別賜敕書。稍為允愜。謹緣上進。未審可否。

論修史體例狀

右。臣等伏見近日實錄多云禁中言者。伏以君上與宰臣及公卿言事。皆須衆所聞見。方合書於史策。禁中之語。向外何由得知。或得於傳聞。多出邪妄。便載史筆。實累鴻猷。



向後實錄中如有此類。並請刊削。更不得以此紀述。又宰臣及公卿論事。行與不行。須有明據。或奏議允愜。必見襃稱。或所論乖僻。固有懲責。在藩鎮獻表者。必有答詔。居要官啓事者。自合著明。並當昭然。在人耳目。或取舍存於堂案。或與奪形於詔敕。前代史書所載奏議。無不由此。近見實錄。多載密疏。言不彰于朝聽。事不顯于當時。得自其家。實難取信。向後所載羣臣奏議。其可否得失。須朝廷共知者。方可紀述。密疏並請不載。如此則書必可法。人皆守公。愛憎之志不行。褒貶之言必信矣。

以前臣等伏見近日實錄事多紕繆若詳求摭實須舉舊章謹件如前

議禮法等大事狀

右按史記仲尼在位獄訟之詞有可與人共者不獨有也伏以漢魏以來朝廷大政必令公卿奏議講求理道博盡羣情所以政必有經人皆務學著在史策粲然可觀臣等商量如有事關禮法羣情凝滯者各望令本司申尚書都省下禮官學官詳議意見不同者任爲別狀如是刑獄亦令法官同議然後丞郎以下詳具可否聞奏如郎吏有能



駁難者皆許上聞並須先據經義其次取正史策故事不得自爲意見言涉浮華如禮官學官才識出人議論精當者向後擢授臺省官郎吏別與遷擢所冀漢魏之風復行今日

以前臣等今月二十五日已於延英面奏奉聖旨令條疏將狀來者謹具如前

# 欽定全唐文卷七百七

李德裕十二

## 代劉沔與回鶻宰相頡于伽思書

會昌三年八月二十日大唐河東節度使檢校右僕射劉沔致書于九姓回鶻頡于相公閤下曩者回鶻因延陀之亂歸心中國太宗親幸靈武納彼降人畫瀚海都督列於內地爰初封植自我深恩回鶻立國立家莫非唐德皇帝自聞回鶻乖亂繼以災荒爲紇扢斯所攻國已殘滅可汗率傷痍之衆席捲而來朝廷遣告諭之使轂擊於外誠宜



恭聽詔命漸歸漢南國家得以施拯救之恩成招攜之禮昔呼韓單于亦以離亂歸附漢廷定計之初則遣子入侍款塞之後又來朝京師旣得爲臣之義實展外藩之敬然後漢家擁護出塞救恤加恩況回鶻累代稱藩久修臣禮只合先請朝謁自陳艱危太和公主是帝室愛女太皇太后夙所鍾念可汗亦宜遂其情禮便遣入朝雖皇帝不許當勤固請爲可憐之意陳自託之誠豈不感明主之心塞華夷之望則我之捄恤無所愧懷而乃睥睨邊城桀驁自若邀求過望如在本蕃遐邇之人無不驚嘆今又深入邊

境殘虐生人，以退渾爲名，侵暴未已，黎庶伏竄，莫敢定居，秋稼盈疇，不遑收刈。夫欲求大國之援，繼姻好之情，當務交懽，豈宜如是。來書又云蕃人易動難安，加忿怒後，不可制得。只如回鶻爲紇扢斯所困，豈可一日暫忘，舉國將相遺骸，棄於草莽，累代可汗墳墓，隔在天涯，固宜泣血枕戈，嘗膽思報，大雪寃恥，告謝幽魂。回鶻忿怒之心，合施於彼，而欲滅棄仁義，逞志中華，天地神祇，豈容此事。詩云：剛亦不吐，柔亦不茹。回鶻以紇扢斯之强，不敢報復，可謂吐剛矣。輕退渾之弱，惟務傷殺，可謂茹柔矣。又詩云：君子如怒，



亂庶遄沮。君子怒以止亂，不聞生亂。望相公深思此義，勿更輕言。令弊邑恃回鶻之信，不憚回鶻之怒，若外與中國結怨，内爲紇扢斯所排，還集鳥徙，流離蓬轉，以沔揣度，終難取濟。前代郅支單于不事大漢，寄命堅昆，尋又遠託康居，自成夷滅，往事之戒，得不在懷。昔呼韓之敗也，其臣伊秩訾勸呼韓稱臣事漢，從漢求節，呼韓納用其策，竟保安全。又戎子駒支將預晉盟，執政以有二心數於朝，駒支乃自稱不侵不叛，何惡能爲，執政嘉之，遽命卽事。今相公以偉才宏畧，匡弼可汗，既無秩訾之明，謹於事大，又無駒支之辨，自達其誠，而欲絶累代之懽，興二國之禍，倆雖釋憾，何以戴天。又古人云：失之東隅，收之桑榆。倘自改悔，實未爲晚。恐未嘗思此，聊布所懷，信之與否，幸垂見示。不具。沔白。

## 代忠順報回鶻宰相書意

來牒云未得般次歸國，不知今日推明日，回鶻聞此事盡頭悶者。國家富有四海，豈惜徵細資財，比在京交付藥羅葛九政（藥羅葛氏也）之時，已不管領，只緣可汗都無定所，來去不常，又無大段駝馬，自取般次，恐諸蕃劫奪，須稍安詳。欲



令送至東北嶺外，忽慮萬一散失，又以詞語見尤，望依前自遣駝馬般運，此令兵馬護送。又云嗢没斯王子不合親近。我國家統御四夷，皆同赤子，倘順於國，盡合綏懷，如天地之廣，無不覆載，如江海之大，無不包容。况嗢没斯是先可汗子孫，今可汗兄弟，窮而歸命，尤所矜憐，若棄其款誠，何以柔遠。回鶻須自愧不恤兄弟，令其不安，更欲追尋，是何道理。彼酋長如迫於饑渴，願歸國家，優待之禮，必與嗢没斯無異，想知朝廷眷遇回鶻之深也。如可汗早依聖旨，不入邊疆，但歸漢南候命，朝廷豈有所惜。又云回鶻往前

蕃人易動難安不可制得朝廷只要回鶻承順國家常爲好事惟行仁義不作尤違則朝廷欲疎隔回鶻一日不得若只務侵擾漢界劫奪牛羊以此爲强實所不憚如此行事與諸小部落何如欲俾回鶻强大豈肯敬貴忠順邊將麤才性本愚直輒此忠告幸垂三思

代劉沔與回鶻宰相書意

紇扢斯專使將軍踏布合祖達千邁悉禾亥義判官元因娑捜汗阿已時等七人至天德上表云破滅回鶻之時收得皇帝女公主緣與大唐本是同姓之國固不敢留公主



差都呂施合將軍送至南朝至今不知信息不知得達大唐爲復被奸人中路隔絶緣此使不回今出四十萬兵尋覓若被別人留連不放請子細報卽差人就彼尋覓上天入地終須覓得送公主使若入吐蕃國去卽至吐蕃皇帝自覽表章頗深軫念緣與回鶻可汗久修鄰好加以姻親艱難之時常展勛力情義至重休戚是同今紇扢斯讐怨可汗兼求公主必慮大興兵甲糾合諸蕃長驅南行直至塞上今可汗人衆饑饉兵數無多强敵倘來將何禦捍非惟大唐之力救助至難兼恐邊城之民因此罹患可汗須與將相熟議早務良圖依倚側近山川深自藏匿且送公主歸國以避責言且紇扢斯雖來足得免禍又踏布合祖云紇扢斯卽移就合羅川居回鶻舊國兼以得安西北庭達怛等五部落又云昨者二千騎送踏布合祖至磧北今累路逢着回鶻卽殺踏布自本國至天德西城更不逢着回鶻一人無可殺戮又恐回鶻與吐蕃通信已令兵馬把斷三河口道路則籌畧兵馬之勢揣度可知且興廢在天否泰有運紇扢斯以寡爲衆以弱爲彊豈止人謀固是天贊古人云大福不再來蓋以天亡之後終難再振若欲且



依黑車子延引歲時不惟雄豪所恥實亦諸蕃輕笑倘紇扢斯逼逐則黑車子之心焉可保信不如早歸大國自保安全順天命以去危恃姻好而求福皇帝寵待存恤必更加恩輒獻良箴幸垂採納恐要見紇扢斯表本今亦錄往

代符澈與幽州大將書意

某月日河東節度使符澈致書幽州大將周都衙以下比聞海内之論幽州師有紀律人懷義心河朔諸軍以爲模楷今之所覩異於是矣竊知大將以下初上表舉陳行恭尋又舉張絳皆云文武全才軍情悅服今又不容張絳斥

逐而來取舍之間蒼黃驟變且舉蓄不定春秋所譏遠近聞之莫不嗤笑旬月之內移易三人不可謂師有紀律矣不俟朝旨專自樹置不可謂人懷義心矣今思頓雪前恥再取美名莫若謝罪朝廷別請戎帥如此則一軍盛美千古流芳漸忝在近鄰素欽風儀輒陳鄙見實謂良圖幸大將等三思不至疑惑

## 代宏敬與澤潞軍將書

昨覽大將等陳情表未知迷復頗事游詞宏敬任忝專征兼許招諭思欲布朝廷大信解彼深疑指事而言更無文



飾只如公等本使疾病綿惙既以上聞便須請監軍權知兵馬以俟朝旨豈有表章未發邪計已萌遽遣劉稹銜內決事不令常侍父疾既虧子道深累國章遠近聞知無不駭聽姜崟四月十三日到城至二十三日聖上驚異此事要知端的遂令追問冀得實情姜崟狀稱四月六日大衙宅內小廳實見本使至八日晚後劉稹傳本使處分令入城請醫並不見本使又云女壻李方四月五日降職至十將妹壻王再晟被發遣山東充邯鄲鎮佐軍虞候崟見女壻輩皆被降黜遂懷憂懼求郭誼覓使入城至四月三十日追問梁叔乂亦只緣公等本使不見宣慰問疾使又不見醫官梁叔乂自通狀云劉守義扶劉稹時叔乂對都押衙郭誼向守義道且莫如此若擬扶郎君待國家處分不可依河朔自專劉守義因此懷恨叔乂詐傳本使處分令入奏謝醫藥方便奪叔乂職事姜崟梁叔乂是彼心腹尚不得面見本使于朝廷通狀稱本軍盡云已亡軍中法嚴不知委細宣慰使既不得面見固難辨明今公等表章仍云故使初奏疾病姜崟梁叔乂並云被臺司收繫軍人聞此消息且言故使尚未薨背事已如此自是公等行詭譎



之計誣罔朝廷凡所施爲事多矯詐在朝廷須知事實焉得不一一追問及奏公等本使喪亡聖上三日廢朝寵贈師傅方欲遣使弔祭以備哀榮尋屬薛常侍回知不入衙門不受敕又鎮州省使方回及常道軍將樊琮回知公等拒命之心必無悛改聖上曲爲含忍詢訪百僚朝廷大臣藩翰戎帥切齒憤惋如報私讎聖上事非獲已方降明制始終恩禮可謂無遺公等須知罪惡貫盈神人共棄更不得扇虛妄之說歸怨朝廷聊布所懷各當知悉

## 代彥佐與澤潞三軍書

自天寶以後兵起山東惟澤潞一軍不虧臣節李司徒抱玉以元勛上將初領戎韜李相公抱眞武畧忠誠復總戎柄教習步射振起軍聲爲列鎭之雄皆李公之力及說諭太尉武俊首破朱滔擊韓師于武安屋瓦皆振剪符寇于淮服草木皆兵六十年閒忠名尚在及李相公殂謝朝廷以王尚書虔休代之追李緘令居喪東洛一軍受命莫敢借留致澤潞功勛成澤潞節義遍代節相誰繼李公彼軍尚不顧私恩以聽王制豈有從諫跋扈既久忠孝無聞于彼一軍有何恩澤若委心澤潞將校卽不合別置紀綱以



刼脅人心自圖身計奈何拒君親之命從逆亂之謀近者盧從史首鼠兩端貪狠成性包隱奸慝逗留兵機彼大將烏司徒與王憲等因事圖之尋就東縛破朱滔之功未朽擒從史之效又彰誠動上元忠貫白日一軍盛美可不惜哉比聞從諫志在猖狂招致亡命逆人親黨遊客布衣皆在公宴之中列于大將之上一軍憤愧固已積年豈可舍累代之美名忘近歲之深恥將性命家族以徇騃童生爲不忠之人死爲不臣之鬼彥佐忝受明命總彼成師感嘆之懷寢食忘次願將忠素宣布皇恩俟彼英豪見幾而作爵秩榮寵身自取之豈得臨難因循爲人受禍勉思奇策以副深心

代李石與劉稹書

賈羣至承二十八日書誨承郎君自知愆負思保生全望闕披誠祈天請命遠述迷復聊慰石懷以石思之郎君爲子爲臣忠孝並棄居喪求襲阻命專權數遣亂軍侵軼隣境比者河陽晉絳未有重兵侵犯顏行屢焚廬舍又疆埸之吏收得彼管簿書皆呼官軍爲賊來卽痛殺可謂悖言肆口逆節滔天今欲自新誠爲善意伏思聖上屈累朝之



法實亦至難在將相等懷忿惋之心豈宜延納然須得實事並見忠誠則聖上矜貸有名羣臣陳請有路惟有盡率國屬面縛來降石卽馳詣界首親自受納然後承詔解縛送赴闕庭則在朝公卿豈有異議臨境將帥皆得息詞如擬先求解兵次望洗雪則此暫延旬月之命以偷頃刻之安苟懷是心誰敢保信石屬忝宗室任極台階將身族保人豈是小事況國家自元和以來累翦叛臣至于事迫計窮潛輸密款僞詞變詐無不備諳今欲行之必恐非計夫曾陽回日鄒子動天更無其他只在誠信如未從鄙見空

獻表章。石忝帥臣。豈敢任受。時不可失。幸少詳思。不宣。石白。

代盧鈞與昭義大將書

鈞繆承寵寄。獲撫雄藩。實欲布時雨潤物之仁。昭蘇合境。揚薰風解慍之德。安輯疲人。想彼衆心。必當感悅。況昭義艱難之後。常保忠名。興元之初。又著勳力。穆宗以劉稹祖宗乘機變歸款。朝廷委以節義之軍。授以腹心之寄。豈謂移淄青舊染之俗。汙上黨爲善之人。日往月來。羣情如醉。今王師問罪。將及歲期。惘彼一方。迷而不返。皆以奉劉稹



爲義。實所憎然。且封壤城池。莫非王土。軍人黎庶。豈非王臣。劉稹祖父竊我憲章。質爾家族。蔑棄大義。顯負於君親。將何詭詞。自固於軍旅。且夫示衆於大順。求人以盡心。而五郡從之。終乃不悟。昔晉侯重耳曰。君父之命不校。校者吾讐。公等豈無誠心。見此事理。又公等貴劉稹祖者。必以識君臣之義。審順逆之心。濯身滄波。上覩白日。以此爲是。遂能樂從。今則自遭其時。足以行志。近者楊弁起于卒伍。敢亂晉陽。康政孫制等。皆是耆將。已居右職。一旦狂惑。助其兇威。曾不再旬。果就擒縛。僇於都市。罪及妻孥。公等覩此禍機。得不深戒。李丕中丞能全勁節。自拔亂邦。曾未一年。驟歷三郡。已分茆土。爲國功臣。公等見其光榮。得不健羨。成敗利害。昭然可知。禍福無門。行之即是。鈞所以不引古事。不飾虛詞。直指目前。易於取信。公等倘梟戮劉稹。自建功名。大則別領將旄。次則不失符竹。身受爵祿。福及子孫。去危就安。事同反掌。又得戎旅解甲。黎庶歸耕。老幼無焚灼之虞。閭井得宴安之樂。再洽恩化。豈不美哉。先布至懷。各當信納。

代李丕與郭誼書



夏首初熱。伏惟十三叔動止萬福。丕自歸朝廷。頗獲優寵。三領大郡。榮列中司。想十三叔遠聞。必深喜慰。頃歲寓遊上黨。與主公素未相知。十三叔翦拂提攜。遂叨右職。尋蒙見哀羈旅。申以婚姻。託繫援於高門。實光榮於鄙族。每懷恩遇。刻骨銘肌。去年初投國家。便蒙聖上于三殿召對。此時丕具奏云。臣是十三叔遣密歸國。先布款誠。十三叔久受劉家厚恩。未忍便棄。留待挾持不得。勢力稍衰。必擒翦軍中惡人。率先歸國。聖上深賜信納。已記十三叔姓名。自後緣丕除授忻州。去彼疆界遙遠。常抱深恨。無由自申。今

掌改授晉州。兼充右尚書副使。密邇封壤。瞻望不遙。若不披露赤誠。實負姻好。回鶻可汗士馬已盡。一身歸投黑車子。近黠戛斯國王遣將軍百餘人入朝。請發本國兵四十萬衆。襲逐可汗。擒送京闕。又西蕃贊普近亡。新立贊普纔年十歲。國中至今未定。兩蕃宰相以下。進表請託附大唐。今國家邊塞底寧。八表無事。須將國力。平殄五州。除有司餽運之外。聖上不惜內府金帛。頻以出賜。又諸道兵馬。微有損傷。即徵兵塡替。必作數年討伐之意。十三叔自料形勢。必當坐見危亡。幸因丕在鄰近。朝廷委信。必須早圖功



効。自取寵榮。保衰老之年。全一門之命。書名竹帛。豈不美哉。丕只在冀氏。相去咫尺。只要十三叔有一明據。得聖上密知此狀。到後且望惠數行手示。潛布忠款。丕便遣人進上。必請密詔安存。此事石尚書並不知。丕指天誓心。達此誠意。幸垂延納。不至遲疑。禍機在身。豈得顧望。古人云。晏安鴆毒。不可懷也。蓋以偷安比于鴆毒。切望思之。臨楮零涕。此情何極。不宣。丕再拜。

## 代石雄與劉稹書

雄白。比者牙(一本有內字)兵馬使秉累代之勛業。爲四海之罪人。寄命網羅。坐待夷滅。將謂迫于將校。未遂本心。今則將校盡離。軍心日駭。若不見幾而作。必恐受僇于人。昨打暮宿寨。收得文書云。陳許游奕使賀意密報云。官軍二十五日齊進。雄牒報王尚書。請勘虛實。近得王尚書報云。追到賀意勘責。款稱曾在昭義效職。與彼軍遊奕使唐再清情分至深。每因遊奕相見。彼此說軍中密事。並已承伏。王尚書便已按軍令訖。賀意又款稱。唐再清隔乾河密說云。朝廷若與郎君節。須從西面來。若從南面來。緣劉公直心懷兩端。必恐自取。又云。二郎疾病絕重。命在朝夕。軍中已別



有準擬。不久即是王人。忠武軍何必苦相殺傷。又收得彼處投降軍將高文端等。皆云回西諸寨兵馬商量。欲立安全慶替兵馬使。文端等不願更事全慶。所以歸國。雄雖久在行間。不與先相公交接。然俱是河朔軍將。臭味畧同。將睹覆亡。不無深惜。今聖上方示大信。以安危疑。倘能自新。必舍罪釁。況兩面主兵大將。皆有賊心。事迫圖全。必自救禍。兵馬使若不早決大計。束身歸降。更欲遷延。即無所及。涼風已至。白露將凝。弓勁馬豪。視險如砥。糧儲豐足。器甲精堅。並是諸道強兵。近方抽到。士皆宿飽。人有鬬心。大兵

一交立見焦爛輒申愚慮幸納至懷不具雄白

宰相與李執方書

何司徒頃因軍中擾攘起授翰垣推體國之誠動遵朝典磬守藩之禮終保令名遽此淪亡深可悼惜聞以監軍朝覲貴安物情軍府事權令後嗣勾當本於忠順固匪循私伏以聖上君臨惟新景化施王者之號令事貴有名奉祖宗之法度不可輕易旋觀臣節豈惜恩榮令公卿之議皆請别命戎帥聖上恩深悼往義在安人以司徒之盡忠方垂茂軌想後嗣之善繼必有令圖只在鄰近將帥成其美



志元和初兩河跋扈之勢尚未可懷朝廷制置之宜難于今日李師道兵鋒物力足以自强猶悉獻吏員請須貢賦管内鹽法皆歸有司瀝款披肝乃授留務王承宗迷而知復尋自納忠進德棣兩州以效誠節故得舉族榮盛一門保安望尚書以朝廷公議兩鎮舊體令速效忠款自求寵榮不使河朔隣封誤其大計尚書藩方重寄宗室信臣報國之忠仰思展用成人之美必爲忠謀望早布嘉言勤于善誘邀其實効勿受詭詞臨事制宜固在明畧若未獲要領無憚再三待知赤誠方可聞奏但出于雅意不可云某等令布此懷其間若須商量者望於判官大將中揀忠信有才識人令充使至此伏希鑒悉不宣某等狀

宰相與劉約書

張判官至奉問具承情旨尚書以幽薊頻有叛亂志在澄清遠陳嘉猷益見忠懇况先侍中累代繼美功德在人尚書自按隣封日彰惠政想彼人情瞻望芬若椒蘭聖上天縱英明文武並用正是忠臣報國之日將帥展力之時聖意又以幽薊一方頻害節將懲其汚俗未欲加恩張絳固須首變亂風恭俟朝旨若擬作三軍章表坐望兵符竊料



聖情未必允許倘不早圖良計先效赤誠計不日之間必又致變聞彼軍大將多是舊人感先侍中深恩聆尚書美政導其善意必合遵承且望密遣腹心大布誠信令張絳自求多福以保永安若能請朝廷命帥舉尚書領鎮便自歸闕必不失二蕃金吾若欲外任即商量宋亳大郡便與亞相軍中兼與二十萬疋物充賞大將以下皆酬以官榮令此一軍永爲朝廷心腹倘不思大義姑務因循即三數月間且不問着既未降朝命何以保安望尚書審更籌度早施方畧必不可費國家財力致他日興師倘成此功永

先史策張判官到後且詳觀事勢密自揣摩可之與否速望報示不宣某等狀上

## 宰相與王宰書

近聞遊奕使更收得劉稹章表竊以王太尉武俊有安國之大勳藏於清廟至於孫承宗阻命在鎭猶遣親弟承恭詣太原詣張相上表祈哀憲宗不許旋又遣男知感知信入朝屬淄青殄滅因制使楊僕射檢得文案方知危害武相本在淄青承宗無盜殺之罪方獲昭雪今劉稹父子無功皆負重釁旣不詣尚書面縛又不遣家屬祈哀置章表



于衢路之間望朝廷降非常之澤悖慢無禮前古未聞遊奕將不便毀除寔恐非是况楊弁遣親姪入潞州潛通情計劉稹並不擒送又石會關將楊珍却還石會關兼投賊界劉稹便敢受納已加兵固守比令逆將賈羣送表至太原少傅李相公奏聞旋屬軍中有變竟未有進止處分楊弁潛送賈羣卻歸劉稹亦便受領狡童逆狀如此不知進表何爲昔漢宣帝將圖霍禹名臣張敞云不合明詔自親其文只合明詔以恩不聽羣臣以義固爭今將帥大臣容其章表卽是私惠歸於臣下不赦在于朝廷事體之間交恐不可切慮尚書以疆埸之事皆須上聞惟此事抑而不奏未爲至當望向後更有章表便令將校所在焚之惟面縛而來然後可受領輒此披陳幸垂鑒納不宣某等上狀

## 宰相與盧鈞書

聖上以尚書廉簡奉公和惠恤下所至之地皆有能名以昭義乘僭侈之餘非廉簡無以革弊當掊克之後非惠和無以安人故輟自漢南撫寧上黨承入境之日煦然如春壺漿塞途幼艾相慶甚善甚善近頻見章表捄雪罪人姑務和寧以安反側竊循雅旨備見深懷然周書云刑亂國



用重典蓋以汙染之俗終須蕩滌雖唐虞之際至理之極猶投放四罪天下乃定且以近事明之頃歲劉總送出幽州大將二十人當時執政以苟且爲意奏請放還其後朱克融之徒皆是其數朝廷深懲前弊不得不然尚書公忠簡儉皆以具美惟稍缺威斷實願彌縫昔子產戒太叔以政莫如猛夫火烈人望而畏之故鮮死焉水懦弱人狎而玩之則多死焉太叔爲政不忍猛而寬鄭國多盜太叔悔之曰吾早從夫子之言不及此諸葛入蜀刑法至峻法正諫曰君初有其地未垂惠恤且客主之義宜相降下願緩

刑弛禁以慰其望亮答曰寵之以位位極則殘順之以恩恩極則慢吾今威之以法法行則知恩限之以爵爵加則知榮榮恩並濟上下有節爲理之道於此而著尚書以子產諸葛亮何如人也尚不以寬而理斷可知矣切望寬猛相濟仁勇並施仗義而行臨事必斷不以小惠擾兹至公待一方之人皆明大順然後漸布仁德平之以和斯爲得也輒陳至言幸垂信納不宣某等狀上

與桂州鄭中丞書

某當先聖御極再參樞務兩度冊文及宣懿太后祔廟制聖容贊幽州紀聖功碑討回紇制討劉稹制五度黠戛斯書兩度用兵詔敕及先聖改名制告昊天上帝文并奏議等勒成十五卷正觀初有顏岑二中書代宗朝常相元和初某先太師忠懿公一代盛事皆所潤色小子詞業淺近獲繼家聲武宗一朝冊命典誥軍機羽檄皆受命撰述偶副聖情伏恐製序之時要知此意伏惟詳悉謹狀



與姚諫議郃書三首

閏冬極寒伏惟諫議十五郎尊體動止萬福卽日某悲緒外蒙差趙押衙至奉示問不任悚荷無由拜伏倍積瞻戀謹因使回奉狀不宣閏十二月二十八日從表文崖州司戶參軍同正李某狀上

天地窮人物情所棄無復音書平生舊知無復弔問閣老至仁念舊盛德矜孤再降專人遠逾溟漲兼賜衣服器物茶藥至多槁木暫榮寒灰稍暖開緘感切涕咽難勝大海之中無人拯卹資儲蕩盡家事一空百口嗷然往往絕食塊獨窮悴終日苦饑惟恨垂沒之年頓作餒死之鬼自十月末得疾伏枕七旬屬纊者數四藥物陳裛又無醫人委命信天幸而自活羸憊至甚生意方微自料此生無由再望旌棨臨紙涕戀不勝遠誠病後多書不得伏惟恕察謹狀

伏蒙又賜口箴不任感戴東都日所惠本留洛中無人檢得兼以道路艱阻二年來不曾有人至洛以此前狀諮請倍深惶悚小生舌箴更改三五字不欲兩本流傳今謹錄新本獻上舊本伏望封還如不能遠寄伏惟必賜焚卻下情切望趙總管知廣州時多此月下旬方至此伏惟照察謹狀



次柳氏舊聞序

太和八年秋八月乙酉。上於紫宸殿聽政。宰臣涯以下奉職事。上顧謂宰臣曰。故內臣高力士終始事迹。試爲言之。臣涯謹奏云。上元中。使臣柳芳得罪竄黔中。時力士亦從事巫州。因與周旋。力士以舊嘗司史。爲芳言先時禁中事。皆芳所不能知。而芳亦有質疑者。芳默識之。及還。編次其口語。號曰問高力士說。上曰。令訪史氏取其事書之。臣涯等旣奉詔。乃詣芳孫度支員外璟詢事。璟曰。某祖芳前從力士問覼縷。未竟。復著唐歷。採摭義類。尤相近者以傳之。其錄或秘不敢宣。或怪奇非編錄所宜及者。不以傳。今按



求其書甚實。臣德裕亡父先臣與芳子吏部郎冕開元初俱爲尙書郎。後官亦俱東出。道相與語。遂及高力士說。且曰。彼皆目覩。非出傳聞。信而有徵。可爲實錄。先臣每爲臣言之。臣伏念所聽授。凡有十七事。歲祀久。更遺稱不傳。臣德裕非黃瓊之練習。愧史遷之該博。唯次舊聞。懼失其傳。不足以備大君之問。謹錄如左。以補史官之闕云。

異域歸忠傳序

會昌二年四月甲申。回鶻大將勦嗢沒斯率其國特勤宰相尙書將軍凡十二人大首領三十七人騎士二千一百六十八人內附。制授嗢沒斯特進檢校工部尙書左金吾衛大將軍同正。封懷化郡王。其酋帥偏加戎秩。賜之金紫。於是穹廬之長。盡識漢儀。左衽之人。咸被王澤矣。臣聞書載率服。美大舜之功。詩列旣平。顯周宣之德。暨漢宣帝。亦單于慕義。呼韓來朝。歷紀數千。稱者三代。則知非常之運。必待非常之君。誠契感通。斯爲難遇。伏惟仁聖文武至神大孝皇帝紹高祖太宗之神武。慕元宗憲宗之遠畧。英才天縱。武節霆馳。靜深之謀。淵然若海。先定之志。屹然若山。自嗢沒斯歸款朔邊。注心魏闕。制置大畧。盡出宸筭。漢高



從善。能用六奇。光武揣情。坐知千里。諸將無搴旗之効。羣臣乏借箸之籌。夫天以信而成功。地以定而載物。惟大君懋一德。法兩儀。故能懷異俗之心。盛中興之業。嗢沒斯者。回鶻之貴酋也。夙稟正性。生知大義。識倚伏之數。明禍福之機。回鶻運屬天亡。歲久不稔。畜產大耗。國邑爲虛。流亡徧于沙漠。僮仆被于草莽。由是國之將帥。各率支兵。或入西戎。或歸諸部。惟嗢沒斯精誠上達。天誘其衷。拔自狼居之山。願拜龍顏之主。封章懇懇。指日誓心。不奪之誠。介如石矣。先是有赤心宰相桀傲亂常。頗爲邊患。嗢沒斯潛布

誠欵於天德軍使田牟暴其罪狀梟首以徇歸大國明也戴聖君忠也去亂邦智也執醜虜義也具此四美是謂誠臣昔仲尼知曾參孝因爲陳君臣父子之義以著孝經今聖主以嗢沒斯忠爰採武功貞烈之事以爲歸忠傳則聖人善誘之道又何以加于此乎廼集秦漢以來至聖朝去絶域歸中國以名節自著功業保忠者三十人勒成上下兩卷其不自獻款無迹可稱者今並不載臣又聞爲善者天報之以福爲不善者天報之以殃神道昭晰應如影響嗢沒斯方欲保大節成大勳宜乎佩服斯文以爲鑒戒臣



備位台鉉獲奉睿謀受詔序事冠于篇首

### 黠戛斯朝貢圖傳序

昔越裳貢雉薦於宗廟西旅獻獒陳以典訓所以感其至而戒其初也仁聖文武至神大孝皇帝御歷之四年天瑞燦爛王道昭焯五材並用六轡斯柔布政宣室以張神化振兵朔野以耀威靈故得天晬而清日晏而明蟲螟不生嘉穀以成中寓既安四夷來庭由是龍荒君長黠戛斯遣使注吾合素等上表獻良馬二疋絶大漠而貢赤誠涉流沙而霑赭汗非至德所感孰能臻於此乎皇帝以前有鸞旗馬用驥騄不貴龍友唯駕鼓車乃命其使見於内殿賜以珍膳錫之文錦謹按故相魏國公賈耽所撰古今四夷述黠戛斯者本堅昆國也貞觀二十一年其酋長入朝授以將軍印拜堅昆都督遠于天寶季年朝貢不絶暨中國多難爲回鶻隔礙黠戛斯忿其桀驁乘彼薦饑於是破龍庭焚罽幕蕭條萬里地無種落始得出重泉而見白日披氛霧而睹青天臣伏見太宗謂羣臣曰南荒西域自遠而至其故何哉宰臣房元齡對曰殊域來朝者中國乂安帝德遐被所致也太宗曰向中國不安亦何緣而至朕覩此



懷懼何者昔秦始皇并吞六國漢武帝威加戎狄今殊方異類無遠不賓竊比秦漢想無多愧亦欲傳之子孫念二王之末途朕所以不能不懼耳臣伏思太宗往日之懼致我唐百代之隆則聖祖詒謀可謂深矣此太宗所以永保鴻名爲受命之祖陛下所以丕承王業爲中興之主豈不宜哉天旨以賈耽有陳平鎭撫之才得充國通知之敏其所述作該明古今乃詔太子詹事韋宗卿秘書少監呂述往蒞賓館以展私覿稽合同異覼縷闕遺傳胡貊皃離之音載山川曲折之狀條貫周備文理洽通臣伏以貞觀初

中書侍郎顏師古上言。昔周武王天下太平。遠國歸款。周史乃集其事。爲王會篇。今萬國來朝。蠻夷率服。實可圖寫。請撰爲王會圖。有詔從之。臣輒因韋宗卿呂述所紀異聞。飾以繪事。敢敘率服。以冠篇首。

## 太和新修辨謗畧序

臣聞行險而言。闕上者非謂謗也。是實之所招也。蹈仁而被誣者非已所召。是濫之所慴也。夫理身絕嫌。人臣止謗之術。虜受不納。人君辨謗之明。然則正者邪之所仇。直者曲之所嫉。有能爲不才所忌。有功爲無庸所嫉。四者苟立。



四謗必隨。況僞必亂真。佞實似智。鑠金之口。不謀而同唱。成雷之蚊。未響而先合。以羣陰而蔽孤陽。以衆比而排獨立。結其禍患。咸本謗言。莫不巧中於隱伏之微。善成于疑似之際。忠賢被之。無以自辨。亦良可哀哉。伏惟皇帝陛下體乾坤簡易之德。合日月無私之照。視聽自天。神明其化。惡淫哇之亂聽。疾紫色之眩目。聖其讒說。常詠格言。臣等將順天聰。綴緝舊典。發東觀藏書之室。得元和辨謗之文。辭過萬言。書成十卷。以其廣而寡要。繁則易蕪。方鏡情僞之源。尤資詳畧之當。遂再加研考。所以理昔賢被誣之狀。表前王善鑒之明。實願視則倚衡。居則有坐。絕其根株。永杜其來。必也視之於未形。鑒之於無象。方夏后盤盂之誡。比周王玉几之銘。測深慮遠。取爲殷鑒。使播揚有所消。其象萋菲無以成其文。忠臣得納其誠。武臣得盡其力矣。于是徵之周秦。覃及聖代。必極精簡。有合箴規。特立新編。裁成三卷。謹繕寫封進。臣等上奉宸謀。竭其鑽仰。敢不虔序聖旨。冠于篇首云。

## 窮愁志序

予頃歲吏道所拘。沈迷簿領。今則憂獨不樂。誰與晤言。偶



思當世之所疑惑。前賢之所未及。各爲一論。庶乎箴而體要。謂之窮愁志。凡三卷。篇論四十九首。銷此永日。聊以解憂地僻無書心力久廢。每懷多聞之益。頗有闕疑之恨。貽於朋友。以俟箴規。

欽定全唐文卷七百八

李德裕十三

掌書記廳壁記

續漢書百官志稱三公及大將軍皆有記室主上表章報書記雖列於上宰之庭然本爲從軍之職故楊雄稱軍旅之際飛書馳檄用枚皋非夫天機殊捷學源濬發含思而九流委輸揮毫而萬象駿奔如庖丁提刃爲之滿志師文鼓瑟效不可窮則不能稱是職也昔安豐侯竇融徵還京師光武問曰所上表章誰與參之融曰皆從事班彪所爲



及竇憲貴寵班固傅毅之徒皆置之戎幕以典文章憲邸文章之盛冠於當代魏氏以陳琳阮瑀管記室自東漢以後文才高名之士未有不由於是選其簡才之用亦金馬石渠之亞況河東精甲十萬提封千里半雜胡騂遥制邊朔惟師旅之威容爲列藩之儀表典兹羽檄代有英髦間者吳少微富嘉謨王翰孫逖咸有制作存於是邪其所不知蓋闕如也暨太尉臨淮王總節制之師德裕叔父嘗與斯職尋以才識英妙肅宗召拜監察御史厯後僕射高貞公令河陽節度令狐公以人文掌宸翰國子司業鄭公給事河南尹杜公以才華登貴仕繼斯躅者不亦盛歟丙申歲丞相高平公始自樞衡以膚謀帥以右拾遺杜君爲主記明主惜其忠規復拜舊職尋參内庭視草之列次用殿中侍御史崔君德裕獲接崔君之後文學空虚才術莫逮繼清塵於吾祖挹芬烈於前賢先是廡廊之下有豐碑紀其名氏而不書職業今再刊斯記於本署西垣以高平公統戎爲始元和十四年四月十一日記

丞相鄒平公新置資福院記

夫威鳳之炳然非海晏則不至卿雲之藹然非氣和則不



出故君子藏器抱璞含忠毓德不遭遇其時則光名不睍是以干木之退也高於千乘君曼容之仕也止於六百石先僕射佩虎符而知足視蟬冕而蔑如由斯志矣先僕射苞文武之道有清直之德良玉美潤徒蓄寶於荆岑喬木幽深不呈材於廊廟知者所以嘆息也丞相鄒平公鍾是餘慶爲唐寶臣公天挺奇表角犀特秀居五嶽也稟太華削成之狀方四時也得清秋爽朗之氣森矛戟以耀穎槩珪璋而洞照蓋人之桀歟憲宗皇帝以神武之姿墾除菑害睿慮潛以泉默英威赫而電斷奇權秘計皆中詔决之

參宸算者。惟公與二三髦士。揣摩潤色。繄公稱首。旣平淮夷。盪齊寇。四罪咸服。八表晏然。雖則武力之拘。原亦由謀臣之決策。洎今上之宅憂也。袞龍未襲。嚮明未位。召公於東宮含春殿。歔欷前席。付以大柄。公乃請偃武論道。與天下休息。上若涉水而得舟檝。馭馬而有銜轡。始拜言以命咎。卽其時而相說。君臣之遇。古無儔也。公之爲政。貞以制動。平以稱物。其志在於識相體。宏簡易而已。嘗以爲用京房之濼。則煩碎而亂理。聽嗇夫之辨。則捷給而傷化。由是遵坦夷之路。窒邪枉之門。不勤人以務遠。恥竭澤以言利。



矧夫洞虛明之境。應必以誠。端不言之蹊。孰不歸我。故奉聖者稱公爲良相焉。公之趨丹陛。侍紫垣。名冠近臣。寵加贈典。先僕射自珥貂而升左揆。先夫人由趙郡而啟大國。金印石窌。當代榮之。建中初。先僕射以柱下史參梓潼軍計。典昌榮二部。益部之內。有林居一廛。庾氏誅茅。始傷於寄寓。仲長樹果。終見於繁蔚。公年纔佩觿。志拾青紫。方覃思於經籍。未馳騖於文章。游焉息焉。必在於是。及鍾家難。乃入爲官。暨韋太尉鎭是邦也。公釋褐從事。在賓幄之間。逮茲抗戎旌。佩相印。曾未一紀。繼爲三公。下車逾月。訪於舊館。邵伯之樹未翦。武侯之廬猶在。于公邑里。遂見高車。龍驤門閎。竟容長戟。公瞻構灑泣。循陔永思。以爲徵壞壁者。夫子之居尚毀。固朽宅者。如來之乘斯遠。孰若歸於淨土。環以香林。乃購之於官。以爲精舍。又以桑門之上首者七人居之。所以證迷途而資夙植也。殿堂層立。軒房四柱。鎔金作繪。髣髴諸天。況乎蜀山蔥蒨。下臨於雉堞。錦江明滅。近繚於郊坰。紅樹倚檻。青蘋傍砌。海雛乍來。靈草長秀。彼之聽和音者。不惟於寂慮。聞異香者。自入於禪薰。公之孝思。永代作則。豈止何充之宅。獨入檀那。將與文公之堂。



俱爲不朽。某竊焉孤生。流落於代。辱公感舊。遂不見遺。爰自內庭升台司。居視草之列。二三年間。位階先達。由是議人倫者歸公之盛德。不陪密坐。驟變寒暑。迂懸榻之念。忝授簡之思。且嘗典綸綍。獲備官寮。報德不讓。懼斯文之闕焉。長慶二年十月二十三日。朝議大夫御史中丞上柱國贊皇縣開國男食邑三百戶賜紫金魚袋李德裕撰。

三聖記

有唐寶歷二年歲次丙午八月丙申朔十五日庚戌。玉清元都大洞三道弟子正議大夫使持節潤州諸軍事守潤州刺史兼御史大夫充浙西道都團練觀察處置等使上柱國贊皇縣開國男食邑三百戶賜紫金魚袋李德裕上爲九廟聖主次爲七代先靈下爲一切含識於茅山崇元觀南敬造老君殿院及造老君孔子尹眞人象三軀皆按史籍遺文庶垂不朽謹記

## 重寫前益州五長史眞記

益州草堂寺（成都記云在府西七里去浣花亭三里）列畫前長史一十四人（節度職不帶尹則帶長史非今賓佐也）代稱絕筆余嘗於數公子孫之家獲見圖狀乃知草堂繢事靡不造眞者昔巖野旁求徒聞審像嵇山高遯惟止鎔金孰若記之丹青妙盡神照楚國祠廟魯王宮室洎此邦文翁舊館皆圖歷代卿相粲然可觀雖有慕於前良曾莫究於形似豈與夫年代已遠遺像猶存入虛室而烟霞暫披拂浮埃而瑤林斯覩余以精舍甚古貌像將傾乃選其功德尤盛者五人模於郡之廳所追維二漢臺閣皆有圖寫黃霸于定國之流雖宰相名臣不得在畫像之列卓子康德行君子而在功臣之右今之所取意在斯乎　闕　既新光靈可想儼若對神吾將與歸因敘其事詔諸來哲太和四年閏十二月十八日西川劍南節



度副大使知節度事銀青光祿大夫檢校兵部尚書兼成都尹御史大夫贊皇縣開國伯李德裕記

## 懷崧樓記

懷崧思解組也元和庚子歲予獲在內庭同僚九人丞弼者五數十年間零落將盡今所存者惟三川守李公而已（已歿者西川杜公武昌元公中書韋公鎮海路公吏部沈公左丞庾公舍人李公）洎太和已丑歲復接舊老同升台階或纔嘆止輿已協白雞之夢或未聞稅駕遽有黃犬之悲向之榮華可以悽愴況余憂傷所侵疲薾多病常鷩北叟之福豈忘東山之歸此地舊隱曲軒傍施埤堄竹樹陰合簷檻晝昏喧雀所依凉颸罕至余盡去危堞敞爲虛樓剪榛木而始見前山除密篠而近對嘉樹（廳事前有大辛夷樹方爲草木所蔽）延清輝於月觀留愛景於寒榮晨憩宵遊皆有殊致周視原野永懷崧峯肇此佳名且符夙尚盡庾公不淺之意寫仲宣極望之心貽於後賢斯乃無愧丙辰歲丙辰月銀青光祿大夫守滁州刺史李德裕記

## 元眞子漁歌記

德裕頃在內庭伏覩憲宗皇帝寫眞求訪元眞子漁歌嘆不能致余世與元眞子有舊早聞其名又感明主賞異愛

才見思如此每夢想遺跡今乃獲之如遇良寶於戲漁父賢而名隱鴟夷智而功高未若元眞隱而名彰顯而無事不窮不達其嚴光之比歟處二子之間誠有裕矣長慶三年甲寅歲夏四月辛未日潤州刺史兼御史大夫李德裕記

## 平泉山居誡子孫記

經始平泉追先志也吾隨侍先太師忠懿公在外十四年上會稽探禹穴歷楚澤登巫山遊沅湘望衡嶠先公每維舟清眺意有所感必凄然遐想屬目伊川嘗賦詩曰龍門



南岳盡伊原草樹人烟目所存正是北州梨棗熟夢魂秋日到郊園吾心感是詩有退居伊洛之志前守金陵於龍門之西得喬處士故居天寶末避地遠遊薉爲荒榛首陽微岑尚有薇蕨山陽舊徑唯餘竹木吾乃翦荊棘驅狐狸始立班生之宅漸成應叟之地又得江南珍木奇石列於庭際平生素懷於此足矣吾嘗以爲出處者貴得其道進退者貴不失時古來賢達多有遺恨至於元祖潛身於柱史柳惠養德於士師漢代邴曼容官不過六百石終無辱殆邈難及矣越蠡激文牛以肥遁留侯託黃老以辭世亦其次焉范睢感蔡澤一言超然高謝鄧禹見功臣多敗委遠名勢又其次也剡如吾者於葵無衛足之智處鴈有不鳴之患雖有泉石杳無歸期留此林居貽厥後代鬻吾平泉者非吾子孫也以平泉一樹一石與人者非佳子弟也吾百年後爲權勢所奪則以先人所命泣而告之此吾志也詩曰維桑與梓必恭敬止言其父所植也昔周人之思召伯愛其所憩之樹近代薛令君於禁省中見先君所據之石必泫然流涕汝曹可不慕之唯岸爲谷谷爲陵然後已焉可也



## 平泉山居草木記

余嘗覽想石泉公家藏書目有園庭草木疏則知先哲所尚必有意焉余二十年間三守吳門一涖淮服嘉樹芳草性之所耽或致自同人或得於樵客始則盈尺今已豐尋因感學詩者多識草木之名爲騷者必盡蓀荃之美乃記所出山澤庶貧博聞木之奇者有天台之金松琪樹稽山之海棠榧檜剡溪之紅桂厚樸海嶠之香檉木蘭天目之青神鳳集鍾山之月桂青颸楊梅曲房之山桂溫樹金陵之珠栢欒荊杜鵑茆山之山桃側栢南燭宜春之柳栢

紅豆山櫻藍田之栗梨龍柏其水物之美者荷有蘋洲之重臺蓮芙蓉湖之白蓮茅山東溪之芳蓀復有日觀震澤巫嶺羅浮桂水嚴湍廬阜漏澤之石在焉其伊洛名園所有今並不載豈若潘賦閒居稱郁棣之藻麗陶歸衡宇喜松菊之猶存爰列嘉名書之於石已未歲又得番禺之山茶宛陵之紫丁香會稽之百葉木芙蓉百葉薔薇永嘉之紫桂簇蝶天台之海石楠桂林之俱那衛台嶺八公之怪石巫山嚴湍琅邪臺之水石布於清渠之側仙人跡鹿跡之石列於佛榻之前是歲又得鍾陵之同心木芙蓉剡中



之真紅桂嵇山之四時杜鵑相思紫苑貞桐山茗重臺薔薇黃槿東陽之牡桂紫石楠九華山藥樹天蓼青櫪黃心桃子朱杉龍骨闕二字庚申歲復得宜春之筆樹楠稚子金荊紅筆密蒙勾栗木其草藥又得山薑碧百合

## 夷齊論

昔夷齊不食周粟餓于首陽之下仲尼稱其仁孟軻美其德孟子稱伯夷聖人之清者蓋以取其節而激貪也所謂周粟者周王所賦之祿是也諫而不從不食其祿可矣至于聞淑媛之言輟飱薇蕨斯可謂不智矣夫薇蕨者元氣之所發生四時之所順成日月之所燭風雨之所育周焉得而有之哉若以粟者周人之播殖則夷齊得非周人乎反覆其道盡未當理然夷齊之行實誤後人於陵仲子慕夷齊者也乃至不義其兄之祿潔則潔矣仁豈然哉厥後商洛四友畏秦之酷避秦之禍豈止潔其身而已然飱紫芝以為糧飲清泉以為漿終老南山以養其壽斯可謂仁智兼矣

## 三良論

秦穆之殺三良詩人刺之矣春秋譏之矣今不復議惟三良許之以死而前代無譏何也且臣道莫顯於咎繇孝友



莫盛於周公咎繇尚不殉於舜禹二后周公尚不殉於文武二王三良詎可許之死乎如三良者所謂殉榮樂也非所謂殉仁義也可與梁邱據安陵君同譏矣焉得謂之百夫特哉昔荀息許晉獻一言繼之以死君子猶歎斯言之玷不可為也豈得以生同榮樂歿共埃塵以為忠乎晏平仲言君為社稷死則死之斯言得之矣自周漢迄于巨唐殺身成仁代有髦傑莫不顯一身之義烈未有繫一國之存亡惟紀信乘黃屋以誑楚赴丹焰而存漢數千年間一人而已漢祚四百繇此而興余謂漢祖建封紀氏宜在蕭

曹之上報德未稱良可悲也

## 張辟彊論

揚子美辟彊之覺陳平非也若以童子膚敏善揣呂氏之情奇之可也若以爲反道合權以安社稷不其悖哉授兵產祿幾危劉氏皆因辟彊啟之向使留侯尚存必執戈逐之將爲戮矣觀高祖遺言呂后制其大事可謂謀無遺策矣以王陵有廷諍之節置以爲相謂周勃堪寄託之任令本兵柄况外有齊楚淮南磐石之固內有朱虛東牟肺腑之親是時產祿皆匹夫耳呂后雖心不在哀將相何至危懼必當憂傷不食自促其壽豈能爲將相之害哉高祖曰非劉氏而王者天下共擊之此慮屬呂宗矣何可背之厥後稱制八年產祿之封殖固矣若平勃二人溘先朝露則劉氏之業必歸呂宗及呂后之沒劫酈商以紿呂祿計亦窘矣周勃雖入北軍尚不敢公言誅諸呂豈不艱哉賴產祿皆徒隸之人非英傑之士倘才出于世豈受其紿說哉嗟乎與其圖之于難豈若制之于易由是而言平勃用辟彊之計斯爲謬矣留侯破產以報韓結客以狙秦招四皓以安太子所謂必仗義居正由此知不尚權譎明矣



## 袁盎以周勃爲功臣論

袁盎對文帝曰絳侯所謂功臣非社稷臣夫社稷臣者主在與在主亡與亡盎見勃自德其功有以激之也非至理篤論此言足以感文帝聰明傷仁厚之政俾其有薄宗臣之意竟使周勃大功皆棄非罪見疑可爲長歎息也當呂后之世惠帝已殂少帝非劉氏陳平用辟彊之計權王產祿絳侯若不與之同心而制其兵柄必由此而階亂矣則劉氏安危未可知也（盎曰諸呂用事擅相王太尉本兵柄弗能正也）然磨而不磷涅而不緇未嘗不心存社稷志在劉氏外雖順遜內守忠貞得不謂之社稷臣乎其後絳侯繫請室盎雖明其無罪所謂陷之死地而後生之徒有救焚之力且非曲突之義楊子稱盎忠不足而談有餘斯言當矣善哉賈生之諭堂陛之峻高者難攀卑者易凌文帝感悟養臣下有節有以見賢人用心致君精識若袁公者難與並爲仁矣盎惟有正慎夫人席塞梁王求嗣此二事守正不撓忠於所奉害錯之罪虐貫于神明安陵之禍知天道不昧矣

## 漢昭帝論

人君之德莫大於至明明以照姦則百邪不能蔽矣漢昭

帝是也年十四而知燕王書詐後有譖霍光者上輒怒曰
敢有譖毀者坐之周成王有慙德矣高祖文景俱不如也
成王聞管蔡流言觀召公不悅遂使周公狼跋而東鴟鴞
之詩作矣漢高聞陳平去魏背楚欲捨腹心臣漢文惑季
布使酒難近罷歸股肱郡疑賈生擅權紛亂欲疏賢士景
帝信讒誅晁錯兵解遂戮三公所謂執狐疑之心來讒賊
之口使昭帝得伊呂之佐則成康不足侔矣惜哉霍光不
學亡術未稱其德然輕徭薄賦與人休息匈奴和親百姓
充實議鹽鐵而罷榷酤亦任忠臣之效也纔弱冠而殂功



德未盡良可痛矣

漢元帝論

漢元帝習武帝游宴後庭又性好音樂與宏恭石顯圖議
帷幄之中進退天下之士史臣贊曰優游不斷漢宣之業
衰焉余以班固之言未盡其癖（一作僻）蓋懦而不才權移所
嬖非不斷也夫帝王者天也天以剛健爲氣粹精爲體氣
剛而健則三光不昏體粹而精則四氣不亂剛也者不息
之謂也故權衡獨運四時不忒粹也者不雜之謂也故乖
氣消散陰陽不謬若運動不在於權軸（一作衡）鎔鑄不由于
大治蕩蕩上帝復何爲哉書曰天聰明自我民聰明又曰
天視自我民視天聽自我民聽豈堯舜之時上下皆公讒
說不行人與其聰明哉豈幽厲之君上下盡邪讒言相蔽
人不與其聰明哉元帝自稱淫亂之君各賢其臣令皆覺
悟天下安得危亡之君元帝蓋自以恭顯爲賢而任之不
疑也

荀悅論高祖武宣論

荀悅論畧曰高帝天下初定庶事草創文帝躬行元默遂
至昇平而古典未備制度多闕武帝內修文學外耀武威



而不盡其術不克其終宣帝任法審刑綜覈名實而不用
儒術理化不成歷數三代以及元帝曰崇尚儒業從諫如
流引班固贊賓禮故老優游亮直又曰貢薛韋匡迭爲宰
相其旨以爲專用儒術莫盛于此班固荀悅皆文雅之士
以元帝好儒徵用儒生故以茲爲美而深罪石顯痛心泣
血稱詩人投畀豺虎嫉之甚也異乎余之所聞也任恭顯
始于宣帝當先帝之世石顯豈能隳其大業哉則知惡不
在于顯矣蕭望之周堪皆廊廟之器有師傅之恩石顯所
忌廢而不用朋寵上書遂致於理其後劉向廢錮張猛自

殺豈得謂之優游亮直乎賈捐之京房雖不終其身亦皆英特儁才道術奇士于元帝可謂忠矣亦因譖而死惑于讒邪則不斷疑於髦俊則用法亦不得謂之優游亮直矣貢薛雖能忠諫諫止於諷諭恭儉未嘗禦姦觸邪矣韋匡從容守位未嘗犯顏干色矣所以得乘時而進久安其位昔桀紂殺一龍逢比干而天下之惡歸焉桀紂以拒諫而殺其悖已甚元帝以信讒而殺抑又甚焉王業既衰至成哀淩替纔三世而王莽簒奪宣帝稱亂吾家者太子也知子莫若父信哉是言



## 荀悅哀王商論

荀悅論曰夫獨智不用於世獨行不蓄於時昔人所以自退猶不得自免是以離世深藏又曰以六合之大一身之微而匹夫無所容焉豈不哀哉余三復斯論潸然出涕仲尼聖人也猶美顏子之行藏與我同志稱甯武愚不可及歎蘧瑗卷而懷之則聖人遵養時晦可謂至矣以仲尼之德足以塞叔孫之毀以仲尼之仁足以免陳蔡之困以仲尼之智足以避匡人之辱以仲尼之道足以容魯哀之世而逼迫多懼殆于危亡由是思之無非命也況王商者哉世人皆以貌寢質薄爲數奇敦厚碩大爲多福樂昌威重真漢相容貌懾單于而遘愍於時遇讒而殞豈命之否也龍虎不能免于患及命之泰也蛭螾皆得保其生余又聞之國之衰也忠賢先去故管仲知隰朋不久而齊國亂范燮令祝宗祈死而晉主憂伍胥戮而夫差亡汲黯出而劉安悖徒歎新都之奪孰救樂昌之禍昔秦繆以三良爲殉君子曰秦繆之不爲盟主也宜哉棄善人之謂也

## 張禹論

夫社稷之計安危之機人君不能獨斷者必資于所敬之



臣然臣有忠邪時有險易交有淺深義有厚薄范雎山東之匹夫也入虎狼之秦履不測之險可謂交疏義薄矣而能尊昭王去穰侯開秦霸業之基以安固後嗣可謂忠于昭王矣夫能獨斷者英主也古人言謀之欲多而斷之在獨蓋爲此矣天有震雷之怒龍有逆鱗之恨所以人君在於能斷耳然親戚之際恩義之重斷之于已不可也張敞所謂明詔以恩不聽羣臣以義固爭而後許而令明詔自親其文非策之得也漢文帝誅薄昭斷則明矣于義則未安也周宣餞申伯有孔碩之詩秦康送文公興如存之感

況太后尚存唯一弟薄昭而斷之不疑非所以慰母氏之心也漢成帝車駕至張禹第辟左右親問禹以天變禹以年老子弱與曲陽有隙乃言新學小生亂道誤人宜無信用帝雅信愛禹由此不疑王氏致漢室之亡成王莽之篡皆因禹而發可謂漢之賊也國之妖也雖蛇鬬于鄭鷁退于宋妖不甚于禹矣朱雲欲以上方斬馬劍斷佞臣頭斯言當矣後代有類于此者其臣可以范雎爲師表張禹爲鑒戒

## 三國論



魏蜀吳三分天下而亡有先後非形勢有輕重積累有厚薄察其政柄所歸則亡之先後可知也蜀政在于黃皓皓隸人也內不能修武侯之舊典外不能制姜維之黷武紀綱日壞君子不服所以先亡也魏自明帝之後政歸仲達齊王已降惟守空宮亡之淹速繫于師昭之志將移神器之重須服天下之心未立大功亦不敢取所以蜀滅而魏亡也孫皓雖驕奢極欲殘虐用刑而自專生殺之柄不牽帷墻之制運盡天亡而後夷滅由是而知人君不可一日失其柄也如神龍之脫深泉震雷之無烟氣威靈既露人得制之蔣濟覩魏文帝與夏侯尚詔曰作福作威爲亡國之言所謂柄者威福是也豈可假于臣下哉後代覩三國之事可不戒懼哉

## 羊祜留賈充論

任愷庾尹（庾爲河南尹名犯廟諱字又非便所以不書）以賈充邪僻欲其疎遠勸晉武令西鎮長安惟羊祜密表留之祜豈悅賈充者哉良以愛君體國發于至誠耳晉氏傾奪魏國初有天下其將相大臣非魏之舊臣即其子孫所寄心腹惟賈充而已充亦非忠于君者自以成濟之事與晉室當同休戚此羊



祜所以願留也昔漢高不去呂后亦近于此漢高嬖戚姬愛如意思其久安之計至于悲歌不樂豈不知除去呂后必無後禍況呂后年長有過稀復進見漢高棄之如去塵垢實以惠帝闇弱必不能自攬權綱其將相皆平生故人俱起豐沛非呂后剛強不能臨制所以存之爲社稷也後世翼戴其君者得不念于此哉

## 宋齊論

宋齊以降繼體承祧者君德寖微王道凌替纘緒之初如草大運降宥解網以悅衆心仁義之風薄骨肉之情廢前

史評之詳矣然政未得中改之可也如弓之高下者抑舉琴瑟之不調者更張此亦天之道也豈獨人事哉惟用其罪人不可甚矣天下之惡一也古人言一心可以事百君百心不可以事一君豈有不忠於前朝而能忠于後王者哉毀泉臺春秋之所譏先儒之所惡宋齊之君有一于此必爲美政泉臺見妖尚不可毀況無妖者乎燕人之思召伯甘棠勿翦楚人之懷叔子望碑墮淚彼人臣也而見思若此雖時移政改莫非舊臣昔伯益贊禹稱大舜之德曹參事惠帝守蕭何之法魏文帝初受漢禪羣臣皆贊魏德



唯衛臻獨稱漢美文帝曰天下之珍當與山陽共之爲人臣者罔念於此可謂有百心矣

# 欽定全唐文卷七百九

李德裕十四

## 舊臣論

或問先王論道之臣事後王乎曰不改先王之道則事之改先王之道則去之以事堯之心事舜禹者其皐陶益稷乎以事武王之心事成王者其周召乎以事漢高之心事惠帝者其蕭曹乎曹參尚不易蕭何之規況高祖之道昔區區楚國醴酒不設穆生先去且穆生豈爲己也蓋傷廢先王之道不忍見後王之面其不去者焉得免胥靡之恨



哉魏晉以降居相位者皆靦面愧心而已又有攘臂於其間者踦摭先王之道以諱舊過改張先王之道以媚新君棄先王之故老以掩其羞用先王之罪人以協其志若天地間無神明則已倘有神明鬼得而誅之矣

## 陰德論

陳平稱吾多陰謀道家之所禁吾世即廢亦已矣不能復起以吾多陰過也至曾孫何國絕班生著陳平之言以爲世戒理當然矣而丙丞相纔及子顯黜爲關内侯至孫昌乃絕國絕三十二歲復續而張湯杜周子孫世有令名皆

在顯位。其故何哉。丙丞相於漢宣之德。可謂至矣。晉荀息以忠貞之故。不敢負獻公。程嬰以託孤之義。不忍欺趙氏。所以繼之以死。終不食言。丙丞相於史皇孫。徵君臣之分。無親戚之情。而保養曾孫。仁心惻隱。置于閒燥。給以私財。介然拒天子之使。因是全四海之命。（原注漢書稱因赦天下郡邸獄繫者是恩及四海也）又奏記霍光決定大策。既而顯徵卿之美。削士伍之辭。其深厚不伐。古所未有。夏侯勝以爲有陰德者。必享其樂。以及子孫。是宜篤生賢人。世濟其美。古所謂有後者。良謂是矣。焉在傳爵邑而已哉。張杜有後者。豈用法雖深而所治者或能去天下之惡。除生人之害。所以然也。



## 臣子論

士之有志氣而思富貴者。必能建功業。有志氣而輕爵祿者。必能立名節。二者雖其志不同。然時危世亂。皆人君之所急也。何者。非好功業。不能以戡亂。非好名節。不能以死難。此其梗概也。好功業者。當理平之世。或能思亂。唯重名節者。理亂皆可以大任。平淡和雅。世所謂君子者。居平必不能急公理煩。遭難亦不能捐軀濟危。可以羽儀朝廷。潤色名教。如宗廟瑚璉。園林鴻鵠。雖不常爲人用。而自然可貴也。（原注世謂王劉之儔也）然世亦有不拘小疵而能全大節者。如陳平背楚歸漢。漢王疑其多心。令護諸將。又疑其受金。可謂不能以名節自固矣。及功成封侯。辭曰。非魏無知。臣安得進。漢高曰。若子可謂不背本矣。其後竟誅諸呂。以安劉氏。近日宰相上官儀。詩多浮艷。時人稱爲上官體。實爲正人所病。及高宗之初。竟以謀廢武后。心存王室。至于宗族受禍。郭代公倜儻不羈之士也。少不以名節自檢。當蕭岑內難。保護睿宗。雖履危機。竟全臣節。則名節之間。不可以一概論也。陳平能不背魏無知。所以必不負漢王矣。今士之背本者。人君豈可保之哉。



## 忠諫論

人君拒諫有二。一曰生於愛名。二曰不能去欲。雖桀紂桓靈之君。未能忘名。自知爲惡多矣。畏天下之人知之。將謂諫己則惡不可掩。故不欲人之諫己。如晉獻非驪姬寢不安。齊桓非易牙食不美。必不能去之。亦不欲人諫己。人臣忠諫亦有二。欲道行於君。可使身安國理者。其辭婉。欲名高後世。不顧身危國傾者。其辭訐。若考叔啟大隧以成莊公之孝。倉唐獻犬鴈以復文侯之愛。畱侯封雍齒以安羣臣。招四皓以定惠帝。此所謂婉也。諫大夫言婢不爲主。白馬令言帝欲不諱。（原注：劉李二人名各不便故書官）激主之怒。自有其名。望其聽從。固不可得。此所謂訐也。漢元帝欲御樓船。薛廣德當乘輿諫曰。臣自刎頸以血汚車輪。則陛下不入廟矣。張猛曰。乘船危。就橋安。聖主不乘危。元帝曰。曉人不當如是耶。則知諫之道在于婉矣。唯英主必能從諫。何者。自知功德及生人者大矣。雖有小惡。不諱人言。如漢高械繫蕭相國。及聞王衞尉之言。乃曰。我不過爲桀紂主。而相國爲賢相。此所謂不諱也。近日名臣王石泉居相時。子爲眉州



司士。天后嘗問曰。卿在相位。子何遠乎。對曰。廬陵是陛下愛子。今猶在遠。臣之子焉敢相近。有以見君子之心。亦倉唐之比也。

## 管仲害霸論

昔管仲對桓公曰。宮中之樂無所禁禦。不害霸也。舉賢而不能任。此害霸也。余竊窺敬仲此對。是欲一齊國之政。滿桓公之志。然則非專任亦不能致霸。故一則仲父。二則仲父。桓公所以能九合諸侯。爲五霸之首。中代蜀主之任孔明。苻堅之用景畧。雖關羽不能移。樊世不能惑。蜀與秦皆君安國理。非專任之效歟。桓公得敬仲則興隆霸業。漢元信石顯而反穢明德。信任同而理亂異者何也。所任用非其人也。近世有以宮中之樂餌其君者。而苞苴日行。紀綱日壞。朋黨益熾。讒言益昌。得非竊管仲之術。違管仲之道。莊周稱所謂至智也者。有不爲大盜積者乎。又曰。跖不得聖人之道不行。豈斯之謂也。

## 慎獨論

士君子愛身防患。無踰於慎獨矣。能懼顯覿。（原注：詩曰無曰不顯莫予云覿）不爲暗欺。忠信參於外。雖有盜賊。不能爲患矣。易曰。無



有師保。如臨父母。斯之謂也。賊入趙孟之門者。覩其盛服將朝。不忘恭敬。悔受君命。至于觸槐。所以知其不爲患也。向使趙孟未闢寢門。尚安袵席。思變詐之數。無肅敬之容。爲盜者必激其怒心。增其勇氣。焉得保其首領哉。推是而言。人不可以不誠矣。若乃懷詐飾智。意忌貌親。人已見其肺肝。而自謂無迹。天已奪其魂魄。而不寤將亡。此汲黯所以面折公孫宏。詈言李息。莊周稱賊莫大於德爲有心以有眼。爲德者尚不可以有心眼。况爲惡者乎。

## 王言論

夫帝王與羣臣言不在援引古今以飾雄辯惟在簡而當禮雄辯不足以服姦臣之心惟能塞諍臣之口昔田蚡為請考工地益宅武帝曰遂取武庫衞將軍言郭解家貧又曰布衣權至使將軍知此其家不貧殷仲文言音樂好之自解宋祖曰吾祇恐解此謂簡而當理足使奸臣奪心邪人破膽矣余歷事六朝粥諧二主文宗辭皆文雅而未嘗騁辯武宗言必簡要而不能文飾皆得君人之量能盡臣下之辭豈惟王言如是人臣亦當然也其有辯若波瀾辭多枝葉文經意而飾詐矯聖言以蔽聰此乃奸人之雄游



說之士焉得謂之獻替哉為臣者當戒於斯慎於斯必不獲罪於天矣

退身論

老子曰功成名遂身退天之道也昔余常惑焉自前朝李右相元中書皆宴安厚味終嬰大戮所以文種有藏弓之恨李斯有稅駕之歎張華願優游而不獲（原注裴頠勸廢賈后華答以庶可優游卒歲）傅亮贊識微而不免此四子者皆神敏知幾聰明志古圖國致霸動必成功而自謀其身猶有所恨況常人哉其難于退者以余忖度頗得古人微旨天下善人少惡人多一旦去權禍機不測摻政柄以禦怨誹者如荷戟以當狻獸閉關以待暴客若捨戟開關則寇難立至遲遲不去者以延一日之命庶免終身之禍亦猶奔馬者不可以委轡乘流者不可以去檝是以懼禍而不斷未必皆耽祿而患失矣何以知之余之前在鼎司謝病辭免尋即遠就澤國自謂在外而安豈知天高不聞身遠受害近者自三公鎮于舊楚懇辭將相歸守邛園而行險之人乘隙搆患竟以失巨浪而懸肆去灌木而攖羅余豈不知身退罹殃蓋恥同種斯之不去也則知勇退者豈容易哉而陸士衡



稱不知去勢以求安辭寵以招福斯言過矣惟有遭逢善人則庶可無患故范雎得蔡澤退而不辱虞卿得叔孫去而不困其次剛毅者有心者亦可矣子文舉子玉以靖國隨會避郤子以紓亂皆保其後矣若小人則禍必及之無所逃也終不及乘扁舟變姓名浩然五湖之外不在人間之世斯可以免矣

豪俠論

爰盎汲黯皆豪俠者也若非氣蓋當世義動明主豈有是名哉爰盎曰緩急人所有故善劇孟匿季心汲黯好遊俠

任氣節善灌夫所以知其然也余斯言豈徒妄發揚子所謂孟軻之勇類如是夫俠者蓋非常之人也雖以然諾許人必以節氣爲本義非俠不立俠非義不成難兼之矣所謂不知義者感匹夫之交校君父之命爲貫高危漢祖者是也所利者邪所害者正爲梁王殺爰盎者是也此乃盜賊耳焉得謂之俠哉唯鉏麑不賊趙孟承基不忍志寧原注紇干承基爲承乾賊于志寧見其執喪盡哀不忍害之也斯爲眞俠矣淮南王憚汲黯以其守節死義所以易公孫宏如發蒙耳黯實氣義之兼者士之任氣而不知義皆可謂之盜矣然士無氣義者爲



臣必不能死難求道必不能出世近代房孺復問徑山大師欲習道可得至乎徑山對曰學道者惟猛將可也身首分裂無所顧惜由是而知士之無氣義者雖爲桑門亦不足觀矣

## 英傑論

帝王之於英傑當須御之以氣結之以恩然後可使也若不以英氣折之而寵以姑息則驕不可任若不以恩愛結之而肅以體貌則怨不爲用駕馭之術唯漢高祖盡之黥布歸漢高祖方踞床洗而召布入見布大怒悔來欲自殺出就舍帳服御飲食從官如漢王居布又大喜過望武帝踞廁見衛青青以大將軍之貴而隸人蓄之此不得不絶大漢而盪葷粥獫狁也蜀先主與關羽張飛同卧起而稠人廣坐侍立終日皆用此道故能成功夫御英傑使猛將與見道德之人接方正之士不同也不可以繁禮飾貌以浮辭足言宜洞開胸懷令見肝肺氣懾其勇恩結其心雖踞洗召之不爲薄矣祿山夷狄之譎詐者也非將門英豪草萊奇傑其戰鬭之氣擊刺之才去關張遠矣天寶末受專征之任託不御之權入朝賜宴坐内殿西序雞障之下



非其所據果蓄異圖幽陵厲階至今爲梗蓋恩甚驕盈以至於此倘以徒隸蓄之豈有斯恨

## 臣友論

君之擇臣士之求友當以志氣爲先患難爲急漢高以周勃可屬大事又曰安劉氏者必勃也文帝戒太子曰卽有緩急亞夫眞可任將兵此皆得於氣志之間而後知可以託孤寄命矣何者人君不能無緩急士君子未嘗免憂患故漢高知周勃可託文帝識亞夫可任信陵降志於朱亥爰盎不拒于劇孟且夫周文有閎夭而禦侮宣孟以彌明

而免難孔聖得仲由而不聞惡言宋祖失穆之而謂人輕我則擇臣求友得不先于此乎太倉令淳于公嘆生女不生男緩急非有益也女緹縈自傷乃上書贖父罪詩曰鶺鴒在原兄弟急難父子兄弟未嘗不以赴急難爲仁孝況朋友之際本以義合貴盛則相望以力憂患而不拯其危自保榮華坐觀顛覆可不痛哉昔衞青之衰也故人多事冠軍而任安不去吳章之敗也門人更名他師而幼孺自效原注幼孺名敞姓非便故不書此所以可貴也善人良士祇可淡水相成虛舟相值聞其患也則策足先去曰見幾而作不俟終



日知其危也則奉身而退曰既明且哲以保其身良士之於人如是曷若識劇孟朱亥哉

## 天性論

余開成中作鎭淮服聞東宮爲人所構天子赫然大怒召宰臣及公卿大僚議於內殿其時諫者僉曰太子幼年思慮未至亦曰太子之年足以改過往復移時大暑不出於此夫明主可以理奪其要在於聞所未聞昔千秋上書言子弄父兵罪當笞耳武帝一言而寤蓋以簡而當理魏太祖嘗謂諸子曰吾必不用左右之言以理汝曹何者使左右君子也必不離人父子之閒使左右小人也小人之言必不可用其時無人以此言寤主因問主上太子之過得於何人言之者與太子恩愛厚薄何如哉文宗聰明睿知聞之必寤既寤之後太子必安以余揣之不三數日則父子如初矣蓋以父子之愛發于天性言之者必當易寤況一子乎是以漢高覩四皓上壽悲歌鴻鵠宣帝以元成退讓令傅淮陽元帝聞史丹器人於絲竹鼓鼙之閒默然而笑皆外感中寤屈已捨愛可不謂之天性哉惜乎文宗竟不得一聞是言豈太子之命也歟



## 賓客論

古人稱周公吐握下士而天下歸心惟周公則可何也文王之子武王之弟成王之叔父於天下無嫌矣故唯周公則可稟上聖之姿邪不得入是以好士不爲累也漢武爲戾太子立博望苑使通賓客多以異端進者始皆欲招賢人而天下賢人少小人多賢人難進小人易合難進者鴻冥易合者膠固矣何以知之劉濞有枚乘鄒陽不用其言而應高田祿伯爲其羽翼劉武有鄒陽韓安國不用其謀而羊勝公孫詭爲其腹心劉安行陰德好文辭雖愛神仙

黃白未害爲善終。以左吳伍被而敗。以是而知雖骨肉之親。非周公聖德。皆不可也。班固稱四豪者六國之罪人也。今不復論矣。呂不韋習戰國之餘風。陳豨値漢綱之疎濶。逮乎魏其武安。終以權勢相傾。自武安之後。天子切齒。衛霍改節。則賓客之爲害。固可知矣。公孫宏起客館。開東閤以延賢人。與參謀議。非也。然謂之賢人。必非黨附朝宰。交亂將相者矣。其時武帝躬親萬機。嚴明御下。人自守法。不敢爲非。宰相惟有平津。政出一空。（原注出呂覽）自然無傾奪之勢。其賓客故人。不居顯位。似未足爲朝廷患也。然主父偃言朔方地肥饒。阻河。蒙恬築城以逐匈奴。滅胡之本。公孫宏以爲不可。朱買臣發十難。宏不能得其一。又奏人不得挾弓弩。吾邱壽王以爲不便。上以難丞相。丞相詘服。則知平津之賓客。不及天子之近臣明矣。雖有賓客。何益于議謀哉。況世秉大政者。常不下三四人。而輕薄遊相門。與柳槐齊列。所謀以傾奪爲首。所議以勢利爲先。是以魏其武安之徒。共成禍敗。劉班殷鐵之客。不相往來。又役奸志獻奇計者。導其邪徑。苟合匪人。世道險巇。無不由此。昔漢武謂田蚡曰。君除吏盡未。吾亦欲除吏。哀帝責鄭崇曰。君門如市。何以欲禁切主上。皆賓客之害也。余謂丞相閉關謝絶賓客。則朝廷靜矣。



## 謀議論

欲知謀議之用捨。身名之榮辱。觀其立論可知也。切于時機。明于利害。人主易曉。當世可行。其謀必用。而終有後咎。鼂錯主父偃是也。何者。切時機。明利害。皆怨誹所由生。享其利而自罹其害。謀濶意中。言高旨遠。其道可法。其術則疏。必有高名而不用於世。賈山王陽是也。謀議不行。故能無患。智足應變。道可與權。言雖切于人情。意常篤於禮義。謀不盡用。而身無近憂。賈誼是也。故當漢文之世。亦列高位。余門客崔世叔。卽宋廣平之維私也。（原注崔世叔名犯廟諱）又常預燕公代公之戎幕。故知三丞相才業甚備。曰廣平好言政事。燕公好言文學。至於經國遠慮。意解及之。與代公言。初若涉川。未知其止。寥廓廣大。莫見津涯。味之旣深。思意愈密。代公常爲西北邊將帥。論四夷事。慮必精遠。則崔之言信有徵矣。凡侍坐于君子。聞其言可以知其才術遠近。用此道也。



## 伐國論

自古得伐國之女以爲妃未嘗不致危亡之患者何也亡國之餘焉能無怨氣其立基創業之祖宗必皆一時之英傑其社稷山川之鬼神嘗爲一國之所奉受其血食忿其滅亡故能爲厲矣必生妖美之色蠱惑當世之君使其骨肉相殘以壞於內君臣相疑以敗於外危亡之兆鮮不由此史蘇所謂必有女戎妹喜妲已褒姒是也史蘇言之詳矣今不復論是以晉獻得驪戎佚女太子有雉經之酷禍及三世苻堅納慕容姊弟秦宫有鳳兮之謡敗於五將原注苻堅於五將山破滅梁武取東昏所幸幾至危國隋文娶陳王之妹



終以隕身此皆禍敗之著明者也又夏姬入荆子反疲于奔命吳人始叛楚矣吳嬪至晉世祖怠于爲政戎狄乃亂華矣所以王珪覩廬江美人正言納說如王珪者可謂識微之士明于禍福矣

## 文章論

魏文典論稱文以氣爲主氣之清濁有體斯言盡之矣然氣不可以不貫不貫則雖有英辭麗藻如編珠綴玉不得爲全璞之寶矣鼓氣以勢壯爲美勢不可以不息不息則流宕而忘反亦猶絲竹繁奏必有希聲窈眇聽之者悅聞如川流迅激必有洄洑逶迤觀之者不厭從兄翰常言文章如千兵萬馬風恬雨霽寂無人聲蓋謂是矣近世誥命唯蘇廷碩敘事之外自爲文章才實有餘用之不竭沈休文獨以音韻爲切重輕爲難語雖甚工旨則未遠矣夫荆璧不能無瑕隋珠不能無纇文旨既妙一作高妙豈以音韻爲病哉此可以言規矩之內不可以言文章外意也較其師友則魏文與王陳應劉討論之矣江南唯于五言爲妙故休文長于音韻而謂靈均以來此祕未覩不亦誣人甚矣古人辭高者蓋以言妙而工適情不取于音韻原注曹植七哀詩有



徊泥諧依四韻王粲詩有攀原安三韻班固漢書贊及當時辭賦多用協韻猶與元勛包田畢信是也意盡而止成篇不拘于隻耦文選詩有五韻七韻十一韻十三韻二十一韻者今之文字四韻六韻以至百韻無有隻者故篇無定曲辭寡累句譬諸音樂古詞如金石琴瑟尚于至音今文如絲竹鞞鼓迫于促節則知聲律之爲弊也甚矣世有非文章者曰辭不出于風雅思不越於離騷摸寫古人何足貴也余曰譬諸日月雖終古常見而光景常新此所以爲靈物也余嘗爲文箴今載于此曰文之爲物自然靈氣恍惚而來不思而至杼柚得之淡而無味琢刻藻繪珍不足貴如彼璞玉磨礱成器奢者爲之

錯以金翠美質既雕良寶所棄此爲文之大旨也

## 任臣論

欲知國之隆替時之盛衰察其任臣而已非常之才固不常有齷齪廉謹足以從政矣其次愚魯樸鄙之人亦不害國唯畏於人者可以懼矣（原注：世所謂差人也）何者陳侯愛郭紹以與侮楚之怒伯陽任公孫以成謀社之夢屠黍稱國之興也天遺之以賢人國之衰也天與之以亂人是也然此人將至必有異物爲此先兆故知遠君子近小人汙澤所以興剌也鶢鶋止於魯郊下展禽之故也鵜鶘集于魏沼不



用管寧之應也是以鸜鵒來而師乙嘆鵩鳥至而賈生懼戴鵲巢而張臻悲微禽尚能爲害況異于此者昔殷宗懼而修德以消雊雉之變魏明樂以酣身不免鷹揚之恨可以儆戒哉

## 人物志論

余嘗覽人物志觀其索隱精微研幾元妙實天下奇才然品其人物往往不倫以管仲商鞅俱爲法家是不究其成敗之術也（原注：僧一行稱調盈虛御輕重惟太公管仲雖霸者之佐不及太公亦不宜比商鞅鞅可與吳起同類耳）以子產西門豹俱爲器能是不辨其精麤之迹也子產多識博聞叔向且猶不及故仲尼敬事之西門豹非其匹也其甚者曰辨不入道而應對給是謂口辨樂毅曹邱生是也樂毅中代之賢人潔去就之分明君臣之義自得卷舒之道深識存亡之機曹邱生招權傾金毀譽在口季布以爲非長者焉可以比君子哉又曰一人之身兼有英雄高祖項羽是也其下雖曰項羽英分少有范增不能用陳平去之然稱羽能合變斯言謬矣項羽坑秦卒以結怨關中棄咸陽而眷懷舊土所謂倒持太阿授人以柄豈得謂之合變乎又願與漢王挑戰漢王笑曰吾寧鬬智不



能鬬力及將敗也自爲歌曰力拔山兮氣蓋世其所恃者氣力而已矣可謂雄于韓信氣又過之所以能爲漢王敵聰明睿知不足稱也

## 朋黨論

治平之世教化興行羣臣和于朝百姓和于野人自砥礪無所是非天下焉有朋黨哉仲長統所謂同異生是非愛憎生朋黨朋黨致怨隙是也東漢桓靈之朝政在閹寺綱紀以亂風教寖衰黨錮之士始以議論疵物于是危言危行剌譏當世其志在于維持名教斥遠佞邪雖乖大道猶

不失正。今之朋黨者。皆依倚倖臣。誣陷君子。鼓天下之動以養交游。竊儒家之術以資大盜。原注大盜謂倖臣也所謂教猱升木。嗾犬害人。穴居城社。不可薰鑿。漢之黨錮。為理世之罪人矣。今之朋邪。又黨錮之罪人矣。仲長統曰。才智者亦姦凶之羽翼。勇氣者亦盜賊之爪牙。誠如是言。然辨之未盡如是者。皆小才小勇。祇能用詭道入邪徑。鼠牙穿屋。虺毒螫人。如巨海陰夜。百色妖露。焉能白日為怪哉。大道之行。當虀粉矣。

## 虛名論



夫與膏肓同病者。不可治也。與衰亂同風者。不可理也。劉向上書曰。幽厲之際。朝廷不和。轉相非怨。君子獨處守正。不撓眾枉。勉強以從王事。則反見憎毒讒愬。故其詩曰。密勿從事。不敢告勞。無罪無辜。讒口嗸嗸。又曰。分曹為黨。往往羣朋。將同心以陷正臣。正臣進者。治之表也。正臣陷者。亂之機也。漢與幽厲之世同風矣。干寶晉總論曰。朝寡全德之士。鄉乏不貳之老。進仕者以苟得為貴。而鄙居正。當官者以望空為高。而笑勤恪。其倚伏虛曠。依阿無心者。皆名重海內。晉與元成之際同風矣。所謂虛曠名重者。蓋譏山濤魏舒之儔耳。後之竊虛名者。曾不得與山魏徒隸齒。而靦貌於世。未嘗自愧。翹之者如飛蛾赴火。惟恥不及。豈蛩蛩負蹷之謂哉。虛名者以眾多為其羽翼。時不敢害。後來者以聲價出其口吻。人不敢議。以此相死。自謂保太山之安。可以痛心哉。

## 食貨論

人君不以聚貨制用之臣處將相弼諧之任。則姦邪無所容矣。左右貴倖知所愛之人。非宰相之器。以此職為發身之捷徑。取位之要津。皆由此汲引。以塞訕謗。領此職者。竊



天子之財。以為之賂。聚貨者所以得升矣。貴操其奇贏。乘上之急。售于有司。以取倍利。制用者所以得進矣。三司皆有官屬。分部以主郡國。貴倖得其寶賂。多託賈人。汙吏處之。頗類牧羊而蓄豺。養魚而縱獺。欲其不侵不暴。焉可得也。故盜用貨泉。多張空簿。國用日蹙。生人日困。揚雄上書言漢武運帑藏之財。填盧山之壑。今貨入權門。甚於是矣。孟獻子有言。與其有聚斂之臣。寧有盜臣。子輿以利國為非。揚雄以榷酤興嘆。稱其職者。必皆挾工商之術。有良賈之才。壽昌習分銖之事。宏羊析秋毫之數。小人以為能君

子所以不忍爲也卜式言天久不雨獨烹宏羊天乃雨焉有仲尼之鳴鼓將攻卜式之欲烹致雨而反居相位可爲之甚痛哉

近倖論

自古中主以降皆安于近習疏遠忠良其主非不知君子可親小人可去而不改者其蔽有二一曰性相近二曰嗜慾深桓靈之主與小人氣合如水之走下火之就燥皆自然而親結不可解也侯覽張讓所以得蔽君矣元成二后皆有所嗜吹簫撾鼓之娛微行沉湎之樂非倖臣無以承



意非近習無以共歡宏恭石顯所以得蠹政矣唯人君少欲英明者則能反是如文帝雖有鄧通趙談所信者賈誼張釋之爰盎此所謂少欲也武帝雖有韓嫣李延年而所貴者公孫宏倪寬卜式此所謂英明也故君聽不惑政無頗纇近則開元初内有姜皎崔滌以極宮中之樂外有姚盧蘇宋以修天下之政得元成之欲享舜禹之名六合晏然千古莫及其故何也倖臣不得干政故也後代能如漢之文武及開元致理之要雖有倖臣亦何害於理哉

奇才論

開成初余作鎮淮甸會有朝之英彥廉問剖符于東南者相繼而至余與之讌言皆曰聖上謂丞相鄭公覃李公固言李公石曰李訓稟五常之性服人倫之教則不及卿等然天下之才卿等皆不如也三丞相默然而退余曰李訓甚狂而愚曾不及于徒隸焉得謂之奇才也自古天下有常勢不可變也昔陳平之思呂宗而計無所出嘗閒居深念陸賈由戶而進不之覺也賈揣知其情言曰將相和則社稷安矣因爲畫策陳平乃竊由是以黃金爲絳侯壽將相交歡以敗産祿近世五王之誅二張也漢陽王召大將



軍李多祚謂曰將軍爵服隆貴誰人與之曰太帝與之將軍資産富侈誰人與之曰太帝與之將軍子弟榮祿誰人與之曰太帝與之因謂曰感太帝恩乎多祚漼然淚下又謂曰今太帝之子深居鶴禁危若綴旒將軍豈有意乎多祚遂感慨受命與之定策元載之圖魚朝恩也以崔昭尹神州裨昭日請苑中牢醴以爲朝恩羊及開饌因與北門大將軍王駕鶴等結歡共籌陰計而朝恩竟敗夫舉大事非北門無以成功此所謂天下之常勢也李訓因守澄得幸雖職在近密而日夕遊於禁中出入無礙此時挾守澄

之勢與天子契若魚水北軍諸將望其顧盼與目覩天顏無異若以中旨諭之購以爵賞卹諸將從之勢如風靡矣訓捨此不用而欲以神州靈臺遊徼搏擊之吏抱關擁篲之徒以當精甲利兵亦猶霜蓬之禦烈火矣賴中人覺其變未及其亂向使訓計盡行所誅者不過侍從數百人而已其徒尚數千人與北門協力報怨則天下橫流矣何以知之昔竇武之舉事也以五校士數千人屯都亭下中官矯詔令張奐率營士與陣對陣乃大呼武軍曰竇武反汝皆禁兵當宿衞宮省何故隨反者乎自旦至食時兵降畧



盡由是知自前代以來禁軍皆畏伏中官宰臣焉能使其效死嗟乎焚林而畋明年無獸竭澤而漁明年無魚旣經李訓猖獗則天下大勢亦不可用也

方士論

秦皇漢武非好道者也始皇擒滅六國兼羲唐之弟號漢武剪伐匈奴恢殷周之疆宇皆開闢所未有也雖不能尊周孔之道以爲教化用湯武之師以行弔伐而英才遠略自湯武以降鮮能及矣豈不悟方士之詐哉蓋以享國旣久歡樂已極馳騁弋獵之力疲矣天馬碧雞之求息矣魚龍角觝之戲倦矣絲竹鞞鼓之音厭矣以神仙爲奇以方士爲玩亦庶幾黃金可成青霄可上固不在於齋神鍊形矣何以知之荀卿稱千萬人之情一人之情是也百王之道後王是也余聞武宗之言是以知耳嘗於便殿言及方士皆譎詐丕誕不可信也上曰吾知之矣宮中無事以此遣悶耳余嘗覽曹植論言左慈封君達之類家王及植兄弟以優笑蓄之耳斯言信矣大抵方士皆習靜者爲之隱身岩穴不求聞達如山鹿野麋是其志也豈樂軺車之召哉敢自衒其術面欺明主者亦鮮矣時旣不用逐之可也



殺之非也若以其詐而可誅則公孫卿欒大無非行詐殺其于勢利以自衒者足以大戒蘭艾同焚斯爲甚矣貞觀末高宗不誅天竺方士那羅延娑婆寐逐之歸國斯可爲後王法矣

李德裕十五

## 小人論

世所謂小人者便辟巧佞翻覆難信此小人常態不足懼也以怨報德此其甚者也背本忘義抑又次之便辟者疏遠之則無患矣翻覆者不信之則無尤矣唯以怨報德者不可預防此所謂小人之甚者也背本者雖不害人亦不知感昔傷蛇傅藥而能報飛鶚食椹而懷音以怨報德者不及傷蛇遠矣背本忘義者不及飛鶚遠矣至於白公負



卵翼之德宰嚭遺灌溉之恩陳餘棄父子之交田蚡忘跪起之禮此可與叛臣賊子同誅豈止於知己之義也世以小人比穿窬之盜殊不然矣夫穿窬之盜廹於饑寒莫保性命於高貲者有何恩義於多藏者有何仁愛既無恩義仁愛則是取貲於道拾金於野若能識廉恥而不爲是有償金者之行矣若能忍饑饉而不食是有蒙袂者之操矣所以陳仲弓覩梁上之盜察非惡人以是而言盜賊未爲害矣然操戈鋋挾弓矢以眾暴寡殺人取財者則謂之盜比於以怨報德者亦未甚焉何者人之父子兄弟有不相知者有德於人者是已知之矣焉得負之哉

## 近世良相論

客謂余曰揚子法言有重黎顏騫二篇（顏子名犯廟諱不書）品藻漢之將相敢問近代良相可得聞乎余曰唯唯夫股肱與君同體四海之所瞻也恩義至重實先於愛敬非社稷大計不可以強諫亦猶父有諍子不獲已而諍豈可以爲常也唯宜將明獻替致其主於三代之隆孝經曰天子有諍臣七人非宰相之職也必求端士正人以當言責遵其謇諤救其患難而已唯聖人言危而不持顛而不扶則焉用彼



相此亦將明獻替之謂也使其君昭明令德不至於顛危也漢之良相十數人矣公孫宏開陳其端而不肯廷辯固未可也蕭望之剛不護闕王嘉訐而犯上致元哀二后有信讒邪之惡戮忠直之名此其失者也魏相薛廣德持重守正弼諧盡忠可謂得宰相體矣近世貞以制動思在無邪松栢所以後凋藜藿由是不採貴不患失言必匪躬似薛廣德者鄭丞相陳丞相有之矣（原註此謂故右僕射鄭司徒故左僕射陳司徒）麟之爲瑞也仁而不觸玉之爲寶也廉而不劌恕以及物善不近名高朗令終天下無怨似丙博陽者王丞相鄭丞

相有之矣。（原註此謂故中書王丞相故鄭丞相）好古洽聞。應變膺敏。幾可以成務。知足以取捨。仁愛樂善。勤瘁奏公。逢時得君。不失其正。似倪寬者。韋丞相李丞相有之矣。（原註此謂故中書韋司空故侍中李司空）困於骫骳。以盡天涯。雖劍光不沉。而鸞翮長鎩。靈均之九死無悔。柳下之三黜非辜。既沒不瞑。號於上帝。似蕭望之者。所謂李丞相矣。（原註此謂故臨淮李司空也）余亦同病。莫保其生。知我者以爲忠。亦已鮮矣。庶乎數世之後。朋黨稍息。以俟知者耳。

## 貨殖論



欲知將相之賢不肖。視其貨殖之厚薄。彼貨殖厚者。可以回天機。斡河嶽。使左右貴倖。役當世奸人。若孝子之養父母矣。陰陽不能爲其寇。寒暑不能成其疾。鬼神不能促其數。雷霆不能震其邪。是以危而不困。老而不死。縱人生之大欲。處將相之極位。兄弟光華。子孫安樂。昔公孫朝穆好酒及色。而不慕榮祿。鄧析猶謂之眞人。況兼有榮樂乎。後世雖有貶之者。如用斧鉞於糞土。施桎梏於朽株。無害於身矣。則大易之害盈福謙。老氏之多藏厚亡。不足信矣。昔秦時得金策。謂之天醉。豈天之常醉哉。故晉世惟貴於錢神。漢台不懲於銅臭。謂子文無兼日之積。顏氏樂一瓢之飲。晏平仲祀不掩豆。公儀休相以拔葵。皆爲薄命之人矣。如向者四賢。天與之生則生。天與之壽則壽。窮達夭壽。皆在彼蒼。而望貴倖之知。奸人之譽。終身不可得矣。余有力命賦以致其意。庶後之知我者與歎而已。

## 近世節士論

客又謂余曰。近世將相。既已聞之矣。敢問士君子身在下位。而義激衰世者。有其人乎。余曰。焉得無之。丁生魏生是也。昔蓋寬饒多仇少與。在位及貴戚人與爲怨。唯諫議大



夫鄭昌愍傷寬饒忠直憂國。爲文吏所抵挫。上書曰。山有猛獸。藜藿爲之不採。國有忠臣。奸邪爲之不起。寬饒上無許史之屬。外無金張之託。職在司察。直道而行。鄭昌可謂好是正直矣。梅福南昌一尉耳。與王章無薦引之私。無遊宴之好。當王鳳之世。權歸外戚。上書曰。鳶鵲遭害。則仁鳥增逝。愚者蒙戮。則智士遠退。折直士之節。結諫臣之舌。群臣皆知其非。然不敢爭。天下以言爲戒。最國家之大患也。梅福可謂不畏强禦矣。余頃歲待罪廟堂六年。竊位而言責之官。執憲之臣。屢薦丁生。稱其有清直之操。亦有毀之

者曰體羸多病必不能舉職余感是說未及升之於朝而一旦觸羣邪犯衆怒爲一孤臣獨生正言無避亦鄭昌梅福之比也昔貫高竟能以不生白王而高祖賢其然諾戴就不忍以臣謗其君而薛安感其壯節周燕寧恨於不食陸續豈辭於禁錮世歷千祀有此幾人魏生爲酷吏所逼終不詘服詞義雅正有古人之風亦貫高戴就之儔也嗚呼田叔孟舒皆位顯於朝而魏生亦與疾遠竄溘盡道途疑其幽魂必上訴於天矣或曰自古名節之士鮮受厚福豈天意於善人薄耶余曰非也夫名節者非危亂不顯非



險難不彰免鈇鑕全性命者尚十無二三況福祿乎若使不受困辱不嬰楚毒父母妻子恬然安樂則天下之人盡爲之矣又何貴於名節者哉

折羣疑相論

夫相之相在乎清明將之相在乎雄傑清明者珠玉是也爲天下所寶雄傑者虎兕是也爲百獸所伏然清者必得大權不能享豐富雄者必當昌侈不能爲大柄兼而有之者在乎粹美而已余頃歲莅淮海屬縣有盱眙山多珉玉剖而爲器清瑩洞澈雖水精明冰不如也而價不及凡玉終不得爲至寶以其不粹也清而粹者天也故高不可測清而澈者泉也故深亦可察此其大畧也余嘗精而求之多士以才爲命婦人以色爲命天賦是美者必將有以貴之才高者雖孟嘗眇小蔡澤折頞亦居萬人之上色美者雖鉤弋之拳李夫人之賤亦爲萬乘之偶然不如清而粹者必身名俱榮福祿終泰張良是也擇士能用此術可以拔十得九無所疑也

禱祝論

語曰某之禱久矣又曰祭則受福豈非聖人與天地合德



與日月合明與鬼神合契無所請禱而禱必感通唯牧伯之任不可廢也夫時不雨稼穡將枯閉閤責躬百姓不見若非遍走羣望則皆謂太守無憂人之意雖在畎畝不絶嘆音余前在江南毀淫祠一千一十五所可謂不諂神黷祭矣然歲或大旱必先令掾屬祈禱積旬無效乃自躬行未嘗不零雨隨車或當宵而應其術無他唯至誠而已將與祭必閒居三日清心齋戒雖禮未申於洞酌而意已接於神明所以理郡八年歲皆大稔江左黎庶謳歌至今古人乃有剪爪致詞積薪自誓精意上達雨必滂沱此亦至

誠也苟誠能達天性能及物焉用以肌膚自苦焦爛爲期動天地感鬼神莫尚於至誠故備物不足報功禴祭所以受福余以爲人患不誠天之去人不相遠矣

## 黄冶論

或問黄冶變化余曰未之學也焉知無有然天地萬物皆可以至理索之夫光明砂者天地自然之寶在石室之間生雪牀之上如初生芙蓉紅苞未拆細者環拱大者處中有辰居之象有君臣之位光明外澈採之者尋石脉而求此造化之所鑄也倘至人道奥者用天地之精合陰陽之



粹濟以神術或能成之若以藥石鎔鑄術則疎矣昔人問楊子鑄金而得鑄人以孔聖鎔冶顔子至於殆庶幾未若造化之鑄丹砂矣方士固不足恃劉向葛洪皆下士上達極天地之際謂之可就必有精理劉向鑄作不成得非天意密此神機不欲世人皆知之矣

## 祥瑞論

夫天地萬物異於常者雖至美至麗無不爲妖覩之宜先戒懼不可以爲禎祥何以言之桓靈之世多鸞鳳邱墳之上生芝草世人以芝草爲孝思所感致深不然也夫芝草神仙之物食之上可以凌倒景次可以保永年生於邱墳豈得爲瑞若以孝思所致則瞽瞍之墓曾晳之墳宜生萬株矣何者爲仁孝之瑞唯甘露降於松栢縞鹿素烏馴擾不去皆有縞素之色足表幽明之感貞元中余在甌越有隱者王遇好黄冶之術暮年有芝草數十莖産於丹竈之前遇自以爲名在金格暢然滿志逾月而遇病卒齊中書抗有别業在若耶溪忽生芝草百餘莖數月而中書去世又餘姚守盧君在郡時（盧君名從）有芝草生於督郵屋梁上五綵相鮮若樓臺之狀其歲盧君爲叛將栗鍠所害置遺骸



於屋梁之下並耳目所驗非自傳聞由是而言則褒姒驪姬皆爲國妖以禍周晉綠珠窈娘皆爲家妖以災喬石不可不察也又黄河清而聖人生徵應不在於當世明矣柳谷元石爲魏室之妖啟將來之瑞亦不可不察也是以宜先戒懼以消桑穀雊雉之變耳

## 冥數有報論

宣尼罕言性命不語怪神非謂無也欲人嚴三綱之道奉五常之教修天爵以致人爵不欲言富貴在於天命福祿由於冥數昔衛卜協於沙邱爲謚巳久秦塞屬於臨洮名

子不竊朝歌未滅而周流丹烏矣白帝尚在而漢斷素蛇矣皆兆發於先而符應於後不可以智測也周孔與天地合德與鬼神合契將來之數無所遁情而狼跋於周鳳衰於楚豈親戚之義不可去也人倫之教不可廢也條侯之貴鄧通之富死於兵革可也死於女室可也唯不宜以餧終此又不可以理得也而命偶時來盜有名器者謂禍福出於胸懷榮枯生於口吻沛然而安溘然而笑曾不知黃雀遊於茂林而挾彈者在其後也余乙丑歲自荆楚保釐東周路出方城聞有隱者困於泥塗不知其所如也（原註：姓姜不知其名）



往謂方城長曰居守後二年南行萬里則知憾余者必因天譴譖余者必自鬼謀雖抱至冤不以爲恨也余嘗三遇異人非卜祝之流皆遁世者也初掌記北門有管涔山隱者詣余曰君明年當在人君左右爲文翰之職然須值少主余聞之愕眙灑然變色隱者亦悔失言避席求去余徐問曰何爲而事少主對曰君與少主已有累世緣業是以言之余其年秋登朝至明年正月穆宗纘緒召入禁苑及爲中丞有閩中隱者叩門請見余因下榻與語曰時事非久公不早去冬必作相禍將至矣若急請居外代公者受患後十年終當作相自西南而入是秋出鎮吳門歲經八稔尋又仗鉞南燕秋暮有邑子于生引鄴郡道士至纔升賓階未及命席謂余曰公當爲西南節制孟冬望舒前節符至矣三者皆與言協不差歲月自憲闈竟十年居相由西蜀而入代余執憲者俄亦竄逐唯再謫南服未嘗有前知者爲余言之豈禍患不可移者神道所秘莫得預聞乎自古銜冤歿世者多矣冥報之事或有或無遂使好亂樂禍者以神道爲茫昧余嘗論之仁人上哲必達生知命如顏氏之子犯而不校釋門達摩了空喻幻必不思報



矣其下柔弱無心者力不能報所能者乃中人耳悍強任氣如伯有灌夫之流亦其在臨歿之際方寸不撓魂魄不散唯結念於此是以能報夫人之捨生也如薪盡火滅溘然則無能爲矣其達於理者使心不亂則精爽常存不生不滅自可以超然出世升躋神明其次精多魄強則能爲厲冥報之事或有或無理在此也

## 周秦行紀論

言發於中情見乎辭則言辭者志氣之來也故察其言而知其內翫其辭而見其意矣余嘗聞太牢氏（原註：涼國李公常呼牛僧

孤曰太牢凉公名不便故闕不書好奇怪其身險易其行以其姓應國家受命之讖曰首尾三鱗六十年兩角犢子恣狂顛龍蛇相鬬血成川及見著元怪錄多造隱語人不可解其或能曉一二者必附會焉縱司馬取魏之漸用田常有齊之由故自卑秩至於宰相而朋黨若山不可動搖欲有意擺撼者皆遭誣坐莫不側目結舌事具史官劉軻日歷余得太牢周秦行紀（原註周秦行紀附于下）反覆覩其太牢以身與帝王后妃冥遇欲證其身非人臣相也將有意於狂顛及至戲德宗爲沈婆兒以代宗皇后爲沈婆令人骨戰可謂無禮於其



君甚矣懷異志於圖讖明矣余少服臧文仲之言曰見無禮於其君者如鷹鸇之逐鳥雀也故貯（一作貶）太牢已久前知政事欲正刑書力未勝而罷余讀國史見開元中御史汝南生（一作周）子諒彈奏牛僊客以其姓符圖讖雖似是而未合三鱗六十之數耳自裴晉國與余涼國（名不便）彭原程趙郡紳諸從兄嫉太牢如讎頗類余志非懷私忿蓋惡其應讖也太牢作鎮襄州日判復州刺史樂坤賀武宗監國狀曰閑事不足爲賀則恃性敢如此耶會余復知政事將欲發覺未有由值會平昭義得與劉從諫交結書因竄逐之嗟乎爲人臣陰懷逆節不獨人得誅之鬼得誅之矣凡與太牢膠固未嘗不是流薄無賴輩以相表裏意太牢有非望而就佐命焉斯亦信符命之致或以中外罪余於太牢愛憎故明此論庶乎知余志吁所恨未暇族之而余又罷豈非王者不死乎遺禍胎於國亦余大罪也儻同余志繼而爲政宜爲君除患歷既有數意非偶然若不在當代其必在於子孫須以太牢少長咸寘於法則刑罰中而社稷安無患於二百四十年後嘻余致君之道分隔於明時嫉惡之心敢辜於早歲因援筆而攄宿憤亦書行紀之迹



於後

## 梁武論（所論出於釋氏故全以釋典明之）

世人疑梁武建佛刹三百餘所而國破家亡殘禍甚酷以爲釋氏之力不能拯其顛危余以爲不然也釋氏有六波羅密檀波羅密是其一也又曰難捨能捨大者頭目肢體其次國城妻子此所謂難捨也余嘗深求此理本不戒其不貪能自微不有其寶必不操人所寶與老氏之無欲知足司城之不貪爲寶其義一也庸夫謂之作福斯爲妄矣而梁武所建佛刹未嘗自損一毫或出自有司或厚斂氓

俗竭經國之費，破生人之產，勞役不止，杼柚其空，閏位偏方，不堪其弊，以此徼福，不其悖哉，此梁武所以不免也。

喜徵論

陸賈稱蟢子垂而百事喜，不徵其故，何也。凡人將有喜兆，必垂於冠冕，余嘗思之，蓋以人肖圓方之形，稟五行之氣，有生之最靈者也，如景如火，忽有歘然感氣，發於圓首之上，其榮盛也，如陽氣發生，烟熅涵煦，其變衰也，如秋氣索然，寂寞沈悴，雖不能自覩，其鑒明者必可察之，唐舉許負，疑用此術，所以望表而知窮達，何以明之，淑春愛景，必有



蟢子垂於檐楹之間，室有明燭膏燼，必垂於屏幃之際，喜氣將盛，故集於冠冕之上，以此推之，無所逃也。

仁聖文武至神大孝皇帝真容讚 并序

仁聖文武至神大孝皇帝御極之五載，氣應天和，德感人心，朝廷四方，咸一於正，以精蕩祲，以道勝殘，故得風雨時若，蠡螟歲息，銷蓬孛爲休氣，驅戎狄爲懷人，北荒堅昆，重譯而至，厥有窮伐憑阻，弄兵陸梁，韋顧既伐，夙沙自縛，武功既成，休德昭明，前古未聞，百王莫致之事，皆葳蕤於圖諜矣。皇上以爲大禹叙九疇，敬五事，豈不曰貌恭則莊，視明則正，予欲作繪傳照，審其儀形，且夫聖人潛心於天，以通神明，先定其神，而萬物理矣，昔之訪具茨，期姑射，在此而已矣，況乎廣成之戒，抱一元元之去多欲，予所貴道，良謂是矣，豈眩夫偯風之言，奇彼淖冰之術，從偓佺之所珍，遺堯舜之令名也哉，於是圖輕素，寫良金，擬鑑形於止水，若凝視於清鏡，五彩既彰，穆穆皇皇，居列仙之館，近元祖之光，蓋以昭燕翼之謀，顯丕承之德矣。臣聞古之至聖，必有奇相，是以黃熊之瑞，應於龍體，赤精之符，協於圖表，頎然而長，文王所以王天下也，體貌多奇，漢高所以威海內



也，然則繪事之微，極於惟肖，至於天光睟清，日華明潤，非可圖也，庶彷彿焉。末臣奉詔，敢颺言曰：

唐運中興，天授大君，軒耀其武，堯煥其文，北伐獫狁，朔漠銷氛，西伏堅昆，稽首稱臣，祲生壺關，盜起河汾，沈機先物，雄斷解紛，克定羣慝，竟全大勳，八表既寧，萬機益勤，爰命彩繪，載模天真，崐閬仙岑，峻極秋旻，蓬瀛白日，光照清晨，涵育如天，尊嚴若神，輝赫絪緼，爲龍爲雲，聖作物覩，禎祥以臻，宣光孕靈，虞熙載甄，政建中和，金聲玉振，太階既平，廟器乃陳，化下以德，持盈以仁，四瀆宗海，衆星拱辰，億萬

斯年藻朗日新

大迦葉贊

惟大迦葉依無上智初分寶座終投密記晚遇金粟乃知平地潛形難足以待慈氏

圯上圖贊

夫天所以粹清者其氣理也故能四時變化萬物粲然倦則陰陽爲災光景不耀而況於人乎人亦肖圜方之形稟清濁之氣存神索智極物窮情則倚伏之先見其如視矣子房潛心於神而達之見其圖狀如得其奧則有女子之



粹美嬰兒之專和粹所以含至精專所以研至賾散萬金之貲柔毅也狙萬乘之仇仁勇也學禮倉君履方也變名圯上避世也若乃五日爲期三往增敬則尾生之信違道矣退不離國心不忘君則鴟夷之遁非忠矣合時變以蟬蛻望仙路以鴻冥優游於綺皓之門髣髴乎赤松之際豈不善始善終哉黃石者其天地之藴神明之璽歟不然則無以覺悟子房輔翼天漢嗟乎喪亂既定韜匱而葆祠之生也奉符歿而同穴有以見子房之神交不渝矣

丹扆箴 并序

臣聞詩云心乎愛矣遐不謂矣此古之賢人所以篤於事君者也夫迹疎而言親者危地遠而意忠者忤然臣竊念拔自先聖偏荷寵光若不愛君以忠則是上負靈鑒臣頃事先朝屬多陰沴嘗獻大明賦以諷頗蒙先朝嘉納臣今日盡節明主亦猶是心昔張敞之守遠郡梅福之在退徼尚竭誠盡規不避尤悔況臣嘗學舊史頗知箴諷雖在疎遠猶思獻替謹稽首上丹扆六箴具列于後仰塵睿鑒伏積兢惶

一宵衣箴



先王聽政昧爽以俟雞鳴既盈日出而視伯禹大聖寸陰爲貴光武至仁反支不忌無俾姜后猶去簪珥彤管記言克念前志

二正服箴

聖人作服法象可觀雖在宴遊尚不懷安汲黯莊色能正不冠楊阜毅然亦譏縹紈四時所御各有其宮非此勿服惟辟所難

三罷獻箴

漢文罷獻詔還騄駬鑾輅徐驅安用千里厥后令王亦能

恭己瞿裘既焚筒布則毀道德爲麗慈儉爲美不過天道斯爲至理

四納誨箴

惟后納誨以求厥中從善如流乃能成功漢驚沈湎舉白浮鍾魏叡侈汰凌霄作宮忠雖不忤而善亦從以規爲瑱是謂塞聰

五辨邪箴

居上處深在察微萌雖有讒慝不能蔽明漢之孝昭叡過周成上書知詐照姦得情燕蓋既折王猷洽乎百代之後



乃流淑聲

六防微箴

天子之孝敬遵王度安必思危乃無遺慮亂臣猖獗非可遽數元黃莫辨觸瑟始仆栢谷微行豺豕塞路覩貌獻飧斯可誡懼

舌箴并序

戊辰歲仲春月戊申夜余宿於洞庭西夢與中書令姚公偶坐如舊相識問余曰君見僕所作口箴乎余對曰去歲居守東周於公曾孫諫議某處覩金石之刻遂莞爾而笑曰孫子猶能記之余以仲夏月達於海曲嘗竊思之聖哲之言上可以動天地成典謨次可以正人倫明得失默而不言後代何述焉繫辭云不善則千里之外違之在慎其所言而已矣豈必緘其口銘其背以矯當世哉楊子稱孰有書不由筆言不由舌張儀以舌存而交亂亦善不善之效也余感姚公之夢乃爲舌箴云

粵有帝舜洎於殷宗龍命惟允（原註：舜命九官自禹至龍允以龍出納朕命故曰龍命）說言乃雍（原註：殷高宗夢傅說其代予言故曰說言）周有艮弼王之喉舌鼓舞而至渙汗乃發傳以言從作乂易以講習施悅天以卷



舌屏讒儒以金舌駕說伯陽之誡柔存剛缺言貴無瑕辯貴若訥則知門猶是閉囊不在括是以楊雄悼讒者之寃梅福痛忠臣之結善乎先聖之言既明且清國以之寧人之不朽犯無隱情無恃爾言駟馬不追嗟爾君子念茲在茲勿以竊一言而取宰相以舌三寸而爲帝師徒見裏敬掉而獲爵不知魏其齰以可悲雖言必有中而適其時子房能用其策難以爭立愛奉春善建不拔無以免係縲衛武警夫莫捫叔向哀於是出惟敬仲之難明由匠石之無質楊子曰重則有濾輕則招憂言能如是可以寡尤

欽定全唐文卷七百十一

李德裕十六

聖祖院石磬銘

有美浮石淒若銅音笙竽合奏鸞鷟在林清越盈耳和愉感心懸之玉宇永託僊岑

鹿跡山名

不動者山不死者仙山在仙存眞訣不傳猗歟先生耽道體元騰駕素鹿遨遊紫烟時憇蓬壺下視桑田一往茲山於今幾年茲山岑寂先生是宅清泉綠蘿獨與世隔我居洞宮人見崖壁空留鹿跡永存幽石

劒門銘

羣山西來波積雲屯地險所會斯爲蜀門層岑峻壁森若戈戟萬壑奔東雙飛高闕翠嶺中橫黯然黛色樹茲雄屏以衞王國原註劒門當中有一峯峻嶺橫峙望若列屏此一峯爲最奇而說者未嘗及之也峯拔井幹溪回溝洫嚴守重扃隱如臨敵運有隆替地無險阨閉於昏頑開於有德馬錯西伐蜀侯敗績艾出陰平禪亦來格粵在憲祖英威四克始剪蜀妖遂靖邛僰蠻夷軌道諸侯述職武臣銘之金石乃刻



唐故左神策軍護軍中尉兼左街功德使知內侍省事劉公神道碑銘

宸極正位運四時者璇樞太微啟扉分兩垣者上將其或道兼文武勲著旂常稟嶽立之神姿蘊泉渟之深識存也出忠入孝愛敬同歸歿也灑澤漏泉始終一貫求之前古不亦難哉公諱宏規前京兆雲陽人也派流甚遠珪組相承炳焯周邦光揚史牒曾祖恩官止同州白水縣令祖倩終於漢中郡折衝都尉父英皇左武衞中郎將歷階勲至游擊將軍上柱國皆纘前緒踐履夷途或明恕而行俾人歸厚或强毅以立顧敵必摧不顯當時宜生達者公十有五乃應選用沖和之美暢茂於四肢喜愠之來不塵於絶境亦猶崐岫片玉嶧陽孤桐生稟異姿終成重器始署雲騎尉賜緋累遷內侍省內僕寺丞密侍赤墀飛聲紫禁植操不逾於規矩抗志巳在於丹霄無何丁郎將憂苴枲服喪杖而後起不辭王事是謂從權俄授徵事郞內侍省府局令屬劉闢逆命禁旅徂征護汧隴梟騎之鋒平井絡鴟張之虜始以義擊俄焉凱歸由是有輕車都尉之授旋又將命撫循自靈州以屆於邊犒軍五城勤役萬里懋乃休

績簡於天心加銀印赤紱之賜充天威軍使奉詔鑾方再安憬俗俶儻扶義有叱馭之風感激捐軀忘跕鳶之苦恩禮浹洽要荒宴如尋自奚官局丞擢翰林院使仙署重深天顏咫尺導才臣之啟沃廣睿哲之聰明公學富邱墳智參神化叶機贊命發揮王猷故事藹然內廷緊賴爰加內侍伯貳副軍中尉副左街功德之任紫艾龜印之寵以昭其庸武旅梟藻之師實爲之佐檢校司空王公諤之授鉞河東也改內給事爲之護軍以金蘭之契睦於元帥以泉海之量接於賓僚三軍煦愛日之和列郡靡清風之惠洎



振武失守主將遁逃朝廷軫憂慮爲邊患因命尚書張煦節制是邦詔公領步騎五千爲之聲援公內運祕計外示閒安詭以巡邊掩其無備長驅猛銳深入壘門乃以宣勞之名俾其少長皆會然後擒執魁首置之典刑戮三百餘人闔城股慄昔武安之阬趙卒莫辯幽冤韓信之下井陘徒聞疾鬬未若公德刑具舉威惠皆宣乘馹上聞班師舊鎮司徒既殁承乏總戎而高平公奕葉相門一時盛惠與公虛舟相待朱瑟諧音淡然而成去如始至尋又奉詔巡邊以觀軍實北至鉤注東達飛狐道里曲折不遺於掌握

兵機奇正盡在於襟靈士懷挾纊之恩人感投醪之醉壺漿塞路幼艾爭先爰寫山河存於繪事憲宗悅而嘉嘆嘗置坐隅得李恂之圖書乃知聚落觀千秋之畫地盡見山川加朝議大夫內侍省內常侍復歸舊鎮報忠勞也上以公器能可以居重任機權可以參密勿遂發中詔俾還京師改內飛龍使換右神策軍副使飛龍掌天驥之閑古太僕之職也禁旅總蘭錡之兵古上卿之寄也公或爲長或爲副蓋選眾而舉惟才是擇翌日命知樞密公揣摩心術練達國章謀無不成運有餘裕當神武經緯之際王師戡



定之初一日萬機晝常三接忠猷隱於闈聽嘉謀祕於宮闈畧而不書蓋溫樹不言之義也眞拜內常侍知內侍省事旌其忠力賜名宏規宏者光大之稱規者規範之謂合此二義表茲一心俄而淄青干紀兵集淮海以公累護戎事尤邃武經出爲淮南監軍委以攻討鳴鐘鼓以問罪運籌策以出奇方厲志於戈矛遽纏哀於風樹抱終身之痛自達神明當赴難之辰敢避金革起復寧遠將軍依前充監軍使元惡既殲復掌樞密憲宗憑几大漸召公受遺穆宗膺圖御宇翳公定策捧日而昇黃道翼龍而上赤霄名

節功勳光昭圖史遷忠武將軍內侍省少監賜上柱國進雲麾將軍服闋授銀青光祿大夫監門衛將軍知內侍省事封彭城縣開國子累封沛國公食邑三千戶賜以長戟列之朱門守約鳴謙不有其貴屬幽鎮首禍趙魏挺災公內謁謀猷定指縱之計外緝機務當政賦之源慮不及私居嘗慎獨懸水鏡而情無隱伏持天衡而心靡重輕凝然如山以鎮羣動逮長慶季歲穆皇疾已彌留公志伏神明心存王室請立先后以爲副君雪涕抗詞首陳大計舉觴瀝款眾議皆從延年離席而社稷已安趙喜橫增而尊卑



乃定惟公方之諒無慚德公以名遂身退舉能進善人之高躅也乃推同志固繁機遷左監門衛上將軍知省事復爲河東監軍使拜泣玉墀寵錫金帶雖魏后深恩授劉積之部落吳君密渥賜陸遜之金環煥赫輝榮莫逾於此穆宗厭代先后嚮明公懇請會朝旋奉俞詔拜特進行右武衛上將軍公以子牟之戀常懷魏闕汲黯之志惟在漢廷懇辭北轅上不能奪尋除內宅使鴻臚禮賓等使前代特進位次三公居驃騎儀同之上非茂勳俊德曷以處之遷左神策軍中尉兼左街功德使漢氏京師有南北軍之屯武帝既平百粵內增七校今之中尉實司其任公說禮敦詩深知將帥之體安人和眾實有經武之林以清淨禮緇黃以慈惠親戎旅西方之教不肅而成北落之衛隱然難犯吐論必援於經史耽玩惟志於圖書遇物而涇渭自分立誠而風雨如晦權雖侔於衛霍主意益親寵雖盛於金張人心咸悅非全才曠度豈能臻於此歟公志氣方強春秋甚富將欲揚威瀚海耀武龍廷展報國之壯圖恢致君之遠畧勞而生疾懇請辭榮天子憂呂蒙之未瘳委景丹之卧鎮近臣挾醫而騈至中使賜藥以交馳心徒傾於太



陽命已迫於朝露灑血懷感敵手歸全以十一月二十八日薨於長安來遲里第享年五十二遺表獻名馬雕鞍寶器犀帶臣子之戀不其至乎敬宗當宁流襟廢朝三日贈開府儀同三司賻絹一千疋布四百端錢三千貫上擬三台之耀下管九泉之榮禮命所加冠於當代朝廷碩臣聞必興嘆和壘故校相視潸然昔李將軍之殂人皆流涕以其信結於士大夫公近之矣況公瞑目之後曾未經旬變起林光災纏霄極則知日磾已歿何羅之釁遂成許褚既終徐地之妖莫遏惟公峯巒聳拔挺秀色於晴霞律呂含

和流清音於大厦志必存於經濟量莫挹其沖深思若涌泉智如炙輠決勝千里通知四夷察情僞之端達幾微之際故天子虛已以聽詢謀允諧道不取於苟容言必歸於中正居平而博厚泛愛臨事而感慨立名體征虜之奉公得亞夫之守節公之掌樞也屬穆皇寢疾逾年公之總戎也屬敬宗朝廷多事公協和將相安靖邦家勁草不搖喬松自直傳稱公家之利知無不爲忠也送往事居俱無作色貞也惟公有之矣惜乎未及中壽俄歸杳冥景已戢於虞泉名空留於簡册可不悲哉夫人密國夫人李氏懿行



蘭薰貞風玉瑩榮封石窌寵章全德直體茂於宗姻洵美光於內則悲聲晝哭痛結泉扉有子五人長曰行立朝散大夫內侍省宮闈局令上柱國彭城郡開國伯賜緋魚袋次曰行深中散大夫內侍省給事賜紫金魚袋次曰行元闕四字賜綠次曰行宣朝散大夫內府局丞上柱國闕四字次曰行闕四字咸以珪璧之姿藻身文囿鴻鵠之志矯翼禁林朱紫連華閨門雍睦忠出於孝負五龍之俊才喪過乎哀有二連之深戚粤以太和元年十一月十四日卽幽窆於滻川之西禮也青鳥啓兆悲壟樹之長陰白鶴淩風嗟弔賓之遽返永圖丕績乃篆貞珉銘曰

皇王聖化仰法星樞始自絲忽風行八區誰參其任公實帝俞出吐君命入贊臣謨其一惟后建邦外分蕃岳奧則淮壖雄惟朔漠誰護其軍公多智畧恒瀚旣寧王猷允若其二漢家宮室上應太微布列環衞恢張武威誰司其柄公達戎機英王流眄忠賢是依其三內外之寄安危所注惟公全德乃暢機務美璧良珪瑞質凝素霜戟寶刀森然輝庫其四天挺奇志貞若渾金出入三紀賢明一心寒松在巖霜霰寧侵皇澤之厚川流比深其五趙孟惕景光音遂遠長卿病



痟藥石皆晚靈芝難駐奇香莫返光碎珠泉芳消蘭畹其六鹵薄詔葬城闕之東列旌旗於素滻凝簫挽於朔風落槭槭之霜葉叫離離之晚鴻時一徃兮舟壑逝魂歸來兮松栢中其七

## 唐故開府儀同三司行右領軍衞上將軍致仕上柱國扶風馬公神道碑銘

夫巃嵷長松必備明堂之制荆岑璞玉終爲大國之寶士或起漁釣而遭時會亦有披荆榛而贊王業求之古昔何代無賢太和六年開府儀同三司右領軍衞上將軍致仕

上柱國岐山公實封三百戶扶風馬公以侯印罷歸至開
成六年九月四日薨於永嘉里第享年六十三詔贈揚州
大都督明年二月八日以鹵簿鼓吹葬於京兆灞陵之原
馬公卽國之盡忠衞主之臣也公諱存亮字季明大父瑾
皇銀青光祿大夫考操皇朝議郎房州長史公之先族趙
奢嘗以百萬勁兵號爲馬服制秦吞魏因而氏馬厥後文
武派分英華不絕武則伸威百蠻鑄銅而表海文則研道
六經施帳而授業公繼前業蔚爲茂器終始一貫貞明六
朝德宗時弱冠筮仕風儀夙成帝欲分綺季之勞翼皇儲



之重於是暫離武帳出侍龍樓贊蘭英結珮之馨規桐葉
剪圭之戲此則史冊之保護也帝欲秩出納之司糾梯航
之貢於是副宏羊而實天庫佐安國而禆水衡此又孔僅
之方畧也帝欲具飾車旗宣明衣服公于是典其寮寀重
立規模疊烟霞以散王侯卷虹霓而給妃后鄉靄施彰於
五輅日華搖裔於九斿此又叔孫通之文物也帝欲順時
巡以察風俗先品實以奉園陵公於是廣靈囿以樹農功
采蘋宮以列珍饌法后稷播種之道過嗇夫捷給之詞此
又卜式之理上林也帝欲昆夷卽序士馬無譁公于是秩

視玉鈐榮加金鈕以奇謀而協上將以忠懇而暢皇猷尺
籍伍符之勤訓馬簡士之要雖程功於衞霍終歸美於程
李此又許歷之副趙奢也元和十三年公自神策軍副使
詔受雲麾將軍左監門衞將軍知內侍省事兼左街功德
使公於是金湯天壘雷電皇威斥遊惰於五營取材能於
七萃備牙爪則數逾十萬竭心膂則酬必九遷貔貅虎豹
之師鵞鸛魚麗之訓文茵貝冑之盛羽葆靈旂之飾奉元
會則雪霜委積於殿廷侍郊邱則錦綉施張於原野公珪
璋挺器禮樂資身輦下無睚眦之徒轅門多温恭之士知



呂蒙於行陣重郤縠於詩書晉代名卿咸授趙衰之舉漢
朝武畧多由去病之門此又方召之佐宣王也敬宗時宮
掖無虞蜂蠆暴起塵驚玉座熊突彤闈艮媛以羅袂當衝
侍臣以藥囊捍患宸慮未經於細柳天行俄及於室皇何
羅之釁始萌日磾之心已動公於是覽羲皇之轡駐豐隆
之馭闢闕壁而納闕日闢獸落而畱六龍指揮殄寇之兵
調停太官之膳羣兇旣成於京觀庶官方及於乘輿公乃
率元甲而清紫微奉翠華而入黃道此又耿弇安君父清
妖孽也於是眞食井賦紀功旂常文錦玉帶綢繆蕃錫公

辭榮畏滿名遂身退坐樽俎而監淮海衞瓘之忠勤也馳軺車而款天闕子牟之誠戀也捐寵綬而授松檟楊王孫之達命也歸鄉里而散金帛蘇季子之行義也慶忌姨邪之心萬石周慎之志保貞廉而碎首惡讒慝而亡身思患覩漏河之初知機見履霜之漸士君子所以推公之明識也公始罷淮南監軍使詔除内飛龍使荏苒一紀劬勞六閑朝習華騮暮巡棧皁無驕轡詭銜之患遂翹足交頸之安瘁精爽於北辰播芳烈於來代旋以股肱近地河關要津奚輟信臣再監戎旅繡衣晝行於阡陌金狙暮奠於松



楸爲子爲臣忠孝備矣既而以疾告老乞還京師累表抗辭留中未下天子眷懷耆舊注意貞良久而乃從不奪其志此又終始之大節古今之至人長慶初某忝職内廷獲覩公之儀表玉山峻嶺瓊樹高柯霍子孟資性端莊進有常處張子孺小心畏忌每遠權勢御札盈几天香滿衣縣八駿而幸元洲捧六鈞而殪青兕勛名光焯當代莫儔夫人岐國夫人王氏寶劍早沈於清渭珠光先閟於黃泉嗣子瓊林使朝議大夫行内侍省奚官局令上柱國扶風郡開國公食邑二千戶襲重封一百五十戶賜紫金魚袋元

某夙稟英才早聞詩禮守公法度以紹家風文子幽州監軍使朝議大夫行内侍省内僕局令上柱國賜緋魚袋元貫朝議大夫奚官局令上柱國賜緋魚袋元價儒林郎守内侍省内府局丞上柱國元眞等金貂相映朱紫交輝鳳毛歸美於一門驥足皆期於萬里以某知公故事見託斯文刻石路隅庶紀佳績俾後代知天子聞鼓鼙而憶名將鑒丹青而思老臣乃爲銘曰

明堂巍巍天駟前施木帝乘馬是能星馳嗚喝闕二字車馬是司趙秦同出後有闕二字馬服生趙闕四字戰國更霸迭相



盛衰趙困長平秦始開基劉累遠孫剪秦無遺劉卽范氏累乃龍師厥派緜緜尋源乃知貞元年中公侍丹墀一善及物知無不爲進退諤諤行無越思明明六聖信任不疑赫赫貞臣顛危必持理身清淨成國雍熙實本兵柄左右皇威内訓七萃七萃如貔外遏百蠻百蠻以綏冬有愛日天廐六閑允釐盡瘁事國形神久疲監視諸侯琴書自怡人心所歸疾風勁草輿論欽之始去禁衞萬夫涕洟遠總金印組綬去之若遺陶徑潘園優游在斯長慶六年詔樹豐碑上將刻字文以好辭後十六年蓋臣其萎原阡松檟

兮霜露已滋苑池臺榭兮榛蕪可悲覩塵根兮空嗟蔓草篆貞珉兮攸媿色絲

## 幽州紀聖功碑銘 并序

幽州盧龍軍帥檢校尚書右僕射張公仲武往年修獻捷之禮今歲有銘勲之請二者君子韙之豈不以諸侯有四夷之功獻其戎捷春秋舊典也宗周納肅慎之貢銘於楛矢天子令德也斯可以爲元侯表可以爲後世法聖上嘉其動而中禮乃命宰臣採其元功傳於惇史臣德裕乃敢颺言曰夫兵者所以除暴害也愛人則惡其爲害禁暴則惡其爲亂雖睿智不殺化之以神至德允懷招之以禮然書有猾夏之戒傳有修刑之訓虞舜四罪乃成大功文王一怒以至無侮非德教之助歟仁聖文武章天成功神德明道大孝皇帝熙我文典煥乎光明極象外之微臻於至道鼓天下之動致於中和慮必鉤深退而藏密故能神機獨照伐未兆之謀威光遠震制不羈之虜當其時也烽燧迭警羽書狎至人心大搖羣師沮氣皇帝以軒后之威神漢高之大畧光武之雄斷魏祖之機權合而用之以定王業此議臣所以不敢望於清光也偉哉天地應而品物生



君臣應而功業成故龍躍而雲從鶴鳴而子和方叔伐獫狁蠻荊來威安遠擊車師西域振服宜有良將殿於朔邊張公禮閱戰器書成傳癖張仲孝友子孺塞泉流落不偶光景未耀明主雅聞奇志持印而拜將軍遥推赤心築壇而命元帥拔自雄武授之薊門果能精誠奮發策慮偪臆千里獻籌一心憂國則知龍顏善將任人傑而不疑日角好謀嘆敵國而強意回鶻者本北狄之裔也或曰獯狁或曰山戎五帝所不能臣三王所不能制前史載之詳矣暨薛延陁之敗也酋帥吐迷度率衆款塞太宗幸靈武納降立回鶻部落置瀚海都督因我封殖遂雄北方代宗之戡内難也葉護以射雕之士親護戎旌亦由羌髳率師以翼周北貊梟騎以助漢既殄大憝乃疇厥庸特拜葉護司空歲賜繒二萬疋厥後飾宗女以配之立宮室以居之其在京師也瑤祠雲構甲第碁布棟宇輪煥衣冠縞素交利者風偃挾邪者景附其翎侯貴種則被我文繪帶我金犀悅和音厭珍膳蝎蠹上國百有餘年既而桀驁無親天命不佑僭侈極欲神道惡盈本國薦饑畜産耗半黠戛斯感因利乘便遂焚龍庭巨落蕭條陰燐青熒今之烏介可汗亡

逃失國竊號沙漠非我冊命自爲假王其來也羨漫陰山睥睨高闕元塞之下氛霧蔽天質貴主以前驅依大國而求援或丐我米糒救其饑人或邀我甲兵復其故地外雖柔服內有桀心因行人致辭徵呼韓故事願居光祿塞急保受降城其下有二部曰赤心宰相那頡啜特勒赤心者天性忿驁戎馬尤盛初與名王嗢沒斯首謀內附俄而負力怙氣潛圖厲階爲嗢沒斯所紿誘以俱謁可汗戮於帳下其衆大潰東逼漁陽上乃賜公璽書授以方畧公以室韋悍亟之兵近我邊鄙俾其偵邏且禦內侵尋以徵役不



供爲虜所敗由是介馬數萬連亘幽陵伏精甲於松櫹布穹廬於磧鹵散若飛鳥止如長雲火燎於原不可嚮邇公激義氣以虹貫發精誠而石開奇計兵權密授髦俊乃命介弟仲至與裨將游奉宸王如清左敵萬李君慶張自榮高守素李志操率鋭兵三萬建旆而前介胄雪照戈矛林植命以義殉壯由師直聲隆隆而未洩欲逐逐而不食戢以聽命嚴而有威公曰險道傾仄且馳且射胡兵所以無敵也致之平原勒以方陳我師可以逞志也於是據於莽平環以武剛首尾蛇伸左右翼張輕騎既合奇鋒橫鶩如

摧枯株如搏畜兔攝讋者弗取陸梁者皆仆虜王侯貴人計以千數然後盡衆服聽悉數係纍谷靜山空靡有孑遺橐駞駃騠風澤而散旃墻廝幕布野畢收馬牛幾至於谷量虜血殆同於川決徑路寶刀祭天金人奇貨珍器不可殫論乃命從事李周瞳馳傳上奏又命牙門將周從玘繼獻戎俘皇帝受而勞之羣臣畢賀昔長平七征驃騎六舉竇憲合氐羌之衆陳湯擥城郭之兵或生靈減耗士馬物故或邀功捄罪矯命專征然猶告類上帝薦功清廟顧視二漢不其恧歟以公威動蠻貊功在漏刻因命爲東面招



撫回鶻使先是奚契丹皆有虜使監護其國責以歲遺且爲漢諜自回鶻嘯聚靡不鴟張公命裨將石公緒等諭意兩部戮回鶻八百人雖介子討罪於龜茲班超行誅於鄯部未足儔也回鶻又遣宣門將軍等四十七人詭辭結歡潛伺邊隙公密賂其下盡得陰謀且欲馳入五原盡毆雜虜公逗畱其使緩彼師期竟得人病馬瘠縮衄而退挫鋭解紛緊公善計今烏介自絕皇澤莫敢近邊并丁令以圖安依康居而求活盡徙餘種屈意黑車寄託遠遁流離饑凍黑車亦倚其威重迫脅諸戎造謀藉兵解仇交質自謂

約齎深入漢將取而未期渡幕輕齎王師往而不利公以壯猷遠馭長計覊縻不婾避嫌之便終盡致敵之術將時動而得雋豈歲數而勝徼矧乎明主仗將帥爲爪牙視戎狄爲鼠㲋方獵猛敵不翫細娛非周宣無以成召虎之勳非漢宣無以聽營平之計勗哉上將光我中興公前後受降三萬人特勒二人可汗姊一人都督外宰相四人其他侯王騎將不可備載王褒以日逐歸德稱爲人瑞班固以稽落盪寇大振天聲孰若天子神武百蠻振慴乘其蹙困臨以兵鋒刈單于之旗納休屠之附非萬里之伐無三年



之勤巍乎成功輝焯後代宜刻金石以揚鴻休銘曰

太和之初赤氣宵興開成之末彤雲暮凝異鳥南來胡滅之徵北夷颸掃厥國土崩逼迫遷徙震我邊鄙長蛇去穴奔鯨失水上都薊門兵連千里冒不畏天獨爲驕子丐我邊穀邀我王師假我一城建彼幡旗歸計强漢郅支嫚詞狼顧朔野伏莽見羸雁門之北羌戎雜處戢戢羣羊茫茫大鹵縱其梟騎驚我牧圉暴若豺狼疾如風雨皇赫斯怒羽檄徵兵謀而泉默斷乃雷聲沉機變化動若神明沙漠之外虜無隱情漁陽突騎燕歌壯氣赳赳元戎耽耽虎視僉鼓誓衆干旄蔽地爰命介弟屬之大事翩翩飛將董我三軍稟兄之制代帥之勳威暑火烈胡馬星分戈回白日劍薄浮雲天街之北旄頭已落絶轡之野蚩尤未縛俾我元侯恢宏遠畧取彼單于係之徽索陰山寢烽亭徼櫜弓萬里昆夷九譯而通蠻夷既同天子之功儒臣篆美刊石垂鴻

## 武宗改名告天地文

臣纘承丕緒厲翼七年不敢怠荒以思無逸北制强虜東翦叛徒享此鴻名實由元造嘗欲述帝堯之典欽若昊天



修周武之法建用皇極成於王道以黜異端釋氏之教興於戎狄悖君臣之禮廢父子之親耗蠹蒸人殫竭物命宣尼垂訓不語怪神因而漸除咸一於正襲前聖之業燦而光明臣之本心諒在於此伏以書載五行當被水土名有五義不以山川後之稱名稍違古典今則循漢宣之故事稟皇祖之貽謀採用離明以符一德又臣近因微恙已及二時感此陽和物皆暢茂未逢勿藥之喜獨有向隅之憂如臣政教不明宜有陰譴刑罰不中未合天心伏願舍臣咎愆許臣改悔永保宗廟以安邦家所疾日瘳平復如舊

五星度理。百福來臻。敢不克己厲精。祇事上帝。洗心齋戒。嚴奉神祇。懇陳至誠。仰望照鑒。

祈祭西嶽文

惟神作鎮中土。據於西陲。積高炳靈。宅神明之奧。少陰協德。成天地之功。恭聞烈祖元宗御歷永年。祭必受福。秘藏昭賽。金刻猶存。近者陰澤稍愆。宿種未茂。精意纔達。甘液驟零。既紓播種之勤。已獲流根之潤。今因報德。再竭至誠。某纘奉丕圖。勤勞七載。恭己思道。豈敢怠荒。屬黠虜南侵。震驚朔野。兵烽一舉。毳幕皆焚。潞子嬰兒。梟首魏闕。參墟



叛將。面縛壘門。成此武功。無非幽贊。又以釋氏之教。出于西夷。棄五常之典。絕三綱之常。殫竭財力。耗蠹生人。黜其異端。以正王度。庶可復古。諒非近名。屬以忽於所慎。寒暑成疾。曠時且乖於勿藥。昧旦徒切於求衣。如某政教不明。宜有陰譴。刑罰不中。未合天心。實希明神。許其改悔。永保宗廟。以安邦家。所疾日瘳。平復如舊。昔成湯自咎者六。霖雨消災。宋景善言者三。法星退舍。至誠所感。前史昭然。誠信不欺。恃神正直。敢不誓於丹府。嚴奉明靈。敬陳忠懇。伏望靈鑒。

祭唐叔文

維元和十二年歲次丁酉六月己未朔二十一日己卯。河東節度使檢校吏部尚書平章事張宏靖。敢昭告於晉唐叔之靈。惟神娠毋發祥。手文爲信。殪徒林之兕。以啟夏墟。受密須之鼓。以疆戎索。豈止削桐無戲。歸禾有典。宜在晉蕃育。與周盛衰。况式瞻西山。神靈是宅。每廷煙夜簇。嵐氣朝隮。必膚寸而合。油然以遍。蓄泄在我。神宜主之。屬淮雨爲災。粢盛將廢。是用率茲祀典。以榮閟宮。伏願降福。蒸人撤茲陰沴。俾三農有望。萬庾斯豐。永儲犧牲。以荅神貺。尚



享。

余元和中掌記戎幕。時因晉祠止雨。太保高平公命余爲此文。嘗對諸從事稱賞。以爲徵唐叔故事。迨無遺漏。今遇尚書博陵公移鎮北都。輒敢寄題廟宇。會昌四年三月十五日。司徒兼門下侍郎平章事李德裕。

祭韋相執誼文

維大中四年月日。趙郡李德裕謹以蔬醴之奠。敬祭于故相韋公僕射之靈。嗚呼。皇道咸寧。藉於賢相。德邁臯陶。功宣呂尚。文學世雄。智謀神貺。一遘讒疾。投身荒癉。地雖厚

兮不察。天雖高兮難諒。野掇澗蘋。晨薦秬鬯。信成禍深。業崇身喪。某亦竄跡南陬。從公舊邱。永泯軒裳之顧。長爲猿鶴之愁。嘻吁絕域。寤寐西周。倘知公者。測公無罪。不知我者。謂我何求。其心若水。其死若休。臨風敬弔。願與神遊。嗚呼尚饗。